CIDADES

O AMANHÃ

CIDADES

au01

COLEÇÃO A+U
Dirigida por J. Guinsburg

Tradução: Pérola de Carvalho
Tradução dos acréscimos da 3ª edição: Anita Guimarães
Tradução dos acréscimos da 4ª edição: Maria Alice Junqueira Bastos
Revisão técnica geral: Maria Alice Junqueira Bastos
Edição de texto: Marcio Honorio de Godoy
Revisão: Luiz Henrique Soares
Capa e projeto gráfico: Sergio Kon
Produção: Ricardo W. Neves, Sergio Kon, Elen Durando, Luiz Henrique Soares, Gabriel V. Lazzari e Lia N. Marques.

Peter Hall

OAMANHÃ

uma história intelectual
do planejamento e do projeto
urbanos no século xx

PERSPECTIVA

Título do original em inglês
Cities of Tomorrow
Quarta edição publicada em 2014
Copyright © 2014 Peter Hall
Histórico das edições: Basil Blackwell Ltd. (1. ed., 1988); Blackwell Publishers Ltd. (2. ed., 1996)
e Blackwell Publishing Ltd. (3. ed., 2002)

Todos os direitos reservados. Tradução autorizada da língua inglesa da edição publicada pela
John Wiley & Sons Limited. A responsabilidade pela tradução é apenas da Editora Perspectiva
e não da John Wiley & Sons Limited. Nenhuma parte deste livro pode ser reproduzida em
nenhuma forma sem a permissão escrita do detentor do original do copyright, John Wiley &
Sons Limited.

Todos os direitos reservados. Nenhuma parte desta publicação pode ser reproduzida, arma-
zenada em sistema de recuperação, ou transmitida em qualquer formato ou meio eletrônico,
fotocópia mecânica, gravação ou outro, exceto as permitidas por UK Copyright, Designs and
Patents Act 1998, sem a permissão prévia do editor.

Dados Internacionais de Catalogação na Publicação (CIP)
(Câmara Brasileira do Livro, SP, Brasil)

H184c

    Hall, Peter, 1932-2014
    Cidades do amanhã : uma história intelectual do planejamento e do
projeto urbanos no século XX / Peter Hall ; [tradução Maria Alice Junqueira Bastos, Pérola de Carvalho, Anita Guimarães]. – [4. ed.] – São
Paulo : Perspectiva, 2016.
    736 p. : il. ; 23 cm.

    Tradução de: Cities of tomorrow: an intellectual history of urban
planning and design since 1880
    Inclui bibliografia e índice
    ISBN 978-85-273-1052-9

    1. Regiões metropolitanas – História – Séc. XX. 2. Urbanismo – Histó-
ria – Séc. XX. 3. Planejamento urbano – História – Séc. XX. 4. Renovação
urbana. I. Título.

16-34243

                     CDD: 711.43
                     CDU: 711.432

28/06/2016 29/06/2016

4ª edição revista e ampliada

Direitos reservados em língia portuguesa à
EDITORA PERSPECTIVA S.A.
Av. Brigadeiro Luís Antônio, 3025
01401-000 São Paulo SP Brasil
Telefax: (11) 3885-8388
www.editoraperspectiva.com.br
2016

Para Berkeley

Sumário

11 Prefácio à Quarta Edição
13 Prefácio à Terceira Edição
15 Prefácio à Primeira Edição

1 Cidades da Imaginação 17
Visões Alternativas da Boa Cidade (1880-1987)

2 A Cidade da Noite Apavorante 33
Reações à Cidade Encortiçada do Século XIX:
Londres, Paris, Berlim, Nova York (1880-1900)

3 A Cidade do Variegado Entorno 73
O Subúrbio do Transporte de Massa:
Londres, Paris, Berlim, Nova York (1900-1940)

4 A Cidade no Jardim 119
A Solução Cidade-Jardim:
Londres, Paris, Berlim, Nova York (1900-1940)

5 A Cidade na Região 187
O Nascimento do Planejamento Regional:
Edimburgo, Nova York, Londres (1900-1940)

6 A Cidade dos Monumentos 247
O Movimento City Beautiful:
Chicago, Nova Delhi, Berlim, Moscou (1900-1945)

7 A Cidade das Torres

287

A Cidade Radiosa Corbusiana:
Paris, Chandigarh, Brasília, Londres, St. Louis (1920-1970)

8 A Cidade da Suada Equidade

351

A Comunidade Autônoma:
Edimburgo, Indore, Lima, Berkeley, Macclesfield (1890-1987)

9 A Cidade à Beira da Autoestrada

391

O Subúrbio do Automóvel:
Long Island, Wisconsin, Los Angeles, Paris (1930-1987)

10 A Cidade da Teoria

463

O Planejamento e a Academia:
Filadélfia, Manchester, Califórnia, Paris (1955-1987)

11 A Cidade do Empreendimento

497

O Planejamento Virado de Ponta-Cabeça:
Baltimore, Hong Kong, Londres (1975-2000)

12 A Cidade da Deslustrada Belle Époque

533

Infocidades e Guetos Desinformacionais:
Nova York, Londres, Tóquio (1990-2010)

13 A Cidade da Permanente Subclasse

585

O Cortiço Duradouro:
Chicago, St. Louis, Londres (1920-2011)

639 Notas
674 Bibliografia
724 Índice das Ilustrações
726 Índice Remissivo

Prefácio
à Quarta Edição

Mais uma década, mais um salto em tecnologia: esta nova edição foi escrita quase em sua totalidade em meu escritório de casa – que aconteceu de ser em Londres, mas podia quase tão bem ter sido na Terra do Fogo – com a ajuda do acesso em banda-larga às riquezas da Biblioteca UCL (University College London), que podia igualmente ter sido qualquer biblioteca universitária bem equipada. Assim o estudo acadêmico está cada vez mais liberado da tirania da geografia – mas, não inteiramente, porque ele também dependeu da assistência devotada de Carlos Galvis e Liron Schur, que fizeram grande parte do trabalho de preparação básico, buscando por nova literatura, localizando e baixando os arquivos, e habilmente convertendo Adobe em Microsoft Word, pronto para os vários passos da cirurgia acadêmica. Obrigado especialmente a eles, e aos vários colegas que suavizaram o caminho por diferentes formas.

Obrigado também a Caroline Hensman, que empreendeu um trabalho épico de pesquisa de imagens após as ilustrações originais terem desaparecido na translação de Blackwell para Wiley Blackwell; a Giles Flitney, que habilmente copidescou o texto inteiro, material antigo e novo, a partir do ponto zero; e a Ben Thatcher da Wiley, que supervisionou o longo e complexo processo.

E finalmente, como sempre ao longo de um quarto de século de distração acadêmica e falta de atenção adequada às coisas que de fato importam, à Magda, que compensou ponderosamente por minhas múltiplas (e agora em rápida multiplicação) deficiências.

Peter Hall
Londres, Dezembro de 2013

Prefácio
à Terceira Edição

O prefácio original podia ter sido escrito noutra época: o WordStar (e o sistema operacional no qual ele rodava, o CP/M) são memórias históricas; os computadores pessoais, cada um exponencialmente mais poderoso que o anterior, vieram e se foram da minha escrivaninha; grande parte dessa revisão foi produzida em conexão direta com a internet. Mas a história, ela própria, está menos datada, segundo penso: treze anos em um século não é muito tempo; os temas principais permanecem os mesmos que já nos preocupavam nos anos de 1980, embora sejam agora vistos sob filtros intelectuais e políticos diferentes; houve uma explosão de estudos acadêmicos em história do planejamento, mas não uma reinterpretação fundamental dela.

Sou agradecido a muitos leitores por tornarem o livro proveitoso o suficiente para justificar essa revisão, e àqueles que me disseram tê-lo apreciado. Agradecimentos especiais devo também a umas quinze gerações de estudantes de Berkeley e UCL, que assistiram às minhas aulas de história do planejamento e ajudaram a iluminar meu pensamento; e a Rob Freestone, pelo seu estupendo trabalho em organizar a principal conferência sobre história do planejamento do século XX, em Sydney em 1999, que congregou pesquisadores de todo o mundo produzindo um registro tão esplêndido[1]. Um agradecimento familiar a John Hall, que me forneceu uma monografia fascinante sobre a pioneira *cité-jardin* na sua cidade natal de Suresnes.

Esta é uma revisão mais aprofundada do que a que tentei fazer em 1996, que consistiu simplesmente em um capítulo suplementar. Agora, ela foi realizada de modo a reter a simetria estrutural básica da primeira edição, simetria essa que foi um dos seus princípios fortes de organização e permanece relevante ainda hoje. Procurei incorporar toda a nova literatura essencial nos lugares apropriados, e espero que quaisquer omissões sejam a mim informadas de modo que eu possa remediá-las em uma próxima vez.

Também incorporei algumas pequenas seções derivadas do meu livro *Cities in Civilization* (Cidades na Civilização). Conforme explicado no prefácio lá, este livro e aquele podem ser de algum modo vistos como ramos de uma mesma árvore. Ao escrever o atual, esforcei-me para evitar superposição, porém ignorar aquele trabalho teria deixado esta revisão incompleta.

Meus agradecimentos, como sempre, a Magda, sem a qual nem esta revisão nem o original teriam sido possíveis.

Peter Hall
Londres, abril de 2001

Prefácio
à Primeira Edição

Todo aquele que escreve uma história do planejamento talvez devesse iniciar o prefácio com uma autodefesa: não há dúvida de que a tarefa do planejador é planejar e não refugiar-se em reminiscências. Se escrevi esta história foi simplesmente porque achei o tema intrigante. Como sói ocorrer com assuntos humanos, nós também falhamos em perceber que nossas ideias e ações já foram, e de há muito, pensadas e realizadas por outros; cumpre-nos ficar cientes de nossas raízes. Para por aqui minha exposição de motivos.

Contrariando a moda, não tive patrocínio, logo, não há benfeitores a agradecer; nem auxiliar, e portanto, ninguém a quem culpar senão a mim mesmo. E como também eu próprio fui o datilógrafo, devo agradecer primeiramente aos inventores anônimos de WordStar e WordPerfect; a Chuck Peddle por seu legendário Sirius I; e aos desconhecidos fabricantes caseiros do clone taiwanês que – segundo as férreas leis do fordismo periférico – foi recentemente substituído em meu estúdio. Rosa Husain primorosamente transformou as referências bibliográficas em notas de rodapé e iniciando-se assim, ela também, nos prazeres e horrores em macros do WordPerfect.

Porém, como sempre, quero agradecer aos bibliotecários. Os que pleiteiam uma lei saneadora para a decadência dos serviços públicos, e todos nós ocasionalmente somos levados a isso, talvez nunca tenham precisado recorrer aos serviços prestados pelas grandes bibliotecas de referência do mundo. Tive o privilégio de passar momentos agradabilíssimos em três delas, enquanto pesquisava para este livro: a British Library Reference Division (ou seja, o Gabinete de Leitura do Museu Britânico), a British Library of Political and Economic Science (a Biblioteca LSE) e a Biblioteca da Universidade da Califórnia, Berkeley. Meu tributo à devotada equipe de cada uma das três. E até com certa inveja, meu especial obrigado a Elizabeth

Byrne, que transformou a Environmental Design Library, de Berkeley, no esplêndido lugar que é hoje.

Pequenos trechos do texto passaram por encarnações anteriores: a parte inicial do capítulo 4 surgiu como artigo em *New Society* (republicado em *Town and Country Planning* e, em seguida, numa antologia, *Founders of the Welfare State,* editada por Paul Barker); uma seção do capítulo 9 foi publicada há muitos anos, em *Man in the City of the Future,* editado por Richard Eells e Clarence Walton. Penso que os escrevi bem, já da primeira vez; portanto, não me desculpo pelo autoplágio. Finalmente, o capítulo 12 contém uma breve autobiografia, pois julguei necessário contar a história do jeito certo; daí, a aparente imodéstia.

Meu editor, John Davey, deu prova de grande paciência. Espero que se sinta compensado com o resultado.

Um agradecimento muito especial vai para dois colegas e bons amigos que serviram de cobaia na leitura do primeiro rascunho: Lyn Davies, em Reading, e Roger Montgomery, em Berkeley. É possível que não os tenha satisfeito de todo, mas afirmo em minha defesa que anotei cuidadosamente seus comentários. E meu muito obrigado também a Carmen Hass-Klau, pela oportuna detecção de certas mancadas em história da Alemanha.

Mais do que eu possa dizer, este livro, num sentido mais geral, colhe frutos de ter sido concebido e escrito no Departamento de Planejamento Urbano e Regional e no Instituto de Desenvolvimento Urbano e Regional da Universidade da Califórnia, em Berkeley. Bem fez Dick Meier, um dos meus colegas de lá, em escrever que as escolas de planejamento, assim como todas as instituições acadêmicas, têm suas eras de ouro. Só quem viveu e trabalhou em Berkeley nesses anos saberá exatamente quão dourada essa era em particular foi. Dedico o livro a meus amigos californianos e ex-californianos, muito numerosos para que possa nomeá-los.

Meus agradecimentos finais, como sempre, a Magda, pelos serviços impecáveis de apoio logístico; e por tudo o mais.

Peter Hall
Berkeley e Londres, maio-julho de 1987

CIDA DES

DA IMAGIN AÇÃO

1

Visões Alternativas da Boa Cidade

(1880-1987)

Então perguntei: "Será que a firme convicção de que uma coisa é de determinada maneira faz com que ela realmente assim o seja?"
Ele respondeu: "É o que acreditam todos os Poetas, & em tempos de imaginação essa firme convicção removeu montanhas; muitos, porém, são incapazes de convicções firmes a respeito de qualquer coisa.

WILLIAM BLAKE, *The Marriage of Heaven and Hell* (O Matrimônio do Céu e do Inferno, *c. 1790*)

CHRISTIAN: *Senhor, sou um Homem que está vindo da Cidade da Destruição em demanda do Monte Sião, e disse-me o homem de pé junto ao Portão, no alto desta estrada, que se eu aqui batesse, vós me mostraríeis coisas excelentes, de grande serventia para a minha Viagem.*

JOHN BUNYAN, *The Pilgrim's Progress* (1678)

Pois cumpre-nos considerar que seremos cidade em topo de colina. Os olhos de todos estão sobre nós e se procedermos falsamente para com nosso Deus na obra que empreendemos, e assim O levarmos a retirar de nós a Sua ajuda, motivo seremos de contos e chacotas pelo mundo afora.

JOHN WINTHROP, *A Model of Christian Charity* (1630)

[...] sobre ingente colina,
Íngreme, e escarpada, posta-se a Verdade, e a sina
De quem a queira alcançar é seguir, seguir sem deter;
Que aos imprevistos da colina resistindo, assim há de vencer;

JOHN DONNE, *Satyre III* (c. 1595)

"Homens práticos, que se creem absolutamente isentos de quaisquer influências intelectuais, geralmente são escravos de algum economista defunto": é o que diz Keynes em trecho célebre, ao finalizar o seu *General Theory*. "Loucos investidos de autoridade", escrevia ele, "que ouvem vozes pelo ar, estão destilando seu delírio de algum escriba universitário em atividade num passado recente."[1] Embora dirigida a economistas, essa frase poderia tranquilamente aplicar-se aos urbanistas. Muito, se não tudo o que tem acontecido – de bom e de ruim – às cidades do mundo, nos anos que se seguiram à Segunda Guerra Mundial, pode ser rastreado nas ideias de uns poucos visionários que viveram e escreveram há muito tempo, no mais das vezes quase ignorados e amplamente rejeitados por seus contemporâneos. Pois é no mundo das coisas práticas que agora encontram eles uma defesa póstuma e até mesmo, cabe dizer, sua oportunidade para a desforra.

Este livro é sobre eles, suas visões, e o efeito que essas visões tiveram no trabalho diário de construir cidades. Seus nomes irão repetir-se com frequência, formando como que um Panteão do movimento urbanístico: Howard, Unwin, Parker, Osborn; Geddes, Mumford, Stein, MacKaye, Chase; Burnham, Lutyens; Le Corbusier; Wells, Webber; Wright, Turner, Alexander; Friedmann, Castells, Harvey; Duany, Plater-Zyberk, Calthorpe, Rogers. Resumamos aqui o argumento central: a maioria era de visionários, mas as visões de muitos quedaram por longo tempo estéreis, porque ainda não era chegada a hora. Amiúde utópicas, até mesmo quiliastas, assemelhavam-se nada menos que a versões seculares da Cidade Celestial dos puritanos seiscentistas, engastada no Monte Sião, e agora descida à terra e pronta para uma época que também na terra clamava por recompensa. Quando por fim foram descobertas e ressuscitadas, sua implementação frequentemente ocorreu em lugares, em circunstâncias e através de mecanismos muito diversos daqueles considerados por seus inventores na origem. Transplantadas no tempo e no espaço, bem como no meio sociopolítico, não é de admirar que produzissem resultados amiúde bizarros e, vez por outra, catastróficos. Para uma avaliação exata, é mister, portanto, que, em primeiro lugar, retiremos as camadas superficiais do solo da história que sepultaram e obscureceram as ideias originais; e em seguida que compreendamos a natureza desse transplante.

As Raízes Anarquistas do Movimento Urbanístico

Este livro argumentará, especificamente, que, nesse processo de tradução tardia do ideal em realidade, ocorreu, quiçá, uma monstruosa perversão da história. É realmente surpreendente o fato de que muitas – não todas, de maneira alguma – das primitivas visões do movimento urbanístico tenham como origem o movimento anarquista que floresceu nas últimas décadas do século XIX e nos primeiros anos do século XX. Isso vale para Howard, para Geddes e para a Regional Planning Association of America, tanto quanto para os seus muitos derivados no continente europeu. (Não valeu, contudo, e quanto a isso não há qualquer dúvida, para Le Corbusier, que era um centralista autoritário, nem para a maioria dos componentes do movimento City Beautiful, fiéis serviçais do capitalismo financeiro ou de ditadores totalitários.) A visão desses pioneiros anarquistas não era meramente a de uma forma construída alternativa, mas a de uma sociedade alternativa, nem capitalista nem burocrático-socialista: uma sociedade baseada na cooperação voluntária entre homens e mulheres, trabalhando e vivendo em pequenas comunidades autogeridas. Não apenas por sua forma física, mas também pelo espírito, essas comunidades constituíam, portanto, versões seculares da colônia puritana de Winthrop, em Massachusetts: a cidade sobre uma colina. Quando, porém, chegou finalmente a hora de seus ideais serem traduzidos em tijolo e cimento, a ironia foi que – com frequência até excessiva – a concretização do sonho ocorreu mediante a intervenção de burocracias estatais, o que para os sonhadores deve ter sido detestável. Por que isso aconteceu e até que ponto foi responsável pela decepção subsequente em relação à ideia de planejamento, eis uma questão axial que cumpre a este livro levantar.

CIDADES DA IMAGINAÇÃO:
visões alternativas da boa cidade

Nem a ideia nem seu tratamento são originais ou novos. As raízes anarquistas do planejamento têm sido dissecadas a contento por uma série de autores, e em especial por Colin Ward na Grã-Bretanha, e Clyde Weaver nos Estados Unidos[2]. Tenho uma grande dívida pessoal para com eles, tanto por seus escritos quanto pelas conversas que mantivemos. E esse relato se fia, no que diz respeito a grande parte do embasamento essencial, em fontes secundárias; a história do planejamento possui agora uma literatura extremamente rica que saqueei à vontade. Daí por que este livro deve ser visto mais como um trabalho de síntese do que como pesquisa original. Note-se, porém, uma importante exceção: tentei permitir às figuras-chave, fonte das ideias essenciais, que se expressassem em suas próprias palavras.

Um Aviso: Algumas Pedras no Caminho

A tarefa nem sempre se revela fácil. Visionários têm o dom de expressar-se em idiomas estranhos, de difícil interpretação. Um traço surpreendente e comum a muitas – felizmente não à totalidade – das grandes figuras fundadoras do urbanismo é sua incoerência. Seus primeiros discípulos, todos excessivamente ansiosos de intentar a tarefa, podem ter criado um evangelho em desacordo com os textos originais. As ideias podem provir de textos alheios e, de volta, realimentarem-se em suas fontes, criando um emaranhado confuso, difícil de destrinçar. O mundo cultural e social em que viviam, e que forneceu o material essencial às suas percepções, há muito que se desvaneceu, e é difícil reconstruí-lo: o passado *é* um país estrangeiro, com língua diferente, costumes diferentes e uma visão diferente da condição humana.

Tentei, tanto quanto possível, deixar os fundadores contarem suas próprias histórias. E como alguns o fazem de maneira digressiva ou abstrusa ou mesmo ambas, manejei pesado mas, espero, judicioso machado: eliminei o palavrório, removi parênteses e, quando necessário, elidi pensamentos. Tentei, assim, fazer por eles o que talvez tivessem desejado para si próprios.

Se esse já é um trabalho bastante árduo, mais árduo ainda é o de compreendermos como, eventualmente, tais ideias foram redescobertas e reabilitadas, e, vez por outra, desvirtuadas. Pois aqui são as grandes questões da interpretação histórica que vêm à baila. Uma escola outrora poderosa, e mesmo dominante, afirmava que o planejamento, em todas as suas manifestações, é uma resposta do sistema capitalista – e particularmente do Estado capitalista – ao problema da organização da produção e, em especial, ao dilema das crises contínuas. Segundo tal interpretação, a ideia de planejamento será adotada – e com ela as visões dos pioneiros – exatamente quando o sistema precisar dela, nem antes nem depois. É claro que a simplicidade primitiva desse mecanismo de reciprocidade oculta-se sob uma complexa massa de polias e correias históricas: também os historiadores marxistas admitem que hora e vez acontecem – dentro de limites – a todos nós. Mas os limites são reais: concluindo, é o motor tecnológico-econômico que dirige o sistema socioeconômico e, através dele, as respostas da válvula de segurança política.

Quem quer que pretenda escrever história, em qualquer campo – e especialmente neste, onde tantas sofisticadas inteligências marxistas têm atuado –, deve tomar posição sobre tais questões parateológicas de interpretação. É o que faço agora: os atores da história atuam em resposta ao mundo onde eles mesmos se acham inseridos e, particularmente, aos problemas que enfrentam nesse mundo. É o que podemos chamar de óbvio tonitruante; as ideias não surgem de repente, fruto de alguma imaculada concepção, sem o concurso da ação profana. Mas igualmente, os seres humanos – especialmente os mais inteligentes e originais – são quase infinitamente idiossincráticos, criativos e surpreendentes; portanto, o real interesse da história, além daquele que se autopatenteia de modo flagrante, está na complexidade e variabilidade da reação do ser humano. Assim, neste livro, a base marxista dos acontecimentos históricos é considerada quase como um dado; o que faz a história digna de ser escrita e de parte dela ser lida é a compreensão de todos os multifários modos pelos quais o estímulo geral se relaciona com a resposta particular.

Outra declaração de cunho pessoal, no entanto, agora se impõe. Em virtude da vastidão do assunto, vi-me obrigado a ser altamente seletivo. A escolha dos temas principais, constituindo cada um o assunto-eixo de um capítulo, é necessariamente pessoal, e decorrente de juízo. Não procurei – deliberadamente – ocultar meus preconceitos: a meu ver, embora irrealistas e incoerentes, os próceres anarquistas tinham uma visão magnífica das possibilidades da civilização urbana, o que merece ser lembrado e celebrado; Le Corbusier, o Rasputin dessa história, representa, em contraste, a contratradição do planejamento autoritário, cujas consequências deletérias permanecem entre nós. É possível que o leitor venha a discordar de tais opiniões, pelo menos da intemperança com que são por vezes exaradas; eu argumentaria dizendo que, ao escrever este livro, não tive em mente obter um consenso aconchegante.

Mas há outro problema, de caráter técnico mais prosaico. Muitos fatos históricos recusam-se terminantemente a obedecer a uma nítida sequência cronológica. Isso é particularmente verdadeiro no tocante à história das ideias:

CIDADES DA IMAGINAÇÃO:
visões alternativas da boa cidade

os produtos da inteligência humana provêm de outros produtos, ramificam-se, fundem-se, jazem adormecidos ou são despertos dos mais complexos modos, o que raramente permite qualquer descrição linear nítida. Pior: sequer se submetem a qualquer tipo de ordenação esquemática. Assim, o analista que busca escrever um relato sobre um conjunto de temas fundamentais, verá que eles se entrecruzam de forma inteiramente desordenada e confusa. Ele irá ser lembrado constantemente do conselho do irlandês em cena naquela velha e coçada anedota: para chegar até ali ele nunca deveria ter começado por aqui. A solução inapelavelmente adotada foi a de contar cada história isolada e paralelamente: cada tema, cada ideia, desenha-se ao longo de, por vezes, seis ou sete décadas. Daí um constante voltar atrás na história, de tal forma que os fatos, com muita frequência, reemergem em diferentes ocasiões. Daí, também, não ter grande importância a ordem em que se leem os capítulos. O que não é de todo verdade; dei tratos ao cérebro para colocá-los numa sequência das menos confusas possíveis, isto é, na mais lógica, em termos de evolução e interação de ideias. Mas um aviso é indispensável: muitas vezes não deu certo.

E esse problema é acrescido por outro. Na prática, o planejamento das cidades funde-se, quase imperceptivelmente, com os problemas das cidades, e com aqueles na economia, na sociologia e na política das cidades, e esses, por sua vez, com toda a vida socioeconômico-político-cultural da época; não há termo nem limite para tais relações, ainda que um – embora arbitrário – deva ser estabelecido. A resposta, no caso, é contar do mundo apenas o suficiente para explicar o fenômeno do planejamento urbano; para fixá-lo firmemente, à maneira marxista, em sua base socioeconômica, e assim dar início à parte realmente interessante da tarefa do historiador. Publiquei depois deste um relato mais geral sobre a criatividade nas cidades, incluindo o tipo especial de criatividade voltada para a resolução dos problemas urbanos; muito na seção concernente do referido livro fornece um *background* para este, e pode mesmo ser visto como um complemento, mesmo eles tendo sido escritos na ordem errada[3].

Mas até essa decisão deixa disputas remanescentes sobre limites. A primeira delas diz respeito ao significado altamente elástico da expressão "planejamento da cidade". Quase todos, a partir de Patrick Geddes, concordariam que o referido conceito deveria incluir o planejamento da região que circunda a cidade; muitos, novamente seguindo a liderança de Geddes e da Regional Planning Association of America, iriam ampliá-lo, fazendo-o abarcar a região natural, ou seja, uma bacia fluvial ou uma unidade geográfica com cultura regional própria. E virtualmente todos os planejadores diriam que seu assunto inclui não apenas o planejamento de tal região mas também as relações entre regiões: por exemplo, o tópico essencialmente importante da relação entre a megalópole em expansão e o despovoamento da zona rural. Mas onde então termina o assunto? De imediato, ele abarca o planejamento econômico regional, que logicamente é inseparável do planejamento econômico nacional e, por conseguinte, da questão geral do desenvolvimento econômico; uma vez mais, os círculos em expansão ameaçam envolver todo o universo do discurso. É imprescindível que haja uma linha demarcatória mais ou menos arbitrária. Eu vou traçá-la de modo a incluir discussões gerais sobre políticas de planejamento nacionais e regionais, porém excluindo questões relativas ao puro planejamento econômico.

O segundo problema de limite está em quando começar. Esta pretende ou pretendia ser uma história do planejamento no século xx. Mas visto que o tema em pauta teve origem na reação à cidade do século xix, é obviamente necessário começarmos por aí: especificamente pela Inglaterra dos anos de 1880. No entanto, as ideias que circulavam então podem ser rastreadas pelo menos para os anos de 1880 e 1840, talvez até os anos de 1500. Como sempre, a história surge como tela inconsútil, um nó górdio que requer certos procedimentos mais ou menos arbitrários de separação para a arrancada inicial.

Existe ainda um terceiro problema de limite: o geográfico. Esta pretende ser uma história global, no entanto – dados todos os mais que evidentes limites estabelecidos pelo espaço e pela competência do autor – deve falhar em seu empenho. O relato resultante é manifestamente anglo-americano-cêntrico. O que pode ser justificado ou, pelo menos, desculpado: como será visto em breve, a maioria das ideias-chave do planejamento no Ocidente no século xx foi concebida e alimentada num clube singularmente pequeno e aconchegante, sediado em Londres e Nova York. Mas essa ênfase significa que o livro lida muito pouco com outras importantes tradições urbanísticas surgidas na França, na Espanha e na América Latina, na Rússia Imperial e na União Soviética, e também na China. Não possuo as capacidades linguísticas e outras habilidades que me permitissem fazer justiça a esses outros mundos. Eles hão de necessariamente fornecer assunto para outros livros escritos por outras mãos.

Finalmente, este é um livro sobre ideias e seus impactos. Consequentemente, as ideias ocupam o centro e a frente do palco; os impactos sobre o solo são nitidamente cruciais também, mas serão tratados como expressões – às vezes, é certo, quase irreconhecíveis de tão distorcidas – das ideias. Isto ajuda a explicar duas das principais idiossincrasias do livro. Primeiramente, visto que ideias tendem a vir antes, inclina-se ele firmemente em direção aos primeiros quarenta anos do século xx. Secundária e conjuntamente, muitos exemplares essenciais do planejamento concretizado no solo foram tratados por alto ou nem sequer mencionados. Livros, como outras tantas substâncias nocivas, deveriam portar avisos, e, neste, a mensagem a ler seria: não leiam este livro como um manual de história do planejamento; pode ser perigoso para a saúde, mormente se estiverem em época de exames na universidade.

Isso tudo aí vai, como não podia deixar de ser, à guisa de apologia. As óbvias omissões e confusões do livro serão um prato cheio para os críticos; nesse ínterim – visando a aparar algumas de suas observações e prevenir os compradores em potencial contra despesas temerárias e consequente desapontamento –, cumpre-me fixar as linhas mestras do tema de maneira um pouco mais pormenorizada, a fim de fornecer um guia para o matagal que se avizinha.

Um Guia Para o Labirinto

O livro afirma, em primeiro lugar e à guisa de introdução, que o planejamento urbano no século xx, como movimento intelectual e profissional, representa essencialmente uma reação contra os males produzidos pela cidade do século xix. O que é dessas afirmações estarrecedoramente nada originais, mas também desesperadoramente importantes: muitas das ideias-chave, muitos dos preceitos-chave só podem ser compreendidos com justeza dentro desse contexto. Em segundo lugar, e basicamente, diz ele que no planejamento urbano do século xx não há mais que umas poucas ideias-chave, e que elas ecoam de novo e são recicladas e reconectadas. Cada uma, por seu turno, origina-se de um indivíduo-chave ou, quando muito, de um pequeno punhado de indivíduos: os verdadeiros pais fundadores do planejamento urbano moderno. (Quase não houve – pobres de nós! – mães fundadoras[4], cabendo ao leitor julgar as consequências.) Eles, por vezes, reforçam-se mutuamente, muito amiúde entram em conflito: a visão de um é o pior inimigo da visão de outro.

O capítulo 2 discute as origens oitocentistas do planejamento urbano do século xx. Procura mostrar que as preocupações dos pioneiros resultaram, de modo bastante objetivo, do compromisso com os milhões de pobres encurralados nos cortiços vitorianos; que, de maneira menos meritória mas bastante compreensível, os que deram ouvido a tais mensagens fizeram-no talvez em grande parte obcecados pela realidade da violência mal reprimida e pela ameaça de insurreição. Embora o problema e certa ansiedade dele decorrente tenham se repetido em cada uma das grandes cidades do Ocidente, eles foram mais visíveis e com certeza mais sentidos na Londres de meados dos anos de 1880, sociedade urbana torturada por tensões sociais e fermentação política enormes; daí o foco central do capítulo.

O capítulo 3 sugere a presença de uma ironia básica: tão logo se ensaiaram os primeiros experimentos para a criação de uma nova ordem social programada, começou o mercado a dissolver os piores males da cidade do cortiço mediante o processo da suburbanização em massa, embora apenas às expensas – sem dúvida e por certo não evidentemente – de gerar outros males. Uma vez mais, durante várias décadas, Londres liderou o mundo nesse processo, ainda que importando tecnologias na área de transporte e o empreendedorismo norte-americanos. Portanto, aqui também, o enfoque anglo-americano prevalece, se bem que com uma prolongada digressão lateral, a fim de indagarmos por que Paris, Berlim e São Petersburgo demoraram tanto para tomar caminho idêntico.

A primeira e sem dúvida mais importante resposta à cidade vitoriana foi o conceito da cidade-jardim de Ebenezer Howard, *gentleman* e amador (inexistiam, por definição, profissionais na época) de grande visão e igual persistência, que o concebeu entre 1880 e 1898. Seu objetivo era resolver o problema da, ou pelo menos melhorar a, cidade vitoriana, exportando uma porção considerável de sua gente e dos seus empregos para novas e estanques constelações de novas cidades construídas em campo aberto, distantes dos cortiços e da fumaça – e, o que é mais importante, dos altos valores da terra – da cidade-gigante. Como veremos no capítulo 4, o fato repercutiu mundo afora, assumindo, no processo, alguns aspectos estranhos que o tornaram por vezes quase irreconhecível. Dispostas em linha contínua, essas manifestações variaram de puros subúrbios-dormitório, que ironicamente representavam a absoluta antítese de tudo aquilo que Howard defendeu, a utópicos esquemas que pretendiam promover a redução populacional das grandes cidades e recolonização do campo. Algumas dessas variantes, bem como a visão howardiana mais pura, foram executadas por seus seguidores, que por sinal já adquiriram seus próprios nichos no panteão do urbanismo, situados, todos, em segundo plano apenas em relação ao de Howard: Raymond Unwin, Barry Parker e Frederic Osborn na Grã-Bretanha; Henri Sellier na França; Ernst May e Martin Wagner na Alemanha; Clarence Stein e Henry Wright nos Estados Unidos. Outras foram concebidas independentemente, como a visão da cidade linear, do espanhol Arturo Soria, ou a descentralizada Broadacre City de Frank Lloyd Wright. Cada uma delas e suas inter-relações terão necessariamente um lugar especial na narrativa.

CIDADES DA IMAGINAÇÃO:
visões alternativas da boa cidade

A segunda resposta decorreu logicamente, se não de todo cronologicamente, da primeira: é a visão da cidade regional, que leva o tema central de Howard muito além, conceitual e geograficamente, afirmando que a resposta à sórdida saturação populacional da cidade-gigante está num vasto programa de planejamento regional, dentro do qual cada parte sub-regional desenvolver-se-ia harmoniosamente com base nos seus próprios recursos naturais, bem como num total respeito aos princípios de equilíbrio ecológico e renovação de recursos. As cidades, nesse esquema, ficam subordinadas à região: tanto as velhas metrópoles quanto as novas cidades só crescerão como partes necessárias do esquema regional, nem mais nem menos. Essa visão foi desenvolvida pelo biólogo escocês Patrick Geddes logo após 1900, e interpretada durante os anos de 1920 pelos membros fundadores da Regional Planning Association of America: Lewis Mumford, Clarence Stein e Henry Wright, já citados, mais Stuart Chase e Benton MacKaye. Havia outros relacionados com esse grupo, sobretudo norte-americanos: os regionalistas sulistas liderados por Howard Odum, planejadores do New Deal como Rexford Tugwell, e até mesmo – indiretamente – Frank Lloyd Wright. Essa rica e visionária tradição, cuja tragédia foi ter prometido tanto e, na prática, dado tão pouco, é a matéria tratada no capítulo 5.

A terceira linha de conduta coloca-se em total contraste, e mesmo conflito, com as duas primeiras: é a tradição monumental do desenho urbano, que recua até Vitrúvio, se não mais, ressurgindo poderosamente na metade do século XIX, pelas mãos de mestres urbanistas como Georges-Eugène Haussmann em Paris ou Ildefonso Cerdà em Barcelona. No século XX, conforme mostra o capítulo 6, reapareceu intermitentemente em lugares bizarros e descombinados: serva do orgulho cívico aliada ao ufanismo comercial na América; expressão da majestade imperial na Índia e na África britânicas; e da independência recém-conquistada na Austrália; agente da megalomania totalitarista na Alemanha de Hitler e na Rússia de Stálin (e, menos ambiciosa, se bem que mais efetiva, na Itália de Mussolini e na Espanha de Franco). Quando e onde lhe foi permitido concluir a tarefa – às vezes tardiamente, às vezes nunca –, foi executada a contento: simbólica, expressão da pompa, do poder, do prestígio, eximindo-se de todo propósito social mais amplo e até mesmo hostil a ele.

Existiu, no entanto, outra tradição, confusamente semiaparentada tanto com as correntes da cidade-jardim quanto da cidade monumental. Referimo-nos à visão do arquiteto urbanista Le Corbusier, o francês natural da Suíça que afirmou que o mal da cidade moderna estava na densidade de seu desenvolvimento e que o remédio, perversamente, consistia em aumentar essa densidade. A solução de Le Corbusier, segundo a qual um mestre planejador todo-poderoso demoliria por completo a cidade existente, substituindo-a por outra feita de altas torres erguidas no meio de um parque, é discutida no capítulo 7. Em sua forma inteiramente pura, nunca foi acatada – o que talvez seja compreensível – por nenhuma administração municipal do mundo, seja em vida do autor, seja após sua morte. Mas partes dela o foram, e os efeitos revelaram-se pelo menos tão imensos quanto os da visão rival de Howard: toda uma nova cidade nas planícies do norte da Índia, competindo em escala formal e extensão de área com o monumento do Raj em Nova Delhi, construído no estilo neoclássico e definitivo de Lutyens; e ainda mais significativas, como impacto humano, as centenas de destruições parciais à base de escavadeiras e reconstruções verificadas em cidades mais antigas, de Detroit a Varsóvia, de Estocolmo a Milão.

Outra linha mestra do pensamento urbanístico, ou da ideologia urbanística – um e outra fundem-se imperceptível e confusamente –, reclama, também, atenção especial. Mas, de novo, à semelhança da última citada, ela também se apresenta firmemente entrelaçada a várias outras correntes importantes, inspirando-as e colorindo-as. Segundo ela, as formas construídas de cidades deveriam, o que não acontece agora, provir das mãos de seus próprios cidadãos; rejeitando, portanto, a tradição segundo a qual cabe às grandes empresas, públicas ou privadas, construir para as pessoas, adotando, em contraposição, a ideia de que as pessoas é que deveriam construir para si próprias. Encontramos essa noção poderosamente presente no pensamento anarquista que tanto contribuiu para a visão howardiana da cidade-jardim na década final do século XIX, e em particular para as ideias geddesianas de reabilitação urbana em partes, entre 1885 e 1920. Tal noção constitui um ingrediente básico e poderoso do pensamento de Frank Lloyd Wright nos anos de 1930, e em particular de sua Broadacre City. Ela volta à tona para produzir uma importante e mesmo dominante ideologia urbanística nas cidades do Terceiro Mundo, através do trabalho de John Turner – também ele saído diretamente do pensamento anarquista – na América Latina dos anos de 1960. E representa um elemento crucial na evolução intelectual do teórico de arquitetura anglo-americano Christopher Alexander, nessa década e na seguinte. Chega, por fim, ao seu auge com o movimento de projeto comunitário que, entre os anos de 1970 e 1980, invadiu os Estados Unidos e sobretudo a Grã-Bretanha, onde conquistou a suprema dignidade do patrocínio real. Esse relato longo e por vezes estranho é o tema central do capítulo 8.

Houve ainda outra tradição, embora seja mais difícil fixá-la em termos filosóficos e ela seja menos firmemente associada a um profeta dominante. É a visão de uma cidade dotada de infinita mobilidade graças aos progressos obtidos na tecnologia dos meios de transporte, em especial o automóvel, que

CIDADES DA IMAGINAÇÃO:
visões alternativas da boa cidade

é tratada no capítulo 9. Essa é uma tradição que flui da admirável predição feita na virada do século por H.G. Wells sobre a suburbanização maciça do sul da Inglaterra, passa pelas visões concretizadas nos projetos viários, como o realizado para Los Angeles em 1939 e para quase todos os outros lugares entre 1955 e 1965, e chega até a descrição de Melvin Webber sobre o domínio urbano do não lugar, em 1963-1964. A visão de Broadacre City, de Frank Lloyd Wright, assemelha-se muito a ela, bem como se assemelha a tantas outras das principais tradições; tal como a visão dos desurbanistas soviéticos dos anos de 1920, e também a seu modo, bem anteriormente, ao conceito de Soria sobre a cidade linear com todas as suas incontáveis e subsequentes derivações. De todas as grandes tradições, essa é a que mais se funde e se inter-relaciona com as demais, pois Howard, Le Corbusier, os regionalistas, todos eles tinham suas próprias versões individuais desse evangelho muito especial.

A maioria dessas ideias, embora destituída de qualquer possibilidade de realização na origem, foi essencialmente produto de ativistas, dos homens que plasmaram este mundo. Mais cedo ou mais tarde, frequentemente mais cedo, seus criadores puseram de lado palestras e escritos e passaram à ação; para vermos seus monumentos, basta que olhemos à nossa volta. Mas é importante, para qualquer história do movimento urbanístico, também compreender e enfatizar que, a partir dos anos de 1950, à medida que o planejamento tornou-se mais e mais um ofício que se aprende através da educação formal, ele foi progressivamente adquirindo um corpo mais abstrato e mais formal de teoria pura. Parte dessa teoria, segundo o jargão que lhe é próprio, é teoria *em* planejamento: conhecimento das técnicas e metodologias práticas, sempre tão necessárias aos planejadores, se bem que anteriormente eles as adquirissem no processo do próprio trabalho. Mas a outra, a teoria *do* planejamento, é uma história completamente diferente: sob essa rubrica os planejadores tentam compreender a verdadeira natureza da atividade que exercem, incluídas as razões que lhe justificam a existência. E foi aí que – como é hábito entre eles – teorias sucederam-se a teorias, paradigmas substituíram paradigmas, numa rapidez crescente e de modo por vezes desconcertante, se não exacerbado. Mesmo buscar um sentido parcial desta história, leva ao risco, imediato e óbvio, de aderir ao processo no seu todo, caindo nas malhas dessa mesma síndrome que buscamos compreender. Caberá ao leitor decidir se o capítulo 10 soube escapar da cilada.

Enquanto a academia seguia seu caminho, o mundo enveredava por outro. Indiretamente decorrente do movimento de projeto da comunidade descrito no capítulo 8, surgia a convicção de que muito do que foi feito em nome do planejamento fora irrelevante no nível estratégico mais alto e abstrato e pernicioso no nível do solo, onde os resultados emergem e ficam à vista de todos. Isso porque, em meio século ou mais de prática burocrática, o planejamento degenerou numa máquina reguladora negativa, projetada para sufocar toda e qualquer iniciativa, toda e qualquer capacidade criadora. Eis, no entanto, outra ironia histórica: o pensamento de esquerda retornou às raízes anarquistas, voluntaristas, em pequena escala e de baixo para cima do planejamento; os redutos do pensamento de direita passaram a reclamar um estilo empresarial de desenvolvimento; e ambas as alas pareciam a pique de abraçar-se nos bastidores. Daí as mudanças, em vários países, para regimes de planejamento simplificado e secretarias agilizadas que pudessem reduzir a burocracia[5]* e gerar uma cultura vigorosa, independente, empreendedora, sem tantos acidentes de percurso. Durante os anos de 1980, tal convicção, que não passou de superficial na América do Norte, de repente emergiu em países até então julgados imunes como a Grã-Bretanha. Traçar tais conexões, amiúde sutis e muito indiretas, é a preocupação central do capítulo 11.

Depois dessa grande explosão de atividade, voltada principalmente para a regeneração dos centros urbanos, os anos de 1990 representaram um período de consolidação. A busca da sustentabilidade foi o tema preponderante nessa década, e o desenvolvimento urbano sustentável tornou-se quase um mantra. Mas, ao mesmo tempo, os administradores e planejadores urbanos viram-se cada vez mais competindo com outras cidades ao buscar reconstruir suas economias, substituindo indústrias moribundas ou mortas por outras novas, e restabelecer a paisagem industrial destroçada resultante dessa mudança econômica cataclísmica. Esses dois temas, a cidade competitiva e a cidade sustentável, amalgamaram-se num foco renovado na recuperação urbana: forjando um renascimento urbano, o tema de um documento-chave programático britânico do fim dos anos de 1990, que viria restaurar a saúde das cidades e produzir formas urbanas novas, compactas e eficientes. Essa é a história contada no capítulo 12.

Enquanto isso, em meio à decorrente pletora de secretarias e empreendimentos, as cidades iam seguindo seu caminho. Algo, porém, começou a manifestar-se, perturbadoramente, já desde meados dos anos de 1960 em diante: em vez de melhorarem, certas partes de certas cidades – e, sem sombra de dúvida, certas pessoas nessas partes dessas cidades – estavam piorando, pelo menos num sentido relativo, e possivelmente também no absoluto. À medida que um esforço de revitalização urbana sucedia a outro, parecia com muita frequência que todos se beneficiavam, exceto aquelas pessoas para quem os esforços foram muitas vezes especificamente projetados. Mais: é provável que essas pessoas estivessem simplesmente transmitindo sua condição de uma geração para outra, tornando-se efetivamente menos capazes de ascenderem de nível, à medida que a corrente principal da economia e da sociedade delas se distanciava. Tais sugestões foram repelidas com indignação e mesmo veemência; mas não arredariam pé, porque o fenômeno permaneceu, claro e patente. Esse debate e os fenômenos que o detonaram são analisados no capítulo 13.

Existe uma simetria incomum e inquietante sobre este livro: após cem anos de debates acerca de como planejar a cidade, após reiteradas tentativas – embora equivocadas ou distorcidas – de pôr ideias em prática, damo-nos conta de que estamos quase de volta ao ponto de partida. Os teóricos retrocederam drasticamente às origens anarquistas do planejamento; a cidade mesma é novamente vista como um lugar de decadência, pobreza, mal-estar social, intranquilidade civil e, possivelmente, até mesmo de insurreição. O que não significa, está claro, que não tenhamos chegado a parte alguma: a cidade do milênio é um lugar imensamente diferente, e inquestionavelmente muito superior, quando comparada com a cidade de 1900. Significa, isso sim, que certas tendências parecem ter-se reafirmado; provavelmente porque, na verdade, jamais tenham deixado de estar presentes.

A CIDADE DA NOITE APA VO RANTE

2

Reações à Cidade Encortiçada do Século XIX

Londres, Paris, Berlim, Nova York (1880-1900)

as grandes cidades da terra... tornaram-se... centros asquerosos de fornicação e cobiça – a fumaça exalada de seus pecados eleva-se até penetrar na face dos céus como a fornalha de Sodoma; e sua poluição putrefaz e pulveriza os ossos e as almas da gente do campo que vive ao redor delas, como se cada uma fosse um vulcão cujas cinzas arrebentassem em pústulas sobre homens e animais.

JOHN RUSKIN, *Letters to the Clergy on the Lord's Prayer and the Church* (1880)

"A que gente você se refere?", Hyacinth permitiu-se indagar.
"Ora, à gente da alta roda, que teve tudo na vida."
"Nós não os chamamos de gente", observou Hyacinth, achando em seguida que sua observação fora um tanto primária.
"Suponho que vocês os chamem de patifes, de canalhas!", sugeriu Rose Muniment, rindo, divertida...
"De tudo, mas de modo algum de inteligentes", disse o irmão.
"Quanto a isso não há dúvida, como são imbecis!", exclamou a fidalga.
"Entretanto, não acredito que todos saíssem do país."
"Saíssem do país?"
"Quero dizer, como aqueles nobres franceses que emigravam tanto. Teriam ficado em suas casas e lutado; fariam mais do que lutar. Acho que brigariam com garra."

HENRY JAMES, *The Princess Casamassima* (1886)

Em 1880, James Thomson, poeta cuja diligência vitoriana nunca compensou completamente sua monumental falta de talento, publicou uma coleção de versos com rimas fáceis (doggered), nomeada pelo título inicial: interminável e subdantesca excursão pelo submundo. Os versos foram logo esquecidos, mas o título, *The City of Dreadful Night*, não. Isso talvez porque o horror da cidade vitoriana, de noite ou de dia, logo se tornou um dos maiores temas da década. As linhas de abertura do poema de Thomson, "The City is of Night, perchance of Death, / But certainly of Night, for never there / Can come the lucid morning's fragrant breath / After the dewy morning's cold grey air"[1*], podiam muito bem estar descrevendo a Londres, a Liverpool ou a Manchester daquele tempo. Talvez W.T. Stead, o sensacionalista caçador de escândalos e editor do vespertino *Pall Mall Gazette,* estivesse, consciente ou inconscientemente, relembrando esses versos quando, num editorial de outubro de 1883, comentou que "o austero florentino poderia ter acrescentado vários outros horrores à sua visão do inferno com uma breve permanência num cortiço londrino".

O editorial de Stead vinha encabeçado por um "NÃO ESTÁ NA HORA?" Nos tons estentóreos que já o celebrizavam, assim arengava ele para o seu público classe média radical: "Os horrores dos cortiços", escreveu, representam "o grande problema doméstico que a religião, o humanitarismo e as instituições políticas da Inglaterra têm o imperativo dever de resolver". Com o agudo senso de *timing,* típico do jornalista, e um talento especial para detectar a causa do momento, ele pôs as mãos num panfleto recém-publicado por um pastor congregacionalista, Andrew Mearns. Astutamente promovido por Stead, *The Bitter Cry of Outcast London* (*O Grito Amargo do Lado Oculto de Londres*) fez sensação. Teve efeito "imediato e cataclísmico"[2]: provocou apelos imediatos para que se instaurasse um inquérito oficial, apelos que provinham não apenas da *Pall*

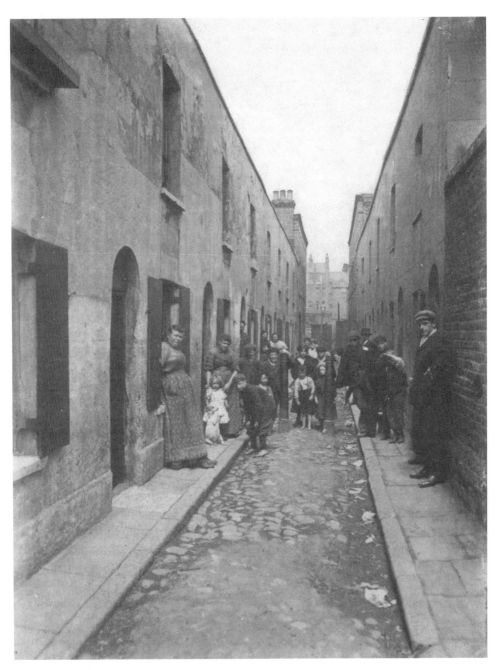

FIG. 1: *A rua Little Collingwood, Bethnal Green, c. 1900. Os "pobres respeitáveis" da época vitoriana, provavelmente pertencentes à classe C de Booth, em suas aviltantes moradias.* Fonte: © Ian Galt/Museum of London.

Mall Gazette, mas até mesmo de jornais muito mais conservadores como o *The Times* e o *Punch,* e finalmente da própria rainha Vitória, levando diretamente à nomeação da Comissão Real para a Moradia das Classes Trabalhadoras, em 1884[3]. Provou-se, assim, um dos mais influentes escritos em toda a história da reforma social britânica; mais tarde, Stead afirmou que só pelo fato de ter conseguido detonar a nomeação da Comissão Real, esse texto já podia ser considerado como responsável pelo nascimento da legislação social moderna[4].

O Grito Amargo

Não foi essa a primeira tentativa envidada no sentido de sacudir a presunçosa autoconfiança da sociedade vitoriana tardia; mas foi o alfinete que furou a bolha. Isso graças à estranha habilidade de Mearns em levar os leitores para dentro do cortiço. Mesmo após um século, as descrições ainda nos arrepiam de pavor e enchem de náusea; elas têm uma qualidade quase televisual. Somente extensas citações podem transmitir o impacto que causaram:

> Poucos dos que leem estas páginas sequer concebem o que são estes pestilentos viveiros humanos, onde dezenas de milhares de pessoas se amontoam em meio a horrores que nos trazem à mente o que ouvimos sobre a travessia do Atlântico por um navio negreiro. Para chegarmos até elas é preciso entrar por pátios que exalam gases venenosos e fétidos, vindos das poças de esgoto e dejetos espalhados por toda a parte e que amiúde escorrem sob os nossos pés; pátios, muitos deles, onde o sol jamais penetra, alguns sequer visitados por um sopro de ar fresco, e que raramente conhecem as virtudes de uma gota d'água purificante. É preciso subir por escadas apodrecidas, que ameaçam ceder a cada degrau e, em alguns casos, já ruíram de todo, com buracos que põem em risco os membros e a vida do incauto. Acha-se o caminho às apalpadelas, ao longo de passagens escuras e imundas, fervilhantes de vermes. E então, se não forem rechaçados pelo fedor intolerável, poderão os senhores penetrar nos pardieiros onde esses milhares de seres, que pertencem, como todos nós, à raça pela qual Cristo morreu, vivem amontoados como reses.[5]

Agora, Mearns leva seu visitante burguês para dentro do horrendo interior do cortiço:

> Paredes e teto estão negros com as acreções da imundície que sobre eles se foi acumulando ao longo dos anos de abandono. Imundície que transpira pelas fendas do forro de tábuas, escorre pelas paredes, está em toda a parte. O que atende pelo nome de janela é apenas metade disso, recheada de farrapos ou tapada com tábuas que impedem a entrada da chuva e do vento; o resto é tão encardido e escuro que só a muito custo deixa a luz entrar ou permite qualquer visão do exterior[6]

O mobiliário pode comportar "uma cadeira quebrada, os restos vacilantes de uma armação de cama, ou um simples fragmento de mesa; mas é mais comum encontrarmos rudes substitutos para essas coisas, na forma de tábuas ásperas em cima de tijolos, um velho cesto ou uma caixa emborcados no chão, ou mais frequentemente ainda, nada além de lixo e farrapos"[7].

Está montado o cenário para os horrores humanos que dentro dele se desencadeiam.

> Cada quarto, nessas podres e fétidas moradias coletivas, aloja uma família, muitas vezes duas. Um fiscal sanitário registra em seu relatório haver encontrado, num porão, o pai, a mãe, três crianças e quatro porcos! Noutro, um missionário encontrou um homem com varíola, a mulher na convalescença de seu oitavo parto, e as crianças zanzando de um lado para o outro, seminuas e cobertas de imundície. Aqui estão sete pessoas morando numa cozinha no subsolo, e ali mesmo, morta, jaz uma criancinha. Em outro local estão uma pobre viúva, seus três filhos e o cadáver de uma criança morta há treze dias. Pouco antes, o marido, um cocheiro, havia se suicidado.

Noutro quarto viviam uma viúva e seus seis filhos, entre os quais uma moça de 29 anos, outra de 21, e um rapaz de 27. Outro alojava pai, mãe e seis filhos, dois deles com escarlatina. Noutro, nove irmãos e irmãs, de 29 anos para baixo, viviam, comiam e dormiam juntos. Ainda noutro, havia "uma mãe que manda os filhos para a rua assim que chega a noite, porque deixa o quarto para fins imorais até muito depois da meia-noite, quando os pobres coitadinhos rastejam de volta, se não encontraram algum abrigo miserável em qualquer parte"[8].

O resultado inevitável foi o que chocou o público de Mearns, tanto quanto o horror físico:

> Perguntem se os homens e mulheres, que vivem juntos nesses antros, são casados, e a tolice da pergunta provocará um sorriso. Ninguém sabe. Ninguém se importa. Ninguém espera que o sejam. Só excepcionalmente poderia

A CIDADE DA NOITE APAVORANTE
reações à cidade encortiçada do século XIX

haver uma resposta afirmativa. O incesto é comum; e não há forma de vício ou de sensualidade que cause surpresa ou chame a atenção... O único obstáculo ao comunismo, no caso, está na inveja e não na virtude.

As práticas mais vis são observadas com a mais trivial das indiferenças... Numa rua há 35 casas, das quais 32 são, sabidamente, bordéis. Em outro distrito, há 43 dessas casas, e 428 mulheres e meninas perdidas, muitas das quais não têm mais de 12 anos.[9]

Para a classe média vitoriana, talvez tenha sido esse o retrato mais chocante de todos.

A verdade, argumentou Mearns, é que para gente tão literalmente carente, o crime compensa. Nos arredores de Leicester Square, "vários membros conhecidíssimos do famoso bando dos 'quarenta ladrões', frequentemente mancomunados com mulheres de rua, saem depois de escurecer para assaltar os transeuntes em Oxford Street, Regent Street e outros logradouros". A aritmética do crime era inexorável: "Uma criança de sete anos, como é fácil verificar, faz 10 xelins e 6 *pence* por semana roubando, mas o que poderia ela ganhar fazendo caixas de fósforos pagas a 2 *pence* e 1/4 a grosa...? Para ganhar tanto quanto o ladrãozinho, teria que fazer 56 grosas de caixas de fósforos por semana, ou 1 296 caixas por dia. Inútil dizer que isso é impossível..."[10]

Na raiz do problema estava o fato de que a gente do cortiço era inelutável e opressivamente pobre. Rematadeiras de calças trabalhavam dezessete horas, das cinco da manhã às dez da noite, por um xelim; se rematassem camisas, o pagamento caía para a metade disso. Doença e bebida compunham sua condição:

> Quem é capaz de imaginar o sofrimento que existe por trás de um caso como este? Uma pobre mulher com tuberculose em fase avançada, quase um esqueleto, vive num único quarto com o marido bêbado e cinco filhos. Quando a visitamos, ela estava comendo umas poucas ervilhas. As crianças haviam ido apanhar alguns gravetos para o fogo com que iriam cozinhar quatro batatas que estavam sobre a mesa e seriam o jantar da família naquele dia... Num quarto, em Wych Street, no terceiro andar, em cima da loja de um negociante de artigos náuticos, fez-se recentemente uma investigação sobre a morte de em garotinho. Naquele quarto viviam um homem, sua mulher e três filhos. O garoto era o segundo filho e morrera envenenado pela atmosfera miasmática; e esse garotinho morto teve seu corpo aberto no único quarto onde os pais e os irmãos viviam, comiam e dormiam, *porque a paróquia não tinha necrotério nem lugar para fazer autópsias!*

Não é de admirar que os jurados que foram examinar o corpo ficassem nauseados com as exalações mefíticas.[11]

Para Mearns, "O espetáculo da miséria infantil é o mais pungente e pavoroso elemento no quadro dessas descobertas; e delas, não a menor é a miséria herdada do vício de pais bêbados e dissolutos, e manifesta nas raquíticas, disformes e amiúde repugnantes vítimas com que deparamos constantemente nesses locais":

> Aqui está um de três anos catando pedaços de pão sujo e comendo. Entramos por um vão e encontramos uma garotinha de doze anos. "Onde está sua mãe?" "No hospício." – "Há quanto tempo ela está lá?" "Quinze meses." "Quem cuida de você?" A menina, que está sentada a uma velha mesa, fazendo caixas de fósforos, replica: "Eu cuido de meus irmãos e irmãs menores o melhor que posso"[12].

Ao chegar ao seu "o que propomos fazer", Mearns não teve dúvidas: "Teremos que atentar para o fato de que sem a interferência do Estado nada de efetivo se pode realizar em qualquer escala mais ampla. E *isso é* um fato."[13] A raiz do problema era simplesmente econômica. As pessoas viviam amontoadas porque eram pobres e, porque eram pobres, não tinham recursos para providenciar o remédio óbvio: mudar para um lugar onde o aluguel fosse mais barato:

> Esses coitados precisam viver em algum lugar. Não podem dar-se no luxo de ir de trem ou de bonde para os subúrbios, e como, com seus pobres e famintos corpos emaciados, podemos deles esperar – além de trabalharem doze horas ou mais, por um xelim ou menos – que caminhem cinco ou seis quilômetros na ida e depois outras tantas na volta?[14]

Isso visava deliberadamente a dar arrepios à classe média. Pois, como mostrou James Yelling, os pardieiros londrinos eram vistos como "locais empestados" onde a doença, o crime, o vício, e o pauperismo floresciam, espalhando sua influência contaminante por toda a cidade[15]. Pior que isso, eles eram vistos como "antros do vício", o refúgio das classes violentas e criminais; como essas eram também as áreas mais insalubres, elas tinham que acabar primeiro[16]. Talvez elas fossem isso mesmo, mas a grande maioria dos moradores dos bairros miseráveis eram pessoas decentes e desesperadas que tinham que viver onde viviam porque dependiam de trabalho esporádico e eram muito pobres para viver longe das oportunidades de trabalho[17]. Ainda em 1913, 40% da classe trabalhadora em Westminster dizia ter que viver próximos de seu

A CIDADE DA NOITE APAVORANTE
reações à cidade encortiçada do século XIX

trabalho. Um dos trabalhadores temporários explicou resumidamente: "Para mim daria no mesmo ir para a América do Norte ou para os subúrbios."[18] Como afirmava John Burns, pardieiros eram "criados primeiramente pela falta de dinheiro. Onde o trabalho temporário era endêmico, a pobreza era epidêmica, e a imundície prevalecia"[19].

O pior de todos, e assim o primeiro a acabar, estava em uma grande área em forma de ferradura no entorno de Londres, de St. Martin in the Fields, St. Giles e Drury Lane, atravessando Holborn até Saffron Hill, Clerkenwell e St. Luke, e dali para leste até Whitechapel e cruzando o rio até Southwark[20]. Aqui, companhias filantrópicas como Peabody e Waterlow trabalhavam para demolir os cortiços e substituí-los por blocos modelares de apartamentos[21]. Mas já se tornara evidente nos anos de 1880 que a erradicação dos cortiços não podia ser feita dessa maneira[22]. A legislação (o Cross Act) permitia realmente às autoridades locais comprar e demolir propriedades "inadequadas", mas havia pouca provisão de recursos para realojamento e o sistema era extremamente pesado, burocrático e lento na ação[23]. E os novos modelos de moradias eram odiados pela sua quantidade excessiva, sua falta de verde, suas fachadas soturnas e seus regulamentos mesquinhos; não surpreende que seus moradores mais tarde tenham se agarrado com entusiasmo à ideia da cidade-jardim[24]. Além disso, por terem um magro retorno de 2 a 3%, seus aluguéis os colocavam fora do alcance do trabalhador temporário pobre[25]. Não admira que em meados dos anos de 1870 tenha sido estimado que três quartos de todas as casas de Londres estavam subdivididas em apartamentos[26].

E durante todo o tempo a construção de rodovias e ferrovias e o crescimento do distrito comercial central de Londres estavam expulsando para longe a habitação operária mais depressa do que jamais poderia ser reposta[27]. As demolições para a construção de ruas desalojaram aproximadamente 100 mil pessoas entre 1830 e 1880; as ferrovias, no mínimo 76 mil pessoas entre 1853 e 1901[28]. Longe de compensarem essas perdas, as demolições na verdade as exacerbavam[29]. Em 1895, ano em que a primeira habitação social sob iniciativa do estado foi ocupada em Londres, os três principais grupos filantrópicos tinham em conjunto construído apenas 16.950 moradias[30]. De fato, esse fracasso aumentou as pressões para abolir o antigo Metropolitan Board of Works e criar para toda Londres um governo eleito diretamente[31].

A Comissão Real Britânica de 1885

As palavras de Mearns tocaram em corda sensível. Embora alguns comentaristas, como o marquês de Salisbury, pensassem em termos de fundos de caridade, e outros, como Joseph Chamberlain, em termos de ação da autoridade local, verificou-se uma disposição geral para chegarem todos a uma intervenção conjunta[32]. Até o *Times,* ao externar sua desaprovação, observava que "não há dúvida possível, se examinarmos as tendências da época, de que o *laissez-faire* está praticamente posto de lado e que agora cada peça da interferência estatal irá abrir caminho para outra, e assim sucessivamente"[33]. E foi o próprio Salisbury quem, num discurso crucialmente importante de novembro de 1884, levantou a questão da intervenção estatal[34]. A nomeação de uma prestigiosa Comissão Real, presidida por *sir* Charles Wentworth Dilke, e que incluía entre seus membros o príncipe de Gales, Salisbury e o cardeal Manning ocorreu em seguida. Mas embora o relatório da Comissão de 1885 confirmasse, à saciedade, a natureza do problema, não obteve unanimidade para o remédio. Concluía ele, explicitamente:

> primeiro: embora tenha havido muito progresso [...] na condição das moradias para o pobre, em comparação com o que ocorria trinta anos atrás, os males da superlotação, especialmente em Londres, continuam sendo um escândalo público e estão se tornando, em certas localidades, mais sérios do que nunca; segundo: existe uma farta legislação para fazer frente a esses males, porém as leis existentes não vêm sendo aplicadas e algumas têm permanecido letra morta desde a época de sua inclusão no código civil[35].

Ficou plenamente evidenciado que o normal, em Londres, era uma família ocupar um quarto, e que uma família podia ter até mesmo oito pessoas. O problema fazia-se mais agudo visto que o costume, na capital, era dividirem-se as casas em cômodos alugados de um só quarto, tendo todos que partilhar uma única bica d'água e uma única latrina. E como a porta da frente raramente era fechada, à noite as escadas e os corredores povoavam-se do que a gíria britânica chamava ironicamente de *appy dossers**: ou sem-teto[36]. Dentro dos quartos, a prática abertamente difundida do trabalho caseiro – frequentemente insalubre, como *rag-picking***, fabrico de sacos ou de caixas de fósforos, escorchamento de coelhos – tornava piores as condições já ruins[37]. Nas cidades do interior, embora com grandes variações, de modo geral, o problema da superlotação não era como em Londres[38].

A CIDADE DA NOITE APAVORANTE
reações à cidade encortiçada do século XIX

FIG. 2: *Uma sessão da Comissão Real para a Moradia das Classes Trabalhadoras, em 1884. No centro à direita, Shaftesbury dá um depoimento sobre os modos de vida do pobre; inclinando-se para a frente, no centro à esquerda, o príncipe de Gales parece consternado.*

Para alguns, como o veterano reformador social lorde Shaftesbury, o sistema de quarto único era "física e moralmente além de qualquer descrição":

> Estava eu dizendo que nós não ousamos contar tudo o que sabemos e, de minha parte, ficaria muito constrangido se tivesse que entrar em pormenores sobre coisas que bem conheço, mas darei um exemplo das péssimas consequências do sistema de quarto único, e um exemplo que não é dos piores. Este caso aconteceu no ano passado, mas casos desses acontecem com frequência. Um amigo meu, diretor de um grande estabelecimento escolar, descendo a um dos pátios do fundo, viu duas crianças de tenra idade, dez ou onze anos, tentando ter relação sexual na senda. Ele correu, agarrou o menino e o arrastou para fora, e a única observação do garoto foi esta: "Por que é a mim que o senhor está pegando? Lá embaixo há uns doze fazendo o mesmo". Está claro que isso não provém de tendências sexuais e deve ter sido provocado por imitação do que viram.[39]

Mas houve quem discordasse; e a Comissão Real concluiu que o "padrão de moralidade... é mais elevado do que seria de esperar"[40].

Isso talvez fosse um pequeno consolo: o fato notável de que a média dos inquilinos de uma casa de cômodos dispunha de muito menos espaço do que o prescrito pelo Estado vitoriano para os encarcerados em prisões ou em reformatórios. Como era de prever, os índices de mortalidade – sobretudo de crianças – permaneciam alarmantemente altos. As que sobreviviam, segundo cálculos da Comissão, perdiam em média vinte dias de trabalho no ano, "por depressão e fadiga". Agregue-se a tudo isso o fato de que "o mais fervoroso apologista das classes mais pobres não afirmaria que nesse meio, de modo geral, prevalecessem hábitos de limpeza"[41].

As causas básicas, exatamente como mostrara Mearns, estavam na pobreza total e consequente incapacidade de mudança para outro local. Trabalhadores londrinos não qualificados, como os ambulantes e os mascates, ganhavam quando muito de 10 a 12 xelins por semana; doqueiros conseguiam em média apenas de 8 a 9 xelins; o trabalhador médio de Clerkenwell podia levar para casa uns 16 xelins. Quase a metade das famílias londrinas, 46%, precisavam despender mais de um quarto desses magros proventos em aluguel; e enquanto os aluguéis subiam, os ordenados continuavam os mesmos[42]. E a pobreza era agravada pela natureza ocasional de tanto trabalho mal pago, incluindo o trabalho que suas mulheres executavam por encomenda dentro de casa; daí por que "uma proporção enorme dos moradores de quarteirões superpovoados era necessariamente compelida a viver perto do local de trabalho, não importando o preço que tivesse que pagar pelo alojamento que ocupava nem quais fossem as condições desse alojamento"[43]. Intermediários praticavam uma locação extorsiva, administravam casas num sistema de contratos de curto prazo e exploravam escandalosamente a escassez de moradia, sem levar em conta seu valor real. E as demolições – para a abertura de novas ruas, como a Charing Cross Road ou a Shaftesbury Avenue, visto que Londres, nos anos de 1880, passava por uma mini-haussmannização, ou para a construção de novos internatos, em decorrência da Lei da Educação de 1870 – haviam piorado o problema[44].

Subjacente a isso tudo, havia um sistema de governo local incompetente e amiúde corrupto, inepto no manejo dos poderes de que dispunha ou simplesmente relutante em exercê-los. Fora de Londres, a histórica Lei da Saúde Pública, de 1875, havia fornecido a base para um sistema de governo local mais efetivo[45]; mas na capital ainda vigorava um modelo arcaico e caótico. Apenas dois conselhos paroquiais ou juntas distritais, dentre os 38 existentes em toda Londres, haviam tomado uma ou outra providência mais enérgica. Eram pouquíssimos os inspetores: Mile End, uma área pobre, possuía um para 105 mil pessoas. E os que havia eram de pouquíssima competência: numa freguesia londrina, o inspetor assistente fora "outrora alguma coisa no comércio de joias", disse o chefe do conselho comunal, e acrescentou: "Não creio que seja necessário qualquer treinamento especial. Se um homem for dotado de bom senso, acho que isso seria, para ele, como qualquer treinamento que pudesse obter."[46]

Assim é que as principais recomendações da Comissão Real, em vez de acrescentarem novos poderes, deram ênfase a como garantir que as autoridades locais fizessem uso dos poderes já existentes. Abrangiam eles a chamada Lei Torrens (Lei Para Moradias de Artesãos e Operários, de 1868), que permitia às autoridades locais construírem novas moradias para as classes trabalhadoras, e a Lei Cross (Lei Para a Melhoria das Moradias de Artesãos e Operários, de 1875), que lhes permitia demolir vastas áreas ocupadas por habitações inadequadas e realojar seus moradores, sendo que ambas eram, em grande parte, letra morta. O que elas fizeram, no entanto, foi possibilitar que as autoridades locais pedissem dinheiro emprestado ao Tesouro pela taxa de juros mais baixa possível, desde que isso não acarretasse uma perda efetiva ao erário nacional. E que em Londres, os conselhos comunais e as juntas anexas subordinassem seus poderes, no âmbito das leis habitacionais, à Junta Metropolitana de Comércio[47]. A Lei para a Moradia das Classes Trabalhadoras de 1885, que veio imediatamente a seguir, implementou tais recomendações. Também ampliou a antiga Lei de Cômodos de Aluguel, de 1851, de autoria de lorde Shaftesbury, redefinindo o termo, a fim de fazê-lo abranger casas separadas e chalés para as classes trabalhadoras: uma poderosa sugestão de que, finalmente, o Parlamento vitoriano iria tolerar o socialismo municipal no setor da habitação[48]. O problema permaneceu: as autoridades locais não se mexeram; diante disso, só restou à Comissão Real sugerir que já era tempo das aviltadas classes trabalhadoras urbanas começarem a mostrar interesse pela própria situação[49].

Depressão, Violência e a Ameaça de Insurreição

Talvez, de fato, eles o fizessem. Afinal, a Lei Revisional de 1884 estendera o direito de voto a uma grande parte da classe trabalhadora masculina urbana. E essa classe estava, exatamente naquele momento, sofrendo os efeitos de uma enorme depressão no comércio e na indústria, comparável, em seu impacto, às depressões que vieram depois, nos anos de 1930 e de 1980. Havia, na verdade, uma antecipação agourenta do que estava por vir: o problema, segundo concluiu a Comissão Real em 1886, era em parte uma questão não do ciclo comercial, mas de uma debilidade estrutural da indústria britânica frente a seus principais concorrentes internacionais, sobretudo a Alemanha. Os alemães eram quase tão bons na produção quanto os ingleses e, na arte de conquistar e conservar mercados, ganhavam mais e mais terreno[50]. Os membros da Comissão advertiram que a Grã-Bretanha se preocupava cada vez menos com "descobrir novos mercados para os nossos artigos e manter sua influência sobre aqueles que já possuímos [...] Há também evidências de que, com respeito a certa classe de produtos, a reputação de nossa mão de obra não é mais tão boa como antes"[51]. Rejeitaram-se sugestões que atribuíam a causa a "restrições legislativas no emprego da mão de obra e à ação das próprias classes trabalhadoras através de greves ou de movimentos similares" ou "à ação de sindicatos ou de agrupamentos similares"[52].

Quaisquer que fossem as causas, não havia dúvida quanto aos efeitos. Em meados dos anos de 1880, pairava sobre todas as cidades, e sobre Londres, em especial, um espírito de mudança cataclísmica e mesmo violenta. As questões do momento, escreveu mais tarde Beatrice Webb, eram "de um lado, o significado da pobreza das massas humanas; e, do outro, a praticabilidade e a desejabilidade de uma democracia política e industrial como uma compensação para, talvez como uma forma de reparar, as queixas da maioria do povo"[53]. Mas essas discussões eram para a *intelligentsia*: "na verdade, nenhum setor das classes trabalhadoras destilava [...] 'o veneno do socialismo' [...] Nascidos e criados dentro da carência crônica e da enfermidade debilitadora, os habitantes dos cortiços haviam afundado numa embrutecida apatia". O fermento, conforme lembrava ela quarenta anos depois, estava, isso sim, dentro de um setor da classe governante vitoriana: era "uma nova consciência do pecado", que, por seu turno, "fazia-se consciência coletiva ou de classe; um mal-estar crescente e, fruto dele, a convicção de que o organismo industrial, que produzira a renda, o juro e o lucro em escala assombrosa, falhara na obtenção de uma existência decente e de condições toleráveis para a maioria dos habitantes da Grã-Bretanha"[54]. Historiadores posteriores poriam em dúvida tal asserção; segundo um deles, a emoção dominante não era a culpa mas o medo. Os pobres "eram geralmente retratados como grosseiros, animalescos, bêbados e imorais; a negligência e a complacência de anos e anos haviam feito com que eles se tornassem uma ameaça ominosa para a civilização"[55].

As reações assumiam, com frequência, forma temerária. Os fabianos, apóstolos do gradualismo, aos quais Beatrice Webb aderiu prontamente, produziram um manifesto de primeira hora, onde se percebia claramente a

A CIDADE DA NOITE APAVORANTE
reações à cidade encortiçada do século XIX

marca inconfundível de George Bernard Shaw, e que terminava com estas duras palavras:

> Que o governo estabelecido não tenha o direito de denominar-se Estado, tanto quanto a fumaça de Londres não tem o direito de denominar-se ar.
> Que é preferível enfrentarmos uma guerra civil do que um novo século de sofrimentos como o presente tem sido.[56]

H.M. Hyndman, líder da Social Democratic Foundation, escreveu no mesmo ano que "mesmo entre homens e mulheres inúteis, que a si próprios se apelidam de 'sociedade', correntes internas de mal-estar podem ser detectadas. 'Revolução', a palavra temível, é às vezes dita em voz alta por brincadeira, e mais amiúde cochichada com toda a seriedade"[57]. Para Hyndman, o fermento não se restringia à classe média, pois

> livros, panfletos e volantes metem-se por oficinas e sótãos, que discutem o problema em toda a sua extensão e profundidade. Teorias extraídas da grande obra sobre o capital, do dr. Karl Marx, ou do programa dos social-democratas da Alemanha e dos coletivistas da França, estão sendo difundidas de forma barata e legível[58].

Mas Hyndman também chamou a atenção para um fenômeno que poucos poderiam ter deixado de observar: "Entre as mais feias excrescências da sociedade moderna acham-se as numerosas gangues de rufiões organizados [...] que se pavoneiam por nossas grandes cidades e, muitas vezes, não contentes de espancarem-se mutuamente, molestam o pacífico transeunte."[59] Só em Londres, clamava ele, havia, segundo a polícia, 300 mil membros das "classes perigosas"[60]. Ninguém, argumentava Hyndman, tem se "preocupado em analisar a maneira como essa gente foi fomentada à sua presente brutalidade"[61].

Alguns até achavam que nem valia a pena. Durante os anos de 1886 e 1887, cidadãos respeitáveis de Liverpool começaram a queixar-se de estarem sendo sistematicamente aterrorizados por gangues: "O distrito que fica entre as ruas Athol e Luton" estava "infestado por esses vagabundos", escrevia um missivista indignado ao jornal local, em fevereiro de 1887. No mesmo mês, a mais famosa delas, a High Rip Gang*, armou uma tremenda desordem nas ruas de Liverpool, atacando indiscriminadamente homens, mulheres e crianças, com facas e estilingues, e assaltando casas de penhor. No dia 20 de maio, a gangue – descrita como "quatro rapazes de aparência rude... operários, apresentados como imperfeitamente educados" – compareceu ao Tribunal de Liverpool, citada em oito acusações de ferimento doloso com intenção de lesão corporal grave e latrocínio. O juiz do processo, o meritíssimo John Charles Frederick Sigismund Day, era um sexagenário de barbas e suíças, profundamente desconfiado em relação às modernas teorias penológicas e dominado pela firme convicção de que criminosos violentos necessitavam de um choque particularmente breve e intenso; ou, como dizia singularmente seu filho, "que a única maneira de chamá-los à razão era pela epiderme"[62].

Após declarar que "com toda a sua experiência jamais ouvira falar de conduta tão ultrajante como a que lhe havia sido relatada nesse dia", sentenciou os réus a penas draconianas, como nunca até então ocorrera nos tribunais da Inglaterra vitoriana: além de trabalhos forçados, cada um dos quatro foi condenado a ser açoitado em três sessões de vinte chibatadas cada. Fortalecido por sua solitária investida contra a criminalidade urbana, o *sir* Day voltou ao ataque nos julgamentos de novembro, nos quais – em meio a sete flagelações ordenadas num único dia – sentenciou dois homens a vinte chibatadas cada por haverem roubado meio *penny* e um pedaço de tabaco. Os cidadãos respeitáveis, clamava mais tarde seu filho, têm uma dívida eterna para com o *sir* Day, embora "membros de sociedades filantrópicas, e outras, denunciassem o 'juiz flagelador' como uma rematada besta-fera, considerando seu método de lidar com criminosos medieval e equivocado"[63].

Em todo caso, não há qualquer evidência de que o reinado de terror de Day tenha tido algum efeito sobre o crime violento em Liverpool. O curioso é que, a despeito dos temores dos cidadãos, parece claro que a criminalidade, nos últimos tempos da Inglaterra vitoriana, seguia uma contínua e secular linha decrescente, ainda que pontuada por periódicas irrupções de violência como as ocorridas em meados dos anos de 1880[64].

O verdadeiro terror que dominava as classes médias, apesar do ceticismo de Beatrice Webb, era de que a classe trabalhadora se sublevasse. E em parte alguma, esse medo era maior do que nos meios governamentais. Em fevereiro de 1886, o que mais se temia tornou-se realidade. Durante semanas, trabalhadores desempregados e intelectuais socialistas promoveram comícios na Trafalgar Square. Na segunda-feira, 8 de fevereiro, um enorme comício, do qual participava "porção considerável, maior que de costume, do elemento desordeiro"[65], foi enfrentado por um destacamento de mais de seiscentos policiais. Temendo um ataque ao Palácio de Buckingham, eles deslocaram-se para o Mall; o povaréu, entre 3 mil e 5 mil pessoas, ao contrário, dirigiu-se em estado de excitação total para além dos clubes de Pall Mall, e entrou pelas ruas Saint-James e Mayfair, quebrando vidraças e saqueando lojas. Um

A CIDADE DA NOITE APAVORANTE
reações à cidade encortiçada do século XIX

inquérito oficial condenou a polícia metropolitana por controle inadequado da multidão, e o comissário foi forçado a renunciar[66].

O novo comissário, *sir* Charles Warren, era de estofo mais rijo. Durante o outono de 1887, o clima tornou-se tenso novamente, com enormes multidões reunindo-se diariamente em Hyde Park e Trafalgar Square para ouvir os discursos. Aconteceram repetidos choques com a polícia. *The Times,* em suas costumeiras referências aos "chamados desempregados", clamava por uma ação enérgica: "Temos confiança de que se esses homens, ou quaisquer outros de sua classe, tentarem levar a cabo suas ameaças como fizeram no ano passado, terão o que merecem, na forma não de um cômodo mandado de prisão por alguns meses, mas de duros trabalhos forçados [...] A única pergunta a fazer é qual das duas partes é a mais forte – a dos pretensos quebradores de vidraças e demolidores de lojas ou a dos guardiães da paz pública."[67]

O palco estava, portanto, montado. No domingo, 23 de outubro, uma enorme multidão reuniu-se na praça, bandeira vermelha erguida, para ouvir discursos que pediam a exoneração de *sir* Charles. Pouco antes das três horas da tarde, encabeçado pela bandeira vermelha, o povaréu repentinamente desceu para Whitehall e invadiu a Abadia de Westminster durante o ofício religioso. As cenas que se seguiram assemelham-se ao ato final da *Dreigroschenoper* (A Ópera dos Três Vinténs) de Brecht, a quem possivelmente inspiraram. Segundo o *The Times,* "grande número de meninos, rapazes e homens, muitos deles de aparência muito suja", entrou quando o órgão executava um solo. Misturaram-se à congregação "cujos membros mais valorosos silenciosamente faziam valer sua influência no sentido de coibir os mais impudentes": "Os brutamontes berravam palavras pesadas contra os 'capitalistas', supondo, ao que parece, que todos os que estavam na Abadia, durante o culto, fossem 'capitalistas'." O cônego Roswell tentou argumentar com eles. "O populacho escutou, muito quieto". Já fora, Hyndman tomou a palavra: "Ansiava pelo tempo em que a bandeira e o lema socialista de 'um por todos e todos por um' seriam colocados no topo da Abadia, e eles estariam lá dentro, pregando a doutrina da revolução."[68]

Em seguida, os manifestantes voltaram à praça, onde "em torno da coluna de Nelson, multiplicavam-se os comícios", com uma enorme multidão a esparramar-se pela praça, invadindo ruas vizinhas. A polícia entrou em pânico e teve que recorrer ao exército para controlar a multidão; na *mêlée,* mais de cem pessoas foram feridas; mais tarde, duas morreram. Seguiram-se recriminações maciças e mútuas. Um missivista indignado escreveu ao *The Times* que os comícios eram "um aviso para que todos os anarquistas, daqui e de toda a parte, acorressem em massa para a única grande capital do mundo onde iriam ser tolerados"[69]. Já Hyndman escreveu dentro de outra perspectiva: "Homens e mulheres não mais passarão fome. Disso estou certo. A agitação dos dias de hoje é totalmente espontânea e não organizada."

O enfoque editorial era previsível: "Esta mesma capital vem sendo ameaçada pela plebe amotinada que se declara abertamente decidida a seguir o exemplo do partido da desordem na Irlanda e arrancar a satisfação de suas exigências por meio do terrorismo."[70] Em contraste, *a Pall Mall Gazette,* de Stead, acusava Warren de tentar instalar o "governo policial": na abadia, os tumultos ocorridos durante o culto haviam sido provocados pela superlotação do local e os desempregados haviam abandonado o recinto de forma perfeitamente ordeira. Em Bow Street, várias pessoas foram acusadas; algumas foram presas, outras multadas ou indiciadas em inquérito. Mais tarde, R. Cunninghame Graeme, membro do Parlamento, e o líder socialista John Burns foram condenados em Old Bailey e pegaram seis semanas de cadeia; viraram heróis do povo[71].

O Levantamento Booth: O Problema Quantificado

A violência mutiladora praticada nesses meses teve pelo menos a virtude de gerar uma resposta, de certa forma, racional. Charles Booth, proprietário de navios em Liverpool, inspirado em *The Bitter Cry,* meteu-se pelo East End de Londres a fim de embarcar naquele que seria o primeiro levantamento social moderno. Altamente crítico de relatos impactantes como *Bitter Cry of Outcast London* (O Grito Amargo da Londres Proscrita), ele acreditava ser a situação séria mas "não visivelmente carregada de perigo social iminente, ou levando diretamente a uma revolução"[72]. Era preciso entender a natureza do desemprego, e em particular descriminar entre aqueles que "não queriam realmente trabalhar" e os que eram "não desempregados mas mal empregados", conforme afirmou à Royal Statistical Society (Sociedade Real de Estatística) em 1887[73].

Auxiliado por um exército de assistentes jovens e capazes, entre os quais estava Beatrice Potter, mais tarde Webb – que aqui desfrutava sua iniciação na pesquisa acadêmica –, apresentou ele seus primeiros resultados diante da Royal Statistical Society em maio de 1887, seguidos, um ano mais tarde, de novo artigo. Segundo Booth, os pobres do East End londrino somavam perto de 314 mil, ou seja, mais de 35% da população da cidade; ampliando-se *pro rata* essa porcentagem, isso queria dizer um milhão de londrinos na pobreza, os quais, segundo ele, podiam ser divididos em quatro subgrupos.

O primeiro, Classe A, abrangia não mais que 11 mil no East End, e talvez 50 mil em toda Londres: 1,25% da população. "Consiste de alguns (assim chamados) operários, vadios, semidelinquentes, uma parte dos ambulantes, artistas de rua e outros." Incluía muita gente moça: "rapazes que caem naturalmente na vadiagem; meninas que, quase tão naturalmente quanto eles, vivem nas ruas"; levavam "uma vida selvagem, sujeita a vicissitudes de extrema dureza e excesso ocasional. O que comem está abaixo de qualquer descrição, e seu único luxo é a bebida".[74] O otimismo de Booth baseava-se no fato de esse grupo ser tão pequeno: "As hordas de bárbaros de que ouvimos falar, e que, saindo de seus cortiços, irão um dia derrubar a civilização moderna, não existem. Os bárbaros constituem uma porcentagem minúscula e decrescente."[75] Mas mesmo assim, representavam um problema irredutível:

FIG. 3: *Charles Booth. O armador que virou socialista, provavelmente ouve, atento, os resultados de sua pesquisa; talvez a relatora fosse a jovem Beatrice Potter*. Fonte: Mansell/ Time & Life Pictures/Getty Images.

Não prestam qualquer serviço útil e não produzem bens. Pelo contrário, frequentemente os destroem. Degradam tudo o que tocam. E como indivíduos, não têm condições de progredir [...] O que de melhor se pode esperar é que essa classe possa se tornar menos hereditária em seu caráter.[76]

"Menos hereditária": uma formulação singular, mas que ecoou amplamente na Inglaterra vitoriana tardia e após. "Em 1914, a eugenia era vista como complementar ao tradicional objetivo de melhora nas condições de moradia e saneamento por meio do objetivo comum de maior bem-estar público e eficiência."[77] Nacional e localmente, os apoiadores da eugenia uniram e sobrepuseram-se aos planejadores, incluindo indivíduos eminentemente respeitáveis como o conde de Meath, Patrick Geddes, Seebohm Rowntree, os Cadburys e os Chamberlains. A noção de que as classes mais baixas deviam ser desencorajadas de procriar, ou mesmo forçadas a evitar a procriação, ainda não se tinha tornado politicamente incorreta; foram necessários os nazistas para garantir isso[78].

Esses, portanto, eram os clássicos Pobres Vitorianos Indignos: o material grosseiro da plebe, o perpétuo pesadelo das classes respeitáveis, ainda que em número muito menor do que o que Hyndman e outros haviam apregoado. O segundo grupo, Classe B, era, porém, muito mais que um problema. E por uma única razão: constituía indubitavelmente o grupo maior – 100 mil no East End, talvez 300 mil em toda Londres; acima de 11% da população da cidade. Booth descreveu seus componentes como "em carência crônica": "Essa gente, *como classe"*, – são dele as palavras – "é inepta, gastadeira, amante do prazer e sempre pobre; seu ideal é trabalhar quando quer e divertir-se quando bem lhe aprouver"[79.] O problema desse grupo residia na natureza ocasional dos seus ganhos. Compreendia um número relativamente alto de viúvas, mulheres não casadas, jovens e crianças. Booth sentia que a solução para o problema da pobreza era "a total exclusão dessa classe da luta diária pela existência", visto "constituir um peso constante para o Estado [...] Sua presença nas nossas cidades gera uma luta dispendiosa e muitas vezes inútil em prol da elevação do seu padrão de vida e de saúde"[80.]

Imediatamente acima desses, situava-se a Classe C, contando perto de 74 mil indivíduos no East End, ou 250 mil em toda Londres: mais de 8% do total. Formavam "uma classe digna de lástima, constituída por gente batalhadora, sofredora, desesperançada [...] as vítimas da competição, e sobre as quais recai com especial dureza o peso das depressões recorrentes do mercado"[81.] O problema básico dessas pessoas estava na natureza irregular de seus salários. E por fim a Classe D, composta por indivíduos sujeitos a salários regulares porém pequenos, com um total de 129 mil habitantes no East End, ou seja, 14,5% da população da cidade; digamos, 400 mil em toda Londres. "Vivem duras vidas com muita paciência", e a esperança de melhora só lhes poderia vir através dos filhos, visto que "para a classe como um todo, a probabilidade de melhora é remota"[82.] Assim, eis o resultado chocante para tantos, 35% da população do East End vivia na pobreza; mas para Booth era igualmente significativo que 65% não viviam[83.]

O famoso mapa de Booth com as ruas identificadas em cores diferentes – de amarelo para as respeitáveis até preto para os "locais do vício" – foi desenhado para ser exposto; foi amplamente exibido, primeiro na versão East End no Toynbee Hall e Oxford House, em 1888, culminando no mapa completo na Exposição de Paris de 1900. Retornando dessa última, Patrick Geddes foi tomado de entusiasmo pela "enciclopédia do real"[84.]

Ele não foi o único. Um grupo que leu com particular interesse esses resultados iniciais apresentados por Booth foi a Sociedade Fabiana, onde o trabalho paciente de desencavar fatos, desenvolvido por Sidney Webb, casava-se agora com a pena ácida de Bernard Shaw. A obra fabiana, clássica e definitiva, *Facts for Socialists,* cuja primeira edição data de 1887, foi repetidamente reimpressa, tendo vendido 70 mil exemplares em oito anos. "Em Londres", concluíam os pesquisadores, "uma em cada cinco pessoas morrerá num reformatório, num hospital ou num hospício"[85].

> Dos 1 milhão de londrinos que o sr. Booth considera como pobres [...] pratica-
> mente nenhum mora em alojamento tão bom quanto o que qualquer homem
> providente destina a seu cavalo. Essas 200.000 famílias, que não ganham
> mais de um guinéu por semana [...] e muitas vezes irregularmente, pagam
> de 3 a 7 xelins por semana por imundos quartos de cortiço, grande parte dos
> quais absolutamente "impróprios para habitação", até mesmo pelos frouxos
> padrões dos funcionários da Saúde Pública. Londres precisa reconstruir pelo
> menos 400 mil quartos para abrigar os seus cidadãos mais pobres.[86]

Os resultados eram previsíveis: enquanto a expectativa de vida era de 55 anos entre os nobres, os abonados e a classe profissional da Inglaterra e de Gales, entre a classe artesã do Lambeth baixava para 29; a mortalidade infantil, em Bethnal Green, era o dobro da registrada em Belgravia[87]. Em 1891, a taxa de mortalidade infantil no Strand era de 229, quase o dobro da mortalidade no distrito classe-média de Plumstead. Embora as taxas de mortalidade infantil tenham declinado consideravelmente pelo fim da era eduardiana, em áreas pobres tais como Shoreditch elas eram ainda o dobro das de áreas saudáveis como Hampstead. A mortalidade infantil entre os pobres era tão comum que os pais da classe trabalhadora aceitavam-na estoica e passivamente[88].

O cerne do problema, na visão dos contemporâneos, era a moradia. "A questão habitacional era central para o problema social de Londres nos anos de 1880"; e "De 1883 em diante, os jornais trimestrais e a imprensa em geral encheram-se de advertências sobre a necessidade de reforma imediata para afastar-se a ameaça de revolução"[89]. Segundo os fabianos, só havia uma saída: "O realojamento dos pobres de Londres só pode ser adequadamente tratado pelo poder público de Londres."[90] Entre a primeira e a segunda edição do livreto *Facts,* essa assertiva tornara-se muito mais realista e praticável, visto que, obedecendo à recomendação da Comissão Real para a Moradia, a lei do governo local de 1888 transferira as responsabilidades da Metropolitan Board of Works (Junta Metropolitana de Trabalho) para um novo grupo democra-ticamente eleito, o London County Council – LCC (Conselho do Condado de Londres). E, em 1890, outra Lei para a Moradia das Classes Trabalhadoras fez o que a Lei de 1885 não conseguira realizar: dispôs, na Parte III, que se reurbanizassem grandes áreas, com aquisição compulsória se necessário, para a construção de casas de cômodos para a classe trabalhadora, abrangendo essa definição "casas separadas ou chalés para as classes trabalhadoras, quer contivessem um ou vários cômodos alugados"[91].

Embora a lei fosse na verdade contraditória em sua atitude para com a autoridade local no tocante à propriedade e administração da habitação popular – que a Parte I desencorajava, e a Parte III, se não encorajava, permitia – e embora nada fizesse para obrigar as lentas autoridades a agir, ela de fato abriu caminho para que autoridades locais progressistas tomassem o controle. Em particular, especificava que em Londres as autoridades poderiam comprar tanta terra quanto fosse necessária para um planejamento de longo prazo, sem ser necessário provar que cada habitação era inadequada[92]. O novo LCC aproveitou a oportunidade que ela lhe oferecia, estabelecendo de imediato um Comitê para a Habitação das Classes Trabalhadoras[93]. Em 1894, poderes para obter empréstimos foram acrescentados ao parágrafo pertinente da lei; em 1900, as autoridades locais, incluindo o LCC e os novos distritos londrinos surgidos em substituição às paróquias por determinação de uma lei do governo de Londres do ano anterior, tiveram a permissão de comprar terra além das suas fronteiras a fim de implementarem esse parágrafo da lei de 1890[94].

A Slum City na Europa*

Londres, mais do que qualquer outra cidade britânica da província, foi o palco onde se representou a maior parte desse drama. Mas isso porque – conforme reconheceu a Comissão Real em 1885 – ali o problema habitacional era muito pior; o que, por extensão, dava bem a medida do tamanho de Londres. Com seus 5,6 milhões de habitantes no início dos anos de 1890, não havia outra área urbana britânica que lhe fizesse frente; densidades habitacionais, rendas de terrenos, problemas de transporte, competição pelo espaço, com certeza haveriam de ser, ali, muito mais agudos.

Mesmo em escala internacional, contra os 4,1 milhões da região de Paris e o 1,6 milhão da Grande Berlim, Londres era incontestavelmente a maior cidade da Europa, e até mesmo do mundo[95]. Mas justamente por serem relativamente menores e mais densas, essas outras cidades competiam com suas próprias histórias de terror. Em Paris, os 2,45 milhões de pessoas que habitavam a cidade histórica, em 1891, moravam numa área duas vezes mais densa

A CIDADE DA NOITE APAVORANTE
reações à cidade encortiçada do século XIX

que a do LCC. Nessa data, Bertillon concluiu que 14% da Paris pobre, ou seja, 330 mil pessoas, viviam em moradias superlotadas; os pobres estavam alojados até pior do que em Londres. Sellier calculou, em 1911, que o total ainda era de 216 mil, mais outros 85 mil nos subúrbios, com duas ou mais moradas por quarto[96]. Lá também a legislação – em 1894, 1906 e 1912 – permitira a construção de habitações de baixo custo para as classes trabalhadoras, tendo a mais recente previsto que as autoridades locais estabelecessem escritórios incumbidos de construir e administrar tais habitações com subvenção estatal. No entanto, daí até 1914, apenas 10 mil dessas moradias haviam sido construídas em toda a região de Paris, total inexpressivo se comparado ao resultado atingido pelo LCC[97]. A dura verdade era que nem a cidade nem o Estado tinham o dinheiro necessário para derrubar cortiços: deu-se prioridade a outras obras públicas de grande porte – construíram-se escolas e a Sorbonne nos anos de 1880 e de 1890, construiu-se o metrô, entre 1900 e 1910[98].

Berlim, onde a população estava crescendo a uma velocidade quase igual à norte-americana – quase dobrando em vinte anos, de 1,9 milhão em 1890 para 3,7 milhões em 1910 –, era, como Paris, uma cidade extraordinariamente compacta e, portanto, congestionada; seu crescimento foi acomodado em "casernas de aluguel" de cinco pavimentos, abarrotadas de gente, e dispostas em torno de quintais de quando muito 4,5 m de largura, ou seja, o mínimo necessário para permitir a entrada de um equipamento contra incêndio. Esse tipo de urbanização, iniciado, ao que parece, por Frederico, o Grande, para alojar famílias de soldados, generalizou-se em decorrência do plano urbano de James Hobrecht, então presidente do controle das edificações, em 1858; aparentemente projetado para promover a integração social, com ricos e pobres instalados no mesmo bloco de edifícios, ele simplesmente produziu uma aglomeração miserável, e o modelo estendeu-se até ao novo desenvolvimento suburbano, depois que este teve mudados os seus regulamentos, nos anos de 1890[99]; a especulação, guiada pelo plano e alimentada por um sistema hipotecário que lhe era extremamente favorável, fez o resto[100].

O resultado, conforme cálculos do pioneiro do planejamento britânico T.C. Horsfall em 1903, foi que, enquanto em Londres, em 1891, a média de habitantes por edifício era de 7,6, em Berlim chegava a 52,6[101]; já em 1916, nada menos que 79% de todas as moradias só dispunham de um ou dois quartos aquecíveis[102]. E os aluguéis de apartamentos em Berlim eram muito mais caros que seus equivalentes em Hamburgo ou Munique – sendo, ironicamente, os inquilinos pobres os que tinham a parte maior de seus salários comprometida com o pagamento do aluguel[103]. Mais: embora a Alemanha fosse mais rápida do que a Inglaterra na eletrificação de suas linhas de bonde, em Berlim, as companhias privadas

FIG. 4: *As* Mietskasernen *de Berlim. Em Berlim, um projeto-modelo de habitação provoca superpopulação e miséria.* Fonte: © *ullsteinbild/TopFoto.*

A CIDADE DA NOITE APAVORANTE
reações à cidade encortiçada do século XIX

de bondes, não serviram como um meio de descentralização da população, à semelhança do que acontecera com o LCC, e as linhas de trens subterrâneos tiveram sua implantação retardada por disputas legais[104]. Patrick Abercrombie, o planejador britânico, ao visitar Berlim pouco antes da Primeira Grande Guerra, ficou intrigado com o contraste que essa cidade oferecia em relação a Londres:

> Berlim é a cidade mais compacta da Europa; ao crescer, não avança a esmo, com estradas pequenas e casas suburbanas insignificantes, mas vai, lentamente, empurrando suas amplas ruas citadinas e seus colossais blocos de apartamentos rumo ao campo, transformando-o, de chofre, em cidade florescente.[105]

Havia, nas capitais europeias, uma interessante reação ao crescimento e à superlotação: tanto em Londres como em Berlim, aumentava o temor de que a população urbana fosse, de certo modo, biologicamente incapaz. Por volta de 1900, o recrutamento para a guerra sul-africana tornou patente o fato de que dos 11 mil jovens convocados em Manchester, 8 mil foram rejeitados e apenas mil estavam aptos para o serviço militar. Mais tarde, na Primeira Grande Guerra, a Comissão Verney reafirmou que o físico do segmento urbano da Grã-Bretanha tendia a deteriorar-se, mantendo-se unicamente graças ao recrutamento feito no interior[106]. Assim também em Berlim, só 42% dos berlinenses foram considerados aptos para o exército em 1913, contra 66% dos alemães provenientes de áreas rurais[107].

Daí logo se deduziu que a população urbana – e eventualmente a população como um todo – iria falhar em se reproduzir, argumento utilizado primeiramente por Georg Hansen em seu livro *Die drei Bevölkerungsstufen* (As Três Etapas do Crescimento Populacional), dos anos de 1880, e desenvolvido por Oswald Spengler no clássico *The Decline of the West* (A Decadência do Ocidente), de 1918: "Agora a cidade gigante suga o campo até o osso, insaciável e incessantemente exigindo e devorando novos fluxos humanos, até exaurir-se e morrer em meio a um desperdício de território quase inabitado."[108] Mas em ambos os países, havia temores maiores. Charles Masterman, parlamentar liberal, mostrou em seu livro, *The Heart of the Empire* (1901), que o londrino era um tipo instável:

> A Inglaterra do passado foi uma Inglaterra de homens reservados, silenciosos, espalhados em pequenas cidades, povoados e casas de campo [...] O problema previsto para os anos vindouros é exatamente o problema de [...] um tipo *físico* característico do habitante citadino: raquítico, tronco estreito, facilmente dominável pelo cansaço; mas volúvel, excitável, com pequeno lastro

de resistência – procurando estímulo na bebida, nas apostas, em quaisquer conflitos insólitos que venham a ocorrer no lar ou fora dele.[109]

Assim também na Alemanha dos anos de 1920, *die Angst vor der Stadt* (o medo à cidade) era um medo da decomposição social, sugerida pela evidência do suicídio, do alcoolismo e da doença venérea, pela "racionalidade excessiva" e falta de estabilidade política[110].

As cidades alemãs pareciam ruins para os alemães; mas para visitantes britânicos e norte-americanos, elas ofereciam um modelo do que cidades deveriam ser: fossem elas formais à moda antiga ou informais ao novo estilo, eram vistas como ordeiras, limpas, atuais e pitorescas[111]. Isso era verdade, acima de tudo, para Frankfurt-am-Main. Nos Estados Unidos, Benjamin Marsh escreveu extensamente sobre o zoneamento e a taxação de terras não urbanizadas dessa cidade e a respeito de sua Lex Adickes, assim denominada em homenagem ao seu famoso prefeito (*Bürgermeister*) que consolidara parcelas de terra para reurbanização; na Inglaterra, T.C. Horsfall, um reformador habitacional de Manchester, desempenhou papel similar[112]. "Horsfall, o Alemão", como era chamado, nascido nos anos de 1840 em uma família de ricos fabricantes, tinha uma conexão alemã através de seu tio; desde 1895, ele defendia que Manchester deveria ter poderes para comprar terras no entorno e planejar seu uso, do mesmo modo que fizeram as cidades alemãs[113]. Alfred Marshall ficou chocado: as cidades alemãs, disse ele a Horsfall, eram superpovoadas e insalubres, e Horsfall acabou percebendo que essa acusação era verdadeira ao menos para Berlim. Disso, emergiu um consenso: "Alemanha para planejamento de cidades, Inglaterra para chalés."[114] Em 1905, John Nettlefold, o sindicalista chefe do comitê de habitação de Birmingham, conduziu uma visita à Alemanha, retornando para persuadir o conselho da cidade de que a resposta aos problemas habitacionais de Birmingham era por meio das extensões urbanas no estilo de planejamento alemão – mas com os subúrbios-jardim ao estilo britânico em vez dos apartamentos alemães. E esse conceito híbrido comprovou-se central no novo processo legal de planejamento introduzido na lei de planejamento urbano, habitação etc. de 1909[115]. Quando o Real Instituto dos Arquitetos Britânicos organizou a Conferência de Planejamento Urbano em outubro de 1910, em Londres, ela foi dominada por exibições da Alemanha[116], e nos anos anteriores a 1914 os principais grupos de pressão em planejamento urbano organizaram vários *tours* continentais os quais inicialmente focalizaram quase exclusivamente a Alemanha[117].

E de fato, depois da Primeira Grande Guerra um consenso mais amplo emergiu em toda a Europa, na forma de um "Modelo Europeu" de subsídio estatal para habitação. Concebido como um expediente, às vezes desesperado, de conter a fervilhante insatisfação dos soldados que retornavam da guerra, esses programas – na França, Itália e Inglaterra – logo fracassaram, ou pelo menos foram grandemente modificados, com a subsequente crise econômica de 1921-1922, mas o princípio estava estabelecido: o Estado era agora um ator-chave na cena da habitação[118]. Os Estados Unidos, todavia, foram diferentes desde o início.

Nova York: O Tumor nos Cortiços Verticais*

Acima de tudo, conclui Andrew Lees em seu monumental estudo sobre comportamentos urbanos do século XIX, medo e aversão à cidade eram um fenômeno tipicamente anglo-germânico: "Poucos norte-americanos demonstraram sentir essa cáustica aversão à vida urbana que nos é dado observar em grande parte da literatura alemã"; porém, "muitos homens e mulheres articularam uma consciência aguda das mazelas morais que desfiguravam a face das cidades, fossem estas norte-americanas ou europeias"[119]. No entanto, esses medos foram aberta e mesmo obsessivamente expressos na Nova York dos anos de 1890. Ali, a tradicional preocupação jeffersoniana de que a cidade era "perniciosa à moral, à saúde e às liberdades dos homens", um câncer ou tumor instalado no corpo social e no corpo político, foi estimulada pela industrialização e pela imigração: Nova York tornou-se a maior cidade de imigrantes do mundo, com "a metade dos italianos existentes em Nápoles, com tantos alemães quanto Hamburgo, com duas vezes mais irlandeses que Dublin e duas vezes e meia mais judeus do que Varsóvia"[120].

Os intelectuais eram unânimes quanto aos resultados. Henry James escreveu que "Nova York era a um tempo sórdida e dourada, a ser evitada antes que desfrutada"[121]. Muitos chegaram a aceitar a opinião de Josiah Strong que, em 1885, afirmou ser possível rastrear na cidade cada um dos perigos que ameaçavam a democracia americana: pobreza e crime, socialismo e corrupção, imigração e catolicismo[122]. Alan Forman, na *American Magazine* em 1885, escreveu sobre "uma massa fervilhante da humanidade tão ignorante, tão viciosa, tão depravada que dificilmente parece pertencer à nossa espécie", a ponto de ser "quase motivo para congratulação que o índice de mortalidade, entre os habitantes desses cômodos, esteja algo acima dos 57%"[123]. Em 1892, um jornal dos mais referenciais como *The New York Times* queixou-se da invasão dos "destroçados físicos, morais e mentais" da Europa, "de um tipo sem o qual estaríamos bem melhor"[124]. Até o *American Journal of Sociology*, em 1897, foi forçado a reconhecer o poder da "crença popular" de que "grandes cidades são grandes centros de corrupção social e... degeneração"[125]. F.J. Kingsbury, em 1895, foi levado a comentar que "depois de lermos tudo o que se disse sobre os males das cidades desde os tempos de Caim até a última eleição em Nova York, seria lícito pensar que nada, a não ser algo semelhante ao tratamento aplicado a Sodoma e Gomorra, satisfará as necessidades do caso"[126].

O homem que, mais que todos, deu expressão a tais sentimentos foi Jacob Riis: um dinamarquês de origem rural que emigrou para Nova York em 1870, com 21 anos de idade, tornando-se jornalista sete anos depois. O seu *How the Other Half Lives* (Como Vive a Outra Metade), publicado em 1890, despertou uma sensação extraordinariamente semelhante ao impacto provocado em Londres por *The Bitter Cry*, sete anos antes[127]. O seu também foi um brilhante trabalho jornalístico. Suas descrições da vida nos cortiços combinavam com arte dois temores contemporâneos: a cidade como uma espécie de parasita instalado no corpo da nação, e o imigrante como um corruptor da pureza racial e da harmonia social norte-americanas. Esses novos imigrantes, "homens derrotados de raças derrotadas; representando os piores fracassos na luta pela existência"[128], tornaram-se uma ameaça para a ordem e para o próprio futuro da República, recordando os distúrbios anteriores da Nova York de 1863:

> Uma poderosa multidão humana, mantida sob humilhantes grilhões, move-se inquieta nos prédios de habitação coletiva. Já em outros tempos, nossa cidade, obrigada a enfrentar os deveres e responsabilidades de sua dimensão de metrópole antes que lhe fosse possível avaliar com justeza a própria tarefa, sentiu o crescendo daquela maré inexorável. Se ela, uma vez mais, se levantar, não haverá poder humano capaz de reprimi-la.[129]

Mas agora os cortiços espalhavam-se por toda a parte,

> Ocupando todos os bairros mais baixos, onde quer que o comércio deixe alguns centímetros de solo sem dono; cerrados ao longo dos dois rios, qual bola e corrente presas ao pé de cada rua, e abarrotando o Harlem com suas multidões inquietas em fúria mal contida, mantêm em suas garras a riqueza e os negócios nova-iorquinos, mantêm-nos à sua mercê nos dias de linchamento e de ira. Os abrigos à prova de bala, as pilhas de granadas de mão e as metralhadoras Gatling do Tesouro municipal são admissões tácitas do fato

A CIDADE DA NOITE APAVORANTE
reações à cidade encortiçada do século XIX

e da qualidade de clemência esperada. Os cortiços verticalizados, hoje, são Nova York, abrigando três quintos de sua população.[130]

Uma Comissão para Habitação Coletiva de Baixo Padrão, de 1894, estimava que aproximadamente três em cada cinco habitantes da cidade moravam nesses conjuntos, construídos em tão brutal densidade, que, em média, quase quatro quintos do solo estavam cobertos por edifícios[131]. Nos distritos por eles dominados, dois fatores se aliavam para criar um acerbo problema humano. Em primeiro lugar, as pessoas que ali chegavam eram desesperadoramente pobres e – em virtude das barreiras de língua e cultura – inapelavelmente imobilizadas. O planejador norte-americano perito em habitação, Charles Abrams, que possuía a rara autoridade de ter crescido num desses conjuntos, explicou mais tarde: "O proprietário não pode ser culpado; o construtor não pode ser culpado. Eles constroem para responder a um mercado. O mercado é determinado pelas possibilidades de pagamento do inquilino. As possibilidades de pagamento do inquilino são determinadas pelos salários que ele recebe[132].

Se o coitado do imigrante não tivesse acesso a um desses apartamentos, não teria acesso a nada. E famílias pobres amontoavam-se dentro deles porque, ali ficando, poderiam ir a pé para o emprego. Quase 75% dos judeus russos concentravam-se em três distritos da cidade e sobretudo num deles, o 10º, que continha uma maioria proveniente (eles ou seus pais) da Rússia e da Polônia russa. Por volta de 1893, com mais de setecentas pessoas por acre, esse distrito tinha uma densidade mais que 30% acima que a da parte mais superpovoada de qualquer cidade europeia; parte do 11º Distrito, que lhe era vizinho, com quase mil habitantes por acre, excedia em concentração populacional até mesmo o pior distrito de Bombaim, constituindo, desse modo, muito provavelmente, o bairro urbano com maior densidade do mundo – embora, ironicamente, em meados dos anos de 1980, algumas partes de Hong Kong excederam bem essa marca[133].

Em segundo lugar, essa gente se amontoava em conjuntos de prédios de habitação coletiva de baixo padrão que, como os de Berlim, resultavam perversamente de um projeto de moradia pretensamente aperfeiçoado: desenvolvido num concurso público de 1879, o famigerado prédio em forma de haltere, o *dumbbell*, permitia que 24 famílias se amontoassem numa área de 7,6 metros de largura por 30,5 de fundo, em quatorze quartos por andar, dos quais dez tinham acesso apenas a um poço de iluminação quase sem luz (e sem ar)[134]. Não era raro amontoarem-se duas famílias num desses apartamentos pavorosos; em 1908, um recenseamento feito com as famílias do East Side mostrou que metade delas tinha de três a quatro pessoas dormindo num quarto, e para a quarta parte delas, esse número subia de cinco para mais; todas dependiam de umas poucas torneiras de uso coletivo e não havia banhos fixos[135]. Assim, um bloco normal podia abrigar 4 mil pessoas, e em 1900, perto de 42.700 conjuntos de moradia coletiva de Manhattan alojavam mais de 1,5 milhão de pessoas, uma média de quase 34 mil por conjunto[136].

A reação da sociedade respeitável – a saber, dos estabelecidos a mais tempo na terra, a Sociedade Anglo-Protestante Branca – foi praticamente idêntica à que ocorrera em Londres. Duas comissões sucessivas para habitações coletivas de baixo padrão, em 1894 e 1900, confirmaram as péssimas condições de vida oferecidas por esses alojamentos; a primeira pouco conseguiu, mas a segunda foi seguida – após árdua luta política – de uma legislação, em 1901, "o mais significativo ato regulamentador jamais ocorrido na história da moradia na América", que proscrevia a construção de novos *dumbbells*, e compelia à modificação dos existentes[137]. Seu secretário, Lawrence Veiller, era um homem jovem na casa dos vinte anos, que combatera interesses escusos para vê-la instituída[138]. Sua própria visão era que muitos dos problemas urbanos derivavam da transição excessivamente rápida do camponês europeu para o urbanita norte-americano, o que ele propunha remediar via um maciço reassentamento rural. Mas nesse ínterim, para aqueles engaiolados na cidade, uma ação urgente e drástica fazia-se necessária para reparar os males mais pungentes da vida nos conjuntos de habitação: mais luz, mais ar, novos banheiros, proteção mais eficiente contra incêndios[139].

Tal como Veiller os descreveu, esses males estavam "quase além do imaginável"[140]: numa única quadra, de meros 61 por 122 metros, atravancavam-se 39 prédios de cômodos com 605 unidades separadas, que alojavam 2781 pessoas, com apenas 264 privadas e nenhum banho; 441 quartos não tinham qualquer tipo de ventilação, outros 635 recebiam ar apenas através de estreitos respiradouros[141]. As recomendações da Comissão de 1894, que procurara evitar a construção excessiva do solo, haviam sido amplamente contornadas e Veiller escreveu:

> A ganância desenfreada foi gradualmente encolhendo as dimensões dessas habitações, até torná-las tão estreitas que a vida familiar dissolveu-se, expulsando seus membros e dispersando-os. O pai está no botequim; a criançada desfila em procissão para cima e para baixo pelas ruas iluminadas, em frente às salas de concerto ou aos antros da infâmia legalizada; os meninos perambulam em hordas pelas ruelas, as meninas pelos pátios [...] A redenção das classes que moram nesses conjuntos depende, em parte, de que se devolva à família, a mais conservadora unidade da civilização, o direito a seu próprio espaço, à luz e ao ar naturais, bem como ao cultivo das prendas domésticas, entre as quais se conta o asseio pessoal.[142]

Os membros da Comissão concluíram:

> Os distritos de Nova York ocupados por habitações coletivas de baixo padrão são lugares onde milhares de pessoas estão vivendo no mais ínfimo dos espaços onde é possível a seres humanos subsistirem – amontoados em quartos escuros e mal ventilados, em muitos dos quais a luz do sol nunca entra, e que, na sua maioria, não conhecem o ar fresco. São focos de doença, pobreza, vício e crime, onde o que surpreende não é que algumas crianças cresçam para serem ladrões, bêbados ou prostitutas, mas que tantas consigam tornar-se adultos decentes e responsáveis.[143]

O problema, portanto, era enorme; quanto a isso, a comissão estava de pleno acordo com a Comissão Real Britânica de 1885. Mas no tocante às soluções, Veiller e seus companheiros divergiram veementemente do caminho tomado pelos ingleses e, deveras, pelos europeus. Examinaram o modelo londrino da habitação pública e o rejeitaram com firmeza. "Não serviria para nada de bom", foi o que concluíram: quando muito, a solução via município iria "melhorar as condições de vida de uns poucos favorecidos" e "não conseguiria realizar nada melhor do que aquilo que a benemerência particular já realizara no passado e, seguramente, realizará no futuro"; não haveria como determinar "onde deveria ser traçada a linha salarial que separasse os que devem dos que não devem ser beneficiados"[144]. Além do mais, sentiam eles que a moradia fornecida pelo município levaria a uma pesada burocracia, ao apadrinhamento político, ao desencorajamento do capital privado. Daí a resistência: a solução viria da regulação física que controlasse o empreendedor privado. A lei de 1901, meticulosamente dividida em mais de cem parágrafos pormenorizados, codificou padrões de espaço, proteção contra incêndio, sistemas de encanamento[145]. Talvez, em vista das condições de tempo e lugar, essa tenha sido uma decisão realista; embora logo após, outros reformistas da habitação pública – Edith Elmer Wood, Frederick Ackerman – começassem a discordar dela. De qualquer modo, em comparação com a Europa, a causa da habitação como dever do Estado foi posta para trás por décadas, como, aliás, veio a lamentar, nos anos de 1930, Catherine Bauer[146].

As razões intrigaram os historiadores. Pois elas implicavam, nos EUA, um divórcio entre as artes nascentes do planejamento habitacional e do planejamento urbano. O início do planejamento norte-americano, como virá à tona no capítulo 6, foi dominado pelo movimento City Beautiful, e isso significava planejar sem propósitos sociais – ou até com propósitos retrógrados: o movimento do zoneamento, que influenciou profundamente o curso subsequente

FIGS. 5 E 6: *Os* Dumbbells *de Nova York (habitações coletivas de baixo padrão construídas segundo a antiga legislação). Como em Berlim, também em Nova York, outro "avançado" projeto habitacional, perversamente não trouxe nenhuma luz, nenhum ar, criando em compensação, um monumental formigueiro humano.* Fonte: *The Bodleian Library, University of Oxford*, 247554 d. 2, v. 1, *face p. 14* (fig. 5.).
Fonte: *The Bodleian Library, University of Oxford*, 247554 d. 2, v. 1, *face p. 10* (fig. 6.).

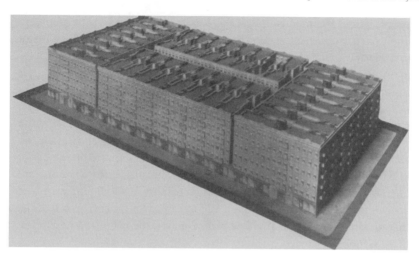

do desenvolvimento suburbano nos Estados Unidos, era, no mínimo, socialmente excludente, em seu intuito e impacto. Planos regionais, como o célebre Plano Regional de Nova York, de 1931, estavam grandemente preocupados com moradias melhores para os que pudessem dispor de recursos para pagar. Assim, "proclamado como preocupação prioritária no início de cada um dos três marcos estabelecidos para a evolução do planejamento nos Estados Unidos, o problema da habitação passou, em cada caso, a conectar-se com outras questões; e em cada caso, as soluções ou emergiram desligadas dele ou, na verdade, agravaram aquelas mesmas condições habitacionais que pareciam ter gerado o esforço"[147].

Segundo Peter Marcuse, das três razões pelas quais a política habitacional emergiu como solução – externalidades como perigo de fogo e doença, preocupação com a ordem social e proteção do valor dos imóveis – as duas primeiras desapareceram depois de 1910 com a melhoria da saúde pública, um controle maior dos incêndios e a assimilação do imigrante; a partir daí, o planejamento passou a depender unicamente da "aliança dos interesses imobiliários com os eleitores de renda média e casa própria", que não tinham qualquer interesse em programas para realojamento dos pobres, num nítido contraste com a Europa, onde uma forte consciência operária aliou-se a uma burocracia intervencionista[148].

O que surgiu, em contrapartida, foi algo singular e inconfundivelmente norte-americano: um movimento voluntário dedicado a salvar o imigrante (e especialmente *a* imigrante) de seus próprios erros e excessos, socializando-o dentro dos padrões de vida norte-americanos, e adaptando-o à vida urbana. A singularidade reside, em parte, no fato de que a ideia fora emprestada da

Europa, e especificamente do East End londrino. Lá, uma série de empreendimentos sociais haviam se desenvolvido durante as décadas de 1870 e 1880 a fim de levar moralidade cristã e hábitos de asseio aos habitantes dos cortiços. Jane Addams, em sua primeira visita à Inglaterra, quando ainda estava nos seus 22 anos, fora profundamente afetada pela publicação de *The Bitter Cry of Outcast London*. Numa segunda viagem, em junho de 1888, aconteceu-lhe, de maneira igualmente providencial, ouvir falar sobre Toynbee Hall, uma residência social cristã fundada pelo cônego Samuel Barnett em St. Jude, no Leste londrino, "a pior paróquia de Londres"[149]. Lá, a maior preocupação era o bem-estar dos jovens. Escapando de casas lotadas, crianças brincavam nas ruas, para onde iam – os defensores da residência social temiam – sem supervisão e desprotegidos frente a adultos abusivos ou corruptores[150]. J.J. Mallon, administrador de Toynbee Hall, e mais tarde magistrado do Tribunal de Menores, escreveu,

> O destino do menino do East End não é feliz. Ele é mentalmente vigoroso. Ele possui um gênio por brincadeiras aventurosas, mas as oportunidades lhe são negadas. Seu distrito não é equipado com áreas de brincar; ele é pobre demais para ter aparatos para jogos. Ele está apartado do campo e das coisas naturais. Nessas circunstâncias, muito do que é saudável e bom nele decai, ou é desviado para canais errados. Ele vai para as ruas. Ele faz amigos nocivos e imita maus modelos. Ele perde qualquer ambição que possa ter acalentado e finalmente só lhe resta uma: a ambição de possuir dinheiro sem trabalhar por ele. Nesse ponto o menino é um grave perigo, e o que poderia ter sido um caráter inerentemente forte e saudável é desfigurado.

Isto abriu o caminho para os defensores da residência social, que – convencidos de que os pais da classe trabalhadora eram incapazes de supervisionar seus filhos – não notavam a rede de supervisão informal das crianças nas ruas por parte de pais, vizinhos e ambulantes[151].

No ano seguinte, Addams tomou a si o encargo de estabelecer um centro similar em Chicago. Localizada no meio de quatro comunidades de imigrantes pobres – italianos, alemães, judeus e tchecos – Hull House contava com uma equipe de jovens graduados, idealistas, quase todos do sexo feminino e profundamente religiosos. Moças que antes teriam se tornado missionárias ou tentado salvar o marido das garras da bebida, conforme um repórter de jornal, oferecem agora seus serviços à instituição social[152]. Em consequência, alguns observadores acharam a atmosfera insuportável. Thorstein Veblen escreveu sobre "formalidades de etiqueta de alta classe", Sinclair Lewis sobre "albergue cultural [...] que mantém um padrão de boas maneiras fixamente sorridente."[153] Também a clientela era eminentemente feminina: mais tarde, um imigrante lembraria que "íamos até lá para um banho de chuveiro ocasional, nada mais"[154]. Eles proporcionavam educação contínua para as crianças que haviam deixado cedo a escola, acampamentos de verão que as punham de volta em contato com a natureza e áreas de recreio para as que ficavam na cidade; também um clube para idosos (visando a derrubar os preconceitos destes contra os imigrantes), um pensionato para garotas, um programa para salvar "as decaídas", e um berçário diurno. Também promoviam pesquisas sociais, seguindo conscienciosamente o modelo do Levantamento Booth, e lutavam com empenho pela reforma das leis trabalhistas[155]. Por fim, fizeram campanha contra os bares: "Esses ordinários e ilícitos lugares de prazer lembram as festividades desregradas da Londres da Restauração, de que são, sem sombra de dúvida, os descendentes diretos, devidamente comercializados, ainda confundindo alegria com lascívia, divertimento com libertinagem."[156] Anos mais tarde, depois de uma década de lei seca ter trazido a violência mutiladora para as ruas de Chicago, Jane Addams ainda a defendia com veemência, sugerindo que a saída era desarmar os gângsteres[157].

FIG. 7: *Jane Addams. Imagem de compassividade e benemerência, pronta a batalhar em prol dos corpos e das almas dos encortiçados de Chicago.* Fonte: Fotosearch/Getty Images.

Parece tocante. Visitantes vindos da Grã-Bretanha – o administrador de Toynbee Hall, John Burns – admiravam-se ante a evidente inexistência de qualquer intervenção municipal: o estado das moradias, onde os imigrantes seguiam os padrões da vida rural em plena urbe – abatendo carneiros e assando pão nos porões –, tê-las-ia tornado totalmente ilegais em Londres, exclamavam[158]. Mas o programa de Hull House era apenas uma variante, particularmente idealista e excepcionalmente bem divulgada, do que estava acontecendo em cada cidade norte-americana antes da Primeira Grande Guerra. Havia seis desses centros nos Estados Unidos em 1891, mais de cem por volta de 1900, mais de quatrocentos perto de 1910[159]. O objetivo era integrar o imigrante na cidade, primeiro através do exemplo moral individual, e segundo – caso este falhasse – através da coerção moral e até mesmo, conforme acreditavam alguns de seus defensores, da segregação e repatriação "do vagabundo, do beberrão,

A CIDADE DA NOITE APAVORANTE
reações à cidade encortiçada do século XIX

FIGS. 8 E 9: *A vida nas habitações coletivas de Chicago, c. 1900. Mães imigrantes aguardam com os filhos a chegada da reformista de Hull House.* Fonte: Photo # JAMC 0000 0198 3117, Jane Addams Memorial Collection, Special Collections & University Archives, University of Illinois at Chicago Library (fig. 8.) e Photo # JAMC 0000 0190 0275, Jane Addams Memorial Collection, Special Collections & University Archives, University of Illinois at Chicago Library (fig. 9.).

do mendigo, do imbecil"[160]. Mas, em terceiro lugar, essas medidas deveriam ser acompanhadas de uma melhoria sistemática do ambiente urbano, mediante a instalação de parques e áreas de recreio e, finalmente, mediante um sistema mais amplo de parques municipais, que – na opinião do pai da arquitetura paisagística norte-americana, Frederick Law Olmsted – exerceria uma "influência harmonizadora e refinadora [...] favorável à cortesia, ao autocontrole e à temperança"[161]. Alguns de seus proponentes foram além, defendendo a revitalização da vizinhança como um modo de restaurar a qualidade da vida urbana, embora a própria Jane Addams não se inclinasse para essa "salvação geográfica"[162]. Veio daí a ideia de que a própria cidade pudesse engendrar lealdade cívica, e assim assegurar uma ordem moral harmoniosa; a aparência física da cidade simbolizaria sua pureza moral. Esse passou a ser o dogma básico do movimento City Beautiful[163]. Se constituiu ou não um substituto adequado para o planejamento público da habitação, isso, ao que parece, ninguém teve a ideia de perguntar aos mais diretamente afetados. Em termos práticos, Jane Addams seguiu a receita de Lawrence Veiller: desempenhou um papel-chave na introdução da pesquisa de Robert Hunter sobre o problema da moradia dentro dos conjuntos de habitações coletivas de baixo padrão de Chicago, o equivalente exato do relatório de Nova York, que revelou condições igualmente horripilantes e resultou num decreto municipal de 1902 para cortiços verticais[164].

Um Problema Internacional

As soluções foram, portanto, diferentes. Mas o problema e a sua percepção eram similares em ambos os lados do Atlântico. O problema era a própria cidade-gigante. A percepção dele era o início de múltiplos males sociais, possível declínio biológico e insurreição política em potencial. De 1880 a 1900, talvez em 1914, a sociedade de classe média – os que tomavam as decisões, os editorialistas, os panfletistas, os ativistas – estava ficando apavorada. Muito desse medo foi grotescamente exagerado, de certa forma até deliberadamente, por experimentados autopropagandistas. Mas a realidade subjacente era suficientemente horripilante e derivava da pobreza. Com a revolução, os ricos poderiam ter dado o que tinham aos pobres, o que não teria feito grande bem a ninguém, visto que pouco duraria. Essa pobreza fora endêmica desde os primórdios da sociedade mas, no campo, pudera permanecer mais ou menos oculta; uma vez concentrada na cidade, revelou-se por inteiro. Os

A CIDADE DA NOITE APAVORANTE
reações à cidade encortiçada do século XIX

pobres que se amontoavam em Londres, vindos do Wessex ou de East Anglia, ou em Nova York, vindos da Itália e da Polônia, estavam na verdade melhor fora de suas terras do que nelas; ou pelo menos era assim que pensavam, e ninguém melhor do que eles para sabê-lo.

A diferença, portanto, reside na própria concentração, em virtude da qual alguns milhares de ricos e alguns milhões de indivíduos da classe média foram levados a um estreito contato com milhões de pobres e indigentes. Nesse sentido, a industrialização e a urbanização*, como soem dizer os marxistas, criaram um novo conjunto de relações sociais e de percepções sociais. O que, aliás, como escrevi no capítulo 1, afirma apenas o óbvio. Até 1883-1885 em Londres e Liverpool, e até 1900-1901 em Nova York e Chicago, a burguesia urbana manteve-se deslumbradamente despercebida do terrível destino de suas contrapartes proletárias que moravam ao lado. Depois disso, não poderia haver dúvida. Veiller e Hunter descreveram essa sina de maneira muito palpável. Aqui está Veiller, entrevistando uma dona de casa vinda dos conjuntos coletivos:

> O SECRETÁRIO: De acordo com sua experiência, o que mais aborrece num prédio de habitação coletiva?
>
> SRA. MILLER: Bem, não há uma coisa que aborreça "mais" que outra. Parece que tudo aborrece. Em primeiro lugar, a maneira como é administrado. Depois a entrada de ar, esse é o problema pior.
>
> O SECRETÁRIO: O que acontece com a entrada de ar?
>
> SRA. MILLER: É um lugar por onde entra mais mau cheiro do que ar. Quanto à luz, só se tem luz no último andar, em nenhum outro lugar. E o barulho – não acho que ele tenha boa influência sobre as pessoas.
>
> O SECRETÁRIO: Em que sentido?
>
> SRA. MILLER: Bem, não é muito bonito a gente ser acordada no meio da noite e ouvir alguém berrar. "Oh, é ali embaixo, no primeiro andar! Ele está de novo com *delirium tremens*". E duas casas ficam acordadas por causa dos berros desse homem. Os meninos e as meninas ouvem tudo e no dia seguinte usam isso para arreliar as crianças[165].

E aqui Hunter, descrevendo a vida nos barracos de Chicago:

> Cozinhar e lavar roupa para sete, embalar um bebê choroso alquebrado pela temperatura, cuidar de um marido delirante, arrumar um lugar onde sete possam dormir, e fazer tudo isso em dois quartos com saída para uma ruela cheirando azedo e enxameada de moscas vindas dos detritos e latrinas, era coisa para arrasar com a paciência e a força de um Titã.[166]

O problema, portanto, era quase universal. A questão para os historiadores estava em saber por que, dada a similaridade das estruturas econômicas subjacentes e consideradas as relações sociais delas resultantes, nos principais países industriais por volta de 1900, os subsequentes desenvolvimentos urbanos vieram a ser tão diversos. Essa é uma questão a que voltaremos nos próximos capítulos.

3

A CIDADE DO VARIEGADO ENTORNO

O Subúrbio do Transporte de Massa

Londres, Paris, Berlim, Nova York (1900-1940)

E como tudo é novo em folha! Esse jeito de coisa mal-acabada, vulgar! Vocês já viram a cara dessas cidades novas que têm inchado de repente como balões nestes últimos anos – Hayes, Slough, Dagenham e outras? Toda aquela gelidez, o tijolo vermelho vivo por toda a parte, o aspecto transitório das fachadas das lojas, cheias de chocolates e peças de rádio a preços de liquidação.

GEORGE ORWELL, *Coming up for Air* (Um Pouco de Ar, Por Favor!, 1939)

Come, friendly bombs, and fall on Slough
It isn't fit for humans now,
There isn't grass to graze a cow
Swarm over, Death!
Come, bombs and blow to smithereens
Those air-conditioned, bright canteens,
Tinned fruit, tinned meat, tinned milk, tinned beans
Tinned minds, tinned breath.
Mess up the mess they call a town –
A house for ninety-seven down
And once a week for half-a-crown
For twenty years…

JOHN BETJEMAN, Slough, *Continual Dew* (1937)[1]*

QUASE EXATAMENTE EM 1900, NUMA REAÇÃO AOS HORRORES DA CIDADE encortiçada do século XIX, punha-se o relógio da história do planejamento a tiquetaquear. Mas paradoxalmente, tão logo isso aconteceu, uma outra máquina do tempo, muito maior e mais antiga, começava a varrê-lo de cena. É que o problema, para o qual o nascente movimento urbanista buscava solução, quase instantaneamente, começou a mudar de aspecto. Muitos dos filósofos fundadores do movimento ainda continuavam obcecados pelos males da superpopulação da cidade vitoriana dos cortiços – que na verdade se mantinham bastante reais, pelo menos até a Segunda Guerra Mundial, chegando mesmo até os anos de 1960. Porém, durante esse tempo todo, a cidade grande estava se transformando, parte graças à reação dos legisladores e dos reformistas locais, parte através das forças de mercado. A cidade dispersou-se e desconcentrou-se. Novas casas, novas fábricas, foram construídas em sua periferia. Novas tecnologias do transporte – o bonde elétrico, o trem elétrico de interligação com o centro, o metrô, o ônibus – permitiram que esse processo de suburbanização se concretizasse. Novas agencias – sociedades construtoras, entidades da habitação públicas e sem fins lucrativos – aproveitaram as oportunidades então oferecidas. Mão de obra e materiais baratos reduziram os custos reais das novas moradias, em especial no fim dos anos de 1920 e começo dos de 1930. Melhores e mais sutis regulamentações do planejamento e desenvolvimento urbanos brecaram a superpopulação e, de certa forma, diminuíram o tédio das cidades oitocentistas. Daí resultou uma extraordinária e repentina melhoria dos padrões habitacionais para um amplo espectro da população. Mas, com frequência, tais resultados mostraram-se visualmente inexpressivos e, por vezes, calamitosos – não talvez para aqueles mais diretamente afetados, mas certamente para os pretensos cultos guardiães do gosto popular.

E tudo isso aconteceu enquanto os pioneiros ainda estavam escrevendo, liderando campanhas, exercendo sua influência sobre o corpo político. O dilema daí resultante é insolúvel para o autor (e para o leitor) de uma história do planejamento: nunca fica claro o que veio primeiro, se a galinha suburbanizante ou o ovo filosófico. Mas afinal, isso não tem importância nenhuma: a história só faz sentido se as duas linhas forem compreendidas conjuntamente. Assim, a despeito da impossibilidade lógica, este capítulo e os seguintes – sobretudo o próximo – precisam ser lidos simultaneamente.

O processo de suburbanização, em especial a variante comandada pelas forças de mercado, foi muito mais intenso e evidente em Londres e Nova York do que em Paris ou em Berlim, ou em qualquer das outras capitais europeias. E sob certos aspectos-chave – o papel do transporte público, a importância das hipotecas baratas a longo prazo, o entrosamento entre os empreendimentos privados e os públicos de larga escala –, Londres continuou sendo a mais interessante, a mais vital, a mais evidentemente problemática de todas as grandes cidades durante esses anos. Daí constituir o foco central da narrativa.

O Conselho do Condado de Londres Começa a Construir

Logo ao iniciar-se o novo século, o Censo Britânico de 1901 mostrou como continuavam críticos em Londres os problemas do adensamento e do excesso populacionais. Cerca de 45% das famílias de um único distrito do centro de Londres (Finsbury) ainda viviam em um ou dois cômodos, enquanto em todo um anel de distritos vizinhos[2] a proporção passava de um terço[3]. Naquele ano, Charles Booth publicou outro documento, exaltando agora as virtudes da "melhoria nos meios de locomoção como um primeiro passo para a solução das dificuldades de habitação em Londres". Era preciso, argumentava Booth, "um esquema amplo e realmente completo de ferrovias subterrâneas e elevadas, bem como uma rede de linhas de bonde de superfície; num serviço que atenda adequadamente a trajetos longos e curtos. Um sistema que se estenda bem para fora dos atuais limites metropolitanos, entrando pelos arrabaldes de Londres, chegando até onde a população tenha ido ou possa ir"[4]. Na verdade, Booth – que jamais confiou na ação governamental, salvo em casos de extrema necessidade – via isso como um meio de entregar a solução nas mãos do construtor particular. Só que a mentalidade mais coletivista do

A CIDADE DO VARIEGADO ENTORNO
o subúrbio do transporte de massa

Partido Progressista do LCC já se movimentara na mesma direção. Embora a Comissão Real de 1885 tivesse recomendado que as classes trabalhadoras fossem realojadas no centro, durante a década de 1890 essa ideia foi rapidamente posta de lado[5].

A maioria progressista – isto é, de influência fabiana – dominou o Comitê da Habitação do LCC desde o início, em 1890[6]; em 1898, recomendou que o próprio Conselho construísse em larga escala nos terrenos vagos, fazendo uso da Parte III da Lei de 1890, e o Conselho em peso – após muita agitação e intenso debate – apoiou o programa. Ao descobrir que estava impedido de construir além de seus próprios e constritos limites no interior de Londres – já então quase inteiramente construídos – o LCC pressionou o Parlamento para aprovação de uma emenda em 1900 que lhe permitiu construir grandes conjuntos de "habitação para a classe trabalhadora" nos campos verdes dos limites do município e até para além deles, de que ele imediatamente fez uso para começar a trabalhar em quatro desses conjuntos. E apesar de nesse mesmo ano o Partido Moderado (conservador) ter assumido o controle, mantendo-o até 1914, o LCC prosseguiu com um vasto programa de construção habitacional. Entre 1900 e 1914, ele forneceu perto de 17 mil aposentos em esquemas de realojamento em locais antigamente ocupados por cortiços agora demolidos, situados dentro de seus próprios limites, e outros 11 mil em conjuntos situados em áreas periféricas e fora do município.

Em 1899, antes mesmo de obterem poderes do Parlamento, os membros do Conselho mobilizaram-se para comprar os Totterdown Fields, situados em Tooting, sul de Londres[7]. O que viabilizou sua urbanização foi a eletrificação dos bondes que o LCC adquirira de interesses privados poucos anos antes. Em maio de 1903, quando o príncipe de Gales inaugurou a linha que vai das pontes Westminster e Blackfriars até a rua Totterdown, pôde também visitar os primeiros chalés recém-ocupados. Em dez anos, a utilização de passagens de bonde pelos operários aumentou mais de quinze vezes[8]. Uma segunda propriedade periférica, situada em Norbury, fora da área do LCC, revelou-se um pouco mais problemática: a linha de bondes do LCC terminava na divisa, 800 metros antes do local. Uma terceira, White Hart Lane, em Tottenham, norte de Londres, 3,2 km além da divisa do município, constituiu desafio ainda maior: o LCC confiara na instalação de uma linha do metrô como parte da febre de construção que dominava os anos centrais do reinado de Eduardo VII, mas a linha não foi aprovada[9].

No quarto local, Old Oak, oeste de Londres, os conselheiros foram mais felizes; o conjunto foi planejado ao redor de um ramal da Central London Railway, que, iniciado em 1913, teve sua instalação retardada pela Primeira

FIG. 10: *Conjunto residencial de Old Oak, construído c. 1913. O Departamento de Arquitetos do LCC supera Unwin em unwismo: vernacular germânico, curvas e empenas seguem a linha de Sitte.*

Grande Guerra e só foi aberto em 1920[10]. O conjunto todo, apesar de minúsculo, é, portanto, um exemplo clássico de ocupação satélite, planejada ao redor de uma linha de transporte vinda da cidade; antecipa em mais de uma década o que Bruno Taut iria fazer em Onkel Toms Hütte, na Berlim dos anos de 1920, e muito mais tarde, o que Sven Markelius faria em Vällingby e Farsta, Estocolmo, no período de 1955 a 1965.

Numa coisa o LCC fracassou: não ficou a seu cargo o preço das passagens do metrô, ao contrário do que ocorrera com as passagens de bonde, por ele controladas. Desde o início, o Conselho viu os bondes como "instrumentos de política social"[11]: passagens baratas vendidas de manhã cedo aos trabalhadores fariam com que, somados, aluguel e condução resultassem numa quantia menor que a exigida pelos aluguéis do centro de Londres. "As vantagens do espaço livre e cercania aprazível podem, portanto, ser asseguradas sem praticamente nenhum custo extra e até, na maioria dos casos, com alguma redução das despesas necessárias": esses os seus argumentos em 1913[12]. Portanto, embora "o Conselho não tenha sido autorizado a abandonar o programa de alojamento ou realojamento no centro [...] o programa formulado pelo Parlamento frequentemente tem levado muitas famílias da classe trabalhadora a permanecerem nos distritos centrais, quando poderiam ter sido acomodadas nos subúrbios a um custo

A CIDADE DO VARIEGADO ENTORNO
o subúrbio do transporte de massa

menor para a comunidade e com vantagens maiores para elas próprias[13]. Em 1914, os bondes estavam transportando 260 mil passageiros por dia, contra 560 mil usuários dos baratos trens da manhã para trabalhadores[14]. Por essa época, Charles Masterman descreveu o efeito produzido no sul de Londres, onde as rotas do LCC eram particularmente densas: "As famílias estão, uma após outra, abandonando os blocos de apartamentos e as superlotadas habitações coletivas, e trocando-os por chalés de quatro cômodos em Hither Green e Tooting. A inusitada placa 'Aluga-se' pode ser vista em quase todas as ruas."[15]

Portanto, a receita LCC deu certo – para alguns. O que Masterman, com toda a sua acuidade de observação, parece não ter percebido foi o caráter socialmente seletivo dessa migração. Era a nata do artesão qualificado que ganhava com a mudança: os chalés LCC davam à sua família um espaço maior e mais bem projetado pelo dinheiro que custavam, mas ainda saíam mais caros do que o aluguel de um quarto miserável perto do centro e, neles, era estrita e especificamente proibido sublocar. Portanto, os que ganhavam uma libra por semana ou menos – o trabalhador ocasional, o cocheiro, o carregador de feira, o doqueiro – e ficavam com apenas 7 xelins de sobra depois de comprada a comida, esses permaneciam encurralados nos cortiços; e durante toda a primeira década de construções LCC, de 1901 a 1911, o problema da superlotação em Londres na verdade piorou[16].

Mas para os que puderam escapar, o efeito deve ter sido dramático. Tanto os primeiros conjuntos residenciais periféricos quanto os esquemas, mais numerosos, derruba-cortiço, executados dentro do perímetro urbano, representam alguns dos primeiros exemplos do planejamento em grande escala praticado na Grã-Bretanha, e ambos atingiram um nível extraordinariamente alto de arquitetura e de desenho urbano. O mérito cabe inteiro ao novo Departamento de Arquitetos do LCC, para onde se encaminhou um grupo de jovens e talentosos arquitetos imbuídos das tradições de William Morris, Norman Shaw e do movimento "Artes e Ofícios". Este é o primeiro, mas não o último ponto dessa história quando cronologia e organização vão por água abaixo: o estilo LCC dos primeiros tempos era, sob vários aspectos, idêntico, em espírito e resultado prático, ao adotado, naqueles mesmos anos, por Raymond Unwin e Barry Parker em New Earswick Garden Village, arrabalde de York, em Letchworth Garden City e em Hampstead Garden Suburb, e que constitui o foco central do capítulo 4.

A diferença que os separava, pelo menos nos primeiros exemplos, não tinha motivos filosóficos; resultava, isso sim, da restrição legal. Trabalhando no arrabalde de cidades já existentes, e às vezes com a possibilidade de pressionarem as autoridades tradicionalistas locais, Unwin e Parker puderam pôr de lado o rígido código das legislações locais, que, ironicamente, haviam sido criadas há trinta ou quarenta anos para garantir padrões mínimos de luz e ar para a moradia da classe trabalhadora, obtidos, no entanto, às custas de esquemas baseados no quadriculado uniforme e insípido. Os arquitetos do LCC raramente foram tão afortunados. No primeiro de seus projetos, completado em 1900 – o conjunto residencial Boundary Street, em Shoreditch, esquema de realojamento em área central que substituiu o Jago, célebre cortiço do século XIX –,eles conseguiram obter um efeito notável com blocos de cinco pavimentos acessíveis por escada, num projeto a vários mãos que os dispunha como amplos pavilhões ao redor de uma praça circular arborizada: espécie de palácio para pobres, impressionante ainda hoje, apesar de passados mais de cento e vinte anos, agora restaurado após anos de negligência da autoridade local. Mas em seus primeiros esquemas para áreas situadas nas bordas ou fora do perímetro urbano – 1.261 casas em Totterdown Fields (1903-1909), 881 casas em White Hart Lane (1904-1913) e 472 em Norbury (1906-1910) – eles foram cerceados pelo quadriculado e tiveram que fazer com ele o melhor que puderam: recuaram algumas filas de blocos residenciais e variaram seu comprimento, deram um tratamento constantemente imaginativo às fachadas e – em Tottenham – incorporaram uma doação de espaço livre feita por particular, criando um notável quadrilátero central de casas em torno de um parque[17].

Só depois de 1910 começaram a soltar-se. Na pequena área destinada a 304 casas em Old Oak, Hammersmith, onde trabalharam com toda a liberdade, puderam eles, pela primeira vez, construir em ruas curvas para criar uma paisagem urbana unwinesca de recantos aconchegantes, empenas salientes e portões que deixam entrever pátios internos semiocultos. Tudo isso habilmente concebido em torno da estação do metrô, tendo como fundo o vasto espaço verde de Wormwood Scrubs, que – como o Heath, em Hampstead Garden Suburb – forma um cinturão verde perene, separando o novo satélite dos densos blocos residenciais de North Kensington, a 800 metros dali. Aqui, como nos demais conjuntos residenciais, os planejadores trabalharam debaixo de imensas restrições: custos não deviam exceder 50 libras por cômodo, densidades não podiam ser menores que trinta casas ou 130 pessoas por acre (o que exigia, segundo asseveraram Abercrombie e Forshaw trinta anos depois, uma solução vertical), muros de prisão* assomavam ao dobrar da esquina. E no entanto, aí criaram eles um mundo mágico, que mesmo hoje, mal conservado e vítima dos pichadores, consegue maravilhar. Posteriormente, num segundo estágio (1919-1921) em Norbury, realizaram verdadeiro *tour de force* dentro da linha Unwin-Parker, quase superando os mestres: aproveitaram uma pequena colina para criar um esplêndido pátio fechado por uma fileira compacta de sobrados, que se erguem acima do padrão legal das ruas, lembrando uma cidade mercante murada da Alemanha medieval.

Os Primeiros Esquemas de Planejamento Urbano

Nesse meio tempo, comparadas com o LCC, as outras grandes autoridades urbanas da Inglaterra estavam fazendo relativamente pouco. E muitas partilhavam o ponto de vista de Booth, para quem um transporte urbano melhor, aliado à construção de moradias entregue à iniciativa privada, apontava o principal caminho para a solução final do problema: a nova arte do planejamento urbano deveria concentrar-se em fornecer uma estrutura melhor, dentro da qual o empreendedor tivesse condições de trabalhar. Essa lógica levou ao Projeto de Lei de Habitação, Planejamento Urbano etc., do governo liberal, que, duramente combatido no Parlamento – a segunda leitura foi postergada nada menos que dezenove vezes, ele foi retirado no fim da legislatura de 1907-1908, e reencaminhado, com cerca de 360 emendas da Câmara dos Lordes –, tornou-se lei em 1909[18].

Ao introduzi-lo, John Burns – agora presidente da Junta do Governo Local, conservando ecos da oratória que outrora fizera vibrar Trafalgar Square – entoava:

> O objetivo desta lei é dar ao povo uma condição doméstica na qual sua saúde física, sua moral, seu caráter e sua inteira condição social possam ser melhorados [...] O decreto, em linhas gerais, tem em mira e espera assegurar a existência do lar saudável, da casa bonita, da cidade aprazível, do município dignificado e do subúrbio salubre.[19]

O principal meio para o "lar saudável" seria a extensiva derrubada de cortiços e os poderes de reconstrução para as autoridades locais:

> Em seu parágrafo sobre habitação, a lei procura abolir o cortiço, reconstruir em novas bases e evitar seu ressurgimento. Ele exige – ou se não, exijo eu por ele – que a Câmara dos Comuns faça alguma coisa para eliminar os guetos da torpeza e as Alsatias da sordidez que se podem encontrar em muitas partes do Reino Unido.[20]

Com esse intuito, o decreto reformou a legislação de 1890, dando às autoridades poderes inquestionáveis para reter a posse das casas por elas construídas nos esquemas "derruba-cortiço", preparando, assim, o caminho para o avanço da casa popular do pós-Primeira Guerra; também autorizava a Junta do Governo Local a compelir à ação autoridades recalcitrantes[21]. De fato, a lei concedeu poderes realmente draconianos à Junta do Governo Local; havia uma visão generalizada, que o próprio Burns aparentemente compartilhava, de que os conselhos locais não estavam à altura da tarefa. E essa tradição de interferência central – baseada, sem dúvida, naquela falta de confiança – foi uma característica duradoura do planejamento britânico durante o século subsequente[22].

Mas o parágrafo mais importante da lei tratava dos poderes para o planejamento de novas cidades, os quais, explicava Burns,

> procuram diminuir o que se tem chamado de ruas de padrão legal*, que de legal têm pouco e esbanjam monotonia. Preconiza a eliminação das vias regulamentadas, que, de tão regulares, carecem da beleza inerente, segundo Hogarth, a uma linha curva[23].

O padrão legal, em contraste, era percebido como grosseiramente restritivo; assim o emprego de *culs-de-sac* era proibido porque era visto como prejudicial à saúde pública, e em Hampstead uma lei especial do Parlamento teve que ser aprovada para driblar o padrão legal de Hendon. E Hampstead era visto como um modelo na luta por maior elasticidade[24].

O modelo foi então o pequeno grupo de esquemas que já havia conseguido escapar à tirania das primeiras legislações urbanísticas:

> Eles só precisam entrar num veículo a motor, ou qualquer outro veículo, e ir até lugares como Balham, Millbank, Boundary Street, Tooting, Ealing, Hampstead e Northfield para verem como esquemas modificados de planejamento urbano, acompanhados de esquemas de transporte, bonde, trem e metrô, estão se desenvolvendo.[25]

O objetivo, dentro da ideia de que a população londrina continuaria a crescer para fora do perímetro urbano, era planejar para isso, fazendo com que o setor público e o privado se pusessem de acordo: "a fim de que, juntos, voltem suas vistas para um esquema único, em vez de combaterem-se mutuamente com prejuízo para ambos"[26]:

> Tomemos Bournville para os pobres e Bournemouth para os ricos. Tomemos Chelsea para as classes e Tooting para as massas. E o que veem os

FIG. 11: *Conjunto residencial de Norbury, c. 1921. Outro exercício em vernacular unwinesco do LCC, margeando um pátio em ladeira.*

Senhores? Veem nesses quatro exemplos que suas corporações dotadas de espírito público e seus proprietários de terra dotados de espírito público estiveram trabalhando, e [...] verão que muita coisa se faz sem prejuízo para ninguém, o que esperamos tornar universal com essa lei.[27]

A imprensa não se impressionou com a oratória. Mas, finalmente, no dia 3 de dezembro de 1909, a lei foi aprovada. Sua mais importante provisão foi permitir e incentivar as autoridades locais a elaborar esquemas de planejamento para grandes áreas passíveis de serem urbanizadas visando à construção de novas moradias. Neles, a ideia era recapturar o tipo de controle informal, embora sensível, exercido pelos empreendedores privados quando estes obtiveram concessões de construção, como no caso dos grandes conjuntos de Londres, por meio do poder para controlar o empreendimento – um poder adicionado à lei de 1909, quase acidentalmente, como um expediente administrativo para garantir que construções necessárias não fossem impedidas pela preparação dos esquemas de planejamento urbano[28]. Os primeiros esquemas aprovados pela Junta do Governo Local abrangiam três áreas interligadas no lado oeste de Birmingham – Edgbaston, Harborne e Quinton –, num total de 2.320 acres; breve seguiu-se um esquema para o lado leste de Birmingham, na firme intenção de ao final cobrir toda a periferia da cidade. George Cadbury, em 1915, elogiou-os pelo papel que haviam desempenhado na redução das "grandes irrupções de turbulência social que são uma manifestação tão marcante nestes dias", visto que "não há dúvida, presentemente, de que um fator importante da agitação operária é o desejo que nutrem as massas das classes trabalhadoras de obter os meios que lhes possibilitem viver decentemente, elas e suas famílias"[29]. Mas outro eminente empresário e reformador social de Birmingham, J.S. Nettlefold, que havia originalmente concebido os esquemas nos moldes da melhor prática urbanística germânica, duvidava que eles tivessem esse tipo de efeito: "Nenhum dos dois esquemas de Birmingham tem a mínima possibilidade de ajudar essa gente tão necessitada de assistência, mesmo que apenas em benefício de seus filhos."[30]

Para Nettlefold, o esquema londrino aprovado naquela mesma época, em Ruislip-Northwood, era muito superior. Imensamente mais amplo, cobria cerca de 6 mil acres contra os 4 mil cobertos pelos dois esquemas de Birmingham; fixava o arruamento, linhas de edificação, espaços livres, áreas comerciais, fabris e residenciais. Com uma densidade máxima de doze casas por acre, incluía muitas áreas com menos. No seu cerne, um projeto – elogiado por Burns no debate – elaborado por A. e J. Soutar, os projetistas de Old Oak, para a Ruislip Manor Company, vitoriosa num concurso avaliado por Raymond Unwin e *sir* Aston Webb[31].

Hoje, num curto giro pela zona oeste de Londres, o estudioso atento da história do planejamento pode reconhecer três clássicos da primeira época: o conjunto residencial de Old Oak, do LCC de 1912-1914, próximo a ele, o subúrbio-jardim da cooperativa de inquilinos-mutuários de Ealing, de 1906-1910, e Ruislip-Northwood. A comparação não favorece Ruislip-Northwood. Construtores em busca de lucro, mesmo os esclarecidos, dificilmente poderiam competir com o Departamento de Arquitetos do LCC dos primeiros tempos, na sua melhor fase, ou com a pequena joia de autoria de Unwin e Parker, em Ealing. O que, ademais, decepciona é a qualidade do *layout* de Ruislip. O coração é o esquema Ruislip Manor, cujo centro, por seu turno, é um importante eixo formal que sobe gradualmente através de uma série de rotatórias para formar a principal rua de lojas, passando sob a linha da Metropolitan Railway, *raison d'être* de toda a urbanização, e indo daí para o topo de uma pronunciada colina de cujo cimo se avista, lá embaixo, no extremo norte dos limites do esquema, um vasto cinturão verde, reservado precipuamente para área de lazer.

Evidentemente, em relação aos padrões urbanísticos impostos por lei, o progresso é notável: observa-se certa coerência de um tipo bastante formal; o espaço livre é generoso e distribuído com flexibilidade (uma fatia verde, por exemplo, abre caminho ao longo da ferrovia e vai direto até a orla do centro de compras), algumas peças do modelo viário são interessantes, e o pouco que foi

A CIDADE DO VARIEGADO ENTORNO
o subúrbio do transporte de massa

FIG. 12: *Reunião dos inquilinos-mutuários de Ealing, c. 1906. A liberdade e a cooperação pregadas por Howard exercitam-se plenamente num dos primeiros Subúrbios-Jardim, mas o ambiente é decididamente classe média.*
Fonte: *Reproduzido por permissão do Distrito Londrino de Ealing.*

realmente projetado pelos Soutars – um dos quais mais tarde sucedeu Unwin em Hampstead Garden Suburb – é muito bom[32]. Mas, surpreendentemente, também há longas linhas ininterruptas de ruas quase absolutamente retas, de um tédio legal inigualável; sente-se que a oratória de Burns foi em vão. E, aliado ao estilo neogeorgiano, falto de inspiração, da rua comercial – estilo que foi repetido um sem-número de vezes por todos os subúrbios londrinos nos anos de 1920 e 1930 –, o efeito revela-se de um formalismo acachapante: uma City Beautiful não muito bonita. Início nada auspicioso para a idade de ouro do subúrbio inglês.

Nova York Descobre o Zoneamento

Os norte-americanos já haviam feito coisa melhor. Seus clássicos subúrbios do século XIX e início do XX, todos eles planejados em torno de estações ferroviárias de interligação com o centro – Llewellyn Park, em Nova Jersey, Lake Forest e Riverside, arrabaldes de Chicago, Forest Hills Gardens em Nova York –, tinham, todos, um padrão de projeto conspicuamente alto; Riverside, como veremos no capítulo 4, foi quase com certeza um dos modelos utilizados por Ebenezer Howard em sua cidade-jardim. Esses subúrbios mantinham sistemas sofisticados de controle social e físico, com a finalidade de manter comunidades homogêneas de alta qualidade, com casas harmoniosas[33]. E, como as cidades norte-americanas rapidamente estenderam para fora de seus limites os serviços municipais básicos, os principais beneficiados com isso foram os cidadãos desses subúrbios: "Possuíam privadas com descarga e banheiras por onde fluía em abundância a água fornecida pelo município; eles eram os ciclistas que se beneficiavam com o asfalto recente da pavimentação; e também se utilizavam das extensas linhas de bonde que os levavam aos bairros suburbanos pelo mesmo preço que o usuário das linhas do centro pagava por trajetos menores"[34]. O problema foi que, já em 1900, não havia muitas delas.

Isso aconteceu sobretudo em Nova York e Chicago, que já estavam grandes demais para serem eficientemente servidas por um sistema de bondes; aqui, o futuro dependeria do metrô ou de linhas de interligação centro-subúrbio. Nova York inaugurou seu primeiro trecho de metrô em 1904[35], e o sistema foi se ampliando nos anos seguintes.

Conforme seus historiadores relataram, essa foi uma resposta a dois problemas críticos, o rápido crescimento urbano e a geografia complicada: tendo 3.437.000 pessoas em 1900, a segunda maior cidade do mundo, ela se espalhava por várias ilhas separadas por difíceis canais; Manhattan tinha 21 km de comprimento, mas somente 3,2 km de largura no máximo[36]. Assim o sistema tinha que ser bom, e era: foi o primeiro metrô no mundo com trechos expressos que permitiam velocidade de até 64 km por hora[37]. Isso tornou acessíveis grandes espaços não urbanizados ao norte da rua 59, especialmente no lado oeste, e para o norte em direção ao Bronx, para a ocupação das classes média e média-alta[38]. Entre 1905 e 1920, a população de Manhattan, acima da rua 125, aumentou 265% e a do Bronx, 156%; de 1910 a 1930 a população vivendo fora de Manhattan cresceu de 51 a 73% do total da cidade[39].

Mas, segundo relatara a Comissão para Habitações Coletivas de Baixo Padrão em 1900, embora "Indubitavelmente maiores facilidades de transporte possibilitarão que alguns dos mais ambiciosos e bem pagos dos moradores de cortiços providenciem para si casas unifamiliares nos distritos de arrabalde […] é evidente que o grosso das classes laboriosas continuará vivendo em habitações coletivas de baixo padrão", visto que não dispõe de recursos para se mudar[40]. Entretanto, como efeito indireto do trabalho de Veiller, surgiu a Comissão para a Superpopulação, criada graças aos esforços dos líderes de

A CIDADE DO VARIEGADO ENTORNO
o subúrbio do transporte de massa

centros assistenciais em 1907, e que, em seu relatório de 1911, declarou-se a favor da descentralização através do sistema de transporte.

Mas – conforme reconhecera a comissão em seu próprio parecer sobre superpopulação três anos antes, e segundo a avaliação dos líderes civis – transporte melhor era faca de dois gumes: também poderia significar uma saturação populacional até pior do núcleo urbano, visto que traria mais trabalhadores para dentro dele e contribuiria para uma crescente valorização do solo. Eis o paradoxo que só uma medida complementar que impusesse restrições à altura e à concentração dos edifícios poderia resolver[41].

O secretário-executivo da comissão era Benjamin C. Marsh, um advogado e reformista social que visitara a Europa no início das atividades da comissão em 1907-1908, tendo publicado já de começo um tomo sobre planejamento urbano em 1909, ano da primeira Conferência Nacional Sobre Planejamento Urbano em Washington. Tanto Marsh quanto um colega visitante, um advogado nova-iorquino chamado Edward M. Bassett, ficaram impressionadíssimos com o êxito alcançado pelos alemães e suas práticas de zoneamento e limitação de altura de edifícios em suas cidades. Marsh, em especial, escolheu Frankfurt e seu *Bürgermeister* Franz Adickes, como o modelo a ser seguido pelas cidades norte-americanas[42]; embora também o tivessem impressionado os resultados do zoneamento em Düsseldorf e o trabalho de Werner Hegemann em Berlim[43].

Portanto, o zoneamento chegou a Nova York vindo da Alemanha. Talvez isso seja uma enorme simplificação: na prática, o sistema norte-americano de zonear o uso do solo parece ter-se originado de uma tentativa de controlar a disseminação de tinturarias chinesas na Califórnia, primeiro na cidade de Modesto e, em seguida, em São Francisco, nos anos de 1880; e de 1909 em diante, Los Angeles já desenvolvia um zoneamento abrangente de uso do solo[44]. Mas foi o modelo alemão de zoneamento, combinando uso do solo e altura dos edifícios, que foi importado pela cidade de Nova York na sua lei de zoneamento de 1916, a qual – assim acreditavam os contemporâneos – constituiu o mais significativo avanço na história inicial do planejamento urbano norte-americano[45]. E o caso de Manhattan era basicamente diferente do de quase todos os outros lugares dos Estados Unidos: aqui o zoneamento não era residencial, e não se referia à regulamentação de uso do solo; era comercial e se preocupava com o tamanho e a concentração de edifícios. Era apoiado por interesses comerciais poderosos que o viam como um meio de proteger o valor das propriedades contra invasões indesejáveis – principalmente de lojas de roupas e trabalhadores em confecções que invadiriam o prestigioso comércio do Midtown. De fato, de acordo com investigadores da Associação da Quinta Avenida, o zoneamento era dirigido diretamente contra "hebreus" que fervilhavam dos sótãos vizinhos na hora do almoço[46]. Refletia as condições de 1916: uma depressão imobiliária, em que importava mais proteger os valores existentes do que criar novos. O que a lei do zoneamento de 1916 fracassou em fazer, apesar das esperanças de um grupo influente e entusiástico, foi servir de prelúdio para um projeto mais completo e abrangente[47].

Os principais agentes foram Bassett, que o via como a grande causa de sua vida, e seu companheiro de Nova York, o político reformista George McAneny. A hora e vez dos dois aconteceu em 1911, quando os lojistas de roupas da Quinta Avenida, preocupados com a expansão das oficinas de confecção que os serviam, formaram uma comissão semioficial para pressionar o município a fim de que se tomassem providências. Os resultados vieram em seguida: em 1913, a Junta de Avaliação do Município votou a criação de um Comitê de Planejamento Urbano, com poderes para indicar uma Comissão Para Altura de Edifícios. O relatório da comissão, em dezembro do mesmo ano, declarou-se, como era de prever, por um sistema de zoneamento baseado no conceito de poder de polícia: a noção, há muito desenvolvida na lei norte-americana, a partir da lei inglesa, de que o Estado tinha o direito de regulamentar o uso privado da propriedade, a fim de garantir "a saúde, a segurança, a moral, o conforto, a conveniência e o bem-estar da comunidade"[48]. Foi sancionada uma emenda permitindo o zoneamento, logo no início de 1914, e uma Comissão de Zoneamento pôs-se a trabalhar para concretizar a lei. Direcionando com habilidade o apoio popular e desarmando a oposição, essa comissão definiu-se, em 1916, a favor de quatro tipos de zona segundo o uso do solo, dois dos quais – o residencial e o comercial – estariam sujeitos a restrições de altura[49].

Conforme mais de um observador apontou na época e subsequentemente, Nova York abraçou o zoneamento com tamanho entusiasmo porque ele era bom para os negócios. Os lojistas da Quinta Avenida temiam que levas de imigrantes, trabalhadores das confecções, nas ruas no horário do almoço destruíssem o caráter elitista de seus estabelecimentos, ameaçando, assim, o valor das propriedades; apelaram, então, para "cada interesse financeiro" e para "cada homem que tenha casa própria ou alugue um apartamento"; a Comissão Para Altura de Edifícios confirmou que o zoneamento assegurava "maior garantia e segurança para os investimentos"[50]. No mesmo ano da aprovação da lei em Nova York, John Nolen pode concordar com um escritor inglês de que o planejamento urbano norte-americano era essencialmente destinado a melhorias urbanas que não interferissem em interesses velados[51]. E como o movimento de zoneamento espalhou-se rapidamente de Nova York para a nação inteira, essa foi a imagem que dele ficou.

A CIDADE DO VARIEGADO ENTORNO
o subúrbio do transporte de massa

Tipo curioso de planejamento, esse. Pois a relação entre o zoneamento e o planejamento era indireto e tortuoso. Na verdade, o movimento difundiu-se rapidamente na década de 1920: em 1921, Herbert Hoover, no cargo de secretário do Comércio, criou um Comitê Consultivo para Zoneamento que incluía Bassett e Veiller, daí resultando uma Lei de Incentivo ao Zoneamento Estatal Padronizado, de 1923, amplamente adotada e à qual se seguiu, em 1927, uma Lei de Incentivo ao Planejamento Urbano Padronizado, adotada por vários Estados a fim de darem autoridade legal aos planos diretores municipais[52]; já em 1929, mais de 650 prefeituras dispunham de comissões de planejamento e 754 comunidades haviam adotado leis de zoneamento[53]. E uma série de questões legais sobre limites, que culminaram no histórico caso de 1926 levado à Suprema Corte dos Estados Unidos, Euclid, Ohio, et al. vs. Ambler Realty Co., estabeleceu a validade do zoneamento como legítima expressão do poder geral de polícia[54]. Mas o planejamento urbano era comumente efetuado com base no aconselhamento e não na imposição; em 1937, de 1.178 comissões, nada menos que 904 não dispunham de qualquer tipo de verba[55]. Na prática, a despeito das asserções de Bassett e outros, planejamento e zoneamento estavam abertamente divorciados um do outro. Cincinatti, onde o trabalho pioneiro de Alfred Bettman conseguira alguns poderes substanciais para a Comissão de Planejamento e o zoneamento era um braço do planejamento, constituía um caso inusitado[56]. Em geral, conforme explicava Bassett a seus leitores em 1936, embora o zoneamento fosse logicamente parte integrante do plano da cidade, as comissões de planejamento e zoneamento precisavam ser legalmente separadas[57].

De qualquer maneira, a questão era saber por que as cidades norte-americanas haviam acolhido tão entusiasticamente o conceito de zoneamento. A razão sórdida estava no interesse próprio. Como em Nova York, "o zoneamento tornou-se, antes de tudo, um processo estático de tentar fixar e preservar o caráter de certos bairros, a fim de preservar o valor das propriedades dessas áreas, impondo, ao mesmo tempo, restrições apenas nominais às áreas que prometiam, no futuro, ser alvo da especulação imobiliária"[58]. Em Euclid vs. Ambler, o grande planejador-advogado Alfred Bettman – cujo depoimento, prestado já quase no fim da audiência, provou ser de uma importância crucial – declarava que o "bem-estar público" servido pelo zoneamento consistia na valorização das propriedades da comunidade[59]. A questão, significativamente, era saber se a terra devia ser considerada como zona industrial ou residencial; o tribunal deu aos respeitáveis moradores de Euclid, povoado-dormitório de classe média, vizinho a Cleveland, garantias de que seus investimentos não correriam risco. Bassett, pai do esquema nova-iorquino, escreveu, mais tarde, que um dos mais importantes objetivos do zoneamento era evitar a "desvalorização prematura de localidades já estabelecidas"[60]. Ou, nas palavras posteriores de um comentador:

> O objetivo básico do zoneamento era mantê-Los em Seus lugares – Fora. Se Eles já tivessem entrado, então o objetivo seria confiná-Los em áreas limitadas. A exata identidade Deles variava um pouco, de acordo com a região do país. Negros, latinos e pobres cabiam nessa classificação. Católicos, judeus e orientais eram discriminados em muitos lugares. Também os idosos eram assim qualificados, caso se candidatassem a ingressar num esquema de habitação pública.[61]

O zoneamento, de fato, simplesmente reproduzia arranjos que tinham prevalecido informalmente em subúrbios exclusivamente residenciais muito antes de sua chegada, e que combinavam quatro elementos inter-relacionados: seleção cuidadosa do local; planejamento abrangente; criação de uma estrutura defensiva de restrições de propriedade, regulamentações locais e estratégias de delimitação de fronteira; e consenso comunal subjacente. Os condomínios suburbanos exclusivos, fechados com muro e portão que proliferaram desde 1980 são meramente uma manifestação recente de uma longa tradição norte-americana – impelida, talvez, pelo medo ao crime de um grupo envelhecido[62].

Um texto clássico de fins da década de 1920 chegou mesmo a promover abertamente o zoneamento, baseando-se no argumento de que ele estabilizava o valor da propriedade: em toda cidade dotada de um zoneamento consolidado, relatavam os autores, "o valor da propriedade estabilizou-se e, em muitos casos, aumentou substancialmente", fato prontamente reconhecido pelas instituições financeiras em toda a parte[63]. "Zoneamento e controle do solo", enfatizavam eles, "dividem as honras como os resultados mais lucrativos do planejamento urbano."[64] Era o que proclamavam, orgulhosamente, através do título de um dos capítulos: PLANEJAR DÁ LUCRO[65]. Longe de realizar maior justiça social para os pobres trancafiados nos cortiços de Nova York e Chicago, o sistema conjugado de planejamento e zoneamento da década de 1920 estava precisamente incumbido de mantê-los fora dos apetecíveis novos subúrbios que então se construíam ao longo dos trilhos dos bondes e das linhas de metrô.

A CIDADE DO VARIEGADO ENTORNO
o subúrbio do transporte de massa

Londres:
O Metrô Acarreta a Expansão Suburbana

Coisa muito semelhante estava acontecendo em Londres e outras grandes cidades britânicas – mas com uma importante diferença. Ali, também, a era da suburbanização em massa começou depois da Primeira Grande Guerra.

A chave, em Londres e Birmingham, como em Nova York ou Chicago, foi, evidentemente, o transporte: as urbanizações, tanto em Londres quanto nas grandes cidades interioranas, implantavam-se a uma distância que impossibilitava a ida a pé para o trabalho. Booth e outros tinham reclamado da falta de trens baratos: apesar da Lei das Ferrovias, dos trens por um Penny, de Gladstone, de 1844, as companhias ferroviárias pouco fizeram e às vezes pareciam compartilhar o ponto de vista do Duque de Wellington de que as ferrovias poderiam "funcionar como um incentivo para as classes mais baixas viajarem sem finalidade, vagando pelo país"[66]. O Parlamento tinha autorizado em 1864 o prolongamento da GER (Great Eastern Railway) até a rua Liverpool, com a condição de que a ferrovia provesse trens baratos e realizasse sozinha a urbanização em larga escala de subúrbios para a classe trabalhadora no nordeste de Londres[67].

A chave então foram bondes e, em seguida, ônibus municipais em lugares como Birmingham, Liverpool e Manchester; metrôs e ferrovias de interligação com o centro, em Londres. Acima de tudo, o crescimento da construção com fins especulativos ao redor de Londres – que, em vinte anos, aproximadamente triplicou a área da capital – dependia do transporte sobre trilhos. Diferentemente do interior da Inglaterra, esse sistema era provido pela empresa privada: especificamente o grupo Underground, que, em 1912, absorvera a London General Omnibus Company, e as companhias que administravam a principal linha de trens, duas das quais – a Southern e a London and North Eastern – desenvolveram importantes redes de interligação.

Parte significativa desse sistema foi criada por capital e empreendimento norte-americanos, o que, porém, não era de surpreender. Os norte-americanos rapidamente perceberam o potencial comercial existente nessa ocupação de solo que acompanhava as novas linhas de trem ou de bonde e alguns dos mais antigos exemplos de planejamento de ferrovias suburbanas registrados em manuais – Llewellyn Park em West Orange, Nova Jersey (1853), Chestnut Hill em Filadélfia (1854), Lake Forest, Illinois (1856) e Riverside, Illinois (1869) –, todos eles precedem o primeiro ensaio britânico no gênero, Bedford Park, na parte oeste de Londres (1876)[68]. Pouco foi preciso para chegar-se daí à noção de que era atribuição do empreendedor a instalação de linhas de trem ou de bonde, para que em torno delas se desenvolvessem os subúrbios. Provam-no as carreiras de F.M. "Borax" Smith na área da Bacia de São Francisco ou de Henry E. Huntington em Los Angeles[69]. Mas o mais colorido exemplo, embora talvez o menos palatável, nos é dado – primeiro em Chicago, depois em Londres – pela trajetória percorrida por Charles Tyson Yerkes (1837-1905).

Yerkes não fazia mistério de suas operações: "O segredo de meu sucesso está em comprar sucata velha, dar um jeito nela, e depois passá-la adiante."[70] Os contemporâneos chamavam-no de "bucaneiro egresso de uma penitenciária da Pennsylvania" (Yerkes fora preso por fraude no início de suas atividades) e de "homem não confiável"[71]. Foi ele que desenvolveu o sistema de linhas de bonde de Chicago e o integrou numa rede a partir do *Loop* (anel) do centro comercial, controlando mais de 650 km de linhas de bonde[72]. Quando, em 1897, viu que era chegada a hora de ampliar suas concessões, pagou um milhão de dólares para comprar a Legislatura do Estado e em seguida o Conselho Municipal; bem-sucedido na primeira transação, não teve igual êxito na segunda e quase provocou um levante popular, depois do que sentiu que o mais prudente era deixar a cidade[73].

FIG. 13: *Charles Tyson Yerkes. "Homem não confiável" pelos padrões de Chicago, mas que construiu três das linhas de metrô de Londres; morreu antes que pudesse colher o fruto de seus negócios especulativos; seu legado, porém, permanece vivo.* Fonte: © *TfL from the London Transport Museum Collection.*

Londres era um ponto de atração natural. Pois ali – como narra Theodore Dreiser em seu último romance, adaptação levemente disfarçada da história real – percebeu ele de imediato que a linha de metrô Circle era um anel central rebaixado já pronto, que poderia ser explorado através de novas linhas, e pôs mãos à obra[74]. Quando Chicago soube, escreve Dreiser, houve "ranger de dentes" por ver "um vigarista insensível desses, há tão pouco tempo expelido desta cidade", apeando agora em Londres[75]. E isso ele fez em grande estilo; em 1901, Yerkes adquirira boa parte da rede londrina existente e nova, e a consolidara numa nova companhia, a Underground Electric Railways of London Limited (UERL), empenhando-se numa luta titânica com outro magnata norte-americano, J. Pierpoint Morgan, pelo direito de construir novas linhas de metrô em Londres[76]. A chave da operação é revelada pelo Yerkes ficcional:

> Talvez você possa descobrir algo sobre os valores que a terra provavelmente alcançará como resultado do que empreendemos, e se pode valer a pena comprar de antemão a torto e a direito, como fizemos aqui em Lakeview e em outros lugares.[77]

Os lucros, porém, não viriam diretamente das novas linhas: de construção dispendiosa, elas mal chegavam até a orla já toda construída de Londres. Viriam das linhas auxiliares de bondes, desenvolvidas por diferentes companhias, com consórcios que compravam e vendiam terras dentro do modelo norte-americano: a UERL já controlava uma rede de bondes na parte oeste de Londres[78]. Infelizmente para ele, em 1905, enquanto se dava andamento efetivo à construção das novas linhas de metrô, Yerkes faleceu.

Mas pelo menos parte de seu legado lhe sobreviveria – ainda que despojado dos folclóricos aspectos financeiros. No ano seguinte à morte de Yerkes, George Gibb, seu sucessor como presidente da UERL, contratou um jovem auxiliar de estatística chamado Frank Pick. Um ano depois, ante as grandes dificuldades financeiras por que a companhia passava, os diretores da UERL acataram a vontade dos interesses norte-americanos que os controlavam e indicaram para o posto de gerente geral um inglês de 32 anos que emigrara para os Estados Unidos e, na época, dirigia a Corporação de Serviços Públicos de Nova Jersey, Albert Stanley. Stanley (mais tarde, lorde Ashfield) e Pick, homens de personalidades muito diferentes, mas complementares, acabaram formando provavelmente a mais importante equipe de gerenciamento já conhecida na história do transporte público urbano; a partir de 1933, quando da formação da London Transport, Ashfield veio a tornar-se presidente, e Pick o vice-presidente e principal administrador executivo[79]. Em 1912, quando a UERL assumiu a London General Omnibus Company, Pick, então gerente comercial da companhia, começou a implantar linhas complementares de ônibus a partir dos terminais de metrô, conforme o modelo original de Yerkes para o plano dos bondes. Dentro de seis meses, com um novo *slogan* publicitário, "Onde terminam os trilhos começam os ônibus", ele mais do que duplicou o número de itinerários, ampliando em cinco vezes a área servida[80].

Mas esse foi apenas o início provisório. Depois da Primeira Grande Guerra, Pick começou a analisar sistematicamente as lacunas nos serviços ferroviários existentes e as possibilidades para a abertura de novos. Impressionados, ao que parecia, com a ideia de que obras públicas diminuem o desemprego, os governos subsequentes passaram a fornecer dinheiro a taxa mínima ou zero de juros[81]. Os resultados foram apresentados através de um certo número de artigos que Pick – o gerente com maior espírito acadêmico de que se tem

FIG. 14: (esquerda) *Frank Pick*. Fonte: © *TfL from the London Transport Museum Collection.*

FIG. 15: (direita) *Albert Stanley, lorde Ashfield*. *Frank Pick e Albert Stanley, a mais notável equipe de gerenciamento na história da London Transport, e – graças à criação por ambos dos subúrbios de entre-guerras – os verdadeiros criadores da moderna Londres.* Fonte: © *TfL from the London Transport Museum Collection.*

notícia – endereçou a sociedades científicas e profissionais, de 1927 em diante: uma linha de metrô, com uma velocidade média de 40 km por hora, serviria uma área urbana num raio de aproximadamente 19 km; espaçando-se mais as estações externas e fechando-se algumas internas (como fez Pick na linha Piccadilly em 1932-1934), essa área poderia ser ampliada para talvez um raio de 24 km; só que muito dificilmente alguém iria pagar mais do que 6 *pence* por bilhete e, portanto, em fins da década de 1930 – quando os últimos ramais do metrô estavam sendo concluídos –, o sistema como um todo havia atingido um limite[82].

Ao sul do rio Tâmisa, dirigido pelo igualmente dinâmico gerente geral Herbert Walker, a Southern Railway (SR) fazia um trabalho similar, eletrificando rapidamente sua rede para desencadear um *boom* construtivo. Mais de um terço das novas estações abertas na área suburbana de Londres depois de 1919 estavam na SR e "Quase todas as novas estações abertas na área suburbana de

A CIDADE DO VARIEGADO ENTORNO
o subúrbio do transporte de massa

Londres depois de 1920 tinham alguma forma de subsídio de empreendedores imobiliários interessados, dezessete delas na Southern Railway"[83].

A urbanização, assim deslanchada, tomou duas formas, ambas pressagiadas nos esquemas pioneiros de antes da guerra: primeiro, uma explosão da construção com fins especulativos, sobretudo nos arredores de Londres, em parte dentro da linha mestra dos esquemas de planejamento urbano, em parte adiantando-se a ela; segundo, uma grande extensão de áreas residenciais construídas pelas autoridades locais sobretudo em torno das grandes cidades, e geralmente sob forma de cidades-satélites dependentes, ligadas à cidade-mãe por bonde, ônibus ou trem. Ambas acabaram sendo condenadas por falhas de planejamento; mas se no primeiro caso a condenação foi abafada e parcial, no segundo ela foi praticamente universal, fornecendo, no processo, o combustível que fortaleceu o movimento em prol de um sistema mais eficaz de planejamento para a cidade e o campo.

O Legado de Tudor Walters

Até a Primeira Grande Guerra, as autoridades locais haviam fornecido uma quota irrisória de novas moradias à Inglaterra: um total de 18 mil casas com a Lei de 1890, a grande maioria delas em Londres; entre 1910 e 1914, de fato, o número de demolições havia superado o de construções terminadas[84]. E, embora se agravasse a crise no suprimento de casas para a classe trabalhadora, não se conseguia chegar a um acordo quanto à solução; alguns, como Nettlefold em Birmingham, pensavam que a linha mestra ditada pela Lei de 1909 serviria para liberar as energias dos construtores privados; outros, que esquemas de parceria seriam a resposta[85]. Durante a guerra, o problema na realidade piorou: greves de inquilinos, em Glasgow e nas novas áreas de fábricas de armamentos, levaram à imposição precipitada de um controle sobre os aluguéis[86]. Ao terminar a guerra, o governo enfrentou um dilema; quis acabar com o controle dos aluguéis mas não se arriscava a fazê-lo antes que a oferta de novas moradias fosse aumentada, o que só poderia ocorrer mediante a intervenção da autoridade local[87]. Em seu livro, de grande influência, *The Home I Want* (O Lar Que Eu Quero, 1918), capitão Richard Reiss, partidário de reformas no sistema habitacional, pode afirmar que "todos em geral concordam, até os que acreditam na iniciativa privada, que não há outra política a adotar de imediato, no pós-guerra" senão a da construção promovida por

FIG. 16: *Lares dignos de heróis. A frase de Lloyd George que jamais foi dita; o slogan verdadeiro, embora menos memorável, decidiu a Eleição Cáqui (como são chamadas as eleições de pós-guerra) de 1918.* Fonte: The Bodleian Library, University of Oxford, 24755 e. 77, contracapa/Hodder & Stoughton.

autoridade local; "Tem sido uma amarga vergonha para nós o fato de que os milhares de homens que saíram de sua terra para lutar por 'Lar e Pátria' nada obtiveram que merecesse o nome de lar e muito pouco de que agradecer à pátria"[88].

Tudo isso devia mudar. Quase da noite para o dia, o problema da habitação para as classes trabalhadoras – o termo ainda era largamente empregado, na época e até bem depois – tomou-se de responsabilidade pública. O resultado, entre as duas guerras mundiais, foi o aparecimento de mais de um milhão de moradias construídas pelas autoridades locais, a maioria constituída por chalés unifamiliares, com seus próprios jardins, como satélites nas periferias das cidades. Às vezes, como aconteceu com as urbanizações próximas a Manchester em Wythenshawe, Liverpool em Speke, ou Londres em Becontree, esses povoados ascenderam quase a novas cidades – embora lhes faltassem indústrias em número suficiente para tornarem-se autônomos. Porém, na época, eram as maiores urbanizações planejadas da Inglaterra, reduzindo a anãs as cidades--jardim coetâneas: Becontree atingiu a marca dos 116 mil habitantes em 1939, e Wythenshawe, no fim da década de 1930, já estava a um terço dessa cifra.

FIG. 17: *Raymond Unwin. Muito influenciado por William Morris e John Ruskin; o criador, com Barry Parker, do vernáculo arquitetônico Cidade-Jardim-Subúrbio-Jardim. Fonte:* © *National Portrait Gallery, Londres.*

Ambas representam a realização suprema, ou o supremo fracasso no dizer de alguns, de Raymond Unwin. Aqui, e esta não será a última vez, vamos abandonar a sequência histórica. A considerável e precoce reputação de Unwin deveu-se a seus desenhos para a primeira cidade-jardim, em Letchworth, e para o Hampstead Garden Suburb, abordados no capítulo 4. Em 1915, à custa de um considerável sacrifício financeiro, passara ele a integrar a Junta do Governo Local como inspetor do planejamento urbano a fim de ter voz ativa na reforma do sistema habitacional. Dois anos mais tarde, a oportunidade chegou: seu nome foi indicado para o Comitê da Habitação presidido por *sir* John Tudor Walters, que apresentou um relatório um mês antes do término da guerra, em outubro de 1918.

Esse documento provou-se uma das mais poderosas influências no desenvolvimento da cidade britânica do século XX. Na essência, foram quatro as propostas por ele apresentadas. Primeira: que embora as sociedades de utilidade pública, formadas por grupos de grandes empregadores, "devam tornar-se um auxiliar importante para o trabalho das autoridades locais", estas últimas e somente elas – subsidiadas, evidentemente, pelo governo – poderão executar a tarefa de construir perto de 500 mil casas num curto espaço de tempo, 100 mil por ano; construtores especulativos, declarou taxativamente o relatório, "representam um problema bastante mais difícil, mas têm, sem sombra de dúvida, seu lugar assegurado". Segunda: que as autoridades locais deviam construir principalmente em terra barata e não urbanizada, nos arrabaldes da cidade, tendo o cuidado de desenvolver seus projetos por etapas e para-lelamente à instalação progressiva das linhas de bonde, a fim de não terem de pagar preço maior:

> Com respeito às grandes cidades, é da maior conveniência que, a fim de evi-tar-se uma futura superlotação das áreas já construídas, os novos esquemas sejam implantados nos arrabaldes, e o primeiro passo nessa direção será ace-lerarem-se os esquemas de planejamento urbano concomitantemente com a já prevista extensão das linhas de bonde e outros meios de transporte.[89]

Terceira: que nesses lugares era tão possível quanto desejável construir nas densidades máximas de doze casas unifamiliares por acre, cada uma com seu jardim, assegurando-se o uso parcimonioso do solo mediante um projeto inteligente – o que se ilustrava com inúmeros exemplos. Quarta: que para garantir-se a boa qualidade do projeto, as plantas deviam ser elaboradas por arquitetos e aprovadas pelos delegados da Junta do Governo Local e seu equivalente escocês[90].

O relatório representou um triunfo pessoal para Unwin. Todas as ideias básicas, extraídas do seu panfleto de 1912, *Nothing Gained by Overcrowding!* (Nada se Ganhou Com a Superlotação!), foram adotadas: distância mínima de 21 m entre uma casa e outra para garantir a luz solar no inverno, uso de sobrados geminados em fileiras de curta extensão, um jardim para cada famí-lia, preservação do fundo do terreno vazio como espaço recreativo, ênfase no traçado em *culs-de-sac* para as crianças brincarem a salvo. Tais recomen-dações decorreram em parte da notável experiência de empregar um Subco-mitê Feminino da Habitação, cujo aconselhamento foi, ainda que em termos, acatado por Unwin – ele rejeitou, por exemplo, a sugestão de que as casas tivessem sala de estar separada[91].

O relatório era bastante radical; o extraordinário foi sua aprovação ime-diata. Mas o fato era que o governo estava correndo com medo. No dia seguinte ao Armistício, Lloyd George anunciou o que veio a ser conhecido como a Eleição Caqui, prometendo, em uma dessas celebradas declarações, sempre erradamente citadas, "moradias dignas para os heróis que ganharam a guerra"[92]. Em fevereiro seguinte, de volta ao gabinete e reunido com os ministros, o primeiro-ministro contou a seguinte anedota:

> Um homem de posses meteu-se a discutir com mineiros. Um deles, muito bem-educado e escocês, perguntou-lhe: "O senhor conhece o lugar onde eu moro?" – Ele vive numa daquelas casas geminadas pelo fundo, em que a água de esgoto corre direto pela sala de estar, e todos os filhos vivem com ele nesse lugar. Tornou então a perguntar: "Imagine os seus filhos vivendo nessas condições, o que aconteceria com o senhor?" O homem de posses respondeu, francamente: "Eu seria um bolchevique."[93]

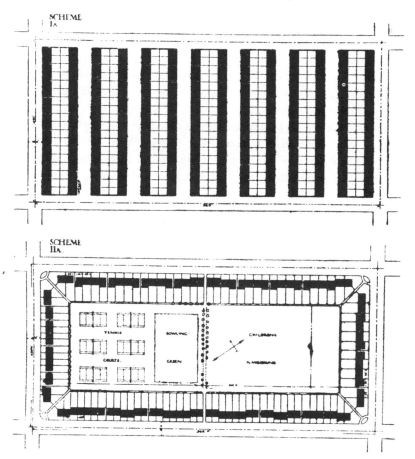

FIG. 18: *Nada se ganhou com a superlotação! Em 1912, o livreto enormemente influente de Unwin desferiu golpe mortal na rua de padrão legal, e inaugurou a era do conjunto habitacional público e do chalé.* Fonte: *The Bodleiam Library, University of Oxford, 2479116 d. 4, p. 9.*

Neville Chamberlain reagiu: "Concordo que nosso problema habitacional chegou a um ponto tal que constitui uma ameaça à estabilidade do Estado."[94] No mês seguinte, em reunião ministerial, Lloyd George voltou a insistir no que, para ele, já era uma obsessão:

> Dentro em pouco, talvez tenhamos três quartos da Europa convertidos ao bolchevismo [...] A Grã-Bretanha poderia resistir mas para isso teria de conquistar a confiança do povo [...] Muitas e muitas vezes nós lhe prometemos uma reforma, mas pouco tem sido feito [...] Mesmo se custasse um milhão de libras, o que é isso comparado com a estabilidade do Estado?[95]

Um mês depois, o secretário parlamentar que atuava na Junta do Governo Local repetiu: "O dinheiro que vamos agora gastar em habitação é um seguro contra o bolchevismo e a revolução."[96] E era mister que isso se incorporasse não apenas no fato de construir-se uma casa, mas também no projeto dessa mesma casa: "As novas casas construídas pelo Estado – cada uma com seu próprio jardim, cercada por árvores e sebes, e equipada internamente com as comodidades de um lar de classe média – tinham de constituir a prova visível da irrelevância da revolução."[97]

A apólice de seguro foi devidamente contratada sob a forma da Lei Addison (de Christopher Addison, ministro da Reconstrução, e depois da Saúde), oficialmente conhecida como Lei da Habitação e do Planejamento Urbano, de 1919, que impunha como dever de cada autoridade local fazer um levantamento das necessidades habitacionais – não apenas para demolição de cortiços, mas de modo geral –, e além disso, elaborar e executar programas. Também garantia um subsídio estatal, independente dos custos, para atender à solvência do inquilino; os custos não deviam ser repassados[98]. Ainda tornava obrigatória a preparação de projetos para todas as áreas urbanas com população igual ou superior a 20 mil habitantes.

No mesmo ano, o Ministério da Saúde – um ministério novo em folha, formado por membros da antiga Junta do governo local e responsável pelo novo programa habitacional – publicou um Manual da Habitação que teve enorme influência e no qual, a cada passo, se podia perceber a marca de Unwin; seu argumento central, o de que densidades urbanas de doze casas por acre justificavam-se pelo preço dos terrenos, derivava diretamente de *Nothing Gained by Overcrowding!* Extraia também outros argumentos-chave do relatório Tudor Walters, como a distância mínima de 21 metros entre as casas; "tornou-se um código prático não escrito, não explicitado mas universalmente aceito"[99]. Repetia, igualmente, outro argumento que Unwin usara em palestra realizada na

A CIDADE DO VARIEGADO ENTORNO
o subúrbio do transporte de massa

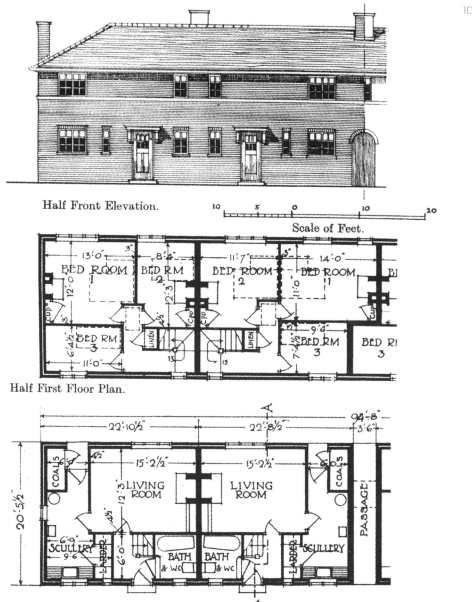

FIG. 19: *Chalés residenciais para o povo. Plantas básicas Unwin do Manual do Ministério da Saúde de 1920, seguindo o relatório Tudor Walters; vieram a se repetir aos milhares por toda a Inglaterra, mas os defensores puristas da Cidade-Jardim sentiram-se traídos.* Fonte: *The Bodleian Library, University of Oxford, O.GB/H1c/1920(10), Lâmina 9.*

Universidade de Manchester em 1912, e também presente no relatório Tudor Walters: que as urbanizações daí resultantes deveriam assumir a forma de "satélites" semiautônomos e não de cidades-jardim independentes. Unwin, em outras palavras, fez aqui um rompimento definitivo, e imensamente influente, com o evangelho da cidade-jardim em seu estado puro.

O evangelho da cidade-jardim veio a ser desafiado por outra iniciativa do ministério em 1919: um comitê, que incluía Chamberlain como presidente, George Pepler (chefe do planejamento de Unwin, no ministério) e o capitão Reiss, para examinar o problema das áreas insalubres. Seu relatório inicial sobre Londres, publicado em março de 1920, defendeu que a capital ainda padecia de um intolerável problema habitacional: 184 mil pessoas da região do LCC viviam em áreas insalubres, e um total de 549 mil, em condições insatisfatórias. Havia dois grandes remédios: construir para cima ou sair. O primeiro era "inteiramente impraticável para uma população de trabalhadores, dependente do próprio serviço para enfrentar as tarefas domésticas e a criação dos filhos", além de colocar os ocupantes "à mercê de um locatário indesejável"; o testemunho de médicos sanitaristas e assistentes sociais tornou claro que "a casa independente é o que atrai o trabalhador"[100]. Por isso, a solução a longo prazo deve ser a de cidades-jardim, algumas baseadas em cidades rurais já existentes, de 30 mil a 50 mil habitantes, circundadas por cinturões verdes. Mas para atingi-las o problema estava em como conseguir coordenar o movimento habitacional com o industrial: "a única maneira de escapar ao círculo vicioso é através do investimento por parte do Estado [...] de um capital considerável [...] cujo retorno será mister protelar por um período considerável"[101]. E para isso era essencial, antes de tudo, estabelecer um plano integrado para a urbanização de toda a área construída de Londres[102]. Dois anos depois, em seu relatório final, o Comitê reiterava e sublinhava essa última recomendação e ao mesmo tempo pedia recursos ao governo a fim de dar início à construção das cidades-jardim[103].

O fato é que a comissão percebeu-se ameaçada por um dilema. Sem dispersão era difícil abrigar mais de 70% dos moradores de cortiço em conjuntos de cinco pavimentos e era impossível se aproximar desse número se a urbanização fosse restrita aos blocos de três pavimentos preferidos pelo Ministério da Saúde, sem falar nos chalés pedidos pelas autoridades locais como Bethnal Green Borough Council. O dilema continuou pelos anos do entreguerras – para ser resolvido apenas pela dramática redução na população por toda Londres – mas particularmente no East End – durante os bombardeios da Segunda Guerra Mundial[104].

Era o mesmo chorar para a Lua, almejar o inalcançável. Em 1921, após intensa campanha levada a efeito pelos jornais de Beaverbrook e Northcliffe

A CIDADE DO VARIEGADO ENTORNO
o subúrbio do transporte de massa

contra os gastos excessivos do governo, Christopher Addison – que arquitetara o programa todo, primeiro como ministro da Reconstrução, e a seguir da Saúde – fora sacrificado por Lloyd George em nome de uma precária coalizão governamental[105]. Seu sucessor na pasta da Saúde, *sir* Alfred Mond, enterrou o programa. A era da reconstrução, dos lares dignos de heróis, terminara. Mas, sejamos justos, os subsídios para a habitação voltaram e, com eles, a construção de moradias em grande escala pela autoridade local: através da lei de 1923, significativamente aprovada quando da substituição de Mond por Chamberlain na Saúde, e da lei Wheatley, de 1924, do governo trabalhista, que representou um retorno parcial ao programa de 1919. Entre 1919 e 1933-34, as autoridades locais construíram, na Grã-Bretanha, 763 mil casas, perto de 31% do total concluído[106].

Construíram-nas, no entanto, obedecendo à recentíssima prescrição de Unwin, sob forma de satélites periféricos ao invés de cidades-jardim independentes. O LCC alojou 19 mil pessoas em Watling, noroeste de Londres, 30 mil em Downham, sudeste de Londres, 40 mil em Saint Helier, em volta da nova estação Morden do metrô, e nada menos que 116 mil no imenso satélite situado em Becontree, o maior subúrbio residencial planejado do mundo, maior até do que muitas cidades interioranas inglesas[107]. Esses subúrbios proporcionaram um enorme impulso à melhoria dos padrões habitacionais, embora, ironicamente, favorecendo o artesão, o pequeno comerciante e o escriturário, e não os realmente pobres, impossibilitados de arcar com a dupla carga de aluguel mais condução[108]. Arquitetonicamente, eles eram sub-Unwins falsificados, seguindo as normas do Manual da Habitação de maneira pouco imaginativa e totalmente desprovida de inspiração Eram alvarmente insípidos: brusca e triste decadência dos padrões fixados, poucos anos antes, em Old Oak.

Em termos de detalhamento urbanístico, macaquearam os piores erros cometidos pelo construtor especulativo. A extensão de White Hart Lane, o conjunto residencial de Wormholt, em Hammersmith, e Saint Helier, são literalmente divididos ao meio por imensas artérias viárias, construídas concomitantemente como parte integrante do projeto (embora, verdade seja dita, Unwin e Parker tenham armado confusão idêntica no extremo norte de Hampstead Garden Suburb); ninguém, ao que parece, previu, na época, as consequências que o tráfego de veículos acarretaria ao meio ambiente. Os empregos no local eram poucos e as linhas do transporte público até os empregos, poucas; em fins dos anos de 1930, a superlotação observada na estação Morden do metrô (que servia tanto Watling quanto Saint Helier) era tema de discussões parlamentares e o comediante Max Miller criava questionáveis pilhérias a respeito[109]; enquanto a Linha Distrital não chegou até ali, o que só aconteceu em 1932, os passageiros que saíam de Becontree tinham de enfrentar uma viagem de 75 minutos até Charing Cross[110]. Nenhum dos conjuntos residenciais, nem mesmo os maiores, possuía qualquer tipo de cinturão verde planejado, embora Becontree fosse parcialmente cercado por uma faixa de parque muito estreita. Becontree estava arborizado, mas, conforme relata o sociólogo Terence Young em seu levantamento pioneiro de 1934, "as crianças eram um risco constante para a existência delas"; o mundo não estava livre de vandalismos nem naqueles tempos[111].

Daí por que os conjuntos residenciais nem sempre gozaram de popularidade junto a seus ocupantes; em Becontree, o mais distante, mais de 30 mil de seus moradores haviam abandonado o lugar durante um período de dez anos, e mais de 10 mil em apenas um ano, entre 1928-1929[112]; em Watling, noroeste de Londres, segundo levantamento realizado pela jovem Ruth Glass em fins da década de 1930, alguns haviam voltado para os cortiços por não poderem arcar com as despesas de aluguel e condução[113]. E havia os que, sem dúvida, sentiam saudade do burburinho da cidade:

> Uma tarde, no outono de 1937, nos primórdios da história do Conjunto Watling, uma mulher bateu violentamente à porta da vizinha. Quando a porta se abriu, a mulher gritou: – "O que aconteceu?" – "Por quê?", retrucou a vizinha, 'o que deveria ter acontecido? qual o problema?" – "Tudo está tão horrivelmente quieto'-, disse a primeira, ainda mortalmente assustada[114].

Mas pesquisa posterior minou esse ponto de vista de que uma mudança para os conjuntos de Watling ou de Roehampton significasse uma vida de solidão e desolação. Em Roehampton, os moradores tornaram-se bons amigos e ajudavam-se mutuamente. Mas a proximidade era entre os moradores, seus vizinhos eram mantidos à distância. Em Watling os moradores foram além, criando uma forte comunidade caracterizada por amizade, gregarismo, atos de sociabilidade pública e ajuda mútua. Nesse caso, a hostilidade externa desempenhou um papel[115]. Para o prospecto de que um conjunto habitacional LCC não era popular com os habitantes das redondezas: em Becontree havia as histórias usuais nos jornais sobre gente que arrancava a própria porta da frente da casa para lenha[116]; numa pesquisa dos anos de 1930, ocorreu uma inflamada altercação:

> SRA. BASTARD: Vocês arruinaram a minha casa! (*Voltando-se para os funcionários do LCC.*) Algum dos senhores cavalheiros mora perto de um conjunto LCC?

> (*Não obtendo resposta.*)
> Não, acho que não.
> (*Dirigindo-se ao inspetor do ministro.*)
> O senhor mora perto de um conjunto?
> O INSPETOR: Eles acabaram de comprar terras perto de minha casa.
> SRA. BASTARD: Está gostando?
> O INSPETOR: Não.[117]

De fato, os novos conjuntos eram quase universalmente tidos como repositórios da classe operária, que, "em muitos contextos, era vista como urbana, sindicalizada, 'comunista', inculta, e destrutiva – era suspeita". Previsão certa de barricadas e "agitação política do tipo mais acerbo". Mesmo Unwin considerava que as pessoas em conjuntos de uma só classe haviam se tornado "pouco mais que multidões desorganizadas". E isso explica a preocupação, ao final da Segunda Guerra Mundial, de que as cidades novas fossem de "composição social diversa e balanceada"[118].

A Construção da Vida Suburbana

A reação veio, evidentemente, de alguém do outro lado do grande divisor habitacional, que então havia se espalhado por toda a Inglaterra, embora em nenhum lugar mais claramente do que nos *Home Counties* ao redor de Londres. Desse outro lado, criara-se efetivamente uma nova indústria, a demandar um novo mercado. Antes da Primeira Grande Guerra, a esmagadora maioria da população morava em casas alugadas. Terminado o conflito, numerosos fatores conspiraram para persuadir milhões de indivíduos da nova classe média a comprarem suas casas. Mudanças importantes na estrutura da economia estavam criando uma nova classe, a do colarinho-branco, cujos membros aumentaram na proporção de 20 para 30% como componentes da força de trabalho entre os anos de 1911 a 1951[119]. Os rendimentos efetivos de uma ampla camada da população – especialmente do novo grupo dos colarinhos-brancos e dos trabalhadores qualificados, os colarinhos-azuis*, cujos empregos se distribuíam desproporcionalmente dentro e nos arredores de Londres – entraram em rápida ascensão. As sociedades construtoras atraíram fundos consideráveis, especialmente durante a Depressão dos anos de 1930 quando a participação acionária na indústria deixou de ser atraente. Através de vários estratagemas – garantias securitárias, organização de um *"pool* do construtor" onde o empreendedor bancava o risco –, a quantia emprestada podia chegar até 95% do total necessário: em Bexley, nos anos de 1930, era possível obter as chaves para as casas mais baratas com um depósito de 5 libras, e caso alguém não dispusesse da quantia, o agente imobiliário ou o construtor fariam o empréstimo. As taxas de juros haviam baixado para 4,5% em meados da década de 1930[120].

Na Inglaterra, novos empréstimos por sociedades construtoras totalizaram 7 milhões de libras em 1918, 32 milhões em 1923, 75 milhões em 1929, e 103 milhões em 1933. Alan Jackson relatou que 75% de todas as casas novas na Londres suburbana do entreguerras foram compradas por hipoteca[121].

Do lado do fornecedor, construtores estabelecidos de maior calibre, como Costain, Crouch, Laing, Taylor Woodrow, Wates e Wimpey, competiam com uma hoste de pequenas firmas que, operando com margens de lucro e fluxos de caixa dos mais precários, frequentemente faliam, mas ajudavam a manter os preços altos[122]. E no abismo de uma depressão agrícola, a terra estava barata; um lote podia ser adquirido até pela parca quantia de 20 libras[123]. Assim, famílias de ganhos modestos – trabalhadores manuais qualificados com pequenos salários de apenas £ 3.50 por semana – podiam agora arcar com uma compra[124]. Nos anos de 1930, 1 libra por semana podia comprar uma moradia-padrão geminada, com três quartos de dormir, e quem ganhasse de 300 a 500 libras por ano – professores, funcionários de bancos, funcionários públicos de nível executivo – podia arcar com casas maiores, talvez não geminadas[125].

Mas esses diferentes agentes estavam meramente agindo a serviço de um enraizado sonho nacional coletivo. O culto do ideal suburbano remontava a muito tempo atrás, como Dennis Hardy sugeriu. Menos dramática que grandes visões metropolitanas, menos inovativa que as cidades-jardim, foi a ideia da vida suburbana que tomou o lugar de honra como uma utopia populista. As pessoas migraram para os novos subúrbios não apenas porque havia novas casas disponíveis, mas também porque uma casa com jardim numa avenida de árvores alinhadas era outra manifestação de um sentimento básico antiurbano. "Possuir um pequeno trecho da Inglaterra e transformar seu próprio solo era outra demonstração do que Jan Marsh chamou de 'nosso pastoralismo coletivo'."[126]

Paradoxalmente, o movimento cidade-jardim – abordado no capítulo 4 – soprou as chamas do idealismo suburbano. Pois, embora os puristas da cidade-jardim não pudessem aceitar nada menos que assentamentos autônomos, outros podiam se contentar com termos tais como "subúrbio-jardim" e "aldeia-jardim" e mesmo, "cidade-jardim" para seus próprios fins. Como Gillian Darley observou, "logo o mal utilizado termo subúrbio, aldeia ou cidade-jardim começa a ser sinônimo de suburbanização"[127].

A CIDADE DO VARIEGADO ENTORNO
o subúrbio do transporte de massa

O resultado foi uma explosão suburbana, em uma escala inigualada antes ou depois e sempre. Nos vinte anos entre 1900 e 1920 a área urbana da Inglaterra e de Gales aumentou em 10% (de 2,0 para 2,2 milhões de acres), mas nos vinte anos entre 1920 e 1939 ela aumentou em quase 50% (de 2,2 para 3,2 milhões de acres). Nesses acres foram construídas aproximadamente 4,2 milhões de novas casas: pouco menos de um-terço das quais (1,2 milhões) construídas por autoridades locais; mais de dois-terços (3,0 milhões) por iniciativa privada, a maioria para venda. No pico do frenesi construtivo, 1934-1935, a iniciativa privada construiu pouco menos de 288 mil moradias, mais que o dobro do recorde anterior (1905-1906), número nunca igualado desde então. A maioria delas, de longe, foi construída ao redor de Londres. Em 1921, os quatro municípios no entorno de Londres – Essex, Kent, Middlesex e Surrey – foram responsáveis por 12,2% do estoque de habitações; mas eles foram responsáveis por quase o dobro disso, 23,6% das casas construídas entre 1918 e 1940. Surpreendentemente, mais casas – 983.048 delas – foram construídas ali entre as duas guerras do que o que já existia no início[128].

Essas circunstâncias condicionaram poderosamente o produto resultante. "Para ser vendável, uma casa construída com fins especulativos tinha de ser enfaticamente classe média, mas se tinha de ser de classe média também tinha de ser barata", o que significava ter uma aparência romântica, ser conservadora no estilo, barata na construção, mas, ainda assim, um símbolo de *status*[129]. A Novean Homes anunciava para "famílias de fino trato que queiram adquirir uma casa da qual se orgulhem, por menos de 1 libra por semana"[130]; "Casas diferentes umas das outras" e "Nada de pares de casas iguais" eram os *slogans* favoritos[131]. Tendo o Royal Institute of British Architects banido a prática da arquitetura com fins especulativos em 1920, a vasta maioria dessas casas – quase três milhões delas entre as duas guerras – foi projetada por assistentes não qualificados ou teve seu modelo extraído de livros ou revistas. Só na década de 1930 começaram as firmas maiores a empregar arquitetos[132].

De qualquer modo, nos anos de 1920, as casas eram projetadas sem grandes requintes de planejamento. Embora por toda a parte as autoridades locais se empenhassem em seguir o exemplo de Birmingham e Ruislip-Northwood através de esquemas subordinados às leis de 1909 e em seguida de 1919 e 1932, os construtores geralmente se adiantavam a elas; em todo caso, o que houve foi a falta de uma direção positiva por parte do Ministério da Saúde e falta de planejadores locais qualificados[133]. Os conselhos, temerosos dos pedidos de indenização que teriam de enfrentar caso recusassem a permissão prevista na legislação da época, aceitariam de bom grado doações de áreas livres feitas pelos empreendedores em troca de uma autorização para que estes construíssem de forma mais densa e barata[134]. Muitas áreas devem ter se assemelhado a Edgware, onde, em 1927, o presidente da Ratepayers' Association (Associação dos Contribuintes) disse que o esquema de planejamento urbano parecia ter sido estruturado por especuladores imobiliários: "Em parte alguma das plantas é possível identificarmos propósitos estéticos."[135] O resultado do planejamento dependia, portanto, do que se podia por ele pagar.

> Uma urbanização cuidadosamente projetada deveria caracterizar-se por estilos de casa variados, ruas sinuosas, becos e crescentes, garridos, jardins, áreas arborizadas e elevações gramadas. Mas com frequência o subúrbio de finalidade lucrativa era destituído de todo e qualquer plano abrangente, desenvolvendo-se à medida que, uma após outra, se abriam as ruas, obra de vários construtores, até que a terra acabasse [...] Daí resultava, por vezes, um estirão de casas gemidas, monotonamente semelhantes, dispostas ao longo de uma movimentada artéria viária, tendo ao fundo um desperdício de terra cultivável abandonada e distantes de serviços tais como lojas, escolas e estações.[136]

Já que a fachada era o aspecto mais apreciado e também a base do preço, lotes compridos e estreitos com 7,5 a 10,5 metros de frente eram a regra, dando origem a fileiras paralelas de lotes idênticos. Na extremidade inferior do mercado, a rapidez da construção era essencial; uma paisagem rural podia, em um mês, transformar-se num novo conjunto residencial. Para tanto, arrancavam-se árvores e desprezavam-se as feições naturais do lugar; as ruas pareciam serpentear sem meta ou simplesmente seguiam velhas trilhas campestres, dando a impressão de terem sido feitas com o intuito de cansarem, a um só tempo, o corpo e os olhos[137]. O resultado foi uma paisagem suburbana segregada, em que a qualidade e a densidade habitacionais indicavam de imediato *o status* de seus moradores. E a lei de 1932 na realidade encorajou esse aspecto, facultando aos conselhos a oportunidade de estipularem variações na densidade – que poderia decrescer até uma casa por 5, 10 ou 25 acres –, invariavelmente, sem sujeição ao pagamento de indenizações[138].

Comumente, o ponto de partida era uma concentração de lojas e apartamentos em falso Tudor ou clássico aviltado, implantada ao redor de uma estação de ferrovia ou de metrô; um cinema monumental poderia ser outra figura marcante. Daí para a frente, as construções prosseguiam em faixas, acompanhando os pontos de ônibus ao longo das novas artérias secundárias – destinadas, ironicamente, a reduzir o congestionamento de trânsito, e financiadas por programas de assistência ao desemprego, em duas ondas, no início dos anos de 1920 e em meados dos anos de 1930 –, não beneficiadas, até uma lei de 1935, por qualquer limitação no tocante ao tratamento das fachadas. O modelo resultante foi imortalizado pelo caricaturista Osbert Lancaster, como "desvio variegado":

> aqui, alguns estranhos frontões colhidos da *art nouveau* encimam uma fachada de inspiração nitidamente modernista; ali, as traves cruzadas e as vidraças chumbadas em losango em estilo "Tudor de corretores" estabelecem um contraste feliz com as telhas verde-vivo pretensamente "de estilo"; na casa ao lado, algumas placas de terracota, num autêntico holandês de Pont Street, alegram a varanda de madeira branca, em estilo Wimbledon transicional, que assim contrasta esplendidamente com uma garagem de tijolos aparentes, de espírito vagamente romanesco[139].

Nomes rústicos como Meadowside, Woodsview e Fieldsend logo deixaram de fazer jus a seu significado; a Southern Railway, com três estações seguidas cognominadas de Park – Raynes, Motspur e Worcester –, invalidou sistematicamente o apelativo, que foi usado ainda numa quarta, Stoneleigh[140].

FIG. 20: *O variegado entorno. Implacável representação do gênero feita por Osbert Lancaster, com janelas de vidraças decorativas* (leaded windows *ou* leadlights, *janela composta de pequenos recortes de vidro encaixados em perfis de chumbo, resultando em tramas decorativas), cortinas de renda e piso de cacos, mais o Triciclo da Wall's Ice Cream. Fonte: Por permissão de Clare Hastings.*

O resultado foi universalmente ridicularizado e condenado. A verdade é que os acusadores eram todos de classe média alta e os transgressores sobretudo de classe média baixa; num desses subúrbios típicos, Bexley, que ganhou 18 mil casas e 52 mil habitantes na década de 1930, o Censo de 1951 mostrou que a imensa maioria vinha da classe social iii, que abrangia os graus de trabalhador braçal qualificado e não braçal júnior[141]. Saídas daquele casario enfileirado e padronizado por lei, sem banheiros ou lavatórios internos, essas pessoas apreciavam agora um salto importante em sua qualidade de vida e "qualquer que fosse seu lugar na hierarquia do esnobismo, todos os subúrbios ostentavam a mesma característica de casas unifamiliares dentro de jardins e em ambiente razoavelmente afastado da sujeira, do barulho e da aglomeração da cidade"[142].

Mas o sistema suburbano ainda fez mais por eles. Apesar do exterior aparentemente monótono e uniforme, cada casa comportava para seus novos ocupantes minúsculas variantes, embutidas ou adquiridas, que a individualizavam: uma janela com vitrais, uma varanda, uma cozinha montada e até um gnomo de jardim. A própria casa era projetada para expressar individualidade: daí a janela saliente (bay-window) e o vestíbulo, a grande variedade nos mínimos detalhes, a total ausência de espaço coletivo ao redor da casa, tudo conscienciosamente projetado para lembrar, o menos possível, uma "habitação pública"[143].

Mas os arquitetos não gostaram. Repetidamente em suas publicações, em seus congressos, durante os anos de 1930, não pouparam insultos aos subúrbios, cuja falha principal, ao que parece, estava em conspicuamente divergirem de todos os padrões básicos do bom gosto: o neogeorgiano, ainda ensinado nas mais importantes faculdades como a de Liverpool, ou o moderno sem concessões adotado pelos jovens membros do Congrès Internationaux d' Architecture Moderne – ciam[144]. Em vez disso, seu aconchegante estilo imitação do vernacular derivava de uma tradição arquitetônica muito mais antiga, iniciada por John Nash em Blaise Hamlet e Park Village West, e subsequentemente desenvolvida como grande arte por vitorianos tardios como Philip Webb, Norman Shaw e Raymond Unwin. Talvez significativamente, os dois primeiros opuseram-se inteiramente à ideia de uma profissão arquitetônica fechada, e Parker foi treinado como decorador de interiores[145]. Mas, evidentemente, o resultado era um pasticho; e, amiúde, um fiasco. Osbert Lancaster expressou isso melhor, isto é, mais ferinamente que todos os demais da profissão:

> Se um arquiteto de incomum energia, diligente ingenuidade e grande conhecimento estrutural tivesse devotado anos de sua vida ao estudo de como melhor realizar o máximo de inconveniência na forma e distribuição, sob um

A CIDADE DO VARIEGADO ENTORNO
o subúrbio do transporte de massa

único teto, de determinado número de aposentos, contando com a assistência de uma equipe de pesquisadores que vasculhasse a história da arquitetura em busca dos materiais e artifícios construtivos menos atrativos conhecidos no passado, é possível, ainda que seja altamente improvável, que chegasse a desenvolver um estilo tão insano quanto esse com o qual o construtor especulativo, sem o mínimo desgaste de energia mental, tem enriquecido a paisagem de ambos os lados de nossas grandes artérias viárias [...] Observem a arte com que as casas são dispostas, de modo que o máximo de área campestre se arruíne com o mínimo de gasto; vejam com que cuidado cada proprietário foi dotado de uma vista privilegiada para os mais privados domínios de seu vizinho de porta e com que estudada desatenção à questão solar os principais aposentos foram planejados.[146]

A Vingança dos Arquitetos

Fosse ou não um caso de uvas *verdes,* a verdade é que os arquitetos estavam zangados, e pediam vingança. Não eram os únicos; embora liderassem o ataque. Suas metáforas eram ora militares ora clínicas. Clough Williams-Ellis, em *England and the Octopus* (*A Inglaterra e o Polvo,* 1928), descreveu as urbanizações em faixas como "prediozinhos desfigurantes, que crescem e se multiplicam como urtigas ao longo de um escoadouro, como piolhos sobre uma tênia": os bangalôs "constituem a enfermidade mais deformante da Inglaterra, e, após surtos iniciais esporádicos, agora se vêm tornando a nossa mais grave epidemia"[147]. Em 1933, ele declarava que

> Antes, não há dúvida, voltar a viver um ano numa Ypres em plena guerra do que passar doze meses na Slough do pós-guerra. Caso isso soe como um exagero, cumpre-me explicar que é apenas o desejo prudente de alguém que deseja conservar-se vivo e feliz, e que, portanto, seguramente preferiria assumir os 80% de risco de ser morto a bala, por gás ou por granada em companhia heroica à certeza de cortar a própria garganta em subúrbios de miséria humilhante.[148]

Slough para muitos, como também para John Betjeman, tomou-se o símbolo de tudo o que havia de errado. Ainda assim, Betjeman amava alguns subúrbios, como foi testemunha, na tevê, seu trabalho de amor sobre *Metroland**:

"Uma pequena elevação na frente de sua casa, e grama, e uma árvore para o cachorro. A variedade presente em cada fachada – no colorido das árvores. De fato, o campo chegara aos subúrbios. As rosas desabrocham em Metroland tal como o fazem nas brochuras."[149] Esses, como Surrey, eram os *bons* subúrbios, povoados por encantadoras personagens betjemanescas, como a garota Pam, grande praticante de alpinismo, ou a Sra. J. Hunter Dunn, que passava as noites sentada no estacionamento, em pleno lusco-fusco de Surrey: mas Slough e Ruislip Gardens – de cuja estação de Metrô,

> Com mil Perdões e Obrigados
> Desembarca delicadamente Elaine[150]

– eram lugares totalmente diferentes, ocupados apenas por espoliadores do campo de classe média baixa.

Abercrombie, que tomara a iniciativa de fundar o Conselho para a Preservação (mais tarde, Proteção) da Inglaterra Rural, em 1926, teve uma visão mais otimista da enfermidade bangalô: "Falemos sério, não é esse dano bastante superficial? [...] será que muitos dos que os senhores corretamente chamam de 'blasfemos bangalôs' irão blasfemar por muito tempo? E grande parte do campo virgem da Inglaterra, não permanece *intacta?*"[151] Sua preocupação maior era com o crescimento das faixas: "Essas tiras da zona rural estão [...] sendo colonizadas sem maior reflexão em termos de agrupamento social ou de economia de empreendimento imobiliário ou de estética de desenho rural que existia durante a revolução industrial do século passado."[152] Mas ele também estava convencido de que "esta nossa Inglaterra rural está, no momento, ameaçada por uma mudança mais rápida e mais radical do que jamais houve no passado", rápida demais para permitir um ajustamento automático[153]. Ele escreveu melancolicamente sobre o chinês praticante de *feng shui:*

> cujo trabalho é estudar e interpretar as formas que as forças espirituais da natureza têm produzido, bem como prescrever as maneiras segundo as quais todos os edifícios, estradas, pontes, canais e ferrovias devem a elas conformar-se, é colocado numa posição de grande poder; quanto a nós, dificilmente podemos esperar similarmente ser capazes de mandar pelos ares um bangalô ostentatório e arrivista ou "Satanic Mill"*, ou de conflagrar-nos contra a perpetuação de certas propagandas ruinosas para a área rural dentro de seu próprio espírito[154].

Mas, no seu entender, eles indiscutivelmente apontavam *o* caminho certo.

A CIDADE DO VARIEGADO ENTORNO
o subúrbio do transporte de massa

FIG. 21: *A Great West Road. Variegados entornos dos anos de 1930, vistos* en masse *do alto, aglomerados em torno da estação Osterley do metrô (em primeiro plano) – um dos brilhantes projetos de Charles Holden para Frank Pick. Fonte: © English Heritage (Aerofilms Collection).*

Em 1938, Williams-Ellis voltou ao ataque com *Britain and the Beast* (A Inglaterra e a Fera), um volume editado de ensaios de figuras exponenciais da época, como J.M. Keynes, E.M. Foster, C.E.M. Joad, G.M. Trevelyan e muitos outros. Nele, Joad apresentou o "clamor do povo" para o campo. "Para milhares de pessoas, a natureza, recém-descoberta, tem sido um engodo", conforme aqueles atraídos para o campo quando descobrem que ela desapareceu: "Dentro de cinquenta anos não haverá, no sul da Inglaterra, nem cidade nem campo, mas apenas um único e disperso subúrbio a esparramar-se, interminável, de Watford até a costa". Para evitar isso, "é preciso deter a expansão das cidades, restringir a construção a áreas nitidamente definidas, dentro das quais se há de processar o realojamento da população, na medida do necessário"[155].

Thomas Sharp, talvez o escritor mais prolífico sobre problemas urbanísticos no início dos anos de 1930, assumiu – neste como em outros pontos – uma linha mais dura. Para ele, o mal começou com a visão de Ebenezer Howard da cidade-campo, que produzira, na prática, uma mistura abastardada:

> De lúgubres cidades, precipitam-se as estradas principais, amplas, mecânicas, barulhentas, entre faixas de casas de mau gosto, barracos desordenados de venda de refrescos, e torpes garagens desleixadas. As antigas árvores e sebes, que as orlavam fazia poucos anos, foram substituídas por pilares de concreto e avenidas de postes telegráficos, por tapumes e placas esmaltadas de propaganda. Em grandes áreas já não se veem campos ao longo das estradas principais; há apenas uma semissuburbanização negativa.[156]

E caso os ideais vigentes continuassem no controle, sob a influência das novas tecnologias – rádio, televisão e automóvel – as coisas só fariam piorar.

> A tradição sucumbiu. O gosto aviltou-se totalmente. Não há direção esclarecida nem corretivo que emanem de autoridade [...] Influências rurais neutralizam a cidade. Influências urbanas neutralizam o campo. Dentro de poucos anos, tudo será neutralidade. A forte, masculina virilidade da cidade; a beleza mais suave, a riqueza, a fecundidade dessa mãe dos homens que é o campo, estarão degradadas a uma estéril e hermafrodita animalidade.[157]

A raiz desse processo de esterilização, ficou patente, era a imagem fantasiosa que se tinha do campo:

A CIDADE DO VARIEGADO ENTORNO
o subúrbio do transporte de massa

Durante uma centena de anos, comportamo-nos como aquelas criadinhas perplexas do cinema, cegos para a imundície que nos rodeava, sonhando romanticamente com mundos até então irrealizados e tampouco realizáveis. Mais que tudo foi essa deplorável atitude escapista que fez com que a bela e esperançosa cidade inglesa de uns 150 anos atrás chegasse a esta desfigurada e vergonhosa tacanhez dos dias de hoje.[158]

O remédio virá através dos "grandes e novos blocos de prédios de apartamentos que alojarão parte considerável da população da cidade futura" – e até mesmo da zona rural, onde velhas casas de campo podem ser demolidas para lhes cederem lugar[159]. Foi assim que Sharp aderiu às fileiras corbusianas, distanciando-se em definitivo da tradição da cidade-jardim.

O sentimento que ele partilhava com os corbusianos e comentadores em geral nesse momento, era um o horror ao que Anthony King chamara de democratização do campo, ou seja, a invasão pela classe média baixa e pelo operariado de uma área até então reservada a uma elite aristocrática e classe média alta[160]. Joad, em seu ensaio de 1938, expressou-o de forma reveladora:

> E depois há as hordas de andarilhos a tagarelarem insanamente pelos bosques ou a entoarem roufenhas canções enquanto caminham de braços dados, à meia-noite, pela rua calma do vilarejo. Onde houver água, há gente: nas praias, nas ribanceiras, deitada em atitudes de uma sordidez despida e deselegante, grelhando os corpos ao sol, na frente de todos, como bifes. Armam-se barracas nas campinas e garotas de pijama dançam junto delas ao som do gramofone, enquanto pilhas malcheirosas de latas, sacos e caixas de papelão dão testemunho da maré invasora semanas depois de ela haver baixado; há garotas gordas de *shorts*, e rapazes de gravatas berrantes e calções três-quartos e em cada canto uma hospedaria e um café no topo de cada morro para acomodá-los.[161]

O choque de posições manifestou-se claramente quando Brighton propôs, a fim de evitar construções em South Downs, que se cedessem terras para uma pista de corrida de automóveis. Imediatamente, a Society of Sussex Downsmen, o *Times*, os Conselhos do Sussex do Oeste e do Leste e um Comitê da Câmara dos Lordes declararam-se ultrajados. Lorde Buxton, durante a discussão sobre o texto definitivo da proposta, afirmou: "Para ser franco, não é tanto contra a citada pista que me pronuncio. E sim contra o fato de essa pista estar ali, o que trará uma enormidade de gente para Downs*, destruindo suas amenidades". Ao que o presidente do Comitê, lorde Redesdale, viu-se obrigado a contrapor: "Pois então exclua o público de Downs, mas depois não venha dizer que está preservando Downs para o público. Ao menos seja honesto e diga que está preservando Downs para a Sociedade dos Homens de Sussex Downs e os verdadeiros habitantes de Downs."[162]

Em meio a toda efervescência em torno do campo inglês naquela época, portanto, havia algumas poucas vozes discordantes. Dentre as mais significativas, uma foi a da jovem Evelyn Sharp, secretária do Comitê Consultivo para Desenvolvimento da Cidade e do Campo do Ministério da Saúde, que escrevia sobre a necessidade de

> lembrar que o campo não é um lugar reservado às classes ricas e ociosas. O país orgulha-se com razão pelo fato de que, a partir da guerra, ali se tenha registrado um desenvolvimento ímpar da construção, desenvolvimento que cada um dos governos fez o máximo para estimular e cujo efeito foi o de criar novas e melhores condições sociais para um número muito grande de pessoas [...] pessoas de recursos muito limitados[163].

Qualquer tentativa séria no sentido de reverter tal política, argumentava ela, iria "indiscutivelmente de encontro aos desejos de um vasto setor da comunidade"[164]. Aí falou, de fato, a futura secretária permanente.

Por essa época, de fato, Medidas Provisórias para o Desenvolvimento cobriam perto de 19,5 milhões de acres, ou seja, 50% de todo o país – exatamente aquela metade, aliás, onde estava ocorrendo uma urbanização em grande escala. Em Surrey, um dos condados mais afetados pelo crescimento de Londres, quase todos os proprietários de terra estavam voluntariamente aceitando restrições ao desenvolvimento, evitando assim os impostos sucessórios e imobiliários[165]. O então secretário permanente do Ministério da Saúde comentou que "ninguém que viaje pelo país hoje pode deixar de observar que o fluxo de desenvolvimento esporádico e desregrado, que ameaçava, no pós-guerra, submergir o sul, vem sendo estancado e que o planejamento está começando a deixar uma marca visível no campo inglês"[166]. A lei de 1932 foi um avanço: permitiu às autoridades locais fazerem planos para quase qualquer terra, incluindo áreas rurais. Em 1942, 73% de toda a terra na Inglaterra estava sujeita ao "controle de desenvolvimento interino", o qual, em conjunção com um esboço de plano, havia se tornado o mecanismo de controle recomendado[167]. Nem todos, porém, concordavam que ele fosse eficaz – e entre esses certamente incluía-se o professor Joad.

Em 1938, os Williams-Ellis e os Joads ganharam um novo e poderoso aliado. Em cada uma de suas aparições públicas dos anos de 1920 e 1930, Frank Pick

A CIDADE DO VARIEGADO ENTORNO
o subúrbio do transporte de massa

lamentava a oportunidade que se estava perdendo pela incapacidade de projetar. Em 1927, "houve muito planejamento, e nenhum projeto [...] As necessidades do momento são por vezes satisfeitas de modo extremamente eficiente mas sem qualquer relação com o todo [...] Infelizmente, Londres até agora nunca teve uma cabeça dirigente [...] Ainda está naquele estágio inferior do desenvolvimento animal em que o cérebro é rudimentar e gânglios espalhados por todo o organismo estimulam apenas a atividade necessária para manter a criatura viva". Em 1936, "essas urbanizações [...] são quase análogas ao crescimento de um câncer"; em 1938, o risco era de "uma amorfa massa de edifícios" na qual "o campo londrino seria vítima de uma confluência de pústulas"[168].

Sua voz, juntando-se ao coro, fez-se irresistível. Neville Chamberlain, ao tornar-se primeiro-ministro em fins de 1937, imediatamente pôs em atividade uma Comissão Real para a Distribuição Geográfica da População Industrial, presidida por *sir* Anderson Montague-Barlow. No ano seguinte, em seu depoimento para a Comissão Barlow, Pick chegara à conclusão de que, se Londres crescesse além do limite mágico de 19 a 24 km estabelecido pelo sistema do metrô, "necessariamente deixaria de ser intrinsecamente Londres [...] um conceito unitário"[169]. Portanto, a seu ver, o crescimento de Londres devia ser contido: "Seria possível continuar implantando indústrias e depois residências, e a seguir novamente indústrias e novamente residências, construindo indefinidamente, mas isso já não seria Londres."[170] Daí ter preconizado não só um cinturão verde de pelo menos 1,6 km de largura em torno de Londres, mas também controles sobre a implantação de novas indústrias na orla da capital[171].

É possível que o entusiasmo de Pick por planejamento não fosse assim tão desinteressado; ele queria controles sobre o crescimento físico de Londres, mas sem prejuízo para a ulterior expansão de empregos que convinha ao livro-caixa da London Transport; seu medo profético de que o aumento do número de automóveis particulares levasse a uma expansão de baixa densidade era também a visão de um defensor do transporte coletivo[172]. Mas em tudo quanto escreveu patenteia-se uma visão consistente, quase quadrinizada de uma conurbação gigantesca, planejada organicamente, na qual um único sistema de transporte coletivo e integrado forneceria a estrutura nervosa para o corpo e o planejamento do uso do solo guiaria o crescimento saudável do organismo. Nos anos de 1930, Pick não tinha dúvidas a respeito, planejamento era coisa que não existia: "O que atende por esse nome é o que até agora existe de mais ineficiente e inútil."[173]

Nessa medida, Pick estava unindo o peso de sua voz ao coro que demandava controles sobre o crescimento subsequente de Londres. Mas havia uma sutil diferença entre eles: Frederic Osborn, perguntado se concordava com

Pick que uma cidade que não estivesse crescendo era uma cidade em decadência, respondeu, "Eu chego a ir ao outro extremo e digo que a cidade ideal, do ponto de vista da classificação, é a cidade estática." Quando a comissão fez seu relatório em 1940, registrou a visão de Pick de que Londres podia continuar a crescer até uma população de dez a doze milhões, mas posicionou-se contra isso: defendeu, pelo contrário, a dispersão planejada da população para cidades novas autônomas e uma redução global da população de Londres[174].

Portanto, os integrantes da Comissão Barlow aceitaram um limite no crescimento de Londres, o estilo Osborn antes que o estilo Pick, colocando assim em curso uma série de eventos que culminaram na Lei de Planejamento da Cidade e do Campo de 1947. A Grã-Bretanha finalmente iria obetr um sistema de planejamento de uso do solo que poderia efetivamente dar forma ao crescimento de Londres – e, na verdade, de cada cidade, vila e povoado no país.

A CIDADE NO JARDIM

4

A Solução Cidade-Jardim

Londres, Paris, Berlim, Nova York (1900-1940)

Forget six counties overhung with smoke,
Forget the snorting steam and piston stroke,
Forget the spreading of the hideous town;
Think rather of the pack-horse on the down,
And dream of London, small and white and clean,
*The clear Thames bordered by its gardens green.**

WILLIAM MORRIS, *The Earthly Paradise* (1868)

Que cada amanhecer vos seja como o início da vida, e cada anoitecer como o seu término: – e em cada uma dessas curtas vidas, com firmeza se grave alguma boa ação que praticastes – alguma força ingente, algum novo saber adquiridos; e assim, com o correr dos dias e o acumular das forças, em verdade erguereis, pela Arte, pelo Pensamento e pela Retidão, uma Eclésia da Inglaterra, da qual não se dirá "Vede que pedras há aqui", mas "Vede que homens".

JOHN RUSKIN, *Lectures on Art* (1870)
(encontrada entre as citações favoritas de Raymond Unwin)

IRRITA, MAS PRECISA SER DITO: A DESPEITO DO DENODO DOS DEMAIS competidores, Ebenezer Howard (1850-1928) leva a palma como a mais importante e singular personalidade de toda esta história. Pois então tratemo-lo com justiça; já que quase todos fizeram exatamente o oposto. Muitos dos que se declararam seus críticos têm julgado, vez por outra erradamente, quase todas as suas bandeiras de luta. Chamavam-no de "planejador" com o intuito de depreciá-lo e no entanto ele ganhava a vida como taquígrafo. Diziam que advogava o planejamento-pradaria, de baixa densidade; na verdade, sua cidade-jardim deveria comportar densidades semelhantes às da própria cidade de Londres, que – segundo iriam afinal reconhecer urbanistas posteriores – exigiriam a edificação de altos prédios para se tornarem viáveis. Confundiam essa cidade-jardim com o subúrbio-jardim que se podia ver em Hampstead e imitações sem conta – devendo-se, força é confessar, a Raymond Unwin, um de seus principais lugares-tenentes a razão desse equívoco. Há quem pense, ainda hoje, que seu intento era confinar as pessoas em cidadezinhas isoladas em pleno campo, quando ele simplesmente propunha o planejamento de conurbações com centenas de milhares, quiçá milhões de habitantes. Acusam-no de querer mover pessoas como se fossem peões de um tabuleiro de xadrez, quando na verdade ele sonhava com comunidades constituídas por vontade própria e autogovernadas. Mas o maior dos enganos foi vê-lo como um planejador físico, esquecendo que suas cidades-jardim eram meros veículos para a reconstrução progressiva da sociedade capitalista dentro de uma infinidade de comunidades cooperativas.

Não há por que se queixarem de que ele lhes tenha dificultado o caminho. Nos seus 78 anos de existência escreveu apenas um livro e de poucas páginas. Publicado em 1898 com o título *To-morrow: A Peaceful Path to Real Reform*

(Amanhã: Um Caminho Tranquilo para a Reforma Autêntica), ganhou nova edição em 1902 com o título de *Garden Cities of To-morrow*, o que talvez atraísse como isca, mas desviou o público do caráter verdadeiramente radical da mensagem, rebaixando o autor de visionário social a planejador físico.

As Fontes das Ideias Howardianas

Para melhor apreciarmos a contribuição de Howard, é mister que o situemos no seu tempo. Suas ideias, ele as desenvolveu na Londres de 1880 e 1890, época de fermentação radicalista que descrevemos no capítulo 1. Pensador eclético, inspirou-se livremente nas ideias que então circulavam[1]. Mas outras e mais antigas influências nele se fazem presentes. Nascido na City de Londres em 1850 – fato comemorado em placa afixada na ponta extrema da imensa reurbanização do Barbican* – que certamente não seria de seu agrado –, cresceu em cidadezinhas interioranas do Sul e Leste da Inglaterra: Sudbury, Ipswich, Cheshunt. Ao completar 21 anos, emigrou para a América e foi ser pioneiro no Nebraska, onde encontrou Buffalo Bill[2], mas mostrou-se um desastre como fazendeiro. De 1872 a 1876, esteve morando em Chicago, começando a trabalhar como taquígrafo, profissão que exerceu pelo resto da vida.

Pouco sabemos desses anos, mas devem ter sido importantes para ele. Como fazendeiro de fronteira vivenciou a Lei de Distribuição de Terras de 1862, que cedeu gratuitamente campinas e planícies aos pioneiros, estabelecendo, assim, uma economia e uma sociedade de prósperas fazendas e pequenas cidades, e um sistema educacional voltado para o progresso técnico da agricultura e das artes mecânicas. Em seguida, como habitante de Chicago, presenciou a reconstrução da cidade após o incêndio de 1871. Naqueles dias que antecederam a era dos arranha-céus, Chicago era universalmente conhecida como a cidade-jardim: origem quase certa do mais conhecido dos títulos de Howard. Ele deve ter visto o novo subúrbio-jardim de Riverside, projetado pelo grande arquiteto-paisagista Frederick Law Olmsted, erguer-se às margens do rio Des Plaines, a uma distância de 14,5 Km da cidade[3]. Howard sempre negou que se inspirara em Chicago, mas os grandes contornos da ideia devem ter se originado ali, onde ele também teve o primeiro contato com a ideia da cidade planejada, em um livreto de 1876, *"Hygeia: A City of Health* (Hygeia: Uma Cidade da Saúde), de Benjamin Ward Richardson; as principais ideias contidas ali – baixa densidade populacional, boas habitações, amplas avenidas,

A CIDADE NO JARDIM
a solução cidade-jardim

FIG. 22: *Ebenezer Howard. O grande homem reduzido à modesta humildade (ou estupefação) por um orador desconhecido. O público presente parece partilhar de sua reação. Fotografado provavelmente em Welwyn Garden City.* Fonte: Town and Country Planning Association.

um trem subterrâneo e bastante espaço aberto – foram todas incorporadas ao conceito da cidade-jardim[4].

De volta à Inglaterra, estabeleceu-se com sua família em uma casa apertada numa rua aborrecida em Stoke Newington[5] e pôs-se seriamente a meditar e a ler. Uma imensa depressão agrícola na época estava forçando milhares de pessoas a deixarem suas terras em direção às cidades, principalmente aos cortiços londrinos[6]. Howard juntou-se a uma sociedade debatedora livre-pensadora, a Sociedade Zetética, que já incluía George Bernard Shaw e Sidney Webb, com os quais logo fez amizade[7]. Mais tarde, no livro, foi taxativo ao declarar que todas as ideias centrais haviam sido pensadas originalmente por ele, mas que em seguida conhecera outros autores que lhe haviam fornecido os detalhes. Não há dúvida, porém, que houve muitos precursores. De Herbert Spencer ele emprestou a ideia de nacionalização da terra e em um esquecido predecessor, Thomas Spence, descobriu uma variante superior: a aquisição por uma comunidade de terras agrícolas a valores rurais, de modo que os valores acrescidos, após a construção de uma cidade, fossem automaticamente revertidos aos cofres da comunidade. Mas em lugar nenhum Spence explicou como as pessoas obteriam a propriedade da terra – o que o levou à colonização planificada, defendida no *Principles of Political Economy* (Princípios de Economia Política), de John Stuart Mill, pela Fundação Social-Democrata em seus dias pré-marxistas, por Keir Hardie, e mais notavelmente por Thomas Davidson, um filósofo escocês-americano que fundou a Irmandade da Nova Vida da qual se originou a Sociedade Fabiana (como disse o inimitável Shaw, "uma para sentar entre os dentes-de-leão, a outra para organizar as docas")[8]. Edward Gibbon Wakefield, cinquenta anos antes, desenvolvera a ideia de uma colonização planejada para os pobres. Segundo o esquema por ele promovido, o célebre esquema do coronel William Light para Adelaide, no sul da Austrália, tão logo uma cidade atingisse determinado tamanho, dever-se-ia começar uma segunda, separada da anterior por um cinturão verde: origem do conceito de cidade social, admitia Howard; embora Raymond Bunker tenha demonstrado que, no esquema do coronel Light, North Adelaide era parte integrante desde o início, e não um satélite subsequente como imaginava Howard[9]. A controvérsia tem se intensificado desde 1986, quando Donald Leslie Johnson e seu ex-aluno de doutorado, Donald Langmead, defenderam que o substituto de Light, George Strickland Kingston, não apenas escolheu a locação como foi o principal projetista do plano de Adelaide, adaptando o modelo de uma cidade renascentista de Pietro Cataneo (1567) ao local. Em 2008 eles repetiram a afirmação[10]. Robert Freestone sarcasticamente registra que "Embora não tenha resultado em troca de socos, eu fui testemunha de debates abruptos e acalorados em simpósio, quando o tema foi levantado (mas apenas em Adelaide)."[11] O plano de James Silk Buckingham para uma cidade-modelo deu a Howard a maioria dos traços básicos para o seu diagrama de cidade-jardim: a praça central, as avenidas radiais e as indústrias periféricas. Povoados industriais que foram pioneiros no campo, como Port Sunlight, de William Hesketh Lever, perto de Liverpool, e Bournville, da família Cadbury, nos arredores de Birmingham, forneceram-lhe não só um modelo físico como uma ilustração prática de descentralização industrial bem-sucedida a partir da cidade superpovoada.

O economista Alfred Marshall, num artigo de 1884, sugerira que havia "amplos setores da população de Londres cuja remoção para o campo seria, a longo prazo, economicamente vantajosa – beneficiando por igual tanto os que se mudavam quanto os que ficavam para trás"[12]. Seu raciocínio baseava-se no fato de que novas tecnologias iriam viabilizar essa dispersão – ideia retomada pelo anarquista Piótr Kropótkin em seu *Campos, Fábricas e Oficinas*, de 1898, e que certamente influenciou Howard. Marshall chegava mesmo a sugerir o mecanismo:

A CIDADE NO JARDIM
a solução cidade-jardim

O plano geral seria para um comitê formado, especificamente ou não, para esse fim, e a cujos membros interessasse a formação de uma colônia em algum lugar bem afastado do alcance da fumaça de Londres. Depois de verem como aí comprar ou construir chalés adequados, entrariam eles em contato com alguns trabalhadores empregados em atividades de baixa remuneração.[13]

Essa ideia, adotada com entusiasmo por Howard se baseava numa assunção crítica, como Robert Fishman apontou: a de que trabalhadores pudessem encontrar emprego estável numa pequena cidade autossuficiente, distante da metrópole. Essa se revelou uma assunção profética pela maior parte do século xx; mas entrando no século xxi, nós retornamos aos caóticos e flexíveis padrões de trabalho dos anos de 1890[14].

Charles Booth, a braços com o problema de sua Classe B pobre, "o ponto crucial do problema social", tinha uma versão paternalista da mesma resposta: afastá-los do poder operário mediante a formação de colônias operárias, "uma extensão da Lei dos Pobres", nos arrabaldes de Londres:

> minha ideia é que se deva permitir que essas pessoas vivam como famílias em grupos industriais, implantados onde quer que a terra e os materiais de construção sejam baratos; que fiquem bem alojadas, bem alimentadas e bem aquecidas; que recebam instrução, treinamento e, de manhã à noite, apliquem-se ao trabalho, dentro ou fora de casa, por conta própria ou a expensas do governo; na construção de suas próprias moradias, no cultivo da terra, na confecção de roupas ou no fabrico do mobiliário. Que em troca do trabalho realizado o governo deve fornecer materiais e tudo o mais que for necessário[15].

Booth admitiu que se tratava de uma solução draconiana: "Possivelmente esse tipo de vida não seria dos mais atraentes" e "toda a dificuldade está em induzir ou compelir essa gente a aceitar uma vida normatizada". Seu homônimo, mas não parente, o "general" William Booth, do Exército da Salvação, estava igualmente advogando o agrupamento dos carentes em colônias de pequenas propriedades agrícolas e pequenas indústrias, a uma distância razoável de Londres, mas longe o suficiente de qualquer cidade ou povoado, a fim de escaparem à influência do botequim, "essa árvore de veneno da civilização"[16]: traço que Howard endossou em seu livro e, a seguir, impôs à abstêmia Letchworth, onde a Taberna Skittles oferecia diversões singelas e conversa sadia regadas a limonada e cerveja de gengibre.

A Comissão Toynbee, do cônego Barnett, de 1892, seguira tradição idêntica ao clamar por "regimentos industriais" para o "resíduo corrompido", ao qual forneceriam "trabalho compulsório sob um regime disciplinar humano": solução posteriormente adotada pela Sociedade Fabiana[17]. Mas Howard, na esteira de Marshall, não via suas cidades-jardim como colônias para os pobres indignos. Pelo contrário: elas deveriam ser fundadas e administradas pelo estrato imediatamente superior – a Classe C de Charles Booth –, que assim se haveria de libertar da servidão do cortiço urbano. Assim, a proposta de Howard deriva mais da Sociedade para a Promoção das Cidades Industriais (Society for Promoting Industrial Villages), fundada pelo reverendo Henry Solly, que floresceu de 1883 a 1889[18]. Sua solução não era paternalista – fora, talvez, algumas poucas nuanças residuais; ao contrário, estava firmemente assentada na tradição anarquista.

No fim dos anos de 1880, Howard já tinha todas as ideias de que necessitava, mas ainda não conseguia juntá-las. Para isso, a verdadeira chave foi a novela de ficção científica de Edward Bellamy, *Looking Backward: 2000-1887* (Olhando Para Trás: 2000-1887), que ele leu no início de 1888, logo após ser publicada nos Estados Unidos. Ele mesmo atestou a influência que recebeu desse romance[19]. Pelo menos desde 1892 ele começou a falar sobre suas ideias aos setores mais progressistas de Londres[20].

Na verdade, cada uma de suas ideias pode ser encontrada no passado e, com frequência, repetida à exaustão: Ledoux, Owen, Pemberton, Buckingham e Kropótkin, todos projetaram cidades para populações limitadas, circundadas por cinturões verdes de terras cultivadas; More, Saint-Simon, Fourier, todos projetaram cidades como elementos de um complexo regional[21]; Marshall e Kropótkin viram o impacto que o desenvolvimento tecnológico produzia sobre a localização das indústrias, sendo que Kropótkin e Edward Bellamy também perceberam que isso iria favorecer as pequenas oficinas. Embora atraído pelo romance de Bellamy, Howard não aceitou seu gerenciamento socialista centralizado e sua insistência em subordinar o indivíduo ao grupo, que ele considerava como manifestações de autoritarismo[22]. Seu biógrafo, Robert Beevers, chamou a atenção para o fato de que todas essas influências principais vieram da tradição dissidente inglesa; nenhuma, salvo Kropótkin, era da Europa continental[23].

De maneira mais ampla, Howard não pôde escapar à influência do movimento Regresso à Terra (Back to the Land), que – alimentado pelo crescimento urbano, miséria urbana, depressão na agricultura, espírito saudosista, motivos quase religiosos e convenções antivitorianas – floresceu em meio à *intelligentsia* entre 1880 e 1914: genuíno movimento alternativo, similar, sob vários aspectos, aos movimentos irrompidos em 1960 e 1970[24]. Pelo menos 28 comunidades desse tipo podem ser rastreadas no século XIX, todas elas, exceto cinco ou seis, eram rurais; seus habitantes incluíam socialistas utópicos, socialistas agrários, membros de seitas e anarquistas. Poucas foram as que sobreviveram por muito tempo, ainda que por vezes suas instalações, travestidas, continuassem de pé: Heronsgate, fundada pelos cartistas em Hertfordshire após a derrota de suas demandas políticas em 1848, é hoje uma moderna comunidade de corretores da Bolsa perto da Rodovia M25[25]. Por trás dessas manifestações articulava-se um movimento muito mais amplo, bem representado por escritores como Morris e Ruskin, que se empenhava em repelir os aparatos mais grosseiros da industrialização e voltar a uma vida mais simples, centrada em artesanato e comunidade. Portanto, como escreveu Howard, a ideia de construção comunitária estava no ar e por toda a parte.

A Cidade-Jardim e a Cidade Social

Os ingredientes, por conseguinte, nada tinham de original. O que Howard podia alegar – e alegou num título de capítulo – foi que a sua era uma combinação de propostas singular. A começar pelo famoso diagrama dos três ímãs. Hoje ele encanta por seu sabor arcaico, sobretudo na versão colorida da primeira edição. Mas despacha, numa única página, um conjunto de complexos argumentos que, se explanados no jargão moderno, necessitariam de muito mais espaço. A encortiçada cidade vitoriana era, sem sombra de dúvida e sob vários aspectos, um lugar horroroso; mas oferecia oportunidades econômicas e sociais, luzes e multidões. O campo de fins do período vitoriano, atualmente encarado por um viés excessivamente sentimental, era de fato igualmente inaceitável: embora prometesse ar puro e natureza, tinha seu desenvolvimento travado pela depressão na agricultura e não oferecia nem trabalho nem salários suficientes, nem vida social adequada. Era possível, porém, resolver a quadratura do círculo, combinando o que havia de melhor em matéria de cidade e campo num novo tipo de instalação, a cidade-campo.

Com essa meta, um grupo de indivíduos – incluindo necessariamente vários com competência e crédito comerciais – deveria organizar uma companhia de dividendos limitados, tomando dinheiro emprestado para implantar uma cidade-jardim no campo, longe da cidade o suficiente para garantir que a terra fosse comprada a preços mínimos, achatados pela depressão agrícola. Incumbir-se-ia também de interessar os capitães de indústria em transferir para ali as suas fábricas; e, com elas, os operários que deveriam construir suas próprias casas. A cidade-jardim teria um limite fixo – Howard sugeriu 32 mil habitantes para mil acres de terra, perto de uma vez e meia mais que a cidade histórico-medieval de Londres. A seu redor, uma área muito mais larga de cinturão verde perene, também de propriedade da companhia – Howard propôs 5 mil acres –, contendo não só granjas, mas também toda espécie de instituições urbanas, tais como reformatórios e casas de repouso, que só teriam a ganhar com uma localização rural.

A crescente transferência de pessoas para o lugar faria com que a cidade-jardim atingisse o limite planejado; e então começar-se-ia outra, a pouca distância dali. Assim, com o tempo, desenvolver-se-ia um vasto e planejado conglomerado que entraria num processo de expansão quase sem limites, dentro dele, cada cidade-jardim ofereceria uma grande variedade de empregos e serviços, mas também estaria ligada às demais por um sistema rápido de transporte (privilegiando-se uma ferrovia intermunicipal, como a denominava Howard), o que proporcionaria todas as oportunidades econômicas e sociais da cidade grande. Howard deu a essa visão policêntrica o nome de cidade social. E porque o diagrama apareceu truncado na segunda edição e nas subsequentes, não puderam os leitores compreender que esse conglomerado de cidades-jardim, e não a cidade-jardim individualizada, é que constituía a realização física da cidade-campo: o terceiro ímã.

Mas – embora universalmente compreendido como um mero modelo formal[26] – era muito mais que isso. As últimas palavras, logo abaixo do terceiro ímã – LIBERDADE, COOPERAÇÃO –, não são apenas retórica; são o coração do plano. Conforme diz, tão acertadamente, Lewis Mumford em sua introdução ao livro (1946), Howard estava muito menos interessado em formas físicas do que em processos sociais[27]. A chave de tudo estava em que os cidadãos seriam proprietários perpétuos da terra. A terra para cada cidade-jardim e seu cinturão verde circundante, uma área de 6 mil acres (2.428 hectares) seria comprada no mercado aberto a preços agrícolas rebaixados: 40 £ por acre (100 £ por hectare), ou £240 mil no total, sendo o dinheiro obtido por meio de debêntures hipotecárias pagando 4%. Essa terra seria dividida entre quatro depositários[28]. Logo, argumentava Howard, o crescimento da cidade-jardim elevaria os preços da terra, e portanto os aluguéis[29]. Aí estava o núcleo inovador da proposta de Howard: os aluguéis seriam regularmente revisados para cima, permitindo aos depositários saldar a dívida do financiamento, e progressivamente gerar um fundo para prover um estado de bem-estar local[30]. Tudo isso estava representado em ainda outro diagrama colorido apresentado na primeira edição e omitido nas edições posteriores, com terríveis consequências para a compreensão da mensagem de Howard: intitulado "O Ponto de Fuga do Arrendamento da

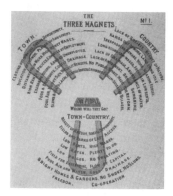

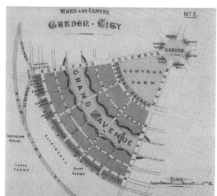

FIG. 23: *Cidades-jardim de amanhã. Diagramas-chave extraídos da primeira edição de 1898, intitulada* To-morrow, *o clássico de Howard. O quarto diagrama, que mostra sua visão da cidade social policêntrica, nunca foi reproduzido nessa forma integral pelas edições posteriores.* Fonte: © British Library Board/Robana.

Terra", esse gráfico ilustra como, à medida que subissem os valores do solo urbano na cidade-jardim, eles refluiriam para a comunidade. Em particular, eles tornariam possível "criar folgadas aposentadorias para os nossos idosos pobres, atualmente aprisionados em asilos; banir o desespero e despertar a esperança nos corações daqueles que decaíram; silenciar a acerba voz da ira, e despertar as notas suaves da fraternidade e da boa vontade"[31].

Howard pôde, assim, argumentar que o seu modelo constituía um terceiro sistema socioeconômico, superior tanto ao capitalismo vitoriano quanto ao socialismo centralizador e burocrático. Suas tônicas seriam: gerenciamento local e autogoverno. Os serviços seriam fornecidos pela municipalidade, ou pela iniciativa privada desde que comprovadamente mais eficiente. Outros seriam prestados pelas próprias pessoas, numa série do que Howard chamou de experimentos pró-municipais. Particularizando: as pessoas construiriam suas próprias casas com capital fornecido por sociedades construtoras, associações de ajuda mútua, cooperativas ou sindicatos. E essa atividade passaria, em troca, a dirigir a economia; quarenta anos antes de John Maynard Keynes ou de Franklin Delano Roosevelt, Howard chegara à conclusão de que a sociedade poderia sair de uma recessão às suas próprias custas.

Ela o faria, contudo, sem a intervenção central e em grande escala do Estado. O plano de Howard devia realizar-se através de milhares de pequenas empresas: todo homem e toda mulher seriam um artesão, um empresário. O projeto convocaria, dizia ele,

> os insignes talentos de engenheiros de todo tipo, de arquitetos, artistas, médicos, sanitaristas, paisagistas, agrônomos, inspetores, construtores, fabricantes, comerciantes e financistas, organizadores de sindicatos, sociedades de ajuda mútua e cooperativas, tanto quanto das mais simples formas de trabalho não qualificado, agregadas a todas aquelas formas intermediárias que requerem menor habilidade e talento[32].

Visão tipicamente norte-americana: o espírito doméstico trazido de volta à Inglaterra industrial. Mas um doméstico equipado pela nova tecnologia a fim de criar uma nova ordem socioeconômica: uma visão notável, quanto mais não seja pela surpreendente modernidade, mesmo um século depois.

Para Howard, a propriedade comunal da terra era o fundamento essencial de sua cidade-jardim. "Mas a propriedade coletiva da terra era, na visão de Howard, o ponto extremo até onde as coisas precisavam ir. Outras formas de capital podiam ser possuídas privadamente, cooperativamente ou municipalmente. Isso era inteiramente uma decisão das pessoas que morassem na sua nova cidade-jardim."[33] Mas a provisão também coletiva da habitação, por meio de coparcerias do movimento de inquilinos, tornou-se um mecanismo central em Letchworth e muitos dos subúrbios-jardim anteriores a 1914, assim como em algumas indústrias em Letchworth.

Letchworth e Hampstead: Unwin e Parker

Howard foi, portanto, um sonhador de grandes sonhos, e também foi mais que isso: foi, quintessencialmente, um homem de ação. O leitor de hoje, ao folhear seu livro, surpreende-se vendo que grande parte dele são páginas de cálculos financeiros; Howard escrevia não para utopistas amantes da vida simples, mas para empedernidos negociantes vitorianos que queriam estar seguros de ter seu dinheiro de volta. Esses cálculos pareciam realistas: na fase de baixa inflação na Inglaterra do final da era vitoriana, fundos consolidados podiam pagar apenas 2% ao ano; "filantropia mais 5%" era um conceito bem conhecido[34].

Um dos muitos aspectos brilhantes de seu plano estava no fato de que podia realizar-se de forma incremental por meio de uma série de iniciativas isoladas e locais que, progressivamente, se reforçariam umas às outras. Conforme escreveu Dennis Hardy, a cidade-jardim era uma "quase-utopia", uma cidade perfeita realizável em um mundo imperfeito[35]. Assim, oito meses após a publicação do livro, em uma reunião no Memorial Hall realizada na rua Farringdon, Londres, em 21 de junho de 1899, Howard tomou a iniciativa de organizar uma Garden City Association para discutir suas ideias, e "por último, formular um esquema prático baseado nas linhas do projeto com todas as modificações que parecessem desejáveis"; cuidou para que fosse politicamente bipartidária e incluísse industriais, comerciantes e financistas bem como cooperativistas, artistas e eclesiásticos[36]. Em 1902, quando a segunda edição do livro apareceu, sem aqueles diagramas-chave, os membros já eram mais de 1.300; havia dois lordes, três bispos e 23 membros do Parlamento, alguns acadêmicos, incluindo Marshall, e meia dúzia de industriais, incluindo Cadbury, Lever e Rowntree. Ralph Neville, um renomado advogado que logo depois passou a juiz, tornou-se presidente do Conselho em 1901, injetando nele rigoroso senso prático, característica também trazida pelo jovem e capaz jornalista escocês, Thomas Adams, nomeado secretário[37]. Mas antes disso, em 1900, a jovem Garden City Association já havia resolvido formar a First Garden City, Limited, com capital de 50 mil libras e 5% de dividendos; dois anos depois, a Garden City Pioneer Company foi registrada com um capital de 20 mil libras para fazer o levantamento dos locais adequados[38].

Os diretores da Pioneer Company estipularam critérios absolutamente dentro da linha de Howard: local de 4 mil a 6 mil acres, com boas conexões ferroviárias, abastecimento de água satisfatório e boa drenagem. O sítio favorito, Childley Castle, a leste de Stafford, foi rejeitado por ser muito longe de

FIG 24: *New Earswick. Um clássico projeto Unwin-Parker tenta, ao redor de espaço verde fechado, resgatar a qualidade comunal do quadrilátero medieval.*
Fonte: *The Joseph Rowntree Archive.*

A CIDADE NO JARDIM
a solução cidade-jardim

Londres. Letchworth, a 55 km de Londres, situado numa área severamente afetada pela depressão agrícola e de terra barata, satisfez os critérios e – após delicadas e secretas negociações com quinze proprietários – o local de 3.818 acres (1545 ha) foi comprado por 155.587 libras. A First Garden City Company foi registrada no dia 1º de setembro de 1903 com um capital de 300 mil libras, das quais 80 mil deviam ser levantadas de imediato e com dividendos de 5%[39]. Em 1904, depois de um concurso restrito, Raymond Unwin e Barry Parker foram escolhidos planejadores arquitetos[40].

Agora, era crucial injetar mais *expertise* comercial: a First Garden City Company tinha Neville como chefe e sete industriais incluindo Cadbury, Lever, o rei do sabão, Idris, o fabricante de refrigerantes que negociava sob o *slogan* "Idris because I'se dry" (Idris porque tenho sede), mais um dono de tecelagem de algodão, um proprietário de jornal, e um industrial de siderurgia. Thomas Adams foi emprestado em tempo parcial da Garden Cities Association, em base francamente temporária, para fazer a nova companhia funcionar; tinha energia abundante, imaginação, argúcia, charme, tato e infalível bom humor, porém lhe faltava experiência de gerenciamento[41].

Houve uma publicidade muito bem-sucedida, e, no verão de 1905, 60 mil pessoas vieram ver o progresso da nova cidade[42]. Mas, como conclui Dennis Hardy,

> O dinheiro necessário para construir uma nova cidade tirou de Howard qualquer esperança imediata de financiar o risco primariamente de dentro do grupo dos amigos radicais, excitados pela perspectiva de uma "comunidade cooperativa", levando-o cada vez mais para dentro do mundo das salas de reuniões das companhias eduardianas e dos saguões almofadados dos clubes de cavalheiros.[43]

George Bernard Shaw, um dos apoiadores vitalícios e fiéis de Howard, embora um de seus críticos mais mordazes, captou brilhantemente as suas limitações:

> Nós descemos para Hindhead onde ficamos de sábado até ontem. Na segunda-feira, Ebenezer, o gêiser da Cidade-Jardim, deu uma palestra no Hindhead Hall, com uma lanterna mágica, mostrando vistas do florescente assentamento à maneira de Mr. Scadder em *Martin Chuzzlewit*. Tive que fazer um discurso que teve um efeito tão ruim, apesar dos meus mais sérios esforços para ajudá-lo na sua dificuldade, que a audiência não levantou uma única mão a favor da decisão. Finalmente o presidente da mesa fez nova votação, acrescentando um voto de agradecimento, quando, tendo a situação se tornado mais pungente,

eu ostensivamente ergui minha mão, no que outros me seguiram e Eb foi salvo. Eu mencionara que os fabricantes estavam suficientemente propensos a ir para o campo; mas o que eles queriam era mão de obra barata. Sugeri que meia dúzia de grandes fabricantes construindo uma cidade podiam pagar bons salários e ainda assim obter muito retorno em aluguéis e aluguel de lojas, ou diretamente lucros com açougueiro, padeiro e leiteiro, que o empreendimento poderia pagá-los do mesmo modo. A isso, o proletariado de Hindhead riu de orelha a orelha, e concluiu que eu era o homem que realmente entendia a natureza empresarial, sendo o gêiser uma mera fonte de lama benevolente.[44]

Shaw, com seu brilhantismo habitual, captara o ponto chave. Já em 1901, ele havia escrito uma carta a Neville, na qual questionava se capitalistas jamais concordariam com uma escritura fiduciária limitando sua liberdade; eles poderiam tolerar um dividendo máximo de 5%, mas não distribuiriam seus lucros; para conseguir o ideal, o único jeito seria nacionalizar a cidade-jardim como tinha sido feito com o telégrafo e as rodovias[45]. Logo ficou provado que ele tinha razão. Letchworth estava cronicamente descapitalizada: na sua inauguração formal em 1903, das 300 mil libras projetadas somente 40 mil haviam sido subscritas, todas pelos diretores; um ano depois, ficou claro que as firmas não estavam sendo atraídas; foi uma grande vitória quando a firma de impressão e encadernação de J.M. Dent, um importante editor, resolveu investir[46]; nos dois primeiros anos, somente mil moradores chegaram, e a maioria era de idealistas, artistas populares que deram a Letchworth uma reputação permanente de excentricidade que mais tarde tornou-se imerecida: "viveu aqui toda uma colônia de excêntricos exibicionistas, próxima demais de nossas sagradas fronteiras. Nosso desejo era que transferissem sua doida cidade um pouco mais para perto de Arlesley"[47]. Arlesley era uma instituição psiquiátrica da localidade. Sem dúvida o exagero era grande, mas houve chão para suspeitas[48]. No Cloisters, um colégio interno onde os alunos dormiam em redes separadas por telas de lona e dispostas em ferradura ao redor de uma fonte de mármore, plantava-se trigo segundo o que se pensava serem os princípios de Kropótkin, recebendo, cada grão, uma atenção individual; o resultado foi uma colheita farta em ervas daninhas e cardos[49].

Por muito tempo não foi possível construir casas, lojas, fábricas ou edifícios públicos; os dividendos não foram pagos até 1913, e mesmo então somente de 1%[50]. Logo, os diretores excluíram Howard de toda função gerencial; talvez ele já tivesse percebido que não era talhado para o trabalho[51]. "Os diretores, um grupo em constante modificação, eram homens nervosos, ansiosos por rentabilidade imediata e temerosos de um iminente colapso."[52] Em agosto

A CIDADE NO JARDIM
a solução cidade-jardim

de 1905, depois de pouco mais de um ano, substituíram Adams por W.E.H. Gaunt, gerente de Trafford Park e o tipo de homem que deveria ter sido indicado em primeiro lugar[53].

Já não havia no Memorando e Artigos da Associação menção a nenhuma obrigação legal de transferir progressivamente o poder para a comunidade[54]. Então, os diretores vacilaram no item-chave do ganho em valor para a comunidade, e foi feito um acordo: seria dada aos inquilinos a possibilidade de escolher entre um "arrendamento Howard" com revisões do aluguel a cada 10 (não 5) anos e um arrendamento normal fixo por 99 anos; a maioria, como era previsível, escolheu a segunda opção[55]. Efetivamente, Howard e suas ideias principais estavam sendo escamoteados do sistema; Adams renunciou à Diretoria, provavelmente por se opor à "Nova Política"[56]. Como comentou Robert Fishman, em vez de uma alternativa pacífica ao capitalismo, a Cidade-Jardim tornou-se uma ferramenta para preservá-lo[57].

Os diretores mostraram-se conservadores também em outros assuntos: quando, em 1905, cederam parte do centro proposto da cidade – um crescente no estilo Buxton – para uma exposição de chalés que se tornaria permanente, Raymond Unwin voltou suas energias para o Hampstead Garden Suburb. De fato, mesmo essa tentativa foi insuficiente; ela mostrou que casas podiam ser construídas com apenas 150 libras e alugadas por 22p a 82p por semana, mas mesmo isso era muito para trabalhadores sem qualificação, que tinham que encontrar habitações mais pobres fora da cidade-jardim; ironicamente, a imprensa viu esses imóveis como mais apropriados para moradores de fim de semana do que para pobres necessitados, e o *Manchester Evening Chronicle* descreveu damas da classe média elogiando-os com exagero: "que pequenino querido lugar", "oh, como é charmoso!"[58] Muitas das primeiras casas foram construídas por empreiteiros especuladores com projetos excêntricos que Parker e Unwin teriam gostado de banir[59]. Unwin entretanto, ficou como arquiteto consultor até a dissolução de sua parceria com Parker, em maio de 1914; a afirmação de C.B. Purdom de que "Unwin, lutando uma batalha perdida, fugiu durante 1906 para o Hampstead Garden Suburb [...] e que Letchworth dificilmente o veria novamente" foi, ao que parece, uma afirmação melodramática exagerada[60].

Logo, porém, os excêntricos de classe média do início foram suplantados pelos trabalhadores de colarinho azul que passaram a constituir a *raison d'être* da cidade-jardim. Mas estes, por uma curiosa ironia, ao invés de participarem do espírito cooperativista do empreendimento, optaram pelo sindicalismo e pelo socialismo[61]. Muitos, num desdobramento temperado de ironia muito especial, juntaram-se aos moradores do vizinho subúrbio-dormitório de Hitchin, na grande fábrica Spirella, "para fazerem espartilhos que as mulheres de Letchworth obviamente nunca usam, mas que seus maridos vendem com grandes lucros às mulheres menos esclarecidas de outras cidades"[62].

A tudo isso, porém, sobreviveu uma aguada essência da visão howardiana. A cidade começou a pagar dividendos depois de uma década; continuou a crescer, mais devagar do que esperavam seus promotores, até atingir os 15 mil habitantes – menos da metade da quota planejada – em 1938; depois da Segunda Guerra, com o auxílio dos esquemas de descentralização subsidiados pelo governo, foi afinal concluída, numa escala ligeiramente menor que a que se planejara de início. Ironicamente foi nesse momento que se tornou vítima da especulação imobiliária, da qual foi salva por uma lei do Parlamento de 1962 que colocou sua direção nas mãos de uma corporação especialmente organizada para ela[63]. Mas acima de tudo foi nas mãos de Raymond Unwin e Barry Parker que encontrou sua perfeita realização física. Na verdade, perfeita até demais; a arquitetura Unwin-Parker vestiu o esqueleto concebido por Howard de maneira tão memorável que, para todo o sempre, foi difícil distinguir-se este daquela.

Para compreendermos o que Unwin e Parker realizaram de forma tão memorável, aqui e em Hampstead, bem como em outros lugares, é mister situá-los num contexto de lugar, tempo e cultura. Unwin nasceu em 1863, Parker em 1867, ambos a menos de 20 km de Sheffield, norte da Inglaterra; eram primos em segundo grau, e Unwin casou-se com a irmã de Parker. Nenhum deles foi formalmente treinado para arquiteto; Unwin começou como engenheiro, Parker como decorador de interiores. Ambos se desenvolveram dentro de uma intensa fermentação de ideias, decorrente, em grande parte, do pensamento de William Morris que veio a influenciar todos os seus trabalhos subsequentes. Quando jovem, Unwin pensava em tornar-se sacerdote anglicano; indagado por Samuel Barnett, vigário do St. Jude em Whitechapel, sobre o que o perturbava mais, a infelicidade humana ou sua perversidade, Unwin respondeu que a primeira; Barnett aconselhou-o a não entrar para a Igreja[64]. Ele e Parker acreditavam que a criatividade era fruto de uma compreensão imaginativa do passado; que a Idade Média constituía um padrão histórico; que os antigos edifícios brotavam do solo onde se erguiam; que a aldeia era a encarnação orgânica da pequena comunidade, pessoalmente inter-relacionada; que o arquiteto e o planejador urbano eram os guardiães da vida social e estética, mantendo e acentuando os valores tradicionais da comunidade para as gerações futuras[65].

Unwin logo se tornou um socialista na linha de William Morris, juntando-se ao grupo de Sheffield organizado por Edward Carpenter, um dos fundadores da Sociedade Fabiana; aqui Kropótkin dissertou sobre a união entre

A CIDADE NO JARDIM
a solução cidade-jardim

ofício artesanal e trabalho intelectual[66]. Antes de 1900, trabalhou no projeto de chalés para povoados de mineiros em sua região natal[67]. Daí nasceu o livro *Cottage Plans and Common Sense* (Os Projetos de Chalés e o Senso Comum, 1902), eloquente defesa da melhoria da habitação para a classe trabalhadora: "Ao que parece, ainda não se percebeu que centenas de milhares de mulheres passam a maior parte de suas vidas sem terem nada de melhor para olhar a não ser a vista lúgubre oferecida por esses quintais, cuja esquálida feiura não é sequer amenizada por um pedaço de verde viçoso que fale da primavera ou pela queda de uma folha que revele o outono". Porém "se, em vez de desperdiçados em quintais acanhados e sujas ruelas traseiras, os espaços disponíveis das várias casas fossem reunidos num só, teríamos uma praça ou um jardim respeitáveis"; os chalés, todos corretamente orientados para terem o seu aposento principal devidamente exposto ao sol, seriam planejados em torno de "quadriláteros que se abrem um no outro", à maneira dos conjuntos universitários de Oxford e Cambridge[68].

Já naquele ano, Parker e Unwin estavam trabalhando em sua primeira grande encomenda: a vila-jardim de New Earswick para a família do chocolate Rowntree, urbanização a ser implantada não como obra assistencial mas como empreendimento independente junto da sua fábrica, no extremo norte de York. Aí se encontram, em embrião, muitos dos aspectos que acabaram por desenvolver em tela bem maior, primeiro em Letchworth e, a seguir, em Hampstead. A vila acha-se separada da fábrica e da cidade por um estreito mas nítido cinturão verde, parte natural, parte ocupado por campos de jogos. Os chalés enfileiram-se em blocos compactos e agrupam-se ou em torno de gramados públicos ou ao longo de caminhos para pedestre – antecipando, assim, em mais de um quarto de século, o esquema Radburn –, e depois, à medida que o projeto se desenvolveu, em *culs-de-sac*. Um prado de aldeia e uma sede comunal avultam como figuras centrais. Por toda a parte, elementos naturais – árvores, um pequeno riacho – integram-se ao projeto. New Earswick possui em altíssimo grau aquilo que Parker e Unwin chamavam de "o essencial prioritário na forma e no escopo de qualquer objeto decorativo [...] a repousada quietude"; qualquer que seja o estado psíquico do visitante, este logo experimenta, ao chegar, uma extraordinária sensação de calma, que emana de uma ordem informal, mas natural, das coisas, e que tudo permeia. Lindamente preservada e compreensivamente restaurada segundo as intenções originais de Unwin e Parker, New Earswick é uma pequena joia, deslumbrante à vista com mais de cem anos de idade. Só falhou numa coisa: os padrões do projeto foram tão altos que os assalariados menos favorecidos não puderam arcar com eles. Falha, aliás, de teimosa recorrência.

FIG. 25: *Letchworth. O motivo medieval do prado de aldeia, tal como foi interpretado por Parker e Unwin na primeira cidade-jardim.* Fonte: *Peter Hall.*

Em Letchworth eles tiveram um problema maior e mais complexo. Por um fato, a indústria teve que ser integrada com a habitação: uma linha de estrada de ferro bissectava a área, determinando que a indústria fosse localizada ali. Contrariamente ao que acontecera com a modesta sede comunal e a rua de lojas de New Earswick, aqui todo um centro urbano teve de ser planejado. Ao escrever, mais tarde, seu grande manual de planejamento, Unwin analisou à exaustão os planejamentos urbanos do passado, concluindo que tanto as abordagens formais quanto as informais tinham seus méritos. Embora jamais houvesse dúvidas quanto às preferências do mestre pelo informal, Letchworth tem também maior número de elementos formais, tais como avenidas radiais, rotatórias e, mais que tudo, a grande e central Praça da Cidade, dominada pelos edifícios municipais mais importantes. A solução não satisfaz. Os melhores esquemas de habitação informal são tão bons quanto os de New Earswick, alguns – planejados em torno de enormes espaços semelhantes a prados de aldeia – possivelmente até melhores. E a Fábrica Spirella é um encanto, projetada – talvez para tentar evitar as associações – num

Jugendstil (estilo juvenil) vienense muito livre. Mas o centro urbano é uma bagunça terrível, com ruas que parecem levar a parte nenhuma, guarnecidas (bem depois de Unwin e Parker terem partido) por uma mistura amorfa do pior neogeorgiano comercial de entreguerras com a pobreza ainda pior da década de 1960, tudo agora ligeiramente decadente.

Importa acrescentar que Unwin confessou ainda não conhecer, à época da elaboração do projeto, a obra de Camillo Sitte, *Die Städtebau nach seinen künstlerischen Grundsätzen* (A Urbanização Segundo as Doutrinas Estéticas), publicada há mais de uma década, com sua ênfase nas qualidades informais das cidades medievais. Essa foi uma lição que Unwin jamais esqueceu; *Town Planning in Practice* (Planejamento Urbano na Prática), publicado em 1909 – apenas meia década depois de Letchworth –, é memorável sobretudo pelos esplêndidos desenhos de velhas cidades e aldeias inglesas, francesas e alemãs, com base nos quais ele desenvolveu seu conhecimento sobre as relações existentes entre edifícios e espaços. Ou melhor, o conhecimento de ambos: pois foram os dois juntos, Unwin e Parker, que elevaram a arte do projeto urbano ao nível de pura genialidade, fazendo com que tudo o mais parecesse medíocre anticlímax. Estipularam eles que sua atividade devia, antes de mais nada, promover beleza ou deleite, termos que consideravam permutáveis: "Acima de tudo, vamos precisar infundir o espírito do artista em nosso trabalho."[69] Mas, da mesma forma, seus pensamentos estavam sempre imaginativamente com as pessoas que iriam viver nos edifícios, passear ou divertir-se nos espaços por eles criados. Chegaram, mesmo, aos mínimos pormenores; boa arquitetura e bom planejamento, para eles, significavam a multiplicação dos detalhes exatos:

FIG. 26: *Barry Parker. Sócio e coprojetista de Unwin em New Earswick, Letchworth e Hampstead; mais tarde é ele quem, sozinho, assina o plano para Wythenshawe, de Manchester, a terceira autêntica cidade-jardim da Inglaterra.* Fonte: © Garden City Collection, Letchworth Garden City Heritage Foundation.

> As crianças, também, não devem ser esquecidas nos espaços livres. O *Kinderbank*, ou assento baixo adequado às suas pernas curtas, deve estar sempre presente e, onde possível, os gramados devem ser providos de balanços ou gangorras, pequenos lagos para barcos a vela e tanques de areia que possam ser mantidos razoavelmente limpos.[70]

Visavam também a fins sociais. "Tanto no planejamento da cidade quanto do terreno, é importante evitar-se a separação total das diferentes classes de pessoas, o que constitui uma característica da cidade inglesa moderna."[71] Mas na Inglaterra eduardiana, existiam limites. Tanto em Letchworth como em Hampstead, áreas são designadas para os "chalés", afastadas dos palacetes classe média: perto o suficiente, mas não perto demais.

Hampstead significou uma guinada decisiva, tanto para o movimento inglês da cidade-jardim quanto para Unwin em particular, pois era confessamente não uma cidade-jardim, mas um subúrbio-jardim; não tinha indústria e, para os serviços, dependia por completo de uma estação de metrô adjacente, inaugurada exatamente na época em que ela, Hampstead, estava sendo planejada. Por uma questão de justiça e à guisa de registro histórico, é mister que se diga que não foi nem a primeira nem a única no gênero. Ealing Tenants Limited, a primeira cooperativa habitacional de Londres, fora fundada em 1901 e comprara seus 32 acres – a Propriedade Brentham –, situados na saída da The Mount Avenue, em 1902, antes, até mesmo, de Letchworth; Unwin e Parker foram contratados para projetar um modelo de vila-jardim por volta de 1906, um ano antes de Hampstead lhes ser encomendada[72]. Era um subúrbio vila-jardim, que pouco diferia de New Earswick em escala, distinguindo-se, no entanto, pela alta qualidade do projeto, seu inimitável senso de tranquila domesticidade, seu clube social central – noção emprestada de New Earswick, e, em dúvida, do primeiro subúrbio-jardim surgido perto de Bedford Park trinta anos antes, suas superquadras comunais centrais para cultivo de pequena escala (uma inovação copiada vinte anos depois por Stein e Wright em Sunnyside Gardens, por Geddes em Tel Aviv, e, em seguida, em uma grande variedade de lugares) – e por seu protocinturão verde formado pelas campinas do vizinho rio Brent[73].

Entretanto, o interesse que Ealing suscita não reside apenas no projeto mas também no fato de representar o modo pelo qual se supunha que as cidades-jardim e os subúrbios-jardim devessem ser construídos: ali estavam, plenamente realizadas, a liberdade e a cooperação pregadas por Howard. Unwin recomendara a cooperativa habitacional num livreto de 1901, argumentando que dessa maneira grupos de proprietários em perspectiva poderiam conseguir moradia barata em terra comprada a preços rurais: novamente, um argumento de Howard. Mas além disso, "as casas poderiam ficar agrupadas, dispondo-se de modo a obter, cada uma delas, insolação adequada e um panorama aberto à sua frente; e algumas porções da terra poderiam manter-se preservadas de qualquer construção, garantindo-se, assim, a permanência dessas paisagens"; haveria espaços comunais destinados à música e à diversão, e também às refeições. Poder-se-iam construir, sugeria ele, grupos de casas em torno de quadriláteros, cada um com seu próprio espaço comunal; em suma, a quintessência daquele espírito medieval de comunidade que Unwin tão sinceramente se empenhava em recuperar[74]. Unwin tomou assento no comitê executivo da Co-Partnership Tenants Housing Company; ele e Parker implementaram não apenas Ealing, mas também alguns subúrbios nos arrabaldes de Leicester, Cardiff e Stoke-on-Trent[75]. A Lei de Habitação e Planejamento Urbano de 1909 facultou a "sociedades de utilidade pública" desse tipo a possibilidade de tomarem dinheiro público emprestado a juros baixos e, em 1918, havia mais de cem delas[76]. Elas possuíam duas vantagens distintas: empréstimos do conselho do governo local realizados com taxas de juros mais baixas do que as disponíveis no mercado, e também podiam emprestar uma proporção maior do valor de custo de seu empreendimento do que outras sociedades de lucro limitado. Provavelmente a maior parte das 128 sociedades de utilidade pública (PUS) registradas e ativas antes de 1914 eram sociedades em coparceria, que extraíam parte de seu capital de acionistas que eram (ou tinham a intenção de se tornar) inquilinos da sociedade. A imediata identificação entre sociedades de utilidade pública e desenvolvimentos subúrbio-jardim

FIG. 27: *Ealing Garden. A construção em marcha, Denison Road, por volta de 1907.*
Fonte: *Reproduzido por permissão do London Borough of Ealing.*

no pré-guerra, como em Letchworth, pode ser vista como reforço a sua pretensão de envolvimento após a guerra em razão do compromisso governamental com um novo padrão de moradia para a classe trabalhadora, baseado em princípios da cidade-jardim[77]. Mas o Tesouro não concordou com uma cláusula que permitiria que elas obtivessem empréstimo nas mesmas condições que as autoridades locais, e isso restringiu-as como agências locais de desenvolvimento habitacional[78]. Em 1913, quando Henry Vivian – que fundara a Co-Partnership Tenants num *pub* em Ealing em 1901 – tornou-se membro do Conselho da GCTPA (Garden City and Town Planning Association), os dois movimentos começaram a fundir-se.

Mas Hampstead, indiscutivelmente, era negócio bem maior. Sua genitora foi *dame* Henrietta Barnett, a temida esposa do diretor de Toynbee Hall. Ambos tinham uma casa de fim de semana em Hampstead e, em 1896, ouviram falar sobre um plano de construir uma nova estação de metrô ali ao lado. (A linha logo se tornou parte do império de Charles Tyson Yerkes.) Em puro estilo inglês classe média, a sra. Barnett decidiu iniciar uma campanha de compra de terras para ampliar Hampstead Heath e assim frustrar as ambições imobiliárias dos empreendedores. Depois de uma luta de cinco anos, que envolveu a remessa de 13 mil cartas, os 80 acres (32 ha) do prolongamento de Heath foram comprados pelo LCC por 43.241 libras; a estação do metrô, interrompida quando a construção ia em meio, tornou-se uma das muitas estações-fantasmas do subsolo londrino. Foi quando alguém sugeriu a ideia de um subúrbio-jardim, o que levou a uma nova compra, agora de mais 243 acres (98 ha) da Propriedade Eton College, transação que utilizou 112 mil libras do investimento decorrente do apelo feito em 1907. Imediatamente se montou um grupo empresarial para o fornecimento de 8 mil casas; Unwin e Parker foram os arquitetos escolhidos – um dilema, pois Unwin atacara os subúrbios em *The Art of Building a Home* (A Arte de Construir uma Casa) em 1901, citando seu herói Morris[79].

Desde o início, o subúrbio teve elevados objetivos sociais: segundo palavras de um contemporâneo, este seria um lugar "onde os pobres ensinarão os ricos, e os ricos, assim o esperamos, ajudarão os pobres a se ajudarem a si mesmos"; a primeira planta incluía depósitos para os carrinhos de mão de vendedores ambulantes[80]. Mas logo o valor das terras e os aluguéis começaram a subir e – como Letchworth, ou como ocorrera anteriormente em Bedford Park – o subúrbio começou a adquirir uma reputação que *dame* Henrietta se esforçava em refutar: não era verdade que seus habitantes fossem "todos 'maníacos', excêntricos de sandálias e sem espartilhos – somos apenas homens e mulheres comuns":

Alguns têm criados, outros não; alguns são motorizados, outros usam as próprias pernas; uns leem, uns pintam, alguns são músicos, mas todos trabalhamos, todos nos lavamos ("nenhuma casa, por menor que seja, sem seu banheiro" – vide anúncio) – e todos cuidamos de nossos jardins [...] livres da opressão da riqueza e capazes de nos encontrarmos no campo mais simples e mais profundo dos interesses comuns e das aspirações partilhadas[81].

Das três diferentes organizações construtoras responsáveis pelo fornecimento das casas, duas eram cooperativas[82]. Mas o objetivo, "a convivência do dia a dia, que em breve iria sanar as desavenças entre as classes"[83], foi frustrado pelo próprio êxito do subúrbio; hoje, até os chalés dos pequenos artesãos estão total e efetivamente elitizados.

O que sobrevive é a qualidade física, sob certos aspectos curiosamente transitória. Unwin já estava então seriamente influenciado por Sitte e por suas próprias andanças germânicas; legislações locais restritivas foram superadas pela utilização de poderes parlamentares especiais[84]. Dessa forma, Unwin viu-se livre para demonstrar, no chão, aquilo que, poucos anos depois, em seu livreto de enorme repercussão, *Nothing Gained by Overcrowding!*, demonstrou no papel: que um esquema adequado de planejamento poderia propiciar a todos muito mais espaço sem

FIG. 28: *Henrietta Barnett*. Dame *Henrietta vai à luta: nas mãos, a planta de Hampstead Garden Suburb; nos olhos, fervor moral e zelo reformista*. Fonte: *Hampstead Garden Suburb Archive Trust*.

usar mais terreno. O estratagema consistia em reduzir o solo destinado às ruas, dos 40% (típicos do esquema imposto por lei) para 17%, aumentando, assim, a terra disponível para jardins e espaço livre, de 17 para nada menos que 55% da área total[85]. Essa nova liberdade é praticada em Hampstead para produzir um esquema tipicamente informal, com ruas sinuosas e irregulares, *culs-de-sac* e grande variedade de tipos de moradia; o objetivo de Unwin era, já naquela época, afastar dali o tráfego de veículos, num esquema que até hoje se mantém em toda a sua respeitável tranquilidade[86]. E o projeto lembra conscientemente, e mesmo cativantemente, os modelos medievais germânicos: à frente do prolongamento de Heath, ergue-se uma muralha com torres junto às entradas; junto ao passeio das lojas, na Finchley Road, Unwin colocou um enorme portal que teve como modelo o Markusturm em Rotemburgo, o qual, quando ele viu pela primeira vez em 1900 – assim recordou mais tarde sua mulher Etty –, saudou com "lágrimas de alegria"[87].

Mas na Praça da Cidade, situada por vontade expressa da *dame* no ponto mais elevado do subúrbio[88], bem como nas ruas vizinhas, Unwin acata integralmente as diretivas de Lutyens, o projetista das duas grandes igrejas e do instituto adjacente. O resultado é um exercício anômalo, pesadamente formal dentro da tradição City Beautiful: vindo de Heath pela entrada principal, o visitante ansioso espera encontrar um pasticho de Rotenburg-ob-der-Tauber, com ruas estreitas que encaminhem para aquelas pracinhas de mercado tão ao gosto do lápis de Unwin. Mas ao invés disso, encontra uma via processional com a suspeita aparência de um anteprojeto de acesso ao palácio do vice-rei em Nova Delhi (capítulo 6). E o conceito todo, vasto em escala, curiosamente, jaz sem vida; raramente alguém vai até lá, e a praça parece como que esperar por um Durbar Imperial que não mais ocorrerá. Mas é bem possível, como disse Creese, que a intenção não fosse entreter os habitantes, ou oferecer-lhes divertimento ou compras, e sim, impressioná-los; e isso presumivelmente foi conseguido[89]. Mas com a bênção de Unwin; que em Letchworth também teve seus momentos formais.

Hampstead, porém, confundiu inteiramente os fiéis. Desde o início, conforme assinalava Abercrombie em 1910, a Garden City Association teve como objetivos não só a "construção de novas cidades em distritos rurais segundo princípios detidamente estudados", mas também "a criação de subúrbios-jardim assentados em princípios similares, que desafogassem de imediato as cidades existentes", assim como "a construção de vilas jardim [...] que alojassem adequadamente as classes trabalhadoras perto de seus empregos"[90]. Em 1906, a Associação colocou os subúrbios-jardins entre seus objetivos; na AGM (Annual General Meeting) de novembro, após uma palestra de Henrietta Barnett, Rider Haggard propôs uma moção e obteve um voto unânime a favor dos subúrbios-jardins; o subúrbio-jardim e a aldeia-jardim pareciam objetivos mais realistas do que a cidade-jardim[91]. Em 1909, uma Reunião Geral Especial concordou em fazer com que a promoção do planejamento urbano se tornasse o objetivo primário da associação, e em mudar seu nome para Garden Cities and Town Planning association; a partir daí as cidades-jardins foram relegadas a um papel secundário[92]. Num jantar em homenagem a Howard, em 1912, os subúrbios-jardim bem planejados foram não somente reconhecidos em seu próprio direito, mas avaliava-se que valia a pena apoiá-los[93]. O problema estava cada vez mais em saber até que ponto o bom não seria inimigo do melhor. Hampstead, nas mãos de Unwin e Parker, era admissível, até mesmo recomendável; como presumivelmente o foram a maioria dos doze esquemas, ou quase isso, coordenados

A CIDADE NO JARDIM
a solução cidade-jardim

FIG. 29: *Hampstead Garden Suburb. A velha Nurembergue (ou seria Rothenburg?) vem para a Finchley Road; o produto, muito provavelmente, de seus desenhos de feriado do último verão.* Fonte: The Bodleian Library, *University of Oxford*, 2479116 d.5, p. 172.

pela Co-Partnership Tenants entre 1901 e a Primeira Grande Guerra[94]; mas a ala "purista" da associação reagiu com fúria ao fato de que "muitos dos esquemas chamados de cidade-jardim nada tinham em comum com o movimento exceto o nome, do qual se tinham desonestamente apropriado. Especulação selvagem, exploração excessiva da terra e construções de baixa qualidade tinham sido todas promovidas contando com que o bom nome as levaria adiante", queixou-se Ewart G. Culpin, em 1913[95].

Após a guerra, C.B. Purdom, o novo editor da revista da associação, queixou-se: "Dificilmente se encontra um distrito no qual o conselho local não proclame estar construindo uma, e construtores inescrupulosos exibem essa denominação por toda a parte em seus anúncios [...] A coisa propriamente dita não se vê hoje em dia em parte alguma, a não ser no Hertfordshire, em Letchworth e Welwyn Garden City."[96] Em 1918, surgiu um movimento dissidente: o National Garden Cities Commitee, dirigido por Purdom, juntamente com Howard, F.J. Osborn, Abercrombie e G.D.H. Cole, que produziu um livreto, *New Towns After the War* (Novas Cidades Depois da Guerra), assinado por "New Townsmen", na verdade Osborn. Ocorreu então um *frisson* na

FIG. 30: *Almoço de domingo na cidade-jardim de Welwyn. O ideal de Howard faz-se realidade; trabalhador e esposa fotografados em pleno gozo de seu patrimônio.* Fonte: *Town and Country Planning Association.*

FIG. 31: *(abaixo) A Alameda (o Mall), cidade-jardim de Welwyn. Louis de Soissons traz a formalidade clássica e o bom gosto georgiano para a segunda cidade-jardim.* Fonte: *Town and Country Planning Association.*

A CIDADE NO JARDIM
a solução cidade-jardim

associação, embora no final tenha sido arranjada uma fusão[97]. Mas mesmo Welwyn era duvidosa, pois, como apontou Michael Hebbert, "tinha sido urbanizada e vendida na primeira década como uma cidade-dormitório de classe média, e seus valores defendidos de um modo não previsto por Ebenezer Howard envolvendo a segregação das fábricas e casas alugadas por semana do outro lado dos trilhos do trem"[98]. Quando, no fim dos anos de 1920, Abercrombie foi nomeado para avaliar a factibilidade de Wythenshawe e Parker foi nomeado o arquiteto responsável, a associação se referia a ela condescendentemente como uma "semi-cidade-jardim", o que de fato era[99].

Em 1919, a associação adotou uma definição cuidadosamente restritiva da "coisa propriamente dita"; no ano seguinte, atrapalhados com a compra unilateral feita por Howard, então com 69 anos, de uma enorme extensão de terra em Welwyn, sem o dinheiro para o pagamento, eles o socorreram e começaram ali uma segunda cidade-jardim[100]. Projetada por Louis de Soissons no estilo neogeorgiano, que por essa época varrera de cena o neovernacular de Unwin-Parker – do qual o próprio Unwin desertara –, Welwyn é muito mais formal do que Letchworth ou Hampstead, sobretudo por sua enorme alameda central, no estilo Lutyens, de cerca de 1,5 km de comprimento: espécie de "Garden City Beautiful". Mas a arquitetura mostra como o neogeorgiano pode ser ótimo quando cai nas mãos certas, e ele, de fato, tem sido lindamente cuidado; um belo embuste, talvez, visto que, ao contrário do que aconteceu em Letchworth, esse estilo logo se tornou popular entre os usuários classe média, da interligação com o centro. A verdade, por mais herético que seja proclamá-la, é que Welwyn é local muito mais atraente do que Letchworth.

O Movimento Cidade-Jardim Entre as Duas Guerras

Entrementes, em 1918 e 1919, o movimento havia enfrentado uma dupla crise. Em 1912, Unwin já havia cometido o que para muitos foi a grande apostasia: em palestra realizada na Universidade de Manchester, recomendara a construção de "cidades-satélites" próximas dos centros maiores, subúrbios-jardim dependentes da cidade para a obtenção de empregos. Em 1918, guindado a uma posição ímpar de poder, como membro-chave do Comitê Tudor Walters, fez constar essa recomendação da prescrição oficial para o programa de habitação pública do pós-guerra, que, no ano seguinte, recebeu a bênção legislativa com a Lei Addison; as consequências acham-se detalhadas no capítulo 3. O resultado foi que de um milhão, ou quase, das moradias populares subsidiadas pelos cofres públicos entre as duas guerras, nenhuma – exceto umas poucas em Letchworth e Welwyn – foi construída obedecendo à forma de uma genuína cidade-jardim, o que constituiu um golpe para a associação que lutava simultaneamente por um programa vastamente difundido de habitação pública e por cidades-jardim. O próprio Howard não tinha nenhuma confiança na capacidade do Estado em realizar a tarefa, nem provavelmente qualquer tendência ideológica que justificasse tal confiança; como disse a seu fiel seguidor Frederic Osborn (1885-1978), em 1919: "Meu caro rapaz, se você esperar pelo governo para fazer isso, antes de começar estará velho como Matusalém."[101]

Houve outro golpe: as sociedades cooperativas simplesmente desapareceram. Quando o programa de habitação emergencial foi abandonado em 1921, ele havia feito uma contribuição insignificante: menos de 2%. Um funcionário público escreveu uma nota ao Ministro da Saúde em fevereiro de 1922: "Essas sociedades atuaram pateticamente no sentido de ajudar na habitação." *Sir* Arthur Robinson, secretário permanente no Ministério da Saúde de 1920 a 1935, pôde observar a atuação das sociedades de utilidade pública de perto, e não ficou impressionado. Dez anos de experiência, ele comentou, mostraram que *elas eram organismos nem eficientes nem fáceis de lidar*, uma vez que seus membros não eram normalmente homens de negócios. Ele considerou, portanto, que elas tiveram apenas uma contribuição muito pequena a oferecer ao preço de muita inconveniência. Isso parece resumir a realização das sociedades de utilidade pública desde o final da guerra: elas construíram muito poucas casas e alienaram os altos funcionários públicos no Ministério da Saúde[102].

Assim, Howard conseguiu Welwyn com seus métodos próprios e pouco ortodoxos, o campo recebeu cidades-satélites, a coparceria ideal colapsou, e a causa da construção em larga escala da "nova cidade" na Grã-Bretanha sofreu um atraso de trinta anos. Atraso quiçá inevitável: as objeções políticas à remoção em ampla escala dos moradores do cortiço urbano para o campo, aliadas à ameaça de substanciais dilatações de limites, devem ter sido enormes, como aliás fartamente o demonstraram as dificuldades enfrentadas pelo LCC ao planejar seus conjuntos-satélites e por Manchester em Whytenshawe.

Em parte, o problema devia-se a uma absoluta falta de imaginação. Alguns dos chamados satélites – sobretudo os do LCC de Becontree, no Essex – eram imensos, excedendo em muito a meta planejada por Howard, de 30 mil habitantes, e igualando-se a uma cidade inglesa de porte médio. E ficavam distantes

A CIDADE NO JARDIM
a solução cidade-jardim

da autoridade urbana genitora. Mas faltavam-lhes as indústrias necessárias à autossuficiência – embora, depois de 1928, Becontree, inesperadamente bafejada pela sorte, tivesse ganho a fábrica Ford Dagenham – e sequer dispunham de sistemas decentes de transporte coletivo. Com bastante frequência, também eram um fiasco como projeto. As casas, bastante dignas, obedeciam aos padrões estipulados pelos livros de Unwin; elas, e os esquemas que as abrangiam, eram de uma total insipidez.

Os satélites interioranos constituíram exceções parciais. E Wythenshawe, projetado por Barry Parker para Manchester em 1930, é realmente um dos que resistem. Sua história inicial foi tortuosa. Abercrombie, escolhido como consultor, recomendara que o município adquirisse uma propriedade de 4.500 acres (1.821 ha); em 1926, metade dela foi comprada. Na consulta pública, Unwin foi o inspetor; ele recomendou seu antigo parceiro Parker como consultor[103]. Em 1927, a cidade encarregou Parker de elaborar um projeto. Em um enorme espaço de 5.500 acres (2.225 ha), ele teve carta branca para projetar uma verdadeira cidade nova. Seguiu-se uma batalha ingente pela incorporação da área por Manchester, vencida pelo município no Parlamento, em 1931; em vão se tentou conseguir uma ordem para comprar a metade restante. Em 1938, com mais de 7 mil casas da companhia e perto de setecentas particulares, Wythenshawe já estava maior do que Letchworth ou Welwyn, e estava apenas em um terço do caminho rumo à meta planejada de 107 mil habitantes[104]. O próprio Parker descreveu-a, em 1945, como "no momento, o mais perfeito exemplo de cidade-jardim"[105]. Mas não tenham dúvidas, o exemplo é bastante imperfeito. A cifra populacional era três vezes maior que a recomendada por Howard, embora próxima da encontrada nas maiores cidades novas pós-Segunda Guerra Mundial. Embora a terra tivesse sido comprada a preços quase rurais, ficava separada da cidade apenas por um cinturão verde de mil acres (404 ha), com 804 m de largura, ao longo do rio Mersey. Embora uma grande área industrial tivesse sido planejada – como em Letchworth, ao longo de uma ferrovia que corta a área em duas –, essa não tinha capacidade de fornecer emprego para todos os habitantes; sendo necessário um serviço subsidiado de ônibus expressos até a cidade.

Seu feito notável consiste em ter introduzido três princípios do planejamento norte-americano, extraídos diretamente por Parker da região de Nova York que ele visitara em 1925[106]. O primeiro deles é o princípio da unidade de vizinhança, cujas origens deverão ser discutidas logo mais neste capítulo. O segundo é o princípio do traçado Radburn, que Clarence Stein e Henry Wright desenvolveram em seu plano para a cidade-jardim do mesmo nome, em 1928, a ser também descrito mais adiante neste capítulo, e que ambos haviam discutido anteriormente com ele, já em 1924[107]. O terceiro é o princípio da *parkway* que Parker – em visita a Nova York com Unwin e Howard em 1925 pela Federação Internacional para a Conferência de Planejamento Urbano e Cidade-Jardim, ficando como hóspedes da Associação de Planejamento Regional da América[108] – havia observado no condado de Westchester, mas que agora empregava de maneira absolutamente original.

As primeiras rodovias arborizadas de Nova York – a Bronx River Parkway de 1914, e os exemplos desenvolvidos por Robert Moses como parte de seus projetos para parques de recreio da década de 1920 – eram rodovias de acesso limitado, projetadas somente para o tráfego de automóveis particulares e cujo tratamento paisagístico deliberadamente buscava propiciar uma experiência recreacional[109]. Em Wythenshawe, a genialidade de Parker combinou-as com outra tradição norte-americana mais antiga de estrada ajardinada, concebida por Frederick Law Olmsted e amplamente utilizada pelos planejadores filiados à tradição City Beautiful no início do século, ou seja, a ideia de *parkways* como vias de acesso a áreas residenciais, ligadas aos parques públicos[110] – ideia que fora experimentalmente utilizada na Grã-Bretanha por Soissons, em Welwyn, e pelo arquiteto-paisagista T.H. Mawson ao redor do Stanley Park, em Blackpool, na década de 1920 – para fornecer o elemento essencial do plano de circulação para toda uma cidade-jardim[111]. Tencionava ele, desse modo, evitar um dos principais defeitos de planejamento ocorridos na década de 1930, tão evidente ao redor de Londres, a urbanização por faixas ao longo das novas artérias viárias. Em Wythenshawe, explicou,

> essas estradas [...] situar-se-ão em tiras de parques e não serão estradas de incremento urbano. Foram planejadas para circundarem parques já existentes, futuras áreas de lazer, campos de jogos pertencentes a escolas, matas nativas, bosques e capoeiras, campos de golfe devidamente demarcados, margens de rios e tudo quanto venha a realçar-lhes o encanto e impeli-las para as grandes extensões interioranas ainda não construídas[112].

Essas estradas, argumentava, deveriam propriamente chamar-se, na terminologia norte-americana, *freeways* e não *parkways*, visto que não se destinavam exclusivamente à recreação e seriam usadas por todo tipo de veículos. (Aproximam-se, na verdade, do conceito de artérias viárias segregadas, como o nível mais alto num sistema de planejamento viário hierárquico, como enunciado por Alker Tripp, em 1938 e, a seguir, devidamente aproveitado por Abercrombie e Forshaw como elemento principal em seu Plano para o Condado de Londres de 1943.) Mas, concluída, a principal artéria norte-sul de Parker recebeu o

A CIDADE NO JARDIM
a solução cidade-jardim

FIG. 32: *Frederic Osborn. Primeiro lugar-tenente de Howard e, posteriormente, seu sucessor como chefe infatigável da campanha em prol das cidades-jardim; em seu jardim de Welwyn, aos oitenta anos, com a próxima polêmica pronta para o impressor.* Fonte: Town and Country Planning Association.

nome de Princess Parkway. Seu destino foi irônico: originariamente projetada com entroncamentos em nível que a ligavam ao sistema viário local, trinta anos mais tarde foi elevada para tornar-se uma rodovia por determinação dos planejadores de trânsito. Abordada a partir da cidade por um amontoado de vias de concreto, é agora uma *freeway* no sentido losangelino do termo, como vingança. A outra *parkway* planejada, inexplicavelmente, foi abandonada na metade, e a tira de parque ficou vagando, desligada do nascedouro.

Na verdade, Manchester não se portou generosamente com sua obra-prima. Concluído com muito atraso, seu centro comercial ostenta o desleixo modernoso típico dos anos de 1960; alguns dos prédios de apartamentos construídos no pós-guerra são verdadeiras monstruosidades. A segunda e a terceira geração de ocupantes não trataram o lugar com o mesmo carinho dos primeiros moradores; sobram as marcas, excessivamente evidentes para os que gostariam de acreditar que ambientes civilizados geram comportamentos civilizados, de pichações, de vandalismos, de pequenos crimes. O lugar parece um sapato velho e gasto naquele estilo bem inglês, como se a cidade ali tivesse entregue os pontos; parece claramente um parente pobre do florescente centro urbano. Mas a despeito de seus melhores esforços, não conseguiu obliterar inteiramente Parker. Situado exatamente no centro, o imenso espaço verde de Wythenshawe Park quase vira do avesso o conceito de cinturão verde; esta é uma cidade de coração verde. As casas, que inserem habilmente motivos georgianos no vernacular de Letchworth, acham-se inteligentemente agrupadas em torno de múltiplos e pequenos espaços verdes. Malgrado toda a sua atual deterioração, ela bem merece o título de terceira cidade-jardim.

Enquanto isso, os fiéis continuavam na luta. Chamberlain, que enquanto esteve no gabinete sempre foi um amigo das cidades-jardim, conseguiu que subsídios governamentais se transformassem em lei em 1921, 1925 e – dada a oposição do Tesouro – em 1932[113]. Mas os resultados não foram muito bons. Em 1930, o secretário permanente do Ministério da Saúde, *sir* Arthur Robinson, confessava abertamente que "apesar de, no início, ter defendido as chamadas cidades-jardim, fui, com o tempo, modificando minha opinião sobre elas – são ótimas na teoria, mas, na prática, ao que parece, não funcionam. Uma cidade-satélite, tal como propriamente a chamam, é muito melhor como método de abordagem [...] Mas é exatamente a cidade-satélite que está sendo produzida por vários dos grandes esquemas habitacionais geridos pelas autoridades locais e a tendência do progresso é favorecê-la"[114]. E tão logo Chamberlain conseguiu criar a Comissão Barlow, Unwin, dando especial relevo ao fato, em 1938, pôde argumentar que a grande contribuição de Howard fora o subúrbio-jardim, não a cidade-jardim; urbanizações sob forma de satélites constituiriam proteção suficiente contra a incessante expansão de Londres[115].

Vãs foram as invectivas de Osborn ante as consequências: "Construir conjuntos de sobrados nos arrabaldes dá às pessoas bons ambientes imediatos, mas também lhes impõe uma carga intolerável de viagens, que custam dinheiro, energia e tempo de lazer. Além do mais, separa Londres como um todo dos campos de jogos e do campo aberto."[116] A única saída para a situação, argumentava ele em 1938, era constituir uma Comissão para o Planejamento Regional de Londres com poderes de organizar juntas executivas encarregadas de construir novas cidades ou expandir as existentes, bem como de descentralizar a indústria e o comércio dentro de uma região ampliada[117]. Contra esse ponto de vista, poder-se-ia, evidentemente, argumentar que Londres era especial; para as cidades provincianas, imensamente menores, satélites – como Wythenshawe, de Manchester, ou Speke, de Liverpool – eram perfeitamente aceitáveis. Mas Osborn não admitiria nada disso: "O destino de Londres pode compelir à ação os responsáveis pelas grandes

A CIDADE NO JARDIM
a solução cidade-jardim

cidades e conglomerados urbanos do norte e do interior do país [...] o que aos londrinos hoje cabe suportar, cumprirá à Inglaterra suportar amanhã."[118] O estabelecimento da Comissão Barlow – um dos primeiros atos de Neville Chamberlain como primeiro-ministro – propiciou a Osborn, enfim, a grande oportunidade, e ele não a deixou escapar. Conforme confessou, sem qualquer pejo, a Lewis Mumford, tudo o que fez foi reformular para Abercrombie alguns dos parágrafos-chave do relatório da maioria, de 1940, e o relatório do próprio Abercrombie da minoria, os quais recomendavam um controle total sobre a implantação industrial e o texto finalmente – em 1945 – foi transformado em lei[119]. Após anos de perambulação pela selva política, os amigos da cidade-jardim estavam, enfim, próximos da realização.

A Cidade-Jardim na Europa

Para além das águas, em pleno território europeu, não tardou que o conceito de cidade-jardim também sofresse total diluição ou, como diriam os fiéis, total tradução. Conforme mostrou Stephen Ward, naqueles anos, ideias de planejamento estavam sendo furiosamente intercambiadas entre os países: A Grã-Bretanha foi à Alemanha em busca de expansão de cidades, zoneamento e desenhos urbanos orgânicos; os alemães admiravam a habitação britânica e acima de tudo a cidade-jardim; os franceses tomaram emprestado o zoneamento alemão e a cidade-jardim britânica; mas ao longo do processo a ideia tornou-se sutilmente transfigurada[120]. Um dos problemas era que cada um dos diferentes países tinha seu próprio advogado da cidade-jardim, que podia – e algumas vezes assim fez – alegar que pensara toda a ideia independentemente. Na medida em que essas pretensões jamais puderam ser resolvidas, todos o fizeram; seja como for, seus conceitos divergiam dos de Howard de forma sutil, mas significativa.

O primeiro, pela ordem, foi, não há dúvida, o engenheiro espanhol Arturo Soria y Mata (1844-1920), que expôs seu conceito de *La Ciudad Lineal* num artigo de revista de 1882, desenvolvendo-o num projeto detalhado em 1892. Seu ponto essencial era que um sistema de linhas de bonde ou veículo leve sobre trilhos, saindo de uma grande cidade, poderia oferecer uma extraordinária acessibilidade linear, o que iria permitir o desenvolvimento de uma cidade-jardim linear planejada: "A Cada Familia, Una Casa, En Cada Casa Una Huerta y Un Jardin", dizia um anúncio[121]. Mas a cidade linear nunca passou de um subúrbio-dormitório urbanizado segundo as leis da especulação comercial. Iniciado em 1894 e concluído em 1904, o primeiro segmento dos 48 km da cidade planejada estendeu-se por 5 km, circunferente, entre as duas mais importantes rodovias radiais a leste de Madri; de cada um dos lados de um eixo principal de 40 m de largura, aberto ao tráfego de bondes (inicialmente de tração animal; eletrificados apenas em 1909), implantaram-se *villas* em superquadras de aproximadamente 200 m da frente aos fundos por 80 ou 100 de frente[122]. Isso foi tudo o que se construiu, e em 1934, a Compañia Madrileña de Urbanización encerrou as atividades[123]. Após a Segunda Guerra Mundial, o estupendo crescimento da cidade quase enterrou a cidade linear; vindos do aeroporto, os viajantes passam por baixo dela e nem percebem. Os suficientemente curiosos para tomarem um desvio, ainda a irão encontrar, reconhecível, com o metrô no lugar dos bondes; uma das estações recebeu, em sinal de consideração, o nome de Arturo Soria. Algumas das primeiras *villas* também ainda estão de pé; mas, uma a uma, vão sendo substituídas por blocos de apartamentos e, dentro em breve, a cidade linear será apenas uma lembrança. Soria alimentava sonhos mais grandiosos de implantar cidades lineares por toda a Europa, o que, em 1928, após sua morte, inspirou a formação de uma Association Internationale des Cités Linéaires, cujo cérebro foi o influente planejador francês Georges Benoît-Lévy; ecos de seu sistema podem ser detectados nos desurbanistas russos dos anos de 1920 e no pensamento de Le Corbusier dos anos de 1930, onde os encontraremos mais tarde.

O Howard francês foi Tony Garnier, um arquiteto de Lyon, cuja obra *Cité Industrielle* foi apresentada pela primeira vez como um trabalho escolar, rejeitado pelos examinadores, na Escola de Belas Artes de Paris em 1899-1900, e exibida pela primeira vez em 1904, tendo a versão que conhecemos agora sido revisada em 1917[124]. Garnier foi uma figura estranhamente isolada, mesmo na sua França natal: trabalhando em um comitê de política, o único livro estrangeiro que podia mencionar era um escrito por um belga; ele recomendou ao prefeito, Edouard Herriot, que lesse Camillo Sitte em 1918, dezesseis anos depois de sua tradução francesa ter sido publicada[125]. Se existe uma filiação intelectual, essa é o pensamento regional francês de Le Play e da escola francesa de geografia, com sua ênfase antimetropolitana no desenvolvimento de uma vigorosa cultura artesanal de província; é anarquista na sua ênfase à propriedade comum e sua rejeição de símbolos da repressão burguesa, tais como delegacias de polícia, tribunais, prisões ou igrejas, e seu vasto edifício central, onde podiam reunir-se 3 mil cidadãos[126]. Mais estranho que tudo, então, é que Garnier fizesse sua cidade depender economicamente de um único e enorme complexo metalúrgico (tendo em vista que soluções econômicas têm vida curta) e que o projeto

A CIDADE NO JARDIM
a solução cidade-jardim

físico fosse dominado por possantes bulevares axiais e pelo assentamento habitacional sobre reticulados retangulares: um tanto, segundo observou Reyner Banham, à maneira de Camillo Sitte, só que sem as sinuosidades[127]. A sua era uma visão de arquiteto, mais utópica que a de Howard, e nunca foi construída[128].

Se Garnier é um amontoado de peças díspares, seu equivalente germânico é ainda mais estranho. Theodor Fritsch publicou seu *Die Stadt der Zukunft (A Cidade do Futuro)* dois anos antes da obra de Howard, em 1896; sua obsessão era de que Howard lhe roubara as ideias, embora pareça evidente que as ideias de Howard se tenham desenvolvido independentemente antes dessa data.[129] Na verdade, em termos puramente físicos, existem similaridades entre a cidade-jardim e a cidade do futuro: a forma circular, a divisão entre os usos do solo, a clareira central, o cinturão verde circundante, o casario baixo, a indústria na periferia, a propriedade comunal da terra. Mas esses elementos repetem-se em outros projetos ideais, inclusive no de Buckingham, ao qual Howard se refere especificamente. E a cidade de Fritsch, "eine Mischung von Grossstadt und Gardenstadt" ("mistura de cidade grande e cidade-jardim"), carece da função específica de descentralização urbana, ponto fundamental para o pensamento de Howard; ela, ao que parece, teria sido muito maior, com até um milhão de habitantes[130]. E, mais importante que tudo, a ideologia subjacente é totalmente distinta: fanático propagandista do racismo, Fritsch projeta uma cidade onde cada indivíduo sabe, de imediato, qual o seu lugar dentro de uma ordem social rígida e segregacionista[131]. De modo geral, toda e qualquer semelhança entre Fritsch e Howard não passa de aparência superficial; e, como ficou visto, Howard não deu a mínima importância ao fato. Fritsch permaneceu um "pregador bradando no deserto"; A versão de Fritsch da cidade-jardim foi amplamente ignorada pela Deutsche Gartenstadtgesellschaft (DGG; Associação Alemã da Cidade-Jardim), fundada em 1902. Howard foi honrado como o único inventor da cidade-jardim, mesmo na Alemanha. Pois a DGG tinha uma visão social reformista da cidade-jardim. Por sua vez, Fritsch nunca mencionou a existência de Letchworth, Welwyn, ou de qualquer dos subúrbios-jardim da Alemanha, como Hellerau ou Margarethenhöhe: "Fritsch ignorou o DGG, acusou Howard de plágio e escreveu mais tarde que ele era provavelmente um judeu."[132]

Em breve, foram as ideias de Howard que – para tristeza de Fritsch – cruzaram as águas e foram influenciar o pensamento da Europa continental; onde, aliás, quase em seguida, passaram a ser erroneamente interpretadas. Uma das primeiras interpretações das ideias de Howard, *Le Cité-Jardin*, de autoria de Georges Benoît-Lévy, conseguiu estabelecer uma confusão elementar entre cidade-jardim e subúrbio-jardim, confusão da qual os urbanistas franceses jamais puderam, daí em diante, desvencilhar-se[133]. Ou talvez pensassem que o evangelho howardiano em estado puro não funcionaria para o francês, esse ser incuravelmente urbano.

Henri Sellier foi a pessoa que fez acontecer. Originalmente um sindicalista da área comercial, em seguida um ativo socialista local e político nacional[134], defendia a ideia de que o trabalhador braçal comum deveria se acostumar com os padrões burgueses de respeitabilidade e conforto, apoiando desse modo a emergência de uma nova classe média[135]. Como diretor do Office Public des Habitations à Bon Marché du Département de La Seine, projetou dezesseis *cités-jardins* ao redor de Paris, entre 1916 e 1939, e certamente percebeu que sua interpretação se afastava do Howard puro, sendo uma variante da Hampstead de Unwin; foi a Unwin, aliás, que ele visitou na Inglaterra em 1919, levando consigo seus arquitetos, e foi o texto de Unwin que ele usou como base para projeto[136].

Alguns aspectos-chave da receita de Unwin foram aproveitados, embora traduzidos em termos franceses: tamanho reduzido, entre mil e 5.500 unidades; terra comprada nos arrabaldes da cidade a preços rurais baixos; densidades baixas em relação a Paris, 95-150 pessoas por hectare (40-60 por acre), e grande quantidade de espaços livres. Posteriormente, o aumento do preço das terras e das casas, mais o crescimento populacional, acarretaram modificações: mais e mais blocos de cinco andares foram incluídos; as densidades subiram para 200 ou 260 por hectare (80-105 por acre), embora ainda com generosa disponibilidade de espaços livres e serviços sociais[137]. Visitado hoje, um exemplo típico como o de Suresnes – a 9,6 km do centro de Paris, e a apenas 1,6 km do Bois de Boulogne, a cidade da qual Sellier foi prefeito durante virtualmente todo o período entre as duas guerras – não passa de algo semelhante a um esquema de bloco de apartamentos do mesmo período, projetado pelo LCC na área central de Londres: até que não se desloque para alguma rua periférica, o nome de Unwin não será, de certo, o primeiro que há de aflorar à mente[138]. E na década de 1930, à medida que aumentava ainda mais a proporção dos blocos de apartamentos e que os arquitetos aderiam ao movimento modernista, como em Le Plessis-Robison nos subúrbios do sul, a divergência fez-se total.

Na Alemanha eles fizeram melhor. Em 1902, um agente de vendas em visita à Inglaterra, Heinrich Krebs, ao voltar para casa levou consigo o livro de Howard, fez com que o traduzissem, pronunciou uma conferência e deu início a um equivalente germânico da Garden City Association. A resposta foi entusiástica: é difícil de acreditar, mas a verdade é que os industriais alemães julgaram que o movimento cidade-jardim ajudava a explicar o porquê

A CIDADE NO JARDIM
a solução cidade-jardim

das boas relações trabalhistas dentro da indústria britânica[139]. E essa era, sem dúvida, uma preocupação de certo modo obsessiva para eles.

Antes da Primeira Grande Guerra, sua mais alta expressão foi a vila jardim de Margarethenhöhe, implantada nas imediações de Essen, na Ruhrgebiet (Vale do Ruhr), pela família Krupp em 1912, como a mais recente realização dentro de uma extensa linha de condomínios residenciais industriais que remontava aos idos de 1863. Ela servia aos trabalhadores da Krupp, incluindo quatro mil trabalhadores administrativos no tempo da fundação, mas não exclusivamente: em 1913, menos da metade dos inquilinos eram "kruppianos"[140]. Pequena, com apenas 5.300 habitantes pelos fins da década de 1930, fisicamente, Margarethenhöhe é uma New Earswick transplantada. Seu arquiteto, Georg Metzendorf, seguiu fielmente a tradição Unwin-Parker, a fim de criar uma pequena cidade mágica, separada da cidade por um minicinturão verde de bosques, com seu portal de entrada, sua praça central de mercado, sua taberna de aspecto medieval, suas ruas estreitas e curvas de onde o tráfego direto foi totalmente excluído. Assim, ironicamente, dentro da linha unwiniana, ela supera o próprio Unwin; é uma autêntica Rotemburgo do século XX. Talvez tenha sido necessário um arquiteto alemão, em atividade num ambiente alemão, com um planejador alemão do mais alto nível – Metzendorf trabalhara junto com o arquiteto municipal de Essen,

FIG. 33: *Margarethenhöhe. O brilhante exercício de George Metzendorf, dentro da tradição Sitte, para a família Krupp, arredores de Essen: a própria essência do paternalismo industrial alemão.* Fonte: *Historisches Archiv Krupp, Essen.*

Robert Schmidt – para levar a cabo a tarefa que Unwin com tanto empenho se propusera. Se serviu ou não aos propósitos de Krupp, isso já é outra questão: ao arrebanhar seus trabalhadores em sua própria cidade, só conseguiu, ao que parece, aumentar-lhes a consciência de classe[141].

O *Gartenstadtbewegung* (movimento cidade-jardim), contudo, mirava mais alto: queria uma Letchworth alemã, como disse seu líder Hans Kampffmeyer em 1908[142]. Nunca o conseguiu, embora tenha chegado perto. A cidade-jardim implantada em Hellerau, a 8 quilômetros de Dresden, era – como Margarethenhöhe – essencialmente um subúrbio-jardim situado no ponto final de uma linha de bondes. Mas, como Letchworth em sua impetuosidade dos primeiros anos, tanto Hellerau quanto o movimento no seu todo estavam profundamente imbuídos dos princípios do *Lebensreform* (Movimento de Reforma da Vida): não só a moradia, mas a alimentação, o vestuário e o estilo de vida em geral deviam simplificar-se e despojar-se da impureza oitocentista. Hellerau abrigava as Deutsche Werkstätte für Handbaukunst (Oficinas Alemãs de Artesanato) e até mesmo uma Sociedade de Rítmica Aplicada.

O peregrino de hoje, ao visitá-la, entra numa aberração temporal. Hellerau fica isolada da cidade, em pleno campo de urzes que lhe serve de cinturão verde natural, mas que anteriormente servira como campo de treinamento do Exército Vermelho, pontuando aquela paz arcádica com lúgubres explosões. Agora existe calma de novo, como devia ser. O governo da RDA (República Democrática Alemã) não possuía recursos para fazer muito por ela, deixando-a encantadoramente decadente; desde a reunificação houve um aporte de dinheiro para restaurá-la como monumento nacional, que ela certamente é. Enfileiradas e semi-isoladas, as casas de Heinrich Tressenow, inteiramente fiéis à tradição Unwin-Parker, carregam garbosamente a idade. Há até um esquema para pedestres no estilo Radburn que antecipa em duas décadas o autêntico. Por ele se chega à *Werkstätte,* durante muito tempo uma empresa do povo, agora de volta ao seu gerenciamento original. A praça do mercado, lembrança de Margarethenhöhe – que, seguramente, Tressenow deve ter visitado –, consegue realizar aquilo que Unwin e Parker deveriam ter feito em Letchworth e Hampstead, mas inexplicavelmente jamais fizeram. É uma pequena joia anômala.

Nisso consiste o que poderíamos chamar de ala esquerda do movimento cidade-jardim alemão; mas existe sempre, também, um outro lado, que, com o passar do tempo, fez-se mais e mais insistente. Nascido do medo à cidade-gigante, falava do declínio da raça nas grandes cidades e da necessidade de recolonizar o campo decadente, em especial nas fronteiras da ocupação alemã, junto à Europa eslava. Já na metade da Primeira Grande Guerra,

A CIDADE NO JARDIM
a solução cidade-jardim

ominosamente, o termo *Lebensraum* estava em uso, ele implicava na remoção de populações consideradas perigosas para o "caráter nacional"[143]. Na década de 1920, esses temas tornaram-se um elemento poderoso do pensamento nazista.

Mas, na época, o assunto ainda permanecia nos domínios da especulação intelectual. No mundo real, imediatamente após a Primeira Grande Guerra, a realidade assemelhava-se à da Grã-Bretanha: temia-se a revolução. E talvez na Alemanha esse temor fosse bem mais justificado. Em Frankfurt, como em outros lugares, um Conselho de Operários e Soldados dominou a política durante um ano, após o armistício de 1918. Quando finalmente os social-democratas chegaram ao poder no município, sua estratégia, durante a administração do prefeito Ludwig Landmann (1924-1933), consistiu em restaurar a paz social mediante um implícito pacto social entre capital e trabalho: tema que se iria repetir na criação da *Wohlfahrtsgesellschaft* (Sociedade do Bem-Estar) após a Segunda Guerra Mundial. O distrito central comercial de Frankfurt devia ser preservado e desenvolvido como centro financeiro de proa da Alemanha, as ribanceiras do Meno deviam ser urbanizadas para a implantação de uma indústria de alta tecnologia. Mas, a fim de satisfazer às exigências do setor trabalhista, o município iria igualmente embarcar num intenso programa habitacional.

Landmann atraiu o arquiteto-urbanista Ernst May, que ganhara considerável reputação com seus projetos para a cidade de Breslau (Vroclávia). Graças aos avançados programas do famoso prefeito Franz Adickes, que administrara Frankfurt antes da guerra, o município comprara enormes extensões de terra a preços rurais ínfimos nos campos circunvizinhos[144]. Assim, ao chegar, em 1925, May teve tudo de que necessitava para desenvolver um projeto urbanístico fantasticamente inovador.

Como Sellier em Paris, May foi profundamente influenciado pelo movimento cidade-jardim; trabalhara com Unwin, em 1910, tanto em Letchworth quanto em Hampstead; e mantinha estreito contato com ele. Seu conceito era, na origem, o da pura cidade-jardim, com novas cidades distantes de 20 a 30 km, e separadas da cidade original por um largo cinturão verde. Quando o projeto provou ser politicamente inviável, May recuou para uma concessão: a urbanização sob forma de cidades-satélites (*Trabantenstädte*), separadas da cidade apenas por um estreito cinturão verde, ou "parque do povo", e dela dependentes para empregos e tudo o mais, salvo necessidades imediatas de compra local, e, por conseguinte, a ela ligadas pelo transporte coletivo[145]. Essas cidades-satélites, porém, deviam ser urbanizadas pelo município dentro de uma política pública de habitação, a comparação cabível é com o programa habitacional britânico posterior à lei de 1919 (capítulo 3), e não com as primeiras cidades-jardim e os primeiros subúrbios-jardim surgidos na Inglaterra.

Também sob outro importante aspecto, May se distanciou completamente de Unwin e, de fato, da tradição inglesa dos anos de 1920: seus satélites deviam ser projetados intransigentemente como arquitetura moderna, em forma de longas fileiras de casas com cobertura plana e ajardinada, onde as pessoas pudessem tomar seu café da manhã, seu banho de sol e plantar. Mas a diferença é perfunctória: com sua insistência em construir casas unifamiliares com jardim, cuidadosamente alinhadas em relação à luz do sol, May provou ser um aluno competente de seu mestre. De fato, ele discordou de Walter Gropius, seu colega alemão membro do CIAM, em um congresso em 1929 em Frankfurt: Gropius era favorável a construções altas de dez andares com estrutura de aço, May preferia edifícios baixos de três ou quatro andares de concreto pré-fabricado e tijolos[146].

O programa, no conjunto, não era extenso: 15 mil casas, embora essa cifra constituísse quase o total das casas construídas no município nesse período, entre 1925 e 1933. O mandato de May durou apenas cinco anos, mas, durante esse tempo, seu programa apelidado "Nova Frankfurt" realojou mais de 10% da população da cidade, em torno de 60 mil pessoas em 15 mil unidades habitacionais e 14 novos assentamentos. Em toda a Europa, apenas Berlim construiu mais. Mas o projeto jamais foi concluído de acordo com o planejado; o dinheiro acabou e as sedes comunitárias – eco, talvez, de Unwin – nunca chegaram a ser terminadas. Os esquemas individuais, apesar da fama desfrutada na época e subsequentemente, eram minúsculos, distribuindo-se, muitos deles, de forma não memorável, em pequenos lotes ao redor da cidade; apenas uns poucos, enfileirados ao longo do vale do rio Nidda, a noroeste do município, representam os satélites clássicos, e mesmo esses são surpreendentemente pequenos: 1.441 moradias em Praunheim, 1.200 em Römerstadt[147]. O que os tornou dignos de nota foi a disposição das casas em compridas fileiras ao longo do rio, a localização das escolas e *Kindergarten* (Jardins de Infância) na baixada, e o aproveitamento do vale como um cinturão verde natural entre a cidade e o anel de novos assentamentos, onde se acham concentrados todos os tipos de serviços: lotes para hortas, campos esportivos, canteiros de flores para comércio, escolas de jardinagem para jovens e talvez até mesmo um espaço para feiras[148]. Aqui May trabalhou com Max Bromme, que tinha procurado preservar o vale como um parque. A grande bacia central tornou-se o local de recreação, esporte e educação ao ar livre:

> Com suas vastas pradarias, cercadas de florestas e casas enfileiradas, quadras
> esportivas e hortas, o vale do rio Nidda tornou-se o reino do grande lazer

A CIDADE NO JARDIM
a solução cidade-jardim

na zona noroeste do assentamento. Jardins botânicos e jardins-escola substituíram jardins formais e novos tipos de instalações de lazer abundavam: piscinas rasas e tanques de areia para as crianças, e piscinas, ginásios, solários, vestiários e bosques espalhados com redes para os adultos. As famílias da classe trabalhadora que não podiam se permitir a viagem para a praia agora só tinham que olhar para o seu próprio quintal.[149]

Römerstadt, praticamente concluída em apenas um ano (1928), era a quinta-essência na qual May buscava recapturar o idílio de Hampstead Garden Suburb, que ele experimentara ao permanecer ali dois anos no escritório de Raymond Unwin (1910-1911)[150]. Ela tinha baixa densidade, predominância de casas unifamiliares geminadas em sequência (*row* ou *terraced houses*, compreendendo mais da metade do total de 1.220 unidades), lotes de jardim para todos, e uma generosa concessão de área para ruas e passeios de pedestre. O plano original de 1927 também tinha extensas instalações comunitárias: duas escolas, uma creche, lojas, um armazém cooperativo, um centro comunitário, uma igreja, uma casa de hóspedes, uma lavanderia comunal, um teatro, um telégrafo, e um clube da juventude, a maioria dos quais foi cortada em 1928, mas ele ainda assim permaneceu o mais completo e generosamente equipado dos assentamentos de Frankfurt[151].

O conde Henry Kessler levou o escultor francês Aristide Maillol para uma excursão ao estádio de Frankfurt (Waldstadium, hoje Commerzbank-Arena) em junho de 1930; olhando para os corpos nus ele comentou: "As pessoas realmente gostam de *viver* no sentido de aproveitar a luz, a felicidade e a saúde dos seus corpos. Isso não se restringe a um círculo pequeno e exclusivo, mas é um movimento de massa que mexe com toda a juventude alemã."[152] E aqui está a essência. Uma peça publicitária (e havia muitas) mostra um casal jovem aproveitando a liberdade de estar ao ar livre no teto jardim de uma das novas casas; ela é o arquétipo da "nova mulher": cabelo curto, roupa folgada e saia curta[153]. Os assentamentos do vale do Nidda foram, pode-se dizer, projetados para ela e suas irmãs.

Depois da guerra, Frankfurt portou-se brutalmente com sua obra-prima em miniatura: duas rodovias urbanas agora rasgam o vale, e uma divide Römerstadt ao meio; os satélites foram literalmente tragados por uma cidade-satélite maior e totalmente amorfa, chamada – com adequada impessoalidade – Nordweststadt (cidade noroeste). Mas ainda, com os olhos da imaginação e com os da fé, pode-se sentir o que poderia ter sido, o que foi e o que ainda notavelmente é. Está quase inteiramente elitizada, com apenas 11% da classe trabalhadora para os quais foi projetada; mas acha-se lindamente conservada. Depois de mais de meio século, a vegetação amadureceu, transformando-a na cidade-jardim que May imaginou. Ao sol de verão, as linhas duras e nítidas das longas e compactas fileiras do casario cor creme ficam mascaradas, quase submersas, pelas árvores e flores; sobre o vale, a neblina azul-industrial completa o efeito fortuito de fazer com que a nova paisagem urbana de arranha-céus da cidade surja quase como um mundo mágico.

O que desapareceu foi o espírito. E esse agora fica difícil até de imaginar. May divergia sobre muitas coisas de outro grande planejador urbano da época de Weimar, o berlinense Martin Wagner, mas ambos partilhavam a crença numa nova parceria entre capital e trabalho, e numa reintegração do trabalho com a vida. Isso eles também tinham em comum com Howard e Unwin; mas com uma diferença absolutamente crucial. A linha May-Wagner era coletivista, divergindo drasticamente das fontes anárquico-cooperativistas da tradição Howard-Unwin: nas palavras do próprio May, seu objetivo era "a coletivização dos elementos da vida"[154]. Para May, uma área residencial bem planejada poderia complementar a busca da eficiência no local de trabalho e – citando novamente May – "os paralelepípedos uniformes dos teto-jardins simbolizam a ideia de uma vida coletiva dentro de um estilo uniforme, assim como a similaridade de forma dos favos da colmeia simbolizam as condições uniformes de vida de seus habitantes"[155].

Isso tudo soa tão perfeito como se fosse matéria-prima para uma tese marxista de doutoramento: o estado capitalista coopta o estado local num conluio a fim de assegurar a reprodução da força de trabalho. De qualquer modo, tanto Howard quanto Unwin teriam odiado isso; não é de admirar, talvez, que Unwin se tenha tornado francamente impopular ao investir sem tréguas contra a arquitetura moderna. E tampouco é de admirar, talvez, que, depois de Frankfurt, May tenha continuado a projetar cidades-modelo na União Soviética – nenhuma das quais, ironicamente, foi jamais construída de acordo com os planos iniciais, pois já naquele tempo o espírito de Stálin havia baixado na cidade soviética.

Mas Wagner foi significativamente mais longe – muito mais. Indicado planejador da cidade de Berlim em 1925, com a idade de trinta anos[156], e uma figura intelectual social-democrata da maior importância, em abril de 1931 ele deixou o partido, desiludido pela corrupção em torno de apoio para especulação de terras e privatização de organismos públicos. Ele escreveu incessantemente, preparando doze matérias de *Das Neue Berlin* em 1929, e então contribuiu com um livro em dois volumes não publicado, de mesmo título, em 1932[157]. Num alemão amiúde muito abstrato, ele argumentou por um novo estilo coletivo de arquitetura[158]. Em 1929 ele demandava:

A CIDADE NO JARDIM
a solução cidade-jardim

FIG. 34: *Römerstadt*.

a liderança com claros objetivos que possa prover uma direção abrangente de todas as forças numa tapeçaria cosmopolita. O diretor (*Regisseur*) da cidade mundial de Berlim está em falta. A ordenação, exigindo vontade dinástica, extinguiu-se. Hoje, a cidade mundial de Berlim não é governada por uma única democracia, mas por todo um sistema de democracias que carecem de liderança unificada e decisiva[159].

David Frisby, o analista do modernismo, comenta, "O posto de diretor ao qual Wagner se refere é, no mínimo, um sinistro reminiscente do líder carismático."[160]

Mais tarde, em 1932, ele fizera uma mudança radical, pedindo novas áreas urbanas para 50 mil pessoas em Brandemburgo, seus "cinquenta". Ele enfaticamente declarou que essas não seriam cidades-jardim, ao menos arquitetonicamente[161]: elas deviam ser "cidades-faixa (*Bandstädte*), cidades novas [construídas] de acordo com a ideia da máquina perfeita"[162]. Ele pedia um líder tecnocrático, livre da política, que fizesse isso acontecer:

Líder para a retaguarda! Líder para a linha de frente! Políticos e advogados para a área de descanso, engenheiros para o fronte! Isso deve acontecer e irá acontecer. [...] *Planejamento urbano é planejamento econômico*, e planejamento econômico só é possível se trabalharmos *com* a máquina mas não *contra* a máquina.[163]

Essas deviam ser comunidades orgânicas implantadas no campo. Mas Frisby educadamente comenta, "A retórica moral dirigida ao 'pecado contra o espírito sagrado da máquina' [...] e asserções (com referência à nova forma de vida nas novas cidades) que 'a nova forma cresce fora do orgânico' são difíceis de conciliar"[164].

Ele foi demitido pelos nazistas em 1933 e emigrou, primeiro para Istambul e então, em 1937, para Harvard, onde permaneceu até sua morte em 1957[165]. Lá, ele se uniu a seu companheiro emigrado, Walter Gropius, na promoção de um urbanismo modernista baseado no CIAM. No processo, de 1944 em diante "a cidade e seu futuro tornaram-se o tema de uma acirrada disputa entre Hudnut e Gropius, a qual finalmente intensificou-se numa batalha feroz" da qual Gropius e Wagner emergiram vencedores, exercendo um papel-chave na formação da paisagem norte-americana do pós-guerra[166]. Hudnut, no entanto, teve uma estranha vingança póstuma: em 1945, ele cunhou a expressão "pós-moderno" para se opor à obsessão modernista pela tecnologia, eficiência, economia e conveniência social e sua negligência das necessidades individuais, dos costumes locais, e das qualidades espirituais da forma[167].

Wagner, como May, estava coordenando um programa habitacional e urbanístico da máxima importância, embora em escala bem mais ampla. Sua grande divergência com May dizia respeito ao papel e, por conseguinte, ao caráter e à localização dos novos conjuntos. Wagner, de forma alguma, acreditava em satélites; seu ideal era a *Siedlung* (colônia) – o conceito e o termo foram originariamente desenvolvidos pelos barões do carvão e do ferro da Ruhrgebiet – em que as casas estavam agrupadas em torno de uma fábrica, sem por isso terem uma existência independente – ou sequer semi-independente do resto da cidade[168]. O exemplo ideal é Siemensstadt, desenvolvida pela gigantesca companhia de material elétrico em torno de seu complexo industrial no setor noroeste da cidade, entre 1929 e 1931. É uma *Grosssiedlung* (grande colônia), um complexo de áreas residenciais, planejado e executado numa escala desmedida; ali, cada nome da arquitetura alemã dos anos de 1920 tem seu quinhão; é um sítio de reverente peregrinação e algumas das peças estão sendo restauradas pelo governo Federal como monumentos históricos. Os peregrinos chegam à estação do metrô, Siemensdamm, um movimentado bulevar urbano a apenas vinte minutos do centro de Berlim; este se anuncia de

Fig. 35: *Siemensstadt*.

saída como um empreendimento urbano. Mas, um par de minutos adiante, eles estão num outro mundo: os mestres – Scharoun, Bartning, Häring, Gropius e outros – colocaram seus blocos de apartamentos de quatro e cinco andares dentro de um vasto jardim, que – como nas compactas fileiras de dois andares de Römerstadt – cresceu pelas décadas afora até envolvê-los por completo[169].

A impressão dominante, exatamente como em qualquer cidade-jardim inglesa, é de muita paz. Qualquer cético, da Grã-Bretanha ou dos Estados Unidos, que acreditar que esquemas coletivos de apartamentos significam vida de cortiço, qualquer um que, de fato, acredite que uma cidade-jardim feita de edifícios de apartamentos seja uma contradição terminológica deveria ver Siemensstadt e repensar o assunto. E repensá-lo assim: primeiro, blocos de edifícios rigorosamente modernos, tão longos que se mantenham moderadamente baixos e acentuadamente horizontais, podem ser tão serenos – aquela qualidade especial Unwin-Parker – como casas rigorosamente modernas ou mesmo como as tradicionais. Segundo, a qualidade do espaço de jardim circundante é fundamental. E terceiro, a conservação é tudo: Siemensstadt, como Römerstadt, funciona porque é bem conservada.

O mesmo acontece, e de forma mais do que evidente, com as duas outras urbanizações realizadas durante os anos Wagner em Berlim: as *Grosssiedlungen* Onkel-Toms-Hütte (1926-1927) em Zehlendorf, setor sudoeste da cidade, e Britz (1925-1927), no sul. Ambas foram implantadas pela Gehag, a grande agência habitacional formada em 1924, mediante a fusão de várias sociedades construtoras com fundos sindicais mais a Sociedade Berlinense de Habitação Social, e que foi responsável por tantas moradias subsidiadas pelos cofres públicos na Berlim dessa época e na República Federal depois da Segunda Guerra Mundial: exemplo vivo do tipo de agência que Howard queria para construir sua cidade-jardim e que jamais conseguiu, pelo menos na escala necessária[170]. (Ironicamente, sua sucessora do pós-guerra foi abalada por escândalos na década de 1980.) Ambas eram e são puros subúrbios-jardim, situados na então periferia da cidade, implantados junto a ramais do sistema U-Bahn (metrô).

Onkel-Toms-Hütte (Cabana do Tio Tomás), construída entre 1926 e 1931, intitula-se a si mesma colônia florestal (*Waldsiedlung*) e, de fato, a primeira imagem que ela nos passa é a do imenso pálio de altas árvores a estender-se, numa uniformidade quase militar, por todo o local. Sob suas frondes aninham-se as casas de dois ou três andares, a maior parte delas de autoria de Bruno Taut e Hugo Häring, intransigentemente dentro do idioma moderno dos anos de 1920, pintadas em tons pastel, enfileiradas ao longo de ruas compridas e graciosamente sinuosas ou mais curtas e retas[171]. Mais uma vez – especialmente para aqueles calejados pela experiência com os conjuntos residenciais do conselho britânico –, o que surpreende no aspecto é o nível da conservação: as casas, ainda de propriedade da associação habitacional, passam a impressão irreal de serem quase novas em folha. Britz (1925-1931), projetada por Bruno Taut e Martin Wagner, é mais formal: suas fileiras de casas de dois e três andares agrupam-se em torno da célebre *Hufeneisensiedlung*, onde o bloco de quatro andares curva-se em forma de imensa ferradura à volta de um lago[172]. Nas ruas próximas, as casas – de novo impecavelmente conservadas – apresentam um contraponto inesperado: as de Bruno Taut são respeitavelmente conservadoras, as de Martin Wagner lembram o mundo fantástico de Disneylândia. Há uma estação subterrânea em cada uma das extremidades da implantação, que em seu lado leste defronta o imenso espaço aberto do Königsheide.

As duas urbanizações são esplêndidas; ambas, ironicamente, representam a antítese total da ideia de cidade-jardim. Poder-se-á alegar que May, em Frankfurt, como Parker, em Manchester, estavam lidando com uma escala espacial de espécie diferente da de Londres, que forneceu a Howard o modelo de problema urbano; ambas eram quintessencialmente cidades provincianas de porte médio, com uma população entre meio milhão e três quartos de milhão

A CIDADE NO JARDIM
a solução cidade-jardim

Fig. 36: *Onkel-Toms-Hütte. O subúrbio-jardim reinterpretado pelos mestres do movimento moderno, May em Frankfurt, Gropius e Taut em Berlim: o funcionalismo, mesmo em edifícios de quatro andares, pode se mostrar habitável.*

de habitantes, e onde, portanto, uma solução na forma de satélite pôde parecer mais viável e apropriada. O mesmo, porém, já não cabia dizer da Grande Berlim de meados dos anos de 1920 – com seus quase 4 milhões de habitantes –, a segunda maior massa urbana unitária da Europa. A verdade é que, naquele tempo, exauridos pela falta de fundos e por contingências políticas, os urbanistas da República de Weimar já não pensavam que a autonomia da cidade-jardim fosse algo por que valesse a pena lutar[173].

Cidades-Jardim em Lugares Distantes

O impressionante sobre o movimento cidade-jardim foi a facilidade com que foi exportado de sua terra natal, mas também como estranhamente ele se transformava no processo.

Os japoneses adotaram-no tão entusiasticamente como qualquer um; as companhias ferroviárias construíram cidades-jardim no entorno de Tóquio e de Osaka nos anos de 1910 e de 1920. O nome japonês *Den-en-toshi* sugere verdes arrozais, quietas aldeias rurais e uma bela brisa; essas deveriam ser oásis de calma rural, atraentes para pessoas que tinham migrado da zona rural para uma poluída cidade industrial. Porém, na verdade eram puros subúrbios-dormitório, sem qualquer propósito social: os lucros não iam para a comunidade, mas sim diretamente para os livros-caixa das companhias ferroviárias[174].

Na Austrália, assim como na Grã-Bretanha, o movimento era fortemente associado com a ideia de construir "lares para heróis" da guerra de 1914-1918[175]. Colonel Light Gardens, no subúrbio de Mitcham, no sul de Adelaide – inicialmente conhecido (em 1917) como Mitcham Garden Suburb, mas, em 1921, em deferência ao desejo de Charles Compton Reade de comemorar "o pioneiro do planejamento urbano no sul da Austrália", renomeado em honra do primeiro Inspetor geral de Adelaide, coronel William Light[176] – não teria chamado a atenção de Howard como ilustração dos princípios corretos de crescimento de uma cidade; era um puro subúrbio-jardim baseado no uso do bonde. Ele era administrado por uma Comissão de Subúrbio-Jardim, compreendendo um comissário exclusivo responsável perante o Parlamento e tendo poderes tanto de uma corporação de desenvolvimento quanto de uma municipalidade, uma distinção que o coloca à parte de Letchworth e Hampstead, e antecipa as cidades novas do Reino Unido após 1945[177]. Era e é um marcante exemplo de projeto urbano, caracterizado por um generoso espaço destinado a parques, desde os formais até os de vizinhança usados para clubes de tênis, por uma hierarquia de ruas projetadas para excluir o tráfego direto, e pela provisão de instalações comunitárias[178]. Deve-se ao trabalho de Charles Compton Reade (1880-1933), um neozelandês que como um jornalista em Auckland havia sem sucesso feito campanha pelas cidades-jardim em sua terra natal[179], passara uma temporada em Londres como secretário assistente do GCTPA e depois foi planejador urbano do governo para o Sul da Austrália, e que projetou o novo subúrbio como parte de um abrangente plano metropolitano[180]. Mas ele era também, por todos os relatos, uma pessoa difícil e mesmo trágica: embora "homem de personalidade encantadora, com forte senso de humor e um rico arsenal de anedotas"[181], um membro da legislatura sul-australiana falou dele "Quando um visitante chama suas pinturas de oleografias, sua colher de prata, bronze, e seu cachorro, um vira-lata, ele é dificilmente o homem que você gostaria de encontrar de novo"[182]. Em 1921, aparentemente frustrado com as batalhas políticas para garantir uma legislação de planejamento adequada, deixou a Austrália para tornar-se planejador urbano governamental dos Estados Federados Malaios, mas depois de batalhas burocráticas lá e na África, suicidou-se em um hotel de Johannesburgo[183].

Cidades-Jardim Para a América

Também do outro lado do Oceano Atlântico, a tradição cidade-jardim jamais conheceu uma urbanização nos moldes preconizados por Howard. Não, porém, por falta de tentativas. Durante a década de 1920, a Regional Planning Association of America (RPAA) não atuou apenas como guardiã dos sagrados tesouros; mas à maneira de uma igreja reformista, na verdade ampliou e depurou o evangelho, redigindo os santos textos que Howard poderia ter editado, caso houvesse tido, à sua sombra, discípulos à altura. Mas o deus dessa igreja era um deus gêmeo, Howard-Geddes, e seu credo abrangia o planejamento de regiões inteiras; por isso, a RPAA merece boa parte de um capítulo para si própria, e a terá no capítulo 5. Aqui, cumpre-nos falar de suas contribuições para a cidade-jardim sem a vantagem daquele contexto; o que é difícil, e mesmo ilógico, mas no interesse da coerência, necessário.

Nesse grupo pequeno e ilustre, os arquitetos foram Clarence Stein e Henry Wright. Sua contribuição ímpar para a cidade-jardim reside no manejo do tráfego e da circulação de pedestres através do chamado esquema Radburn, por eles desenvolvido para a cidade-jardim de mesmo nome, em 1928. Mas para uma apreciação mais completa, força é relacioná-los com outra figura, estranhamente não associada ao grupo da RPAA de modo algum: Clarence Perry.

Perry foi dos primeiros exemplos de uma espécie que posteriormente se faria mais comum, o planejador-sociólogo. Trabalhou como planejador de comunidade para a Russell Sage Foundation, com sede em Nova York, de 1913 até 1937, quando se aposentou. Mesmo antes disso, interessara-se por um movimento – claramente derivado da linha de Jane Addams em Chicago – em prol da implantação de escolas locais dentro de centros comunitários mediante o envolvimento dos pais. Foi também profundamente influenciado pelos escritos do sociólogo norte-americano Charles Horton Cooley, que acentuara a importância do "grupo primário", "caracterizado pela associação e cooperação íntimas, cara-a-cara", a seu ver, "fundamentais para a formação da natureza e dos ideais sociais do indivíduo" e da maior importância na vida densa, altamente fragmentada, da cidade moderna[184].

Esse foi um tema levantado por líderes do movimento de implantação habitacional, como Robert A. Woods, que alegavam ter chegado o tempo para "uma grande renovação da confiança na vitalidade da vizinhança como unidade política e moral", sobretudo naqueles "bairros desorganizados [...] que perderam sua liderança responsável"; segundo eles, através dessa renovação, "mães de nível [social] abaixo da média, em bairros relativamente carentes de recursos [...] podem ser treinadas e auxiliadas na tarefa que lhes cabe" e "a perda do poder produtivo" poderia ser corrigida pela "extensão vocacional de nosso sistema de escola pública"[185]. Tratava-se aqui, e claramente, da socialização do imigrante e dos filhos do imigrante[186]. Mas era mais que isso; como morador do subúrbio-jardim-modelo de Forest Hills Gardens, implantado pela Russell Sage Foundation a partir de 1911 – subúrbio ferroviário, a quase 14,5 km de Manhattan, onde o projeto de Grosvenor Atterbury é claramente derivado do Riverside de Chicago e do Bedford Park de Londres –, Perry viu o quanto um bom projeto pode contribuir para o desenvolvimento de um espírito de vizinhança[187]. Na inspiração, Forest Hills Gardens deriva do projeto pseudoteutônico de Unwin e Parker em Hampstead, e dos genuínos de Margarethenhöle e Hellerau; mas vai além de todos eles, criando uma qualidade de tipo *kitsch* que antecipa Hollywood. Suprema ironia: à verdadeira moda norte-americana, Atterbury usou painéis pré-fabricados, com fiação elétrica embutida, que ele incorporou em casas experimentais em estilo Tudor[188]. No entanto, como todos os melhores ambientes suburbanos sonhados antes dele, a partir da Vila Blaise (Blaise Hamlet), de Nash, a verdade é que funciona: na presença desse cenário de soberba teatralidade, toda e qualquer descrença cai por terra, de imediato.

FIG. 37: *Clarence Stein. Lutou pela implantação de cidades novas na América, e foi o construtor de três brilhantes projetos; introduziu o esquema Radbum no vocabulário do planejador.*
Fonte: *Clarence Stein Papers #3600. Divisão das coleções raras e manuscritas, Cornell University Library.*

Mas o teatro entra aí com o mais sério dos propósitos. A vida em Forest Hills Gardens deu a Perry o conceito de unidade de vizinhança que ele primeiramente introduziu numa reunião da American Sociological Association e da National Community Center Association em Washington DC, no dia 16 de dezembro de 1923, e que depois desenvolveu mais pormenorizadamente em sua monografia de 1929 para o Plano Regional de Nova York, financiado por Russell Sage, no qual Perry desempenhou papel relevante como planejador social[189]. O tamanho seria fixado pela área de captação da escola primária local, dependendo, portanto, da densidade populacional; seus elementos centrais seriam essa mesma escola e uma área de recreio a ela associada, a que se poderia chegar após uma caminhada de 800 m; lojas locais que, por estarem situadas nas esquinas das diversas vizinhanças, poderiam ficar dentro de uma área de 400 m; e um ponto central ou logradouro público destinado a incentivar as instituições da comunidade:

> A própria praça será um sítio adequado para a localização de um mastro, de um monumento comemorativo, de um coreto ou de uma fonte ornamental. Na vida comunitária do lugar funcionará como o ponto das celebrações locais. Aqui, no Dia da Independência, será içada a bandeira, recitar-se-á a Declaração de Independência, e o espírito de cidadania será exortado à prática de feitos patrióticos na voz de oradores eloquentes[190].

A inspiração é inconfundível: trata-se de uma releitura moderna do desejo de Jane Addams de integrar o novo imigrante, e agora os filhos dele, já nascidos norte-americanos, à medida que todos se vão mudando dos cortiços citadinos para seus novos lares suburbanos.

A *raison d'être* foi, portanto, sociocultural mas; segundo já declarava Perry no fim dos anos de 1920, "a ameaça do automóvel" tornara imperativa a definição dessas unidades de vizinhança, constituindo-se, assim, "um mal que vem para o bem"[191]. As principais artérias, largas o bastante para suportarem um tráfego direto, iriam, portanto, transformar-se em limites lógicos; a malha viária interna seria projetada para facilitar a circulação, mas desencorajaria o tráfego direto[192].

No famoso diagrama do relatório de 1929, falta apenas um elemento: uma indicação clara de como, precisamente, excluir o trânsito indesejável. O próprio Perry reconheceu ser esse o único e verdadeiro defeito do plano de Forest Hills Gardens[193]. Mas já então, alguns poucos quilômetros mais perto de Manhattan, ao longo da mesma ferrovia de interligação subúrbio cidade, Stein e Wright tentavam mostrar o caminho. Em 1924, inspirado por Stein, Alexander Bing, um bem-sucedido empreendedor, fundara a City Housing Corporation (CHC) a fim de construir uma cidade-jardim norte-americana. À guisa de experiência, de 1924 a 1928, tomaram eles Sunnyside Gardens, área central de 77 acres (31 ha) ainda não urbanizada, a apenas 8 km de Manhattan, e fizeram seu planejamento com base em grandes superquadras livres de tráfego, criando assim vastos espaços de jardins internos – ainda que cerceados pelas mesmas rígidas restrições contra as quais Unwin lutara na Inglaterra (e superara em

FIGS. 38 E 39: *Forest Hills Gardens. O subúrbio-jardim nova-iorquino, onde Clarence Perry descobriu o princípio da unidade de vizinhança.* Fonte: Peter Hall.

A CIDADE NO JARDIM
a solução cidade-jardim

Brentham)[194]. Lewis Mumford, que foi um de seus primeiros moradores, testemunhou, muito tempo depois, a qualidade de vida, tanto física quanto social, que o lugar propiciava[195]; só que não era uma cidade-jardim.

Houve um estranho eco contemporâneo longe dali em Tel Aviv. Lá, em 1925, Patrick Geddes – tratado no capítulo 5 – que estivera trabalhando para o Congresso Sionista, aceitou um convite para produzir um novo plano para a cidade. Havia uma contradição: Geddes era um crente devoto das cidades novas, mas a agenda sionista incentivava implantação agrícola e consolidação urbana. Mas Geddes buscou a quadratura do círculo fazendo a cidade no jardim: o principal centro urbano judeu na Palestina seria parcialmente rural[196]. O conceito de Geddes de "quadra doméstica" consistia de pequenos blocos residenciais conectados por curtas ruas internas, organizados ao redor de um espaço interno aberto atingido por aleias de pedestres, de 1,5 m de largura, e previstas por Geddes como alamedas cobertas com rosas e vinhas. Essas passagens, atrás dos lotes privados, permitiam aos residentes um acesso fácil às instalações comunitárias localizadas no espaço aberto central[197]. Ai, ai..., conforme a população de Tel Aviv multiplicou de 40 mil pessoas em 1925 para 180 mil na independência em 1947, sua visão não sobreviveu ao vasto desenvolvimento urbano, às demandas extensivas por terra para construção, e ao caráter especulativo do desenvolvimento[198].

Feito o aprendizado em Sunnyside Gardens, Stein e Wright voltaram-se para a realidade. No distrito de Fairlawn, Nova Jersey, a 24 km de Manhattan – um lugar sem qualquer regulamentação de zoneamento e sem plano viário – a CHC comprou 5,12 km², onde Stein e Wright planejaram três bairros[199]. O artifício era pegar a superquadra de Sunnyside, libertá-la do rígido reticulado nova-iorquino e combiná-la com a implantação habitacional em cachos, a fim de inviabilizar não apenas o tráfego direto mas todo e qualquer tráfego. Como disse um dos consultores do projeto, "eliminamos o quintal dos fundos e o transformamos no jardim da frente [...] estamos construindo casas que não têm fundos, mas que têm duas frentes"[200] – característica observada por Wright nas casas dos lavradores irlandeses[201]. Mas a influência principal, coisa interessante, foi Unwin: Bing havia enviado Stein e Wright à Inglaterra em 1924 para estudar projetos de cidades novas e conjuntos habitacionais; eles encontraram-se com Howard em Welwyn e com Unwin na casa deste em Hampstead Heath, mais tarde refletindo que o plano de Letchworth "não funcionou completamente"[202], mas impressionados pelo desenho urbano em Hampstead, o qual – com *culs-de-sac* como Reynolds Close, ao largo da Hampstead Way – possui elementos menores do esquema de Radburn; e, em 1928, em uma visita a Radburn, Unwin ficou profundamente envolvido com seu projeto[203].

Anos mais tarde, depois da Segunda Grande Guerra, Arthur Ling devolveu, a gentileza em Coventry, ao projetar o primeiro leiaute Radburn inglês em Willenhall Wood[204]. E aqui vai um conto: Gordon Stephenson, então editor da *Town Planning Review*, que havia estudado planejamento urbano no Massachusetts Institute of Technology (MIT) nos anos de 1930, quando Stein foi por vezes um professor visitante, publicou os projetos de Stein, Wright e associados em 1949-1950 e então o livro de Stein, *Toward New Towns for America* (Em Direção a Cidades Novas para a América), em 1951. Isso teve uma influência direta no desenho do Reino Unido, primeiro no projeto do próprio Stephenson em Wrexham e então nas cidades novas. Stephenson apontou Stein como consultor para o distrito comercial central de Stevenage em meados dos anos de 1950, e este tornou-se o primeiro centro comercial pedonal de cidade nova na Inglaterra. Willenhall Wood, de Ling, foi desenhada a partir de 1955, suscitando resistência pública, porque as pessoas queriam a "porta da frente" voltada para a rua por onde as pessoas chegavam de carro[205]. Embora não haja evidência de contato direto entre Stein e Arthur Ling, Hugh Wilson ou Paul Ritter antes dos anos de 1960, os planejadores ingleses foram muito influenciados pelos esquemas de Ling em Coventry e pelos desenhos de Wilson para Cumbernauld com seu extenso sistema de pedestres, estendido para fora da cidade, o qual – como Kermit Parsons infere – está "entre os mais bem-sucedidos e completos desses equipamentos em existência em qualquer lugar, excedido no sistema de caminho pedonal contínuo e completo apenas por algumas comunidades suburbanas de Estocolmo planejadas entre 1948 e 1973"[206].

Parece ser uma espécie de regra geral na história do planejamento que a primeira vez seja sempre a melhor. Não há dúvida de que isso foi verdade para New Earswick e Letchworth; e não há dúvida de que o foi também aqui. Radburn é o melhor dos esquemas Radburn. O arranjo hierárquico do arruamento – aqui empregado pela primeira vez, embora, quase imediatamente após, copiado por Parker em Wythenshawe – é muito natural e fácil. As casas, bastante modestas, aninham-se confortavelmente ao longo de pequenos *culs de sac* a partir das ruas de distribuição do tráfego – motivo diretamente emprestado de Unwin e Parker em Hampstead e do trecho mais recente de New Earswick, como Stein espontaneamente reconheceu[207]; sombreadas pela rica vegetação estival de Nova Jersey, é como se brotassem do chão. O espaço livre central, com seus caminhos sinuosos para pedestres e bicicletas a mergulharem sob o vão de pontes de acabamento rústico, possui uma naturalidade informal. Sente-se que tudo é como deveria ser.

Sentimento que teve seu preço. Embora uma Associação Radburn controlasse e gerenciasse o espaço, as casas foram vendidas e – a despeito das esperanças de uma mescla social –, por volta de 1934, três dentre cinco chefes de família eram, pelo menos, executivos de padrão médio; não havia mais trabalhadores braçais. E pior que isso, os corretores não aceitavam judeus nem negros[208]. Desde o início, o lugar revelou-se pequeno demais para permitir um cinturão verde adequado. A Depressão freou urbanizações posteriores, limitando a população a 1.500 pessoas, cifra demasiado baixa para suportar a elaborada gama de programas e serviços comunitários inicialmente visados. Até para manter o setor comunal da urbanização, a Associação dependia das subvenções da CHC e do Instituto Carnegie. Ficou provado que era difícil atrair indústrias; e assim, para sustentar o fluxo de caixa, a CHC foi forçada a abandonar todas as suas esperanças de criar uma cidade-jardim autêntica, passando a anunciá-la como um puro subúrbio-dormitório. Muitos proprietários foram forçados a vender; finalmente, vencida pelo custo do transporte terrestre, a própria CHC afogou-se num mar de acrimônia e ações judiciais[209]. Enfim, segundo reflexão feita por Stein vinte anos depois, a experiência de Radburn mostrou que, para uma corporação privada, construir uma nova comunidade, na melhor das hipóteses, precisaria contar com a sorte[210].

E, naturalmente, ela não era e nunca se tornaria uma verdadeira cidade-jardim. Stein mais tarde escreveu que "Radburn devia aceitar o papel de

FIG. 40: *Radburn*.

subúrbio."[211] Mas o que Mumford chamou de "ideia Radburn" forneceu a base para praticamente toda cidade nova norte-americana desde então até 1980, incluindo as cidades de cinturão verde, Reston e Columbia, novas comunidades federais dos anos de 1960 e 1970, e as californianas "comunidades de plano diretor" como Irvine, Valencia e Westlake Village[212].

Houve, em seguida, duas outras Radburns, contando ambas com Stein como consultor; Chatham Village (1932) em Pittsburgh, aventura pioneira em moradias de baixa locação a apenas 3.2 km do Golden Triangle, o centro da cidade; e Baldwin Hills Village (1941), em Los Angeles. Ambas foram sucessos financeiros. Em Baldwin Hills, os planejadores modificaram substancialmente o esquema: substituíram os *culs de sac* por pátios coletivos para estacionamento de veículos, e deslocaram parte dos três espaços centrais interligados – não há dúvida de que bastante grandes – para a área fechada privada, e assim conseguiram baratear os custos da manutenção[213]. Mas o centro de compras e três creches desapareceram nos cortes orçamentários, e uma segunda fase jamais foi iniciada; e, para maior ironia, embora o projeto fosse, de início, racialmente integrado, depois de uma década muitas famílias brancas bateram em retirada queixando-se da presença de famílias-problema; nos anos de 1970, um grupo de resgate converteu o esquema urbanístico de locação para condomínio, proibiu a presença de menores de dezoito anos, e – ignomínia final – rebaixou-o com o nome The Village Green[214]. Hoje, embora Baldwin Hills ainda goze de extraordinária qualidade física, sua proximidade de um projeto de habitação pública para pessoas de baixa renda está fazendo com que seus moradores, na maioria de idade avançada, vivam em sobressalto; depois do anoitecer, patrulhas de motocicletas guardam a propriedade, zombando daquelas mesmas qualidades que seu desenho se propunha proteger.

As cidades Radburn de Stein-Wright são inquestionavelmente as mais importantes contribuições norte-americanas para a tradição cidade-jardim. É bem verdade que, dentro de critérios estritos, como suas correlatas europeias, elas não se qualificam; todas as três já de há muito submergiram em meio ao espalhamento dos subúrbios e, para procurá-las no solo, é indispensável um bom mapa, além de suficiente dose de determinação. Mas como subúrbios –jardim, marcam talvez, em matéria de projeto, o mais significativo avanço até então alcançado além dos padrões fixados por Unwin e Parker. Não constituem, contudo, os únicos exemplares de cidades novas na América. Os outros são, na maioria, espécimes isolados que se associaram à iniciativa privada, como a cidade nova de Norris no Tennessee, urbanizada como parte do exercício da Autoridade do Vale do Tennessee em desenvolvimento regional, que veremos resumidamente discutido no devido lugar (capítulo 5). Mas as cidades de cinturão verde, implantadas pela

A CIDADE NO JARDIM
a solução cidade-jardim

FIG. 41: *Greenbelt. Os primeiros esquemas Radbum aplicados a bairros inteiros; em Greenbelt, como anteriormente na Alemanha de Weimar, a arquitetura funcional casa-se muito bem com a tradição cidade-jardim-subúrbio-jardim.*

Resettlement Administration (Administração de Reassentamento), de Rexford Guy Tugwell, nos primeiros anos do New Deal de Franklin Delano Roosevelt (1935-1938), merecem atenção à parte e especial.

Notam-se curiosos paralelos históricos entre sua origem e a raiz da ideia howardiana: ambas foram concebidas nas profundezas de uma imensa depressão; em ambas, antigos trabalhadores rurais destituídos aglomeravam-se em cidades empobrecidas, impossibilitadas de oferecer-lhes trabalho. Em 1933, desempregados armaram uma incomodativa aldeia de barracas em pleno coração da cidade de Washington. A primeira ideia que ocorreu a FDR foi a de promover um movimento de retorno à terra; Tugwell, economista da Universidade de Colúmbia que se tornara um dos mais inovadores membros do grupo pensante do presidente, convenceu-o de que esse caminho não levaria a nada[215]. Propunha, em lugar disso, "sair dos centros populacionais, pegar terra barata, construir toda uma comunidade e atrair moradores para o lugar. Em seguida, voltar às cidades, deitar abaixo todos os cortiços e transformá-los em parques"[216]. Ameaçou renunciar como meio de forçar Roosevelt, em abril de 1935, a criar o Ministério do Reassentamento, que colocava claramente no mesmo plano a terra e o problema da pobreza; com a Lei de Apropriação Emergencial para Auxílio de 1935, esse passou a ter o poder de domínio eminente (desapropriação de terra)[217].

"Exatamente na periferia", foi a frase decisiva: essencialmente concebidas para serem autossuficientes, as cidades de cinturão verde teriam também que oferecer a possibilidade de interligação com a cidade; daí ser essencial uma localização periférica típica de subúrbio, o que também representava, no momento, uma tendência do deslocamento populacional[218]. Tugwell esperava implantar 3 mil delas; mas da primeira lista de 25, o programa só recebeu verbas para iniciar oito; o Congresso cortou para cinco, das quais duas (uma em Nova Jersey e outra no arrabalde de St. Louis) foram obstadas por ação judicial. Sendo assim, o programa final constou de apenas três cidades: Greenbelt, Maryland, periferia de Washington; Greenhills, Ohio, periferia de Cincinnati, e Greendale, Wisconsin, periferia de Milwaukee[219]. Persuadido de um preconceito contra arquitetos, Tugwell – trabalhando a todo vapor contra o prazo final – contratou grupos estanques para cada cidade: assim, Greenbelt

FIG. 42: *Rexford Guy Tugwell. Criador, em meados dos anos 1930, das comunidades experimentais de cinturão verde: asperamente atacadas no Congresso por sua inspiração socialista, elas constituíram, no entanto, um modelo para as "cidades novas" subvencionadas pelo governo no pós-guerra britânico. Fonte: Cortesia da University Archives, Columbia University na cidade de Nova York.*

e Greenhills têm superquadras no estilo Radburn; Greendale também tem um leiaute Radburn mas sem superquadras ou áreas importantes de parque – tem ruas convencionais e arquitetura tradicional. Mas todas elas apresentam densidades baixíssimas, entre 4 e 8 unidades por acre (0,40 ha)[220]. E a maior das três – Greenbelt, projetada com a consultoria de Stein e do arquiteto Tracy Augur, associado da RPAA – é uma adaptação clássica do esquema Radburn: as casas, construídas em cinco superquadras que formam enorme ferradura em torno de um espaço livre central, dispõem, todas, de acesso direto para pedestres aos parques, lojas e serviços comunitários[221]. A arquitetura é de um modernismo mais intransigente que o de Radburn, e o efeito de conjunto lembra curiosamente os melhores esquemas germânicos dos anos de 1920: um enclave de Frankfurt ou Berlim no meio dos campos de Maryland.

Não demorou para que acabassem com o programa. Como liderança do New Deal no planejamento, Tugwell foi obviamente um alvo fácil para os congressistas conservadores, os meios de comunicação, as indústrias construtoras, as imobiliárias e os bancos, para os quais as "cidades Tugwell" representavam o início de uma arrancada socialista; criticavam eles "aquele empenho em remover as pessoas do lugar onde estavam para onde o dr. Tugwell acha que deveriam estar"[222]. A Corte de Apelação dos Estados Unidos, em maio de 1936, declarou inválidas as disposições da Lei de Apropriação Emergencial para Auxílio de 1935; e, embora tal decisão só se aplicasse ao projeto de implantação de Greenbrook, Nova Jersey, quase ninguém teve dúvidas de que se havia chegado ao fim do caminho[223]. A construção estava praticamente terminada em meados de 1938, quando as três cidades foram transferidas para a Agência Federal de Habitação Pública; na década de 1950 foram vendidas[224]. Em Greenbelt, de longe a maior, o núcleo original da urbanização foi para uma associação cooperativa habitacional que conseguiu mantê-lo intacto; extensivamente (e dispendiosamente) recuperado, mediante empréstimos federais efetuados entre 1979 e 1983, consta agora do Registro Nacional de Sítios Históricos. Mas o resto do local, por sinal enorme, tem sido atravessado por grandes estradas e urbanizado aos pedaços por diferentes projetistas, sem qualquer continuidade de estilo[225]. E a dispersão urbana pós-1945 enterrou totalmente a ideia de dispersão planejada: Greenbelt, como suas ilustres sucessoras pós-1945 – entre elas Reston, e Columbia, construída próximo em Maryland alguns anos mais tarde, ambas erguidas por agências privadas, mas financiadas por empréstimos garantidos pelo governo federal – estão "profundamente enredadas no 'vasto e disforme espalhamento' da cidade nova regional"[226].

Em termos puramente quantitativos, portanto, as cidades do cinturão verde foram quase um não acontecimento: "Beneficiar com um meio ambiente atraente apenas 2.267 famílias dificilmente se poderá classificar como uma realização importante."[227] E, como experimentos urbanísticos, mostraram-se – à semelhança de muitas das coisas feitas por FDR – curiosamente circunspectos: negros foram excluídos; os aluguéis, embora moderados, excluíram os mais pobres; os custos unitários eram altos; não havia empregos locais suficientes, as ligações do transporte coletivo com as cidades genitoras eram amiúde deficientes; as casas, áreas de estacionamento e lojas estão todas agora pequenas demais para atender às necessidades dos norte-americanos abonados[228].

Na verdade, elas são menos importantes pelo que fizeram do que pelo que simbolizaram: completo controle federal do projeto, que se sobrepunha inteiramente ao governo local; por conseguinte, outorga de amplos poderes a

Tugwell na escolha dos locais; desapropriação da terra; controle da construção pela mesma agência; e até mesmo, visto que a terra era federal, a eliminação do direito das autoridades locais de cobrarem impostos sobre a propriedade. Fazendo o que os sucessivos governos britânicos de entreguerras jamais ousaram, as cidades de cinturão verde, de fato, forneceram um modelo para as cidades novas do pós-guerra[229]. Não admira que quase todos fossem contra.

A história havia de se repetir, quando, em 1968 e 1970, o congresso aprovou a legislação das cidades novas. Idealização de Robert Weaver, administrador chefe da Agência de Financiamento Imobiliário e Habitação e depois secretário da Habitação e Desenvolvimento Urbano, e economista com um interesse de longa data em planejamento urbano integral, que a saudou como uma vitória para o planejamento que iria "eliminar a onerosa desordem do crescimento às cegas e expansão mal direcionada", por meio da qual a administração Johnson deu assistência financeira a empreendedores privados para construir treze cidades novas em várias locações ao redor do país. Mas, logo evidenciou-se, todos estavam contra: não apenas as organizações empresariais que tradicionalmente se opunham a todas as variedades de reforma habitacional como uma ameaça ao capitalismo de livre mercado, mas também prefeitos de grandes cidades que resistiam a dar apoio a qualquer forma de suburbanização. Quando esses interesses haviam sido suficientemente apaziguados, a administração Johnson estava entrando em seus últimos dias. Como tantos outros programas Great Society que naufragaram na era Nixon, as cidades novas sofreram quando uma Casa Branca republicana sufocou o programa em burocracia e recusou a provisão de suporte financeiro autorizado pelo congresso. "Colocado de forma simples, as cidades novas pereceram numa inundação de burocracia e tinta vermelha."[230] No início dos anos de 1980, funcionários do Departamento de Habitação e Desenvolvimento Urbano dos Estados Unidos concluíram que o experimento havia falhado em todos com exceção de um deles, e pediram procedimentos de falência e encerramento[231].

As cidades do cinturão verde forneceram, portanto, algo semelhante a uma exceção nos primeiros quarenta anos do movimento cidade-jardim. Embora a iniciativa privada tenha construído duas autênticas cidades-jardim (Letchworth, Welwyn) e embora as prefeituras tenham por vezes construído cidades-satélites (Wythenshawe, Römerstadt), em nenhum outro lugar se mobilizou dessa maneira um governo para realizar o projeto em toda a sua autenticidade. É um pouco irônico que tudo isso tenha acontecido nos Estados Unidos, o último país onde seria de esperar que acontecesse. Não surpreende, portanto, que tenha fracassado.

A CIDADE NO JARDIM
a solução cidade-jardim

Cidades Novas Para a Inglaterra:
O Estado Assume o Controle

Tampouco surpreende o fato de que, após a Segunda Grande Guerra, a Inglaterra tivesse novamente assumido a liderança; ou de que, por essa mesma época, tenha o Estado assumido o controle. Mas, mesmo assim, a incerteza era grande. Havia um governo trabalhista, mas que era dominado por socialistas fabianos, que acreditavam em mudança gradual por meio do governo municipal (acima de tudo o London County Council), e uma maioria da classe trabalhadora no Parlamento e, assim, desdenhou a "massa intragável" do projeto de Howard. Eles argumentavam a tempo que "nós temos que fazer o melhor por nossas cidades existentes, e propostas pela construção de cidades novas são tão úteis quanto seriam arranjos para proteção contra a visita dos marcianos do sr. Wells". Numa veia similar, George Bernard Shaw havia alguns anos antes repudiado tentativas para formar novas comunidades na área rural, comparadas com o enfrentamento direto dos problemas urbanos, com as palavras "um para sentar-se entre os dentes-de-leão, o outro para organizar as docas"[232].

Por outro lado, o governo de coalizão da época de guerra cerrou fileiras com a iniciativa privada. Peter Malpass mostrou que o planejamento para habitação no pós-guerra havia começado já em 1941, e que uma política detalhada e ambiciosa estava instalada bem antes do final da guerra. Isso permitiu que autoridades locais desempenhassem um papel maior no período de transição, mas que, a longo termo, a maioria das novas construções fosse deixada para o setor privado, com as autoridades locais revertendo a seu papel anterior à guerra, concentrando-se na eliminação de cortiços e na provisão para os menos favorecidos[233]. O Partido Trabalhista combateu essa situação: já em maio de 1942, Ernest Bevin propôs uma Corporação Nacional de Habitação para fornecer hipotecas a taxas mais baratas e garantir que os compradores obtivessem a melhor relação custo-benefício, mas não deu em nada. Ambos, ele e Clement Attle, haviam expressado "graves apreensões" acerca de subsídio para iniciativa privada, o que apareceu em documento governamental. O abandono dessa posição, Malpass assinala, foi uma das mudanças mais significativas feitas na política habitacional pelo governo trabalhista eleito em julho de 1945234. Mas a posição estabelecida do Partido Trabalhista era de que autoridades locais – controladas pelos trabalhistas, naturalmente – deviam fazer o trabalho.

Na Inglaterra, Lewis Silkin, o ministro trabalhista recém-empossado, consciente da possível relutância que encontraria entre os colegas em iniciar um programa de cidades novas, designou, em outubro de 1945, uma comissão para dizer-lhe como essas novas cidades deveriam ser construídas. Na chefia colocou lorde Reith, ex-diretor geral da BBC: homem emotivo, violento, que conseguira ofender a grande maioria dos homens públicos britânicos, inviabilizando com isso seu acesso a qualquer tipo de emprego. Um dos membros era Osborn; os outros eram L.J. Cadbury, de Birmingham, e Monica Felton, do LCC, ambos conhecidos defensores das cidades novas.

Dada essa composição, não é de surpreender que em nada menos que três meses a comissão emergisse com recomendações provisórias. Ela se viu frente a três mecanismos possíveis: autoridades locais, organizações intermediárias sem fins lucrativos, tendo os "precedentes ambivalentes" de Letchworth e Welwyn, e empreendedores privados comuns em busca de lucro. Mas havia uma possível tendenciosidade embutida, pois a comissão incluía apenas dois membros do setor privado. Grandes incorporadores – como Taylor Woodrow, John Laing, e Wates – disseram que poderiam aceitar contratos para construção de cidades novas e as instituições financeiras concordaram. Mas, dada a composição, as conclusões eram previsíveis: as cidades novas deveriam ter entre 20 mil e 60 mil habitantes, exatamente como a Town and Country Planning Association (que agora retirara *garden cities* do nome) sempre dissera; deveriam ser construídas, em geral, por corporações públicas, uma para cada cidade, e diretamente financiadas pelo erário público. Em certos casos, uma ou mais autoridades locais poderiam encarregar-se da obra; e, embora as associações habitacionais carecessem provavelmente tanto de poder legal quanto de competência, seria apropriada a criação de "associações autorizadas", especialmente constituídas e dirigidas para esse objetivo específico. A comissão fazia, portanto, seus rapapés a Ebenezer Howard; mas a corporação pública era "nossa primeira escolha de atuação"[235]. Assim, ironicamente, enquanto de um só golpe resolviam eles o eterno problema de como conseguir financiar as cidades novas, também destruíam a essência do plano de Howard, que era obter fundos para a criação de sistemas de bem-estar social local autogeridos. O planejamento de cima para baixo levou a melhor sobre o de baixo para cima; da visão howardiana de cidade-jardim, a Inglaterra ficaria apenas com a casca, sem a substância.

Contra todas as probabilidades, a visão reithiana venceu. Osborn não teve que esperar pela idade de Matusalém para ver o governo dar início às cidades novas; estava com 61 anos quando, no dia 1º de agosto de 1946 (antes mesmo que saísse o relatório final da Comissão Reith), a Lei das Cidades

A CIDADE NO JARDIM
a solução cidade-jardim

Novas recebeu a sanção real; no dia 11 de novembro, a primeira, Stevenage, já foi consignada[236]. Dessa data até 1950, o governo trabalhista designou treze cidades novas na Grã-Bretanha: oito para a área londrina, duas para a Escócia, duas no nordeste da Inglaterra, uma em Gales, e uma na área central do território inglês. Essa ênfase, mais uma vez, põe em evidência que em 1940, como em 1890, o cerne do problema urbano britânico ainda era visto como basicamente londrino: embora se encarasse com empenho a implantação de cidades novas para Manchester, Liverpool e muitas outras cidades, e se estivessem estudando seriamente sítios para Manchester em Mobberley e Congleton, no Cheshire, ambos esbarraram em objeções[237].

Quatro das oito cidades novas londrinas ficavam num único condado, Hertfordshire; e três delas formam um grupo, ao longo da Great North Road e da principal linha norte de trens de Londres, que lhe corre paralela. Stevenage, a primeira a ser consignada, foi logo seguida por Welwyn Garden City, distinguida com os serviços de uma corporação urbanizadora que ela partilhava com a vizinha Hatfield, onde, aliás, uma confusa urbanização implantada ao redor de uma grande fábrica de aviões clamava por solução urgente. E apesar de toda a sua feroz independência, também Letchworth faz, de fato, parte do grupo; assim aqui, de uma forma única, pode o pesquisador conhecer, no chão, a visão howardiana da cidade social. Cada cidade-jardim está circundada por seu próprio cinturão verde, de tal maneira que cada uma surge como uma comunidade urbana isolada com terra cultivável como fundo. Mas todas as quatro estão ligadas entre si pelos equivalentes modernos da ferrovia intermunicipal de Howard: a linha eletrificada suburbana, que também as liga ao centro de Londres, e a rodovia concluída em meados dos anos de 1980. Em poucos minutos é possível passarmos de uma para outra cidade, saindo da rodovia barulhenta e entrando num mundo sereno e verde; nenhuma dessas cidades novas continua nova e de há muito que a vegetação as envolveu, luxuriosamente, amenizando algumas das linhas excessivamente simples do casario construído com orçamento apertado. Nos pormenores, contam-se sofismas aos montes, não há dúvida; mas tudo parece ser e é algo muito semelhante ao capítulo final de *To-Morrow*.

O caminho percorrido provavelmente não teria gozado da aprovação de Howard. Na terra mesma de onde brotara, a cidade-jardim via-se agora nacionalizada e burocratizada, como pouco antes o haviam sido as minas de carvão e as ferrovias. O que, em certo sentido, não causa surpresa; o governo Attlee estava comprometido com essa variedade particular de socialismo; Reith, até há pouco plenamente convicto de que sua BBC era o próprio desígnio de Deus em forma de radiodifusão, era homem de repetir a receita no tocante às cidades novas ou a qualquer nova instituição que lhe fosse confiada. E também havia sensatez: se o persistente problema habitacional de Londres continuava, passado meio século, tão grave como então afirmara o Plano Para a Grande Londres, de Abercrombie, e se era preciso evitar os erros cometidos no entreguerras, então força seria encontrar algum mecanismo resistente e flexível, capaz de passar por cima de interesses locais específicos, se necessário. Quase imediatamente, a terrível contenda que se armou a respeito da consignação de Stevenage iria dar relevo à questão. Mais tarde, depois de 1951, quando o governo conservador recém-empossado se negou a fazer novas consignações, as pressões e tensões decorrentes fizeram com que, em não mais do que uma década, tal decisão fosse revogada[238].

Os analistas marxistas podem, evidentemente, ter de novo o seu dia de glória: mais uma vez, o estado capitalista estava manipulando o sistema para torná-lo aceitável; as cidades novas haviam-se tornado parte essencial dessa gestão do Estado de bem-estar social, projetadas para garantir a reprodução da força de trabalho qualificado para as indústrias de alta tecnologia que com tanto entusiasmo para ali se haviam mudado. No entanto, como de hábito, todas essas considerações falham em atingir a rica complexidade do processo decisório. O que havia era um governo trabalhista, novo, vigoroso, radical, levado ao poder não pelas maquinações do sistema capitalista mas pelos votos das forças armadas. E que estava decidido a estrear com alarde. As cidades novas eram parte importante de sua ideologia; o próprio Attlee escrevera a favor do planejamento nacional da cidade e do campo[239]. A máquina publicitária da cidade-jardim, conduzida por Osborn, trabalhava a pleno vapor; e Osborn, ao contrário de seu antigo mentor, batalhara durante um quarto de século a favor de cidades novas estatais. Naturalmente, é possível que todos não passassem de marionetes, de agentes do sistema; difícil, para quem quer que tenha conhecido Osborn, é vê-lo dentro dessa perspectiva.

O fato é que, no processo, muita coisa se ganhou e alguma se perdeu. As cidades novas foram construídas, o que, no imperfeito mundo da política, já constituiu um milagre: oito delas nos arredores de Londres, quase como Abercrombie havia prescrito e grosseiramente de acordo com um cronograma preestabelecido. É verdade que no início foram criticadas, muitas vezes por gente que antipatizara com elas de saída: sua arquitetura era enfadonha; não tinham o toque urbano; as pessoas que para elas se mudavam, privadas das multidões londrinas e amiúde sofrendo com o atraso na construção de lojas e outras benfeitorias, padeciam da "tristeza das cidades novas". (Esta última constituiu singular curiosidade sociológica; o fenômeno foi detectado não numa das cidades novas, mas em um dos conjuntos-satélites do LCC, inadequadamente planejado e construído às pressas; mas os meios de comunicação

A CIDADE NO JARDIM
a solução cidade-jardim

não perceberam ou não quiseram perceber a diferença.) Também é verdade que as cidades novas absorveram apenas 400 mil pessoas, mera fração do crescimento populacional verificado na periferia londrina nos anos de 1950 e de 1960; os cálculos de Abercrombie não haviam contado com a explosão de natalidade do pós-guerra.

Dito isso, acrescente-se apenas que as cidades novas foram construídas de acordo com o planejado, obedecendo à mais recente versão reithiana do evangelho de Howard; e, até onde se pode avaliar, cumpriram o que seus defensores esperavam delas. Mark Clapson mostrou que, ao contrário de certas explicações sociológicas, os donos de casa da classe operária mudaram-se para elas na busca de melhores moradias e se conseguiam o que esperavam instalavam-se bastante felizes; não se escondiam, entretanto, atrás de cortinas de renda, mas juntavam-se ativamente a organizações. Assim, concluiu ele, "os maus diagnósticos de neurose suburbana e tristeza das novas cidades [...] eram enganadores. Os problemas indiscutíveis de mudar-se e se instalar, na maioria dos casos, foram superados à medida que os recém-chegados buscavam criar uma vida nova própria. Eles procuravam atingir um equilíbrio significativo entre lar, família estendida e as oportunidades sociais e materiais oferecidas pelo contexto suburbano e das cidades novas"[240]. Quando, em 1979, a estação de televisão comunitária da cidade de Milton Keynes anunciou como uma brincadeira de primeiro de abril que a cidade nova inteira seria derrubada, um telespectador declarou que não voltaria para Londres: "Milton Keynes tinha lhe dado um jardim, algo que ele nunca tivera antes, e o diabo que o carregasse se ele fosse desistir desse jardim agora."[241] As cidades novas ainda hoje constituem lugares bastante bons para se trabalhar e viver, e o melhor que delas se pode dizer é que, meio século depois de implantadas, elas estão quase completamente ausentes do noticiário: a mídia só se lembra delas nas raras ocasiões quando (como o jornal *The Guardian,* em agosto de 1986) quer escrever sobre um lugar sem problemas.

A ironia é que Milton Keynes e sua equivalente norte-americana, Reston, na borda externa de Washington, ambas planejadas durante os anos de 1960, têm se mostrado muito apreciadas por seus habitantes devido a sua baixa densidade e caráter suburbano, embora seus planejadores tivessem intenções muito diferentes. Eles tinham por objetivo agrupamentos compactos de moradia implantados em um campo domesticado de parques e espaços vazios, caracterizado pelos estilos de habitação urbana do moderno tardio. Em ambos os lugares, os gostos populares posteriormente levaram seus gestores a adotar modelos vernaculares tradicionais, complementando seu cenário campestre[242].

Houve ainda outra ironia. Durante uma turnê de palestras da América do Norte nos anos de 1940, Frederic Osborn confessou a sua audiência que ele "não havia reconhecido a extensão e alta qualidade de suas melhores urbanizações residenciais": "O padrão de moradia nesses lugares, com a residência unifamiliar em ambientes bem implantados, representa, estou certo disso, o ideal de uma forma de vida cara ao coração da maioria dos norte-americanos assim como de quase todos os ingleses."[243] Esse "ideal" estava no cerne do apelo de ambas: Reston e Milton Keynes.

O ideal não se provou duradouro em outros lugares. A noção de Howard, "de que a comunidade deveria crescer primeiramente a partir de um senso coletivo de apropriação da cidade-jardim a ser discutido por suas pessoas. Planejamento físico e desenho deviam ser um reflexo dessa propriedade comum antes de ser um substituto desse sentimento"[244], não teve aceitação. Com uns poucos exemplos notáveis como Curitiba e Singapura, "O traço mais revelador do legado de Howard é que a maior parte dos moradores das cidades do mundo permanecem completamente deserdados delas"[245]. Eugenie Birch encontra ecos do pensamento da cidade-jardim em desenhos diversos tais como Celebration, Florida, com seus 4.700 acres (1.902 ha) de cinturão verde e 18 acres (7 ha) de uso misto no centro repletos de lojas, edifícios da municipalidade, espaços abertos, equipamentos públicos e uso residencial; ou Tampines, em Singapura, uma cidade de 842 acres (340 ha) com uma população em torno de 180 mil pessoas que "mostra a influência de Howard," a despeito de sua densidade extremamente alta, porque combina moradia, trabalho e outros usos[246]. Mas a sensação é de que, despertado das sombras por um médium, Howard não conseguiria ver muita semelhança com seu ideal em nenhum desses lugares.

E numa visão mais ampla, a ideia original de Howard não será encontrada: a casca existe, mas não a substância. As cidades não são comunidades autogovernadas de artesãos livres anarquistas; nelas, falta a conexão entre a indústria e a terra, e não se vê em lugar nenhum a rica vida cooperativa, recapturando as tradições da Idade Média. Talvez tenha sido desde o início uma quimera; talvez, se muito, tudo não tenha passado de uma vaga esperança, e as realidades da economia capitalista tardia e da sociedade pós-industrial por fim destruíram-na. Porém, para um melhor julgamento, será necessário entender que havia ainda uma outra linha mais radical para esse pensamento, a qual requer um capítulo próprio de estudo.

A CIDADE NA REGIÃO

5

O Nascimento do Planejamento Regional

Edimburgo, Nova York, Londres (1900-1940)

Assim seguiram, rumo ao Portão, e notem que a Cidade se erguia sobre possante colina, mas os Peregrinos escalaram essa colina com facilidade, ajudados pelos dois homens que os levavam pelos braços, encosta acima; também haviam deixado suas Vestes Mortais para trás, no Rio; pois se nele haviam entrado com elas, sem elas dele haviam saído. Subiram, portanto, com muita agilidade e rapidez, embora a base sobre a qual se assentava a Cidade se erguesse acima das Nuvens. Subiram, portanto, pelas Regiões do Ar e, subindo, amenamente conversavam, contentes por haverem passado o Rio a salvo e terem, para escoltá-los, tão gloriosos Companheiros.

JOHN BUNYAN, *The Pilgrim's Progress* (O Peregrino, 1678)

E à medida que a Lua subia, dispensáveis, as casas foram desaparecendo até que, pouco a pouco, me dei conta desta velha ilha que aqui outrora desabrochou ante os olhos dos marinheiros holandeses – seio túrgido e verde do novo mundo. Suas árvores, agora desaparecidas, árvores que cederam lugar à casa de Gatsby, haviam outrora, suspirosas, alcovitado o último e maior de todos os sonhos humanos; por um breve e encantado momento, compelido à contemplação estética que ele nem entendia nem desejava, deve ter o homem sustado a respiração na presença deste continente, cara a cara pela última vez na história humana com alguma coisa à altura de sua capacidade de maravilhar-se.

E ali sentado, meditando sobre o velho mundo desconhecido, lembrei-me da surpresa maravilhada de Gatsby ao divisar, pela primeira vez a luz verde no ancoradouro de Daisy. Longa fora a caminhada até esta clareira azul e seu sonho deve ter-lhe parecido tão próximo que dificilmente lhe poderia escapar. Mal sabia ele que esse sonho já ficara para trás, em algum lugar daquela vasta escuridão para além da cidade, onde os negros campos da república rolavam sob a noite.

F. SCOTT FITZGERALD, *O Grande Gatsby* (1926)

SE A CIDADE-JARDIM FOI INGLESA, A PARTIR DOS ESTADOS UNIDOS, ENTÃO a cidade regional foi, indubitavelmente, norte-americana, vinda da França via Escócia. O planejamento regional nasceu com Patrick Geddes (1854-1932), um polímata inclassificável que – depois de quatro tentativas malsucedidas de obter uma cátedra universitária – oficialmente lecionava biologia (muito provavelmente, qualquer coisa menos biologia) na Universidade de Dundee[1], dava conselhos idiossincráticos aos governadores da Índia sobre como administrar suas cidades e tentava encapsular o sentido da vida em tirinhas de papel dobradas. De seus contatos com os geógrafos franceses na virada do século, Geddes absorvera o credo do comunismo anarquista, baseado em livres confederações de regiões autônomas. Graças ao encontro que teve na década de 1920 com Lewis Mumford (1895-1990), um jornalista-sociólogo capaz, como Geddes jamais o foi, de dar forma coerente a seus pensamentos, essa filosofia passou para um pequeno mas brilhante e devotado grupo de planejadores sediados na cidade de Nova York, de onde – por intermédio dos escritos imensamente eficazes de Mumford – acabou fundida às ideias intimamente correlatas de Howard e espalhou-se por toda a América e pelo mundo afora, exercendo enorme influência, em particular sobre o New Deal de Franklin Delano Roosevelt, na década de 30 do século xx, e sobre o planejamento das capitais da Europa nos anos de 40 e de 50 do século xx. Mas, ironicamente, nesse processo – exatamente como ocorreu com Howard –, a qualidade verdadeiramente radical da mensagem foi abafada e, mais da metade, perdida; hoje, em parte alguma se vê, no solo, a genuína e notável visão da Regional Planning Association of America (RPAA), destilada, via Geddes, de Proudhon, Bakunin, Reclus e Kropótkin.

Geddes e a Tradição Anarquista

A história tem de começar por Geddes: coisa em si bastante difícil, visto que ele sempre dava voltas em círculos crescentes. Uma secretária, que (como todas as secretárias) estava em ótima posição para julgar, disse certa vez: "Geddes deve ser aceito [...] como um bom católico aceita o sofrimento, de coração aberto e sem reservas, supondo que ele vá beneficiar aqueles a quem sua presença aflige."[2] Arquétipo do professor ridículo, "jamais dominou a arte de se fazer ouvir, seja em palanques seja em recintos fechados"; estava "sempre esquecendo os compromissos, ou marcando dois ou três para a mesma hora"; "as teses não desenvolvidas, os livros não escritos e que assim permaneceram"[3] "em cada pequeno artigo ele recomeçava do início, sublinhando e repetindo suas ideias fundamentais infindavelmente"[4]; era, segundo nos relata Abercrombie, "pessoa das mais instáveis, e falava, falava, falava [...] a respeito de tudo e de nada"[5]. Desenvolvia obsessivamente suas ideias em pedaços de papel divididos em nove blocos, suas "máquinas", que preenchia com suas ruminações intuitivas sem fim, mas que se mostraram barreiras à comunicação: quando proferiu uma conferência importante, os repórteres recusaram-se a reportá-la[6].

Um biógrafo disse a respeito dele:

> As contribuições de Geddes às Ciências Sociais acadêmicas foram [...], no melhor dos casos, marginalmente iluminadoras, e, no pior, contraproducentes [...] devido às suas muitas idiossincrasias, ele lançou a si mesmo e às suas ideias ao deserto, onde permanecem em termos do conhecimento moderno.[7]

Logo no início, ele "começara no caminho idiossincrático que o excluiria da corrente principal da vida acadêmica, e finalmente o levaria das ciências naturais para as sociais"[8]. Por meio de T.H. Huxley, sob cuja orientação estudou brevemente, foi autorizado a trabalhar na estação marinha em Roscoff, na Bretanha, de onde, em 1878, partiu para visitar Paris pela primeira vez, vindo a tornar-se um falante fluente da língua francesa[9]. Aí, ele encontrou suas ideias-chave: "a tradição central e vital da cultura escocesa", alegava, "sempre esteve casada com a da França"[10]. Seus conceitos básicos foram extraídos dos pais fundadores da geografia francesa, Élisée Reclus (1830-1905) e Paul Vidal de la Blache (1845-1918), e de um dos primeiros sociólogos franceses, Frédéric Le Play (1806-1882), cujas novas disciplinas acadêmicas tinham adquirido respeitabilidade na França alguns anos antes de se imporem na Inglaterra ou

A CIDADE NA REGIÃO
o nascimento do planejamento regional:

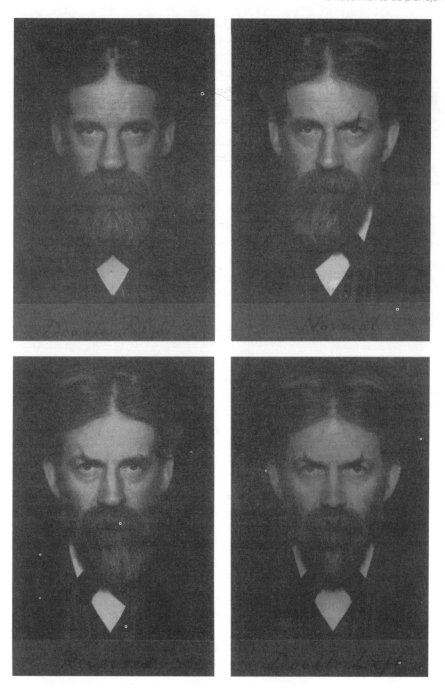

FIG. 43: *Patrick Geddes. O infatigável dobrador de papel e desenhador de diagramas realiza aqui um incompreensível experimento consigo mesmo.* Fonte: *Reproduzido por permissão da National Library os Scotland, MS 10606.*

nos Estados Unidos[11]. Le Play – engenheiro, cientista social empírico e homem de confiança e conselheiro de Napoleão III – desempenhou um papel-chave como organizador da Exposição de Paris de 1867, tendo como tema central o trabalho e a vida social; na exposição seguinte, em 1878, Geddes teve pela primeira vez contato com as ideias de Le Play, com sua tríade *Lieu, Travail, Famille* (Lugar, Trabalho, Família) que enfatiza a família como unidade social básica no contexto do seu ambiente[12]. Após a morte de Le Play, seus discípulos dedicaram um pavilhão ao seu trabalho; e ali Jane Addams conheceu Henrietta Barnett[13].

Desses pioneiros, Geddes extraiu seu conceito de região natural, como exemplificado pela sua famosa seção de vale, que ele baseou nas ideias de Reclus[14]. E importa notar que, como eles, preferiu estudar a região em sua forma mais pura, longe da sombra da metrópole-gigante:

FIG. 44: *Lewis Mumford. Seu único encontro com Geddes foi um desastre, mas finalmente o professor achara o seu escriba; a Regional Planning Association of America levaria a mensagem do mestre para o mundo.* Fonte: Time & Life Pictures / Getty Images.

No caso de um Levantamento Urbano concreto, por onde começar? [...] Londres, naturalmente, há de reivindicar para si a primazia. No entanto, mesmo na melhor das hipóteses, essa cidade mais vasta do mundo não apresenta nada além de um labirinto mais ou menos enevoado, do qual só vagamente é possível descrever as regiões circunvizinhas com suas cidades menores [...] Portanto, para um levantamento mais geral e comparativo como o nosso, são preferíveis os começos mais simples [...] a perspectiva clara, a visão mais panorâmica de uma determinada região geográfica, como por exemplo a que temos sob os olhos num passeio de feriado na montanha [...] Assim também uma bacia hidrográfica é, conforme salientou certo geógrafo, a unidade essencial para o estudioso de cidades e civilizações. Daí por que esse simples método geográfico deve ser pleiteado como fundamental para qualquer tratamento realmente ordenado e comparativo de nosso assunto.[15]

O planejamento deve começar, segundo Geddes, com o levantamento dos recursos de uma determinada região natural, das respostas que o homem dá a ela e das complexidades resultantes da paisagem cultural: em todo o seu ensinamento, sua ênfase mais persistente foi no método de levantamento[16], que ele também extraiu de Vidal e seus seguidores, cujas "monografias regionais"

A CIDADE NA REGIÃO
o nascimento do planejamento regional:

constituíram tentativas de fazer exatamente isso[17]. Na famosa Torre de Observação (Outlook Tower), aquele escarpado monumento que ainda está de pé no final da Royal Mile, em Edimburgo, ele criou um modelo que pretendia ver repetido por toda a parte: um centro local de levantamento, a que todo o tipo de gente poderia vir a fim de compreender a relação estabelecida por Le Play na trilogia Lugar-Trabalho-Povo[18]. O estudioso de cidades, afirmava, deve encaminhar seus estudos primeiramente para essas regiões naturais: "Tal levantamento de uma série de nossas próprias bacias hidrográficas [...] será considerado como a mais sólida das introduções para o estudo das cidades [...] até mesmo nas maiores cidades, é útil que o pesquisador restabeleça constantemente o enfoque elementar e semelhante ao do naturalista."[19]

Tudo parece enganosamente simples; mas, como disse certa vez o planejador britânico Patrick Abercrombie, um levantamento urbano concreto "é um negócio sinistro e complicado", tanto mais porque deve ser estendido para abarcar a região e finalmente o mundo. Todavia, Abercrombie – e se alguém deveria sabê-lo era ele – acreditava que na Inglaterra do início dos anos de 1920 "os erros da nossa reconstrução nacional podem ser atribuídos ao fato de se ter negligenciado esse ensinamento de Geddes"[20].

Para essa grande empreitada, alegava constantemente Geddes, os mapas comuns do planejador não vigoram: é mister começar idealmente com o grande globo proposto por Reclus e que jamais foi construído; à falta dele, que se tracem cortes transversais "desse declive geral que desce das montanhas até o mar e que encontramos no mundo inteiro [o qual] podemos prontamente adaptar a qualquer escala e a quaisquer proporções de nossa particular e característica série de colinas e declives e planícies". Somente tal "Seção de Vale, como comumente a chamamos, faz-nos ver com nitidez a zona climática com sua vegetação e sua vida animal correspondentes [...] o esboço seccional essencial de uma 'região' de geógrafo, pronta para ser estudada", examinada de perto, ela "encontra lugar para todas as ocupações ligadas à natureza": "O caçador e o pastor, o camponês pobre e o rico; esses os tipos ocupacionais que nos são mais familiares, e que se apresentam em sequência à medida que baixamos de altitude e também descemos no curso da história social."[21] Por seu turno,

> Essa gente, diferentemente ocupada, passou, cada uma, a urbanizar os seus próprios povoados e aldeias com seu tipo característico de família, de costumes e até mesmo de instituições; e não simplesmente de construções para moradia; embora cada um desses elementos contivesse em germe o estilo arquitetônico que lhe era adequado. Assim agrupam-se suas aldeias, de porto

FIG. 45: *A Torre de Observação. Desta cumeeira encastelada, guarnecida de câmara escura, Geddes contemplava os telhados de Edimburgo e ensinava que o levantamento vem antes do plano.* Fonte: © David Davies/Alamy.

A CIDADE NA REGIÃO
o nascimento do planejamento regional:

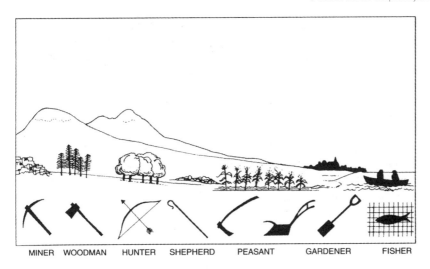

FIG 46: *A Seção de Vale. A essência do esquema regional de Geddes, de um documento de 1905: Povo-Trabalho-Lugar em perfeita harmonia e, no centro de tudo, a cidade.*
Fonte: *Reproduzido por permissão da National Library of Scotland, OF. 1314.6.20.*

de pesca a floresta e desfiladeiro, de jardins e campos nas partes baixas a mina e pedreira habitualmente nas altas.[22]

E, no centro dessa região, fica o "Vale na Cidade", onde "precisamos escavar as camadas de nossa cidade, aprofundando-nos e penetrando em seu passado remoto – as obscuras e no entanto heroicas cidades sobre as quais e acima das quais ela foi construída; e a partir daí, lê-las de baixo para cima, visualizando-as à medida que subimos"[23].

Disso tudo, muita coisa se tornou, em linhas gerais, familiar e até mesmo trivial; qualquer planejador estreante sabe que o aforismo "o levantamento precede o plano" é de Geddes. E deriva de um tipo de geografia regional tradicional, que – divulgado em mil textos escolares produzidos em série – de há muito se fez alvo de zombarias, até ser definitivamente varrido de cena. Mas essa visão geral perde seu ponto verdadeiramente radical. Para Vidal e seus seguidores, bem como para Geddes, o estudo regional propiciava o conhecimento de um "ambiente ativo e vivenciado" que "era a força motriz do desenvolvimento humano; a reciprocidade quase sensual existente entre homens e mulheres e o ambiente que os rodeia constituía a base da liberdade compreensível e a mola mestra da evolução cultural", que estavam sendo atacadas e corroídas pela nação-Estado centralizada e a indústria pesada em larga escala[24]. (Ele acreditava que a função da mulher era moldar a civilização por meio da criação de filhos[25].) Assim, a qualidade propositalmente arcaica do levantamento regional, a ênfase nas ocupações tradicionais e nos elos históricos, não era, portanto, mera idiossincrasia: à semelhança das tentativas de Geddes para resgatar a vida urbana do passado através de máscaras e encenações[26], representava uma celebração plenamente consciente daquilo que, para ele, constituía a mais alta realização da cultura europeia.

Mas isso, embora pudesse ser quase místico, tinha um propósito bastante radical. Para Geddes, como para Vidal, a região era mais que um objeto de levantamento; a ela cabia fornecer a base para a reconstrução total da vida social e política. Aqui, novamente, Geddes estava em débito com a geografia e com a tradição francesa. Élisée Reclus e Piotr Kropótkin (1842-1921) eram ambos geógrafos: mas ambos eram também anarquistas. Exilado de sua Rússia natal, Kropótkin fora expulso primeiro da França, depois da Suíça, e há trinta anos vivia como refugiado em Brighton[27]; Reclus fora, na verdade, expulso da França por haver lutado ao lado da Comuna em 1871, e vivia no exílio, embora, curiosamente, tivesse sido encarregado de projetar o grande globo para a Exposição de 1900, o qual devia transmitir uma noção de cidadania universal[28]. Ambos baseavam suas ideias em Pierre-Joseph Proudhon (1809-1865), o anarquista francês célebre por sua declaração "Propriedade é roubo". Ironicamente, os escritos de Proudhon haviam-se dedicado a provar exatamente o oposto: seu argumento era de que a posse individual da propriedade era a garantia essencial para a existência de uma sociedade livre, desde que ninguém possuísse em excesso. Só uma tal sociedade, acreditava ele, poderia fornecer a base para um sistema descentralizado e não hierárquico de governo federal[29]: ideia partilhada pelo anarquista russo Mikhail Bakunin (1814-1876), cuja derrota e expulsão por Karl Marx no Primeiro Congresso Internacional ocorrido em Haia, em 1872, foi um dos acontecimentos decisivos na história do socialismo[30].

Reclus e Kropótkin foram os herdeiros dessa tradição, chegando ambos, mais de uma vez, a encontrar-se com Geddes durante as décadas oitocentistas de 80 e de 90. A obra mais importante de Reclus, um alentado estudo em vários volumes denominado *L'Homme et la Terre* (O Homem e a Terra)[31], defendeu que as pequenas sociedades naturalmente coletivistas dos povos primitivos, que viviam em harmonia com seus respectivos ambientes, haviam sido destruídas ou desvirtuadas pelo colonialismo. Mas Kropótkin foi ainda mais importante, pois desenvolveu a filosofia anarquista e a traduziu para as condições do início do século XX, e por meio dele ela teve incalculável influência tanto sobre Howard quanto sobre Geddes. Seu credo era: "Comunismo anarquista, comunismo sem governo – o comunismo dos livres"[32]: a sociedade precisa reconstruir a si própria

A CIDADE NA REGIÃO
o nascimento do planejamento regional:

com base na cooperação entre indivíduos livres, tal como se vê, na natureza, até mesmo em sociedades animais; essa, no seu entender, a tendência lógica para a qual se estavam encaminhando as sociedades humanas[33].

Mais que isso, Kropótkin desenvolveu uma notável tese histórica: a de que no século XII havia ocorrido uma revolução "comunalista" na Europa, o que salvara sua cultura das monarquias teocráticas e despóticas que a queriam suprimir. Essa revolução manifestou-se tanto na comunidade local da aldeia, como em milhares de confrarias e guildas urbanas. Na cidade da Baixa Idade Média, cada divisão ou paróquia era a província de uma guilda individual autogovernada; a cidade propriamente dita era a união desses distritos, ruas, paróquias e guildas, e era, ela própria, um Estado livre[34]. E, argumentava ele,

> Nessas cidades, sob a proteção de suas liberdades adquiridas por força do livre consenso e da livre iniciativa, cresceu toda uma nova civilização, atingindo um tal nível de expansão como até agora não se viu igual [...] Nunca, com exceção daquele outro glorioso período da Grécia antiga – cidades livres, novamente –, dera a sociedade tão largo passo à frente. Nunca, em dois ou três séculos, sofrera o homem uma transformação tão profunda nem vira tão ampliados seus poderes sobre as forças da natureza.[35]

No século XVI, essas realizações foram varridas de cena pelo Estado centralizado que representou o triunfo do que Kropótkin chamou de tradição autoritário-imperial-romana. Mas agora, acreditava ele, esta, por seu turno, fora novamente desafiada pelo seu oposto, o movimento libertário-federalista-popular.

A razão, pensava, estava no imperativo tecnológico: novas fontes de energia, hidráulica e sobretudo elétrica, tornavam desnecessária a existência de uma grande unidade central de energia; as indústrias que dependiam principalmente de mão de obra especializada não tinham economias de escala; as indústrias mais novas demonstravam claramente uma tendência a serem pequenas em escala. Daí por que as grandes concentrações industriais passaram a representar pura inércia histórica: "Não há, em absoluto, nenhuma razão por que essas e outras anomalias semelhantes devam persistir. É preciso que as indústrias se dispersem pelo mundo; e a dispersão das indústrias dentro das nações civilizadas será necessariamente seguida de uma ulterior dispersão de fábricas pelos territórios de todas as nações"[36]:

> Esse alastramento de indústrias pelo país – na medida em que traz a fábrica para dentro dos campos, fazendo com que a agricultura tire todas as vantagens que sempre obtém quando se alia à indústria [...] e produzindo uma

combinação do trabalho agrícola com o industrial – é seguramente o próximo passo [...] Passo que se impõe exatamente pela necessidade de *produzir para os próprios produtores*; que se impõe pela necessidade que tem cada homem e cada mulher saudável de passar uma parte de suas existências executando trabalho manual ao ar livre.[37]

Esse foi um dos mais cruciais *insights* que Geddes emprestou de Kropótkin; já em 1899, presumivelmente logo após ler a primeira edição de *Campos, Fábricas e Oficinas,* ele havia batizado a nova era da descentralização industrial de era "neotécnica"[38]; no ano seguinte, numa exibição na grande Exposição de Paris, ele estava usando os termos "paleotécnico" e "neotécnico"[39]. Como escreveu mais tarde: "Podemos distinguir como Paleotécnicos os elementos mais primevos e rudes da Era Industrial, e como Neotécnicos os elementos mais recentes e amiúde ainda incipientes que daqueles se destacam."[40] Somente nessa nova era – aqui ele seguiu fielmente Kropótkin – "aplicaríamos nosso talento construtivo, nossas energias vitais na conservação pública e não na dissipação privada dos recursos, e na evolução e não na destruição de vidas alheias"[41].

De Reclus e Kropótkin e, além deles, de Proudhon, Geddes extraiu também sua posição de que a sociedade tinha de ser reconstruída não por meio de medidas governamentais violentas como a abolição da propriedade privada, mas mediante os esforços de milhões de indivíduos: a "ordem neotécnica" significava "a criação, de cidade em cidade, de região em região, de uma Eutopia". Ele era hostil à abordagem centralizada dos fabianos, por isso manteve-se fora do debate político em voga no seu tempo; ele buscava soluções passíveis de implantação imediata[42]. Com o fim da Primeira Grande Guerra, acreditou ele que a Liga das Nações seria uma liga de cidades – e não das capitais, que eram os centros das máquinas de guerra –, mas das grandes cidades de província que, recuperando sua primitiva independência, organizar-se-iam por vontade própria, federativamente, num modelo suíço[43]. Ideia essa que inspirou uma daquelas suas efusões características que reclamam longas citações – embora, em termos geddesianos, não passe de mero fragmento:

> O centro eugênico natural está em cada lar: sua juventude sai para formar novos lares; estes constituem a aldeia, o vilarejo, a cidade pequena ou grande; o futuro eugenista terá, assim, de trabalhar em todos esses lugares para melhorá-los. Organizem os lares em vizinhanças cooperativas e solidárias. Unam esses lares agrupados em bairros reformados e socializados – ou paróquias, como queiram – e no devido tempo, terão uma nação melhor, um

A CIDADE NA REGIÃO
o nascimento do planejamento regional:

> mundo melhor [...] Cada região e cidade pode aprender a gerir seus próprios negócios – construir suas próprias casas, produzir seus próprios cientistas, artistas e professores. Essas regiões em desenvolvimento já atuam juntas em seus interesses, então por que não fazer amigos e organizar uma federação ampla o bastante para suprir as necessidades [...] Não será este o tempo profetizado por Isaías? [...] "Quando ele chegar, então ajuntarei todas as nações e todas as línguas e elas virão" e "haverá um novo céu e uma nova terra [...] e dos que houve não restará lembrança [...] eles construirão casas e nelas habitarão [...] e eu conduzirei seu trabalho na verdade.[44]

E quando alguém, estupefato, o arguia, tentando fazer com que se explicasse, ele replicava que uma flor se expressa ao florescer, e não ao ser rotulada[45].

Na verdade, ainda havia muito por vir; muito mais. Havia os temas desenvolvidos primeiramente por Victor Branford, colaborador de Geddes e tão discursivo quanto ele: o papel desempenhado pela Igreja e pela universidade no relacionamento prático com a comunidade civil[46,47]; a união da eugenia e do civismo com o planejamento urbano e bem-estar social num sistema de educação cívica[48]; "o aumento, no domínio cívico, da influência da mulher e de seus amigos e aliados, o artista, o poeta e o pedagogo", de modo a satisfazer "a necessidade de propiciar às mulheres do povo este ambiente cultural, necessário [...] à sua plena dignidade como poder espiritual"[49]. As ideias jorram de maneira repetitiva, circular, e amiúde obscura: matéria-prima para um sem-número de dissertações ainda não escritas. Mas há um outro conceito, central para a tese de Geddes sobre o planejamento regional como parte da reconstrução social.

Em 1915, Geddes publicou seu livro *Cities in Evolution*. Ele é a mais coerente explanação de suas ideias, com exceção dos artigos coligidos na revista norte-americana *The Survey* uma década mais tarde (baseados nas palestras que fez em 1923 e que levou dois anos para concatenar)[50]. No livro, ele chamou a atenção para o fato de que as novas tecnologias neotécnicas – energia elétrica, motor de combustão interna – já estavam fazendo com que as grandes cidades se dispersassem e, consequentemente, se conglomerassem: "Então há que dar-se um nome a essas cidades-regiões, a essas cidades agregadas. De constelações não podemos chamá-las; conglomerações está, no momento presente – ai de mim! –, mais perto da marca, mas pode soar de modo pejorativo; que tal 'conurbações'?"[51] Na Inglaterra, apontava ele Clyde-Forth, Tyne-Wear-Tees, "Lancaston", a West Riding e "South Riding", "Midlandton", "Waleston" e a Grande Londres; entre as grandes "cidades mundiais" europeias, Paris, a

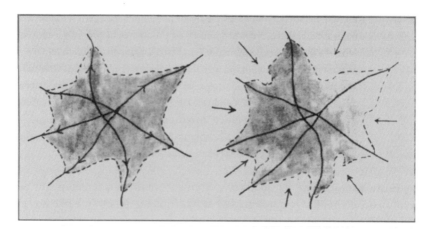

FIG. 47: *O processo de conurbação, certo e errado. Diagrama extraído do livro de Geddes,* Cities in Evolution *(1915), mostra o alastramento urbano e a solução possível.*
Fonte: *Reprodužido por permissão da National Library of Scotland, J. 231.a.*

Riviera Francesa, Berlim e o Ruhr; nos Estados Unidos, Pittsburgh, Chicago e Nova York-Boston[52]. Prenunciando o notável estudo de Gottmann sobre a *Megalopolis,* de meio século mais tarde, escreveu: "não é absurdo esperar que em futuro não muito distante será vista praticamente uma imensa cidade linear estender-se ao longo da Costa Atlântica, cobrindo seus 804 km; e estirar-se para trás em vários pontos; possivelmente com um total aproximado de muitos milhões de pessoas"[53].

O problema era que essas cidades em expansão ainda eram o resultado da má e velha ordem paleotécnica, que a seu ver "desperdiçava recursos e energias, minimizava a qualidade de vida sob a lei da máquina e da cobiça e, consequentemente, produzia, como efeitos específicos, o desemprego e o subemprego, a enfermidade e a loucura, o vício e a apatia, a indolência e o crime"[54]. O primeiro passo, visto que "só raramente as crianças, as mulheres, os trabalhadores podem vir até o campo", era que "precisamos, portanto, trazer o campo até eles", "fazer o campo ganhar a rua, e não simplesmente a rua ganhar o campo"[55]; "Agora as cidades precisam parar de esparramar-se como borrões de tinta e manchas de gordura", e devem crescer botanicamente, "fazendo as folhas verdes alternarem com seus raios dourados"[56]: a população citadina cresceria, assim, em meio a paisagens e aromas campestres.

Suas ideias encontraram um eco na Alemanha. Robert Schmidt (1869-1934), um conselheiro na cidade de Essen entre 1907 e 1920, e então transferido para encabeçar uma nova organização regional, a Siedlungsverband

A CIDADE NA REGIÃO
o nascimento do planejamento regional:

Ruhrkohlenbezirk (svR; Associação de Planejamento de Ruhr, hoje Kommunalverband Ruhr ou Associação Intermunicipal do Distrito de Ruhr). Já em 1913 ele havia formulado uma política integral de "espaço aberto" e também uma estratégia para otimizar a infraestrutura de tráfego[57]. Nisso ele foi claramente influenciado pela política de Charles Eliot para a cidade de Boston, com áreas urbanas "penetradas por sistemas contínuos de parques e áreas recreativas, conectadas diretamente com grandes áreas de floresta e outros espaços abertos fora da cidade", conforme Werner Hegemann escreveu em um livro comemorando uma exibição de planejamento urbano em 1910 em Düsseldorf[58]. Em um *Denkschrift* (memorando) de 1912, ele propôs que a cidade deveria ser circundada por um anel verde e atravessada por eixos radiais de "verde". Haveria redes diferenciadas de rotas servindo o tráfego de longa e de curta distância, tanto para passageiros como para mercadorias. Essa foi a origem do espaço verde aberto regional criado pelo svR logo após sua fundação em 1920[59].

Todas essas ideias de Geddes não eram mais do que Howard, em certo sentido, já dissera; mas Geddes estava dizendo isso ao nível de toda a cidade-região, e nisso estava a sua singular novidade. "O Levantamento Regional e suas aplicações – Desenvolvimento Rural, Planejamento Urbano, Desenho Urbano ", concluía ele,

> estão destinados a tornar-se pensamentos-chave e ambições concretas para a próxima geração, e de uma maneira tão absoluta quanto o foram o Comércio, a Política e a Guerra para a geração passada e para a nossa ora em trânsito [...] Já agora para geógrafos pensantes daqui e dali, para artistas e engenheiros e também planejadores urbanos, a ordem neotécnica está não apenas tornando-se consciente, mas generalizada como integralmente geotécnica; e suas artes e ciências são agora avaliadas menos como prazeres, realizações e distinções intelectuais e mais na medida em que pode ser organizada dentro do serviço geográfico a recuperação regional do Campo e da Cidade[60].

Dizer que a geografia é uma base essencial do planejamento não soava de modo muito radical nos anos de 1980, ou mesmo durante os trinta anos que antecederam essa década; mas em 1915, quando muita gente ainda confundia planejamento urbano com City Beautiful, era revolucionário. O problema estava em que, por mais revolucionário que pudesse ser, era também quintessencialmente incoerente; a citação acima passa bem todo o sabor excessivamente peculiar das 402 páginas, bem como das muitas milhares de outras escritas por Geddes. Ele era bem melhor em exibições: organizou uma para a importantíssima London Town Planning Conference de 1910, enfatizando a sociologia de Le Play e sua própria perspectiva evolucionária, que influenciou, evidentemente, figuras-chaves como Unwin e Abercrombie[61]. Foi por essa época que ele começou a influenciar contemporâneos, principalmente Abercrombie, que então iniciava carreira acadêmica na Universidade de Liverpool. Profissionais, especialmente arquitetos, voltaram-se para ele, que parecia ter respostas prontas a questões vitais[62]. Abercrombie escreveu em 1927:

> Talvez seja seguro afirmar que a moderna política urbana neste país teria sido uma coisa mais simples sem Geddes. Houve um tempo em que parecia necessário somente misturar em uma garrafa o plano alemão de expansão de cidades, o parisiense Boulevard e Vista e a vila-jardim inglesa, para produzir uma mistura mecânica a ser aplicada indiscriminada e beneficentemente a qualquer cidade neste país; assim tal seria uma "cidade planejada" de acordo com as ideias mais atualizadas. Doce sonho! Primeiramente destruído por Geddes, emergindo de sua Torre de Observação no norte gelado para produzir aquele pesadelo de complexidade que é a Sala Edimburgo da Exibição de Planejamento Urbano de 1910. [63]

E um quarto de século depois, numa reunião para celebrar o centenário do seu nascimento, seu sucessor acadêmico, William Holford, citou o epigrama grego sobre Platão: "A qualquer lugar que eu vá em minha mente, encontro Geddes voltando."[64] Mas ele precisou de um amanuense. Daí por que Mumford e seus colegas da Regional Planning Association of America foram tão criticamente importantes como difusores da ideia. "Geddes", escreveu Mumford, "foi quem forneceu a estrutura para meu pensamento: minha tarefa tem sido a de colocar carne em seu esqueleto abstrato"[65]. No prefácio de sua obra mais extensa e influente, *The Culture of Cities* (A Cultura das Cidades, 1938), ele se esforçou no reconhecimento dessa dívida.

Seu encontro decisivo com Geddes em Nova York, em 1923, foi um desastre: ao ser apresentado, Geddes verteu lágrimas dizendo "Você precisa ser outro filho para mim", e então passou a tratar Mumford "mais como ajudante do que como colega, controlando seu tempo, dando ordens, como se ele fosse um aluno de gramática da escola, chegando mesmo a interpelá-lo junto ao quadro-negro a respeito de elementos de seus complicados gráficos e diagramas"[66]; tendo sido acomodado na New School para ficar durante alguns dias, Geddes recusou mudar-se dali, permanecendo durante todo o verão, tomando posse do prédio inteiro e preenchendo-o com seus estudos, que enviara para lá antecipadamente[67].

A CIDADE NA REGIÃO
o nascimento do planejamento regional:

Geddes queria transformar a estrela em ascensão de 28 anos em um auxiliar. Mumford não viu problema em dirigir-se a ele como "mestre", o que fez para sempre; estava enfeitiçado por Geddes, mas percebeu que o mais velho procurava um tipo de super-secretário para converter seu "monte de estrume", como o próprio Geddes se referia aos seus ensaios, em um todo coerente. A própria carreira de Mumford como escritor tinha acabado de deslanchar e ele não tinha tempo nem a inclinação necessária para esse papel. Assim, durante nove anos, a correspondência regular entre ambos assumiu um tom cada vez mais angustiado: Geddes, com a sensação de que sua vida estava se esvaindo com muito pouco a mostrar como legado; Mumford, apresentando elegantemente desculpa após desculpa para adiar a planejada visita à Europa[68].

Mumford, lutando com os escritos de Geddes, encontrou uma deficiência básica, percebida quando se conheceram: "Geddes, ao confinar parte tão grande de seu pensamento ao seu limitado vocabulário preso aos gráficos, era incapaz, exceto em fala espontânea, de delinear a plenitude de sua própria experiência de vida." [69] Aos oitenta anos, em um de seus últimos escritos, Mumford compôs um comovente epitáfio para seu "mestre":

> Para mim, o maior serviço prestado por Geddes foi abrir a Casa da Vida, do telhado sob o céu aberto até o porão labiríntico. Mas não posso esquecer que há muitos cômodos nessa casa nos quais nunca haveremos de penetrar até o fim de nossos dias; e que nem uma única vida, nem uma única cultura, nenhuma observação filosófica ou religiosa, nem um único período ou época, nem tampouco todos os produtos montados pela ciência e técnica, embora condensados e computadorizados, irão jamais esgotar as manifestações ilimitadas e imprevisíveis da criatividade. Nada menos que o esforço total de todas as criaturas e de todas as mentes, ajudado pelas estrelas em seus cursos, é necessário para transmitir, mesmo que tenuemente, os sentidos e os valores da vida. E de quem eu primeiro aprendi essa lição? De Patrick Geddes. Mas não a encontrei em nenhum de seus gráficos.[70]

Embora sem ter conhecimento disso durante sua longa e angustiada correspondência, Geddes encontrara o autor para o seu evangelho.

A Associação de Planejamento Regional da América

Em sua autobiografia, Mumford lembra como ocorreu o nascimento da Regional Planning Association of America (RPAA). Já em 1917, quando tinha apenas 22 anos, ele redigira um trabalho, "As Civilizações-Jardim Preparam-se Para uma Nova Época" (*Garden Civilizations in Preparing for a New Epoch*), aparentemente inédito, sobre a descentralização industrial e as cidades-jardim. No outono de 1922, encontrou-se com Clarence Stein, um arquiteto. A RPAA surgiu de uma associação casual de Mumford, Stein, Benton MacKaye (cuja proposta para uma Trilha Apalachiana fora publicada por Stein no *Journal of the American Institute of Architects,* em 1921) e Charles Harris Whitaker. Outros membros fundadores do grupo nos seus primórdios, por volta de março de 1923, incluíam o economista Stuart Chase, os arquitetos Federick Lee Ackerman e Henry Wright, e o empresário Alexander Bing; Catherine Bauer foi escolhida como diretora-executiva e assistente de pesquisa de Stein[71]. Grupo pequeno e heterogêneo, jamais passou de vinte membros, sediado principal mas não exclusivamente em Nova York, com "ausência total de prima-donas"; ao que tudo indica, seus elementos essenciais foram Mumford, Stein, Wright, Ackerman e MacKaye[72]. Em junho de 1923, durante visita de Geddes a Nova York, o grupo adotou um programa de cinco itens que incluía: criação de cidades-jardim dentro de um plano regional; desenvolvimento de relações com os planejadores britânicos, sobretudo Geddes; desenvolvimento de projetos e planos regionais para promover a Trilha Apalachiana; colaboração com o comitê do AIA (American Institute of Architects) sobre Planejamento Comunitário para propagar o regionalismo; e levantamentos de áreas-chave, com especial atenção para a bacia do Vale do Tennessee[73].

Essa ideologia do plano regional veio da RPAA. Formada em abril de 1923, a RPAA abrigava muitas das pessoas mais notáveis que o movimento de planejamento do século XX jamais produzira. Elas possuíam *backgrounds* distintos e personalidades muito diferentes: Benton MacKaye era da Nova Inglaterra, de ascendência escocesa, filho de um dramaturgo e orientando do grande geógrafo de Harvard W.M. Davis, um amante do campo e de cidades pequenas, um conservacionista das áreas rurais e selvagens; Clarence Stein era um socialista judeu cosmopolita e planejador comunitário urbano; Henry Wright era um arquiteto estabelecido que trabalhava com Stein em projetos; Mumford era o culto crítico urbano. Finalmente, Alexander Bing, investidor imobiliário eleito presidente da RPAA em 1923, desempenhou um papel crucial

A CIDADE NA REGIÃO
o nascimento do planejamento regional:

ao converter as ideias do grupo em ação; sua City Housing Corporation deu garantias hipotecárias a dois projetos da Associação, o Sunnyside Gardens, no Queens, e o Radburn, em Nova Jersey, tornando-os acessíveis aos trabalhadores. Cada uma dessas pessoas era individualmente talentosa, mesmo genial; mas tinham além disso a capacidade de trabalhar juntas em pequenos grupos criativos. Tornaram-se grandes amigos e suas ideias fundiram-se no conceito de "cidade regional": uma "forma urbana utópica" em que uma grande variedade de comunidades urbanas estaria situada em um contínuo plano de fundo verde de fazendas, parques e áreas selvagens. O conceito derivava da ideia de cidade-jardim/cinturão verde, de Ebenezer Howard; mas ia muito além[74].

A RPAA acreditava que novas tecnologias – a eletricidade, o telefone, o carro – fossem agentes libertadores, permitindo que lares e locais de trabalho escapassem completamente do aperto da cidade do século XIX: ideia que Mumford derivara da distinção de Geddes das economias paleotécnicas e neotécnicas, e que ele eficazmente utilizou na sua obra-prima de 1938: *The Culture of Cities* (A Cultura das Cidades)[75]. Mais tarde, Mumford ficou em dúvida e acabou rejeitando essa hipótese, pois viu o que a mobilidade de massa por meio do automóvel fez aos Estados Unidos do pós-Segunda Guerra; mas, no fim dos anos de 1920, ainda era possível ver o carro como uma tecnologia benigna.

Essas ideias foram reunidas no Plano Estadual que Henry Wright elaborou para a New York State Commission of Housing and Regional Planning, da qual Clarence Stein era presidente. Condenando as tendências passadas que resultaram em 80% das pessoas vivendo em apenas 15% das terras do Estado, notadamente no Corredor Hudson-Mohawk de 640 km de comprimento por 40 km de largura, Wright salientou o contraste entre as cidades congestionadas e a zona rural deserta e batalhou por uma dispersão planejada das pessoas e empregos por todo o Estado. Isso tornou-se o credo da RPAA: seu contra-plano, sua alternativa radical às propostas de Adams de negócios-sempre. Infelizmente, o Governador Alfred E. Smith, patrono do plano, retirou seu apoio: ele mirava a Casa Branca e passou a apoiar Robert Moses, o inimigo jurado dos planejadores e principalmente da RPAA[76].

Dois anos mais tarde, a RPAA teve a sua primeira grande oportunidade: *The Survey*, revista de prestigiosa circulação entre os intelectuais liberais e elo importante com o movimento social operário, convidou-a para produzir um número especial para a reunião de Nova York da International Town Planning and Garden Cities Association. Concebido por MacKaye, esse número foi realizado e editado por Mumford[77]. Esgotado durante meio século até ser reimpresso por Carl Sussman em seu livro *Planning the Fourth Migration* (Planejando a Quarta Migração), permanece – ao lado de *The Culture of Cities* – como o manifesto definitivo do grupo, e constitui um dos mais importantes documentos desta história.

O começo só podia ser de Mumford:

> Este é o número da *Survey Graphic* dedicado ao Plano Regional. A ideia que o anima deve-se a um escocês de longas barbas, a quem a curiosidade não deixaria sossegar até que da sua Torre do Observatório, em Edimburgo, ele tivesse visto com clareza, através da algazarra da civilização, a terra que a sustinha e, a despeito do desacerto humano, que a nutria.
>
> Este número foi produzido por um grupo de insurgentes que, como arquitetos e planejadores, construtores e reconstrutores, tentou remoldar cidades pelas vias convencionais e, ao perceber que se tratava de tarefa de Sísifo, corajosamente depositou inteira confiança no novo conceito de Região[78].

Tinha o público na mão: finalmente a mensagem de Geddes seria compreendida. O artigo de abertura, "The Fourth Migration", também vinha de Mumford. Falava sobre as duas Américas: "a América da fixação", das costas e planícies urbanizadas por volta de 1850, e

> a América das migrações; a primeira migração, que desbravou a terra a oeste do Allegheny e abriu o continente, obra do pioneiro da terra; a segunda migração, que forjou sobre essa textura um novo padrão feito de fábricas, ferrovias e sujas cidades industriais, legado do pioneiro da indústria; e finalmente [...] a América da terceira migração, o fluxo de homens e materiais dirigido para os nossos centros financeiros, as cidades onde edifícios e lucros se lançam para o alto em desenfreadas pirâmide[79].

Mas agora "eis-nos de novo em outro período de fluxo", a quarta migração, baseada "na revolução tecnológica ocorrida nos últimos trinta anos – revolução que tornou o atual esquema de cidades e a atual distribuição populacional inadequados para as novas oportunidades que se nos apresentam". O automóvel e a rodovia abriram mercados e fontes de abastecimento: "A tendência do automóvel [...] é, dentro de limites, dispersar a população antes que concentrá-la; e qualquer projeto elaborado no sentido de concentrar pessoas em áreas da grande cidade choca-se frontalmente com as oportunidades que o automóvel oferece"; o telefone, o rádio e a encomenda postal tiveram o mesmo efeito; como também a eletricidade[80]. A diferença, ao contrário das primeiras três migrações, está em que dessa vez tivemos a capacidade de orientar o movimento: "Felizmente para nós, a quarta migração apenas

FIG. 48: *O Manifesto da* RPAA. *Editado por Lewis Mumford, esse trabalho coletivo foi a afirmação definitiva da filosofia do pequeno grupo de Nova York, tornando-se um dos mais importantes documentos da história do planejamento.* Fonte: *Peter Hall.*

começa: está em nossas mãos permitir que ela se cristalize numa formação tão ruim quanto a das nossas primeiras migrações; ou dela tirar o máximo proveito, orientando-a para novos canais."[81]

Clarence Stein, no artigo seguinte, retoma o tema de Mumford: sem que a maioria de seus moradores soubesse, as novas tecnologias estavam transformando Nova York, Chicago, Filadélfia, Boston e o resto em "cidades-dinossauro", que estavam se esfacelando sob o peso da superpopulação, da ineficiência e do custo social ascendente, e finalmente do completo colapso físico. O resultado era que essas cidades estavam-se tornando os locais menos lógicos para a implantação de indústrias. Numa notável profecia – estamos, é preciso lembrar, em 1925 – Stein escreveu:

> Quando os custos locais não podem ser administrados, e quando centros menores se mostram, a despeito de sua carência em recursos financeiros e comerciais, aptos a fazerem valer suas vantagens industriais, às indústrias da grande cidade só resta migrar ou falir. Ainda estamos em tempo de protelação; mas o dia do acerto de contas virá: e é de nossa conveniência anteciparmo-nos a ele.[82]

Robert Freestone traçou o conceito de Stein de cidade regional, "galáxias de comunidades de tamanho modesto (não cidades satélites) unidas por modernos meios de comunicação", um retorno à cidade social de Howard via *Cities in Evolution*, de Geddes, e ao plano regional para Doncaster e distrito de Patrick Abercrombie e Henry Johnson[83]. As conexões transatlânticas já estavam a pleno vapor.

Já o economista do grupo, Stuart Chase, foi além: grande parte da economia norte-americana consistia em fazer chover no molhado, transportando, de um lado ao outro do continente, mercadorias que não tinham nenhuma necessidade de serem transportadas. Ele pergunta:

> Então, especificamente, qual o problema? Onde a energia, particularmente a energia de transporte, é desperdiçada, e como as comunidades planejadas reduziriam esse desperdício de tal maneira que o caminhante, ao invés de ficar para trás ou de empreender esforços inauditos para conservar-se onde está, possa começar a ganhar terreno em sua luta contra o custo de vida?

Suas palavras marcam importante mudança na argumentação: é preciso não apenas acompanhar o fluxo da transformação tecnológica, como alegaram Mumford e Stein, mas intervir a fim de corrigir as ineficiências mais grosseiras do sistema. Um "plano nacional" envolveria "regiões delimitadas com base em entidades geográficas naturais"; "um máximo de artigos alimentícios, têxteis e de materiais de construção produzidos e manufaturados na região de origem"; "um mínimo de trocas inter-regionais, baseadas unicamente em produtos que a região de origem não pode economicamente produzir"; mais as usinas regionais de energia elétrica, os trajetos curtos por caminhão e "uma distribuição descentralizada da população"[84]:

> O planejamento regional de comunidades eliminaria a comercialização nacional antieconômica, eliminaria a superpopulação urbana e os desperdícios terminais, equilibraria a carga de energia, tiraria o grosso do carvão das ferrovias, eliminaria a duplicação na entrega de leite e de outros produtos, poria em curto-circuito práticas antieconômicas como arrastar maçãs do Pacífico até os consumidores de Nova York, incentivando a plantação de pomares locais; desenvolveria as áreas florestais do lugar e frearia o transporte da madeira do oeste para as fábricas do leste, localizaria as fiações de algodão perto de algodoais, fábricas de sapatos próximas às áreas de curtumes, siderúrgicas a pequena distância das jazidas de minério, manufaturas de produtos alimentícios em pequenas unidades de enorme potencial elétrico junto a cinturões agrícolas. E acabava-se a necessidade do arranha-céu, do metrô e do refúgio e da solitária área rural![85]

De novo uma profecia: defendia-se a conservação de energia meio século antes do Clube de Roma. Essa defesa, no entanto, envolvia um plano, e a consequente interferência na iniciativa privada, o que era francamente socialista; bem dizia Chase, poucos anos mais tarde, "Éramos moderadamente socialistas, embora, de modo algum, comunistas; liberais, mas desejosos de abandonar amplas áreas da livre concorrência em favor de uma economia planejada. Não éramos, portanto, socialistas doutrinários. Tínhamos mentes abertas; uma espécie de socialistas fabianos."[86]

Isso emerge de forma bastante clara à medida que o grupo vai elaborando suas propostas. Mumford volta agora especificamente à escolha pelo advento da era neotécnica: a sociedade já pode ter cidades supercrescidas e que cresçam mais e mais, "na frase sardônica do professor Geddes: mais e mais de pior a pior"[87]. Ou poderá optar por um planejamento regional.

> O planejamento regional não pergunta quanto uma área pode ser ampliada sob a égide da metrópole, mas como a população e os serviços públicos podem ser distribuídos a fim de promoverem e estimularem uma vida intensa e criativa através de toda uma região – uma região sendo qualquer área

geográfica dotada de determinada unidade de clima, solo, vegetação, indústria e cultura. Ao planejar uma área, o regionalista esforça-se para que todos os seus sítios e recursos, da floresta à cidade, da montanha ao nível d'água, possam ser corretamente desenvolvidos, e que a população seja distribuída de modo que utilize e não aniquile ou destrua as vantagens naturais do lugar. O planejamento regional vê o povo, a indústria e a terra como uma única unidade. Em vez de tentar, mediante um ou outro artifício desesperado, tornar a vida mais tolerável nos centros superpovoados, procura determinar que espécie de equipamento necessitarão os novos centros.[88]

Ei-lo que chega, finalmente, ao ponto: àquilo que Geddes, através de toda sua torrente verborrágica, com tanto esforço procurara dizer. Mas geddesiano ele é também em seu propósito: a tecnologia neotécnica pode ser o meio para atingir-se não apenas uma maior eficiência mecânica, mas também

> uma qualidade de vida mais completa, em cada ponto da região. Impossível tolerar qualquer forma de indústria ou qualquer tipo de cidade que tirem a alegria da vida. Comunidades onde o namoro se faz às escondidas, onde os bebês são um fardo a evitar, onde a educação, carecendo do contato da natureza e das ocupações práticas, petrifica-se numa rotina vazia, na qual as pessoas realizam seu lado aventureiro apenas sobre rodas, e sua felicidade, apenas quando se "libertam" mentalmente do cotidiano – comunidades assim não justificam suficientemente nossos modernos avanços no campo da ciência e da invenção[89].

Aqui é onde entra Howard. Pois se o planejamento regional fornece a estrutura, a cidade-jardim provê o "objetivo cívico"[90]: "não como porto temporário de refúgio, mas como sede permanente de vida e cultura, urbana em suas vantagens, permanentemente rural em sua situação". Isso, porém, significava "uma mudança de meta tanto quanto uma mudança de lugar":

> nossas cidades-jardim representam um desenvolvimento mais completo de artes e ciências mais humanas – biologia, medicina, psiquiatria, educação, arquitetura [...] tudo o que há de bom em nossos modernos progressos mecânicos, mas também tudo o que foi excluído desta existência unilateral, todas as coisas que a Atenas do século V ou a Florença do século XIII, a despeito de toda a sua crueza física, possuíam[91].

Kropótkin de novo. Mas é mais do que Kropótkin, mais até do que Geddes: há aqui uma outra corrente, especificamente norte-americana.

> O planejamento regional é a nova conservação – a conservação dos valores humanos de mãos dadas com os recursos naturais [...] Agricultura permanente em lugar de exaurimento da terra, manejo permanente de florestas em lugar de extração predatória da madeira, comunidades humanas permanentes, dedicadas à vida, à liberdade e à busca da felicidade, em vez de acampamentos e ocupações invasoras, e construções estáveis em vez do inacabado e do falsificado de nossas comunidades "progressistas" – tudo isso se inclui num planejamento regional.[92]

Esse tema norte-americano é retomado por Benton Mackaye em seu artigo "The New Exploration". Em certo nível, é puro Geddes: longos cortes transversais através de secções de vale em diferentes escalas, desde os Berkshires do norte do estado de Massachusetts descendo até Boston e o oceano, descendo o pequeno Vale Somerset ao longo da cabeceira do Rio Deerfield. E o plano para o Vale Somerset pretende justamente realizar aquele equilíbrio ecológico que Vidal e seus seguidores encontraram nas regiões de há muito colonizadas da França. A diferença é que para o Somerset existe um planejamento: ele é baseado em *"cultura de florestas* contra *extração de florestas"*, pois só isso "manterá o Vale Somerset verdadeiramente em estado de se viver"[93]. A América, essa terra de colonização relativamente recente, precisa passar pelo aprendizado das mesmas escalas temporais, da mesma inconsciente capacidade de recuperação natural através do bom manejo da terra, que, durante séculos, os camponeses europeus passaram de geração em geração. Tal ênfase reporta-se a várias e distintas linhas do pensamento norte-americano oitocentista: ao conceito de "estrutura, processo e etapa" dos primeiros geógrafos físicos de Harvard, Nathaniel S. Shaler e William M. Davis; às opiniões de um geógrafo ainda mais antigo, George Perkins Marsh, em ecologia e planejamento de recursos; à importância que o retorno à natureza e ao equilíbrio natural assume na obra de David Thoreau[94]. E de acréscimo ainda havia uma gama mais recente de movimentos intelectuais nas universidades do Sul rural, então afundado na depressão. Havia os conservadores agrários sulistas na Universidade Vanderbilt em Nashville, Tennessee, com sua rejeição do industrialismo nortista e seu modelo de economia rural inspirado na Idade Média ou na Nova Inglaterra dos primeiros tempos[95]. E, num agudo contraste ideológico, havia os regionalistas sulistas, agrupados em torno de Howard Odum, com sua ênfase na descentralização da riqueza e do poder e numa recuperação equilibrada do rico legado regional de recursos naturais mal explorados, e que estavam só então começando a desenvolver seu pensamento na Universidade da Carolina do Norte, mas cuja obra maior ia surgir na década de 1930[96].

Essas correntes em desenvolvimento – embora por vezes inconsistentes – aparecem juntas na completa explanação que faz MacKaye sobre sua maneira própria de interpretar a filosofia da RPAA em "The New Exploration"[97]. Nesse texto, desenvolveu ele a noção de duas Américas em contraste: a nativa, "mistura da primeva com a colonial", e a metropolitana, "mistura da urbana com a industrial, esta de amplitude mundial". Cabia ao planejador regional a ingente tarefa de reconstruir e conservar com esmero o ambiente daquela América nativa mais antiga, a vastidão selvagem primeva, as primeiras comunidades aldeãs da Nova Inglaterra, e "a verdadeira cidade, o complemento da verdadeira aldeia"[98]. Isso, porém, seria difícil, pois:

> O desafio, no país, será entre a América metropolitana e a América nativa. Ambas agora se confrontam, não só psicológica mas também física e geograficamente. O mundo metropolitano [...] é uma estrutura mecanizada e fundida da indústria e que flui [...] poderosíssima nos vales e fragílima nos cimos das montanhas. A estratégia do mundo nativo opera exatamente na direção oposta. É ainda poderosa no meio primevo, bem como ao longo dos caminhos alterosos da barreira apalachiana [...] é forte também em regiões como as do interior do país, onde, embora fazendas e aldeias estejam exauridas, os recursos, tanto físicos quanto psicológicos, continuam ali, abertos à recuperação e a um desenvolvimento em novas bases.[99]

O problema, portanto, "diz respeito à reformulação da América metropolitana em seu contato com a América nativa". Pois a América nativa era a América da colonização de Mumford, assim como a metropolitana era a sua América das migrações[100]. E a quarta migração de Mumford era um "refluxo", "um reassentamento das populações e indústrias oriundas da segunda e da terceira migrações", que haviam-se tornado uma inundação por um dique rompido[101]. A questão que se levantava para o planejamento regional, portanto, era a seguinte: "Que tipo de barragem [...] construir a jusante a fim de manter nosso dilúvio sob controle?"[102]

A resposta de MacKaye foi um estratagema típico da RPAA: aproveitar a nova tecnologia, mas ao mesmo tempo controlar seu impacto sobre o ambiente natural. O ambiente metropolitano ampliar-se-ia através das "autovias"; e no espaço intermédio, as áreas colinosas seriam mantidas como uma primeva (ou "quase primeva") "área selvagem", "servindo ao duplo propósito de parque florestal e recreio público" e, através delas, um sistema de caminhos abertos, "equipado para uso efetivo como circuito de paragens rústicas e lazer ao ar livre", funcionaria como "um conjunto de freios para o dilúvio metropolitano; dividiria – ou

A CIDADE NA REGIÃO
o nascimento do planejamento regional:

tenderia a dividir – as águas da inundação metropolitana em 'bacias' separadas, tentando, assim, evitar sua completa e total confluência"[103]. Adicionalmente, "agregada ao sistema de autovias", correria uma *rede de estradas vicinais*, "conjunto de caminhos franqueados ao tráfego, ou circuitos, que ladeariam e interligariam as sucessivas cidades e vilarejos", livres de toda e qualquer estrutura ou uso do solo inadequados[104]. O que era exatamente o oposto da "cidade de estrada", "corporificação mesma do dilúvio metropolitano"[105]. Não lhe faltariam edifícios – "Não se assustem, não é nossa intenção fazer soar o toque de recolher urbano" – mas esses edifícios não seriam "lançados juntos", e sim, "reunidos" mediante um bom planejamento[106]. E, desenvolvendo a ideia dois anos mais tarde, chegava ele ao conceito da autoestrada sem cidade: uma via de acesso limitado ao redor de Boston, com postos de gasolina instalados a intervalos, mas sem qualquer outro acesso. Não é de admirar que, perto de quarenta anos depois, Lewis Mumford tenha creditado a MacKaye a invenção da moderna rodovia; o que não é de todo verdadeiro, como mostraremos no capítulo 9, mas constitui um justo reconhecimento da notável presciência demonstrada pelos fundadores da RPAA[107].

Como isso poderia parecer na prática é o que nos mostram os mapas e tabelas preparados por Henry Wright para a New York State Commission of Housing and Regional Planning; "Época I" (1840-1880), de "Atividade e Intercurso de Amplitude Estadual", é seguido por "Época II" (1880-1920), em que a população se concentra ao longo da principal linha de transporte. Mas em "Época III" vemos "o possível estado do futuro, onde cada parte está a serviço de sua função lógica, dando suporte à atividade saudável e à vida prazerosa". Um *close-up* ampliado, "uma secção ideal", prova tratar-se do conhecido diagrama de Geddes aplicado ao território que dá de frente para o Lago Erie: florestas e reservatórios para armazenagem nas áreas montanhosas, fazendas de gado leiteiro na fronteira das terras altas, a estrada principal flanqueada por duas autovias paralelas mais a ferrovia na planície fértil, e, dispostos com a precisão das contas de um colar, as grandes e as pequenas cidades[108].

Pouca coisa disso tudo, na América de 1920, concretizou-se em programa; mesmo a constitucionalidade do zoneamento estava incerta antes da histórica decisão de 1926 exarada pela Corte Suprema[109]. É verdade que, quando governador do estado de Nova York, Franklin D. Roosevelt pelo menos comprou a prescrição de Stuart Chase, pois – com a manipulação dos regulamentos de controle sanitário para laticínios – protegia os criadores de gado leiteiro do estado contra a concorrência externa[110]. E foi, não há dúvida, através da ação empreendedora de Alexander Bing que a RPAA conseguiu estabelecer duas comunidades experimentais: a de Sunnyside Gardens na cidade de Nova

York, e a de Radburn em Nova Jersey (capítulo 4). Mas o negócio da RPAA era, acima de tudo, vender sonhos de longo prazo.

A RPAA Versus o Plano Regional de Nova York

No maior de seus conflitos com relação a programas, a RPAA encontrou pela frente um inimigo imprevisto. Thomas Adams fora um dos pioneiros do planejamento urbano britânico: primeiro diretor geral de Letchworth Garden City, primeiro inspetor de planejamento, membro fundador e primeiro presidente (embora pouco qualificado)[III] do Town Planning Institute[112]. E ao chegar aos EUA, exatamente quatro anos antes da fundação da RPAA, enfatizara "a importância de um dos mais modernos aspectos do planejamento urbano, a direção e o controle do crescimento em curso dentro dos distritos rurais e semi-rurais onde as novas indústrias estão sendo estabelecidas", alegando que "nenhum esquema de planejamento urbano poderá ser considerado satisfatório se não for preparado levando em conta o desenvolvimento regional que circunda o município"[113]. Assim, quando Charles Dyer Norton – o primeiro presidente do Commercial Club de Chicago e o principal responsável pelo Plano Burnham, e agora tesoureiro da Russell Sage Foundation – convenceu-o a dirigir um ambicioso trabalho de levantamento e planejamento de toda a região de Nova York, Adams viu-se ante um desafio difícil de recusar. Confirmado no cargo após o falecimento de Norton, por seu sucessor Frederic Delano, foi nomeado Diretor de Planos e Levantamentos em julho de 1923[114].

Foi, como Robert Fishman destacou, a culminação de uma profunda mudança no planejamento urbano norte-americano: da City Beautiful para a cidade funcional, que enfatizou um enfoque empresarial, tecnocrático e baseado em levantamento. Começando já em 1907 em Nova York, St. Louis, Grand Rapids e Dubuque, floresceu nos anos de 1920: John Nolen pode reportar em 1928 que um total de duzentas cidades, abarcando juntas 26,5 milhões de pessoa, haviam sido "amplamente replanejadas". Esses replanejamentos – produzidos por comissões de planejamento urbano, predominantemente consultivas, externas ao próprio governo local e dominadas por cidadãos de "espírito público", voluntários de classe média e por líderes empresariais – foram o trabalho de uma equipe pequena e seleta de profissionais privados: Harland Bartholomew, George Ford, Frederick Law Olmsted Jr., e John Nolen. Havia

A CIDADE NA REGIÃO
o nascimento do planejamento regional:

outra significativa tendência aqui, pressagiada já em 1909 no Plano Burnham para Chicago: um deslocamento em alguns lugares – Allegheny County (área de Pittsburgh), Los Angeles, Hamilton County (Grande Cincinnati) – de foco da cidade central para a região metropolitana mais ampla[115].

Sempre predisposto ao trabalho em equipe, Adams recomendou que o Plano de Nova York fosse elaborado por um grupo que incluísse um engenheiro, um arquiteto, um advogado e um planejador regional atuando como coordenador. Sob outro aspecto ainda ele era o candidato perfeito; era um plano para homens de negócios, visto que seus principais incentivadores eram ex-líderes no mundo dos negócios em Chicago, a quem ele custaria um total de mais de um milhão de dólares ao longo de uma década[116], e Adams, então nos seus cinquenta anos, "com seu próprio modelo filosófico de há muito fixado", era um planejador para homens de negócios. A seu ver, o plano devia representar a arte do possível: "O Plano Regional devia ser, não uma prescrição revolucionária, mas antes um conjunto de controles públicos brandos sobre um padrão de desenvolvimento livre, de modo a melhorar a eficiência metropolitana e a limitar os piores abusos do mercado; além de incluir alguns benefícios públicos não controversos, tais como novas estradas, parques e praias"[117] – isso, nem é preciso que se diga, era uma receita certa para um conflito acerbo com os idealistas da recém-nascida RPAA.

Não era o alcance geográfico do plano que estava errado. Pois Norton apelara para uma área mais ampla: "A partir da sede da prefeitura deve-se traçar um círculo que abrangerá as Montanhas Atlânticas e Princeton; as encantadoras colinas Jersey que se erguem por trás de Morristown e Tuxedo; do incomparável Hudson até Newburg; os lagos e as serras de Westchester até Bridgeport e além; e tudo de Long Island."[118] A área resultante – superior a 12.800 km², com cerca de nove milhões de habitantes – formava uma imensa tela como até então plano nenhum havia coberto[119]. Tampouco estava errada a metodologia do levantamento: Adams reuniu, numa equipe sem rival, cujos volumes detalhados constituem alguns dos clássicos incontestes da literatura sobre planejamento, com conclusões que ecoam aquelas de Mumford, Chase e Stein. Lá está Robert Murray Haig, discorrendo sobre economia urbana[120], mostrando que muitas atividades já estavam se afastando por terem menos necessidade de uma localização central, e defendendo controles de zoneamento para ter controle sobre externalidades negativas: "O zoneamento justifica-se economicamente como estratagema útil para assegurar uma distribuição aproximadamente justa de custos, forçando cada indivíduo a arcar com suas próprias despesas."[121] Lá está o volume sobre população e preços de terra, alegando que o problema estava na concentração excessiva dos meios de transporte, que, por seu turno, encorajava uma concentração excessiva de atividades econômicas, e daí a consequente superpopulação que gera desperdício econômico[122]. E o volume sobre zoneamento e uso do solo, afirmando que os altos preços da terra em Nova York são o resultado direto da altura e tamanho permitidos nas construções[123]. E há também o volume de Perry sobre unidades de vizinhança, com seu reconhecimento de que o automóvel estava criando naturalmente a cidade celular[124].

Não era nada disso: errada era a filosofia partilhada por Adams e seu grupo, a crença de que a forma da região estivesse fixada na prática, admitindo apenas modificações incrementais e marginais. E isso se manifestava de diversas maneiras: na aceitação do plano rodoviário existente a que se acrescentavam alguns "desvios ou anéis viários [...] que permitissem a livre circulação entre as principais subdivisões da região"; no alto investimento em novas conexões radiais ferroviárias com os subúrbios dentro de Manhattan[125]; na defesa – embora em parte alguma se mencione o nome de Le Corbusier – do princípio corbusiano da construção de arranha-céus a intervalos espaçados dentro de um parque[126]; e sobretudo na sugestão de que "no tocante aos problemas provocados pela concentração do desenvolvimento industrial e comercial em determinada região, o imprescindível não é descentralizar e, sim, reorientar a centralização, tendo em vista, basicamente, tornar todos os seus centros e subcentros saudáveis, eficientes e livres da superpopulação"[127]; e na sugestão daí decorrente de que "a recentralização" do comércio e da indústria em subcentros, dentro da região, pudesse aliviar a sobrecarga populacional[128], ao que se associava a rejeição da cidade-jardim como solução geral, "exceto para aquelas parcelas mínimas da indústria e da população que pudessem ser persuadidas a mudar para novos centros"[129]; na rejeição de toda e qualquer unidade governamental mais abrangente que se dispusesse a elaborar um plano para a região inteira[130]. O erro estava, antes e acima de tudo, na assunção passiva de que a região continuaria a crescer, de 14,5 milhões de pessoas para talvez 21 milhões por volta de 1965, aliada à falta de qualquer proposta definida, como, por exemplo, dizer para onde toda essa gente a mais deveria ir[131]; o objetivo básico era "descentralizar e esvaziar Nova York o suficiente para que continue funcionando nos moldes tradicionais"[132].

Como era de prever, a resposta veio amarga. Em famosa resenha, Mumford condenou o plano em todos os seus pormenores. Sua estrutura espacial, apesar da aparente amplitude, era excessivamente estreita; aceitava o crescimento como fato inevitável, sem levar em conta o potencial de que dispõe o planejamento para influenciá-lo; sequer considerava alternativas; continuava a permitir o adensamento das áreas centrais; condenava o último trecho

A CIDADE NA REGIÃO
o nascimento do planejamento regional:

remanescente de área livre perto de Manhattan, os prados de Hackensack de Nova Jersey, a ser totalmente coberto por construções; descartava como utópicas as cidades-jardim; tolerava a plena ocupação das áreas suburbanas; ao rejeitar o princípio da habitação pública, condenava o pobre a morar pobremente; favorecia um aumento ainda maior de subsídios para as linhas de interligação centro-subúrbio dentro de Manhattan, ajudando, assim, a aumentar aquela mesma superpopulação que denunciava; suas propostas de rodovia e tráfego rápido eram uma alternativa para um projeto de construção comunitária, não um meio para chegar até ele. Sua falha básica estava em apresentar-se como sustentação para tudo: concentração e dispersão, controle de planejamento *versus* especulação, subsídio estatal *versus* regras de mercado. Mas, a despeito das aparências em contrário, significava, na verdade, uma orientação para uma centralização ainda maior[133]. E Mumford concluiu:

> Em suma: o "Plano Para Nova York e Seus Arredores" é um pudim mal concebido, dentro do qual se despejou e misturou um número muito grande de ingredientes, alguns de boa qualidade, outros, na maioria, duvidosos: os cozinheiros tentaram satisfazer todos os apetites e paladares, e o pensamento que norteou a escolha da travessa era de que ela iria "vender" um pudim para os convivas, em especial para aqueles que pagavam os cozinheiros. A mistura como um todo é indigesta e insossa: mas aqui e acolá pode-se pescar uma passa ou um bom pedaço de limão e comê-los com prazer. No final das contas, há de ser essa, esperamos, a lembrança que nos ficará do pudim.[134]

Visivelmente irritado, Adams decidiu ferir Mumford chamando Geddes em seu auxílio:

> É este o ponto principal sobre o qual o sr. Mumford e eu, tanto quanto o sr. Mumford e Geddes, discordamos – ou seja, se devemos permanecer parados, discursando sobre ideais, ou seguir em frente, conseguindo para esses ideais o máximo de realização possível dentro de uma sociedade necessariamente imperfeita, capaz apenas de solucionar imperfeitamente os seus problemas.[135]

Essa era a essência de uma profunda lacuna filosófica que nunca seria atravessada. Mumford, Adams sugeriu, era culpado de estar "disposto a deixar o querer tornar-se pai do pensamento. Quão feliz eu seria se pudesse fazer o mesmo!"[136]

Esse foi o fim desse intercâmbio extraordinário: "Adams e Mumford, ambos reformistas empenhados, navegaram para longe um do outro como navios na noite."[137] A ironia foi que o carro em pouco tempo ia criar uma cidade esparramada, para ambos igualmente inaceitável[138].

Havia aqui ricos paradoxos. Adams também continuava acreditando que Nova York era grande demais e que "de um ponto de vista econômico, e até mesmo de saúde, devíamos levar o máximo de gente e de indústrias para fora de suas áreas centrais e, na medida do possível, para dentro de cidades--jardim"[139]. Mas o próprio êxito das cidades-jardim, argumentava ele, estava diminuindo a necessidade delas como solução: a solução "não deve ser buscada num processo indiscriminado de descentralização, mas na descentralização bem planejada em cidades-jardim, aliada a uma dispersão igualmente bem planejada em regiões urbanas."[140] E a receita alternativa de Mumford não era tão direta como podia parecer. Ele escreveu sobre

> as condições que precedem o encontro de uma solução, ou seja: 1. diminuir a pressão da superpopulação em Manhattan por meio da recentralização das áreas comerciais da metrópole; 2. fundar novas cidades e direcionar o êxodo para essas novas cidades *fora* da região de Nova York: isso significa um sistema estendido de auxílio estatal para a construção de cidades e moradias, tal como o promovido na Inglaterra, Alemanha e Rússia; 3. reconstruir as áreas degradadas e cuidar de parte do aumento populacional, enquanto este continuar, por um processo de colonização intensiva do interior[141].

Esse não é o Mumford que a maioria de seus leitores reconhece: ele fala contra o transbordamento de população das áreas degradadas, e de demoli--las e reconstruí-las como comunidades de bairro, mais intensivamente, mas com um aumento dos espaços abertos utilizáveis. Aqui, ele parece quase corbusiano em seu entusiasmo pelas máquinas de terraplanagem: estima haver espaço para mais cinco milhões de pessoas nessas áreas degradadas, nas quais inclui as recentemente urbanizadas, como Queens, que devem ser totalmente reconstruídas[142]. Pois "a construção de casas adequadas ao estímulo de seres humanos depende de tornar a produção e a distribuição diretamente subordinadas a padrões biotécnicos de consumo, e disponíveis para toda a comunidade"[143]. Máquinas de habitar, na verdade. Nem essa foi uma aberração isolada. Em 1934, no ano em que a New York City Housing Authority (NYCHA) foi formada, o Housing Study Guild – Mumford, Wright, Mayer, e Carol Aronovici – realizaram um estudo que concluiu que altos valores da terra tornavam a construção de altos edifícios a forma mais econômica de construir em Nova York. (E revendo o primeiro projeto da NYCHA depois do Federal Housing Act de 1937, o Red Hook Houses no Brooklin, com seus blocos de baixo custo, de 25 andares sem vida, Mumford criticou sua característica repetitiva, mas achou-os "milhas acima do produto de qualquer construtor comercial de apartamentos"[144].)

De todo modo, Adams e Mumford se separaram; Adams tentou manter a continuidade do diálogo, mas Mumford – embora continuasse pessoalmente amigável – tornou-se cada vez mais feroz em suas críticas[145]. O plano de Nova York foi para frente por intermédio de uma Associação do Plano Regional liderada por uma elite de homens de negócios e à ação de Comissões de Planejamento criadas para cada área em particular; ele foi sobremaneira bem-sucedido em suas propostas de autoestrada, ponte e túnel, sobretudo porque o mestre construtor encarregado foi Robert Moses[146]. Enquanto isso, a receita alternativa de Mumford – criação de novas cidades com auxílio estatal e ampla reconstrução de áreas deterioradas – permaneceu no papel[147].

O Planejamento New Deal

Isso pode parecer um estranho resultado; pois, em 1933, Franklin Delano Roosevelt tomou posse no cargo de presidente e o New Deal começou. E Roosevelt estava, em princípio, fortemente comprometido com um programa baseado nas puras linhas da RPAA. Em 1931, ele havia desencalhado a ideia do retorno em massa à terra, mediante o fornecimento de casa, alguns acres de solo, dinheiro e ferramentas agrícolas; também estava emprestando ideias da RPAA ao argumentar que a energia elétrica e o caminhão estavam ajudando a descentralização da indústria para pequenas comunidades e áreas rurais, ao mesmo tempo que a eletricidade, o rádio, o cinema e a encomenda postal traziam qualidade urbana de vida para o campo; e propôs especificamente a formação de uma Comissão Estatal para Lares Rurais a fim de estabelecer um plano baseado no "planejamento cooperativo em prol do bem comum"[148]. Poucos meses mais tarde, reclamou "um plano definitivo pelo qual a própria indústria procurará levar certas firmas [...] para fora dos centros superpovoados, onde o desemprego atinge seus índices mais elevados, encaminhando-as para comunidades menores, mais próximas das fontes supridoras de alimentos básicos"[149]. E em 1932, exatamente antes da eleição, ele perguntou "se sem esse planejamento regional, não nos estamos colocando na situação de, no futuro imediato, termos de agarrar o touro pelos chifres e adotar algum tipo de trabalho experimental baseado em distribuição populacional"[150]. Seu tio,

Frederic Delano, dirigira o Plano Regional de Nova York e, disse Roosevelt em 1931, despertara nele um permanente interesse pelo assunto; pode não estar muito longe o dia, aventou, em que o planejamento se tornará parte da política nacional do país[151].

Foi dizer e fazer: seguindo os passos de Rexford Tugwell, que por seu turno fora aconselhado por Stuart Chase, FDR empurrou Congresso adentro um Projeto para Obras Públicas em junho de 1933, destinando 25 milhões de dólares ao reassentamento do trabalhador no campo e dando assim às pessoas a oportunidade "de assegurarem, com a boa terra, os empregos permanentes que haviam perdido nas grandes e médias cidades industriais superpovoadas"[152]; só que ninguém saiu de onde estava[153]. Em resposta, surgiu o programa para cidades de cinturão verde da Administração de Reassentamento, em 1935, já descrito no capítulo 4: um glorioso fracasso, com quase nada para mostrar de concreto.

A RPAA estava profundamente desencantada; sempre um grupo livre e informal, talvez livre demais para ser efetivo, eles entraram em suspensão em 1933[154]. Tinham razões para desiludir-se. Apesar do New Deal e da esperança que ainda depositavam em Roosevelt, já podiam sentir que a inércia política era muito grande. Ou talvez estivessem simplesmente exaustos, especialmente por causa da veemência do grande debate sobre o plano de Adams. Mumford, magoado por um relacionamento com Catherine Bauer que se tornara ardentemente não platônico e então tempestuoso (em parte, ao menos, por ter ele sido suplantado por ela na disputa pelo prêmio de uma importante revista)[155], retirou-se aos poucos com sua resignada esposa Sophie para Amenia, na zona rural de Nova York, para escrever suas obras-primas *Technics and Civilization* (Técnica e Civilização, 1934) e *The Culture of Cities* (A Cultura das Cidades, 1938). Nesse último livro, que lhe trouxe grande fama, ele ampliou e aprofundou seu ataque à "insensata metrópole", a "megalópole" que se tornou quase a quintessência do mal: "Concentrado na guerra, o regime metropolitano coloca em lados opostos as funções urbanas e domésticas: subordina a vida à destruição organizada e precisa, portanto, sujeitar, limitar e restringir cada exibição de vida real e cultura."[156] Mumford comparou isso "à ordem orgânica" baseada na "primazia da vida e dos organismos autônomos, embora perpetuamente inter-relacionados como transportadores de vida" em que, "para manter sua forma de vida, o organismo precisa constantemente alterar-se e renovar-se entrando em relações ativas com o restante do ambiente"[157]. Mas conseguir isso demandaria que a era neotécnica fosse sucedida por uma nova ordem técnica, e isso requereria – embora ele nunca tivesse chegado a usar a palavra – a substituição do capitalismo norte-americano por uma ordem socialista ou pelo menos social-democrata:

A CIDADE NA REGIÃO
o nascimento do planejamento regional:

O aumento do coletivismo, a ascensão dos projetos habitacionais municipais e governamentais, a manifestação das associações cooperativas de consumidores e de produtores, a destruição dos cortiços e a construção de tipos melhores de comunidade para os trabalhadores – todos esses fatores são sinais da nova orientação biotécnica.[158]

Na verdade, quando falou, em 1932, para estudantes do Barnard College, ele parecia estar pensando em uma sublevação geral no estilo comunista; não tinha confiança em FDR (Franklin Delano Roosevelt), vendo-o como "um tipo de Mary Baker Eddy político", um curandeiro político que nunca curaria uma doença por não acreditar em cirurgias radicais[159]. Mas, como salientou seu biógrafo Donald Miller, seu grande problema era que sempre acreditara na primazia da mente sobre o corpo; tendo sido apolítico no início da vida, faltava-lhe um conceito efetivo de ação política. "O assim chamado 'comunismo' de Mumford era uma criatura de sua própria lavra"[160]; ao longo de sua vida, "ele manteve uma indiferença quase erasmiana por qualquer movimento político organizado"[161]. Isso, como Donald Miller convincentemente demonstra, acaba por tornar *The Culture of Cities* um formidável fracasso; como disse Bauer da sua obra seguinte, *The Condition of Man* (A Condição do Homem, 1944), ele estava sempre em busca de um messias para iniciar alguma transformação espiritual. O comentário foi tão no alvo que atiçou Mumford a dar uma veemente resposta. Significativamente, depois de trabalhar durante muitos anos para reescrever *The Culture of Cities*, publicou-o em 1961 como *The City in History* (A Cidade na História), omitindo a parte prescritiva. E, em longa correspondência com Frederic Osborn, o contraste é evidente: Osborn repreende Mumford por não ter fundado uma associação norte-americana de planejamento urbano e rural, e Mumford alega ter que ganhar a vida como jornalista[162].

Stein, o verdadeiro impulsionador da associação, era consultor da Resettlement Administration (Administração de Reassentamento), de Tugwell, e do seu programa de novas cidades com cinturão verde, mas logo desiludiu-se quando Roosevelt não conseguiu superar a arraigada oposição do Congresso ao programa. As cartas de Stein, magnificamente publicadas[163], revelam tanto sua admiração pelo intelecto e carisma de Roosevelt (e, nota-se, seu hábito de dificilmente permitir a alguém uma palavra em contrário), como também sua profunda suspeita sobre a capacidade de Roosevelt de concordar com qualquer um com quem tenha falado. A percepção de Stein de seu fracasso teve consequências trágicas: em meados dos anos de 1930, tornou-se vítima de uma doença maníaco-depressivo, o que o incapacitou cada vez mais na década seguinte. A doença originou-se não meramente do fracasso de suas campanhas e da sua dificuldade de encontrar encargos profissionais, mas também da extraordinária tensão do seu casamento com a atriz de teatro e cinema Aline MacMahon, com quem se casara em 1928, mas que passava a maior parte do tempo do outro lado do continente, em Hollywood. Ele emergiu de sua crise da meia idade como um guru internacional do movimento de planejamento, em constante contato não somente com seus velhos amigos de combate, como Benton MacKaye e Lewis Mumford, mas também com o crescente círculo de correspondentes internacionais, como F.J. Osborn e Göran Sidenbladh, e Gordon Stephenson, a quem auxiliou na elaboração do exercício pioneiro de projeto de um centro de cidade para pedestres em Stevenage, 1950; Stein viveu até os 94 anos[164].

Mas as cartas de Stein também confirmam o que os estudiosos da RPAA há tempos supunham: que eles eram efetivamente socialistas não assumidos, que admiravam o modelo russo (Stein visitou a União Soviética no fim dos anos de 1920), mas eram ambivalentes e confusos no que diz respeito à introdução desse modelo nos Estados Unidos. Claro que, no tempo da Grande Depressão, a grande maioria dos pensadores liberais em cada democracia do Ocidente tinha efetivamente abraçado o planejamento socialista: Stein e Mumford e seus colegas dificilmente seriam os únicos. O que era único era o seu dilema. Eles confiavam em FDR para fazer a transição, ignorando as imensas forças próprias do conservadorismo que eram e são inerentes ao sistema federal norte-americano. A tragédia desse pequeno e seleto grupo de indivíduos brilhantes era simplesmente que viviam no país errado e no tempo errado.

Isso estava suficientemente claro na troca de ideias entre Mumford e Adams, quando Mumford afirmou que nenhum plano efetivo podia ser produzido sob a ordem vigente.

> Talvez seja mais *efetivo*, bem como mais transparente e honesto, dizer que nenhum plano abrangente para a melhoria das condições de vida pode ser realizado enquanto os valores da propriedade e a iniciativa privada forem vistos como sagrados, do que desenhar figuras de parques que podem nunca ser construídos, playgrounds que podem nunca ser abertos, e cidades-jardim que nunca serão financiadas[165].

Porque o Plano Regional evitou qualquer proposta de controle público efetivo dos valores da terra e propriedade, edifícios, ou instituições humanas, ele não pode realizar nenhuma mudança substancial; e assim ele deve ser condenado[166]. Era vital não aceitar a existência da metrópole, como Adams fizera, mas lutar contra ela; "pois, levá-la adiante somente significa aumentar sua capacidade de dano"[167].

Bauer, a única mulher no grupo, era a grande exceção, a verdadeira operadora efetiva: ela usou seu prêmio para fazer uma segunda visita profissional à Europa, onde visitou os maiores planejadores alemães como May e Wagner[168], e voltou para escrever um livro sobre habitação moderna, que causou grande sensação. Sua tese era que os programas europeus haviam atingido vários resultados significativos: habitações modernas, para uso em vez de lucro, construídas como parte de bairros integralmente planejados com equipamentos sociais, e erguidas em estilo modernista. Não ficou claro se os moradores apreciaram esta última característica[169].

Ela foi então atraída pelo esforço habitacional do New Deal: com o encorajamento de Mumford, assumiu em Filadélfia o cargo de principal consultora e secretária-executiva da Labor Housing Conference (Conferência para a Habitação Operária), onde se envolveu afetivamente com Oskar Stonorov, o projetista chefe; mergulhou na atividade de *lobbying* e na escrita de seu livro, e só raramente retornava a Nova York[170]. Então passou a atacar Mumford e a RPAA por sua ineficiência: "Não existe uma sociedade na qual o intelectual isolado, um intelectual, como um *indivíduo* escrevendo ou falando para o público em geral, possa esperar prover liderança direta, influência direta na política e na ação."[171] Em 1934, imediatamente antes do lançamento de *Technics and Civilization* (Técnica e Civilização), eles brigaram

FIG. 49: *Catherine Bauer. Educada na Regional Planning Association of America (RPAA), depois desiludida com os membros desta em geral, e com Mumford em particular, ela levou brilhantemente o Congresso a aprovar a primeira lei federal para habitação. Fonte: William W. Wurster/WBE Collection, Environmental Design Archives, Universidade da California, Berkeley.*

e deixaram de ser amantes; ela não teve tempo de ler nem uma parte do livro[172].

Estabelecida na Filadélfia, durante três longos anos de *lobbying*, depois de muitos contratempos, ela mostrou-se brilhantemente eficiente em assegurar a legislação federal para habitação de 1937[173]. Sozinha, conseguiu tanto reconhecer as forças políticas como fazer com que abraçassem sua causa; mas, como disse a seu respeito um dos maiores planejadores acadêmicos pouco antes de morrer, ela podia fazer cada homem na sala apaixonar-se por ela e fazer exatamente o que ela queria[174]. Charles Abrams, outra grande figura no movimento norte-americano de habitação, cunhou um limerique:

> There was a young lady named Bauer
> Who resolved to help housing to flower

> She fought and she battled
> And couldn't be rattled
> No power could cow her – this Bauer.[175]*

Fora isso, a política New Deal sobre planejamento regional significou principalmente a prodigiosa multiplicação de um papelório sem fim. A Junta de Planejamento de Recursos Nacionais, bem como as organizações que a precederam sob os mais variados nomes, com sobrevivência de exatamente uma década (1933-1943), tem sido descrita como "a organização de planejamento nacional mais abrangente que este país já conheceu"[176]; ao ser criada pela primeira vez, em 1933, como Junta de Planejamento, contava com três dos mais insignes nomes do rol de planejadores norte-americanos, Frederic Delano, Charles E. Merriam e Wesley C. Mitchell; ao todo, produziram eles perto de 370 relatórios impressos e na maioria mimeografados, totalizando 43 mil páginas[177]. Difícil, contudo, é localizarmos algo que se tenha concretizado fora do texto. O relatório de 1935 do Comitê Nacional de Recursos (como era então conhecido), *Regional Factors in National Planning* (Os Fatores Regionais no Planejamento Nacional), recomendava que se reagrupassem os distritos rurais das várias secretarias federais num número limitado – por exemplo, dez ou doze – de centros regionais principais; as comissões de planejamento regional decorrentes não teriam uma executiva regional, exigindo, por conseguinte, "um condutor de uma executiva fixa", uma Agência de Planejamento Nacional[178]. Mas não se tem registro do resultado. E seu relatório de 1937, *Our Cities: Their Role in the National Economy* (Nossas Cidades: Seu Papel na Economia Nacional), embora chamasse a atenção para pragas, especulação, desestruturação social, crime e financiamento público urbano, problemas que, mesmo naquela época, estavam arruinando as cidades norte-americanas, falhou em suas recomendações para que as dimensões regionais fossem levadas em conta de forma explícita; quanto à questão crítica de centralização *versus* descentralização, o relatório permaneceu firme em cima do muro, declarando que "o ambiente favorável por excelência ao morador urbano e ao aproveitamento eficaz dos recursos humanos e materiais, muito provavelmente, está entre esses dois extremos"; o objetivo, concluiu, de forma bastante vaga, era "aliviar as áreas centrais do excesso de população a fim de criar um modelo urbano mais descentralizado", assertiva com a qual, sem dúvida, teriam concordado tanto Adams quanto Mumford[179]. Ambos, FDR e o Congresso, mostraram-se totalmente desinteressados e o relatório caiu num limbo político[180].

A TVA

Para toda essa papelada houve, evidentemente, o brilhante contrapeso de uma realização concreta: a Tennessee Valley Authority, inegavelmente a mais importante realização do planejamento New Deal, e – pelo menos segundo a lenda – concretização das ideias mais radicais tanto da RPAA quanto dos regionalistas sulistas. Ao discursar na última reunião da RPAA em 1932, Roosevelt descreveu a ideia da TVA como um exemplo de planejamento regional; como tudo, porém, o que ele dizia, também isso soou como "uma frase tão ampla e imprecisa que podia servir a qualquer programa, e ainda assim tão ardilosa que envolvia poucos compromissos efetivos"[181]. Na verdade, essa ideia abarcava linhas diversas: melhorar a navegação em Muscle Shoals, no Alabama (projeto acalentado pelo Corpo de Engenheiros desde o século anterior), ali desenvolver um programa energético, prover uma unidade para a produção de armamentos e controlar as enchentes; a façanha de Roosevelt consistiu em juntar tudo isso com noções de planejamento rural e desenvolvimento regional, pondo de lado a produção de armamentos[182]. Todas essas preocupações revelaram-se, no entanto, tangenciais nas negociações concretas que levaram à aprovação da lei; e por conseguinte, os diretores pouca noção tiveram a respeito do que os parágrafos sobre planejamento controlavam ou permitiam[183]. FDR com certeza não lhes deu orientação de espécie alguma; talvez porque ele próprio também não soubesse[184].

A geografia garantiu também para a TVA a certeza de constituir-se um exemplo incomum de planejamento regional para bacia hidrográfica. O rio tinha 1040 km de comprimento, sua bacia, o tamanho da Grã-Bretanha, a região, variada em clima, recursos, composição racial e padrões culturais[185]. Em comum, o que havia era a pobreza: a metade oriental dos Apalaches era, possivelmente, a parte mais pobre da mais pobre região dos Estados Unidos, abrigando milhares de famílias com rendimentos abaixo de 100 dólares anuais[186]. Eles deviam ser içados de sua condição por meio da construção de um conjunto de barragens de finalidades múltiplas – elas próprias um desafio para o conhecimento de que dispunha a engenharia convencional –, em torno das quais uma série de programas desenvolveria os recursos naturais da região. Pelo menos, era essa a teoria implícita na aprovação da lei e no programa inicial da Junta da TVA[187].

Logo, porém, foi posta de lado. Para a Junta da TVA, Roosevelt designou três membros que formaram uma mistura total e explosivamente incompatível. Na cadeira de presidente colocou A.E. Morgan, diretor do Antioch College:

visionário utópico, ascético, quase místico que – embora não sendo nem socialista nem cristão – tinha muito em comum com os primeiros comunitaristas utópicos[188]. Morgan encarou a tarefa como a oportunidade que a vida lhe oferecia para realizar sua visão pessoal do que fosse um novo ambiente físico e cultural, visão que ele acreditava compartilhar com Roosevelt[189]. Como segundo membro e na qualidade de perito em desenvolvimento de planos energéticos públicos dentro do grupo, colocou David Lilienthal: jovem imensamente ambicioso, empreendedor, com a reputação de roubar o espetáculo onde quer que aparecesse[190]. Como terceiro, escolheu Harcourt A. Morgan, com quem não tinha qualquer parentesco: diretor da Universidade do Tennessee, representante dos interesses agrários conservadores em Vanderbilt, obcecado com a ideia dos serviços de extensão rural e, em particular, com um esquema para um programa de fertilizantes fosfatados, prontamente aliou-se a Lilienthal. Passados cinco meses, já estavam eles condenando a "variedade" – depois seriam as "excentricidades" – no projeto grandioso do presidente[191]. Dentro de dois anos, o presidente estava criticando abertamente seus colegas na imprensa oficial: erro tático, e dos maiores, como ficou provado[192].

Não tardou que Lilienthal e Harcourt Morgan derrotassem pelo voto a presidência e dividissem responsabilidades: Lilienthal ficou com o desenvolvimento da energia elétrica, H.A. Morgan com o trabalho de extensão agrícola. Daí em diante, essas seriam as tarefas da TVA: a visão de A.E. Morgan de uma jurisdição de planejamento regional – para muitos, a verdadeira missão da TVA – foi simplesmente enterrada[193]. Os agricultores eram inimigos jurados da Divisão de Planejamento da Terra, cujos membros eram por eles pejorativamente chamados de "os geógrafos"; lutaram sem trégua pela compra de terras públicas ao redor das represas, que foram progressivamente reduzidas ao mínimo absoluto[194]. Os opositores descreviam os agricultores como "fanáticos" que se identificavam menos com a TVA do que com os interesses locais[195]. Finalmente, após dois anos de agoniada indecisão – durante os quais tanto A.E. Morgan quanto Lilienthal passaram por crises nervosas –, em 1938, FDR demitiu A.E. Morgan por "insubordinação e contumácia"; "contumácia" era uma palavra que, segundo rumores, ele teria encontrado num dicionário e usado esperando que ninguém procurasse saber o significado; mais tarde, Morgan foi exonerado por um comitê do Congresso[196]. Assim, a despeito da insistência de Lilienthal no popular relato oficial, muito lido, de que os programas se baseavam em "princípios de unidade"[197], na verdade de há muito não se baseavam eles em outra coisa que não numa violenta discordância.

Esse foi o fim efetivo da TVA como agência de planejamento regional. Uma das vítimas dessas amargas batalhas foi Benton MacKaye. Ele havia escrito

A CIDADE NA REGIÃO
o nascimento do planejamento regional:

sobre o desenvolvimento regional dos Apalaches já em 1921-1924, antes de seu trabalho no plano para Nova York, tendo aparentemente cunhado o termo "New Deal"; sua visão para Appalachia estava baseada na hidroeletricidade como fonte de uma nova revolução industrial, como base para uma cidade linear de 3.200 km, da qual sua famosa trilha selvagem seria apenas um detalhe. Tendo esmiuçado suas ideias para o Vale do Tennessee em um artigo de 1932, ele foi contratado junto com o planejador-arquiteto Tracy Augur, outro apoiador da RPAA, para trabalhar no Department of Regional Studies (Departamento de Estudos Regionais) de Earle Draper[198]. Com a tarefa de elaborar um plano regional abrangente, que chamou de "The American *Magna Carta of Regional Planning*" (A Carta Magna Americana do Planejamento Regional)[199], trabalhou para a TVA durante apenas dois anos, entre a primavera de 1934 e o verão de 1936. Logo, tornou-se o "filósofo residente num mundo ocupado em grande medida por construtores e burocratas", e nunca foi além dos princípios gerais[200]; logo marginalizado, estava liquidado quando Morgan se foi[201]. Assim, "exceto pelas iniciativas no Norris Reservoir (Barragem Norris), as ideias de planejamento regional da TVA permaneceram mais retórica do que realidade"[202]; MacKaye saiu quando ficou claro que suas ideias não poderiam transformar-se num projeto prático, embora tenha de fato inspirado uma geração mais nova de planejadores da TVA a empreender a cruzada[203].

No entanto, para os de fora, na época, a TVA era um exemplo triunfante de "democracia dos cidadãos comuns". Lilienthal argumentava que ela era "um programa, fixado por lei, a fim de que a agência regional federal trabalhasse em cooperação com agências locais e estaduais e por meio delas"[204]. A realidade parece ter sido a de que essa era uma "ideologia protetora" que permitiu à TVA apresentar-se como defensora das instituições e dos interesses locais; a fim de justificar sua autonomia e desviar uma possível oposição vinda de indivíduos e grupos locais poderosos, ela delegava o programa agrícola a um eleitorado organizado, os "colégios de donatários"*, comprometendo, assim, muito de seu papel como agência de conservação. (O estudo de Selznick sobre a TVA comentou acidamente que "o caminho para se conseguir uma administração democrática começa pela organização de um governo central suficientemente forte para eliminar aquelas condições que tornam grande parte de nossa vida grosseiramente não democrática"[205].)

Num sentido, no entanto, a TVA posicionou-se contra a ideologia dos fundamentalistas rurais na Universidade Vanderbilt. Lembremos que seus membros partilharam com os da RPAA a ideia de que a migração populacional do campo para a cidade precisava ser retardada e até mesmo revertida; e aparecera FDR para ficar do lado deles. Mas na prática, sob a aliança Lilienthal-H.A. Morgan, a

TVA tornou-se mais e mais uma agência geradora de energia elétrica, devotada à criação de uma grande base urbano-industrial: como disse Tugwell, "de 1936 em diante, a TVA deveria ter sido chamada de Corporação para Produção de Energia Elétrica e Controle de Enchentes do Vale do Tennessee"[206]. Por volta de 1944, já era a segunda maior produtora de energia elétrica dos Estados Unidos, gerando a metade de nada menos que toda a produção nacional de 1941[207]. A ironia está no motivo: o enorme aumento na demanda de energia proveniente da instalação do complexo de produção de plutônio do Conselho de Energia Atômica em Oak Ridge, base para produção da bomba atômica[208]. O único elemento riscado por Roosevelt da prescrição da TVA, produção de munições, estava agora dirigindo o desenvolvimento econômico do vale.

As barragens e represas devem ter causado boa impressão ao turista em peregrinação, tanto quanto aquelas barragens no Volga e no Dnieper entusiasmaram os visitantes de esquerda em fins da década de 1930. Mas do planejamento regional – especialmente a variante radical esposada pela RPAA – não ficou mais do que um imperceptível resíduo: urbanização comunitária, serviços de saúde e educação receberam uma fatia minúscula do orçamento total[209]; a cidade nova de Norris construída próxima à grande barragem do Tennessee, embora planejada por um membro da RPAA (Tracy Augur) e elogiada por Benton MacKaye como um primeiro passo em urbanização comunitária regional, foi mais acuradamente descrita pelo diretor de Planejamento da TVA como uma "agrovila"[210]. As expectativas idealistas de A.E. Morgan em relação a Norris – cidade onde ricos e pobres poderiam viver juntos e onde os habitantes combinariam agricultura com indústrias artesanais – jamais se concretizaram. Construída às pressas, com um mínimo de financiamento, a minúscula cidadezinha – com apenas 1.500 habitantes – acha-se praticamente enterrada em meio a densos bosques; seu leiaute é tão informal, que sua origem nunca poderia ser conjeturada[211]. Projetada para mil casas em 1821 ha (4500 acres), acabou por ter apenas 294 casas, a 6,67 famílias por ha (2,7 famílias por acre), escondidas nos bosques[212]. Isso foi proposital: a forma deveria ser anti-urbana, "aberta, bucólica, campestre, livre"[213]. Tratava-se de "um grande modelo implementado de modo pequeno"[214]: uma interessante nota de rodapé para a história da cidade-jardim, mas em confronto com a visão grandiosa projetada pela RPAA, não passa de ridículo camundongo. O fato é que a América – mesmo a América do New Deal – não estava politicamente preparada para essa visão[215]. Os dois parceiros de Morgan disseram-lhe que não haveria mais Norrises pois sentiram que o Congresso era implacavelmente contrário à habitação pública[216]. O *lobby* de Catherine Bauer mudou isso, não muito tempo depois, mas em um contexto geográfico muito diferente.

FIG. 50: *Norris, Tennessee. A pequena joia de Tracy Augur, criada para a Autoridade do Vale do Tennessee: uma das poucas manifestações dos ideais originais de planejamento regional da TVA, que logo os perdeu.* Fonte: *Peter Hall.*

Havia outro aspecto mais sinistro, encoberto na descrição de Creese de parques idílicos onde "as pessoas, particularmente no sul, tendiam a superar divergências econômicas e sociais com grande polidez e cortesia", ajudando a evitar a insurreição armada. Na realidade, como esclarecido por Nancy L. Grant, em 1938 e novamente em 1940, a gestão do parque reiterou que não havia planos para fornecer aos negros instalações em Norris. Entre as razões dadas estava outro plano para construir o parque Booker T. Washington em Chattanooga, a mais de 160 km de distância, onde levantamentos haviam mostrado mais de 400 mil pessoas negras morando a menos de 320 km do local. O parque em Chattanooga foi construído, com instalações para natação, passeio de barco, áreas de piquenique, e duas características pouco usuais: acampamento de férias e áreas de *camping*. "Essas duas últimas características", Grant nota, "foram fornecidas porque nenhuma área turística privada admitia negros." Ela descobriu que havia reclamações sobre a proximidade do parque em relação a uma área industrial e sobre a piscina (para 400 mil pessoas) que permanecia fechada pela falta do equipamento de bombeamento. (Donald Krueckeberg secamente comenta que a TVA é primordialmente uma agência de energia hidráulica; mover água é o que eles fazem!) E, "para completar, não havia lavatórios no parque"[217]. Krueckeberg comenta que isso "certamente ajuda a explicar porque não houve insurreições armadas. Havia assuntos mais prementes, pequenas dificuldades que evidentemente não apareciam nas imagens brilhantes de Creese"[218].

A Visão Realizada: Londres

Assim, por uma das muitas ironias desta história, o verdadeiro impacto de Mumford, Stein, Chase e MacKaye não se faria sentir em seu próprio país, nada simpático às suas ideias, mas nas capitais da Europa. E aí coube a Londres dar o exemplo. Ao longo dos anos de 1920 e 30, planejadores britânicos e norte-americanos mantiveram intensa comunicação. Thomas Adams atravessou o oceano quase todos os anos. Às vezes três ou quatro vezes ao ano, entre 1911 e 1938; Stein e Wright encontraram-se com Howard e Unwin na Inglaterra em 1923; Geddes entrou em contato com a RPAA em 1923, Unwin e Howard em 1925[219]. Assim, durante todos esses anos de calmaria, um pequeno grupo de planejadores já estava aplicando ideias norte-americanas numa variedade de contextos britânicos.

Um dos mais bem-sucedidos, ironicamente, foi a *bête noire* da RPAA. Durante os anos em que dirigiu o Plano Regional de Nova York, Thomas Adams continuava como sócio no escritório de planejamento Adams, Thompson e Fry, que, entre 1924 e 1932, produziu oito dos doze exercícios desenvolvidos no campo emergente dos planos consultivos regionais para a área ao redor de Londres. Para esses planos, Adams trouxe muitos conceitos norte-americanos: *parkways* em West Middlesex e o Mole Valley, cinturões verdes e fatias verdes para limitar o alastramento urbano[220]. Mas a filosofia, como em Nova York, continuou sendo a do planejamento como a arte do possível: o planejamento devia permanecer como função consultiva, sem tentar realizar mais do que mudanças marginais e sua atuação devia manter-se dentro dos limites traçados pelos poderes existentes.

Os quatro planos remanescentes têm à frente um nome igualmente significativo: nascem da sociedade entre Davidge, Abercrombie e Archibald. Leslie Patrick Abercrombie (1879-1957), nono filho de um negociante de Manchester, estranhamente deveu sua carreira à imprensa marrom; começando como arquiteto, converteu-se ao planejamento urbano graças a uma bolsa de pesquisa instituída na Universidade de Liverpool pelo magnata do sabão William Hesketh Lever, que fundara Port Sunlight com o dinheiro ganho

A CIDADE NA REGIÃO
o nascimento do planejamento regional:

numa ação por difamação movida por ele contra um jornal. Abercrombie mostrou-se tão capaz que, em 1914, quando o primeiro professor de Projeto Cívico em Liverpool, Stanley Adshead, transferiu-se para uma nova cátedra em Londres, Abercrombie surgiu como seu sucessor natural[221]. Por meio de sua editoria da *Town Planning Review,* cedo adquiriu um conhecimento ímpar sobre o que estava acontecendo no mundo do planejamento. Mesmo antes da Primeira Grande Guerra ganhou um prêmio por seu plano urbano para Dublin que, ao colocar a cidade dentro de seu contexto regional, deixou patente sua dívida para com Geddes (que, por sinal, estava no júri)[222]. Mas isso também demonstrou de forma interessante dois aspectos contrastantes de sua personalidade e enfoque, que persistiram. O centro da cidade era haussmanizado, com bulevares, alargamento de ruas, uma "Place de la Concorde" de Dublin e locais para novos edifícios públicos – até mesmo uma bolsa de valores. Mas fora do centro, para acomodar 60 mil pessoas a serem "desbastadas" dos cortiços do centro da cidade, Abercrombie e seus colegas de Liverpool desenvolveram planos de leiaute de habitação suburbana refletindo as novas ideias sendo desenvolvidas além do Mar da Irlanda em resposta à Lei de Planejamento Urbano e Habitação da Inglaterra e Gales, de 1909. Em paralelo, o plano previu uma hierarquia de espaços abertos, ônibus metropolitanos e sistemas de metrô, a suburbanização da indústria, e mesmo aterramento extensivo da baia de Dublin para acomodar habitação, espaço aberto e indústria[223].

Depois disso, sua reputação crescente levou-o a um exercício pioneiro em planejamento regional para a área de Doncaster, em 1920-1922 e, então, em 1925, a um plano para o leste de Kent: uma nova região carbonífera, incrustada no jardim da Inglaterra, onde Abercrombie corajosamente tomou a si demonstrar uma tese geddesiana, a de que, na era neotécnica, até mesmo a indústria paleotécnica poderia ser absorvida pela paisagem. Propôs oito pequenas cidades novas, situando cada uma delas numa dobra da ondulante paisagem calcária, dentro de um cinturão verde contínuo[224]: eco profético, no que tange à precisão numérica, da estratégia que iria adotar dezoito anos mais tarde para a Grande Londres. Amplamente comentado, apesar do fracasso que constituiu em termos práticos, esse relatório colocou-o definitivamente na carreira do planejamento regional que ia conduzi-lo às alturas do Plano Para a Grande Londres.

Mas Abercrombie tinha outra dívida importante, com um relatório que havia sido quase esquecido, mas que ele próprio reconheceu. A London Society, fundada em 1912, era uma extraordinária reunião dos "Grandes e dos Bons". Seu presidente era *sir* Aston Webb, arquiteto do Victoria and

Albert Museum, do Admiralty Arch (Arco do Almirantado) e da fachada do Palácio de Buckingham. Os membros do seu comitê executivo e consultivo incluíam *sir* Reginald Blomfield, presidente do Real Instituto de Arquitetos Britânicos, Raymond Unwin, Stanley Adshead, e uma série de arquitetos, incluindo T.H. Mawson e E.L. Lutyens; seus vice-presidentes incluíam lorde Curzon, antigo vice-rei da Índia, John Burns, então presidente do conselho do governo local, lorde Northcliffe, o proprietário do *The Times*, e o magnata do varejo Gordon Selfridge[225]. Fundamentalmente, a despeito da missão de evangelizar londrinos comuns, era um grupo de profissionais de classe média; *The Builder*, em março de 1914, comentou, "arquitetos são a espinha dorsal da London Society".

Significantemente, foi em primeiro de outubro de 1914 que uma reunião especial foi convocada para discutir uma oportunidade de prover emprego para arquitetos e planejadores durante a guerra: a criação de um plano de desenvolvimento para Londres, "dando consideração especial às novas vias arteriais e à provisão de espaços abertos". Os participantes eram arquitetos: *sir* Aston Webb, Carmichael Thomas, Raymond Unwin, H.V. Lancaster e professor Adshead. Um comitê do plano foi formado (outros membros incluíam Arthur Crow, W.R. Davidge, H.J. Leaning e D.B. Niven), e, em 1916, eles o tinham praticamente concluído; eles o chamaram de seu "trabalho de guerra"[226]. Em 1920, ele foi publicado e exibido "em várias exposições de planejamento urbano por todo o país"; em 1929, ele foi o tema de uma exposição no Museu de Londres. Embora nunca tenha se tornado o plano "oficial" para Londres, em dezembro de 1925, Abercrombie presidira uma reunião da sociedade na qual ele sinceramente apoiou o trabalho. Quando Abercrombie finalmente produziu seu próprio plano para o Conselho do Condado de Londres (LCC) quase vinte anos mais tarde, ele reconheceu sua dívida para com as contribuições feitas pelos "grandes membros voluntários da London Society seja em termos de todo o escopo do ambiente físico, seja dedicado a algum aspecto especial deste", dizendo,

> Finalmente há a London Society, pioneira do planejamento metropolitano; para com seu vice-presidente, Sr. W.R. Davidge, PPTPI, nós temos uma dívida pela ajuda e orientação dadas, além de seu inesgotável conhecimento, para a solução dos problemas de Londres, muitos dos quais ele está ativamente engajado na resolução.[227]

O fracasso na implementação, no entanto, foi sintomático: aqui como em qualquer outro lugar, planos regionais eram consultivos; dependiam da cooperação entre as várias pequenas autoridades distritais de planejamento, amiúde

A CIDADE NA REGIÃO
o nascimento do planèjamento regional:

nada acessíveis. A preocupação dominante era limitar o alastramento suburbano, que, exatamente nessa época (capítulo 3), passava a ser uma questão muito preocupante no sul da Inglaterra. No leste do Kent, Abercrombie julgou que, mesmo com os poderes existentes, as autoridades pudessem comprar terras para a construção de novas cidades; o comitê misto da região norte de Middlesex também advogava cidades-satélites[228]. Mas nada foi feito em nenhum dos dois locais. Por outro lado, tanto os planos de Adams quanto os de Abercrombie procuravam exercer controle por meio do zoneamento rural, ou seja, da densidade muito baixa, sobre cuja eficácia as opiniões divergiam. Mesmo assim, segundo um dos cálculos, os doze planos juntos reservaram terra suficiente para alojar 16 milhões de pessoas, nas densidades então vigentes[229].

A verdade é que, por mais que impressionassem no papel, esses planos eram pouco mais do que exercícios de aprimoramento. De fato, eles foram provavelmente menos efetivos do que o plano de Adams para Nova York pela simples razão de que, na Inglaterra, o mundo organizado dos negócios tinha menos força. O conceito mais radical de planejamento regional, representado pela RPAA, só poderia tomar forma se, por lei, o governo britânico conferisse poderes abrangentes para planejar toda uma região, incluindo a autorização para deter o alastramento urbano; e disso não se viu traço até 1939, como mostramos no capítulo 3. A triste história do comitê de Raymond Unwin ilustra bem o fato.

Em 1927, Neville Chamberlain usou de sua posição como ministro da Saúde para incentivar o planejamento regional mediante a criação de um Comitê de Planejamento Regional para a Grande Londres, que cobria perto de 4600 km² dentro de um raio de 40 km a partir do centro de Londres, e contava com 45 membros provenientes das autoridades locais; em 1929, aposentado do Ministério da Saúde, Raymond Unwin foi escolhido para conselheiro técnico[230]. O relatório preliminar do mesmo ano propôs uma completa reversão no sistema de planejamento então vigente: em vez de os órgãos planejadores tentarem reservar lotes de terra para áreas livres, eles deviam alocar determinadas áreas para construção, tendo-se como pressuposto que todas as remanescentes fossem conservadas como espaços livres: cidades com áreas livres como plano de fundo. Essa era uma ideia mais radical do que limitar simplesmente o crescimento de Londres por um cinturão verde, o que fora imaginado nos idos de 1892 por Reginald Brabazon, décimo segundo conde de Meath, depois de uma visita às avenidas-parques norte-americanas, e assumido pela influente London Society em 1915[231]. Isso requeria uma autoridade conjunta de planejamento regional global com poderes executivos sobre assuntos regionais mais amplos, inclusive limitação de áreas para construção. As autoridades locais, o relatório considerava, deviam poder proibir empreendimento urbano sem compensação; mas oferecer *ex gratia* pagamento de um fundo comum feito por todos os proprietários de terra locais – proposta originária de Unwin que o então ministro achou impraticável[232].

Nesse ínterim, em importante palestra pronunciada em 1930, Unwin enunciou seu conceito de planejamento regional: "Os esquemas de planejamento regional deveriam ser utilizados [...] sem privar as autoridades locais, dentro da região, da liberdade de elaborarem esquemas de planejamento urbano para as suas áreas." "O principal objetivo do plano", continuou ele, "é assegurar a melhor distribuição das moradias, do trabalho e dos locais de recreio para a população. O método consistirá em dispor essa distribuição segundo um padrão adequado sobre um fundo preservado como área livre."[233] "Se a urbanização fosse orientada para núcleos razoavelmente independentes, formando atrativos grupos urbanos de diferentes tamanhos, espaçados sobre um fundo adequado de área livre, haveria, na região, amplo espaço para qualquer aumento populacional naturalmente esperável, mesmo em se deixando a maior parte da área como espaço livre."[234] Mas hoje em dia, "toda terra é, potencialmente, terra de construção"; qualquer pessoa podia construir em qualquer lugar, e assim, a construção desordenada e a urbanização por faixas iriam continuar[235].

Nesse ponto, Robert Schmidt fez uma aparição em Londres, revelando o interesse dentro do Ministério da Saúde por seu trabalho de planejamento regional no Ruhr. Em 1928, ele fora convidado a Londres para falar no Instituto de Planejamento Urbano. Embora o nevoeiro tivesse impedido seu voo, um público impressionante ouviu George Pepler ler o ensaio de Schmidt. Na audiência estava o futuro líder do LCC e vice-premiê Herbert Morrison, que encontrara Schmidt no Ruhr ao integrar uma delegação do Partido Trabalhista no ano anterior. O trabalho de Schmidt era particularmente caro a Pepler, já que este estava, na época, tentando persuadir as autoridades locais britânicas a se unirem voluntariamente para tomar a seu cargo um planejamento regional que guiasse e coordenasse seus planos estatutários locais. Ele naturalmente invejava a força legal que Schmidt podia teoricamente manejar para compelir as autoridades locais de Ruhr. Contudo, ele cada vez mais entendeu que, compulsão ou não, os poderes de persuasão de Schmidt mantinham-se essenciais para levar a cabo o plano regional[236]. Em 1929, Harris reportou sobre esse e outros empreendimentos alemães ao recentemente formado Comitê de Planejamento Regional da Grande Londres, do qual era secretário em tempo parcial. Unwin, seu planejador chefe, entusiasticamente adotou a proposta de um "cinturão verde" ao redor de Londres. O jornal *The Times*, em 1924, já tinha informado sobre o plano notável de Fritz Schumacher e Konrad Adenauer, iniciado pouco antes, para criar um duplo cinturão verde (Grüngürtel) para Colônia. Isso foi

A CIDADE NA REGIÃO
o nascimento do planejamento regional:

relatado de forma mais completa para o Comitê em 1929, detalhando os poderes especiais de reajustamento de terra pelos quais o cinturão fora criado[237].

O relatório final do comitê apareceu em 1933. Voltava ao mesmo tema: deveria haver um estreito cinturão verde em torno da área já construída da Grande Londres, para fornecer espaço para campos de jogos e espaços livres; através deles poderia passar uma avenida-parque orbital; externo a isso, "todo esforço deveria ser envidado utilizando os plenos poderes dados pela Lei de Planejamento da Cidade e do Campo para definir as áreas [...] em que fosse permitido empreendimentos construtivos, garantindo assim um entorno de áreas livres das quais espaços públicos abertos podiam ser obtidos como e quando necessário"[238]. Novas áreas industriais deviam ser planejadas em satélites autônomos dentro de 19,2 km de distância do centro de Londres, e em cidades-jardim, a uma distância entre 19,2 km e 40 km. E ambos, industriais e empreendedores, argumentava o relatório, podiam se beneficiar de um plano tão explícito; mas o problema, de novo, era a compensação devida àqueles cuja terra não seria urbanizada, e isso requeria uma legislação específica[239]. Tudo isso demandava uma nova autoridade *ad hoc*, com poderes para adquirir e gerenciar terras e espaços abertos e coordenar esquemas de planejamento local. Como alternativa, autoridades locais podiam comprar terras vagas em sua área, mas a compensação apresentava problemas enormes[240].

Quando esse relatório final surgiu, já tinha sido efetivamente engavetado devido a cortes de gastos do governo[241]. Já em 1931, Unwin estava profundamente deprimido com o futuro do comitê: "Foi-se a minha chance de um cinturão verde [...] e estou na expectativa de que nosso trabalho regional seja reduzido para 1/3 ou 1/4 neste ano."[242] Nisso ele estava muito enganado: quando o Partido Trabalhista assumiu o controle do London County Council em março de 1934, seu líder, Herbert Morisson, era um apoiador, e após demorada consulta pública a aprovação foi concedida em maio de 1935[243].

Essa foi uma pequena vitória, mas houve derrotas importantes. O projeto de lei de Planejamento da Cidade e do Campo, apresentado ao Parlamento em 1931, foi vitimado pela eleição; foi revivido e aprovado em 1932, mas em forma atenuada. Amargurado, Unwin achou que a possibilidade de contar com uma boa legislação sofrera um atraso de anos[244]; em certo sentido tinha razão, visto que foi preciso esperar até 1947 para obterem-se os poderes que seu comitê preconizara como vitais. Foi aos poucos deixando a Grã-Bretanha; em 1936 sucedeu a Henry Wright como professor-visitante em Columbia[245]. Chegando aos Estados Unidos imediatamente antes da deflagração da guerra, para um *forum* internacional que acabou sendo cancelado, ele e sua mulher lá ficaram retidos. Depois de uma doença de dois meses, ele morreu de icterícia na casa da filha em Old Lyme, Connecticut, em 28 de junho de 1940[246]. Poucas semanas antes, sua casa, Wyldes, fora atingida por uma bomba incendiária, que destruiu muitos dos seus trabalhos[247]; um triste e irônico acontecimento, dado seu amor apaixonado pelas cidades alemãs.

Uma coisa, no entanto, ele realizou por inteiro: pelo menos, a partir de então, teve-se uma visão clara do que seria uma região urbanizada do futuro. Nem tudo o que dizia era novidade: à semelhança do que ocorrera com as ideias de Howard, pesquisadores curiosos podem encontrar elementos isolados do plano no "cinturão verde" associado à parkway de George Pepler, de 1911, ou no plano, do mesmo ano, para as dez "cidades da saúde", de Austin Crow, a 22,4 km de Londres[248]. E, naturalmente, o diagrama da cidade social de Howard fornece a base teórica para quase todos os esquemas subsequentes[249]. Como plano, contudo, está mais plenamente trabalhado do que qualquer um desses outros; e sua ligação com o plano de 1944, de Abercrombie, é evidente. Num certo sentido, Unwin penitenciou-se por sua grande apostasia de 1918-1919, quando conduzira o curso do desenvolvimento urbano da Inglaterra das cidades-jardins para os satélites suburbanos. Essa foi uma orientação que, muito mais tarde, o próprio Osborn reconheceu que ele provavelmente não podia ter evitado, dado o peso da opinião pública na época[250].

Mas nos onze anos entre o relatório final de Unwin e o plano de Abercrombie, como visto no capítulo 4, muita água rolou sob as pontes do Tâmisa. Neville Chamberlain, ao tornar-se primeiro-ministro, criou, num de seus primeiros passos, a Comissão Barlow. Indicado para integrá-la, Patrick Abercrombie foi cuidadosamente encaminhado por Frederic Osborn para o seu relatório da minoria e seu memorando dissidente, que clamaram por uma estrutura nacional de planejamento, amplos e rigorosos controles sobre localização de indústrias, e poderes para implantar os planos regionais[251]; Reith, como primeiro-ministro do Planejamento, veio e foi-se. E Abercrombie colaborou com Forshaw, o arquiteto-chefe do LCC, no Plano do Condado de Londres.

Para puristas como Mumford e Osborn, Abercrombie jamais poderia ser perdoado por ter-se omitido, no Plano do Condado, sobre a questão vital da densidade e descentralização: "Confiei demasiado em Abercrombie", escreveu Osborn a Mumford. "Lamento não me ter plantado à soleira de sua porta na sede do condado, como fiz com Barlow durante as reuniões da comissão. Mas jamais me passaria pela cabeça que um planejador pudesse defender ponto por ponto a causa da descentralização e, em seguida, produzir um plano que não faz o absolutamente imprescindível para permitir que a maioria do povo tenha lares decentes."[252] Um ano mais tarde, em seu Plano Para a Grande Londres, quando Abercrombie estava livre da influência do LCC, tornou-se mais próximo

A CIDADE NA REGIÃO
o nascimento do planejamento regional:

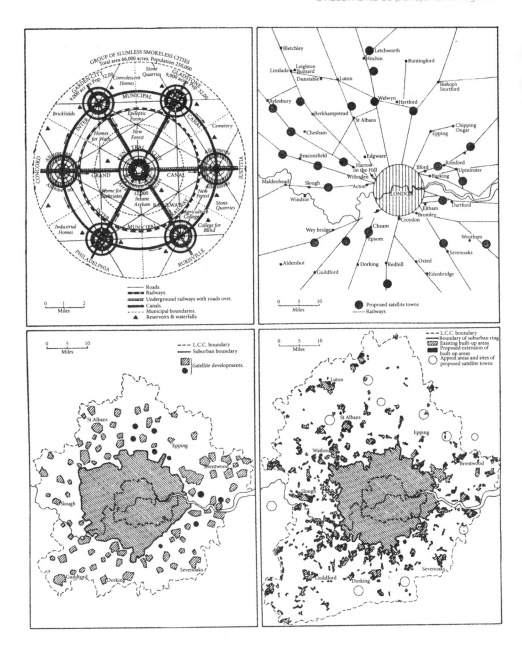

FIG. 51: *O conceito de cidade nova, de Howard a Abercrombie. O conceito de uma série de cidades-satélites ao redor de uma metrópole, de Howard (1898) passando por Purdom (1921) e Unwin (1929-1933), até o definitivo Plano Para a Grande Londres, de Abercrombie (1944). Fonte: Unwin Hyman.*

do ponto de vista de Osborn, ao defender densidades de 250 e 175 pessoas por hectare (100 e 70 pessoas por acre), a última permitindo que todos morassem em casas, a primeira garantindo 80% de casas, de modo que nenhuma família precisasse morar em apartamento compacto a não ser que quisesse. Mas o LCC, para Osborn, estava muito preocupado com a perda de votos e do valor tributável e, assim, decidiu-se pelo que chamou de descentralização simbólica (de "token"), ou seja, para pouco mais de um milhão de pessoas[253].

Osborn, evidentemente, não estava sendo nada justo; Abercrombie, durante seu trabalho com os funcionários do LCC, deve ter sentido intensamente que aqui, mais do que em qualquer outro lugar, planejamento era a arte do possível. E visto como metade do plano regional único apresentado em dois volumes, o Plano do Condado ostenta qualidades excepcionais que por si só bastariam para recomendá-lo junto ao mais purista dos membros da RPAA. Primeiramente, temos sua insistência nos métodos de levantamento geddesianos, que ele utiliza para cardar a enredada estrutura comunitária de Londres, essa metrópole feita de vilarejos. Em seguida, temos sua brilhante combinação do princípio da unidade de vizinhança, de Perry, com a hierarquia viária de Stein e Wright – como interpretada por um policial de trânsito da Scotland Yard, Alker Tripp (1883-1954), em dois importantes livros[254] –, a fim de criar uma nova ordem espacial para Londres: nela, as vias expressas não apenas resolvem o problema do congestionamento de tráfego como dão definição e forma às comunidades reconstruídas que elas separam ao fluir ao longo das tiras verdes que enriquecem Londres do espaço livre tão necessário. Os problemas mais agudos da Londres georgiana e vitoriana – superpopulação, obsolescência, incoerência, falta de verde – são atacados simultaneamente, numa solução que impõe ordem à menos ordeira das grandes cidades do mundo; mas de maneira tão natural que ninguém dá por isso[255].

Especificamente, o Plano do Condado usou o novo sistema viário para criar uma Londres celular: a nova ordem tinha de ser implicitamente orgânica[256]. A dívida de Abercrombie para com Geddes torna-se aqui evidente, embora também se possa detectar uma importante cepa vinda de Perry via Wesley Dougill, inspirado assistente de Abercrombie e seu ex-colega em Liverpool, defensor entusiasta do princípio da unidade de vizinhança para Londres, que faleceu quando o plano entrava em fase de conclusão[257]. O importante é que, ao passar do Plano do Condado para o Plano Para a Grande Londres, Abercrombie retém a mesma estrutura orgânica. Em primeiro lugar, a base feita de anéis concêntricos indica a intensidade decrescente de população e atividade: o interno (ligeiramente maior que o condado, com o centro de Londres como anel nuclear), o externo ou suburbano, o cinturão verde e a periferia rural. Em seguida, de novo, eis que cada um desses círculos aparece definido por um anel viário, parte do sistema hierárquico que produz as células: o anel viário nuclear A circunda a área central, o anel arterial B define efetivamente o perímetro urbano londrino, o anel C atravessa os subúrbios e o anel arterial D os circunda, o anel *parkway* E constitui a figura central do cinturão verde e ajuda a definir o começo do anel periférico[258].

E eis o espaço livre, usado novamente como elemento estruturador. Vejamos como Abercrombie paga o que deve a Unwin:

> *Sir* Raymond Unwin foi o primeiro a apresentar soluções alternativas para o espraiamento de Londres: seria ou uma zona contínua, franqueada a todo e qualquer tipo de edificação em graus de densidade variados (alguns, nos distritos de alta classe [*sic*], bastante baixos), com sua continuidade quebrada a intervalos por áreas verdes (como espaços públicos abertos) e, na prática, por pequenos lotes de terra cultivável preservados da demanda do construtor; ou então um fundo verde contínuo de campo aberto, onde, engastadas nos lugares convenientes, compactas manchas vermelhas representam a zona construída. Adotamos, sem hesitar, a segunda alternativa, a mesma que ele advogava para os dois últimos anéis externos.[259]

Haveria "um gigantesco cinturão verde ao redor da Londres construída", com especial atenção para a recreação ao ar livre: mas teria de haver também "cinturões verdes menores para as comunidades isoladas, antigas e novas; esse cinturão verde local não precisa ser largo, se além dele existir campo aberto de terra cultivável". Finalmente, fatias verdes correriam internamente, do cinturão verde até o coração da Londres construída[260].

Do total de 1.033.000 pessoas a buscarem novas moradias em decorrência da reconstrução e reurbanização de Londres, apenas 125 mil não mudariam para além do cinturão verde; 644 mil iriam para o anel periférico rural (383 mil para cidades novas, 261 mil para prolongamentos das existentes), quase 164 mil ficariam pouco além desse anel, mas dentro de um raio de 80 km de Londres, e 100 mil mais longe ainda. Haveria oito cidades novas, com uma população máxima de 60 mil pessoas, situadas entre 32 e 56 km, aproximadamente, do centro de Londres[261]. O importante era que, fora do cinturão verde, a estrutura orgânica seria mantida; só que virada do avesso. Em vez de autoestradas e estreitas tiras de parques definindo as comunidades, o elemento básico seria agora o fundo verde, contra o qual as comunidades isoladas – formadas, cada uma delas, à semelhança das comunidades londrinas, de células menores ou vizinhanças – apareceriam como ilhas de urbanização.

Concretizava-se, finalmente, a visão da RPAA. O próprio Mumford, em carta a Osborn, chamou o plano de, "sob todos os aspectos, o melhor documento isolado até agora surgido sobre planejamento desde o livro de Howard; na verdade, quase pode ser considerado como a forma madura do organismo do qual *Garden Cities of To-morrow* fora o embrião"[262]. "O trabalho inicial de tornar o ideal confiável foi realizado", continuou ele, "e agora a tarefa principal consiste em dominar os métodos políticos que o traduzam o mais efetivamente possível em realidade. Aqui, ainda não atingimos esse estágio [...] E temo pelos resultados dessa nossa imaturidade quando, no pós-guerra, a construção imobiliária [...] deslanchar a todo vapor"[263].

Uma geração posterior de planejadores acadêmicos desconstruiu Abercrombie. Michael Hebbert argumentou poderosamente que a estrutura singularmente caótica de Londres – a coleção de cidadezinhas celebradas no tradicional (mas verdadeiro) clichê – simplesmente devia ser deixada assim[264]. Mas a visão de Abercrombie poderia ter preservado tudo isso, e mais: teria melhorado a estrutura, porque as cidadezinhas teriam sido mais claramente definidas pelas suas planejadas autovias urbanas, e os ônibus ainda teriam circulado ao longo das estradas radiais diante dos centros de compra, agora livres do caos do outro tráfego. Abercrombie amava Londres, sua cidade de adoção. Seus planos não a agrediam.

A visão de Abercrombie era tão cativante porque expressa em imagens visuais poderosas[265]. Fotografias aéreas retratavam vistas intermináveis de crescimento urbano não coordenado e casual estendendo-se até o horizonte[266]. Lorde Latham, líder do Partido Trabalhista do LCC, enfatizou o ponto: o plano centrou na visualização de "séries de grandes projetos estendendo sobre o próximo meio século [...] formando parte de um padrão geral pelo qual o progresso ordenado podia ser atingido"[267]. E o tempo era propício; o lançamento, em 9 de julho de 1943, coincidia com a invasão aliada da Sicília, e uma nova ofensiva soviética na frente oriental, junto com a intensificação nos bombardeios das cidades alemãs. O jornal londrino *Evening News* colocou sua chamada, "Plano de 50 Anos Para a Reconstrução de Londres" próxima às manchetes na primeira página e fotografias mostrando a devastação em Colônia[268].

Mas houve outro ponto de inflexão, na frente doméstica. Em dezembro de 1942, William Beveridge anunciou sua revisão completa do sistema de seguro social, Social Insurance and Allied Services (Segurança Social e Serviços Afins). Seis meses mais tarde, quase simultaneamente com o County of London Plan (Plano do Condado de Londres), R.A. Butler, o secretário da Educação, produziu seu livro branco de amplo alcance sobre educação pública no pós-guerra. Políticos trabalhistas importantes do LCC, como Herbert Morrison e Lewis Silkin, trabalharam de forma a posicionar o plano como parte desse debate sobre reconstrução nacional. No seu prefácio, Latham deliberadamente ecoou Beveridge – como havia gigantes bloqueando o caminho da segurança social, assim havia gigantes similares obstruindo a marcha do planejamento: "interesses conflitantes, direitos privados, uma desgastada [...] escala de valores e falta de visão". O *Daily Mirror* apresentou o plano como parte de uma agenda radical, uma "guerra sem fim"[269].

A visão de mundo própria de Abercrombie, refletindo sua juventude no período vitoriano tardio e na Inglaterra liberal de Eduardo VII, foi "fundamentada em sua crença no poder da *expertise* profissional e na confiança de um ponto de vista refinado, da alta burguesia", compartilhado por muitos de sua geração, intelectuais como Keynes e Beveridge, políticos como R.A. Butler e Anthony Crosland. Era um conjunto de valores eclético, até mesmo contraditório: Frank Mort escreve que:

> No caso de Abercrombie, considerações concorrentes do futuro urbano lutavam por ascendência, frequentemente dentro do mesmo documento de planejamento e dentro de sua própria personalidade social: civismo monumental *versus* programas sociais, uma estética urbana grandiosa em oposição a um intenso localismo, esquemas dirigidos pelo Estado *versus* expansão comercialmente matizada. Esse complexo legado continuou a dar forma ao debate político e profissional sobre o futuro de Londres durante os anos do pós-guerra.[270]

Os "métodos políticos" foram prontamente assimilados. O novo ministro para o Planejamento Urbano, Lewis Silkin, mais que depressa comunicou às autoridades de planejamento que o plano de Abercrombie serviria como guia provisório de urbanização para a região[271]. Mesmo antes disso, como visto no capítulo 4, ele já havia aceitado o princípio das cidades novas, designando John Reith para encabeçar um comitê que lhe dissesse como construí-las. Com idêntica rapidez veio a resposta do comitê: instalar órgãos burocráticos, sob forma de Development Corporation (Empresas de Urbanização), a fim de escapar das complexidades, protelações e dos compromissos da democracia local. Num sentido estritamente instrumental, a solução demonstrou ser correta: a Lei das Cidades Novas recebeu a Aprovação Real no verão de 1946, justo quando Abercrombie estava se aposentando de sua cátedra acadêmica trocando-a por uma vida de consultoria e turismo (durante sua visita à Austrália em 1948, um conselheiro referiu-se a ele como "São Patrick", o que estava brilhantemente certo)[272]; todas as oito cidades novas de Abercrombie estavam consignadas em 1949 (embora nem sempre nos locais por ele propostos) e já entravam em fase de acabamento em meados da década de 1960. O mecanismo que para pôr em ação o outro elemento capital do plano, a saber, a expansão das cidades já existentes, levou mais tempo para ser estabelecido e mais tempo ainda para ser acionado: a importante Lei do Desenvolvimento Urbano foi aprovada em 1952, os primeiros resultados dignos de nota não apareceram antes da década de 1960.

Mas enfim, também esses apareceram, elementos essenciais que eram da paisagem Abercrombie. Embora, durante os anos de 1950 e 60, a implementação quase tivesse ido por água abaixo ante o inesperado crescimento populacional e o incessante desenvolvimento industrial dentro e ao redor de Londres – o que tornou necessárias mais três cidades novas, muito maiores que as originais, iniciadas na segunda metade da década de 1960 –, fato insólito foi a admirável flexibilidade demonstrada pelos princípios básicos de Abercrombie no jogo de pressões e tensões a que foram submetidos. Insólito porque, como observou o crítico norte-americano Donald Foley, a característica mais impressionante do plano Abercrombie era justamente sua qualidade estável, unitária, que "sublinha a prioridade da luta por uma forma espacial futura positivamente estabelecida como produto-meta do ambiente físico. O plano é caracteristicamente apresentado para um ponto ou período de tempo situado num futuro hipotético"[273]. No entanto, ainda segundo Foley, o plano Abercrombie não tardou a ser absorvido por um processo político e econômico dentro do governo central que representava o oposto: uma abordagem adaptável, mais evolutiva que determinista, ciente da importância das decisões políticas e econômicas no processo de planejamento[274]. E, nesse contexto tão diferente, funcionou: provou que era capaz de ser vergado sem quebrar. Alguns detalhes logo sofreram modificações: a cidade nova de Abercrombie, em Ongar, sumiu do mapa enquanto outra surgia na área de Pitsea--Laindon; White Waltham, a oeste de Londres, foi abandonada e substituída por Bracknell, perto dali[275]; mais tarde, após uma troca de governo, todo o programa foi questionado, e por pouco não o truncaram prematuramente[276]. Sobreviveu não se sabe como; e a região de Londres é um dos poucos lugares do mundo onde se pode encontrar, concretizada, a visão do mundo segundo Howard-Geddes-Mumford.

Mas enfim, ainda restam dúvidas. Uma delas é a de que o programa sobreviveu exatamente porque, numa sociedade a um tempo complexa e conservadora, ele serviu – imperfeitamente, é claro – como um consenso entre opiniões políticas muito diferentes e até mesmo conflitantes. Idealistas liberal-socialistas podiam juntar forças com a aristocracia rural conservadora na defesa de um

A CIDADE NA REGIÃO
o nascimento do planejamento regional:

plano que simultaneamente preservava o campo inglês (e o tradicional modo de vida rural inglês) e produzia comunidades-modelo, deliberadamente empenhadas em erodir as tradicionais barreiras de classe inglesas. Era útil que, como Robert Freestone comentou, "cinturões verdes representassem praticamente toda a concordância entre os partidos"[277]. "Eles são capazes de transcender tensões locais por um tipo de status simbólico, místico, que os considera aptos a fornecer todas as coisas para todas as pessoas."[278] Assim, essa frágil aliança de fato sobreviveu pelo menos até o fim dos anos de 1970, quando se desfez, vítima da estagnação demográfica e econômica; mas o resultado ficou muito aquém da visão original dos fundadores, que, no processo, quase foi obliterada. É certo que os habitantes de Stevenage e Bracknell eram certamente parte da economia neotécnica, mas de maneira alguma eles passavam parte de seus dias nos campos, como supusera Kropótkin.

O que de fato triunfou foi uma visão muito diferente: uma visão elitista de cima para baixo, concebida e imposta por políticos e servidores públicos devotados e soberbamente capazes. E, por duas décadas, funcionou. Em 1967, o ano pico de realizações habitacionais no Reino Unido, a máquina estava produzindo planos regionais para o sudeste, o oeste da parte central do país e o noroeste, começando por Milton Keynes, Peterborough e Telford, e várias outras cidades novas, e iniciando os primeiros planos sub-regionais baseados em novos métodos de sistemas de planejamento importados de planejadores norte-americanos como West Churchman. Brian McLoughlin estava trabalhando no estudo de Leicester-Leicestershire enquanto escrevia, em seu tempo livre, um compêndio do enfoque do novo planejamento. A Comissão Redcliffe-Maud estava comissionando um levantamento em cidades-região como base para reorganizar o governo local inglês. A Comissão Roskill estava usando um enfoque similar baseada em elementos concretos para encontrar uma localização para o terceiro aeroporto de Londres. O governo tinha uma vasta falange de planejadores profissionais incorporados no Ministério da Habitação e Governo Local (MHLG), o precursor do atual Departamento para Comunidades e Governo Local; o legendário Jimmy James foi sucedido como planejador chefe pelo legendário Wilfred Burns. Um Grupo Consultivo de Planejamento (PAG) de alto nível, incluindo os profissionais principais do governo local, do setor privado, e funcionários do MHLG, o Ministério do Transporte, e o Departamento de Desenvolvimento Escocês, publicou seu relatório sobre a concepção de um sistema de plano de desenvolvimento tipo Mark II[279, 280]. John Delafons, que era o secretário do grupo, comentou, muito tempo depois: "talvez o efeito mais significativo do relatório do PAG tenha sido o estímulo que deu ao planejamento e aos planejadores numa época em que o sistema de planejamento legal tinha corrido lentamente para um impasse [...] Ao expressar tal confiança positiva no potencial do planejamento, o PAG liberou uma boa quantidade de energia reprimida na profissão de planejamento e forneceu o estímulo que era necessário"[281].

Bem-aventurança foi naquela madrugada estar vivo, mas ser jovem era o verdadeiro paraíso[282]. O movimento do planejamento foi, em retrospecto, a marca d'água de uma crença em um planejamento total, centralizado, de cima para baixo, baseado na *expertise*, mas também benigno. As inspirações foram muitas: os movimentos ingleses da cidade-jardim e das cidades novas, com tanto sucesso perseguidos pela Town and Country Planning Association (Associação de Planejamento Urbano e Rural); ideias de Estocolmo e Copenhage; o estilo francês de planejamento indicativo, então em grande voga. E é possível datar precisamente o ponto de reversão: o colapso do Plano Nacional em 1967, centro do pacote político do governo Wilson, em uma crise clássica de balança de pagamentos; o enorme enfraquecimento do Departamento de Assuntos Econômicos, criado por Wilson para substituir o Tesouro como gestor da política macroeconômica, e seu subsequente rápido desaparecimento. Veio então o governo Heath de 1970 e o abandono das recomendações de Redcliffe-Maud para governo das cidades-região por toda Inglaterra, que fatalmente comprometeu a implementação dos novos sistemas de planos estruturais/planos locais propostos no Relatório PAG e incorporados na legislação nos dias finais do governo Wilson. A visão implodiu de dentro, porque os mecanismos críticos de implementação estavam em falta.

O planejamento, como pode ser visto em retrospecto, entrou então em uma longa trajetória descendente. E foi muito criticado, mesmo na época, por ser muito prescritivo e restritivo; e então, alguns de nós concluímos, em 1973, que ele estava falhando em gerar desenvolvimento suficiente dos tipos certos e nos lugares certos; mesmo então, políticos locais estavam intervindo para paralisar o processo[283]. E nos anos de 1970, a medida que a desindustrialização afetou a economia das grandes cidades, as energias dos planejadores e de outros profissionais urbanos foram massivamente direcionadas para a tarefa da regeneração urbana. Isso continuou nos anos de 1980; embora os meios – empresas de urbanização, zonas empresariais – fossem radicalmente diferentes, os objetivos subliminares eram os mesmos que aqueles sob a prévia administração trabalhista.

Mas então e subsequentemente, a tarefa mais ampla do planejamento de todo o padrão de desenvolvimento urbano e rural permaneceu. E, uma vez que o crescimento demográfico tem continuado forte, as pressões e tensões subliminares nunca se foram. Nos primeiros anos do governo Blair, houve

A CIDADE NA REGIÃO
o nascimento do planejamento regional:

um espasmódico retorno às grandes visões estratégicas de planejamento dos anos de 1960, na Estratégia de Comunidades Sustentáveis de John Prescott de 2003. E houve novamente uma tentativa determinada de desenvolver planos regionais tendo em vista desenvolvimento regional e sub-regional, sobretudo para novas habitações. Uma vez mais houve um trágico fracasso, comparável ao abandono do governo da cidade-região em 1974: a rejeição por eleitores no Nordeste, em um simples referendum que buscava liberar um processo ao longo da Inglaterra de uma assembleia regional democraticamente eleita. Essa ideia, que ecoava uma proposta similar no relatório Redcliffe-Maud de quarenta anos atrás, era vital para garantir legitimidade democrática a todo o processo de planejamento. Sem isso, tornou-se muito fácil para a coalizão governamental mandar toda a estrutura regional para a lata de lixo, trazendo-nos de volta, num círculo completo, aos anos de 1980[284].

O veredicto é muito paradoxal. Nem o plano Abercrombie deu qualquer sinal de que pretendesse desafiar a autonomia de uma das mais monolíticas e centralizadas burocracias de que se tem notícia em qualquer das democracias ocidentais: pelo contrário, os processos de implementação simplesmente a fortaleceram, e a qualidade da civilização de Basildon ou Crawley ainda não evoca as glórias de uma Atenas do século V ou de uma Florença do século XIII. Tampouco, embora o sistema de planejamento preservasse o campo, produziu ele algo semelhante ao desenvolvimento regional integrado sonhado por Chase e MacKaye; a população da zona rural de Berkshire e Hertfordshire come as verduras que os porões dos 747 lhe trazem de todas as partes do mundo e que chegam até ela via mercados atacadistas londrinos; e as sebes arrancadas e as construções agrícolas adaptadas para a indústria são um testemunho de que, para o fazendeiro britânico, o livro-caixa é que dita as regras.

É evidente que muita coisa da visão dos pioneiros se mantém: as cidades novas apresentam-se inquestionavelmente como bons lugares para viver e, sobretudo, onde crescer; não há dúvida de que coexistem em harmonia com sua periferia rural, e a feiura totalmente estúpida do que havia de pior no antigo alastramento urbano foi eliminada. Mas o resultado não é tão rico, tão meritório nem tão generoso como esperavam: uma boa vida, mas não uma nova civilização. Talvez o lugar estivesse errado; os ingleses, essa gente arquetipicamente comodista, de perspectivas tacanhas, eram o último povo do mundo a que se poderia confiar tal empresa. Ou talvez, como no sonho de Gatsby, a visão já tivesse ficado para trás, definitivamente irrealizada.

A CIDADE DOS MONUMENTOS

6

O Movimento City Beautiful

Chicago, Nova Delhi, Berlim, Moscou (1900-1945)

Não planejem miúdo. Pequenos projetos não possuem aquele toque mágico que esperta o sangue dos homens, e provavelmente sequer chegarão a realizar-se. Planejem grande; mirem alto na esperança e no trabalho, lembrando que, uma vez registrado, um diagrama nobre e lógico jamais morrerá mas, bem depois de nos termos ido, será um objeto vivo, afirmando-se com insistência sempre crescente. Lembrem-se de que nossos filhos e netos farão coisas que nos assombrariam. Tenham por lema a ordem e como guia a beleza.

DANIEL BURNHAM, *O Plano de Chicago* (1909)

Por que sempre o maior? Faço isso para restituir a cada alemão, como indivíduo, o seu autorrespeito.

ADOLF HITLER, discurso para trabalhadores da construção civil (1939). (Citado por Albert Speer, *Por Dentro do III Reich*, 1970)

O MOVIMENTO CITY BEAUTIFUL TEVE SUAS ORIGENS OITOCENTISTAS NOS bulevares e passeios públicos das grandes capitais europeias: a reconstrução de Paris, realizada por Haussmann sob Napoleão III, e a construção quase simultânea da Viena *Ringstrasse* foram seus modelos clássicos. Todavia suas manifestações no século XX ocorreram sobretudo em outros lugares e culturas: nas grandes cidades comerciais do centro e do oeste norte-americanos, onde líderes municipais construíram para superar complexos coletivos de inferioridade e impulsionar os negócios; e nas capitais recém-designadas de regiões longínquas do Império, onde funcionários britânicos autorizavam a execução de projetos que expressassem a supremacia imperial e o exclusivismo racial. Em seguida, ironicamente, o City Beautiful voltou ao ponto de partida, ou seja, ao seu nascedouro geográfico e espiritual, a Europa, onde, seguindo uma tendência que culminaria na década de 1930, ditadores totalitários procuraram impor, em suas capitais, megalomaníacas visões de glória. Muito embora os contextos fossem superficialmente muito diferentes, notam-se estranhas similaridades nos resultados, com implicações por certo inquietantes.

Burnham e o Movimento City Beautiful na América

Cada um dos grandes movimentos urbanísticos, neste relato, tem seu profeta, e este não é uma exceção. Seu nome: Daniel Hudson Burnham (1846-1912), sócio na atividade arquitetônica da Burnham and Root de Chicago, autor do projeto de vários dos primeiros clássicos arranha-céus daquela cidade durante as décadas de 1880 e 1890, e chefe de obras da Exposição Mundial Colombiana, uma das feiras mundiais definitivas de todos os tempos, ali realizada em 1893. O dinheiro que jorrou do lucrativo trabalho arquitetônico permitiu-lhe aceitar encomendas de planejamento com baixa ou nenhuma remuneração e constituiu um dos dois grandes estímulos que levaram o jovem arquiteto a transformar-se no planejador que viria a ser na maturidade. O outro lhe veio da experiência de projetar a mágica White City, às margens do Lago Michigan: se era comprovadamente possível criar, da noite para o dia, uma cidade de beleza para durar apenas um verão, então seguramente poder-se-ia fazer o mesmo com uma cidade comercial norte-americana de verdade, poluída pelo trabalho, e com efeito mais duradouro[1].

A ideia tocou em corda sensível; como vimos no capítulo 2, a década de 1890 foi um período de intensa introversão na América urbana. Para muitos dos que compunham a burguesia de mentalidade citadina, obrigados que eram a enfrentar a crescente heterogeneidade étnica e cultural e a intensificação do perigo de desordem, o problema parecia resumir-se na preservação do tecido social urbano.

FIG. 52: *Daniel Burnham. Aquele que não fazia pequenos projetos, numa pose devidamente majestática e professoral.* Fonte: *Daniel H. Burnham Collection, Ryerson and Burnham Archives, The Art Institute of Chicago. Digital File #194301_110614-007* © *The Art Institute of Chicago.*

Henry Morgenthau, figura do mercado imobiliário e banqueiro, deixou isso bastante claro numa conferência de 1909: o objetivo primordial do planejador era eliminar os focos geradores de "doenças, depravação moral, descontentamento e socialismo"[2]. E em parte alguma isso era tão verdadeiro quanto em Chicago, cenário, na década de 1880, dos terríveis tumultos que terminaram com a execução dos cabeças da revolta numa atmosfera de tensão quase insurrecional.

O Plano de Chicago de 1909 foi de fato a obra mais importante de Burnham. Mas ele voltou à sua cidade por meio de alguns triunfos e fracassos em outros lugares. O primeiro, quase um completo triunfo, foi a batalha que travou, durante muito tempo, pela reconstrução do Passeio Público Nacional, o National Mall, em Washington DC, que teve início em 1901. Em seu plano de 1791, Pierre L'Enfant pretendera, seguindo as ideias originais de George Washington, fazer ali um grande parque, de 120 m de largura e mais de 1600 m

FIG. 53: *O Plano de Chicago de 1909. Esquema completo de ordem urbana clássica, traçado sobre o quadriculado de Illinois. E, por incrível que pareça, instigado pelo ativismo cívico, até 1925 grande parte dele estava concluída.* Fonte: © The Art Institute of Chicago.

de comprimento, do Capitólio ao Potomac – estendendo-se, em seguida, para o leste até a fachada da Casa Branca. Mas o projeto jamais foi completado; a tira permaneceu como pastagem de uso comum, sendo invadida pelo comércio; e em 1870, indignidade final, foi cortada por uma ferrovia. Para muitos, dentro e fora do Congresso, esse passeio desfigurado tornou-se o símbolo de tudo o que havia de errado nas cidades norte-americanas[3].

Em 1901, instigado pelo arquiteto Charles Moore, o senador James McMillan, de Michigan, presidente do Comitê do Distrito de Colúmbia, propôs com êxito uma resolução no sentido de permitir que esse comitê estudasse o plano do parque, incluindo a nomeação de peritos; logo depois, Burnham assumiu a direção de uma comissão de três homens, tendo como companheiros Frederick Law Olmsted Junior e o arquiteto nova-iorquino Charles McKim; mais tarde, juntou-se a eles um escultor, Augustus St. Gaudens. Burnham insistiu para que todos fossem à Europa estudar o que havia de mais requintado em modelos urbanos, ignorando a óbvia ironia de que muitos desses modelos haviam sido criados exatamente pelas tiranias contra as quais os norte-americanos se haviam revoltado. Posteriormente, insistiu que o relatório contivesse passagens extravagantes em quantidade suficiente para chamar a atenção da imprensa tanto quanto de seus pares no campo arquitetônico[4].

O resultado foi o conceito original de L'Enfant, mas ampliado, com um passeio público de largura duplicada para 240 m, e quase o dobro do comprimento inicial, para abranger as várzeas recuperadas do Potomac, e cortado por duas grandes tiras transversais de parque. Os elogios foram muitos, mas também houve críticas que por pouco não deram cabo do projeto. Finalmente, o esquema completou-se no seu todo, exatamente como Burnham o traçara, com a consagração do Monumento a Lincoln em 1922[5] – exercício em puro projeto Beaux-Arts, atrás do qual continuavam a proliferar, medonhos, os cortiços[6].

Mas Washington, como insistiam todos, era especial: uma cidade à parte das outras cidades norte-americanas, e onde os aspectos cerimoniais e simbólicos deviam sobrepor-se aos demais. O ponto foi que também outras cidades – Nova York, Filadélfia, Baltimore, Cleveland e Denver – sentiram que deviam contratar um arquiteto para elaborar um plano[7]. Significativamente, o movimento deitou raízes nas grandes cidades comerciais do meio-oeste e oeste: Kansas City, Denver e Seattle[8]. Os entusiastas eram na maior parte homens, de classe média, com frequência proprietários ou gerentes de grandes negócios – editores de jornais, gerentes de fábricas, ou titãs do varejo; eles promoveram intensas campanhas publicitárias através de juntas comerciais e câmaras de comércio ou vários grupos *ad hoc*[9]. Burnham voltou-se então para empreendimentos ainda mais audaciosos: tentativas de dotar as grandes cidades industriais e portuárias dos Estados Unidos da ordem cívica de que careciam. Começou por um ambiente dos mais desfavoráveis: Cleveland, cidade à margem do lago, no Estado de Ohio, lugar dominado por um industrialismo em ascensão descontrolada, atormentado pela poluição, pela agitação operária e pela violência. Burnham foi escolhido para chefiar uma comissão

A CIDADE DOS MONUMENTOS
o movimento city beautiful

de 1902; o relatório ficou pronto no ano seguinte. Como era de esperar, nele se recomendava a construção de um novo centro cívico, em que meia dúzia dos edifícios públicos mais importantes seriam agrupados num conjunto de parques públicos interligados, ao longo da orla e numa ampla alameda perpendicular a ela, o que formaria um impressionante espaço aberto diante das novas instalações da principal estação ferroviária da cidade: eco nítido de seu projeto para Washington, que também incluíra uma nova instalação para a Union Station. O plano demandou a demolição de mais de 40 ha (100 acres) de densos e miseráveis cortiços, inclusive da zona de bordéis da cidade. Os dirigentes locais aplaudiram o projeto e puseram-se ao trabalho com toda a energia; só a estação, que dependia de um acordo entre ferrovias rivais, não chegou a vir à luz. Ao que parece, ninguém deu nenhuma importância ao destino dos moradores dos cortiços; presumivelmente, as leis de mercado cuidariam deles[10].

Mas Cleveland foi, essencialmente, uma Washington às margens do Lago Erie; embora ambicioso, seu projeto ainda não passava de um mero plano para centro urbano. Para São Francisco, em 1906, Burnham propôs algo muito mais grandioso. Aqui, um novo complexo de centro cívico – estrategicamente situado na junção da Market Street, principal rua comercial da cidade, com a Van Ness Avenue – devia constituir o foco de um conjunto de bulevares radiais, dos quais, por seu turno, radiais subsidiárias sairiam a intervalos; assim, o quadriculado regular da cidade seria levado a um "miraculoso equilíbrio formal" mediante uma outra lógica de desembocaduras angulares e irregularidades naturais, usadas como pontos de implantação de bulevares e construções formais[11]. Um desses pontos formaria uma tira contínua de parque até o Golden Gate Park, do lado oeste da cidade. Dar-se-ia um tratamento arquitetônico formal aos Twin Peaks, que dominam o lado sudoeste, com um Ateneu e uma estátua monumental a fitar, sobranceira, o Oceano Pacífico.

Ironicamente, a despeito da extraordinária ocorrência de terremoto seguido de incêndio, que, de maneira única, praticamente deu à cidade um solo limpo onde implementar o plano, o projeto acabou sucumbindo às pressões comerciais; apenas fragmentos, entre os quais se inclui o centro cívico, de aspecto curiosamente deprimente, posto em local diferente do escolhido por Burnham, forma um monumento inacabado. Hoje, muitos dos moradores de São Francisco suspiram profundamente aliviados pelo fato de os imponentes bulevares e *ronds-points* (rotatórias) de Burnham não terem arruinado o quadriculado das ruas, que sobem e descem colinas com suas vitorianas casas de biscoito de gengibre (*gingerbread house*), elementos que ajudam a dar à cidade seu encanto ímpar[12].

Chicago é, portanto, o plano Burnham em sua realização definitiva: aquele grande projeto que, para surpresa geral, apesar das disputas aparentemente insuperáveis, chegou, quase inteiro, a bom termo. Seu conceito básico, bastante grandioso, embora singularmente impreciso no tocante aos meios de realização, consistia em "devolver à cidade uma perdida harmonia visual e estética, criando, assim, o pré-requisito físico para o surgimento de uma ordem social harmoniosa"[13]; a cidade caótica, nascida de um crescimento demasiado rápido e de uma mistura demasiado rica de nacionalidades, seria posta em ordem mediante a abertura de novos logradouros, a remoção dos cortiços e a ampliação dos parques[14]. Foi justamente esta confusão entre objetivos sociais e meios puramente estéticos a qualidade que a tornou benquista tanto da classe alta quanto da classe média, sustentáculos, ambas, do Movimento Progressista[15].

Na apresentação do plano, Burnham estava confiante quanto ao termo de comparação: as grandes cidades europeias. "A tarefa realizada por Haussmann em Paris corresponde ao trabalho que precisa ser feito em Chicago."[16] Mas visto que os patrocinadores eram homens de negócios, primeiro do Commercial Club e, em seguida, do Merchant's Club, dourou-se o argumento: a City Beautiful de Napoleão III tinha se provado um bom investimento[17]. "As transformações por ele efetuadas tornaram aquela cidade famosa e, como resultado, a maioria dos ociosos detentores das grandes fortunas do mundo têm por hábito passarem ali longas temporadas, e eu pessoalmente fui informado de que os parisienses lucram por ano com os visitantes mais do que o imperador gastou com as mudanças."[18] Assim também em Chicago:

> Em nossas escapadas, continuamos indo ao Cairo, a Atenas, à Riviera, a Paris e a Viena, porque a vida aqui de casa não é tão agradável como nesses centros em voga. E assim prossegue, constante, a drenagem dos recursos para fora da cidade. Ninguém ainda calculou quantos milhões, em dinheiro, fizeram-se em Chicago e gastaram-se alhures, mas a soma deve ser considerável. Qual teria sido o efeito sobre o varejo da terra se esse dinheiro tivesse circulado aqui? [...] Qual teria sido o efeito sobre nossa prosperidade se a cidade fosse tão prazerosa que a maioria dos homens financeiramente independentes do Vale do Mississipi, ou do oeste dele, tivessem que vir a Chicago para gozar a vida? Não deveríamos, sem demora, fazer algo apropriado para embelezarmos e tornarmos nossa cidade atraente para nós mesmos e, em especial, para esses desejáveis visitantes?[19]

Chegou mesmo a argumentar que o "investimento" de Péricles na antiga Atenas ainda dava retorno sob forma de receitas turísticas. É possível que

A CIDADE DOS MONUMENTOS
o movimento city beautiful

Burnham, que certamente captava muitíssimo bem o *etos* de Chicago, não estivesse sendo inteiramente sincero, é que ele sabia usar a lábia do vendedor quando necessário. Isso tudo à guisa de prefácio à exposição do plano propriamente dito, o qual tinha um preço altíssimo fixado na etiqueta. O Lake Front (Passeio do Lago) devia ser recuperado e transformado em parque, que uma *parkway* percorreria em toda a extensão. Uma das ruas, perpendicular ao parque, a Congress Street, viria a ser o eixo principal da nova Chicago, com uma tira de parque de 90 m de largura. Um quilômetro e seiscentos metros adentro, onde esse eixo se cruza com a Hubbard Street, largas avenidas diagonais sairiam radialmente de um enorme centro cívico encimado por cúpula: ponto de convergência de todo o plano e, por ironia, um dos poucos aspectos que jamais foi construído. As margens do rio Chicago, que ali se estendem paralelamente ao lago, entre ele e a Hubbard Street, teriam de ser retificadas, recuperadas e ladeadas por novas ruas e edificações. Grandes prédios públicos deveriam situar-se em locais proeminentes dentro da faixa de parque. Haveria "um Museu, branco e majestoso, pousado sobre o Grande Terraço conhecido como Lake Front, e que sobrepujaria todos os demais elementos; os gramados, as fontes, os monumentos, tudo deveria situar-se em referência a esse edifício em particular. Nenhuma estrutura no mundo teria cenário mais nobre"[20]. Haveria uma pista marginal de 12 km, à qual se chegaria, vindo do interior, por sete viadutos, e uma lagoa de 9 km de extensão. Ao descrevê-la, Burnham tornou-se lírico:

> A Laguna terá suas duas margens ornamentadas com árvores e arbustos adaptados ao nosso clima, em especial os que dão flores – a macieira, a pereira, o pessegueiro, o castanheiro, a castanheira brava, a catalpa, a macieira silvestre, o lilás, a acácia, o corniso. Os dias de maio e junho serão, assim, um verdadeiro festival aquático. Na primavera e no verão, e também no outono, quem quer que vogue nas águas da Laguna irá sentir a presença das flores. Nas ribanceiras vicejarão a rosa amarela, o heliotrópio, o resedá e macios capins silvestres – plantas que deixam o ar impregnado de fragrâncias.[21]

E conclui com sua visão da futura Chicago:

> À nossa frente, estende-se uma plantação de árvores majestosas, que sombreiam gramados e estradas, à beira do Lago. Em contraste com isso, a Laguna reluzente estira-se rumo ao norte. Atrás dela o suave declive das ribanceiras e o aparecer e desaparecer dos trens por entre os juncos ondulantes. Atrás de tudo, a amurada de esplêndido terraço, coberto de aderentes videiras e coroado de estátuas, apoio dos gramados tranquilos que cercam lindas residências.

FIG. 54: *Centro Cívico de Chicago. A fantasmagórica visão em pastel de Jules Guerin de uma Chicago magnificamente haussmannizada: formal, ordenada simetricamente, mas destituída de objetivo ou conteúdo social mais amplo. Ironicamente, o elemento central jamais foi completado. Fonte: © The Art Institute of Chicago.*

Há anos que o lago vem cantando para nós, mas só agora o pudemos compreender. Vemos a vasta superfície riçada pela brisa suave; em seu peito, o cintilar de remos, o vulto fugaz de róseas velas, o rastro do deslizar veloz das lanchas. Vemos céleres correrem as canoas impulsionadas por brônzeos atletas. Ouvimos o sussurrar das ondas mesclar-se ao riso juvenil, a música encher a Laguna e ir desmaiar sob os ramos baixos das árvores. Uma lua crescente nada no céu ocidental a luzir, fracamente, sobre nossas cabeças em meio ao crepúsculo que se adensa.

Passamos por relvados, onde *villas*, qual cisnes, repousam sobre seus terraços, e brancas balaustradas e ninfas de bosques mal se deixam entrever no lusco-fusco. Cai a noite, com miríades de luzes coloridas a cintilarem pelo ar perfumado de nenúfares, e a Natureza nos acolhe em seus braços, crianças felizes.[22]

A CIDADE DOS MONUMENTOS
o movimento city beautiful

Quadro extraordinário esse, quadro poético, um dos pouquíssimos na história do urbanismo. E as assombradoras aguadas pastel de Jules Guerin, que mostram a grande cidade vista de cima, com os bulevares radiais a se distanciarem rumo às vastas pradarias de Illinois, mergulhados na luz do entardecer, não encontram igual em quaisquer outras visões urbanas até então concebidas: as cores lisas e esmaecidas, a luminosidade que se reflete do calçamento molhado de chuva, lembram, vagamente, Whistler. Mas Whistler jamais concebeu semelhante giro panorâmico.

Tratava-se, também, naturalmente, de um soberbo texto publicitário. Mas afinal para quem? A resposta de Burnham traz-nos brutalmente de volta à terra: "Não para ricos, exclusiva ou preferencialmente, que estes podem cuidar de si mesmos", mas sobretudo para a grande massa; no entanto, "não depende, esta última, da circulação em seu meio de grandes somas de dinheiro vivo? E como consegui-lo senão com a presença de um grande número de pessoas abastadas?"[23] Isso é, vigorosamente, urbanização movida pela ideia de que os mais pobres se beneficiam do gasto dos mais ricos; nela está, implícita, nunca explícita, a noção de uma economia urbana guiada pelo que Thorstein Veblen, exatamente naquele momento, verberava como gasto ostensivo por parte de uma classe ociosa de estilo europeu.

Ridicularizar isto também é fácil demais; e muitos críticos, dos tradicionais liberais de esquerda a marxistas ávidos por um caso de estudo fácil, tiveram seu dia de glória. Já em 1922, quando o plano estava em fase de implementação – coordenado por um Comitê Executivo da Comissão de Planejamento, sob controle dos membros do Commercial Club, a um custo de mais de 300 milhões de dólares[24] – Lewis Mumford verberava o esquema Burnham como "cosmético municipal"; mais tarde, ele comparou os resultados com os exercícios urbanísticos de regimes totalitários[25]. Todos o atacavam por haver ignorado itens como habitação, escola e saneamento básico; Burnham poderia ter-se defendido apontando o trecho onde dizia que Chicago precisava seguir o exemplo de Londres no tocante à moradia subsidiada mas, por mais indulgentes que sejamos a respeito, força é reconhecer que não eram exatamente esses os pontos que constituíam seu principal foco de interesse[26]. Dos três objetivos do urbanismo enumerados por Abercrombie em seu exíguo manual de 1933[27], a beleza claramente ocupou para Burnham a posição suprema, a conveniência comercial teve importância significativa, mas a saúde, no seu mais amplo sentido, quase não se fez presente. Críticos posteriores foram mais complacentes: grupos da elite como o Commercial Club simplesmente combatiam a imensa feiura da cidade norte-americana dos fins do século XIX; achavam que uma cidade bonita faria de seus habitantes pessoas melhores; e, embora seu movimento almejasse o controle social, não eram autoritários, pois suas ações desmentiam sua retórica[28].

De maneira mais sutil, poder-se-ia chamar esse seu plano – como os anteriores para São Francisco e Cleveland – de centro-centrista: baseava-se num centro cívico e comercial, sem levar em conta qualquer previsão de expansão comercial para o resto da cidade[29]. Como disse Mel Scott, "a Chicago do Plano Burnham é a cidade do passado que a América* jamais conheceu", uma cidade aristocrática para príncipes mercadores[30]. Sob esse aspecto, assemelhava-se a muitas outras estratégias urbanizadoras que viriam depois. Mas até nesse ponto, continha uma contradição básica, como assinalou, na época, Herbert Croly, na *Architectural Record,* de Nova York: postulado com base em qualidades formais, não se coadunava com as realidades do desenvolvimento imobiliário do centro comercial, que exigia adensamento de edificações e superpopulação[31].

Isso explica seu fracasso na terra de origem. Na Primeira Conferência Nacional sobre Planejamento Urbano e Superpopulação, em 1909, alguns planejadores e seus patrocinadores financeiros chegaram à conclusão de que a utopia exigiria mais do que alguns estavam dispostos a pagar. A City Beautiful rapidamente deu lugar à cidade funcional, a ser conseguida por meio do zoneamento – tópico a que o Plano Burnham dedicara ínfima atenção[32].

Burnham morreu em 1912, no auge da fama. A tarefa de implementar seu plano foi atribuída a seu lugar-tenente de confiança, Edward H. Bennett. Nascido em Bristol, em 1874, filho de um capitão de longo curso, emigrado para a Califórnia aos dezesseis anos, Bennett aprendeu seu negócio primeiro com o visionário arquiteto Bernard Maybeck e depois – por meio de uma bolsa concedida pela mãe de William Randolph Hearst – na École des Beaux-Arts de Paris. Burnham, para quem ele trabalhou desde 1903[33], imediatamente apegou-se a esse "poeta com os pés no chão"[34], usando-o primeiramente em São Francisco e depois em Chicago[35]. Assim, Bennett sempre havia sido o sucessor lógico de Burnham, tornando-se arquiteto consultor para a Chicago Plan Commission em 1913, e aí permanecendo até 1930[36]. Projetou as características arquitetônicas principais do Plano, em particular a Union Station e as grandes pontes que cruzam o rio Chicago, bem como o ornamental Grant Park, embora sempre como consultor e em colaboração com outros, nunca supervisionando o trabalho; porém não conseguiu implementar o Centro Cívico, pedra angular do plano, que foi abandonado em 1930 devido à oposição do engenheiro municipal Hugh E. Grant, sendo Bennett, a essa altura, efetivamente demitido[37].

Mas o papel e a reputação de Burnham se estenderam para bem além de Chicago. Depois de 1906, Burnham recusou todo o trabalho de planejamento,

A CIDADE DOS MONUMENTOS
o movimento city beautiful

enviando clientes potenciais a Bennet ou Frederick Law Olmstead Jr., seu colaborador na Comissão McMillan do plano para Washington. Bennet abriu sua própria firma em 1910, e logo estava preparando planos para Detroit, Minneapolis, Portland, Brooklyn e centro de Ottawa. Nos anos que seguiram ele preparou planos para Denver, Búfalo, S. Paul, o plano regional para Nova York, o Triângulo Federal em Washington, o plano de 1915 de São Francisco e a Feira Mundial de Chicago de 1933. Bennet foi claramente o planejador principal do movimento City Beautiful norte-americano, tendo feito uma carreira de quarenta anos como consultor de planejamento[38]. Seu *status* foi confirmado por sua indicação para a equipe de elite dos consultores técnicos da Associação do Plano Regional de Nova York, com Thomas Adams, Harland Bartholomew, George Ford, John Nolen e F.L. Olmstead Jr. O Plano Regional de Nova York de 1929-1931 foi o último grande projeto de planejamento do uso da terra de Bennet, uma vez que sua prática de consultoria minguou na Depressão dos anos de 1930[39].

Entrementes, a fama de Burnham, mesmo após sua morte, havia se espalhado a lugares distantes: a Europa retribuía-lhe os cumprimentos. Ele havia instado os habitantes de Chicago de que "como povo, precisamos, se pudermos, fazer por nós mesmos o que, em outros lugares, foi feito por um único dirigente"[40]. Mas em Berlim, o Kaiser – segundo escreveu o correspondente do *Chicago Record-Herald* – já nomeara uma comissão para preparar um plano similar, lamentando apenas que Berlim estivesse tão solidamente edificada e não contasse, como Chicago, com uma orla lacustre[41]. A iniciativa parece ter morrido de morte natural; mas estava para ser revivida – e vigorosamente – um quarto de século mais tarde.

O City Beautiful Sob o Raj Britânico

Antes, porém, de voltar a suas origens europeias, o City Beautiful espalhou-se mundo afora. A mais espetacular de suas manifestações, entre 1910 e 1935, ocorreu no último florescimento do Raj Britânico. E não por acaso: buscando consolidar os poderes amiúde recentes e precários em território conquistado, ansiosos, portanto, pela construção de símbolos visíveis de autoridade e domínio, bem como interessados em alojar seus funcionários dentro do estilo de vida a que estavam habituados, o Departamento Britânico para a Índia e o Departamento das Colônias viram-se ante a necessidade de contratar consultores para a criação de capitais instantâneas nas mais longínquas partes do globo.

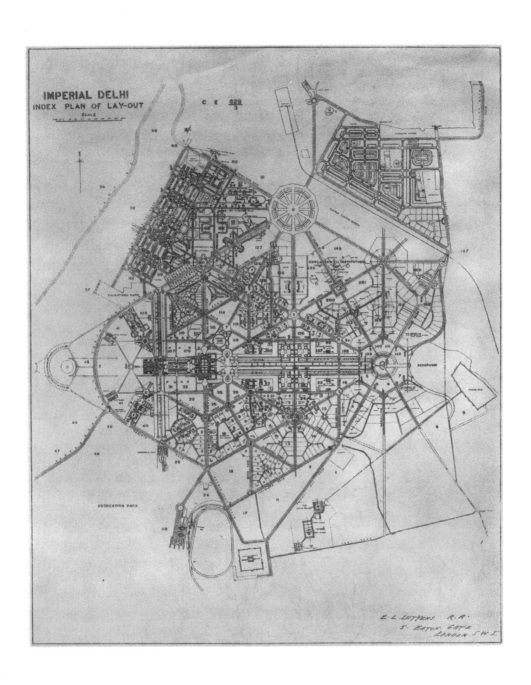

FIG. 55: *Nova Delhi. O plano Lutyens-Baker: símbolo do poder intimidador do Raj, e totalmente desligado da vida orgânica da cidade nativa ao lado.*
Fonte: © *Country Life.*

A CIDADE DOS MONUMENTOS
o movimento city beautiful

Muitas, constrangidas por um Tesouro aflito nos anos de Depressão, foram, decididamente, exercícios modestos: nenhuma pompa e restrita circunstância. Uma, porém, em particular, escapou à regra: a joia da coroa. Em seu Durbar de Coroação em 1911, George V fez a solene proclamação de que a capital da Índia Britânica seria transferida de Calcutá para Delhi: local adequado por sua posição central, de fácil acesso e clima salubre, tinha ademais um significado político como capital histórica, o que pesava simbolicamente num país já dilacerado pelo conflito hindu-muçulmano. Assim, a nova capital viria a ser referência de um grande exercício monumental a ser realizado por um povo desprovido do gosto da monumentalidade: "uma Roma anglo--indiana [...] do tamanho da vida e mais um pouco"[42]. Ironicamente, tendo levado vinte anos para ser concluída, só lhe restaram dezesseis para desempenhar o papel que lhe fora destinado.

Os arquitetos-planejadores escolhidos para essa missão histórica formaram, sob vários aspectos, uma estranha dupla. Herbert Baker cedo se proclamara o arquiteto do imperialismo, evoluindo da estação ferroviária de Pretória aos edifícios governamentais para a nova União Sul-Africana: suas ideias sobre arquitetura eram "nacionalistas e imperialistas, simbólicas e cerimoniais"[43]. O vice-rei da Índia, Hardinge, queria-o para Nova Delhi mas – pressionado por Londres – escolheu Lutyens, então mais conhecido como arquiteto para casas de campo; Lutyens, ao perceber que não poderia dar conta de todo o trabalho sozinho, pediu que Baker fosse indicado como seu colaborador[44]. Em seu primeiro encontro com Lutyens, Baker apreciou o "intencional domínio de cena que o êxito precoce havia desenvolvido nele"[45]. Mas Baker adoçou a provocação, escrevendo a Lutyens:

> É de fato um grande acontecimento na história do mundo e da arquitetura – que governantes tenham a força e a sabedoria para fazerem a coisa certa. Isso só seria possível agora sob um despotismo – talvez um dia as democracias os imitem [...] Ele não precisa ser indiano, nem inglês, nem romano, mas tem de ser imperial. Em dois mil anos deve haver uma tradição Lutyens na arquitetura indiana [...] Viva o despotismo![46]

Mas a equipe do projeto ainda contava com um terceiro sócio principal: o próprio vice-rei. A primeira questão sobre a qual ele se mostrou decisivo foi sobre o local. Delhi, em 1911, era formada por duas cidades: a "cidade nativa", densamente abarrotada, onde 233 mil pessoas viviam em apenas 3,84 km², e as "linhas civis" britânicas, a uma distância sanitariamente segura, no noroeste; perto havia também um "acantonamento" militar, vazio desde 1861, mas

FIG. 56: *Planejando Nova Delhi. O capitão Stanley, Edward Lutyens, Herbert Baker e o anônimo homem do elefante põem em prática o princípio geddesiano do levantamento antes do plano.* Fonte: © *Adam Pallant, curador do The Lutyens Trust.*

A CIDADE DOS MONUMENTOS
o movimento city beautiful

reservado para uso do exército, o cenário do histórico Durbar[47]. Poderosos interesses exigiam que a capital aí se fixasse por razões de tradição e sentimento[48]. Porém, o vice-rei logo viu que não haveria espaço para os 25,6 km² da nova cidade mais os 38,4 km² do acantonamento, e tomou as devidas providências vice-reais:

> Então montei e pedi a Hailey [...] comissário de Delhi, que me acompanhasse para escolher um novo local, e partimos a galope pela planície até uma colina a alguma distância dali. Do topo, tinha-se uma vista magnífica [...] E eu disse imediatamente a Hailey: "Este é o lugar para o Palácio do Governo", ao que ele prontamente acedeu.[49]

Esplêndido mas, historicamente, um tanto simplificado. O comitê de arquitetura e planejamento havia de fato recomendado esse sítio ao sul da cidade indiana, conhecido como Raisina, em junho de 1912; Hardinge, que a princípio fora favorável a um local situado no topo da serra a oeste, dominando a cidade, parece ter dado sua aprovação em novembro. Nesse meio tempo, Lutyens e Baker, que só tiveram suas nomeações formalizadas em janeiro de 1913, haviam considerado o resultado como definitivo e puseram mãos à obra, tomando a decisão crucial de colocar o palácio do vice-rei e o edifício do secretariado no mesmo nível, sobre o topo plano da colina; o vice-rei, a princípio evidentemente ofendido com o desrespeito a sua majestade, acabou deixando-se convencer[50].

As decisões essenciais sobre o plano da nova cidade seguiram-se com muita rapidez em fevereiro-março de 1913; a escolha do local ao sul foi ratificada em 7 de março; as linhas gerais do projeto, confirmadas no dia 20 do mesmo mês. Partindo da acrópole no alto da Raisina, o eixo principal tomaria o rumo leste em direção à antiga capital de Indrapat, simbolizando "a pedra angular do governo sobre o Império da Índia", tal como vinha expresso no relatório do comitê; duas outras radiais principais também se abririam em leque a partir desse eixo, num clássico estilo City Beautiful, interceptadas por uma radial transversal que ligaria a nova catedral anglicana, ao sul, com a estação ferroviária, ao norte[51]. O projeto final daí resultante reflete a paixão de Lutyens pela geometria formal: o secretariado e o Arco em Memória da Guerra têm, ambos, sete vias radiais, e a grande praça da estação ferroviária, nada menos que dez; praticamente todas as vias principais formam ângulos de trinta ou de sessenta graus com as ruas que ligam esses três pontos de convergência, e todos os edifícios principais situam-se em centros, ângulos ou lados de hexágonos. Há estranhas similaridades com o plano de L'Enfant para Washington, conforme Baker percebeu anos mais tarde[52]. Aqui, um papel importante foi desempenhado por uma figura menos ilustre: John Brodie, engenheiro da cidade de Liverpool, sobre quem foi comentado,

> Sr. Brodie, naturalmente, era um grande homem em estradas, e quando ele foi para Delhi, sua intenção provavelmente era tentar fazer a mais longa e ampla avenida do mundo. Sr. Brodie conseguiu duas ruas com 4,8 km de comprimento, então ele fez muito bem.[53]

Os edifícios assumem, por vezes, a dimensão das ruas, mas só raramente. A verdade é que os maiores deles são de fato imensos. No palácio vice-real de Lutyens, os alojamentos destinados aos altos funcionários são, eles próprios, autênticos palácios; ao terminar o domínio britânico, ali viviam ao todo mais de dois mil funcionários[54]. Ao lado, ergue-se o edifício do secretariado, de Baker: com quase 400 m de comprimento, desenhado para impressionar, "um majestoso cenário montado para o espetáculo do Serviço Civil Indiano, essa minúscula corporação cujos membros governavam mais de um quarto da raça humana [...] popularmente conhecidos como os 'filhos do céu'"[55]. Entre os edifícios, uma lombada na rua representou o divisor de caminhos entre Baker e Lutyens, sacudindo nas bases o Império Britânico.

Logo de início, como já vimos, os dois arquitetos haviam concordado em que o palácio vice-real e o secretariado deveriam partilhar o mesmo nível. Mas para Lutyens, era básico e essencial ao plano como um todo que a principal radial leste-oeste subisse em gradiente constante até Raisina, para que o palácio do vice-rei permanecesse continuamente visível entre as duas alas do secretariado. No entanto, em março de 1913 – cansado, doente (muito provavelmente com disenteria) e ansioso por voltar para a Inglaterra – ele assinou uma minuta, concordando com um gradiente final que iria prejudicar a vista. Baker pensou que ele houvesse percebido as consequências; posteriormente, Lutyens sempre alegou ter-se enganado com os desenhos em perspectiva exibidos na Academia Real em maio de 1914, e que haviam sido traçados a partir de um ponto imaginário 9,14 m acima do solo[56]. Ao descobrir seu erro, em 1916, quando a construção já ia bem adiantada, Lutyens pressionou para que se fizesse a correção; o comitê recusou, baseado no fato de que tal correção custaria 2 mil libras. Cada vez mais obcecado pela ideia de que era vítima de um complô, Lutyens recorreu a todos: ao vice-rei, que não foi simpático à causa e, em seguida, ao rei George V em não menos que duas ocasiões; teria apelado a Deus (nas versões hindu, muçulmana e cristã) se os canais competentes tivessem se aberto à sua frente. Em vão. Baker escreveu-lhe perguntando por que não ia jogar críquete. Mais tarde, Lutyens declarou que havia encontrado seu Bakerloo[57].

A CIDADE DOS MONUMENTOS
o movimento city beautiful

FIG. 57: *Nova Delhi: a "Bakerloo" de Lutyens. Ao prejudicar a vista do Secretariado e do palácio do vice-rei, a lombada que se forma na grande via processional causou um rompimento fatal entre Lutyens e Baker e quase abalou o império. Lutyens-Baker plano de Nova Delhi.*

Não foram esses os únicos problemas. O vice-rei achou os projetos de Baker "admiráveis" e dentro dos limites de custo preestabelecidos; o mesmo não aconteceu com respeito a Lutyens, cujos projetos, "embora bonitos, foram elaborados sem qualquer consideração com os custos"[58]. O Departamento de Obras Públicas, furioso por se ver preterido por arquitetos de fora, clamava por um estilo indiano de arquitetura; também Hardinge, como acentuou em carta a Lutyens imediatamente antes da nomeação oficial deste último, achava que, por razões políticas, fazia-se necessária a presença de um tema indiano forte. E Lutyens, embora insistisse em seu plano formal clássico, deixou-se envolver por essas opiniões[59]. Mas Lutyens não era pessoa fácil: certa feita, quando uma Comissão Real lhe fez uma pergunta, a seu ver, asinina, dizem que ele respondeu: "A resposta está no plural e salta: ora bolas!"* Mais tarde, Baker concluiu que suas naturezas eram demasiado diferentes: Lutyens era o geômetra abstrato, isento de humanas preocupações; Baker estava mais interessado no "sentimento nacional e humano". "Quantas coisas mais não poderíamos ter realizado se deliberássemos em uníssono!", lamentou[60].

E talvez se houvesse mais dinheiro. A maioria dos imensos bulevares axiais não contêm essas sementes de controvérsia; estão forrados de bangalôs térreos[61]. Dentro da grelha hexagonal, as casas foram distribuídas segundo uma fórmula desconcertantemente complicada de raça, nível profissional e *status* socioeconômico: "Do vice-rei, passando pelo comandante-em-chefe, pelos membros do conselho executivo, oficiais superiores concursados, funcionários concursados, até os superintendentes, serviçais, varredores e *dhobis* (lavadeiros), uma ordem espacial cuidadosamente estratificada integrava-se, tanto em termos de distância física quanto de provisão de espaço, com a estrutura social da cidade"[62]. Essa proeza de conceber intelectualmente uma estrutura social elaborada e em seguida literalmente concretizá-la no solo, representou o triunfo de um planejamento altamente abstrato; nada tinha a ver com a estrutura tradicional das "linhas civis" na Índia, que evoluíra dentro de um estilo muito britânico, vale dizer, informalmente[63].

E, como sói acontecer em cidades pós-coloniais, tudo continua da mesma maneira até os dias de hoje: estilos arquitetônicos e padrões habitacionais ainda são coloniais, as leis municipais obsoletas, o sistema de subvenção favorece os grupos de renda mais alta, há disparidades quase inacreditáveis entre os padrões de vida do rico e do pobre[64]; os hábitos do passado estão tão profundamente arraigados que, quando Anthony King visitou o *shopping center* de Connaught Circus em 1970, a loja de artigos musicais ainda estava enfeitada com fotos de Harry Roy, Geraldo, Evelyn Laye e Albert Sandler[65]. Os hábitos do Raj não morrem fácil, quanto a isso não há dúvida.

E não apenas na Índia. No sul e leste da África, onde chegaram tarde e não ficaram muito tempo, os ingleses produziram uma série de minicapitais a toque de caixa: Salisbury (mais tarde, Harare), Lusaka, Nairóbi, Kampala. Em todas, os consultores elaboraram projetos baseados na ficção de que tais cidades eram completamente brancas com, talvez, uma área separada para o bazar indiano situada a distância respeitosa; quanto aos africanos, ou eram tidos como inexistentes, já que oficialmente se presumia que trabalhassem como lavradores, ou arrebanhados dentro de reservas destinadas aos sem-terra invasores com a ajuda de deportações em massa e sistemas de salvo-conduto[66]. Em Nairóbi, entre 1932 e 1947, a cidade gastou um total de mil a duas mil libras por ano, entre 1 e 2% da renda arrecadada, com 20 mil africanos[67].

A preocupação básica era a higiene: o serviço médico do governo, invariavelmente de origem militar, aplicou uma autêntica chave de braço no sistema de planejamento. Visto que os colonizadores ingleses tombavam como balizas de boliche, vítimas de doenças tropicais, era indispensável que se transferissem para as colinas, que se segregassem ao máximo e habitassem em

A CIDADE DOS MONUMENTOS
o movimento city beautiful

moradias de estilo bangalô, em densidades desmedidamente baixas, ainda quando isso significasse – como acontecia, invariavelmente – gastos pesados em infraestrutura e longas viagens[68]. Em geral, como em Nairóbi, os europeus ficavam com as melhores – isto é, as mais altas – áreas, os indianos com as de qualidade imediatamente inferior, os africanos com qualquer coisa que sobrasse[69]. Ali, o Comitê Feetham, em 1927, recomendou um rigoroso controle sobre o "ingresso de nativos" a fim de controlar elementos "dados à ociosidade, ao vício e ao crime"[70]. Um plano urbano havia sido elaborado em 1926 por F. Walter Jameson (popularmente conhecido como Jacarandá Jim), de Kimberley, juntamente com Herbert Baker; outro plano foi obra de uma consultoria sul-africana organizada posteriormente, em 1948. Ambos, o que não é de surpreender, aceitaram e reforçaram as divisões raciais existentes[71]; o último, chamava a atenção para o fato de que o governo havia renegado a segregação entre brancos e asiáticos, comentando, em seguida, que muita gente desejava essa segregação e, portanto, passou a buscar refúgio "nos princípios do planejamento urbano dimensionados pelas necessidades técnicas e humanas" o que presumivelmente significava a segregação por baixo do pano. Os africanos foram excluídos com base em que, malgrado fosse o grupo mais numeroso, era também o mais transitório; o projeto nem ao menos assinalava áreas habitacionais para eles[72]. Robert Home comenta que "O contraste não poderia ter sido maior em relação ao tipo de acomodação que os administradores britânicos consideravam adequado para eles mesmos", tipicamente um bangalô implantado em uma área de 0,4 ou 0,8 ha (1 ou 2 acres)[73]. Lugard disse, em 1893, que a moradia dos funcionários coloniais "devia ser tão superior àquela dos nativos como ele próprio é superior a eles"[74]. Na África do Sul, os povoados de mineração – onde cabines de 65 m² alojavam 25 trabalhadores – produziam uma taxa de mortalidade tão alta, 7 a 10% por ano, que uma comissão recomendou um volume mínimo de 5,7 m³ por trabalhador[75].

Após a Guerra Anglo-Bôer (1899-1902) na África do Sul, um programa de reconstrução para as antigas repúblicas bôeres foi lançado pelo procônsul imperialista, lorde Milner. Natal, uma colônia britânica localizada numa estratégica posição no Império Britânico, nas rotas marítimas entre África e Ásia, não era parte disso, mas já estava começando a desempenhar um papel importante na definição das políticas segregacionistas do Estado de *apartheid*[76]. Isso originou o assim chamado "sistema Durban", usando as receitas de um monopólio municipal de vendas de cerveja para financiar a habitação de trabalhadores africanos e equipamentos sociais, e assim permitindo que os pagadores de imposto brancos evitassem obrigações financeiras. Isso tornou-se um modelo para controle urbano por todo o Leste e Centro Britânicos e África do Sul, e foi assim modelo de "uma conexão de instituições, incluindo vilarejos de trabalho, distritos e reservas rurais dentro das quais os africanos foram, de certa forma, encarcerados"[77]. Tornado mais claro pela adoção da Lei dos Nativos (Áreas Urbanas) n. 21, em 1923[78], isso por fim veio a tornar-se uma característica central do programa de "desenvolvimento distrital" do Partido Nacional[79]. Ainda antes disso, em 1944, um relatório sobre "Planejamento Regional e Urbano" do Conselho Sul-Africano de Planejamento Social e Econômico, instalado pelo primeiro-ministro Jan Smuts, citava favoravelmente que relatórios britânicos (Barlow, Scott, Uthwatt) recomendavam comunidades coerentes separadas por cinturões verdes, junto com planejamento cuidadoso de áreas residenciais e de trabalho e o transporte entre ambos. Mas no contexto sul-africano, essas recomendações, sem muito esforço, mudaram para a ideia de planejamento racialmente distintivo, sugerindo zonas bem separadas:

> A União tem uma grande população urbanizada não europeia em permanente crescimento. O conselho [...], portanto, urge que nos leiautes de distritos novos, no replanejamento dos existentes e na construção de projetos habitacionais subsidiados pelo Estado, deve ser feito pleno uso do princípio de vizinhanças planejadas, protegidas de outras vizinhanças por "cinturões verdes" de terra cultivada e parque e, ao mesmo tempo, razoavelmente próximas dos locais de trabalho.

A correspondência oficial não deixa dúvida de que o que os burocratas tinham em mente era segregação urbana:

> O Conselho de Planejamento [Social e Econômico] indicou, no 5º Relatório, que considera a separação de áreas residenciais de raças diferentes [...] como uma função do planejamento urbano neste país [...] A segregação residencial deve ser o resultado de uma política nacional válida e aceita [...] não existe base legal para isso no momento [...][80]

Quando o Herenidge Nasionale Party (Partido Nacional Reunificado) chegou ao poder, em maio de 1948, ele providenciou as bases legais[81].

Dentro dessas áreas segregadas, a forma invariável de ocupação eram casernas, renomeadas "hostels" pela Lei de 1923, que dava poderes a autoridades locais para construir habitação africana em "localizações" fora das áreas urbanas. Usualmente colocadas em um *compound* (uma palavra derivada do Malaio *kampong*, ou vilarejo), a localização era a parcela de terra demarcada à qual a habitação africana estava restrita[82]. Ainda em 1975, as vilas do sistema Durban

A CIDADE DOS MONUMENTOS
o movimento city beautiful

acomodavam mais de 200 mil pessoas em *hostels* divididos por gênero. Quartéis para trabalhadores contratados ainda existem em muitos engenhos de açúcar até essa data; dúzias de estruturas quartel/*hostel* permanecem como uma cruel característica da paisagem da África do Sul[83].

Em outras partes do sul e leste da África, ainda sob controle direto britânico após a Segunda Grande Guerra, o movimento cidade-jardim e cidades novas exercia uma influência maior no interior do Escritório Colonial, como evidenciado nessa minuta de 1943:

> um leiaute com base na cidade-jardim é mais atraente para os africanos, que não gostam de trazer suas esposas a um distrito onde não terão nada para fazer exceto fofocar e fazer bobagem. Os africanos gostam que sua mulher tenha um jardim para cuidar, e esse desejo merece todo encorajamento por sua influência na nutrição[84].

Assim, Robert Home assinala, um desenho de habitação para a classe trabalhadora na Inglaterra, adotado pelo movimento cidade-jardim e pelo planejamento urbano, podia também ser reproduzido em um contexto colonial para formar um modelo de controle social baseado em torno da unidade familiar estável e conceitos de cidadania[85]. Mas a história é tortuosa. Já em 1907, o jornal *Garden City* proferia: "Nós queremos que não apenas a Inglaterra, mas todas as partes do Império sejam cobertas com cidades-jardim."[86] Quinze anos depois, na conferência de 1922 da Associação Internacional de Cidades-Jardim e Planejamento Urbano, em Olympia, uma apresentação foi intitulada "Como Ter Cidades-Jardim Estabelecidas Por Todo o Mundo?"[87] Na década seguinte, planejadores urbanos europeus – particularmente britânicos – implementaram "cidades-jardim" por toda a África. O plano de 1931 para Lusaka, na época a capital administrativa colonial da Rodésia do Norte (hoje Zâmbia), por Stanley Adshead, professor de Planejamento Urbano e Rural da Universidade de Londres, é ilustrativo[88]. Ali, como em todo lugar, a cidade-jardim era estritamente para os colonos brancos. O plano de Adshead para Lusaka, incluiu a mesma divisão entre os espaçosos bairros europeus e as primitivas áreas africanas, as quais, na maioria das vezes, careciam dos serviços mais elementares[89]. Adshead declarou, sem rodeios, a posição de que: "seria um erro tratar os africanos como se fossem europeus [...] seria idiota oferecer-lhes confortos materiais que jamais conheceram e que o hábito de gerações e gerações tornara necessários ao homem branco"[90]; como em Kampala, o projeto – a despeito da emergente evidência em contrário – refugiou-se no mito de que o africano era nômade[91]. Dentro da área europeia, estavam programadas três classes de moradia (embora, segundo o professor, fosse discutível aplicar-lhes tal denominação); até mesmo na correspondência oficial, a alta classe, vizinha das repartições no topo da colina, passou a ser conhecida como *Snob's Hill* [Colina dos Esnobes][92]. Nos vinte anos seguintes, as densidades já baixas de Adshead rarefizeram-se mais ainda; seu conceito mais monumental – uma Independence Avenue de 120 m de largura ao longo do topo da colina – tornou-se uma ligação de importância relativamente menor entre três extensos subúrbios-jardim[93].

Em comum, o que tinham todos esses planos era o uso do solo e a estrutura colonial. Num núcleo central, havia a sede do governo e, ao lado, a área de negócios; junto de ambos ficava o centro de compras. Todos esses elementos eram desenhados em torno de um esquema viário geométrico formal, com avenidas amplas desembocando em anéis de tráfego. Eram circundados por áreas residenciais europeias de baixíssima densidade, onde casas unifamiliares, no estilo bangalô, ocultavam-se dentro de imensas propriedades privadas; estilo conhecido em Lusaka e em outras partes como "cidade-jardim", o que bem merecia que Ebenezer Howard, então há pouco falecido, voltasse do além para protestar. O *compound* africano, título revelador, era relativamente muito pequeno e estava nitidamente segregado em um dos lados da cidade, o mais longe possível das áreas europeias, separado dessas por uma barreira física – como os trilhos da ferrovia. Dentro ou próximo da área africana, podia haver uma velha área de compras, na suposição de que também as compras estariam racialmente segregadas. Em geral, a curiosa e básica pretensão era de que, excetuando-se o indispensável contingente de empregados domésticos, para todos os efeitos, os africanos não existiam.

Houve, contudo, diferenças-chave em relação, por exemplo, a Nova Delhi, e não apenas no tocante a dinheiro. Os projetos dos construtores para as capitais africanas, embora impusessem certo grau de organização formal para o centro e os subúrbios europeus, jamais tiveram como meta as complexidades geométricas de Lutyens. Nem, embora o palácio do governo sempre ocupasse local proeminente e prestigioso, jamais houve ali nada semelhante à elaboração das grandes estruturas da Raisina; ao que tudo indica, havia um número menor de pessoas a impressionar, pessoas essas que, talvez, fossem mais facilmente impressionáveis. Tampouco, a despeito do sistema de três castas em Lusaka, seus projetos refletiam uma hierarquia social e profissional sofisticada – presumivelmente porque administrar o Quênia ou a Rodésia do Norte não requeria distinções tão elaboradas.

Mas a mudança estava em curso. No Quênia, encorajado por Londres, o governo, já em 1939, começou a promover uma política de desenvolvimento,

A CIDADE DOS MONUMENTOS
o movimento city beautiful

o que implicava que os africanos migrariam para as cidades[94]. A Lei do Desenvolvimento e Bem-Estar Colonial de 1940 deu poderes ao governo britânico de fornecer dinheiro para projetos de desenvolvimento nos territórios coloniais[95]. Então, em torno de meados dos anos de 1950, uma impressionante quantidade de habitações havia sido construída pelo Estado colonial e com o encorajamento do Estado colonial[96]. Administradores locais adaptaram a ideia de planejamento de bairro nos subúrbios jardins às circunstâncias locais[97]. Quando Fenner Brockway, um político socialista dissidente da Inglaterra, cujo suporte pelas causas nacionalistas valeu-lhe o título de "parlamentar pela África", empreendeu uma viagem de inspeção de locações africanas em Nairóbi, junto com Jomo Kenyatta, ele ficou "encantado" pelo único projeto de pós-guerra que viu – provavelmente Makongeni/Kaloleni, onde ele viu uma "arquitetonicamente bela [...] vila-jardim de bangalôs de pedra vermelha [...] cada um com uma pequena cozinha", e teve que admitir que "o avanço em habitação pública ao longo de trinta anos [...] deu algum espaço para esperança, enfim". Infelizmente, esses projetos para família eram caros para construir, e a maior parte do que foi realmente construído era ainda quartéis para homens solteiros, onde mesmo famílias eram atochadas[98].

Aqui, como em outros lugares, o fim do Raj teve suas próprias ironias: os governantes dos Estados agora independentes, ao defrontarem-se com os mesmos problemas de invasão de terra e ocupações irregulares vivenciados pelos antigos funcionários coloniais, reagiram de forma idêntica. Em Lusaka, onde um ministro do Gabinete aludiu a "90 mil hóspedes não convidados", o jornal local, em 1970, argumentou, indignado, que "se as pessoas que moram nessas zonas horríveis tivessem mais espírito de iniciativa em vez de sugarem uma cidade para a qual em nada contribuíam, não teriam em absoluto que sofrer ao serem retiradas de seus tugúrios". Daí acontecerem ocasionais terraplenagens demolidoras, havendo até mesmo quem sugerisse a implantação de leis de passe[99]. Em Nairóbi, o governo deu início, em 1969, a uma demolição sistemática, e o prefeito, Isaac Lugonzo, justificou a medida alegando que o governo precisava impedir que pessoas sem meios para manter-se se mudassem para a cidade[100].

Em Lusaka, como em Nairóbi, naturalmente, os programas foram determinados por uma elite africana que se mudara para as casas abandonadas pelos colonos: "Depois de uns poucos dias, você já esquece o cheiro do pó", disse alguém, funcionário público em Nairóbi: "Há um *gap* maior entre eu e meu pai do que entre eu e o europeu médio."[101] Nessas áreas já não europeias, relatou Mabogunje em 1978, os profissionais do ramo conheciam de cor os antigos padrões de construção, mesmo quando não conseguiam encontrar os documentos coloniais de origem[102]. Mas reconheçamos-lhes os méritos, eles posteriormente modificaram seus programas: melhoraram a qualidade da construção em Nairóbi; e em Lusaka, não só melhoraram essa qualidade como deram ao povo o direito de construir suas próprias moradias[103]. Nesse ínterim, até mesmo Nova Delhi desovara inúmeros assentamentos informais, amontoados, alguns, dentro daqueles mesmos espaços que Lutyens tão generosamente abrira ao longo de suas ruas cerimoniais[104].

Camberra:
O Excepcional em City Beautiful

Assim, transmudado em contexto colonial ou ex-colonial, o City Beautiful acabou ficando um tanto desfigurado. Houve, contudo, uma exceção honrosa, quiçá graças ao fato de, por longo tempo, ter permanecido no papel: Camberra. O início de sua história beirou o tragifarsesco. O novo governo da Commonwealth da Austrália, instaurado no Dia do Ano Novo de 1901, começou imediatamente a cumprir sua promessa de achar uma nova capital dentro de Nova Gales do Sul, fora do raio de 160 km de Sidney. Em 1908, escolheu Camberra, ficando o local reservado como Território da Capital Australiana: em 1911, instituiu um concurso internacional para o plano da cidade. Mas o prêmio oferecido foi tão mesquinho (uma soma desprezível de 1.750 libras), que os institutos de arquitetos, tanto o britânico quanto o norte-americano, simplesmente o boicotaram: nomes óbvios como Abercrombie, Burnham, Olmsted não compareceram. Competiram 137 arquitetos, entre os quais presumivelmente incluía-se um punhado de universitários mortos de fome; Walter Burley Griffin, um estudante norte-americano que trabalhara no escritório de Frank Lloyd Wright, participou com sua mulher, Marion Mahoney, e venceu. O governo nomeou então um conselho para opinar sobre o projeto; o referido conselho declarou o projeto impraticável e prontamente apresentou o dele próprio, dando início à sua implementação. A coisa ficou tão feia que a opinião pública, até aí indiferente, passou-se para o lado de Griffin; na Inglaterra, Abercrombie, referindo-se ao projeto usurpador, disse: "É obra de amador que ainda tem de aprender os princípios elementares."[105]

Com a mudança de governo, em 1913, Griffin foi nomeado diretor de Projeto e Construção da Capital Federal. Durante sete anos quase enlouqueceu,

A CIDADE DOS MONUMENTOS
o movimento city beautiful

vendo suas tentativas serem sistematicamente sabotadas: extraviaram-se as plantas, seus próprios desenhos desapareceram de cima da prancheta para só ressurgirem trinta anos mais tarde. Em 1920, ele desistiu e seu cargo foi extinto. No Parlamento, foram feitas muitas tentativas para acabar com o plano, até que este foi, finalmente, aprovado. Nada se fez, porém, para implementá-lo. Os subúrbios começaram a crescer à maneira tipicamente australiana, a saber, esparramadamente, sem um plano. Finalmente, em 1955, uma Comissão de Inquérito do Senado recomendou a organização de um novo órgão central para planejamento, construção e urbanização. Em 1957, William Holford veio da Inglaterra para propor modificações; no ano seguinte, John Overall foi nomeado diretor de Urbanização da Região da Capital Nacional[106]. Quase inacreditavelmente, depois de 45 anos, o projeto de Griffin começou a tomar forma; no milênio, estava efetivamente completo.

Os edifícios, porém, não são dele; dele é apenas a maneira como se distribuem. O nome aborígene, *Kamberra*, significa lugar de reunião: o local, segundo se lê na introdução de Griffin, "pode ser considerado um anfiteatro irregular", no qual ele propunha que se encenasse o grande drama governamental. O mapa turístico de hoje, orientado de cima para baixo, é perversamente correto: era assim que, segundo Griffin, o local seria visto por seu público. A partir das montanhas do nordeste, que formariam as últimas fileiras das galerias, o terreno descia suavemente para formar o auditório; os espectadores, de frente para sudoeste e de costas para o sol, iriam olhar para baixo, em direção ao ponto mais baixo da bacia, que seria inundada para tornar-se a arena; atrás disso, o terreno elevava-se em degraus formando um palco sobre o qual seriam colocados, em ordem crescente, os edifícios simbolicamente importantes da comunidade: o Tribunal, o Parlamento e por fim – na mais alta colina interna dentro da bacia – o Capitólio.

Para enfatizar o drama, palco e arena formariam um triângulo, com a colina do Capitólio como vértice traseiro e – ambos junto à água do lado da plateia – teriam à esquerda as instalações militares e o mercado central e, à direita, a universidade nacional e o centro municipal. (Aqui, embora o comando do plano, dominado pela metáfora teatral, se omita sobre o assunto, bebidas e sorvetes estariam disponíveis ao consumo; esse seria o centro comercial.) Ambos estariam ligados ao vértice por amplas autoestradas que atravessariam o lago. Um imenso corredor central de aspecto processional, cortando em dois o triângulo, do lado do público, conduziria até eles. E, atrás do palco, as colinas mais próximas e a longínqua e azulada serrania formariam "o pano de fundo do conjunto cênico"[107].

A interpretação moderna é que o plano como um todo possui um significado mais profundo que é quase religioso, com origem no movimento

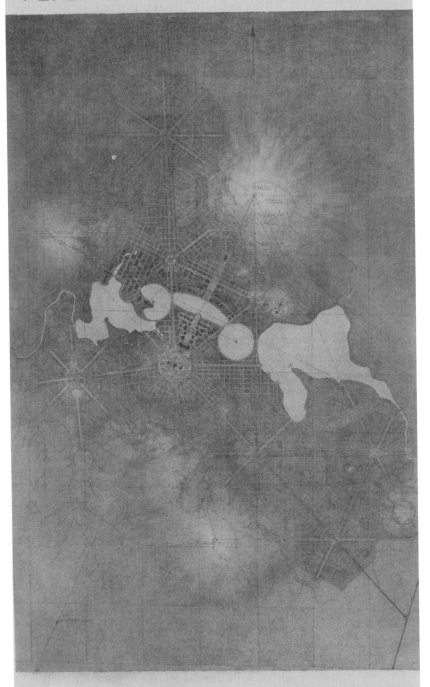

teosófico de Helena Blatavsky, que se diz ter influenciado Lutyens: "O duplo triângulo no interior da Vesícula pode ser interpretado como uma reestruturação simbólica das Cosmogonias ocidental e oriental; um paralelo claro com a geometria dos caldeus e dos hindus, assim como a de Stonehenge, Glastonbury e variadas visualizações da hipotética Nova Jerusalém – 'o mundo dentro do universo.'"[108] Pode ser; mas pode bem ser também um simples exercício da velha geometria plana formal.

O impressionante é que isso tudo foi feito tal qual, com mais algumas poucas modificações no elenco. A peça foi reescrita para dar papel mais importante ao Parlamento que, em 1988, bicentenário da Austrália, subiu para sua nova casa na Colina do Capitólio. Uma galeria de arte e uma biblioteca nacional, elegantemente monumentais, juntaram-se ao tribunal, no proscênio. Visualmente, essa borda direita do triângulo tornou-se a figura dominante: obriga o olhar a retroceder e, saindo do centro municipal-comercial, passado um anel viário, entrar por uma larga autoestrada, que atravessa o lago Burley Griffin, e subir até o novo Parlamento, que surge, baixo, semienterrado na colina; decididamente muito comedido esse governo. Junto ao lago propriamente dito, estruturas verticais de grande

FIG. 59: *Walter Burley Griffin. O arquiteto-paisagista de Chicago trabalhou com Frank Lloyd Wright antes de vencer o concurso de Camberra.* Fonte: *National Archives of Australia, A1200, L32618.*

força decorativa – o relógio de carrilhão na ponta esquerda, o enorme jato d'água do Captain Cook Memorial, perto do eixo central, a torre de TV na ponta direita – definem e emolduram o palco. A fortemente neoclássica Anzac Parade, via monumental aberta em memória da Primeira Grande Guerra e, portanto, uma estrutura bem antiga, forma o corredor processional central que leva ao auditório. Mais notavelmente, uma vez que a concretização do edifício demorou tanto, a arquitetura é dos anos de 1970 e de 1980: seu estilo é moderno internacional respeitoso. Falta-lhe o pique da Brasília de Niemeyer (de que falaremos mais no capítulo 7); falta-lhe também seus excessos monumentais. Em Camberra, tudo é excessivamente grandioso, nobre, elegante, mas (e aí vem o termo predileto de Parker-Unwin) repousante; não tardará a figurar, ao lado de Washington, entre as grandes capitais monumentais do mundo, testemunho eloquente da sabedoria do "é devagar que se chega depressa".

FIG. 58: *(página anterior) Camberra. O plano de Walter Burley Griffin, premiado em 1912; ignorado, sabotado e finalmente – mais de um século depois – quase completo.* Fonte: *National Archives of Australia: A710,38.*

Notável é que foi ao projetar os subúrbios residenciais que Griffin realizou suas mais inovadoras ousadias. Ele não era, vale lembrar, um urbanista City Beautiful inflexível: admirava o trabalho do movimento cidade-jardim, e o de Geddes[109]. Uma década antes de Perry, preconizou a unidade de vizinhança, escrevendo:

> formadas e separadas pelas linhas de transporte público, as seções segregadas não apenas fornecem locais adequados para a moradia individual mas também incluem unidades sociais para essa família mais numerosa que é o grupo da vizinhança, com uma ou mais escolas distritais à mão para as crianças, uma área local de recreio, campos para jogos, igreja, clube e amenidades sociais a que se pode ter acesso sem atravessar pistas de trânsito ou topar com elementos perturbadores tais como as tentações das ruas de comércio, visto que essas atividades familiares podem muito bem ser orientadas internamente para os centros geográficos de seus grupos, favorecendo a congregação específica desses grupos[110].

Soa quase como um Radburn pré-Radburn. O diagrama original mostra as unidades como hexágonos, modelo empregado mais tarde por Parker em seus esquemas Radburn de Wythenshawe[111]. E vejam como isso se concretizou nas vizinhanças dos anos de 1980: o passeante matinal pode sair do portão de sua casa, caminhar desde a trilha que enevereda pelo parque linear, até um vasto espaço central de campos para jogos, e assim percorrer um circuito de 1,6 km ou mais sem nunca ver tráfego. Essas vizinhanças, e as cidades novas que as estão completando a distâncias maiores, acham-se atadas como contas aos cordões das vias de tráfego que as separam e circundam. Camberra realiza, assim, a difícil façanha de ser não só uma das últimas cidades monumentais, como também a de ser a maior cidade-jardim do mundo. É até mesmo, à sua maneira, uma das poucas realizações existentes da cidade social policêntrica de Howard: o que não é pouco para uma cidade que por um longo tempo pareceu que nunca iria crescer. Assim, ao contrário de inúmeros outros exemplos do gênero City Beautiful, ela até que consegue ser bastante agradável.

A CIDADE DOS MONUMENTOS
o movimento city beautiful

O City Beautiful
e os Grandes Ditadores

O retorno do City Beautiful à Europa não foi dos mais felizes. Ocorreu na era dos Grandes Ditadores, e também fez teatro: melodrama e dos ruins. Roma de Mussolini foi a pré-estreia: "Mussolini *foi* o arquiteto-chefe do fascismo como sistema político e efetivamente produziu uma quantidade prodigiosa de obras, incluindo a construção de treze cidades e mais de sessenta povoamentos rurais *ex novo* na Itália entre 1928 e 1940."[112] Para ele, grandes obras públicas não só lembrariam os triunfos da Itália imperial e medieval; elas os sobrepujariam[113]. Mas a ideologia fascista concernente à cidade era, em muitos pontos, próxima ao nazismo: a seu ver, só a vida familiar rural era verdadeiramente saudável; a metrópole era a origem da maioria das coisas ruins, inclusive agitação operária, revolução e socialismo[114]. Ironicamente – uma experiência que logo ia se repetir na Espanha de Franco –, com Mussolini no poder, as cidades cresceram de forma desmesurada, como nunca antes; o fascismo provou-se bom para os negócios. Mussolini reagiu mandando aprovar leis – em 1928 e 1939 – para controlar a migração; por uma dessas muitas ironias, a última dessas leis só foi aprovada após a Segunda Guerra[115]. Levavam-se igualmente a efeito, acompanhados por forte onda publicitária, esquemas de recuperação de terras no campo, como os implantados nos charcos de Agro Pontino, sul de Roma, onde se construíram cinco cidades inteiramente novas. Aqui, também, havia uma tradição que remontava no mínimo até o Império Romano. Os planos urbanos fascistas seguiam os modelos romanos, com grelhas ortogonais modificadas, normalmente com quatro quadrantes e uma praça retangular como centro cívico[116]. O modelo cidade-jardim foi rejeitado, mas as silhuetas dos edifícios evocavam ecos medievais, particularmente pela utilização de torres com propósitos simbólicos: "Com efeito, os fascistas erigiram uma linha do horizonte medieval numa planta baixa romana."[117]

Dentro da metrópole, todavia, a urbanização exercia uma função deliberadamente monumental: redescobrir as glórias de Roma, removendo ao máximo os rastros nela deixados pelos dois milênios subsequentes. Eis as instruções que dava Mussolini ao Congresso de Habitação e Planejamento Urbano da Federação, instalado em Roma em 1929:

> Minhas ideias são claras. Minhas ordens, precisas. Dentro de cinco anos, Roma terá de surgir, maravilhosa, ante todos os povos do mundo – vasta, ordeira, poderosa, como nos tempos do império de Augusto [...] os senhores deverão

criar vastos espaços ao redor do Teatro de Marcelo, da Colina Capitolina, e do Panteão. Tudo o que medrou à volta deles, nos séculos da decadência, precisa desaparecer.[118]

Na verdade, o novo plano – promulgado em 1931 – trazia no bojo uma contradição: o alargamento das ruas, o ponto focal na Piazza Venezia como praça cerimonial teriam encoberto ou destruído a Roma Imperial, mais do que revelá-la. Mas não importa; a despeito dos poderes demolidores, a despeito das generosas injeções de dinheiro, a despeito do *imprimatur* do *Duce* em pessoa, a vida em Roma continuou no velho e doce estilo de sempre. Quando, finalmente, as linhas devastadoras do Plano Diretor foram traduzidas em projetos detalhados, os amplos bulevares e as praças panorâmicas haviam-se transformado misteriosamente em lotes de edifícios; o caos obsoleto, a transigência e a corrupção salvaram Roma das depredações do mestre-construtor[119].

O pensamento nazista sobre a cidade abrigava contradição idêntica. A ala teórica do partido no final dos anos de 1920 era fortemente antiurbana, alegando que o povo nórdico se compunha de agricultores quintessenciais, que jamais haviam sido bem-sucedidos ao fundarem cidades, tendo sido por elas quase destruídos. Seu jornal, o *Völkischer Beobachter* (Guardião da Raça), descrevia a metrópole como "o cadinho onde se mesclam todos os males [...] a prostituição, os bares, as doenças, o cinema, o marxismo, os judeus, *strippers,* as danças afro e toda a nojenta progênie da chamada 'arte moderna'"[120]. Pouco depois de os nazistas tomarem o poder, suas políticas – inspiradas nas ideias de Weimar – priorizavam as *Kleinsiedlungen* (pequenas colônias) junto às grandes cidades, a exemplo de Marienfelde, Falkensee e Falkenberg, situadas nos arrabaldes de Berlim; em seguida, passaram a privilegiar as áreas rurais mas, por essa época, os clamores rivais do rearmamento já faziam o programa encolher[121].

O posicionamento nazista definitivo com relação a política urbana, exposto por Gottfried Feder em *Die neue Stadt* (A Nova Cidade), de 1939, guarda estranhos ecos do *Gartenstadtbewegung* (Movimento Cidade-Jardim) ao enfatizar a urbanização de vilarejos rurais autossuficientes, com populações de aproximadamente 20 mil habitantes, onde se combinaria o que de melhor houvesse em matéria de vida rural e urbana, tanto econômica quanto socialmente falando ao mesmo tempo se minimizariam as concomitantes desvantagens[122]. Mas talvez nem fossem esses ecos assim tão estranhos, visto que, como observamos no capítulo 4, o movimento contou, na Alemanha, com uma ala fortemente conservadora. Ademais, segundo as ideias desenvolvidas nos anos de 1920, essas cidades-jardim deveriam ser construídas não junto aos centros metropolitanos mais importantes, mas em distritos agrícolas

A CIDADE DOS MONUMENTOS
o movimento city beautiful

escassamente povoados como Mecklenburg e a Prússia Oriental, ou seja: um retorno ao campo, e sem meias medidas. Dentro delas, os planejadores nazistas adaptaram conceitos de planejamento perfeitamente convencionais que tomaram emprestados: a unidade de vizinhança foi importada dos Estados Unidos, tornando-se *die Ostgruppe als Siedlungszelle*, uma unidade celular que combinava nacionalidade, comunidade, afinidade, vizinhança e camaradagem quase militar[123].

Isso tudo parece estar a centenas de quilômetros, tanto literal como figuradamente, dos planos que Hitler e seu *Generalbauinspektor* (inspetor geral de obras públicas), Albert Speer, estavam incubando para a reconstrução de Berlim. Uma lógica perversa, porém, a tudo presidia: as cidades da Alemanha, e sobretudo Berlim, deviam desempenhar uma função psicológica, quase religiosa, até mesmo mágica, como pontos de reunião para vastas cerimônias públicas, enquanto a população produtiva era removida para o *Lebensraum* no campo[124]. Conformes com essa nova lógica, os projetos teriam envolvido a destruição sem paralelo dos velhos centros urbanos medievais para darem lugar a eixos cerimoniais, áreas e recintos para assembleias, vastos arranha-céus e esparramados complexos administrativos, fazendo a conta passar dos 100 bilhões de marcos[125]. Daí a ironia: os nazistas, que haviam abraçado o culto da virtude rural e das cidadezinhas medievais, e exorcizavam a cidade-gigante, acabaram tentando produzir uma cidade totalmente mecanizada, totalmente anti-humana, cidade de desfile e espetáculo[126].

Só que Berlim era tela bem diferente de Roma: não havia ali um velho mestre à espera de restauração, mas uma peça da arte comercial do século XIX. E o artista retocador tinha objetivos muito precisos: Hitler não conseguira ingressar na Academia de Viena para estudar arte e tinha a mania de repetir sem cessar para Speer: "Como eu gostaria de ter sido arquiteto!"[127] Curiosamente, conhecia em pormenores os projetos City Beautiful iniciais feitos para Viena e Paris; conhecia as medidas exatas dos Champs Elysées, e estava obcecadamente determinado a dar a Berlim um eixo leste-oeste de tamanho duas vezes e meia maior; a disposição dos edifícios – enormes e monumentais, separados por vastos espaços – evoca a Vienna Ringstrasse das lembranças de sua juventude[128]. Mostrou a Speer dois esboços seus dos anos de 1920, onde já estavam presentes seus sonhos de um edifício com cúpula de 200 m e de um arco de 100 m: "Estivera planejando edifícios monumentais triunfantes, quando não havia sequer um fio de esperança de que um dia pudessem ser construídos." [129] "Por que sempre o maior?" perguntava, retoricamente, a uma assistência composta de trabalhadores da construção, em 1939: "Faço isso para restituir a cada alemão, como indivíduo, o seu auto respeito."[130]

Tamanha era sua obsessão pelo monumental que nem levava em conta aspectos mais amplos:

> Olhava os projetos, mas na verdade apenas de relance, e depois de uns poucos minutos perguntava com visível enfado: "Onde estão seus planos para a avenida monumental?"[131] Estendendo-se entre as duas estações centrais ferroviárias planejadas, com o Grande Salão – 221 m de altura, 259 m de diâmetro da cúpula – exatamente no meio, essa avenida norte-sul devia traduzir na pedra "o poder político, militar e econômico da Alemanha". No centro, tomava assento o dirigente absoluto do Reich e, na sua imediata proximidade, como a mais alta expressão de seu poder, erguia-se o grande salão cupular, que devia ser a estrutura dominante da futura Berlim.[132]

A cada novo exame dos projetos, ele repetia: "Meu único desejo, Speer, é ver esses edifícios. Em 1950, organizaremos uma feira mundial."[133]

Aborrecia-se com os projetos que estendiam o princípio City Beautiful para a periferia da cidade e até mesmo além; Speer, que admirava Washington e a Exposição Universal de Chicago, de Burnham, evidentemente levava a sério a exortação de Burnham no sentido de não planejar pequeno[134]. Dezessete grandes vias radiais, ao longo das quais a construção de edifícios mais altos era permitida até a periferia, eram cortadas por quatro anéis viários, parte construídos em ruas já existentes, e parte em novas[135]. Deviam ser implantadas grandes cidades-satélites ao norte e ao sul; a maior, Südstadt (Cidade-Sul), devia comportar 210 mil pessoas e 100 mil empregos na indústria. Aí, apesar do preconceito nazista a favor das residências unifamiliares, seria dominante uma nova versão das tão conhecidas *Mietskaserne* (casernas de aluguel) de Berlim: bloco de apartamentos fechado em torno de um grande pátio[136]. Aqui, como no centro, o projeto caracterizava-se por uma grande regularidade, por suas linhas vigorosas e sua monumentalidade, como que destinado a ser visto de cima[137]. Em seus princípios básicos – se não em sua roupagem de superfície – o projeto de Speer patenteava qualidades bastante convencionais: usos incompatíveis do solo foram segregados, excluiu-se o tráfego direto das áreas residenciais, havia ar, luz e espaço à vontade; na verdade, pouco ou nada dele mereceria objeções por parte de qualquer dos membros do CIAM, fora o estilo arquitetônico[138].

Era uma obsessão custosa. Segundo estimativa do próprio Speer, o custo total, só para Berlim, teria oscilado entre 4 e 6 bilhões de marcos, talvez de 5 a 8 bilhões em dinheiro de hoje[139]. Com o rearmamento, veio a protelação. As obras na produção do eixo processional leste-oeste, boa parte do qual já estava no lugar, tiveram início em 1937 e foram parcialmente concluídas em 1939; custa

A CIDADE DOS MONUMENTOS
o movimento city beautiful

FIG. 60: *A Berlim de Speer. A monumental via Norte-Sul de Speer leva, através do Arco do Triunfo, ao gigantesco salão cupular do Kupferhalle: uma cidade digna do Reich do Terceiro Milênio, não teve, contudo, qualquer de seus elementos sequer iniciado.* Fonte: © ullsteinbild/TopFoto.

acreditar, mas o trabalho no projeto principal foi iniciado em 1941[140]. Finalmente, a única coisa que se perpetuou de toda essa grandiosa visão foi a criação de um espaço cerimonial no eixo leste-oeste e o replantio do histórico anel florestal periférico, com uma mescla de árvores deciduifólias e coníferas[141]. Com uma ironia especialmente apropriada, após a guerra os russos concluíram o eixo leste-oeste em seu setor batizando-o de Stalinallee (Avenida Stálin).

Esse não foi um ato de plágio isolado. Wolfgang Stone assinalou as continuidades espantosas de desenho urbano na história de Berlim. A ideia de um eixo norte-sul para o distrito governamental sobreviveu a três sistemas políticos radicalmente diferentes, do Império Alemão passando pela República de Weimar até o Terceiro Reich. O eixo, como uma forma urbana significativa, foi também usado pela República Democrática Alemã e até desempenhou um papel na disputa ocidental por Berlim como capital em 1958. Apenas o legado histórico que identificava planejamento axial com o nazismo excluiu seu emprego na República Federal da Alemanha. A praça pública urbana, vista como um palco para um espírito comunal real ou imaginário, aparece como o "Fórum *des Reiches*" para um império militarista, o "Fórum da República" para a democracia de Weimer, a praça diante do Grande Salão de Hitler, os diversos fóruns da disputa por Berlim capital – com seu espaço livre, mas, de qualquer forma, praças públicas para a democracia – o "Zentraler Harz" do planejamento da República Democrática Alemã, e finalmente o "Bundesforum" no Spreebogen para a unida República Federal Alemã[142].

A Berlim nazista teria sido a manifestação final do City Beautiful. Suas fontes de inspiração, até nos mínimos pormenores – a cúpula do centro cívico de Burnham e a do palácio vice-real de Lutyens – são mais do que evidentes[143]. Também teria sido, em última análise, impossível de construir; até mesmo nas circunstâncias mais favoráveis, uma parte desproporcional dos recursos disponíveis do país seria consumida. O estranho é que uma capital imensamente mais pobre, sob um ditador igualmente megalomaníaco, Joseph Stálin, tivesse conseguido realizar em pouco tempo muito do que Hitler apenas sonhara.

A primeira década de planejamento soviético, por si só, merece um livro. Como ocorria em tantos outros campos, esse foi um tempo de experimentação desenfreada, de debates apaixonados entre proponentes de teorias igualmente improváveis. Os urbanistas queriam pôr todos morando em arranha-céus; como era de se esperar, Le Corbusier era seu deus e aliado; por isso serão discutidos junto com o mestre no capítulo 7. Os desurbanistas, um grupo muito mais selvagem, preferia a dispersão total, propondo a instalação de moradias móveis pelo campo afora e, no fim, a demolição de Moscou; suas afinidades espirituais tendiam para Frank Lloyd Wright, e nós os

A CIDADE DOS MONUMENTOS
o movimento city beautiful

encontraremos no capítulo 8. (Como mais de uma vez se observou, lógica e cronologia recusam-se teimosamente a manter o passo.) Os dois grupos consultaram peritos estrangeiros: May, como era de se prever, sugeriu cidades-satélites; Le Corbusier, uma Moscou de arranha-céus completamente nova em outro local[144]. Na sessão do Comitê Central, em junho de 1931, esses debates foram abruptamente interrompidos[145]. A Assembleia Geral denunciou a ingerência de teorias estrangeiras de planejamento, em especial as de Le Corbusier e de Wright, e exigiu um Plano Quinquenal de Urbanização para Moscou, a ser produzido imediatamente[146]. Não há dúvida de que Moscou necessitava de um plano. Sua população, em brusco declínio nos anos caóticos que se seguiram a 1917, saltara, por volta de 1926, acima dos níveis pré-revolucionários, para mais de 2 milhões; por volta de 1931, provavelmente já superava os 3 milhões[147]. Sua estrutura física e seu equipamento eram simplesmente arcaicos: Moscou consistia, basicamente, de construções de madeira de um ou dois andares; a média de área habitacional construída, de 8,25 m² por pessoa em 1926, já se degradara a partir dessa data; em 1937, Ernest Simon pôde reportar que alguns dos cortiços que estavam sendo demolidos como impróprios para moradia em Manchester – na época, uma das mais encortiçadas cidades da Inglaterra – forneceriam acomodação melhor do que a de que dispunham 90% das famílias moscovitas[148]. Fornecimento de água, esgoto, eletricidade, tudo era calamitosamente deficiente.

Isso talvez explique o fato de, após 1931, terem cessado os convites aos peritos de outras terras. Exposto em julho de 1935, o plano exigia que se impusesse um limite ao futuro crescimento da cidade, aliado à sua modernização forçada. A cidade devia ser urbanizada como unidade integral singular; a reconstrução devia basear-se na "unidade e harmonia das composições arquitetônicas"[149]: o City Beautiful chegara a Moscou.

Naturalmente, a força propulsora foi o orgulho nacional: em 1937, todos aqueles com quem Simon falou "foram muito enfáticos ao declarar que era preciso acabar com os velhos sobrados, que Moscou devia tornar-se uma cidade de verdade, com edifícios dignos da capital do maior país do mundo"[150]. Para tanto, Moscou transformou-se num canteiro de obras. O que escapou aos visitantes é que toda a ênfase estava nos projetos mais visíveis e de maior prestígio: três linhas de metrô com suas estações à luz de grandes lustres, conjuntos habitacionais situados nas ruas mais importantes, edifícios públicos, estádios, praças e parques[151]. É sobremaneira significativo que, de todos os apartamentos em fase de construção em 1939, 52% se situassem ao longo dos logradouros mais importantes[152]. Isso talvez porque os projetos dos diferentes ministérios nunca estivessem coordenados, enquanto o programa habitacional perdia mais e mais terreno nos cronogramas[153]; talvez e mais provavelmente, porque os planejadores estivessem tentando impressionar o público; ou, o que é mais provável ainda, porque estivessem tentando agradar a seu amo.

E Stálin sabia do que gostava. "Daí em diante, a arquitetura tinha que ser expressiva, representacional, retórica. Cada edifício, por mais modesta que fosse sua função, devia, doravante, ser um monumento."[154] Ele em pessoa aprovou os projetos para os edifícios mais importantes; uma vez, quando lhe ofereceram duas versões, escolheu ambas e, os atemorizados arquitetos obedeceram, produzindo uma estrutura cujo lado esquerdo não combinava com o direito[155]. E também Stálin teve seu equivalente socialista do gigantesco salão cupular de Hitler: o Palácio dos Sovietes, com seus 396 metros a serem coroados por uma gigantesca estátua de Lênin. De fato iniciada, a obra apresentou problemas estruturais e começou a afundar no solo; talvez caridosamente, foi abandonada[156]. Mas por toda Moscou, a presença dessa arquitetura bolo-de-noiva ainda hoje evoca os gostos e caprichos de Stálin.

A Moscou dos anos de 1930 foi, portanto, uma espécie de aldeia Potemkin. Exatamente como na Washington e na Chicago de Burnham, ou mesmo na Paris de Haussmann, as novas fachadas ao longo das gigantescas autovias ocultavam atrás de si um acúmulo de antigos cortiços. Até mesmo nos anos de 1960 ainda se podiam ver os últimos remanescentes daquela velha Moscou de madeira nas ruas de fundo. Mas sem dúvida, as fachadas agradaram ao amo e, com isso, os planejadores dormiram um pouco melhor à noite.

A herança maligna de Stálin, que começou a se corroer logo depois de sua morte em 1953, exerceu-se de um lado a outro de seu império. A recentemente formada República Democrática Alemã, apartada de seus laços com o Ocidente, determinou a construção de uma grande fundição de ferro e aço perto da cidade de Fürstenberg an der Oder, na fronteira com a Polônia, com uma cidade nova para abrigar os trabalhadores. A ortodoxia stalinista enfureceu-se contra o "cosmopolitismo", ou seja, o modernismo da Bauhaus, em favor da assim chamada "tradição construtiva nacional". Ironicamente, a Bauhaus era uma parte central da herança nacional, especialmente da arquitetura socialista. Mas ela foi convenientemente condenada como "arte universal" e "imperialismo norte-americano"[157]. O arquiteto chefe de Moscou foi a Berlim para ver a recém-completada Stalinallee e declarou que era "tipicamente alemã"[158].

Assim Stalinstadt – como a cidade nova foi inicialmente chamada – foi urbanizada de acordo com os Dezesseis Princípios do Desenvolvimento Urbano da República Democrática Alemã, desse modo enfatizando qualidades de urbanidade. Em um ponto os princípios silenciaram: a cidade foi vista como um tipo final de convivência social, embora negando qualquer capacidade de

A CIDADE DOS MONUMENTOS
o movimento city beautiful

ação social. A cidade é definida pelo centro político; o único ator é o governo nacional[159]. No plano para Stalinstadt, uma prefeitura projetada foi substituída por uma "Casa do partido e administração municipal." "A *Polis* desapareceu dos planos. Partido, administração e cultura tomaram seu lugar."[160] E a ênfase nos eixos, na monumentalidade e nas massas convenientemente ignora o fato de que esses eram também os fundamentos do planejamento urbano nazista[161].

No caso, Stálin convenientemente morreu e nenhum dos edifícios principais planejados chegou a ser construído. O eixo planejado entre o portão dos trabalhos "catedral" e a torre da prefeitura nunca chegou a existir. Entre um e outro existe uma ampla avenida de quatro pistas. Por ora, a praça central permanece vazia e é usada hoje como estacionamento[162].

Há um último grande ditador e seus sonhos megalomaníacos excederam até mesmo aqueles de seus predecessores. A missão de Nicolae Ceauşescu era reconstruir a sociedade romena e dar à luz o "novo homem." Para esse fim, ajudado por um terremoto que convenientemente ocorreu nas proximidades em março de 1977, ele obliteraria simplesmente o centro histórico de Bucareste, substituindo-o por uma paisagem de largos e retos bulevares, maciços arranha-céus, e espaços urbanos monumentais para cerimônias e rituais políticos – tudo desenhado para celebrar as conquistas da era Ceauşescu[163]. O objetivo era "a restauração de nossa capital de acordo com *uma nova perspectiva* baseada na afirmação dos elementos arquitetônicos tradicionais romenos harmoniosamente misturados aos ganhos da arquitetura mundial e da técnica estrutural"[164]. Trocando em miúdos, tratava-se de erradicar qualquer coisa que conectasse a população de Bucareste com sua cultura passada, do contexto histórico e dos valores sociais que pudessem estar encarnados nas variadas formas dos edifícios herdados de períodos históricos passados[165].

O grande homem pessoalmente encarregou-se da concepção do centro cívico Victoria Socialismului (Vitória do Socialismo): "a *decisão histórica* pela construção de um novo centro *pertence ao camarada Nicolae Ceauşescu* [...] arquitetos, planejadores urbanos, engenheiros e construtores se beneficiam das instruções permanentes e precisas do camarada Nicolae Ceauşescu, que dedica grande parte de seu tempo precioso a dirigir pessoalmente a atividade de construção, arquitetura e sistematização em Bucareste"[166]. Ele sozinho conduziu as reuniões com os arquitetos participantes da competição, fazendo observações que foram incorporadas como recomendações a serem seguidas nos projetos[167].

Bulevardul Victoria Socialismului, o eixo do novo centro, com 3,5 quilômetros de comprimento e 92 metros de largura, é grande o suficiente para agregar meio milhão de pessoas, e é ladeado por edifícios de dez andares.

Há uma faixa de terra central de 8 metros de largura com 17 fontes; duas faixas de tráfego pavimentadas com mosaicos coloridos; duas áreas verdes com 8,5 metros de largura com uma fileira de limeiras, carvalhos e abetos; e dois passeios de pedestres com 5 metros de largura, também pavimentados com mosaicos decorativos. Esse não é um bulevar desenhado para o tráfego, salvo excursões ocasionais de Ceaușescu e seu *entourage*; seu propósito era prover uma aproximação monumental à Casa Republicii (Casa República)[168], um dos maiores edifícios político-administrativos no mundo, com 86 metros de altura, fachadas com comprimento de 276 metros sobre 6,3 hectares de terra, abrigando 700 escritórios, salas de reunião, restaurantes, bibliotecas e assembleias para 1.200 pessoas[169]. Como observa Maria Cavalcanti, ela carrega uma estranha semelhança com planos concebidos anteriormente por Napoleão III, Stálin, Hitler e Mussolini em outras capitais europeias[170].

A conclusão singular é de que não há uma explicação fácil e única para o fenômeno da City Beautiful. Ele se manifestou ao longo de um período de oitenta anos, dentro de uma grande variedade de diferentes circunstâncias econômicas, sociais, políticas e culturais: como serviçal do capitalismo financeiro, como agente do imperialismo, como instrumento do totalitarismo pessoal, tanto de direita quanto de esquerda, até onde possam esses rótulos ter algum significado. Postas de parte algumas qualificações e exceções, o que de comum havia em todas essas manifestações era a total concentração no monumental e no superficial, na arquitetura como símbolo de poder; e, por conseguinte, uma quase absoluta falta de interesse pelos objetivos sociais mais amplos do planejamento urbano. É planejamento de ostentação, arquitetura como teatro, projeto para causar impacto. Só o público muda: *nouveaux riches* em busca de dissipação e titilação; súditos coloniais amedrontados e governantes arrogantes de principados de terceira categoria; migrantes do campo para a cidade grande; famílias burguesas na depressão ou privadas de seus bens, a relembrarem glórias passadas. Com um pouco de sorte, todos gostarão do espetáculo, que, para muitos, um pouco como a Hollywood dos anos de 1930, terá o condão de desviar suas mentes da horrível realidade lá fora. Com uma diferença, porém: as produções hollywoodianas tinham horário fixo de exibição e não levavam suas plateias à bancarrota.

7

A
CIDA
DE
DAS
TO
RRES

A Cidade Radiosa Corbusiana

Paris, Chandigarh, Brasília, Londres, St. Louis (1920-1970)

Vós, torres de Júlio, de Londres perene vergonha,
Alimentam-vos os muitos crimes, e os noturnais homicidas.

THOMAS GREY, *The Bard* (1757)

A solução mais simples são os prédios de apartamentos. Se as pessoas pretendem,
a qualquer custo, viver em cidades grandes, precisam aprender a morar umas
em cima das outras. Mas o povo trabalhador do Norte não se acostuma
facilmente com esses prédios; mesmo aos existentes ele os chama, com desprezo,
de "cortiços". Quase todos dirão que querem "uma casa só deles" e, ao que tudo
indica, uma casa, no meio de um bloco compacto de casas enfileiradas ao longo de
90 metros, parece-lhes mais "só deles" do que um apartamento suspenso no ar.

GEORGE ORWELL, *The Road to Wigan Pier* (O Caminho Para Wigan Pier, 1937)

a solução do problema habitacional, em qualquer grande cidade inglesa, não
está na produção de Altos Barbacãs ou de Altos Paddingtons. Embora possíveis,
teórica e fisicamente, esses tipos de construções são completamente alheios aos
hábitos e gostos das pessoas que se espera que morem neles.

HAROLD MACMILLAN, *Memorando Interno Como Ministro da Habitação*
e do Governo Local (1954)

O MAL QUE LE CORBUSIER FEZ VIVE DEPOIS DELE; O BEM TALVEZ ESTEJA enterrado* com seus livros, lidos raramente, pela simples razão de serem, na maioria, praticamente ilegíveis. (As ilustrações, é mister que se diga, são por vezes interessantes, pelo que revelam a respeito do desenhista.) O esforço, contudo, impõe-se, visto que o impacto que causaram no planejamento urbano do século xx foi quase incalculavelmente grande: a obscuridade não constitui barreira para a comunicação, pelo menos no caso. As ideias, forjadas na *intelligentsia* parisiense dos anos de 1920, chegaram a ser aplicadas ao planejamento de moradias para a classe trabalhadora em Sheffield e St. Louis, bem como em centenas de outras cidades, nos anos de 1950 e 1960; os resultados foram, na melhor das hipóteses, questionáveis, na pior das hipóteses, catastróficos. Como e por que isso teve que acontecer, eis um dos relatos mais intrigantes, mas também mais instrutivos de que se tem notícia na história intelectual do urbanismo moderno.

Talvez os fatos isolados mais importantes a respeito de Le Corbusier tenham sido: primeiro, que ele não era francês, mas suíço; segundo, que esse não era o seu verdadeiro nome. Ao nascer foi registrado como Charles--Édouard Jeanneret em La Chauxde-Fonds, perto de Neuchâtel, em 1885, e só a partir dos 31 anos é que passou a viver regularmente em Paris. Os suíços, como até o menos sagaz dos visitantes já deve ter percebido, são um povo obcecadamente ordeiro: suas cidades são modelos de puro autocontrole, onde nem uma folhinha de grama nem um fio de cabelo estão fora do lugar. Assim também as cidades de Le Corbusier. O caos da velha Paris, que a reconstrução de Haussmann deixou intacto por trás das novas fachadas, deve ter constituído um anátema para os costumes calvinistas do jovem arquiteto em formação. Sua vida profissional foi devotada a genebrizar Paris, bem como toda e qualquer cidade que tivesse o desplante de mostrar-se indisciplinável.

FIG. 61: *Le Corbusier e "Unité". Uma máquina de morar, segundo prescrição do Supremo Arquiteto.* Fonte: *Popperfoto/Getty Images.*

Terceiro fato significativo: Le Corbusier vinha de uma família de relojoeiros. (O nome Le Corbusier foi o pseudônimo que adotou de um avô materno, ao começar a escrever, em 1920.) Ele alcançou enorme fama pela declaração, feita pela primeira vez nessa época, de que uma casa era uma máquina de morar[1]. Em um de seus livros, *Vers une architecture*, ele insiste que a arquitetura deve ser totalmente automatizada e funcional, executada, na verdade, por métodos industriais de produção em massa[2]. (Fica claro que os excessos posteriores, nos anos de 1960, da habitação industrializada, não foram mera consequência de pressões políticas e de preparação inadequada; representaram uma política consistente, e suas falhas precisam ser julgadas sob esse prisma.) E assim não é nenhuma surpresa que, em outro trabalho, *Urbanisme*, os triunfos da engenharia sejam aclamados como grande arquitetura.

Isso era natural: a tradição de juntar milhares de diminutos componentes numa harmonia planejada provinha de uma longa herança cultural. Mas gente não é escapo, e não se pode reduzir a sociedade à ordem de um mecanismo de relógio; a tentativa foi das mais infelizes para a humanidade. Há, entretanto, uma anomalia: os relojoeiros do Jura foram tenazes guardiães de suas liberdades locais, sendo por isso admirados tanto por Proudhon quanto por Kropótkin. Le Corbusier não tardou em esquecer-se disso.

A CIDADE DAS TORRES
a cidade radiosa corbusiana

FIG. 62: *Luís XIV ordena a construção dos Invalides. A visão favorita de Le Corbusier, com o mestre arquiteto em ação: "Queremos isto." Desgraçadamente, ele jamais encontrou o seu* Roi Soleil. *Fonte: © RMN-Grand Palais (Château de Versailles)/ Franck Raux.*

Se a Suíça lhe deu sua concepção do mundo, foi Paris que lhe forneceu a matéria-prima e a visão de uma ordem ideal. Assim como Howard não pode ser entendido fora do contexto da Londres de fins do século XIX, ou Mumford fora da Nova York dos anos de 1920, assim também todas as ideias de Le Corbusier precisam ser vistas como uma reação à cidade na qual ele viveu e trabalhou de 1916 até pouco antes de sua morte, em 1965[3]. A história de Paris tem sido a de uma luta constante entre as forças da vida cotidiana, exuberante, caótica, amiúde sórdida, e as forças da ordem, centralizada e despótica. Nas décadas de 1920 e 1930, ficou claro que a primeira estava ganhando e a ordem estava em longa retirada. Por trás das fachadas, a cidade era presa dos cortiços e endemias. As autoridades municipais da Terceira República estavam a ponto de desistir de tudo, até mesmo do intento de completarem o último dos melhoramentos de Haussmann, e já nem pensavam em tomar novas iniciativas como, por exemplo, a de demolir os cortiços piores[4].

Paris, concluiu o jovem Le Corbusier, só poderia ser salva pela intervenção de *grands seigneurs,* homens "sem remorsos": Luís xiv, Napoleão, Haussmann[5]. Suas "inaugurações grandiosas" eram para ele "um exemplo marcante de *création,* daquele espírito que é apto a dominar e compelir a plebe"[6]. Concluiu seu primeiro livro, *L'Urbanisme,* com uma gravura onde vemos Luís xiv a dirigir pessoalmente a construção dos Invalides, e lhe apôs a seguinte legenda:

> Homenagem a um grande planejador urbano – Este déspota concebeu projetos imensos e os levou a termo. Espalhadas por todo o país, suas obras magníficas ainda nos enchem de admiração. Foi capaz de dizer "Queremos isto", ou "Assim nos apraz".[7]

Durante toda a sua vida, Le Corbusier buscou um *Roi-Soleil* moderno, mas jamais o encontrou.

A Cidade Ideal Corbusiana

Nesse meio tempo, ele teve que se contentar com patronos burgueses. Seu Plan Voisin de 1925 nada tinha a ver com as unidades de vizinhança, e sim com o sobrenome do fabricante de aviões que o patrocinava[8]. (Isso ajuda a explicar os aeroplanos que voam, com tal descaso despreocupado pelos controles de tráfego aéreo, por entre esses e outros arranha-céus corbusianos.) Seus dezoito edifícios uniformes de 213 metros de altura teriam acarretado a demolição da maior parte da Paris histórica ao norte do Sena, com exceção de poucos monumentos, alguns dos quais seriam removidos; a Place Vendôme, que ele admirava como um símbolo de ordem, seria conservada[9]. Ao que parece, foi-lhe praticamente impossível compreender o porquê da grita levantada contra o projeto no conselho municipal, onde o chamaram de bárbaro[10]. Sempre pensou que os construtores de catedrais góticas do século xiii europeu, graças a cujos esforços durante uns meros 100 anos "o mundo novo

A CIDADE DAS TORRES
a cidade radiosa corbusiana

desabrochou como flor sobre as ruínas", deviam ter sofrido igual incompreensão naqueles primeiros tempos "quando as catedrais eram brancas"[11].

Ele não foi dissuadido: "Projetar cidades é tarefa por demais importante para ser entregue aos cidadãos."[12] Seus princípios urbanísticos foram desenvolvidos sobretudo em *La Ville contemporaine* (1922) e *La Ville radieuse* (1933). A chave era o famoso paradoxo: precisamos eliminar o excesso populacional dos centros de nossas cidades aumentando-lhes a densidade. Cumpre-nos, ademais, melhorar a circulação e aumentar a quantidade de espaço livre. O paradoxo podia ser resolvido com a construção de edifícios altos que ocupassem uma pequena parte da área total do terreno[13]. Isso demandava que, como Le Corbusier colocou em características letras maiúsculas: "DEVEMOS CONSTRUIR EM TERRENO VAZIO! A cidade de hoje está morrendo porque não é construída geometricamente."[14] As necessidades de tráfego também exigiam demolição total: "A estatística nos mostra que o comércio opera no centro. Isso significa que é mister que amplas avenidas atravessem os centros de nossas cidades. *Portanto, os atuais centros precisam vir abaixo.* Toda grande cidade, para salvar-se, tem que reconstruir seu centro."[15] Essa foi a primeira sugestão do gênero; trinta anos mais tarde, era adotada com força total. Mas, conforme salientou Harry A. Anthony, em parte alguma se faz menção ao problema de onde guardar tantos carros, ou aos problemas ambientais decorrentes do barulho e das emissões dos seus motores; questões como essas foram simplesmente ignoradas[16].

A maneira pela qual a nova estrutura ia ser alcançada, no entanto, não era uniforme ao longo de toda a cidade: a Cidade Contemporânea devia ter uma estrutura espacial claramente diferenciada. E isso para corresponder a uma estrutura social específica, segregada; a moradia de uma pessoa dependia da atividade por ela exercida[17]. No centro ficavam os arranha-céus do Plan Voisin, que, Le Corbusier enfatizou, destinavam-se aos escritórios dos *cadres* de elite: industriais, cientistas e artistas (incluindo, presumivelmente, arquitetos e planejadores urbanos); 24 dessas torres forneceriam entre 400 mil e 600 mil empregos do mais alto nível, à razão de 3.000 por hectare, com 95% do terreno reservado como área livre[18]. Fora dessa zona, as áreas residenciais seriam de dois tipos: prédios de seis andares com apartamentos luxuosos para esses mesmos *cadres*, projetados segundo o princípio chamado de recuo (em filas), com 85% do terreno como espaço livre, e uma acomodação mais modesta para os trabalhadores, construída em volta de pátios, sobre um quadriculado uniforme de ruas, com 48% de espaço livre[19].

Esses apartamentos seriam produzidos em massa para habitação em massa. Le Corbusier não dispunha de tempo para atender a qualquer tipo de idiossincrasia individual; daí por que os chamou, com muito acerto, de "células":

Jamais devemos, em nossos estudos, perder de vista a perfeita "célula" humana, a célula que mais perfeitamente corresponde às nossas necessidades fisiológicas e sentimentais. Precisamos chegar à "casa-máquina", que deve ser tão prática quanto emocionalmente satisfatória, bem como projetada para uma sucessão de moradores. A ideia do "velho lar" desaparecerá e com ela a arquitetura local etc., pois já que o trabalho muda de lugar segundo a demanda, também os moradores terão que estar prontos para mudar, *com armas e bagagens.*[20]

Não apenas as unidades seriam, todas elas, uniformes, como todas elas conteriam a mesma mobília padronizada. É possível, admite, que "meu esquema [...] pareça, de início, dar azo a temores e antipatias". Mas variações no leiaute e uma generosa arborização logo superariam o problema[21]. E não apenas seriam essas unidades produzidas em massa, mas, para a elite burguesa, também estariam providas de serviços coletivos: "Todavia ainda será sempre possível ter doméstica ou babá próprias, ou um criado da família, se preferir"; na cidade radiosa, "o problema da criadagem estaria resolvido":

> Se você quisesse levar um amigo para cear em casa por volta de meia-noite, digamos depois do teatro, bastaria um simples telefonema para encontrar a mesa posta e à sua espera – com um criado sem cara amarrada.[22]

A parte central da Cidade Contemporânea era, claramente, um tipo de lugar de classe média. E foi para as necessidades da classe média que Le Corbusier criou, em meio ao centro empresarial, um complexo cultural e de lazer, onde a elite ficaria conversando e dançando, em "profunda calma, 182 metros acima do solo"[23].

Naturalmente, artesãos e funcionários do comércio não viveriam assim. Para eles, Le Corbusier providenciou apartamentos jardim, dentro de unidades-satélites. Aqui, também, haveria muito espaço verde, muita facilidade para a prática de esportes e muita diversão – mas de espécie diferente, adequada a quem trabalha arduamente oito horas por dia. Ao contrário da Paris dos anos de 1920, onde ricos e pobres tendiam a morar em estreita justaposição, *La Ville contemporaine* iria ser uma cidade totalmente segregada em classes sociais.

Na época da Cidade Radiosa, embora os dogmas da religião corbusiana permanecessem incólumes, ocorreram importantes modificações teológicas. Le Corbusier perdera a fé nos capitalistas, talvez porque em meio à Grande Depressão tivessem eles perdido a capacidade de financiá-lo. Restava-lhe,

A CIDADE DAS TORRES
a cidade radiosa corbusiana

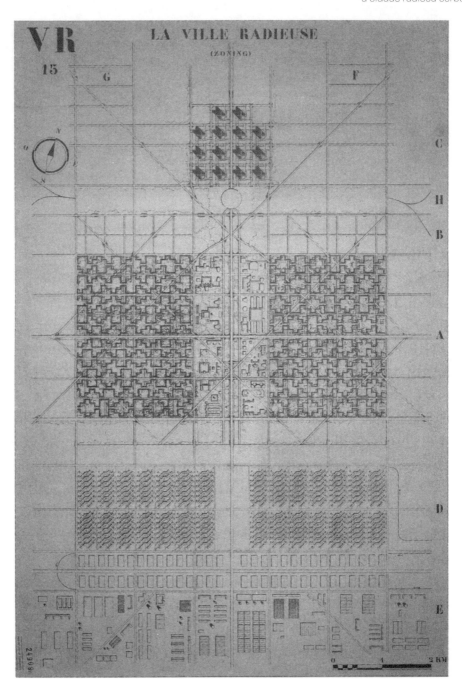

FIG. 63: *La Ville Radieuse. A visão geométrica total: máquinas de morar e trabalhar, reunidas.* Fonte: © FLC/ADAGP, Paris e DACS, Londres 2013/Scala, Florença.

agora, acreditar na virtude do planejamento centralizado, que iria abranger não apenas a construção da cidade mas cada aspecto da vida. O sindicalismo seria o caminho, mas não o sindicalismo do tipo anarquista: seria um sistema ordenado, hierárquico, em certos pontos muito próximo da ala esquerda do fascismo italiano. Muitos sindicalistas franceses, de fato, aderiam ao regime de Vichy em 1940; o próprio Le Corbusier acreditava que "a França precisa de um Pai. Não importa quem"[24]. Nesse sistema, tudo seria determinado pelo plano, e o plano seria produzido "objetivamente" por peritos; ao povo caberia apenas dizer quem administraria esse plano.

> A cidade harmoniosa precisa primeiramente ser planejada por peritos que compreendam a ciência do urbanismo. Uma vez formulados, dentro de um ambiente de total liberdade em relação a pressões partidárias e interesses privados, tais planos devem ser implementados sem oposição.[25]

Em 1938, projetou um "Centro Nacional de Festivais Coletivos para 100.000 pessoas", onde o líder poderia dirigir-se a seu povo; espécie de versão ao ar livre do Domo de Hitler[26].

Mas a nova cidade sindicalista distingue-se por um aspecto vital: agora todos estarão igualmente coletivizados. Agora todos irão morar em gigantescos prédios coletivos, denominados *Unités*; cada família receberá um apartamento não de acordo com o emprego do arrimo de família, mas com rígidas normas de espaço; ninguém receberá nem mais nem menos do que o mínimo necessário para uma existência eficiente. E agora todos – não apenas a elite afortunada – terão acesso aos serviços coletivos. Cozinhar, limpar e cuidar das crianças deixam de ser atribuição da família.

Nesse ínterim, o que é muito significativo, Le Corbusier estivera na União Soviética. E, na década de 1920, um grupo importante de arquitetos soviéticos – os urbanistas – desenvolvera ideias muito próximas das dele. Queriam construir novas cidades em pleno campo, onde todos viveriam em gigantescos blocos de apartamento coletivo, com o espaço individual reduzido ao mínimo absoluto necessário para uma cama; não haveria cozinhas e banheiros individuais ou unifamiliares. Numa versão, a vida estaria regulada, minuto a minuto, desde a alvorada, às 6 da manhã, até a partida para a mina, às 7; outro urbanista previu uma unidade onde imensas orquestras induziriam ao sono os insones, abafando os roncos dos demais[27]. Os planos de alguns dos membros desse grupo – Ivanov, Terekhin e Smolin, em Leningrado, Barshch, Vladimirov, Alexander e Vesnin em Moscou – são quase idênticos, até nos pormenores, à *Unité* tal como foi desenvolvida na Cidade Radiosa, e como

A CIDADE DAS TORRES
a cidade radiosa corbusiana

foi efetivamente construída em Marselha, em 1946[28]. Mas, depois de 1931, o regime soviético – como o regime fascista na Itália poucos anos mais tarde – rejeitou o parecer de Le Corbusier.

Foi quando, por volta dos anos de 1940, suas ideias novamente se modificaram, embora, como sempre, apenas nos pormenores. Sua ASCORAL (Assemblée de Constructeurs pour une Rénovation Architecturale), fundada durante a guerra, alegava que *Les cités radio-concentriques des échanges*, os centros de educação e recreio, ainda projetados no velho estilo corbusiano, deveriam ser ligados entre si pelas *cités linéaires industrielles*, linhas contínuas de industrialização dispostas ao longo de corredores de trânsito[29]. Fora-se seu otimismo com respeito à cidade grande: a seu ver, a população de Paris deveria cair de 3 milhões para um milhão apenas[30]. Tais noções guardavam curiosos ecos dos desurbanistas soviéticos da década de 1920, que Le Corbusier tão acremente criticara. Havia, porém, uma diferença crucial: as fábricas dele eram as "fábricas verdes" concentradas, com operários vivendo segregados, vidas imóveis em cidades-jardim verticais, comportando, cada uma, de 1.500 a 2.500 trabalhadores, evidentemente com o indefectível serviço coletivo[31]. Continuava implacavelmente contrário à ideia de *cités jardins*, que ele sistematicamente confundia, como a maioria de seus colegas planejadores franceses, com os subúrbios-jardim[32].

Nada disso chegou a ser construído. O fato notável com respeito a Le Corbusier é o quanto ele sempre foi, na prática, um retumbante fracasso. Viajou por toda a Europa e fora do continente, produzindo suas grandiosas visões urbanas; páginas e páginas de seu livro, *La Ville radieuse*, estão cheias delas – Argélia, Antuérpia, Estocolmo, Barcelona, Nemours no Norte da África. Todas ficaram no papel. Na Segunda Guerra Mundial, com a instauração do governo-fantoche de Pétain em Vichy, julgou que sua vez finalmente chegara. Convidado para encabeçar uma comissão de estudos sobre habitação e planejamento, produziu, como era de prever, um esquema em prol de uma elite de planejadores urbanos controlando enormes escritórios de arquitetos e engenheiros, capazes de se sobreporem a qualquer interferência. À testa deles, estaria um "regulador", um arquiteto-administrador encarregado de formular todo o plano nacional de construção. Uma vez pelo menos tomara-se ele de modéstia deixando de indicar seu candidato para o posto[33]. Na verdade, também com Vichy Le Corbusier não chegou a lugar nenhum. Sua simplória egomania e sua absoluta ingenuidade política dificultaram-lhe a compreensão do próprio fracasso; ao término da guerra, era um homem profundamente desiludido.

O Planejamento de Chandigarh

Por ironia, sua única verdadeira realização urbanística concretizada no solo – exceto a *Unité* de Marselha, um bloco único, que devia ser o início de um complexo, porém, jamais foi completado; mais duas reverentes cópias na França e outra em Berlim – aconteceu postumamente. O governo da Índia decidira, por razões políticas, construir uma nova capital para o Punjab em Chandigarh. Contratou, para tanto, um planejador urbano, Albert Mayer, que elaborou um projeto adequado, dentro da linha Unwin-Parker-Stein-Wright[34]. O projeto foi aprovado, porém ficou decidido que se chamaria uma equipe formada pelos mais prestigiosos arquitetos da época – Le Corbusier, seu próprio primo Jeanneret, Maxwell Fry e Jane Drew – para dar-lhe expressão. É nestes termos que Fry descreve o primeiro e traumático encontro, ao qual Mayer chegou com atraso:

> Le Corbusier empunhou o creiom e estava em seu elemento.
>
> *"Voilà la gare"*, disse, *"et voici la rue commerciale*, e traçou a primeira rua do novo plano de Chandigarh. *"Voici la tête"*, prosseguiu, marcando com um borrão o terreno mais elevado à esquerda da localização de Mayer, cujos efeitos danosos eu já lhe havia apontado. *"Et voilà l'estomac, le cité-centre"*. Delineou, em seguida, os grandes setores, medindo cada metade aproximadamente 1,2 quilômetros e ocupando a planície em toda a sua extensão entre os vales do rio, com um prolongamento para o sul.
>
> O projeto já ia bem adiantado quando o ansioso Albert Mayer juntou-se ao grupo [...] nem de longe constituía ele adversário à altura da figura enigmática mas determinada do profeta.
>
> Depois do almoço, sentamo-nos em círculo num silêncio sepulcral, que Jeanneret quebrou perguntando a Mayer, *"Vous parlez français, monsieur?"* Ao que Mayer respondeu *"Oui, musheer, je parle"*, réplica polida mas desastrada que o eliminou de vez da discussão que se seguiu.
>
> E assim continuamos, com sugestões marginais e de menor importância da nossa parte, e uma exposição em fluxo contínuo por parte de Le Corbusier, até que o plano, tal como agora o conhecemos, ficasse pronto e se fixasse em sua forma definitiva.[35]

Seguiram-se discussões entre arquitetos e planejadores, seguidas de discussões de arquitetos entre si, com queixas de Fry e Jeanneret sobre como Le Corbusier se assenhoreara do trabalho, cuidando ele mesmo dos traçados e

A CIDADE DAS TORRES
a cidade radiosa corbusiana

FIG. 64: Chandigarh. *O único projeto urbano corbusiano que saiu do papel: aqui, um bairro residencial, caixotes na linha funcionalista para funcionários do Punjab, diretamente da pena do mestre.* Fonte: *Madhu Sarin.*

FIG. 65: Chandigarh. *A realidade da cidade do povo por trás das fachadas: em primeiro plano, as casas de construção autônoma; no fundo, à esquerda, a cidade das barracas.* Fonte: *Madhu Sarin.*

projetos em seus mínimos detalhes. Muito ingenuamente, eles disseram que queriam trabalhar dentro do espírito do CIAM, isto é, em sistema de colaboração. O resultado foi expressivo: uma divisão de trabalho em que coube a Le Corbusier a definição do complexo administrativo central[36]. Mas algo de mais fundamental realmente ocorrera: a troca de um modelo urbanístico por um modelo arquitetural, o que significava "optar por uma preocupação com a forma visual, com o simbolismo, com a imagem e com a estética em detrimento dos problemas básicos da população indiana. Concentrando-se em prover a arquitetura indiana de formas consentâneas à Segunda Idade da Máquina, a situação vivida pela Índia no momento pode ser quase totalmente ignorada"[37].

O resultado foi um conjunto de ricas e múltiplas ironias. Le Corbusier encontrou seu patrono num governo pós-colonial imbuído nas tradições autocráticas do Raj Britânico. Para ele produziu um exercício City Beautiful ajaezado com a aparência da arquitetura moderna; uma Nova Delhi atualizada. Havia uma malha de vias expressas, já utilizada nos projetos de Marselha e Bogotá, para atender a um nível de propriedade de automóvel ainda mais baixo do que o existente em Paris em 1925, e que já era bastante baixo. A relação entre ruas e edifícios é totalmente europeia e estipulada sem qualquer consideração para com o clima inóspito do Norte da Índia ou os estilos de vida indianos[38]. Nem se pensou em produzir formas construídas que favorecessem a organização ou a integração social; os setores estão longe de funcionar como vizinhanças[39]. A cidade é fortemente segregada pela renda e pela posição ocupada dentro do funcionalismo público, lembrando *La Ville contemporaine*; há diferentes densidades para diferentes grupos sociais e, como resultado, uma planejada segregação de classes[40]. Os contrastes são, portanto, violentos:

> Se dermos uma volta pelo magnífico *campus* da Universidade de Punjab [...] (onde a maioria das salas de aula e dos escritórios são usados apenas durante três horas por dia), poderemos ver, por cima dos altos muros do *campus*, milhares de pessoas morando em cortiços, sem eletricidade e sem água encanada.[41]

Nos anos de 1970, 15% da população estava morando em assentamentos invasores ou semi-invasores; mais da metade dos comerciantes operava informalmente em carrinhos ou barracas[42]. Como entrassem em conflito com o conceito de ordem urbana do Plano Diretor, por diversas vezes as autoridades tentaram escorraçá-los e acabar com eles. Em resposta, os comerciantes fizeram uma série de eventos públicos dignos de uma versão indiana de uma das velhas comédias dos Estúdios Ealing. Para comemorarem a inauguração de um novo mercado ilegal, numa época em que o separatismo *sikh* estava exacerbadíssimo, organizaram toda uma série de eventos religiosos *sikh*. Quando chegou a força de repressão, os comerciantes *sikh* declararam que preferiam deixar-se picar em pedacinhos a verem interrompidas as comemorações. Mais tarde, os comerciantes encenaram requintadas cerimônias fúnebres em homenagem ao primeiro-ministro recentemente falecido, obtendo com isso enorme publicidade[43].

Tudo isso faz parte do rico espetáculo da vida indiana, e nada tem a ver com Le Corbusier. É bem verdade que a maioria dos problemas só indiretamente puderam ser postos na sua porta; na época, ele já havia morrido, tendo concentrado os últimos anos de sua vida no complexo monumental central e no simbolismo visual geral, a parte que deu mais certo no projeto[44]. Mas esse é que foi justamente o problema: no fim do dia, como Hitler a sonhar seus fúteis sonhos em Berlim, os cuidados do arquiteto suíço iam todos, realmente, para a parte monumental. Ele foi o último dos planejadores City Beautiful. O resto não funciona, mas num sentido que nem vem ao caso considerar. Pelo menos, em Chandigarh, a habitação era muito melhor do que aquela que as pessoas tinham conhecido antes, e provavelmente melhor do que jamais teriam esperado, caso a cidade nunca tivesse sido construída. Mas quando, finalmente, os discípulos de Le Corbusier vieram aplicar os preceitos do mestre nas cidades do Ocidente, as coisas se passaram de modo muito diferente.

Brasília: A Cidade Quase Corbusiana

Outra cidade houve, no entanto, inteiramente nova e corbusiana, embora o projeto não fosse de Le Corbusier. O Brasil, como muitos outros países em desenvolvimento, crescera ao redor de sua cidade-porto que, de bom ou de mau grado, tornara-se a capital. Mas por volta de 1940, a despeito das tentativas parciais de reconstrução, o Rio de Janeiro estava estourando pelas costuras. O projeto de construir uma nova capital federal no interior vinha de longe; em 1823, José Bonifácio de Andrada e Silva, o "Patriarca da Independência", sugerira a mudança e o nome; em 1892, uma comissão já encontrara o local; em 1946, uma nova comissão, constituída democraticamente, começou a trabalhar no projeto; em 1955, outra comissão redescobriu o local. No mesmo ano, Juscelino Kubitschek de Oliveira, político carismático, comprometeu-se a construí-la, durante sua campanha eleitoral para presidente, da qual saiu vitorioso por estreita margem de votos[45]. Sempre houve no Brasil uma tradição política de se fazerem obras públicas suntuosas em prazos exíguos impossíveis; Brasília foi a apoteose[46]. A imprensa carioca, como era de esperar, não poupou críticas: "É o cúmulo da loucura! Uma ditadura no deserto!" Kubitschek não se deixou intimidar[47].

Recorreu a seu velho amigo, o arquiteto Oscar Niemeyer. O Instituto de Arquitetos do Brasil protestou; fazia-se necessário um concurso público. Niemeyer, evidentemente, participou da comissão julgadora, que, após uma deliberação de apenas três dias, escolheu para ordenar um dos mais vastos exercícios urbanísticos do século xx o plano de Lúcio Costa, outro pioneiro do movimento arquitetural moderno no Brasil. O trabalho por ele apresentado constava de desenhos a mão livre feitos sobre cinco cartolinas de tamanho médio; nem uma única projeção populacional, ou análise econômica, ou programação de uso do solo, nem uma só maquete, nem um só desenho a esquadro ou compasso[48]. O júri gostou da "grandiosidade"; "Desde o início, ficou patente que Brasília estava fadada a ser uma cidade de arquiteto antes que de planejador urbano."[49]

A planta foi descrita de forma variada como avião, ou pássaro, ou libélula: o corpo, ou fuselagem, era um eixo monumental destinado aos principais edifícios públicos e repartições administrativas; nas asas, ficavam as áreas residenciais e outras. No primeiro setor, blocos uniformes de escritórios deviam ladear um amplo passeio público que desembocava no complexo de edifícios governamentais. No segundo, prédios de apartamentos uniformes deviam ser construídos em superquadras corbusianas de frente para uma imensa espinha de tráfego; obedecendo à risca à prescrição de *La Ville radieuse,* todos, do secretário permanente ao zelador, deveriam morar nas mesmas quadras, ocupando o mesmo tipo de apartamento.

Mas, conforme argumenta James Holston, Brasília demonstra que o modernismo possuía um objetivo social e político muito radical: substituir o capitalismo por uma nova ordem social coletivista. Embora Kubitschek fosse um populista latino-americano, Niemeyer era um assumido comunista. O plano, de acordo com Holston, era a aquisição política suprema do movimento moderno, "uma cidade CIAM [...] o mais acabado exemplo jamais construído dos princípios de arquitetura e planejamento apresentados nos manifestos do CIAM"[50]; ela atingiria o objetivo pelo qual os pioneiros haviam batalhado em vão. Sua agenda oculta era criar uma forma construída totalmente nova, como uma casca para uma nova sociedade, sem referências históricas: o passado devia ser simplesmente abolido. "Brasília", ele escreve, "foi

A CIDADE DAS TORRES
a cidade radiosa corbusiana

erigida para ser mais do que um símbolo dessa nova era. E mais, seu projeto e construção almejavam *criá-la* pela transformação da sociedade brasileira"[51]. Ela incorpora perfeitamente uma premissa chave do movimento moderno, a "total descontextualização", em que um futuro utópico torna-se o meio de mensurar o presente, sem qualquer senso de contexto histórico: uma cidade criada numa tábula rasa, sem referência ao passado[52]. Nessa nova cidade, a sociedade brasileira tradicional, pesadamente estratificada, seria substituída por uma outra sociedade totalmente igualitária: nos blocos de apartamentos uniformes, governadores e embaixadores seriam vizinhos de zeladores e de trabalhadores. As divisões tradicionais entre o espaço público e o privado seriam abolidas; esses blocos seriam máquinas de vida pública coletiva. E mesmo a rua tradicional – a antiquíssima essência da divisão entre vida pública e privada – deve desaparecer; daí as vias expressas de oito faixas que funcionam mais como divisoras do que como integradoras sociais.

A construção de Brasília virou lenda até mesmo no Brasil, esse país que parece saído de uma fábula bizarra. Um norte-americano escreveu então que: "Era como se o desbravamento do oeste estivesse atrasado cem anos e agora o fizessem com escavadeiras."[53] E já que a capital tinha que ser por força inaugurada no dia 21 de abril de 1960, ao término dos quatro anos de mandato do governo Kubitschek, decretou-se que, durante um ano, as obras entrassem num regime de 24 horas de trabalho ininterrupto. Isso tudo "representou um triunfo administrativo num país que jamais se fizera notar pela eficiência administrativa; representou respeito a um cronograma numa sociedade onde cronogramas raramente são cumpridos; representou trabalho árduo e contínuo para um povo reputadamente relutante em trabalhar, seja árdua seja continuamente"[54]. Abundavam as lendas, todas indubitavelmente verdadeiras: caminhoneiros que entregavam a mesma carga de areia várias vezes por dia; tipógrafos contratados como topógrafos, contadores de tijolos como contabilistas[55]. A última coisa a considerar foi o custo. Segundo William Holford, um dos membros do júri, ninguém sabia o tamanho da conta; o presidente da NOVACAP, a Companhia Urbanizadora da Nova Capital, disse que contas não o preocupavam; Niemeyer declarou ao arquiteto britânico Max Lock que não tinha ideia de quanto custara o Palácio Presidencial: "Como poderia saber?", perguntou, de uma forma que desarmou o interlocutor[56]. Bem fez Epstein, autor de uma das duas histórias modelares escritas sobre a cidade, ao dedicar seu livro:

> "Aos trabalhadores de Brasília, que construíram a nova capital;
> Aos trabalhadores do Brasil, que pagaram."[57]

Inacreditavelmente, 60 mil trabalhadores conseguiram terminá-la. Num só dia, 2.000 postes de luz foram levantados; numa noite, 722 casas foram pintadas de branco. No dia aprazado, o Palácio Presidencial, o Palácio Executivo, o Congresso Nacional, o Supremo Tribunal Federal, onze ministérios, um hotel e 94 blocos de apartamentos reluziam à luz do sol, no *campo* aberto do Brasil Central. Naturalmente, tudo casca; por dentro os edifícios não estavam terminados; após a cerimônia, muitos dos funcionários tomaram o avião de volta para o Rio. Mas mesmo depois de Kubitschek, investia-se muito na cidade para retroceder; no decorrer da década seguinte, efetuou-se definitivamente a mudança da máquina governamental.

E acabou funcionando, depois de uma adaptação. Com o aumento do número de carros particulares, as vastas vias expressas e os trevos imensos foram tomados pelo tráfego; e visto que o plano não visara a resolver conflitos pedestre-veículo, diariamente rios de pedestres driblam a morte saltando por entre os carros em alta velocidade na avenida central. Mero detalhe. A verdadeira falha, exatamente como em Chandigarh, foi o crescimento, ao lado da cidade planejada, de outra, não planejada. Só que aqui, ela era bem maior.

A favela brasileira, como sua equivalente de qualquer outro país em desenvolvimento, é uma figura familiar na paisagem urbana: uma das mais conhecidas enxameia bem à vista de todos, sobre a vertente do morro que fica atrás da famosa praia de Copacabana, no Rio. Mas Brasília, símbolo da modernidade, não devia ter nada disso; a invasão de terra, ali, havia que ser simplesmente abolida[58]. E em certo sentido até que foi: empurraram-na simplesmente para longe dos olhos e das mentes. Na época da construção, criou-se por necessidade a assim chamada Cidade Livre; logo depois, os posseiros criaram perto o assentamento de Taguatinga. Após a inauguração, as autoridades tentaram destruí-lo, o que provocou tumultos; em 1961, para consternação dos profissionais de arquitetura, aprovou-se uma lei que permitia a permanência da cidade-satélite. Em meados da década de 1960, foi oficialmente estimado que um terço da população do Distrito Federal, 100 mil pessoas, viviam em "submoradias"; não tardou que essa cifra ultrapassasse a metade[59]. As autoridades responderam às invasões tentando implantar loteamentos dotados de uma infraestrutura mínima; o relato que Epstein faz do processo reveste-se de especial ironia:

> A cessão efetiva dos lotes e o traçado das novas ruas estavam nas mãos de dois homens, um dos quais analfabeto, sob a supervisão de um capataz da NOVACAP. Nenhum deles treinado em planejamento urbano, assistência social ou agrimensura. Traçaram um quadriculado para as ruas, fazendo-as cruzarem-se em ângulos retos.[60]

FIG. 66: (no alto) *Brasília. A visão de uma capital modernizada e saneada, segundo esboços traçados por Lúcio Costa, diz-se, em cinco fichas de arquivo.*

FIG. 67: (embaixo) *Taguatinga, Brasília. Nascido como canteiro de obras, o primeiro dos assentamentos populares representa a realidade para a maioria do povo da região da capital: impossível de suprimir, finalmente aceita, mas ignorada.*

Assim se acabou o sonho da construção de uma sociedade urbana sem classes num país onde ricos e pobres sempre estiveram segregados. A diferença, se é que existe, é que em Brasília estes ficaram mais implacavelmente separados do que em qualquer das cidades anteriores: colocou-se um *cordon sanitaire* entres eles e a monumental cidade simbólica, de maneira que nunca pudessem estragar-lhe a vista ou perturbar-lhe a imagem. Ironicamente, os empregados que permaneceram nas superquadras foram engaiolados em cubículos muito piores que os que teriam desfrutado em apartamentos tradicionais. As profundas estruturas de classe no Brasil, sutilmente raciais na origem, reafirmaram a si mesmas. O próprio Niemeyer já dizia, na ocasião, que o plano fora distorcido e desvirtuado; só um regime socialista, sentia, poderia tê-lo implementado[61]. Le Corbusier sofreu angústias idênticas durante grande parte de sua vida: é dificílimo construir uma City Beautiful em meio à confusão gerada pela democracia e as leis de mercado.

Os Corbusianos Chegam à Inglaterra

Pouco mais que isso conseguiram eles fazer no mundo desenvolvido; não que não tivessem tentado. O meio utilizado foi a influência do Congrès Internationaux d'Architecture Moderne – CIAM, "os jesuítas da nova fé", instaurado em 1928, "por solicitação do *animateur* suíço Siegfried Giedion"[62]: de novo a conexão suíça, igualmente visível, cinco anos mais tarde, quando Giedion tomou a iniciativa de formar o grupo MARS, ou Modern Architecture Research, em Londres[63]. Em 1938, era assim que Le Corbusier arengava aos fiéis ingleses:

> É preciso que os benefícios da nova arquitetura não fiquem confinados aos lares dos poucos que gozam do privilégio do bom gosto ou do dinheiro. Mas difundam-se amplamente afim de iluminarem os lares e, consequentemente, as vidas de milhões e milhões de trabalhadores [...] Isto naturalmente postula a mais crucial questão de nossa época: uma grande campanha em prol do reequipamento racional de países inteiros vistos como unidades indivisíveis.[64]

Pregava para os conversos, que, por sinal, não eram muitos. Uns poucos, especialmente aqueles que frequentaram o 2º CIAM em Frankfurt, em 1929, estavam cientes do trabalho de Ernest May em Frankfurt e de suas interpretações modernistas da ideia de cidade-jardim[65], mas nos anos de 1930, a despeito

A CIDADE DAS TORRES
a cidade radiosa corbusiana

de algumas viagens ao exterior, a maioria das autoridades locais encaravam os prédios de apartamentos como uma infausta necessidade, e só dois projetos – um em Londres e outro, o famoso Edifício Quarry Hill, em Leeds, frutos, ambos, de uma visita de dois conselheiros a Viena – conseguiram quebrar a barreira dos cinco andares[66]. Emigrados do exterior – Serge Chermayeff, Ernö Goldfinger, Bernard Lubetkin, Peter Moro e Nikolaus Pevsner – desempenharam papéis-chave em espalhar o novo evangelho a partir da Europa continental[67]. Na exibição do Grupo MARS em Londres, 1938, planejada originalmente em 1935 mas repetidamente adiada, a suburbanização apareceu como uma *bête noire*: o telhado plano era o caminho a ser seguido[68].

Sete anos mais tarde, tudo havia mudado. Existia uma enorme força política reprimida. Perto do fim da guerra, já havia ocorrido uma verdadeira revolução: o governo britânico decidira tomar a seu cargo o bem-estar do povo de uma forma que, nos anos de 1930, teria sido impensável[69]. Associada a isso, havia uma extraordinária consciência de que era preciso reconstruir a Grã-Bretanha e derrubar os cortiços. Em Plymouth, uma das cidades mais atingidas por bombardeios, lorde Astor, o prefeito, e um grupo de conselheiros receberam John Reith, ministro de Obras Públicas; naquela noite, Reith testemunhou um espetáculo extraordinário:

> Duas mil pessoas estavam dançando ao ar livre – ideia de Waldorf Astor. Logo abaixo, estendia-se a horrenda devastação que, ainda há pouco, desabara sobre sua cidade; não muito longe, do outro lado do mar, o inimigo. Enquanto dançavam, pela noite estival adentro, vi uma flotilha costeira que saía de seu ancoradouro de Davenport e avançava em fila única; havia uma tarefa a cumprir e eles provavelmente a cumpririam o melhor possível, graças ao que lhes era dado ver no Hoe.[70]

De acordo com o que lhe disse o próprio Astor, esse encontro colocou por terra toda a oposição à ideia de planejamento. E com isso a oscilação do pêndulo se afastou do tradicionalismo em favor do modernismo. Como comenta John Gold, "a tarefa de reconstrução assumiu uma espécie de aura mística, um processo semelhante à fênix em que a própria estrutura da sociedade seria renovada. Edifícios vitorianos sujos e ruas sórdidas passaram a caracterizar o passado e [...] o futuro podia ser retratado em linhas puras e aço, vidro e concreto da arquitetura modernista"[71].

Depois da guerra, os arquitetos CIAM-MARS logo se acharam em conflito com a tradição cidade-jardim nas cidades novas, ainda que arquitetos modernistas tenham sido nomeados para planejar muitas delas: Gibbert, em Harlow;

Gordon Stephenson e Peter Shepheard, em Stevenage; William Holford, em Corby, Lubetkin, em Peterlee; Lionel Brett (lorde Esher), em Hatfield e mais tarde em Basildon[72]. Mas, Maxwell Fry afirmou,

> No começo das cidades novas nós estávamos em bastante harmonia com o governo, como testemunha o fato de que a maioria das cidades novas foi construída por arquitetos do grupo MARS. Só quando percebemos que eles estavam ampliando cidades-jardim foi que nosso entusiasmo minguou um pouco.[73]

De fato, os termos de referência do programa, definidos pelo comitê Reith, tornaram isso inevitável[74]; "a ideia de que as Cidades Novas pudessem ter escapado de suas origens de cidade-jardim foi provavelmente um pensamento esperançoso"[75]. Em Peterlee, Lubetkin envolveu-se em repetidas batalhas com o Conselho Nacional do Carvão sobre seu projeto de alta densidade concentrada, e quando seu contrato terminou, em março de 1950, ele não foi renovado[76].

Subjacente a isso jazia uma história muito estranha: a associação ideológica do modernismo inglês com o comunismo. Em 1935, a Architectural Association (AA) sob seu novo diretor, Eric Rowse, tornou-se a primeira escola de arquitetura manifestamente modernista da Inglaterra. O intransigente Rowse logo caiu em desgraça com os governantes da AA, mas o programa modernista sobreviveu, proporcionando um lar para simpatias comunistas entre professores e estudantes. Muitos arquitetos proeminentes e planejadores que trabalharam ou foram treinados lá, incluindo Richard Llewelyn-Davies, Max Lock, Ann MacEwen e Graeme Shankland, eram comunistas na época[77]. Um jovem arquiteto planejador comunista, Arthur Ling, visitou a União Soviética em 1939 e tornou-se central nos vínculos entre o planejamento britânico e o comunismo ao longo de muitos anos. Ele também era Secretário do Comitê de Planejamento Urbano do Grupo MARS e, em 1941, juntou-se ao Departamento de Arquitetos do London County Council (LCC) liderado por John Forshaw. Este tornou-se um foco importante do ativismo comunista na arquitetura e no planejamento durante os anos de 1940. Ling (com outros comunistas proeminentes do LCC, incluindo Kenneth Campbell) teve um papel importante no Plano do Condado de Londres de 1943, e aparece com destaque no filme oficial do plano, *Proud City*. Em 1945, ele tornou-se líder da Divisão de Planejamento Urbano do Departamento de Arquitetos[78]. Ao mesmo tempo, uma nova seção de Arquitetura e Planejamento da Sociedade da Amizade Anglo-Soviética foi criada tendo Ling como presidente[79] e uma série de membros importantes, incluindo William Holford, Charles Holden, Coventry's Donald Gibson, Graeme Shankland e Ted Hollamby[80].

A CIDADE DAS TORRES
a cidade radiosa corbusiana

Apesar desses vínculos, a influência comunista minguou, frequentemente por razões políticas ostensivas conforme a Guerra Fria se intensificou. Em Peterlee, Lubetkin, encorajado pela proeminente comunista do LCC, Monica Felton, que era presidente da Corporação de Desenvolvimento, formulou um plano essencialmente marxista para refletir a solidariedade de classe dos mineiros de Durham. A despeito de escrúpulos morais, Felton usou sua intimidade pessoal com Lewis Silkin para conquistar seu apoio, embora este estivesse longe de um total comprometimento. Durante 1949, o centro urbano de alta densidade proposto por Lubetkin foi considerado incompatível com a exploração do carvão profundo. Quando Silkin transferiu Felton para Stevenage, no outono de 1949, Lubetkin ficou completamente isolado. Em 1950, seu plano foi finalmente abandonado por um leiaute mais convencional de baixa densidade[81]. Finalmente, em junho de 1951, durante a Guerra da Coreia, o sucessor de Silkin, Hugh Dalton, demitiu Felton como presidente da Corporação de Desenvolvimento de Stevenage. Stephen Ward comenta que ela foi quase completamente apagada da história do planejamento inglês[82].

Durante 1955, uma investigação do serviço de segurança identificou seis planejadores urbanos envolvidos no planejamento de uma conferência internacional (incluindo Ling, Lock, Johnson-Marshall e Leslie Ginsburg); foram identificados como comunistas correntes ou recentes ou membros ativos em organizações de amizade. Rodeado por acusações de macarthismo, o governo desencorajou a participação de funcionários públicos[83]. Alguns "impactos soviéticos mais específicos no planejamento inglês", Stephen Ward comenta, "foram sutis quase ao ponto da invisibilidade". Dentro dos arquitetos do LCC, os admiradores da União Soviética favoreceram uma forma de modernismo relativamente tradicional, à moda sueca mais suave, rejeitando o caminho corbusiano. Outros comunistas, particularmente Shankland e Hollamby, foram além, redescobrindo o pai do projeto revolucionário socialista, William Morris[84]. Ironicamente, com o passar do tempo, admiradores ardentes da União Soviética tornaram-se líderes da profissão, juntando-se ao curso principal do estabelecimento do planejamento britânico, e produzindo alguns de seus traços mais inovadores do final dos anos de 1950: o plano não construído mas seminal para Hook (Shankland), o plano "figura do oito" para Runcorn (Ling) e os planos em grelha extensível para Washington e Milton Keynes (Llewelyn-Davies e Bor). Eles também serviram a uma economia mista crescentemente orientada para o mercado. A última ironia veio em 1981 quando a longa carreira de Hollamby culminou como Arquiteto e Planejador Chefe da Corporação de Desenvolvimento das Docas de Londres, a apoteose do urbanismo neoliberal do governo Thatcher[85].

Enquanto isso, conforme a reconstrução do pós-guerra ganhou impulso, o consenso modernista original começou a declinar. Pesquisa de historiadores do planejamento nas cidades principais mostrou que o entusiasmo original dos tempos de guerra pelos planos, o trabalho de uma elite interconectada e relativamente pequena começou a diminuir conforme o trabalho de implementação atraiu outros grupos muito maiores de atores e interesses. Em Plymouth, Stephen Essex e Mark Brayshay constataram que as interações e tensões entre os partícipes nessas redes de trabalho muito mais amplas gerou compromissos expressivos e, em última análise, houve um desencontro entre a ideia original e a realidade que foi entregue[86]. Waldorf Astor, um político veterano que atuou como prefeito de Plymouth por todo o período da guerra, conhecia lorde Reith, o Ministro de Obras e Planejamento de 1940 a 1942, George Pepler, o consultor em planejamento urbano do Ministro da Saúde, e Patrick Abercrombie, de quem ele foi fundamental na contratação para criar o plano altamente radical de Plymouth em 1943[87]. A nomeação de Abercrombie estava praticamente assinada e selada antes que alguém mais tivesse considerado completamente o assunto[88]. A característica chave do plano, uma ampla avenida desde a estação ferroviária no extremo norte do centro da cidade até o Hoe no sul (Armada Way), emergiu de forma igualmente instantânea durante o final de semana 18-19 de outubro, 1941, mais tarde relembrado por Astor:

> Me lembro bem como minha esposa levou-o (Abercrombie) para um passeio [...] Eles tiveram a visão de um panorama [...] que por gerações fora anulado por promíscuos edifícios. Foi assim que tivemos a concepção de um amplo caminho aberto desde o terreno elevado da estação ao norte, descendo pelo coração de Plymouth e até o velho Eddystone Lighthouse, que foi reerguido como um monumento no Hoe.[89]

Essex e Brayshay comentam que para um grupo tão pequeno ter feito decisões tão avassaladoras – e, em última instância, irrevogáveis – sem consulta ou participação públicas é digno de nota. Mas

> Ainda mais notável é a maneira engenhosa pela qual o núcleo dessa pequena rede de planejadores foi capaz de implantar a ideia desses elementos centrais no sentimento da cidade até um ponto em que tornaram-se a "carta magna" que mesmo o ministro sentiu-se obrigado a reconhecer como não negociável.[90]

Mas a influência tanto de Astor como de Abercrombie declinou, especialmente após 1944, e, no estágio de implementação, novos atores poderosos

A CIDADE DAS TORRES
a cidade radiosa corbusiana

passaram a desempenhar um papel cada vez mais importante. Uma diluição do projeto original começou a ocorrer: funcionários municipais, conselheiros e comerciantes solicitaram modificações e os funcionários públicos do novo Ministério do Planejamento Urbano e Rural exerceram sua primordial influência, introduzindo as interpretações que eram vistas como mais realísticas e praticáveis, impulsionadas pelo funcionalismo, pela economia e por diferentes pontos de vista[91].

Da mesma forma, Phil Hubbard e Lucy Faire mostram que o celebrado plano de Donald Gibson para Coventry, produto do primeiro departamento de arquitetos da autoridade local na Inglaterra, foi marcado por disputas intermináveis com os engenheiros municipais encabeçados por Ernest Ford[92]. Encorajado por lorde Reith, a autoridade municipal autorizou-os a colaborar em um plano de redesenvolvimento para os 2,5 km² do centro urbano, mas eles foram incapazes de chegar a um acordo. Dois planos foram apresentados; o de Gibson prevaleceu. Este deliberadamente desconsiderou a propriedade particular existente a fim de criar "um centro de compras previsto como dois blocos principais flanqueando uma avenida de compras a partir da qual só pedestres teriam acesso a arcadas recuadas", e um centro de lazer onde "cinemas e teatros iam ter seu lugar e contribuir para o desenho como um todo". O plano também ressaltou o planejamento para o carro e o estacionamento, com sugestões para um sistema de ruas radiais e circulares, visando descongestionar o centro da cidade, de forma que "o tráfego direto não ficasse entravado pelo tráfego local"[93]. Embora Gibson e sua equipe tenham feito seu máximo para persuadir o público, bem como os conselheiros municipais, dos méritos de seu enfoque tábula rasa, preocupações foram levantadas tanto por aqueles de dentro da administração pública (especialmente, Ernest Ford), quanto pelos de fora (inclusive William Holford, que estava preocupado com as questões práticas). Os anos remanescentes de guerra, portanto, testemunharam Gibson apaziguando oponentes de sua visão urbana radical, temperando os excessos de seu plano – a tal ponto que ele levou em conta muitas das sugestões de Ford[94]. Uma exposição do plano resultante, em outubro de 1945, atraiu 48.808 visitantes ao longo de treze dias, mas eles estavam, de fato, profundamente ambivalentes com relação às propostas – possivelmente porque tivessem prioridades mais importantes com que se preocupar[95].

Vizinho dali, em Birmingham, David Adams defende que a criação da "Moderna" Birmingham, a maior cidade provincial da Inglaterra, nos anos imediatamente seguintes à Segunda Grande Guerra, envolveu tentativas por parte dos planejadores de impor uma visão particular da cidade[96]: a visão de Herbert Manzoni, que se juntara à cidade em 1927 e tornou-se Agrimensor e Engenheiro Chefe em 1935, em grande parte devido à sua determinação pessoal e à alta conta em que era tido pelos políticos locais. O plano tinha dois elementos: uma rede de ruas circulares ao redor do núcleo central, cujas primeiras plantas tinham sido traçadas já em 1917-1918, e cinco áreas gigantes de demolição de cortiços, identificadas em 1941, que deviam ser sistematicamente demolidas e reconstruídas em estilo modernista[97]. Isso não era, de longo prazo, um modelo utópico que tudo envolvia para uma cidade perfeita, como em tantas cidades bombardeadas ou não; de fato, nenhum "plano" global oficial jamais foi produzido para a cidade ou mesmo para sua área central. Mas, como em Plymouth e Coventry, representou um enfoque paternalista ao planejamento, dirigido por especialista, que tornou-se a única história oficial[98]. Durante os anos de 1950, representações idealizadas, descrevendo uma alocação de uso da terra aparentemente racional, comunicaram a ideia de uma visão do futuro, uma Birmingham "Moderna" liberada das vicissitudes da congestão física que parecia caracterizar algumas partes da cidade anterior à guerra. Mesmo no núcleo central, "não planejado", onde o conselho sentiu que um plano de reconstrução seria restritivo às empresas comerciais prospectivas, visões "oficiais" foram baseadas na criação de espaços para o trânsito rápido motorizado, por meio da construção de anéis centrais, que geralmente tinham precedência sobre o fluxo de pedestres, numa tentativa de moldar o comportamento de pedestres e motoristas ao invés de respeitar os padrões existentes de circulação[99].

Sobre a água em Roterdã, Cordula Rooijendijk mostra que, mesmo lá, a ideia de planejamento urbano modernista era simplista[100]. Nos anos imediatamente após 1945, desenvolveu-se um conflito entre reparadores urbanos tradicionais, que tentavam reconstruir os centros urbanos de acordo com uma versão melhorada de sua forma histórica, e planejadores urbanos modernistas, que queriam construir centros urbanos novos em folha[101]. O resultado foi a elaboração de dois planos: o plano conservador Witteveen, que tinha por objetivo a reconstrução da velha forma, e o utópico Basisplan, de 1946[102], que venceu devido a um desejo novo de criar cidades totalmente novas para proporcionar a fundação de uma nova sociedade. Esse foi um dos, comparativamente poucos, planos de reconstrução do pós-guerra que realmente romperam com o passado[103]. Mas, Rooijendijk constata, há clara evidência de que nem todos aprovaram o Basisplan[104]. As autoridades tentaram limitar o debate público, dificilmente dando à população qualquer chance de reagir. Eles repetidamente reforçaram que não havia tempo a perder; o plano final foi aprovado em apenas três meses após a publicação. O plano marcou um triunfo para a imagem urbana modernista ideal, uma imagem de cidade altamente

A CIDADE DAS TORRES
a cidade radiosa corbusiana

funcional e espacialmente ordenada com um eficiente distrito central de negócios em seu núcleo. Esse tornou-se um exemplo inspirado para planejadores urbanos por todo o mundo; dos Estados Unidos, tanto Edmund Bacon como Lewis Mumford elogiaram-no como um exemplo ideal da cidade do futuro, moderna: "Por ao menos duas décadas, Roterdã foi considerada como *a* cidade do futuro."[105] Mas, conforme os anos passaram, a cidade modernista, que devia substituir a cidade velha inflexível, tornou-se tão inflexível quanto. E os espaços públicos, praças e ruas mostraram-se inapropriados para a interação pública, exatamente conforme seus oponentes haviam alertado[106].

Em Londres, Abercrombie e Forshaw abriram seu Plano do Condado de Londres com uma foto que, décadas mais tarde, ainda salta da página e queima os olhos: mostra uma rua pobre do East End, totalmente devastada, com os patéticos pertences de seus moradores sendo carregados para dentro de um caminhão. No primeiro plano, crianças fitam a câmara como que em muda acusação. Embaixo, uma citação de Winston Churchill.

> Punge-nos ver quantas pequenas casas, habitadas pela população trabalhadora, foram destruídas [...] Nós as reconstruiremos, valendo-nos as novas mais encômios do que as que se foram. Londres, Liverpool, Manchester, Birmingham possivelmente ainda sofrerão muito, mas erguer-se-ão de suas ruínas, mais vigorosas e, espero eu, mais bonitas [...] Jamais, em toda a minha vida, fui tratado com tanta amabilidade como por esse povo mais sofrido.[107]

Na City de Londres, onde um terço da área construída tinha sido destruída, incluindo vinte das igrejas mais antigas, dezesseis das assembleias de corporações e uma boa parte do Guildhall[108], Junichi Hasegawa mostrou que o governo de coalizão da época de guerra e seu sucessor Trabalhista forçaram os vereadores a abandonar seu plano original em favor de um novo plano de consultores externos, William Holden e Charles Holford, que ganhou grande elogio da mídia[109]. Mas, muito depois disso, os primeiros edifícios novos foram severamente criticados por sua má implantação e baixa qualidade estética. Em 1955, Duncan Sandys, o ministro do planejamento[110], especificou que um novo plano devia ser preparado para a área ao redor de St. Paul, onde edifícios novos de baixa qualidade arquitetônica estavam sendo erguidos. A Corporação novamente chamou Holford, e sua visão para a área foi completada em 1967[111]. Mas, nesse meio tempo, por um excesso de cautela, o ministério do planejamento efetivamente deixou o desenvolvimento proceder, perdendo uma chance única de prover um ambiente ideal para o centro. Isto, Hasegawa sugere, foi tristemente ilustrativo do curso geral da reconstrução do pós-guerra na Inglaterra[112].

FIG. 68: *Rua bombardeada do East End londrino. O frontispício do Plano para o Condado de Londres, de 1943, de Forshaw e Abercrombie, diz tudo.*

O outro grande problema de Londres era o East End. Aqui, já em 1935, havia projetos de derrubada e reconstrução de uma enorme área: 280 hectares [700 acres] em Stepney, Shoreditch e Bethnal Green, formando uma faixa de mais ou menos 2,8 quilômetros de comprimento por 1,2 quilômetro de largura entre as Docas de Londres e o Regents Canal[113]. No local, além do enorme problema dos cortiços, o bombardeio das docas significara uma destruição muito grande do East End: em Stepney, em novembro de 1940, foram destruídas ou severamente danificadas 40% de todas as moradias, e, em Bermondsey, 75% foram avariadas. Com os ataques aéreos de 1944-1945, houve mais destruição, e à medida que as pessoas começaram aos poucos a retornar, o problema habitacional começou a parecer mais insolúvel do que nunca[114].

Abercrombie e Forshaw mostraram quão ingente havia de ser a tarefa. Reconheceram que "sobram evidências [...] de que para famílias com crianças as casas são preferíveis aos apartamentos. Proporcionam ao morador um jardim privativo e um quintal situados no mesmo nível dos principais cômodos da moradia, e combinam com o temperamento inglês"[115]. Mas para que todos pudessem morar em casas, seria preciso que dois terços ou três quartos da população mudassem

A CIDADE DAS TORRES
a cidade radiosa corbusiana

para outro local. Sua escolha foi por metade casas, metade apartamentos, numa densidade de 250 pessoas por hectare residencial, mas mesmo isso significaria um problema, e dos grandes, de extravasamento populacional – grande demais, sentiam eles, para ser contrabalançado pela equivalente deslocação de empregos para fora. Foi assim que estabeleceram sua famosa densidade da Londres central, de 340 pessoas por hectare, que – com base na pesquisa feita – colocava um terço das pessoas em casas e perto de 60% em prédios de oito e dez andares; cerca de metade das famílias com duas crianças deviam ir para apartamentos, mas mesmo essa densidade significou o extravasamento de perto de quatro em dez de todas as pessoas que viviam na área em 1939. Para obtê-la, o velho e rígido limite de 24 metros de altura estipulado para os prédios residenciais devia ser substituído por um sistema mais flexível[116]. Isso tudo foi, no devido tempo, incorporado pelo plano estatutário de urbanização de 1951.

Um papel crítico foi desempenhado pelo Festival Britânico de 1951, executado por um grupo muito fechado de designers, arquitetos e engenheiros que se conheciam mutuamente: Herbert Morrison, "Lorde Festival", usou seu subsecretário, Max Nicholson, que selecionou a maior parte do comitê, incluindo o diretor Gerald Barry; os dois juntos escolheram os outros para representar arte, ciência, arquitetura, desenho industrial e cinema. O próprio Hugh Casson disse que a organização estava consanguínea; ela tinha que ser pela velocidade. "Os planejadores eram esmagadoramente homens de classe média do tipo que Michael Frayn descreveu como visionários bem-intencionados: leitores do *News Chronicle, Guardian, Observer;* os signatários de petições; a espinha dorsal da BBC."[117] O Festival foi um show à parte de arquitetura e design modernos[118], junto com o conjunto habitacional Lansbury que, com o salão do Festival, foi a contribuição do LCC[119]. Por outro lado, quando Percy Johnson-Marshall foi designado para chefiar a equipe de planejamento do LCC em 1949, ele lutou para reduzir a densidade de 340 pessoas por hectare (136 por acre) em Lansbury, mas não conseguiu[120].

Toda uma geração estava na expectativa da chamada: a geração que, saída das forças armadas, ingressara nas escolas inglesas de arquitetura, finalmente determinada a criar o admirável mundo novo. Frederic Osborn escreveu a Lewis Mumford, em 1952, a respeito do culto a Le Corbusier dentro da escola da Architectural Association: "os jovens sob sua influência são completamente impermeáveis a considerações de ordem econômica ou humana […] era exatamente como se eu, em minha juventude, tivesse questionado a divindade de Cristo. A impressão que tive foi a mesma, de uma insensatez animal"[121]. Havia, como escreveu um cronista, "a tradição da Novidade […] uma mistura especial sabendo a excentricidade *avant-garde*" que "se pode rastrear de contínuo na atividade da AA, o que em parte se deve ao fato de ela ser um organismo internacional, apenas pousado em solo inglês [...] A AA esteve sempre aberta às reflexões incoerentes, inflexíveis, culturalmente marginais de forasteiros que acontecem em Londres"[122]. Dentro dessa estufa cultural,

> Voltando com pressa de se qualificarem como arquitetos, os componentes da primeira geração pós-guerra deixaram-se tomar de entusiasmo pela tecnologia [...] Sugerir um mundo melhor e especial não era arrogância – apenas a herança que lhes coube [...] Logo surgiram duas fontes essenciais de inspiração – Corb e Mies [...] a *Ville radieuse* e a *Unité d'Habitation* sugeriram um modelo a ser aplicado por bons e rígidos princípios socialistas a bons e rígidos materiais modernistas.[123]

Não tardou muito e, como talvez só ela pudesse fazê-lo, a AA estava ultra-corbusiando Corbu. Em 1954, apareceu a Estrutura Vital de Ronald Jones, uma nave terrestre de 2.360 m de comprimento, 560 de altura e 200 de largura:

> puncionada de um manto de rocha derretida a 2.900 km de profundidade, a energia térmica projetará o homem através de uma espiral energética, engrenando-o numa viagem fantástica a bordo de uma nave terrestre nuclear [...] As unidades-cidades serão providas de núcleo, administração, governo eleito, centros de arte e criação, universidades, agremiações setoriais, institutos, estádios para esportes e recreação, cinemas estereofônicos, hospitais, hipermercados, centros de compras municipais. As áreas centrais serão ligadas por viajadores* horizontais, verticais e diagonais [...] cada metrópole, cada cidade será planejada para crescer até a primeira, segunda, terceira e quarta dimensão, de acordo com a necessidade ecológica humana[124].

Boa e pura fantasia juvenil, saída, como tantas outras, daquele porão da Praça Bedford. O problema foi que – conforme explicita Cook, e o próprio catálogo retrospectivo da AA o demonstra –, antes que muitos anos se passassem, à medida que ondas sucessivas de universitários ingressaram no mundo real, as fantasias se transformaram em realidade. A própria criação de Jones tornou-se o Hongkong and Shanghai Bank (embora seu arquiteto não tivesse estudado na AA); um esquema habitacional de alta densidade para Paddington (1956) tornou-se Parkhill em Sheffield (1961) e Western Rise em Islington (1969); um armazém (1957) virou o Departamento de Engenharia da Universidade de Leicester (1963); habitação de 1961 veio à tona em Milton Keynes, em 1975. Por essa época, novos voos da fantasia ainda se enfileiravam ao longo da

A CIDADE DAS TORRES
a cidade radiosa corbusiana

pista de decolagem de Bloomsbury: uma casa toda "confeitada" de suspiros, ou o esquema 1971 para um "Castelo de Areia. Um bordel para mineiros de petróleo no Saara […] construído a partir de um tubo contínuo de plástico, recheado de areia *in situ* e enrolado formando uma série de câmaras subterrâneas intercomunicantes."[125] Já então, "urbanismo abrangente" deixara de ser assunto bem-vindo nas conversas: os ventos que sopravam da Europa tinham mudado[126]. Mas seus monumentos, obra de gerações de diplomados pela AA, estavam disseminados pela face da Inglaterra urbana.

A *Architectural Review* liderou o ataque já em 1953 com um editorial de autoria de J.M. Richards, fustigando sem dó as primeiras cidades novas por sua falta de urbanidade; culpa, segundo ele, das densidades excessivamente baixas e da má influência exercida pela Town and Country Planning Association (TCPA)[127]. Em 1955, a mesma revista publicou "Outrage", a célebre investida de Ian Nairn contra a qualidade do projeto urbano inglês, que exerceu influência ímpar sobre toda a *intelligentsia* britânica; enunciava ela

> uma profecia de morte: a profecia de que se for permitida a multiplicação no ritmo atual do que se chama de desenvolvimento, então pelo fim do século a Grã-Bretanha estará reduzida a oásis isolados de monumentos preservados em meio a um deserto de fios elétricos, estradas de concreto, lotes apertados e bangalôs. Não haverá distinção efetiva entre cidade e campo […] Essa nova Inglaterra, a REVIEW presenteia com um nome, na esperança de que pegue: SUBTOPIA[128].

A conclusão seguiu-se inexoravelmente: "Quanto mais complicado o nosso sistema industrial, e maior a nossa população, tanto *maior e mais verde* deveria ser o nosso campo, *mais* compactas e asseadas deveriam ser nossas cidades."[129] Assim, dois anos mais tarde, os editores lançavam "Counter-Attack Against Subtopia", uma campanha contra o espalhamento das cidades[130]. Nesse ínterim, em 1955, o Royal Institute of British Architects organizou importante simpósio sobre altos edifícios, aberto pela *dame* Evelyn Sharp, secretária permanente do Ministério de Habitação e Governo Local, com a citação de um poema sobre a beleza desses prédios[131].

Os aliados foram muitos. O *lobby* dos fazendeiros regrediu ao fundamentalismo do Relatório Scott sobre o Uso do Solo Rural de 1942[132] com sua insistência em tentar salvar cada último meio hectare possível de terra para a agricultura. Os sociólogos contribuíram com o trabalho enormemente influente de Michael Young e Peter Willmott, *Family and Kinship in East London* (Família e Relações de Parentesco no Leste Londrino), onde se lê que, ao exportar de Londres pessoas para transbordarem nas áreas rurais, os planejadores estavam destruindo um padrão de vida popular, próprio da classe trabalhadora e de uma riqueza única[133]. (Levantamentos mostraram que a grande maioria queria sair, especialmente entre as famílias jovens. As únicas exceções eram os moradores proprietários pobres[134].) Em vão o economista agrícola Gerald Wibberley mostrou que o solo rural excedia as necessidades nacionais; inúteis foram os cálculos de Peter Stone sobre os verdadeiros custos da verticalização urbana[135]; de nada valeu a incansável campanha promovida por F.J. Osborn contra os subsídios para a construção de edifícios altos de apartamentos[136]. Os políticos estavam contra; o propósito do governo era manter a população dentro dos limites urbanos e, a todo o custo, acabar com o programa de implantação de cidades novas.

Assim, a questão crucial para os historiadores do planejamento deve ser: até que ponto esse programa foi um compromisso dos arquitetos modernistas, e até que ponto se originou de outras influências? Uma escola revisionista sugere que a resposta é complicada. Em 1943, trabalhando no County of London Plan (Plano do Condado de Londres), Abercrombie, o maior de todos os arquitetos urbanistas, estava andando na corda bamba e Osborn certamente pensou que ele tivesse sido completamente cooptado pelas forças do LCC (capítulo 5). Sua solução para o plano de 1943

> combinava e modificava espertamente duas influências, ambas de origem continental e, subsequentemente, reformuladas como uma "tradição" britânica. A primeira era uma combinação de ideias germânicas de composições tridimensionais no espaço, incluindo o "dinamismo" mendelsohniano e os leiautes retilíneos do Moderno Internacional de Zeilenbauten* (casas geminadas) diferentemente dimensionados, misturados com blocos em ponta de influência sueca em vastas paisagens; na outra, o aparente oposto – uma valoração espacial de cidades e ruas, de espaços fechados ou interrompidos em vez de abertos, derivada de Sitte, via Unwin; depois da guerra, elas foram sintetizadas sob o rótulo de "townscapes" (paisagens urbanas)[137].

Ele pode ter estado andando em uma corda bamba, mas foi fortemente ajudado pelas incomuns, talvez únicas, condições de sua época. Emergências do tempo de guerra e a suspensão dos processos democráticos normais, incluindo eleições, significaram que o LCC pode operar muito mais independentemente do que jamais pudera antes. Uma elaborada estrutura de consulta sobre propostas de planejamento, estabelecida durante os anos de 1930 – os 28 conselhos de distritos metropolitanos, órgãos comerciais, industriais e de proprietários, grupos ambientalistas – foi posta de lado: Abercrombie foi deixado livre, desenhando suas próprias informações derivadas da academia sobre a estrutura social e comunitária inerente de Londres[138]. Mas as coisas não se mantiveram assim por muito tempo. A pressão por descentralização tocou sinos de alarme

A CIDADE DAS TORRES
a cidade radiosa corbusiana

entre membros e funcionários preocupados com a força eleitoral – as principais perdas seriam sentidas em distritos centrais com as maiorias Trabalhistas – e com os recursos financeiros: essas áreas ofereciam o melhor potencial para desenvolvimento comercial, aumentando a base tributária do LCC. Esse risco financeiro forjou uma aliança entre líderes Trabalhistas e funcionários do LCC, especialmente o Avaliador e Controlador, o funcionário chefe do setor financeiro. Esse dilema central já aflorava na produção do plano. Ele aceitava a necessidade de reduzir densidades, mas, devido às dificuldades em conseguir a descentralização, relutantemente aceitou que altas densidades, tão altas quanto 340 pessoas por hectare (136 por acre), eram inevitáveis em Stepney: "Embora quiséssemos ver a densidade mais baixa de 250 por hectare (100 por acre) adotada (o que permitiria dois terços de casas e um terço de apartamentos), nós sentimos que os números reais a serem descentralizados seriam difíceis de equiparar com a quantidade de indústrias que se pode esperar que migre."[139] Osborn amargamente comentou: "O LCC é tocado por conselheiros Trabalhistas de classe média, fora de contato com a opinião pública mas [...] aterrorizados por uma queda no valor tributável ou pela perda de seu eleitorado dos cortiços."[140] Tanto na seleção de áreas para reurbanização em grande escala em Londres, quanto nas detalhadas propostas de planejamento desenhadas para elas, a ênfase estava na maximização dos subsídios governamentais, na minimização das perdas imediatas dos valores tributáveis, e na maximização dos prospectos de renda futura. Em todos os três objetivos, as reivindicações da indústria eram fracas e o efeito foi a promoção de edifícios comerciais e residenciais de alta densidade nas reurbanizações às expensas da indústria[141].

Mas há ainda um outro suspeito aqui: o Comitê Dudley, instituído em 1942 sob direção do lorde de mesmo nome. As preferências das pessoas eram claras: elas queriam predominantemente casas, não apartamentos. Mas o comitê recomendou densidades populacionais variando entre 75 pessoas por hectare (trinta pessoas por acre) para urbanizações abertas fora das cidades, até 250 e mesmo trezentas pessoas por hectare (cem a 120 pessoas por acre) em áreas urbanas muito concentradas. O comitê foi claramente influenciado pela recém-surgida análise de Abercrombie – Forshaw; nesta, o padrão de 340 pessoas por hectare (136 pessoas por acre) significava que mais de 60% de todas as habitações teriam que ser em blocos altos[142]. Por sua vez, Bullock demonstra que a indicação chave parece ser oriunda do National Council of Social Service, cujos estudos sobre os bairros influenciaram Abercrombie e Forshaw; Wesley Dougill fez parte da equipe do NCSS em 1942. A reformadora habitacional Elizabeth Denby, que tinha visitado e admirado os planos no continente, também desempenhou um papel-chave[143].

Conforme Stephen Ward mostrou, havia uma batalha dentro do governo[144]. Gordon Stephenson, indicado para a seção de pesquisa da Divisão de Planejamento no recentemente formado Ministério do Planejamento Urbano e Rural em 1942, aceitou, não sem relutância, os argumentos do LCC, mas se opôs com firmeza às propostas no Plano Merseyside de 340 pessoas por hectare (136 pessoas por acre) na zona central, e 460 por hectares (184 por acre) perto da margem do rio. Ele reiterou o padrão de Dudley de que 250 pessoas por hectare devia ser a densidade máxima na área central com umas poucas áreas ao longo do rio chegando a trezentas. No entanto, o Ministério da Saúde controlava os subsídios habitacionais, assim o assunto não era de fácil resolução. Stephenson também duvidava da extensão do apoio administrativo em seu próprio departamento. Sua formidável vice secretária, Evelyn Sharp, recentemente transferida da Saúde, tinha trazido com ela aquele pensamento do Ministério sobre "densidade vertical". Stephenson desafiou-a diretamente num memorando irritado de três páginas, assinalando o que altas "densidades verticais" de fato significavam, e citando as condições de vida de famílias pobres nos projetos de apartamentos de cinco andares recentemente construídos em Liverpool. Disputando a visão comum de que eles permitiam que os estivadores morassem perto de seu trabalho, ele defendeu que as razões reais eram políticas e religiosas, com as políticas de densidade como uma forma de exclusão dos católicos irlandeses dos conjuntos públicos suburbanos. Stephenson também criticou o Arquiteto da Cidade, Lancelot Key, outra voz importante no Ministério da Saúde. A recém-adquirida preferência profissional desse último por apartamentos altos era, para Stephenson, por demais convenientemente consistente com o sectarismo de seus empregadores políticos. Stephenson sentia que os apartamentos se tornariam "os novos cortiços, elefantes brancos do ponto de vista social e financeiro". Em vez disso, a resposta estava no manejo da expansão externa e na adoção de maior variedade ao longo da cidade mas, em essência, com densidades médias. Seus receios foram justificados. Nos anos de 1950, as políticas habitacionais do centro da cidade voltaram-se à linha do Ministério da Habitação, implementadas por um sucessor formado pela união entre o Ministério da Habitação e o Governo Local, liderado pela *dame* Evelyn Sharp[145].

Dentro do LCC, a pessoa mais influente era o Avaliador e Controlador. Para ele, qualquer compromisso com densidades ideais, conforme recomendadas pelos que advogavam as cidades-jardim, era um anátema devido aos custos importantes e à perda dos valores tributáveis residenciais[146]. O importante na escolha de áreas para reurbanização abrangente estava, acima de tudo, em reconstituir os valores tributáveis pela limitação da descentralização

A CIDADE DAS TORRES
a cidade radiosa corbusiana

populacional e pela introdução do comércio em áreas previamente dominadas pelos usos residenciais e industriais[147]. Mesmo a indústria pesada devia ser mantida tanto quanto possível, de modo que, conforme declarou Osborn de maneira inimitável, a escolha ainda estaria entre ser "um esquilo numa gaiola ou um rato num esgoto"[148]. O problema era que embora a Lei de 1947 tivesse lidado com o problema da compensação e melhoramento, não pôde lidar com o problema do valor tributável[149]; a oportunidade de lidar com os valores de terra *existentes* estava perdida, embora o relatório Uthwatt tivesse tentado dedicar-se a isso[150]. E não havia um mecanismo central pelo qual as perdas nas cidades pudessem ser compensadas por ganhos nas áreas relocadas[151].

Os planejadores do Departamento de Arquitetos tendiam a defender a santidade do plano contra o Controlador e o Avaliador, que queriam sempre mais apartamentos[152]; os arquitetos, ao final, venceram[153]. O subsídio do Tesouro para terras caras foi pago somente para os apartamentos, e os cálculos assumiram um nível de equilíbrio em 87,5 moradias por hectare (35 por acre); foi aberta apenas uma pequena exceção para permitir casas em áreas suficientemente urbanizadas[154]. Na prática, o Avaliador venceu[155]: entre 1945 e outubro de 1951, o LCC construiu 13.072 apartamentos e apenas 81 casas, os distritos 13.374 contra 2.630, e 15 dos 24 distritos construíram somente apartamentos[156]. O Avaliador continuou a batalhar por densidades maiores, e obteve a responsabilidade pela habitação porque esta era uma prioridade e havia muito poucas oportunidades fora do condado[157]. Roehampton foi projetada para ter 75 moradias por hectare (trinta por acre) em vez das cinquenta (vinte por acre) originalmente previstas, embora com a oposição do presidente da Town Planning[158].

A Grande Reconstrução

Assim, tudo pareceu se encaixar: um movimento privado entre os arquitetos teve importância muito significativa, pois tocou em cordas políticas sensíveis. Em 1955, o governo conservador, na figura de seu ministro da Habitação, Duncan Sandys, colocou em execução um importantíssimo programa derruba-cortiço, que se iria estender por quase duas décadas, e ao mesmo tempo incentivava as autoridades locais a fixar cinturões verdes em torno das cidades mais importantes a fim de conterem o crescimento urbano; aliadas a um índice de natalidade que, naquele mesmo ano, começou inesperadamente a crescer, todas essas providências não tardaram em produzir uma impossível aritmética de provisão de solo[159]. Os preços da terra subiram, sobretudo após as mudanças efetuadas na lei em 1959. As grandes cidades, muitas das quais não eram contrárias a conservar sua população em vez de exportá-las para cidades novas e em expansão, leram isso tudo como sinal para construir denso e alto[160]. Os grandes construtores prontificavam-se a nelas se instalarem, pondo à venda sua habilidade em resolver com rapidez os problemas habitacionais urbanos através de pacotes contratuais[161]. E o governo, apesar da profusão de protestos levantada por Osborn na TCPA, gentilmente lhes propiciou os subsídios especiais de que necessitavam para a execução da tarefa: a partir de 1956, estes foram três vezes mais para um apartamento em prédio de quinze andares do que para uma casa[162]. Com diligência, a proporção de prédios altos, dentro do programa total de habitação pública, cresceu ano a ano: unidades em edifícios de cinco ou mais andares atingiram cerca de 7% do total em fins de década de 1950, chegando a 26% em meados dos anos de 1960[163].

Havia em tudo isso considerável esquizofrenia, mesmo nos indivíduos. Richard Crossman que, como sucessor de Sandys quase uma década mais tarde, liderou a acelerada derrubada de cortiços e construção de moradias do governo trabalhista, pôde registrar em seu diário que não lhe agradava a ideia de ver as pessoas morando em enormes blocos de muitos andares mas, quase simultaneamente, encorajava programas ainda mais amplos de demolição e construção industrializada:

> Em conversa perguntei por que estavam construindo apenas 750 casas em Oldham; por que não reconstruir logo tudo? Isso não iria ajudar Laing, os construtores? "Evidente que ajudaria", disse Oliver [Cox], "e ajudaria Oldham também" [...] Guiei de volta para o Ministério [...] satisfeito e animado.[164]

O prestigiadíssimo Departamento de Arquitetos do LCC, sob a direção primeiro de Robert Matthews e, em seguida, de Leslie Martin, forneceu um modelo nos primeiros anos; ele gozava de uma inusitada liberdade para gastar, visto não estar sujeito às sanções ordinárias de custos aplicadas pelo ministério[165]. Primeiro produziu "os grandes caixotes corbusianos", que culminou, no final dos anos de 1950, em Alton West, Roehampton, na mais completa homenagem à *Ville radieuse* e sua única realização autêntica no mundo; iniciou, em seguida, "a era dos arranha-céus mais esguios, menos opressivos e, naturalmente, de subsídios mais pesados"[166]: ao todo, 384 deles foram terminados entre 1964 e 1974. Após a reorganização de 1965, os novos distritos fizeram suas próprias e diferenciadas contribuições, como as enormes megaestruturas de Southwark em North Peckham, que mais tarde se tornaram uns

A CIDADE DAS TORRES
a cidade radiosa corbusiana

FIG. 69 *A grande reconstrução no East End. Foto de 1965 mostra a tarefa semiconcluída: à esquerda, os velhos conjuntos compactos de sobrados; à direita, blocos de torres LCC e os despersonalizados caixotes construídos pelo distrito.*

dos blocos habitacionais mais problemáticos de Londres. Não havia consenso entre os arquitetos, mesmo no interior do LCC[167]: desde o início da década de 1950 surgiu uma divisão entre as autodenominadas facções humanista e formalista, simbolizadas pela distinção entre o novo empirismo escandinavo de Alton East e o corbusiano Alton West: durante os anos de 1950, os corbusianos gradualmente levaram a melhor, como pode ser visto pelos planos retilíneos Zeilenbau das paisagens de Loughborough Road e Bentham Road de meados desse período[168].

Entre as grandes cidades provincianas inglesas, umas poucas tentaram competir em prestígio. Dois diplomados pela AA encabeçaram a equipe que urbanizou Park Hill, a grande muralha de apartamentos com plataformas de acesso que, semelhante a uma fortaleza, domina, sobranceira, o centro de Sheffield e, justiça seja feita, ainda goza da plena aprovação de seus moradores. Glasgow contratou Basil Spence para o Gorbals e, em seguida, construiu imensos edifícios no extremo da cidade; aí, onde os moradores todos tinham uma tradição totalmente não britânica de vida em habitações de cômodos de alta densidade, foram poucos os problemas ocorridos com o projeto, exceto onde havia crianças, o que não é de surpreender, já que quatro entre cinco crianças moravam acima do quarto andar[169]. Mas também houve muitos outros lugares onde faltou inspiração ao arquiteto ou onde sequer houve arquiteto, e os moradores se viram desarraigados e colocados dentro de apartamentos construídos às pressas em sistemas padronizados, que careciam de conforto, entorno, espírito de comunidade; na verdade, carentes de praticamente tudo, salvo de um teto e quatro paredes.

Mas basicamente, como mostram Glendinning e Muthesius em seu monumental relato, Londres era muito diferente das outras cidades inglesas e escocesas. (Gales, singularmente, nunca teve a febre dos arranha-céus.) Em Londres, os arquitetos de ponta dominavam tudo, primeiro, no auge do Departamento de Arquitetos do LCC e em algumas das eras menores do LCC, os distritos metropolitanos (Finsbury, por exemplo, onde Lubetkin e Tecton seguiram o caminho que tinham aberto antes da guerra em Highgate' Highpoint), depois em alguns dos distritos pós-1965 para os quais alguns esteios do LCC se transferiram. Crescer para o alto em Londres era portanto uma campanha arquitetônica tremendamente excitante: a de importar para a Inglaterra a essência do movimento moderno, transformando assim o país de um retardatário em um precursor.

A partir de meados dos anos de 1950, havia também algo novo. Desenvolvimento urbano comercial e especulativo, dirigido por uma aliança de financistas, empreendedores imobiliários, contabilistas e um grupo de arquitetos inclinados ao comércio, tornou-se a força principal por trás da reconstrução de Londres, especialmente no West End e na área central (a City), pela maior parte dos anos de 1950 e inícios da década de 1960. A supressão dos controles de construção pelo governo conservador em novembro de 1954 foi o tiro de partida para a fase mais intensa de uma forte expansão imobiliária que continuou sem diminuir até 1964, quando os trabalhistas instituíram novamente regulações estritas em desenvolvimento urbano por toda a área da Grande Londres. Milionários imobiliários, tais como Charles Clore, Jack Cotton, Harry Hyams e Harold Samuel, assomavam junto com seu dedicado arquiteto, Richard Seifert. Cerca de 2,16 milhões de m² de novos espaços para escritório foram construídos no centro de Londres durante os anos de 1950[170].

Piccadilly Circus foi o símbolo e um campo de batalha por boa parte desse período. "Piazzadilly!", dizia a manchete da primeira página do londrino *Evening Standard*, em 12 de abril de 1962, celebrando mais uma proposta para Piccadilly Circus, que prometia "reurbanização integral" da área. Quase todos os familiares edifícios vitorianos e eduardianos seriam demolidos, substituídos

A CIDADE DAS TORRES
a cidade radiosa corbusiana

325

por um novo Teatro e Sala de Concertos, jardins de cobertura, altos blocos de escritórios e um "marco vertical", uma torre iluminada, nas palavras de seu planejador – o sempre presente William Holford –, "visível à distância, destacando Piccadilly Circus como o ponto central do West End". Abaixo, a estátua familiar de Eros seria mantida como a peça central de uma nova praça de pedestres. Isso nunca aconteceu: a proposta de Holford de 1962 foi apenas uma em uma série de planos integrais para a área entre o final dos anos de 1950 e o início dos anos de 1970[171].

O esquisito é que, enquanto isso tudo não estava ocorrendo, na verdade estava acontecendo: "os espaços da nova cultura jovem do período, as butiques e clubes que transformaram a reputação internacional de Londres foram de maneira bem precisa não aqueles da arquitetura e do planejamento modernos". Eles aconteceram nas ruas de fundo, em rápidas e apressadas remodelações de velhos edifícios vitorianos. A paisagem urbana imaginada por Holford e sua geração foi severamente criticada pelos conservadores como uma traição brutalista da herança londrina, mas ela podia tão facilmente quanto ser condenada por uma geração mais nova como o triste território desprovido de prazer dos modernistas da velha guarda. Isso terminou com a campanha contra a reurbanização integral de Covent Garden[172].

Porém, nas províncias e na Escócia, o caso era muito mais trivial: ali, os arquitetos contavam pouco contra a maciça força acumulada dos departamentos de habitação, e o objetivo era conseguir o maior número possível de unidades habitacionais (o que diz tudo) no menor tempo possível[173]. E era difícil contestá-los. Pois naquelas cidades, as condições habitacionais nos anos de 1950 eram inimagináveis, primitivamente terríveis. Em Glasgow, como se pode observar em um macabro diagrama, uma família de nove pessoas podia viver em um cortiço Gorbals de um quarto de 3,3 metros por 2,4 metros[174]. Quando se vê isso, entende-se por que os políticos e os profissionais se engajaram numa cruzada sagrada para livrar-se dos cortiços, e por que um apartamento num arranha-céu representava um salto único do século XIX para o XXI. Por isso o arranha-céu Gorbals de Basil Spence, cuja demolição espetacular em 1993 foi televisionada, parecia um novo mundo.

Considerações comerciais também entraram na grande escala. Após uma década em que o ritmo da reurbanização fora do South East foi glacial, pelo início dos anos de 1960 houve um súbito entusiasmo por "reurbanização integral"[175]. Este era um novo modelo de planejamento, que não visava substituir os planos de empreendedores privados, mas sim estimulá-los e facilitá-los. As cidades da grande parte central e do norte – Liverpool, Newcastle, Leicester – estabeleceram escritórios de planejamento separados do departamento de engenheiros[176]. Planejadores e arquitetos não estavam mais liderando os eventos; eles estavam respondendo a eles[177]. As ambições "modernistas" dos planejadores erodiram em face da ofensiva conservadora, dando espaço a uma "versão dirigida pelo mercado", que "significou entregar os centros urbanos para os empreendedores"[178].

O que então deu errado? Glendinning e Muthesius argumentam que, assim como o próprio entusiasmo pelos arranha-céus, o ataque ao gênero foi direcionado pela moda intelectual: havia tão pouca substância no contra-ataque quanto no mito original. Mais precisamente, ambos foram dirigidos e apoiados pela sociologia pop claramente inespecífica. Assim, ainda não sabemos, com certeza, exatamente por que tantos empreendimentos verticais vieram a ser vistos como fracassos. Os autores sugerem que houve uma dinâmica autodestrutiva e autojustificativa: depois de 1968 houve um súbito excedente de moradias, famílias problemáticas mudaram-se para os edifícios, outras saíram. Em pouquíssimo tempo, certos empreendimentos foram rotulados de problemáticos. Talvez a passagem mais eloquente de todo o livro seja o relato de um inquilino em Edimburgo exatamente sobre esse processo, começando com boas pessoas em bons apartamentos e terminando em horror tipo *A Laranja Mecânica*. Andrew Balderstone, um metalúrgico, viveu durante vinte anos em uma *maisonette* em John Russell Court, uma torre de vinte andares em Edimburgo. Balderstone morou ali desde a entrega de sua construção, em 1964, até 1984, quando foi esvaziado e restaurado:

> Não tinha nada a ver com o prédio em si, realmente; foi uma mudança no tipo de pessoas que moravam ali e como essas pessoas se comportavam. Quando chegamos, fomos apresentados ao zelador, um marinheiro aposentado. Ele estava muito entusiasmado com seu emprego. E pelos primeiros cinco ou dez anos, as coisas correram muito bem, todos mantinham o lugar imaculado, você ficava realmente orgulhoso de ter uma casa nova tão boa [...].
>
> Os problemas só começaram depois de cinco ou dez anos, quando passaram a colocar inquilinos de tipo diferente [...] Isso foi ideia da gerência da corporação habitacional. "Gerenciamento" – que piada de mau gosto! Eles tiveram essa ideia louca de espalhar os inquilinos ruins entre os inquilinos normais, procurando elevar o nível daqueles até o nosso nível – mas o que aconteceu, especialmente numa torre grande como essa, foi o oposto, *eles nos* trouxeram para baixo!
>
> Foi como um tipo de câncer. No começo, você tenta manter seus padrões no alto, mas você logo aprende que é perda de tempo [...] Bem, o zelador não pôde lidar com tudo isso e demitiu-se, então mais e mais vizinhos ficaram

A CIDADE DAS TORRES
a cidade radiosa corbusiana

cheios e saíram – e tudo o que o Departamento de Habitação pôde fazer foi
preencher os apartamentos vagos, cada vez mais depressa, com famílias de
mães e pais solteiros. Depois que colocaram os viciados, mais ou menos no
fim dos anos de 1970, foi que o vandalismo e os arrombamentos realmente
começaram, festas toda noite com idiotas usando os condutores de lixo às 3 da
madrugada, muitas garrafas se espatifando lá embaixo. Esse foi o momento
em que de repente começou a loucura de jogar coisas fora [...]

[...] Tudo isso parece um terrível desperdício – eram casas tão boas, se
o Conselho pelo menos se preocupasse em cuidar delas em vez de usá-las
como área de descarte![179]

Assim, conclui o livro, não aceite o estereótipo jornalístico: com bom
gerenciamento, a grande maioria das torres altas são lugares bons para viver,
apreciados por aqueles que neles vivem.

Glasgow foi um caso muito especial. Sempre teve uma proporção extraordinariamente alta de famílias em cômodos alugados[180]. O Plano de Abercrombie de 1946 para Clyde Valley recomendara quatro cidades novas: duas, East
Kilbride e Cumbernauld, finalmente seriam construídas, duas não; mesmo
assim, elas deveriam receber apenas um terço do meio milhão de pessoas a
serem descentralizadas de Glasgow, enquanto no mínimo a metade da população remanescente deveria ser realocada na periferia da cidade. Mas muitos da
Corporação de Glasgow aceitaram o transbordo para novas áreas, com relutância e atraso[181]; eles queriam "fazer tudo em Glasgow manter o valor tributável e manter-se como a segunda cidade do Império"; no fim dos anos de 1950,
ajudados por modificações no regime de subsídio, eles venceram, forçando
um programa de construção continuada de edifícios altos para locação[182].

O fato espantoso foi o tempo que levou para alguém perceber o erro!
Para se saber por quê, é preciso fazer algo que, para alguém nascido depois
de 1960, requer certo esforço de imaginação: avaliar o quanto eram ruins as
densas fileiras de cortiços enegrecidos de fumaça que os altos edifícios substituíram. O fato de que mais tarde o trator passasse a demolir casas sólidas e
recuperáveis talvez obscureça a circunstância de que a maioria delas não era
nem uma coisa nem outra. Como diz Lionel Esher, "até mesmo os preservacionistas reconheceram que a grande massa de nossas áreas crepusculares
vitorianas podia ser sacrificada. Seis anos de guerra haviam reduzido essas
partes de Londres e das grandes cidades de província a uma sinistra esquali-
dez que lembrava os mais sombrios trechos de *Bleak House**"[183]. Nas palavras
de Ravetz: "Por duas décadas inteiras [...] todas as desvantagens advindas
do planejamento arrasa-quarteirão, e as transformações que este acarretou

para a cidade, passaram despercebidas, a não ser dos ranzinzas, um punhado de gente com ideais remanescentes dos anos de 1940, ou então daqueles que lamentavam, sob um prisma artístico, a perda do passado."[184] Não foi o tipo de planejamento demolidor que começou a ser criticado, mas a forma por ele assumida.

Acentuadas pelos meios de comunicação após o desastroso colapso de Ronan Point – um bloco alto feito pelo sistema de construção a leste de Londres – numa explosão de gás ocorrida em 1968, essas críticas logo se fizeram ensurdecedoras. De fato, o sistema de subsídios fora reformulado no ano anterior e as autoridades locais já estavam concluindo seus edifícios altos. Agora, de repente, tudo estava errado com eles: apresentavam vazamentos, densidades excessivas, explodiam, os elevadores não funcionavam, as crianças os vandalizavam, as senhoras idosas viviam amedrontadas. De certa forma, as reclamações justificavam-se: Kenneth Campbell, encarregado de projeto habitacional no LCC e no GLC de 1959 a 1974, listou três falhas: elevadores (poucos demais, pequenos demais, vagarosos demais), crianças (demais), gerenciamento (deficiente demais)[185]. O Livro Branco de Anthony Greenwood, *Old Houses into New Homes*, de 1968, marcou a grande reação contrária[186]. A Lei da Habitação de 1969, dele resultante, efetivamente mudou o foco da reconstrução para o melhoramento – tanto é que uma década mais tarde, quando a economia não ajudava, provou-se absolutamente impossível retornar à era do trator[187].

Mesmo no apogeu da reconstrução modernista, o trator nunca reinou supremo. Peter Larkham estudou algumas centenas de planos de reconstrução urbana, tanto para cidades que sofreram danos por bombardeio quanto para aquelas, relativa ou completamente, ilesas e questiona a visão convencional de que elas eram notoriamente modernistas. Verdade que poucas eram sensíveis ao contexto de áreas e grupos de edifícios. Ainda assim, há clara evidência em alguns planos de um conceito mais amplo de conservação, duas décadas antes da Lei de Amenidades Cívicas de Duncan Sandys ter permitido a designação de "áreas de conservação"[188]. Os primeiros planos – como aqueles para Plymouth e Bath, ambas fortemente danificadas – foram radicais. No entanto, mesmo lá, a reformulação radical foi bastante limitada às áreas que sofreram os danos mais severos. Os primeiros planos de Thomas Sharp – como para Durham em 1944 – incluem um número muito pequeno de novas vias destinadas a desviar o tráfego e assim proteger a cidade[189]. Verdade que a conservação era um elemento muito pequeno, no geral limitado a um pequeno número de edifícios chave[190]. Já no Plano de Plymouth de 1943, há preocupação evidente com a conservação

A CIDADE DAS TORRES
a cidade radiosa corbusiana

de espaços territoriais específicos – em particular, pelos consultores mais prolíficos, Abercrombie e Sharp[191].

Porém, o que aconteceu, nesse breve intervalo de tempo durante o final dos anos de 1960, foi uma mudança intelectual importante. Vinte anos antes, quando da histórica Lei de 1947, uma exigência de compilar listas de edifícios a serem preservados foi inserida no último minuto. Mas o Ministério da Habitação e Governo Local só começou a ver uma relação entre conservação e planejamento em meados dos anos de 1960, quando Wayland Kennet tornou-se Ministro Júnior responsável pela conservação, e estabeleceu ligação com Crossman. Duncan Sandys, que como ministro havia estabelecido o Civic Trust, saiu em primeiro lugar na votação para o projeto de lei dos Membros Privados. Crossman persuadiu-o a abraçar a causa de um projeto de lei que reforçasse os poderes para evitar a demolição dos edifícios listados e ofereceu a ajuda do seu departamento[192]. Escreveu Crossman:

> Kennet tem realmente muita energia. Embora seu desejo de assumir tudo me irrite um pouco, fico encantado por ele ser esse tipo de pessoa. Ele vai tocar o caso dos edifícios históricos do modo mais firme possível e vai ser ajudado pelo projeto de lei de Duncan Sandys e também pela decisão de ter grupos de trabalho funcionando nas minhas cinco cidades escolhidas.[193]

Ele revelou mais tarde que tivera que enfrentar a temível *dame* Evelyn Sharp, a funcionária pública de mais alta posição no ministério: "Ela, que se considerava uma iconoclasta moderna, adotou a visão extremamente – sim, digo isso – ignorante de que havia um claro conflito entre planejamento 'moderno' e conservação 'reacionária'. Durante meu período como ministro, em discurso após discurso, tentei quebrar essa falsa dicotomia e estabelecer uma nova e sensata relação entre planejamento e preservação."[194] Foi substituído em 1966 por Anthony Greenwood, "um ministro fraco que alguns sentiam que tinha pouco interesse em qualquer coisa além da sua aparência pessoal"[195]; ficava feliz em deixar a maior parte do trabalho para os ministros juniores, e isso abriu a porta para Kennet, que ficou até a eleição de 1970 e deu uma contribuição muito positiva. Kennet mais tarde registrou que naqueles anos a opinião pública estava mudando depois de "uma idade de cegueira"[196]; o Historic Buildings Council (Conselho dos Edifícios Históricos) tinha um orçamento sete vezes menor que o das bandas militares[197]. Mas o projeto de lei de Sandys passou com apoio bipartidário, e Kennet tocou o trabalho para a frente energicamente por meio de uma circular que encorajava as autoridades locais a "designar primeiro e pensar depois, e isso, genericamente falando, foi o que fizeram"[198]. John Delafons, um funcionário do planejamento, que mais tarde tornou-se um historiador do planejamento, comentou: "Aqueles que quiserem saber quando as comportas da conservação foram abertas, não precisam olhar mais que a Circular 53/67." [199] Em 1972, foi possível a Kennet registrar que cerca de 1.350 áreas de conservação haviam sido designadas por cerca de 130 autoridades locais; vinte anos mais tarde, esse total tinha subido para mais de 6.500[200].

Assim, a grande reconstrução corbusiana estava terminada. Em defesa dos corbusianos, porém, é mister que se digam certas coisas. Primeiro: embora alguns dos conjuntos londrinos se inspirassem diretamente no mestre, tendo alguns deles constituído autênticos desastres em matéria de projeto, muitos outros, espalhados por toda a Inglaterra, foram comprados prontos por autoridades locais, excessivamente preguiçosas ou carentes de imaginação para contratarem seus próprios arquitetos e planejadores. Foi Crossman que, ao visitar Wigan já em 1965, comentou que seu "enorme programa de construção" era de "uma obscuridade e estupidez assustadoras", e acrescentava, "eles construíram uma Wigan, que, no ano 2000, há de parecer tão ruim como a velha Wigan de 1880 parece aos olhos dos anos de 1960"[201]. Segundo: Le Corbusier jamais advogou a tese de colocar pessoas (diferentemente dos empregos) em altas torres; sua habitação proletária teria mais a ver com o imenso Conjunto Hulme de Manchester, o maior projeto de remodelação urbana já realizado na Europa e que, constituído de blocos de altura média, também foi um desastre como projeto. Na verdade, a moda arquitetônica que se seguiu à era das altas edificações – prédios baixos em alta densidade – malograra em Glasgow imediatamente após a Segunda Grande Guerra[202] e seria mais tarde criticada com igual severidade:

> A prática da construção baixa em alta densidade significou multidões de crianças a ressoar dentro de pátios atijolados, e multidões significou vandalismo [...] Tornaram-se 'difíceis de alugar', isto é, mostraram-se alugáveis apenas pelas famílias mais pobres e desestruturadas, que raramente possuíam carros para ocupar as agora obrigatórias garagens de subsolo e cujos filhos se encarregavam de destruir o pouco que tinham.[203]

Ironicamente, essa era também uma solução corbusiana, toda ela destituída de espírito crítico, com soluções de projeto impostas às pessoas sem levar em conta suas preferências, seus modos de vida ou suas naturais idiossincrasias: impostas, ademais, por arquitetos que – como a mídia exultava em descobrir – moravam, eles próprios invariavelmente, em encantadoras

A CIDADE DAS TORRES
a cidade radiosa corbusiana

"villas" vitorianas. (Quando, mais tarde, alguns realmente passaram a viver nos lugares que estavam projetando, como fez o arquiteto Vernon Gracie, ao trabalhar para Ralph Erskine no famoso Byker Wall de Newcastle, o caso virava objeto de comentário.) A principal causa desse insucesso, cuja responsabilidade cabe inteira não só a Le Corbusier mas a cada um de seus seguidores, foi que os projetistas de classe média não tinham qualquer sensibilidade real pelo modo de vida de uma família operária. No mundo deles,

> Mamãe não fica isolada em casa com os bebês: vai fazer compras na Harrods. As crianças, quando pequenas, são levadas a Kensington Gardens pela babá. Aos oito anos, entram para uma escola preparatória e aos treze para a escola pública, ambas em regime de internato. E durante os feriados, ou saem para o campo ou vão para os esportes de inverno, velejam etc., douradas e morenas ao vento galhofeiro e ao sol de verão. De modo algum ficam vadiando pelas plataformas de estações ou brincando com as tampas das latas de lixo.[204]

Há um fato notável sobre a celebrada primeira *Unité* de Le Corbusier, em Marselha: ela é muito diferente de suas muitas imitações fiéis, menos por ter sido projetada pelo próprio Mestre, mais por ser ocupada por uma clientela muito diferente da clientela das imitações; é um enclave de profissionais de classe média, pessoas que claramente apreciam viver em um dos maiores monumentos arquitetônicos da França (e que têm, em consequência disso, recebido somas sem precedentes de dinheiro público para sua restauração). Do elegante vestíbulo à agradável piscina da cobertura, ele se assemelha mais a um hotel de média qualidade do que a um edifício dos anos de 1960 construído pelo Conselho britânico (ou a um *grand ensemble* nos subúrbios de Paris, caso se busque a explicação na singular fealdade dos conjuntos ingleses). O fato é que, do começo ao fim, Corbusier não entendia as pessoas diferentes dele mesmo.

Os ricos, portanto, sempre puderam viver bem em altas densidades porque dispunham de serviços; daí aquelas citações de Le Corbusier soarem tão eloquentes. Mas para a gente simples, como diz Ward, os subúrbios apresentam grandes vantagens: privacidade, o fato de as pessoas ficarem livres do barulho, e mais livres ainda para fazerem o seu próprio barulho. Conseguir isso numa alta densidade requer tratamento dispendioso, em geral inexequível em habitações públicas. O grande problema, acima de tudo, são as crianças: pois "se elas não tiverem a oportunidade de gozar sua infância, com certeza depois se transformarão numa praga"[205]. O que é particularmente verdadeiro, segundo concluiu Jephcott em 1971, no tocante a famílias com crianças que, menos bem equipadas educacionalmente, moram em alta densidade em prédios altos:

"as autoridades locais devem desistir dessa forma de habitação exceto para uma categoria limitada de moradores selecionados, ou em casos de extrema premência"[206]. Le Corbusier, naturalmente, não tinha sequer consciência do problema, em sua condição de indivíduo classe média e sem filhos[207].

A Remodelação Urbana nos EUA

Algo disso tudo os norte-americanos já haviam descoberto mesmo antes dos britânicos, e é interessante saber por quê. Uma das razões foi que começaram mais cedo. Seu programa de remodelação urbana teve início com a Lei de Habitação de 1949 e a respectiva emenda de 1954, e tem raízes em origens ainda mais longínquas: o relatório de 1937 do Comitê de Urbanismo da Junta de Planejamento de Recursos Nacionais, *Our Cities: Their Role in the National Economy*, que enfatizava a decadência urbana causada pela obsolescência dos usos do solo, e o curto panfleto de grande influência que, em 1941, Alvin Hansen e Guy Greer redigiram, desenvolvendo esse mesmo argumento, e apontando também a necessidade de ajuda federal para a compra de propriedades decadentes, sugerindo que os municípios, em troca, apresentassem seus planos de reurbanização[208]. A Lei de 1949 daí resultante representou uma estranha mas bem-sucedida coalizão de interesses conservadores e radicais: o dinheiro federal poderia ser aplicado na renovação das partes desgastadas das cidades mas de preferência nas zonas residenciais; a medida não veio, porém, acompanhada dos instrumentos indispensáveis à sua viabilização[209].

Para compreendermos o motivo, precisamos examinar mais a fundo essa coalizão improvável. O Congresso aprovara uma medida de limitação de solo para a habitação pública, a Lei Wagner, que remonta a 1937, fruto de uma luta prolongada e amarga entre poderosos grupos de interesses. De um lado, estavam os peritos em habitação liberais, como Catherine Bauer, alinhados com os sindicatos da construção, do outro, a Nareb – National Association of Real Estate Boards (Associação Nacional de Juntas Imobiliárias) e seu departamento de pesquisa, o ULI – Urban Land Institute (Instituto do Solo Urbano). A NAREB e o ULI eram inteiramente favoráveis ao seguro hipotecário federal, princípio que tinham feito valer quando do estabelecimento da Federal Housing Association (Associação Federal da Habitação), em 1934. Todos eles eram contra a habitação pública. O compromisso daí resultante firmou a habitação pública como um expediente temporário em favor dos pobres merecedores,

A CIDADE DAS TORRES
a cidade radiosa corbusiana

ou seja, os recém-desempregados, que, tão logo se reerguesse a economia, poderiam, como era de esperar, comprar sua própria casa. Excluía os pobres de longa data: a subclasse, predominantemente negra, e realmente pobre. Os instrumentos discriminatórios embutiam-se nas finanças da lei: os fundos federais deviam pagar a aquisição da terra e a urbanização, não os custos de funcionamento, que deviam ser obtidos dos aluguéis. As famílias realmente pobres, portanto, nunca teriam a oportunidade de partilhar tal benesse[210]. No fim dos anos de 1940, essa barreira caiu: famílias socialmente assistidas começaram a inscrever-se nos projetos. Mas visto que as disposições financeiras continuavam as mesmas, as contradições resultantes não tardaram a produzir consequências desastrosas[211].

As leis de 1949 e 1954 representaram novo triunfo do *lobby* NAREB-ULI. Seu objetivo não era a moradia barata, mas a reurbanização comercial de áreas deterioradas situadas nos limites do centro comercial, segundo o modelo empregado com sucesso por Pittsburgh em sua reurbanização do Golden Triangle. Embora diametralmente oposto à NAREB, o movimento em prol da habitação pública tocou para a frente sua ideia de remodelação urbana, na esperança de que também ele pudesse realizar seus objetivos[212]. Na verdade, apesar de apresentada como uma medida para assegurar "a maior rapidez possível na obtenção de um lar decente e um ambiente adequado para cada família norte-americana", a remodelação urbana foi mantida separada do programa de habitação pública e posta nas mãos da Housing and Home Finance Agency (Agência da Habitação e Financiamento Imobiliário), que prontamente passou a desencorajar a moradia de aluguel baixo e a encorajar a reurbanização comercial: a cláusula na Lei de 1949 que estipulava que a área deveria ser "predominantemente reurbanizada", foi progressivamente erodida[213]. Usando dos poderes de derrubar cortiços e oferecer terra de primeira a empreendedores particulares com subsídio governamental, os municípios saíram em busca da "praga que cura a chaga", como disse, de maneira inimitável, Charles Abrams[214]. Em todas as cidades, uma após outra – Filadélfia, Pittsburgh, Hartford, Boston, São Francisco – as áreas que iam sendo limpas eram as de baixa renda, setores negros próximos ao centro comercial; e a prometida alternativa habitacional não se materializou porque "habitação pública, como o Mouro em *Otelo,* tinha tido sua reverência ao justificar a renovação urbana, e podia, agora, retirar-se"[215].

Os agentes eram as "coalizões de desenvolvimento", amiúde formadas por empresários mais jovens: banqueiros, empreendedores, empresas de construção, corretores de imóveis, varejistas. Mas não eram só e apenas isso, porque se o fossem, teriam provavelmente fracassado; incluíam prefeitos liberal-tecnocratas (Lee em New Haven, Daley em Chicago), e eram apoiadas por conselhos sindicais, câmeras de comércio da construção, grupos do governo constituído, planejadores urbanos profissionais e outros, até mesmo pelo *lobby* da habitação pública[216]. E ainda abrangiam um pequeno mas novo e poderoso grupo de profissionais executivos de renovação urbana: Robert Moses em Nova York, Ed Logue em New Haven, Boston e Nova York, Justin Herman em São Francisco[217]. Como disse Catherine Bauer Wurster, "raramente um grupo tão heterogêneo de pretensos anjos tentou dançar sobre a mesma pequena cabeça de alfinete"[218].

Naturalmente, o resultado foi que a coalizão forçou caminhos diferentes e isso fez com que amiúde se rompesse. Um grupo, o dos empreendedores e seus aliados, queria uma reurbanização em larga escala que atendesse aos interesses das firmas do centro comercial já estabelecidas – mas também que atraísse o comércio de fora, o que poderia colocá-los em conflito com os interesses locais. E, se possível, fazer isso através de manobras administrativas que passassem por cima dos interesses locais. Mas, cada vez mais, através dos anos de 1950 e sobretudo nos anos de 1960, eles entraram em conflito com outros grupos: moradores ciosos da conservação e defesa de suas vizinhanças, pequenos estabelecimentos comerciais ameaçados pela operação terra-limpa, que souberam formar coalizões antirremodelação[219]. Essa história repetiu-se de cidade em cidade por todo o território norte-americano.

Nova York era especial; mas, sob Robert Moses, Nova York sempre foi especial. Em seus quase cinquenta anos de múltiplas atividades, Moses tornou-se indiscutivelmente "o maior construtor da América", responsável por obras públicas que, em termos de dólares em 1968, totalizaram $ 27 bilhões[220]. Construiu *park-ways,* pontes, túneis, vias expressas. E quando se abriu a torneira da remodelação urbana, construiu habitação pública. De 1949 a 1957, a cidade de Nova York gastou 267 milhões de dólares em remodelação urbana; todas as outras cidades dos Estados Unidos gastaram, juntas, 133 milhões. Ao demitir-se do cargo de remodelador urbano, em 1960, ele havia construído mais, em termos de apartamentos terminados, do que todos os outros construtores juntos[221]. Fez isso como fizera tudo o mais antes, mediante uma singular combinação de duas qualidades adquiridas nos primeiros tempos de sua vida profissional: sua crença arraigada no planejamento de cima para baixo posto em prática pelo funcionário incorruptível, imbuído de espírito público, do qual o mais ilustre exemplo era o sistema britânico que ele tanto admirava; e sua descoberta amarga, que não tardou a fazer, de que, pelo menos na selva urbana norte-americana, as ligações políticas também eram importantes[222]. Tendo em mente esses dois fundamentos, construiu um sistema

A CIDADE DAS TORRES
a cidade radiosa corbusiana

de poder, influência e patrocínio que, por fim, tornou-o quase invulnerável à influência de prefeitos, governadores e até mesmo presidentes[223]: "Aliciação honesta, endossos, contribuições de campanha, Robert Moses proveu a máquina de tudo quanto ela necessitava. O resultado foi que conseguiu dobrá-la a seus objetivos, mobilizando poder e influência para escorar seus projetos."[224]

Durante a Segunda Grande Guerra, Moses efetivamente projetou Stuyvesant Town, o gigantesco projeto do Metropolitan Life no East Side, que despejou 11 mil inquilinos da classe operária para abrigar 8.756 famílias de classe média; ele não teria tido sucesso sem o apoio da esquerda nas condições reinantes no tempo de guerra[225]. Como era previsível, em 1946 o novo prefeito William O' Dwyer nomeou Moses Coordenador de Construções da Cidade de Nova York[226]. Em janeiro de 1945, este já havia esboçado um imenso programa de projetos habitacionais com recursos do Estado, quase todos baseados na recusa de construir habitação pública em terras devolutas, concentrando-os, em vez disso, no Lower East Side, em East Harlem e no Brooklin próximo do Navy Yard e em Brownsville. Para ele, esses locais já estavam classificados por raça: ele falou do "projeto [para pessoas] de cor do Bronx"[227].

O Título I da Lei da Habitação de 1949 deu-lhe sua oportunidade, e o fato incrível foi que "a cidade que liderara o país na decência racial iria liderá-lo na arte final da 'remoção dos negros'"[228]: em uma década, a cidade nivelou imensas áreas de Manhattan e do Bronx para construir dezessete projetos Título I, deslocando 100 mil pessoas de baixa renda, quase 40% negras e hispânicas, para dar lugar a profissionais de renda média, bem como afastou da área em questão no mínimo 5 mil empreendimentos comerciais, principalmente negócios familiares[229]. Mas Moses estava apenas continuando uma tradição da cidade de abandonar a responsabilidade municipal à realocação de inquilinos, conforme estipulava o Título I, pois, em Nova York, mesmo os liberais defendiam subsídios públicos para incorporadores privados: eles concordavam que as classes operárias não tinham lugar no centro da cidade. Todos davam respaldo a ele – mesmo Tugwell, que dizia que Moses fora "a segunda ou terceira melhor coisa que acontecera à cidade [Nova York]"[230].

Ironicamente, ele acabou indo longe demais, e isso acarretou sua ruína: "A democracia não havia resolvido o problema da construção de obras públicas em larga escala, então Moses resolveu o problema pondo de lado a democracia."[231] O fato é que, no decorrer de toda a sua vida, ele sempre teve o cuidado de construir uma enorme e diversificada coalizão de grupos de interesse: hospitais e universidades em busca de terra, grupos de promoção cultural e comercial, e até mesmo sindicatos interessados em cooperativas habitacionais, e o sempre apoiante *New York Times*[232]. Ele zombava das restaurações: "Acham que temos de [...] repará-los com esparadrapos, fita adesiva e violinos."[233]

Mas, finalmente, pequenos grupos de cidadãos começaram a protestar: Moses tentou tratá-los a tapa, mas viu que não podia. Entre eles estava uma dona de casa e jornalista de arquitetura da zona oeste de Greenwich Village, Jane Jacobs, que mobilizou a opinião local ao perceber que Moses planejava derrubar seu bairro[234]. Ela ganhou e a experiência acionou o gatilho que pôs no prelo um dos mais influentes livros da história do planejamento urbano do século xx: *The Death and Life of Great American Cities*. Por essa época, Moses já deixara seu cargo de renovador urbano; e em 1968, aos 79 anos, despojado da última de suas atividades, Robert Moses deixou de ser o Mestre-Construtor[235].

New Haven, cidade que foi pioneira e atuou com brilhantismo na exploração dos novos poderes, propicia outra ilustração clássica: seu prefeito, Richard Lee, vinha da classe trabalhadora católica da cidade, mas gozava de livre trânsito em diferentes níveis da sociedade, inclusive dentro do restrito círculo de Yale; extremamente sensível às mudanças de opinião, era um mestre em relações públicas[236]. Com Edward C. Logue, seu administrador de urbanização, e Maurice Rotival, seu diretor de reurbanização, formou uma equipe entrosada na qual era "apenas uma leve banalidade dizer que era tarefa do prefeito conseguir o apoio dos principais interesses políticos da cidade, que competia ao administrador de urbanização assegurar a participação dos empreendedores e era obrigação do diretor de reurbanização conquistar a anuência das agências federais"[237]: a coalizão de Lee abrangia líderes democratas, comerciantes republicanos, o corpo docente e administrativo de Yale, grupos étnicos e sindicatos; o Citizen's Action Committee (Comitê de Ação do Cidadão), criado, de caso pensado, por Lee, "Praticamente decapitou a oposição"[238]. O resultado foi a demolição de uma das mais importantes – e cada vez mais negra – áreas de cortiço para dar lugar à construção de escritórios centrais, ajudado pelo uso dos fundos rodoviários federais na construção de uma via conectora no centro de New Haven[239].

Pittsburgh, outra pioneira – na verdade, antes mesmo de 1949 –, tem história semelhante. Após décadas de uma liderança local moribunda, uma nova elite comercial decidiu que a cidade precisava tomar providências a fim de evitar um colapso econômico. Já em 1943, foi organizada uma Allegheny Conference on Regional Development (Conferência Aleguêni Sobre Desenvolvimento Regional), a ACRD, com o fito de formar uma coalizão destinada a revitalizar a área central da cidade. O resultado foi uma aliança improvável entre um grupo republicano de líderes corporativos e um chefe político democrata. Uma Urban Renewal Authority (Secretaria Incorporada Autônoma para

A CIDADE DAS TORRES
a cidade radiosa corbusiana

Remodelação Urbana) foi instituída em 1946, com poderes sem precedentes – contestados, mas constitucionalmente estabelecidos – para desapropriar com finalidades urbanísticas. Renaissance I, como veio a ser chamada, era, fundamentalmente, uma operação de urbanização privada, que contou não só com o papel facilitador desempenhado pelo setor público, mas com uma atuante e entrosada participação das principais agências, a saber: a Conferência Aleguêni, a Secretaria para Remodelação Urbana e a Comissão de Planejamento Urbano. Durante as duas décadas seguintes, os projetos reconstruíram mais de um quarto do chamado Golden Triangle, removendo pelo menos 5.400 famílias de baixa renda, sobretudo negras, e substituindo-as principalmente por escritórios que transformaram a área toda numa *commuter zone** das 9 às 5[240].

São Francisco foi mais um caso clássico. O argumento em defesa da remodelação urbana partiu do comércio organizado através do Bay Area Council (Conselho da Área da Enseada), "um governo regional privado", de 1944, e do Comitê Blyth-Zellerbach, de 1956. A San Francisco Redevelopment Agency (Secretaria de Reurbanização de São Francisco), de 1948, um ano antes da Lei de 1949, assumiu por antecipação os poderes que esta lhe outorgaria; em 1958, foi reformulada sob o impulso de Blyth-Zellerbach. Justin Herman – "São Justino" para o grupo econômico do centro, "Diabo Branco" para os moradores de baixa renda das áreas vizinhas, a Western Addition e a área ao sul da Market Street – passou a dirigi-la em 1959. Lutou pelo saneamento dessas áreas, o que acarretou a remoção de seus habitantes. Conforme argumentava eloquentemente um dos financiadores: "Você por certo não espera que ergamos um edifício de 50 milhões de dólares numa área por onde perambulam velhos sujos a se exibirem para as nossas secretárias."[241]

A verdade é que, afirma Chester Hartman, o estigma "zona de vadiagem" foi uma imagem ciosamente cultivada a fim de justificar a renovação urbana. Embora a área sul de Market Street fosse uma zona de hotéis residenciais ocupados sobretudo por homens, estes eram, na sua maioria, simples aposentados ou inválidos. Pois eles organizaram-se e encontraram um líder na pessoa de George Woolf, sindicalista de oitenta anos que, em 1970, após épica batalha judiciária, forçou a Secretaria de Remodelação Urbana a concordar em construir unidades de aluguel baixo. Furibundo, Herman chamou o advogado dos moradores de "arguto, bem financiado, capaz e advogado de porta de cadeia". Um ano depois, faleceu de ataque cardíaco.

Novos processos abriram-se e encerraram-se na década seguinte. Enquanto isso acontecia, os fundos para remodelação urbana foram sendo substituídos por Quotas Fixas do Tesouro para a Urbanização Comunitária, o que espalhou fundos públicos por toda a cidade; a Urban Renewal Agency perdeu seu sistema independente de financiamento, e o controle por parte do gabinete do prefeito aumentou. Nesse meio tempo, porém, a já aquecida construção de edifícios para escritórios estava então em plena fervura. Em fins dos anos de 1980, após três décadas de confrontação, a reurbanização da Market-Sul estava perto de terminar. Os cidadãos de São Francisco, já então muito bem organizados para proteger seus bairros, tardiamente fizeram aprovar uma medida rigorosa para restringir ainda mais o crescimento de escritórios em todas as partes de sua cidade[242].

O que de fato espanta, nessas coalizões daqueles anos, é exatamente o êxito que tiveram suas investidas, baseadas em programas claramente contrários aos interesses dos eleitores. No West End de Boston, uma comunidade italiana ali instalada de longa data e extremamente coesa – um vilarejo urbano, nas palavras de Herbert Gans – foi exemplo clássico. Por aconselhamento de banqueiros hipotecários, os projetos de demolição foram ampliados com vistas a incluir áreas não deterioradas. Influenciada pelo que lia na imprensa, a população em geral julgou que a área toda fosse um cortiço. Os moradores do local estavam crentes de que o fato jamais aconteceria. Os empreendedores queriam a terra para moradias de alta renda, e a cidade foi atrás[243]. Mais tarde, Fried reconheceu que os moradores do West End, particularmente a classe trabalhadora tradicional, haviam sido afetados de modo tão profundo pela experiência como se houvessem perdido um ente querido'[244].

Mas tudo o que é bom acaba. Em meados dos anos de 1960, as críticas à remodelação urbana tornaram-se ensurdecedoras. Charles Abrams fez ver que muitas das áreas demolidas – a Washington Square South, na cidade de Nova York, Bunker Hill em Los Angeles, Diamond Heights em São Francisco – tanto quanto o West End "não eram cortiços coisíssima nenhuma, no sentido imobiliário do termo": eram cortiços só porque disso os chamavam os funcionários municipais[245]. Martin Anderson calculou que em fins de 1965 o programa de remodelação teria despejado um milhão de pessoas; a maioria delas pagava aluguéis baixíssimos. Três quartos dessa população mudara-se para novos alojamentos, e nove entre dez indivíduos desse grupo sujeitava-se a moradias de padrão inferior com aluguéis mais elevados. Além de tudo, até março de 1961, o programa destruíra quatro vezes mais unidades do que havia construído; em geral, o solo era deixado vazio, visto que o esquema médio levava doze anos para ser concluído. Quase 40% das novas construções não se destinaram a moradias; a maioria das unidades habitacionais substitutivas foi construída pela iniciativa privada sob a forma de altos prédios de apartamentos, impondo altos aluguéis[246]. Assim, embora 85% de todas as áreas cadastradas para assistência nos primeiros dez anos da lei fossem destinadas, antes da reurbanização,

A CIDADE DAS TORRES
a cidade radiosa corbusiana

a prédios residenciais, depois dela apenas 50% dessa área permaneceria residencial[247]. Ou, no dizer de Scott Greer: "A um custo de mais de três bilhões de dólares, a Urban Renewal Agency, a URA, conseguiu reduzir significativamente a oferta de habitação barata nas cidades norte-americanas."[248] Para Chester Hartman, o programa, de forma perversa, tornara o rico mais rico e o pobre mais pobre[249]. Gans expressou com clareza o absurdo disso tudo:

> Suponha que o governo decidisse que os calhambeques constituem uma ameaça à segurança pública e uma praga que enfeia as autoestradas, e portanto os tomasse de seus motoristas. Suponham, em seguida, que, para preencher tal lacuna no mercado automobilístico, o governo desse cem dólares a cada um dos motoristas donos de calhambeques para que comprassem um bom carro usado, e ao mesmo tempo destinasse subvenções especiais à General Motors, à Ford e à Chrysler para que diminuíssem o custo – embora não necessariamente o preço – de Cadillacs, Lincolns e Imperiais em umas poucas centenas de dólares. Por mais absurdo que pareça, no lugar dos calhambeques, imaginem tratar-se de casas de cortiço e terei descrito, usando apenas de uma ínfima licença poética, os primeiros quinze anos de um programa federal chamado de remodelação urbana.[250]

Como pôde isso ter acontecido? Vários críticos sublinharam o fato de a explicação cínica não ser necessariamente a explicação correta: embora alguns se beneficiassem bastante, "Há algo que só podemos chamar de patriotismo cívico" que "combina muito bem com lucros financeiros". Muitos dos membros da coalizão pró-crescimento tinham motivos puros: "prefeitos preocupados com a base tributária do centro urbano, líderes populares com o desejo patriótico de 'embelezar o nosso centro urbano', homens de negócios com profundos compromissos assumidos no tocante aos imóveis do centro comercial, e os que julgavam que o governo devia inovar no interesse público" haviam, em conjunto, produzido "um programa que recompensa o forte e pune o fraco"[251]. O programa só podia ser implementado em nível local; e nesse nível, a maioria das cidades queria a revitalização do centro e que a classe média retornasse dos subúrbios[252].

É verdade que alguns dos piores excessos cometidos pela remodelação urbana foram evitados mais tarde: mais áreas foram reconstruídas para moradia, houve maior oferta de casas de aluguel barato, foi maior o número de negros realojados[253]. Sem dúvida, visto que o realojamento foi uma das últimas coisas a serem concretamente realizadas pelo programa em seus primeiros quinze anos de vida, não há por que responsabilizar Le Corbusier pela maioria das mazelas da remodelação urbana norte-americana. Mas os corbusianos e as prescrições de remodelação urbana compartilham o que Martin Anderson chamou, com sagacidade, de abordagem "do trator federal". O que se depreende das críticas norte-americanas é que teria sido melhor simplesmente deixar os pobres em paz. Greer cita um funcionário local: "Pois então o que estamos dizendo? A viúva ou terá de viver com dois dólares ao mês ou, por esses padrões, terá de sujeitar-se a moradias de baixíssimo nível. Há um déficit real do que se convencionou chamar de habitação de segundo tipo e, se a abolirmos, estaremos liquidando o único tipo de habitação acessível ao bolso do povo."[254] Acrescentem-se os custos psíquicos decorrentes da ruptura de antigas vizinhanças e eis que o problema só faz crescer.

O Contra-Ataque: Jacobs e Newman

O malogro da remodelação urbana norte-americana e as dúvidas cada vez mais numerosas sobre a sua equivalente britânica ajudam a explicar o impacto colossal da obra de Jane Jacobs, *The Death and Life of Great American Cities* (Morte e Vida das Grandes Cidades Norte-Americanas) nos dois países. Publicado nos Estados Unidos em 1961, esse livro rapidamente tornou-se um dos mais influentes na curta história do planejamento urbano. Trata-se desses clássicos casos de mensagem certa no momento certo. De um só golpe, Jacobs atingiu as duas grandes ortodoxias em que se havia alicerçado o planejamento urbano nos seus primeiros cinquenta anos de vida. O movimento cidade-jardim foi atacado com base em que sua "prescrição para a salvação da cidade significava transformar a cidade em", por definição, "morada saudável apenas em termos de qualidades físicas suburbanas e qualidades sociais de cidade pequena"; em boa medida, "sua concepção de planejamento também era essencialmente paternalista, se não autoritária"[255]. Já os corbusianos foram acusados de egotismo: "Não importa quão vulgar ou canhestro seja o projeto, quão árido e inútil o espaço livre, quão insossa a paisagem vista de perto, uma imitação de Le Corbusier berra: 'Vejam o que eu fiz!' – À semelhança de um grande e visível ego, ela apregoa a façanha de alguém."[256]

A questão, argumentou Jacobs, é que não havia nada de errado com as altas densidades populacionais urbanas, desde que não acarretassem superlotação nos edifícios; vizinhanças tradicionais situadas nas áreas centrais como Brooklin Heights de Nova York, Rittenhouse Square de Filadélfia e North Beach de São Francisco eram boas áreas, embora densamente povoadas[257].

A CIDADE DAS TORRES
a cidade radiosa corbusiana

Uma boa vizinhança urbana, disse ela, efetivamente precisaria de cem habitações, equivalente talvez a 500-750 pessoas por hectare: densidade alta até mesmo para Nova York, e mais alta do que quase todos os exemplos recolhidos da Londres de pós-1945. Porém, ela poderia ser atingida com a eliminação da área livre:

> Dizer que as cidades necessitam de altas densidades habitacionais e de uma taxa alta de ocupação de solo, o que, aliás, assumo com todas as letras, é convencionalmente encarado como mais vil do que tomar a defesa de um tubarão comedor de gente.
>
> Mas as coisas têm mudado desde os dias em que Ebenezer Howard olhou para os cortiços de Londres e concluiu que para salvar o povo era preciso abandonar a vida urbana.[258]

A prescrição de Jacobs consistiu em conservar os bairros da área central mais ou menos como eram antes de os planejadores neles meterem as mãos. Isso devia se dar com a mistura de funções e, consequentemente, de usos do solo, a fim de assegurar que as pessoas ali permanecessem por diferentes motivos, em diferentes horários, mas com aproveitamento comum de muitos serviços. A prescrição sugeria ruas convencionais ao longo de quadras curtas, mistura de blocos de diferentes idades e condições, incluindo uma parcela significativa dos antigos. E deveria ter uma densa concentração de pessoas, não importando o motivo, incluindo uma densa concentração de moradores[259].

Tais ideias agradaram seus leitores, predominantemente de classe média. A ironia, salientada vinte anos depois, foi isso tudo ter redundado na "yuppificação" da cidade:

> Tanto quanto o modernismo, o urbanismo mostrou-se suscetível de ter seus impulsos igualitários subordinados aos interesses consumistas da classe média alta [...] Foram precisos mais de quarenta anos para passarmos do primeiro manifesto Bauhaus ao Four Seasons; apenas a metade desse tempo foi necessária para que o merceeiro da esquina, apoteoticamente exaltado por Jane Jacobs, fosse substituído pela Bonjour, Croissant, com tudo o que isso implica.[260]

Um crítico de classe média menos impressionado foi Lewis Mumford. Ele confessou a Osborn que tinha se contido durante um ano: "Mas não posso fingir que não gostaria de dar nela uma terrível surra na parte mole da sua carcaça que ela tão descuidadamente expôs."[261] Isso, conforme mostra Leonard Fishman, é estranho: ambos compartilhavam uma visão de liberdade, ambos odiavam o espraiamento suburbano, mas, para Jacobs, a imensa cidade era o lugar da liberação, e, para ele, era o oposto[262]. Por essa época, Mumford era um homem velho e profundamente desiludido: acreditava que imensas forças corporativas tinham capturado os Estados Unidos e destruiriam a textura urbana que Jane Jacobs procurava preservar. Ele estava errado, é claro, e o enobrecimento de Greenwich Village foi meramente o precursor de um processo que subsequentemente afetou cada cidade norte-americana. Mas, singularmente, isso aconteceu em paralelo com o seu exato oposto: um processo de debandada e abandono da classe média branca[263]. E nisso reside o paradoxo de quase toda cidade norte-americana no início do milênio: centros vibrantes e elegantes enclaves de classe média ficam ao lado de zonas de guerra, como que ocupando duas cidades inteiramente diferentes em diferentes países, quase em planetas diferentes. O que, em um sentido terrível, de fato ocorre.

Isso diz algo importante sobre o pensamento de Jane Jacobs. Oposto a qualquer tipo de planejamento preconcebido, suas ideias baseavam-se em uma crença central de que cidades como Nova York eram

> auto-organizadas. O local mais corretamente desenhado não pode competir. Tudo é provido com o que de pior pode ser fornecido. Há uma piada que o pai de um velho amigo costumava contar, sobre um professor que alerta as crianças, "No inferno haverá lamento e choro e ranger de dentes". "E se a pessoa não tiver dentes?" uma das crianças perguntou. "Então dentes serão fornecidos", ele disse severamente. É isso aí – o espírito da cidade projetada. Dentes serão fornecidos a você[264].

O problema com isso é que não se pode garantir o desenvolvimento de boas vizinhanças. De fato, é provável que elas nunca viessem a se concretizar, porque a oposição dos cidadãos haveria de detê-los; eles preferem que as coisas fiquem como estão[265]. "Onde alguém propusesse uma Beacon Hill, uma Georgetown, um South End em Boston, ou uma Nob Hill em São Francisco, nada sairia do chão."[266] Assim os bons lugares se manterão sempre bons, e, da mesma forma, os ruins sempre ruins. A filosofia de Jacobs é, em última instância, a quintessência do *laissez-faire*.

A CIDADE DAS TORRES
a cidade radiosa corbusiana

A Implosão de Pruitt-Igoe

343

No entanto, quaisquer que sejam as implicações ulteriores, o urbanismo decretou a condenação do "trator federal". Mas não ficou por aí. Embora, pelos padrões britânicos, os Estados Unidos tenham construído muito pouca habitação pública, ainda assim algumas foram construídas. E algumas das maiores e mais influentes cidades seguiram um modelo corbusiano: St. Louis, Chicago, Newark, entre outras. Em fins dos anos de 1970, elas estavam contemplando seu abandono. Muitas estavam 30 ou 40% vazias. O exemplo clássico foi Pruitt-Igoe: um projeto premiado de 1955, em St. Louis, que ganhou notoriedade por ter sido implodido dezessete anos após sua construção. Naquele dia – a demolição preservada em filme para a posteridade –, ele tornou-se o símbolo instantâneo de tudo quanto era visto como errado na renovação urbana, não só nos Estados Unidos como pelo mundo afora.

Quando os conjuntos habitacionais Captain W.O. Pruitt Homes e William L. Igoe Apartments foram divulgados em 1950, o projeto experimental em blocos altos, assinado pelo eminente arquiteto Minoru Yamasaki, juntou diversas características de projeto defendidas por arquitetos modernos: edifícios laminares de alturas variadas; corredores amplos em galeria nos pavimentos dos apartamentos que deveriam funcionar como áreas de jogos, vestíbulos, áreas de lavanderia, unidades duplex com elevadores no sistema "skip-stop"*, e um rio de espaço aberto meandrando através do terreno, um conceito proposto por Harland Bartholomew. A *Architectural Forum* elogiou o projeto como o "melhor apartamento alto" de 1951. Mas então, sob a Lei Federal de Habitação de 1949, os padrões mínimos foram tornados máximos, e os funcionários federais obrigaram que todos os edifícios fossem uniformizados não podendo passar de 11 andares[267]. Os 33 blocos idênticos, e seus mais de 2.800 apartamentos, foram concluídos em 1955-1956. Ficavam em local exposto, aberto ao tráfego de passagem. Para manter os limites de custos, ocorreram cortes enormes e arbitrários nas despesas durante a construção. O espaço dentro dos apartamentos, especialmente para as grandes famílias que vieram a ocupar muitos deles, "foi reduzido ao osso e, mais, até o tutano"[268]. Fechaduras e maçanetas quebraram ao serem usadas, algumas vezes antes mesmo da ocupação. Os vidros das janelas estouraram. Um dos elevadores falhou no dia da inauguração. "No dia em que foram concluídos, os prédios de Pruitt e Igoe não passavam de gaiolas de aço e concreto, mediocremente projetados, mal equipados, de tamanho inadequado, mal localizados, sem ventilação e praticamente impossíveis de serem preservados."[269] O que já era ruim o bastante. Mas havia mais: os inquilinos que ali foram morar não eram aqueles para os quais os blocos haviam sido projetados. O projeto, como o da maioria da habitação pública desde os anos de 1950, destinava-se à pobreza digna. A maioria dos chefes de família deviam ser homens e estar empregados. St. Louis, em 1951, era uma cidade segregada: Pruitt era inteiramente habitada por negros mas, depois que a habitação pública deixou de ser segregada por decisão da Suprema Corte, a municipalidade tentou integrar Igoe. Nada feito: os brancos deixaram o lugar, e os negros – entre os quais se contavam muitas famílias dependentes de assistência social e com mulheres como chefe da casa – tomaram conta. Em 1965, mais de dois terços dos habitantes eram menores, 70% deles com menos de doze anos; havia duas vezes e meia mais mulheres do que homens; mulheres estavam à frente de 62% das famílias; 38% não tinham ninguém empregado; e em apenas 45% o emprego era a única fonte de renda[270].

Rapidamente, o empreendimento tornou-se o perfeito exemplo de desastre. Os índices de ocupação em Pruitt, que eram de 95% em 1956, caíram para 81% seis anos mais tarde, e para 72% em 1965; Igoe começou com menos de 70% e estacionou nesse patamar. O conjunto começou a deteriorar: os canos estouraram, houve uma explosão de gás. Por volta de 1966, assistentes sociais, que ali residiam, registraram a cena:

> Vidro, entulho e detritos sujam as ruas, a quantidade é estarrecedora [...] automóveis abandonados foram deixados nas áreas de estacionamento; o vidro é um elemento onipresente; há latas jogadas por toda a parte e o papel molhado de chuva grudou no barro rachado e endurecido. De fora, Pruitt-Igoe parece zona assolada por algum cataclismo. Em todos os edifícios há janelas quebradas. As luminárias externas não funcionam [...] à medida que o visitante se aproxima da entrada de um prédio, vê aumentar o lixo e o entulho. Compartimentos abandonados sob os edifícios servem de despejo a toda espécie de refugo. Camundongos, baratas, e outros bichos proliferam nesses espaços vazios [...]
> O infame elevador skip-stop é uma revelação até mesmo para aqueles que se julgam preparados para tudo. Está com a pintura das paredes toda descascada. O fedor de urina impera; não existe ventilação nos elevadores [...] Quando o visitante emerge do elevador escuro e fedorento para o pavimento do corredor do prédio, ingressa numa caricatura em concreto cinzento de um asilo de loucos. Paredes de um cinza institucional abrem caminho para pisos de um cinza institucional. Telas metálicas enferrujadas, do tipo institucional, protegem janelas cujos vidros já não existem. Aparelhos outrora usados para

A CIDADE DAS TORRES
a cidade radiosa corbusiana

345

FIGS. 70 E 71: *Pruitt-Igoe. O mais notório dos projetos habitacionais em altura do mundo, tal como deveria ter sido – e como, na verdade, foi durante curto espaço de tempo no início – e no momento de sua implosão, em 1972.* Fonte: © Bettmann/ CORBIS (fig. 70) e *Time & Life Pictures/Getty Images* (fig. 71).

aquecer esses corredores públicos foram, em muitos dos edifícios, arrancados das paredes. Os incineradores, pequenos demais para acomodarem a quantidade para [sic] refugar neles colocada, transbordam – entulho e lixo ficam espalhados pelo chão. Lâmpadas e instalações estão desligadas; fios elétricos descobertos frequentemente pendem de soquetes danificados.[271]

Em 1969, houve uma greve de aluguel que durou nove meses, a mais longa da história da habitação pública norte-americana. Em dado momento, 28 dos 34 elevadores não funcionavam. Em 1970, o projeto estava 65% desocupado. Em 1972, as autoridades aceitaram o inevitável, e o implodiram.

A questão, levantada por toda uma série de observadores acadêmicos, é como isso aconteceu: em apenas uma década, um projeto exemplar tornou-se um dos piores cortiços urbanos dos Estados Unidos. E as explicações foram tantas quantos foram os observadores. O primeiro acusado, evidentemente, foi o projeto. Como observou Oscar Newman, em análise que ficou célebre:

> O arquiteto preocupou-se com cada edifício como se fosse uma entidade completa, isolada e formal, excluindo qualquer consideração do uso funcional de solos ou da relação de um edifício com a área de terreno que teria de partilhar com outros edifícios. Era quase como se o arquiteto assumisse o papel de escultor e visse os terrenos do projeto apenas como uma simples superfície sobre a qual se empenhava em dispor toda uma série de elementos verticais dentro de um todo de composição agradável.[272]

Ou, como teria dito Jacobs, eis um exercício de egocentrismo do arquiteto. Pruitt-Igoe, especificamente, foi projetado – à semelhança de muitos leiautes corbusianos para habitação pública produzidos na América no início dos anos de 1950 – com base numa superquadra composta de quatro a doze quarteirões comuns do tipo recomendado por Jane Jacobs, dentro da qual os altos blocos de edifícios – no caso de Pruitt-Igoe, blocos de onze andares numa média de 125 unidades por hectare – posicionavam-se livremente na paisagem, invariavelmente com entrada não direta, pela rua, mas pela área circundante interna[273]. Essa característica, mais as longas galerias elevadas de acesso, criou um máximo possível de área, a que Newman, em frase memorável, chamou de espaço indefensável: as galerias que o arquiteto mostrou, em seu desenho de 1951, cheias de crianças, brinquedos e mães (brancas), logo se tornaram alvo de vandalismo e logradouro temido[274].

O problema, segundo perceberam outros observadores, surgiu em virtude das regras de gerenciamento financeiro impostas por Washington. Como os

A CIDADE DAS TORRES
a cidade radiosa corbusiana

aluguéis precisavam cobrir os gastos com a manutenção e os moradores não podiam pagar os aluguéis, o município cortou a manutenção. E mesmo assim os inquilinos continuaram sem poder pagar: em 1969, quando um quarto das famílias estavam pagando mais de 50% de suas rendas pelo aluguel, estourou a greve[275]. E a ironia foi que essa não política de não manutenção estava sendo aplicada a apartamentos cuja construção fora extremamente dispendiosa: saindo por 20 mil dólares cada nos valores de 1967, eles ficaram apenas um pouco mais baratos do que apartamentos de alto luxo[276].

A raiz do problema, segundo análise mais profunda de Newman, estava na formação do arquiteto, que falhava ao enfatizar a necessidade de aprender o quanto bem ou mal funcionam os edifícios existentes, e assim melhorar os projetos; "Só podemos avaliar toda a extensão dessa tragédia quando nos damos conta de que são amiúde os arquitetos mais reconhecidos os que cometeram as falhas mais dramáticas."[277] E isso, por sua vez, ocorreu porque dos dois campos que havia na arquitetura moderna, o dos "metodologistas sociais" e o dos "metafísicos do estilo", os Estados Unidos só importaram a segunda corrente, a corbusiana[278]. Conclusão essa corroborada pela verificação de que empreendimentos convencionais de pouca altura, com mesclas similares de locatários, não apresentaram tais problemas[279].

Mas Newman não mediu esforços para demonstrar que o projeto não era o único e nem mesmo necessariamente o culpado. A pior deterioração só ocorreu depois que o Departamento de Habitação e do Desenvolvimento Urbano mudou suas regras e passou a admitir famílias problemáticas, muitas das quais de origem rural, no programa de habitação pública, em 1965: "Nesses sete anos que se seguiram, os altos edifícios onde foram admitidas têm sofrido uma dizimação sistemática"[280]; não só Pruitt-Igoe, mas outros conjuntos similares (o Rosen Apartments, na Filadélfia, o Columbus Homes, em Newark) foram também abandonados. A causa básica era que famílias paupérrimas, dependentes da assistência social, cheias de filhos, e imbuídas de um profundo fatalismo quanto à própria capacidade de influírem sobre o meio ambiente, não podiam lidar com esse tipo de edifício, nem ele com elas. Como observou um sociólogo-analista, Lee Rainwater, os ideais e aspirações dos pruitt-igoeanos eram semelhantes aos das outras pessoas, mas eles não podiam realizá-los:

> A realização desses ideais de Pruitt-Igoe teria produzido uma vida pouco ou nada diferenciável de qualquer outro tipo de vida da classe trabalhadora, fosse ela branca ou negra. E ao que tudo indica, os recursos necessários à manutenção de uma vida familiar nesses termos teriam exigido a estabilidade e o

nível de renda próprios da classe trabalhadora de categoria superior, ou seja, 50 a 100% mais alto do que aquele a que tinha acesso a maioria das famílias de Pruitt-Igoe.[281]

Famílias de renda média e alta, com uma proporção de famílias com crianças que não excedesse os 50%, e com supervisores e ao menos um dos pais para tomar conta, poderiam viver confortavelmente em tais ambientes, mas "se uma família classe média não apresenta desempenho muito diferente em tipos opostos de edifícios, já o desempenho de uma família socialmente assistida mostra-se bastante influenciado pelo ambiente físico"; no que diz respeito a ela, "os altos prédios de apartamentos devem ser rigorosamente evitados"[282]. Palavras de Colin Ward, sem tirar nem pôr.

Havia dois lugares no mundo, a partir dos anos de 1960, onde a cidade das torres foi realizada em sua pureza definitiva. Ambas, Singapura e Hong Kong, tinham boas razões: eram ilhas ou cidades-estado peninsulares, com populações em rápido crescimento e uma carência aguda de terra disponível. Mas havia outra similaridade curiosa, notada por Manuel Castells, "um dos mais impressionantes paradoxos de política urbana no mundo, as duas economias de mercado com as taxas de crescimento mais altas nos últimos vinte e cinco anos são também aquelas com os maiores programas de habitação pública no mundo capitalista, em termos da proporção da população diretamente abrigada pelo governo"[283]. Entre 1945 e 1969, Hong Kong construiu 1,4 milhão de unidades de habitação pública[284]; Singapura construiu quinze cidades novas e 86% da população vive em habitação do setor público[285]. Nesse processo, como mostrou Robert Home, o público não esteve envolvido. Singularmente, em Singapura um estado pós-colonial continuou as políticas paternalistas do estado colonial que ele substituiu. Os animados espaços públicos da velha cidade colonial foram substituídos por habitação pública e espaços públicos planejados; vendedores ambulantes e camelôs foram realocados em estruturas construídas propositadamente[286]. Dentro de uma geração, singapureanos se viram morando em uma perfeita realização de habitação em massa Ciam[287], produzida de acordo com um processo de projeto abstrato e altamente racional, mas ao qual faltavam todos os dados sobre a maneira como as pessoas haviam se comportado na velha Singapura. Os novos espaços públicos planejados tenderam a ser hierárquicos por tamanho e uniformemente distribuídos na localização[288].

O Legado Corbusiano

A ironia, portanto, foi que a corbusiana cidade das torres mostrou-se perfeitamente satisfatória para os habitantes de classe média que o arquiteto suíço imaginava vivendo suas vidas prazerosas, elegantes e cosmopolitas em *La Ville contemporaine*. Poderia até mesmo funcionar para os sólidos, rudes e tradicionais moradores de apartamentos de Glasgow, para quem a transição de um fundo de cortiço do Gorbals para um vigésimo andar equivalia a uma ascensão ao paraíso. Mas, para a mãe socialmente assistida, nascida num barraco da Geórgia e que de repente vai cair em St. Louis ou Detroit com uma penca de filhos endiabrados, revelou-se uma catástrofe urbana de primeira magnitude. O pecado de Le Corbusier e dos corbusianos está, portanto, não em seus projetos mas na leviana arrogância com que foram impostos a uma gente que não podia arcar com eles e de quem, com uma pitada apenas de reflexão, jamais se esperaria tal coisa.

Agora a ironia final: no mundo inteiro, essa falha foi condenada como um malogro do "planejamento". Planejamento, no sentido comezinho do termo, significa esquema ordenado de ação para alcançar objetivos fixados à luz de limitações conhecidas. Planejamento é exatamente o que isto não foi. Mas, como mostrou Jon Lang, ele pertence de fato a um *gênero* de projeto urbano: oposto a um paradigma empírico, que busca trabalhar a partir das experiências precedentes que funcionaram bem, esse é um paradigma racionalista, construído sobre ideias abstratas[289]. Infelizmente, essas ideias foram testadas em cobaias humanas; e nisso reside uma terrível lição para as futuras gerações de planejadores.

8

A CIDADE DA SUADA EQUIDADE

A Comunidade Autônoma

Edimburgo, Indore, Lima, Berkeley, Macclesfield (1890-1987)

Tempo houve em que a arte era propriedade comum das gentes; era a regra, na Idade Média, que o produto artesanal fosse belo [...] hoje, comum a todos, é a prosperidade que é externamente feia [...] sentados no meio do nosso ouro, morremos de fome, Midas eternos.

WILLIAM MORRIS, *Forecasts of the Coming Century* (1897)

O Movimento de Planejamento Urbano é, de um lado, a revolta do lavrador e do jardineiro, como do outro é a do cidadão, unidos todos pelo geógrafo contra a dominação do engenheiro. Só quando as energias mecânicas do engenheiro forem postas em harmonia com todos os demais aspectos da cidade, e umas e outros se congregarem a serviço da vida, é que, de gigante desajeitado, poderá ele transformar-se em Hércules prestativo [...]

PATRICK GEDDES, *Report on the Planning of Dacca* (1917)

se formos reformar o mundo e transformá-lo num lugar melhor para viver, o jeito é não falar sobre relações de natureza política, que são inevitavelmente dualísticas, cheias de sujeitos e objetos e suas relações recíprocas; ou com programas cheios de coisas para outras pessoas fazerem [...] Os valores sociais só serão corretos se também o forem os individuais. O lugar para melhorarmos o mundo começa em nossos corações e em nossas mãos, e depois, é trabalhar lá fora, a partir daí. Outros querem falar sobre como ampliar o destino da humanidade. Eu quero falar apenas sobre como consertar uma motocicleta. Creio que o que tenho a dizer tem valor mais duradouro.

ROBERT M. PIRSIG, *Zen and the Art of Motorcycle Maintenance* (1974)

A REAÇÃO CONTRA A CIDADE CORBUSIANA DAS TORRES ACARRETOU O triunfo, bastante atrasado, da cepa anarquista do pensamento planejador que tão vigorosamente inspirara os primórdios do movimento cidade-jardim e seu derivado, o planejamento regional. Assim, esta história ainda não encerrou a atuação de Geddes. Ele, mais do que ninguém, é responsável por trazer à teoria do planejamento urbano a ideia de que homens e mulheres poderiam construir suas próprias cidades, escapando, assim, da massificação industrial para um mundo de atividade artesanal, onde as coisas novamente ficariam bonitas por serem feitas corretamente. Essa linha, implícita em Kropótkin, aparece, explícita e central, nos trabalhos de William Morris e Edward Carpenter; Unwin, por seu turno, baseou sua filosofia em Morris e foi um dos primeiros membros do grupo socialista de Carpenter em Sheffield, onde ouviu a palestra de Kropótkin sobre a união entre trabalho intelectual e artesanal[1].

Mas a linha principal passa por Geddes, com quem Unwin se encontrou na exposição de chalés baratos ocorrida em Letchworth, em 1905[2]. Foi Geddes quem, segundo registra Kropótkin em carta de 1886 a Reclus, "agora acaba de casar-se, deixando sua casa e indo morar num apartamento muito pobre no meio de trabalhadores. Por toda a parte, de uma forma ou de outra, vemos acontecer coisa semelhante. É um total redespertar. Que rumo isso tomará?"[3] O próprio Geddes descreveu a experiência, muito mais tarde na vida, numa efusão caracteristicamente geddesiana:

> A consciência social circulava então vivaz pelas cidades, e ambos sentíramos
> isso poderosamente – e assim nos demos forças um ao outro: dessa forma,
> após um único inverno de casa bonita [...] fomos parar nas alturas do James
> Court, no lado oposto da cidade velha, tendo, por conseguinte, à nossa frente,

a paisagem oposta, e assim nos dispusemos, enfrentando e manipulando a imundície, a superlotação e a desordem, suportando uma cortiçada ainda mais infernal do que existe agora em Edimburgo; e ao darmos início às transformações dentro do possível, eis que nos surgiram problemas tão científicos e técnicos quanto os que tive com a natureza viva e sua ciência, e minha companheira, com a música.[4]

Começaram pelo básico:

Começamos dentro de nosso limitado raio de ação com floreiras para insípidas janelas e mãos de tinta colorida para paredes mais insípidas ainda (não há nem melhor nem mais simples nem mais promissor começo que esse quando se trata de melhorias urbanas), e logo chegamos a limpezas e reparações mais completas, quase a remodelações; e, com o tempo, construímos, como fizemos por toda Lawnmarket e Castle Hill até Ramsay Garden, agradecendo, é claro, a cooperação crescente vinda de estudantes e cidadãos, transformados agora, cada vez mais, em bons vizinhos.[5]

Seu exemplo frutificou:

Um a um, alguns habitantes dos Courts começaram a doar parte do seu tempo a tarefas que Geddes os persuadia a assumir com ele: limpeza, caiação ou jardinagem; impossível que ao trabalharem ao seu lado, ouvindo-o discorrer sobre a tarefa em curso e as novas possibilidades, não tivessem apreendido algo de seu espírito entusiasta. Pela primeira vez começavam a sentir que algo poderia ser feito para melhorar o ambiente onde viviam.[6]

Segundo James Mavor, observador contemporâneo, "Geddes tomara o mesmo caminho de Morris": ao mobiliarem seu apartamento com boas peças escocesas setecentistas, ele e a esposa estavam pondo, à vista de todos, exemplos "dos ambientes da época anterior ao sistema fabril que divorciara as belas-artes da produção"; mas, ao contrário de Morris, Geddes acreditava que tudo isso poderia ser feito gradativamente[7].

O resultado foi descrito, uma década mais tarde, por Israel Zangwill:

Por toda a parte se via o lixo de operações de construção, e passamos com muita cautela por uma escadaria decadente. Às vezes, uma fila dupla de casas já fora derrubada, revelando um cercado de casas embutido num cercado de casas, casa sem janelas atrás de viela sem saída, e ainda assim o diâmetro do

A CIDADE DA SUADA EQUIDADE
a comunidade autônoma

pátio continuava sendo de uns poucos metros [...] Aqueles pátios sem sol, acessados por aberturas do tamanho de buracos de agulha, abarrotados de quartéis infernais a escalarem os céus, rescendendo a dejetos e odores mefíticos, promiscuamente habitados pela pobreza e prostituição, piores que os piores cortiços da própria Londres [...] "Querem saber por que Edimburgo é célebre por suas faculdades de medicina?" – indagou severamente o professor.[8]

O comentário de Zangwill é revelador: "Até sua destruição tinha um caráter conservador; seu objetivo era preservar o traço antigo da arquitetura, e tornar limpa a velha e suja Edimburgo."[9] Efetivamente, tendo consciência disso ou não, ele seguia uma tradição: como membro fundador, em 1884, da Environmental Society (Sociedade Ambiental), que logo evoluiu para o mais conhecido Edinburgh Social Union (Sindicato Social de Edimburgo), com o objetivo imediato de elevar os padrões sem esperar pela legislação, usava métodos similares aos de Canon Barnett e Octavia Hill, que visitara em Londres por volta de 1886, admirando o trabalho dela nos cortiços de Marylebone[10]. E Hill tinha ainda outro admirador em Anna Morton, que se tornou Anna Geddes[11].

Nos cortiços da Cidade Velha, Geddes desenvolveu seu método de levantamento cívico, aproveitando seu treinamento como botânico[12]. Baseando-se em desenhos em perspectiva aérea tridimensionais feitos por Frank C. Mears, que mais tarde iria tornar-se seu genro, Geddes pôde deduzir conexões lógicas simples: superpopulação e pouca moradia, com aluguéis altos e valores da terra idem, eram consequência dos confinantes muros defensivos da cidade medieval; a notória sujeira era devida ao pequeno suprimento de água que vinha da colina[13]. Ele era um inveterado organizador, realizando reconstrução com finalidade social por meio das guildas ruskinianas: a Guilda Artística, o Programa Educacional, o Comitê de Entretenimento, o Comitê de Espaços Abertos Públicos e a Guilda de Habitação. A Guilda de Habitação do Sindicato Social erigiu um fundo administrando imóveis para seus proprietários e organizando a coleta de aluguéis feita por voluntários. Em outra frente de iniciativas, também construiu residências universitárias[14].

Mas tudo isso não saiu barato: em 1896, depois de anos em que ganhara 200 libras anuais como professor em regime de dedicação parcial, Geddes havia adquirido propriedades num valor superior a 53 mil libras. A fim de salvá-lo da bancarrota e sua esposa de um colapso nervoso, seus amigos formaram, naquele ano, a Town and Gown Association, Limited (Associação Cidade e Universidade Ltda.) a fim de gerir a maioria desses empreendimentos, dando-lhes finalmente uma base empresarial[15]. Os anos que se seguiram, porém, foram de recriminação, em que Geddes passou a acusar os diretores de timidez e de tradicionalismo[16].

Geddes Vai à Índia

Em 1914, já com sessenta anos, Geddes embarcou num navio rumo à Índia, a fim de realizar, em Madras, sua Mostra Cívica, que fora exibida pela primeira vez no grande encontro internacional de planejamento urbano que ocorrera em Londres, em 1910. Foi um desastre: o barco onde estavam as peças da mostra foi afundado por um navio de guerra alemão[17]. No entanto, sem ceder ao desânimo, em dois meses Geddes viajou de 3,2 a 4,8 mil quilômetros, dando consultoria sobre a remodelação das cidades indianas[18]. Nessa e em duas visitas subsequentes, desenvolveu seu conceito de "cirurgia conservadora" – ou, no jargão moderno, de reabilitação urbana[19]. Os relatórios daí resultantes – pelo menos 24 deles, talvez trinta, alguns ainda à espera de serem descobertos, outros guardados em cópias únicas na biblioteca do India Office em Londres, muitos, evidentemente, produzidos com extraordinária rapidez, um dia por vez – abrangem o que de melhor Geddes fez em toda a sua vida[20].

Sobre aquela primeira visita, ele logo estava rezingando:

> Tenho uma nova luta pela frente, como aconteceu com a Habitação em Delhi. Aqui a luta é com a Secretaria de Saneamento Básico do governo de Madras, com seu mortífero haussmannizar [sic] e suas esquálidas leis industriais (Belfast, 1858), que ela promulga e impõe como planejamento mais avançado [...] Agora, ao invés do empedernido e desdenhoso burocrata municipal de Delhi, preciso enfrentar aqui o bem-intencionado fanático do saneamento – tarefa, quiçá, bem mais espinhosa.[21]

Ele sustentou essa batalha de cidade em cidade. A verdade é que os ingleses na Índia, até mais do que seus conterrâneos na terra natal, tinham obsessão por esgotos; na época da rebelião, as perdas por doença foram muito maiores do que por combate. Uma Comissão Real de 1863 declarara que "É de fato impossível separar a questão da saúde, no tocante às tropas, das condições sanitárias da população nativa, sobretudo em relação à ocorrência de epidemias." "Os hábitos dos nativos", advertira a Comissão, "são tais que, a menos que sejam vigiados de perto, vão cobrir de sujeira a superfície das áreas vizinhas."[22]

De fato, Geddes enfrentava uma burocracia ferozmente bem estabelecida que acreditava saber o que era melhor: "Uma nova geração de especialistas sanitários surgiu no império do leste, atribuindo as altas taxas de morte por doença às 'vidas insalubres e imorais das raças asiáticas'." [23] Seguindo a prescrição de *sir* William John Ritchie Simpson, primeiro Diretor de Saúde da

A CIDADE DA SUADA EQUIDADE
a comunidade autônoma

Administração Municipal de Calcutá e depois, durante 28 anos, professor de
Higiene e Saúde Pública da Universidade de Londres, a segregação racial tornou-se uma rubrica geral da administração sanitária colonial[24]; lorde Lugard,
o legendário funcionário público nigeriano, escreveu em 1919 que

> A primeira coisa [...] é isolar os europeus, de modo que não sejam expostos
> aos ataques de mosquitos, que foram infectados com os germes da malária
> e febre amarela ao picar os nativos, principalmente as crianças nativas, cujo
> sangue tão frequentemente contém esses germes [...] Por fim, isso remove
> a inconveniência sentida pelos europeus, cujo repouso é perturbado pelos
> tambores e outros ruídos caros aos nativos [...][25]

Tudo isso estava baseado em elaboradas análises racionais pseudocientífi-
cas. Em Serra Leoa, uma equipe de cientistas liderados pelo dr. Ronald Ross,
na época com a Escola de Medicina Tropical de Liverpool, localizou o mos-
quito anófele como o vetor na transmissão da malária e recomendou separação
noturna entre nativos e europeus de no mínimo 391 metros (430 jardas), uma
vez que os mosquitos não podiam voar mais longe que isso. Mas, na Índia, as
autoridades haviam implementado a segregação residencial racial já em 1819[26].
Tudo isso Geddes encontrou ao chegar à Índia em outubro de 1914, tendo
o material para sua Mostra afundado no navio seguinte junto com "remessas
de Natal para as lojas em Madras, carros a motor para um membro do Conselho e indivíduos menos graduados, e o suprimento de vinho da estação para
a Casa do Governo (Government House)"[27]. Ele começou imediatamente a
criticar a prática de traçar ruas largas através de bairros tradicionais, o que não
o tornou querido do oficialismo[28]. Em Bombaim, um funcionário do Serviço
Público Britânico de estilo autocrático, C.H. Bompas, foi nomeado presidente do Improvement Trust (Fundação para o Melhoramento de Bombaim)
e "supremo e indiscutível senhor da situação". Com generosas subvenções,
a fundação começou a demolir partes da área densamente povoada vizinha
ao bairro comercial, que abrigava 832,5 pessoas por hectare (333 por acre) e
tinha somente 5% de cobertura de ruas. Bompas disse que os sem-teto eram
meros "imigrantes temporários em Calcutá, e seu desalojamento não cau-
saria grandes vicissitudes"[29].
Então, durante meio século, o Setor de Saneamento Básico do Departamento de Habitação e os comissários sanitaristas haviam trabalhado zelosa-
mente na ampliação da rede de esgotos e na construção de latrinas públicas para
as velhas e superpovoadas cidades indianas. E a formação urbanística indiana em
seus inícios estivera inteiramente nas mãos de engenheiros militares[30], mas estes,

segundo Geddes, estavam simplesmente errados. Em Balrampur, em 1917, ele escreveu: "Já que os esgotos existem para a cidade e não a cidade para os esgotos, só restará ao planejamento urbano inverter os procedimentos costumeiros da engenharia e começar pelo problema geral do melhoramento urbano, embora incluindo o sistema de esgotos, é claro, como um de seus muitos fatores."[31] O enfoque do engenheiro levou a absurdos tais como o fornecimento de banheiros a um custo duas vezes maior que o valor das casas[32]. Contra a convicção de que "indivíduos e cidades só devem ser saneados de trás para a frente ou de baixo para cima", o que era "uma das mais deprimentes de nossas muitas superstições modernas", Geddes sugeriu: "Por que não um espaçoso carrinho de mão, fácil de remover periodicamente: ou, em lugares maiores, até mesmo um carro a mais, pintado de cores vivas, parado sobre uma plataforma cimentada, que se possa manter relativamente livre da poeira, em seu canto decentemente tapado mas acessível?"[33] Ao concluir, sugeria "em vez da panaceia de cidade europeia oitocentista – 'Tudo para o Esgoto!' [...] a máxima certa para a Índia é aquela velha tradição rural do 'Tudo para o Solo!'"[34] Os varredores de rua deveriam tornar-se jardineiros, levando o lixo da cidade para novos subúrbios e adubando o espaço entre as casas a fim de criar-se "um ambiente ajardinado com muito verde e muitas árvores frutíferas"[35].

Naturalmente, isso não o fez benquisto entre os engenheiros. Muito menos sua insistência de que eram desnecessários, em sua maior parte, os alargamentos de rua e as demolições radicais por eles promovidos. Em Lahore declarou-se "totalmente estupidificado" ante as propostas de demolição para uma velha área, que lhe lembrava "ruas traseiras em cidades do Lancashire [...] tal como foram dispostas pelos sanitaristas e engenheiros a partir de 1860, aproximadamente", até que a Lei Britânica do Planejamento de 1909 acabasse com esse tipo de coisa; "Os caminhos e vielas atuais são o subproduto da vida prática, seu movimento e experiência" e, portanto, necessitavam apenas de melhorias[36]. Da mesma forma, ele sugeriu, para a área de mercado de Balrampur, a demolição de algumas casas em ruínas, a ampliação dos espaços livres e o plantio de árvores: "À medida que esses velhos quarteirões dilapidados e aviltados se reabrirem uns para os outros, a antiga vida de aldeia, com sua admirável combinação de íntima simplicidade e sagrada magnificência, far-se-á visível à espera tão somente de uma renovação."[37] Tudo isso devidamente complementado por um novo subúrbio de casas com jardins e pátios, implantado graças à cooperação entre o engenheiro – necessário, provavelmente, para alocar sítios, construir arruamentos e redes de esgotos, furar poços – e a comunidade local; seria como "uma sucessão de aldeamentos, cada um com seu próprio centro"[38].

A CIDADE DA SUADA EQUIDADE
a comunidade autônoma

Da mesma forma, propôs para a cidade fabril de Indore

assepsia e cirurgia conservadora – em termos mais simples, limpar e arrumar [...] Sendo assim, a antiga vida dos Mohallas e Bazares fica substancialmente preservada dentro de suas linhas atuais, sem modificações de monta [...] Por meio de nossas pequenas remoções, retificações, aberturas e nosso meticuloso replanejamento, forma-se uma rede de vielas decentes e limpas, de pequenas ruas e espaços abertos, e até mesmo jardins, o que é, amiúde, agradável – e por que não dizer? – às vezes até mesmo bonito[39].

Sua maneira de tratar o problema, empenhou-se em frisar, era também muito mais barata, além de acarretar retornos imediatos a expressivas reduções nos índices de morbidez e mortalidade: "Impossível dizer com mais clareza [...] que somos nós, planejadores urbanos de uma escola mais recente, os que se preocupam em abrir ruas, a. apenas onde são realmente necessárias, e b. nas direções requeridas, que somos nós os homens práticos, os autênticos utilitaristas e os economistas preocupados tanto com o bolso do município quanto com o dos munícipes."[40] Em um de seus primeiros relatórios, para Tanjore na presidência de Madras, estimou que seu plano custaria um sexto do projeto quadriculado dos engenheiros[41]. Mas admitiu que:

O método conservador tem, todavia, suas dificuldades. Requer estudo longo e paciente. O trabalho não pode ser feito no escritório, com régua e paralelas, pois o projeto tem que ser esboçado *in loco,* depois de horas de perambulação – geralmente entre paisagens e odores que nenhum brâmane ou bretão foi, via de regra, treinado para suportar [...] Esse tipo de trabalho também exige mapas com maior grau de detalhe e acurácia do que os até aqui exigidos por lei para uso do município ou do governo central [...] Mesmo após longa prática de jogo, constantemente nos vemos [...] tentados, como o enxadrista impaciente, a varrer do tabuleiro as peças que se nos atravessam no caminho.[42]

Há aqui uma rara ironia; pois o próprio Geddes nunca realizou na Índia qualquer levantamento detalhado, recorrendo sempre que possível a levantamentos locais disponíveis[43]. Na Presidência de Bombaim, onde visitou seis cidades, "Seus relatórios sobre todas elas eram muito esquemáticos, mas sua mensagem era bem clara."[44] Os relatórios de Lucknow, do mesmo modo, não apresentam ideias novas e nem mesmo somam a um plano abrangente para a cidade; "Geddes estava sempre muito ocupado para realizar qualquer trabalho de levantamento sistemático."[45] Como de praxe, improvisava: "Sua confiança era ilimitada visto que sua abordagem sociobiológica parecia ajustar-se tão bem às condições dos indianos."[46] Ele estava muito seguro do seu fundamento: a política de demolição constituía "uma das mais desastrosas e perniciosas políticas já postas em prática na multifacetada história do saneamento básico"; seu resultado era amontoar as pessoas em habitações piores do que as que elas tiveram antes[47].

Ele escreveu,

> O planejador urbano falha a menos que possa tornar-se algo como um fazedor de milagres para as pessoas. Ele deve ser capaz de mostrar sinais e maravilhas, diminuir a malária, a praga, a enterite, a mortalidade infantil e criar maravilhas de beleza e cenas de transformação verdadeira. Algumas vezes ele pode fazer isso em umas poucas semanas, ou mesmo em uns poucos dias, transformando um cortiço miserável em um pátio agradável, brilhante com pintura falsa (colour-wash) e alegre com as pinturas dos velhos quadros murais, adornado com flores e bendito novamente por seu santuário reparado e replantado. Dentro de umas poucas semanas nós podemos transformar uma extensão de montes de lixo, com sujeira em cada buraco e contaminando cada casa com sua poeira carregada de germes, em um espaço aberto, repousante e sombreado, onde os mais velhos podem sentar à noite assistindo às crianças brincarem e regando as novas árvores que ajudaram a plantar.[48]

"Geddes tinha a noção ambiciosa de que seu tipo de planejamento urbano poderia ajudar a unir o Império Britânico." Ele estava "certo" de que se seu trabalho com Unwin na Irlanda não tivesse sido truncado em 1914, a Easter Rising poderia ter sido evitada[49].

A cirurgia conservadora, explicou Geddes em seu relatório para Lahore em 1918, como para muitos outros lugares, seria complementada pela criação de "Vilas-Jardim" propostas ao redor da cidade, para onde se mudariam as indústrias[50]; estas atrairiam milhares de pessoas vindas da cidade velha: "assim as frequentadíssimas latrinas públicas perderiam sua freguesia" e esquemas dispendiosos para redes de esgoto poderiam ser sustados[51]. As vilas-jardim seriam construídas pelo princípio da cooperativa de inquilinos, exatamente como Unwin e Parker haviam feito em Hampstead, Ealing e outros lugares; mas aqui, Geddes propôs uma adaptação às condições indianas: o Estado cederia apenas a terra com facilidades de pagamento, e depois "simplificando a construção propriamente dita a um mínimo razoável para começar, mas com um incentivo para melhorias"[52]; as estruturas seriam kucha (de materiais provisórios), e "o trabalho pode muitas vezes, pelo menos em parte, ser feito pelo próprio trabalhador"; o Estado poderia ajudar fornecendo o material[53].

A CIDADE DA SUADA EQUIDADE
a comunidade autônoma

Quanto ao plano no seu todo, Geddes acentuou, é mister realizá-lo com a "participação real e ativa" dos cidadãos; advertiu sobre os "perigos do controle municipal vindo de cima" com a decorrente "separação entre sentimento do poder público e sentimento popular e, consequentemente, em breve, entre as necessidades e conveniências do poder público e as populares"[54].

Seu relatório sobre Indore, Geddes concluiu significantemente, foi "o mais completo e mais pormenorizado esquema já feito, ao que saiba o autor, para uma cidade"; "foi a melhor, porque a mais completa oportunidade da minha vida, como planejador urbano"[55]. A chave do mistério estava no fato de que

> Já que a vida urbana, assim como a vida orgânica e individual, existe e se desenvolve com o funcionamento harmonioso de todos os seus órgãos e sua adaptação a todas as suas necessidades, envidaram-se esforços a fim de prover, e de maneira crescente, a todas essas necessidades, e destarte não apenas trabalhar em, com ou para cada uma delas como um especialista, mas também coespecializar cada uma em relação à vida mais completa do todo [...] Só no primeiro estágio de todo ensino científico e técnico é que se podem analisar e ver e manipular as coisas de modo estritamente isolado: na fase que necessariamente se segue, tornamos a vê-las como um todo interagindo, e assim as reajustamos num conjunto. É porque as mentes se fixam no primeiro estágio que grandes esquemas dis-especializados – como no caso dos antigos Esquemas de Água e Esgoto – tão rapidamente malogram ou gastam excessivamente.[56]

Dizer tudo isso, ele bem podia. Em 1918, antecipara exatamente de meio século a filosofia de planejamento dos anos de 1960. O mundo ainda não estava pronto para tanto. Alguns dos relatórios contêm indícios de uma angustiosa discordância com o funcionalismo público local[57]. Não lhe agradeceram por isso em parte alguma na hierarquia oficial: em 1914, Lutyens reportou que "Hailey, Montmorency e todos, de H.E. para baixo", mostraram-se indiferentes, mas estavam, na verdade, furiosos,

> com um certo professor Geddes, que apareceu por aqui fazendo palestras sobre planejamento urbano – seu material para a exposição foi afundado pelo *Emden*. Parece que disse asneiras de modo insultante, e ouvi dizer que vai me enfrentar! Um biruta que não conhece o assunto que trata. Fala um bocado, contradiz-se e depois perde as estribeiras[58].

O sentimento era mútuo, Geddes invectivando contra a "mortal haussmanização e as miseráveis (Belfast 1858) leis industriais" do governo de Madras e prometendo lutar com "o bem-intencionado fanático do saneamento"[59]. Mas ele saiu-se melhor em Indore, onde teve permissão de ser "marajá por um dia," queimando o "Gigante da Sujeira e o Rato da Praga" em uma fogueira antes dos fogos de artifício[60]. E o marajá de Baroda, um pequeno estado, foi um entusiasta em particular[61].

Mais de dez anos após seus relatórios mais importantes, um manual padrão de prática urbanística indiana, de um certo J.M. Linton Bogle (engenheiro, Liverpool; membro associado da Institution of Civil Engineers e do Town Planning Institute; engenheiro-chefe do Lucknow Improvement Trust), ainda estava recomendando "um plano viário bem projetado" com ruas de 30,5 metros (100 pés) de largura. Desnecessário dizer que o nome de Patrick Geddes não foi mencionado[62]. Geddes, ou o seu fantasma, teria de esperar um pouco mais.

Mas em Lucknow, onde Geddes trabalhou com assistentes indianos e com o presidente da Fundação, L.M. Jopling, suas ideias foram acatadas[63].

Arcádia Para Todos em Peacehaven

Enquanto isso, pessoas que jamais tinham ouvido falar em Geddes continuaram construindo suas próprias casas como sempre haviam feito através dos tempos. Estiveram fazendo isso por todo o sul da Inglaterra nos anos de 1920 e de 1930, especialmente no litoral: na Ilha de Canvey e na Ilha Sheppey, em Peacehaven, próximo a Brighton, e em Jaywick Sands, próximo a Clacton, em Shoreham Beach e Pagham Beach, bem como em inúmeros outros lugares. Eram, na maioria, pessoas pobres que usavam as próprias mãos, com materiais descartados tirados dos depósitos de sucata da civilização industrial; bondes fora de circulação eram os grandes favoritos[64]. Construíam muito barato, porque assim era preciso; uma delas, uma senhora que começou com uma nota emprestada de uma libra em 1932, disse que se sentia triste ao ver que a última geração de casais jovens não teve a oportunidade que ela tivera[65].

Os resultados nem sempre apresentaram aquela feliz qualidade vernacular que Unwin tanto admirava e que tentou captar em todos aqueles desenhos de *Town Planning in Practice*. Eram, por vezes, extravagantes, e careciam dos serviços de alto custo com os quais seus construtores não podiam arcar; no maior deles, os loteamentos abertos em Laindon, no Essex, perto de três quartos das 8.500 casas não tinham esgotos, e metade não tinha eletricidade[66]. Nos anos de 1930, foram eles sobretudo que provocaram o clamor angustiado, vindo

A CIDADE DA SUADA EQUIDADE
a comunidade autônoma

de arquitetos e outros, sobre a espoliação da zona rural, história já narrada no capítulo 3. A Segunda Guerra Mundial veio em auxílio desses críticos: as forças armadas demoliram grande quantidade dessas moradias, em nome da defesa nacional contra uma possível invasão. Depois disso, os planejadores da recém-empossada autoridade local prosseguiram com toda uma série de assédios legais ou quase legais: num local, criaram um parque campestre, noutro, um novo subúrbio inteiramente construído pela iniciativa privada, e até mesmo – em Laindon – toda uma cidade nova[67]. Mas não puderam eliminá-los por completo; os loteamentos irregulares da Inglaterra – e seus ocupantes – sobrevivem ainda, testemunho de uma época extraordinária de construções feitas pelo povo para o povo.

Alguns poucos viram e admiraram. Um deles, Colin Ward, começou, no início dos anos de 1950, a escrever para a revista anarquista *Freedom,* exaltando os princípios da autoconstrução. E pouco antes disso, Ward estivera participando, durante breve espaço de tempo, de um admirável encontro de inteligências ocorrido na escola da Architectural Association, em Londres. Em 1948, a AA – mais conhecida como a principal mentora, na Inglaterra, das megalomaníacas fantasias corbusianas – agiu de maneira não usual: convidou o arquiteto anarquista italiano Giancarlo de Carlo. De Carlo ficara impressionado com as condições precárias em que os pobres da Itália viviam na época: condições, dizia, "que pouco diferiam das dos escravos do terceiro século a.C. ou dos plebeus na Roma Imperial"[68]. A habitação municipal não era a solução, pois significava "essas sórdidas casernas monotonamente enfileiradas no perímetro de nossas cidades."[69] Portanto, defendia que, "o problema habitacional não pode ser resolvido de cima. É um problema *do povo,* e só será solucionado, ou mesmo encarado corajosamente, mediante a vontade e a ação concretas do próprio povo"[70].

O planejamento poderia ajudar, mas só na medida em que fosse concebido "como manifestação da colaboração comunitária", graças ao que "ele se transforma no esforço para libertar a verdadeira existência do homem, na tentativa de estabelecer uma conexão harmoniosa entre natureza, indústria e todas as atividades humanas"[71].

Essas palavras tocaram na corda sensível de um dos estudiosos, ex-membro das hostes da AA. John Turner, ao contrário de muitos da sua geração, não era um admirador de *La Ville radieuse.* Mais tarde, ele lembra que,

> por alguma pequena transgressão minha na escola pública inglesa que frequentava, um monitor mandou que eu lesse e resumisse um capítulo de *The Culture of Cities,* de Lewis Mumford. Mumford citava o seu próprio professor,

Patrick Geddes, cujo nome fixou-se em minha mente. Mais tarde, o trabalho de Geddes fez-me duvidar do valor de meu aprendizado profissional e, quando finalmente escapei para o mundo real, foi também a sua obra que guiou o meu reaprendizado e a minha reeducação[72].

No exército, lera *Freedom* e convertera-se ao anarquismo. Assim, quando De Carlo chegou à AA, já estava, de algum modo, pregando para pelo menos um membro semiconverso do público. Turner voltou ao método geddesiano, o que "o levou, de maneira bastante clara, a relacionar-se o mais estreitamente possível com todos os envolvidos, especialmente com os que mais sofriam as consequências das disfunções e da deterioração urbanas"[73]. Mas as possibilidades para que um jovem profissional conseguisse atuar dessa forma "num país tão rigidamente institucionalizado como o Reino Unido pareciam remotas" e, quando lhe foi dada a oportunidade de trabalhar no Peru com Eduardo Neira, agarrou-se a ela com unhas e dentes[74].

Turner Vai ao Peru

De meados dos anos de 1950 a meados dos anos de 1960, Turner trabalhou nas *barriadas* de Lima, cuja população multiplicou de 100 mil para 400 mil habitantes nos seis anos que medeiam entre 1958 e 1964[75]. Era uma época em que a visão ortodoxa, reforçada pela publicação do influente trabalho de Oscar Lewis sobre a cultura da pobreza[76], via esses assentamentos informais de cortiços como "solo fértil para todo tipo de crime, vício, enfermidade e desorganização social e familiar"[77]. Mesmo em 1967, um renomado perito no assunto, do Massachusetts Institute of Technology, assim escreveu sobre eles:

> Em geral, seus filhos não vão à escola, não acham trabalho (salvo o mais servil e mal remunerado), não se urbanizam em qualquer sentido significativo (salvo no da urbanidade da delinquência e do crime da cidade grande) [...] é preciso gastar recursos consideráveis para mantê-los até mesmo dentro dessas condições miseráveis de vida [...] mais policiais e bombeiros, mais hospitais e escolas, mais moradias e atividades correlatas.[78]

Isso, não há dúvida, representava uma incompreensão quiçá total do que Lewis efetivamente dissera; e Lewis, como muitos outros distintos acadêmicos,

A CIDADE DA SUADA EQUIDADE
a comunidade autônoma

parece ter sido citado sobretudo por aqueles que não se deram ao trabalho de lê-lo. Escrevera sobre "um modo de vida, sobremaneira estável e persistente, que passava de geração em geração ao longo das linhas familiares"[79]. Mas também enfatizara, num de seus estudos iniciais sobre a vinda dos camponeses mexicanos para a Cidade do México, que

> eles se adaptam mais facilmente à vida na cidade do que as famílias das fazendas norte-americanas. Quase não se tem notícia de desorganização ou de colapso, de conflito cultural ou de irreconciliáveis conflitos entre gerações [...] A coesão familiar e os vínculos de família estendida aumentam na cidade, ocorrem menos casos de separação e divórcio, não há casos de mães e crianças abandonadas, não há casos de pessoas morando sozinhas ou de famílias não aparentadas que morem juntas[80].

E, mais tarde, empenhou-se em frisar que a expressão "cultura da pobreza"

> é um chamariz e, com alguma frequência, é mal empregado na literatura atual [...] A cultura da pobreza não trata apenas de privação ou de desorganização, não é apenas um termo que significa a ausência de algo. É cultura no sentido antropológico tradicional, visto que provê os seres humanos de um projeto para a vida, de um conjunto pronto de soluções para problemas humanos, e assim cumpre significativa função adaptadora. Ao escreverem sobre famílias "multiproblemáticas", os cientistas [...] frequentemente salientam sua instabilidade, sua falta de ordem, de direção, de organização. No entanto, para mim, que as tenho observado, seu comportamento parece claramente padronizado e razoavelmente previsível. O que amiúde mais me choca é a inexorável repetitividade e o férreo entrincheiramento de seus usos e costumes[81].

Ademais, enfatizava ele, nem todos os pobres, absolutamente, estavam enquadrados dentro da cultura da pobreza; para tanto, era preciso que um conjunto bastante especial de condições fosse preenchido, incluindo falta de dinheiro com alta taxa de desemprego, ausência de qualquer tipo de organização em favor do pobre, falta de relações de parentesco estendido e predominância de um sistema de valores onde se sugerisse que a pobreza era fruto da inadaptação pessoal[82]. Não apenas isso; em seu estudo sobre pobreza e prostituição em Porto Rico, *La Vida,* a personagem central experimenta um profundo sentimento de isolamento quando persuadida a deixar o cortiço por um projeto de habitação pública na periferia:

FIG. 72: *San Martin de Porres, Lima, 1962.* "*A noção de que a* barriada *é um* cortiço *varia entre uma meia-verdade e uma quase mentira.*" *(John F.C. Turner)*. Fonte: John F.C. Turner.

O lugar é morto. Bem diz o provérbio: "Deus que me livre dos lugares quietos, que nos turbulentos sei me defender..." Aqui até meus santos choram! Parecem tão tristes. Acham que os estou punindo [...] Talvez eu estivesse melhor fora daqui, em La Esmeralda. E como você precisa pagar pelos confortos que tem! Ouça, estou tensa, nervosa de verdade, porque se você, aqui, deixa de pagar o aluguel, mesmo que seja uma vez, no mês seguinte é posta pra fora.[83]

Mas embora Lewis estivesse dizendo exatamente o contrário as pessoas acreditavam que ele lhes dizia aquilo em que queriam acreditar: a área de habitação informal era, por definição, um cortiço e portanto – mais uma vez por definição –, área de delinquência, desagregação e mal-estar social generalizado. No início dos anos de 1960, até mesmo um perito renomado e liberal como Charles Abrams – que, tendo crescido num cortiço, possuía sobre a matéria conceitos menos distorcidos que a maioria – tinha dúvidas sobre o valor da autoajuda, sobretudo em áreas urbanas, tendo em vista as dificuldades de organização, os atrasos, a construção de péssima qualidade, a falta de produção em massa e o fato de que os resultados geralmente representavam riscos para a segurança e a saúde.[84]

A CIDADE DA SUADA EQUIDADE
a comunidade autônoma

Turner foi o primeiro a descobrir o que a investigação múltipla sociológica e antropológica provaria mais tarde: que a verdade era quase o avesso
do que rezava a sabedoria convencional. De fato, as invasões que produziram
as *barriadas* eram altamente organizadas, ordeiras e pacíficas, sendo seguidas
de maciços investimentos em habitação; emprego, salários, níveis de alfabe-
tização e de educação eram ali acima da média, sem falar em comparação
com os cortiços urbanos[85].

> A maioria da população da *barriada* de Lima não é, nem pelos padrões perua-
> nos e nem mesmo pelos de Lima, muito pobre, e as vidas que levam em suas
> *barriadas* constituem um avanço considerável em relação à sua condição de
> origem, seja nos cortiços urbanos, de onde se mudaram para a *barriada*, seja
> nas aldeias de onde saíram para os cortiços urbanos.[86]

A ideia de que a *barriada* (ou seus equivalentes, a favela brasileira, a *colonia
proletaria* mexicana e o *rancho* venezuelano) era um cortiço "oscila entre uma
meia-verdade e uma inverdade quase total"[87]: o proprietário tinha terra, ao
menos parte de uma moradia bem construída, segurança, *status e* interesses
assentados em desenvolvimento social e estabilidade política[88]; sua gente era
"o equivalente (muitíssimo mais pobre) peruano dos compradores-de-casas de
uma sociedade construtora dos subúrbios de qualquer cidade do mundo indus-
trializado"[89]. E esses aspectos não materiais eram particularmente importantes;
pois, muito embora o mundo oficial não o reconhecesse, a moradia era mais
do que um produto material, visto que também conferia às pessoas qualidades
existenciais, tais como identidade, segurança e oportunidade, transformando,
assim, completamente, a qualidade de vida da gente simples[90]:

> Que a massa dos pobres urbanos, em cidades como Lima, seja capaz de
> buscar e encontrar melhoria social através da casa própria (ou da posse *de
> facto*), enquanto ainda são, pelos modernos padrões, muito pobres, é o que
> sem dúvida explica, mais que tudo, seu otimismo. Se estivessem engaiolados
> dentro dos perímetros urbanos, como tantos dos norte-americanos pobres,
> também eles estariam ardendo de raiva ao invés de estarem construindo.[91]

Outra verdade por ele descoberta foi a de que o povo, melhor do que ninguém, sabe o que quer para si próprio: ao chegar pela primeira vez à cidade,
solteiros ou recém-casados, preferiam viver em cortiços centrais, perto dos
empregos e dos mercados de gêneros baratos; depois, à medida que nasciam os
filhos, saíam em busca de espaço e segurança[92]; nessa fase, quando livres para

agir, preferiam viver em grandes casas inacabadas, ou até mesmo em grandes barracões, mais do que em casas pequenas e terminadas: "Como escreveu Patrick Geddes, meio século atrás, na Índia: 'Cumpre-me lembrar a todos os interessados 1. que a necessidade essencial de uma casa e de uma família é *espaço*; e 2. que a melhoria essencial para uma casa e uma família é *mais espaço.*'"[93] Para eles a casa – e serviços para a comunidade como mercados, escolas e polícia – estava em primeiro lugar e os demais serviços (salvo, talvez, a eletricidade) em segundo; sabiam que estes poderiam obter-se no seu devido tempo[94].

O problema era que o mundo oficial se recusava a reconhecer o fato. Os códigos de subdivisão de Lima, datados de 1915, e os que regulamentavam os padrões mínimos para habitação, fixados em 1935, simplesmente excluíam do mercado a maioria dos potenciais proprietários de moradia: no mercado legal, as pessoas estavam pagando, por uma moradia pior, maior porcentagem sobre sua renda do que seus avós nos anos de 1890[95]. Assim, "o assentamento urbano autônomo [...] é o resultado da diferença entre a natureza da demanda popular por moradias e aquelas que a sociedade institucionalizada provê"[96]; havia um hiato entre os valores estabelecidos pelas instituições governamentais na sociedade e os que o povo desenvolvera para si próprio em resposta às suas circunstâncias de vida.[97]

Em seu primeiro trabalho peruano, na cidade de Arequipa, Turner assumira que o papel do profissional era organizar o processo de autoconstrução. Foi quando percebeu que o povo sabia perfeitamente bem não só o que construir, mas como: daí seu *mea culpa* por ter adotado a "visão autoritária liberal de que todas as organizações autônomas locais tendiam a ser subversivas"[98]. Como de fato eram: face à elite profissional dominante. E assim chegou ele à sua descoberta fundamental:

> Quando os moradores controlam as decisões mais importantes e sentem-se livres para dar suas próprias contribuições ao projeto, à construção ou ao gerenciamento de suas habitações, tanto esse processo quanto o ambiente decorrente estimulam o bem-estar individual e social. Quando, ao contrário, as pessoas não têm controle sobre as decisões-chave nem por elas se responsabilizam dentro do processo habitacional, o ambiente onde habitam pode tornar-se uma barreira para a sua realização pessoal e um ônus para a economia.[99]

Os posseiros conseguiam construir suas casas pela metade da quantia que um empreiteiro lhes cobraria, criando, ao mesmo tempo, um investimento de valor quatro ou cinco vezes maior do que suas rendas anuais: duas vezes o máximo habitualmente fixado para moradias de construção convencional[100].

A CIDADE DA SUADA EQUIDADE
a comunidade autônoma

Ao passo que colocar as pessoas dentro de projetos habitacionais governamentais pouco contribuía para interromper o ciclo que desembocava na cultura da pobreza, tal como Lewis a entendeu[101].

Qual então deveria ser o papel do governo e do planejamento? Sair de campo e deixar o povo entregue a si mesmo? De maneira alguma, dizia Turner; caberia ao planejamento fornecer a estrutura dentro da qual a população ficasse livre para pôr mãos à obra. O governo deixaria de financiar e construir; para, em vez disso, promover e coordenar. As pessoas ainda precisariam de ajuda, pois não necessariamente teriam as habilidades necessárias para construírem elas mesmas[102]; era um mito, acentuou mais tarde, que a habitação autônoma ficasse mais barata por ser construída pelo próprio morador, pois o proprietário raramente contribuía com mais que a metade do total da mão de obra, amiúde pouquíssimo; não: o proprietário economizava por ser ele o seu próprio empreiteiro[103]. Caberia, destarte, ao governo a função de ajudar os pequenos empreiteiros e as cooperativas no fornecimento de materiais ou de serviços especializados[104]. A ação do governo seria, além do mais, essencial no fornecimento de terra tão próxima quanto possível das possibilidades de emprego, na antecipação da infraestrutura e na legalização do esquema quando o assentamento ficasse pronto[105].

Mesmo após a construção das colônias, Turner e seu grupo reconheceram que os problemas provavelmente continuariam; ao menos alguns deles podiam ser minorados durante a construção. A enorme escala das colônias em muitas cidades latino-americanas – aproximadamente três quartos dos 6 milhões da população de Lima em 1990, contra talvez 5% dos 600 mil em 1940 – significava que muita gente estaria pagando caro para chegar ao trabalho e talvez pelos serviços domésticos, contribuindo para isso as baixas densidades em que muitas colônias eram construídas[106]. Mais: esse tipo de esquema habitacional requeria pelo menos uma renda mínima, o que muitos – mesmo na América Latina, e mais ainda na África – ainda não possuíam[107]. Se as pessoas de renda mais baixa invadissem periferias de colônias já estabelecidas poderiam pôr a perder os esforços envidados para que estas melhorassem de nível[108]. Os próprios moradores, enfim, poderiam tornar-se presa da especulação imobiliária, da qual, perversamente, seriam beneficiados à medida que suas casas se valorizassem: problema que ultimamente tem preocupado muitos peritos do Banco Mundial e em outros lugares[109].

Enquanto isso, tanto a pesquisa acadêmica quanto a experiência profissional confirmaram que de fato os aglomerados de habitação autônoma constituíam "cortiços de esperança", expressão que Charles Stokes cunhara já nos idos de 1962[110]. Por agora, resultados obtidos por outros estudos em outros locais sugeriram que suas conclusões eram, em geral, aplicáveis. Frieden obteve resposta idêntica para a Cidade do México em meados da década de 1960[111]; Romanos confirmou-a para Atenas, Epstein para as cidades brasileiras[112]. E o célebre estudo de Janice Perlman sobre o Rio, *Favelas, the Myth of Marginality* (1976), considerou

> o conhecimento dominante absolutamente errado: os favelados e suburbanos *não* têm, como se supõe, as atitudes e o comportamento associáveis a grupos marginais. Socialmente, são bem organizados e coesos, fazendo amplo uso do meio social urbano e suas instituições. Culturalmente, são altamente otimistas e aspiram a uma educação melhor para os filhos e ao melhoramento das condições de suas casas [...] Economicamente, trabalham duro, consomem a parte que lhes cabe daquilo que outros produzem [...] e constroem [...] Politicamente, não são nem apáticos nem radicais [...] Em suma, *têm* as *aspirações da burguesia, a perseverança dos pioneiros e os valores dos patriotas.* O que lhes falta é a oportunidade de satisfazer tais aspirações[113].

Essa conclusão, sugeriu a autora, foi respaldada por vários outros estudos. O mito persistia porque era útil: mantinha o *status quo* e justificava qualquer possível ação por parte do Estado, inclusive a derrubada das favelas[114]. De fato, a remoção de uma dessas favelas do centro do Rio, no início dos anos de 1970, provocara profundo mal-estar, uma vez que a população foi realojada em projetos habitacionais periféricos, afastados dos empregos e desprovidos de qualquer espírito comunitário[115].

Escorados em estudos do gênero, por volta da década de 1980, os programas turnerianos receberam a honra final da respeitabilidade: foram acolhidos pelo Banco Mundial. Como era, talvez, de prever, com a fixação da nova ortodoxia desenvolveu-se uma escola de pensamento anti-Turner. Segundo a nova corrente, a habitação de autoconstrução ficava, na verdade, relativamente cara, e a aparente economia vinha apenas da mão de obra gratuita, executada pelo proprietário; além disso, era imensamente lucrativa para os proprietários de terra, podendo a legalização dos direitos de posse sair cara para seus ocupantes[116]. Houve quem sugerisse que, embora tais conclusões fossem válidas para a maioria desses lugares, não eram, contudo, aplicáveis a todos: aos *bustees* de Calcutá, por exemplo[117]. (Ironicamente, naquele exato momento, ao tentar pela primeira vez derrubar os *bustees,* também Calcutá se deu conta da futilidade da tentativa e propunha-se a desencadear um vasto programa de melhoramentos[118].) E naturalmente sempre houve quem argumentasse, baseado na análise marxista, que o autoconstrutor não passava de mero instrumento do capitalismo:

A CIDADE DA SUADA EQUIDADE
a comunidade autônoma

"As recomendações de Turner representam nada menos que as tentativas agora tradicionais dos interesses capitalistas para atenuarem o déficit habitacional usando de meios que não interfiram na operação efetiva desses interesses."[119]

Obviamente aturdidíssimo com toda essa celeuma, Turner firmou sua posição no conceito de que a moradia pode ser uma alavanca para a ascensão social. De qualquer forma, um levantamento feito por Gilbert e Ward junto a pessoas alojadas em moradias de construção autônoma na Cidade do México, descobriu que – iludidas ou não pelo sistema – essas pessoas se declaravam bastante satisfeitas:

> grupos de baixa renda beneficiaram-se com o processo, ainda que sofrendo com a prolongada insegurança relativa aos direitos de posse, com os serviços inadequados, com a perda do tempo de lazer dedicado à construção da casa e aos melhoramentos da vizinhança, e com o alto preço pago por terreno, regularização, taxas e propinas [...] no fim disso tudo, os moradores ficam de posse de um lote que atua como barreira contra a inflação, constitui ganho sólido e pode ser usado para gerar renda através de aluguel ou meação[120].

Aqui e em Bogotá, sugeriram os pesquisadores, tanto a classe capitalista quanto o grupo de baixa renda têm lucrado; a habilidade de qualquer dos grupos em controlar o sistema é coibida pelo processo eleitoral[121]: "o estruturalismo é capaz de explicar tanto a opressão da classe trabalhadora por governos autoritários quanto a melhoria de condições para os pobres. Já que nada é obstado, nada é explicado"[122]. De fato, as burocracias governamentais de planejamento ajudaram o pobre e, ao estabilizar a sociedade, também ajudaram a si próprias[123].

A China Vai Para as Montanhas e Para o Campo

Do outro lado do Terceiro Mundo, nesses anos, estava ocorrendo uma experiência de planejamento ainda mais audaciosa: a mais radical, talvez, em toda a história do planejamento no século xx. Na época da revolução comunista de 1949, a China era um dos mais marcantes exemplos, no mundo, daquilo que mais tarde recebeu o nome de desenvolvimento desigual. Em torno de nove décimos de toda a infraestrutura industrial do país estavam concentrados em aproximadamente cem "portos abertos" ao longo da costa; quase um quinto, só em Xangai. Nessas cidades sob controle estrangeiro, os chineses sentiam-se forasteiros em sua própria terra, humilhados pela pompa grosseira do colonialismo: num dos parques de Xangai, ficara célebre o aviso que proibia a entrada de cachorros e chineses[124]. Não é de admirar que os novos dirigentes comunistas fossem ideologicamente antiurbanos: embora em sua maioria eles próprios tivessem origem urbana e dependessem do apoio do proletariado urbano, foi no campo que ergueram a bandeira da revolução, acreditando firmemente que era ali que se encontrava a fonte dos valores chineses genuínos e não corrompidos[125].

Mas havia outro motivo, mais pé no chão, para que o desenvolvimento se voltasse para a zona rural: falta de opção. Nos primeiros anos após a revolução, a população afluiu do campo, atrasado e arrasado pela guerra, para as cidades, que não podiam arcar com tal fardo[126]. E a verdadeira razão para a reversão desse fluxo foi a necessidade de industrializar o campo[127]. Consequentemente, instaurou-se a célebre política do *shang shan xia xiang,* ou seja, a juventude instruída rumo às montanhas e ao campo: milhões de jovens graduados foram despachados das cidades a fim de ajudarem a formar a liderança para o desenvolvimento rural. Isso ocorreu sobretudo nos fins da década de 1950, época do desastroso Grande Salto para a Frente, e no fim da década de 1960, ao tempo da Revolução Cultural[128]. E teve dois componentes. Um, não muito bem divulgado, mas seguramente o mais importante: o desenvolvimento da indústria em larga escala nas cidades interioranas como Lanchow e Sinkiang, numa proposital contrapartida aos portos abertos. O outro, conhecido de todos: o desenvolvimento rural autossuficiente por meio da reforma agrária, da melhoria das técnicas agrícolas e da implantação de uma indústria rural de pequena escala[129].

Foi um programa heroico que se tornou o modelo do chamado planejamento de baixo para cima[130]. O problema é que todo ele não passou de aparência e redundou em fracasso. Nunca foi realmente de baixo para cima, porque sempre o dirigiram do centro, mesmo quando administrado – por total necessidade – localmente[131]. Os elementos principais – provisão de necessidades básicas, controle local de empresas agrícolas e de indústrias de pequena escala, ênfase na autoconfiança local – estavam inteiramente protegidos por uma estrutura nacional de planejamento que usava políticas fiscais e de preço para favorecer o setor rural[132]. Caracterizou-se por falhas repetidas e às vezes desastrosas, fruto da total inabilidade das comunas em manipular o sistema, como durante o Grande Salto para a Frente[133]. As indústrias rurais, tais como, nos anos de 1950, os famosos fornos siderúrgicos de quintal, provaram ser de funcionamento caríssimo[134]. A estrutura inteira dependia de quase 15 milhões de profissionais urbanos, que – descontentes, frequentemente em conflito com o campesinato – só pensavam em voltar para as cidades; constituíram, aliás, rico manancial de refugiados para Hong Kong, contribuindo grandemente para o meteórico desenvolvimento dessa cidade[135].

Sob o regime de Deng, no fim dos anos de 1970 e início dos 1980 – conservador para os clássicos padrões maoístas, radical para outros –, o programa foi em grande parte abandonado. Foram mínimos os seus resultados. Os portos abertos ainda são, de longe, as maiores cidades da China e a chave de sua produção industrial; a indústria rural de pequena escala emprega talvez 3% da força de trabalho rural; as cidades continuam crescendo; num quarto de século de governo comunista, a distribuição geral da população pouco mudou[136]. Contudo, em comparação com outros países do Terceiro Mundo, é preciso dizer que o número de grandes cidades é bastante pequeno – 25 ao todo com mais de 1 milhão de habitantes, seis com mais de 2 milhões – e o crescimento urbano foi mantido compatível com o crescimento da população como um todo[137]. Portanto, apesar de tudo, o grande experimento conseguiu alguma coisa. Mas quanto a ter, de fato, representado o triunfo de um planejamento local, autônomo, feito de baixo para cima, como alguns gostariam piamente de acreditar, isso já é uma outra questão, sobre a qual, à falta de provas documentais, ainda não se tem um veredicto.

A Autonomia no Primeiro Mundo: De Wright a Alexander

Isso tudo teve poucos ecos no Primeiro Mundo; instado a aprender sobre habitação informal no Terceiro Mundo para os Estados Unidos, em 1968, um grupo de peritos em habitação conseguiu achar pouca coisa[138]. Mas através dos anos, algumas poucas pessoas estiveram pensando sobre o assunto. A mais notável delas foi Frank Lloyd Wright, a quem logicamente consideraremos como figura exponencial da cidade à beira de estrada no capítulo 9. Mas "Broadacre City"* era mais do que isso: era para ser uma cidade construída por seus habitantes com materiais produzidos em série[139]:

> para começar a construir seu lar, é preciso que ele seja capaz de comprar barato
> o gabinete padronizado e moderno. Esse civilizado "gabinete" é, em tais cir-
> cunstâncias, uma unidade de banheiro completo, fabricada industrialmente,

que lhe é entregue acabada, como unidade isolada (como seu carro ou sua geladeira), pronta para uso assim que ligada ao sistema urbano de distribuição de água e a um tanque séptico de quinze dólares ou a uma fossa de quarenta. Bem orientado, ele instala essa primeira unidade onde quer que pretenda dar início à sua casa, sendo que outras unidades, igualmente baratas e úteis, projetadas para finalidades vitais, em breve poderão ser acrescentadas[140].

Na verdade, muitas das linhas que entraram no pensamento de Wright, conscientemente ou não, eram compartilhadas com a Regional Planning Association of America: anarquismo, libertação por meio da tecnologia, naturalismo, agrarianismo, movimento pró-cessão de terras. Os membros da RPAA, porém, como quase todo mundo, não lhe pouparam ataques[141]; e ninguém no meio urbanístico o levou em consideração. Por uma dessas frequentes ironias que parecem repetir-se na história do urbanismo, as pessoas que implementaram suas ideias foram os Levitts, uma firma de empreiteiros que, logo após a Segunda Grande Guerra, teve a ideia de uma casa básica de baixo custo feita com componentes industriais padronizados, que o proprietário poderia ampliar à vontade; pormenores sobre o triunfo da iniciativa serão dados no capítulo 9. Mas nas faculdades norte-americanas de arquitetura e urbanismo, a ideia da autoconstrução, inexplicavelmente, ficou soterrada por mais trinta anos até reaparecer em Berkeley, nos escritos de Christopher Alexander.

Alexander, natural de Viena, veio ainda criança para a Grã-Bretanha e recebeu uma educação extremamente eclética na Faculdade de Arquitetura da Universidade de Cambridge, de onde emigrou para a América. Praticamente desde o início, engajou-se numa odisseia pessoal buscando descobrir o que chamava de "a qualidade sem nome" de um edifício, descrita por ele, durante uma entrevista, nos seguintes termos:

> um edifício que é como um sorriso no rosto de alguém, e respira correção, e é exatamente aquilo que é e não apenas o que diz ser [...] em momentos como esses as coisas integram-se numa ordem completa, em paz consigo mesmas – não no sentido pretensioso a que tendemos chamar de belo, mas num sentido incrivelmente simples e direto, e ao mesmo tempo, profundo e misterioso[142].

Buscando por essa qualidade, Alexander desenvolveu, na década de 1960, a ideia de que ela pudesse ser objetivamente determinada. Via agora, porém, que os arquitetos modernos negavam, na verdade, suas próprias naturezas: a arquitetura "de cartolina" vinha do medo que tinham de mostrar emoção. A "ordem orgânica" autêntica, a "qualidade sem nome" podia ser encontrada

A CIDADE DA SUADA EQUIDADE
a comunidade autônoma

na arquitetura tradicional, como no inter-relacionamento dos edifícios universitários em Cambridge ou numa rua de vilarejo inglês; se os arquitetos realmente vivenciassem a experiência dessa qualidade, então não poderiam projetar o tipo de edifício que projetavam[143].

Até então, ao que parece, ele estava identificando exatamente as mesmas qualidades buscadas por Morris, Unwin e Geddes, embora estes não se expressassem nos mesmos termos: o que de melhor em moradia executaram Unwin e Parker, em New Earswick e Letchworth, tem exatamente essa qualidade. Mas então, por volta de 1972, Alexander percebeu que "não bastava improvisar soluções ante as leis de zoneamento, porque as regras exatas das leis – que governam esse processo – são, elas próprias, produzidas pelo processo mediante o qual o zoneamento é administrado"[144]. Em vez disso, desenvolveu a ideia de que grupos de pessoas, parcialmente subsidiados de cima, poderiam modificar seus próprios ambientes: "individual não é apenas cuidar de suas próprias necessidades, mas também [...] contribuir para satisfazer as necessidades do grupo mais amplo a que pertence"[145]. No projeto "Pessoas Reconstruindo Berkeley", tentou desenvolver a ideia de vizinhanças "autossustentadas, autogovernadas"[146]. A ideia não funcionou, o que o fez retornar ao tradicional plano diretor.

Decepcionado, chegou então a acreditar que "para que as coisas se tornem belas e vivas, é preciso que gente como eu esteja diretamente envolvida no ato da construção em vez de ficar brincando no papel"[147]. O que o fez também sentir-se melhor. Assim, num projeto de autoconstrução em Mexicali, ele realmente envolveu-se em ajudar os mexicanos a criar seu próprio ambiente. O resultado foi um conjunto de prédios muito incomuns, "um pouco mais vibrantes do que eu gostaria" mas, ao que parece, bem ao gosto das pessoas que os construíram[148].

Berkeley não era o único lugar onde as pessoas estavam voltando para ideias de autoajuda e participação comunitária na década de 1970, mas, graças a Alexander, era provavelmente o mais importante. Na Inglaterra, Ralph Erskine, arquiteto inglês de nascimento, que trabalhara durante anos na Suécia, voltou para Tyneside a fim de construir o notável Byker Wall (o longo edifício horizontal em Newcastle), projeto de reurbanização que se tornou um dos pouquíssimos casos de habitação pública projetada em diálogo contínuo com os habitantes. As desconfianças iniciais caíram por terra. "No final, a quantidade e qualidade da atividade social em Byker viraram motivo de riso – uma piada local – mas triunfaram."[149] E o resultado foi uma das mais extraordinárias estruturas já criadas numa cidade, sobretudo por um órgão de habitação pública: "o grande Wall, ele próprio, alto, austero e abstrato do lado-sombreado, inclinando-se, erguendo-se, descambando, assomando, recuando por 2,4 quilômetros, tem, do seu lado ensolarado, aparentemente mais baixo, a qualidade intrincada, decadente, provisória, intensamente humanizada de um aglomerado de barracos de Hong Kong"[150]. Seus habitantes são, na maioria, pessoas idosas que a ele se referem com o maior dos elogios: dizem que parece a Costa Brava[151].

Gostam dele; mas não o construíram, e Byker ostenta, sem sombra de dúvida, um certo ar de estilo arquitetural, extravagante até. Entrementes, em 1969, apareceu um manifesto altamente iconoclasta nas páginas de um semanário inglês de sociologia, o *New-Society*. Escrito conjuntamente por Reyner Banham, Paul Barker, Peter Hall e Cedric Price, defendeu que:

> Todo o conceito de planejamento (pelo menos o de tipo cidade-e-campo) foi distorcido [...] De um modo ou de outro, tudo exige atenção; não se deve deixar nada simplesmente "acontecer". Não se deve permitir que casa alguma seja banal da maneira pela qual as coisas são simplesmente banais: é preciso que cada projeto seja ponderado e planejado, e aprovado, só então construído, para só depois disso poder, afinal, revelar-se banal.[152]

Assim, o grupo propôs

> uma experiência precisa e cuidadosamente controlada de não planejamento [...] tomar um pequeno número de zonas apropriadas do país, sujeitas a um tipo característico de pressões, e usá-las como plataforma de lançamento do Não-Projeto. No mínimo conseguir-se-ia saber o que as pessoas querem, e no máximo, descobriríamos o estilo, ainda desconhecido, da Grã-Bretanha de meados do século xx[153].

O artigo propunha três dessas zonas: a Floresta Sherwood de Nottinghamshire, o corredor ao longo da então ainda não construída Rodovia M-11 de Londres a Cambridge, e a área Solent na costa sul. Terminava num desafio:

> salvo por umas poucas áreas de conservação, que desejamos preservar como museus vivos, os planejadores físicos não têm o direito de opor seus juízos de valor aos vossos, ou na verdade aos de quem quer que seja. Se a experiência do não planejamento der realmente certo, deve-se permitir que a população construa o que quiser[154].

A proposta foi recebida, é evidente, em meio ao mais total silêncio: foram precisos outros dez anos para que um grupo da Town and Country Planning

A CIDADE DA SUADA EQUIDADE
a comunidade autônoma

FIG. 73: *Lightmoor, na cidade nova de Telford. O povo põe mãos à obra, no projeto que no final ganhou o elogio do príncipe Charles. À direita, Tony Gibson, o John Turner de Lightmoor.* Fonte: *Town and Country Planning Archive.*

Association, dirigido por Colin Ward e David Lock, tentasse retornar à pura visão howardiana, com uma proposta para uma terceira cidade-jardim, a ser planejada – e em parte construída – pela população que nela ia morar. Frustrados na longa negociação mantida com a cidade nova de Milton Keynes, eles finalmente iniciaram o trabalho numa comunidade de autoconstrução em Lightmoor, na cidade nova de Telford, em 1984[155].

Movimento paralelo ocorreu nos Estados Unidos. Na verdade, Jane Jacobs pode ser apontada como sua iniciadora já em 1961, com seu ataque de pro-inferno-com-essas-suas-casas, lançado tanto contra corbusianos quanto contra planejadores cidade-jardim, e por seu apelo para a volta à densidade e aos usos mistos da terra característicos da cidade tradicional não planejada[156]. Em 1970, Richard Sennett fez um reforço com seu *Uses of Disorder,* pondo em contraste "uma vida em que as instituições da cidade opulenta são usadas para aprisionar os homens na adolescência, mesmo quando fisicamente adultos" com "a possibilidade de que a opulência e as estruturas de uma cidade densa e desorganizada pudessem encorajar os homens a demonstrar maior sensibilidade no trato recíproco à medida que avançam para a plena maturidade". Ele defendeu que sua proposta tratava "não de um ideal utópico; e sim de um arranjo mais adequado dos materiais sociais, que, tal como atualmente se acham organizados, acabam sufocando as pessoas"[157]. Num relato imaginário sobre a vida de uma garota numa cidade desse tipo, sugeriu como as coisas poderiam ocorrer:

> Ela mora, talvez, numa praça da cidade, onde restaurantes e lojas se misturam com as casas de seus vizinhos. Quando ela e as outras crianças saem para brincar, não vão para gramados limpos e vazios; ficam no meio de gente que está trabalhando, fazendo compras, ou está no bairro por razões outras que não lhes dizem respeito. Também seus pais mantêm com os vizinhos formas de envolvimento que não se centram diretamente nem nela nem nas outras crianças da redondeza. Há reuniões de vizinhos onde assuntos conflituosos, como um bar barulhento que as pessoas querem que seja controlado, precisam ser discutidos [...] seus pais ficam fora de casa muito tempo, só para saber quem são seus vizinhos e que tipo de providências conciliatórias podem ser tomadas onde ocorrem os litígios.[158]

O paradoxo, concluiu, era que, "ao libertarem a cidade do controle pré-planejado, os homens tornar-se-ão mais donos de si mesmos e mais perceptivos, uns em relação aos outros"[159].

A Grande Guerra
Contra a Remodelação Urbana

Jacobs e Sennett estavam igualmente ilustrando a decepção geral com os resultados do planejamento de cima para baixo nas cidades norte-americanas, e simbolizados, para muitos, na cobertura ao vivo, pela televisão, da demolição do projeto Pruitt-Igoe em St. Louis, já descrita no capítulo 7[160]. Essa decepção, fique claro, não tomou a forma de um desejo ingênuo de as pessoas de repente saírem por aí construindo cidades com prego e martelo. Pelo contrário, manifestou-se como exigência para que as comunidades locais tivessem voz mais ativa na configuração – e especialmente na reconfiguração – de seus próprios bairros; exigência que se expressou convincentemente na reformulação do programa norte-americano de remodelação urbana após 1964, e em alguns conflitos épicos sobre projetos de reconstrução urbana no coração das cidades europeias, em fins da década de 1960 e início dos anos de 1970.

A CIDADE DA SUADA EQUIDADE
a comunidade autônoma

Em 1964, com Johnson na Casa Branca e em campanha para a reeleição, as críticas à remodelação urbana haviam atingido níveis ensurdecedores (capítulo 7). E naquele verão explodiram os tumultos nas áreas dos guetos negros de toda uma série de cidades, direcionando a mente presidencial para a necessidade política de ser visto fazendo alguma coisa e depressa[161]. O programa das cidades-modelo, carro-chefe da política urbana de Johnson, foi projetado para fazer face a todas essas críticas. Atacaria os cortiços miseráveis; não reduziria e sim incrementaria o suprimento de moradia barata; ajudaria os pobres; e para tanto, elevaria, de uma só vez, o nível de todo um bairro[162].

Além do mais, funcionaria de maneira inteiramente nova: canalizaria a ira e a energia dos pobres para fins construtivos, envolvendo a comunidade local no processo de transformação. Em cada área assinalada, instalar-se-ia uma Community Development Agency – CDAC (Secretaria de Urbanização Comunitária), a fim de conseguir a máxima participação dos cidadãos, juntamente com um máximo de iniciativa local[163]. Na verdade, à época em que a legislação foi votada no Congresso, em 1966, a administração Johnson sofrera algumas amargas lições com a experiência levada a efeito na sua primeira "guerra à pobreza", incluída na Lei de Oportunidade Econômica de 1964, com sua famosa – logo notória – exigência de que o programa fosse administrado por secretarias de ação comunitária "com o máximo de participação exequível dos moradores do lugar e dos membros dos grupos beneficiados". Essa frase, mais tarde exposta à derrisão como "o máximo de desentendimento exequível", tornou-se a alcunha para conflito entre ativistas locais e a municipalidade; as cidades-modelo evitaram habilmente a situação fazendo com que as CDAS ficassem sob inteiro controle dos prefeitos.

A ideia original, lançada por Leonard Duhl e Antonia Chayes num apêndice ao relatório de 1964 da força-tarefa de Johnson, sugeria apenas três desses projetos "demonstrativos"; o processo congressional de uso eleitoreiro de verbas elevou esse número inexoravelmente até que os três virassem 66 e depois 150. E assim a geleia foi sendo passada no pão em camadas cada vez mais finas[164]. À medida que o dinheiro descia de Washington, a despeito do manejo cênico, todo tipo de conflito e confusão veio à tona. As cidades ressentiram-se de ter de partilhar poderes com os ativistas comunitários, ou – como ocorreu em algumas – de serem totalmente postas de lado[165]. As diretrizes que vinham de Washington eram ingênuas e obscuras, redigidas em linguagem "mais apropriada a uma aula universitária do que a um gabinete de prefeito ou a uma reunião de moradores"[166]. Tornou-se patente a dificuldade em coordenar as diversas agências federais, em parte porque elas se indispuseram com o recém-criado Departamento da Habitação e do Desenvolvimento

Urbano e não queriam ser coordenadas. Tão complexas estavam as negociações com Washington que um dos membros da força-tarefa passou a sofrer da ideia fixa de que, depois de morto, pudesse reencarnar como membro do grupo[167]. O interminável processo de revisão federal, aliado a desentendimentos locais, fez com que as cidades mal chegassem a gastar a metade dos magros recursos a que tinham direito[168]. E, afastada a ameaça de turbulência, o programa perdeu algo de sua urgência política, vendo-se, por conseguinte, privado de um consenso nacional, e mesmo local[169]; Nixon tentou dar cabo dele em 1968, e por pouco não conseguiu[170]. Charles Haar, ao avaliá-lo após uma década de vigência, notou que ele não cumprira "as suas próprias e pretensiosas promessas"[171].

A ironia, assinalou Haar, era que, tendo visado a uma participação local, ele na verdade atingira "o apogeu do domínio dos técnicos": os processos incluíam "todo o palavrório urbanístico" – sequencial, racional, coordenação, inovação, metas e objetivos – e "a tentativa começou a assemelhar-se mais à reestruturação de um *curriculum* de planejamento do que a um esforço para orientar ações urbanas"[172]. Representou, portanto, um malogro do planejamento tradicional mais do que o êxito de um novo enfoque: centralização excessiva, envolta na aparência da participação comunitária. Mas, verdade seja dita, é bem possível que essa tivesse sido a intenção, o tempo todo.

Não admira que alguns reagissem, preferindo um estilo em que o profissional alcançasse uma humildade autêntica, agindo como mero agente da vontade do povo. Esse foi o espírito do primeiro exercício registrado sobre projeto comunitário: o Architectural Renewal Committee (Comitê de Remodelação Arquitetônica) do Harlem em Nova York, fundado em 1963 para combater uma via expressa proposta por Robert Moses. Foi esse, também, na época, o espírito que animou o movimento do *advocacy planning* (planejamento alternativo)*. Ambos foram reações contra a tradição do planejamento de cima para baixo, baseado em estreitos critérios de desempenho técnico, tão bem representados nos esquemas de remodelação urbana e vias expressas da época. Reagiam, invariavelmente, contra um ou outro produto daquele enfoque: o esquema de remodelação da Cooper Square na cidade de Nova York e o esquema Yerba Buena em São Francisco foram campos de batalha clássicos, nos quais jovens profissionais idealistas juntaram forças com as comunidades locais. Mas frequentemente, o resultado era um desastre: a população primava pela incoerência, profissionais assumiam a direção, ninguém sabia exatamente como conseguir alguma coisa, e pouco se produziu[173].

Assim, durante os anos de 1970, o enfoque do projeto comunitário mudou. Os profissionais ficaram mais pé no chão, mais empreendedores, mais

A CIDADE DA SUADA EQUIDADE
a comunidade autônoma

obcecados pela ideia única de se dedicarem a um trabalho e terminá-lo. Eles também se tornaram mais preocupados em ganhar a vida; agora trabalhavam para pequenas organizações comunitárias e pequenas firmas afins necessitadas de serviços arquitetônicos e – visto que subsidiadas por governos federais ou estaduais – aptas a pagarem honorários. O estilo, todavia, diferia de tudo quanto se conhecera até então: dava mais ênfase às necessidades do cliente que à natureza do produto, e empregava métodos diversos para talhar a solução pelo molde dessas necessidades. No processo, obteve resultados mais sólidos e deu, tanto ao cliente quanto ao profissional, a sensação de que poderiam ser bem-sucedidos[174].

Nesse meio tempo, talvez como reflexo, a ênfase do programa de remodelação urbana passava por uma transformação decisiva: saindo da demolição por tratores e indo em direção à reabilitação e às demolições em pequena escala, pontuais. Enquanto o notório projeto do West End de Boston (capítulo 7) envolveu uma demolição total e a substituição quase completa da moradia de baixa renda pela de renda média e alta, o esquema posterior, o Downtown Waterfront, demoliu apenas 24% da área e obteve um ganho líquido habitacional – é bem verdade que na sua maior parte reconhecidamente constituído por apartamentos de luxo[175]. Cínicos talvez dissessem que a indústria do desenvolvimento urbano decidiu que os locais do centro da cidade eram mais rentáveis e a reabilitação mais barata. Nada mais injusto: por todo o país, entre 1964 e 1970, o componente residencial na remodelação urbana cresceu violentamente[176]. Assim como a participação da reabilitação e, em alguns casos, de maneira dramática: de 22 para 68% em Filadélfia, de 34 para 50% em Mineápolis, de 15 para 24% em Baltimore[177].

As cifras em si, porém, nada dizem sobre quem estava fazendo a reabilitação, que, se em algumas cidades era obra dos moradores do lugar, ajudados ou não pelo poder municipal, em outras nascia de jovens profissionais citadinos* que geravam uma elitização; de status mais elevado, a maioria deles não vinha dos subúrbios mas de outras regiões da área urbana central[178]. Os desalojados, conforme estudo do Departamento da Habitação e do Desenvolvimento Urbano, foram principalmente os idosos, as minorias, os locatários e a classe trabalhadora[179]. Em muitos casos, a mudança para a reabilitação desencadeou efetivamente o processo de elitização: "suada equidade"** –, a expressão usada por Baltimore para descrever seus programas de "cessão de ponto residencial" e "cessão de ponto comercial", onde estruturas deterioradas foram praticamente entregues de mão beijada a pretensos restauradores – pode revelar-se como algo que se acumula, como a maioria das formas de equidade, nas poupanças bancárias da classe média. Mas, para ser justo, poucos dos que sofreram a elitização se queixarem de perda ou desajustamento; pode ser apenas que, ao dar a cidade degradada de volta para vigorosos *yuppies,* o programa estivesse conseguindo um tipo de solução ótima pelo Princípio de Pareto, em que ninguém perde mas muitos ganham. E, de uma forma curiosa, esses causadores da elitização se mostraram estranhamente semelhantes àqueles infatigáveis renovadores das favelas cariocas e das *barriadas* limenhas.

A Guerra Chega à Europa

Entrementes, concomitantemente um fenômeno novo e singular fazia-se visível nas capitais da Europa: ativistas das comunidades locais estavam começando a lutar contra suas próprias prefeituras sobre propostas de remodelação em grande escala das áreas centrais das cidades. O que havia de novo em seus conflitos era que estavam combatendo a própria ideia de agir por meio do trator. Até meados da década de 1960, *o ethos* dominante – igualmente partilhado por planejadores e planejados – era de que uma urbanização completa de grandes áreas era uma coisa inteiramente boa: varria da vista prédios velhos e fora de moda, auxiliava a circulação do trânsito, podia, acima de tudo, ser usada para separar os pedestres do tráfego de veículos. De fato, uma das mais antigas, celebradas e intermináveis controvérsias sobre Piccadily Circus, em Londres, começou porque os que se opunham ao projeto estavam *exigindo* um replanejamento abrangente; ironicamente, após treze anos de turbulência, a máquina londrina de planejamento voltou a seu ponto de partida, a reconstrução parcelada[180].

Enquanto tudo isso acontecia, drama ainda maior se desenrolava a aproximadamente um quilômetro e meio dali. Covent Garden fora, desde o século XVII, o mercado de frutas e verduras de Londres, assim como um de seus centros teatrais mas, como os de outras cidades, de há muito degenerara numa anomalia ineficiente e congestionada, tanto que, em 1962, uma Autoridade para o Novo Mercado de Covent Garden assumiu a tarefa de preparar a mudança para outro local, o que aconteceu precisamente em 1974. Em 1965, um consórcio de autoridades locais começou a trabalhar num plano de reurbanização para o mercado e uma área muito mais ampla do entorno, cobrindo nada menos que 38,4 hectares (96 acres) incluindo perto de 3.300 moradores e 1.700 firmas, muitas delas pequenas. Esse plano, que apareceu como rascunho em 1968 e em sua forma final em 1971, envolvia uma combinação de conservação, especialmente no centro histórico ao redor do próprio mercado,

A CIDADE DA SUADA EQUIDADE
a comunidade autônoma

com reurbanização em larga escala – parte para fazer a urbanização rentável financiar o esquema, parte para facilitar o fluxo de tráfego – nas margens[181].

Nesse meio tempo, Brian Anson do condado de Merseyside, representante líder da equipe e de tendências radicais, passava por uma crise de consciência. Na exposição dos projetos em 1968, 3.500 pessoas apareceram e apenas 350 opinaram a respeito; das quais, apenas quatorze residiam no local, e quatorze destas se mostraram contrárias ao esquema – a maioria em termos ofensivos. Anson convenceu-se de que os verdadeiros beneficiários e instigadores do plano eram os investidores do mercado imobiliário. Ao expressar suas dúvidas aos líderes da comunidade local, foi abruptamente afastado do posto por seus empregadores, o Greater London Council (Conselho da Grande Londres). Seu afastamento tornou-se uma *cause célèbre* na mídia[182].

Na consulta pública realizada em 1971, todos se declararam contra o plano: a Covent Garden Community Association local, a Society for the Protection of Ancient Buildings, o Georgian Group, a Victorian Society, o Civic Trust, a Town and Country Planning Association: entre as testemunhas do grupo comunitário, a estrela era Brian Anson[183]: "Londres tinha agora a sua própria versão do Parque do Povo de Berkeley [...] campo de batalha de fácil acesso a estudantes da AA e da LSE, 'planejadores-alternativos' e ativistas de vários tipos, vindos de toda a parte."[184] A celeuma foi tamanha que, embora o inspetor da consulta fundamentasse a favor do plano, o ministro fez grandes mudanças que efetivamente o invalidaram na prática[185]. Um plano revisto, produzido em 1976 após enormes tensões entre o grupo comunitário local e o fórum instaurado pelo Conselho da Grande Londres, realmente acatou muitos dos pontos aventados pela comunidade; ainda assim, continuou alvo de críticas[186].

Nessa saga, houve dois aspectos extraordinários. Um deles foi que, nas palavras do espezinhado líder da equipe oficial de planejamento, por volta de 1968, houve "um colapso nervoso nacional":

> A Grã-Bretanha inteira estava, na época, empenhada em preservar alguma coisa. Nos anos de 1960, a mudança era vista como coisa boa, pois trazia melhorias para a cidade, propiciando o surgimento de novas instalações, áreas livres, novas moradias e todo tipo de coisas que a população desejava, e ademais podiam-se auferir lucros para pagar tais coisas. Quase da noite para o dia, tudo isso tornou-se execrado. Da urbanização implacável passou-se ao não-se-toca-em-nada [...] Foi a doideira total.[187]

O outro foi que, mesmo assim, a comunidade perdeu. Como disse Esher, "planejamento aqui vira administração de imóveis: favorece ao máximo a propriedade particular"[188]. O que também tinha seu lado positivo: já em 1979 os empreendedores imobiliários haviam descoberto que restaurar custava menos da metade de uma reurbanização, mas podia gerar quase os mesmos rendimentos. O comércio local foi sendo substituído por *boutiques* e lojas de artesanato, e Covent Garden foi-se transformando no ponto de compras da moda e na zona turística que hoje quase o mundo inteiro conhece[189]. Ao escrever a história anos depois, Anson comentou que

> um ponto comercial frequentado por trabalhadores ou um bloco habitacional podiam ser destruídos por outras coisas que não um trator [...] Uma padaria de bairro transforma-se em estúdio profissional, um botequim em restaurante chique, o alvo de dardos é retirado do *pub* e a venda de gim-tônica vai aos poucos aumentando[190].

Talvez fosse poeticamente correto que essa história devesse acontecer num país que experenciava um colapso nervoso nacional. Mas, embora menos divulgado, quase o mesmo drama estava sendo encenado na calma Estocolmo. E lá, a controvérsia atingiu nada menos que o consagrado plano de 1945-1946, de Sven Markelius, transformado no manual de consulta predileto dos urbanistas do mundo inteiro, exemplo de planejamento social-democrata esclarecido. Seu objetivo fora o de deliberadamente concentrar as funções comerciais do centro urbano dentro de uma área relativamente pequena de Lower Norrmalm, ao redor de uma estação de metrô que seria o foco irradiador da nova rede planejada para a cidade. Durante vinte anos, tudo caminhou de acordo com o plano, à maneira sueca; na metade da década de 1950, corria o aviso: "É impossível visitar Estocolmo agora – a cidade está fechada para reparos."[191] Implantaram-se as linhas de metrô; o sistema viário foi reconstruído a um preço altíssimo em volta da nova praça, com a circulação de pedestres num nível inferior que desembocava diretamente dentro da estação do metrô; construiu-se um aglomerado uniforme de cinco torres para escritórios e um novo calçadão para pedestres e lojas[192]. Tudo francamente orientado no sentido de propiciar mais espaço a agências centrais de bancos, firmas seguradoras e industriais, além de lojas de departamentos, hotéis e locais de diversão[193].

Então, em 1962, a municipalidade publicou um plano para a área restante. Ele não era realmente novo; de fato, esse plano era uma síntese de propostas anteriores que tinham passado pelo Conselho no comando. O ataque veio, imediato, no jornal *Arkitektur*, num artigo de autoria de três jovens arquitetos, escrito como "um protesto contra a forma que está sendo dada às nossas

A CIDADE DA SUADA EQUIDADE
a comunidade autônoma

cidades"[194], tendo em vista a orientação excessivamente comercial do projeto e a precária proteção por ele oferecida aos habitantes. O ataque ganhou o apoio de dois jornais da grande imprensa, mas o plano não chegou a ser tema de debate nas eleições locais e, em fins de 1963, foi aprovado pelo Conselho. Em 1967, a municipalidade elaborou um plano minucioso para a área, baseado num projeto vitorioso em concurso público, aprovando-o em 1968[195].

Nesse ponto, exatamente como em Londres, todos os demônios pareciam à solta. Exatamente como em Londres, formou-se uma oposição heterogênea. Aconteceu que a peça central do plano era um Hotel Intercontinental, o que, no auge da Guerra do Vietnã, tornou-se um estopim para o sentimento antiamericano então muito acirrado na Suécia. A companhia suprimiu-a, deixando um enorme buraco no chão. Finalmente, quando a reurbanização parecia ter caído em ponto morto, em 1975, a cidade aceitou um plano conciliatório. Foram-se os grandes alargamentos de rua e as grandes garagens para estacionamento; o hotel virou uma galeria fechada de lojas; muitos dos prédios existentes foram preservados[196].

As análises urbano-políticas convencionais, especialmente as de tipo marxista, pouco ajudam nesses casos. Em Londres, a maioria dos atores concordou em que a divergência não teve cunho político-partidário[197]. Em Estocolmo, foram os social-democratas que se comprometeram com um esquema que desalojava os habitantes de suas moradias, reduzia oportunidades de emprego e substituía os negócios locais e o pequeno comércio por lojas de departamento, bancos, serviços financeiros e de consultoria[198]. Exatamente como em Londres, os planejadores ficaram claramente surpresos e ofendidos com a violência dos ataques; defenderam-se argumentando que para atrair empreendedores precisavam manter a continuidade do processo de planejamento e fornecer os tipos de grandes edifícios novos que tais empreendedores, ao que se supunha, desejavam[199]. O que parece ter acontecido é que os todo-poderosos planejadores técnicos cometeram erros, e os políticos, obcecados pela ideia de que uma cidade maior significava maior arrecadação tributária, covardemente os secundaram[200]. No caso, as grandes organizações sequer chegaram a ocupar o espaço disponível para escritórios[201].

A Batalha de Paris foi caso mais colorido, com enredo enormemente longo e intrincado, e vasto elenco de personagens; todos os notáveis da França, ao que parece, tiveram de entrar em cena. Em 1960, o governo central propôs que o histórico mercado geral de gêneros alimentícios, Les Halles, fosse retirado do centro; dois anos depois, um decreto sancionou a proposta; em 1963, o Conselho Municipal fundou uma organização, a SEAH (Société Civile d'Études pour l'Aménagement du Quartier des Halles) para planejar a reconstrução da área, e um arquiteto foi encarregado de preparar um plano de remodelação para uma enorme faixa de 470 hectares da área central parisiense; quatro anos depois, outra organização, a SEMAH (Société d'Économie Mixte d'Aménagement des Halles), foi encarregada de levar a cabo projeto.

Nesse mesmo ano, 1967, o Conselho Municipal convidou diversos arquitetos para prepararem planos para uma área mais modesta, de 32 hectares, ao redor do próprio mercado; um ano depois, dispensou todos eles, o que levou um deles a perguntar: "Será que ainda estamos nós, vinte anos depois, cumprindo ordens de Hitler?"[202] Mas em 1967 outra organização, o APUR (Atelier Parisien d'Urbanisme), aprovara uma nova estação ferroviária central de baldeação para formar o núcleo de toda a Réseau Express Regional (RER); e em julho de 1969, poucos meses depois de os históricos pavilhões de vidro do mercado, idealizados por Baltard, terem sido esvaziados, o Conselho aceitou o projeto do APUR para a instalação, no local, de um enorme centro comercial subterrâneo e de um centro de comércio mundial, o que exigia a demolição dos referidos pavilhões. No ano seguinte, a despeito de uma proposta do ministro de Obras para conservá-los, o Conselho votou pelo arrasamento total e – durante o verão de 1971, quando quase toda Paris estava em férias –, apesar dos entreveros entre conservacionistas e a polícia, o fato consumou-se[203].

O futuro de Les Halles tornou-se, então, o escândalo nacional predileto dos políticos franceses. Em 1973, o Conselho concedeu alvará para construção do centro de comércio mundial, e a obra teve início. No ano seguinte, Valéry Giscard d'Estaing tomou posse como presidente e imediatamente cancelou o alvará, o que acarretou a demolição da estrutura parcialmente concluída; muito tempo depois, uma comissão avaliou os prejuízos em 65 milhões de francos. O local tornou-se um parque; o governo anunciou nova consulta a arquitetos. Em 1975, três projetos foram expostos na sede da prefeitura; o público indicou franca preferência por um deles, os escolhidos foram os outros dois – um dos quais assinado pelo arquiteto catalão pós-moderno Ricardo Bofill. Depois de muitas pequenas tramas subsidiárias, em 1977, o plano de Bofill para uma parte da área foi exposto, fazendo com que o presidente do Sindicato dos Arquitetos de Paris lançasse de imediato uma campanha contra ele. Eleito prefeito em 1976, Jacques Chirac aderiu à campanha, referindo-se, num insólito lapso de memória, a "Lofill? Fillbo? Ah, oui! Bofill!" Poucos meses depois, despediu Bofill, declarando: "L'architecte en chef de l'operation de Halles, c'est moi" –, tarefa de que se incumbiria "tranquillement et sans complexes". A arquitetura de Bofill, "greco-egípcia com tendências budistas", não agradava a Chirac. "Ela tem sido questionada, e é questionável", declarou[204].

A CIDADE DA SUADA EQUIDADE
a comunidade autônoma

"Estes deuses do Olimpo arquitetônico ficaram aqui tempo suficiente. Dez anos bastam." O Centre Pompidou "já foi suficiente como marco da fantasia arquitetônica do fim do século xx".

A decisão de Chirac suscitou um protesto imediato por parte de todos os arquitetos de renome internacional: Johnson, Venturi, Niemeyer, Stirling, Kroll e muitos outros. A revista *Architecture d'Aujourd'hui*, porém, deu-lhe suporte, possivelmente por cansaço. Bofill entrou com um processo na justiça, exigindo uma indenização de 7 milhões de francos. Em dez anos, pelo menos setenta projetos vieram e se foram: dos 32 hectares previstos, incluindo imensos arranha-céus e autopistas, o projeto caiu para 15 hectares, reduzindo-se praticamente a um parque; Le Corbusier estava realmente morto, e Giscard e Chirac iniciaram então um combate mortal para saber se o parque devia ser em estilo "francês" ou "italiano"[205].

Enquanto isso, a vida prosseguia. E o ponto realmente importante a respeito de Les Halles é que ele sofreu processo exatamente idêntico ao de Covent Garden: ele foi elitizado. A população mudou-se dali e com ela o comércio do bairro; *boutiques* e restaurantes tomaram seu lugar. E a cidade não interveio no processo. O fato é que a Batalha de Les Halles não representou qualquer tipo de triunfo da comunidade local. Na verdade, ela foi quintessencialmente francesa, na medida em que desencadeou uma luta entre dois tradicionais inimigos, o Estado francês e a cidade de Paris. Menos ainda, claramente, representou qualquer movimento do *artisanat* parisiense, decidido a tomar a si a reconstrução da cidade, a batalha foi travada sobre questões diferentes. Mas representou, como as batalhas de Covent Garden e Lower Norrmalm, uma virada decisiva nas atitudes frente à remodelação urbana em grande escala. Os ativistas comunitários perceberam então que podiam lutar contra a reurbanização feita a trator, e vencer.

A Arquitetura Comunitária Chega à Inglaterra

Em parte alguma isso se fez mais evidente do que na Inglaterra. Aqui o enfoque empreendedor dado à arquitetura comunitária ficou patente desde o início. Em 1971, Rod Hackney, jovem arquiteto que então preparava sua tese de doutoramento na Universidade de Manchester e andava curto de dinheiro, pagou mil libras pela compra do número 222 de um bloco residencial da

Black Road – uma casinha geminada de 155 anos de idade, onde faltavam as comodidades básicas – em Macclesfield, cidadezinha industrial inglesa ao sul de Manchester. Ao solicitar auxílio financeiro para os melhoramentos, descobriu que seu imóvel mais os trezentos vizinhos estavam programados para demolição. Organizou os vizinhos numa campanha e, em 1973, persuadiu o conselho local da cidade a mudar de opinião: 34 das casas iam se tornar uma Área de Melhoria Pública, o que significava que os proprietários poderiam receber subvenções para melhorá-las. Usando da experiência que adquirira projetando casas para os sem-teto em Trípoli, Hackney pôde mais tarde proclamar que as obras de reforma foram concluídas em um terço do tempo e por um terço do custo previsto para o esquema anterior de demolição e realojamento. Em 1975, seu trabalho ganhou um prêmio de Bom Projeto em Habitação, oferecido pelo Departamento do Meio Ambiente[206].

Era apenas o começo. Logo Hackney se viu, ainda de um escritório da Black Road, produzindo esquemas similares para todo o país. A Lei da Habitação de 1974, que transferia verbas para a reabilitação, foi influenciada por seu trabalho. No início da década de 1980, Hackney estava empregando mais de trinta pessoas em oito escritórios de área. Vejamos, nas suas palavras, o que pensava ele sobre o movimento da arquitetura comunitária:

> Arquitetura comunitária significa procurar entender as necessidades de um pequeno grupo de habitantes e, em seguida, trabalhar com eles, sendo por eles instruído e orientado, a fim de que seu caso possa ser articulado e apresentado às várias organizações que têm nas mãos seja os cordões da bolsa, seja os poderes de aprovação/rejeição [...] Nós, arquitetos, atuamos de maneira terrivelmente errada na década de 1960. A arquitetura comunitária ajudar-nos-á a recuperar a integridade da profissão de arquiteto, fazendo certo nesta década e nas décadas subsequentes.[207]

O assunto era quente. A mídia gostou porque ele lhe rendia histórias do tipo Davi *versus* Golias; e além disso Hackney, com suas viagens de um trabalho para o outro – primeiro em seu Saab, mais tarde em sua Range Rover feita sob encomenda e equipada com telefone numa época em que ninguém tinha dessas coisas –, constituía fonte inesgotável de saborosas tiradas. Os arquitetos mais jovens também gostavam porque equivalia a um gesto de desprezo para a árida arquitetura oficial que odiavam, e porque lhes ensejava a oportunidade de um trabalho privado interessante.

Eles e seus clientes alcançaram êxitos espetaculares. Em Liverpool – cidade dominada por implacável demolição de cortiços na década de 1950

A CIDADE DA SUADA EQUIDADE
a comunidade autônoma

para construção de moradias pelo Conselho, 25 mil das quais, um terço do total, estavam oficialmente difíceis de alugar por volta dos anos de 1980 – um conselho liberal decidiu dar mão forte ao modelo de projeto comunitário. Os inquilinos não foram chamados para participar do projeto; foram colocados no controle total. Foram eles que escolheram os arquitetos, o local, o esquema geral, as plantas, as elevações, a cor dos tijolos e o paisagismo; quando tudo estava construído, fizeram o esquema funcionar. Sua primeira preocupação, os arquitetos logo perceberam, foi de que suas casas não se parecessem com "conjunto habitacional construído pelo governo": "As casas feitas pelo Conselho são sempre as piores", disse o pedreiro desempregado de 34 anos, presidente de uma das cooperativas, "são insossas, patéticas, desumanas – como se alguém chegasse ao departamento de arquitetos e dissesse: 'Quero quatrocentas casas – tragam os desenhos lá pelas três e meia'. Não são casas de *gente*"[208]. O que surgiu, então, foram pequenas casas de tijolo aparente ao redor de pátios, num estilo simples, quase utilitário. Segundo os arquitetos, foi trabalho duro – mas o mais gratificante que já haviam realizado; os moradores batizaram o esquema de Weller Court, em homenagem ao engenheiro municipal que fora um aborrecimento para eles[209].

O movimento ganhou força. Seus membros fundaram um Grupo de Arquitetura Comunitária dentro do Royal Institute of British Architects, que passou a entrar em conflitos cada vez mais frequentes com a direção. Em maio de 1984, o príncipe Charles, ao abrir a conferência que comemorava o 150º aniversário do RIBA, no Palácio de Hampton Court, chocou a direção do Instituto ao atacar publicamente a baixa qualidade do desenho arquitetônico: a ampliação proposta para a National Gallery, disse ele, era como um cancro monstruoso no rosto de um amigo. Arquitetura comunitária, declarou – citando nominalmente Hackney –, é a solução. O *establishment* arquitetônico sentiu-se amargamente ofendido. Dois anos e meio mais tarde, Hackney – então à frente de um negócio de 4 milhões de libras por ano, com vinte escritórios regionais e uma equipe de duzentos funcionários – derrotou o candidato oficial, tornando-se presidente do RIBA: a arquitetura comunitária chegava oficialmente. Para tornar-se, declarou ele confiantemente, "a arquitetura política de uma era pós-industrial".

Em junho de 1987, Hackney – recém-empossado como presidente – sentou-se na plataforma, na matriz londrina do Royal Institute of British Architects, ao lado do príncipe Charles, que entregou os prêmios do ano para a arquitetura comunitária em destaque. O prêmio máximo coube ao projeto Lightmoor, da Town and Country Planning Association, para a cidade nova de Telford. Em seu discurso, o príncipe soltou ainda outra de suas tiradas memoráveis para a mídia reunida: falou na necessidade de superar "o espaguete à bolonhesa da burocracia" que entravava os esforços da gente simples na luta para criar o próprio ambiente. Quando os programas de televisão, um após outro, passaram a acompanhar as batalhas dos construtores comunitários contra as burocracias entrincheiradas, era como se Howard, Geddes, Turner e a tradição anarquista de planejamento tivessem finalmente alcançado a suprema respeitabilidade.

Poucos, ao que parece, perceberam a ironia: o prêmio viera sob um governo radical de direita que agora – como em Liverpool – se aliava aos anarquistas contra o espírito do socialismo burocrático. Naquele outono, a Sra. Thatcher tornou pública a peça central de sua revolução permanente de direita: depois da venda de um milhão de unidades de casas públicas a seus locatários, o governo agora iria tentar transferir as restantes para o gerenciamento de uma cooperativa de inquilinos, afastando, assim, de uma vez por todas, a mão ociosa da burocracia. Geddes, aquele discípulo de Bakunin e Kropótkin, que durante tanto tempo lutara, no passado, contra a manifestação colonial dessa mesma burocracia, teria na certa apreciado essa estranha reviravolta da história.

A CIDADE À BEIRA DA AUTO ESTRADA

9

O Subúrbio do Automóvel

Long Island, Wisconsin, Los Angeles, Paris (1930-1987)

É provável que a segregação do tráfego motorizado venha a ser uma questão emergente até mesmo na presente década [...] E o tranquilo cidadão inglês, enquanto tais coisas ainda constituem exceção e experimento em sua própria terra, certamente há de ler, um dia, nas revistas populares violentamente ilustradas de 1910, que agora há muitos milhares de quilômetros dessas estradas já estabelecidas na América, na Alemanha e alhures. E então, após algumas patrióticas meditações, voltará à sua mesmice.

H.G. WELLS, *Anticipations of the Reaction of Mechanical and Scientific Progress upon Human Life and Thought* (1901)

Las Vegas aproveita aquilo que em outras cidades norte-americanas não passa de quixotesca inflamação dos sentidos para alguma mula mal remunerada, no breve intervalo entre o vagabundo do asfalto e o elevador automático do centro comercial, e o engrandece, enriquece, embeleza, dando-lhe foros de instituição. Por exemplo, Las Vegas é a única cidade no mundo onde a paisagem é feita não de edifícios como Nova York, nem de árvores como Wilbraham, Massachusetts, mas de anúncios. Se contemplarmos Lar Vegas de um quilômetro e meio de distância, a partir da Rota 91, não veremos nem edifícios nem árvores, apenas anúncios, Mas que anúncios! Eles sobrelevam-se, giram, oscilam, planam em figuras diante das quais o atual vocabulário das artes queda inútil.

TOM WOLFE, *The Kandy Kolored Tangerine Flake Streamline Baby* (1966)

"Subúrbio", como mais tarde lembrou um filho suburbano da virada do século xix para o xx, "era um estado ferroviário [...] estado de existência dentro de uns poucos minutos a pé da estação, uns poucos minutos a pé das lojas, e uns poucos minutos a pé do campo"[1]. Foi o prolongamento para fora desse estado ferroviário que – como vimos no capítulo 3 – provocou o crescimento populacional da Londres do início do século xx e, com ele, o apelo à contenção urbana. E o mesmo aconteceu nos Estados Unidos, onde os primeiros subúrbios clássicos – Llewellyn Park em Nova Jersey, Lake Forest e Riverside nos arrabaldes de Chicago, Forest Hills Gardens em Nova York – foram planejados ao redor de estações ferroviárias[2]. O fato refletia uma dura realidade: embora o automóvel tivesse se tornado uma realidade tecnológica por volta de 1900, seu preço restringia a uma pequena minoria a possibilidade de compra. Só com a revolução forjada por Henry Ford, na linha de montagem automatizada por magnetos de suas oficinas de Highland Park em 1913, é que as técnicas de produção em série – desenvolvidas, todas, por outros em outros lugares, mas aqui devidamente conjugadas – tornaram o carro acessível às massas[3]. E mesmo então, a tecnologia primitiva do carro e o estado ainda mais primitivo das estradas sobre as quais ele rodava, circunscreveram severamente seu uso. Para sua primeira década de vida, o Modelo T portou-se dentro das previsões de Ford: foi um carro de fazendeiro, sucessor do cavalo e da charrete da família[4].

Cumpre-se uma Profecia de Wells

Um visionário, porém, enxergara o futuro. Já em *The Sleeper Awakes* (1899), H.G. Wells estava pensando em ferrovias – mas aquelas do século xxi. O mundo seria ligado por uma rede de ferrovias de trânsito rápido, com trens viajando a velocidades de 320 a 480 quilômetros por hora, bem equipados e confortáveis "como um bom clube". Em *A Modern Utopia* (1905), os aventureiros dessa ficção viajam, num trem de alta velocidade, através de um túnel sob o canal, desde a Suíça até Londres[5].

Já em *Anticipations*, cuja primeira edição é de 1901, H.G. Wells especulou sobre a possibilidade de que "as companhias de ônibus motorizados, ao competirem com as linhas de trens suburbanos, vão encontrar-se prejudicadas na velocidade de seus trajetos mais longos por causa do trânsito mais lento do cavalo em seus percursos", e que portanto iriam "assegurar seu direito de abrir estradas privadas de novo tipo, pelas quais seus veículos estarão livres para trafegar até o limite máximo de sua velocidade possível". Embora Wells estivesse enganado em muitas de suas previsões nesse livro, esta foi uma das que ele acertou em cheio. Segundo ele, "de modo quase imperceptível, certamente vias mais longas e de alta rentabilidade serão apresentadas", embora, nesse campo, norte-americanos e alemães se mobilizassem muito mais rápido do que os pacatos ingleses. Predisse ele que "elas serão usadas apenas por veículos leves sobre pneus; que o percutir das ferraduras, a perpétua imundície proveniente do trânsito do cavalo e as toscas rodas das pesadas carroças de carga jamais as desgastarão"; que "terão de ser muito largas" e "seu tráfego em direções opostas estará, provavelmente, sujeito a uma rígida segregação"; que, "onde seus caminhos se ramificarem, os fluxos de trânsito não se cruzarão no mesmo nível, mas sim por meio de pontes"; e que, "uma vez abertas, será possível nelas se experimentar veículos de tamanho e potência bem superiores às dimensões prescritas por nossas estradas normais – estradas cuja largura foi determinada pelo tamanho de uma carroça que um cavalo pudesse puxar"[6].

A notável presciência de Wells não para aí: ele predisse não apenas a era da rodovia, mas também seus efeitos. Num capítulo sobre a "Provável Proliferação das Grandes Cidades", vaticinava; que "praticamente, por um processo de confluência, toda a Grã-Bretanha ao sul dos Highlands parece destinada a tornar-se [...] uma região urbana, unida em todas as direções não só pela ferrovia e pelo telégrafo, mas por novas estradas como as que previmos", bem como "por uma densa rede de telefones, tubos para transporte de pacotes, e as conexões nervosas e arteriais congêneres". O resultado, sugeriu, seria

A CIDADE À BEIRA DA AUTOESTRADA
o subúrbio do automóvel

uma região curiosa e variada, muito menos monótona do que nosso atual
mundo inglês, silenciosa em suas áreas mais ermas, mas arborizada, talvez
até mais abundantemente arborizada, desembocando a todo instante num
parque ou num jardim, e com casas espalhadas por toda a parte [...] Novas e
largas estradas atravessarão o campo multiforme, cortando aqui uma crista
de morro, acolá correndo por sobre um vale como colossal aqueduto, sempre
fervilhando com o tráfego intenso de suas brilhantes, velozes (e não necessariamente feias) máquinas; e por toda a parte, em meio a campos e árvores,
lá estarão os fios conectores esticados de poste a poste[7].

Como em outras ocasiões, Wells mostrou-se exageradamente otimista
quanto à rapidez da transformação tecnológica. Mas acertou em cheio no
que respeita à sua localização. Os pioneiros, como predisse, foram os norte-
-americanos. Daí por que, até 1950, graças à revolução efetuada por Ford, os
Estados Unidos foram o único país no mundo que pôde jactar-se de haver
transformado o automóvel num bem de consumo de massa. Já em 1927, construindo 85% dos automóveis do mundo, eles podiam ufanar-se de ter um
automóvel para cada cinco norte-americanos: aproximadamente um carro
para cada duas famílias[8]. Depois disso, o colapso econômico mundial e a
guerra mantiveram o nível baixo por mais de vinte anos: só em começos da
década de 1950 é que a propriedade do veículo automotor superou a marca
alcançada em fins dos anos de 1920.

Consequentemente, a motorização em massa já começara a impingir-se
sobre as cidades norte-americanas em meados da década de 1920 de uma
forma que só nas décadas de 1950 e 1960 o resto do mundo iria conhecer. Em
1923, o congestionamento de tráfego já era tão terrível em algumas cidades,
que já se falava em barrar o acesso de carros às ruas centrais; em 1926, Thomas E. Pitts fechou sua charutaria e bar de refrescos situados numa importante esquina do centro de Atlanta, porque o congestionamento do trânsito
lhe inviabilizara totalmente o funcionamento do ponto[9]. Na mesma década,
Sears, Roebuck e em seguida Montgomery Ward planejaram suas primeiras
grandes lojas suburbanas em função do automóvel[10]. Quando chegaram os
Lynds para elaborar seu clássico estudo sociológico sobre a "cidade média"
(concretamente Muncie, Indiana), no fim dos anos 1920, viram que o carro
particular já estava permitindo ao trabalhador comum morar mais longe
do emprego[11]. E por essa época, em algumas cidades – Washington, Kansas
City, St. Louis – os que faziam rotineiramente de automóvel seu trajeto para
o centro superavam em número os usuários do transporte coletivo. Não é
de admirar, portanto, que a década de 1920 tenha sido a primeira na qual os

pesquisadores do Censo observaram que os subúrbios estavam crescendo muito mais rápido do que as cidades-base: cerca de 39%, mais de 4 milhões de pessoas, contra 19%, ou cinco milhões, nas cidades. Em algumas cidades, a tendência para a suburbanização era ainda mais pronunciada: as taxas comparativas de crescimento na cidade de Nova York eram de 67% contra 23%; em Cleveland, de 126% contra 12%; em St. Louis, de 107% contra 5%[12].

Fato digno de nota foi a equanimidade e até mesmo o entusiasmo com que alguns planejadores norte-americanos saudaram essa tendência. Na Conferência Nacional de Planejadores Urbanos, em 1924, Gordon Whitnall, um planejador de Los Angeles, declarou, cheio de orgulho, que os planejadores do oeste haviam aprendido com os erros do leste, e agora liderariam a marcha rumo à cidade horizontal do futuro. Durante os anos de 1920, como os sistemas de transporte acusaram pela primeira vez queda no número de passageiros e perda de lucros, Detroit e Los Angeles cogitaram uma subvenção em grande escala para investimento em transporte coletivo a fim de atender às suas áreas centrais, mas perceberam que os eleitores não apoiariam a medida[13].

Esse volume sempre crescente do tráfego do automóvel ocorreu sobretudo em ruas urbanas comuns, que foram alargadas e melhoradas para fazerem frente ao fluxo. No fim da década de 1920, havia bem poucos exemplos até mesmo de simples passagens inferiores ou viadutos nas vias norte-americanas[14]. A exceção insigne foi Nova York que, durante os anos 1920, optou por uma solução distinta, derivada diretamente de uma tradição mais antiga, já examinada no capítulo 4: a avenida arborizada. Empregada pela primeira vez por Olmsted em seu projeto para o Central Park de Nova York em 1858, a *parkway* foi largamente utilizada pelos arquitetos paisagistas no planejamento de parques e novas áreas residenciais em cidades totalmente dessemelhantes como Boston, Kansas City e Chicago[15]. Mas, a começar pela Long Island Motor Parkway (1906-1911), de William K. Vanderbilt, que a justo título pode considerar-se a primeira via do mundo com acesso limitado a veículos motorizados, e os 26 quilômetros da Bronx River Parkway (1906-1923), seguidos pela Hutchinson River Parkway, de 1928, e pela Saw Mill Parkway, de 1929, essa inovação tipicamente norte-americana foi rapidamente adaptada para uma nova função: prolongando-se continuamente por 16 ou 32 quilômetros campo adentro – e usada, às vezes, como na Bronx Parkway, para limpar zonas urbanas degradadas – ela agora dava acesso rápido, a partir do congestionado centro da cidade, tanto para os novos subúrbios quanto para as áreas de lazer rurais e litorâneas[16].

A alma propulsora foi o mestre-construtor de Nova York, Robert Moses. Usando de uma lei Estatal de 1924, que ele pessoalmente minutara a fim de

A CIDADE À BEIRA DA AUTOESTRADA
o subúrbio do automóvel

dar a si próprio poderes sem precedentes (e, aos infelizes legisladores, desconsiderados) para dispor de terras, ele passou a atravessar suas *parkways* pelas bem cuidadas propriedades dos milionários de Long Island – os Phipps, os Whitneys, os Morgans, os Winthrops –, abrindo aos nova-iorquinos o acesso às praias oceânicas. Isso foi feito, como quase tudo o que Moses fazia, em nome dos mais altos interesses públicos; e firmou a base do apoio público sem precedentes que obteve e que em seguida ampliou habilmente através de seu controle sobre a Autoridade da Triborough Bridge and Tunnel, unindo todo seu sistema de *parkways* e ligando-o aos populosos conjuntos de habitações coletivas de Manhattan e do Bronx[17].

Mas havia limites para o espírito público: deliberadamente, Moses construiu os viadutos baixos demais impedindo não apenas a passagem de caminhões, mas também de ônibus. Os magníficos balneários praianos, que ele criou nos terminais de suas *parkways,* ficaram, portanto, estritamente reservados aos proprietários de carro da classe média; os dois terços restantes da população poderiam continuar indo de metrô a Coney Island. E quando, na década de 1930, Moses estendeu seu sistema em direção ao lado oeste da ilha de Manhattan para criar a Henry Hudson Parkway, a primeira autêntica autoestrada urbana do mundo, repetiu a dose: Moses estava agora planejando, conscientemente, um sistema de interligação para usuários de automóveis[18].

O ponto a respeito das gigantescas obras públicas de Moses nesses anos consistiu exatamente no seguinte: qualquer que fosse seu propósito ostensivo de origem, uma vez conectadas pela Triborough Bridge, passaram a constituir uma vasta rede de vias expressas urbanas, tornando possível a ligação com os escritórios de Manhattan de distâncias superiores a 32 e até mesmo 48 quilômetros – três ou quatro vezes o raio alcançado pelo sistema metroviário. Houve um efeito imediato: servida pelas novas estradas, a população dos condados de Westchester e Nassau aumentou em 350 mil habitantes na década de 1920[19]. Mas todas as implicações disso só vieram à tona com o *boom* da construção suburbana, ocorrida após a Segunda Grande Guerra. Não foi por acaso que a mais célebre de todas as urbanizações daí decorrentes, e que praticamente se fez símbolo de todo o processo, teve a localização que teve: a Levittown original situa-se exatamente ao lado de um trevo da Wantagh State Parkway de Moses, construída quase vinte anos antes como uma das vias de acesso ao Parque Estadual Jones Beach.

Já naquele tempo alguns planejadores abraçavam a ideia de novas estradas como base para uma nova forma urbana. Um dos fundadores da Regional Planning Association of America, Benton MacKaye, desenvolvera – como vimos no capítulo 5 – a ideia de uma autoestrada sem cidade, ou "rodovia". Aproveitando

FIG. 74: *Robert Moses e Jane Jacobs. O mestre-construtor de Nova York e conquistador de todos e a dona de casa de Greenwich Village que finalmente o derrubou. Fontes: (esquerda) © Bettmann/CORBIS; (direita) Fred W. McDarrah/Getty Images.*

FIG. 75: *Jones Beach. Um dos grandes projetos de Moses da década de 1920: recreação para as massas motorizadas, mas as pontes que cortam as parkways foram, de propósito, construídas baixas demais, impedindo, assim, a passagem dos ônibus. Fonte: Getty Images.*

A CIDADE À BEIRA DA AUTOESTRADA
o subúrbio do automóvel

o plano de Radburn – desenvolvido por dois outros homens fortes da RPAA, Clarence Stein e Henry Wright – defendeu sua ampliação para a escala regional.

> A autoestrada sem cidade é uma rodovia na qual as cidades adjacentes teriam com a estrada a mesma relação que têm as ruas residenciais sem saída, em Radburn, com as avenidas preferenciais. O que Radburn realiza em função da comunidade local a autoestrada sem cidade realizaria em função da comunidade como um todo [...] Ao invés de um cortiço urbano isolado à beira da estrada, enquistado entre nossas grandes cidades, a autoestrada sem cidade encorajaria a construção de autênticas comunidades, em pontos definidos e propícios, *fora* da estrada principal.[20]

O conceito era claro e consistente:

> a abolição do acesso à autoestrada principal, salvo em pontos determinados; domínio público, ou efetivo controle público mediante rigoroso zoneamento, dos terrenos que ladeiam a pista ao longo do direito de passagem [...] adequada urbanização paisagística dessa faixa lindeira com o cultivo de árvores que deem sombra e a rigorosa regulamentação das linhas para telefone e luz elétrica; e finalmente, rígido controle sobre a urbanização dos postos de serviços[21].

Tudo isso, evidentemente, aconteceu – mas primeiro em outros lugares, e só muito depois nos Estados Unidos. Quanto à outra parte da receita, o sonho máximo da RPAA – "estimular o crescimento da comunidade diferenciada, compactamente planejada e de tamanho limitado, como a antiga aldeia de New England ou a moderna Radburn"[22] –, esse devia permanecer irrealizado em sua terra de origem.

Em toda parte, a não ser nos Estados Unidos, a revolução do automóvel estava por vir. E esse foi um fato inconteste na Europa, onde até o fim da Segunda Guerra Mundial apenas uma escassa minoria – 10% no máximo – de famílias possuíam automóvel. A primeira linha de montagem na Inglaterra, instalada na fábrica Morris em 1934, chegou mais de vinte anos após o esforço pioneiro de Ford em Detroit[23]. E isso era particularmente verdade para a outra pioneira na construção de rodovias, a Alemanha; pois o prometido Carro do Povo de Adolf Hitler, que começara a ser produzido no enorme complexo industrial de Wolfsburg em 1937, foi desviado para serviço de guerra, só se tornando realidade nas garagens do povo muito depois da Segunda Grande Guerra. No entanto, a Alemanha pode disputar com os

Estados Unidos a primazia na construção da primeira autêntica via expressa do mundo: a AVUS (Automobil-Verkehrs und Übungsstrasse), com 9,6 quilômetros de pista, onde se conjugam pista de corrida e rodovia suburbana de interligação com o centro, e que atravessou o Grunewald, em Berlim, entre 1913 e 1921. Embora uma companhia particular tivesse produzido um plano para quase 24 mil quilômetros de vias expressas na Alemanha já em 1924 e, por volta de fins da década de 1920, outra companhia estivesse com um plano bastante adiantado para uma autoestrada de 880 quilômetros, ligando Hamburgo, Frankfurt e Basileia, apenas uma segunda via expressa intermunicipal, esta curta, ligando Colônia e Bonn, chegou a ser construída antes de Hitler tomar o poder em 1933.

Contrários, de início, a todos os projetos da República de Weimar, os nazistas rapidamente recuaram em suas posições: as *Autobahnen* prometiam alívio rápido para o desemprego e tinham uma decisiva importância militar. Portanto, eles simplesmente se apropriaram dos planos já existentes e, usando uma subsidiária especial das Ferrovias Estatais Germânicas, transformaram-nos em concreto a uma velocidade épica. O dr. Todt, inspetor geral da Reichsautobahnen Gesellschaft (Companhia de Autoestradas Estatais), concluía o primeiro trecho de Frankfurt a Darmstadt no verão de 1935; seu nome, aliás, revelou-se muito mais do que simbólico*, visto que no mesmo dia da inauguração ocorreu ali um acidente fatal. Daí para a frente, com um contingente de perto de 250 mil trabalhadores em 1934, a taxa de conclusão foi vertiginosa: mais de 960 quilômetros em 1936, 3040 quilômetros em 1938, 3840 quilômetros ao iniciar-se a Segunda Guerra Mundial[24].

O ritmo fez-se sentir. Pelos padrões de engenharia mais recentes, essas primeiras *Autobahnen* – hoje raramente vistas, pois a Alemanha reunificada destruiu a velha infraestrutura herdada do antigo regime comunista – são de um primitivismo chocante, correm como montanha-russa, coladas a cada ondulação da paisagem, praticamente desprovidas de quaisquer técnicas de terraplanagem; faixas de aceleração e desaceleração, mal compreendidas e provavelmente desnecessárias para os automóveis daqueles dias, primaram pela sua ausência; as rampas de acesso e saída são excessivamente estreitas. Mas, embora primitivas, as *Autobahnen* deram origem a uma nova paisagem viária que seria mais tarde fielmente imitada por quase todos os outros países do mundo. E, por ironia, essa era precisamente a paisagem que MacKaye – arquétipo do democrata liberal-social – imaginara naquele seu texto de 1930: pistas separadas, trevos, postos de serviço impecavelmente projetados e com projeto paisagístico, e até mesmo as enormes placas azuis, com seus inconfundíveis letreiros em minúsculas, que se tornaram parte de um novo simbolismo visual global. A histórica

A CIDADE À BEIRA DA AUTOESTRADA
o subúrbio do automóvel

FIG. 76: AVUS. *A Automobil-Verkehrs und Übungsstrasse, construída através do Grunewald de Berlim e concluída em 1921, pode arrogar-se o título de primeira autêntica via expressa do mundo.* Fonte: © ullsteinbild/TopFoto.

ironia era esta: concebidas independentemente, na Alemanha de Weimar e na América de Coolidgean, elas, na verdade, eram parte daquele movimento que abrangeu Ernest May e Benton MacKaye, Martin Wagner e Henry Wright. A identidade da parteira é que se mostrou de uma perturbadora incongruência.

No que respeita à construção dessas autoestradas intermunicipais de longa distância, durante a década da Depressão de 1930 os Estados Unidos ficaram para trás. Embora o advogado-planejador Edward M. Bassett tivesse cunhado o termo *freeway* em artigo de 1928 para o *New York Times*, o conceito não saiu do papel[25]. Exceto um prolongamento de maior quilometragem do sistema de *parkways* de Nova York até o estado vizinho de Connecticut – a Merritt Parkway e Wilbur Cross Parkways, que eram vias com pedágio e restritas ao tráfego motorizado privado –, a primeira autêntica rodovia intermunicipal norte-americana, a Pennsylvania Turnpike, correndo ao longo dos Apalaches desde Carlisle, próximo a Harrisburg, até Irwin, próximo a Pittsburgh, só foi aberta em 1940[26]. Dezembro daquele mesmo ano assinalou um novo marco na era do automóvel: Los Angeles completou a sua Arroyo Seco Parkway, agora parte da Pasadena Freeway e, à semelhança das primeiras *Autobahnen*, precariamente projetada. E numa extraordinária reprise da inauguração da primeira *Autobahn*, também aí a cerimônia foi marcada por uma colisão múltipla que envolveu três veículos lotados de dignitários[27].

Los Angeles Mostra o Caminho[28]

Los Angeles foi um ensaio, um laboratório, para o futuro urbano do final do século xx: o que o historiador de arquitetura Richard Longstreth chama de "campo de prova seminal" para tentativas realizadas por planejadores e arquitetos de acomodar o carro[29]. Em 1915, já havia em Los Angeles um carro para cada oito moradores, contra a média nacional de um para 43 pessoas; em 1920, um para 3,6 contra um para 13,1; em 1930, um para 1,5 contra um para 5,3[30]. Devido a isso, a partir de 1920, Los Angeles começou a sentir o impacto da posse em massa de carros, de um modo que ia permanecer desconhecido em outras cidades norte-americanas até os anos de 1950, e nas cidades europeias até os anos de 1980.

Tratava-se de uma cidade norte-americana incomum: diferentemente de Nova York ou Chicago ou outras cidades, os imigrantes que foram para lá não eram pobres camponeses vindos da Europa; eram norte-americanos de fazendas e cidades pequenas, e muitos já eram dependentes de carros. Eram livres para seguir o aforismo de Ford: resolveriam o problema da cidade, deixando-a[31]. Demandavam liberdade: para viver onde quisessem e viajar quando e como gostassem. Sua Los Angeles seria uma cidade de subúrbios, em que

A CIDADE À BEIRA DA AUTOESTRADA
o subúrbio do automóvel

cada um podia viver numa cidade sem ser parte dela, uma cidade onde o individualismo e a privacidade não seriam moderados pelas velhas restrições urbanas de morar e mover-se coletivamente.

Mas o cenário já estava montado mesmo antes da sua chegada. Em 1900, espalhadas em torno da bacia de Los Angeles, da costa até as montanhas, ficava uma série de cidades pequenas e ainda na maior parte adormecidas, muitas das quais pouco maiores do que aldeias, separadas por campos e pomares: algumas comunidades rurais, alguns locais de veraneio, alguns centros comerciais beirando a ferrovia, alguns empreendimentos puramente especulativos. O ponto importante era que, agrícolas ou não, eram povoamentos pequenos e separados: a tradição policêntrica do sul da Califórnia começou cedo, assim como seu viés antiurbano.

Ambos, [a tradição e o viés], eram agora maciçamente reforçados: o que realmente controlava o desenvolvimento do sul da Califórnia, dando-lhe uma forma policêntrica e suburbana mesmo antes da sua conquista pelo automóvel, era o sistema de ferrovias elétricas que chegara para ligar todos esses pequenos lugares: os trens interurbanos. Como disse o historiador do sistema de Los Angeles: "No sul da Califórnia, o interurbano foi o pioneiro. Depois da sua chegada, a população seguia."[32] Henry E. Huntington foi o verdadeiro construtor desse sistema, e, assim, o real construtor de Los Angeles; mas ele é pouco conhecido, mesmo para as milhares de pessoas que visitam as galerias ou bibliotecas que levam seu nome. Entre 1901 e 1911, Huntington juntou, organizou, consolidou e estendeu nada menos que 72 sistemas separados de trilhos elétricos que se tornou a Pacific Electric Railway: o maior sistema de trens elétricos interurbanos dos Estados Unidos, servindo 56 comunidades num raio de 160 quilômetros de Los Angeles[33]. No seu auge, em meados dos anos de 1920, os trilhos da Pacific Electric estendiam-se por 1862 quilômetros, de San Fernando até Redlands e de Mount Lowe ao Oceano Pacífico, e os Grandes Vagões Vermelhos transportaram mais de 109 milhões de passageiros num único ano. Oitocentos vagões de passageiros realizavam diariamente 6 mil viagens programadas. O trajeto do edifício da Pacific Electric nas ruas Sexta e Principal em Los Angeles até Long Beach levava 50 minutos; para Pasadena ou Glendale, 45 minutos; para Santa Mônica, cerca de uma hora; o passageiro pendular da área central era ainda a base do sistema[34].

O gênio de Huntington foi usar os trilhos como meio de promover maciçamente o desenvolvimento imobiliário.

> A Pacific Electric estendeu seus trilhos interurbanos através do condado, Huntigton Land adquiriu ranchos adjacentes no San Gabriel Valley, e Valley

Water desenvolveu um sistema doméstico de água. Suas *holdings* eram ligadas ao transporte e abastecidas com água, enquanto Huntigton esperava por uma alta no mercado imobiliário residencial. A Huntigton Land então subdividiu a área que possuía em lotes suburbanos, pagou depósitos às companhias de serviços de eletricidade, gás e telefone, e terceirizou a publicidade e a venda dos lotes. Na verdade, integrou sua empresa tão eficientemente que enquanto a Pacific Electric perdia milhões e a Valley Water milhares, as receitas da Huntington Land justificavam o investimento inteiro.[35]

Contudo, com o crescimento da posse de automóvel, o padrão de desenvolvimento mudou. Antes de 1914, os incorporadores raramente ousariam construir casas a uma distância maior do que quatro quadras de uma linha de bondes; mas já nos anos de 1920, novas habitações estavam sendo construídas nas áreas intersticiais, inacessíveis por trilhos. Elas agora se espalhavam por mais de 48 quilômetros do centro da cidade: fora do alcance dos tiros de pistola de Hollywood, segundo um humorista local. Era uma descentralização em escala praticamente inimaginável antes da era da propriedade em massa de automóveis – isto é, apenas 15 ou 20 anos antes[36]. Em 1930, a cidade de Los Angeles tinha 93,9 % de casas unifamiliares, uma proporção extraordinariamente mais alta do que as cidades mais antigas do leste e meio-oeste; em comparação, a porcentagem para Nova York era 52,8 %, para Chicago 52,0%, e para Boston 49,5%[37].

Isso era singular, como observou Robert Fogelson:

> Em nenhum outro lugar dos Estados Unidos os subúrbios se estenderam para tão longe em direção à zona rural, e o centro da cidade declinou tão drasticamente como centro comercial e industrial. Esse processo, reflexo das preferências dos recém-chegados, das práticas dos loteadores, e das inclinações dos homens de negócios, era também autoperpetuador. A dispersão devastou o distrito comercial central e a descentralização estimulou a subdivisão nas áreas periféricas. Aliás, diante da urbanização adicional, somente as montanhas e o mar inibiram o espalhamento da metrópole – um panorama que, quaisquer que tenham sido os problemas gerados, incluindo o fracasso das ferrovias elétricas, o povo de Los Angeles viu como sua realização consumada.[38]

No fim dos anos de 1930, o tráfego mostrou um padrão nunca antes visto em nenhuma outra cidade: eram múltiplas origens e destinos e múltiplas faixas de tráfego, o produto, mas também o gerador de uma economia e sociedade dependentes do automóvel. Nessa época, com volumes cada vez maiores de tráfego urbano tentando se deslocar num sistema de ruas que ainda irradiavam do centro, criou-se uma ameaça de colapso total. E, presságio do que estava por vir, o congestionamento aumentou também nos distritos comerciais afastados[39]. Durante os anos de 1920, a participação dos negócios de varejo da área central despencou de 75% para 25%. Em 1934, não havia dúvida de que o futuro do comércio residia em Miracle Mile: a cidade abriu uma nova passagem através de Westlake Park (hoje MacArthur Park), ligando Wilshire à Grand Avenue no centro, e "um bulevar de 25,6 quilômetros, ele mesmo uma nova forma de centro horizontal, agora ligava o centro de Los Angeles ao mar. O bulevar Wilshire tornou-se a artéria central da Cidade dos Anjos"[40].

Agora, a tendência era irreversível: em meados dos anos de 1930, 88% das novas lojas de varejo eram abertas nos subúrbios. Até 1929, três quartos de todas as vendas das lojas de departamentos no condado de Los Angeles aconteciam no Central Business District (CBD) (Distrito Comercial Central); apenas dez anos depois, esse número havia baixado para 54%; o crescimento acontecia não só ao longo de Wilshire, mas também no San Fernando Valley, Westwood e Hollywood. O distrito comercial central perdeu 25 milhões de dólares em valor estimado entre 1934 e 1939[41]. Como comentou E.E. East, em 1941, "O assim chamado centro comercial central está se tornando rapidamente apenas mais um centro, com poucas características notáveis a diferenciá-lo dos outros."[42]

Com o declínio do Centro houve o declínio e finalmente o desaparecimento do sistema de trem elétrico de Los Angeles. Em 1923, os vagões vermelhos transportaram 315 mil passageiros para o centro da cidade; em 1931, esse total tinha diminuído para 250 mil, um decréscimo de 24%, com grandes perdas fora dos horários de pico e fins de semana[43]. Então, o transporte de passageiros declinou de 107.180.838 em 1929 para 67.695.532 em 1934, ou seja, um terço[44].

Isso não ocorreu por descuido: Los Angeles abandonou conscientemente seu imenso sistema de transporte público. Pois o colapso repentino da Pacific Electric em meados dos anos de 1920 provocou um amplo debate na cidade, que grassou durante anos na imprensa e nas urnas. Em essência, a questão era simples e clara: deveria a cidade procurar socorrer o ameaçado sistema por meio de maciços subsídios públicos e novos investimentos, ou efetivamente deixá-lo sucumbir. Isso era significativo porque Los Angeles, nesse momento, era única; como em tantos outros aspectos, a cidade estava conduzindo um ensaio de figurinos para uma peça que ia ser apresentada em cada uma das outras cidades, pelo mundo afora, no meio século seguinte e além.

Houve mais alguns debates significativos na história do urbanismo do século xx. Em particular, alguns dos debatedores tinham uma visão muito clara de um novo tipo de cidade, inteiramente diferente de qualquer cidade tradicional do passado. Eles entendiam que a cidade estava começando a se descentralizar de uma maneira nunca antes vista em lugar nenhum; e se regozijavam com isso. Um deles era nada menos que o diretor de planejamento, G. Gordon Whitnall, que já clamava por "Não outra Nova York, mas uma nova Los Angeles. Não uma grande massa homogênea com uma pirâmide populacional e sordidez em um único centro, mas uma federação de comunidades coordenadas em uma metrópole de luz solar e ar."[45] Clarence Dykstra, Diretor de Eficiência do Departamento de Água e Eletricidade da cidade, apresentou essa alegação de modo ainda mais incisivo, em um breve artigo publicado em 1926, "Congestion Deluxe: Do We Want it?" (Congestionamento de Luxo: Queremos Isso?):

> É inevitável ou no fundo saudável ou desejável que multidões cada vez maiores sejam trazidas para o centro da cidade; queremos estimular o congestionamento habitacional ao longo das linhas de metrô e desenvolver uma cidade intensiva em vez de extensiva; irá o transporte rápido espalhar a população para qualquer lugar exceto ao longo das novas faixas de domínio; será afinal desejável haver uma área com preços da terra anormalmente altos trazendo uma demanda pela remoção das restrições de construir; será que é necessário que todas as operações comerciais, profissionais e financeiras sejam conduzidas em uma área restrita; será preciso que o trabalhador seja transportado através do coração da cidade para chegar ao emprego; aliás, não estão todas essas assertivas, dominantes na geração passada, sendo severamente colocadas em dúvida por ponderados estudiosos?[46]

Em toda parte, afirmou ele, negócios – bancos, fábricas, teatros, lojas – estavam sendo descentralizados[47]; e elogiou a visão alternativa do Clube da Cidade de Los Angeles, de que "a cidade do futuro deveria ser uma comunidade harmoniosamente urbanizada de centros locais e cidades-jardins na qual a necessidade de transporte rápido através de longas distâncias seria reduzida ao mínimo"[48].

A resposta então era reconhecer o fato da dispersão, e planejar levando-a em conta. Em artigo publicado em 1941, E.E. East, engenheiro-chefe do Automóvel Clube do Sul da Califórnia e um dos pais das vias expressas de Los Angeles, delineou uma visão de futuro que era essencialmente a mesma que Whitnall e Dykstra tinham expressado em meados dos anos de 1920.

> A área de Los Angeles, provavelmente mais do que qualquer outra nos Estados Unidos, é um produto da era do veículo automotor. Aqui, a partir da

A CIDADE À BEIRA DA AUTOESTRADA
o subúrbio do automóvel

desordem no transporte metropolitano de hoje, está surgindo um novo padrão urbano. Será ele o padrão aceito nas cidades do futuro ou construímos sobre uma fundação de areia? Do ponto de vista econômico e de engenharia, a resposta é clara. A cidade do amanhã, baseada no veículo a motor, será uma cidade melhor e mais eficiente para se viver e trabalhar do que as cidades de hoje.[49]

East descreveu a vida de uma típica família de Los Angeles, a família Jones, moradores de Beverly Hills; ele trabalhava no leste de Los Angeles, deslocando-se de carro; assim também faziam seus dois filhos estudantes, que iam para o colégio dirigindo:

> Toda manhã, a empregada vem de carro de Pasadena, o jardineiro vem de Inglewood e a lavadeira, de Van Nuys. O leiteiro, o carteiro, o jornaleiro, o açougueiro e o padeiro, vêm e vão, cada um deles, em seu próprio transporte. Durante o dia, a esposa faz compras ao longo do Bulevar Wilshire, no centro de Los Angeles e Pasadena, e possivelmente joga bridge em Long Beach. Ela viaja em seu próprio carro.[50]

O resultado foi: "Um milhão de automóveis movendo-se em um milhão de direções diferentes, com seus caminhos convergindo para um milhão de intersecções, um milhão de vezes ao dia."[51] E esse padrão conflituoso progressivamente se espalhava para fora[52]. Havia apenas um caminho para sair do impasse, argumentou East:

> O problema do transporte e uso do solo no distrito metropolitano de Los Angeles, assumindo ser desejo dos moradores continuar usando o transporte individual, é, do ponto de vista da engenharia e das finanças, de solução simples. Esta consiste em desenvolver ao longo dos anos uma rede de rodovias projetadas para servir mais ao transporte do que ao uso da terra [...] Nos distritos comerciais edificados, a solução poderia ser encaminhada através de edifícios-rodovias, especialmente projetados e localizados nos centros das quadras, com pontes de ligação passando por cima das ruas transversais.[53]

No mínimo 80% de todas as viagens eram feitas de automóvel[54]. Isso tanto resultava do padrão disperso de residências e empregos como também pelo que reforçava East:

> O levantamento de 1937 revela uma clara mudança no movimento direcional do tráfego. Um movimento de tráfego retangular foi sobreposto ao original

e o movimento radial teve aumento significativo, resultando em múltiplos entrecruzamentos e congestionamento nas rodovias e ruas com um risco sem paralelo.[55]

A única maneira de sustentar esse padrão de movimento, segundo alguns autores, seria um sistema radicalmente novo.

> A solução do problema de construir obras adequadas para o tráfego direto está numa rede de rodovias para uso exclusivo de veículos automotores, sem cruzamentos em nível e ao longo das quais não deve haver interferência de atividades de uso do solo [...] É recomendada a construção de uma rede de rodovias para servir a toda a área metropolitana de Los Angeles conforme definida neste relatório [...] Essas rodovias devem ser construídas sobre uma faixa de domínio de não menos que 360 pés de largura através da área residencial e não menos de 30,4 metros através dos distritos comerciais estabelecidos.[56]

Mas, no início, pouco pôde ser feito. Em 1930, duas das mais famosas consultorias de planejamento da era, a Olmsted Brothers e a Harlan Bartholomew and Associates, produziram conjuntamente um relatório, *Parks, Playgrounds and Beaches for the Los Angeles Region*, propondo um sistema extensivo de áreas de recreio e parques ligados a "reservas" naturais afastadas por meio de uma série de *"parkways"* regionais[57]. A proposta não era ambiciosa ambientalmente: não procurou proteger bacias hidrográficas e pântanos como ecossistemas únicos, mas simplesmente preservar e criar vistas pitorescas, espaços recreativos e *parkways* verdejantes como parte de um pacote de desenvolvimento comercial planejado ou gerenciado. Paisagem tinha valor cultural, econômico e social, antes que significado ecológico e ambiental[58].

Olmsted chegou ao ponto de estipular princípios de desenho de parques e *parkways* específicos para o automóvel, defendendo que planejadores favorecessem rotas com "amplas vistas deslumbrantes" e designassem áreas de observação. Mas sua visão foi além do gerenciamento puramente técnico do tráfego do final de semana: "É vital para a saúde mental das pessoas e para a manutenção do que faz a vida valer a pena", explicou, "fornecer aos homens e mulheres estressados da vida urbana tal capacidade que pode ser posta ao seu alcance e assim propiciar o tipo de descanso que se obtém apenas no contato com a paisagem 'natural' aberta, bela e espaçosa, contrastando ao máximo com a paisagem de ruas e edifícios."[59] Era a mesma visão dos defensores animados do sistema Westchester County Parkway: convenientemente, *parkways* pitorescas forneceram um recurso paisagístico que aumentou os

A CIDADE À BEIRA DA AUTOESTRADA
o subúrbio do automóvel

valores imobiliários e promoveu o crescimento da comunidade ao mesmo tempo que criava e preservava a beleza panorâmica e aumentava o acesso às atividades recreativas[60].

Isso estimulou a ação – mas em escala minúscula. A construção da Arroyo Seco Parkway começou em 1938 e terminou em 1940; um trecho de 1,6 quilômetro do que se tornou a Hollywood Freeway, através de Cahuenga Pass ao norte de Hollywood, foi construído durante o mesmo período[61]. Recursos locais, estaduais e federais (pouco) foram reunidos para a Arroyo Seco, e para dois projetos do tempo de guerra; mas até 1945, somente 17,6 quilômetros de vias expressas tinham sido abertos em Los Angeles, seguidos por 6,9 quilômetros durante 1945-1950[62]. As grandes mudanças vieram depois da guerra, com um gigantesco programa de novas construções: a extensão total de vias expressas aumentou 4,5 vezes de 1950 a 1955, incluindo grandes partes das vias expressas Hollywood-Santa Ana e San Bernardino. O enorme cruzamento rodoviário do centro, de quatro níveis, o "stack", foi completado em 1953. Quando a lei foi aprovada, a Califórnia tinha meros 30,4 quilômetros de vias expressas; em dez anos eram mais 480 quilômetros, principalmente em torno de Los Angeles e São Francisco, onde o congestionamento era pior[63].

Mas, talvez, o que tenha dado a Los Angeles sua mítica reputação não tenha sido a extensão de sua rede de vias expressas – a área metropolitana de Nova York, com o arranque inicial dado por Moses, continuava ganhando na contagem – e sim a total dependência de seus cidadãos em relação a ela, revelada pela raridade do transporte público e por aquele dito *angeleno* do *going surface**, como se fosse um cometimento excêntrico. Foi também o estilo característico de vida a que deu origem; estilo exemplificado pela heroína da novela de Joan Didion, *Play it as it Lays* (Dance Conforme a Música), que, abandonada pelo marido, "volta-se para as vias expressas em busca de alento", e é finalmente iniciada:

> Muitas e muitas vezes voltou ela àquele trecho intrincado, logo ao sul do trevo, onde uma travessia bem-sucedida do Hollywood para o Harbor exigia um movimento em diagonal cortando quatro faixas de trânsito. Na tarde em que finalmente conseguiu realizá-la, sem brecar uma única vez ou sequer perder o ritmo dançante que lhe vinha do rádio, exultou de alegria e nessa noite dormiu sem sonhos.[64]

Foi, ademais, o padrão resultante de crescimento urbano. A abertura da Arroyo Seco foi quase imediatamente seguida por um aumento nos preços dos terrenos em Pasadena. Desde então, para onde quer que fossem as vias expressas para lá iam também os incorporadores. E esse sistema, ao contrário da rede viária de Moses em Nova York, não era radial – ou, quando muito, era-o apenas parcialmente; formava uma frouxa grade trapezoidal, proporcionando uma acessibilidade grosseiramente igual de qualquer lugar para qualquer lugar. É bem verdade que essa também fora uma característica dos velhos vagões vermelhos da Pacific Electric Railway, cujas rotas as vias expressas invariavelmente seguiram[65].

Wells, portanto, estava certo; porém, tudo levou mais tempo do que ele imaginara, e os impactos da nova orientação foram vistos sobre Long Island e na bacia de Los Angeles muito antes de se tornarem evidentes nos condados ingleses. O primeiro trecho de rodovia na Inglaterra, 12,8 quilômetros ao redor de Preston, no Lancashire, foi aberto em dezembro de 1958, quase quarenta anos depois de seu primeiro equivalente germânico e cinquenta anos depois do primeiro norte-americano[66]. E só na década de 1960 o automóvel começou a afetar na base os modos de vida e as formas de ocupação do solo interiorano inglês.

Frank Lloyd Wright e os Desurbanistas Soviéticos

Muito antes disso, nos Estados Unidos, os subúrbios construídos em função do automóvel estavam sendo conscientemente planejados, até mesmo em grande escala. Assim, em Kansas City, o grande plano de parques municipais de 1893 1910, de George E. Kessler, e que incluía *parkways* recreativas, serviu de base para o Country Club District, iniciado pelo empreendedor Jesse Clyde Nichols em 1907-1908; influenciado tanto pelo movimento City Beautiful quanto por uma volta ciclística pelas cidades-jardim europeias, projetado por Kessler para integrar-se aos seus parques, foi o primeiro subúrbio-jardim especificamente construído em função do automóvel. De caso pensado, Nichols comprou terra barata fora do alcance do sistema de bondes elétricos, o que lhe permitiu construir com baixa densidade – primeiro quinze casas por hectare e, em seguida, ainda menos; no centro, o resplandecente Country Club Plaza (criado pelo arquiteto Edward Buhler Delle em 1923-1925) foi o primeiro *shopping center* do mundo construído em função do automóvel[67]. Em Los Angeles, os empreendimentos de Beverly

A CIDADE À BEIRA DA AUTOESTRADA
o subúrbio do automóvel

Hills (1914) e Palos Verdes (1923) obedeceram a princípios de planejamento semelhantes; embora o primeiro tivesse originalmente por base uma estação da Pacific Electric Railway, ambos logo se tornaram clássicos subúrbios automotivos[68].

Todas essas foram, pura e simplesmente, urbanizações realizadas pela iniciativa privada objetivando o lucro. Projetadas para dar dinheiro, dinheiro deram. Elas devem seu êxito marcante à qualidade do projeto e ao recurso a convênios privados que garantiram a manutenção dessa qualidade. Mas houve também uma versão altamente idealizada da cidade do automóvel, e uma fundamentação lógica a sustentá-la. De forma bastante apropriada, sua mais completa formulação veio do notável arquiteto norte-americano Frank Lloyd Wright. Mas uma outra versão, estranhamente semelhante, brotou de fonte absolutamente improvável: a União Soviética.

Os desurbanistas soviéticos dos anos de 1920, liderados por Moisei Ginsburg e Mikhail Okhitovich, argumentavam – como Wright, e talvez influenciados por ele – que as tecnologias ligadas à eletricidade e às novas formas de transporte, sobretudo o automóvel, permitiriam que as cidades se esvaziassem[69]. Eles também eram essencialmente individualistas e antiburocráticos; da mesma maneira, discutiam novas formas de construir baseadas em materiais produzidos industrialmente, com casas individuais, leves e transportáveis, localizadas em pleno campo, criando, portanto, um "país sem cidades, totalmente descentralizado e uniformemente povoado"[70]; chegaram mesmo a estudar uma eventual demolição das cidades para que se construíssem parques imensos e museus urbanos[71]. Mas esses eram planejadores soviéticos, e sua versão do individualismo era curiosamente coletiva: todas as atividades, salvo dormir e repousar, seriam comunais[72]. O imperativo tecnológico era idêntico ao de Frank Lloyd Wright; a ordem moral, porém, era – pelo menos de modo superficial – absolutamente distinta.

No caso, dadas as condições materiais da União Soviética na época, era tudo bastante fantástico. Quase não havia carros e tão pouco a eletricidade. Foi fácil a Le Corbusier, que naturalmente pertencia ao campo urbanista oposto, parodiar a visão desurbanista:

> As cidades farão parte do campo; vou morar a 48 quilômetros de meu escritório em uma direção, debaixo de um pinheiro; minha secretária também irá morar 48 quilômetros distante dali, só que na direção oposta, debaixo de outro pinheiro. Ambos teremos nosso próprio automóvel. Consumiremos pneus, danificaremos calçamentos e engrenagens, consumiremos óleo e gasolina. Isso tudo dará muito trabalho [...] o bastante para todos.[73]

Talvez uma visão dessas fosse até concebível nos Estados Unidos, mesmo em plena Depressão do início dos anos de 1930. Mas na União Soviética, mesmo considerando as apavorantes condições de infraestrutura e moradia de Moscou na época, não era. O histórico Congresso do Partido de 1931 determinou que todo aquele que negasse o caráter socialista das cidades existentes era um sabotador; a partir de 1933, um decreto estipulou que os centros urbanos deviam ser reconstruídos para expressar a "grandeza socialista"[74]. Stálin havia falado; o grande debate urbano soviético foi silenciado por toda uma geração.

A visão de Frank Lloyd Wright, ao contrário, estava perfeitamente sintonizada não só com a filosofia pessoal do autor, mas também com as condições de sua época. Era, com efeito, a essência de quase tudo que ele sentia e havia expressado sobre a teoria da forma construída. No processo conseguiu, de maneira simplesmente extraordinária, compor num todo quase todas as forças significativas do pensamento norte-americano urbano – ou, mais precisamente, antiurbano.

Wright começou a conceber sua Broadacre City já em 1924, e logo depois cunhou o título em uma palestra realizada na Universidade de Princeton[75]. A concepção partilha muitas afinidades filosóficas com as ideias da Regional Planning Association of America, e algumas dessas com Ebenezer Howard. Nela está presente a mesma rejeição pela cidade grande – Nova York especificamente – vista como um câncer, um "tumor fibroso"; a mesma antipatia populista pelo capital financeiro e o latifúndio; a mesma rejeição anarquista pelo governo forte; a mesma confiança nos efeitos libertadores das novas tecnologias; a mesma crença no princípio da cessão de solo para moradia e no retorno à terra; e até aquele transcendentalismo caracteristicamente norte-americano que deriva de escritores como Emerson, Thoreau e Whitman[76].

Mas também apresenta diferenças, especialmente no que se refere a Howard (bem como em relação aos desurbanistas soviéticos): Wright pretendia libertar homens e mulheres não para juntarem-se em cooperação, mas para que vivessem como indivíduos livres; não desejava casar cidade e campo, mas fundi-los[77]. Nela existe, acima de tudo, a noção de que as novas forças tecnológicas poderiam recriar, na América, uma nação de agricultores e proprietários livres e independentes: "Edison e Ford ressuscitariam Jefferson."[78] Sob esse aspecto, assemelha-se mais às comunidades do Cinturão Verde de Rexford Tugwell; porém, Tugwell partilhava com Mumford, Stein e Chase uma crença no planejamento comunitário, difícil de identificar em Wright. Ou melhor, Wright partilha com a RPAA uma base comum de experiência: a lenta decadência da América rural, afundada entre a labuta impiedosa da fazenda pré-elétrica e as fascinantes luzes de boas-vindas da cidade, como registrado

A CIDADE À BEIRA DA AUTOESTRADA
o subúrbio do automóvel

de maneira pungente por Hamlin Garland em sua obra autobiográfica, *A Son of the Middle Border* (Filho da Fronteira do Meio):

> Naqueles poucos dias, percebi a vida sem seu encanto. Já não olhava para essas mulheres que labutam com os olhos descuidados da juventude. Não via graça nas formas arqueadas e nos cabelos grisalhos dos homens. Comecei a entender que minha própria mãe trilhava um círculo similar de escravidão, sem nunca dispor de um dia inteiro de descanso, com apenas uma hora de escape dos puxões de mão das crianças, e da necessidade de remendar e lavar roupa.[79]

Libertos, enfim, pela Primeira Grande Guerra e pelo automóvel, eles deixavam as fazendas em "calhambeques, que tinham os para-lamas amarrados por arame e as lonas a tremularem, batidas pela brisa [...], sem dinheiro nem perspectiva"[80]. E em seguida, a migração tornou-se necessidade absoluta, à medida que a Depressão provocava a execução de hipotecas das fazendas e forçava os proprietários a converterem-se em meeiros[81]. Todavia, como disse na época Charles Abrams: "Não foi só a fronteira que se fechou, a cidade também está fechada"; o agricultor não tinha para onde ir[82]. Daí as cidadezinhas implantadas em cinturões verdes pela Administração de Reassentamento, já descritas no capítulo 4; daí Broadacre City.

Mas Broadacre seria diferente. As novas tecnologias, como afirmara Kropótkin mais de três décadas atrás, estavam transformando e até mesmo abolindo a tirania geográfica. "Com a eletrificação, praticamente eliminam-se as distâncias até onde chega a comunicação [...] Com o navio a vapor, com o avião e com o automóvel, nossa esfera humana de movimento amplia-se imensuravelmente ao utilizar-se dos muitos modos mecânicos, da roda ou do ar."[83] Agora, "não apenas o pensamento mas também a fala e o movimento são voláteis: o telégrafo, o telefone, a mobilização física, o rádio. Em breve, a televisão e o voo seguro"[84]. A moderna mobilidade tornava-se acessível até mesmo para o pobre, "graças ao ônibus ou ao fordinho"[85].

Ligados a isso, novos materiais de construção – concreto usinado, vidro e "inúmeras chapas de madeira, de metal ou de plástico, largas, finas, baratas" – possibilitavam um novo tipo de construção: "edifícios podem ser feitos por máquinas indo até a construção ao invés de a construção ir até as máquinas"[86]. E, ao mesmo tempo, a "fabricação de máquinas em oficinas" barateava a água, o gás e a energia elétrica, tornando-os "acessíveis em grande quantidade para todos, em vez de luxos ainda mais questionáveis para poucos"[87]. Portanto, "a verticalidade superpovoada de qualquer cidade é agora vista como extremamente inartística e não científica!"[88]

FIG. 77: Broadacre City. A "Visão Usoniana" de Frank Lloyd Wright do casamento de baixa densidade entre subúrbio e campo, cada cidadão simultaneamente um urbanita e um agricultor. Algo perigosamente semelhante aconteceu por todo o território estadunidense nos anos de 1950, mas destituído de sua mensagem social e econômica. Fonte: Scottsdale (AZ), The Frank Lloyd Wright Foundation. Foto de Skot Weidemann © 2013. The Frank Lloyd Wright Fdn, AZ/Art Resource, NY/Scala, Florence.

Além desses ingredientes tecnológicos, Wright construiu o que chamou de sua "visão usoniana":

> Imaginem, agora, autoestradas espaçosas, com tratamento paisagístico, com as passagens de nível eliminadas por um novo tipo de desvios integrados ou de pistas rebaixadas ou elevadas, todo o tráfego em áreas de cultivo ou moradia [...] Estradas gigantescas, de imponente arquitetura, postos de serviço público em trânsito que não desfigurem a paisagem, mas se expandam como um bom projeto arquitetônico, incluindo todo o tipo de serviço rodoviário para quem viaja – encanto e conforto de ponta a ponta. Essas grandes estradas unem e separam, separam e unem, séries intermináveis de unidades diversificadas passando por unidades agrícolas, mercados de beira de estrada, escolas primárias, locais de moradia, cada

A CIDADE À BEIRA DA AUTOESTRADA
o subúrbio do automóvel

uma dentro de seus hectares de chão individualmente ornamentados e cultivados, lares urbanizados, lugares, todos eles aprazíveis, de trabalho ou lazer. E imaginem unidades-indivíduo, de tal modo dispostas que cada cidadão possa, conforme lhe convenha, contar com todas as formas de produção, distribuição, auto-aprimoramento, diversão, dentro de um raio de, digamos, dezesseis a trinta e dois quilômetros de seu próprio lar. E às quais terá rápido acesso usando seu carro ou o transporte coletivo. Essa distribuição integrada de vida relacionada com a terra compõe a grande cidade que vejo envolvendo este país. Essa seria a Broadacre City de amanhã, isto é, a nação. A democracia feita realidade.[89]

Evidentemente, Broadacre seria uma cidade de indivíduos. Suas casas seriam projetadas

> não apenas em harmonia com a vegetação e o terreno mas em íntima consonância com o modelo de vida pessoal do indivíduo no território. Nada de duas casas, de dois jardins, nada de unidades agrícolas em um – até dois, três – até quatro hectares ou mais, nada de duas sedes agrícolas ou fabris terem de ser iguais [...] Casas sólidas, mas leves e adequadas, locais de trabalho espaçosos e próximos da moradia, aos quais tudo o mais estaria subordinado, construindo-se cada item, sólida e harmoniosamente, com materiais genuínos do Tempo, do Lugar, do Homem[90].

Isso tudo era a casca física. Mas para Wright, tanto quanto para Mumford ou Howard, as formas construídas nada mais eram do que a expressão apropriada de um novo tipo de sociedade. A cidade do arranha-céu, a seu ver, representava "o fim de uma época! O fim da república plutocrática da América"[91]. Através de uma nova migração em massa, tão imensa e momentosa quanto o primeiro assentamento colonizador em solo norte-americano, o novo pioneiro substituiria a plutocracia dos latifundiários e das gigantescas corporações por "um direito básico mais simples e natural de ganhar a vida, suficiente para uma pessoa viver de acordo com o melhor de si mesma"[92]. Sua visão é quase idêntica à de Howard:

> Liberto do aluguel, que boas terras lhe fossem acessíveis, e ele – trabalhador da máquina alugado por salários, – que paga imposto à cidade agigantada para que esta lhe dê trabalho –, por que não poderia ele, esse pobre escravo do salário, ao invés de recuar, avançar rumo ao que lhe pertence por direito de nascença? Ir para boas terras e ali criar sua família numa cidade livre?[93]

Ali ele iria redescobrir a quintessencial democracia norte-americana, "Democracia é o ideal da descentralização reintegrada [...] muitas unidades livres ganhando força à medida que aprendem com a prática e crescem juntas em mútua e espaçosa liberdade."[94] Era a visão de sua Wisconsin da infância, retomada através da nova tecnologia.

Ninguém gostou. Para a infelicidade dele, quase todos foram contra: acusavam-no de ingenuidade, de determinismo arquitetônico, de encorajar a suburbanização, de desperdício de recursos, de falta de urbanidade e, acima de tudo, de não haver em sua filosofia dose suficiente de espírito coletivo[95]. Wright não esboçou qualquer movimento para concretizar as suas ideias, não recebeu cargos da Administração para Reassentamento de Tugwell nem teve qualquer apoio moral por parte de outras figuras poderosas – em especial dos líderes da RPAA – que estavam trabalhando em favor da descentralização planificada[96].

E, como argumentou eloquentemente Herbert Muschamp, havia, afinal, uma contradição a comprometer a visão no seu todo: a livre comunidade de indivíduos moraria em casas projetadas pelo arquiteto-chefe:

> Quando todo o falatório retórico whitmaniano exaltando o espírito pioneiro tiver sido varrido de cena, restará apenas uma sociedade construída sobre o estrito princípio hierárquico da Irmandade Taliesin do próprio Wright: um governo da arquitetura, uma sociedade onde ao arquiteto se outorga o supremo poder executivo [...] É fácil, portanto, ver Broadacre como a prova de que dentro de cada pretenso individualista, existe um ditador ansioso por sair da casca.[97]

O cerne da contradição, segundo Muschamp, reside na crença de que o arquiteto pudesse controlar todo o processo. Na verdade, no início dos anos de 1950, a realidade norte-americana "ameaçava liquidar seu próprio sonho romântico num panorama de abrigos de carro, construções em meio-nível, irrigadores de gramado lavando dali o sonho usoniano para dar lugar ao churrasco de fim de semana"[98]. A ironia final veio ao término dos anos de 1950: Wright não teve êxito no processo que moveu contra o condado local a fim de que se retirassem as torres que desfiguravam a vista de Taliesin III, erguidas para transportar energia até os suburbanos da nova Phoenix. Todavia, na mesma década, ao levar Alvar Aalto para dar uma volta pelos subúrbios de Boston, não pode proclamar que fora ele, Wright, que tornara tudo aquilo possível. Comenta Muschamp:

> Não estaria o aventureiro que havia em Wright querendo estourar de rir ante o pensamento de que o maior arquiteto de todos os tempos tornara possível

à paradisíaca natureza norte-americana converter-se num continente asfáltico de Holiday Inns, quiosques de sobremesa gelada, cemitérios de automóveis, cartazes imensos, fumaça, habitações genéricas, crivado de hipotecas e franquias de costa a costa?[99]

Talvez. Havia uma contradição, sem dúvida: o desejo de Wright era que tudo fosse projetado arquitetonicamente, higienizado, em um bom gosto uniforme; não ocorreu nada assim. Talvez ele tivesse mais coisas em comum com os desurbanistas soviéticos do que qualquer um teria admitido: afinal, eram todos arquitetos. Broadacre City, contudo, é significativa pela natureza de sua visão. Provavelmente a ideia não teria podido ocorrer daquela forma e naquele momento, em qualquer outro país. Ela soube captar o futuro norte-americano e corporificou-o numa visão. O notável foi exatamente sua enorme capacidade de ser visionária.

"Os Subúrbios Estão Chegando!"

Eis, portanto, o irônico resultado: depois da Segunda Guerra Mundial, a explosão da construção suburbana criou uma espécie de Broadacre City por todo o território norte-americano, porém, inteiramente divorciada da base econômica e da ordem social que Wright tão firmemente defendera. No fim dos anos de 1940 e na década de 1950, milhares de km² de solo agrícola norte-americano desapareceram debaixo dela; uma *charge* do *New Yorker* mostrava uma família tradicional de fazendeiros sentada na varanda, uma escavadeira plantada sobre a crista de uma colina próxima, e a mulher que grita: "Velho, vai buscar a espingarda! Os subúrbios estão chegando!" Mas as pessoas que se mudavam para as novas áreas habitacionais normalmente deviam seu sustento àquelas enormes corporações que Wright atacava; suas casas estavam hipotecadas a gigantescas instituições financeiras; e sob nenhum aspecto constituíam uma sociedade de vigorosos e autossuficientes proprietários. Os norte-americanos tinham a casca, sem a substância.

O *boom* suburbano alicerçou-se em quatro pontos principais, a saber: as novas estradas que penetravam por terras situadas fora do alcance do velho trólebus e do transporte interligado sobre trilhos; o zoneamento dos usos do solo, que produzia áreas residenciais uniformes com valores imobiliários estáveis; as hipotecas, que, garantidas pelo governo, possibilitavam prazos longos e juros baixos absorvíveis pelas famílias de renda modesta; e a explosão de natalidade que ocasionou um súbito aumento na demanda de casas unifamiliares onde a petizada pudesse ser criada. Os três primeiros já estavam presentes, embora às vezes apenas sob forma embrionária, uma década antes do início do *baby boom*. O quarto é que o detonou.

As estradas, primeiro requisito, existiam em embrião. Como já foi visto, elas surgiram em um ou dois lugares: em Nova York desde os anos de 1920, em Los Angeles desde os 1940. Mas, o que é de admirar, até uma década ou mais depois de terem sido abertas, os empreendedores ainda não haviam se dado conta do seu potencial. Nos anos de 1930, a maioria dos nova-iorquinos ainda não possuía carro próprio. E muitos dos que tinham automóvel trabalhavam em Manhattan, onde a interligação com carro era quase impossível; a suburbanização teve de esperar pela saída dos empregos para lugares onde o carro fosse mais conveniente do que o metrô – o que começou a acontecer, em certa medida, apenas nos anos de 1950. E em qualquer dos casos, geralmente as estradas não estavam ali. A Depressão e os anos da guerra haviam provocado uma parada na aquisição de carros particulares; só em 1949, os registros voltaram a exceder o nível de 1929[100]. E também a construção de estradas permanecera estagnada.

Foi a Lei de Ajuda Federal à Autoestrada de 1956 que assinalou o verdadeiro começo da suburbanização por via expressa. Mas de início, não parecia ter sido esse o seu real intento. Na verdade, Roosevelt, em 1941, indicara Rexford Tugwell, Frederic Delano e Harland Bartholomew – todos conhecidos defensores da descentralização planificada de gente e empregos – para um Comitê Inter-Regional de Autoestradas sob a presidência de Bibb Graves, do Alabama, e assessorado por Thomas H. MacDonald, comissário de Vias Públicas – que MacKaye elogiara, naquele texto de 1930, por sua "visão de longo prazo", no enfoque ao "planejamento regional e inter-regional de grande amplitude"[101]. Este pedia um sistema interestadual de 51.200 quilômetros, o que levou o Congresso a aprovar a Lei Federal de Ajuda à Autoestrada de 1944. Mas esse devia ser um sistema estritamente interurbano, passando ao largo das cidades; e antes que pudesse ser construído, rompimentos políticos emergiram: entre engenheiros que queriam apenas despejar concreto e planejadores urbanos (como o veterano Harland Bartholomew) que queriam usar novas estradas para sanar a deterioração urbana, entre os que queriam estradas autofinanciadas por pedágio e os que preferiam o subsídio federal. Truman, em 1949, e Eisenhower, em 1954, assinaram leis de remodelação urbana, mas mantiveram as autoestradas fora delas.

Finalmente, Eisenhower – que acreditava ter ganhado a guerra nas *Autobahnen* alemãs – aceitou o argumento de que novas estradas eram não apenas vitais

A CIDADE À BEIRA DA AUTOESTRADA
o subúrbio do automóvel

para a defesa nacional numa época de guerra fria, mas poderiam também gerar um *boom* econômico. Ele convocou um general reformado, Lucius Clay, para encabeçar uma comissão de averiguação: o grosso dos pareceres vinha do lado pró-estradas – incluindo Robert Moses, que usou o argumento estradas-combatem-pardieiro. Mas a luta sobre quem iria pagá-las, travada essencialmente entre conservadores em matéria fiscal e *o lobby* das rodovias, quase matou a lei no nascedouro. Por fim, uma versão a meio caminho entre ambos estabeleceu que as novas estradas fossem construídas com um fundo especial, obtido através de um imposto sobre a gasolina, o óleo, os ônibus e os caminhões, sendo aprovada em junho de 1956; na Câmara (House of Representatives) a aprovação foi unânime; no Senado, apenas um solitário voto contra foi registrado[102]. O maior programa de obras públicas da história mundial – 41 bilhões de dólares para 65.600 quilômetros de novas estradas – punha-se em marcha.

A questão crucial ainda era: que tipo de sistema viário seria esse? O Congresso, em 1944, endossara o princípio de que ele devia desviar-se das cidades. Planejadores como Bartholomew e Moses afirmavam, ao contrário, que ele deveria penetrar no coração dessas cidades, removendo, assim, as áreas deterioradas e melhorando o acesso dos subúrbios aos escritórios e lojas do centro. Na prática, dada a força do *lobby* da remodelação urbana nas décadas de 1950 e 1960, pouca dúvida havia quanto ao resultado: o sistema seria usado para a implantação de novos corredores de acesso desde os centros urbanos para os subúrbios em potencial, à semelhança do que Moses tentara fazer trinta anos antes[103]. Quando o programa começou a sério, seu chefe, Bertram D. Tallamy, declarou que as novas autoestradas fossem construídas segundo princípios que aprendera com Moses já nos idos de 1926[104]; naquele momento e por muito tempo depois, Moses era, afinal, o único construtor de autoestradas urbanas realmente experiente nos Estados Unidos.

O segundo requisito, zoneamento, remontava a 1880, quando, em Modesto, Califórnia, fora usado para remover lavanderias chinesas: início particularmente adequado, visto que daí para a frente uma de suas principais funções foi a de salvaguardar os valores da propriedade mediante a exclusão de usos indesejáveis do solo, bem como de vizinhos igualmente indesejáveis[105]. E a cidade que assumiu a liderança no movimento pró-zoneamento a partir de 1913, Nova York, foi impelida a fazê-lo por injunção dos lojistas do centro, que, queixando-se do fato de as incursões industriais estarem ameaçando seus lucros, apelaram ruidosamente para "cada interesse financeiro" e "cada homem que possui uma casa ou alugue um apartamento"[106]; a Comissão Para Altura de Edifícios municipal aceitou o argumento desses lojistas de que o zoneamento garantia "maior proteção e segurança ao investimento"[107]. E quando, em 1926, a histórica decisão da Corte Suprema, em Village of Euclid et al v. Ambler Realty Co., confirmou a validade geral do zoneamento, o grande planejador-advogado Alfred Bettman – cuja súmula, apresentada tardiamente na audiência, pode ter sido crucial – arrazoava que o "bem público" oferecido pelo zoneamento era o aumento dos valores das propriedades da comunidade[108]. O ponto em questão, principalmente, era se a terra deveria ser zoneada como industrial ou como residencial (capítulo 3)[109].

Por ter sido meticulosamente projetada como parte de um amplo poder de polícia para salvaguardar "o bem público" e "a saúde, a segurança, a moral e a conveniência públicas", com isso evitando toda e qualquer sugestão de compra compulsória com direito a indenização, a resolução do zoneamento abrangente de Nova York, de 1916, evitou deliberadamente os planos de longo prazo; Edward Bassett, advogado responsável (presidia a Comissão para Altura de Edifícios), orgulhosamente declarou que: "Chegamos a ele de quarteirão em quarteirão", invariavelmente confirmando *o status quo*[110]. E o grosso da América foi atrás. Assim, surgiu um paradoxo: o controle do uso do solo nos Estados Unidos, em agudo contraste com a maior parte da Europa, ocorreu divorciado de qualquer tipo de planejamento do uso do solo; não pôde ser utilizado para elevar o nível do projeto que teve que ser garantido – obedecendo ao modelo do Distrito Country Club de Kansas City e seus imitadores – por meio de cláusulas restritivas privadas[111].

A terceira precondição para a explosão suburbana consistiu no financiamento barato e a longo prazo da habitação. Nesse campo, como já observamos no capítulo 3, os Estados Unidos, estranhamente, atrasaram-se muito em relação à Grã-Bretanha. Nesta, a partir da virada do século XIX para o XX, foram desenvolvidas sociedades construtoras permanentes, oferecendo hipotecas com prazos de 20 ou 25 anos a prestações baixas, e incentivando poderosamente a grande expansão suburbana ao redor de Londres nos anos de 1920 e 1930. Em contraste, até a década de 1930, a hipoteca norte-americana de praxe era apenas de cinco ou dez anos, com juros de 6 a 7%: carga ruinosamente pesada para a família média[112]. Foi um dos primeiros experimentos New Deal – a Home Owners Loan Corporation, HOLC (Corporação de Financiamento da Casa Própria), introduzida como medida emergencial em abril de 1933 para estancar a execução hipotecária de fazendas – que iniciou na América a hipoteca de longo prazo com autoamortização. No ano seguinte, a National Housing Act (Lei Nacional para a Habitação) criou a Federal Housing Authority, FHA (Agência Federal da Habitação), com poderes para garantir empréstimos hipotecários a prazo mais longo, efetuados por financiadores privados para a construção e venda de casas, com pagamento

FIG. 78: *Kansas City, Country Club District. O Country Club Plaza (1922), de J.C. Nichols, pode reivindicar ser o primeiro centro de compras fora da cidade.* Fonte: *J.C. Nichols Company Scrapbooks* (K0054), *Wilborn & Associates Photographers.*

inicial tão baixo quanto 10% e por um período de 25 ou 30 anos, com juros de apenas 2 ou 3%[113]. Entre 1938 e 1941, estavam sob seu aval perto de 35% de todos os empréstimos feitos para moradia nos Estados Unidos[114].

A partir de 1934, portanto, o mais poderoso empecilho à construção habitacional suburbana fora removido. A FHA aproveitara da HOLC a ideia de avaliar bairros inteiros, e, desse modo, demarcou os que julgava indesejáveis, medida que, na prática, atingiu a totalidade das áreas centrais das cidades norte-americanas. Mais: a "FHA estimulou a segregação racial e a endossou como política pública"; até 1966 ainda não avalizara uma única hipoteca em Paterson ou Camden, Nova Jersey, duas cidades predominantemente negras[115]. O objetivo central da FHA era idêntico ao do zoneamento: garantir proteção ao valor do imóvel residencial. E ambos trabalhavam de maneira inteiramente discriminatória no sentido de desviar o investimento maciçamente para a construção de novas casas no subúrbio em detrimento da cidade central.

Algumas das consequências já podiam ser detectadas no final da década. O relatório *Our Cities*, do National Resources Planning Board (Junta de Planejamento de Recursos Nacionais), publicado em 1937 (e já discutido no capítulo 5), chamou a atenção para o fato de que, mesmo entre 1920 e 1930, os subúrbios haviam crescido duas vezes mais rápido do que as cidades centrais: "o urbanita está rapidamente transformando-se no suburbano", conforme as famílias satisfaziam "o desejo de escapar aos aspectos nefastos da vida urbana, mas ao mesmo tempo sem perder o acesso às suas vantagens econômicas e culturais"[116]. Durante aquela década, alguns subúrbios cresceram a uma velocidade vertiginosa: Beverly Hills, cerca de 2.500%; Shaker Heights, arredores de Cleveland, cerca de 1.000%[117]. Em seguida, porém, veio a Depressão e cortou drasticamente no nascedouro os novos empreendimentos habitacionais – quase 95% deles entre 1928 e 1933 –, produzindo uma enorme safra de hipotecas executadas[118]. Só depois da Segunda Guerra é que a indústria se recuperou completamente.

A moratória quase total sobre as novas construções – salvo no tocante às construções essenciais relacionadas ao esforço bélico – entre 1941 e 1945, fez com que, no fim da guerra, houvesse um enorme déficit habitacional acumulado: perto de 2,75-4,4 milhões de famílias estavam vivendo em sistema de coabitação, e outro meio milhão, em bairros não familiares[119]. Coroando a situação, ocorreu a explosão de natalidade, à medida que os soldados retornavam e que a safra atrasada dos bebês do tempo de guerra coincidia com as coortes regulares de recém-nascidos. A indústria correspondeu espetacularmente: contra as 515 mil unidades encetadas em 1939, construíram-se 1.466.000 em 1949, 1.554.000 em 1959[120]. E na Lei Habitacional de 1949 – ao mesmo tempo que se dava início ao processo de remodelação urbana relatado no capítulo 7 –, o Congresso incrementou maciçamente os poderes de empréstimo da FHA[121].

Como antes, esse dinheiro foi para os subúrbios. Em 1950, verificou-se que os subúrbios estavam crescendo numa proporção dez vezes maior do que as cidades centrais; em 1954, foi estimado que, na década anterior, 9 milhões de pessoas haviam mudado para os subúrbios[122]. A década de 1950, como mostrou o censo de 1960, foi a de maior crescimento suburbano na história norte-americana: enquanto as cidades centrais cresceram em quase 6 milhões de habitantes ou 11,6%, os subúrbios tiveram um incrível aumento de 19 milhões, ou perto de 45,9%. E, de modo inquietante, pela primeira vez algumas das maiores cidades da nação registraram um declínio populacional real: Boston e St. Louis perderam, cada uma, 13% de seus habitantes[123].

Essa enorme migração tornou-se possível graças a uma nova espécie de construtor voltado para obras de grande escala, exigente no tocante à economia e à eficiência, capaz de construir casas como se fabricam geladeiras e automóveis. A firma arquetípica, feita lenda em sua época, foi fundada em 1929 por Abraham Levitt e seus filhos William e Alfred, como uma pequena firma familiar em Long Island, perto de Nova York. Durante a Segunda Guerra

A CIDADE À BEIRA DA AUTOESTRADA
o subúrbio do automóvel

FIG. 79: *Levittown, Long Island. O projeto padrão de Cape Cod, dos Levitts, modificado de mil maneiras diferentes por seus proprietários; bastante agradável mas elementarmente insosso, versão espúria dos grandes subúrbios do passado norte-americano.*

Mundial, eles aprenderam a construir casas de trabalhadores rapidamente, e, tão rápido quanto, se expandiram. Na cidade de Hempstead, em Long Island, a 36,8 quilômetros do centro de Manhattan, deram início em 1948, a um subúrbio baseado nas técnicas que haviam aprendido: produção em série, divisão de trabalho, projetos e peças padronizados, novos materiais e ferramentas, máximo uso de componentes pré-fabricados, crédito fácil, boa promoção de venda. As pessoas formavam longas filas, onde permaneciam horas para comprar suas casas; ao terminarem, os Levitts haviam completado mais de 17 mil casas, alojando perto de 82 mil pessoas: a mais vasta urbanização residencial isolada da história[124]. E seguiram em frente, construindo Levittowns semelhantes na Pensilvânia e em Nova Jersey.

Em tarde de peregrinação por Long Island, pode o zeloso pesquisador da história do planejamento examinar progressivamente o Pioneiro Sunnyside Gardens, de 1924, de autoria de Stein e Wright, o primeiro subúrbio-modelo de Atterbury, em Forest Hills Gardens, de 1912, e, por fim, Levittown.

Observados nessa ordem, o resultado equivale a um anticlímax. Pois Levittown é simplesmente insosso. Não que haja algo errado com ele. Não há, desde que o consideremos simplesmente como peça representativa de um empreendimento imobiliário residencial. O projeto básico de Cape Cod dos Levitts, repetido dentro de um limitado número de variantes, foi sendo, a partir de então, modificado por seus proprietários de mil diferentes maneiras, o que, aliás, sempre estivera implícito nas intenções dos Levitts. (E, perdoem-me o sacrilégio, mas Richard Norman Shaw usou uma série limitada de tipos de casa semelhante em seu subúrbio-modelo de Londres, em Bedford Park.) Agora as árvores quase já atingiram a maturidade, amenizando a aridez da paisagem urbana original que as velhas fotos documentam.

Mas as ruas residenciais são um tanto longas demais e um tanto largas e retas demais, e, assim – a despeito das modificações introduzidas –, o resultado, no conjunto, é monótono e desenxabido. E o centro de compras – desenvolvido como uma faixa comercial ao longo da via Hempstead, que divide ao meio o conjunto – é um descalabro logístico e estético. Quem se desloca diariamente dispõe de um acesso viário precário à autoestrada principal, o que obriga seus carros a darem marcha à ré; quando conseguem chegar, entram em conflito com o tráfego comercial. A qualidade visual é das piores, puro estilo caipira de beira de estrada norte-americano dos anos de 1950; a área toda parece clamar por aquele tipo de rua comercial planejada que, nos anos de 1960 e 1970, os norte-americanos construíram com tanta frequência e sucesso. Portanto, como peça urbanística, Levittown é, em sua maior parte, inofensiva, e só ocasionalmente má. O que lhe falta é qualquer tipo de imaginação ou prazer visual, como os melhores subúrbios planejados, cada um à sua maneira, ofereceram. Não é ruim, mas poderia ser melhor.

Também foi, e é, rigidamente segregado por idade, renda e raça. Os que foram morar ali eram preponderantemente casais jovens, de renda média baixa e, sem exceção, brancos: em 1960, Levittown não tinha ainda um único negro e, em meados da década de 1980, os que havia, visivelmente não eram muitos. Como declarou o mais velho dos Levitts: "Nós podemos resolver um problema habitacional, ou podemos tentar resolver um problema racial. Porém, não podemos misturar os dois."[125] Portanto, Levittown, bem como seus incontáveis imitadores, eram lugares homogêneos: semelhantes viviam com semelhantes. E, segundo mostraram, de modo eloquente, lugares como St. Louis, grande parte da população que fugia da cidade para o subúrbio era branca: aqui, como em outras partes, os negros vinham dos campos para a cidade, enquanto, simultaneamente, os brancos deixavam as cidades para morar nos subúrbios.[126]

A CIDADE À BEIRA DA AUTOESTRADA
o subúrbio do automóvel

A pergunta será feita e deve ser feita: o que tem tudo isso a ver com planejamento? Será que um lugar como Levittown cabe, afinal, numa história do planejamento urbano? Na medida em que Long Island teve não só planos mas também planejadores, então – pelo menos em sentido formal – cabe. Mas a análise exaustiva de Gottdiener sugere que, na prática, os planejadores de Long Island dispunham de pouco poder: "As decisões tomadas pelos políticos, especuladores e empreendedores imobiliários levavam ao mesmo modelo de uso do solo", ele conclui, "que teria resultado de uma total ausência de planejamento ou de zoneamento"[127]. Isso o leva a perguntar: "se os planejadores não implementam decisões referentes ao uso do solo nem orientam diretamente o crescimento social em nossa sociedade, ficamos com esta intrigante questão – o que fazem então os planejadores?"[128] Sua resposta é que eles produzem planos: "O processo de planejamento, como sói ser praticado na sociedade, faz dos planejadores consultores-espectadores para decisões que estão sendo tomadas alhures, por líderes políticos e homens de negócios"[129]; suas ideias – seja em assuntos físicos ou sociais – encontram pouca acolhida entre a maioria dos moradores brancos classe média dos subúrbios, que prefeririam uma expansão suburbana de densidade ainda mais baixa. O que, afinal de contas, não é, de forma alguma, surpreendente.

Vida Suburbana: O Grande Debate

Porém – aqui como alhures – os planejadores tiveram do seu lado algumas vozes eminentes: ao passo que quem construía os subúrbios ou quem neles morava, ou estava demasiadamente preocupado ou não era suficientemente loquaz para defendê-los. Assim, ao brotar, a suburbanização norte-americana já recebia o vilipêndio quase universal das publicações oficiais. Condenavam-na por não obedecer às noções tradicionais – ou seja, europeias – de urbanidade. Eis três críticas representativas:

> Em todos os setores a forma desintegrou-se: exceto em sua herança do passado, a cidade desapareceu como corporificação da arte e da técnica coletivas. E onde, como nos Estados Unidos, a perda não foi amenizada pela presença contínua de grandes monumentos do passado e de hábitos persistentes da vida em sociedade, o resultado foi um ambiente grosseiro e dissoluto e uma vida social acanhada, reprimida e sem perspectivas.[130]

> O espalhamento urbano é ruim como estética; é ruim como economia. Cinco hectares são usados para fazerem o trabalho de um, e o fazem muito mal. Isso é ruim para os agricultores, é ruim para as comunidades, é ruim para a indústria, é ruim para os serviços públicos, é ruim para as ferrovias, é ruim para os grupos de lazer, é ruim até mesmo para os empreendedores.[131]

> A questão é: teremos "áreas suburbanas" ou planejaremos para ter comunidades atraentes, capazes de crescer de modo ordenado ao mesmo tempo que demonstram o máximo respeito pela beleza e a fertilidade de nossa paisagem? A permanecerem as tendências atuais, teremos áreas suburbanas.[132]

Muitas acusações se repetem aqui: desperdício de terra, aumento do tempo dedicado ao transporte de interligação com o centro, encarecimento dos serviços, falta de parques. Mas a crítica básica é a de que os subúrbios carecem *de forma*. Como sempre, coube a Mumford a palavra definitiva, em sua apreciação sobre a alternativa cidade-jardim:

> Uma cidade moderna, não menos que um burgo medieval [...] deve ter tamanho, forma e limites definidos. Não era para ser uma simples expansão de casas ao longo de uma avenida indeterminada que avança rumo ao infinito e termina de repente num brejo.[133]

Assim também Ian Nairn criticou a paisagem suburbana pelo fato de "cada prédio ser tratado isoladamente, sem qualquer nexo com o que lhe está vizinho", pois "a união de conjunto na paisagem rural ou na urbana, como a coexistência dos opostos, é essencial"[134].

O interessante foi o contra-ataque intelectual, quando finalmente chegou, ter vindo do oeste norte-americano. James E. Vance, geógrafo de Berkeley, afirmou a respeito da Área da Baía de São Francisco:

> Está na moda, apesar da banalidade, referir-se à área urbana como um alastramento informe, como um câncer, como um mal sem remédio [...] A noção errônea de que tal estrutura não existe deve-se certamente a uma falha no estudo da dinâmica do crescimento urbano, ou possivelmente ao desejo de promover uma doutrina sobre o que seja "certo" ou "bom" no crescimento urbano.[135]

E assim também Robert Riley defendeu as "novas" cidades do sudoeste norte-americano, como Houston, Dallas, Phoenix:

> A nova cidade vem sendo condenada simplesmente porque é diferente [...] As propostas de planejamento para essas cidades – como também, de maneira ampla, para as megalópoles do Leste – baseiam-se nada mais nada menos do que na reorientação desse crescimento para um retorno à forma que reconhecemos como a da única cidade autêntica – a cidade tradicional.[136]

Assumindo a defesa do caso, Melvin Webber, de Berkeley, declarou:

> Sustento que andamos buscando o graal errado, e que os valores associados à estrutura urbana desejada não residem na estrutura espacial em si. Um modelo, e sua forma intrínseca de uso do solo, só será superior a outro na medida em que servir para ajustar processos espaciais contínuos e favorecer as finalidades não espaciais da comunidade política. Rejeito totalmente a assertiva de que haja uma estética primordial universal, espacial ou física, da forma urbana.[137]

As novas tecnologias da comunicação, declarou, puseram por terra a imemorial conexão entre comunidade e proximidade: o lugar urbano estava sendo substituído pelo domínio do não lugar urbano[138]. No início da década seguinte, em 1971, Reyner Banham escreveu seu ensaio apreciativo sobre Los Angeles[139]; três anos depois, Robert Venturi e Denise Scott Brown publicaram seu célebre exercício em iconoclastia arquitetônica, proclamando corajosamente na sobrecapa: "Um significado para a A&P Estacionamentos, ou *Aprendendo com Las Vegas* [...] Cartazes são quase certos."[140] As linhas de batalha não podiam estar traçadas com maior clareza: finalmente a costa oeste se reafirmava contra as tradições da Europa.

A deserção de Venturi, um dos mais insignes arquitetos norte-americanos, foi sobremaneira significativa. Pois ele e seus colegas estavam apaixonadamente sustentando que a civilização beira de estrada do subúrbio norte-americano, exemplificada de forma exuberante pelas grandes faixas em luz neon de Las Vegas, não mais devia ser julgada pelos critérios funcionalistas que haviam dominado desde o triunfo do estilo internacional dos anos de 1930. "Aprender com a paisagem existente", começaram eles, "é, para um arquiteto, um jeito de ser revolucionário. Não de modo óbvio, ou seja, demolindo Paris e começando tudo de novo, como sugeriu Le Corbusier nos anos de 1920, mas por outro meio, mais tolerante; isto é, questionando nossa maneira de olhar as coisas."[141] Estudaram Las Vegas "como um fenômeno de comunicação arquitetônica"[142]; porque as pessoas agora se deslocavam de carro em altas velocidades e amiúde em padrões complexos, toda uma nova arquitetura de signos havia surgido para orientar e persuadir: "o signo gráfico no espaço tornou-se a arquitetura dessa paisagem"[143], enquanto o edifício em si fica atrás, semi-oculto – como a maior parte do ambiente – pelos carros estacionados:

> O estacionamento A&P é uma fase atual na evolução da vastidão espacial desde Versalhes. O espaço que separa a rodovia de alta velocidade e os prédios baixos e esparsos não forma recintos e fornece pouca orientação. Deslocarmo-nos numa *piazza* é deslocarmo-nos em meio a altas formas delimitadoras. Deslocarmo-nos nesta paisagem é deslocarmo-nos numa vasta textura em expansão; a megaestrutura da paisagem comercial [...] Tendo em vista que as relações espaciais são feitas mais de símbolos que de formas, a arquitetura nessa paisagem torna-se um símbolo no espaço mais do que uma forma no espaço. A arquitetura define muito pouco. O grande signo e a construção pequena são a regra da Rota 66.[144]

Essa análise, observem, representa o análogo perfeito, na microescala, ou escala do desenho urbano, do argumento dos planejadores-geógrafos de Berkeley na escala estrutural urbana mais ampla: a nova paisagem não é pior, é diferente; não pode ser apreciada e não devia ser julgada segundo as regras tradicionais, e sim segundo suas próprias regras.

O resultado, para a arquitetura internacional, foi cataclísmico: *Learning From Las Vegas* é um dos mais importantes pontos de ruptura que marcam o fim do movimento moderno arquitetônico e sua substituição pelo pós-modernismo, com sua nova ênfase na arquitetura como comunicação simbólica[145]. Para o estudioso do urbanismo, essa obra marcou igualmente uma revolução: daí em diante, os artefatos da civilização beira de estrada passaram a ser dignos de estudo por seu valor intrínseco. Foi assim que, em meados dos anos de 1980, um tratado acadêmico pôde traçar a evolução do pátio de carros dos anos de 1920 para o motel dos anos de 1930, chegando, finalmente, ao hotel com estacionamento dos anos de 1950: esta última mutação é representada pelo primeiro e histórico Holiday Inn, desenvolvido por Kemmons Wilson e pelo construtor de casas pré-fabricadas Wallace E. Johnson, em Memphis, Tennessee, em 1952[146]. Também pôde analisar a evolução da loja de *fast-food* da cadeia de lanchonetes White Castle, iniciada por Edgard Ingram e Walter Anderson em Kansas City, em 1921, passando pelos esforços pioneiros de Howard Johnson em Massachusetts, em 1929-1930, e pela histórica loja *drive-in* do McDonalds em San Bernardino, Califórnia, em 1948, até o projeto-padrão de 1952, comercializado pela primeira vez nacionalmente por Ray Kroc em Des Plaines, Illinois, em 1955[147]. Esse trabalho acadêmico revelou exatamente quão duradoura e rica fora essa tradição de arquitetura beira de estrada,

A CIDADE À BEIRA DA AUTOESTRADA
o subúrbio do automóvel

FIG. 80: *A Strip de Las Vegas. Última palavra em cidade linear ao longo de autoestrada; os anúncios constituem a verdadeira paisagem urbana; os edifícios reduzem-se a barracões decorados, rodeados pelos vastos espaços de estacionamento.* Fonte: © *Peter Horree/Alamy.*

FIG. 81: *O primeiro Holiday Inn. Memphis, Tennessee, 1952; nasce a cadeia de hotéis de beira de estrada. Três anos depois, chegava a Des Plaines, Illinois, a primeira loja padronizada e franqueada do McDonalds.* Fonte: Holiday Inn/IHG.

tornando a história e o exame desse fenômeno mais incrível que qualquer outro antes disso tivera a sensibilidade ou a capacidade de enxergar ou analisar a paisagem que estava à sua frente.

Mas, de muitas maneiras, ao menos no início, a revolução não aconteceu no lugar onde, pela lógica, se esperaria que acontecesse: o projeto comercial de Los Angeles era conservador no modo como se adaptou ao carro e à via expressa. A fotografia de capa do livro de Longstreth sobre a história da arquitetura comercial de Los Angeles, *City Center to Regional Mall*, mostra a West Seventh Street no centro da cidade, em 1926. Os passeios estão lotados de vendedores e os bondes compartilham a rua com os carros, bastante confortavelmente, controlados por um solitário policial. O centro ainda dominava o varejo e outros negócios[148]. Mas o congestionamento e a dificuldade de estacionamento já traziam problemas. A primeira grande mudança veio com a instalação da loja de departamentos Dyas na Hollywood de 1927-1928, e, quase simultaneamente, aconteceu a transformação do Bulevar Wilshire com a chegada da loja de departamentos Bullock's[149]. No fim da Segunda Grande Guerra, já era visível que o centro desempenhava um papel de somenos importância: em 1948, respondia por meros 11% das vendas regionais, contra os 30% que tivera em 1929. E, na explosão das vendas varejistas que se seguiu – com um crescimento de 50%, o mais rápido do país, em 1954 –, simplesmente o centro não conseguia se adaptar[150].

Mas, no começo, essa área de compras dispersa tomou uma forma linear bem tradicional, trazendo congestionamento para os subúrbios; mesmo o supermercado, universal em meados dos anos de 1930, era construído longe dos centros existentes, mas com uma fachada tradicional de rua e o estacionamento tratado como resíduo, escondido na lateral. Em Miracle Mile, como no caso clássico do Bullock's de Wilshire, incorporadores e promovedores preferiram dar-lhe uma imagem "metropolitana", simultaneamente arranha-céu e cidade linear dispersa; essa imagem era apresentada pela fachada da loja para a rua, tendo a intenção de reter a "ilusão metropolitana" vista pelas pessoas que passavam de carro, enquanto o estacionamento da loja era relegado aos fundos[151]. Esse estabelecimento forneceu o modelo para incontáveis edifícios comerciais suburbanos mais modestos dos anos de 1930 e 1940, nos quais as fachadas foram enfatizadas: "No todo, os comerciantes mostraram uma persistente relutância em abandonar sua tradicional preferência pela calçada."[152]

Quem estabeleceu o ritmo não foram os varejistas mas os comerciantes de *fast-food*. Lentamente, a partir dos anos de 1930, os varejistas começaram a colocar os prédios atrás da área de estacionamento, ou mesmo diretamente na parte traseira do terreno. Criaram o que Chester H. Liebs chamou de

A CIDADE À BEIRA DA AUTOESTRADA
o subúrbio do automóvel

"arquitetura de leitura rápida": edifícios que transmitiam uma imagem instantânea, por meio de enormes paredes de vidro e colunas com letreiros de publicidade do próprio estabelecimento, ao motorista passante. As cafeterias e postos de abastecimento do fim dos anos de 1940 passaram a ser "exageradamente modernos", com imensas áreas envidraçadas, para atrair a atenção ao seu interior, mas também com exagerados telhados em forma de avião ou parabólicos. E assim desenvolveram as clássicas formas de beira de estrada de Los Angeles, uma nova paisagem de vigas cantiléver, paredes de placas de vidro e arcos dourados[153]. Como descreve o crítico Alan Hess:

> O carro móvel e o edifício imóvel foram lentamente sendo entretecidos em uma paisagem sem emendas. O Bob's Big Boy deu a você uma janela panorâmica da estrada; o Henry's deu a você um pátio na estrada; O Biff's pôs o carro quase no meio do restaurante.[154]

Dessa forma, "o carro e a arquitetura da cultura do carro constituíram uma estética popular de cinética, símbolos, estrutura, formas e experimentação e um novo espaço urbano que fluía livremente do assento do motorista ao caixa da cafeteria"[155]. Os carros dos fins dos anos de 1950, com suas linhas aerodinâmicas, são da mesma laia que as cafeterias e quiosques de hambúrgueres: amplas áreas envidraçadas virando as esquinas, acima das quais o telhado flutua no espaço[156].

Mas até o final dos anos de 1940, essa revolução teve pouco impacto no varejo de Los Angeles. A grande ruptura foi o Crenshaw Center, de 1947, no Bulevar Crenshaw, estabelecimento independente e com estacionamento no térreo para 2.500 carros, embora ainda transicional, com frente para a rua e área de estacionamento também frontal[157]. O ponto de inflexão seguinte foi o Lakewood Center (1950-1953), perto de Long Beach, um dos primeiros centros regionais de compras nos Estados Unidos, com 12 mil vagas de estacionamento[158]. Na verdade, Los Angeles não foi a única a desenvolver esse novo modelo de comércio, mas ele floresceu ali[159]. O *shopping center* regional tornou-se a expressão acabada da revolução no varejo: balanceou as necessidades de estacionamento com a necessidade dos fregueses, com o objetivo de mantê-los distantes de seus carros e tornando o *shopping center* um mundo em si mesmo[160]. O sul da Califórnia tornou-se um dos grandes campos de teste para o novo modelo[161].

Contudo, mesmo então, o inato conservadorismo da comunidade comercial local frustrou a inovação. Clarence Stein era um grande defensor, embora ironicamente seu projeto para Los Angeles nunca tenha sido construído. Victor Gruen foi mais bem-sucedido nacionalmente, e pode ser creditado a ele o formato de agrupamento em volta de uma poderosa loja de departamentos;

mas também ele nunca construiu um esquema importante em Los Angeles. As lojas de departamentos foram os jogadores-chaves, estabelecendo as lojas-âncoras dos novos *shopping centers*, que pela primeira vez estavam bem dissociados das áreas residenciais: o próprio oposto dos verdadeiros centros comerciais comunitários que Stein e Gruen haviam imaginado[162]. Ao longo dos bulevares que os loteadores tinham criado nos anos de 1920 e 1930, houve uma mudança básica na forma urbana:

> O bulevar [...] tornou-se, de certo modo, a rua comercial, uma panóplia meio desorganizada na qual o espaço aberto tendia a dominar e os letreiros, livremente colocados, com frequência assumiam um papel mais importante que os edifícios como meio de prender a atenção dos motoristas.[163]

Mas enquanto os arquitetos comerciais tinham em mente formas e projetos urbanos tradicionais, já começara a grande reversão intelectual, com toda uma série de estudos de cientistas sociais norte-americanos fundamentalmente questionando muitas das assunções básicas subjacentes às críticas anteriores feitas aos subúrbios e ao modo de vida suburbano. Particularmente importante foi o trabalho dos sociólogos. Durante os anos de 1950, várias obras clássicas da principal corrente da sociologia urbana norte-americana – *The Lonely Crowd* (A Multidão Solitária), de Riesman, *The Organization Man* (O Homem da Engrenagem), de Whyte – haviam reforçado o estereótipo do subúrbio como um lugar de maçante homogeneidade, em que toda individualidade progressivamente se erodia e tornava-se carente de uma rica interação humana; a suburbanização – a inferência vinha clara – iria finalmente destruir muito do que havia de valioso na cultura das cidades[164]. A fim de testar tais hipóteses, Herbert Gans foi morar em Levittown, Nova Jersey, por um longo período. Seu livro, publicado em 1967, desencadeou, como era de esperar, uma série de resenhas críticas nos jornais da costa leste. Isso porque Gans descobriu que a sabedoria convencional era um mito:

> Os achados [...] sugerem que a distinção entre modos de vida urbanos e suburbanos, postulada pelos críticos (bem como por alguns sociólogos), é mais imaginária que real. Poucas mudanças podem ser rastreadas nas qualidades suburbanas de Levittown, e as fontes causadoras de tais mudanças, a saber, a casa, a mescla populacional, o fator novidade, não são tipicamente suburbanas. Além do mais [...] quando se comparam os subúrbios com as grandes áreas residenciais urbanas situadas para além do centro comercial e dos distritos centrais, vê-se que a cultura e a estrutura social são praticamente

A CIDADE À BEIRA DA AUTOESTRADA
o subúrbio do automóvel

as mesmas entre pessoas de idade e classe semelhantes. Gente jovem, classe média baixa, vive nessas áreas de maneira muito semelhante a seus pares dos subúrbios, mas de modo muito diferente das pessoas classe média alta, mais velhas, que moram seja em bairros urbanos seja nos suburbanos.[165]

Os levittownenses, segundo Gans, não se encaixavam nos rótulos que os sociólogos anteriores haviam tentado impor a eles:

> Os levittownenses não são realmente membros da sociedade nacional ou, no caso, de uma sociedade de massa. Não são conformistas apáticos, prontos a se deixarem conduzir por uma elite totalitária ou por uma propaganda corporativa; não são consumistas manifestos nem escravos de repentinos caprichos da moda, não são tampouco peças de engrenagem e personalidades particularmente sugestionáveis [...] É possível que sua cultura seja menos sutil e sofisticada que a do intelectual, sua vida familiar menos saudável que a advogada pelos psiquiatras, e sua política menos refletida e democrática que a dos filósofos políticos – no entanto, todos esses itens apresentam-se aqui com uma qualidade superior à que prevalecia em meio à classe trabalhadora e à classe média baixa das gerações passadas.[166]

As conclusões de Gans reforçaram largamente as de outro sociólogo, Bennett Berger, sobre a classe trabalhadora num subúrbio da Califórnia. Também ele percebera que esses típicos moradores de subúrbio não se comportavam segundo o que as investigações anteriores sobre a vida suburbana haviam sugerido: não eram social ou geograficamente móveis, não tinham tendências associativas, e seus vizinhos eram pessoas como eles mesmos[167]. A verdade é que os outros estudos haviam analisado comunidades relativamente pouco usuais de classe média alta, ou dado ênfase excessiva a características da classe média alta em comunidades mistas. Moradores típicos de subúrbio, os que habitavam os novos subúrbios produzidos em série, simplesmente não partilhavam as mesmas questões; estariam vivendo quase as mesmas vidas, com praticamente os mesmos padrões de relações sociais, morassem eles em áreas rotuladas como urbanas ou suburbanas. Portanto, os planejadores-sociólogos haviam irreparavelmente exagerado o efeito do caráter físico do meio urbano sobre os estilos de vida das pessoas. Segundo a conclusão de Gans:

> O planejador tem influência apenas limitada sobre as relações sociais. Embora o planejador de locais possa criar propinquidade, só lhe cabe determinar quais as casas que devem ficar adjacentes. Pode, assim, afetar contatos visuais e

contatos sociais iniciais entre seus ocupantes, mas não determinar a intensidade ou a qualidade dos relacionamentos. Estas dependem das características das pessoas envolvidas.[168]

De fato, o caráter de uma área – sua homogeneidade social ou o contrário dela – pode sofrer influência do planejamento. Mas só dentro de limites muito estreitos; numa sociedade como a norte-americana, o mercado será o determinante principal e nele é que os indivíduos registrarão suas preferências. Acima de tudo, é preciso que os planejadores cuidem para não tentar impor os seus próprios sistemas de valor a pessoas com outros totalmente diversos: sobretudo se acreditarem que as longas viagens entre casa e trabalho e o congestionamento do tráfego precisam ser evitados a todo custo, e que densidades maiores seriam melhores porque reduziriam o tempo dessas viagens, economizariam terra e aumentariam a urbanidade, é preciso que estejam cientes de que a maioria dos moradores de subúrbio simplesmente não concordará[169]. Em outras palavras, ao atacarem os aspectos essenciais da vida suburbana norte-americana pós-1945, eles estavam simplesmente expressando os seus próprios preconceitos de classe.

Assim falou o sociólogo. Poucos anos mais tarde, um dos mais célebres economistas da América, especializado em administração do solo, Marion Clawson, realizou sua própria investigação sobre os custos da expansão suburbana. Eis seu veredicto:

> É impossível julgar a conversão da terra em subúrbio de maneira simples e inequívoca – dizer que é "boa" ou "má", ou descrevê-la empregando algum outro termo isolado e inadequado. O processo é complicado demais para isso[170].

Visto positivamente, foi um processo de extraordinária vitalidade, gerador de milhões de novos lares e centenas de distritos de compras, contribuindo, assim, para o crescimento da economia nacional; produziu grande quantidade de moradias de bom padrão e bairros bastante aprazíveis; e o caráter disperso de todo o processo decisório evitara grandes asneiras[171]. Visto de modo negativo, os custos da dispersão encareceram desnecessariamente o preço das casas; muita terra ficou entregue ao mato sem necessidade, podendo assim permanecer durante muito tempo; e os resultados foram esteticamente menos agradáveis do que esperavam muitos dos compradores, que pouca ou nenhuma escolha tiveram[172]. Mas a crítica mais séria, segundo Clawson, foi a de que o pacote, no conjunto, ficou excessivamente caro para metade da população: a população urbana tornou-se, assim, cada vez mais estratificada

A CIDADE À BEIRA DA AUTOESTRADA
o subúrbio do automóvel

pela raça, renda e ocupação. Naturalmente, Clawson foi rápido em admitir; parte dessa segregação provinha de forças sociais e econômicas mais profundas, mas não há dúvida de que o processo de desenvolvimento suburbano contribuíra para isso[173].

Portanto, o veredicto econômico de Clawson após uma glosa marginal ao veredicto sociológico de Berger e Gans: sim, de fato, os norte-americanos foram ao mercado e ali fizeram livremente suas escolhas, e assim conseguiram aproximadamente o que queriam, de maneira mais efetiva e eficiente do que se tivessem recorrido a um sistema centralmente planejado; mas não, o processo não foi de todo eficiente na prática, e poderia ser aprimorado no sentido de gerar um pacote habitacional um pouco melhor e a um preço um pouco mais baixo. Havia, também, um pormenor mais que marginal: metade de todos os norte-americanos estava inteiramente alienada do processo por ser demasiado pobre (e, em alguns casos, por ser negra, o que equivalia a ser pobre). Alguém, no entanto, poderia retrucar que, no fundo, esse problema fugia à alçada do planejador urbano: o problema do pobre estava no fato de não ter dinheiro. Se tivesse dinheiro, afirmou Clawson, ele iria e obteria exatamente o que metade da população mais afortunada possuía: um pedaço de chão no subúrbio. O planejamento e as formas correlatas de intervenção pública, portanto, poderiam melhorar até certo ponto o processo: mas, fundamentalmente, eles deram às massas o que elas queriam.

O Controle do Crescimento Suburbano na Europa

Tal conclusão estava longe de ser de interesse estritamente norte-americano. Em graus diversos, os governos europeus haviam, após a Segunda Grande Guerra, conseguido controlar e regular o fluxo suburbano a um grau que teria sido impensável nos Estados Unidos. Em meados da década de 1960, isso ficou evidente até mesmo para os passageiros dos voos transatlânticos que, de seu observatório privilegiado a 11,2 quilômetros de altura, ao viajarem para oeste, espantavam-se com a escalada da urbanização, com o espraiamento aparentemente interminável dos subúrbios na megalópole da costa leste, com a vasta malha de vias expressas que os ligava; e ao viajarem para leste, ficavam surpresos da mesma forma com a relativa insignificância da urbanização, com sua qualidade de cidade de brinquedo, com a precisão planejada da ruptura quase geométrica entre cidade e campo, com a aparente ausência de decadência agrícola nas orlas dos subúrbios. E tudo isso igualmente acontecia, com ligeiras modificações, na Inglaterra, na Holanda, na República Federal da Alemanha ou na Escandinávia[174].

A questão, naturalmente, era saber quais os custos e benefícios que esses sistemas mais nítidos e rígidos acarretaram para as pessoas que viviam sob eles. Para os perpetradores da ciência convencional do planejamento, claro, a resposta era por si mesma evidente, mas à luz do questionamento norte-americano dessa ciência, ainda havia muito a investigar. Impossível comparação melhor que esta, de Estados Unidos *versus* Inglaterra. De fato, desde 1947 a Grã-Bretanha operava um controle extremamente rígido sobre as novas urbanizações: a histórica Lei de Planejamento da Cidade e do Campo daquele ano (capítulo 4) nacionalizara efetivamente o direito de urbanização da terra, e a partir de então as autoridades locais de planejamento haviam usado os novos poderes para conter o crescimento suburbano ao redor das cidades, empregando a obrigatoriedade dos cinturões verdes para desviar as pressões para cidades de pequeno e médio porte mais distantes. Assim, em paralelo ao estudo de Clawson, uma equipe britânica trabalhava na análise da operação e dos impactos desse programa de contenção.

Seus resultados, publicados em 1973, lançaram ainda mais dúvidas sobre o quadro confortável, convencional; o planejamento do uso do solo na Inglaterra do pós-guerra, concluíram eles, produzira três efeitos principais. O primeiro foi *a contenção:* a quantidade de solo convertido de rural em urbano foi minimizada e também compactada. Um segundo e de certo modo perverso resultado foi o que os autores chamaram de *suburbanização:* o distanciamento crescente entre as novas áreas residenciais e os principais centros empregadores. O terceiro impacto foi mais perverso ainda, já que totalmente indesejado a não ser talvez por um pequeno grupo de especuladores: foi a *inflação dos preços da terra e da propriedade,* numa escala nunca antes testemunhada[175].

A contenção, o primeiro dos efeitos, agiu de várias maneiras. Cinturões verdes ao redor das conurbações e das cidades isoladas de maior porte efetivamente detiveram seu ulterior crescimento periférico; para além desses cinturões verdes, a urbanização foi concentrada em pequenas cidades e vilarejos, especialmente nas regiões menos atrativas de cada condado; via de regra, as densidades foram mantidas; as autoridades das conurbações responderam construindo habitação pública densa e alta, ao menos em comparação aos tipos de habitação por elas construídos antes da guerra de 1939-1945[176]. O padrão de urbanização por saltos, como na brincadeira de pula-sela, tão claramente evidente no estudo norte-americano de Clawson, fora evitado.

A CIDADE À BEIRA DA AUTOESTRADA
o subúrbio do automóvel

A suburbanização fizera com que as novas urbanizações residenciais ficassem, quase todas, mais longe das oportunidades de emprego do que as urbanizações equivalentes dos anos de 1930 ou de qualquer outra década anterior; e que ficassem também mais distantes das lojas, das diversões e dos serviços educacionais e culturais de melhor nível. Com isso as viagens, sobretudo as de interligação com o centro, tornaram-se mais longas. O que, em parte, refletiu a preferência dos planejadores por manterem uma estrutura urbana tradicional, centralizada, e, em parte, o desejo dos políticos municipais de manterem a base econômica o mais forte possível. Mas o estudo sociológico mostrou que os novos moradores dos subúrbios estavam bastante satisfeitos com seu estilo de vida e, em particular, com as longas viagens de interligação com o centro que esse estilo implicava; na verdade, o que mais desejavam era mudarem-se para mais longe, para a zona rural[177].

A valorização da terra excedera em muito o nível geral dos salários ou dos preços, e isso indubitavelmente tornara, em termos reais, as novas moradias mais caras do que nos anos de 1930. Os empreendedores superaram as dificuldades mediante a utilização de terrenos menores e da construção em densidades mais altas – sobretudo no tocante às moradias mais baratas –, mas também reduzindo a qualidade das casas abaixo dos níveis regulamentados pelo setor público. E visto que também muitos construtores reagiram, passando-se para a ponta mais cara do mercado, coisa que as autoridades de planejamento preferiam encarar com certo descaso, o resultado foi escassearem as possibilidades de escolha de moradia na ponta mais barata. Nesse sentido, a pesquisa concluiu, os programas britânicos haviam tido muito menos êxito do que os norte-americanos em acomodar as demandas de um estilo de vida mais opulento e sequioso de espaço[178].

O interessante, como sempre, é ver quem ganhou e quem perdeu. Os ruralistas, em especial os bem de vida, foram os grandes vencedores: ao fixar uma polida versão inglesa do *apartheid*, o planejamento simplesmente preservou o *status quo* e, por consequência, seu confortável estilo de vida. Para os mais ricos novos moradores de subúrbio, as coisas correram bastante bem, embora eles pagassem caro por isso; os menos ricos foram muitíssimo menos felizes em termos de espaço restrito e custos relativamente altos. Tratando-se, mais provavelmente, de famílias de um carro só, é possível que o encargo da interligação com o centro também lhes tivesse ficado mais pesado – embora, a esse respeito, fossem poucas as queixas registradas pela pesquisa[179].

O grupo que saiu mais prejudicado, no entender da equipe, foi o dos que permaneceram nas cidades. Os que se mudaram para o setor das habitações públicas conseguiram casas de boa qualidade, mais bem guarnecidas do que as dos proprietários ocupantes mais pobres; mas, com frequência, foram obrigados a viver em altas densidades e em blocos de altos edifícios, em comparação com seus equivalentes de trinta e quarenta anos antes, o que não agradou a muitos deles. Quanto ao inquilino particular de baixa renda, que morava em alojamento abaixo do padrão, esse foi, de todos, o que se deu pior. Portanto, o efeito global dos programas, em termos de renda, fora perversamente regressivo: os que tinham mais ganharam mais e vice-versa[180]. E a análise da equipe concluiu:

> Nada disso estava nas mentes dos pais fundadores do sistema de planejamento. Não há dúvida de que eles se preocupavam muito com a preservação e a conservação da Inglaterra rural. Mas isso era apenas parte de um pacote geral de políticas a serem aplicadas, em benefício de todos, pelo beneficente planejamento central. Não foi, em absoluto, intenção dos fundadores fazer as pessoas viverem confinadas em moradias destinadas a um encortiçamento prematuro, longe dos serviços ou dos empregos urbanos; ou que os habitantes da cidade devessem morar em monótonos penhascos de apartamentos, longe do chão, sem acesso a um espaço de recreação para seus filhos. Em algum lugar do caminho perdeu-se um grande ideal, distorceu-se um sistema e traiu-se a confiança das massas.[181]

Quando os pesquisadores britânicos e norte-americanos compararam seus resultados, concluíram que ambos os sistemas de planejamento haviam produzido efeitos inconsistentes e perversos. O sistema britânico, mais rígido, e o norte-americano, mais flexível, haviam ambos produzido estruturas urbanas que poucas pessoas teriam efetivamente escolhido e poucas teriam desejado, caso lhes fosse dada a oportunidade da escolha[182]. Nos dois países, os ricos deram-se bem com a urbanização ao passo que os pobres se deram mal[183]; em ambos, os pobres foram condenados a moradias de padrão inferior, situadas nas partes mais velhas das áreas centrais. Mas para o grande grupo do meio, o veredicto nos dois países foi quase oposto: na Inglaterra, seus componentes foram alojados de forma excessivamente densa, em pequenas casas com certeza destinadas a virar cortiços; nos EUA, ficaram espalhados em demasia, com um desperdício de terra que não beneficiou ninguém e acarretou o encarecimento dos serviços[184]. Em ambos os países, contudo, os controles do uso do solo tornaram, de modo artificial, escassa a terra destinada à urbanização suburbana, favorecendo, destarte, o especulador imobiliário. Assim, nos dois países, é provável que o cidadão comum tivesse se beneficiado, seja com um regime de planejamento de uso do solo muito mais flexível, seja com um muito mais rígido; o que deixou a desejar foi o meio-termo[185].

Qual dos países, então, se deu pior? Era melhor viver na Inglaterra com seu sistema bastante elaborado de planejamento urbano, gerador de resultados diferentes daqueles pretendidos por seus patrocinadores, ou nos Estados Unidos, onde o planejamento urbano nunca realmente prometeu muita coisa, e nunca entregou muita coisa? A resposta, concluiu o estudo, dependia dos valores de cada um. Se para você fosse altamente prioritário proporcionar a uma grande fatia da população os bens materiais que ela desejasse através de mecanismos de mercado, então, para você, o subúrbio norte-americano, com toda a sua ineficiência e ocasional feiura, seria imensamente superior ao equivalente britânico, confinado e dispendioso. Se você privilegiasse a proteção exercida pela sociedade em defesa da terra e dos recursos naturais que essa terra contém, então provavelmente optaria pelo sistema britânico de um planejamento efetivo do uso do solo. O programa norte-americano foi populista, o inglês, mais elitista[186].

Desde essa conclusão, e em especial durante os anos de 1980, o sistema britânico deslocou-se firmemente em direção ao norte-americano: também ali se dá ênfase crescente à liberação do mercado da terra. Mas o paradoxo permanece, e de modo inelutável em qualquer dos países adiantados onde diferentes grupos sociais e de renda receberam pacotes de bondades e de maldades em decorrência de uma ação política coletiva. Ainda hoje, na Grã-Bretanha, muita gente continua profundamente empenhada na preservação da zona rural e na contenção das cidades, permanecendo muito bem organizada em seus condados e distritos. Assim, mesmo na ala direita do espectro político, há uma contínua contradição embutida entre o desejo de permitir que o empreendedor se submeta às necessidades do mercado e a necessidade de mitigar os preconceitos e medos locais profundamente arraigados; contradição que se faz visível na declaração feita em 1986 por Nicholas Ridley, secretário de Estado para o Meio Ambiente e líder Tory na defesa do livre mercado, segundo a qual, em suas mãos, o cinturão verde era sagrado. Nos Estados Unidos essa oscilação é diferente; mas lá, também, nada mais claro que o avanço do movimento antiexpansão em certas regiões como a Califórnia, com resultados – no tocante à alta dos preços da terra e da propriedade – muito similares aos observados na Inglaterra[187]. É bem possível, portanto, que os dois países estejam, devagar e hesitantemente, indo em direção um ao outro.

A Quadratura do Círculo:
O Planejamento da Metrópole Europeia

Muito antes disso, naturalmente – como visto no capítulo 5 –, os planejadores europeus haviam enfrentado o problema de reconciliar automóvel e cidade. Ao longo dos anos entre 1943 e 1965, várias capitais da Europa elaboraram planos que, por caminhos distintos, sugeriam alternativas radicais para a cidade norte-americana na autoestrada, considerando-se a grande diferença de circunstâncias da experiência urbana europeia, que talvez não fosse tão digna de nota. O que mais surpreendeu foi ver tais projetos efetivamente implementados.

Já em seus planos londrinos de 1943 e 1944, Abercrombie procurara utilizar novas autoestradas urbanas, não meramente para aliviar o congestionamento mas para ajudar a definir a identidade dos bairros da metrópole gigante; aqui, ele trabalhou livremente sobre as ideias de um comissário-assistente da Scotland Yard, Alker Tripp, que desenvolvera o conceito do precinto residencial, de onde o tráfego direto externo – naquela fase, não todo o tráfego – seria excluído[188]. Ele também já utilizara corajosamente a concepção de cidade-jardim de Howard-Unwin para planejar cidades novas onde o conflito entre automóvel e cidade fosse menos penetrante. Para ele, e para outros planejadores dessa geração, o conflito era evidente mas suscetível de uma concreta e até mesmo elegante solução.

A Alternativa de Estocolmo[189]

Em 1950, Estocolmo ainda parecia e se considerava uma cidade pequena: uma área metropolitana, incluindo os subúrbios, de apenas cerca de um milhão de habitantes[190], na qual uma caminhada de vinte minutos partindo do centro traria o visitante até o verde, uma viagem de vinte minutos de bonde o levaria ao ponto final na margem de bosques de bétulas e lagos. Contudo, a cidade tinha uma das piores condições habitacionais da Europa[191]. Ela havia construído cidades-jardins em estilo inglês em Enskede (1908) e Äppelviken (1913) e prosseguira com mais cidades-jardins, como Enskede Gård; mas estas tinham se tornado comunidades de classe média. Em 1926, a fim de prover habitações mais acessíveis, a cidade iniciou um programa habitacional de autoconstrução.

A CIDADE À BEIRA DA AUTOESTRADA
o subúrbio do automóvel

As áreas resultantes – Olovsund, Norra Ängby e Tallkrogen –, construídas por trabalhadores comuns de Estocolmo, ainda possuem um charme especial[192]. Paralelamente ao esquema de autoconstrução, a cidade desenvolveu um programa de habitação pública com a construção de blocos lamelares, de três andares, projetados para máxima exposição ao sol, porém criticados pelos arquitetos por sua monotonia e falta de instalações comunitárias[193].

Então, em grandes decisões nacionais – em 1942, em 1945-1957 e em 1958 – os social-democratas decidiram desenvolver uma política muito bem pensada de habitação pública, criando o "maior setor econômico mais ou menos autocontido controlado pelo estado dentre todos os países do Ocidente"[194]. É claro que isso também atrairia eleitores[195]. A legislação em 1947, 1953 e 1967 essencialmente brecou as incorporações privadas, salvo as de casas isoladas, e deu às municipalidades o direito de preferência em todas as vendas de terra[196]. A habitação seria fornecida primeiro pelo governo local, suplementado por cooperativas[197]. De 1945 a meados dos anos de 1970, 45% das novas habitações na Suécia foram construídas por autoridades públicas, usualmente corporações habitacionais sem fins lucrativos; 20% por cooperativas, e só 35% eram construções privadas. Em 1970, 35% de todas as unidades eram ocupadas por proprietários, 30% eram alugadas por particulares, 14% eram de cooperativas e 21% eram habitações públicas[198].

No início, o fato básico foi simplesmente a falta de moradias. Além das deficiências acumuladas no passado, as pessoas vertiam para as cidades: os moradores das cidades constituíam 55% da população total da Suécia em 1940, 65% em 1950, 73% em 1960 e 81% em 1970, um dos mais rápidos processos de urbanização em toda a Europa[199]. Assim, o governo adotou metas de construção extraordinariamente altas: 650 mil unidades para o período 1956-1965, e o chamado Programa do Milhão para 1965-1974: 1.005.578 moradias foram completadas, 37% pelas Corporações Municipais de Habitação, cuja participação na produção de habitações multifamiliares cresceu de 53 para 68%. O programa privilegiou grandes complexos de apartamentos, geralmente em blocos de edifícios altos, em cidades satélites afastadas, beneficiando pessoas de diferentes classes sociais e rendimentos[200].

O fato central aqui foi que, de 1904 em diante, a cidade de Estocolmo tinha começado a comprar grandes tratos de terra em direção aos limites da cidade e mesmo além: no fim, ela possuía cerca de 70% de toda a terra dentro de seus limites, e grandes áreas além. No fim dos anos de 1970, 27% dos 640 mil hectares do condado de Estocolmo eram propriedade pública; a maior reserva de terrenos entre todas as áreas metropolitanas da Europa ocidental[201]. Criteriosamente, em 1912, o município comprou terras em Farsta e, em 1927 e 1931, em Vällingby, áreas essas que foram posteriormente levadas para dentro dos limites da cidade, como parte de uma série de anexações – em 1913, 1916, 1948, e 1961[202].

Na administração da cidade, um papel-chave foi desempenhado por Yngve Larsson, antigo político local, não do Partido Social Democrático mas do Partido Liberal, que assumiu a responsabilidade pelo planejamento urbano em 1940. Em 1944, ele substituiu o então planejador municipal, Albert Lilienberg, por Sven Markelius. Posteriormente disse que queria "um arquiteto proeminente, treinado em planejamento e totalmente identificado com as ideias mais modernas"[203]. Em 1954, o substituto de Markelius, Göran Sidenbladh, assumiu como planejador municipal e também arquiteto municipal, sendo os dois cargos unificados[204].

Fundamental para o planejamento da cidade foi uma proposta de 1928 de reconstruir o distrito comercial central, no extremo sul da área continental norte, imediatamente atrás do edifício do Parlamento. Numa revisão de 1946, essa proposta incluiu cinco torres uniformes de escritórios, Hötorgs City, que no final tornaram-se um horizonte tão familiar de Estocolmo como o edifício da Prefeitura Municipal de Ragnar Östborg. Os políticos locais queriam garantir que o centro da cidade mantivesse seu papel dominante no comércio da cidade e, de fato, da nação; havia a necessidade de preparar-se para unidades maiores de varejo, e enfrentar o problema do congestionamento do tráfego. Uma lei especial, a *Lex Norrmalm*, aprovada em 1953, ajudou no processo. Foi a marca d'água do planejamento modernista: poucos protestos aconteceram quando, de 1951 até o fim dos anos de 1980, mais de quatrocentos edifícios, muitos em boas condições, foram demolidos e substituídos por cerca de cem novos[205].

Nessa base, durante sete longos anos, a equipe de Markelius produziu o Plano Geral para Estocolmo, de 1952, que tinha por fundamento uma projeção de que a população, na época pouco abaixo de um milhão de habitantes, poderia atingir dois milhões no fim do século xx. Esse plano propunha novos subúrbios satélites, cada um para 10 mil a 15 mil habitantes, alinhados como contas ao longo das linhas de um novo sistema de metrô. Neles iam ser construídos blocos de apartamentos a uma distância máxima de 457 metros das estações; casas unifamiliares, constituindo não mais de 10 a 15% das unidades habitacionais em cada distrito, iam ser construídas num raio de 914 metros mas não além. Haveria bairros fechados ao tráfego, segundo o princípio Radburn. Um grupo de distritos suburbanos, para 50 mil a 100 mil moradores, ia oferecer praticamente um leque completo de serviços urbanos apropriados para uma cidade de tamanho médio: teatros, restaurantes,

A CIDADE À BEIRA DA AUTOESTRADA
o subúrbio do automóvel

escritórios, centros médicos, bibliotecas. Assim, haveria uma hierarquia de instalações e serviços: centros de área para 50 mil-100 mil pessoas, centros de distrito para 8 mil-15 mil (mais tarde ampliado para 25 mil a fim de melhorar a provisão do serviço), e centros de bairro para 4 mil-7 mil pessoas[206].

A decisão crucial de construir conjuntos de apartamentos em alta densidade foi grandemente influenciada pela decisão anterior, de 1944, de construir um metrô em ampla escala, o *Tunnelbana*, em vez de um sistema leve de trens urbanos. As duas primeiras linhas, para Farsta e Vällingby, foram terminadas e conectadas em 1957[207]. Cada estação deveria gerar tráfego suficiente para ser autossustentável. Isso significa que os subúrbios satélites seriam projetados com alta densidade de concentração de apartamentos para 10 mil-15 mil pessoas dentro de uma faixa de até 500 metros (1650 pés) de cada estação, e áreas com média densidade de casas geminadas, mansões e pequenos chalés, na faixa de 900 metros (3 mil pés), tornando desnecessárias as caras conexões de ônibus[208]. Markelius raciocinava que casas unifamiliares seriam necessárias para famílias com filhos e também, é claro, para as que as desejassem[209]:

> [apartamentos eram para] uma clientela de pequenas famílias, pessoas solteiras, menos interessadas em instalações espaçosas do que nas vantagens advindas da concentração em prédios – proximidade da estação, acesso confortável a lojas, restaurante, cinema, teatro e outras atividades para o tempo livre e a vários tipos de serviços domésticos coletivos[210].

Assim, do investimento de Estocolmo nos metrôs – mais de um bilhão de coroas, dos quais duzentos milhões até o fim dos anos de 1960 – quatro quintos vieram de receitas, um quinto de impostos[211]. Relevante também foi o fato de que na primeira cidade-satélite, Vällingby, a Federação do Comércio Varejista de Estocolmo conseguiu uma área comercial de 3.300 m², aumentada depois para 20 mil, e, de forma bem-sucedida, defendeu que 20 mil-25 mil moradores fossem alojados a uma curta distância[212].

Na época isso fez sentido. Em 1945, havia em Estocolmo apenas nove carros por mil habitantes; no fim de 1964, já eram 190 carros por mil habitantes, e o número de proprietários estava crescendo então 12% a cada ano. Mesmo assim, em 1970, 45% dos lares de Estocolmo não tinham carro; e somente 7% tinham dois ou mais. Em 1971, 60% de todos os trajetos a partir do, e para o, trabalho na Grande Estocolmo, 70% dentro da própria cidade, eram por transporte público[213]. Para os demais casos, haveria uma rede de autoestradas de alta capacidade, projetada especialmente para permitir os trajetos circunferentes[214].

O plano foi baseado também na descentralização do emprego. Cada satélite seria uma "comunidade ABC" com *Arbete, Bostad, Centrum* (local de trabalho, moradia, centro): não meramente uma cidade-dormitório, mas um centro de emprego e centro comunitário. A inspiração foram as cidades novas de Londres. Mas Sven Markelius reconheceu que seus satélites deveriam ser diferentes:

> É claro que estudei as Cidades Novas, e com grande interesse, mas a solução em Estocolmo devia satisfazer as condições especiais de Estocolmo. Não sinto que Vällingby tenha sido copiada das Cidades Novas embora tenham sido planejadas quase ao mesmo tempo e tenham em comum algumas ideias gerais.[215]

Sua resposta, apropriadamente, foi a mesma que a de May em Frankfurt, uma cidade de tamanho semelhante, nos anos de 1920: cidades-satélites. As unidades suburbanas afastadas planejadas por Markelius – Vällingby de 1950-1954, Farsta de 1953-1961, Skärholmen de 1961-1968 e Tensta-Rinkeby de 1964-1970 – são, com frequência, denominadas inexatamente como cidades novas; isto elas não são, se essa denominação significar a ideia de cidade pura autônoma howardiana. São em parte cidades-dormitório. Mas, segundo Markelius, com a geração de alguns empregos nos satélites, mesmo que preenchidos por passageiros pendulares, haveria um benefício porque passageiros pendulares reversos balanceariam a lotação do metrô[216]. Na prática, não funcionou assim. A hipótese era uma regra de metades: metade dos habitantes trabalhadores sairiam das cidades, metade da força de trabalho entraria nelas vinda de algum lugar. Mas em 1965, só 24% dos moradores de Vällingby trabalhavam localmente; 76% viajavam para trabalhar. A maioria dos empregos era preenchida por trabalhadores que vinham de fora, enquanto os residentes saíam. Em Farsta era ainda pior: em 1965, somente 15% dos residentes trabalhavam localmente, 85% saíam para trabalhar[217].

Em 1961, os satélites Vällingby e Farsta tinham sido substancialmente completados com base no princípio ABC: suas treze unidades variavam em população de 8 mil a 16 mil. Perto de um terço das moradias foi construído por corporações habitacionais estatais, quase um terço por cooperativas e organizações similares sem fins lucrativos, pouco menos de um terço por construtores privados e o décimo restante consistia de casas unifamiliares. Cerca de 95% de todas as moradias foram financiadas com auxílio público; e, claro, não havia um limite superior de receita para as famílias aí alojadas[218].

Visitados hoje em dia, esses satélites mostram variações em torno de um mesmo tema, conforme seus planejadores tentaram aprender com a experiência, mas também conforme buscaram cumprir as demandas do Programa do

A CIDADE À BEIRA DA AUTOESTRADA
o subúrbio do automóvel

FIGS. 82 e 83: *Vällingby e Farsta. Os dois primeiros centros de cidade-satélite nível "B" de Estocolmo a serem urbanizados, com suas inevitáveis feições padronizadas: calçadão com lojas, estação Tunnelbana (metroviária) e, logo ao lado, altos blocos de apartamentos em alta densidade.*

Milhão. Em Vällingby os edifícios esguios de nove a doze andares no entorno do centro ou os edifícios lamelares muito compridos, de três a seis andares, mais afastados[219], estão longe de serem opressivos, como afirma Thomas Hall; esse primeiro satélite:

> difere dos subúrbios construídos cerca de dez anos depois, em que as casas não são ainda tão grandes, ou os métodos de produção não são tão racionalizados de modo a impedir essa liberdade nas formas e orientações. Vällingby também mantém um agradável equilíbrio entre espaços edificados e abertos: as casas são suficientemente próximas para criar uma coerência espacial e uma certa atmosfera de "cidade", e no entanto são suficientemente dispersas para reter algo da topografia original e paisagem natural[220].

Vällingby tomou a forma que seria repetida em cada caso subsequente: na parte central e em nível elevado, um centro de compras e serviços – mais ou menos igual aos encontrados em algumas cidades novas de Abercrombie em Londres –, que atende entre 80 mil e 100 mim pessoas, era suplementado por centros distritais locais; todos eram conectados pelo metrô; densidades residenciais mais altas encontravam-se em torno do centro principal, as altas, porém um pouco mais baixas, em torno dos centros locais, baixando progressivamente com o afastamento desses centros, de modo a ter o máximo de pessoas a uma distância satisfatória para caminhada até lojas e serviços; isso implica que quase todas as pessoas morariam em blocos de apartamentos. Essa prescrição padrão variou apenas ligeiramente ao longo das urbanizações que se seguiram, refletindo a experiência e as mudanças da moda: edifícios muito altos em torno de um calçadão comercial em Farsta, com estacionamento três vezes maior que o de Vällingby; um shopping de rua mais compacto, mais fechado, e edifícios de apartamentos baixos com alta densidade em Skärholmen, com uma expansão posterior do estacionamento para uma garagem de vários andares para três mil carros, a maior da Escandinávia; em Mörby, um shopping fechado, com acesso direto para a estação do metrô[221].

A questão que estava se tornando crítica já no fim dos anos de 1940, tendo atingido um ponto de crise no fim dos anos de 1950, era saber onde a cidade encontraria terras para construir fora de suas fronteiras. Estocolmo atingiu sua população máxima, 808 mil habitantes, em 1960; a partir desse momento, passou rapidamente a esvaziar, declinando para apenas 661 mil habitantes em 1976. Os subúrbios rejeitaram as pressões, levando em meados dos anos de 1950 a uma profunda ruptura[222]. Finalmente, em 1959, a cidade e o condado concordaram na *Lex Bollmora*: Estocolmo podia construir além das suas

A CIDADE À BEIRA DA AUTOESTRADA
o subúrbio do automóvel

fronteiras, mas apenas quando convidada. Ao longo de alguns anos, dez acordos foram firmados entre a cidade e oito municipalidades suburbanas para 31 mil novas unidades, 70% das quais estariam à disposição da cidade; políticos social-democratas suburbanos concordaram, pois através desses acordos obtinham habitações públicas[223].

Mas os novos subúrbios – Tyresö, Huddinge, Järfälla – criaram novos problemas de desarticulação nos transportes. Em dezembro de 1964 foi selado um acordo sobre a criação de uma Associação de Tráfego da Grande Estocolmo (Storstockholms Lokal- Trafikförbund, SL) e uma companhia privada para assumir todos os serviços. A seguir, em junho de 1966, cidade e condado concordaram em estabelecer o Conselho do Condado da Grande Estocolmo; criado em janeiro de 1971, ele assumiu a responsabilidade pela construção e operação do Tunnelbana[224].

Os desenvolvimentos resultantes foram parte do Programa do Milhão, sob o qual 100 mil casas deviam ser construídas a cada ano durante dez anos; um objetivo impressionante considerando que o total do parque habitacional sueco na época mal chegava a três milhões de moradias. Estandardização e pré-fabricação foram impulsionadas por suporte estatal, que também auxiliou a provisão de terras pelas autoridades locais. As pessoas encarregadas eram, em última análise, bem-intencionadas: como Thomas Hall concluiu, eles construíram o que achavam que as pessoas deviam ter e podiam pagar, sem ter muito interesse pelo que eles realmente queriam. Todos os levantamentos mostraram que a maior parte das pessoas queriam viver em pequenas casas, mas isso foi largamente ignorado. Escassez de terra disponível, de planejamento municipal e de recursos para expansão urbana, combinados com cálculos teóricos da demanda habitacional, simplesmente falharam em fornecer casas unifamiliares[225].

Então, por volta de 1970, o mundo que os social-democratas suecos tinham construído quase começou a desabar: a economia, o estado do bem-estar social, os programas habitacionais e de planejamento, todos ao mesmo tempo e repentinamente começaram a mostrar sinais de fracasso do sistema. E curiosamente, embora as crises fossem indiretamente ligadas, possuíam causas totalmente independentes.

Uma parte crucial era uma crise de habitação e planejamento: o sistema, engrenado para a produção máxima, de repente viu-se superproduzindo em quantidade e subproduzindo em qualidade; havia um excedente totalmente inesperado de moradias impossíveis de alugar, e, pior do que isso, um problema de conjuntos habitacionais problemáticos impossíveis de alugar. Nos satélites mais novos, construídos principalmente em terras adquiridas pela cidade fora de seus limites, as habitações tinham sido concluídas em velocidade recorde, com pouca atenção à qualidade do ambiente no entorno; muitas delas eram industrializadas, muito monótonas e a densidade era muito alta; os serviços, como por exemplo o transporte, não estavam prontos; os aluguéis eram altos; os ocupantes não tinham escolha. Por volta de 1970, houve uma repentina reação contra esses satélites mais novos: primeiro contra Skärholmen, depois contra Tensta, parte do enorme esquema Järvafëltet, e finalmente contra o próprio sistema de planejamento[226]. Tensta em particular foi um enorme equívoco: um vasto complexo de apartamentos de blocos de concreto, muito monótonos, sem transporte público adequado e portanto de interligação difícil, com poucos serviços sociais ou instalações comerciais. Apresentava uma imagem singularmente não atraente, e os apartamentos vazios confirmavam isso[227]. Thomas Hall, historiador do planejamento sueco, assim resumiu:

> Como esses gigantes padronizados foram montados mormente com painéis pré-fabricados, todas as considerações de design foram abandonadas. O objetivo mais importante era urbanização em grandes unidades e construção racional rápida. O projeto do ambiente onde essas casas foram construídas era determinado não pelas necessidades dos futuros moradores, mas pelos requisitos dos guindastes e caminhões movendo-se para frente e para trás à medida que a construção prosseguia.[228]

Eles mostraram-se sem atrativos não só para os críticos, mas para seus potenciais moradores: tinham altas taxas de vacância e rotatividade muito alta. Sua imagem continuou a deteriorar-se: a maioria dos moradores de longa permanência eram imigrantes e famílias problema.

O resultado foi saturação do mercado e moradias sem inquilinos: em 1975 havia 25 mil unidades vagas, a maioria delas nas novas urbanizações; a vacância na habitação pública aumentou repentinamente de 1,6% em 1970 para 13,4% em 1974, e havia muitas críticas aos conjuntos "megalomaníacos". No fim de 1978, a taxa de vacância média em alguns conjuntos atingiu 17%[229]. Como descreveu um observador, "as famílias-problema encontraram as áreas-problema"[230]. Locais como Tensta e Skärholmen ficaram estigmatizados como exemplos de "planejamento incompetente"[231].

Thomas Hall descreveu bem o sentimento em meados dos anos de 1970: "havia uma crença generalizada de que a época do planejador e urbanizador havia passado. A Suécia moderna fora construída, e tudo o que restava fazer era manutenção, uma certa quantidade de demolição e um pequeno adicional de obras"[232]. Consequentemente, mesmo neste sagrado templo do

A CIDADE À BEIRA DA AUTOESTRADA
o subúrbio do automóvel

planejamento urbano, a onisciência dos profissionais veio a ser desafiada. O drama principal estava focado na reurbanização do distrito comercial central do Baixo Norrmalm. Com um fracasso do crescimento e uma mudança na opinião pública, a reconstrução chegou a um repentino basta. Um plano diretor de 1975 para a cidade marcou uma parada quase total na ideia de reurbanização abrangente. Porém, no processo, muitos edifícios foram arruinados[233]. A batalha agora se estendia para a renovação urbana nos velhos distritos residenciais próximos ao centro, onde os funcionários municipais travavam uma batalha persistente com os invasores.

Mas o criticismo estendia-se também aos próprios satélites; uma nova geração de arquitetos e planejadores atacaram-nos por terem sido construídos depressa demais, por sacrificarem a qualidade pela quantidade, por produzirem novos cortiços. O volume de queixas vindas de todos os lados, relatadas na mídia, cresceu de modo ensurdecedor: "ambientes desumanos"; "brutais destruidores da paisagem"; "áreas de calamidade social"; "monstruosidades arquitetônicas"; "selvas de concreto"[234]. Em especial Tensta – a cidade-satélite construída às pressas com técnicas de construção industrializada – ganhou a execração da mídia, onde a classificaram como *en stora planering katastrof:* um grande desastre de planejamento[235]. A questão expressa no título de um artigo veio a ser: "Como pôde dar tão errado?"[236] Estipular como as pessoas deviam viver, por um édito central do escritório de planejamento, passou a ser encarado como uma forma de totalitarismo liberal.

Os políticos e os planejadores tentaram aprender com seus erros. Mas a questão básica era saber como uma ideologia coletivista podia responder às demandas individuais e variadas de uma sociedade afluente[237]. Pois, oferecida uma escolha, a maioria esmagadora dos suecos queria ser ocupante-proprietária de uma casa unifamiliar. E começavam então a conseguir. Frequentemente os novos subúrbios eram monótonos, lembrando o pior tipo de subúrbio norte-americano; mas a demanda era enorme e eram vendidos com facilidade[238]. Enquanto isso, as unidades excedentes para locação iam para qualquer um que as quisesse: pessoas com problemas sociais, como o alcoolismo[239]; e imigrantes da Iugoslávia, Grécia, Turquia e América do Sul. Os suecos nativos sentiam-se desconfortáveis; se podiam, mudavam para os novos subúrbios. À medida que os novos satélites foram desfigurados pelo vandalismo, grafites e sinais de degradação social, os suecos passaram a questionar seu próprio modelo. Parecia que um experimento social inteiro havia de repente azedado[240].

Num dos pontos, no entanto, os críticos mostraram que era difícil atingir a concretização do projeto. No mundo inteiro, então, o movimento ecológico estava no auge. Nada mais natural, por conseguinte, que um ponto nodal de conflito entre a cidade e seus críticos, transformado em *cause célèbre* nacional em 1971, dissesse respeito ao destino de um pequeno grupo de olmos em Kungsträdgarden, praça central de Estocolmo[241]. Em decorrência da crise de energia, lá como em toda a parte, a cultura automobilística estava debaixo de fogo cerrado; um dos primeiros movimentos ecológicos – o Alternativ Stad, fundado em 1965 – fez uma campanha para banir de vez os carros da cidade[242]. Porém Markelius se antecipara trinta anos a esse conflito da afluência, construindo um soberbo sistema de transporte público antes do advento da massificação do automóvel. Nesse particular, seu magnífico projeto resistiu ao teste do tempo: a despeito dos críticos, Estocolmo funciona melhor e superou mais efetivamente o conflito entre automóvel e ambiente urbano; e por um período mais longo do que a maioria das outras cidades.

Ainda hoje reverentes peregrinos vão até lá aos milhares para observar e saem devidamente impressionados: tudo parece funcionar, tudo está no lugar certo, tudo foi feito com o máximo de refinamento; a última linha de metrô a ser concluída contou até mesmo com um artista diferente para decorar cada estação[243]. E, conforme pareceu a um sociólogo norte-americano de visita, no primeiro satélite de Vällingby a maioria das pessoas parecia bastante contente: em comparação com os moradores do subúrbio norte-americano de Levittown, os homens tinham mais tempo para os filhos, as mulheres e adolescentes sentiam-se mais à vontade para sair de casa sem o carro, as crianças dispunham de um espaço livre mais bem planejado e serviços especiais. Mesmo assim, instados a manifestarem-se, a maioria disse preferir uma casa a um apartamento: uma conclusão que o sociólogo, nitidamente fã entusiasta da qualidade de vida de Estocolmo, atribuiu a uma falha na pesquisa[244].

Mas o fato é que, na Suécia, é fácil ao visitante transformar-se em fã entusiasta; parece, às vezes, que tudo o que há de vulgar e de mau gosto foi proscrito por ato do Parlamento. Porém, a um olhar mais atento, percebe-se que o paraíso ainda não está de todo ganho: nas plataformas do metrô, grafites deformam os sofisticados desenhos dos artistas; nos trens do metrô, gangues de bêbados de sábado à noite aterrorizam os passageiros; na imprensa, reportagens falam de anomia e alienação nas cidades-satélites, onde – sobretudo nas últimas a serem terminadas, como Tensta e Rinkeby – concentra-se um número enorme de trabalhadores imigrantes. Os holmienses mais idosos dizem com tristeza que já nada mais é como antigamente: nos anos de 1950, em urbanizações como Vällingby, eles acreditaram na possibilidade de um milênio secular, onde a iluminação liberal e a harmonia social a partir dali reinariam para sempre; em algum lugar, porém, deu bicho e o botão não floriu.

A CIDADE À BEIRA DA AUTOESTRADA
o subúrbio do automóvel

E o peregrino que retorna também encontra mudanças surpreendentes. Em Skärholmen, vê-se o suprassumo em planejamento social-democrata coordenado: apartamentos em alta densidade em torno de uma megaestrutura comercial central, por sua vez centrada na estação do Tunnelbana. Mas o nível inferior da garagem de muitos andares foi convertido em um mercado de pulgas permanente; os acessos para o centro de compras são tomados por cartazes espalhafatosos feitos à mão; o próprio centro de compras, reconstruído com uma cobertura depois que começou a decair comercialmente, é um tumulto de propagandas comerciais, que gritam suas mensagens contraditórias de modo tão insistente como se ali fosse Bangkok ou Nova Delhi. Encontra-se de pronto a razão para esse desespero quando se sobe ao nível mais alto da garagem: pois, bem ao lado, espalhando-se no horizonte, está um centro de compras rival, construído na municipalidade vizinha de Huddinge depois do colapso de um acordo com Estocolmo. Um passeio de três minutos leva o visitante através de uma Cortina de Ferro invisível: ali está um mundo igualmente padronizado, o mundo do não lugar dos *shoppings* dos anos de 1990, totalmente baseado no automóvel, com os ícones familiares: Toys 'R' Us, McDonald's, e – a contribuição sueca para o gênero – IKEA.

Esse mundo resume a mudança que ocorreu na Suécia durante os anos de 1980, à medida que o duradouro consenso social-democrata desfibrava. Ele se repete em escala bem maior no norte de Estocolmo, onde o visitante passa de Kista – a última das grandes urbanizações satélite, completada somente no fim dos anos de 1970 – para um outro mundo, a criação dos anos de 1980 e 1990: uma vasta cidade linear periférica de parques empresariais e hotéis e centros de compra fora da cidade, estendendo-se ao longo da autoestrada E4, por mais de vinte quilômetros em direção ao aeroporto de Arlanda. É quase indistinguível de suas similares na Califórnia ou no Texas. E com maior pungência que qualquer outra, tal visão sublinha o fato de que o próprio consenso social-democrata é hoje um pedaço da história a ser analisado e explicado.

Um outro lugar na Escandinávia adquiriu uma reputação legendária igual à dos satélites de Estocolmo: Tapiola e Vantaanpuisto, na região metropolitana de Helsinque. Em 1967, o prêmio em memória de R.S. Reynolds do American Institute of Architects para a arquitetura pública foi para os satélites de Estocolmo e para Tapiola e Cumbernauld[245]. Já em 1947, uma Associação para o Planejamento Regional de Helsinque foi estabelecida; o conceito de uma área metropolitana de Helsinque tornou-se terminologia comum[246]. Então, em 1951, a Fundação de Habitação foi instituída por várias organizações finlandesas de utilidade pública, em específico para a construção de um novo subúrbio residencial justamente externo a Helsinque[247]. Ela promoveu Tapiola agressivamente como uma "cidade-jardim" ou "cidade nova"[248] – de modo pedante não tão correto, mas uma má interpretação comum em quase qualquer lugar fora do Reino Unido. O plano resultante combinou quatro princípios básicos do planejamento moderno internacional: o sistema anglo-americano de unidade de vizinhança, de Clarence Perry, adaptado para Tapiola por Otto-Iivari Meurman; urbanismo CIAM, interpretado por Aarne Ervi (1910-1977), um dos principais arquitetos finlandeses dos anos de 1950 e 1960; zoneamento notavelmente aplicado usando zonas de floresta e parques entre os bairros; e segregação de tráfego de pedestres e carros nos centros de compra, com o tráfego de passagem separado do tráfego local nos bairros habitacionais[249].

Paris: Haussmann Revisitado

Outra grande tentativa histórica da Europa de planejar uma metrópole em torno de um novo sistema de tráfego ocorreu bem duas décadas depois de Markelius. Sucedeu de uma forma muito estranha. No início dos anos de 1960, Paris estava tentando limitar seu próprio crescimento e manifestamente não tinha sucesso. A política oficial refletia a tese de Jean-François Gravier, um geógrafo e funcionário no Ministério da Reconstrução e Planejamento Urbano, que escrevera seu livro *Paris et le désert français* durante o quase fascista regime Vichy (1940-1944), mas publicado apenas em 1947[250]. O alvo central de sua polêmica era Paris que, por um século – ele argumentou –, havia devorado a substância da nação, esterilizando a economia das províncias francesas. Paris, ele escreveu, havia se apropriado de todas as atividades principais, deixando apenas as secundárias para o resto da França: um regime quase colonial[251]. E mais, ele emprestou de Rousseau que: a vida urbana era estéril e nociva para o ser humano, levando homens e mulheres a perderem toda sua moralidade[252] – um argumento perigosamente próximo ao dos urbanistas da Alemanha nazista na época.

Ainda assim, a despeito dessas estranhas origens e filiações, o livro de Gravier rapidamente tornou-se a Bíblia do planejamento espacial francês. Mesmo Paul Delouvrier, que mais tarde veio a desafiar e derrotar esse pensamento, confessou que também acreditara nele de início: "Nós éramos todos fãs de Gravier, isto é, mais ou menos convencidos de que Paris, particularmente durante o século XIX, tinha devorado o resto da França."[253] Levou até 1995 para o Ministro das Finanças francês, num documento solicitado pela Comissão Europeia, revelar a verdade: três regiões urbanas subsidiavam todas

A CIDADE À BEIRA DA AUTOESTRADA
o subúrbio do automóvel

as outras. Alsácia (Estrasburgo) pagava 300 milhões de euros a mais do que recebia, Ródano-Alpes (Lion, a segunda cidade) pagava 650 milhões a mais do que recebia, e a Ilha de França (a região de Paris) contribuía com um épico 18 bilhões de euros mais do que recebia do orçamento nacional: 1.600 euros *per capita* a cada ano, incluindo bebês e pessoas aposentadas[254].

Entrementes, de volta ao início dos anos de 1960, a França via, pela primeira vez em séculos, a sua própria explosão demográfica; os jovens brotavam da terra e rumavam em direção às luzes brilhantes da metrópole. Em 1961, De Gaulle, em sua crença de que Paris devia cumprir o destino que a história lhe reservara como símbolo físico das glórias da França, convocou um oficial que atraíra sua atenção quando da retirada agonizante da Argélia, e pediu-lhe que encabeçasse uma equipe para a elaboração de um novo plano. O Plano Diretor para a região da Ilha de França, de 1965, foi equivalente ao da época do grande projeto de Haussmann para Paris, agora logicamente estendido para cobrir a região parisiense inteira; o Haussmann de De Gaulle, escolhido a dedo, e nomeado inicialmente *délégué général du district de la région de Paris* (delegado geral do distrito da região de Paris), e – a partir de 1966 – *préfet de la région parisienne* (prefeito da região parisiense), era Paul Delouvrier. Ele foi nomeado com a idade de 47 anos, três anos mais velho do que Haussmann tinha sido em sua própria nomeação. Quando Delouvrier morreu, em 1995, o *Cahiers* do Institut d' Aménagement et d' Urbanisme de la Région d'Île-de-France, a revista do instituto que ele criara para dar suporte ao plano, relembrou que, em 1961, De Gaulle havia sobrevoado a região de helicóptero, exigindo que alguém "colocasse um pouco de ordem naquilo tudo", referindo-se à vasta estrutura não planejada dos subúrbios abaixo[255]. Delouvrier fez exatamente isso: como afirmou posteriormente, Haussmann teve dezessete anos para mudar Paris, ele, somente sete.

Conferidos os números, chegaram à conclusão de que, mesmo se o sistema nacional de planejamento tivesse êxito em promover as maiores cidades de província como autênticas *métropoles d'équilibre,* a região de Paris cresceria de 9 a 14 ou 16 milhões de habitantes por volta do fim do século xx. No início de 1962, ao que parece, Delouvrier, em entrevista particular que manteve com De Gaulle, convenceu-o de que esse quadro de uma Paris dinâmica, "arrebentando pelas costuras", estava correto[256]. Consideradas as alternativas – crescimento anular convencional, contrapolos distanciados de 96 quilômetros ou mais, cidades novas no estilo Abercrombie, uma "segunda Paris" –, rejeitaram todas elas: o magnetismo de Paris era tamanho que as pessoas queriam estar ali, não em outro lugar, só que se o crescimento continuasse nesse ritmo, a cidade sufocaria[257].

Assim, eles adotaram efetivamente um Plano Estocolmo em megaescala, adequado a uma metrópole com dez vezes o tamanho de Estocolmo. Paris teria cidades novas; não, porém, segundo o modelo Howard-Abercrombie, mas satélites nos moldes dos de May-Markelius. Já que Paris era imensa, os satélites corresponderiam a essa magnitude: contra os 10 mil-20 mil na Frankfurt dos anos de 1920, ou os 80 mil-100 mil na Estocolmo dos anos de 1940, a Paris dos anos de 1960 exigia oito unidades de 300 mil a 1 milhão de habitantes cada[258]. Como em Estocolmo, eles deviam ser ligados com o centro e entre si, não apenas por autoestradas circunferentes mas por um novo sistema de trânsito; porém de novo com uma diferença. Ao contrário do *Tunnelbana* de Estocolmo, ao contrário do *Underground* de Londres nos quais ele se inspirara, ao contrário do já existente *Métro* de Paris, ou mesmo de qualquer dos sistemas viários subterrâneos do período 1890-1910, este devia ser um sistema de tráfego expresso; com as características de um serviço de interligação sobre trilhos, podia transportar pessoas a longas distâncias, em pouco tempo. Seu único equivalente próximo, na época ainda na prancha de desenho, era o Bay Area Rapid Transit (BART), sistema planejado para São Francisco.

Mas BART jamais foi encarado como o agente de um plano regional coerente; apresentado como solução para a ameaça de caos que pairava sobre as autoestradas da região, ele na verdade promoveu mais suburbanização e para lá transferiu o congestionamento da rede. Os 256 quilômetros da Réseau Express Régional (RER), pelo contrário, foram planejados – à semelhança do que ocorrera em Estocolmo vinte anos antes – integralmente com os novos satélites. Estes seriam dispostos sobre dois "eixos preferenciais", um do lado norte da aglomeração existente, outro do lado sul; para ligá-los, a RER tomaria a forma de um "h" deitado, com uma linha principal leste-oeste ramificada em cada uma das pontas. Dessa forma, ela ligaria não apenas os satélites planejados, mas também os novos centros intraurbanos que atuariam como catalisadores da remodelação urbana no desgastado anel médio da região de Paris e forneceriam os serviços extremamente necessários ali. O maior desses centros, em La Défense, imediatamente além da região central da cidade do lado oeste, já havia sido iniciado quando da preparação do plano, constituindo-se, por isso, uma espécie de *fait accompli* comercial que os planejadores enfrentaram sem dificuldade.

Se em planejamento urbano a audácia for critério para o mérito, então o *Schéma Directeur* de Paris de 1965 seguramente se inscreve em alguma categoria à parte. Jamais se intentou nada tão grandioso na história da civilização urbana. O total da conta para o tesouro público francês foi de estarrecer: o plano de doze anos, elaborado concomitantemente com o *Schéma Directeur*,

A CIDADE À BEIRA DA AUTOESTRADA
o subúrbio do automóvel

FIG. 84: *Marne-la-Vallée. O modelo Estocolmo aplicado em escala espacial bem maior nas cidades novas para Paris, na vigência do plano de 1965. O sistema de tráfego expresso* RER *corre logo abaixo do calçadão central da cidade.*

exigia um total de 29 bilhões de francos para autoestradas e 9 bilhões para o transporte coletivo, sem falar nas 140 mil novas moradias a serem construídas anualmente[259]. Só um país dirigido por uma figura dotada de uma crença messiânica em seu próprio destino, só um país em meio a um *boom* econômico quase sem precedentes na história, só um país com uma tradição de séculos em intervenção governamental de cima para baixo poderia ter contemplado tal coisa; talvez nem mesmo então.

Foi o suprassumo em matéria de plano. Teóricos acadêmicos de todo tipo podem, num retrospecto histórico, provar o que lhes aprouver tomando-o por base. Os marxistas podem apresentá-lo como instância suprema de manipulação do Estado pelo grande capital em seu próprio interesse, sobretudo para prover os investimentos sociais necessários para garantir a reprodução da força de trabalho; não é à toa que os estudos marxistas urbanos modernos nasceram em Paris entre 1965 e 1972. Os que acreditam na resiliência da cultura nacional, pelo contrário, nele verão a longa tradição representada por Luís XIV e Haussmann: Delouvrier, ironicamente, realizou o tipo de planejamento a que, por tanto tempo, Le Corbusier aspirou em vão. Para os teóricos do Estado, por outro lado, é o exemplo clássico de uma burocracia central estabelecendo seu poderio independente. Paul Alduy – quem, na qualidade de funcionário-chave durante seu preparo e implementação, escreveu a avaliação definitiva apresentando-o como uma conspiração contra a democracia – fornece-lhes as provas necessárias: "trouxe em seu bojo novos métodos de intervenção estatal, a de um Estado central erigido em árbitro, acima dos partidos e de seus representantes eleitos"[260]. Mais que isso: segundo mostra, amplos setores da máquina burocrática existente, e seus chefes políticos, foram simplesmente ignorados na fase de elaboração do plano: "O objetivo era, obviamente, não negociar com ninguém mas, acima de tudo, desencadear uma operação-propaganda que apresentasse uma nova imagem do Estado, um novo modo de intervenção, e mais: uma nova relação entre Estado e autoridades locais."[261]

De qualquer maneira, sobreviveu e, de certo modo, concretizou-se. É claro que não sem modificações, ou sem dor: em 1969, a crise econômica e as transformações demográficas provocaram um remanejamento, no qual três das oito *villes nouvelles* foram riscadas do mapa e outras tiveram sua escala reduzida[262]. As que restaram, porém, foram tocadas para a frente; e algumas, de fato, provaram ser um polo de atração para o capital da construção privada, que ergueu prédios de escritórios, centros de compra, moradias para venda em vasta escala. Talvez seja esta a moral da história parisiense: como dizem os planejadores franceses, os planos oficiais podem fornecer um conjunto de indicações claras para o setor privado, possibilitando, assim, que este, por seu turno, elabore os seus próprios programas de investimento por etapas. Delouvrier fez pelos subúrbios de Paris o que Haussmann tinha feito cem anos antes pela cidade; a estrutura policêntrica da região no milênio – suas cinco cidades novas, suas três rodovias circunferentes, suas cinco linhas RER – é digna sucessora linear dos trabalhos de Haussmann. Juntos, De Gaulle e Delouvrier acordaram Paris do longo sono que havia descido sobre ela após a partida de Luís XIV-Napoleão e Haussmann. A audácia pode dar certo.

A Grande Revolta Contra a Via Expressa e o Que Veio Depois

Todavia o ponto crítico permanece: nem Estocolmo, em 1945, nem Paris, em 1965, tiveram êxito em desmamar os europeus de seus carros. Os anos entre 1945 e 1975 foram, de fato, aqueles nos quais a Europa suplantou os Estados Unidos como o mais importante centro construtor de automóveis do mundo; tudo o que houve foi que a revolução do automóvel veio para a

A CIDADE À BEIRA DA AUTOESTRADA
o subúrbio do automóvel

Europa quarenta anos mais tarde[263]. No processo, ela afetou profundamente tanto os estilos de vida quanto as estruturas urbanas tradicionais. Na Suécia, a porcentagem de novas casas unifamiliares construídas aumentou de 32% em 1970 para 55% em 1974 e para mais de 70% no fim dos anos de 1970, atendendo a preferências individuais indicadoras de que nada menos que 90% dos suecos preferiam casas a apartamentos[264]. Nas *villes nouvelles* de Paris, similarmente, as casas unifamiliares constituíam a grande maioria das habitações concluídas, os hipermercados estavam cheios de churrasqueiras e de móveis para jardim, e – mais significativo que tudo – quase não se viam restaurantes, muito menos bons.

O carro foi, portanto, na Europa como em sua primeira pátria, um agente da suburbanização. O que veio antes, a galinha suburbana ou o ovo automotivo, é impossível dizer; como já observamos a respeito de Los Angeles, e mesmo antes (no capítulo 3) a respeito de Londres, o espalhamento suburbano pré-datou a massificação do automóvel, mas o automóvel, por seu turno, permitiu que os subúrbios se espalhassem mais livremente e mais longe do que o transporte de massa jamais poderia ter feito. A verdade é que por toda a parte nesse processo, o problema do automóvel dentro da cidade histórica tornou-se agudo. As cidades norte-americanas, ao enfrentarem o conflito a partir dos anos de 1920, reagiram afrouxando e esgarçando suas apertadas estruturas urbanas mais antigas. Os pais da cidade europeia não se mostraram tão relutantes. O entrechoque sobreveio com a massificação da construção, evidentemente necessária para acomodar a era da automobilidade universal nas cidades.

Por mais de uma década, de meados dos anos de 1950 em diante, uma nova geração de analistas do tráfego urbano chegou para dominar o planejamento urbano, primeiro nos Estados Unidos e, em seguida – a medida que exportavam a si próprios e as suas técnicas –, também na Europa. Seus modelos computadorizados surgiram para demonstrar a necessidade inexorável de construir vastas malhas de novas vias expressas urbanas aptas a fazerem face à curva ascendente do volume de tráfego. Durante certo tempo, não encontraram resistência. Na Grã-Bretanha, em fins de 1963, o ministro dos Transportes publicou um relatório sobre *Tráfego nas Cidades,* elaborado por um grupo técnico dirigido por um engenheiro-planejador até então desconhecido, Colin-Buchanan[265]. Seu relatório virou sucesso de livraria; e, da noite para o dia, Buchanan tornou-se figura pública. O argumento de Buchanan era sutil, derivado da filosofia de planejamento precintual de Alker Tripp, formulada um quarto de século antes: o planejador devia estabelecer padrões fixos para o ambiente urbano, depois do que um aumento de tráfego só seria admissível mediante uma reconstrução em massa; caso a comunidade não estivesse disposta ou apta a arcar com a conta, então só lhe restaria restringir o tráfego. Quase ninguém apreendeu o significado da mensagem; o público, confuso ante as descrições pela mídia de uma vasta reconstrução em vários níveis, ficou convencido de que Buchanan estava querendo pôr abaixo a Inglaterra urbana por meio do trator. A princípio, pareceram receber o fato com equanimidade, até mesmo com entusiasmo; era a época da grande reconstrução britânica, quando a reurbanização abrangente era vista por toda a parte ainda como uma boa coisa em todos os sentidos. Atrás de Buchanan, vieram os engenheiros de tráfego com seus planos para rodovias urbanas: centenas de quilômetros para Londres, além de malhas viárias igualmente vastas para cada cidade interiorana.

Mas Buchanan gostava de rodovias. Em 1937, uma delegação oficial britânica – 224 pessoas, incluindo representantes de organizações de automobilismo, políticos, engenheiros de vias expressas do governo local, e outros, incluindo o veterano Thomas Adams (mas faltando alguém do Ministério dos Transportes, onde o ministro, Leslie Hore-Belisha, era judeu) – foi estudar o sistema alemão de *Autobahn* então em construção[266]. Mas o jovem Buchanan fizera seu próprio *tour* privado poucas semanas mais cedo, e nunca perdeu seu primeiro arroubo de entusiasmo pelas qualidades técnicas e estéticas do planejamento de transporte alemão[267]. Não causa admiração portanto que *Traffic in Towns* oferecesse uma mistura de soluções norte-americanas e europeias – principalmente alemãs – para as cidades inglesas. Grandes sistemas de novas rodovias urbanas podiam ser combinados com áreas de restrição ou mesmo exclusão de tráfego, que ele chamou de "áreas ambientais". Nos centros urbanos, essas áreas seriam cada vez mais pedonais[268]. Vinte anos depois disso, Carmen Hass-Klau, uma anglo-germânica *expert* em planejamento do transporte urbano, desempenhou um papel importante introduzindo outro conceito importado da Alemanha: apaziguamento do tráfego (*Verkehrsberuhigung*) na forma de medidas de engenharia como quebra-molas, chapas de metal, estreitamentos de via e outras restrições físicas, muitas rigorosamente baseadas em exemplos alemães existentes. Faltando, no entanto, os enfoques alemães mais estratégicos, usou uma variedade de métodos integrados para reduzir e retardar o tráfego motorizado de forma a torná-lo menos desagradável para aqueles que moravam nas cidades e não se locomoviam de carro, mas com outros meios de transporte[269].

Entrementes na Califórnia, como sempre à frente de tudo, a maré já era outra. São Francisco, a mais europeia das cidades norte-americanas – e, portanto, a mais decidida a diferenciar-se de sua arquirrival, Los Angeles – despertou para

A CIDADE À BEIRA DA AUTOESTRADA
o subúrbio do automóvel

um plano que cravava uma via expressa elevada de dois andares ao longo de sua histórica orla marítima, perto do famoso Fisherman's Wharf (Cais do Pescador). Na primeira revolta mundial contra a via expressa, a Embarcadero Freeway foi brecada de saída. Em seguida, inebriada pelo triunfo, a cidade parou por completo de construir vias expressas; por toda a parte, o visitante confuso podia ver estruturas elevadas subitamente interrompidas em pleno ar. O município encomendou, em 1956, um relatório a consultores, e um outro subsequente, a uma fonte idêntica, em 1962, pedindo um novo sistema de tráfego, orçado em 900 milhões de dólares, propositalmente estruturado a fim de preservar São Francisco como cidade de estilo europeu, fortemente centralizada. Os moradores de São Francisco, na proporção de dois para um, votaram a favor; os moradores dos subúrbios foram menos entusiastas, mas a proposta foi aceita e este monumento da tecnologia contemporânea, que é o sistema BART, começou a ser construído[270].

A revolta espalhou-se por toda a América do Norte; Toronto suspendeu as obras de sua Spadina Expressway e, mais tarde, transformou o local a ela reservado em linhas do metrô. Na Europa, proliferaram os imitadores: numa manhã de abril de 1973, a administração do Partido Trabalhista, recém-empossada no Conselho da Grande Londres, em cumprimento a uma promessa eleitoral rasgou a totalidade dos planos de rodovias do GLC (Greater London Council). Tudo isso fazia parte do novo *Zeitgeist,* em que todos os populares *slogans* do planejamento foram subitamente colocados de cabeça para baixo: estávamos no tempo do relatório do Clube de Roma, da crença na beleza do pequeno, da preponderância do planejamento dirigido para os desfavorecidos, e da grande crise de energia desencadeada pela OPEP. A revolta contra as vias expressas, porém, veio antes dessa crise, que, ao que parece, apenas reforçou a correção da reversão ocorrida no programa.

Na Inglaterra, como em toda a parte, a política do governo central deu marcha a ré. O objetivo não era mais remodelar as cidades para atender demandas projetadas por viagens de carro, mas encorajar o uso do transporte público. Embora parcialmente minado pelos governos Thatcher dos anos de 1980[271], a nova tendência se reafirmou no começo dos anos de 1990. Primeiro, havia um desafio básico à ideologia "prever e prover", principalmente dada a crescente evidência de que a construção de ruas induzia à demanda por trajetos rodoviários. E segundo, havia um aumento de consciência dos danos ecológicos causados pelo tráfego motorizado, frequentemente chegando a um extremo em distritos marginais no início dos anos de 1990, expondo uma contradição básica entre duas políticas tradicionais conservadoras destinadas a promover a competitividade econômica e a proteger o meio rural[272].

E essa contradição permaneceu: havia muito mais votos em políticos locais por defenderem tais políticas do que por restringirem a liberdade dos motoristas. "A noção mais recente de que a redução do espaço de rua pode, em muitos casos, realmente cortar o tráfego", Geoff Vigar conclui, "requer um salto maior de fé por parte de políticos e profissionais"; possivelmente um salto longo demais[273].

O resultado lógico – não só na Grã-Bretanha, mas de maneira muito mais sincera em economias europeias mais ricas, como as da França e da Alemanha Ocidental – foi um deslocamento maciço do investimento para o transporte urbano de massa. Agora, outras cidades seguiram a trilha pioneira aberta por iniciativas tais como as colocadas em prática em Estocolmo e em Paris. Na Alemanha, no início da década de 1980, praticamente toda grande cidade estava construindo um novo sistema de transporte sobre trilhos ou reformando o antigo[274]. O subúrbio europeu também era uma cidade à beira da autoestrada; mas era, além do mais, uma cidade junto à linha do metrô. Seus habitantes, em especial os que tinham menos acesso ao automóvel, podiam exercer o direito de escolha.

Os Estados Unidos também começaram a tomar o rumo europeu: em meados da década de 1980, mais de quarenta importantes cidades norte-americanas dispunham de sistemas de transporte sobre trilhos, seja em fase de operação, de construção ou de planejamento, alguns segundo o modelo BART de longa distância, outros sistemas mais modestos de tráfego urbano leve[275]. Contudo, essa era uma questão não apenas de investir em transporte, mas também de estruturar os subúrbios em torno desses sistemas. E isso era algo que as cidades norte-americanas – regidas pelo mecanismo de mercado, equipadas com poderes mínimos de planejamento – estariam relutantes ou incapazes de realizar. Assim, muitos desses sistemas tinham a possibilidade de um fim drástico como o atingido por Melvin Webber no BART em 1977: a falência, pois eles simplesmente não se ajustavam aos modelos de uso disperso da terra e, portanto, não ofereciam uma alternativa atraente ao carro[276].

Isso só mudaria caso os norte-americanos, de repente, quisessem viver como europeus; o que exigiria a aceitação por parte deles dos sistemas europeus de regulamentação dos usos do solo. Em alguns lugares, na verdade, houve evidência, por volta dos anos de 1970, de que alguns norte-americanos estavam dispostos a ser mais regulamentados. Comunidades californianas como Petaluma, defrontando-se com o extravasamento do subúrbio a partir da baia de São Francisco, travaram árduas batalhas para regular seu próprio crescimento. Depois de lutas tremendas entre o *lobby* da construção e o *lobby* ambiental, a legislatura da Califórnia, em 1972, aprovou uma lei abrangente

A CIDADE À BEIRA DA AUTOESTRADA
o subúrbio do automóvel

que deteve efetivamente toda a urbanização ao longo da linha costeira. Tais medidas afetaram a forma do trasbordamento suburbano: de fato, a área da Baía de São Francisco está cercada por um cinturão verde quase tão eficazmente protegido quanto o de Londres, e o resultado – segundo David Dowall – foi o mesmo que se observou em Londres: escassez de terrenos para moradia e escalada dos preços desses terrenos[277]. Mas isso não afetou o fato geral: para além do cinturão verde, no corredor utilizado pela Rodovia Interestadual 680 de Concord a Fremont, a 32 quilômetros ou mais do centro de São Francisco, os subúrbios continuam a espalhar-se e os empregos também se mudam para fora. O resultado, conforme Robert Cervero, colega de Dowall, é que à constrição suburbana se segue o congestionamento suburbano: o sistema de autoestradas fica sobrecarregado com o volume de viagens pendulares subúrbio a subúrbio, que o sistema BART – como, aliás, qualquer outro sistema radial convencional de tráfego – não tem condições de atender[278].

Assim, não só os norte-americanos estavam falhando em adotar estilos de vida urbanos europeus; a evidência parece ser que, se algo estava acontecendo, era progressivamente justo o oposto. A crise de energia não reverteu de repente nem sequer diminuiu o fluxo migratório a partir das cidades; durante os anos de 1970, seguindo um padrão há muito familiar nos Estados Unidos, mais e mais países europeus começaram a registrar perdas nas populações das áreas centrais das cidades[279]. E embora alguns dos sistemas europeus de transporte tivessem êxito em atrair passageiros, eram todos, sem exceção – como seus equivalentes norte-americanos – pesadamente subsidiados. De ambos os lados do Atlântico, ao que parece, a cidade à beira da autoestrada estava ganhando de longe da cidade tradicionalmente estruturada pelo transporte de massa. As pessoas estavam votando nela com suas rodas; mais precisamente, os que nelas viviam era assim que votavam, e esses cresciam em número a cada ano. A profecia de Wells se fazia, ano a ano, cada vez mais verdadeira.

Mas a grande bonança das vias expressas californianas terminou nos anos de 1970, na medida em que a inflação erodiu o valor do imposto sobre a gasolina, e os custos de construção subiram para duas vezes e meia a taxa do índice de preços ao consumidor. O fator NIMBY – *not in my backyard* (não no meu quintal) – fez-se sentir: a oposição local a diversas vias expressas, particularmente à Beverly Hills e à Century, tornou-se mais clamante, e todas as tentativas de aumentar as taxas de utilização das autoestradas foram derrotadas. Ao Caltrans, Departamento de Transportes da Califórnia, que em 1973 sucedeu a antiga Divisão de Autoestradas, foi delegada a tarefa de manter em funcionamento o sistema existente; poucas construções novas foram planejadas, e cada projeto envolvia enormes dificuldades. Sete anos de litígio e controvérsia foram necessários para iniciar a construção da via expressa Century, de 24,8 quilômetros, mesmo com o governo federal assumindo 92% do custo[280].

Dessa forma, com a população e a propriedade de automóveis crescendo e a construção parada, o sistema de vias expressas foi, de maneira gradual, em direção ao travamento por congestão: nos anos de 1980, atrasos nos horários de pico normalmente chegavam a quatro horas duas vezes ao dia, e pequenos incidentes podiam causar a paralisação do sistema. Havia inevitavelmente demandas crescentes por uma abordagem alternativa. A construção de mais vias expressas era vista como possível causadora de um efeito contrário ao desejado; formou-se uma coalizão poderosa, devotada ao princípio de que Los Angeles deveria ter de novo um sistema de trens. Em 1980, os eleitores do Condado de Los Angeles aprovaram a proposição A, uma medida que propunha baixar as tarifas de ônibus de 85c. para 50c. durante três anos, prover fundos discricionários para o transporte local, e – principalmente – construir um sistema de novas linhas de trens rápidos abarcando todo o condado[281].

Em 14 de julho de 1990, o novo sistema de trens urbanos Blue Line, de 35 quilômetros e custo de $900 milhões, iniciou o serviço entre o centro de Los Angeles e Long Beach. De forma irônica, ele ocupou quase exatamente a mesma faixa de domínio da antiga linha Pacific Electric, que tinha sido a última a cessar o serviço, em 1961. Foi seguido, em 1993, pelo primeiro trecho curto, localizado no centro, de um metrô ainda mais ambicioso, o Red Line; e, em 1994, por outro projeto de trens urbanos, o Green Line, usando a faixa central da nova Via Expressa Century[282]. Em menos de trinta anos, os trens interurbanos voltaram a Los Angeles. Os críticos – e havia muitos – compartilhavam a visão de John Kain da Universidade Harvard: "Minha impressão geral é que seus planejadores do transporte estão tentando impor uma tecnologia do século XIX em uma cidade do século XX ou XXI."[283] O século XXI vai dizer se eles terão sucesso em reverter a direção da história urbana ou se estão perseguindo uma quimera.

A CIDADE DA TEORIA

10

O Planejamento e a Academia
Filadélfia, Manchester, Califórnia, Paris
(1955-1987)

Cinzenta, caro amigo, é toda teoria
E verde, a áurea Árvore da Vida.

JOHANN WOLFGANG VON GOETHE, *Fausto I* (1808)

Não leiam história; apenas biografias, que são a vida sem teoria.

BENJAMIN DISRAELI, *Contarini Fleming* (1832)

Quem pode, faz. Quem não pode, ensina.

GEORGE BERNARD SHAW, "Máximas Para Revolucionários" (*Homem e Super-Homem*, 1903)

Todas as profissões são conspirações contra a laicidade.

GEORGE BERNARD SHAW, *O Dilema do Doutor* (1913)

O título do capítulo pode parecer de uma total superfluidade: afinal este livro tem tratado sobre nada mais do que cidades da teoria e as tentativas realizadas para concretizá-las, o que, aproximadamente até 1955, descreve a contento a corrente dominante da história do planejamento no século xx, que tem sido a tese central. Mas, a partir dessa data já não acontece dessa forma. Daí a necessidade deste capítulo e seu título.

A razão é paradoxal: nesse ponto, o planejamento urbano ganhou, finalmente, foros de legitimidade; mas ao fazê-lo, começou a semear sua própria destruição. Rápido demais cindiu-se em dois campos estanques: um, nas faculdades de urbanismo, crescente e exclusivamente obcecado pela teoria sobre o assunto; outro, nos escritórios das autoridades locais e dos consultores, interessado unicamente pela atividade diária de planejar dentro do mundo real. Essa cisão não se evidenciou de pronto; com efeito, durante o final da década de 1950 e grande parte dos anos de 1960, parecia que finalmente se havia forjado um elo completo e satisfatório entre o mundo da teoria e o mundo da prática. Mas cedo demais desfez-se a ilusão: a lua de mel foi seguida em rápida sucessão durante os anos de 1970 por arrufos e reconciliações temporárias, nos anos de 1980 pelo divórcio. E, no processo, o planejamento perdeu muito da sua recém-adquirida legitimidade.

A Pré-História do Planejamento
Urbano Acadêmico: 1930-1955

Não que o planejamento fosse livre de influência acadêmica antes da década de 1950. Pelo contrário: em praticamente cada uma das nações urbanizadas, universidades e escolas politécnicas haviam criado cursos para a formação profissional de planejadores; corporações profissionais vieram à luz para definir e proteger padrões, estabelecendo laços com os departamentos acadêmicos. A Inglaterra assumiu de pronto a liderança quando, em 1909 – como já relatado no capítulo 5 –, o magnata do sabão William Hesketh Lever, fundador de Port Sunlight, saindo vitorioso numa ação por difamação movida contra um jornal, empregou o dinheiro da indenização para dotar sua Universidade de Liverpool de um Departamento de Projetos Públicos. O primeiro professor, Stanley Adshead, quase imediatamente criou um novo periódico, o *Town Planning Review,* onde teoria e boa prática deveriam comparecer fortemente unidas; seu primeiro editor foi um jovem recrutado na faculdade, Patrick Abercrombie, que mais tarde sucederia a Adshead na cátedra, primeiro em Liverpool e, a seguir, na segunda faculdade de planejamento da Grã-Bretanha: a University College London, fundada em 1914. O Town Planning Institute – a elevação a "Royal" só aconteceu em 1959 – foi fundado em 1914 por iniciativa conjunta do Royal Institute of British Architects, da Institution of Civil Engineers e da Royal Institution of Chartered Surveyors; no final dos anos de 1930, já havia reconhecido sete faculdades, cujos exames forneciam ao candidato aprovado seu registro como membro da entidade[1].

Os Estados Unidos foram mais vagarosos: embora Harvard tivesse criado um curso de planejamento em 1909, emparelhando-se cabeça a cabeça com Liverpool, só a partir de 1929 é que passou a dispor de um departamento separado para a matéria. No entanto, por volta dos anos de 1930, os EUA tinham faculdades também no MIT, em Cornell, Colúmbia e Illinois, bem como cursos ministrados em outros departamentos de inúmeras universidades espalhadas por todo o país[2]. E o American City Planning Institute, fundado em 1917 como consequência imediata da Conferência Nacional sobre Planejamento Urbano, tornou-se, dez anos mais tarde – sobretudo graças à insistência de Thomas Adams –, um corpo profissional de pleno direito segundo os padrões do Town Planning Institute, *status* que conservou quando, em 1938, foi ampliado para incluir o planejamento regional, passando a chamar-se American Institute of Planners[3].

A CIDADE DA TEORIA
planejamento e a academia

FIG. 85: (esquerda) *Patrick Abercrombie. Fotografado já fora do palácio, após ter recebido o título de "Cavaleiro", em 1945 Abercrombie comemora seus dois grandes planos para Londres e os trinta anos de liderança dentro da escola inglesa de planejamento.* Fonte: Getty Images.

FIG. 86: (direita) *Thomas Adams. O último dos planejadores transatlânticos, Adams trabalhou em Letchworth e tornou-se o primeiro presidente do Town Planning Institute antes de mudar-se para dirigir o Plano Regional de Nova York, tarefa que combinou com uma notável prática em planejamento regional na Inglaterra.* Fonte: © Garden City Collection, Letchworth Garden City Heritage Foundation.

O ponto importante nessas e em outras iniciativas foi o seguinte: oriundas que eram de necessidades profissionais, amiúde através de subprodutos de profissões afins como arquitetura e engenharia, viram-se elas, desde o início, fortemente impregnadas pelos estilos peculiares a essas profissões cuja base era o projeto. A tarefa dos planejadores era fazer planos, desenvolver códigos para impor esses planos e, em seguida, impor aqueles códigos; para tal tarefa era imprescindível um conhecimento de peso sobre planejamento; o ensino do planejamento nasceu para ministrar esse conhecimento junto com a necessária aptidão para projetar. Assim, em 1950, a era utópica do planejamento – tema basilar deste livro – estava terminada; o planejamento, agora, estava institucionalizado num planejamento abrangente de uso do solo[4]. Tudo isso refletiu-se fortemente nos currículos das faculdades de urbanismo até meados da década de 1950 e, com frequência, até anos depois; tais currículos, por seu turno, refletiram-se nos livros e artigos escritos pelos planejadores acadêmicos. Planejamento do uso do solo, segundo palavras de Keeble para sua plateia britânica em 1959, e Kent lembrou a contraparte norte-americana em 1964, era um assunto distinto e rigidamente confinado, bastante diferente do planejamento social ou econômico[5]. Esses textos, por sua vez, refletiam o fato de que "os planejadores urbanos não tardaram em adotar os modos de pensar e os métodos analíticos desenvolvidos pelos engenheiros no projeto de obras públicas, para, em seguida, aplicá-los ao projeto de cidades"[6].

O resultado, conforme declarou Michael Batty, foi uma disciplina que pareceu ao cidadão comum "um tanto mística" ou arcana, como eram direito ou medicina, mas que – em total contraste com a formação para essas profissões mais antigas – não era baseada em qualquer corpo teórico consistente; pelo contrário, nela "fragmentos esparsos de ciência social respaldavam o tradicional determinismo arquitetônico"[7]. Os planejadores adquiriram habilidade de síntese não através do pensamento abstrato, mas realizando tarefas concretas; para tanto, utilizaram-se primeiro da intuição criativa e, em seguida, da reflexão. Embora pudessem dispor de excertos e trechos de teorias sobre a cidade – a diferenciação sociológica da cidade segundo a escola de Chicago, a teoria dos economistas do solo sobre diferenciais da renda fundiária, os conceitos dos geógrafos sobre região natural –, estes eram empregados apenas como retalhos de conhecimento útil[8]. Na importante distinção estabelecida posteriormente por vários escritores[9], havia alguma teoria *referente ao* planejamento, mas não havia nenhuma teoria *do* planejamento. O processo como um todo era muito direto, baseado numa abordagem de tiro único: o levantamento (abordagem geddesiana) era seguido da análise (abordagem por conhecimento implícito), seguido imediatamente pelo projeto.

Na verdade, segundo o texto clássico de Abercrombie de 1933, a elaboração do plano era apenas metade da tarefa do planejador; a outra metade consistia no planejamento propriamente dito, isto é, na implementação[10]; mas em parte alguma se aludia à necessidade de algum tipo de processo de aprendizado contínuo. Também é fato que a Lei de 1947 estabelecia que os planos – bem como os levantamentos que lhes serviam de base – fossem quinquenalmente atualizados; a assunção ainda era de que o resultado fosse um plano para fixar o uso do solo. E, uma década depois, embora o texto igualmente clássico de Keeble se referisse ao processo de planejamento[11], queria com isso simplesmente mostrar a necessidade de uma hierarquia espacial de planos conexos partindo do regional para o local e de, em cada escala, fazer com que o plano fosse precedido de um levantamento. Em parte alguma se encontra qualquer discussão sobre implementação ou atualização. Portanto – salvo declarações extremamente generalizadas, como a famosa tríade de Abercrombie, "beleza, saúde e conveniência"[12] – as metas foram deixadas implícitas; o planejador as

A CIDADE DA TEORIA
planejamento e a academia

desenvolveria intuitivamente, com base nos seus próprios valores, que, por definição, eram "técnicos" e apolíticos.

Assim, no clássico sistema britânico de planejamento do uso do solo, criado em 1947 pela Lei de Planejamento da Cidade e do Campo, nenhum processo de aprendizado pela repetição foi envolvido, visto que o planejador acertaria logo de saída[13]:

> O processo, portanto, não se caracterizava, por uma realimentação explícita, como busca "centrada" no plano melhor, pois a noção de que o planejador tivesse que aprender sobre a natureza do problema entrava em conflito direto com sua assumida infalibilidade como perito, como profissional [...] Tão incontestе era a exatidão do processo que raramente ou jamais se cogitou em fazer reverificações da realidade sob forma de novos levantamentos [...] Fundada na infalibilidade do perito, essa exatidão reforçava a natureza técnica, apolítica do processo. O ambiente político era visto como totalmente passivo e até mesmo subserviente ao "parecer" dos planejadores e, na prática, era isso o que na maioria das vezes acontecia.[14]

Vivia-se, no dizer de Batty, a idade de ouro de planejamento: livre de interferência política, serenamente confiante em suas capacidades técnicas, o planejador ficava à vontade para desenvolver seu trabalho. E isso tinha a ver com o mundo exterior, com o qual lhe cumpria lidar: um mundo de modificações glacialmente vagarosas – população estagnada, depressão econômica – onde grandes intervenções do planejamento só ocorreriam raramente e por pouco tempo, como após uma grande guerra. Abercrombie, no plano que elaborou em 1948 com Herbert Jackson para os West Midlands, realmente escreveu que um dos objetivos precípuos do plano devia ser o de retardar o ritmo da transformação urbana, reduzindo assim a velocidade com que as estruturas construídas atingiam a obsolescência; a cidade ideal seria uma cidade estática, estável:

> Suponhamos [...] que se tenha decidido uma população máxima para uma cidade, chegando a isso após a consideração de todos os fatores tidos como relevantes [...] Que se haja viabilizado o espaço apropriado a todos os propósitos concebíveis à luz dos fatos presentes e da experiência e imaginação do planejador urbano.
>
> E que, em decorrência, se haja prescrito um invólucro ou cinturão verde, fora do qual os usos do solo serão aqueles que pouco tenham a ver com a população residente. O planejador urbano está agora, pela primeira vez, na

feliz posição de conhecer os limites de seu problema. É capaz de aplicar-se ao projeto do todo e das partes à luz de uma cifra básica total, previamente estabelecida para a população. O processo já será, em si, bastante difícil, mas pelo menos ele dispõe de uma cifra para começar, o que é tranquilizador.[15]

Curiosamente, o planejamento norte-americano nunca foi exatamente assim. O texto de Kent, de 1964, sobre o plano diretor urbano, embora lide com o mesmo tipo de planejamento do uso do solo, lembra seus estudantes de "direcionamentos de metas que são continuamente ajustados à medida que o tempo passa"[16]. E, porque o entendimento básico do planejador do inter-relacionamento entre forças socioeconômicas e o ambiente físico era eminentemente intuitivo e especulativo, Kent preveniu seus leitores estudantes de que:

FIG. 87: *T.J. Kent Jr. Três movimentos da teoria do planejamento na Universidade da Califórnia, Berkeley. (1) Kent, o fundador da escola, escreveu o texto clássico de 1962 sobre Plano Diretor Urbano.*

Na maioria dos casos, não é possível saber com exatidão que medidas devem ser tomadas no projeto-físico para atingir um dado objetivo social ou econômico, ou que consequências sociais ou econômicas advirão de uma dada proposta de projeto-físico. Portanto, mais que os planejadores urbanos profissionais, o conselho do município e a comissão de planejamento urbano devem fazer o juízo de valor último sobre o qual o plano é baseado.[17]

Mas até mesmo Kent estava convicto de que, a despeito disso tudo, ainda era possível ao planejador produzir algum tipo ótimo de plano para uso do solo; o problema dos objetivos foi simplesmente posto de lado.

A Revolução dos Sistemas

Era um mundo feliz aquele, quase de sonho. Mas cada vez mais, durante os anos de 1950, foi deixando de corresponder à realidade. Tudo começou a ficar fora de controle. Em todos os países industriais houve uma inesperada

A CIDADE DA TEORIA
planejamento e a academia

explosão de natalidade, a que os demógrafos reagiram com surpresa e os planejadores, com alarme; só no ritmo elas variaram de um país para o outro, e por toda a parte criaram demandas imediatas de maternidades e clínicas pediátricas, com apenas uma ligeira demora no tocante a escolas e *playgrounds*. Em cada um deles, quase simultaneamente, entrou em curso o grande *boom* econômico do pós-guerra, pressionando por novos investimentos em fábricas e escritórios. E como o *boom* trouxesse riqueza, não tardou que tais países passassem para a categoria das sociedades de alto consumo de massa, com demandas jamais antes verificadas, dirigidas para a aquisição de bens duráveis: entre estes, as aquisições mais notáveis foram de casas e automóveis, ambos ávidos de solo. Por toda a parte, o resultado – nos Estados Unidos, na Grã-Bretanha, na totalidade da Europa ocidental – foi que o ritmo de desenvolvimento e transformação urbana começou a acelerar-se quase até o superaquecimento. O velho sistema de planejamento, orientado para um mundo estático, ficou para trás.

Essas demandas, por si mesmas, forçariam a transformação do sistema; porém, quase em simultâneo, também havia transformações do lado da oferta. Em meados da década de 1950, ocorreu uma revolução intelectual em todo o conjunto dos estudos sociais urbanos e regionais, que proveu os planejadores com muito de sua bagagem intelectual emprestada. Uns poucos geógrafos e economistas industriais descobriram os trabalhos dos teóricos da localização alemães, tais como Johann Heinrich von Thünen (1826) sobre agricultura, Alfred Weber (1909) sobre indústria, Walter Christaller (1933) sobre locais centrais, e August Lösch (1940) sobre teoria geral da localização; passaram então a resumir e analisar esses trabalhos e, quando necessário, a traduzi-los[18]. Nos Estados Unidos, acadêmicos provenientes de uma grande variedade de disciplinas começaram a identificar regularidades em muitas distribuições, inclusive nas espaciais[19]. Geógrafos, começando a abraçar os princípios do positivismo lógico, sugeriam que sua matéria deixasse de preocupar-se com descrições da diferenciação pormenorizada da superfície terrestre, e começasse, ao contrário, a desenvolver hipóteses gerais sobre distribuições espaciais que pudessem, em seguida, ser rigorosamente testadas em confronto com a realidade: exatamente a mesma visão que os pioneiros alemães da teoria da localização haviam adotado. Essas ideias, junto com a literatura relevante sobre o assunto, foram sintetizadas com brilhantismo por um economista norte-americano, Walter Isard, num texto que passou imediatamente a exercer importante influência[20]. Entre 1953 e 1957, ocorreu aí uma revolução quase instantânea na geografia humana[21] e a criação, por Isard, de uma nova disciplina acadêmica que unia a nova geografia à tradição germânica da economia locacional. E, com a bênção oficial – como no importante relatório britânico de 1950 do Comitê Schuster, que recomendou maior espaço para as ciências sociais no ensino do planejamento –, a nova análise locacional passou a fazer parte dos currículos das faculdades de urbanismo[22].

No que concerne ao planejamento, as consequências foram momentosas: com apenas uma pequena defasagem, "a disciplina de planejamento físico mudou mais nos dez anos que mediaram entre 1960 e 1970 do que nos cem e possivelmente até mesmo nos mil anos anteriores"[23]. A matéria mudou de um tipo de ofício baseado no conhecimento pessoal de uma coleção rudimentar de conceitos referentes à cidade, para uma atividade aparentemente científica, na qual vastas quantidades de informação precisa eram armazenadas e processadas de maneira tal que o planejador pudesse inventar sistemas muito sensíveis de guia e controle, cujos efeitos poderiam ser monitorados e, se necessário, modificados. Mais precisamente, cidades e regiões passaram a ser vistas como sistemas complexos – na verdade, elas nada mais eram que um subconjunto particular, espacialmente estabelecido, de toda uma classe geral de sistemas –, ao passo que o planejamento era visto como um processo contínuo de controle e monitoramento desses sistemas derivados de uma ciência então nova, desenvolvida por Norbert Wiener, a cibernética[24].

Essa mudança foi baseada em dois focos diferentes: o planejamento de sistemas estava fundado na ideia de que o *objeto* do planejamento urbano era o sistema urbano ou regional, enquanto o planejamento racional dizia respeito ao *processo*. "Mas ambas as visões, tomadas em conjunto, representaram o abandono da prevalecente visão baseada em projeto do planejamento urbano."[25] Houve quatro elementos, como explica Nigel Taylor: "primeiro, uma visão essencialmente física ou morfológica da cidade foi substituída por uma visão de cidades como sistemas de atividades inter-relacionadas em um estado de fluxo quase constante"[26]. Segundo, uma visão física e estética das cidades foi substituída por uma visão socioeconômica[27]. Terceiro, isso implicou a substituição do planejamento de "estado final" por uma visão de "processo"[28]. Quarto, isso implicava habilidades "científicas": "planejamento era uma ciência, não uma arte"[29].

A Universidade de Liverpool bem cedo tornou-se pioneira, e nela Gordon Stephenson, nomeado em 1948 para substituir Willian Holford na cadeira de projeto público, fora influenciado pelo "modelo MIT", que havia conhecido como estudante nos anos de 1930, e que provia um modelo geral para a educação norte-americana em planejamento: os cursos tinham nível de pós-graduação, cobriam as ciências sociais assim como o projeto, e eram abertos a estudantes oriundos de várias áreas, visando produzir "práticos

A CIDADE DA TEORIA
planejamento e a academia

gerais em planejamento antes que especialistas em planejamento". Em sua demonstração para o Comitê Schuster, ele repetiu a visão norte-americana de que planejamento era um tema de pós-graduação. Como sua contraparte no MIT, o curso de Liverpool foi planejado para graduados bem qualificados em qualquer tema, com base em que a grande maioria dos estudantes consistiria de três classes de graduados: ciências sociais como geografia, economia e estatística; temas de projeto criativo como arquitetura, engenharia e arquitetura da paisagem; temas administrativos como artes gerais, direito e gestão imobiliária[30].

Mas em outros lugares a mudança veio excessivamente lenta. Schuster recomendou que a "preparação correta" para o planejamento fosse um curso de graduação em um dos velhos temas estabelecidos seguido por um curso de pós-graduação em planejamento, para evitar a criação de "especialistas com visão limitada". Mas, "na prática, nem o desafio intelectual, nem o padrão educacional de Schuster foi seguido". O debate sobre generalista *versus* especialista não acabou e, de fato, foi intensificado a um ponto que, em 1974, Gordon Cherry[31] se referiu a ele como a "guerra dos anos de 1960". Nem tão pouco a proposição intelectual de Schuster, visando transformar o planejamento de uma disciplina baseada em projeto para uma disciplina baseada em ciência social, foi adotada. Levou outros vinte anos para que o RTPI – Royal Town Planning Institute (Instituto Real de Planejamento Urbano) mudasse o programa, trinta anos antes de introduzir o pensamento científico-social na educação de planejamento, e, mesmo assim, não sem luta[32].

No entanto, lentamente e de má vontade, houve assim, na linguagem mais tarde empregada no célebre trabalho de Thomas Kuhn (1962), uma mudança de paradigma. Isso afetou o planejamento urbano bem como muitas outras áreas conexas do planejamento e do projeto. Em particular, suas principais aplicações iniciais – já em meados da década de 1950 – diziam respeito à defesa e ao espaço aéreo; pois esses eram os anos da guerra fria, quando os Estados Unidos se empenhavam num programa ruinoso a fim de construir novos e complexos sistemas de mísseis eletronicamente controlados. Não tardou para que, a partir desse campo, se desenvolvesse outra aplicação. Já em 1954, Robert Mitchell e Chester Rapkin – colegas de Isard na Universidade de Pennsylvania – haviam publicado um livro onde sugeriam que os padrões de tráfego urbano eram função direta e mensurável do padrão de atividades – e, portanto, dos usos do solo – que os geravam[33]. Conjugado com um trabalho anterior sobre padrões de interação espacial e utilizando, pela primeira vez, os poderes de processamento de dados do computador, isso produziu uma nova ciência do planejamento do transporte urbano que, pela primeira vez, alegava ser cientificamente capaz de predizer os futuros padrões de tráfego urbano. Primeiro aplicada no histórico estudo de 1955 sobre o transporte na área metropolitana de Detroit e mais tarde desenvolvida no estudo de 1956 para Chicago, a nova ciência logo se transformou numa metodologia padronizada, empregada em literalmente centenas de estudos semelhantes realizados primeiro nos Estados Unidos e, em seguida, no mundo todo[34].

Com uma abordagem solidamente fundamentada na engenharia, ela adotou uma sequência bem padronizada. Primeiro, fixavam-se metas e objetivos explícitos para o desempenho do sistema. Em seguida, faziam-se inventários sobre o estado real do sistema: tanto dos fluxos de tráfego quanto das atividades que a estes davam origem. Daí se extraíam modelos que procuravam estabelecer essas relações segundo uma fórmula matemática precisa. A seguir, elaboravam-se previsões sobre o estado futuro do sistema, baseadas nas relações obtidas a partir dos modelos. Disto, soluções alternativas podiam ser delineadas e avaliadas a fim de escolher uma opção preferida. Por fim, uma vez implementada, a rede passaria a ser continuamente monitorada, modificando-se o sistema quando necessário[35].

A princípio, tais relações foram encaradas como se operassem numa única direção: dadas as atividades e dados os usos do solo, daí se deduziam os padrões de tráfego. Assim, metodologia e técnicas resultantes eram parte de um novo campo, o planejamento do transporte, nascido numa das vertentes do planejamento urbano tradicional. Não tardou, contudo, que os cientistas regionais norte-americanos sugerissem uma modificação crucial: os padrões locacionais das atividades – comerciais, industriais, residenciais – sofriam, por seu turno, a influência das oportunidades de transporte disponíveis; também essas relações podiam ser precisamente modeladas e utilizadas para previsão; a relação estabelecia-se, portanto, nos dois sentidos e era mister desenvolver-se um sistema interativo de planejamento – uso do solo-transporte – para áreas inteiras, metropolitanas ou sub-regionais. Agora, pela primeira vez, a abordagem baseada na engenharia invadia o território profissional do planejador tradicional de usos do solo. Modelos de interação espacial, sobretudo o modelo Garin-Lowry – que, a partir de dados básicos sobre emprego e linhas de transporte, podia gerar um padrão resultante de atividades e usos do solo –, passaram a fazer parte do estoque de mercadorias do planejador[36]. Como se lê em um dos textos clássicos sobre sistemas:

> Nesse processo geral de planejamento, particularizamos a fim de lidar com questões mais específicas: isto é, um sistema ou subsistema específico do mundo real precisa ser representado por um sistema ou subsistema específico

conceitual dentro do sistema conceitual geral. Essa representação particular de um sistema é o que chamamos de *modelo* [...] É mediante a utilização de modelos que a alta variedade do mundo real é reduzida a um nível de variedade compatível com as limitações do ser humano.[37]

Isso envolvia mais do que um conhecimento das aplicações do computador, que, já por si mesmas, constituíam novidade suficiente para o planejador médio dos anos de 1960. Significava também um conceito de planejamento fundamentalmente diferente. Em lugar do velho plano diretor ou da abordagem em desenho, que assumia que os objetivos fossem prefixados desde o princípio, o novo conceito era de planejamento como um *processo* "por meio do qual os programas vão sendo adaptados durante a sua implementação, como e quando a entrada de nova informação exija tais mudanças"[38]. E esse processo de planejamento independia da coisa planejada[39]; como o definiu Melvin Webber, era "uma forma especial de decidir e agir" que envolvia uma série constantemente reciclada de passos lógicos: fixação de metas, previsão de mudança no mundo exterior, avaliação das cadeias de consequências advindas de rumos alternativos

FIG. 88: *Melvin M. Webber. Três movimentos da teoria de planejamento continuada em Berkeley. (2) Nos anos de 1960, Webber desenvolveu ideias radicais sobre o domínio urbano do não lugar e defendeu que o planejamento não conseguira desenvolver uma metodologia específica.*

de ação, cálculo de custos e benefícios como base para estratégias de ação, e monitoramento contínuo[40]. Essa foi a abordagem dos novos manuais britânicos de planejamento de sistemas, que começavam a surgir no fim dos anos de 1960, em estreita associação com um grupo de diplomados ingleses mais jovens[41]. Essa foi, também, a abordagem assumida por toda uma geração de estudos sub-regionais feitos na Inglaterra para áreas metropolitanas de crescimento acelerado durante aquele período heroico de crescimento e transformação, 1965-1975: Leicester-Leicestershire, Nottinghamshire-Derbyshire, Coventry-Warwickshire-Solihull, South Hampshire. Todos estavam fortemente impregnados do novo enfoque e das novas técnicas: em várias delas, os mesmos indivíduos-chave – McLoughlin, em Leicester, Batty, em Notts--Derby –, desempenharam um papel decisivo de direção ou de consultoria.

Mas a revolução foi menos completa – pelo menos nas etapas iniciais – do que seus defensores gostavam de afirmar: muitos desses planos de "sistemas" tinham distintamente um plano desenhado, visto que logo se transformaram em propostas por demais concretas para investimentos fixos, como os sistemas de vias expressas[42]. Além do mais, havia, subjacentes, algumas curiosas assunções metafísicas que os novos planejadores de sistemas partilhavam com seus antepassados do plano desenhado: o sistema de planejamento era encarado como ativo, o sistema urbano, como puramente passivo; o sistema político era visto como propício e receptivo ao parecer técnico do planejador[43]. Na prática, o planejador de sistemas estava envolvido em dois tipos de atividade muito diferentes: como cientista social, ele ou ela observava e analisava passivamente a realidade; como projetista, esse mesmo planejador atuava sobre a realidade para mudá-la – atividade inerentemente menos exata e também sujeita a objetivos que só podiam ser fixados mediante um conjunto complexo e amiúde confuso de acordos entre profissionais, políticos e público.

O cerne da questão era um paradoxo lógico: apesar das alegações dos planejadores de sistemas[44], o sistema de planejamento urbano era diferente de (digamos) um sistema de defesa militar. Neste último, para o qual a "abordagem de sistemas" fora aplicada de início e com êxito, os controles achavam-se no interior do sistema, mas aqui, era o sistema urbano-regional que ficava dentro de seu próprio sistema de controle[45]. Relacionadas com esta, existiam, porém, outras diferenças cruciais: no planejamento urbano não havia apenas um único problema e um único objetivo dominante, mas muitos, quiçá contraditórios; era difícil passar das metas gerais às metas operacionais específicas[46]; nem todas elas eram percebidas na íntegra; os sistemas a serem analisados não tinham existência evidente por si mesmos, mas precisavam ser sintetizados; a maioria dos aspectos não era determinística mas probabilística; era difícil quantificar custos e benefícios. Daí por que as reivindicações da escola de sistemas por uma objetividade científica não puderam ser de pronto atendidas. Mais e mais os membros da escola passaram a admitir que em tais sistemas "abertos" a análise sistemática necessitaria desempenhar um papel subsidiário à intuição e ao julgamento; em outras palavras, a abordagem tradicional[47]. Em 1975, Britton Harris, talvez o mais conceituado de todos os planejadores de sistemas, podia escrever que já não acreditava na otimização dos métodos como solução para os problemas mais difíceis do planejamento[48].

A Busca de um Novo Paradigma

Tudo isso, em fins da década de 1960, veio à baila num ataque que, partindo de duas direções muito diferentes, pôs o navio do planejamento de sistemas pelo menos metade fora d'água. Da direita filosófica veio uma série de estudos teóricos e empíricos realizados por cientistas políticos norte-americanos, afirmando que – pelo menos nos Estados Unidos – decisões urbanas cruciais eram tomadas dentro de uma estrutura política pluralista, na qual nenhum indivíduo ou grupo detinha o total conhecimento ou poder e na qual, por conseguinte, o processo decisório podia ser melhor descrito como um "incrementalismo desarticulado", ou, "completamente atrapalhado". A análise clássica de Meyerson e Banfield da Chicago Housing Authority concluiu que ela se empenhou em pouco planejamento real, e falhou porque não identificou de modo correto a verdadeira estrutura do poder na cidade; sua visão elitista do interesse público era totalmente oposta à visão populista dos políticos da ala que, por fim prevaleceu. Anthony Downs teorizou sobre essa estrutura, mostrando que os políticos compram votos oferecendo pacotes de programas de ação, como numa feira. Lindblom confrontou a totalidade do modelo de planejamento racional-abrangente com o que ele julgava ser o processo real de uma política de urbanização caracterizada por uma mistura de valores e análises, uma confusão de fins e meios, uma falência em analisar as alternativas e uma anulação da teoria. A análise de Altshuler sobre Minneapolis-St. Paul sugeriu que o planejador profissional não portava nenhum poder contra a máquina política que apoiava os engenheiros na construção de autoestradas contra ele, o planejador; os engenheiros venciam porque davam ênfase à perícia técnica, concentrando-se em metas limitadas, mas entrando na jogada política; a conclusão era de que os planejadores deveriam reconhecer a própria fraqueza e criar estratégias apropriadas a esse fato[49].

Todas essas análises tiveram origem no estudo da política urbana norte-americana, que, por tradição, é mais populista e mais pluralista que a maioria das de outras nações. Mesmo aí, o estudo de Rabinowitz sobre as cidades de Nova Jersey mostrou que elas variavam muito de estilo, desde a altamente fragmentada até a muito coesiva[50]; ao mesmo tempo, Etzioni, numa crítica a Lindblom, sugeriu que a história recente dos Estados Unidos mostrava vários e importantes exemplos de tomada de decisão não incremental, especialmente no campo da defesa nacional[51]. Feitas, porém, tais ressalvas, é indiscutível que aqueles estudos pelo menos sugeriram que planejar no mundo da realidade estava muito longe, de fato, do estilo frio, racional, olímpico, presente nos textos de sistemas. Melhor seria, talvez, se estivesse mais próximo; ou talvez não. O ponto incômodo era que, na prática, a democracia local demonstrou ser um negócio infinitamente mais confuso do que gostaria a teoria. Em vista disso, alguns teóricos concluíram que, se essa era a maneira de ser do planejamento, então que assim continuasse sendo: parcial, experimental, incremental, resolvendo problemas à medida que estes surgissem[52].

O fato ganhou evidência ainda maior porque – como parece acontecer com muita frequência –, nos Estados Unidos, a crítica de esquerda estava chegando a conclusões bastante semelhantes. No final da década de 1960, alimentada pelo movimento de defesa dos direitos civis e de guerra à pobreza, pelos protestos contra a Guerra do Vietnã, e pelo movimento por um *campus* aberto à livre manifestação de pensamento, era essa ala a que estava fazendo o trabalho. Subjacentes à onda geral de protestos estavam três temas-chave, que se mostraram fatais para a legitimidade dos planejadores de sistemas. Um foi uma desconfiança generalizada em relação ao planejamento do perito, feito, quase sempre, de cima para baixo – seja para problemas de paz e guerra, seja para problemas citadinos. Outro, muito mais específico, consistiu numa verdadeira paranoia em relação à abordagem por sistemas, que, em suas aplicações militares, era vista como um processo que empregava uma pseudociência e um jargão incompreensível para criar uma cortina de fumaça por trás da qual políticas eticamente reprováveis podiam ser adotadas. O terceiro foi desencadeado pelos tumultos que irromperam em várias cidades norte-americanas, começando por Paterson, New Jersey, em 1964, e terminando em Watts, Los Angeles, em 1967. Estes, ao que parece, provaram o ponto: o planejamento de sistemas nada fizera para melhorar a condição de vida nas cidades; muito pelo contrário, ao favorecer ou ao menos ser conivente com o desmembramento das comunidades do centro urbano, é bem possível que tenha contribuído para o agravamento dessas condições. Em 1967, um crítico, Richard Bolan, pode argumentar que o planejamento de sistemas era o antiquado planejamento abrangente disfarçado; ambos, de igual maneira, não levavam em consideração a realidade política[53].

A reação imediata da esquerda foi convocar os próprios planejadores para virar a mesa e praticar o planejamento de baixo para cima, tornando-se planejadores alternativos[54]. Particularmente, dessa forma iam tornar explícito o debate sobre a fixação de metas e objetivos, coisa que tanto o planejamento por projeto gráfico quanto os da abordagem por sistemas haviam evitado, em função da confortável assunção de ambos de que tal era a tarefa do planejador profissional. Os planejadores alternativos interviriam das mais variadas maneiras, nos mais diferentes grupos; diversidade deveria ser a tônica. Eles

A CIDADE DA TEORIA
planejamento e a academia

ajudariam a informar o público sobre as alternativas; forçariam as agências de planejamento público a competirem pelo subsídio; ajudariam os críticos a elaborarem planos que fossem superiores aos oficiais; compeliriam à consideração dos valores subjacentes. Resultou daí uma estrutura deveras norte-americana: democrática, localmente alicerçada, pluralista, mas também legalista, visto que fundamentada no conflito institucionalizado. Mas curiosamente, ao mesmo tempo que, num certo sentido, rebaixava o planejador, em outro, o seu poder fortalecia-se muito: cabia a ele assumir muitas das funções antes exercidas pelo funcionário eleito localmente. E, na prática, não havia uma noção muito clara de como tudo funcionaria: sobretudo de como o processo resolveria os reais conflitos de interesse que pudessem surgir dentro das comunidades, ou de como se poderia evitar o risco de, mais uma vez, os planejadores passarem a manipular a situação[55].

De qualquer forma, há mais do que uma semelhança fortuita entre o planejador como incrementalista desarticulado e o planejador alternativo, bem como entre esses dois e um terceiro modelo, descrito num trabalho de Bolan de 1967, o planejador como coordenador e catalisador informal, que, por seu turno, se dilui num quarto, o planejador probabilista, de Melvin Webber, que utiliza novos sistemas de informação para facilitar o debate e aperfeiçoar a tomada de decisão. A premissa é de que todos eles trabalham dentro de um mundo pluralista, com muitos e diferentes grupos e interesses concorrentes, onde o planejador tem, quando muito (e deveria ter muito mais), um poder e uma influência limitados; todos estão baseados, pelo menos implicitamente, na constante aceitação do positivismo lógico. Como afirmou Webber, na conclusão de seu longo artigo em duas partes escrito em 1968-1969:

> O tema central de meu argumento é que o planejamento urbano falhou em adotar o método do planejamento, preferindo, ao contrário, impor pacotes de entrada, incluindo restrições regulatórias, baseando-se em imagens de excelência definidas ideologicamente. Estou insistindo, como alternativa, que o planejamento teste o conceito de planejamento e o método do planejamento.[56]

Por sua vez, a concepção de Webber sobre planejamento – que simplesmente nega a possibilidade de um futuro estável e previsível ou de metas concordantes – fornece alguns dos fundamentos filosóficos do enfoque Neo--Humanista ou Aprendizado Social dos anos de 1970, que salientava a importância dos sistemas de aprendizado no auxílio à lida efetiva com um ambiente turbulento[57]. Finalmente, porém, esse enfoque divorciou-se do positivismo lógico, retornando a uma confiança no conhecimento pessoal estranhamente aparentada com o velho estilo de planejamento por projeto gráfico; e conforme desenvolvido por John Friedmann da Universidade da Califórnia, em Los Angeles, ele finalmente resultou numa demanda para que toda a atividade política fosse decomposta em grupos políticos de decisão por ata: um retorno às raízes anarquistas do planejamento, com grande ímpeto.

Esses diferentes enfoques divergiam, portanto, ora na ênfase de pormenores, ora de maneira mais fundamental. Todos, porém, partilhavam a crença de que – de uma forma ou de outra, dentro do sistema político norte-americano – o planejador não tinha grandes poderes, nem tampouco merecia tê-los; dentro de uma década, de 1965 e 1975, todos eles simplesmente despiram o planejador de toda e qualquer veste sacerdotal e consequente mística que ela ou ele pudessem um dia ter possuído. Inútil dizer que tal visão transmitiu-se por si mesma, poderosamente, aos próprios profissionais. Até em países com sistemas políticos mais centralizados, dirigidos de cima para baixo, como a Grã-Bretanha, jovens planejadores recém-diplomados passaram cada vez mais a ver seu papel um pouco como médicos descalços, ajudando o pobre jogado pelas ruas do centro da cidade, trabalhando ou para um governo local politicamente aceitável ou, à falta disso, para organizações comunitárias em luta contra uma autoridade politicamente reprovável.

Vários fatores históricos, somados ao trabalho demolidor executado contra o planejamento pelos teóricos norte-americanos, contribuíram para essa mudança: planejadores e políticos demoraram a descobrir o estado de privação continuada dos pobres do centro da cidade; percebeu-se então que as áreas onde essas pessoas moravam estavam sofrendo um processo de despovoamento e desindustrialização; em consequência, os planejadores progressivamente afastaram-se do ponto de vista meramente físico a fim de se aproximarem do social e do econômico. Mudança que pode ser caricaturada da seguinte maneira: em 1955, o planejador recém-formado típico debruçava-se sobre a prancheta para produzir um diagrama que tivesse a ver com usos do solo; em 1965, ela ou ele analisava os dados de saída do computador que traduziam padrões de tráfego; em 1975, a mesma pessoa ficava conversando até tarde da noite com grupos comunitários, na tentativa de prepará-los contra as forças hostis do mundo lá fora.

Produzira-se uma notável inversão de papéis. Pois o que se perdera, total ou parcialmente naquela década, fora a reivindicação a qualquer mestria única e útil, como a possuída pelo médico ou advogado. É bem verdade que o planejador ainda podia oferecer um conhecimento especializado em leis e procedimentos de planejamento, ou em como alcançar uma solução particular de

A CIDADE DA TEORIA
planejamento e a academia

projeto, embora amiúde, dada a natureza do contexto e o caráter mutável do ensino do planejamento, ela ou ele estivesse longe de possuir qualquer dessas duas habilidades no grau requerido. E isso porque, segundo começavam a afirmar alguns críticos, o planejamento se espalhara em camada tão fina sobre área tão vasta que praticamente se esvaziara de sentido; é o que reza o título do famoso escrito de Aaron Wildavsky, "If Planning is Everything, maybe it's Nothing" (Se o Planejamento É Tudo, É Provável Que Não Seja Nada)[58].

A verdade é que, como disciplina acadêmica, o planejamento teorizara sobre seu próprio papel a uma tal extensão que acabou negando sua própria reivindicação à legitimidade. O planejamento, segundo assinalou Faludi em seu texto de 1973, podia ser meramente *funcional*, caso as metas e os objetivos fossem assumidos de antemão; ou *normativo*, caso tais metas ou objetivos fossem, eles próprios, objeto de uma escolha racional[59]. O problema estava em saber se o planejamento seria realmente capaz de executar esta última tarefa. Como resultado, em meados da década de 1970, o planejamento chegara à fase de uma "crise de paradigma"[60]; teoricamente fora conveniente distinguir o processo do planejamento como algo separado da coisa planejada, embora isso tivesse significado uma negligência da teoria substantiva, empurrando-a para a periferia da matéria vista como um todo. "Necessita-se, por conseguinte, de uma nova teoria que procure servir de ponte entre as atuais estratégias do planejamento e os sistemas urbanos, físicos e sociais, aos quais estratégias são aplicadas."[61]

A Ascendência Marxista

Isso se fez sempre mais e mais evidente na década seguinte, quando os positivistas lógicos recuaram do campo de batalha intelectual e os marxistas tomaram posse. Como todos sabem, os anos de 1970 presenciaram um notável ressurgimento – sem sombra de dúvida, uma verdadeira explosão – de estudos marxistas, o que não podia deixar de afetar os mundos intimamente conexos da geografia, da sociologia, da economia e do planejamento urbanos. Na verdade, à semelhança dos primeiros economistas neoclássicos, Marx fora profundamente desinteressado nas questões de localização espacial – embora Engels tenha feito comentários esclarecedores sobre a distribuição espacial das classes na Manchester de meados da era vitoriana. Os discípulos procuravam agora, reverentemente, extrair dos textos sagrados, gota a gota, uma essência que pudesse ser utilizada no preparo da poção teórica em falta. Finalmente, em meados dos anos de 1970, a poção ficou pronta; e então veio uma enxurrada de novos trabalhos oriundos de vários lugares e diferentes disciplinas: na Inglaterra, os geógrafos David Harvey e Doreen Massey ajudaram a explicar o crescimento e a transformação urbanos em termos de circulação do capital; em Paris, Manuel Castells e Henri Lefebvre desenvolveram teorias sociologicamente embasadas[62].

Nos infindáveis debates que se seguiram entre os próprios marxistas, uma questão crítica dizia respeito ao papel desempenhado pelo Estado[63]. Na França, Lokjine e outros afirmavam que a principal e expressa preocupação do Estado era, através de estratagemas tais como planejamento macroeconômico e correlato investimento em infraestrutura, calçar e incentivar os produtivos investimentos diretos do capital privado. Castells, ao contrário, argumentava que a função principal do Estado era suprir o consumo coletivo – como no caso da habitação pública, das escolas ou do transporte de massa –, de ajudar a garantir a reprodução da força de trabalho e abafar a luta de classes, o que era essencial para a manutenção do sistema[64]. Não há dúvida de que o planejamento poderia desempenhar enorme papel nessas duas funções estatais; daí por que, em meados dos anos de 1970, os urbanistas marxistas franceses se empenhavam em importantes estudos sobre a atuação do planejamento na industrialização de áreas fabris exponenciais como Dieppe[65].

FIG. 89: *Manuel Castells. Três movimentos da teoria de planejamento continuada em Berkeley.* (3) Em 1979, Castells chegou de Paris, onde o seu Questão Urbana, *uma análise marxista sobre o papel desempenhado pelo planejamento no estado capitalista, tornara-se, da noite para o dia, um clássico internacional.*

Ao mesmo tempo, no mundo de língua inglesa, emergiu uma visão de planejamento especificamente marxista. Descrevê-la adequadamente exigiria um curso sobre teoria marxista. Contudo, em um resumo precário, ela afirma que a própria estrutura da cidade capitalista, inclusive seus usos do solo e padrões de atividade, é uma decorrência do capital em busca de lucro. E é por estar o capitalismo condenado a crises recorrentes e cada vez mais profundas na atual fase do capitalismo tardio, que o capital apela para o Estado a fim de que este o assista como seu agente, corrigindo a desorganização na produção de mercadorias e auxiliando na reprodução da força de trabalho. O Estado tenta, assim, atingir certos objetivos necessários: facilitar o acúmulo contínuo de capital, assegurando uma alocação racional de recursos; dando

A CIDADE DA TEORIA
planejamento e a academia

assistência à reprodução da força de trabalho mediante o provimento de serviços sociais, o que mantém o delicado equilíbrio entre trabalho e capital e evita a desintegração social; bem como garantindo e legitimando as relações capitalistas sociais e de propriedade. No dizer de Dear e Scott: "em suma, o planejamento é uma resposta historicamente específica e socialmente necessária às tendências autodesorganizadoras das relações sociais e de propriedade *privatizadas*, típicas do capitalismo, à medida que estas surgem no espaço urbano"[66]. Procura, sobretudo, garantir a provisão coletiva de uma infraestrutura imprescindível e de certos serviços urbanos básicos, além de reduzir externalidades negativas, mediante as quais certas atividades do capital causam perdas a outras partes do sistema[67].

Entretanto, visto que o capitalismo também deseja circunscrever o planejamento estatal tanto quanto possível, surge aí, espontânea, uma contradição: dada essa inerente inadaptação, o planejamento só consegue resolver um problema criando outro[68]. Assim, dizem os marxistas, as demolições na Paris oitocentista criaram um problema habitacional para a classe trabalhadora; o zoneamento norte-americano limitou os poderes dos industriais, impedindo-os de implantar suas fábricas nos locais mais vantajosos[69]. E o planejamento nunca pode ir além de modificar alguns parâmetros do processo de urbanização do solo; não pode mudar sua lógica intrínseca e, portanto, não pode remover a contradição entre acúmulo privado de bens e ação coletiva[70]. Mais que isso, a classe capitalista não é, de maneira alguma, homogênea; diferentes segmentos do capital podem ter interesses divergentes e até mesmo contraditórios, o que possibilita a formação de alianças complexas; daí por que as mais recentes explanações marxistas chegam a ser quase pluralistas, embora dotadas de um forte elemento estrutural[71]. Mas no processo, "quanto mais o Estado intervém no sistema urbano, maior é a probabilidade de os diferentes grupos e segmentos sociais contestarem a legitimidade de suas decisões. *A vida urbana como um todo passa a ser progressivamente invadida por controvérsias e dilemas políticos*"[72]. Por ter ignorado essa base essencial do planejamento, a teoria do planejamento tradicional não marxista – assim argumentam os comentadores marxistas – é, por definição, vazia: procura definir o que o planejamento idealmente deveria ser, livre de todo o contexto; sua função tem sido a de despolitizar o planejamento como atividade, e assim, legitimá-lo[73]. Para tanto, apresenta-se como a força que produz as várias facetas do planejamento no mundo real. Mas, na verdade, suas muitas pretensões – desenvolver conceitos abstratos que representam racionalmente processos do mundo real, legitimar sua própria atividade, explicar os processos materiais como resultantes de ideias, apresentar as metas de planejamento como decorrentes de valores partilhados por todos, e abstrair a atividade planejadora em termos de metáforas extraídas de outros campos como a engenharia – são, todas elas e a um só tempo, total e completamente injustificadas[74]. A realidade, afirmam os marxistas, é exatamente o oposto: encarada objetivamente, a teoria do planejamento nada mais é do que uma criação das forças sociais responsáveis pela existência do planejamento[75].

Aí temos, formado, um instigante e coerente corpo de crítica; sim, não há dúvida, o planejamento não pode ser simplesmente uma atividade independente autolegitimadora, como a investigação científica pode pretender ser; sim, naturalmente, o planejamento é um fenômeno que – como todos os fenômenos – representa as circunstâncias de seu tempo. No dizer de Scott e Roweis:

> há um total desajuste entre o mundo da atual teoria do planejamento de um lado e o mundo real da intervenção do planejamento prático, do outro. Um é a quintessência da ordem e da razão em comparação com o outro, cheio de desordem e irracionalidade. Os teóricos convencionais procuraram então resolver esse desajuste entre teoria e realidade, aventando a ideia de que a teoria do planejamento constitui muito menos uma tentativa de explicar o mundo como é do que como *deveria* ser. É, portanto, a própria teoria do planejamento que, ao propor-se a tarefa de racionalizar irracionalidades e procurar materializar-se em realidade social e histórica (como o Espírito do Mundo de Hegel), faz desabar sobre o mundo uma série de normas abstratas, independentes e transcendentes.[76]

Foi uma crítica contundente. Mas que deixou também, de modo bastante claro, em aberto uma questão, tanto para o infeliz planejador – de quem se arranca por completo a legitimidade, como se arrancam as dragonas do ombro de um oficial em desgraça – quanto, da mesma forma, para a crítica marxista: sobre o que versa, afinal, a teoria do planejamento? Tem ela qualquer conteúdo normativo ou prescritivo? A resposta, é lógico, parece ser não. Um dos críticos, Philip Cooke, é inflexível:

> A principal crítica que se preferiu fazer, justificavelmente, ao planejamento é de que ele vem se mantendo, com teimosia, normativo [...] afirmar-se-á, neste livro, que [os teóricos do planejamento] deveriam identificar os mecanismos que causam mudanças na natureza do planejamento a ser efetuado, ao invés de assumirem que tais mudanças sejam ou idealizações criativas de mentes individuais ou meras recorrências em eventos observáveis.[77]

Isso, pelo menos, tem consistência: a teoria do planejamento deveria evitar qualquer prescrição; deveria colocar-se inteiramente fora do processo do planejamento e procurar analisar o assunto – inclusive a teoria tradicional – pelo que é, reflexo de forças históricas. Uma década antes, Scott e Roweis pareciam estar dizendo exatamente a mesma coisa: a teoria do planejamento não pode ser normativa, não pode assumir "normas operacionais transcendentes"[78]. Mas então, eles viraram sua lógica de ponta-cabeça, dizendo que "uma teoria viável de planejamento urbano deveria não apenas dizer-nos o que é o planejamento mas também o que podemos e o que precisamos fazer como planejadores progressistas"[79]. Trata-se aqui, evidentemente, de pura retórica. Mas onde se patenteia, e muito bem, a agonia do dilema. Ou bem a teoria versa sobre o deslindamento da lógica histórica do capitalismo, ou bem versa sobre a prescrição para a ação. Visto que o planejador-teórico – embora sofisticado – jamais esperou poder desviar de mais de um milímetro ou de um milésimo de segundo o curso da evolução capitalista, a lógica parece pedir que ele se agarre firmemente à primeira e abjure da segunda. Em outras palavras, a lógica marxista é estranhamente quietista; sugere que o planejador abandone por completo o planejamento e se encerre na torre de marfim acadêmica.

Alguns estavam agudamente conscientes do dilema. John Forester tentou resolvê-lo fundamentando uma teoria completa da ação do planejamento no trabalho de Jürgen Habermas. Habermas, talvez o líder dos teóricos sociais alemães no período que se seguiu à Segunda Grande Guerra, afirmara que o capitalismo tardio justificava sua própria legitimidade tecendo à sua volta um complexo conjunto de distorções na comunicação, destinadas a ocultar e eludir qualquer compreensão racional de suas próprias atividades[80]. Assim, ele argumentou, os indivíduos tornaram-se impotentes para compreender como e por que agem, sendo, portanto, excluídos de todo o poder de influírem em suas próprias vidas,

> na medida em que são arengados, apaziguados, enganados e finalmente persuadidos de que a desigualdade, a pobreza e a saúde precária são ou problemas pelos quais a vítima é responsável ou problemas tão "políticos" e "complexos" que possivelmente eles nada podem ter a dizer sobre o assunto. Habermas afirma que política ou planejamento democráticos exigem o consentimento que brota dos processos da crítica coletiva, não do silêncio ou de uma linha de partido[81].

Mas, diz Forester, as próprias propostas de Habermas para uma ação comunicativa apontam um caminho para que os planejadores aperfeiçoem sua própria prática:

Ao reconhecer a prática do planejamento como uma ação comunicativa normativamente estruturada em seu papel, que distorce, encobre ou revela ao público perspectivas e possibilidades com que este se defronta, uma teoria crítica do planejamento ajuda-nos tanto prática quanto eticamente. Eis a contribuição da teoria crítica para o planejamento: pragmatismo com capacidade de visão – para revelar alternativas verdadeiras, corrigir falsas expectativas, opor-se ao cinismo, estimular a pesquisa, difundir a responsabilidade, o engajamento e a ação política. A prática do planejamento exercida com crítica, técnica hábil e política sensível é uma prática organizadora e democratizante.[82]

Esplêndido. O problema é que – despojada de sua base filosófica germânica, que constitui necessariamente uma simplificação excessiva de uma análise muito densa – toda essa prescrição prática surge como antiquado senso comum democrático, ou seja, nada mais nada menos que o *advocacy planning* de Davidoff de quinze anos atrás: cultivem redes comunitárias, ouçam cuidadosamente as pessoas, envolvam os grupos menos organizados, ensinem os cidadãos a participar, forneçam informação e façam com que o povo saiba como obtê-la, desenvolvam habilidades para trabalhar com grupos em situações de conflito, enfatizem a necessidade de participação, compensem pressões externas. Conforme Nigel Taylor, "pelo início dos anos de 1990, toda uma nova teoria do planejamento foi articulada em torno da ideia de planejamento como um processo de comunicação e negociação"[83]. Isso surgiu parcialmente porque os planejadores queriam descobrir uma maneira mais efetiva de fazer as coisas, e principalmente porque "esses teóricos do planejamento estavam também motivados pelo ideal de um estilo de planejamento participativo e democrático, que incorporasse todos os grupos que fossem afetados pela mudança ambiental, não apenas aqueles atores poderosos que estavam em uma posição de realizar – ou 'implementar' – grande desenvolvimento ou mudança ambiental"[84]. Verdade, se em tudo isso os planejadores pudessem sentir que haviam penetrado a máscara do capitalismo, isso talvez os auxiliasse a ajudarem outros a agir para modificar seu ambiente e suas vidas; e, dado o claro impasse filosófico do final dos anos de 1970, é bem possível que tal sólido fundamento metafísico fosse necessário.

O interessante sobre a nova ênfase era sua relação com o que veio antes. Ensinar aos planejadores que eles deveriam tentar "chegar a um acordo", trabalhando efetivamente para mediar entre grupos e interesses diferentes[85], exigia que o planejador entendesse como o sistema funciona, e, nesse sentido, tem algo em comum com a teoria radical da economia política dos anos de 1970. Mas havia uma diferença-chave: os economistas políticos não queriam fazer o sistema funcionar, mas sim auxiliar na sua substituição; a nova teoria, ao contrário, queria trabalhar com o mercado[86]. Nos anos de 1990, teóricos radicais, como Leonie Sandercock, pediam menos controle do espaço urbano para que as pessoas pudessem resolver suas próprias vidas; num estranho reflexo da lógica libertária thatcherista, eles rejeitavam o estado do bem-estar social com seus procedimentos padrão operacionais, suas cadeias verticais de comando e seus serviços padronizados[87].

Sandercock argumentou que praticamente toda a história prévia do planejamento contava uma "história oficial", a história do projeto de planejamento modernista, a representação do planejamento como a voz da razão na sociedade moderna, o transportador da missão Iluminista de progresso material por meio da racionalidade científica: "Planejamento em si é o herói real, lutando contra inimigos de esquerda e direita, assassinando os dragões da cobiça e irracionalidade e, se nem sempre triunfando, ao menos sempre nobre, sempre do lado dos anjos."[88] Essa é a história do planejamento por e através do Estado, parte de uma tradição de construção de cidade e nação. Mas, ela contrapôs, tradições de planejamento alternativo sempre existiram fora do Estado, por vezes em oposição a ele. A essas ela chamou *histórias de planejamento insurgente*, argumentando que elas "desafiavam nossa própria definição do que constitui planejamento"[89].

Em particular, essas histórias alternativas caracterizaram novos atores. Na história oficial, apenas "profissionais" eram vistos como atores relevantes. O resultado foi uma narrativa sobre as ideias e ações de homens brancos de classe média, uma vez que mulheres e pessoas de cor foram – ao longo da maior parte da história do planejamento – sistematicamente excluídos da profissão porque eles careciam de acesso ao ensino superior. E, em paralelo, a nova história de Sandercock ia contar sobre ações diferentes: não mais lideradas pelo Estado, mas aquelas "com inteiro domínio do planejamento baseado na comunidade e conduzido pela comunidade (por vezes em oposição ao do Estado) que, de forma defensável, tem uma história significativamente mais longa que aquela da profissão"[90].

Em um segundo livro, Sandercock foi além, argumentando que novas forças socioculturais – a "era da migração", uma nova política de "cidadania multicultural", a era do pós-colonialismo, uma política de reivindicação de espaço regional e urbano por povos colonizados primitivamente e indígenas, e a era das mulheres e de outras assim chamadas "minorias" – estavam se combinando para transformar cidades e planejamento[91]. Seu livro, ela defendeu, "é o primeiro a dar atenção sistemática ao desmoronamento dos pilares do planejamento modernista, e a sugerir uma saída para o impasse, uma maneira de avançar uma prática de planejamento progressista no século XXI baseada nas percepções do pensamento feminista, pós-moderno e pós-colonial"[92].

Quão justificadas eram suas pretensões, vistas mais de uma década depois? Ward, Freestone e Silver concluíram que ela tinha então – e em menor extensão ainda mantinha – uma questão importante. Mas, mesmo em 1998, trabalhadores de outras disciplinas – historiadores sociais, políticos e culturais – tinham sempre estado mais inclinados a ver o planejamento (e especialmente os planejadores) apenas como uma parte do seu tema[93]. De modo mais geral, trabalhos recentes tinham visto maior exploração de explicações alternativas à sabedoria convencional, estudos de conflito, utilização de mídia popular para suplementar fontes oficiais, e reconhecimento do "lado sombrio" do planejamento[94].

Sandercock podia – e sem dúvida iria – pretender ter ajudado a iniciar o processo. Mas havia mais dois problemas com sua tese. O primeiro, simplesmente, é que ao redefinir planejamento como algo mais, alguma coisa inteiramente diferente de qualquer coisa que tenha sido antes, ela rouba a palavra de todo o seu significado: como em *Alice no País das Maravilhas*, "quando *eu* uso uma palavra," disse Humpty Dumpty em um tom um tanto desdenhoso, "ela significa apenas o que eu quiser que ela signifique – nem mais nem menos". Isso é pós-modernismo em grau extremo. O segundo é que ao aludir de modo sombrio ao lado *noir* do planejamento – um conceito da moda na época na Universidade da Califórnia, Los Angeles, e quase inevitavelmente emprestado de Hollywood – ela consegue sugerir que todo planejamento oficial tem uma consequência secreta subliminar, e mais, que esta é sempre maligna. Em outras palavras, os interesses imobiliários praticando zoneamento excludente nos Estados Unidos dos anos de 1920 pode ser equiparado aos políticos social-democratas e planejadores profissionais na Suécia dos anos de 1960. Levado a esse nível de paranoia, naturalmente toda ação humana é, em definitivo, sem sentido e irracional. E isso reflete a influência bizarra do culto supremo dos anos de 1990: o pós-modernismo.

O Divórcio Contínuo Entre Teoria e Prática: Teoria Pós-Moderna se Afasta do Mundo Como Nós o Conhecemos[95]

Por então, a roda dos acadêmicos radicais, que podia ter sido muitíssimo ativa nas barricadas contra qualquer tipo de cooperação com "o sistema", estava ela própria em recesso intelectual. E isso tomou uma forma estranha: como que

A CIDADE DA TEORIA
planejamento e a academia

antecipando o colapso da União Soviética e das democracias populares do leste da Europa, já pelo fim dos anos de 1980, os acadêmicos estavam afastando-se cada vez mais do elevado terreno do debate socioeconômico, retirando-se para as matas enlameadas do discurso cultural. Derivando da escola de sociologia de Frankfurt dos anos de 1920, e seu exílio em Nova York nos anos de 1950 e 1960, isso nos deu a teoria da pós-modernidade, que se tornou um estranho vagão intelectual no qual quase todos podiam subir: acomodava todos os tipos de posições intelectuais, mesmo que não ficassem confortavelmente juntas, podendo mesmo ser contraditórias. Frequentemente, em escritos de teóricos franceses como Jean Baudrillard e Jean-François Lyotard, a teoria adquiria uma obscuridade proposital e profunda. Mas Anthony Giddens resumiu seus princípios fundamentais: nada pode ser conhecido com certeza; a "história" não tem teleologia, de modo que o "progresso" é impossível; com novas preocupações ecológicas e talvez novos movimentos sociais, existe uma nova agenda social e política – embora não saibamos ao certo qual seja[96]. Em parte isso acontece porque os pós-modernistas parecem pensar que a realidade não é mais muito real[97]. Está obcecada com formas de arte que refletem uma noção de realidade transitória, frágil e instável; no extremo, no trabalho de Jean Baudrillard, tudo é reduzido a um mundo de signos, no qual as distinções entre o real e o irreal desaparecem[98]. Do mesmo modo, o situacionista francês Guy Debord afirma que entramos em um mundo de "consumo alienado", no qual as pessoas estão apenas conectadas a ele por imagens criadas por outros[99].

Assim, essa *intelligentsia* radical de novo estilo engajou-se em debates intermináveis sobre a significância do pós-modernismo: na arquitetura, no cinema, na televisão, em tudo que pudesse gerar um artigo ou um trabalho para congresso. Os próprios artigos eram escritos como que por um decreto dogmático central em um estilo estranho e hermeticamente impermeável, dirigido claramente a um seleto grupo de companheiros *cognoscenti*, e caracterizados por singulares pegadinhas linguísticas privadas, como a colocação de sílabas qualificadoras entre parênteses, como em (des)estimulante ou (im)pessoal. Isso foi indubitavelmente o reflexo do surgimento no mercado de uma torrente de recém diplomados em arquitetura e em estudos de mídia para os quais essa era uma fonte única de empregos bem remunerados, sem produzir no entanto muito *insight* ou informação. E deixou à margem e em um estado de quase apoplexia alguns marxistas da velha geração, ainda politicamente comprometidos[100].

Não admira; pois o que nunca ficou muito claro sobre essa inundação de literatura foi exatamente o seu significado, mesmo como atividade intelectual, e ainda menos como projeto político: intelectualmente, o modelo bastante citado (mas talvez pouco lido) foi o do há muito falecido crítico berlinense Walter Benjamim, admirador dos *flâneurs* ou moscas-na-parede-do-café; politicamente, ascendiam no máximo a murmúrios polissilábicos sobre a desconstrução dos projetos hegemônicos do capitalismo. O problema, como Giddens muito bem apontou, era que os pós-modernistas estavam todos respondendo – em sua maneira altamente oblíqua – aos desenvolvimentos no capitalismo contemporâneo, e desse modo estavam simplesmente seguindo uma longa tradição radical[101]. Mas sua teoria carece de explicação: há uma vaga sensação de que entramos em uma nova era na qual todas as teorias prévias tornaram-se obsoletas, mas pelo fato de a nova teoria negar a meta-teoria, ela se mostra incapaz de explicar as complexas relações político-sócio-econômicas[102].

Talvez o pós-modernismo fosse apenas uma excentricidade dos anos de 1980, oriunda da frustração dos intelectuais franceses no despertar da falida revolução dos anos de 1960 e de seus temores de marginalização[103]. Tudo talvez fosse uma maneira útil de manter os diplomados desempregados longe das ruas, em salas de seminário aquecidas e bem iluminadas; mas de pouca significância além. Era um estranho mundo velho, esse do discurso urbano em meados dos anos de 1990: mas que talvez refletisse uma situação há muito familiar nos cafés da Europa continental, onde as universidades tinham uma longa tradição de produzir estudantes permanentes. Claro que ocasionalmente estes podiam surgir nas ruas engajando-se em *événements* (acontecimentos, eventos) reais; mas dessa vez não parecia haver muito de um projeto político ao qual eles pudessem agarrar-se.

E eles são deliberadamente, ou melhor, exasperadamente não espaciais: desinteressados, por inteiro, do que acontece onde e por quê. David Harvey, que – como muitos críticos – duvida que o pós-modernismo signifique muito, sugere que no campo da arquitetura e do projeto urbano ele amplamente significa uma ruptura com "os *planos* urbanos de grande escala, amplidão metropolitana, tecnologicamente racionais e eficientes, defendidos pela arquitetura moderna sem afetações [...]"[104] em favor da "Ficção, fragmentação, colagem e ecletismo, tudo isso banhado de um senso de transitoriedade e caos"[105]. Essa ruptura, para um marxista tradicional como Harvey, origina-se do regime de acumulação e do modo de regulação transformados[106], que são caracterizados por "economia vodu [...] construção e desenvolvimento de imagem política, e [...] formação de uma nova classe social"[107]. Assim, existe uma significância, embora não fique exatamente claro qual seja.

Jane Jacobs, já considerada no capítulo 9, exerce um curioso papel na tradição pós-modernista. A fé modernista na razão – que Habermas chamou de "projeto" da modernidade – e na ciência tinha suas raízes no Iluminismo

A CIDADE DA TEORIA
planejamento e a academia

do século XVIII, e o planejamento era uma parte intrínseca desse processo[108]. Então, a natureza radical da crítica de Jacobs assenta em "seu questionamento implícito sobre se em qualquer circunstância as cidades podem se tornar lugares melhores pelo planejamento racional"[109]. Finalmente, isso levou à seguinte crítica de Anthony Giddens: se alguém ia sustentar tal ponto de vista, "dificilmente poderia escrever um livro sobre isso. A única possibilidade seria repudiar completamente a atividade intelectual"[110]. E isso, naturalmente, deve servir como um veredicto sobre o pós-modernismo em geral.

No início do novo milênio, em um estudo magistral, Michael Storper revisou o desenvolvimento completo do radicalismo intelectual do final do século XX. Existe um impulso utópico, afirmou ele, por trás da ciência social radical: "temos grande dificuldade em separar nossa análise a respeito do que existe daquilo que queremos que seja"[111]. Como o marxismo saiu de moda, então o impulso utópico transferiu-se para o pós-modernismo do lado da teoria e para o multiculturalismo e a "política cultural" na prática política. O marxismo sofreu porque faltou-lhe o engenho de ligar a microanálise à macroanálise do desenvolvimento capitalista que fez tão bem[112]. Talvez por esse motivo, ou talvez por uma causa mais obscura, ocorreu uma mudança fundamental, uma "revolução cultural":

> No mundo anglo-americano, em certas ciências sociais, o radicalismo tem sido estreitamente associado com o que é conhecido como a "revolução cultural"; esta consiste em teoria e pesquisa baseadas na noção geral de que as chaves para o entendimento da sociedade contemporânea e sua transformação residem nas formas como a cultura dirige nossos comportamentos e modela o que somos capazes de conhecer a respeito do mundo. A pedra angular para a revolução cultural é que conhecimento e prática são relativistas por serem culturalmente determinados. A revolução cultural mistura de maneira variada filosofia pós-modernista, teorias culturais da sociedade e filosofia pós-estruturalista. A literatura produzida repudia expressamente o que denomina "metanarrativas". Os intelectuais associam essas ideias a certos movimentos sociais; o nexo da libertação "raça/gênero/cultura/sexualidade", bem como organizações comunitárias de todos os tipos, o ambientalismo e políticas pós-colonialistas.[113]

Storper disseca o que chama de "solipsismo intelectual da revolução cultural"[114]. Sua teoria da sociedade é baseada não nas relações entre indivíduos (como consideram os liberais) ou entre classes (como consideram os marxistas), mas nas existentes entre grupos culturalmente diferentes. Isso ajudou a iluminar muitos aspectos importantes, até então pouco explorados. Mas, como afirma Storper, muitos pós-modernistas e eruditos da revolução cultural atacam não apenas a história das sociedades modernas, mas a própria pedra angular do modernismo, o domínio da razão. De maneira radical, chegam a celebrar a diversidade pela própria diversidade. E isso, poderia ter acrescentado Storper (mas não o fez), pode levar a uma forma de fascismo intelectual. Ou no mínimo *minimorum*, a um tipo de localismo entusiasta que ou desdenha das soluções coletivas orientadas pelo Estado, ou promove a substituição do estatismo por localismo e voluntarismo. Portanto, "Descentralização de todos os tipos tem sido transformada em um bem em si mesmo e de si mesmo"[115], tornando-se "uma legitimação ideológica – talvez involuntária – do recuo do Estado de seu papel desejável nas sociedades capitalistas. E em muitos casos esse localismo ajuda e colabora com políticas reacionárias"[116].

Tudo isso teve influência no planejamento urbano: *advocacy planning* tornou-se "democracia radical", a tomada do poder pela comunidade: em ambos, "os planejadores colocaram-se não como conselheiros do príncipe, mas como conselheiros dos oprimidos"[117]. E isso torna-se um fim em si mesmo e para si mesmo, levando a antagonismos mútuos, e ironicamente relegitimando a busca de interesses de grupo para minorias étnicas[118]. Uma expressão disso, é claro, é a teoria do planejamento comunicativo, baseada na ideia de que "se grupos diferentes – todos presumivelmente com reivindicações legítimas – podem ser trazidos para a mesa de negociação, a comunicação resultante, se obtida com técnicas contemporâneas de resolução por consenso, provará de algum modo ser benéfica na identificação das melhores soluções possíveis para todos os envolvidos"[119]. Mas, como muitos planejadores hoje admitem, essas soluções podem chocar-se com interesses poderosos, e a comunicação pode não ser tão clara ou sensível como gostaríamos que fosse[120].

Quão significativas foram essas mudanças? Nigel Taylor argumenta que nenhuma delas – primeiro a substituição do projeto urbano por planejamento racional e de sistemas, nos anos de 1960, segundo o desenvolvimento do "planejamento comunicativo" desde os anos de 1970, até a "revolução cultural" em direção ao pós-modernismo nos anos de 1990 – foi uma verdadeira "mudança de paradigma". Após o primeiro, apesar da tradição do projeto ter sido marginalizada, os planejadores ainda julgavam propostas com base nela, de modo que, no Reino Unido, o *Essex Design Guide* de 1973 tinha um impacto importante na prática do planejamento; o impacto de fato era distinguir mais claramente entre os estilos de planejamento estratégico e local. A segunda mudança efetivamente polarizou duas visões: uma que insistia

A CIDADE DA TEORIA
planejamento e a academia

em que o planejador ainda possuía aptidões específicas, a outra alegando que o planejamento era essencialmente político e ideológico. O resultado mais importante dessas mudanças foi uma maior preocupação com a implementação, o que gerou a ênfase na comunicação eficaz e nas habilidades facilitadoras – embora implicando talvez que o planejador pudesse ainda professar algum grau especial de expertise. E a mudança final, no rumo do "pós-modernismo", levou os planejadores em direção a um total relativismo, uma negação de qualquer tipo de normas; expoentes como Sandercock, entretanto, abdicaram dessa postura, e aceitaram a necessidade de algum tipo de planejamento estatal[121]. Taylor afirma ser duvidoso se alguma dessas mudanças realmente significou uma transformação kuhniana nas visões do mundo[122]. As mudanças no pensamento do planejamento urbano durante um período de cinquenta anos podem ser vistas como desenvolvimento em vez de rupturas entre paradigmas incompatíveis; elas "preencheram", e assim enriqueceram, a concepção de planejamento bastante primitiva que prevaleceu nos anos do imediato pós-guerra, sofisticação em desenvolvimento conforme aprendemos mais sobre a maior complexidade dos ambientes urbanos e sobre os valores diversos de comunidades diferentes[123].

O Mundo Fora da Torre:
A Prática Foge da Teoria

Em todo caso, havia uma coisa com a qual a maior parte dessa teoria – com a exceção do planejamento comunicativo – não tinha categoricamente nada a ver, e que era o trabalho maçante do planejamento de lugares reais. Como nos anos de 1970 e 1980, mas ainda mais então, os mundos dos estudos urbanos e do planejamento urbano tinham se tornado constantemente mais dissociados. A única boa nova, talvez, foi que durante o processo os planejadores acadêmicos foram se tornando mais preocupados com questões da vida real. E em alguns campos – particularmente na análise do papel dos diferentes discursos na participação pública – eles realmente conseguiram fazer algumas tênues conexões entre os dois mundos: um pequeno mas respeitável ponto positivo.

Nesse meio tempo, se os teóricos batiam em retirada numa direção, o mesmo faziam os profissionais em outra. Aturdidos ou aborrecidos com o caráter cada vez mais escolástico do debate acadêmico, eles descambaram para um estilo de planejamento cada vez mais não teórico, irreflexivo, pragmático e até mesmo visceral. Conforme afirma Mark Tewdwr-Jones:

> planejamento foi reduzido a um processo regulatório burocrático no qual o jogo político foi minimizado nos interesses da eficiência organizacional. A "visão", o conceito que deu origem ao planejamento urbano como atividade profissional nos primeiros anos do século XX, foi perdida, em parte como consequência de decreto legislativo, uma determinação do Novo Direito de padronizar e transformar em *commodity* o planejamento como serviço público e, em parte, pela recalcitrância dos planejadores individualmente. Planejamento urbano não é mais uma atividade política e profissional; é tecnocracia excessiva, compartilhada entre os setores público e privado[124].

Os governos conservadores nos anos de 1980 e início dos anos de 1990, ao tentar eliminar o planejamento, ficaram satisfeitos em reduzi-lo a uma atividade codificada e burocratizada, o "Novo Procedimentalismo", que foi o que permaneceu. A profissão não conseguiu contestar sua imagem negativa; o Royal Town Planning Institute "podia ser acusado de uma abdicação intelectual"[125]. Em seu país de origem, o planejamento estava escorregando para a insignificância, não porque estivesse errado ou deslocado, mas por lhe faltarem os meios intelectuais para defender-se.

O que não era novidade: já em outros tempos, o planejamento estivera sob nuvens ameaçadoras, nos anos de 1950, por exemplo, mas não tardara a ver o céu, azul e limpo. O novo, o estranho, o aparentemente singular dos anos de 1980 e 1990 foi o divórcio entre teóricos da academia marxista e pós-marxista – essencialmente espectadores acadêmicos, instalados na tribuna principal para assistir ao que consideravam tanto como uma das últimas partidas do capitalismo, ou como constructos de uma realidade irreal – e o estilo antiteórico, antiestratégico, anti-intelectual dos jogadores no campo abaixo. Isso nunca acontecera na década de 1950; naquela época, os acadêmicos eram os técnicos que ficavam lá embaixo, com o time.

Claro que há exagero no quadro. Muitos acadêmicos indubitavelmente ainda tentam ensinar um planejamento voltado para a vida real. O Royal Town Planning Institute intimava-os a se tornarem cada vez mais práticos de espírito. Não é que os profissionais todos tenham fechado olhos e tapado ouvidos para tudo o que viesse da academia; alguns até para lá voltaram em busca de cursos de reciclagem. E se tudo isso foi verdade na Inglaterra, mais ainda foi nos Estados Unidos, onde o divórcio nunca foi tão evidente. Ainda assim, havia uma tendência clara e inequívoca; e, provavelmente, mais do que apenas cíclica.

A CIDADE DA TEORIA
planejamento e a academia

A razão é simples: à medida que uma formação profissional de qualquer tipo torna-se mais plenamente absorvida pela academia, à medida que seus mestres se tornam cada vez mais socializados dentro dela, à medida que as carreiras são vistas como dependentes dos julgamentos dos colegas acadêmicos, então suas normas e valores – teóricos, intelectuais, individuais – tornar-se-ão cada vez mais difundidos; e, de forma progressiva, mais larga se fará a brecha entre o ensino e a prática. Uma ilustração-chave: da enorme produção de livros e documentos saída das escolas de planejamento na década de 1980, houve muitos – amiúde, aqueles mais considerados dentro da comunidade acadêmica – que se mostraram simplesmente irrelevantes, até mesmo incompreensíveis por inteiro, para o profissional médio.

Pode-se argumentar, talvez, que a falha fosse do profissional; talvez também necessitemos da ciência fundamental, sem recompensa aparente, se mais tarde quisermos fruir de suas aplicações tecnológicas. A dificuldade, no que respeita a este último argumento, era encontrar uma prova convincente de que – não apenas aqui, mas nas ciências sociais em geral – a recompensa viesse finalmente concretizar-se. Daí a baixa estima em que, por toda a parte e não menos na Inglaterra e nos Estados Unidos, caíram as ciências sociais: daí, também, a diminuição no nível da ajuda que as subvencionava, o que repercutiu diretamente – pelo menos na Inglaterra – sobre as escolas de planejamento. O relacionamento entre o planejamento e a academia azedou, e essa é a questão primordial, não resolvida, que precisa agora ser endereçada.

A CIDADE DO EMPREENDIMENTO

11

Planejamento Virado de Ponta-Cabeça:

Baltimore, Hong Kong, Londres (1975-2000)

Não é da benevolência do açougueiro, do cervejeiro ou do padeiro que esperamos nosso jantar, mas do cuidado com que eles tratam seus próprios interesses. Dirigimo-nos não ao seu humanitarismo mas ao seu amor-próprio, e nunca lhes falamos de nossas necessidades mas de suas vantagens. Ninguém, exceto o mendigo, prefere depender da benevolência de seus concidadãos.

ADAM SMITH, *A Riqueza das Nações* (1776)

Mas atenção! O tempo para tudo isso aindu não chegou. Durante pelo menos outros cem anos, teremos que fingir, para nós mesmos e para todos, que o belo é feio e o feio, belo: pois o feio é útil, e o belo não. Avareza, usura e precaução hão de continuar divindades nossas ainda por um pouco. Pois só elas podem fazer-nos sair do túnel da necessidade econômica para a luz do dia.

JOHN MAYNARD KEYNES, "Economic Possibilities for Our Grandchildren" (*Essays in Persuasion*) (1930)

É da máxima importância, para a discussão deste livro, que o leitor tenha em mente que o planejamento contra o qual toda a nossa crítica diretamente se posiciona é apenas o planejamento que se opõe à concorrência – o planejamento que está a ser substituído por concorrência [...] Mas como na linguagem corrente "planejamento" tornou-se sinônimo do primeiro tipo de planejamento, será por vezes inevitável, a bem da brevidade, referirmo-nos a ele simplesmente como planejamento, embora isso signifique deixar para nossos opositores uma palavra ótima, merecedora de melhor sorte.

FRIEDRICH VON HAYEK, *O Caminho da Servidão* (1944)

HOUVE UM MOMENTO, NO DECORRER DA DÉCADA DE 1970, EM QUE O movimento do planejamento urbano começou a plantar bananeira e a virar do avesso; pareceu mesmo, por vezes, durante os anos de 1980, estar à beira da autodestruição. O planejamento convencional, a utilização de planos e regulamentos para guiar o uso do solo parecia cada vez mais desacreditado. Em vez disso, o planejamento deixou de regular o crescimento urbano e passou a encorajá-lo por todos os meios possíveis e imagináveis. Cidades, a nova mensagem soou em alto e bom som, eram máquinas de produzir riqueza; o primeiro e principal objetivo do planejamento devia ser o de azeitar o maquinário. O planejador ficou cada vez mais identificado com seu tradicional adversário, o empreendedor; o guarda-florestal transformava-se em caçador furtivo.

Em parte alguma isso ficou tão evidente como na Inglaterra; talvez tenha sido uma justiça poética, que a terra que deu vida ao movimento servisse também de palco a seus últimos estertores aparentes. Mas a origem de toda essa reversão está nos Estados Unidos, onde o planejamento regulamentador nunca fora realmente forte e o hábito do desenvolvimento, a tradição da livre iniciativa sempre foram predominantes.

A causa-raiz foi econômica. O planejamento convencional do uso do solo florescera no grande *boom* dos anos de 1950 e 1960, talvez o mais longo período de crescimento contínuo que a economia capitalista jamais conheceu. Isso porque servira como meio para dirigir e controlar o explosivo crescimento físico. A grande recessão das décadas de 1970 e 1980 estava destinada a mudar a natureza do problema básico percebido, com o qual o planejamento devia lidar, ameaçando, assim, sua própria legitimidade. A recessão atingiu a economia britânica com força especial, pondo a nu profundas debilidades estruturais: grande parte da base manufatureira do país desapareceu, ocasionando a perda de 2 milhões de empregos fabris só entre 1971 e 1981[1]. Uma nova geografia emergiu, com um contraste entre as áreas centrais decadentes – que agora incluíam não só velhos casos problemáticos, como Glasgow e Liverpool, mas as outrora orgulhosas sedes da manufatura, como Londres e Birmingham – e os corredores de alta tecnologia, ainda em expansão, da Inglaterra meridional[2]. Nesses lugares específicos, o planejamento convencional regulador ainda controlava o apoio político popular. Mas, em vastas áreas do país, o chamamento não era mais pelo controle e direção do crescimento, mas pela geração de atividades que por quase quaisquer meios o promovessem.

Desenvolvimento paralelo ocorreu nos Estados Unidos. Ali, também, as regiões industriais tradicionais – Nova Inglaterra, a Costa Atlântica Central e sobretudo o Centro-Oeste – foram atacadas pelo mesmo vírus da concorrência internacional, queda nos lucros e reestruturação. O cinturão fabril da nação viu-se agraciado com um novo epíteto por parte da mídia: Bacia Enferrujada. Barry Bluestone e Bennett Harrison, em seu livro dramaticamente intitulado *The Deindustrialization of America*, estimaram que, durante os anos de 1970, o efeito combinado de indústrias em fuga, fechamento de fábricas e permanentes reduções físicas pode ter custado ao país nada menos que 38 milhões de empregos. E de um total calculado de 35 milhões de empregos perdidos entre 1969 e 1976, mais da metade situava-se no chamado cinturão gelado: em outras palavras, no coração mesmo da região industrial[3].

Planejadores e seus líderes políticos urbanos foram pegos de surpresa. Haviam-se esquecido de sua história. Como dito no capítulo 5, Clarence Stein, o visionário fundador da Regional Planning Association of America e projetista de Radburn, predissera a decadência da economia urbana num notável artigo de maio de 1925, intitulado "Dinosaur Cities"[4]. Colin Clark, economista igualmente perspicaz, previra corretamente a retração geral do emprego na indústria, em seu livro *The Conditions of Economic Progress*, de 1940[5]. Nenhum deles merecera muita atenção. Seu azar foi estarem muito à frente dos colegas.

Mas havia mais que isso. Durante os anos de 1970, tanto na Inglaterra como nos Estados Unidos, os centros do pensamento neoconservador – o British Centre for Policy Studies e a American Heritage Foundation – começaram a pôr em xeque todo aquele cômodo consenso que produzira a política econômica keynesiana e a política social da providência estatal. Seguindo os primeiros argumentos dos clássicos no gênero, erigidos, então, em textos sagrados – como o trabalho de Hayek, *The Road to Serfdom* (O Caminho da Servidão), então no seu 30º ano de vida –, o planejamento tornou-se, ele próprio, parte central do pacote de políticas sob ataque. Ele havia – assim alegava a direita radical – desvirtuado e inibido a operação das forças de mercado,

A CIDADE DO EMPREENDIMENTO
planejamento virado de ponta-cabeça

FIG 90: *Liverpool. A catedral anglicana de Giles Gilbert Scott, massivamente digna, se eleva sobre ruas abandonadas.* Fonte: © Richard Baker/In Pictures/CORBIS.

forçando os industriais a fazerem escolhas de localização abaixo do ótimo, e até estrangulando a livre empresa. Foi, pelo menos em parte, responsável pelo fracasso de cidades e regiões atrasadas em gerar o aparecimento de novas indústrias que substituíssem as decadentes. O planejamento regional foi especialmente censurável, nesse aspecto; mas – apesar das ressalvas do próprio Hayek quanto ao escopo de seu ataque – o planejamento do uso do solo não escapou à censura.

As primeiras advertências, porém, chegaram muito antes dessa crítica fundamental; fizeram-se ouvir em fins da década de 1960. Nos Estados Unidos, a administração Johnson redobrou seus programas urbanos contra a pobreza após as desordens de 1964-1967. Daí resultou o Programa de Cidades-Modelo e, associado a ele, o Programa de Desenvolvimento Comunitário (capítulo 8). Por toda a parte, na Inglaterra, uma série de relatórios – Milner Holland (1965) sobre a habitação em Londres, Plowden (1967) sobre escolas primárias, Seebohm (1968) sobre serviços sociais – marcaram a redescoberta oficial da pobreza por parte do *establishment* britânico. Perspicazes comentadores acadêmicos como David Eversley – trazido da universidade para encabeçar o planejamento estratégico de Londres – começaram a alertar para o declínio ominoso da base econômica de Londres[6]. O famoso discurso de Enoch Powell, em abril de 1968, sobre o problema da tensão racial nas cidades, no qual ele lembrou as águas do Tibre tintas de sangue, provocou uma imediata e pânica resposta política por parte do então governo trabalhista de Wilson: um programa urbano que ia prestar particular ajuda a áreas com altas concentrações de imigrantes – ou, segundo o eufemismo oficial, áreas de necessidade especial[7]. Os Community Development Projects – CDP (Projetos de Desenvolvimento Comunitário) de 1969, cópia carbono do programa norte-americano, visavam despertar a consciência das comunidades carentes locais; algumas das equipes do projeto, impregnadas de uma juvenil verve marxista, entregaram-se ao trabalho com tamanho entusiasmo que acabaram indo de cabeça contra as burocracias locais e, em 1976, o experimento todo cessou abruptamente[8].

Ocorreu, no entanto, uma rara ironia histórica. A mensagem das equipes CDP proclamava que o problema – de lugares como Saltley em Birmingham, Benwell em Newcastle-upon-Tyne – era "estrutural": uma nova palavra em voga na academia entrara para o vocabulário do planejamento. Forças muito importantes na moderna economia capitalista – sobretudo a crescente concentração de capital num número cada vez menor de mãos monopolistas – estavam transferindo o controle de firmas e indústrias dos administradores locais para as salas de reunião de empresas multinacionais cada vez mais distantes. Foi essa conclusão, com sua implicação de que a solução não ia ser encontrada dentro dos limites do sistema capitalista, que tornou a mensagem tão inaceitável para a então liderança política das cidades, ou para o Ministério do Interior da Grã-Bretanha. A primeira ironia foi que, uma década mais tarde, uma nova geração de políticos nas prefeituras teria calorosamente concordado; a segunda que, mesmo antes de isso acontecer, a noção de declínio estrutural tornara-se parte do pensamento institucionalmente aceito.

O veículo foi, de certa forma, insólito. Em 1972, Peter Walker, Secretário de Estado para o Meio Ambiente na administração do partido conservador, havia indicado três das mais antigas consultorias britânicas para investigar em profundidade os problemas de três áreas centrais carentes. Publicados simultaneamente no verão de 1977, seus relatórios finais sublinharam a mesma conclusão: a privação já não era uma questão de indivíduos ou famílias caírem abaixo da linha de pobreza; ao contrário, tornara-se um caso de falência da economia urbana por inteiro[9]. O governo de então, agora trabalhista, escutou a mensagem: num Livro Branco de 1977[10], e na Lei de 1978 sobre áreas centrais,

A CIDADE DO EMPREENDIMENTO
planejamento virado de ponta-cabeça

mudou a ênfase da política da área central da cidade de modo relevante a fim de contribuir para o ressurgimento econômico. Doravante, os centros das cidades passavam a ter alta prioridade para novo desenvolvimento industrial; recursos do governo central seriam desviados das cidades novas para ajudar as cidades centrais; o programa urbano iria ser fortemente expandido; e parcerias entre o governo central e o local iam ser introduzidas para algumas das áreas mais duramente atingidas em algumas das cidades mais importantes.

A princípio, a inteira extensão da mudança passou despercebida. Burocracias existentes espanavam de programas existentes o pó que eles haviam apanhado nas gavetas. E esses programas refletiam responsabilidades e preocupações tradicionais: um centro de lazer aqui, um trecho de paisagem acolá. Mas, conforme os anos de 1970 deram lugar aos anos de 1980 e continuasse a hemorragia nas economias das áreas urbanas centrais, a ênfase mudou. Por esse tempo, quase todas as autoridades tinham escritórios de desenvolvimento econômico sob vários nomes, servidos por uma nova classe de funcionário público local[11]. Por vezes, eram planejadores os que assumiam esses cargos, já agora conscientes, porém, de que lhes cumpria reverter seus papéis tradicionais. A orientação e o controle do crescimento, preocupação tradicional do sistema de planejamento estatutário britânico desde 1947, foi repentinamente substituída pela obsessão de encorajar o crescimento a qualquer custo; o debate político passou, por conseguinte, a centrar-se em como fazer isso o melhor possível.

A Rousificação da América

A essa altura, alguns planejadores e políticos britânicos começaram a olhar para o outro lado do Atlântico. Pois a mensagem que chegava possante do outro lado no fim dos anos de 1970, era que as cidades norte-americanas haviam encontrado uma fórmula mágica. Numa típica reunião de alto nível anglo-norte-americana, o inglês sisudo projetaria *slides*, mostrando a árida desolação do centro de Liverpool; já os exuberantes norte-americanos viriam com fotos de um vibrante centro de Boston, cheio de vida, cor e excitação; mais – o que nem é preciso dizer – explosão de vendas e expansão de empregos[12]. A receita mágica para a revitalização urbana – a palavra da moda norte-americana que passou a circular nessas reuniões – parecia consistir num novo tipo de parceria criativa, expressão incessantemente utilizada pelos norte-americanos, entre o governo municipal e o setor privado, parceria que era condimentada por uma judiciosa subvenção vinda de Washington, à qual poucas amarras – se comparada à ajuda fornecida por Whitehall às cidades britânicas – eram impostas.

A questão também parecia consistir numa clara percepção de que os dias da economia manufatureira urbana haviam findado, e que o sucesso estava em encontrar e criar um novo papel no setor de serviços para a cidade central. Entediados moradores do subúrbio viriam em massa até uma cidade restaurada que lhes oferecesse uma qualidade de vida que eles jamais poderiam encontrar em um shopping. *Yuppies*, ou jovens profissionais urbanos – a palavra começou a circular no início dos anos de 1980 –, elitizariam as degradadas áreas residenciais vitorianas próximas do centro e injetariam seus dólares em butiques, bares e restaurantes restaurados. Por fim, a cidade restaurada tornar-se-ia efetivamente importante atração para turistas, provendo a cidade de uma nova base econômica.

O conceito de centros comerciais e de lazer começou já em 1964 com a Ghirardelli Square de São Francisco, uma velha fábrica de chocolate – convenientemente localizada perto do popular Fisherman's Wharf (Cais dos Pescadores) – que se tornou uma sucessão de pequenas lojas, restaurantes e vendedores de artesanato ao redor de um grande espaço aberto onde as pessoas podem se deter e passear, e *performers* podem se apresentar. Em 1976, por iniciativa de James Rouse, o Faneuil Hall em Boston, compreendendo três armazéns históricos próximos ao centro de Boston, tornou-se a quinta-essência dos centros comerciais e de lazer – e de fato deu origem ao título. Um destino atraente para os trabalhadores de escritório durante seu horário de almoço e para os muitos turistas de Boston, seu sucesso rapidamente levou a imitações em Baltimore, St. Louis, Milwaukee e Minneapolis. O segredo estava em novos tipos de loja para novos mercados: pequenas lojas de donos locais vendendo itens especiais incomuns e não cadeias de lojas nacionais; comida e entretenimento como âncoras ao invés de grandes lojas de departamento; servindo um mercado especializado de adultos jovens, bem-educados, prósperos, tanto turistas como locais[13].

Essa era a fórmula que já havia ressuscitado a orla marítima de Boston e que estava justamente então transformando o Inner Harbor (Porto Central) de Baltimore – os dois grandes exemplos patentes de revitalização urbana em sua primeira fase. Visto mais de perto, o fato, naturalmente, era mais complexo. Ambas as cidades, que começaram a experimentar o declínio urbano já nos anos de 1950, estavam trabalhando sobre o problema desde essa época – duas décadas antes de suas equivalentes britânicas. Ambas, na década de 1960,

A CIDADE DO EMPREENDIMENTO
planejamento virado de ponta-cabeça

haviam primeiro caminhado para desenvolvimento bastante convencional voltado a sedes de empresas: de certo modo, uma fórmula mais fácil para elas do que para suas equivalentes britânicas, visto que ambas eram centros comerciais estabelecidos de longa data, e Boston abrigava precipuamente instituições financeiras. Ambas haviam, em seguida, mourejado nas grandes reurbanizações costeiras das suas áreas de porto centrais degradadas, envolvendo a combinação então recente de edifícios restaurados – armazém e mercado – lojas, bares, restaurantes e hotéis, e a restauração de áreas residenciais antigas.

E, em ambas as cidades, o agente-chave em ação foi o mesmo. James Rouse já era célebre, em fins dos anos de 1960, como um empreendedor de Baltimore que construíra Colúmbia, uma das mais ambiciosas cidades novas construídas pela iniciativa privada nos Estados Unidos da época. Através de sua liderança no Comitê para a Grande Baltimore, um grupo financeiro de elite organizado em 1956 vira-se igualmente envolvido na revitalização do centro de Baltimore desde sua fase inicial: os 13,2 hectares (33 acres) do Charles Center, complexo de escritórios, lojas, hotéis e apartamentos residenciais, desenvolvido a partir de fins dos anos de 1950. Curiosamente esse projeto desenvolveu-se sob a legislação de remodelação urbana de 1949 e 1954, e em quase todos os aspectos seguiu o modelo fixado por Pittsburgh e Filadélfia (capítulo 7): uma nova e radical elite financeira tomava efetivamente posse da cidade, liderando uma coalizão pró-crescimento que habilmente dispunha o apoio público e combinava fundos federais e privados para promover uma reurbanização comercial em grande escala[14].

Não havia nada de muito novo no fato; dúzias de cidades estavam fazendo ou tentando fazer o mesmo. Mas o papel desempenhado por Rouse no Inner Harbor de Baltimore e nos esquemas equivalentes de Quincy Market e Boston Waterfront (Orla Marítima de Boston) assinalou algo diferente. Estes esquemas eram maiores – 100 hectares (250 acres) em Baltimore – e incorporaram uma nova combinação de atividades: recreação, cultura, compras, habitação para diferentes rendas. Basearam-se, também, no então novo conceito de reutilização adaptável: recuperação e reciclagem de estruturas físicas antigas para novos usos[15]. Envolveram um desempenho público relativamente muito maior e um maior comprometimento federal: 180 milhões de dólares no caso de Baltimore contra 58 milhões do município e apenas 22 milhões do setor privado. Assim, a subvenção federal, conjugada com uma nova visão de investimento em empreendimento especulativo por parte do setor público, e a cooperação entre os empreendedores do setor público e privado foram elementos críticos da nova fórmula[16]. É significativo que em ambas as cidades tenham sido levados a termo por sagazes e bem estabelecidos prefeitos do partido democrata, que mantinham boas relações com os bairros – Kevin White em Boston, William Donald Schaefer em Baltimore.

As urbanizações resultantes têm muito em comum com a de Covent Garden de Londres que estava sendo reciclado por essa mesma época (capítulo 7). Suas bases são despudoradamente turísticas: Baltimore atrai 22 milhões de visitantes por ano, 7 milhões dos quais são turistas, cifra comparável à da Disneylândia. E isso fornece uma pista importante para a natureza revolucionária de tais urbanizações:

> o processo de criar locais de sucesso só incidentalmente tem algo a ver com desenvolvimento imobiliário. Assemelha-se muito mais à direção de um teatro, com atrações em substituição contínua a fim de chamar público e mantê-lo entretido na sala de espetáculo. Não admira que talvez o mais prestigioso modelo deles todos, os 11.200 hectares (28 mil acres) do Walt Disney World na Flórida, seja dirigido por uma companhia dotada de departamentos relacionados com "Imaginação e Engenharia" e "Atrações". Não me parece que agrimensores e planejadores tenham as qualidades necessárias para criar grandes teatros, embora possam ser utilíssimos como atores ou dramaturgos[17].

A rousificação de Boston e Baltimore – um processo a ser repetido numa série de cidades industriais norte-americanas mais antigas – envolveu, portanto, a criação deliberada da cidade-como-palco. Como o teatro, ela parece a vida real mas não é vida urbana como ela sempre, de fato, fora: o modelo é a mostra Main Street America (Avenida América), que dá as boas-vindas aos visitantes na Disneylândia californiana, saneada para sua proteção (como diz a frase), salubre, segura, e com sete oitavos do tamanho real. A seu redor, as ruas encantadoramente restauradas – todas yuppificadas por uma injeção maciça de fundos do Departamento de Desenvolvimento Habitacional e Urbano (Housing and Urban Development) – têm exatamente a mesma qualidade: procuram parecer um trecho de filme de Disney com sua América urbana imaginária, cometendo, porém, a incongruência de serem reais.

Mas, apesar dos sucessos iniciais, logo tornou-se evidente que o centro comercial e de lazer funcionava bem apenas em um tipo especial de cidade com uma grande população regional para servir de base ao visitante, uma orla histórica, armazéns e/ou área industrial a uma distância curta do centro, e uma forte base turística. Muitas cidades de tamanho médio, com um apelo turístico apenas modesto – Flint, Michigan; Norfolk, Virginia; Toledo, Ohio –, experimentaram desapontamento. Mesmo em lugares onde funcionou, podia acontecer super-saturação – como em Minneapolis-Saint Paul,

A CIDADE DO EMPREENDIMENTO
planejamento virado de ponta-cabeça

FIG. 91: *Boston, Quincy Market.* Fonte: *Peter Hall.*

FIG. 92: *Baltimore, o Porto Central. Dois exemplos de recuperação da área central de cidades norte-americanas através da parceria de investimentos públicos e privados, obtidos ambos com a intermediação da Rouse Corporation: "Rousificação" é a palavra que passa a integrar o vocabulário do planejador.*

que teve não menos que cinco no final dos anos de 1980. Então, invariavelmente, o caráter especial das primeiras praças de mercado tornou-se muito mais banal. Como um observador comentou, "se cada cidade nos Estados Unidos deseja um mercado festivo porque é um recurso único e atraente, é bastante natural imaginar o que exatamente é único sobre um conceito que tem sido repetido de novo e de novo"[18].

O mesmo destino vitimou calçadões de pedestres – ruas externas de pedestres que apareceram nos centros urbanos dos Estados Unidos como uma contra resposta direta aos primeiros centros de compra suburbanos. Tentado primeiro em Kalamazoo (Michigan) em 1959, foi seguido por mais de duzentas cidades norte-americanas, a maior parte durante os anos de 1960 e início dos anos de 1970. Mais de três décadas depois, tornou-se claro que eles funcionam apenas junto ao coração comercial e financeiro de grandes cidades (Denver, Boston, Portland, Minneapolis) ou em cidades universitárias com trânsito denso de pedestres (Boulder, Colorado; Burlington, Vermont; Madison, Wiscosin). A maioria falhou em rejuvenescer o comércio varejista do centro, e bem poucos novos (exceto o bem-conceituado 16th Street Mall, em Denver) têm sido construídos desde o final dos anos de 1970; de fato, vários lugares – New London, Connecticut; Providence, Rhode Island; Norfolk, Virginia; Saint Cloud, Minnesota – desistiram e colocaram o tráfego de volta[19].

De qualquer modo, Boston e Baltimore pareciam cada vez mais interessantes. Pois, por todo o mundo ocidental avançado, antigas áreas de docas tornavam-se um foco importante, talvez o principal, de recuperação urbana em grande escala. Durante os anos de 1970, em cidade após cidade, essas áreas passaram repentinamente da prosperidade ao abandono, vítimas de uma complexa conjunção de recessão econômica global, mudança técnica (uso de *containers*) e alteração nos padrões mundiais de comércio. Durante os anos de 1980, essas mesmas áreas passaram por uma revitalização intensiva para escritórios, varejo, moradia, entretenimento, cultura e lazer. Algumas – o Porto Central de Baltimore, a área das docas de Londres (Docklands) – tornaram-se pontos quase obrigatórios de qualquer circuito turístico internacional para planejadores urbanos. A reurbanização de quase todas elas mostra uma notável parceria entre os setores público e privado, envolvendo às vezes a administração da cidade, outras uma empresa de urbanização, ou uma forma híbrida[20].

A CIDADE DO EMPREENDIMENTO
planejamento virado de ponta-cabeça

O Grande Debate da Zona
de Empreendimento

1. Nesse tema, um conceito particular veio a desempenhar papel jamais imaginado por seu autor. Em discurso proferido no congresso do Royal Town Planning Institute realizado em Chester, 1977, Peter Hall – coautor do iconoclasta Manifesto do Não-Plano, em 1970 (capítulo 8) – abordou o problema emergente do declínio urbano: "As áreas urbanas de maior porte têm visto seu crescimento fazer-se mais lento, parar e, em seguida, reverter, perdendo população e empregos." Examinando as possíveis maneiras de reconstruir as bases econômicas dessas cidades, chegou à conclusão de que "nenhuma receita pode realmente operar milagres em certas áreas". Aqui, sugeriu,

> o melhor pode ser o inimigo do bom. Se realmente quisermos socorrer as áreas centrais e as cidades em geral, talvez tenhamos que usar remédios altamente heterodoxos: [...] um possível remédio extremo, a que eu daria o nome de solução Porto Livre. Áreas do centro da cidade, pequenas e seletas, seriam simplesmente abertas a todo tipo de empreendimento, com um mínimo de controle. Em outras palavras, nosso objetivo seria recriar a Hong Kong dos anos 50 e 60 dentro do centro de Liverpool ou de Glasgow[21].

Isso envolveria três elementos. Cada área estaria completamente aberta à imigração de empreendedores e capital – significando nenhum controle de imigração. "Basear-se-ia simplesmente em despudorada livre iniciativa"; a burocracia seria "reduzida ao mínimo absoluto". E a moradia seria uma opção, visto que a área situar-se-ia efetivamente fora da legislação normal e dos controles do Reino Unido. Hall concluiu: "Uma área dessas de maneira alguma se coadunaria com as modernas convenções britânicas do Estado de bem-estar social. Mas poderia ser economicamente vigorosa, no modelo de Hong Kong. Já que ela representaria uma solução de última instância extremamente drástica para os problemas urbanos, só poderia ser experimentada em escala muito pequena." Terminou com uma negação que, no caso, se provou irônica:

> Não espero ver o governo britânico trabalhando nessa solução de imediato e faço questão de acentuar que não a estou recomendando como solução para os nossos males urbanos. Digo que é um modelo, e modelo extremo, de uma solução possível.[22]

De certa maneira, segundo revelaram análises posteriores e mais detidas, sua evocação de Hong Kong foi estranha, pois em termos da campanha de Turner contra as burocracias do sistema habitacional do Terceiro Mundo, Hong Kong era um insigne exemplo de ultraconservadorismo: ao longo das décadas de 1960 e 1970, ao contrário de sua imagem mítica no mundo externo, Hong Kong mantivera aquele que foi, em termos relativos, o maior programa de habitação pública do mundo não comunista[23]. Jonathan Schiffer ia, mais tarde, sugerir engenhosa explicação: ao manter os custos da produção maciça de moradias dentro de um mínimo garantido, o programa reprimia consideravelmente as demandas por aumentos salariais, mantendo o custo da mão de obra em Hong Kong entre os mais baixos do mundo desenvolvido[24]. Além disso, embora pelos padrões britânicos convencionais Hong Kong não tivesse um sistema de planejamento de uso do solo muito restritivo ou abrangente no estilo inglês[25], pelos padrões de muitos países em desenvolvimento, havia uma boa dose de planejamento intervencionista. Hall, contudo, pôde defender seu argumento básico: embora indiretamente subsidiada dessa e de outras maneiras, Hong Kong demonstrou ser um dos exemplos mundialmente mais bem-sucedidos de como atuar agilmente dentro de novas linhas empresariais consentâneas com a situação do mercado mundial, graças, sobretudo, à extraordinária capacidade de adaptação de seu setor dominante, a pequena empresa[26].

Isso tudo fazia parte, porém, de um obscuro debate acadêmico. O curioso é que, apesar do total ceticismo de Hall quanto às possibilidades de ação, sua espera não foi longa. Em 1980, o novo governo conservador da Inglaterra apresentou uma provisão em favor das zonas de empreendimento e o Chanceler do Tesouro citou especificamente Peter Hall como autor do esquema. Durante os anos de 1980 e 1981, foram designadas quinze zonas – uma das quais, a Isle of Dogs, no coração das Docklands londrinas. O conceito na sua totalidade bem como o infeliz autor viram-se devidamente atacados por acadêmicos radicais de ambos os lados do Atlântico[27].

Na prática, como foi colocado no orçamento de Howe de 1980, tornou-se muito mais prosaico: os benefícios foram baseados em subsídio financeiro direto em vez de desregulamentação. As companhias que se mudassem para a zona de empreendimento podiam receber cem% de provisão de capital e diminuição na avaliação dos edifícios industriais e comerciais, bem como isenção do imposto territorial urbano e de muitas das restrições no planejamento usual e outras regulamentares. O investimento privado, como se viu posteriormente, foi atraído para as zonas principalmente pelo subsídio do Tesouro na forma de provisão de capital e isenção de impostos, que atingiram

A CIDADE DO EMPREENDIMENTO
planejamento virado de ponta-cabeça

o montante de mais de 150 milhões de libras em 1985[28]. A maioria dos outros elementos – livre migração da mão de obra, incentivo aos empreendedores imigrantes, total liberdade em relação à legislação central – simplesmente primaram pela ausência: exemplo particularmente pungente de que, sobretudo na Inglaterra, ideias radicais só são incorporadas pelo *establishment* para serem saneadas e assim se tornarem completamente inofensivas. O que faltou sobretudo, apesar do título, foi um mecanismo que encorajasse a inovação, no sentido enunciado por Joseph Schumpeter, como um meio de fornecer tradições industriais alternativas a áreas onde a base industrial tradicional houvesse desaparecido[29].

Uma boa questão sobre as Zonas de Empreendimento é que o governo pagou para que fossem avaliadas de maneira independente. A análise definitiva, em 1987, concluiu que no período de fevereiro de 1981 a junho de 1985, as 23 zonas tiveram um custo estimado de cerca de £ 297 milhões. Essa quantia atraíra pouco mais que 2.800 firmas, empregando cerca de 63.300 pessoas. Mas cerca de 23% delas estavam ali anteriormente; 37% eram transferências; 14% eram filiais; apenas pouco mais de 25% eram empresas novas. E das transferências, 58% vieram da área imediatamente no entorno da zona, e 80% da própria região. Os consultores verificaram também que somente cerca de 35 mil dos 63.300 empregos foram resultado direto da política de Zonas de Empreendimento; a maioria deles foi resultado de transferências de local, mas alguns novos surgiram. Deduzindo as perdas que ocorreram nas áreas imediatamente externas à zona, e somando os benefícios indiretos a essas áreas (tais como empregos correlatos e na construção), os consultores concluíram que a criação de empregos líquida total na zona de empreendimento e na área próxima chegou a pouco menos de 13 mil. Cada um desses empregos custou £ 8.500; o custo de cada emprego adicional na área local expandida (incluindo as Zonas de Empreendimento) ficou entre £ 23 mil e £ 30 mil[30].

Três em quatro companhias da Zona de Empreendimento consideraram-se beneficiadas ao ingressarem nela, sendo a isenção de impostos o mais importante incentivo para pelo menos 94% delas. O efeito do afrouxamento dos controles de planejamento foi difícil de avaliar porque muitas autoridades planejadoras já eram donas da terra e tinham procurado manter um padrão geral de uso do solo, enquanto removiam as restrições onde fosse possível[31].

A Batalha em Defesa das Docklands[32]

Isso tudo foi de grande importância para o debate na Inglaterra, debate esse que, como era inevitável, dada a escala e a natureza do problema, tornou-se politizado. De fato, no fim dos anos de 1970, em todas as grandes cidades britânicas, manifestava-se um novo fenômeno: enormes extensões de terra devoluta ou semidevoluta, marcadas pelas sombrias ruínas de fábricas ou de armazéns abandonados, aguardavam por reurbanização. Via de regra, a maioria dessas terras era de propriedade pública ou semipública; pertenciam ou às municipalidades locais, que as haviam adquirido para esquemas de construção viária ou habitacional, agora ameaçados por cortes nos gastos (ou, no caso dos esquemas viários, por oposição popular), ou a corporações públicas, como as autoridades das Docas, a British Gas ou a British Rail, que haviam transferido suas operações para outros locais.

O caso mais espetacular foi, sem dúvida, o das Docklands, de Londres: um espaço enorme, com perto de 20 km², que começava na própria borda da famosa área de 2,5 km² da City de Londres e alongava-se perto de 13 km² rio abaixo, de ambos os lados do Tâmisa. Não havia, com certeza, em lugar algum do mundo um contraste tão notável quanto o existente entre os 2,5 km² do Centro Financeiro de Londres (City) e as Docklands londrinas a partir da Tower Bridge ao lado. As duas áreas haviam crescido juntas: transações comerciais no porto deram origem ao comércio na City, tornando-a um "painel de comando central" da economia mundial, nas palavras de Anthony King: a primeira verdadeira cidade global[33]. Mas então, a situação de ambas havia divergido espetacularmente.

As docas desenvolveram-se durante o século XIX e princípio do século XX, à medida que o aumento do comércio veio causar um congestionamento maciço no rio abaixo da Ponte de Londres: a primeira delas, a Doca West India, foi aberta em 1802-1806, a última, a Doca George V, em 1921[34]. Nessa época, Londres era o porto mais movimentado do mundo em termos de valores e volume de comércio, e no entorno dele cresceram indústrias – principalmente indústrias poluentes, localizadas fora dos limites do velho London County Council, como a gigante Beckton Gas Works. Era trabalho pesado braçal, grande parte do qual informal por natureza, resultando em maciças comunidades operárias no entorno; as relações de trabalho eram enormemente ruins, e os trabalhadores politicamente muito ativos[35].

A informalidade nas docas terminou em 1967; no mesmo ano, ironicamente, a Doca East India fechou seus portões[36]. A partir daí, as docas foram

A CIDADE DO EMPREENDIMENTO
planejamento virado de ponta-cabeça

fechadas ainda mais rápido do que foram abertas. O último grupo – as Docas Royal, que chegaram a atender cem navios em um só dia – fechou em 1981[37]. O uso de *containers* foi a causa básica, favorecendo os portos em estuários próximos ao mar como Harwich e Felixstowe, onde o custo da mão de obra era muito mais baixo, ou o Porto de Londres – base Tilbury, 32 km a jusante, totalmente fora de Londres. Dos 30 mil trabalhadores das docas de Londres, apenas três mil ficaram para operar 50 milhões de toneladas de produtos por ano em Tilbury[38]. Coroando tudo, as fábricas de gás em Beckton, e logo depois em Greenwich, fecharam; as indústrias com base no porto começaram a diminuir. Em 1981, o desemprego nas Docklands atingiu 18,6%[39].

Tudo isso tomou os planejadores de surpresa. Muito rápido, com o fechamento das velhas docas centrais, os 2 mil hectares (5 mil acres) de terreno das Docklands subitamente emergiram como a maior oportunidade de urbanização desde o Grande Incêndio de 1666. Mas as comunidades locais permaneceram altamente desconfiadas. Dois grupos, o Docklands Forum (Fórum das Docklands) e o Joint Dockland Action Group (Grupo de Ação Reunido das Docklands), emergiram em meados da década de 1970 como porta-vozes semioficiais dos interesses da comunidade local[40]. Quando um governo conservador autorizou um relatório dos consultores Travers Morgan, em 1973, estabelecendo cinco alternativas futuras – uma baseada no caráter tradicional da área, as outras representando abordagens radicalmente novas –, este foi ferozmente atacado tanto por grupos da comunidade local como pelos distritos locais, e foi abandonado por um novo ministro; logo depois, o Partido Trabalhista voltou ao poder em Whitehall[41].

Ora, em meados dos anos de 1970, todo o conceito de grande escala, de abordagem de cima para baixo, de planejamento tecnicamente orientado, foi substituído pelo seu extremo oposto: planejamento de baixo para cima por meio de grupos comunitários, nos quais o planejador devia servir o público. Isso propiciou um delicado, experimental e negociado estilo de planejamento realizado por meio de duas associações – Docklands Joint Committee (DJC) (Comissão Mista das Docklands) e Docklands Forum (Fórum das Docklands) – representando a população, principalmente os grupos comunitários militantes[42]. O resultado foi o London Docklands Strategic Plan (Plano Estratégico para as Docklands de Londres), de 1976, com o objetivo de preservar e reforçar o *status quo* – assumindo, é claro, que houvesse um *status quo* a ser preservado[43]. A reação geral, como coloca Grant Ledgerwood, foi de "melancólica perplexidade". *The Times* comentou: "A peculiar abordagem do assunto pelo East End é paradoxal – 'Queremos o que quer que as outras partes de Londres tenham, e ficar como estamos.'"[44]

Mas em 1977 houve uma grande crise financeira e o dinheiro do governo tornou-se indisponível; quando os recursos reapareceram, em 1978, o país preparava-se para uma eleição geral[45]. De qualquer modo, a Lei das áreas Centrais (Inner Areas Act) de 1978 não provia fundos para compra de terras, o que era crucial. A Docklands Joint Committee praticamente não conseguiu nada, e, enquanto isso, a economia local entrava em colapso. Conforme mostrou Nicholas Falk, as comunidades locais estavam presas a uma fantasia de sua própria autoria[46].

Em maio de 1979, Margaret Thatcher nomeou Michael Heseltine Secretário de Estado para o Meio-Ambiente. Ele lembrou o voo sobre as Docklands em 1973:

> pressionando de perto contra o clamor da milha quadrada da City estendem-se o vazio e a desesperança de centenas de acres de docas, desembarcadouros e armazéns desertos [...] Houve todo tipo de comissões, relatórios, discussões, mas abaixo de mim estende-se essa prova terrível de que ninguém estava fazendo nada de efetivo [...] Todos estavam envolvidos. Ninguém era responsável[47].

Ele solicitou imediatamente ao Secretário Permanente do Departamento de Meio Ambiente, *sir* John Garlick, que elaborasse uma legislação. A Lei do Governo Local de Planejamento e Solo (Local Government, Planning and Land Act) de 1980 devidamente criou poderes para estabelecer zonas de empreendimento (Enterprise Zones – EZS) e corporações para o desenvolvimento urbano (Urban Development Corporations –UDCS)[48].

As UDCS, como Heseltine admitiu abertamente, seguiram o modelo das bem-sucedidas corporações para as cidades novas (New Town), uma iniciativa de 1946 do governo trabalhista; a intenção, segundo suas próprias palavras, era "criar cidades novas em velhas cidades"[49]. Mas havia diferenças significativas. A mais importante foi que as UDCS substituíram as autoridades locais por autoridades de controle do desenvolvimento, e receberam poderes para ter terra "investida" por elas sem apelação. O *Daily Telegraph* corretamente observou em 1987 que "a Corporação [...] é mais um conceito socialista do que filha da administração Tory"[50]. O conceito essencial era norte-americano: alavancagem. O investimento público, dando o pontapé inicial no processo, junto com os novos poderes, criariam as condições certas para atrair um volume muito maior de fundos privados[51]. Heseltine foi muito específico sobre passar por cima dos planejadores locais:

> Tiramos seus poderes porque estavam fazendo muita trapalhada. Eles entenderam tudo errado. Possuíam comissões consultivas, comissões de

A CIDADE DO EMPREENDIMENTO
planejamento virado de ponta-cabeça

planejamento, comissões de articulação e mesmo comissões de discussão – mas nada aconteceu [...] As UDCs fazem coisas. Mais especificamente, elas podem ser vistas fazendo coisas e estão livres dos atrasos inevitáveis inerentes ao processo democrático.[52]

Para tocar a LDDC (London Docklands Development Corporation), Heseltine escolheu para presidente Nigel Broackes, que já era presidente da Trafalgar House, homem de negócios e especialista em propriedade, e Reginald Ward, veterano administrador do governo local, como CEO. A LDDC propositalmente planejou pouco; usou consultores para preparar amplas estruturas de urbanização, que serviam como orientação, mas eram completamente flexíveis e principalmente funcionavam sob demanda. Os distritos trataram suas feridas e Southwark tentou mesmo preparar seu próprio plano antes que fosse invalidado judicialmente; os grupos comunitários nem mesmo concordavam entre si[53].

Subjacente a esses conflitos havia diferentes círculos eleitorais, conforme mostra a análise de Richard Batley: como Heseltine enfatizara desde o início, os distritos serviam às suas comunidades locais, e a LDDC ao interesse nacional no desenvolvimento futuro[54]. Ao longo da década, a LDDC desenvolveu relações muito diferentes com os diversos distritos; relações não cooperativas e de confronto, no caso de Southwark, da "nova esquerda urbana", e cooperativas com Tower Hamlets, negociadoras de acordos comerciais com Newham[55].

No fim dos anos de 1980, tudo estava terminado; Thatcher vencera. Até março de 1991, a LDDC tinha adquirido 843,6 hectares (2109 acres) (40% da área total das Docklands, 20% disso sendo água): 160,4 hectares (401 acres) deviam permanecer como água, 193,2 hectares (483 acres) seriam reservados para infraestrutura, 490 hectares (1225 acres) para urbanização, dos quais 264,4 hectares (661 acres) tinham sido vendidos para o setor privado até 1990, e 225,6 hectares (564 acres) – principalmente as docas Royals – estavam sendo recuperados ou aguardando urbanização[56]. A LDDC beneficiou-se de um enorme aumento nos preços da terra decorrente de suas próprias atividades: na Zona de Empreendimento os preços aumentaram de £80 mil/acre (£198 mil/hectare), em 1981, para £4 milhões/acre (£10 milhões/hectare) em 1988, momento em que os preços das áreas residenciais eram comparáveis aos das áreas na beira do rio do oeste de Londres. As vendas pagaram as principais obras de infraestrutura, tal como o ramal da DLR (Docklands Light Railway) para Beckton. Em resumo, de 1981 a 1989, a LDDC despendeu £790 milhões, sendo 16% em aquisição de terras, 17% em obras, 11% em recuperação de terras e 21% em transporte[57].

O transporte foi um problema à parte, muito maior do que fora previsto no início. A primeira fase da Docklands Light Railway, que ia de Docklands

Gateway a Tower Gardens e Stratford, abriu em 1987, tendo custado £77 milhões, um preço barato, mas o ramal para Beckton ficou em £276 milhões e o ramal para Bank mais a reconstrução da estação de Canary Wharf, em £282 milhões. A primeira fase fez os valores da terra aumentarem muito, mas foi totalmente insuficiente para a escala resultante da atividade, vindo a requerer uma cara reconstrução; em 1989, o sistema falhava em média dez vezes por mês. Naquele ano foi feito um acordo para estender a existente linha Jubilee para as Docklands, com os empreendedores Olympia & York bancando um terço do custo estimado, que acabou sendo o triplo do previsto[58].

Quão bem-sucedida foi a LDDC em investir esses gigantescos fundos públicos? Por volta de 1987, ele obteve uma razão de 12,5: 1 [trata-se da razão entre investimento privado e público], segundo disse o Governo a uma comissão da Câmara dos Comuns. Isso porém excluía gastos públicos substanciais como os gastos com habitação, a DLR, rodovias principais e subsídios fixos e crédito fiscal na Zona de Empreendimento. Mesmo assim, a LDDC foi o mais proeminente exemplo dos anos de 1980 no que diz respeito ao planejamento de alavancagem, e seu aparente sucesso tornou-se um modelo para a revitalização de outras áreas centrais[59].

Uma questão relacionada é o conhecimento de quanto do dispêndio a LDDC recuperou com a venda de terras. Até 1988-1989, as vendas totalizaram cinquenta% da receita total, tendo a LDDC permissão para ficar com o dinheiro. Mas, depois do colapso imobiliário de 1989, esse fluxo de caixa positivo secou[60]. Dois terços da terra adquirida pela LDDC tinham sido reservados pelas autoridades locais para habitação. Grande parte dessa terra de fato foi para a habitação, mas não para casas de mesmo tipo: cerca de oitenta% foram destinadas para ocupação por moradores-proprietários. Os novos residentes tinham claramente uma receita mais alta do que a média dos moradores locais, e, pelo fim dos anos de 1980, somente cinco% das vendas eram na categoria "financeiramente acessível", enquanto os programas das autoridades locais e da associação habitacional [referência à East London Housing Association – Associação Habitacional do Leste de Londres] eram cortados[61].

A Zona de Empreendimento Isle of Dogs, no coração da área da LDDC, foi designada em 1982. Mas até 1985, resumia-se efetivamente a galpões de estanho baixos em estilo *high-tech* e matérias em jornais[62]. Então, em meados dos anos de 1980, com o advento do *boom* imobiliário alimentado pela desregulamentação dos serviços financeiros, a LDDC deslocou sua estratégia de mercado para a City: no fim de 1986, havia intensa competição por espaços comerciais, estimulada pelos incentivos e pelos preços da terra mantidos propositalmente abaixo do valor de mercado[63].

A CIDADE DO EMPREENDIMENTO
planejamento virado de ponta-cabeça

FIGS. 93 E 94: *As Docklands de Londres: antes e depois. A transformação das Docklands de Londres durante os anos de 1980 representou a maior área de revitalização urbana na Europa, se não no mundo. Para alguns, foi um exemplo brilhante de como fazer isso; para outros, de como não fazer.* Fonte: *Shutterstock/R.Nagy.* (Fig. 94)

Veio então a *pièce de résistence* das Docklands, revelada em 1985: Canary Wharf. Originalmente, um armazém nas docas West India, para bananas e cana-de-açúcar das Índias Ocidentais e frutas das Ilhas Canárias, estava então prestes a tornar-se um conjunto de escritórios de 817.550 m², com estimativa de criação de mais de 40 mil empregos. Os jornalistas chamaram-no de "Kowloon*-no-Tâmisa". A autorização de planejamento foi outorgada sem investigação pública: segundo afirmação do membro do Parlamento trabalhista, Nigel Spearing, a maior urbanização na Europa foi aprovada com menos análise que "uma solicitação de planejamento para um sinal luminoso numa loja de peixe frito com batatas fritas na East India Dock Road"; as minutas da LDDC afirmaram que "considerações políticas" favoreceram o esquema[64].

Os promotores originais eram integrantes de um consórcio de três bancos norte-americanos, a Financière Credit-Suisse-First Boston, o Morgan Stanley, e o First Boston Docklands Associates, mais um empreendedor pitoresco do Texas, G. Ware Travelstead, logo apelidado de G. Whizz; eles atraíram subsídios de capital de £470 milhões via impostos. Adicionalmente, a LDDC concordou em estender a DLR até Bank e conceder £250 milhões para estradas, principalmente a cara e cheia de túneis Limehouse Link[65]. Em meados de 1987, porém, Travelstead desistiu e, após tentativas desesperadas de encontrar um empreendedor alternativo, foi selado um acordo com os empreendedores Olympia & York (O&Y), de Toronto[66].

A firma foi uma criação de Paul, Albert e Ralph Reichmann: três de seis filhos de refugiados judeus que saíram de Viena para Toronto; educados em *yeshivas* (escola religiosa judaica para meninos) e sem nenhuma educação profissional ou técnica, fundaram, em meados dos anos de 1950, uma companhia de materiais de construção, que fornecia banheiros de luxo. Em 1965, Albert e Paul fundaram a York Developments, que foi incorporada, em 1969, como Olympia & York Developments[67]. Seus empreendimentos no centro, de lojas e escritórios, baseados em mágica financeira, tiveram sucesso estrondoso. Especializaram-se então em parcerias público-privadas de grande porte como a do World Financial Center, em Nova York: forneciam o financiamento, algum governo oferecia terra barata, e juntos criavam novos centros urbanos. Tinham a reputação de pegar projetos complicados e fazê-los funcionar: Canary Wharf, que o consórcio inicial de bancos norte-americanos e ingleses falhara em financiar ou iniciar, procurava exatamente por eles[68].

Em Canary Wharf, eles usaram os mesmos métodos que haviam empregado com sucesso em Nova York: resgataram arrendamentos para atrair

A CIDADE DO EMPREENDIMENTO
planejamento virado de ponta-cabeça

companhias para fora do centro de Londres; persuadiram a American Express a mudar-se de Broadgate e o Daily Telegraph a sair de South Quay. Canary Wharf tornar-se-ia uma extensão da City, assim como o World Financial Center havia se tornado um apêndice de Wall Street; a aguda escassez de espaço na City pressionava os aluguéis nas bordas; tanto os aluguéis na City como nas Docklands estavam subindo. Mesmo a Segunda-feira Negra (Black Monday), 19 outubro de 1987, pareceu um pequeno desvio no gráfico[69].

Em Londres, contudo, a City tinha uma autoridade de planejamento separada. Michael Cassidy, diretor de planejamento, estava determinado a preservar a City como um centro financeiro para fazer frente à ameaça das Docklands. Abandonou o plano de urbanização existente, substituindo-o por outro: drásticas modificações – uma passarela sobre London Wall e Upper Thames Street, e reurbanização da Cannon Street – aumentariam o espaço no solo (para pedestres) em 25%. Entre 1985 e 1987, a City aprovou cinco vezes mais áreas para escritórios do que entre 1982 e 1984; em 1992, grandes faixas de reurbanização surgiram nas bordas da City, em Ludgate Hill e London Wall[70].

Os empreendedores reagiram de modo pavloviano, como sempre: entre 1985 e 1989, as Docklands tiveram seu espaço para escritórios aumentado em 241.550 m²; a City adicionou 1.532.906 m², mais de seis vezes[71]. Em 1991, já havia quase 620 mil m² de escritórios em fase de finalização; havia um anel completo deles em torno da City: Broadgate, Ropemaker Place, Little Britain, Alban Gate e Royal Mint Court estavam terminados; London Bridge City, Spitalfields e Bishopsgate logo estariam. Mas aí veio a crise financeira. Entre 1990 e 1992, foram perdidos 90 mil empregos em serviços financeiros e comerciais, levando embora todo o ganho dos cinco anos precedentes. Um sexto de todo o espaço de escritórios na City e em suas bordas já estava vazio; alguns bancos norte-americanos e outras firmas haviam retirado parte de suas operações de Londres. Em abril de 1992, o índice de vacância para escritórios na Londres central e Docklands era de 18%; nas Docklands, cerca de 50%; em Canary Wharf, acima de 40%. Aí, muitos empreendimentos imobiliários faliram, inclusive Burrels Wharf, South Quay Plaza, Tobacco Dock, Baltic Wharf e Butlers Wharf. A urbanização nas Royals entrou virtualmente em colapso[72].

Mas a falência mais espetacular foi a de Olympia &York. A O&Y havia se tornado a maior proprietária de escritórios da cidade de Nova York, com quase 2.044.000 m². Devia mais de $ 18 bilhões: valor maior do que as dívidas da maior parte das nações do terceiro mundo. Todos os empréstimos para construção são de curto prazo, e refinanciados por meio de hipotecas de longo prazo quando a construção termina; mas os bancos entraram em pânico, e recusavam esses empréstimos. O&Y era especialmente vulnerável,

FIG. 95: *Paul Reichmann. O empreendedor de Toronto com maquete de Canary Wharf: o ponto máximo de sua ambição, perdido e então recuperado.* Fonte: PA/PA Archive/Press Association Images.

pois tinha emitido ações de curto prazo avalizadas por edifícios ocupados como garantia para financiar ulterior crescimento. Eles tentaram então usar seus antigos edifícios em Nova York como garantia para financiar sua contribuição equitativa à Canary Wharf em Londres, mas não conseguiram obter os fundos. No verão de 1992, 371.610 m² de Canary Wharf estavam concluídos, mas 53% do espaço para escritórios e quase todo o espaço para lojas de varejo permaneciam sem locatários; os grandes locatários comprometidos – American Express, Crédit Suisse, First Boston, Morgan Stanley, Bear Stearns e Texaco – eram todos norte-americanos, alguns deles associados de perto ao empreendimento[73].

No Canadá, a O&Y entrou com pedido de falência em 14 de maio; em Londres, como os bancos recusaram fundos novos para sua contribuição para a Linha Jubilee, foram declarados insolventes em 27 de maio, perdendo a administração da empresa. Canary Wharf, que tinha custado £ 1,4 bilhões, incluindo empréstimos bancários de £ 1,1 milhão, estava agora nas mãos de um consórcio de bancos; segundo uma estimativa de meados de 1992, seu valor era de apenas £ 150 a £ 200 milhões[74]. A O&Y havia realizado a última e maior de uma série de audaciosas jogadas, mas dessa vez tinha perdido. A probabilidade estava contra

A CIDADE DO EMPREENDIMENTO
planejamento virado de ponta-cabeça

o sucesso: o tamanho do investimento era muito grande, os ciclos no mercado imobiliário muito curtos, os incorporadores muito dependentes de dinheiro de curto prazo que poderia escassear com a perda de confiança dos credores. Um empreendedor foi citado no *Independent*: "Os norte-americanos não têm senso de lugar ou de história. Não percebem que os ingleses e os negócios estão ligados por fios invisíveis a lugares: ao Banco da Inglaterra ou apenas a um conjunto de ruas, algumas lojas, um restaurante."[75] Finalmente, conforme disse um empresário associado, "A chave de tudo é a psicologia de Paul Reichmann. Ele é um viciado em negócios. Negócios são o ar que ele respira, são a sua vida, a necessidade obsessiva de continuar fazendo negócios maiores e melhores."[76] Alguns disseram que encontrar Thatcher virara sua cabeça.

Segundo afirma Susan Fainstein, o fracasso "indica as limitações em voltar-se para o setor privado com o fim de alcançar objetivos públicos"[77]. Mas esse fracasso específico foi intensificado pelas políticas urbanas, ou pela falta delas. O governo francês restringiu a urbanização em Paris para ajudar o projeto La Défense, já o governo britânico nada fez para conter a destruição de Canary Wharf pela City de Londres[78].

Qual pode ser a avaliação a respeito da saga das Docklands? Estritamente como um exercício de revitalização, ela tem que ser julgada um sucesso modesto. Entre 1981 e 1990, as Docklands perderam 20.532 empregos antigos mas ganharam 41.421 novos: 24.559 por transferências de outros locais – principalmente de outras partes de Londres – e 16.862 criados[79]. Mas os empregos perdidos eram de natureza diferente dos novos: empregos no porto desapareceram, os do setor industrial quase não se alteraram, ao passo que os grandes ganhos aconteceram em serviços avançados, principalmente no sistema bancário: seguros e finanças; os empregos na área de serviços cresceram de 32 para 60% do total[80]. E pouquíssimos empregos – não mais do que um quarto, provavelmente muito menos – foram para a população local. Globalmente, de 1981 a 1989, as taxas de desemprego nos três distritos centrais – Newham, Southwark, Tower Hamlets – declinaram, embora ligeiramente menos que na Grande Londres como um todo. Mas em 1991 o desemprego ao longo das Docklands era de quase duas e meia vezes a média londrina[81]. Uma boa explicação para a pequena ocupação dos novos empregos pelos moradores das Docklands é a baixa escolaridade destes. Em 1988, a proporção média de permanência na escola depois dos 16 anos foi de 33% em todas as escolas do centro de Londres, 25% em Tower Hamlets e 12% em Southwark[82].

Segundo concluiu John Hall em sua avaliação independente, a LDDC, sem dúvida, provou o ponto de vista de Michael Heseltine, mostrando que podia cumprir o prometido. O meio ambiente foi transformado, a população cresceu, há novos empregos, a construção de estradas e vias férreas continua freneticamente; as Docklands de Londres tornaram-se quase um símbolo de um certo estilo de urbanização, cultura e política nos anos de 1980 e 1990[83]. O veredito de Susan Fainstein, porém, alcançado com base numa análise profunda dos mercados imobiliários de Nova York e Londres nos anos de 1980, é mais ponderado:

> Toda a experiência nas Docklands expõe a fraqueza mortal de apoiar-se pesadamente no desenvolvimento imobiliário para estimular a revitalização – incentivos governamentais para a indústria da urbanização inevitavelmente causam excesso de oferta se não forem acompanhados de medidas para restringir a produção.[84]

Margaret Thatcher e Michael Heseltine poderiam responder com a imortal resposta do uma vez Chanceler do Tesouro, Norman Lamont: "Isso é capitalismo." Simplesmente não havia outra economia na qual se apoiar, nenhuma outra base sobre a qual construir o programa todo. E talvez, à medida que a economia capitalista global se desloca do manejo de mercadorias para o manejo de informação, ela vai depender por toda parte cada vez mais de tal urbanização especulativa. Um estilo de revitalização atrelado ao ciclo da riqueza deve esperar passar por mais que um período de explosão de crescimento e quebra antes do término, e – dado o que se sabe sobre o *timing* de tal ciclo – pode ser necessária uma longa espera e muita paciência. Assim, o veredito final sobre as Docklands pode demorar um pouco ainda: a recuperação urbana, como a antiga Roma, não será feita em um só dia.

Ironicamente, em outubro de 1995, Paul Reichmann, financiado por dinheiro saudita, recomprou seu próprio empreendimento do consórcio de bancos que o estava administrando. E o Citibank, cujo principal acionista era justamente o príncipe saudita que apoiava Reichmann, anunciou que Canary Wharf podia ser uma localização adequada para sua nova sede – lançando assim a longamente adiada segunda fase do empreendimento. A ironia final foi que em 2001, depois de uma das mais longas fases de crescimento da história britânica, Canary Wharf estava próxima da conclusão, e os urbanizadores já estavam considerando uma imensa ampliação: Millenium Quarter. Dúzias de outros lugares recuperaram suas zonas portuárias, é claro, e nem todas, mesmo na Grã-Bretanha, utilizaram corporações de urbanização. Na Grande Manchester, próximo da Trafford Development Corporation e Enterprise Zone, a cidade de Salford revitalizou sozinha com sucesso a sua área de docas, culminando em 2000-2001 com um espetacular complexo de artes e museu, que incorporou uma nova galeria para o mais famoso artista da cidade, L.S.

A CIDADE DO EMPREENDIMENTO
planejamento virado de ponta-cabeça

Lowry, e uma ala norte do Imperial War Museum (Museu da Guerra) projetado por Daniel Libeskind. Outra cidade que executou a tarefa sozinha foi Rotterdam. E, embora existam obviamente similaridades – com Baltimore, que parece ter fornecido um modelo, e com as Docklands de Londres – Roterdã foi distinta porque todo o processo procurou incorporar uma preocupação social, incluindo muita habitação pública e cooperativada, e uma tentativa séria de empregar a população local em Kop van Zuid, enorme extensão do centro da cidade. Mas, apesar desses esforços, o desemprego na cidade permaneceu teimosamente acima dos níveis médios nacionais; na Holanda, como na Inglaterra, as grandes cidades têm feito dolorosos ajustes econômicos, e os de Roterdã talvez sejam os mais sofridos de todos[85].

Recuperação em Ação: Manchester e Roterdã

Castlefield em Manchester data dos tempos do Império Romano. Mas sua restauração se apoia em história mais recente: a herança da primeira revolução industrial, o Bridgewater Canal, o primeiro canal moderno construído do mundo, de 1764, e Liverpool Road Station, a primeira estação de trem de passageiros do mundo, de 1830, que geraram uma paisagem de armazéns, canais, diques, viadutos, estradas de ferro e bons galpões, muitos deles listados como de importância arquitetônica ou histórica[86]. Por todo lado, no entanto, entre 1961 e 1983, Manchester perdeu mais de 150 mil empregos na indústria, resultando em níveis de desemprego no centro de Manchester de 30% em média, e deixando espaços mortos no coração do centro. Arcos ferroviários alojando instalações de reparo e manutenção de automóveis, terrenos baldios viraram depósitos desordenados de sucata e edifícios desocupados tornaram-se ponto de encontro para a população marginal da cidade[87]; Castlefield, durante os anos de 1970, era descrito como um "antro de ladrões e vício"; entrar na área significava "ter sua vida em suas mãos". Num curto espaço de tempo, ele passou de local de nascimento a "túmulo da revolução industrial"[88].

Devagar, com enormes esforços, a área começou a regenerar. Primeiro, de 1967 a 1983 houve um esforço concertado pelo setor voluntário e então pelo County Council de aumentar a consciência sobre a área e sua importância histórica. Segundo, de 1984 a 1988 o City Council assumiu o bastão. Finalmente, de 1989 a 1996 uma Corporação de Desenvolvimento modelada nas

Docklands de Londres trouxe para a área poderes eficientes, oportunidades de planejamento aceleradas e mais recursos para reconceituar o espaço urbano de forma a adequá-lo à agenda local, nacional e europeia e diversificar ainda mais o leque de regeneração[89]. Já em 1980, dos £290 milhões gerados por turismo no North West, £58 milhões vinham da Grande Manchester. O Air and Space Museum alojado no antigo Upper and Lower Campfield Markets adjacente à Liverpool Road Station, um espaço de exposição para o Museu da Ciência e Indústria localizado no armazém 1830, um carnaval Castlefield anual, o rali nacional de barco e canal, um centro de visitante e patrimônio, passeios guiados na área, e melhoria na sinalização, cada um deles contribuiu para uma maior consciência da área e de seu potencial, cultural e socialmente[90].

Repovoar o centro da cidade e restaurar sua base tributária era uma tarefa chave para o City Council. Os seis bairros centrais, incluindo Castlefield, eram responsáveis por 75% da perda populacional total da cidade durante os anos de 1951-1991; nos anos de 1980, a população do centro foi estimada tão baixa quanto 250, e o estabelecimento de uma base residencial com potencial de receita fiscal era visto como vital para a regeneração de longo prazo[91]. Consequentemente, o Plano Local (1984) focou na criação de mais unidades habitacionais; e ressaltou que "os armazéns na margem do rio que foram listados, possivelmente têm potencial para conversão em habitação", ilustrando o potencial dos edifícios históricos em atrair uma população residente que iria aumentar as receitas fiscais[92].

Ironicamente, logo após isso o City Council foi desalojado pela Central Manchester Development Corporation (CMDC), que pretendia deliberadamente assumir seu papel. A despeito da oposição da City, o CMDC começou a trabalhar em 1988. Mas, pragmaticamente, um conjunto de critérios foi posto em prática para garantir uma relação harmoniosa de trabalho. O City Council manteve seus poderes de controle sobre a urbanização; ele tinha três assentos no conselho do CMDC; a corporação de desenvolvimento usava o Plano Local existente criado pela City; e os dois parceiros mutuamente acataram sua cooperação. A CMDC estava apta a acessar diferentes tipos de financiamento para alavancar o investimento privado e também era hábil para o planejamento acelerado[93]. Efetivamente, o City Council permitiu que a Corporação de Desenvolvimento restaurasse Castlefield ainda que eles não detivessem o mesmo peso na parceria[94]. Castlefield foi reconceituado como um idílio urbano cosmopolita, de uso misto, frequentado por empresários, jovens profissionais e trabalhadores do setor de serviços procurando desfrutar um estilo de vida urbano[95], um processo paralelo ao de outras cidades inglesas e da Europa continental[96]. Os poderes impulsionadores e de concessão

A CIDADE DO EMPREENDIMENTO
planejamento virado de ponta-cabeça

de auxílios da Corporação de Desenvolvimento permitiram que ela gastasse £ 8 milhões em Castlefield, atraindo mais de £ 100 milhões em investimentos privados. Desde o início, uma das prioridades da CMDC foi "garantir a transformação de Manchester em uma cidade do século XXI em pé de igualdade com as grandes cidades provinciais da Europa"[97].

Roterdã fornece um paralelo interessante. Lá, o Quarto Relatório para Planejamento (extra) do governo holandês, de 1990, visava aumentar a vantagem competitiva do país, com uma ênfase em "propaganda urbana" intensificada pela emergência, em 1992, do mercado único europeu. "Projetos-chave" foram designados em cidades, cabendo a Roterdã um papel particularmente importante como um ponto de acesso e uma localização competitiva para usos comerciais internacionais[98]. O Relatório também enfatizou a necessidade de melhorar a qualidade e o leque de equipamentos culturais nas cidades, de forma a realçar sua imagem internacional.

O Plano para o Centro de Roterdã de 1985 já havia construído sobre o legado marítimo da "Waterstad", criado entre 1600 e 1620, provendo uma série de novos usos culturais e de lazer agrupados ao redor de novos equipamentos de turismo marítimo[99]. Então, o Plano para o Centro de 1993-2000 estendeu a ideia dos usos do centro para a área subutilizada de Kop van Zuid; diretamente ao sul do rio a partir da área central, essa região fora usada para propósitos relacionados ao porto e recentemente se tornara obsoleta. O plano foi desenhado para prover uma mistura de usos incluindo 60 mil m² de espaço para novos escritórios, junto com 5.500 unidades habitacionais, 60 mil m² de espaço para lojas, hotéis e um centro de convenções[100]. Designado como um "projeto-chave" por sua importância nacional, ele aplicou a política do governo de "cidade compacta" encorajando as pessoas a viverem na área central[101]. Um elemento inicial foi a construção de uma ponte conectando o centro de Roterdã à área de Kop van Zuid; a Erasmus Bridge foi aberta em setembro de 1995. Localmente controverso, o projeto de Ben van Berkel, contendo uma pilastra de 139 metros de altura, foi bem recebido internacionalmente[102]. Em adição, uma nova estação de metrô foi aberta, fornecendo uma ligação com a rede ferroviária internacional, e novas ruas foram propostas para conectar a área aos bairros residenciais do entorno bem como ao anel viário da cidade[103].

A Zona de Empreendimento Vai Para o Exterior

Apesar das dificuldades da Zona de Empreendimento em seu país de origem, a ideia foi em seguida calorosamente abraçada pela administração Reagan nos Estados Unidos, onde, curiosamente, também tendeu a ganhar o apoio de políticos da esquerda liberal do centro da cidade[104]. Apesar disso, não conseguiu ser sancionada como lei federal. Os Estados aderiram: 26 legislaturas aprovaram leis criando mais de 1.400 zonas de empreendimento locais em 680 localidades. Uma pequena amostra de dez apenas, estudada pelo Departamento de Habitação e Urbanização dos Estados Unidos em 1986, revelou que 263 firmas haviam investido acima de 147 milhões de dólares para criar ou manter mais de 7 mil empregos[105].

A administração Reagan, porém, em uma percepção importante, implementou o conceito original de outra maneira: deixando abertamente de policiar a fronteira com o México, tolerou uma enorme imigração ilegal nas cidades do Cinturão do Sol, como Houston ou Los Angeles, as quais – os funcionários da administração iam glorificar-me abertamente em privado – constituíram-se modelos em funcionamento da ideia pura de zonas de empreendimento. Quanto aos resultados acionados, está claro, eles foram severamente condenados pelos analistas urbanos radicais de esquerda[106].

A urbanização das Docklands seguiu os modelos norte-americanos num aspecto decisivo: baseou-se na ideia de usar fundos públicos relativamente modestos para gerar – ou, empregando de um jeito esquisito este verbo antigramatical de origem norte-americana, para *alavancar** uma quantia muito maior de investimento privado. Em Boston, por exemplo, os 2,7 milhões de dólares de subvenção federal para a preservação, vindos do Departamento de Habitação e Urbanização, atraíram um investimento privado de mais de seis vezes aquela quantia[107]. A administração Carter, em 1977, sacralizara esse princípio em lei. A UDAG – Urban Development Action Grant (Subvenção à Ação Urbanizadora) foi postulada, segundo o conceito de alavancamento, entre 4,5 e 6,5 unidades de investimento privado para cada unidade de investimento público. Uma comunidade poderia requerer uma UDAG se atingisse padrões de dificuldade física e econômica ou se tivesse um bolsão de pobreza. Precisava mostrar que ia atrair em investimento privado pelo menos duas vezes e meia o financiamento público, e que não havia outra maneira de financiar o projeto.

Até o final de 1983, 929 comunidades haviam atraído mais de 1.900 projetos e três bilhões de dólares em fundos da UDAG à razão de alavancagem mediana

A CIDADE DO EMPREENDIMENTO
planejamento virado de ponta-cabeça

de 3,9; não espanta que a parte do leão tivesse ido para as cidades do cinturão industrial de maior porte seriamente afetadas, ficando Nova York e Baltimore com mais de cinquenta esquemas cada. O programa gerara um total previsto de 411 mil empregos novos permanentes – 56% dos quais, o que é significativo, em projetos comerciais, e 55% para pessoas de renda baixa ou moderada[108]. Não admira que o esquema UDAG fosse amplamente reconhecido como uma das poucas histórias de fato bem-sucedidas da política de recuperação urbana; tampouco surpreende que em 1983 o esquema UDG (Subvenção à Urbanização) do governo britânico lhe oferecesse a forma mais sincera de elogio.

Houve, inevitavelmente, algumas críticas. Alguns disseram que muito do dinheiro havia ido para projetos hoteleiros (ao que se replicava que hotéis geram grande quantidade de empregos para mão de obra não qualificada, o que era adequado para os desempregados que residiam no centro urbano). Outros postularam a questão padrão sobre tais estratagemas: quantos desses empregos teriam existido de qualquer forma, com esquema ou sem ele? Outros, ainda, apontaram que as UDAGS jamais poderiam restituir os empregos perdidos na indústria, ou mesmo substituir a quantia de empregos que tinha sido perdida[109]. Isso, porém, fazia parte de um debate mais amplo sobre a evolução que então se operava nos diversos setores rumo a uma economia de serviços. Muitos economistas, seguindo as análises pioneiras realizadas por A.G.B. Fisher e Colin Clark cinquenta anos antes, defenderam que o declínio nos empregos industriais era uma decorrência inevitável da recente economia capitalista, e a única política inteligente era aceitar o fato e antecipá-lo. Outros afirmaram que a economia de serviços gerava sobretudo empregos de baixos salários, tipo lanchonete, e que – nas palavras de um excerto de polêmica acadêmica – fabricar é o que importa[110].

O Ataque ao Planejamento

O problema é que o verdadeiro debate, travado em ambos os lados do Atlântico, ainda girava em torno do desenvolvimento econômico. E nesse meio tempo, em outros setores mais tradicionais do sistema britânico de planejamento, durante a década de 1980, a história fazia-se cada vez mais semelhante a um filme rodado para trás. Após 1979, o governo Thatcher foi progressivamente desmantelando o sistema de planejamento estratégico que a duras penas governos sucessivos haviam construído durante os anos de 1960 e mantido durante os anos de 1970. Os Conselhos Regionais de Planejamento Econômico foram os primeiros a encerrar suas atividades, em 1979. No ano seguinte, quando o governo teve de atualizar o Plano Estratégico para o South East – plano que constava de um relatório principal e cinco grandes volumes de pesquisas – ele o fez em duas páginas e meia datilografadas; em 1986, ao repetir o exercício, gastou seis. A Lei de Planejamento de 1980 efetuou significativa transferência de poderes dos condados para os distritos, tornando os planos de estrutura de condado menos eficazes; um Relatório Verde (Green Paper)* de 1986 propunha que se acabasse com todos eles, eliminando de vez o planejamento em nível de condado. Nas áreas urbanas mais importantes, uma Lei de 1986 aboliu o Conselho da Grande Londres e os seis condados metropolitanos, única experiência do gênero realizada na Inglaterra em matéria de governo metropolitano[111].

Tudo isso determinou uma mudança significativa no estilo do planejamento. O Livro Branco de 1983, que pressagiou a abolição do governo metropolitano, declarou simplesmente que já não havia então a necessidade, como nos anos de 1960, de um planejamento estratégico; a sugestão clara foi que a partir de então era suficiente uma atividade de planejamento residual de uso do solo procedendo na base de caso a caso[112]. O governo local aceitou a sugestão. Berkshire – um dos condados de crescimento mais rápido em toda a Inglaterra – aboliu seu departamento de planejamento, incorporando-o ao Departamento de Inspetoria de Obras. Dentro da profissão, houve um nítido enfraquecimento dos laços com a universidade e as escolas politécnicas. A procura de planejadores sofreu brusca retração, exacerbada pela chegada repentina, ao mercado de trabalho, de centenas de planejadores dos condados e metropolitanos demitidos. Simultaneamente, organizações de fomento cortaram o auxílio estudantil, precipitando o fechamento de várias escolas de planejamento.

Dentro da ampla perspectiva histórica, talvez se tratasse apenas de mais uma volta da espiral cíclica. O planejamento na Inglaterra sofrera um processo mais ou menos semelhante no relativamente estagnado início dos anos de 1950, quando – sob um governo conservador anterior – ficou no ostracismo; mas depois disso, durante o período de crescimento pleno da década de 1960, ganhou novo impulso, registrando uma das fases mais bem-sucedidas de sua curta existência. Isso, em certo sentido, é pura munição para o moinho acadêmico marxista: o planejamento muda de forma conforme lhe cumpre enfrentar novos desafios, ou quando desafios antigos retornam. A novidade, como já visto no capítulo 10, estava no crescente distanciamento dos comentadores acadêmicos em relação à totalidade do processo.

A CIDADE DO EMPREENDIMENTO
planejamento virado de ponta-cabeça

Será, então, que o planejamento vai desaparecer? Não de todo. O planejamento sobreviverá porque, em todo país avançado, possui um vasto – e, com o correr do tempo, crescente – eleitorado político. Um bom meio ambiente, como diriam os economistas, é um bem com renda elástica: à medida que as pessoas e as sociedades em geral enriquecem, exigem proporcionalmente sempre mais e mais desse meio ambiente. E, além da construção de propriedades privadas cercadas de muros, a única saída que têm para conseguir o que exigem é por meio de ação pública. O fato de que as pessoas estão mesmo ansiosas para e querendo gastar mais e mais de seu precioso tempo na defesa de seu próprio meio ambiente, filiando-se a todo tipo de organização voluntária e participando de inquéritos públicos, é prova disso – mas prova também que, não raro, o meu bom meio ambiente é o mau meio ambiente do meu vizinho. Daí por que, em sociedades pós-industriais muito avançadas – sudeste da Inglaterra, Área da Baía de São Francisco – as políticas de planejamento tornam-se cada vez mais complexas, cada vez mais prolongadas, cada vez mais amargas[113].

Isso, ironicamente, ficou claro durante o curso dos anos de 1980. O primeiro governo Thatcher de 1979 aplicara-se com clara determinação a libertar o empreendedor das algemas do planejamento. Em 1983, Michael Heseltine – então secretário de Estado para o Meio Ambiente – chocou o inalterável Berkshire Central Tory, ao modificar o plano de estrutura do condado, permitindo que 4 mil casas extras fossem construídas em pleno campo. Houve uma oposição violenta. O conselho distrital local recusou-se a inscrever a provisão em seu plano distrital. Ironicamente, fora o próprio Heseltine quem enfraquecera, por uma lei de 1980, o poder dos planejadores de estrutura em controlar os planos distritais de nível inferior; ele, ou pouco depois seu sucessor, foi pego pela própria armadilha[114].

Entrementes, o setor privado estava se preparando para um grande esforço. A Consortium Developments Ltd (CDL) foi estabelecida em 1983 para empreender até quinze cidades novas no interior ao redor de Londres, onde a demanda por habitação estava alta mas o planejamento local muito restritivo. Cada uma delas devia compreender ao redor de 5 mil habitações com infraestrutura física e social amplamente assegurada pela CDL[115]. Curiosamente a iniciativa partiu daqueles encarregados das cidades novas, que começaram a fazer vigorosos esforços para atrair os principais construtores de habitação privada. O líder era Fred Lloyd Roche – administrador geral da maior cidade nova, Milton Keynes –, que teve uma parte central nas discussões com o Grupo de Estudo do Volume House Builders, grupo formado em 1975 como uma dissidência do grupo de *lobby* principal de construtores de casa, o House

Builders Federation. Uma associação dos maiores construtores especulativos de habitação da Inglaterra, cada um dos seus membros estava construindo aproximadamente um terço das novas habitações inglesas no início dos anos de 1980 a uma média de cerca de 5 mil habitações por ano. Trabalhando nas cidades novas, esses construtores aprenderam as vantagens de construir dentro de um desenvolvimento devidamente planejado[116]. Sua força motriz – e mais tarde da CDL – era Tom Baron, o chefe da Christian Salvesen (Propriedades), então um grande construtor habitacional[117]. Ele declarou seu ponto de vista com violência:

> Para manter em expansão assentamentos existentes, você vai obter protesto político porque os "ricos" vão objetar a destruição dos campos verdes. É melhor ter um grande berreiro e solucioná-lo soltando o empreendimento numa área rodeada por vacas, porque mugidos não votam.[118]

Em 1980, Roche deixou Milton Keynes, levando com ele vários outros funcionários, incluindo David Lock e Lee Shostak, juntando-se ao empresário de vendas e design, bastante conhecido, Terence Conran, para formar o escritório arquitetônico de Conran Roche. Lock e Shostak escreveram um relatório em dois volumes (não publicado), *The Need For New Villages* (A Necessidade de Novos Vilarejos)[119]. Este uniu, com brilhantismo, a necessidade crua do grande construtor pela terra para construção de grandes empreendimentos habitacionais com a mais potente tradição do planejamento inglês, as cidades-jardim e as cidades novas. Havia, no entanto, duas diferenças principais. Primeiro, os construtores imobiliários eram companhias comuns de fins lucrativos[120]; segundo, eles careciam de poderes compulsórios de compra. Eles tinham que primeiro garantir opções de compra efetivamente comprando a terra apenas se a aprovação estivesse garantida. O conceito de "vila nova" então tornou-se uma tentativa de adaptar a tradição cidade-jardim / cidade nova para as realidades do thatcherismo[121].

A primeira incursão veio em 1985, quando anunciaram que a primeira vila ia ser construída num local do cinturão verde junto a Tillingham Hall em Essex[122]. O inquérito tornou-se uma daquelas *causes célèbres* da história do planejamento nas quais os ingleses se deliciam. Os empreendedores perderam; indubitavelmente para sua grande surpresa, pois toda uma série de declarações oficiais, fartamente divulgadas sob títulos como *Lifting the Burden* (Levantando a Carga), evidentemente levara-os (e quase todos os outros) a acreditar que o governo os apoiaria[123]. Então, em 1987 – reconhecidamente na efervescência de uma eleição geral –, o governo foi forçado a recuar para

A CIDADE DO EMPREENDIMENTO
planejamento virado de ponta-cabeça

uma mudança programática relativamente menor, que removia a necessidade de monitorar considerações de ordem agrícola no caso de propostas de urbanização em solo agrário de qualidade inferior. O governo radical de direita, aqui como em toda a parte, estava provando que seu latido era muito mais significativo que sua mordida.

Por fim eles fracassaram, e isso revela um fato significativo sobre planejamento nos anos Thatcher[124]. Seu estilo teve o efeito de intensificar a oposição, em parte porque eles sempre faziam suas intenções locais virarem muito mais que um simples tema local. "Na imaginação coletiva das bases conservadoras da Inglaterra fora do sudeste, o CDL muito rapidamente assumiu o papel do espectro do mal que prevaleceria se o thatcherismo da livre iniciativa realmente conseguisse desregular o planejamento local."[125] Essencialmente, eles perderam porque tomaram o thatcherismo pelo valor nominal. Aqui, pelo menos, o thatcherismo vacilou e o planejamento restritivo sobreviveu e prosperou[126].

Não, o planejamento não acabará; tampouco voltará a despolitizar-se, como alguns esperavam. À semelhança do Abade Sieyès*, em uma revolução mais remota, ele vive. Mas, nos anos de 1990, o planejamento tradicional do uso do solo sofreu mais ataque de base em seu próprio país de nascimento do que nunca antes em seus oitenta anos de existência. Tornou-se determinadamente reativo, artesão e anti-intelectual, enquanto o planejamento na academia se recolheu cada vez mais alto em sua torre de marfim. Entrementes, o planejamento enfrentou uma nova ordem de problemas, para cuja solução seus profissionais, por formação (e talvez por inclinação), nunca foram habilitados: o problema do declínio econômico-estrutural de economias urbanas inteiras e da reconstrução de uma nova economia sobre as ruínas da velha.

A CIDADE DA DESLUSTRADA BELLE ÉPOQUE

12

Infocidades e Guetos Desinformacionais

Nova York, Londres, Tóquio (1990-2010)

Agora a identidade está se tornando a principal, e às vezes a única, fonte de significado em um período histórico caracterizado pela disseminada desestruturação das organizações, deslegitimação de instituições, enfraquecimento de movimentos sociais importantes e expressões culturais efêmeras. As pessoas organizam cada vez mais seu pensamento não em torno do que fazem, mas na base do que são ou pensam que são [...] Nossas sociedades estão cada vez mais estruturadas em torno de uma oposição bipolar entre a Rede e o Eu.

MANUEL CASTELLS, *The Information Age: Economy, Society, and Culture, volume I, The Rise of the Network Society* (1996)

os anos de 1980 foram, portanto, um tempo de um novo tipo de planejamento, antiplanejamento, diriam alguns: antiestratégico, oportunista, baseado em projeto, centrado na recuperação. Duas décadas mais tarde, e mais de uma década em um novo século, a pergunta é: o que é novo e diferente? A resposta é quase nada; ou melhor, há muito mais do mesmo que do diferente. Mas há tanto mais, que realça de forma muito mais nítida a história narrada no capítulo anterior, e levanta a questão ainda mais perturbadora: qual história um futuro historiador do planejamento urbano poderia contar? Pois o fato é que, por toda a parte, a cidade do empreendimento expandiu-se e degradou-se, e depois expandiu-se e degradou-se novamente, assim como aconteceu com as economias globais em todo seu entorno; em parte como consequência, os destinos de seus cidadãos divergiram.

A Cidade Global-Informacional:
Os Analistas Simbólicos e os Sem-Esperança

Em fins dos anos de 1980 e início dos 1990, livros importantes – exceções animadoras à tendência geral – começaram a examinar pormenorizadamente e em profundidade as forças que dirigem a cidade contemporânea. A Manuel Castells devemos a percepção de que, emergindo nos fins do século xx, existe "um modo novo, informacional, de desenvolvimento: baseado na convergência por meio das tecnologias de interação da informação e atividades de processamento da informação, gerando um sistema articulado tecno-organizacional"[1]. Segundo Castells, esse modo de desenvolvimento não é simplesmente dirigido pela tecnologia: "Modos de desenvolvimento evoluem de acordo com sua própria lógica."[2] Isso não implica que o capitalismo esteja sendo suplantado[3] – notável reviravolta de posição para Castells, outrora *o doyen* do urbanismo marxista francês. Pelo contrário: a tecnologia da informação impulsionou poderosamente o sistema, contribuindo para aumentar índices de lucro, acelerando a internacionalização e gerando uma nova agenda política por parte dos governos para fomentar a acumulação do capital às expensas da redistribuição social[4].

A geografia regional e urbana resultante é caracterizada por nítidas divisões espaciais de trabalho, com a descentralização das funções de produção, amiúde com extrema flexibilidade de localização, porém com as indústrias informacionais permanecendo altamente concentradas em meios sociais urbanos inovadores[5]. Segundo Castells, esses ambientes de inovação – lugares como Vale do Silício, mas também lugares urbanos mais antigos como Munique, Paris e Boston – continuam comandando as cadeias produtivas cruciais; eles são as casas de força da economia capitalista contemporânea[6]. Daí haver um contraste: o poder de decisão de alto nível está cada vez mais centralizado; outras atividades estão descentralizadas quer seja localmente, em áreas metropolitanas principais, ou mais amplamente pelas economias nacionais e, de fato, pelo mundo[7].

Castells conclui que o processo de reestruturação objetivava deliberadamente "A substituição de lugares por uma rede de fluxos de informação", fora do controle humano. Ele teme a consequência: "a introdução de uma era caracterizada pela coexistência desconfortável de extraordinários feitos humanos e a desintegração de amplos segmentos da sociedade, juntamente com a prevalência generalizada da violência sem sentido"[8].

Saskia Sassen propõe dicotomia semelhante: as fábricas dispersam-se fora dos velhos centros industriais; o trabalho de escritório descentraliza-se localmente[9], mas a atividade financeira internacional e as transações de serviço, que cresceram enormemente durante os anos de 1980, estão cada vez mais concentradas nuns poucos países e cidades[10]. E essas tendências contrárias são, na verdade, dois lados da mesma moeda: a dispersão geográfica de fábricas, escritórios e mercado de serviços e a reorganização da indústria de serviços financeiros criaram a necessidade de um gerenciamento e uma normatização centralizados em algumas poucas cidades principais. Aí se encontram ambos, bancos tradicionais e escritórios centrais corporativos, mas também uma grande quantidade de firmas de serviço corporativo e instituições financeiras não bancárias. E essas cidades emergiram como localizações-chave para a produção de serviços inovadores[11]. Portanto,

> em grande medida, o peso da atividade econômica durante os últimos quinze anos deslocou-se dos lugares de produção, tais como Detroit e Manchester, para centros de finanças e serviços altamente especializados. Enquanto a dispersão de fábricas apressa o declínio dos velhos centros industriais, a necessidade associada de gerenciamento e controle centralizados alimenta o crescimento em centros de serviços. Similarmente, o predomínio dos serviços avançados em atividade econômica geralmente desviou tarefas do chão da fábrica para a sala de projetos e transformou o gerenciamento do que antes era uma atividade centrada na produção para o que é hoje uma atividade centrada nas finanças[12].

Nas cidades globais, ao redor dos grandes bancos e das sedes de empresa, aglomera-se um enorme conjunto de indústrias de serviços: publicidade, contabilidade, assistência jurídica, serviços comerciais, certos tipos de serviços bancários, de engenharia e arquitetura, que cada vez mais trabalham para firmas empenhadas em transações internacionais. Todavia, Sassen salienta que durante os anos de 1980 ocorreu uma mudança importante: um setor crescente da indústria de serviços financeiros tornou-se, para todos os efeitos, um setor de mercadorias, no qual o comprar e vender instrumentos tornou--se um fim em si mesmo. Nova York, Londres e Tóquio emergiram como os centros líderes dessa nova indústria, funcionando efetivamente como um único mercado transnacional[13].

Em outras palavras, uma nova divisão de trabalho emergiu em escala global: divisão baseada não no produto (algodão do Lancashire, aço de Sheffield), mas no processo (finança global em Londres e Nova York, escritórios de assessoria em Berkshire e Westchester, vendas de telefonia direta em Leeds e Omaha). Na medida em que uma atividade pode ser descentralizada para uma localização de custo mais baixo, ela o será; e, ao mesmo tempo que as fábricas se deslocam das economias avançadas para a Tailândia e para a China, os serviços agora se mudam para localizações suburbanas ou interioranas, limitadas até o momento por barreiras linguísticas e culturais que, sem dúvida, também não tardarão a ser superadas. O que fica e o que cresce é um aglomerado de atividades altamente especializadas, baseadas no acesso à informação privilegiada, esotérica: serviços financeiros de caráter mais especulativo, serviços comerciais especializados dependentes do encontro cara a cara, serviços de mídia e similares.

Isso é amiúde descrito como globalização; e globalização, a diminuição ou remoção de barreiras para a livre circulação de mercadorias e serviços, é parte do fenômeno. Mas funciona de formas bem diferentes para os serviços e para os bens. Com o avanço dos serviços de telecomunicações sofisticados, os custos baixaram e as antigas barreiras de distância caíram por terra, permitindo à informação correr mundo instantaneamente e sem esforço. O avanço exponencial, em meados dos anos de 1990, da internet e da Rede Aberta Mundial, com suas tarifas zero para distância, era meramente a conclusão lógica desse processo secular. Porém, conforme isso aconteceu, paradoxalmente aumentou a atração de poucas cidades-chave onde a informação especial é trocada e compartilhada.

A Digitalização do Mundo

Para o futuro, a questão fundamental era o que iria alguma vez reerguer as economias urbanas. A maioria dos especialistas parecia concordar que os anos de 1980 não se repetiriam: dessa próxima vez, os serviços financeiros não constituiriam a força fundamental; em lugar disso, esse papel poderia ser desempenhado por novos setores, tais como as artes, a cultura, o lazer, os serviços de educação e saúde, e o turismo. Particularmente, a perspectiva era de que a alta tecnologia fundir-se-ia com os setores criativos, para gerar novas indústrias: multimídia, novas combinações de educação e entretenimento, realidade virtual, todas elas viabilizadas pela digitalização total da informação e a consequente fusão de tecnologias outrora isoladas – radiodifusão, computação, telecomunicações – em uma só. Por volta do fim dos anos de 1990, as livrarias foram inundadas por novos livros, quase todos, sem exceção, norte-americanos, escritos por devotos do novo evangelho: *The Way Ahead* (A Estrada do Futuro) e *Business @ the Speed of Thought* (A Empresa na Velocidade do Pensamento), de Bill Gates, com certeza os mais bem divulgados, e três contribuições de professores do MIT, *City of Bits* (A Cidade dos Bits) e *e-topia*, de William J. Mitchell, e *Being Digital* (A Vida Digital), de Nicholas Negroponte[14]. Eles descrevem um mundo no qual informação digitalizada de todos os tipos fluiriam sem esforço e em quantidade ilimitada, pelos cabos e através do éter, para aparelhos miniaturizados que as receberiam, processariam e intercambiariam. Tudo isso parecia um mundo distante das realidades desengonçadas da internet em

A CIDADE DA DESLUSTRADA BELLE ÉPOQUE
infocidades e guetos desinformacionais

1996, mas os autores salientavam que estavam descrevendo uma visão de dez, vinte e até mesmo cinquenta anos depois.

A questão crucial para os planejadores dizia respeito ao impacto sobre as cidades. Uma ideia, muito em moda, era de que o fluxo de informações levaria à "Morte da Distância"[15] e assim finalmente acabaria a necessidade de se ter cidades: qualquer um poderia desempenhar qualquer atividade em qualquer lugar, desde que as conexões digitais corretas estivessem disponíveis. O ensino à distância poderia substituir as universidades tradicionais, o comércio na tela poderia substituir o pregão da Bolsa de Valores, e cirurgiões poderiam até mesmo, de suas casas, operar pacientes a milhares de quilômetros de distância.

Mas a evidência empírica concreta, se bem que limitada, sugeria, de preferência, conclusões diferentes: embora esses novos setores industriais pudessem desenvolver-se em qualquer lugar, em meados da década de 1990 tornou-se evidente que estavam crescendo em lugares urbanos tradicionais: em Los Angeles, numa faixa entre os antigos estúdios de Hollywood e a Aerospace Alley, de alta tecnologia; na Área da Baía de São Francisco, dentro do Vale do Silício, e no centro de São Francisco, na East Bay e no suburbano Marin County; em Nova York, no SoHo e Tribeca, entre a Downtown e a Midtown; em Londres, da mesma maneira, no Soho e Fitzrovia, entre a City e o West End[16]. A razão era bastante clara: como todas as atividades criativas, eles dependiam de interação, redes de contatos, uma certa quantidade de bulício e efervescência, mais prováveis de serem encontrados em locais como esses do que em quaisquer outros. Além do mais, se relacionavam com outras artes dramáticas e musicais tradicionais que sempre haviam estado ali; e estas, por seu turno, estavam ligadas ao turismo urbano, uma das grandes indústrias em expansão dos anos de 1980 e 1990, também reflexo da nova economia globalizada. Em outras palavras, havia um paradoxo: essas novas atividades, segundo se supunha, iam substituir a comunicação cara a cara, mas na verdade dependiam dela e, por sua vez, fortaleciam a necessidade que dela se possuía. Assim, assistir a um entretenimento eletrônico era praticamente apoiar a demanda pela coisa real, e o mesmo se poderia dizer no tocante à educação eletrônica, à consultoria eletrônica, a qualquer coisa eletrônica[17]. Um gráfico elucidativo no livro de Graham e Marvin, *Telecommunications and the City* (Telecomunicações e a Cidade), mostrou o fluxo de telecomunicações e transporte de passageiros na França durante um período de 150 anos desde o nascimento da estrada de ferro e do telégrafo elétrico: as duas curvas mostram o mesmo perfil ascendente, dificilmente desviando-se uma da outra[18].

Além disso, as novas indústrias multimídia precisavam de aluguéis baixos para as companhias emergentes, que poderiam ser encontrados nos interstícios urbanos entre os conjuntos de arranha-céus do distrito comercial central. E, por fim, interagiam com uma grande variedade de serviços comerciais especializados, nos campos de projeto, os quais tinham existência bastante separada das indústrias de serviço financeiro, tradicionalmente aglomeradas ao redor de quarteirões bancários como Wall Street, a City de Londres e Otemachi[19]. Assim, a evidência, por mais fragmentária e anedótica que ainda fosse, sugeria que a cidade como lugar de congregação e interação estava longe de morrer: nesses campos emergentes, como, por exemplo, as finanças, o acesso à informação privilegiada era extremamente importante. E isso, é interessante notar, foi a relutante conclusão de um dos papas da ciber-revolução, William Mitchell:

> Será que o desenvolvimento de infraestruturas nacionais e internacionais de informação, e o consequente deslocamento de atividades sociais e econômicas para o ciberespaço, significa que as cidades existentes vão simplesmente fragmentar-se e entrar em colapso? Ou Paris tem alguma coisa que a telepresença não pode igualar? Roma tem uma resposta ao *Neuromancer*? A maioria de nós apostaria as últimas fichas que as reservas de resiliência e adaptabilidade que permitiram às grandes cidades sobreviver (de forma modificada) aos desafios da industrialização e do automóvel vão, do mesmo modo, permitir que elas se adaptem à bitsfera.[20]

A implicação perturbadora, contudo, permaneceu: essas indústrias eram, todas elas, muito informacionais e, portanto, dependiam da habilidade em ter acesso à informação e em usá-la, o que significava educação e tipos sofisticados de conhecimento; podiam, assim, se mostrar os agentes de polarização ainda mais pronunciada e ainda mais fundamental da economia, da sociedade, da cidade. Observadores otimistas encontraram uma prova anedótica confortadora, sugerindo que algumas atividades artísticas – música, projeto visual – teriam a possibilidade de empregar talentos informais, intuitivos, artísticos, que outros setores não eram capazes e, assim, conseguiriam mostrar uma força integradora mais do que divisora; os pessimistas observaram que as novas atividades artísticas, como a multimídia, estavam realmente na fronteira mesma da sofisticação tecnológica. O veredicto ainda não foi pronunciado; e dele pode depender todo um futuro urbano.

A CIDADE DA DESLUSTRADA BELLE ÉPOQUE
infocidades e guetos desinformacionais

Planejamento e Política Urbana:
Codificação Versus Empreendimento Urbano

Visto que o temor vem da ideia de que a polarização pode continuar sendo o centro do problema urbano contemporâneo e, portanto, do mundo com o qual o planejamento urbano tem de lidar, a questão é saber o que, de fato, o planejamento fez a respeito; e a resposta é: não muito. Com efeito, durante os anos de 1990, o planejamento urbano e a política urbana moveram-se em direções estranhamente opostas, a ponto de mais e mais divorciarem-se um do outro. O planejamento britânico, tradicionalmente flexível em resposta à mudança de circunstâncias, caminhou na direção da codificação e da legalização: a Seção 54A da Lei de Planejamento da Cidade de 1990 estabeleceu que, ao julgar apelações contra a recusa de permissão para planejamento, a consideração material primeira seria a conformidade com o plano. Mas as políticas urbanas deram cada vez maior ênfase a um procedimento de recuperação urbana altamente competitivo e inovador: no Reino Unido, o esquema Desafio Cidade e seu sucessor, a Provisão Para Recuperação Isolada, abandonaram ambos as verbas fixas em favor da competição aberta entre cidades por fundos públicos. Não podia haver dúvida de que essa nova abordagem tinha vantagens: gerou grande entusiasmo entre as autoridades locais, fez nascer alguns esquemas de alta qualidade (ainda que muito baseados em projeto, na maioria dos casos) e permitiu que grandes fundos fossem desviados para esquemas importantes. Mas os críticos, em sua tendência de ficar do lado oposto do cercado político, argumentaram que, na verdade, tudo não passava de um artifício atraente para mascarar cortes em fundos destinados aos programas de recuperação estrutural.

O que isso significou na prática, embora talvez não tenha sido plenamente percebido, foi que a recuperação urbana separou-se do processo de planejamento convencional: o planejamento convencional lidava com mudança incremental codificada; já a recuperação tratava da resposta empresarial a novas oportunidades de desenvolvimento e, portanto, precisava evitar a rigidez. O exemplo quinta-essencial dessa abordagem foi a sequência lógica e geográfica ao projeto das Docklands de Londres: Thames Gateway.

Thames Gateway:
O Último Projeto de Recuperação
dos Anos de 1980?

Thames Gateway foi como que a invenção pessoal de Michael Heseltine, em seu retorno ao Departamento de Meio Ambiente, em 1990. Como visto no capítulo 11, por volta de 1995 retornou a confiança suficiente para que se visse a primeira etapa do projeto das Docklands substancialmente arrendado: e Paul Reichmann da Olympia & York, o empreendedor original, recuperou a propriedade com a ajuda do dinheiro árabe-saudita. Mas, sem se desencorajar pela arrasadora tempestade das Docklands, em março de 1991, Heseltine anunciou aquela que foi, sem sombra de dúvida, a maior porção de recuperação e desenvolvimento urbano jamais proposta em qualquer cidade no mundo: o Corredor Leste do Tâmisa, mais tarde rebatizado como Thames Gateway, esquema que se estendia por mais de 80 km pelo Baixo Tâmisa, desde as Docklands até o estuário, acompanhava a linha redirecionada da planejada ligação ferroviária de alta velocidade, unindo o centro de Londres ao túnel do Canal. A noção subjacente era que, exatamente como a decisão, em 1943, de desenvolver o aeroporto de Heathrow gerara crescimento ao longo do corredor que conduzia de Londres para o oeste, assim também então a direção do desenvolvimento urbano podia ser dramaticamente invertida, recuperando as áreas deterioradas do leste de Londres e retirando a pressão sobre o oeste superaquecido. Mas aí a Empresa de Urbanização – o instrumento favorito de Heseltine dos anos de 1980, usado primeiramente nas Docklands e, a seguir, numa dúzia de esquemas de recuperação em quase todas as principais cidades da Grã-Bretanha – foi preterida em favor de um enfoque mais sóbrio e pragmático: fornecimento governamental de infraestrutura na forma de melhorias em estradas de rodagem e ferrovias; remoções e preparação do solo por algo que era, de fato, uma empresa de urbanização inglesa, English Partnerships; e uma forte sugestão de favorecimento na concorrência anual do SRB, o Single Regeneration Budget (Provisão Para Recuperação Isolada).

O trabalho prosseguiu regularmente, primeiro fazendo o levantamento do potencial de desenvolvimento do corredor e, em seguida, produzindo um arcabouço estratégico – não um plano estratégico, de forma significativa; essa palavra deve ser evitada a todo custo – para desenvolvimento, publicado em meados de 1995; paralelamente, o governo aperfeiçoou o traçado da nova linha férrea e abriu uma concorrência para construí-la e fazê-la funcionar, anunciando, finalmente, o vencedor em fevereiro de 1996[21].

A CIDADE DA DESLUSTRADA BELLE ÉPOQUE
infocidades e guetos desinformacionais

Uma década no novo século e duas décadas depois do anúncio de Heseltine, o Thames Gateway estava – muito lentamente – emergindo do solo: nas docas Royal no extremo leste das Docklands e extremo oeste do corredor, um novo e enorme centro de conferências e exposições, uma vila urbana e um *campus* novo para a local University of East London; em Barking Reach, o início de uma cidade nova dentro da cidade para cerca de 20 mil pessoas; em Bluewater Park, em Dartford, o maior parque varejista da Europa. A ligação férrea, que teve sua inauguração atrasada devido a uma crise financeira que atingiu a companhia vencedora, finalmente abriu em 2007 com serviços domésticos para a Kent Coast dois anos depois, e com duas novas estações que iam proporcionar a base para empreendimentos importantes em Stratford, no East London, e perto de Bluewater, no Kent. Em Stratford, o empreendimento recebeu um impulso totalmente não previsto pela decisão, em 2005, de sediar ali os Jogos Olímpicos de 2012, em grande parte com base em sua contribuição para a recuperação da área. Os jogos foram um triunfo de relações públicas para Londres, e um ano mais tarde a Vila Olímpica foi transformada em uma nova área residencial, com planos para cinco novos bairros a serem urbanizados à sua volta pela Mayoral Development Corporation: uma autêntica cidade nova na cidade sobre o que fora o maior terreno urbano baldio de Londres. Em outros lugares, em Barking Riverside e Ebbsfleet, o progresso foi mais lento, até paralisado: houve problemas no pagamento da necessária infraestrutura de transporte, agravado depois de 2008 pela crise financeira global e que resultou em um colapso na construção habitacional. Portanto, a abordagem pragmática parecia estar funcionando mais lentamente e com mais remendos do que se esperava no início, mas acontecendo mesmo assim; mas será necessária outra década, ou mesmo duas, antes que o sucesso do esquema possa ser julgado da maneira correta.

Thames Gateway foi uma megaversão dos anos de 1990 do megaprojeto dos anos de 1980, lançado com coragem contracíclica numa época nada propícia (mas assim, de fato, eram as London Docklands em 1981); veio num momento em que, pelo mundo todo, a bolha da propriedade urbana havia estourado, deixando atrás de si a costumeira história de destruição em todas as grandes cidades. De um modo geral, ficou claro que o ciclo de crescimento urbano havia assumido sua forma de todo excessivamente previsível: tomados por espíritos animalescos, os empreendedores haviam se superado; e a indústria do desenvolvimento urbano estava em plena calmaria. Isso podia significar que ela poderia ir devagar nos primeiros anos; mas, já que se tratava, de qualquer maneira, de um projeto de longo prazo, o fato poderia não ter importância, a não ser para os políticos que, sem dúvida, gostariam de mostrar resultados

FIG. 96: *Thames Gateway. A tentativa do Reino Unido de sobrepujar os franceses em planejamento mega estratégico, um corredor de desenvolvimento urbano ao longo de oitenta quilômetros rio abaixo, baseado na nova ligação ferroviária de alta velocidade pelo Túnel do Canal; na foto, uma simulação por computador da urbanização proposta – até então aguardando implementação – ao redor da estação de trem de Ebbsfleet. Fonte: Reprodução com permissão da Land Securities.*

não depois da próxima eleição. Isso colocou a seguinte questão: qualquer estratégia tão dependente da recuperação de propriedades, que constituiu o enfoque fundamental não só em Londres mas em toda grande cidade global durante os anos de 1980, poderia produzir resultados sem ser durante breves surtos de otimismo, o que deveria ocorrer a intervalos de vinte anos ou mais. Mas a réplica era óbvia: havia outro tipo de estratégia? Num mundo em que indústrias de serviço eram o carro-chefe da economia, era inevitável que a maioria dos empreendimentos fosse comercialmente especulativa, imitando e ampliando os sinais do mercado na economia fundamental subjacente. Esse, portanto, era talvez o único jogo na cidade: em qualquer cidade.

A CIDADE DA DESLUSTRADA BELLE ÉPOQUE
infocidades e guetos desinformacionais

O Megaprojeto:
Uma Forma de Arte da Ásia Oriental?

Em outras partes do mundo, os governos engajaram-se com o capital comercial ainda mais entusiasticamente, e até mesmo de forma obcecada – tanto assim que o megaprojeto tornou-se quase uma forma de arte do leste asiático[22]. O caso mais extraordinário de todos foi o da República Popular da China, que se engajou em dois megaprojetos superiores a quaisquer outros; um no distrito de Pudong, em Xangai, o outro na Zona Econômica Especial de Shenzhen, perto da fronteira de Hong Kong. O objetivo autoproclamado de Shenzhen é "Meio ambiente como Singapura com a eficiência de Hong Kong." No ano de 2001, construída em um período de dezessete anos, emergiu praticamente do nada uma cidade linear de 30 km com uma população de quatro milhões, provavelmente até mais, organizada ao longo de um bulevar urbano no estilo de Los Angeles, com uma via expressa urbana no mesmo estilo correndo paralela alguns quilômetros adiante. A via expressa está de acordo com a paisagem no estilo de Singapura, para criar uma avenida-parque urbana; o bulevar combina com os arranha-céus no estilo de Hong Kong (construídos especulativamente, com capital de Hong Kong); o complexo inteiro é coroado por um conjunto de parques temáticos (um deles contendo uma miniatura da Torre Eiffel) entre os arranha-céus.

Não pode haver nada no mundo nem mesmo parecido com Shenzhen, assim como não pode existir nada como Pudong, sobre o qual o vice-presidente executivo da Shangai Foreign Investment Commission, Ye Longfei, memoravelmente disse:

> nós não somente vamos usar o método empregado em Shenzhen de "construir ninhos para atrair pássaros" [que significa construir nós mesmos obras de infraestrutura e edifícios padrão para fábricas], mas também experimentar o método de Yangpu da Província Hainan de "seduzir pássaros para construir ninhos" [que significa deixar homens de negócios estrangeiros investirem no desenvolvimento de lotes inteiros de terra], e ainda o estratagema usado em Xiamen de "ter pássaros que vêm e trazem os ninhos com eles" [que significa convidar homens de negócios estrangeiros para investir na urbanização da terra e trazer com eles seus parceiros de investimento][23].

Mas, em muitos aspectos, a Zona Econômica Especial de Shenzhen foi um desapontamento. É verdade que ela rapidamente passou de uma cidade agrícola para uma cidade de 350 mil habitantes, sem desemprego, com um forte crescimento no padrão de vida, rápida construção de infraestrutura e desenvolvimento industrial. Mas não trouxe a tecnologia avançada que a China esperava. Em vez de constituir reservas para a China, tornou-se uma importante zona de processamento para Hong Kong, fornecendo terra e mão de obra baratas e drenando, assim, moeda forte. E o sistema de quase-mercado deu oportunidade à corrupção e à exploração pelos "vermes da Zona Especial", os funcionários do governo que abusaram de sua posição de poder para ganhos pessoais[24].

Portanto, Pudong, formalmente revelado pelo governo em abril de 1990, ia ser diferente. Ninguém menos que Deng Xiaoping declarou em 1991 que "O sistema financeiro é o coração da economia moderna, Xangai será a cidade mais importante a vencer para a China sua posição mundial nesse campo". E, naquele mesmo ano, Li Peng estabeleceu que "a construção de Pudong será o foco do desenvolvimento da China pela próxima década". Cobrindo uma área de 522 km², a construção projetada para seguir até o ano de 2030 com um custo total estimado em 80 bilhões de dólares, a Área Nova de Pudong deve ser, de longe, o maior local em construção no mundo, projetado para ser "o centro financeiro da Ásia do século XXI"[25].

Pudong foi até mais que isso: ele foi emblemático da transformação ideológica da China. O comando não quer apenas transformar seu sistema econômico, mas também tornar-se uma grande potência econômica mundial em um período de tempo incrivelmente curto. Suas reformas são frequentemente de natureza experimental, com o potencial de desencadear resultados imprevistos. Sua predileção pelo grandioso entre ondas de controvérsia combina com a história passada e recente da China[26].

Mas a decisão de desenvolver Pudong foi tomada em circunstâncias políticas dramáticas: não apenas a destituição de Hu Yaobang e Zhao Ziyang, mas a elevação do ex-prefeito de Xangai, Jiang Zemin, a secretário-geral do Partido Comunista Chinês (PCC), foi um movimento tomado para reassegurar ao mundo o compromisso de Pequim com a reforma. Menos de um ano depois, Zhu Rongji, então prefeito de Xangai, foi promovido a vice-premier do Conselho de Estado e começou o impulso para desenvolver Pudong[27]. A realidade foi que, no rescaldo do Massacre da Praça da Paz Celestial e do colapso do Partido Comunista Soviético, o PCC percebeu que essa era sua última chance: Deng Xiaoping e seus apoiadores sabiam que sua legitimidade dependia da capacidade de entregar bens econômicos. Na viagem, muito divulgada, de Deng pelo sul, em Wuchang, Shenzhen, Zhuhai e Xangai, no começo de 1992, ele expressou seu apoio ao crescimento rápido e a uma

A CIDADE DA DESLUSTRADA BELLE ÉPOQUE
infocidades e guetos desinformacionais

FIG. 97: *Pudong. Surpreendente novo distrito central de negócios de Xangai, criado sobre antigos campos de arroz em um tempo atonitamente curto.*

economia aberta, tendo a construção como foco principal. Isso tornou-se o tema central da Terceira Sessão Plenária do Décimo Quarto Comitê Central do PCC, em novembro de 1993, frequentemente chamada "a Decisão"[28]. Pudong foi, em muitos aspectos, a manifestação da "Decisão", levando com ela corajosamente à frente o mesmo sentimento de mudança, mas ainda com cautela. Com o enfraquecimento das originais Zonas Econômicas Especiais como modelo para o desenvolvimento, Pudong tornou-se o novo modelo para a próxima década – se não para o próximo meio século. A China tinha adotado o modelo de desenvolvimento do leste asiático, como representado por Singapura, onde o controle governamental sustentava o crescimento econômico[29]. Planejadores centrais alocaram 36 bilhões de dólares para a segunda fase de Pudong (1996-2000), quatro vezes mais do que para a primeira fase de cinco anos – e até mais do que para a Barragem das Três Gargantas[30]. A mensagem ao mundo foi clara: a China era séria quanto à reforma, e Pudong ia exemplificar a força econômica vigente e futura da China[31].

Mas mesmo megaprojetos como Pudong representam somente parte de um fenômeno muito mais amplo, que surgiu nos fins do século xx no leste asiático: a megacidade, um vasto complexo de cidades em rede abrigando até 30 ou 40 milhões de pessoas e estendendo-se por um amplo espaço de milhares de km². O arquétipo é o delta de Pearl River entre Hong Kong e Guangzhou, com Shenzhen bem no centro. Tais complexos representam o suprassumo da organização urbana; o fato significativo é que eles representam partes, embora as mais avançadas, de países pobres iniciando a íngreme curva ascendente do desenvolvimento. O relatório anual do Banco de Desenvolvimento Asiático, publicado em abril de 1997, previu que por volta do ano de 2025 a Ásia terá vinte cidades com populações de mais de 10 milhões de habitantes – o dobro de 1997. Atualmente há na região nove "megacidades" com mais de 10 milhões de habitantes: Pequim, Bombaim, Calcutá, Jacarta, Osaka, Seul, Xangai, Tianjin e Tóquio. Elas logo serão alcançadas por Bangcoc, Daca, Karachi e Manila. Por volta de 2025, mesmo Rangoon será incluída, bem como Lahore, Haiderabade, Bangalore e Chennai (Madras), na Índia, e Shenyang, na China[32].

A Campanha Pela Qualidade Urbana

Havia outro tema emergente na década de 1990, mas, em certo sentido, era uma reafirmação e uma reinterpretação de um tema dos anos de 1980: a nova ênfase na qualidade do ambiente urbano, tema que se tornou praticamente uma cruzada pessoal do secretário de Estado britânico para o Meio Ambiente, John Gummer, no período de 1993-1996. Tratava-se de uma abordagem que via a cidade sobretudo em termos de projeto, e concordava plenamente com outro tema das décadas de 1980 e 1990: o destaque na competição entre cidades, na propaganda feita sobre elas como se fossem carros ou cozinhas, que era essencial à globalização, numa era em que as antigas vantagens de localização tinham ido pelos ares[33]. Tal abordagem marcou uma forte retomada da profissão de arquiteto na arena do planejamento, evocando uma tendência muito semelhante ocorrida nos anos de 1930 e motivada pela mesma crua razão: os arquitetos, titubeando sob a pior crise de desenvolvimento desde aquele tempo, estavam com falta de trabalho. Eles poderiam fazer pior, por fim, do que delirar com sonhos urbanos e publicá-los: alguém poderia lhes

A CIDADE DA DESLUSTRADA BELLE ÉPOQUE
infocidades e guetos desinformacionais

FIG. 98: *La Défense*. O grand projet *definitivo francês, quarenta anos em andamento; total integração de tudo alinhado com o grande eixo histórico de Paris, a partir do Arco do Triunfo*.

dizer sim. E na Inglaterra, o êxito descontrolado da Loteria Nacional, que produziu um fluxo de fundos públicos para *grands projets* no estilo parisiense (ou do leste asiático) – outro caso claro de emulação competitiva – ajudou a restaurar seus abatidos espíritos criativos.

Na Inglaterra, de 1974 a 1994 houve uma perda de 3,6 milhões de empregos, 45%[34], fortemente concentrada nas grandes cidades do país. "No final do século XX, nenhuma dessas cidades ainda podia ser chamada de industrial."[35] Birmingham, em 1991, tinha menos de um quarto de sua força de trabalho na indústria; Sheffield e Leeds, logo abaixo de um quinto; Manchester, Liverpool, Bristol e Glasgow, logo abaixo de 15%; Newcastle, 12,9%; o centro de Londres, 8,76%[36]. A característica principal era uma estrutura de emprego dominada pelos serviços, especialmente em suas áreas centrais e áreas de orla adjacentes[37]. Mais cedo ou mais tarde, todos perceberam que seus futuros dependiam de se reinventarem como centros de serviço pós-industriais[38].

Eles seguiram as cidades norte-americanas no território pouco familiar da propaganda de cidade. Nova York inventou o "I ♥ New York" em 1977, quase ao mesmo tempo que o prefeito de Boston, Kevin White, reivindicou para sua cidade o título de cidade pós-industrial[39]. Glasgow seguiu em 1983 com "Glasgow's Miles Better" (Glasgow é muito melhor), desenvolvido pelo magistrado Michael Kelly, que estava muito impressionado com a campanha de Nova York, e o agente publicitário John Struthers[40]. Aclamada como a campanha de publicidade mais bem-sucedida de todos os tempos na Escócia, "Miles Better" capturou a imaginação pública na Inglaterra como nenhuma campanha de propaganda de lugar havia feito desde "Skegness is So Bracing" (Segness é tão estimulante)[41].

Mas, como aponta Steven Ward, "publicidade mal definida não é suficiente; por trás das finas palavras e imagens há que ter ao menos certa atividade física de edifícios, espaços públicos e atividades que possam dar finalmente alguma promessa genuína de uma cidade reinventada", parcial que possa ser; "nunca antes projeto urbano e planejamento tinham sido usados de tal maneira sistematicamente calculista para renovar imagens e vender lugares"[42].

Nesse processo, "O mundo mágico era 'parceria'"[43]; os setores privado e público tinham que vir juntos[44]. Desenvolvida pela primeira vez em Boston (capítulo 11), a parceria chegou na Inglaterra muito mais tarde[45]: "as esperanças do governo Thatcher estavam baseadas em suposições exageradas sobre o que havia acontecido, de fato, nos Estados Unidos"[46] e os governos locais da esquerda radical do Partido Trabalhista não estavam interessados[47]. Ward comenta que "não havia, entretanto, nenhuma emergência espontânea de parcerias locais no estilo empresarial-americano nas cidades inglesas. Muito do que ocorreu envolveu iniciativas thatcheristas estimuladas centralmente, como as Corporações de Desenvolvimento Urbano e as Zonas de Empreendimento"[48]. A Corporação de Desenvolvimento das Docklands de Londres gastou entre 1 e 4% da despesa total em publicidade, e a Corporação de Desenvolvimento da Manchester Central (CMDC) gastou em publicidade, entre 1992-1993, £ 1,1 milhão de um total de £ 17,2 milhões[49].

Mas, de fato, a regeneração thatcherista conduzida pela propriedade imobiliária de final dos anos de 1980, baseada num processo de planejamento puramente físico que efetivamente excluiu a comunidade mais ampla, havia cumprido seu curso em meados dos anos de 1990. Mesmo antes da eleição de 1997 e a chegada do Novo Partido Trabalhista, ele foi abandonado numa "virada para a comunidade". O programa Cidade Desafio e seu sucessor, a Provisão Para Recuperação Isolada, introduziram abordagens baseadas em parceria e centradas na comunidade para recuperação e renovação urbanas. Eles forneceram as fundações para o amplo programa de regeneração urbana do Novo Partido Trabalhista, com sua ênfase no combate à exclusão social, renovação de bairros e envolvimento comunitário[50].

A CIDADE DA DESLUSTRADA BELLE ÉPOQUE
infocidades e guetos desinformacionais

Urbanismo Sustentável na Prática: A Força-Tarefa Urbana do Reino Unido e Depois

551

Todos esses dilemas e outros mais culminaram no relatório de junho de 1999 da Força-Tarefa Urbana do Reino Unido[51]. Essencialmente, ele foi uma resposta a duas questões bem distintas, mas relacionadas, que estavam incomodando os planejadores ingleses e os formuladores de políticas públicas em meados dos anos de 1990: o que fazer a respeito do declínio urbano e do desenvolvimento no South East.

O problema do declínio urbano era evidente em grandes traços quando a força-tarefa iniciou seu trabalho, mas tornou-se dramaticamente claro a caminho do fim, quando um dos membros, Anne Power, publicou os resultados do seu trabalho em Manchester e Newcastle[52]. Áreas inteiras dessas cidades, conforme ela mostrou, tinham entrado em um ciclo no estilo norte-americano de aumento do declínio físico e colapso social: as pessoas abandonavam suas casas, vendendo-as pelo preço que conseguiam; ruas inteiras de casas estavam sendo progressivamente abandonadas e fechadas com tábuas. As causas eram extremamente complexas, mas incluíam o declínio estrutural de longo prazo da economia – elas eram tipicamente antigas áreas industriais de cidades que tinham sofrido de forma mais drástica com a longa desindustrialização dos anos de 1970 e 1980 –, levando, por seu turno, a desemprego de longo prazo igualmente entre os idosos e os jovens, sistemas escolares de fraco desempenho que perpetuavam o problema de geração em geração, colapso familiar, problemas com bebidas e drogas, crescimento de uma economia criminosa baseada nas drogas, e guerras de gangues. Assim, no final dos anos de 1990, partes do leste de Manchester e do oeste de Newcastle estavam começando a parecer ameaçadoramente reminiscentes do norte da Filadélfia e do sul de Chicago. E o paralelo seguinte, paradoxal, com esses lugares era que – segundo comentou o professor Brian Robson num relatório de 2001 – os centros das cidades prosperavam como centros da nova economia de 24 horas, atraindo não meramente turistas e visitantes noturnos, mas também novos moradores que vinham ocupar depósitos convertidos em *lofts* e novos blocos de apartamentos: o renascimento e o colapso urbano conviviam lado a lado, às vezes distantes somente pouco mais de um quilômetro.

Isso era o que se podia chamar de agenda urbana do norte. Era muito diferente da agenda do sul, de fato quase o seu oposto. No sul, Londres florescia: sua população crescia novamente pela primeira vez em cinquenta anos, e previa-se que atingiria o seu pico de 1939 por volta de 2016. É verdade que, como acontecia nas cidades do norte, as pessoas ainda estavam saindo em direção às pequenas cidades do entorno; mas um mesmo tanto de pessoas entrava, vindas do exterior, compreendendo um amplo espectro social, desde banqueiros internacionais a pessoas em busca de asilo, enquanto novos londrinos nasciam em quantidades cada vez maiores, resultado, em larga medida, das altas concentrações de jovens de minorias étnicas. Portanto, Londres, com poucas exceções, estava quase lotada, e o problema era colocar dentro mais e mais pessoas preservando, ao mesmo tempo, uma qualidade de vida urbana razoavelmente decente. Contudo, mesmo que isso fosse feito, o problema ainda seria o fluxo de saída, que era politicamente explosivo; as pessoas nos condados ao redor de Londres, muitas das quais tinham se mudado não tantos anos antes, agora queriam erguer a ponte levadiça e preservar o que viam como sua qualidade de vida rural. E o estopim para a explosão veio em 1996 com as novas projeções populacionais, que mostravam um adicional esperado de 4,4 milhões de lares na Inglaterra em um período de 25 anos.

Tudo isso estava confusamente emaranhado em um debate sobre o futuro da caça à raposa, e levou, no início de 1998, a uma enorme marcha de enraivecidos – moradores da área rural em seus casacos Barbour e galochas verdes – ao coração da capital. Isso disparou um enorme alarme político: para tentar apaziguar os ânimos, o governo montou uma força-tarefa sob a direção do arquiteto e político trabalhista Richard Rogers. Como resultado, a força-tarefa produziu, em junho de 1998, uma abordagem única apropriada para todas as cidades: uma visão baseada no renascimento urbano, de uma vida urbana no estilo europeu continental, que ofereceria uma alternativa concreta aos duzentos anos de história inglesa de suburbanização. Havia nisso uma lógica impecável: desde que, como mostravam assaz notavelmente aquelas projeções sobre as famílias, cerca de quatro em cada cinco dos novos lares consistiriam de apenas uma pessoa, presumia-se que muitas delas ficariam bem satisfeitas com uma vida em apartamento nas cidades grandes. A força-tarefa produziu pelo menos 105 recomendações visando efetivar o renascimento urbano, muitas delas concernentes a incentivos fiscais para tornar mais interessante construir e viver nas cidades.

Barcelona, considerada abaixo, foi um modelo – na verdade, *o* modelo. Quaisquer que sejam seus erros e acertos, o planejamento sob o Novo Trabalhismo tinha uma nova missão: criar uma espetacular paisagem urbana e uma intensa experiência de estilo de vida de alta qualidade para um grupo seleto, para criar um "estímulo". Conforme John Prescott, vice-premiê, colocou em uma frase favorita, "Tendo arquitetos, planejadores urbanos e empreendedores para trabalhar juntos nós criamos um novo fator de 'grande sucesso' no Norte."[53]

A definição do lugar diz respeito a criar um pacote compósito de "ofertas" de habitação, locais de trabalho e estilo de vida, cuidadosamente configurados e comercializados para atrair uma classe estritamente definida de trabalhadores da área criativa e de conhecimento[54]. Locais urbanos tornaram-se pouco mais que acessórios de moda ou estilo de vida:

> Similar à passarela da moda, cidades agora competem umas com as outras desfilando imagens construídas de áreas diferentes da cidade que propagandeiam esses espaços como ambientes favoráveis e atraentes para negócios e lazer. Cidades exibem orgulhosamente seus novos estilos e ambientes projetados na passarela global.[55]

O Livro Branco urbano então se afastou fundamentalmente de uma longa tradição de "antiurbanismo" na política urbana inglesa. As cidades não eram mais o problema; elas eram a nova solução[56]. Subitamente, havia um novo "Idílio Urbano". Como Gareth Hoskyns e Andrew Tallon descrevem:

> Imagine passear por uma zona das docas digerindo o almoço de sexta-feira numa tarde de verão. Você atravessa passeios pavimentados, pontuados com traços de água iluminada e ouve o padrão líquido das gotas de uma fonte sobrepondo o murmúrio de um distrito comercial não tão distante diminuindo ao longo da semana; você contorna o emaranhado de obras de arte plantadas esporadicamente no concreto e circula uma âncora de 12 pés encharcada em uma tinta lustrosa que lembra melaço; você se aproxima de uma arcada e houve pessoas conversando ao redor de mesas de aço escovado de casas de café cujos interiores invocam uma impressão de estilo latino-americano moderno. Bebendo expresso, leite de soja, ou a mais fina cerveja belga engarrafada, essas pessoas são parte de uma nova boêmia metropolitana inglesa e, enquanto seu cinismo compele sua condescendência, você secretamente se imagina como um membro.[57]

Isso empresta associações da vida rural – a "comunidade local", "natureza", "herança", a "vila" – para recriar uma ideia de vida urbana civilizada: a vila urbana. Seus habitantes são exclusivamente profissionais urbanos jovens, solteiros ou sem filhos, com alta renda disponível e alto capital social, educacional e cultural[58]. Na realidade, entretanto, áreas que têm sido assim rapidamente recuperadas e gentrificadas, tais como partes do East End de Londres, revelam uma separação quase completa entre, por um lado, os *lofts* remodelados e os novos empreendimentos com sistemas de segurança na Hoxton Square e Kingsland Road e, por outro, os conjuntos de habitação social a algumas quadras de distância: um mosaico de "espaços utópicos e distópicos", "fisicamente próximos, mas institucionalmente estranhos"[59]. Talvez, como Rowland Atkinson sugeriu, esse foi um preço que compensou pagar para atrair novamente a classe média para o centro da cidade, promovendo espaços públicos e aumentando a qualidade de vida da maioria dos habitantes da cidade[60]. Mas os críticos radicais não estavam satisfeitos:

> Nós temos Rogers no 'urbano', a Unidade de Exclusão Social nos 'bairros pobres' e o Livro Branco do governo local na 'governança' local. A consequência disso é fornecer um conjunto de políticas para as classes médias urbanas, um para os pobres urbanos e outro para a reforma parcial do *establishment* político que governa ambos.[61]

Confrontadas com os novos desafios de transformar suas economias, reconstruir suas estruturas e mudar suas imagens, as principais cidades centrais inglesas adotaram estratégias muito diferentes – e com resultados muito diversos, como salta dos veredictos de peritos da academia local em um simpósio editado por John Punter. Manchester era notoriamente empresarial, oportunista e orientada para o mercado, construindo uma reputação muito forte de uma boa cidade para se fazer negócios. Não constrangido por planejamento estatuário e não contestado politicamente, seu Arcabouço de Desenvolvimento Local "é tão descomprometido quanto pode ser acerca de densidade construtiva, altura ou uso do solo, permitindo que valores esperados vagueiem livremente e a cidade negocie empreendimentos caso a caso" – ainda assim considera projeto urbano seriamente e contrata consultores de classe mundial para provê-lo[62]. Leeds foi menos bem-sucedida: "um furacão de atividade de controle de desenvolvimento com política lutando para manter-se, que dirá controlando firmemente a natureza, localização, quantidade e estilo de empreendimentos de vários tipos, embora priorizando desenvolvimento sustentável". Parece oscilar entre adotar arrojo e timidez; visou tornar-se uma verdadeira cidade europeia, mas a realidade ficou aquém[63]. Sheffield, de forma bem-sucedida, transformou seu centro por meio de abordagens inovadoras. Como outras cidades, promoveu a ideia de um estilo de vida urbano "situado no interior" girando em torno de uma "cultura do café". Mas isso também gerou espaços públicos cobertos como o Winter Gardens e Millennium Galleries[64]. Ela colocou enorme esforço em criar uma rota desde a estação de trem até a prefeitura, sugerindo uma obsessão com a criação de imagem para visitantes.

A CIDADE DA DESLUSTRADA BELLE ÉPOQUE
infocidades e guetos desinformacionais

Em Liverpool, uma década frenética trouxe um impacto real, conduzido pelo novo líder do conselho de administração e chefe-executivo que estabeleceu uma visão de Liverpool e garantiu o papel de Grosvenor no novo centro de compras Liverpool One, criando uma referência para sistemas de ruas abertas e uma forma mais urbana de desenvolvimento integral, enquanto estabelecia a confiança de um novo mercado para desenvolvimento no centro da cidade. Liverpool abriu o caminho no Reino Unido ao abraçar suas instituições culturais de excelência[65] e desenvolver um bom domínio público. Ela enfatizou empreendimentos multiuso, e a população residente no centro aumentou. Mas muito desse sucesso foi concentrado no centro da cidade[66]. Bristol fornece um triste contraste, com desenvolvimento medíocre. Talvez não tenha tido um "renascimento urbano" porque, diferentemente de cidades pós-industriais como Birmingham, Glasgow e Manchester, ela nunca esteve em nenhum perigo real de "morrer". Para muitos, Bristol permanece um bom lugar para viver e trabalhar, a despeito das realizações limitadas de seus planejadores, empreendedores e iniciativas de recuperação[67]. Newcastle melhorou notavelmente a qualidade física e econômica de seu centro urbano. Alguns acham os novos espaços e imagens corporativos e elitistas não suficientemente sensíveis às necessidades e ao caráter local, e não suficientemente sutis ou coerentes[68]. Nottingham preparou planos diretores estratégicos para as áreas de reurbanização remanescentes principais nas bordas do coração central – Waterside, Southside e Eastside –, criando um arcabouço coerente para seu processo de recuperação enquanto se esforçava por vincular novamente as comunidades carentes do centro ao próspero centro urbano e reunir a cidade com o Rio Trend. Transformou-se, de forma bem-sucedida, de uma economia industrial para uma economia baseada em conhecimento e serviços, por meio de uma estratégia consistente e de longo prazo. E insistiu corretamente em combinar planejamento, projeto urbano e transporte sob uma seção de coordenação, usando uma abordagem dirigida pelo projeto para planejamento e transporte, com informes de planejamento detalhados voltados a todos os locais-chave e a promoção de instruções de projeto tridimensionais para oportunidades de desenvolvimento particularmente importantes[69].

John Punter, refletindo sobre essas variadas histórias, concluiu que elas refletem menos os resultados de uma política deliberada de renascimento urbano do que o impacto do *boom* imobiliário de 1993-2007, que proporcionou às cidades a oportunidade longamente aguardada de repovoar suas áreas centrais, eliminar as marcas de abandono, reforçar o emprego em serviços, particularmente no setor de serviço financeiro de alto valor bruto agregado[70];

para expandir seus centros de compra e ampliar suas captações; e expandir seu apelo como destinação cultural, festiva, de entretenimento ou de "passeio urbano". A maioria dos conselhos urbanos desenvolveu agendas de competitividade explícita e estratégias empreendedoras para atrair investimentos e entregar projetos importantes de recuperação e melhorias na esfera pública. Interesses comerciais e imobiliários avultavam na escala e variedade de suas parcerias público-privadas, na influência dos principais investidores-incorporadores nas parcerias estratégicas locais (ou de transportes) e nas formas pelas quais conselhos geriam projetos importantes de desenvolvimento[71].

Mais essencialmente, em todas as cidades os impactos físicos mais dramáticos do renascimento urbano foram concentrados no centro e em seus entornos imediatos. A combinação típica, na fundamentação de Punter, foi uma grande expansão central dos setores de varejo, hotelaria, lazer, bares e restaurantes – um reflexo do crescimento do consumismo – e dramático crescimento no número de apartamentos ao redor do coração comercial. No centro da cidade estava em toda a parte o "motor do crescimento", e a escala de reurbanização foi sem precedentes nos tempos modernos; por ocasião do *boom* em 2006, várias cidades relataram ter 15 a 20% de sua área central sendo reurbanizada. Um objetivo-chave era repovoar e estender o centro urbano, aumentar sua massa crítica, diversificar seu caráter e revitalizar áreas imediatamente vizinhas. Investimento em edifícios altos de apartamentos, com alta densidade, foram concentrados em áreas comerciais decadentes nos limites do centro urbano, ou em antigas áreas industriais e de armazéns, ao longo de orlas e outras áreas de maior encanto[72]. Entre 1998 e 2006, algo entre 5 mil e 9 mil apartamentos foram construídos nos limites dos centros de Manchester, Leeds, Birmingham, Liverpool, Cardiff e Bristol. Agora, representando mais da metade de toda a produção local de habitação, esses apartamentos tornaram-se o foco de uma crítica de projeto severa, mas o repovoamento dos centros urbanos trouxe benefícios importantes em termos de crescimento da vitalidade urbana e atendimento das demandas habitacionais de muitas famílias pequenas.

No todo, Punter concluiu que houve uma melhoria apreciável na qualidade do ambiente construído e na esfera pública nos centros, com novas "quadras" fornecendo mais opções para negociantes, residentes, consumidores e cidadãos. Mas, além desses centros urbanos ampliados, houve apenas evidências esporádicas de renascimento. Em muitas cidades, restou um ponto de ruptura muito evidente, onde a remodelação e manutenção de alto nível para consumidores endinheirados e turistas termina e começa o gasto mínimo para os moradores[73].

A CIDADE DA DESLUSTRADA BELLE ÉPOQUE
infocidades e guetos desinformacionais

Tudo isso veio ao encontro da nova ênfase: na recuperação empreendedora por meio de uma série de projetos espetaculares destinados a transformar a imagem de uma área urbana decadente. E marcou igualmente uma mudança acentuada de ênfase: afastando-se das estratégias de crescimento orientado para abrigar pessoas, tão típicas dos anos de 1960 e 1970, e rumando para estratégias que se apoiavam na renovação de áreas degradadas muito próximas dos centros urbanos. Seria possível descartar isso como uma guinada puramente política, peculiar do Reino Unido; mas essa mudança ocorreu simultaneamente na França socialista, onde o *Schéma Directeur* de 1994 para a Île-de-France contrastou fortemente nesse aspecto com seus predecessores. O fato é que o movimento de planejamento havia se dissociado do movimento habitacional, o qual fornecera o combustível essencial para sustentá-lo ao longo de grande parte de sua vida no século xx; o novo nome do jogo era recuperação, e nele o planejamento estava reduzido a um papel secundário.

Havia outro aspecto, que foi o de que a empreitada, no seu todo, lembrava estranhamente o movimento City Beautiful: como quase um século atrás, os arquitetos-planejadores enfatizavam quase que exclusivamente a aparência, o lado decorativo das cidades; eles mostraram uma inclinação marcante para o tratamento dos grandes espaços públicos centrais, em detrimento dos lugares onde os moradores comuns da cidade vivem e trabalham; assim, deixaram para um segundo plano profundo os problemas sociais mais graves e menos tratáveis, como o desemprego estrutural e a emergência de uma classe urbana muito baixa. Tudo era perigosamente reminiscente da Chicago de Burnham. Talvez isso fosse involuntário: não se deve esperar que arquitetos ajam como engenheiros sociais, tarefa pela qual raramente demonstraram muito entusiasmo. Mas a mudança de ênfase foi por si significativa: alguém podia descartá-la como simples agenda política, mas ela seguramente foi mais fundo que isso.

O estranho é que tudo acontecesse justamente quando as novas projeções, por toda a Europa, mostravam uma demanda quase sem precedentes por novas moradias. Essas projeções começaram a aparecer em meados da década de 1990, e inevitavelmente foi preciso tempo para que suas implicações se disseminassem plenamente; parecia certo que iriam gerar um debate apaixonado, pois feriam o coração dos desejos NIMBY (não no meu quintal) de conservar verdes os enclaves verdes.

A Busca Por Sustentabilidade

Havia outro tema importante para planejadores no início dos anos de 1990, que era a busca por algo que emergia quase como um Santo Graal: o desenvolvimento urbano sustentável. O problema era que, apesar de todos serem a favor dele, ninguém sabia exatamente o que significava. Para sermos precisos: embora todos pudessem citar de cor a definição de sustentabilidade, extraída do Relatório Brundtland de 1987 – "desenvolvimento que vem ao encontro das necessidades presentes sem comprometer a capacidade das gerações futuras em prover suas próprias necessidades e aspirações" –, de modo algum ficava claro como isso seria delineado dentro das decisões concretas do dia a dia em contextos urbanos cotidianos. Os objetivos gerais eram bastante fáceis: devíamos desenvolver formas de construção que conservassem energia e minimizassem emissões de poluentes; devíamos encorajar acessibilidade sem mobilidade, ou, mais especificamente, sem a necessidade de transporte mecanizado (em particular, prevendo lugares acessíveis a pé ou de bicicleta); e, portanto, devíamos desenvolver o transporte público e desencorajar o uso do carro individual, desenvolver novas formas de propulsão que poluíssem menos e economizassem mais energia do que os motores de combustão interna, e criar centros de atividade ao redor das conexões do transporte público. A parte difícil era o próximo passo: traduzir esses objetivos em contextos concretos. Consequente e muito previsivelmente, todos os definiram segundo suas próprias conveniências: os NIMBY – condados chiques externos aos subúrbios urbanos, defensores do "não no meu quintal" – interpretaram que eles significavam: içar a ponte levadiça para impedir a entrada de qualquer outra pessoa em seus enclaves endinheirados (salvo, talvez, umas poucas pessoas selecionadas, como eles próprios, com as quais seria agradável bebericar aos domingos); os empreendedores interpretaram que significavam vilas urbanas, localizadas de moda em lugares da cidade, que, de outra maneira, seriam difíceis de vender, ou talvez conversões de *lofts* no centro urbano igualmente na moda.

Simin Davoudi argumenta que o problema vai mais fundo: o conceito de sustentabilidade é, em si mesmo, inerentemente ambivalente. O planejamento moderno surgiu da visão de uma sociedade alternativa, de uma utopia[74]. Mas, conforme o Estado intervencionista do período pós-guerra deu lugar ao Estado permissivo dos anos de 1970, o "planejamento urbano clássico" perdeu sua força. "A era de ouro do planejamento" – quando planejadores livres da interferência política e confiantes em sua capacidade técnica podiam seguir com o trabalho – chegou a um fim[75]. Os propósitos sociais que um dia moldaram sua fundação original foram renunciados. Planejamento tornou-se uma rotina burocrática e um exercício técnico que tem pouco em comum com reforma[76].

A esperança, entretanto, era de que uma nova visão pudesse emergir da sustentabilidade. Mas, Davoudi argumenta, surgiram dois discursos diferentes de sustentabilidade, fornecendo para o sistema de planejamento caminhos de desenvolvimento fundamentalmente distintos. Um, a "modernização ecológica", reforça a face técnica e reguladora do sistema; o outro, a abordagem "sociedade de risco", pede por um ressurgimento de sua face ideológica e proativa[77]. Esses dois conceitos alternativos de sustentabilidade refletem os conflitos subjacentes entre aqueles que acreditam que a sociedade pode alcançar sustentabilidade sem impedir seriamente o crescimento econômico, e aqueles que argumentam que a sociedade não pode alcançar a sustentabilidade a menos que modos de produção alternativos sejam buscados[78]. A definição de planejamento "profissional", como conceituada pelo governo e adotada na prática, nitidamente concorda com o caminho da modernização ecológica[79].

No meio disso tudo, algumas pessoas sinceras, sobretudo com uma mente de disposição acadêmica, estavam tentando deslindar o que sustentabilidade podia significar na prática. Tudo começou com um estudo publicado por dois planejadores australianos, Peter Newman e Jeffrey Kenworthy, em 1989, que mostrou que os habitantes das cidades norte-americanas consumiam muito mais energia em transporte do que os citadinos australianos e estes, por sua vez, gastavam mais que os europeus. A diferença essencial, segundo eles, era que os europeus, em particular, usavam mais transporte público, e isso podia ser explicado pelo fato de suas cidades serem mais densas. Concluíram, portanto, que a solução estava em criar cidades que fossem mais densas, mais compactas.

Desnecessário dizer que nem todos os seus colegas acadêmicos concordaram: eles nunca o fazem. Sobretudo dois deles – Harry Richardson e Peter Gordon, da Universidade de Southern California – produziram provas de que cidades expandidas no estilo californiano eram realmente eficientes em energia porque os empregos migraram com as pessoas, de modo que as viagens, em média, eram curtas[80]. Fora essa diferença principal, a maioria dos acadêmicos viu-se diante de um notável – e mesmo incomum – grau de concordância: que a urbanização devia basear-se em unidades de vizinhança razoavelmente pequenas, cada uma delas combinando moradia, oportunidades de emprego e serviços, não para garantir que todos minimizassem as viagens, mas para dar-lhes ao menos a oportunidade de fazê-lo se quisessem: elas deviam ser aglomeradas dentro de grupos grosseiramente retangulares para até 250 mil pessoas, ao longo dos eixos de transporte público[81]. Na Califórnia, o arquiteto-planejador Peter Calthorpe tentava dar expressão física a tais ideias mediante seu conceito de bolsão de pedestre, que, usado na cidade de San José, tornou-se a base para o plano diretor urbano da capital do estado da Califórnia, Sacramento[82]. E do outro lado do continente, em Seaside, na Flórida, Andrés Duany e Elizabeth Plater-Zyberk forneceram um modelo muito semelhante de comunidade sustentável[83].

Essas reinvenções norte-americanas eram, com raras exceções (Seaside, Celebration), subúrbios-jardim, não cidades-jardim independentes. Mas nisso elas meramente seguiam Radburn e as cidades do cinturão verde, de quase um século antes: Clarence Stein escrevera que "Radburn tinha que aceitar o papel de um subúrbio"[84]. O que Mumford memoravelmente chamou de "Ideia Radburn" forneceu a base para praticamente cada cidade nova norte-americana desde então até 1980, incluindo as cidades de cinturão verde, Reston e Columbia, as novas comunidades federais dos anos de 1960 e 1970, e as "comunidades de plano diretor" californianas como Irvine, Valencia e Westlake Village[85]. Os Urbanistas Novos eram tradicionalistas até a alma: eles casaram a defesa feita por Jane Jacobs do desenho tradicional de bairro – casas defronte à rua, sistema em grelha garantindo calçadas movimentadas de pedestres – com o igualmente tradicional princípio da unidade de vizinhança: Andrés Duany escreveu uma introdução a uma nova edição da obra de Unwin, *Town Planning in Practice* (Planejamento Urbano na Prática) e Walter Creese apontou, em 1992, que Seaside foi baseada nas ideias de Raymond Unwin e de seu discípulo norte-americano John Nolen[86]. Os Urbanistas Novos estavam divididos entre si[87], alguns declarando ser contra Stein, mas a favor de Nolen. Como observa William Fulton, "tal dicotomia é rica em ironia"[88] porque ambos, Nolen e Stein, combinaram o formal e o informal[89]: "o formal e o informal se encaixam de forma mais bem-sucedida do que muitos Urbanistas Novos estão dispostos a admitir. O formal e o informal são o *yin* e o *yang* do desenho da cidade-jardim"[90].

Os Urbanistas Novos foram muito influenciados pelo evidente sucesso, a partir de meados dos anos de 1960, dos Distritos Históricos, versões arrumadas, idealizadas, de seus passados, muito influenciadas por ideias do que constitui boa forma de cidade[91] – notavelmente, o livro de Kevin Lynch, *The Image of the City* (A Imagem da Cidade). Urbanistas Novos também evocam um passado idealizado, um passado que nunca foi uma criação contemporânea

FIG. 99: *Desenvolvimento sustentável. Dois conceitos a partir de 1993, um inglês (Michael Breheny e Ralph Rookwood, para a Town and Country Planning Association), um norte-americano (Peter Calthorpe): concebidos independentemente, quase idênticos na forma. Fontes: (a) M. Breheny e R. Rockwood, a partir de A. Blowers (ed.),* Planning for a Sustainable Environment: A Report by the Town and Country Planning Association © 1993 Earthscan. *Reproduzido com permissão de Taylor and Francis Books, UK; (b) Calthorpe Associates.*

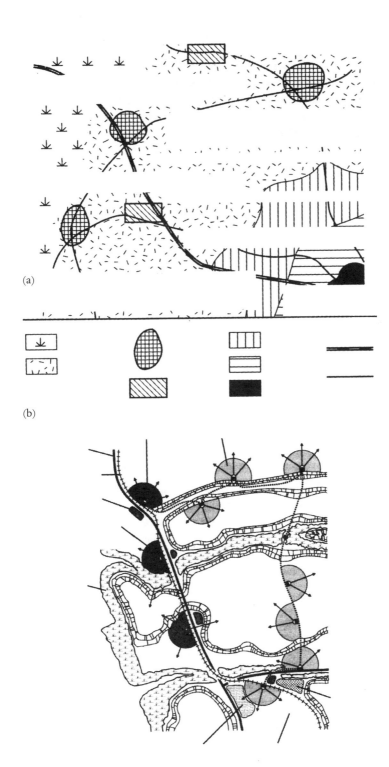

decorrente dos mesmos processos que os Distritos Históricos[92]. Escritores como Camillo Sitte e Raymond Unwin, muito citados pelos Urbanistas Novos, nunca foram preservacionistas puros: sua mensagem era que nós devemos compreender as subjacentes noções intuitivas que deram forma às cidades do passado, mas que têm sido obscurecidas pelos procedimentos burocráticos[93].

Contudo, um dos mais influentes Urbanistas Novos não era norte-americano. Trata-se de Léon Krier, um luxemburguês que trabalhou e tinha grande influência no Reino Unido[94]. Ele rejeitou os clichês da arquitetura moderna e pós-moderna com igual veemência, recusando "aceitar qualquer das premissas básicas do moderno estado industrial e sua mentalidade orientada para o consumo"[95]. Ele foi um membro fundador crucial do Urban Villages Group, estabelecido em 1989 como resultado de um desafio do príncipe de Gales, fornecendo uma base conceitual para seu modelo. Eles triunfaram quando o modelo de vilarejo urbano foi incorporado nas notas de orientação da política de planejamento do governo, PPGI[96]. Do outro lado do Atlântico, Krier também requer crédito pela ideia do Congresso Para o Urbanismo Novo como um movimento de planejamento alternativo ao Congrès Internationaux d'Architecture Moderne – CIAM; Andrés Duany identifica Krier como um de seus mentores mais importantes[97], como planejador-chefe para Poundbury, uma extensão urbana para 5 mil pessoas em uma área de 158 hectares pertencente ao Ducado da Cornualha na borda ocidental de Dorchester[98].

O fato curioso foi que a receita resultante soava e parecia estranhamente com a cidade social de 1898, de Ebenezer Howard; ou, até onde isso importa, com o Plano Geral para Estocolmo, de 1952, de Sven Markelius e Göran Sidenbladh. Os planejadores norte-americanos, ao que parece, haviam reinventado a roda. Pode-se dizer que era uma boa roda, digna de ser reinventada. Mas também cabe observar que, na prática, os satélites de Estocolmo nunca funcionaram tal como seus criadores haviam imaginado: como visto no capítulo 7, muito mais gente viajava diariamente entre a casa e o trabalho para fora deles e para dentro deles, especialmente depois de adquirir seu primeiro Volvo[99]. E, sem dúvida, o mesmo seria ainda mais verdadeiro nos anos de 1990, com dois trabalhadores por família deixando suas casas em direções opostas, todos os dias, viajando para múltiplas oportunidades de trabalho em lugares distantes. De fato, o assim chamado Urbanismo Novo[100] não funcionou exatamente como seus defensores haviam sugerido: um dos seus modelos, Kentlands em Maryland, é um subúrbio totalmente dependente do automóvel localizado além do fim da linha do metrô de Washington DC; Laguna West, na Califórnia, não é conectado ao sistema de metrô leve de Sacramento e depende diariamente de um punhado de ônibus nos horários

A CIDADE DA DESLUSTRADA BELLE ÉPOQUE
infocidades e guetos desinformacionais

de pico. Além disso, especialistas em transporte – primeiro na América do Norte e, em seguida, na Europa – começaram a notar que a grande maioria das viagens de automóvel já não eram para o trabalho, mas para outros lugares e por outros motivos; e esses eram extremamente difíceis de controlar apenas por meio de políticas de uso do solo. Políticas fiscais rigorosas, como impostos mais altos sobre combustível e taxas de estacionamento, eram o único meio de obter resultados – ou assim eles sugeriam; todas as diferentes formas urbanas no mundo podem não fazer muita diferença.

Ainda assim, os planejadores deviam fazer o que pudessem para tornar as pessoas virtuosas. E, além disso, políticas de uso do solo iam ser apenas parte de um pacote que deveria incluir outros desincentivos ao uso do carro e incentivos ao uso de outros meios de locomoção: impostos mais altos sobre o combustível, pedágios rodoviários, taxas de estacionamento, restrições físicas ao tráfego. No Quarto Plano – Extra da Holanda, de 1991, e no PPG-13 do Reino Unido, de 1993, esses pacotes conjuntos de uso do solo e transporte foram avidamente empregados, pelo menos em princípio; e, na implementação dos acordos firmados no Rio de Janeiro em 1992, os governos começaram efetivamente a pôr em prática políticas como impostos mais altos sobre combustível. Mas com limites: exceto pela Escandinávia, que aplicou a ideia em experimentos cautelosos e parciais, nenhum país estava preparado para acompanhar Singapura em seu arrojado esquema de pedágio eletrônico, implementado no tempo estipulado (como tudo em Singapura) em 1998. Houve limites, ao que parece, ao politicamente possível: como Santo Agostinho, os eleitores e seus representantes eleitos desejavam ser virtuosos, mas não já.

Novos Modelos
Para Peregrinos do Planejamento

Entretanto, algo estranho e interessante vinha acontecendo em outros lugares: em poucas cidades da Europa continental e em outras muito distantes. Durante a primeira década do novo milênio, elas tornaram-se locais de peregrinação para planejadores que queriam entender como haviam alcançado sucesso.

BARCELONA. Barcelona, no final dos anos de 1990, foi a primeira: a cidade emblemática para a Força-Tarefa Urbana e, particularmente, para seu diretor Richard Rogers[101]. O relatório da Força-Tarefa Urbana recomendou-a por dois tipos de intervenção de planejamento proximamente associados: pequenas operações em pequenos espaços urbanos, seguidos por projetos "estratégicos"[102]. Em Barcelona, durante os anos de 1980, aproximadamente 150 operações de criação ou recuperação de espaço público foram realizadas, atraindo atenção internacional e prêmios[103]. Pasqual Maragall, ex-prefeito de Barcelona (1982-1997), escreveu o prefácio com a prescrição crítica: "O truque em Barcelona foi qualidade primeiro, quantidade depois."[104]

Francisco Javier Monclús explica que o fenômeno Barcelona foi fortemente influenciado por dois discursos urbano-arquitetônicos e seus correspondentes *slogans* ao longo dos anos de 1970 e início dos anos de 1980: a "arquitetura da cidade", decorrente do livro de Aldo Rossi (1966), que foi particularmente influente na Itália, França e Espanha – sobretudo em Barcelona –, e a "reconstrução da cidade europeia", com um interesse renovado na cidade existente. Criticamente, também, isso refletiu a crescente importância do "projeto urbano", uma alternativa, liderada pelo arquiteto, ao planejamento estratégico generalista dos anos de alto crescimento urbano nas décadas de 1950 e 1960. Essa linha passa pelos eventos em Barcelona e também nos *grands projets* em Paris, ou, acima de tudo, no Internationale Bauausstellung (IBA) em Berlim. Esses compartilhavam elementos comuns: uma apreciação nova da cidade "histórica" (especialmente aquela dos séculos XIX e da primeira parte do XX), a recuperação de espaços públicos tradicionais (ruas, praças e parques), a integração de planejamento urbano e arquitetura como uma reação ao planejamento estratégico abstrato. Um foco central foi enfrentar problemas urbanos por meio de projetos específicos, principalmente a recuperação do espaço público e instalações comunitárias[105]. A oportunidade surgiu devido à obsolescência crescente e abandono de grandes áreas urbanas centrais – antigas zonas industriais, portuárias e instalações ferroviárias –, um processo geral por toda a Europa, já abordado no capítulo II[106]. Projetos urbanos, apoiados por "publicidade urbana" e criação de imagem, tornaram-se um meio para "relançar" cidades como parte de sua conversão de uma economia de base industrial para uma de base em serviços, ajudando seu *ranking* na "liga urbana internacional", particularmente atraente para governos locais social-democratas[107]. Mas Barcelona também era, naturalmente, única em sua recente recuperação da democracia e na importância de suas associações de bairro, bem como no papel especial desempenhado pelos arquitetos[108].

Em paralelo aos projetos litorâneos e de orla diretamente associados aos Jogos Olímpicos de 1992, outra série de grandes projetos se beneficiaram de condições especiais de planejamento para atrair novos tipos de gestão e usos terciários nos setores de serviços e instalações, em espaços com usos

A CIDADE DA DESLUSTRADA BELLE ÉPOQUE
infocidades e guetos desinformacionais

obsoletos, mas com boa acessibilidade. Em paralelo, havia operações associadas à remodelação do porto, ao transporte por cabo no Delta do Llobregat, ao aeroporto, ao trem de alta velocidade e à área Sagrera, e à operação "Diagonal Mar"[109].

Barcelona então tornou-se uma "cidade vencedora" na nova ordem urbana e econômica internacional[110]. Mas, como Monclús observa, completamente ausente do relatório da Força-Tarefa Urbana está o fato de que, ao longo desses vinte anos de transformação, a "cidade real", à qual Maragall frequentemente se refere, tornou-se uma região metropolitana sempre mais dispersa e menos "mediterrânea"[111]. Em 2010, a muito alardeada "cidade compacta" de Barcelona era meramente o coração da Barcelona Metropolitana, uma vasta aglomeração de mais de quatro milhões de habitantes, alastrando-se por um território de mais de 3 mil km² com um raio de 30 a 45 quilômetros. E durante o triunfo do "modelo Barcelona", a cidade perdeu quase 250 mil pessoas, declinando de 1,75 milhão em 1981 para 1,51 milhão em 1996, e perdendo atividades econômicas significativas. Alguns críticos até sugeriram que Barcelona estava exportando seus problemas para a periferia[112].

CURITIBA[113]. Curitiba tem uma qualificação suprema como um lugar de peregrinação urbana: da mesma forma que Lourdes ou Santiago de Compostela, está a uma longa distância de qualquer outro lugar. Não só o Brasil fica do outro lado do mundo a partir da Europa; Curitiba está a outra hora de voo a partir do Rio ou de São Paulo. Quando o peregrino finalmente chega, ele ou ela imediatamente notam duas coisas: primeiro, o aeroporto parece uma miniatura do de Zurique; segundo, apropriadamente, todos vestem um suéter de sua bagagem de mão. Curitiba – amenos 15°C, durante todo o ano – não é Copacabana. Em mais de um sentido, ela é o Brasil Frio.

Os seguintes dados fornecem a pista da peculiaridade de Curitiba ressaltada aqui: Paraná, o estado do qual Curitiba é capital, foi colonizado por alemães, poloneses e ucranianos. Em uma de suas mais felizes (e politicamente corretas) inspirações, a cidade criou, em seus diferentes novos parques, um santuário para cada uma de suas grandes correntes de imigrantes; a polonesa, um conjunto completo com capela dedicada à famosa Madonna Negra de Czestochowa, foi benzida pelo Papa quando este passou por lá. E, chegando na rua 15 de Novembro, a grande rua principal de pedestres do centro da cidade, você bem pode se sentir conquistado: certamente tem tudo a ver com Cracóvia, ou Munique, ou qualquer cidade entre o Reno e o Vístula. As multidões parecem germano-polonesas. E há uma falta geral de cafés de rua, que caracterizam a cultura ítalo-portuguesa de outras cidades brasileiras.

FIG. 100: *Jaime Lerner. O legendário arquiteto-planejador brasileiro, prefeito de Curitiba e então governador do estado do Paraná, fotografado à frente de um de seus icônicos abrigos de ônibus. Fonte: © HeveCollart/Sygam/CORBIS.*

O clima tem algo a ver com isso, naturalmente. Mas Jaime Lerner, o fabuloso prefeito que colocou Curitiba no mapa e depois foi governador do Estado, tem origem polonesa. Lerner é também arquiteto por formação. Ao entregar a administração e organização de uma cidade brasileira a um arquiteto polonês – que foi o que ocorreu em Curitiba trinta anos atrás –, o resultado foi uma explosão de criatividade que embalou o mundo.

A realização de Lerner, que deve torná-lo o político municipal de excelência do século xx, foi desenvolver iniciativas que, de modo brilhante, fizeram muitas coisas de uma vez. Juntando ao seu redor uma equipe de profissionais de extraordinária criatividade – um deles, que guiou-me pela cidade, me disse que pessoas afluem de todo o vasto país pela chance de trabalhar ali –, por meio de um pensamento lateral extraordinário, ele desenvolveu um conjunto de soluções para os problemas da cidade, extremamente efetivo em termos de custo, visual de uma maneira simbólica e, acima de tudo, astuto politicamente.

O melhor de tudo, que estabeleceu a imagem da cidade onde quer que urbanistas se reúnam, são os ônibus. Trinta anos atrás, Rio e São Paulo planejavam sistemas de metrô. Desnecessário dizer, Brasil sendo Brasil, eles estabeleceram novos padrões para a elegância do projeto. Mas Curitiba, uma cidade pequena de meio milhão de habitantes, não podia justificar a construção de

A CIDADE DA DESLUSTRADA BELLE ÉPOQUE
infocidades e guetos desinformacionais

uma rede de metrô. Então Lerner simplesmente decidiu que sua cidade teria, no lugar de um sistema de metrô, um ônibus-metrô que custaria bem menos aos cofres públicos.

A chave da solução foi que em três dos principais corredores de ônibus que levam ao centro da cidade havia o que os planejadores de Curitiba chamam de sistema ternário de ruas: um bulevar bastante amplo margeado em ambos os lados por duas ruas mais estreitas. E seria fácil construir os bulevares para fora, à medida que a cidade crescesse. Assim, os engenheiros de Lerner transformaram as duas ruas laterais em artérias de mão única, com um sistema de semáforo em onda que permitia ao tráfego fluir, e então se apossaram do bulevar. Tomaram toda a faixa central como pista exclusiva de ônibus, e deram a eles prioridade nas horas de pico. Carros, em movimento ou estacionados, ficaram com o restante das faixas, embora não fossem exatamente encorajados a usá-las. Em intervalos ao longo dessas artérias, construíram estações de ônibus – vinte na cidade, mais outras cinco na área mais ampla do ônibus-metrô – onde os ônibus expressos se conectavam com ônibus locais vindos dos bairros, e com ônibus orbitais. Cada tipo de ônibus traz uma cor própria: vermelho para os corredores de ônibus, prata para outros ônibus expressos, verde para os orbitais (interbairros) e amarelos para os milhares de ônibus locais, denominados convencionais, alguns dos quais servem como alimentadores para os expressos.

Mas transporte foi apenas metade da história: a equipe de Lerner o integrou o transporte ao uso do solo. A cidade zoneou o solo: especificou altura elevada e alta densidade ao longo dos eixos principais e em nenhum outro lugar. Além disso, estimulou o estabelecimento de novos supermercados, bancos e outros serviços próximos às paradas de ônibus. Os empreendedores responderam positivamente, como fazem quando recebem sinais claros. A partir da torre de telecomunicações da cidade, o visitante vê esses espantosos muros de altura elevada irradiando a partir do centro.

Conforme o tráfego aumentou e o sistema expandiu – os eixos principais agora se estendem por mais de 68 quilômetros –, o problema passou a ser a capacidade. Curitiba resolveu isso de duas formas: primeiro, acoplou os ônibus expressos em unidades *expresso articulado* e então, mais recentemente, em unidades *expresso biarticulado*, que carregam um número surpreendente de 270 pessoas nos horários de pico. Depois aumentou a velocidade dos ônibus nas paradas, projetando os famosos abrigos de Curitiba: um tubo de vidro ao qual se tem acesso por uma catraca que é liberada por um passe que pode ser comprado em qualquer banca de jornal. Como resultado, é realmente bastante difícil filmar um desses extraordinários ônibus em ação: num instante eles se esvaziam, se enchem novamente e vão embora.

O sistema inteiro, que agora se expande para fora da cidade em doze subúrbios adjacentes, opera com tarifa que permite ao passageiro uma única transferência de veículo. E, bastante surpreendente, o sistema é privatizado, como o de Londres. A cidade é dividida em dez "pedaços de pizza", e cada um deles é entregue em franquia a uma determinada companhia, além de outros 16 pedaços da área ampla do ônibus-metrô, e as receitas são reunidas.

Os resultados falam por si mesmos. Curitiba é uma das mais prósperas cidades do Brasil, com alto número de proprietários de carros. Mas o sistema de 1.700 ônibus carrega quase dois milhões de passageiros por dia, e um quarto dos proprietários de carros usam os ônibus. O eixo principal norte-sul, onde os ônibus têm uma capacidade de pico de 14 mil passageiros por hora (comparável ao ligeiro metrô das Docklands em Londres), carrega 300 mil pessoas por dia; um resultado que muitos gestores de sistemas de transporte sobre trilhos fariam tudo para atingir.

A questão é que o sistema de ônibus é uma barganha fenomenal. Eles estão reconstruindo o corredor leste-oeste para acomodar os novos biarticulados: isso custará cerca de £17 milhões, dos quais £7,5 milhões irão para os ônibus propriamente ditos. Trata-se de uma pequena fração de um investimento típico em metrôs ligeiros, que dirá de uma nova linha de metrô.

É a mesma história com a reciclagem: instinto brilhante unido a uma completa prudência custo-consciente. Em todos os bairros pobres na cidade (os quais, por sinal, exibem habitação pública de média densidade e baixa altura; sem favelas), em um dia a cada semana dois caminhões municipais verdes chegam juntos, portando o *slogan*: O lixo que não é lixo. Quase imediatamente, há uma visão meio surreal: centenas de pessoas, velhos e jovens, saem com sacos cheios de material reciclável, garrafas, latas, papel, todos já separados. Chegando no caminhão número um, eles deixam seus sacos e recebem vales. Andando até o caminhão número dois, eles trocam os vales por sacos de comida fresca, comprados dos excedentes dos agricultores locais.

Finalmente, o gesto máximo do prefeito-arquiteto: Curitiba era cheia de antigas pedreiras fora de serviço, o produto colateral da proliferação da cidade ao longo dos últimos trinta anos. Cheias de água, elas eram um desafio e uma ameaça para as crianças da cidade. A resposta convencional seria aterrá-las com entulho. A resposta de Lerner foi transformar cada uma delas em um parque municipal, adornado por um edifício excepcional. Um deles tem a Universidade Livre do Meio Ambiente: uma estrutura de árvore mágica, alcançada por escadas, à qual milhares de crianças da cidade vêm cada semana para ser ensinadas sobre o meio ambiente e seu papel em protegê-lo. Assistir a uma dessas aulas,

> A CIDADE DA DESLUSTRADA BELLE ÉPOQUE
> infocidades e guetos desinformacionais

sentado no chão, fascinado em frente a um lago de estilo zen, inspirado por um brilhante professor-ator, foi uma visão mágica, tocante.

Em outras pedreiras restauradas, a cidade contratou arquitetos para criar edifícios surpreendentes para apoiar um festival de artes permanente. O mais extraordinário de todos, a ópera de arame, é uma casa de espetáculos no estilo Palácio de Cristal que abriga um amplo leque de apresentações dramáticas e musicais, ao qual se chega por uma ponte sobre a água. Ali, como em toda parte, emerge o real gênio dessa cidade, que é desenvolver uma solução única para um problema, uma solução que transforma o problema em uma inspiração positiva (*o problema que não é um problema*, pode-se dizer), e depois corporificá-lo em uma solução física brilhante. Toda estrutura que confronta o visitante em cada esquina desse surpreendente lugar carrega sua mensagem: isso é um símbolo da cidade.

A constante advertência de Lerner para sua equipe de planejamento era "Você pode fazer isso! Você pode!" – uma frase que mais tarde foi adaptada, com grande efeito, por outro mestre político. A expressão inspirada de Lerner para seu trabalho em Curitiba, que ele subsequentemente exportou como consultor para incontáveis cidades ao redor do mundo, é *acupuntura urbana*: intervenções de pequena escala, custando quantidades insignificantes de dinheiro, que transformam uma área completa da cidade e também elevam a sua imagem com um todo. É muito similar ao conceito de Barcelona, que ele visitou e onde dirigiu uma sessão notável do memorável Fórum 2004 da cidade – a sequência intelectual, uma década mais tarde, aos Jogos Olímpicos.

FREIBURG. Durante a primeira década do novo século, Freiburg rapidamente tornou-se o ponto de referência para planejadores de todo canto, sobretudo na Inglaterra. "Melhor que Freiburg! Melhor que Vauban!" tornou-se o *slogan* do painel Desafio de Ecocidade de Comunidades e Governo Local. Não era apenas um *slogan*: o painel sentiu que Freiburg representava algum tipo de bitola, alguma medida universalmente aplicável, daquilo que uma comunidade sustentável do século XXI devia ser[114].

Outros lugares, como Hammarby Sjöstad, em Estocolmo, ou HafenCity, em Hamburgo, podem ter uma pretensão igual como modelos representativos para o resto do mundo seguir. Mas Freiburg estava de alguma forma em uma classe própria. Primeiro, embora Vauban seja o bairro exemplar para o qual todos os visitantes afluem, ele é apenas parte de um conceito que anima tudo que a cidade faz, de geração de energia a códigos de construção. E, embora outras cidades europeias também possam pretender fazer o mesmo, Freiburg o fez por mais tempo, com persistente consistência, do que qualquer outra cidade em qualquer lugar. Daí todos esses peregrinos ecológicos – que, os visitantes logo percebem, são agora tão numerosos que estão começando a representar um tipo de problema para a cidade e sua população.

Uma cidade de 200 mil pessoas no distante canto sudoeste da Alemanha, à distância de um arremesso de pedra da fronteira francesa e a uma viagem de trem de apenas meia hora da cidade suíça de Basileia, Freiburg desfruta de uma idílica localização onde a Floresta Negra encontra a horizontal planície do vale do Reno. A cidade mais ensolarada da Alemanha, ela tem um clima maravilhoso, frio e tonificante no inverso, quente e agradável no verão. Fundada em 1120 pelo duque local como uma cidade de livre mercado (daí seu nome: burgo livre), ela também ostenta uma das universidades mais antigas da Alemanha, que data de 1457. O pano de fundo é significativo, porque a cidade é magnética para imigração e a universidade tem 32 mil estudantes – o que a faz maior do que quase qualquer universidade britânica e uma voz importante na cidade e em sua política. Freiburg é parte da *Land* (Estado) de Baden-Württemberg, a maior potência industrial da Alemanha – Mercedes-Benz é baseada na capital do estado, Stuttgard – mas não é uma cidade industrial: ela é um exemplo arquetípico da economia do conhecimento do século XXI. Mas é também relevante perceber que Baden-Württemberg, em geral, e Freiburg, em particular, estão entre os lugares mais bem-sucedidos e afluentes na Alemanha – e, pela mesma razão, no mundo. Isso torna o lugar interessante: um pouco como a Califórnia, mas de uma forma distintamente europeia, ela mostra o caminho que outros lugares podem tomar à medida que se graduarem nessa "afluência".

Ou, antes, o caminho que poderiam tomar se sua política tomasse a mesma direção. A Alemanha também foi o país que no passado – durante a República de Weimar nos anos de 1920 – assumiu a liderança mundial desenvolvendo novas abordagens radicais para quase tudo, incluindo planejamento urbano e projeto (capítulo 4). Há tempos possui um movimento ambientalista excepcionalmente forte, cuja origem pode ser traçada em movimentos naturalistas de mais de um século atrás. Isso começou a desempenhar um papel importante nos anos de 1970, quando um pequeno grupo de moradores combateu uma proposta de usina de energia nuclear. Forçados a desenvolver uma solução alternativa, eles começaram a pensar furiosamente em energia renovável. É como se alguns estudantes de Oxford ou Cambridge formassem uma pequena célula ambientalista que gradualmente tomasse a cidade. Aos poucos, conforme os verdes ganhavam mais assentos no conselho, a cidade iniciou políticas mais e mais verdes, anos antes de qualquer outro lugar na Alemanha – e portanto, por definição, no mundo.

A CIDADE DA DESLUSTRADA BELLE ÉPOQUE
infocidades e guetos desinformacionais

Em 1992, o conselho urbano decidiu que só ia permitir a construção de edifícios com baixo consumo de energia em terras de sua propriedade, e que todos os edifícios novos deviam seguir especificações de "baixa energia": tais como painéis solares e coletores no telhado, que fornecem eletricidade e água quente, características passivas usam a energia solar para regular a temperatura dos cômodos. Ele implementou políticas de transporte que reverteram tendências longas e profundas: os moradores da cidade viajam menos de carro e mais por transporte público do que há trinta anos. Finalmente, Freiburg tornou-se a única cidade importante da Alemanha com um prefeito verde: Dieter Salomon, nascido na Austrália, mas criado na Baviera, cursou a universidade e obteve seu PhD em 1991, tornando-se um estudante ativista no processo, e foi eleito prefeito em 2001 com mais de 64% dos votos numa segunda votação.

Mas em paralelo, igualmente importante, no começo dos anos de 1980 a cidade nomeou um jovem diretor de planejamento, Wulf Daseking, que ficou no posto continuamente por 26 anos, até a aposentadoria em 2012. Em qualquer outro lugar, isso poderia ser uma receita de chefia fatigada e medíocre. Ao contrário, Daseking – que, de fato, ocupou o cargo de *Oberbaudirektor*, chefe de planejamento e construção – desenvolveu com regularidade sua visão

FIG. 101: *Wulf Daseking. Lendário planejador urbano de Freiburg ao longo de um quarto de século, cuja equipe criou o "modelo Freiburg" de "cidade de distâncias curtas"*. Fonte: *Peter Hall*.

ecológica para a cidade, atraindo no processo uma das mais talentosas e dedicadas equipes de planejamento de qualquer cidade no mundo. Essa percepção é importante, porque em Freiburg tudo – políticas de construção, políticas de planejamento, políticas de energia, políticas de resíduos – se encaixa como parte de um todo mais amplo. A única comparação apta é com Curitiba, no Brasil, já considerada. Isso destaca a questão banal, mas profunda: pessoas fazem a diferença. Salomon-Daseking não são nomes conhecidos mundialmente, mesmo no mundo do planejamento. Mas eles representam algo especial, com sua visão de longo prazo aliada à entrega contínua e sustentada.

Aplicada ao planejamento, em certo nível, a visão é surpreendentemente simples. O plano estratégico visa manter a cidade compacta por meio de reconstrução em área disponível dentro da zona urbana em vez de invadir campos verdes – o que, de qualquer forma, seria difícil, pois a cidade é cercada em três lados pela Floresta Negra, que é, na verdade, um parque nacional. Mas essa política foi auxiliada pelo afortunado acidente de haver duas heranças inesperadas de área disponível na periferia urbana: uma antiga estação de tratamento de esgoto, Rieselfeld, a oeste, e um antigo quartel do exército francês, Vauban, a sudoeste. Ambas tornaram-se novas expansões urbanas, dentro de uma curta (15 minutos) viagem de bonde do centro da cidade. E, por Freiburg ter seguido muitas outras cidades alemãs mantendo seus bondes nos anos de 1950, quando as cidades britânicas estavam demolindo os seus, foi relativamente simples e econômico construir as curtas extensões necessárias.

Isso posto, a política de Daseking era simples, de maneira desconcertante. Não havia edifícios altos: a altura máxima, 12,5 metros, basicamente comportava estruturas de quatro pavimentos. Dentro dos novos bairros, o projeto não podia ser mais simples, quase monótono: grelhas retangulares de ruas e espaços públicos verdes, com os edifícios – alguns, casas urbanas; outros, apartamentos –, ou paralelos à rua principal com o trilho do bonde ou perpendiculares a ela. Há algumas pequenas lojas locais: Daseking não gosta de cadeias de lojas, e mantendo-as sempre fora do centro da cidade (embora haja lá uma grande loja de departamentos, *Kaufhof*). Escolas e jardins de infância estão colocados nas áreas residenciais. Em Rieselfeld, que é duas vezes o tamanho de Vauban (Rieselfeld: 72 hectares, 12 mil pessoas; Vauban: 42 hectares, 5 mil pessoas), há um grande centro de recursos, uma Tower Hamlets Idea Store – estilo biblioteca. Em Vauban, há um florescente centro comunitário onde as pessoas podem fazer reuniões ou organizar entretenimentos ou apenas passar para uma refeição ou uma bebida casual.

Mas há uma outra ideia-chave: dentro de um plano diretor global bastante rígido, a cidade encoraja a máxima implementação local de baixo para

A CIDADE DA DESLUSTRADA BELLE ÉPOQUE
infocidades e guetos desinformacionais

FIG. 102: *Rieselfeld. Interior de uma área residencial em uma extensão urbana de Freiburg, com drenagem natural para conservação ecológica e espaço de lazer para crianças.* Fonte: *Peter Hall.*

cima. Isso é mais evidente em Vauban, onde durante os anos de 1990 – após os franceses abandonarem seus quartéis seguindo o final da Guerra Fria – houve uma batalha em movimento entre um grupo de *Fundis*, eco *freaks* fundamentalistas, que ocuparam o lugar, e a cidade, finalmente resolvida por anos de trabalhosa mediação; mesmo atualmente, o visitante é saudado por *slogans* desafiadores de um pequeno grupo residual, ainda escondidos em seus veículos excedentes do exército atrás de uma cerca de arame. No processo, Freiburg desenvolveu uma ideia notável, embora derivada do movimento de arquitetura comunitária dos anos de 1970: cada peça individual da urbanização, consistindo de um superbloco de edifícios ao redor de um espaço aberto semipúblico, ia ser empreendido por um grupo de construção local (*Baugruppe*) trabalhando junto com seu próprio arquiteto. Por consequência, Vauban – e muito de Rieselfeld, urbanizado de forma similar – tem uma extraordinária qualidade de construção: há um uniforme pano de fundo de massa e altura, e uma devoção universal pela arquitetura modernista (significativamente, um nome de rua homenageia Walter Gropius) que produz uma versão modernista das praças georgianas de Londres, mas dentro disso, cada superbloco contém enorme variação em detalhes, tanto entre as unidades quanto, e até maior, entre um complexo e outro.

E essa riqueza de detalhes é multiplicada nos espaços semipúblicos fechados pelos blocos, onde a imaginação – especialmente no tratamento das áreas de brincadeira infantil – correu solta. Na verdade, isso é um paraíso infantil – como visitantes nos dias ensolarados de verão testemunham: ai de mim, choveu durante nossa visita. Esses são lugares mágicos onde, como Colin Ward memoravelmente disse uma vez, as crianças podem jogar fora a sua infância. E isso inclui o espírito de aventura. Talvez o ponto mais exemplar tenha sido quando, em Rieselfeld, nós vimos um espaço maravilhoso com um tanque no centro, alimentado naturalmente por drenagem. Nenhuma autoridade local na Inglaterra jamais ousaria fazer isso, alguém disse: contrário à saúde e à segurança. Isso pareceu dizer tudo.

Mas esse modo de desenvolvimento urbano depende vitalmente de uma precondição: a cidade adquire a terra e constrói a infraestrutura necessária antes que o desenvolvimento tome lugar, usando fundos de investimento por meio de hipoteca. O investimento municipal é então recuperado vendendo áreas para construtores e indivíduos. Isso funcionou de forma triunfante, porque boa localização e projeto brilhante geraram enorme demanda, efetivamente permitindo ao processo se autofinanciar. E, por meio do engajamento dos futuros residentes no processo desde o começo, muito dos riscos do empreendimento foram simplesmente removidos, gerando laços de vizinhança e acúmulo de capital social tão logo os primeiros residentes se mudaram. Além disso, há ali algumas políticas de controle social bastante duras: há uma ênfase forte na criação de comunidades mistas, mas inquilinos de habitação social são rigorosamente checados para excluir vizinhos problemáticos.

O contraste com o usual processo de urbanização no Reino Unido não podia ser mais impressionante. Um grupo de visitantes ingleses, em 2008, solicitou a Wulf Daseking palavras finais de sabedoria para levar de volta, ao que esse replicou: "Não deixe os desenvolvedores urbanos próximos. Eles não desenvolvem." Uma mensagem radical, de fato. Mas Daseking estava longe de ser avesso a aproveitar o desejo de lucro privado onde este pudesse ser útil. Ele explicou como, em um esquema, persuadiu empreendedores urbanos privados a pagar importantes equipamentos sociais por meio de um grande acordo do tipo Seção 106 [da Lei de Planejamento da Cidade e do Campo, de 1990,

A CIDADE DA DESLUSTRADA BELLE ÉPOQUE
infocidades e guetos desinformacionais

estabelece contrapartidas aos empreendedores]. Acordos como esse não apenas geram centros de lazer que beneficiam a todos, mas também aumentam a categoria geral de projeto injetando espaço aberto de alta qualidade: em qualquer lugar que se vá nesses distritos, a impressão é o quão literalmente verdes eles são. Rieselfeld, por exemplo, é limitado em sua borda exterior por um enorme parque natural que se estende em direção às colinas, formando um maravilhoso espaço recreativo, bem como um ativo educacional.

Quais são as lições para outros lugares? Quatro pontos principais emergiram.

Primeiro, as cidades devem ter a liberdade de traçar suas próprias políticas, incluindo seus próprios erros, e o dinheiro para fazê-lo com liberdade. As cidades inglesas não podem continuar sendo consideradas servas de Whitehall. Isso poderia incluir a permissão para que estabelecessem seus próprios padrões em muitas áreas que, no presente, são legisladas centralmente.

Segundo, são necessárias políticas centrais que façam as coisas que as políticas centrais deveriam estar fazendo: criando sistemas de incentivos e desincentivos para encorajar lugares e pessoas a fazer mais coisas certas e menos erradas. A Lei Federal Alemã de 2000, que introduziu a tarifa de incentivo a fontes de energia renováveis, permitindo às famílias gerar sua própria energia e vendê-la à rede nacional, é amplamente considerada pelos ambientalistas alemães como a melhor lei aprovada por qualquer governo alemão em um século. Eles podem exagerar, mas têm alguma razão.

Terceiro, com interesse direto para o programa de ecocidades do Reino Unido, devemos pedir que o setor privado arque com um fardo que pertence ao setor público? As 28 cidades novas construídas nos trinta anos subsequentes à Segunda Grande Guerra foram construídas à maneira alemã, dando a iniciativa aos órgãos públicos que podiam então – como em Milton Keynes nos anos de 1980 – envolver o setor privado em seus próprios termos. Como o setor privado de construção habitacional entrou em colapso após a crise de 2007, deixando importantes empreendimentos inacabados ou não começados, essa é uma importante lição.

Quarto, ecocidades retornam no passado para a visão de 1898 de Ebenezer Howard, de cidades-jardim pequenas e isoladas, dispostas no campo. Mas em Freiburg, como nas grandes cidades-jardim alemãs dos anos de 1920, eles criaram extensões urbanas, próximas aos centros urbanos, e ligadas a eles por excelente transporte público.

EMSCHERPARK. O quarto modelo, o IBA Emscherpark na região do Ruhr da Alemanha, foi idealizada por Johannes Rau – o então ministro para Desenvolvimento Urbano, Transporte e Habitação no governo de *Land* Renânia do

Norte (Vestefália) e sua equipe. Convidados no final dos anos de 1980 pelos organizadores das exposições do IBA a sugerir ideias, eles vieram com duas: dentro de dez anos (1989-1999), eles converteriam áreas industriais abandonadas para uso cultural e manteriam as antigas estruturas como relíquias históricas; e um ambiente natural muito degradado seria restaurado para novos usos ecologicamente benéficos. Dentro da área completa, incluindo dezessete cidades pequenas e grandes com cinco milhões de habitantes, uma "área de exposição" Emscherpark cobriria uma área em torno de 800 km² de terra industrial abandonada. O rio Emscher, horrivelmente poluído, correndo pela borda norte da área, forneceu o nome *Emscherpark*.

Essa foi uma tarefa enorme, além de qualquer uma que tivesse sido empreendida em qualquer lugar do mundo à época. E provou-se vitoriosa. Passados os dez anos seguintes, a Paisagem do Parque Emscher estava desenhada. O sistema Emscher foi criado a partir da transformação de um canal regional de águas residuais e ecologicamente restaurado. O enorme gasômetro em Oberhausen foi reinventado como um símbolo regional, seu enorme espaço interno aberto para exposições, depósitos de entulho foram recuperados com vegetação e transformados em parques públicos, com novos marcos artísticos. A maior mina de carvão da área, construída nos anos de 1920 no estilo moderno da época, foi listada pela Unesco como patrimônio da humanidade. Essas atividades e muitas mais contribuíram para a nova identidade especial fomentada na região, que é enraizada na sensibilidade a seu passado. Um sistema regional de cinturão verde, desenvolvido pelo planejador Robert Schmidt nos anos de 1920 (Capítulo 6), foi preservado e aprimorado. Ministérios regionais e instituições locais, especialmente universidades locais fundadas nos anos de 1970 (Duisburg, Essen, Bochum, Dortmund, Wuppertal, e a Universidade Aberta em Hagen), trabalharam em planos juntos e ligados com comunidades locais[115].

Menos conhecido, sobretudo fora da Alemanha, foi o fato de que a conservação do patrimônio industrial foi um movimento esmagadoramente de baixo para cima, liderado por estudantes, muitos deles filhos de mineiros ou de operários da indústria, os primeiros de suas famílias a chegar na universidade. Eles eram as crianças de 1968, uma geração nova e rebelde determinada a transformar o mundo. Estudantes e o corpo de docentes na nova universidade de Dortmund conduziram uma enorme campanha para salvar a clássica vila-jardim de trabalhadores locais Am Sommerberg/Am Winterberg, construída entre 1914 e 1924, de virar área para reurbanização; em 1971, a demolição foi proibida, e em 1975, o conjunto foi listado[116].

Além disso, houve um enorme conjunto de problemas na preservação e reúso das antigas minas e estruturas industriais. Havia edifícios e estruturas

A CIDADE DA DESLUSTRADA BELLE ÉPOQUE
infocidades e guetos desinformacionais

incrivelmente grandes – um gasômetro, o gigante enferrujado de um alto-forno ou a montanha em fermentação de uma pilha de despojos – com uma esmagadora quantidade de maquinário externo ou interno, esteiras transportadoras, trilhos de trem e terrenos baldios a serem tratados[117]. O diretor do IBA, professor doutor Karl Ganser, estava determinado: "embora certos tipos de edifícios sejam difíceis de preservar, é necessário fazê-lo para reter a identidade espacial, dar pontos de orientação, e explicar a história da região, assim como dar à próxima geração a oportunidade de interpretar seu patrimônio por si mesmos". Ele conseguiu ganhar tempo assegurando uma suspensão na demolição: "Dê tempo às coisas," disse ele, "Primeiro deixe tudo ficar."[118] O IBA desenvolveu uma abordagem flexível: multa para proteger locais inteiros, para conservar tudo sem modéstia, mas na prática isso era impossível – particularmente por também reconhecer que a conservação não devia se limitar a uns poucos casos óbvios, mas envolver toda a paisagem histórica[119]. Um de seus maiores triunfos foi a enorme fundição Thyssen-Meiderich em Duisburg, que fechou em 1985. A cidade de Duisburg, apoiada por moradores locais, propôs incluí-la no planejado Emscher Landscape Park do IBA[120]. Mesmo eles foram surpreendidos: tornou-se o local mais visitado na Renânia do Norte (Vestefália) após a Catedral de Colônia[121].

Ganser foi saudado como "o mais efetivo preservacionista do século xx". Depois o IBA foi sucedido pelo *Projekt Ruhr GmbH*, também integralmente pertencente ao governo da *Land*; havia um novo *slogan*: "tempo para levar as coisas a sério". Mas projetos sustentáveis, locais, participativos foram sucedidos por isolados "urbanizações emblemáticas", "entretenimento urbano", e "urbanização de orla", frequentemente com apoio substancial de investidores estrangeiros[122].

De qualquer modo, havia um problema básico que emergiu com alarmante clareza em meados da década de 1990: o aumento surpreendente, por toda a Europa, nas projeções de números de novas casas – resultado não de um crescimento populacional, como nos anos de 1950 e 1960, mas da fragmentação de uma população em mais e mais lares, cada vez menores. Em toda parte, o que houve foi um aumento realmente considerável de casas de solteiros, de pessoas literalmente morando sozinhas: produto de gente jovem que cedo deixava suas casas para cursar a universidade ou seguir carreira, do aumento de separações e divórcios, e de idosos que vivem cada vez mais e enviúvam. Na Grã-Bretanha, em 1995, as projeções sugeriam que por volta de 2016 poderia haver nada menos do que 4,4 milhões de novas unidades familiares[123]. Projeções dessa ordem implicavam que não havia meio viável de espremer todas as casas excedentes dentro de uma existência de alta densidade nas cidades: quaisquer que fossem as possibilidades de casas para jovens solteiros que valorizassem a acessibilidade e a sociabilidade acima do espaço e da paz suburbanos, simplesmente não havia espaço para todos nos locais urbanos abandonados e nas áreas de recuperação urbana. Ia haver, portanto, necessidade de construir maciçamente em áreas verdes; a questão era saber se pelo menos algumas dessas urbanizações, e seus habitantes, poderiam ser salvos da dependência do carro particular.

Depois de ano e meio de frenética atividade, o governo deu sua resposta na forma de um Livro Branco urbano[124], no qual aceitou algumas das recomendações e postergou a ação no caso de muitas outras. Ficou a difícil questão de saber se isso seria suficiente para atingir seus próprios objetivos. Pois o objetivo principal tinha sido abrandar o debate com o lado rural, estabelecendo uma meta de que 60% de toda urbanização nova fosse realizada em áreas deterioradas de urbanizações anteriores. A Força-Tarefa Urbana havia relatado que isso poderia ser conseguido – mas somente se suas recomendações fossem aceitas e implementadas. E, bem escondida no capítulo 7 de seu relatório, estava uma tabela mostrando que no sudeste fora de Londres nem isso seria possível obter; ali, os números sugeriam que somente 39% da urbanização poderia ser em áreas urbanas abandonadas – ou, com essas novas políticas em ação, talvez 3 ou 4% mais.

Tudo isso logo integrou-se na verdadeira balbúrdia de políticas locais. Pois as autoridades de planejamento local no sudeste foram convidadas pelo secretário de Estado do Meio Ambiente do novo governo trabalhista, de 1997, para produzirem seu próprio Guia de Planejamento Estratégico (Strategic Planning Guidance) para a região: a "propriedade" do planejamento regional, anunciou Prescott orgulhosamente, estava sendo devolvida às regiões. Mas logo o tema pousou como um bumerangue de volta à sua mesa. Pois as autoridades locais colocaram uma meta de construção de moradias de apenas 33 mil casas por ano – número que, analisado em investigação pública pelo inspetor chefe de planejamento aposentado, foi condenado em palavras certeiras como completamente longe do alvo: 54 mil era o novo número recomendado. Previsivelmente, o circo pegou fogo: as autoridades planejadoras sentiram-se ultrajadas; o governo primeiro diminuiu a diferença, ficando o número em 43 mil, e depois, como os gritos de protesto continuassem, diminuiu para 39 mil casas.

Isso, é claro, não era planejamento; era política de um tipo grosseiro e desagradável. Subjacente a ela havia uma aritmética definida, mas não uma que tivesse minimamente a ver com as necessidades de habitação ou fornecimento de moradias; ela dizia respeito ao número de cadeiras marginais do

A CIDADE DA DESLUSTRADA BELLE ÉPOQUE
infocidades e guetos desinformacionais

sul rural da Inglaterra que o governo havia arrebatado dos conservadores em 1997 e planejava manter na próxima eleição de 2001. Enquanto isso, a resolução pelo governo de seu próprio problema propunha concentrar uma parte significativa do crescimento em três áreas: no entorno de Milton Keynes, cidade nova dos anos de 1960, em Ashford, junto ao Channel Tunnel, em Kent, e ao longo da autovia M11, ligando o leste de Londres com o aeroporto Stanstead e Cambridge[125]. Restava não resolvida a questão mais espinhosa de todas: como satisfazer às demandas na estreita faixa de território ao oeste de Londres, em frenética expansão, incluindo o aeroporto Heathrow e as concentrações de indústrias de alta tecnologia liderando sua expansão.

Ganho de Planejamento e Equidade Social

De certa maneira, existia algo de singular em tudo isso, pois havia questões políticas crucialmente importantes para as quais membros do mundo acadêmico poderiam ter contribuído poderosamente se houvesse, por parte de um maior número deles, a preocupação de fazê-lo. Não de menor importância, entre elas, estavam as questões muito discutidas de ganho de planejamento, das taxas de impacto e condições de desenvolvimento, que, juntas, compunham um pacote político desconcertante em fins dos anos de 1980 e 1990.

O problema central era um problema simples, que preocupara os planejadores na Inglaterra praticamente desde o começo. (Não nos Estados Unidos, porque ali o planejamento derivou do conceito geral de poder de polícia, e – como visto no capítulo 3 – sua legitimidade fora estabelecida na decisão da Suprema Corte de demarcar o zoneamento do uso da terra, *Village of Euclid et al Versus Amber Realty Co*, em 1926.) Na Grã-Bretanha, o Estado, em 1947, nacionalizou o direito de urbanizar a terra e declarou que compensaria os proprietários pela perda de seus direitos de urbanização. Com isso, a lógica sugeria que todos os ganhos em urbanizações subsequentes deveriam ser revertidos à comunidade. Mas a resolução mostrou-se por demais drástica politicamente: o mercado deixou de operar, e os Conservadores, em 1954, rescindiram essas disposições. Mais tarde, por duas vezes, em 1967 e 1975, o governo trabalhista imaginou caminhos alternativos para agarrar de volta pelo menos parte do valor da urbanização; por duas vezes, um governo conservador subsequente cancelou a provisão. E o assunto ficou por isso mesmo – exceto, quando em

1971, uma administração conservadora aprovou uma Lei de Planejamento da Cidade e do Campo, segundo a qual um urbanizador podia *voluntariamente* entrar em acordo com uma autoridade de planejamento e obter permissão em troca de uma contribuição financeira. A ideia era que a urbanização podia exigir alguma ação pública – uma nova estrada de ligação, por exemplo – para a qual o urbanizador poderia estar não só disposto, mas também apto a contribuir. Na Califórnia, medida muito semelhante foi transformada em lei em 1980.

Essas medidas provaram ser enormemente úteis e populares durante a grande explosão de desenvolvimento urbano dos anos de 1980, quando comunidades locais pressionadas e seus eleitorados de mentalidade NIMBY descobriram ser possível espremer somas muito grandes de dinheiro de urbanizadores desesperados em dar andamento a seus esquemas. Nesse meio tempo, nos Estados Unidos, as comunidades locais recorriam cada vez mais a um método alternativo: o de impor concretamente uma taxa em dinheiro – taxa de impacto – aos urbanizadores como pagamento pelas melhorias públicas consideradas necessárias em decorrência da urbanização. Mas esses dispositivos deram em bloqueios legais em ambos os lados do Atlântico. E estes diziam respeito ao mesmo ponto: aquilo que os advogados norte-americanos chamam de nexo. Em 1987, a Corte Suprema norte-americana achou que a Comissão Costeira da Califórnia não tinha dircito de exigir um direito público de acesso à praia em frente a uma casa como condição para permitir que ela fosse reconstruída: não havia uma conexão direta, ou nexo, entre a permissão e a concessão de acesso. De forma semelhante, em 1995, a Alta Corte inglesa decidiu que o conselho distrital local de Witney, em Oxfordshire, não tinha direito de exigir de uma rede de supermercados a construção de uma nova estrada como condição para a concessão de permissão de planejamento para um novo ponto comercial, ainda que a companhia estivesse perfeitamente de acordo; a conexão não era direta o suficiente – embora estranhamente, nesse caso, transpirasse que a autoridade teria exigido que a companhia desse a ela o dinheiro para construir a estrada.

De qualquer forma, toda essa cornucópia de autorização de planejamento/taxa de impacto esvaziou-se abruptamente com a recessão de fins da década de 1980. Por volta dos anos de 1990, quase nada havia para ser obtido: os urbanizadores tinham de ser persuadidos a tentar fazer o que quer que fosse. Mas poucos duvidavam de que um dia os bons tempos estariam de volta e que, quando isso acontecesse, a questão no seu todo assomaria em toda a sua amplitude. No Reino Unido, assomaria, ao que parece, na agenda política,

A CIDADE DA DESLUSTRADA BELLE ÉPOQUE
infocidades e guetos desinformacionais

se mostrando, sem dúvida, tão controversa quanto sempre fora ao longo de sua história tempestuosa.

Um motivo reside no interesse renovado pelas projeções de números de famílias. Pois elas necessariamente significam uma pressão crescente sobre as áreas verdes do interior, as quais o sistema de planejamento e os eleitorados locais veem como seu dever sagrado conservar verdes. Todavia, o fato desconfortável era que os verdadeiros perdedores poderiam ser os moradores locais menos favorecidos: os trabalhadores das fazendas e os que desempenhavam outros tipos de trabalho menos qualificados, mas essenciais. A carência de terras significaria, sem dúvida, uma escalada nos preços da terra e da habitação e, com a afluência dos novos moradores, os antigos ver-se-iam cada vez mais excluídos da oportunidade de encontrar habitações acessíveis, seja para venda ou aluguel.

A solução lógica foi permitir que as autoridades locais incorporassem provisão para habitação acessível em seus planos locais. No Reino Unido, isso foi assunto de alçada administrativa, recebendo pleno apoio governamental, o que o transformou numa prática largamente difundida em meados da década de 1990. Nos Estados Unidos, como acontece com frequência, tudo teve de ser batalhado nos tribunais: a cena da batalha foi a pequena comunidade de Mount Laurel, uma municipalidade externa à cidade de Camden, Nova Jersey, com 57 km² (22 milhas²) e 11 mil habitantes, onde duas decisões da Corte Suprema do Estado, em 1975 e 1983, estabeleceram o notável princípio de que as comunidades locais precisam fornecer áreas de moradia para os antigos residentes de baixa renda. Mount Laurel havia feito um zoneamento próprio para urbanizações de 0,2 hectares (meio acre) para os ricos; Ethel Lawrence, uma negra norte-americana cuja família vivia ali há sete gerações, liderou um grupo em uma ação para construir unidades para moradores de baixa renda e foi bem-sucedida[126]. Como o grande comentarista norte-americano sobre leis de planejamento, Charles M. Haar, afirmou:

> a Suprema Corte de Nova Jersey empreendeu a intervenção judicial mais arrojada e inovadora jamais vista em contraposição a um zoneamento de exclusão: na trilogia de casos de Mount Laurel, um marco, a corte identificou e enunciou um direito constitucional de todas as pessoas – sejam ricas ou pobres, negras ou brancas – de viverem nos subúrbios[127].

A lei tinha sido usada para promover a exclusão, dando às localidades o poder soberano de regular a terra conforme achassem apropriado: "A lei tornou-se um substituto dos muros físicos."[128] A decisão, portanto, foi contra os direitos locais, e a questão era: quem defende o bem-estar da comunidade metropolitana mais ampla? Nas palavras de Haar:

> a conclusão é que as cidades não podem recusar-se a fazer face ao futuro construindo fossos em torno de si mesmas e erguendo a ponte levadiça por meio de controles proibitórios do uso da terra [...] Não é mais nossa tarefa primeira cuidar de nossos próprios jardins – a não ser que adotemos uma visão mais estendida do tamanho deles[129].

O problema, naturalmente, estava em saber se tais providências poderiam ser efetivadas. Para primeiros compradores e inquilinos talvez, mas o que aconteceria quando estes, por sua vez, se mudassem? Seriam capazes de livremente dispor de suas casas ou teriam de sujeitar-se a regras especiais? A tendência mais largamente difundida foi a de preferir a última alternativa; mas poderia ser extremamente difícil gerenciar e fiscalizar o sistema.

Crescimento, Equidade e Meio Ambiente

Uma tese central deste livro é de que talvez tenhamos retrocedido um ciclo inteiro: ao fim de quase um século de planejamento moderno, os problemas das cidades permaneceram como no início. Naturalmente, não iguais porque, no decorrer desse século XXI, todas as economias avançadas tornaram-se imensuravelmente mais ricas, o que teve duas consequências principais. Primeira: a maioria das pessoas e das famílias passaram a pertencer essencialmente a uma classe média numerosa e heterogênea, dentro da qual os subgrupos foram definidos por características demográficas e de estilo de vida mais do que pela renda. E segunda: essa sociedade passou a ter condições de fornecer ajuda aos menos afortunados numa escala inconcebível um século atrás. Certo, houve um claro distanciamento ideológico em relação ao Estado do bem-estar social keynesiano dos anos de 1950 e 1960, abraçado com maior entusiasmo no Reino Unido e nos Estados Unidos, mas observável em quase toda a parte; porém, apesar disso, as despesas sociais continuaram altas, mesmo porque a recessão econômica dificultou sua diminuição.

Daí por que, apesar de as prioridades e de os conflitos políticos subjacentes serem os mesmos de antes, hoje são expressos por meios diferentes. Grandes

A CIDADE DA DESLUSTRADA BELLE ÉPOQUE
infocidades e guetos desinformacionais

maiorias, nos países mais avançados, desfrutam de um alto padrão de vida, mas devem isso a uma combinação de esforço privado e ação pública. Enquanto os pioneiros de 1900 preocupavam-se com o "padrão" de vida, seus sucessores em 2000 falavam em "qualidade" de vida; as condições materiais de vida eram tão significativamente melhores que desejos de ordem mais alta chegaram à agenda política[130]. Elementos-chave dessa qualidade de vida requerem controles sociais fortes, entre os quais, o planejamento é crucial; isso explica por que as tentativas dos governos Thatcher de erodir o sistema de planejamento na Inglaterra, durante meados dos anos de 1980, não chegaram a lugar algum e foram seguidos por uma reversão ignominiosa. O povo preocupa-se com seus empregos e com a renda que estes geram, e isso especialmente numa época dominada pela recessão, quando os empregos estavam menos seguros do que nunca desde os anos de 1930; mas, em sua maioria, as pessoas consomem sua fortuna em lugares diferentes daqueles onde a fazem, e sua prioridade absoluta, em solo pátrio, é defender a qualidade de seu próprio meio ambiente imediato.

A isso se tem acrescentado um novo conjunto de imperativos ambientais: reduzir a poluição, evitar consumir recursos não renováveis e evitar ações que possam acarretar um dano planetário irreversível. Muito amiúde, porém, essas preocupações mais amplas podem ser orientadas para caminhos que servem interesses individuais e setoriais: que se restrinja o uso do carro particular, especialmente o dos outros; que se pare de enterrar campos verdes debaixo de tijolo e cimento, especialmente em frente à minha casa.

Assim, o fenômeno do nimbysmo ambientalmente consciente assoma cada vez mais amplo, como bem-visto no caso do sudeste da Inglaterra: e é muito difícil combiná-lo com qualquer conceito de equidade social, seja para os menos afortunados na comunidade local ou, mais ainda, para os menos afortunados de outros lugares, seja para as gerações mais jovens ou para as gerações futuras. Na prática, é o mesmo que içar a ponte levadiça contra os recém-chegados, sobretudo se não tiverem a renda certa ou a pronúncia correta. E isso será tanto mais verdade se for sabido que as demandas vêm de jovens que deixaram o lar cedo por não aguentarem continuar vivendo com os pais ou padrastos, ou de mães solteiras pobres com filhos pequenos; aos primeiros provavelmente pouca atenção se dará, já que se encarregaram do próprio destino, as segundas receberão uma ajuda residual, segundo o princípio vitoriano da menor elegibilidade.

Assim, os grupos menos afortunados provavelmente serão represados nas cidades, onde talvez sejam precariamente abrigados, tudo em nome de um planejamento urbano sustentável. A boa notícia, se existe, é que as cidades se constituirão onde alguns dos mais empolgantes desenvolvimentos econômicos ocorrerem. A má é que esses grupos poderão não ter qualquer papel nelas. Mais que isso, poderão ver-se na cidade, mas sem serem da cidade, divorciados da nova economia informacional dominante e subsistindo à custa de uma mistura de empregos ocasionais, cheques da previdência e economia da contravenção. É um destino que não difere muito daquele dos doqueiros e das meninas vendedoras de fósforos do East End de Londres, ou dos trabalhadores explorados em infectas oficinas do East Side de Nova York, cem anos atrás; salvo que para os de agora e seus descendentes a saída, paradoxalmente, pode ser ainda mais difícil, visto que já não existem mais outros tipos de empregos.

Estamos, talvez, diante de uma imagem de paródia: o sistema educacional fornece a saída e é imensuravelmente mais rico do que seu equivalente do século XIX. Mas não chega a ser uma paródia que faça alguém sentir-se confortável: um número excessivamente grande de jovens da cidade – quer essa cidade seja Londres ou Paris ou Amsterdã, Nova York ou Chicago ou Los Angeles – está alienado do processo educacional e efetivamente afastado tanto dele quanto, consequentemente, da economia informacional para a qual esses jovens provêm a única chave essencial. Desses jovens, não será exagero dizer que permanecem na Cidade da Noite Apavorante; e a noite se faz mais profunda por estar cercada, toda ela, pela Cidade Iluminada. Assim, os planejadores enfrentam a volta assustadora do mais antigo dos problemas urbanos, que mais do que qualquer outro originalmente trouxe-os à vida e deu-lhes legitimidade: o problema da subclasse urbana, aguardando como uma mal-encarada e desafeta massa do lado de fora dos portões.

Para o título de seu livro sobre a chegada da economia e da sociedade informacional, Barry Jones, o acadêmico e político australiano, tomou de empréstimo o título de uma cantata de Bach: *Despertai, Chama-nos a Voz!*[131] De fato, o vigia das alturas está chamando; mas sua mensagem poderia significar destruição para a cidade, a não ser que o dia também nasça na cidade das trevas, que fica logo ali, do lado de fora do portão. Há um enigma aqui, até agora irrespondível pela perspicácia não só dos planejadores como também de qualquer outro tipo de engenheiro social; e, com a abertura do novo milênio, vem dele um calafrio penetrante que antecede o amanhecer.

13

A CIDADE DA PERMANENTE SUBCLASSE

O Cortiço Duradouro

Chicago, St. Louis, Londres
(1920-2011)

A massa reativa do exército industrial na reserva aumenta, portanto, com a energia potencial da riqueza. Mas quanto maior for esse exército na reserva em relação ao exército do operariado na ativa, maior será a massa do excedente populacional consolidado, cuja miséria está na razão inversa do suplício de seu trabalho. Enfim, quanto mais extensas forem as camadas mendicantes da classe trabalhadora e maior for o exército industrial na reserva, maior será o pauperismo oficial. Essa é a lei geral absoluta da acumulação capitalista.

KARL MARX, *O Capital*, I (1867)

If you catch me stealin,' I don't mean no harm,
If you catch me stealin,' I don't mean no harm,
It's a mark in my family and it must be carried on.

I got nineteen men and want one mo',
I got nineteen men and want one mo',
*If a get that one more, I'll let that nineteen go.**

BESSIE SMITH, *Sorrowful Blues* (1924)

I'm bound for Black Mountain, me and my razor and my gun,
Lawd, I'm bound for Black Mountain, me and my razor and my gun;
I'm gonna shoot him if he stands still, and shoot him if he run.
[...]
There's a devil in my soul, and I'm full of bad booze.
There's a devil in my soul, and I'm full of bad booze,
*I'm out here for trouble. I've got the Black Mountain Blues.***

BESSIE SMITH, *Black Mountain Blues* (1930)

HÁ ASSIM UM NOTÁVEL ENIGMA: PARA QUALQUER URBANISTA, O MAIOR E mais insolúvel de todos. Trata-se daquele proposto por Lewis Mumford, aos 87 anos de idade, no início do primeiro volume de sua autobiografia, de 1982: a "derrocada da lei e da ordem exatamente no auge do poder e da prosperidade metropolitana" que, a seu ver, constituía "um dos quebra-cabeças crônicos da história"[1]. Ao comparar a cidade de Nova York dos anos de 1980 com a de sua infância, Mumford ponderava friamente sobre

> a mais ominosa escalada da violência e da ilegalidade, que, na cidade de minha juventude, costumavam estar confinadas, como um cancro, a certas áreas fechadas, como Bowery ou Hell's Kitchen. Esses bairros ainda não haviam derramado sua purulência na corrente sanguínea da cidade [...] De primeiro, era possível a homens, mulheres e crianças, mesmo sozinhos, passearem pela maior parte da cidade, atravessarem a pé o Central Park ou caminharem ao longo da Riverside Drive a qualquer hora do dia ou da noite, sem medo de serem molestados ou assaltados[2].

"Havia", prosseguiu ele, "uma espécie de estabilidade e segurança moral na cidade de minha juventude, que agora sumiu até mesmo em modelos urbanos da lei e da ordem como Londres."[3] E confessou que, mais de uma vez, a Nova York dos últimos tempos trouxera-lhe à lembrança a comparação feita por Petrarca no século XIV, entre a "Provença desolada, lupina, infestada de salteadores de sua maturidade, no despertar da peste negra, e a região próspera e segura de sua juventude"[4].

Estatísticas, como é público e notório, podem mentir; e mais que todas, as estatísticas sociais, e entre estas, mais que qualquer uma, as criminais. Todo estudante universitário novato logo se familiariza com os múltiplos embargos: quem relata o que e quando, quem anota o que no livro de registros, quem decidiu processar e por quê. Mas não há torrente de qualificações e de restrições que lave a montanha do crime urbano, e sobretudo do crime urbano violento, que em fins do século xx, como vulcão em plena atividade, cresceu praticamente a olhos vistos, ameaçando a textura da vida social em todas as principais cidades do mundo. Esta foi, de fato, uma praga do século xx. E suas causas permaneceram tão misteriosas para suas vítimas quanto as da peste negra o foram para as desafortunadas populações de Londres, Paris ou Constantinopla do século xiv.

Não para explicar, mas para pelo menos entender o fato, é preciso nos munirmos de alguma perspectiva histórica. É necessário que voltemos à estaca zero, recuando até as origens desta história, para de novo avançarmos até o momento presente. E, ao fazê-lo, de forma um tanto caprichosa, através deste longo capítulo, o planejamento – tema do relato – parecerá sumir de vista. O importante, no final, será perguntar por quê. Pois nem o crime urbano nem o medo que dele sente o cidadão urbano médio são novos; nova é apenas, como nos lembra Mumford, sua penetração. Com efeito, o planejamento urbano do século xx originou-se da complexa reação emocional – parte piedade, parte terror, parte repugnância – da classe média de fins do período vitoriano ante a descoberta da subclasse urbana. Essa reação, como visto no capítulo 2, tomou a forma de um Juízo Final secular: os pobres virtuosos seriam assistidos para irem diretamente, via centro social ou via projeto municipal habitacional, para o céu da cidade-jardim; os viciosos permaneceriam para sempre reprimidos em seu próprio inferno urbano, ou iriam para as colônias de trabalho penitencial, onde pudessem por fim enxergar a luz. E foi mais ou menos isso o que acabou acontecendo naqueles países europeus onde o movimento do planejamento urbano cresceu com força máxima. Meio século mais tarde, na era do Estado do bem-estar social dos anos de 1950 e de 1960, triunfou a teologia liberal: agora todos – mesmo a subclasse urbana – eram instantaneamente perfectíveis; a todos era dado ter acesso imediato, pelo rigoroso portão, à corbusiana cidade das torres.

Nos Estados Unidos, porém, nada de parecido aconteceu. A religião estabelecida, fosse protestante, católica ou judaica, apoiou firmemente a livre empresa: Deus ajudava quem se ajudasse, à maneira de Horatio Alger*, a sair do cortiço e juntar-se às fileiras dos empresários. A tarefa principal, tanto para a empresa pública quanto para a organização voluntária, era, portanto, socializar o imigrante e seus filhos, fazendo-os conhecer os costumes norte-americanos e aceitar os valores norte-americanos, a fim de

A CIDADE DA PERMANENTE SUBCLASSE
o cortiço duradouro

FIG. 103: *Um cortiço em Chicago, c. 1900. Viela não identificada, à época do Levantamento de Habitações de Cômodo de Chicago: para centenas de milhares de imigrantes vindos da Europa, um lar na América significava isso.*

que pudessem galgar o primeiro degrau da escada que os levaria ao êxito na nova terra. Só os que permanecessem realmente no fundo do poço, sem qualquer possibilidade de alcançar o degrau mais baixo, conseguiriam obter o equivalente ao auxílio-moradia, na forma de habitação pública que trazia automático estigma social.

Chicago Descobre a Subclasse

Isso ajuda a explicar um fato significativo: no início do século xx, não só a experimentação social norte-americana mas também a pesquisa social norte-americana estavam dominadas pelo problema central percebido do imigrante e sua socialização. Uma vez que – especialmente depois do fechamento efetivo da fronteira em 1890 – os imigrantes se encaminhavam sobretudo para as cidades, foi nas cidades que tanto a experimentação quanto a pesquisa centralizaram sua atenção; pois ali, como observado no capítulo 2, era mais agudamente sentido o medo da classe média com relação à submersão e à lei da turba. E houve até certa justiça histórica no fato de que essas duas atividades florescessem em Chicago, a quinta essencial cidade de imigrantes. Ali, em 1889, Jane Addams fundou o seu centro de assistência social; ali, a partir de 1914, desenvolveu-se a primeira autêntica faculdade de Sociologia Urbana do mundo.

Essa última é uma grande reivindicação. Booth e seus colaboradores, como visto no capítulo 2, foram pioneiros de técnicas modernas de observação social de massa na Londres dos anos de 1880, e produziram uma obra-prima, até agora não igualada, de sociologia urbana empírica. Os alemães criaram a Sociologia Teórica por aquela mesma época, e Robert E. Park, um dos fundadores da escola de Chicago, fora aluno de Georg Simmel em Berlim. Mas só em Chicago, durante os anos de 1920, é que Park, Burgess, McKenzie e Worth uniram essas duas tradições a fim de trabalharem visando a um total conhecimento – teoricamente fundamentado, testado pela observação – da estrutura social de uma grande cidade. Em 1925, publicaram sua clássica coletânea de ensaios sobre sociologia da cidade[5]. E em seu ensaio de abertura, que divulgou a agenda de pesquisa da faculdade, Park já deixava claro seu feixe central de preocupações.

A "forma mais simples e elementar de associação" na cidade, conforme afirmou Park, era a vizinhança local. Assim:

A CIDADE DA PERMANENTE SUBCLASSE
o cortiço duradouro

É importante saber quais são as forças que tendem a fragmentar os esforços, interesses e sentimentos que conferem aos bairros seu caráter individual. Em geral, podemos dizer que elas são toda e qualquer coisa que tenda a desestabilizar a população, a dividir e concentrar atenções sobre objetos de interesse muito afastados uns dos outros.[6]

Mas "certos bairros urbanos sofrem com o isolamento"; no caso, "para reconstruir e agilizar a vida de bairros urbanos e pô-los em contato com os interesses mais vastos da comunidade" é que em parte surgira o movimento dos centros sociais[7]. E, nas cidades norte-americanas,

tem havido uma tentativa de recuperar bairros nocivos mediante a construção de áreas de recreio e a introdução da prática supervisionada de esportes de vários tipos, incluindo bailes promovidos pelo município em salões de baile municipais. Esses e outros estratagemas, cujo objetivo primeiro é elevar o tônus moral das populações segregadas das grandes cidades, deveriam ser estudados em conexão com a pesquisa sobre bairros em geral[8].

FIG. 104: *Dr. Robert E. Park. Fundador da Escola de Sociologia de Chicago, cujos estudos, na década de 20 do século XX, foram os primeiros a pinçar as raízes da desintegração social nos cortiços urbanos.* Fonte: © *Bettmann/CORBIS.*

O bairro, porém, representava essencialmente a velha ordem social pré-industrial: a concorrência industrial, aliada à divisão de trabalho, estava promovendo sua substituição por uma organização alternativa da cidade, baseada na diferenciação por profissões e, consequentemente, por classes[9]. Por intermédio do dinheiro, "os valores foram racionalizados e os sentimentos substituídos por interesses"[10]. A organização resultante, "composta de indivíduos competitivos e de grupos de indivíduos competitivos"[11] mostrou que

cidades e, em particular, as grandes cidades estão em equilíbrio instável. O resultado é que as vastas agregações ocasionais e móveis, que constituem nossas populações urbanas, estão em estado de perpétua agitação, varridas por todos os novos ventos doutrinários, sujeitas a alarmes constantes; e em consequência a comunidade vive em uma crônica condição de crise[12].

FIG. 105: *O "Little Hell" de Chicago, 1902. Um dos enclaves italianos da cidade, tristemente celebrizado como sede do vício e do crime.* Fonte: *Chicago History Museum*, DN-0000208, Chicago Daily News.

Isso sugeriu "a importância de um estudo mais pormenorizado e fundamental do comportamento coletivo", centrado na "psicologia da crise" e que buscasse igualmente saber até que ponto "o sistema parlamentar, e com ele o sistema eleitoral, [pode] ser encarado como uma tentativa de regularizar a revolução e, enfrentar e controlar as crises"[13].

Park prosseguiu em suas especulações: "É provável que a ruptura dos vínculos locais e o enfraquecimento das restrições e inibições do grupo primário, sob a influência do ambiente urbano, sejam os grandes responsáveis pelo aumento do vício e do crime nas grandes cidades."[14] "Nas colônias de imigrantes agora bem estabelecidas em todas as grandes cidades", populações estrangeiras viviam vidas isoladas, mas cada uma com sua própria organização social e política, independente e vigorosa[15]:

> Nessas condições, o ritual social e a ordem moral trazidos por esses imigrantes de seus países de origem lograram manter-se por um tempo considerável,

A CIDADE DA PERMANENTE SUBCLASSE
o cortiço duradouro

a despeito das influências do ambiente norte-americano. O controle social baseado nos costumes domésticos cai por terra, todavia, na segunda geração.[16]

Paralelamente a essa erosão dos relacionamentos primários, os velhos controles informais, baseados nesses costumes domésticos, foram sendo substituídos por mecanismos formais legais[17].

Parte dessa nova e característica organização social urbana, afirmou Park, constituía a "região moral": "a população tende a segregar-se, não meramente segundo seus interesses, mas segundo seus gostos e temperamentos", produzindo "ambientes separados, nos quais impulsos errantes e reprimidos, paixões e ideais emancipam-se da ordem moral dominante"[18]. Disso, "a segregação do pobre, do viciado, do criminoso e das pessoas excepcionais em geral", na qual

> Associação com outros de sua laia fornece [...] não somente um estímulo, mas um suporte moral para os traços que eles têm em comum e que não iriam encontrar numa sociedade menos seleta. Na cidade grande, amontoados numa intimidade insalubre e contagiosa, o pobre, o viciado e o delinquente reproduzem-se mais e mais, em corpo e espírito.[19]

Num ensaio sobre delinquência juvenil, publicado posteriormente na coleção, Park desenvolveu esse tema mais longamente. "Estamos vivendo", afirmou, "em [...] um período de individualização e de desorganização social. Tudo está em um estado de agitação – tudo parece estar passando por uma transformação. Aparentemente, a sociedade pouco mais é do que uma agregação e constelação de átomos sociais"[20]. O automóvel, o jornal e o cinema contribuíram poderosamente para essa mudança. E

> o simples deslocamento da população de um ponto a outro do país – a atual migração dos negros para o norte, por exemplo – exerce uma perturbadora influência. Um deslocamento desses pode assumir, aos olhos dos próprios migrantes, o caráter de uma emancipação, abrindo para eles novas oportunidades econômicas e culturais, mas nem por isso é menos desorganizador para as comunidades deixadas para trás e para aquelas a que se dirigem. É, ao mesmo tempo, desmoralizante para os próprios migrantes e, em particular, acrescentaria eu, para a geração mais jovem.
>
> O altíssimo índice de delinquência, juvenil e adulta, hoje existente nas comunidades de negros das cidades do norte, deve-se em parte, embora não inteiramente, ao fato de que os migrantes não são capazes de se acomodarem

de imediato a um meio novo e relativamente estranho. O mesmo se pode dizer dos imigrantes vindos da Europa, ou da geração mais jovem de mulheres, que acabam agora de ingressar em tão grande número nas novas ocupações e na vida mais livre que as grandes cidades lhes oferecem[21].

Quanto à explicação, para não falar em remédio, Park não ofereceu nada ao final: "O assunto do qual, ainda hoje, menos sabemos é a questão de como manter uma vida associada."[22] "Tenho impressão de que falta a este texto um conteúdo moral", confessou, "e bem sei que todo texto sobre matéria social deveria ter um conteúdo moral"; o fato é que "o problema da delinquência juvenil parece originar-se em condições sobre as quais, pelo que hoje sabemos, temos pouquíssimo controle"[23]. Sem dúvida, se Parker voltasse ao South Side de Chicago do início do século XXI, ele seria um homem ainda mais perplexo e preocupado.

Numa série de estudos, procurando responder às questões levantadas por Park, membros da escola de Chicago lidaram com os fatos crus da desintegração social e da delinquência, tão evidentes nas ruas da cidade. A monografia de Thrasher sobre o tema, *The Gang*, publicada no ano seguinte, confirmou que esse era especificamente um fenômeno que Burgess, em sua clássica geografia social da cidade[24], chamara de "zona em transição" ao redor do centro urbano:

> É nessas regiões que encontramos bairros em deterioração, grande mobilidade, áreas de primeira fixação de imigrantes, política local corrupta, vício, crime e desordem generalizada. A razão básica, contudo, para o desenvolvimento de gangues nessas áreas é a falência das instituições sociais convencionais em funcionar de tal forma que organizasse a vida do menor.[25]

E essa era uma função da imigração: três quartos da população de Chicago era composta, na época, por "pessoas nascidas no estrangeiro e por sua descendência imediata":

> Chicago é um mosaico de colônias estrangeiras com heranças sociais conflitantes. Ainda não houve tempo para um ajustamento entre esses elementos diversos e para o desenvolvimento de uma ordem social consistente e autocontrolada. A gangue é um sintoma desse "descompasso cultural"[26].

Sua pesquisa mostrou que a grande maioria dos membros de gangues eram menores imigrantes cujos pais, predominantemente camponeses, já não os podiam controlar em razão de seu inglês inadequado e da falta de um código

A CIDADE DA PERMANENTE SUBCLASSE
o cortiço duradouro

comunitário de conduta: "os filhos de imigrantes tendem a americanizar-se rápida e superficialmente, sendo assimilados pelos aspectos mais indecentes e viciosos da vida norte-americana com os quais se deparam nas áreas desorganizadas e instáveis onde vivem"[27].

Esse era o padrão da sociedade de Chicago, enquanto se tornara alvo de alguma atenção: "Toda a história de Chicago, desde seu nascimento até a Primeira Guerra Mundial, foi caracterizada pela luta, por vezes violenta, dos primeiros colonos e brancos nativos contra os imigrantes chegados mais tarde – os 'forasteiros'."[28] No tempo da Hull House (centro de acolhimento de imigrantes), um trabalhador do centro observou com tristeza: "O soberano desdém com que o *Dago* olha para o *Sheeny** só pode ser comparado ao olhar de sarcástico desprezo com que o Sheeny examina o Dago."[29] Nessa hierarquia, alguém tinha de estar na base e, pelo fim dos anos de 1920, ao que parece, eram os sicilianos do North Side, onde – pelo que contavam os jornais de Chicago a seus leitores – homicídio e mutilação estavam na ordem do dia. Como descobriu um dos sociólogos de Chicago em 1929, essa Little Sicily – ou "Little Hell" (Pequeno Inferno), abrigo para 15 mil ex-camponeses sicilianos, sem qualificação profissional – era de fato, na cidade, o principal foco de contrabando, assaltos a mão armada e gangues criminosas[30]. E numa sociedade desse tipo, "cresce a desorganização pessoal entre os norte-americanos de nascimento. A segunda geração vê-se tentando viver em dois mundos sociais"[31]. "Daí por que o cortiço, em especial o cortiço de estrangeiros, é território de gangues. Pois um território de gangues nada mais é que o resultado da criação, por parte do menor, de um mundo social onde ele possa viver e satisfazer seus desejos."[32]

Trabalho mais extenso, realizado por outro membro da escola, Clifford R. Shaw, publicado no mesmo ano, confirmou que os padrões geográficos da vadiagem, da delinquência juvenil e do crime adulto estavam estreitamente relacionados: todos se concentravam maciçamente na zona de transição, caracterizada pela deterioração física e declínio populacional, situada imediatamente ao redor do centro comercial da cidade e ocupada por imigrantes europeus e negros sulinos:

> Todos eles provêm de estratos culturais que diferem grandemente das situações que encontram na cidade. No conflito do velho com o novo, os antigos controles sociais e culturais existentes nesses grupos tendem a romper-se. Isso, mais o fato de haver poucas forças comunitárias construtivas empenhadas em restabelecer uma ordem convencional, torna a desintegração social constante.[33]

E em meados dos anos de 1940, quando Shaw estendeu esse trabalho a uma vasta série de outras cidades, encontrou os mesmos padrões: em algumas áreas de baixa renda, a delinquência era uma "tradição social"[34].

Generalizando com base no primeiro ciclo de estudos de Chicago, no fim da década de 1920, Park cunhou uma frase que ecoaria pelos salões da sociologia e suscitaria, durante décadas, discordância crescente. A migração dentro das cidades, argumentou ele, obediente à linha de seus primeiros escritos, produziu um "tipo alterado de personalidade [...] As energias outrora controladas pelos costumes e pela tradição estão agora soltas. O indivíduo é livre para novas aventuras, mas ele está mais ou menos sem direção e sem controle"[35]. O resultado era "um híbrido cultural, um homem que vive e partilha intimamente a tradição e a vida culturais de dois povos diferentes [...] um homem situado à margem de duas culturas e de duas sociedades, que jamais se interpenetram e se fundem completamente"[36], alguém caracterizado por "instabilidade espiritual, autoconsciência aguçada, agitação e angústia"[37]. Segundo Park, tal pessoa podia ser chamada de "homem marginal".

Alguns, que mais tarde atacaram com palavras o conceito de "marginalidade" (capítulo 8), poderiam, com vantagem, ter-se reportado de volta a essa fonte original: o arquétipo de homem marginal escolhido por Park foi o judeu culturalmente cosmopolita e emancipado. Mas a frase tornou-se, universalmente, tão memorável que passou a ser empregada destituída do significado original que lhe atribuíra o autor; passou a referir-se, cada vez mais, ao membro inamistoso da subclasse urbana de Park, imperfeitamente aculturado dentro da sociedade urbana e afundado naquilo que, mais tarde, em outra frase igualmente memorável e mal interpretada, Oscar Lewis iria chamar de cultura da pobreza.

Os Sociólogos Invadem o Gueto

A maioria dos delinquentes focalizados pelo microscópio da escola de Chicago era branca. Isso refletia o fato de que, na década de 1920, os filhos de pais de etnia branca eram os principais habitantes da zona de transição e as principais vítimas da transição imperfeita da velha para a nova sociedade. É provável que refletisse também a dificuldade de penetração vivenciada pelos sociólogos brancos de classe média em relação ao mais novo gueto de Chicago. Eles sequer o reconheciam por esse nome agora familiar: segundo a tipologia

A CIDADE DA PERMANENTE SUBCLASSE
o cortiço duradouro

clássica de Burgess, o "gueto" era judeu, ou seja, uma das muitas formas de cortiços étnicos – Little Sicily, Greektown, Chinatown – onde tradições do Velho Mundo se mesclavam a adaptações norte-americanas; o Black Belt (Cinturão Negro), "com sua vida livre e turbulenta", era algo muito diferente[38].

Ele, porém, já existia; e, rotulado ou não, já era o único gueto autêntico na cidade. Foi aí que os pais da sociologia urbana cometeram um de seus poucos enganos. Park, Burgess e Louis Wirth ensinaram a uma geração de estudantes que todos os bairros étnicos eram guetos temporários; neles, a segregação voluntária seria no final desfeita à medida que a aculturação acarretasse na assimilação. Suas pesquisas pareciam mostrar que o gueto negro não era mais guetizado do que qualquer outro gueto. Mas, meio século mais tarde, alguns pesquisadores reanalisaram sua base de dados e mostraram que eles estavam errados. No nível das pequenas áreas recenseadas, nenhum grupo europeu, no Censo de 1930, apareceu com um patamar de guetização superior a 61% – e nesses assim chamados guetos, a chamada população do gueto jamais passou de 54% do total. Por outro lado, contudo, perto de 93% da população negra da cidade vivia em guetos; e aí ela constituía mais de 81% da população total[39].

Essa segregação, no entender de outros pesquisadores, surgira durante a Primeira Grande Guerra. Em 1910, não havia área que fosse predominantemente negra; em 1920, dez registravam um índice de 75%, e até mais, de negros[40]. Entre 1916 e 1918, Chicago recebera 65 mil negros vindos das áreas rurais do Vale do Mississipi, tendo a maioria afluído para as indústrias da cidade[41]. A despeito dos esforços envidados pelas organizações e pelos jornais da comunidade negra, os recém-chegados sentiram dificuldade em ajustar-se às pressões da vida urbana; um quarto de século mais tarde, ainda se ouvia as lamentações dos negros mais idosos ante a chegada das levas mais recentes, que, alegavam eles, haviam rompido a integração e a harmonia raciais na cidade, e "a tornaram difícil para todos nós"[42].

Quando os soldados brancos voltaram da guerra, ocorreram pressões também nos locais de trabalho, visto que, entre a classe trabalhadora da etnia branca da cidade, os negros tinham a reputação – herdada da grande greve dos currais de 1904 – de serem furadores de greve[43]. Gangues de jovens trabalhadores brancos vindos do distrito Stockyards, que se autodenominavam de "clubes atléticos" e eram subvencionadas por um político distrital local, começaram a intimidar, nas ruas, suas contrapartes negras[44].

Finalmente no dia 27 de julho de 1919, um incidente entre jovens brancos e negros numa praia lotada desencadeou uma revolta urbana aberta: não a primeira do tipo – a zona leste de St. Louis, em julho de 1917, já se arrogava o título – mas um dos mais sangrentos na história norte-americana. Quando, cinco dias mais tarde, a milícia conseguiu, por fim, restaurar a ordem, 38 pessoas – 15 brancos, 23 negros – estavam mortas, e 537 feridos[45]. Conforme a Comissão de Inquérito concluiu – embora não tivesse usado o termo – isso foi o que, mais tarde, os sociólogos chamaram de "levante de comunidade" caracterizado sobretudo pela violência por parte dos brancos contra os negros, vistos por aqueles como invasores de seus bairros e de seus empregos. E a Comissão pintou um quadro vívido do gueto negro da época: mais de 40% de seus habitantes viviam em moradias bastante deterioradas; 90% estavam morando junto a segregados distritos do vício, onde as crianças ficavam expostas diariamente ao vício e ao crime; em mais de um quinto dos lares, as famílias tinham perdido o controle sobre os filhos; muitas das crianças tinham rendimento escolar baixíssimo dada a precária educação que haviam recebido no Sul[46].

No entanto, a despeito desse quadro, os sociólogos de Chicago dos anos de 1920 de modo geral ainda se mantiveram fora do gueto. Mas, por uma notável casualidade – notável, consideradas as oportunidades de progresso que tinham os negros naqueles dias –, aconteceu de dois dos maiores entre os primeiros sociólogos norte-americanos serem negros. E, o que é ainda mais notável, um dos pais brancos da sociologia norte-americana também dedicou a primeira parte de sua vida ao estudo da sociedade urbana negra. Todos os três contribuíram com estudos empíricos da maior importância que nos deram um quadro histórico ímpar da sociedade urbana norte-americana negra de fins do século XIX e início do século XX.

O que nos dizem eles, e de maneira clara, é que muitos dos aspectos que tanto preocupam os estudiosos de política social atualmente, têm antecedentes remotos. Em 1899, W.E.B. Du Bois usou os métodos que Booth empregara em seu levantamento em Londres para classificar a população negra do 7º Distrito da Filadélfia. Não havia, dizia ele a seus leitores predominantemente brancos, "meio mais seguro de nos equivocarmos a respeito do negro e de sermos por ele mal compreendidos do que ignorar as diferenças manifestas de condição e poder existentes entre os 40 mil negros da Filadélfia"[47]. Em seu levantamento, ele classificou cada família em quatro categorias diferentes. No primeiro, as "muito pobres e semidelinquentes", dependentes do trabalho ocasional e habitantes de cortiços, não chegavam a 9% da população total do 7º Distrito; vinham, a seguir, as "pobres" ou "as ineficientes, desafortunadas e improvidentes", que não chegavam aos 10%[48]. O grupo isolado maior, quase 48% do total, pertencia à "grande e laboriosa classe operária"; eram "honestas e de boa índole" e moravam em casas de três a seis cômodos, em geral bem mobiliadas[49]. Acima delas estavam os 25% descritos como famílias "remediadas", os 4% em "boa situação" e os 4% de "abastadas".

A CIDADE DA PERMANENTE SUBCLASSE
o cortiço duradouro

FIG. 106: *Assassinato durante tumulto racial em Chicago, 1919. Ao contrário dos tumultos ocorridos posteriormente em cidades norte-americanas, este foi um verdadeiro conflito racial, instigado pelo ressentimento branco ante a invasão negra dos mercados de moradia e de trabalho na cidade.* Fonte: *Chicago History Museum*, ICHi-22430, Jon Fujita.

Portanto, a grande maioria dos negros de Filadélfia não se compunha, de modo algum, da subclasse degenerada, criminosa, encortiçada que a fábrica de boatos propalava:

> Não há o que exaspere mais os negros das classes superiores do que essa tendência a ignorar inteiramente sua existência. Os habitantes do 3º Distrito, gente trabalhadora e respeitadora da lei, são levados à justa indignação ao ver que a palavra "negro" leva a maioria das mentes filadelfianas para as ruelas do 5º Distrito ou para as delegacias.[50]

O problema era que a fábrica de boatos tinha em mira um problema bastante real: "o número crescente de crimes impudentes e temerários" cometidos por negros na década precedente[51]. Os negros constituíam apenas 4% da população de Filadélfia mas respondiam por 9% das detenções efetuadas[52]. O fato era que a "quinta parte analfabeta da população de negros fornecia um terço dos piores criminosos."[53]; quanto mais grave e revoltante é o delito, maior a parte desempenhada pela ignorância como causa"[54]. Em especial,

"Um dos delitos pelos quais negros de uma certa classe ficaram célebres foi o de bater carteiras na rua"; e "do ato de bater carteiras ao assalto em rodovia não há mais que um passo"[55]. Du Bois concluiu:

> Desse estudo podemos concluir que, entre os negros, os autores de delitos graves são homens jovens; que esses delitos consistem, sobretudo, em furto e assalto; que a ignorância bem como a imigração para as tentações da vida citadina são responsáveis por muitos desses crimes, mas não por todos; que profundas causas sociais estão por trás dessa prevalência do crime e têm atuado de um modo tal que formaram, entre os negros, a partir de 1864, uma classe distinta de delinquentes contumazes; é a essa classe de delinquentes, e não à grande massa da população de negros, que se deveria imputar a maior parte dos crimes graves perpetrados por essa raça.[56]

Ao voltar-se para a "condição conjugal", Du Bois percebeu uma surpreendente anomalia:

> há uma grande proporção de homens solteiros – maior do que na Inglaterra, França ou Alemanha; também é pequeno o número de mulheres casadas, ao passo que o grande número de viúvas e separadas indica uma dissolução generalizada e prematura da vida familiar. O número de mulheres solteiras aparece provavelmente diminuído pelas jovens mundanas e, de certa maneira, aumentado pelas esposas abandonadas que se apresentam como solteiras. O número de esposas abandonadas, porém, ainda que prejudicado por falsos depoimentos, é espantosamente grande e apresenta muitos problemas intricados. Parte considerável da caridade praticada em prol dos negros tem esse motivo como origem. As causas do abandono ligam-se parte à frouxidão moral, parte à dificuldade para a manutenção de uma família [...] O resultado desse grande número de lares sem marido é não só o aumento da carga sustentada pela caridade e benemerência, mas também o aumento, dada a precariedade desse tipo de vida doméstica, da criminalidade. Eis um campo vasto para o trabalho de recuperação social[57].

As conclusões de Du Bois sobre esse problema são significativas, visto que corroboram as de Howard Odum, o sociólogo branco sulino que se tornou o criador da escola regionalista sulista dos anos de 1930 e 1940 (capítulo 5). O primeiro trabalho publicado por Odum foi uma investigação minuciosa sobre a vida dos negros nas cidades sulinas, realizada na primeira década do século xx. Muitas das observações de Odum são de tal maneira mordazes que, passados

A CIDADE DA PERMANENTE SUBCLASSE
o cortiço duradouro

oitenta anos, ainda continuam praticamente impublicáveis; não fosse seu longo e empático registro de trabalho subsequente sobre a cultura negra, seria fácil simplesmente rejeitá-lo como racista. Ele, porém, antecipa-se à crítica: "Embora sintamos grande desprazer e desagrado ao criticar com olhos de 'estrangeiros' as habitações dessa gente, é mister que todos os interessados em pintar o quadro tomando por modelo a vida vejam as coisas tais como são", advertiu[58].

Sobre estrutura familiar, ele confirmou os achados de Du Bois: "A proporção de pais sem filhos legítimos é grande, em geral de 15 a 20% das famílias", "havendo aproximadamente 10% do número total das famílias com uma mulher como chefe da casa."[59] A família média compunha-se de quatro pessoas morando em dois quartos: "Nesses bairros populosos – não raro em um só quarto – tem de alojar-se uma família inteira com todos os seus utensílios domésticos."[60] E, disse Odum, "Em tais condições de superlotação, aumenta naturalmente a falta de higiene. Um simples olhar para dentro de um chalé de negros médio é muitíssimo desanimador."[61]

Além do mais, visto que dentro da casa havia muito o que fazer, e a mãe de família tinha de sair para trabalhar fora,

> durante o dia, a casa de uma família negra é toda acelerada e cheia de desordem. A mãe, que cozinha para uma família branca, levanta-se logo de manhãzinha, deixando as crianças em casa, abandonadas a si próprias; o homem também sai logo para o trabalho. As crianças portanto não têm carinho e atenção [...] Entrementes, o lar é mantido em conjunto, da melhor forma possível[62].

Como consequência, "As crianças raramente sentem carinho pelos pais. De tal forma que, depois de crescidas, a família não se mantém unida pelos objetivos, pelo espírito ou pela presença física [...] O único desejo dos negros mais jovens – desejo, ao que parece, natural – é o de se libertarem do trabalho e do controle parental."[63]

O resultado, concluiu o moralista Odum, era

> a imoralidade e o crime, de um lado, e a enfermidade, do outro [...] A promiscuidade em casa leva à aquisição de maus hábitos pessoais; a total ausência de repressão embota toda e qualquer sensibilidade moral que pudesse estar presente. Todas as partes da casa oferecem livre acesso a todos; os contatos e condutas de seus membros pertencem à mais baixa classificação. Pouca noção se tem a respeito da santidade do lar ou das relações conjugais; por conseguinte, pouca atenção a elas se dá. A livre coabitação dos sexos desligada dos vínculos matrimoniais é prática usual; pouco se pensa sobre ela, já

que a consideram como característica da raça; aparentemente ninguém se preocupa com o assunto[64].

Pior:

> Com muita frequência, o lar é considerado lugar de libertinagem; os negros conhecem de sobra as inúmeras casas para as quais são convidados e que eles frequentam. O *creeper, o rounder-shaker* e o *eastman** são por demais conhecidos para suscitarem qualquer surpresa entre os negros. Todos os lares estão sujeitos à sua criminosa influência, quando homens e mulheres se tornam propriedade comum.[65]

E ainda pior, "Talvez em parte alguma da vida dos negros o problema da imoralidade se apresente de forma mais espantosa do que entre as crianças [...] A profusão de conhecimento a respeito do mal e suas práticas de que dispõe a meninada é impensável. Seus costumes não são menos hediondos."[66] "Com a vida de imoralidade vem sua celebração em histórias e canções [...] O tema preferido dessa classe de canções é o das relações sexuais e não há qualquer restrição à sua expressão."[67]

Quando a isso se junta o medo de que a doença venérea possa comprometer "a pureza da raça branca", tudo isso é bem facilmente rejeitado. Muito evidentemente, faltava ao jovem Odum qualquer padrão de comparação sociológica; ele não tinha a compreensão de que quase exatamente os mesmos resultados podiam ser aferidos em relação à subclasse branca da Londres vitoriana. Sequer tinha muita consciência da relatividade histórica: para o bem e para o mal, muito do comportamento do menor por ele relatado soa estranhamente igual ao adotado pelos adolescentes norte-americanos brancos, suburbanos e de classe média dos anos 1960 – inclusive as canções que os Rolling Stones iam buscar nas mesmas fontes. Pode-se mesmo afirmar, dentro de uma perspectiva histórica, que o impensável pesadelo de Odum se fez realidade: as normas da subclasse negra sulina acabaram conquistando o respeitável mundo branco. Há algo de sinistramente profético em sua declaração de que "o hábito de usar cocaína tem crescido constantemente, e entre as melhores classes, com resultados perversos. Seu largo uso nas cidades acaba influindo inevitavelmente sobre as comunidades menores"[68].

Mas há algo mais: algo que ele partilhava com Du Bois, fundador da Associação Nacional para o Progresso das Pessoas de Cor. Era a consciência de que afinal, o colapso da estrutura familiar dentro de um setor da comunidade negra vinha acompanhado de terríveis consequências que se transmitiam de geração em geração. Quando Odum escreveu que "O negro está se tornando menos eficiente como trabalhador não por inabilidade, mas por falta de disposição para o trabalho e por sua persistência na ociosidade", ele foi culpado do pior dos estereótipos raciais. Quando ele escreveu que "as fileiras da criminalidade mais aumentam do que diminuem graças a esses negros imprestáveis. Da preguiça ao atrevimento e ao roubo, o negro facilmente evolui do mendigo, do vagabundo, do vadio, do valentão, do *eastman*, do *rounder*, do *creeper*, para o 'bandido' e o criminoso"[69], ele estava descrevendo uma tendência entre uma pequena subclasse negra que – como Du Bois também assimilou muito bem – constituía um dos maiores problemas em potencial. O que faltou a ambos foi uma clara explicação teórica de por que isso deveria se dar dessa forma. Coube à escola de Chicago fornecer uma: o que acontecia era o resultado da brusca transição de uma sociedade rural, tradicional, baseada em relacionamentos familiares primários e de vizinhança, para as complexidades da cidade. E o problema se agravava na segunda geração: a dos primeiros filhos nascidos na cidade.

Esse era, na linguagem de uma geração posterior, o paradigma predominante em Chicago quando um sociólogo afro-americano, E. Franklin Frazier, chegou à cidade para preparar sua tese de doutoramento, em 1927. O trabalho que daí resultou constitui um marco na sociologia da família negra. Frazier começa passando em revista toda uma vasta literatura, de Du Bois em diante, sobre "A deterioração moral da família negra". E conclui:

FIG. 107: *Dr. E. Franklin Frazier. O grande sociólogo negro da escola de Chicago, cujo trabalho, nas décadas de 1920 e 1930, analisou em minúcia o colapso das estruturas da família negra nas cidades nortistas. Fonte: Moorland-Spingarn Research Center, Howard University.*

> vemos que durante um longo período as opiniões foram unânimes no que concerne à propalada deterioração moral da vida familiar do negro. Essas opiniões provinham de observadores e estudiosos com interesses diversos e alicerçavam-se em estatísticas oriundas de múltiplas fontes. Para todos, salvo um ou dois desses observadores, essa generalizada deterioração moral da vida familiar era um sinal da inabilidade do negro em alçar-se aos padrões sexuais da civilização ocidental e, para uns poucos, pressagiava a extinção da raça[70].

A proeza de Frazier foi começar pelo fato e, cuidadosamente, dissecar as causas. Relegou para segundo plano a visão de que houvesse origens, quer físicas quer africanas, ou seja, raciais. Em lugar disso, postulou uma dupla ruptura histórica: primeiro, a emancipação, que causara um súbito colapso da família escrava e da organização social negra, seguida, porém, de um retorno a uma forma modificada de vida agrícola como família de meeiros; segundo, a urbanização, que levara a um novo colapso das estruturas e do controle social. (Muito tempo depois, a pesquisa fundamental de Fogel sobre a estrutura da família negra durante a escravidão veio levantar dúvidas sobre essa parte da explanação; os donos de escravos – o fato veio à tona – tinham todo o interesse em preservar a estabilidade das estruturas familiares)[71]. E, exatamente como postulara Park, isso se tornou ainda mais evidente no centro da cidade, onde

> A vida familiar do negro tendeu a desaparecer. Essa era a área do crime, do vício e das relações sexuais livres [...] o alto índice de dependência vinha acompanhado por altos índices de deserção do lar, ilegitimidade da prole e delinquência juvenil. A pouca idade das mães solteiras indicava, como no caso da delinquência juvenil, o colapso da disciplina familiar bem como da organização comunitária.[72]

Mas esses índices críticos de desorganização decresciam à medida que uma pessoa se deslocasse para fora da "zona em transição", coincidindo com "a seleção progressiva dos elementos morais estáveis na população negra"[73]. O trabalho de Frazier, portanto, confirmou o paradigma de Chicago: "os vínculos de costumes e solidariedade, que haviam mantido unidas as famílias nas comunidades rurais do Sul, foram dissolvidos quando elas deixaram de ser apoiadas pela organização da vizinhança e instituições das comunidades rurais sulinas"[74]. Assim "a generalizada desorganização da vida familiar do negro tem de ser encarada como um aspecto do processo civilizacional desencadeado dentro do grupo negro":

> À medida que o negro é trazido ao contato com um mundo cada vez mais vasto, por meio da comunicação e da mobilidade crescentes, a desorganização é um resultado natural. A amplitude da desorganização dependerá da reserva de tradição social que passará a ser o ponto de partida para a reorganização da vida sobre bases mais intelectuais e eficientes.[75]

A ação do tempo, portanto, poderia ajudar; a preservação da "reserva social" iria ajudar ainda mais. A questão era saber como.

A CIDADE DA PERMANENTE SUBCLASSE
o cortiço duradouro

A partir dos anos de 1930, como professor na Universidade de Howard, Frazier ampliou seu trabalho para um estudo monumental sobre a estrutura social e familiar do negro. Confirmou o trabalho pioneiro de Du Bois na Filadélfia, de Daniels em Boston e de outros: nada menos que dois terços de toda a população negra das cidades nortistas eram da "classe inferior", caracterizados não apenas por suas ocupações de baixa qualificação, pela desorganização familiar, pelo analfabetismo e a pobreza mas também pela "inépcia e irresponsabilidade [...] devidas em parte à sua falta de instrução e em parte à falta de oportunidades econômicas para as grandes massas de homens negros"[76]. Em 1930, nas maiores cidades nortistas (de 100 mil habitantes para cima), 30% dos lares tinham mulheres como chefes de família; em cidades sulinas equivalentes, a proporção variava de um quinto a um terço[77]. E esse era apenas o aspecto mais óbvio da "vida familiar desorganizada e do comportamento sexual desregrado destes recém-chegados à cidade"[78].

Ao examinar as causas com maior meticulosidade histórica, Frazier confirmou a análise em sua dissertação. O fenômeno vinha de longa data: Frazier foi capaz de mostrar que, em Washington DC, um quinto dos negros nascidos em 1881 eram ilegítimos, mantendo-se a mesma proporção em 1939; a maioria dos filhos ilegítimos nas cidades nortistas eram de mães jovens, recém-chegadas à cidade, sendo que poucas delas haviam conhecido uma vida familiar normal[79]. Esse padrão de "pais em licença", que era "uma das consequências inevitáveis da urbanização* da população negra," tinha suas origens na estrutura matriarcal da sociedade escrava. No Sul rural, também, mais de um quinto dos lares tinham mulheres como chefes de família; a gravidez precoce fora do matrimônio era norma comum e aceita, pois estava associada ao matriarcado familiar, no qual a avó era a figura-chave. Nas cidades, porém, embora a mulher persistisse como cabeça do lar, essa estrutura familiar estendida desintegrou-se; a ilegitimidade, que não era problema nas áreas rurais, só se tornou um quando se viu despojada dessa estrutura de apoio que lhe era fornecida pela família estendida, os vizinhos e as instituições[80]. Assim, nas palavras de Frazier:

> agências sociais e assistenciais têm sido incapazes de conter a onda de desorganização familiar que ocorre como consequência natural do impacto da civilização moderna sobre usos e costumes do povo simples camponês [...] Quando se olha em retrospecto o desperdício de vida humana, a imoralidade, a delinquência, as deserções e os lares desfeitos, envolvidos no desenvolvimento da vida familiar do negro nos Estados Unidos, eles parecem ter sido as consequências inevitáveis do esforço envidado por um povo pré-letrado, despojado de sua herança cultural, para ajustar-se à civilização[81].

Para as crianças, as consequências foram terríveis. Como Frazier continuou a mostrar, os índices da delinquência juvenil entre os negros eram várias vezes mais altos do que entre os brancos: três vezes mais na cidade de Nova York, mais de quatro vezes em Baltimore, por exemplo, durante os anos de 1920[82]. Mas nessas e em outras cidades, a delinquência estava pesadamente concentrada e tão somente naquelas zonas centrais de desorganização comunitária, onde os negros de classe inferior, em virtude de sua pobreza e de seu atraso cultural, eram obrigados a morar[83]. Assim, estava claro que os índices da criminalidade negra – tanto para adultos quanto para crianças – eram altos; a causa, porém, que de início pareceu ao observador residir na deficiência física ou moral era agora geralmente atribuída à pobreza, à ignorância e à urbanização.

Cinco anos após a obra magistral de Frazier sobre a família negra, publicada em 1939, outro grande cientista social escreveu outra: o monumental estudo de Gunnar Myrdal sobre o negro norte-americano foi publicado em 1944. Não surpreende que tenha chegado a conclusões idênticas às de Frazier:

> o importante é que as classes inferiores negras, especialmente no Sul rural, construíram um tipo de organização familiar que leva à saúde social, embora suas práticas sejam estranhas à tradição norte-americana. Quando essas práticas entram em contato com as normas brancas, o que ocorre quando os negros vão para as cidades, a tendência delas é sucumbir parcialmente, levando alguns indivíduos à deterioração moral[84].

Segundo advertira Frazier, "o trabalho da civilização ainda não está terminado"; mais negros ainda engrossariam essa marcha para a cidade, trazendo consigo novas ondas de desintegração. E na revisão final de sua obra-prima, postumamente publicada um quarto de século mais tarde, ele pôde relatar a prova de que estava certo: "A Segunda Guerra não foi a causa de novos problemas para serem enfrentados pela família negra; mas produziu novos estratos da população negra para encarar os mesmos problemas de ajustamento familiar com que já se haviam deparado os primeiros migrantes ao chegarem à cidade."[85]

A prova dessa asserção fora agregada à própria seara de Frazier, em Chicago, por dois sociólogos negros que seguiram seus passos: St. Clair Drake e Horace Cayton, em 1945. Eles descobriram que, à medida que os negros continuavam a fluir para dentro do gueto, este, em vez de expandir-se, tornava-se cada vez mais superlotado[86]. Sua contribuição foi dissecar a estrutura de classes desse gueto, estrutura que indubitavelmente já existia ao tempo do próprio trabalho de Frazier e que remontava à chegada dos novos migrantes durante a Primeira Grande Guerra:[87]

> Todos em Bronzeville reconhecem a existência de classes sociais, quer as chamem assim ou não. Gente de pouca instrução, pouca renda e mínimo refinamento social vive se referindo aos mais ricos e bem-sucedidos como "granfas", "empertigados", "fedidos", "gente da alta", "bacanas" [...]. Os ocupantes do topo das diversas pirâmides por nós descritas permitem-se caracterizar as pessoas abaixo deles como "gente baixa", "escória", "gentalha", "indolentes"[88].

Quando esses negros da classe média e alta falavam em "promover o progresso da raça", queriam dizer que era preciso criar condições sob as quais desaparecessem os traços próprios da classe inferior, dando lugar à predominância de algo semelhante ao modo de vida da classe média[89].

Nessa estrutura, a classe média profissional e administrativa compunha uma fina fatia de 5% da população. Cerca de um terço constituía uma classe média "amorfa, ensanduichada." "Tentando a duras penas manter a respeitabilidade, seus componentes viam-se presos entre a classe de cima, à qual eles (ou pelo menos seus filhos) pretendiam ascender, e o grupo de baixo, no qual não desejavam cair". Mas 65% da população negra de Chicago pertencia à classe dos trabalhadores braçais. O ponto crucial é que essa maioria se dividia em duas metades desiguais.

> Uma parte dessa classe trabalhadora constitui a espinha dorsal da classe *social* "média" de Bronzeville, identificada por sua ênfase nos símbolos de "respeitabilidade" e "êxito". A maior parte dessa classe trabalhadora, todavia, situa-se numa posição *social* "inferior", caracterizada por uma coibição menor e destituída de desejo de consumo pelos símbolos de prestígio social mais elevado. Abandono e ilegitimidade, delinquência juvenil, além de muita briga e muita baderna são fatos comuns nos círculos da classe baixa [...] a classe social mais baixa de Bronzeville leva sua vida num mundo à parte, tanto em relação aos brancos quanto em relação aos outros negros.[90]

A linha divisória crucial era econômica. Mais de um em cada três negros de Chicago, em 1940, estava desempregado ou colocado em Projetos Emergenciais de Trabalho[91]. "Muitas dessas famílias eram verdadeiras sociedades de ajuda mútua, originadas e mantidas por causa da necessidade econômica"[92]; a renda baixa e flutuante e a moradia precária tornavam difícil a manutenção de qualquer espécie de vida doméstica. "Às vezes as famílias passavam a existir para que os parceiros pudessem qualificar-se para um auxílio maior. Até bebês ilegítimos eram um trunfo nos confrontos de uma causa trabalhista [...] Na linguagem do sociólogo, Bronzeville estava sofrendo de desorganização social."[93] O resultado era o padrão familiar, registrado por outros estudos sociológicos de Du Bois e Odum em diante. A "falta de oportunidade econômica, aliada à negativa de acesso à educação até mesmo de uma escola de 1º grau, não tardou a gerar um padrão peculiar de irrequieta vagabundagem por parte do homem negro", que foi, "um fator importante, durante os oitenta anos que se seguiram ao fim da escravidão, no impedimento para a formação de unidades familiares estáveis e convencionais", e assim "transferiu a responsabilidade da manutenção das unidades familiares para as mulheres da classe baixa", de tal modo que "homens da classe baixa estão numa posição econômica frágil em relação à mulher e aos filhos. Perdida a hegemonia masculina, as mulheres passam a ser a figura dominante"[94]. Portanto:

> um velho padrão sulino intensifica-se e ganha força em Bronzeville. Instáveis casamentos sem papel passado, de duração relativamente curta, alternam-se com períodos de amarga desilusão por parte da mulher. O resultado final é, amiúde, uma "viúva" com filhos, fruto seja da deserção do marido seja da violenta rejeição deste pela esposa[95].

Delinquência juvenil e filhos ilegítimos foram as consequências inevitáveis. Em 1930, cerca de 20% do comparecimento de réus jovens aos tribunais eram de negros; a Depressão piorou as coisas, e "o roubo de carteiras generalizou-se em áreas de classe baixa e até mesmo em vias importantes". E para cada detido, havia "milhares de jovens da classe baixa [...] que beiravam a orla do crime. Eram os 'gatos' que, na 'fatiota do malandro', circulavam na área e 'enganavam' as mulheres"[96]. Entre 1928 e 1933, cerca de um em cada nove bebês negros era ilegítimo, a maioria deles nascida de mulheres jovens da classe baixa recém-chegadas à cidade; elas perpetravam uma prática tipicamente rural, segundo a qual um filho é visto como um presente bem-vindo que ajudará na lavoura, não se atribuindo qualquer estigma ao fato[97].

Durante os vinte anos que se seguiram a esse estudo, a população negra de Chicago cresceu enormemente. Havia dez vezes o número de negros vivendo na cidade em 1966 do que em 1920; eles passaram de 4% para 30% da população. O próprio gueto sofreu uma enorme expansão; sua principal artéria de negócios deslocou-se 3,2 km para o sul[98]. Isso só aconteceu depois de uma série de tumultos ocorridos entre 1947 e 1957, nos quais os brancos em retirada – como em 1919 – haviam defendido seu território, mas com muito menos derramamento de sangue[99].

A CIDADE DA PERMANENTE SUBCLASSE
o cortiço duradouro

Mas, no processo, o gueto também mudou de caráter: ele foi assumido pela Chicago Housing Authority – CHA (Autoridade Habitacional de Chicago). A batalha política daí resultante dividiu a cidade em duas e quase destruiu a própria Autoridade. O plano da CHA de 1949, para 40 mil unidades adicionais em seis anos, incluía o assentamento de um grande número de negros dentro de áreas brancas; tão logo isso começou a ser feito, houve tumultos contínuos; os políticos distritais da cidade entraram em pânico; finalmente, a diretora da CHA, Elizabeth Wood foi exonerada[100]. A tentativa de integração foi abandonada; a CHA, em acerto feito com líderes políticos da cidade, tornou-se parte de um imenso esquema de segregação *de jure*.

Dos 33 projetos da CHA aprovados entre 1950 e meados dos anos de 1960, apenas um, quando completo, estava numa área menos de 84% negra; todos exceto sete ficavam em zonas pelo menos 95% negras; mais de 98% dos apartamentos estavam em vizinhanças inteiramente negras. A CHA, como mais tarde os críticos chamaram a atenção, estava construindo uma espécie de sólido corredor de moradias de baixo aluguel ao longo da State Street e ruas adjacentes, desde a 22ª Street até a 51ª Street[101]. Com isso, os brancos foram-se embora: das 688.000 casas novas construídas entre 1945 e 1960, mais de 77% foram construídas nos subúrbios, onde era dificílimo encontrar negros[102]. Em 1969, um juiz notou que a habitação familiar da CHA era 99% ocupada por negros, e que 99,5% de suas unidades ficavam em áreas negras ou transicionais[103]. O "segundo gueto" da cidade, várias vezes maior do que fora o primeiro durante o desastroso tumulto racial de 1919, ficava também mais isolado; seu extremo norte, mais antigo, estava agora quase solidamente congelado em concreto institucional[104].

O coração e símbolo do novo gueto era o Robert Taylor Homes, o maior projeto de habitação pública do mundo: mais de 43 mil unidades implantadas numa área de 38 hectares (95 acres), de 3,2 por 0,4 km de extensão, com 28 prédios idênticos de dezesseis andares cada. Dos primitivos 27 mil moradores, 20 mil eram crianças. Quase todos negros; todos pobres; mais da metade dependente de assistência pública. No projeto inteiro, havia 2.600 homens: o equivalente a uma cidade de mais de 25 mil pessoas, das quais mais de 90% eram mulheres e crianças[105]. Disse um dos moradores: "Vivemos empilhados uns em cima dos outros, com pouco espaço para os cotovelos. Por toda a parte, o perigo. Pouca privacidade, pouca paz e nenhum silêncio. E o mundo olha-nos a todos como se fôssemos cobaias, vivendo numa reserva como intocáveis."[106] Um cortiço particular tornara-se um cortiço público. No mais, em vinte anos, nada havia mudado.

Visitar o Robert Taylor Homes, no início dos anos de 1990, foi uma revelação sociológica. Uma criança nos recebeu com espanto: "Vocês são da polícia?" (Éramos homens brancos, *portanto*, éramos policiais.) Um colega nosso, de modo meio desastrado, tentou fotografar um passante; a reação imediata deste foi cobrir o rosto. Éramos homens brancos com uma câmera, *portanto* éramos policiais, prontos para prendê-lo. Da esquina veio parte da explicação: uma vasta área cercada, quase um acampamento armado, cheio de carros de polícia. Uns 400 metros adiante, milhares de passageiros brancos passavam pela Illinois Central Railroad (Ferrovia Central de Illinois) ou pela Interstate 90; eles pareciam viver e trabalhar em outro país, como em certo sentido estavam. Não muitos anos depois, o Robert Taylor Homes começou a ser demolido.

Mais ou menos na mesma época, em outro gueto de habitação pública do Meio-Oeste, outra equipe de sociólogos realizou mais uma investigação. Investigação essa especial, já que tinha por objeto o famigerado conjunto Pruitt-Igoe de St. Louis, cuja vida e morte foi recontada no capítulo 7. O que eles encontraram foi praticamente uma cópia carbono do Robert Taylor Homes. Das 9.952 pessoas participantes do projeto, bem mais de dois terços eram menores, e destes, mais de dois terços tinham menos de doze anos de idade; 62% das famílias eram chefiadas por mulheres; só em 45% o emprego constituía a única fonte de renda[107]. Como era de esperar, o relato apresentou todos os já conhecidos ingredientes da desorganização familiar, marginalidade masculina, delinquência e desintegração social; só que ali, de modo mais agudo e espetacular. Os pruitt-igoeanos viviam num mundo de pesadelo, no qual, desde que se mudaram para lá, 41% haviam sofrido roubo, 35% agressão pessoal, 20% lesão corporal grave[108]. Digno de nota na conclusão de Rainwater foi que, mesmo essa população recebendo salários do mesmo valor mais comum na sociedade, muito próximos aos da classe média, mantê-los era um verdadeiro problema, pois necessitavam de estabilidade e de um nível de renda próprios da classe trabalhadora de categoria superior, ou seja, um nível de renda situado num patamar 50 a 100% maior que o da maioria deles[109]. Daí

> a crença de que respeitabilidade e vida convencional são uma conquista frágil e instável, e de que no mundo da classe baixa do gueto o indivíduo moldado às expectativas convencionais está, a todo instante, sujeito a fracassar. Estreitamente ligada a esse critério generalizado sobre respeitabilidade, o que existe é uma descrença básica nas outras pessoas, não importando quão próximas possam ser pelo sangue ou pelo afeto. Descrença com duplo enfoque: o outro pode tentar explorar uma pessoa e, de modo mais sutil mas igualmente significativo, mesmo sem tentar explorá-la, o outro pode simplesmente falhar em relação a essa pessoa, caso ela dele dependa [...] Os relacionamentos

podem simplesmente não funcionar, seja entre amantes, cônjuges, parentes ou mesmo entre amigos[110].

Assim, "os pruitt-igoeanos percebem uma tremenda fratura entre o comportamento real adotado em seu mundo e suas normas sobre como o comportamento deveria ser": fratura que se manifestava em baixa autoestima, que era uma maneira de encarar a exploração[111]. Assim, a família matrifocal, o macho marginal e a desintegração comunal foram aceitos como fatos da vida; "os homens são assim mesmo", "naturalmente" irresponsáveis; ninguém podia depender de ninguém, nem mesmo um cônjuge do outro[112]:

> O índice relativamente mais elevado de separações conjugais pode ser visto como resultado tanto de uma pressão maior exercida sobre o casamento pela violenta subversão familiar provocada pelo sistema de rua, quanto pela menor coesão dentro do casamento, resultante de um empenho menor por parte da esposa em reter seu marido.[113]

E daí advieram outras curiosas consequências: a falta de um sólido conjunto de laços familiares, ou de uma preocupação psicológica profunda por parte das mães em relação aos filhos, o que, por sua vez, pareceu contribuir para a existência de um índice inquietantemente elevado de crianças com comportamento retardado[114]. Atingida a idade escolar, as dificuldades multiplicavam-se:

> O profundo pessimismo dos pruitt-igoeanos em relação à natureza humana, a firme convicção de que a maioria das pessoas praticará o mal quando isso for do seu interesse, e de que praticar o mal é mais natural do que praticar o bem, interage com as contingências normais da vida que tornam muito difícil a prática do bem. Os pais sentem que é a sorte, mais que tudo, que determinará se seus filhos crescerão conformes suas ideias do que seja o bem.[115]

A criança, por seu turno, aprende que não pode depender da família e que, a não ser que tenha muita sorte, sua vida não será muito diferente da dos mais velhos que a cercam; consequentemente, ela também devia começar a lidar com a vida tal como a vida é. Na adolescência, seu grupo lhe diz que o sucesso virá não do desempenho convencional na escola ou no emprego, mas da capacidade de tornar-se "um rematado bicão, que consegue o que quer atuando na mente das pessoas, e capaz de fazer chover benesses com um mínimo de esforço e o máximo de estilo"[116].

As causas básicas desse emaranhado novelo de síndromes, na visão de Rainwater, são a marginalidade econômica e a opressão racial. Os negros de classe inferior não podem encontrar nicho seguro no sistema econômico, pois é nele que o racismo se entrincheira, só lhes permitindo acesso a serviços de qualidade inferior e preço mais alto, incluindo moradia e educação:

> Essa inabilidade em ser como os demais, priva o negro de classe inferior do sentido de relevância e eficácia pessoal, que é o patrimônio costumeiro e esperado do indivíduo comum, nas mais simples, nas mais "primitivas tribos" das regiões subdesenvolvidas do mundo [...] constrangido a viver entre outros igualmente marginais em termos econômicos, e na comunidade que cresce em tal situação, um prêmio é colocado sobre a exploração e manipulação de seus pares.[117]

E a raiz está nas mesquinhas perspectivas econômicas e de *status* do homem, que o inferiorizam aos olhos da esposa, e o forçam, num papel de autoproteção, a "voltar-se para si mesmo", confiando nas respostas dos outros para medir o próprio êxito: "Se for bem-sucedido na criação de um 'eu' dramático, ganha uma espécie de segurança, porque esse 'eu' não pode nem ser removido nem consumido (pelo menos a curto prazo)."[118]

A importância dessa análise reside em suas implicações políticas: tentar simplesmente intervir de fora para dentro, com vistas a ensinar valores e aspirações da classe média através do sistema educacional, seria medida fadada ao fracasso, uma vez que não alteraria as condições de vida nas quais a classe inferior desenvolveu sua própria visão do mundo e da posição que nele ocupa. Assim também malograriam os programas convencionais antipobreza, pois estes exigiam que o pobre mudasse seu comportamento sem lhe proporcionar os recursos indispensáveis. Falando curto e grosso, o primordialmente essencial era dar dinheiro ao pobre[119].

Em 1965, mais de vinte e cinco anos depois do aparecimento do clássico de Frazier, e mais de vinte após o de Myrdal, de novo outro insigne cientista social deu sua contribuição. Essencialmente, esta sublinhou as conclusões dos dois primeiros, reafirmando que o problema ainda não desaparecera. Mas ao contrário daqueles, esse novo trabalho causou uma tempestade política sem precedentes. As razões foram duas. Primeiro, Daniel Patrick Moynihan era um acadêmico que havia ingressado na política como senador dos Estados Unidos. E segundo, seu relatório, *The Negro Family: The Case for National Action*, surgiu no imediato despertar da década mais turbulenta na história dos negros norte-americanos, mais turbulenta até do que a época da emancipação, que

A CIDADE DA PERMANENTE SUBCLASSE
o cortiço duradouro

começara com o pronunciamento histórico da Corte Suprema sobre *Brown Versus Board of Education of Topeka* (Conselho de Educação de Topeka) em 1954, e culminara com a promulgação, pelo presidente Johnson, do Projeto dos Direitos Civis em 1964.

Moynihan começou como ia prosseguir, asperamente: "O fato mais difícil de entender para os norte-americanos brancos é que [...] as circunstâncias da comunidade negra norte-americana nestes últimos anos têm *piorado, não melhorado.*"[120] "O problema fundamental", continuou ele, ecoando Frazier e Myrdal, "é aquele da estrutura familiar":

> A evidência – não conclusiva, mas poderosamente persuasiva – é que a família negra nos guetos urbanos está se desagregando. Um grupo da classe média conseguiu salvar-se, mas para o vasto número de trabalhadores urbanos sem qualificação e com baixo nível de escolarização, o tecido dos relacionamentos sociais convencionais está em franca desintegração [...]. Enquanto persistir tal situação, o ciclo da pobreza e da inferioridade continuará a repetir-se.[121]

O relatório forneceu a evidência, já por demais conhecida, da desintegração familiar, só que agora os índices haviam piorado consideravelmente: quase um quarto dos casamentos negros haviam se dissolvido; quase um quarto dos recém-nascidos negros – oito vezes o índice dos brancos – eram ilegítimos; quase um quarto das famílias negras eram encabeçadas por mulheres; 14% das crianças negras, contra 2% das brancas, dependiam do serviço social[122]. Assim, concluiu Moynihan, "a estrutura familiar dos negros da classe inferior é altamente instável, beirando, em muitos centros urbanos, o colapso total"[123]. As explicações também foram idênticas às de Frazier: escravidão, reconstrução, urbanização:

> Na essência, a comunidade negra foi forçada a uma estrutura matriarcal que, por estar tão em desacordo com o restante da sociedade norte-americana, retarda seriamente o progresso do grupo como um todo, impondo uma carga massacrante ao homem negro e, consequentemente, a um número também bastante grande de mulheres negras.[124]

Os lares matriarcais contribuíam sobretudo, segundo afirmou, para uma inabilidade psicológica em postergar a gratificação, levando, assim, a um padrão de comportamento imaturo e neurótico na adolescência e na idade adulta[125].

As consequências também eram conhecidas, pelo menos a qualquer leitor dos primeiros textos sobre o assunto; o relatório de Moynihan apenas confirmou que não houvera mudanças. O desemprego entre os negros "permaneceu, durante 35 anos, em níveis desastrosos", excetuando-se apenas os poucos anos de guerra[126]. E "o impacto combinado de pobreza, insucesso e isolamento entre a juventude negra", continuou Moynihan, "teve o resultado previsível em um calamitoso índice de delinquência e criminalidade": possivelmente a maioria dos crimes contra a pessoa (estupro, homicídio, assalto com agravantes) fosse cometida por negros e, na sua esmagadora maioria, contra outros negros[127]. Também no que diz respeito à educação, a juventude negra estava em séria desvantagem: 56% fracassaram no teste mental padronizado de admissão às Forças Armadas, medida elementar de habilidade, e "Um jovem crescido, que não consegue passar nesse teste, está em maus lençóis."[128]

Moynihan concluiu dizendo que o objetivo de seu estudo fora definir o problema, não propor soluções: apenas sublinhava que "um esforço nacional em prol da solução do problema dos norte-americanos negros deve ser direcionado para a questão da estrutura familiar. A meta deveria ser o fortalecimento da família negra, a fim de capacitá-la para criar e apoiar seus membros à semelhança do que fazem as outras famílias"[129]. Frazier, ele lembrou isso a seus leitores, dissera o mesmo em 1950, mas "Os problemas foram abandonados à própria sorte e, como bons problemas, longe de melhorar, só fizeram piorar."[130] Moynihan acreditava que naquele momento havia uma diferença crucial: o presidente apoiava o esforço.

Se apoiava, não tardou a fugir da raia; e isso não tanto por causa da controvérsia subsequente quanto pela escalada dos custos da Guerra do Vietnã[131]. A controvérsia em si não deixou ninguém sob luz favorável, com exceção talvez de Moynihan. O relatório foi preparado para circulação interna no governo, mas as informações vazaram, forçando a publicação. Os confrades cientistas sociais sentiram-se desconcertados ante a explanação pública de Moynihan sobre fatos incômodos; o sistema previdenciário de Washington quis manter sua postura de ser "cego para a cor"[132]. Todos, portanto, tinham interesse em repudiar o relatório, o que acabou de fato acontecendo. Assim, quando a Casa Branca convocou uma conferência oito meses após sua publicação, o pressuposto básico adotado, segundo um dos participantes, foi de que "esse tal de Daniel Patrick Moynihan não existe"[133]; com base nas críticas, uma das quais, pelo menos, fora escrita sem prévia leitura do relatório, tentou-se concretamente impedir que a conferência até mesmo discutisse a estrutura familiar[134].

A CIDADE DA PERMANENTE SUBCLASSE
o cortiço duradouro

O Impacto dos Levantes de Gueto

Uma das razões para essa imensa controvérsia, sem dúvida, foi a nova percepção de parte dos norte-americanos – e acima, de tudo, da mídia norte-americana – em relação à comunidade negra norte-americana. Mas outra razão, ainda mais importante, foi que o relatório chegou em meio aos tumultos que varriam os guetos negros de algumas cidades norte-americanas, começando por Birmingham, Alabama, em 1963, e culminando em Detroit, em 1967[135]. Em particular, sua publicação, em março de 1965, foi seguida, em agosto do mesmo ano, pelo grande levante ocorrido no distrito Watts, de Los Angeles, no qual 34 pessoas foram mortas e 35 milhões de dólares de danos foram infligidos[136]; o relatório Moynihan, segundo a mídia, "explicava" o levante de Watts[137].

Na verdade, uma análise posterior mostrou que as coisas talvez não fossem bem assim. O exaustivo relatório da Comissão Kerner, nomeada pelo presidente Johnson em consequência dos tumultos de 1967, não se referiu a Watts; mas concentrou-se em tumultos similares na essência, ocorridos naquele verão em sete cidades, incluindo Atlanta, Newark e Detroit. Aí, concluiu,

> o desordeiro típico, no verão de 1967, era negro, solteiro, com idade entre 15 e 24 anos e, sob muitos aspectos, diferente dos estereótipos. Não era um migrante. Natural do estado, havia tempo que morava na cidade onde ocorrera o levante. Economicamente, sua posição era quase a mesma de seus vizinhos negros que não haviam tido participação ativa no tumulto.
>
> Embora, como era de esperar, não tivesse seu diploma do colegial, estava, de certa maneira, melhor escolarizado do que o negro médio do centro da cidade, tendo, pelo menos por um tempo, frequentado o ensino médio.
>
> É mais provável, todavia, que trabalhasse num emprego servil de baixo *status* como mão de obra não qualificada. Se fosse empregado, não estava trabalhando em tempo integral e sua atividade era frequentemente interrompida por períodos de desemprego.
>
> Nutre o forte sentimento de que merece trabalho melhor e que é barrado em suas pretensões não por falta de treino, habilidade ou ambição, mas em virtude da discriminação exercida pelos empregadores.
>
> Rejeita o estereótipo do branco intolerante para quem o negro é ignorante e preguiçoso. Tem grande orgulho de sua raça e acredita que, sob certos aspectos, os negros são superiores aos brancos. É extremamente hostil aos brancos, mas é bem provável que sua hostilidade tenha como origem mais a

classe econômica e social do que a raça; a hostilidade que nutre pelos negros de classe média é quase igual[138].

Esse quadro, na verdade, não estava tão longe do estereótipo como proclamava a Comissão. Visto de outro ângulo, o desordeiro típico era um citadino de segunda geração que abandonara o colégio sem qualificações educacionais e que, contudo, acreditava não ser essa a razão de seu relativo fracasso no mercado de trabalho; era extremamente hostil à sociedade norte-americana dominante, fosse ela branca ou negra. Entre dois terços e nove décimos dos desordeiros eram adultos jovens, de metade a três quartos não tinham qualificação profissional, de um terço a dois terços haviam migrado para a cidade, de um quinto a dois quintos estavam desempregados, e de um terço a nove décimos tinham antecedentes criminais[139]. Ao contrário dos negros da classe média, pouco haviam progredido em termos de empregos, habitação ou instrução. Em outras palavras, o desordeiro típico, se é que existia, era também um membro absolutamente típico da subclasse tal como Frazier a descrevera; com uma glosa apenas: pertencia à camada mais ambiciosa e inteligente dessa subclasse. E se de fato era assim, esse desordeiro era mais propenso, que em gerações anteriores, a sair às ruas com o intuito precípuo de promover saques[140].

Em outro trecho, o relatório da Comissão repetiu a já conhecida litania do ciclo de desemprego, desintegração familiar e desorganização social; ao atribuir o colapso familiar ao desemprego, ele na verdade avalizou a análise feita pelo relatório Moynihan. Entre 2 e 2,5 milhões de pessoas, 16 a 20% das populações negras das cidades, viviam na penúria e no desânimo dentro de guetos raciais. Seus índices de desemprego eram mais que o dobro dos brancos e a possibilidade de um negro estar sujeito a empregos vis ou sem qualificação e com baixos salários era três vezes maior que a de um branco; mais de 40% da população negra situava-se, em 1966, abaixo da linha da pobreza. Outra poderosa causa de pobreza estava no fato, conhecido de todos, de que quase 24% das famílias negras, contra 9% das brancas, eram chefiadas por mulheres. As conclusões foram bastante previsíveis:

> A cultura da pobreza que resulta do desemprego e da desorganização familiar gera um sistema de relacionamentos baseados na crueldade e na exploração dentro do gueto. A prostituição, o vício da droga, as ocorrências de natureza sexual e o crime criam uma selva ambiental caracterizada pela insegurança e a tensão pessoais [...] um milhão e duzentas mil crianças não brancas de menos de 16 anos viviam em famílias do centro urbano encabeçadas por

mulheres com menos de 65. A grande maioria dessas crianças estava crescendo na pobreza, sob condições que as candidatam mais ao crime e à desordem civil que aos empregos que possibilitariam um ingresso na sociedade norte-americana.[141]

Isso sugeria um aspecto-chave dos tumultos da década de 1960, posteriormente salientado por Morris Janowitz: ao contrário do *levante comunal* como o que ocorrera no leste de St. Louis, em 1917, ou em Chicago, em 1919, que foi um conflito inter-racial junto aos limites dos guetos negros em expansão, este era um *levante utilitário* dentro do gueto, dirigido contra a propriedade branca e baseado na pilhagem em grande escala[142]. Nem as residências de brancos nem os brancos foram alvo de ataque; o aspecto-chave dos tumultos era "fazer compras de graça". Edward C. Banfield, um sociólogo de Harvard, escreveu um livro sobre os levantes. Iniciava sua exposição dessa forma: "Este livro provavelmente chocará muitos leitores que julgarão tratar-se de um trabalho escrito por um sujeito mal-humorado e canalha."[143] Muitos leitores de *The Unheavenly City* concordaram com veemência, particularmente em relação ao seu capítulo mais famoso, "Rioting Mainly for Fun and Profit" (Tumultuando Principalmente Por Farra e Lucro). Estudantes vociferavam e perturbavam suas aulas. Banfield, de todo modo um sujeito polêmico, adorou.

Sua tese sustentava que a sociedade norte-americana – e, por extensão, todas as sociedades modernas – se dividiu em quatro classes: alta, média, trabalhadora e baixa. As três primeiras compartilham normas sociais comuns. A classe baixa não. Seus membros são o que ele chamou de orientados pelo presente: cronicamente incapazes de pensar adiante ou de planejar seu próprio futuro, vivendo apenas para a ação imediata, e sofrendo com um profundo sentimento de autodesprezo e inadequação. Ele então inventou o conceito de que a "cultura" da classe baixa era a causa imediata dos tumultos.

Naquele famoso capítulo, Edward C. Banfield defendeu que os tumultos dificilmente foram sequer uma forma de rebelião política; eles representaram "explosões do espírito animal e roubo por moradores de cortiços, em sua maioria garotos e homens jovens, em sua maioria negros", exacerbados pelo que ele chamou de "causas aceleradoras", especialmente "cobertura televisiva sensacionalista". Ele alegou que as imagens dos tumultos de Newark, mostrando a polícia sem fazer nada, agiu como um incentivo à pilhagem.

Para leitores de mente liberal, isso era bastante ruim. Mas ele os enfureceu ainda mais concluindo que não havia solução. As soluções possíveis – contracepção compulsória, intensiva operação de passar as pessoas em revista, acabar com a cobertura televisiva – eram inexecutáveis ou inaceitáveis, ou ambos. E, como a classe baixa estava se multiplicando mais rápido do que o resto da população, provavelmente as coisas ficariam piorares.

Quarenta anos mais tarde, após um pico, o crime caiu nas grandes cidades norte-americanas. Se isso tinha a ver ou não com a aplicação de policiamento intensivo, no estilo Bill Bratton, ou se era resultado de mudanças demográficas subjacentes, são questões que serão discutidas infinitamente. Mas, quer se aprecie ou se odeie o argumento de Banfield, existe um elemento preocupante: embora a classe baixa identificada por ele estivesse presente nas cidades ao longo dos séculos, a sociedade competitiva e afluente de hoje estabelece uma distinção ainda mais acentuada entre essa classe chamada baixa e o resto de nós. Para mudar isso, seria preciso uma manobra brusca que permitisse voltar à sociedade escandinava dos anos de 1950. E a sociedade – a sociedade norte-americana, a sociedade britânica e mesmo a sociedade sueca – já está preparada para isso?[144]

Se alguém vê os distúrbios, conforme Banfield, como uma estratégia de "tumultuar para fazer farra e tirar vantagem", ou como "um motivo de orgulho para muitos, um meio de se chegar a uma rebelião nacional e torná-la mais intensa", como Kenneth Fox mais tarde assim concluiu, é um problema de interpretação[145]. Isso suscitou para a Comissão Kerner a questão que, para muitos norte-americanos, se impunha como prioritária: por que os negros não conseguiram seguir o caminho típico do imigrante rumo a uma mobilidade ascensional? A principal resposta da Comissão foi: questão de *timing*. Os negros chegaram às cidades em grandes levas justamente quando os empregos reservados à mão de obra não qualificada estavam desaparecendo. Enquanto ainda perduravam, mas já sem a importância de épocas passadas, esses empregos passaram a carregar um estigma não presente para as primeiras gerações que se ocupavam com eles, quando constituíam a maioria das ocupações disponíveis à população. Ademais, a discriminação contra os negros era mais feroz do que contra os primeiros imigrantes brancos. E o sistema político já não era adaptado para servir às necessidades do imigrante[146].

Então, finalmente, a Comissão Kerner centrou sua explanação básica não na desintegração da família negra, mas no que interpretou como "racismo branco" que, alegou, era "essencialmente responsável pela mistura explosiva que se foi acumulando em nossas cidades desde o fim da Segunda Guerra Mundial"[147]. Entre os aspectos principais aos quais chamava a atenção a Comissão Kerner, encontrava-se: a discriminação generalizada e segregação no sistema habitacional, que dava origem aos guetos negros; a imigração negra e o êxodo branco das cidades; e o decorrente desenvolvimento de uma cultura de gueto, na qual "O crime, o vício da droga, a dependência em relação à

A CIDADE DA PERMANENTE SUBCLASSE
o cortiço duradouro

assistência social, a amargura e o ressentimento contra a sociedade em geral, e contra a branca em particular, são o resultado."[148]

Portanto, a análise da Comissão Kerner não trouxe muitas novidades. O que legou de interessante e significativo foi a maneira pela qual estabeleceu as conexões causais e, por conseguinte, a maneira como explanou a respeito da responsabilidade pelas desordens. Para Kerner, as desordens eram causadas por culpa do racismo branco. Os brancos foram então acusados pelo fato de os negros terem provocado tumultos. Um grupo preponderantemente branco e conservador emergiu com uma explicação que – após trinta anos de estudo – Frazier, o radical marxista negro, nunca nem remotamente sugerira. Isso foi um paradoxo intrigante; um sinal dos tempos.

Depois dos Tumultos

O relatório Kerner prosseguiu recomendando uma série de medidas que visavam à "criação de uma nova união – uma sociedade única e uma única identidade norte-americana"[149]. Por meio da criação de empregos e eliminação da discriminação no trabalho, de uma educação melhor e da eliminação da discriminação *de facto* no sistema escolar, de padrões assistenciais melhores e mais uniformes, e de uma guerra à moradia de baixo padrão, sua intenção era derrubar os muros invisíveis do gueto e finalmente integrar a subclasse negra na corrente dominante da vida norte-americana.

Não teve êxito, é claro. Houve, subsequentemente, pelo menos dois importantes estudos sobre o progresso do negro norte-americano: um de William J. Wilson (1978) e outro de Reynolds Farley (1984). Apesar de aparentemente discordarem, muitas de suas conclusões são perturbadoramente semelhantes. O livro de Wilson, *The Declining Significance of Race* (Raça, um Conceito em Decadência), abraça a tese de que "a classe tornou-se mais importante do que a raça na determinação do acesso do negro ao privilégio e ao poder"[150]. Assim, negros talentosos e educados têm ingressado em profissões tão rapidamente quanto ou até mais rápido que brancos com qualificações equiparáveis; foram particularmente beneficiados com a expansão dos empregos públicos, especificamente daqueles ligados ao serviço social[151]. Houve, assim, um enorme crescimento da classe média negra, de 16,4% de homens negros em 1950 para 35,3% em 1970; em contrapartida, os da classe baixa caíram de 50,7 para 36,4%[152].

Contudo, a despeito desses sinais encorajadores, "a subclasse negra permanece num estado de estagnação sem esperança, ficando muito para trás do resto da sociedade"[153]. A razão, sugeriu Wilson, era um fator chamado "distorção" na demanda de mão de obra, identificado pelo economista Charles C. Killingworth num estudo de 1968: o declínio a longo prazo na demanda de mão de obra de baixa qualificação e pouca escolaridade fora mais rápido do que o declínio ocorrido no suprimento desse tipo de mão de obra[154]. É bem verdade que tais trabalhos ainda existiam; mas as qualificações exigidas para obtê-los haviam aumentado, também eram um tanto incertos, e muitos negros não se dignavam mais a aceitá-los, pois sentiam que perderiam o respeito próprio[155]. Além disso, para os elementos da subclasse, as atividades ilegais eram mais interessantes e lucrativas; Wilson cita um levantamento de 1966 feito com os moradores do Harlem que constata que 20% de sua população estava envolvida em contravenção[156].

Da mesma maneira, argumentou Wilson, o fenômeno da chefia familiar exercida por mulher, na época, tinha por base a classe e não a raça. Em 1974, apenas 18% dos filhos de famílias negras com renda abaixo de 4 mil dólares viviam com o pai e a mãe; contudo, entre as famílias que ganhavam de 15 mil dólares para cima, essa percentagem aumentava para 90%[157]. O fato é que "a situação de marginalidade e falta de serventia criada pela moderna sociedade industrial afeta de maneira deletéria todos os pobres, sem distinção de raça"; os negros estavam desproporcionalmente representados dentro da subclasse, e um terço deles ainda lá permanecia; isso, porém, era um legado da opressão passada, não da discriminação atual[158].

Quanto a esse último ponto, a análise de Wilson concorda com o relatório feito por Stephen Steinberg em seu livro *The Ethnic Myth* (O Mito da Etnia), publicado três anos mais tarde. Steinberg também confirma a discrepância entre uma sólida classe média negra e "a chocante existência de uma vasta subclasse negra", o que, a seu ver, constitui "prova *prima facie* do racismo institucionalizado"[159]. Fica evidente, porém, que Steinberg se refere aqui ao racismo de gerações há muito passadas. Argumenta – e nisso segue, na essência, a análise de Park da década de 1920 – que a variável crítica na adaptação bem-sucedida de grupos imigrantes de etnia diferente tem a ver com a experiência prévia de vida urbana. Assim, os judeus, que eram quase exclusivamente urbanos antes de chegarem, tinham sido extraordinariamente bem-sucedidos; já os italianos do sul rural tiveram bem menos sucesso[160]. Mas os negros, apesar de serem um dos grupos imigrantes mais antigos dos Estados Unidos, foram deliberadamente mantidos fora das cidades nortistas após a emancipação por uma conspiração tácita entre os donos de plantações

A CIDADE DA PERMANENTE SUBCLASSE
o cortiço duradouro

sulinos e os industriais nortistas[161]. Assim, aqueles que chegaram mais tarde, estavam totalmente despreparados para a transição.

A análise de Farley mostra quase a mesma discrepância entre negros ricos e pobres: a brecha, ele sugere, permaneceu a mesma num sentido relativo, mas aumentou substancialmente em termos da renda absoluta[162]. O que ele efetivamente mostra, tendo por base cifras mais recentes que as de Wilson, é uma ominosa reversão no curso do progresso do homem negro: a proporção de norte-americanos negros pobres, que declinara de mais de 50%, em 1950, para um ponto mais baixo de 30% em 1974, subiu, em seguida, para 36% em 1982.

Farley argumenta que sua explicação contradiz Wilson; o sexo, não a classe, é agora a principal chave de ingresso na subclasse. Na verdade, porém, seu testemunho não se choca com o de Wilson: ambos revelam a chamada feminização da pobreza, produto do rápido aumento do número de famílias chefiadas por mulheres. E aqui, abriu-se uma diferença significativa entre brancos e negros: enquanto em 1960, 90% das crianças brancas, mas só 66% das negras, viviam com pai e mãe, em 1982 esses números caíram para 81 e 42%[163]. E isso, por sua vez, deve-se a um enorme aumento de nascimentos ilegítimos de crianças negras: em 1950, as taxas eram de 2% para brancas, 17% para não brancas; em fins da década de 1960, 6 e 32%; e em 1980, 10 e 55%[164]. É bem verdade que o aumento da ilegitimidade entre as crianças brancas foi mais rápido; o que preocupa, no que diz respeito à cifra negra, é a escala absoluta do problema. Longe de melhorar com a passagem do tempo, como a maioria dos observadores aguardava e confiava, ela só fez piorar espetacularmente.

As consequências têm sido terríveis. Enquanto 19% das famílias negras constituídas de marido e mulher estavam abaixo da linha de pobreza em 1982, nas famílias chefiadas por mulheres a cifra era de 59%[165]. Posto de outra maneira: enquanto em 1959 dois terços dos lares pobres negros consistiam de famílias formadas de marido e mulher, em 1980 três em cinco eram de famílias chefiadas por mulheres[166]. Tudo isso dá forte esteio à conclusão de Farley: "A mudança nos sistemas de vida ajuda a explicar a persistência dos altos índices de pobreza nos anos de 1970."[167] Ou, como disse alguém, a pobreza já não é tanto uma questão do que você faz, quanto de com quem você vive.

O problema, como sempre, é o que causava o quê. A explicação de Farley é que os pagamentos mais elevados feitos pela previdência às famílias com crianças dependentes – que tiveram um aumento de 28% em valor real entre 1960 e 1980 – podem ter efetivamente encorajado o colapso familiar; e no fim dos anos de 1970, perto de 44% dos beneficiários eram negros[168]. Se as coisas se passaram dessa maneira, assinala Farley, então curiosamente contradiziam a tese de Moynihan de 1965, segundo a qual, pela criação de mais empregos para o homem negro, as famílias seriam encorajadas a permanecerem unidas; na verdade, muitos desses empregos foram criados mas não surtiram o efeito desejado. Farley, ao invés, argumentou que tais mudanças são produto de alterações sociais profundas, que podem muito bem ser seguidas pela comunidade branca[169].

Palavras proféticas. O índice de ilegitimidade das crianças negras nos Estados Unidos subiu a níveis cada vez mais altos: chegou a 56% de todos os nascimentos no início dos anos de 1980, sendo quase 40% deles gerados por adolescentes; perto de uma em quatro adolescentes negras tinha filhos ilegítimos antes de completar dezoito anos; 47% de todas as famílias negras eram chefiadas por mulheres[170]. E a causa básica parecia ser uma extraordinária queda nos índices de matrimônio, perto de 45% nos anos de 1970: no início dos anos de 1980, 86% das mães adolescentes negras eram solteiras[171]. Além do mais, Farley parecia estar certo em outra tendência: um terço dos filhos de mães adolescentes brancas eram por essa época também ilegítimos. As diferenças, no entanto, ainda continuavam alarmantes: entre as garotas não casadas de dezessete anos ou menos, o índice de nascimento de negros era oito vezes maior que o de brancos[172].

Enquanto isso, a subclasse negra parecia ir de mal a pior. Um estudo de Richard P. Nathan, publicado no início de 1987, concluiu que entre 1970 e 1980, enquanto a população total das cinquenta principais cidades norte-americanas caíra em 5%, o número dos que nelas viviam na pobreza aumentara quase 12%. No entanto, dentro desse total, o número de brancos pobres caiu 18%, de 3,2 para 2,6 milhões; e o número de negros pobres cresceu 18%, de 2,6 para 3,1 milhões. Mais: 84% desses negros pobres moravam em bolsões de pobreza. E, embora os dados fossem escassos, as indicações eram de que essas tendências persistiram após 1980[173].

Algo de absolutamente extraordinário estava acontecendo; só que não estava bem claro por quê. Não haveria de ser, como sugerira Frazier já há bastante tempo, o fato de que novas levas de garotas negras da região rural imperfeitamente aculturadas estivessem indo para as cidades; durante os anos de 1970, o fluxo da migração negra diminuíra de ritmo e até tomara direção inversa. Era possível, como sugeriram alguns, que a recessão e o desemprego estivessem fazendo com que os homens negros relutassem em casar; mas isso dificilmente explica o virtual colapso da instituição ou o extraordinário aumento de nascimentos ilegítimos daí decorrente. Nem o modesto aumento nos níveis do benefício previdenciário parece, sequer remotamente, fornecer uma razão plausível. A perspectiva inquietante era de que os Estados Unidos estivessem assistindo a ainda outra estranha tendência sociocultural num segmento de sua juventude.

A CIDADE DA PERMANENTE SUBCLASSE
o cortiço duradouro

Mas, pelo menos, em contraste com o furor original que se abatera sobre Moynihan, a questão de "crianças terem filhos" estava sendo amplamente ventilada pelos líderes da comunidade negra, que nela viam as sementes de uma verdadeira tragédia futura. "Durante muito tempo, estivemos excessivamente na defensiva, encarando a discussão pública das tendências contraproducentes existentes em nossa estrutura comunitária, como um ataque ao povo negro", disse o presidente da Liga Nacional Urbana, John Jacob; "Em muitos casos, era o que acontecia. Mas os fatos ainda devem preocupar-nos."[174] E efetivamente, à medida que assomava o espectro desses milhões de crianças sem pai, crescendo nas ruas até a idade adulta, realmente os fatos mostraram-se preocupantes: o fogo da próxima vez poderia ir muito além que os casos anteriores que permaneceriam na memória.

Moynihan, ao que parecia, fora enfim reabilitado. Em janeiro de 1987, lançou-se em um importante movimento para substituir o programa assistencial norte-americano por um sistema completamente novo que colocaria ênfase, em primeiro lugar, na renda obtida. De modo significativo, sua proposta ganhou o apoio de todos os partidos, do presidente Reagan para baixo. E, um mês mais tarde, os governadores de Estado, democratas e republicanos, aprovavam uma resolução demandando que o sistema de auxílio pecuniário fosse imediatamente convertido num programa "assistencial de oferta de trabalho". Citaram, como suporte, um documento de embasamento, chamando a atenção para

> profundas e perturbadoras mudanças no tecido da sociedade norte-americana: multidões de mulheres jovens e de crianças na indigência, altas taxas de dependência em relação ao serviço social, um dramático aumento no número de lares com só um dos pais e com crianças trancadas a chave, milhões de adultos funcionalmente analfabetos, problema crescente com o abuso de álcool e drogas, adolescentes grávidas de seu segundo ou terceiro filho, e muitas outras que abandonaram de vez a escola[175].

A prosa era levemente rebuscada; mas nem tanto assim. Não admira que os governadores expressassem total confiança no fato de que a administração e o Congresso aceitariam sua proposta.

Subjacente a isso, todavia, ocorriam mudanças profundas na economia estadunidense e de outras nações desenvolvidas. Como foi descrito no capítulo 12, os empregos industriais estavam rapidamente seguindo o caminho dos empregos agrícolas; mais e mais, essas nações e suas cidades existiam para manipular e negociar informação. Mas essa mudança criou uma série de múltiplas polarizações, tanto entre as cidades como dentro delas. Como diz Sassen, as Londres e as Nova Yorks são as vencedoras; as Birminghams e as Detroits são as perdedoras, a menos que – como no caso de Birmingham – uma administração municipal seja suficientemente astuta para reorientar a cidade deixando de lado a indústria e caminhando em direção aos nichos de serviços ligados à informação. Por volta dos anos de 1990, as grandes cidades industriais norte-americanas, assim como as inglesas, tinham se tornado lugares-museus, paisagens-fantasma repletas de fábricas abandonadas e vastos espaços onde antes as fábricas eram erguidas; as casas também estavam vazias, de modo que uma estranha paisagem urbana banguela emergira. Nesses espaços urbanos quase surreais – norte da Filadélfia, sul de Chicago, leste de Manchester, oeste de Newcastle – ainda viviam pessoas, embora um número cada vez menor delas trabalhasse. Mas mesmo dentro das cidades globais da mais alta ordem, como Nova York ou Londres, um conjunto maciço de polaridades havia se desenvolvido e intensificado, entre uma maioria rica de informação e uma minoria carente dela, entre o que Robert Reich[176] chama de analistas simbólicos e trabalhadores de serviço temporário; e estes multiplicam-se, pois os desprovidos de informação – que são também os mais pobres financeiramente – estão concentrados em conjuntos habitacionais públicos onde as escolas locais recebem as crianças carentes e, em todos os muitos casos, tornam-nas ainda mais carentes. O resultado é o tipo de cidade representada na parábola de Tom Wolfe, *The Bonfire of the Vanities* (A Fogueira das Vaidades), em que o corretor de seguros Mestre do Universo vê-se frente a frente com a subclasse urbana: trata-se de Nova York, mas poderia perfeitamente ser Londres, Paris ou Amsterdã. Acumulavam-se, nos anos de 1990, as evidências de que o fenômeno da subclasse urbana, que inicialmente se pensava ser produto das economias desreguladas anglo-americanas, vinha aparecendo também em diferentes tipos de sociedade e de cidade: grandes projetos habitacionais públicos em Paris e Amsterdã estavam sendo ocupados cada vez mais por desempregados crônicos e seus filhos, e neles – exatamente como em seus equivalentes de Nova York e Londres – a violência estava em ebulição imediatamente abaixo da superfície.

Havia várias ricas ironias nisso. As crianças com desempenho mais baixo eram também, frequentemente, meninos, enquanto as meninas passavam à frente deles: o prêmio pago por força física e músculos, durante gerações desde o início da raça humana, era agora efetivamente zero (e poder-se-ia mesmo dizer negativo, pois o excedente de testosterona era gasto em estupro e confusão); a renda a ser paga por inteligência e auto-organização estava crescendo, e nisso as mulheres pobres pareciam ter melhor desempenho que os homens pobres. Homens cuja única posse era sua força física superior não

A CIDADE DA PERMANENTE SUBCLASSE
o cortiço duradouro

tinham boas perspectivas seja para o mercado de trabalho ou (em consequência disso) para o mercado do casamento; um resultado disso foi o colapso da família de classe mais baixa, visto dramaticamente – mas não exclusivamente – nas populações afro-americanas de baixa renda das cidades norte-americanas.

William J. Wilson causou sensação com essa tese em seu livro *The Truly Disadvantaged* (Os Reais Desfavorecidos), publicado em 1987[177]. Desenvolvendo sua tese inicial, ele descreveu um mundo em que a população afro-americana tinha se polarizado: metade dela ascendera à classe média, muito frequentemente administrando programas de bem-estar social para a outra metade; a outra metade, vivia num mundo virtualmente sem empregos e sem perspectivas, nos guetos de pessoas de baixa renda. Além disso, o sistema reforçava a si mesmo por meio do sistema educacional. Em 1996, Wilson prosseguiu documentando em detalhes esse fenômeno com base em entrevistas com centenas de moradores do gueto[178] que lhe contaram a respeito de um mundo, conforme as palavras do título do livro, no qual o trabalho desaparece. As maciças perdas de empregos industriais nas principais cidades norte-americanas jogaram incontáveis trabalhadores de baixa qualificação no desemprego permanente ou na dependência de trabalho temporário de baixa remuneração. Com isso, a ética do trabalho foi erodida, deixando bairros inteiros em dificuldade para se conseguir trabalho que passaram a apresentar alternativas – tráfico de drogas, gravidez precoce e vida na base de cheques da previdência – que pareciam mais atraentes. Como mostrou claramente uma mãe de 28 anos sustentada pela previdência:

> Merda, prostituição, venda de drogas, qualquer coisa – e tudo. Note bem, nem todo mundo é assaltante à mão armada, você sabe, mas pode ser qualquer coisa e tudo. Eu mesma vendi maconha. Não sou traficante, só estou tentando ganhar algum – tentando colocar o pão na mesa – tenho dois bebês.[179]

Nesse mundo, o casamento se torna cada vez mais uma anomalia, assim como o trabalho regular. E, conforme a estrutura familiar regular desaparece, assim também desaparece a socialização dos filhos: ninguém conhece alguém com a experiência do trabalho ou das relações sociais, em outras palavras, a experiência normal da maior parte das pessoas na maioria das sociedades; crime e tráfico de drogas dão a impressão de ser quase a norma.

Os livros de Wilson geraram um grande volume de pesquisas tanto nos Estados Unidos como em outros lugares; na Europa, soube-se que a subclasse de modo algum coincidia com as minorias étnicas urbanas, embora algumas dessas minorias pudessem bem sofrer taxas desproporcionais de desemprego e outras síndromes da pobreza. Em essência, o fenômeno ocorria onde quer que as oportunidades de emprego tradicional para homens tivessem desaparecido e onde, em consequência, grande número de homens jovens tivesse ficado sem perspectiva, descambando gradualmente para uma vida de pequenos crimes e dependência de drogas e álcool. Isso podia acontecer em qualquer tipo de lugar: nas fileiras de casas atrás dos antigos estaleiros de Tyneside, nos antigos vales de carvão de South Wales, nas áreas industriais tradicionais do leste de Londres ou Tyneside ou no norte da França. Mas o fenômeno era tipicamente urbano; e nas grandes cidades era parte da polarização geral de renda e de padrões de vida, evidente em toda sociedade nos mais entusiásticos expoentes do capitalismo do livre mercado como os Estados Unidos de Reagan ou a Inglaterra de Thatcher, mas mais exageradamente evidente em cidades globais como Londres, Nova York e Los Angeles.

Nesses lugares, a polarização veio a interagir com um outro fenômeno perturbador, um estranho aspecto da globalização mundial: o desenvolvimento de uma gigantesca indústria mundial do cultivo, intercâmbio e distribuição de drogas. A Conferência das Nações Unidas de 1994 sobre o crime organizado global estimou que o comércio mundial de drogas movimentava cerca de US$ 500 bilhões por ano – mais do que o comércio de petróleo; um ano antes, a Organização para Cooperação Econômica e Desenvolvimento relatou que no mínimo US$ 85 bilhões por ano de dinheiro de drogas foi lavado no sistema financeiro mundial; outras estimativas eram ainda mais altas[180]. E em um crescendo, esse sistema expandiu seus tentáculos para dentro dos bairros pobres das cidades, onde encontrou não só mercados prontos como uma oferta pronta de potenciais traficantes.

O planejamento, como tal, parecia ter poucas respostas para tudo isso. Alguns deterministas físicos, seguindo a linha do arquiteto norte-americano Oscar Newman no início dos anos de 1970, argumentavam que se podia melhorar a condição dos projetos de habitação urbana mais problemáticos redesenhando-os de maneira a eliminar espaços indefensáveis e maximizar os espaços defensáveis; a geógrafa inglesa Alice Coleman apegou-se muito seriamente a essa ideia, e as autoridades locais britânicas entusiasticamente "colemanizaram" seus piores conjuntos. Em um dos mais celebrados esquemas, no conjunto Mozart no canto extremo noroeste da cidade de Westminster, a autoridade habitacional removeu passarelas elevadas, cercou blocos para separá-los, e modificou as entradas para as escadarias. Mas em 1995, um estudo da Joseph Rowntree Foundation sugeriu que os benefícios tiveram vida curta: as mudanças reduziram os furtos durante cinco meses, mas então eles aumentaram de novo, assim como os assaltos e os roubos nas ruas. Em

A CIDADE DA PERMANENTE SUBCLASSE
o cortiço duradouro

outro notório conjunto-problema, Kingsmead, no distrito londrino de Hackney, a autoridade jogou duro: usou mandados de injunção e reintegração de posse para despejar criminosos renitentes, e desenvolveu um programa de ações comunitárias para jovens. Em um ano, os furtos caíram de 340 para 50. A moral era que somente mudanças físicas não iriam ajudar: podiam apenas deslocar o crime para outro lugar qualquer (como Newman sugerira vinte anos antes) ou alterar o equilíbrio entre os tipos de crime. Mas mudanças de projeto podiam fazer efeito se fossem acompanhadas por melhor gerenciamento habitacional e por iniciativas em prol dos jovens e da comunidade. O problema subjacente era que ações locais como essas não podiam acabar, a longo prazo, com o desemprego dos jovens, que tinha uma grande influência no crime. Assim o projeto podia fazer algo, mas por si só era insuficiente; a resposta estava além das possibilidades de qualquer autoridade habitacional, e talvez além da capacidade de provisão de qualquer pessoa.

A Subclasse na Grã-Bretanha

Muitos, tendo chegado a este ponto do relato, poderiam legitimamente perguntar o que tem ele a ver com uma história do planejamento. Pois o planejamento, em qualquer sentido em que foi usado neste livro, parece ter estado conspicuamente ausente de toda a história norte-americana. Há duas justificativas para sua inclusão. Uma é a de que uma história do planejamento não pode estar divorciada de uma história dos problemas que deram origem ao planejamento; a relevância da história norte-americana é exatamente essa, e, quase inacreditável, questões de planejamento urbano dificilmente entraram nela. Infere-se daí que, em contraste com o que provavelmente aconteceu em quase qualquer outro país comparável, os norte-americanos são capazes de dissociar os problemas ligados à patologia social de qualquer discussão sobre soluções de projetos. O caminho para a solução do problema do gueto, se ele existia, passava por um pacote de políticas – no campo dos empregos, da educação e da habitação – que tinham muito pouco a ver com planejamento urbano, pelo menos tal como os norte-americanos então o entendiam. E a estranheza aumenta ao lembrarmos (ver capítulo 10) que foi exatamente na época dos tumultos que os teóricos do planejamento norte-americano se convenceram de que o planejamento era um enfoque que poderia ser aplicado, com as necessárias modificações, a todo e qualquer problema.

A outra resposta, mais direta, é que outros países não fizeram esse divórcio. Sobretudo a Grã-Bretanha, que também estava passando pela experiência da imigração de minorias étnicas nas áreas centrais de suas cidades nas décadas de 1950 e 1960, e que em meados dos anos de 1960 também começou a experimentar problemas urbanos muito semelhantes, tendo então adotado uma bateria de soluções – algumas, como a urbanização comunitária, francamente emprestadas da experiência norte-americana –, mas combinando-as com a renovação física, em larga escala, de suas cidades. Essa remodelação, contudo, ao contrário de sua equivalente norte-americana, que ganhou o epíteto de "remoção do negro" (capítulo 7), procurou conscientemente prover habitação pública para um amplo espectro da população, inclusive os mais pobres – que, por definição, também incluíam muitos membros das minorias. Em meados da década de 1980, grande número dos que os norte-americanos chamam negros – isto é, britânicos de origem principalmente caribenha – vivia em projetos de habitação pública, sobretudo em Londres, onde, em 1991, moravam 43% de todos os negros britânicos.

A pesquisa sobre eles é bem menos rica do que a que se fez sobre seus equivalentes norte-americanos. À medida que existe, parece mostrar que, em alguns poucos aspectos, os britânicos fizeram melhor. O Estado do bem-estar social forneceu um piso muito mais generoso, especialmente no que concerne à moradia. Havia índices de nascimentos ilegítimos mais baixos, provavelmente graças a serviços mais eficientes de contracepção e aborto; mas as cifras são difíceis de obter, porque os serviços de estatística ingleses insistem em não diferenciar cor, podendo, portanto, induzir ao erro. Mas a Grã-Bretanha fora muito mais retrógrada em questões de discriminação no emprego, em especial em programas de ação afirmativa (ou discriminação positiva).

E mais: a Grã-Bretanha provavelmente tivera uma atuação pelo menos igualmente má no campo da educação, em que as escolas parecem ter produzido proporcionalmente altos índices de evasão escolar de negros inaptos, mesmo que as porcentagens sejam controladas por classe social[181]. Assim, saindo da escola com níveis baixos de qualificação e aptidão, os adolescentes negros britânicos sentiam dificuldade em conseguir emprego: sobretudo em distritos com alta concentração de negros, o desemprego era muito maior entre os jovens negros do que entre os brancos – embora isso valha apenas para os homens; as garotas negras viravam-se tão bem ou tão mal quanto suas irmãs brancas[182].

Parece então, no geral, que a história britânica seja a mesma ou pior. Os negros britânicos, assim como os negros norte-americanos, permaneceram fortemente concentrados nos anéis internos e médios das grandes cidades.

A CIDADE DA PERMANENTE SUBCLASSE
o cortiço duradouro

FIG. 108: *O levante de Broadwater Farm, Tottenham, Londres, 1985. A polícia restabelece uma ordem vigilante nos espaços indefensáveis da selva de concreto: comentário conclusivo sobre a falência da remodelação urbana no estilo anos de 1960.* Fonte: *Julian Herbert/Getty Images.*

FIG. 109: *O levante em Tottenham High Road, Londres, 2011. Não distante de Broadwater Farm, à semelhança dos tumultos equivalentes da década de 1960 ocorridos nas cidades norte-americanas, este foi um "levante utilitário" detonado pelas tensões entre jovens negros e a polícia.* Fonte: © Richard Rowland/Demotix/CORBIS.

Foram relativamente poucos os que ingressaram nas fileiras da classe média. Seus filhos nascidos na Grã-Bretanha estão sujeitos à tendência de serem avaliados com uma qualificação baixa, e acham muito difícil conseguir emprego. Embora números precisos sejam difíceis de encontrar – de novo aquelas estatísticas que não levam em conta a cor – a evidência sugere que eles têm altos níveis de crime registrado ou, pelo menos, de condenações registradas.

Por fim, o fato evidente é que também os guetos britânicos se amotinaram. No Brixton de Londres, no Toxteth de Liverpool e no Moss Side de Manchester, em 1981, no Handsworth de Birmingham e no Broadwater Farm de Londres, em 1985, ocorreram a violência, a pilhagem e o quebra-quebra generalizado. Graças ao meticuloso inquérito oficial levado a efeito pelo ministro do Supremo Tribunal, Scarman, quando do levante de Brixton, dispomos de uma detalhada anatomia do fenômeno[183]. O texto soa como reprise sinistra do relatório Kerner: a mesma pré-história de tensão crescente dificilmente controlável entre os negros jovens do gueto quando entram em choque com a polícia; o mesmo pequeno incidente detonador de uma detenção, seguido pela disseminação de boatos como incêndio; e a mesma quase imediata conflagração.

Scarman concluiu que esse não foi um levante racial[184], mas um choque de culturas, exacerbado pelo fato de que a subcultura negra foi construída na privação e na desvantagem. E a história tem alguns paralelos com os constantes surtos de violência ligados ao futebol nas cidades britânicas, causados, na sua maioria, pelos jovens brancos. Embora rotulados, os levantes britânicos – como seus equivalentes norte-americanos – foram obra de rapazes relativamente pobres e desprovidos de privilégios, que foram encorajados, se não pressionados, a desenvolver uma elaborada e segregada subcultura muito diferente da cultura dominante na sociedade[185]. Qualquer que fosse a causa, eles estavam profundamente alienados dessa sociedade. Talvez o alto índice de violência masculina, bem como de nascimentos ilegítimos ligados a adolescentes do sexo feminino, seja mera expressão dessa alienação profunda: seu ódio à sociedade, na sua base, reflete o ódio que sentem por si mesmos.

O pior desses tumultos ingleses, que resultou na morte a facadas de um policial por um grupo de jovens, ocorreu em outubro de 1985, em Broadwater Farm, em Tottenham, nordeste de Londres. Projeto de remodelação urbana premiado em 1970, ele provou ser um estudo de caso em espaço indefensável (capítulo 7); seus blocos de altura média, elevando-se a partir de uma passarela de pedestres sobre um estacionamento ao rés do chão, forneceram cultura de laboratório para o vandalismo e o crime. Degenerou num condomínio de locação difícil, com uma enorme quantidade de inquilinos problemáticos – em particular, jovens mães negras solteiras e seus filhos; em 1980, mais da

A CIDADE DA PERMANENTE SUBCLASSE
o cortiço duradouro

metade do projeto estava habitada por negros. Área praticamente vedada à polícia, foi revitalizada mediante um notável esforço comunitário liderado por uma das inquilinas negras, que desenvolveu instalações sociais para as muitas adolescentes desempregadas. Em seguida, sua ausência e a de outros líderes-chave ajudou a precipitar uma nova onda de crimes e, assim, indiretamente, desencadeou o levante.

Naquele mesmo ano, um grupo designado pelo arcebispo da Cantuária publicou seu relatório, *Faith in the City*, deflagrando uma vasta agitação política. É possível que tivessem Broadwater em mente:

> Há um perigo de muitos desses conjuntos externos, em particular, tornarem-se áreas dotadas de um sistema social e econômico totalmente distinto, operando quase em nível de subsistência, inteiramente dependentes do setor público e onde as oportunidades de melhoria, quer através de autoajuda quer da intervenção externa, são mínimas [...] a deterioração de muitas dessas áreas foi tão longe que elas na verdade constituem "territórios separados", situados fora da linha mestra de nossa vida social e econômica.[186]

O quadro em prosa elaborado pelo grupo assemelha-se sinistramente àquelas descrições de Pruitt-Igoe antes de seu fim: "o arquiteto projetou e o sistema construiu os cortiços de nossa era pós-guerra"; "projeto medíocre, defeitos na construção, precária manutenção das áreas públicas, nenhum 'espaço defensável'"; "matilhas de cães vagando por toda a parte, imundície nos poços de escada, uma ou duas lojas fechadas, os principais centros de compra a uns 20 minutos de distância numa dispendiosa viagem de ônibus"; índices de desemprego são tipicamente de 30-40%, e subindo"; "jovens sem ocupação entediados voltam-se para o vandalismo, as drogas e o crime – o conjunto recebe os embates das refregas, e a espiral da decadência desce uma volta mais"[187].

Os clérigos e seus irmãos leigos não tinham dúvidas quanto às causas de raiz: "*A queda nacional no número de empregos braçais e a concentração dos trabalhadores braçais nas UPAS é que estão no cerne do problema*", eles sublinharam[188]. Posto isso, porém, o que os assombrava e deprimia era o espírito fatalista daí decorrente. E novamente em destaque: "*Acreditamos que atualmente é dada ênfase excessiva ao individualismo, e insuficiente à obrigação coletiva.*"[189] Eles atacavam sem dó as políticas do governo Thatcher – de apoio às autoridades locais, de assistência social – e as atitudes a eles subjacentes:

> São os pobres que têm arcado com o ônus da recessão, tanto os desempregados quanto os que trabalham. No entanto, são os pobres que são vistos

por alguns como "pedinchões da seguridade social", ou como carga para o país, obstáculo à recuperação econômica da nação. Eis um cruel exemplo de vítima transformada em réu.[190]

Eles concluíram com um desafio aberto – dirigido, na verdade, aos líderes do governo: "A questão crucial a enfrentar é se de fato existe uma séria vontade política para desencadear um processo que possibilite àqueles que, no momento, estão na pobreza e na impotência reingressem na vida da nação."[191] E conclamaram outros a juntarem-se a eles para "colocarem-se mais perto do Cristo ressurrecto, ao lado dos pobres e desvalidos"[192].

O texto era poderoso e apaixonado, muito distante da tradicional paródia que mostra a Igreja da Inglaterra como o Partido Conservador em oração. Mas curiosamente fazia eco à justificada ira de Mearns e daqueles incontáveis outros clérigos que, um século atrás, haviam esbravejado contra a desumanidade do cortiço vitoriano[193]. E aqui, a ironia final: em meados dos anos de 1980, o problema da subclasse urbana ainda estava tão teimosamente arraigado nas cidades do mundo e na consciência de seus cidadãos mais sensíveis como em meados dos anos de 1880, quando fornecera o estímulo vital ao nascimento do planejamento urbano moderno.

Quinze Anos Mais Tarde: O Ataque à Exclusão Social

Quinze anos depois, em direção ao fim do século xx, um novo governo britânico atirou-se com zelo sem precedentes à tarefa de reduzir o sufoco das famílias pobres e, acima de tudo, das crianças pobres. No coração do gabinete do primeiro-ministro foi estabelecida uma Unidade de Exclusão Social (Social Exclusion Unit); essa Unidade logo mostrou que a pobreza estava extraordinariamente concentrada nos centros das cidades. Percebeu que 44 distritos com autoridade local (um dos quatro tipos de distritos ingleses) tinham as mais altas concentrações de miséria na Inglaterra: por exemplo, o desemprego neles era quase dois terços maior, havia ali quase uma vez e meia o número de lares monoparentais e gravidezes precoces, mais crianças ajudavam no sustento e não tinham as qualificações educacionais básicas, e as taxas de mortalidade eram 30% maiores. Pior, essas autoridades continham 85% dos bairros mais miseráveis; e ali, as concentrações de miséria eram com frequência extraordinárias[194].

A CIDADE DA PERMANENTE SUBCLASSE
o cortiço duradouro

Com base nisso, a Unidade começou a planejar uma estratégia que cul-minou, exatamente dois anos depois, em sua estratégia de revitalização dos bairros[195], que começou,

> Durante os últimos vinte anos, centenas de bairros pobres viram sua quali-dade básica de vida tornar-se cada vez mais destacada da do resto da socie-dade. Pessoas vivendo à distância de poucas ruas tornaram-se separadas por um abismo na prosperidade e na oportunidade.
>
> Há lugares onde mais de duas entre cinco pessoas dependem de benefí-cios do estado obtidos pela comprovação de pobreza, onde três quartos dos jovens não conseguem alcançar cinco bons GCSES (General Certificate of Secondary Education), e onde, na Inglaterra como um todo, um milhão de moradias estão vazias e são difíceis de preencher.
>
> Muitos bairros estão presos a uma espiral de declínio. Áreas com alto índice de crimes e desemprego adquiriram reputações ruins, de modo que pessoas, lojas e empregadores as abandonaram. Com as pessoas mudando, alta rotatividade e casas vazias criaram mais oportunidades para o crime, o vandalismo e o tráfico de drogas.[196]

Tais bairros, o relatório acentuou, "existem por todo o país, norte e sul, área rural e urbana"[197]. Mas eram principalmente urbanos: as maiores concen-trações de bairros pobres estavam no nordeste, noroeste, Londres, Yorkshire e Humberside, todas regiões urbanas, onde constituíam entre 19 e 36% da população total desses lugares. A maioria ficava em áreas urbanas de cidades com uma indústria ou sem nenhuma indústria e em antigas áreas de mine-ração de carvão[198]. Nos anos de 1980 e 1990, essas áreas puxaram firmemente para trás o resto do país:

> No decorrer desse período, as comunidades tornaram-se menos misturadas e mais vulneráveis, com os pobres tendo maior probabilidade de estarem concen-trados nos mesmos lugares. Lugares que começaram com o desemprego mais alto frequentemente também viram a maior elevação no desemprego. As desi-gualdades na saúde ampliaram-se. A proporção de pessoas vivendo em lares de relativa baixa renda mais que dobrou entre o fim dos anos de 1970 e o início dos anos de 1990. A pobreza infantil mais do que duplicou entre 1979 e 1995-1996.[199]

E novos problemas surgiram, tais como o fenômeno da moradia para a qual havia pouca ou nenhuma demanda, conforme revelado por Anne Power e descrito no capítulo 12.

O relatório fez uma crônica das falhas básicas na política governamental: falha em encarar os problemas das economias locais, falha em promover comunidades seguras e estáveis, falha ao oferecer pobres serviços públicos essenciais, falha por não envolver as comunidades, falta de liderança e trabalho conjunto, informação insuficiente e uso pobre dessa informação. Ele lista todo um conjunto de políticas resultantes do trabalho desenvolvido por 18 Policy Action Teams (Equipes de Ação de Políticas). Mostrou em detalhe como recursos extras seriam destinados aos problemas-chave, visando alcançar objetivos específicos de melhoria: empregos, crime, educação, saúde, habitação e meio ambiente. Foi um exercício inspirado na orgulhosa especialização do governo Blair: o governo participativo. E o resto do mundo urbano, que começava a reparar nele, prendeu a respiração para ver se esse país, o mais antigo país urbano-industrial, conseguiria no fim romper o ciclo cumulativo de miséria.

Mas a pergunta de quão exatamente intratável o problema podia ser surgiu quase imediatamente em outro relatório do mesmo governo: na primavera de 2001, o Gabinete do Reino Unido produziu uma revisão importante que tentou responder à questão: A Grã-Bretanha estava tornando-se um país mais móvel socialmente?[200] Quase previsivelmente, não encontrou uma resposta fácil. Mobilidade social, ele concluiu, na verdade, parecia ter declinado: durante o último quarto do século xx tinha ficado mais difícil para uma pessoa atingir faixas de renda mais elevada do que no quarto de século precedente, de 1950 a 1975. E isso estava associado ao fato de que parecia ter-se tornado mais difícil mudar de um emprego braçal para um administrativo; o caminho para o topo, ao que parecia, passava cada vez mais pela educação. Assim, era importante também olhar para a mobilidade entre gerações. Aqui, muitas crianças tinham mobilidade ascendente pela simples razão de haver mais empregos superiores do que havia antes; mas, anunciando o pior, a tendência parecia ter estancado no final do século xx. A mobilidade relativa – suas chances de ascensão social – pareciam estar bastante estáveis, devido principalmente ao simples fato de que estando seus pais no grupo do topo, eles dariam o seu melhor para que você também estivesse lá. A educação teve aqui um papel vital, mas não explica tudo, e poderia mesmo ter desempenhado um papel menos importante: os pais podiam fazer outras coisas por seus filhos, por exemplo, fornecendo-lhes dinheiro ou contatos ou informação cedo na vida.

O núcleo fundamental desse relatório concernia às crianças pobres. Elas tinham maior probabilidade de ficar desempregadas, e de receber um salário menor quando fossem trabalhar, mesmo considerando o fato de terem frequentemente uma educação mais pobre do que o resto. E essa desvantagem, ao que parece, tinha realmente crescido ao longo das três últimas décadas do

A CIDADE DA PERMANENTE SUBCLASSE
o cortiço duradouro

século XX. Famílias mais ricas podiam ajudar seus filhos de todas as maneiras; famílias pobres não, e essa desvantagem poderia estar se intensificando com o decorrer do tempo.

Assim, o relatório discutiu possíveis políticas: remover as barreiras à mobilidade, seja para cima ou para baixo, e promovê-la positivamente. E concluiu que não se sabia muito sobre a eficácia dessas políticas. Algumas evidências, porém, sugeriam que isso custaria muito dinheiro— por exemplo, em gastos com educação – para remover as barreiras encontradas pelas crianças pobres. Por exemplo, um trabalho norte-americano recente sugeriu que para equalizar as diferenças de raça ali encontradas, seria necessário gastar em média no mínimo dez vezes mais com cada criança negra do que com uma criança branca: provavelmente muito mais. A evidência acumulada, não apenas na Grã-Bretanha mas em todo o mundo, sugeria que a mobilidade social havia mudado muito pouco durante o século XX; a implicação tácita era de que no século XXI esse padrão se repetiria.

Pós-Escrito: Agosto de 2011

Em agosto de 2011, inesperadamente, tumultos explodiram novamente em Londres e em outras cidades britânicas. O estopim foi o assassinato de um suspeito pela polícia em perseguição em Tottenham, norte de Londres. A polícia foi lenta em reagir à fúria da comunidade. Quase instantaneamente, tumultos e saques eclodiram em várias partes de Londres, e então em cidades do interior. Os números oficiais foram mais perturbadores do que qualquer um na Grã-Bretanha tivesse antes percebido. Pois eles mostraram um quadro de uma subclasse criminosa alienada, separada da sociedade em geral.

Considerando a estatística mais básica, antes revelada por Kenneth Clark: 76% dos réus que se apresentaram ante os tribunais – 80% dos adultos, 62% dos jovens – tinham uma advertência ou condenação anterior. Eles cometeram um total espantoso de cerca de 20 mil delitos anteriores; uma média de onze cada um. Os homens adultos entre os réus, 90% do total mencionado, eram duas vezes e meia mais prováveis de serem condenados do que os homens adultos da população como um todo.

Isto caminha junto a uma consistente história de vida sombria: dos delinquentes juvenis, 66% tinham uma necessidade educacional especial (comparado a 21% de todos os alunos das escolas secundárias mantidas pelo estado) e 36% tinham sido suspensos da escola ao menos uma vez durante o ano anterior (comparado a 6% de todos os alunos de 11 anos). Previsivelmente, na idade de 11, seus resultados de inglês e matemática estavam em torno de dois terços da média nacional. Colocado cruelmente, eles eram os desistentes com os quais o sistema educacional havia falhado. Ou você poderia dizer o inverso.

Há mais uma característica alarmante, à qual a mídia de direita se apegou: 46% eram oriundos de um meio de negros ou de negros mestiços, 42% eram brancos, e apenas 7% eram de origem asiática ou mestiça. Em Haringey, um distrito londrino que inclui o bairro de Tottenham, que é tomado por tumultos, assim como no frondoso distrito de Highgate e de Muswell Hill, 55% dos réus eram negros ou negro mestiços, contra 17% de todas as pessoas abaixo de 40 anos. Mas esse não era um padrão universal: em Salford, 94% dos réus eram brancos, quase a mesma proporção que havia na população total.

A classificação étnica pode diferir. Esses números significam a emergência de uma subclasse urbana sem qualificações, sem perspectivas, e profundamente excluída de todo o resto da sociedade: um fenômeno profundamente preocupante[201].

Nesse grande debate em andamento, onde estava o planejamento? No século XX, a despeito de numerosos erros e aberrações, o planejamento urbano ajudou milhões de pessoas relativamente pobres e decentes a viverem vidas muito melhores e mais dignas do que poderiam, caso estivessem em outras as circunstâncias; só por isso esse debate deve ser continuamente muito elogiado e mantido para o futuro. No processo, a sociedade mudou de aspecto: já não é uma pirâmide, com poucos no topo e muitos na base, mas ficou muito semelhante a um antigo pião, com uma vasta protuberância no meio. O problema já não é o mesmo que os fabianos propuseram mais de cem anos atrás, *Por que a maioria do povo é pobre?*, mas antes, *Por que a minoria do povo é pobre?* O progresso social – que não é um mito – deixou para trás, de modo muito evidente como sempre, um problema que os vitorianos e seus equivalentes norte-americanos chamaram de classes viciadas, degeneradas e semidelinquentes; estas são as mesmas classes que os mais esclarecidos (ou os de fala moderada) dos primeiros anos do século XXI chamam de desvalidas e desfavorecidas. O planejamento urbano e todo o moderno aparato do Estado de bem-estar social falharam em remover este problema, ou em explicá-lo satisfatoriamente; como antes, também agora uns culpam o sistema, outros, o pecado original.

Resta este pequeno consolo: embora escape a uma mensuração social precisa, o lócus do problema mudou. Ele é, por definição, o problema da camada inferior da pirâmide social. Cem anos atrás, os contemporâneos situavam o

A CIDADE DA PERMANENTE SUBCLASSE
o cortiço duradouro

problema entre os mais desesperados daqueles que haviam sido conduzidos aos cortiços da cidade grande, e que haviam obtido menos êxito em suas tentativas de conseguir um ponto de apoio na escada socioeconômica. Um século mais tarde, é no meio dos mesmos grupos que ainda é encontrado o mesmo problema. Nesse ínterim, um número incontável de bisnetos daquele primeiro grupo conseguiu deixar a subclasse. Sem dúvida alguma, a numerosa progênie do segundo grupo tentará fazer o mesmo. O problema duradouro é por que razão, apesar da maciça intervenção econômica e melhoria social, a subclasse parece tão obstinada no recrutamento de novos membros em substituição dos que perdeu. A essa questão, as pesquisas ainda não deram resposta. Aqui esta história acaba em 1988; mas ainda está por terminar.

Notas

PREFÁCIO À TERCEIRA EDIÇÃO

1. Cf. R. Freestone, *Urban Planning in a Changing World*.

1 CIDADES DA IMAGINAÇÃO

1. J.M. Keynes, *The General Theory of Employment...*, p. 383.
2. P.M. Ward, The Squatter Settlement as Slum or Housing Solution, *Land Economics*, n. 52; J. Friedmann; C. Weaver, *Territory and Function*; C. Weaver, *Regional Development and the Local Community*; P. Hall; C. Ward, *Sociable Cities*.
3. P. Hall, *Cities in Civilization*.
4. São exceções Jane Addams, tratada no capítulo 2, e Catherine Bauer, no capítulo 5

* No original em inglês: *cut through red tape*. Na Inglaterra, é hábito atarem-se os documentos arquivados com uma fita vermelha, que passa a simbolizar, aqui, a inércia burocrática. (N. da T.)

2 A CIDADE DA NOITE APAVORANTE

1. J. Thomson, *The City of Dreadful Night, and Other Poems*, p. 3.

* "A Cidade pertence à Noite, quiçá à Morte, / Mas à Noite é certo, que o hálito fragrante jamais / Ali, da lúcida manhã entra por sorte / Depois que da manhã o ar, plúmbeo e frio, / encharca-lhe os umbrais." (N. da T:)
2. A.S. Wohl (ed.), *The Eternal Slum*, p. 206.
3. Idem (ed.), *The Bitter Cry of Outcast London*, p. 31-33; idem (ed.), *The Eternal Slum*, p. 200, 206.
4. Idem (ed.), *The Bitter Cry of Outcast London*, p. 33.
5. A. Mearns, *The Bitter Cry of Outcast London: An Inquiry...*, p. 4.
6. Ibidem.
7. Ibidem.
8. Ibidem, p. 5.
9. Ibidem, p. 7.
10. Ibidem, p. 9.
11. Ibidem, p. 11-12.
12. Ibidem, p. 13.
13. Ibidem, p. 14.
14. Ibidem, p. 15.
15. J.A. Yelling, *Slums and Slum Clearance in Victorian London*, p. 20.
16. E. Gauldie, *Cruel Habitations*, p. 267.
17. G. Stedman Jones, *Outcast London*, p. 67, 97, 171,173.
18. A.S. Wohl, *Endangered Lives*, p. 319.
19. Ibidem, p. 324.
20. J.A. Yelling, op. cit., p. 25, 55.
21. J.N. Tarn, *Five Per Cent Philanthropy*, p. 43.
22. J.A. Yelling, op. cit., p. 28.
23. E. Gauldie, op. cit., p. 277.
24. E. Gauldie, op. cit., p. 225; J.N. Tarn, op. cit., p. 89.
25. G. Stedman Jones, op. cit., p. 185; R. Dennis, *Cities in Modernity*, p. 227.
26. R. Dennis, op. cit., p. 221.
27. E. Gauldie, op. cit., p. 288.
28. G. Stedman Jones, op. cit., p. 162, 169; A.S. Wohl (ed.), *The Eternal Slum*, p. 26.
29. G. Stedman Jones, op. cit., p. 200-202.
30. J.N. Tarn, op. cit., p. 58.
31. J.A. Yelling, op. cit., p. 30.
32. J.N. Tarn, op. cit., p. 111-112.
33. Citado em A.S. Wohl (ed.), *The Eternal Slum*, p. 234.
34. A.S. Wohl (ed.), *The Eternal Slum*, p. 238.
35. GB Royal Commission on Housing of the Working Classes, *First Report*, v. I, p. 4.

* Corruptela de *happy dossers*, ou seja, literalmente: "felizes albergados". Felizes porque, no caso, a dormida era de graça, o que não ocorria nos albergues noturnos da época. (N. da T.)
36. Ibidem, p. 7-9.

* O rag-picker, carroceiro ou catador, era alguém que ganhava a vida recolhendo materiais nas ruas, materiais passíveis de serem reciclados ou reutilizados. Em casa, ele os separava de acordo com valor e tipo, depois revendendo-os, em geral por peso. (N. da T.)
37. Ibidem, p. 11.
38. Ibidem, p. 8.
39. Idem, *Minutes of Evidence and Appendices*, v. II, p. 2.
40. Idem, *First Report*, v. I, p. 13.
41. Ibidem, p. 14-15
42. Ibidem, p. 17.
43. Ibidem, p. 18.
44. Ibidem, p. 19-21.
45. W. Ashworth, *The Genesis of British Town Planning*, p. 73.
46. GB Royal Commission on Housing of the Working Classes, *First Report*, v. I, p. 22, 33.

47. Ibidem, p. 40-41.

48. A.S. Wohl (ed.), *The Eternal Slum*, p. 248.

49. E. Gauldie, op. cit., p. 289.

50. GB Royal Commission into the Depression of Trade and Industry 1886, *Final Report*, p. xx.

51. Ibidem.

52. Ibidem, p. xx-xxi.

53. B. Webb, *My Apprenticeship*, p. 149.

54. Ibidem, p. 154-155.

55. G. Stedman Jones, op. cit., p. 285.

56. Fabian Society, *A Manifesto (Fabian Tracts*, n. 2), p. 2.

57. H.M. Hyndman, *The Coming Revolution in England*, p. 3.

58. Ibidem, p. 28.

59. Ibidem, p. 25.

60. Ibidem, p. 32.

61. Ibidem, p. 25.

* Numa tradução aproximada, "Gangue dos Trombadões". (N. da T.)

62. A.F. Day, *John C.F.S. Day: His Forbears and Himself*, p. 120.

63. Ibidem, p. 121.

64. D. Jones, *Crime, Protest, Community and Police in Nineteenth Century Britain*, p. 119-120, 123,143.

65. GB Committee... Origin and Character of the Disturbances in the Metropolis 1886, *Report*, p. v.

66. Ibidem, passim.

67. *The Times*, 15 out. 1887.

68. Idem, 24 out. 1887.

69. Idem, 27 out. 1887.

70. Idem, 24 out. 1887.

71. R. Ensor, *England 1870-1914*, p. 180-181.

72. C. Topalov, The City as *Terra Incognita*: Charles Booth's Poverty Survey and the People of London, 1886-1891, *Planning Perspectives*, v. 8, p. 400.

73. Ibidem.

74. C. Booth, The Inhabitants of Tower Hamlets..., *Journal of the Royal Statistical Society*, n. 50, p. 334-335.

75. Idem, Conditions and Ocupations of the People..., *Journal of the Royal Statistical Society*, n. 51, p. 305.

76. Idem, The Inhabitants of Tower Hamlets..., op. cit., p. 334-335.

77. P.L. Garside, "Unhealthy Areas", *Planning Perspectives*, v. 3, p. 29.

78. F.H.A. Aalen, English Origins, em S.V. Ward (ed.), *The Garden City*, p. 38; P.L. Garside, op. cit., p. 42.

79. C. Booth, The Inhabitants of Tower Hamlets..., op. cit., p. 329.

80. Idem, Conditions and Ocupations of the People..., op. cit., p. 299.

81. Idem, The Inhabitants of Tower Hamlets..., op. cit., p. 332.

82. Ibidem.

83. C. Topalov, op. cit., p. 401.

84. Ibidem, p. 419.

85. Fabian Society, *Facts for Londoners (Fabian Tracts*, n. 1), p. 7.

86. Ibidem, p. 25.

87. Fabian Society, *Facts for Socialists (Fabian Tracts*, n. 5), p. 14.

88. A.S. Wohl, *Endangered Lives*, p. 39, 41.

89. G. Stedman Jones, op. cit., p. 217, 290.

90. Fabian Society, *Facts for Londoners (Fabian Tracts*, n. 1), p. 28.

91. A.S. Wohl (ed.), *The Eternal Slum*, p. 252.

92. E. Gauldie, op. cit., p. 293.

93. J.N. Tarn, op. cit., p. 122; E. Gauldie, op. cit., p. 294-295.

94. J.N. Tarn, op. cit., p. 124, 127.

* Manteve-se aqui a expressão em inglês devido à generalidade do termo *slum*, que designa tanto "cortiços", "pardieiros", "pocilgas", como "favelas", "bairro miserável", tendo sido traduzido assim em outras partes desta obra. (N. da T.)

95. B.R. Mitchel, *European Historical Statistics*, p. 76-78.

96. H. Sellier; A. Bruggeman, *Le Problème de logement*, p. 1-2; J. Bastié, *La Croissance de la Banlieue Parisienne*, p. 190.

97. J. Bastié, op. cit., p. 192; A. Sutcliffe, *The Autumn of Central Paris*, p. 258; N. Evenson, *Paris: A Century of Change, 1878-1978*, p. 218.

98. A. Morizet, *Du vieux Paris au Paris moderne*, p. 332; J. Bastié, op. cit., p. 196; A. Sutcliffe, op. cit, p. 327-328.

99. P. Voigt, *Grundrente and Wohnungsfrage in Berlin und seinen Vororten*, p. 126,129; W. Hegemann, *Das Steinerne Berlin*, p. 170; U. Peltz-Dreckmann, *Nationalsozialistscher Siedlungsbau*, p. 21;

L. Niethammer, Some Elements of the Housing Reform Debate in Nineteenth Century Europe, em B.M. Stave (ed.), *Modern Industrial Cities*, p. 146-147.

100. W. Hegemann, op. cit., p. 302, 317; L. Grote (ed.), *Die deutsche Stadt im 19*, p. 14; M. Hecker, *Die Berliner Mietskaserne*, em L. Grote (ed.), op. cit., p. 274.

101. T.C. Horsfall, *The Improvement of the Dwellings and Surroundings of the People*, p. 2-3.

102. R. Eberstadt, *Handbuch des Wohnungswesens und der Wohnungsfrage*, p. 181.

103. Ibidem, p. 189, 197.

104. Ibidem, p. 25.

105. P. Abercrombie, Berlin: Its Growth and Present State, *Town Planning Review*, n. 4, p. 219.

106. C. Bauer, *Modern Housing*, p. 21; C.B. Purdom (ed.), *Town Theory and Practice*, p. 111.

107. R. Eberstadt, op. cit., p. 214.

108. Spengler, *The Decline of the West*, p. II, 102.

109. C.F.G Masterman et al., *The Heart of the Empire*, p. 7-8.

110. U. Peltz-Dreckmann, op. cit., p. 62-63: A. Lees, Critics of Urban Society iun Germany, 1854-1914, *Journal of the History of Ideas*, n. 40, p. 65-66.

111. W.R.F. Phillips, The "German Example" and the Profissionalization of American and British City Planning, *Planning Perspectives*, v. 11, p. 170.

112. T.C. Horsfall, op. cit.; W.R.F. Phillips, op. cit., p. 171-174.

113. S.V. Ward, What Did the Germans Ever Do for Us?, *Planning Perspectives*, v. 25, p. 118.

114. M. Harrison, Thomas Colgan Horsfall and "the Example of Germany", *Planning Perspectives*, v. 6, p. 301-308.

115. S.V. Ward, op. cit., p. 119.

116. Ibidem, p. 117-118.

117. Ibidem, p. 119-120.

118. Lebas et al., Reconstruction and Popular Housing after the First World War, *Planning Perspectives*, v. 6, p. 258.

* Os *tenements* (palavra empregada no original) eram edificios residenciais baixos onde várias famílias dividiam o mesmo apartamento. Se diferenciam dos cortiços pela maior dimensão (não eram casas amplas ou palacetes antigos e decadentes adaptados) e porque muitos deles foram construídos justamente com a finalidade de abrigar a população mais pobre em bairros próximos ao centro das cidades; a insalubridade em ambos os casos, no entanto, era a mesma. O termo, hoje empregado quase sempre com conotação negativa (exceção feita à Escócia), deriva de *tenancy* (arrendar), e por não ter um correspondente exato em português foi aqui traduzido ora como "habitação coletiva de baixo padrão", ora como "cortiço vertical". (N. da T.)

119. A. Lees, *Cities Perceived*, p. 164.
120. A.M. Schlesinger, *The Rise of the City 1878-1898*, p. 73.
121. M.G. White; L. White, *The Intellectual versus the City*, p. 17, 75, 218.
122. M.I. Gelfand, *A Nation of Cities*, p. 18.
123. J. Ford, *Slums and Housing*, p. 174.
124. R. Lubove, *The Progressives and the Slums*, p. 53-54.
125. P.S. Boyer, *Urban Masses and Moral Order in America*, p. 129.
126. Citado em A. Cook et al., *City Life, 1865-1900*, p. 11.

127. A. Lubove, op. cit., p. 55-57.
128. Citado em ibidem, p. 54.
129. J.A. Riis, *How the Other Half Lives*, p. 296.
130. Ibidem, p. 19-20.
131. J. Ford, op. cit., p. 187-188.
132. C. Abrams, *Revolution in Lan*, p. 72-73.
133. C. Abrams, op. cit., p. 187; M. Scott, *American City Planning since 1890*, p. 10.
134. R.W. DeForest; L. Veiller, *The Tenement House Problem*, v. I, p. 101; A. Lubove, op. cit., p. 30-31.
135. I. Howe, *The Immigrant Jews of New York*, p. 27.
136. C.N. Glaab; A.T. Brown, *A History of Urban America*, p. 152.
137. J. Ford, op. cit., p. 205.
138. A. Lubove, op. cit., p. 82-83, 90-93, 125-127, 132-139.
139. Ibidem, p. 131-134.
140. R.W. DeForest; L. Veiller, op. cit., p. 112.
141. Ibidem, p. 112-113.
142. Ibidem, p. 435.
143. Ibidem, p.10.
144. Ibidem, p. 44.
145. L.M. Friedman, *Government and Slum Housing*, p. 33-35, 76.
146. A. Lubove, op. cit, p. 178-179, 182-183.
147. P. Marcuse, Housing Police and City Planning, em G.E. Cherry (ed.), *Shaping an Urban World*, p. 38.
148. Ibidem, p. 40-49.

149. K. Bradley, "Growning up with a City", *The London Journal*, n. 34, p. 286.
150. Ibidem, p. 288.
151. Ibidem.
152. A.F. Davis, *Spearheads for Reform*, p. 37.
153. Ibidem, p. 17.
154. Ibidem, p. 88.
155. J. Addams, *Twenty Years at Hull-House*, p. 41-42, 69, 85-89, 98-99, 121, 105-108, 129-131, 136, 146, 169, 198-230: A.F. Davis, op. cit., p. 45, 58-59, 61-62, 85.
156. J. Addams, *The Social Thought of Jane Addams*, p. 87.
157. Idem, A Decade of Prohibition, *The Survey*, n. 63, p. 54-55.
158. Idem, *Twenty Years at Hull-House*, p. 294-295.
159. A.F. Davis, op. cit., p. 11-12.
160. A.F. Davis, op. cit., p. 92, P.S. Boyer, op. cit., p. 191.
161. Citado em P.S. Boyer, op. cit., p. 239.
162. A.F. Davis, op. cit., p. 76.
163. P.S. Boyer, op. cit., p. 252.
164. R. Hunter, *Tenement Conditions in Chicago*, passim; A.F. Davis, op. cit., p. 67.
 * Aqui empregado no sentido sociológico, o termo significa "concentração de populações em cidades e a concomitante mudança sociocultural" que nelas se verifica. (N. da T.)
165. R.W. DeForest; L. Veiller, op. cit., p 101.
166. R. Hunter, op. cit., p. 63.

3 A CIDADE DO VARIEGADO ENTORNO

1. © John Betjeman. Usado com permissão dos detentores da propriedade intelectual de John Betjeman e John Murray (editores).
 * Venham, bombas amigas, e caiam sobre Slough/Que ali o ser humano agora não tem vez/Nem a vaca tem grama p'ra pastar./Voeja sobre ela, ó Morte!/Venham, bombas, e estourem em estilhaços/As luzentes cantinas de ar-condicionado,/Fruta enlatada, carne enlatada, leite enlatado, feijão enlatado,/Mentes enlatadas, hálito enlatado./Façam explodir esta bagunça que chamam de cidade –/Onde uma casa sai por 97 na chave/Mais meia coroa por semana/Em vinte anos... (N. da T.)
2. Stepney, Shoreditch, St. Pancras, St. Marylebone, Holborn.
3. A.S. Wohl (ed.), *The Eternal Slum*, p. 310.
4. C. Booth, *Improved Means of Locomotion as a First Step Towards the Cure of the Housing Difficulties of London*, p. 15-16.
5. G. Stedman Jones, *Outcast London*, p. 329.
6. A.S. Wohl (ed.), op. cit., p. 251.
7. J.N. Tarn, *Five Per Cent Philanthropy*, p. 137.
8. Ibidem, p. 121.
9. T.C. Barker; M. Robbins, *A History of London Transport*, p. 78-84, 91, 98.
10. Ibidem, p. 243.
11. Ibidem, p. 96.
12. London County Council (LCC), *Housing of The Working Classes in London*, p. 113.
13. Ibidem, p. 115.
14. A.S. Wohl (ed.), op. cit., p. 290-293.
15. Citado em T.S. Barker; M. Robbins, op. cit., p. 99.
16. A.S. Wohl (ed.), op. cit., p. 266, 303.

17. LCC, op. cit., p. 71-76; J.N. Tarn, op. cit., p. 138-140; A.S. Wohl (ed.), op. cit., p. 256, 364.

* Ainda hoje leva esse nome. Wormwood Scrubs, o presídio que ali se acha localizado. (N. da T.)

18. E. Gauldie, *Cruel Habitations*, p. 305; K.D. Brown, *John Burns*, p. 144, 150.

19. J. Burns, Speech on Housing…, *Commons Hansard*, p. 949.

20. Ibidem.

21. E. Gauldie, op. cit., p. 305-306.

22. N. Herbert-Young, Central Government and Statutory Planning…, *Planning Perspectives*, v. 13, p. 341, 343-344.

* Em inglês, *bye-law streets*. Em fins do século XIX, começam a surgir, na Inglaterra, os *bye-law streets* e *bye-law buildings*, frutos das primeiras legislações urbanísticas que, a partir de 1875, padronizaram ruas e edifícios a fim de combater o caos urbano instalado nas grandes cidades inglesas por ocasião (no início desse mesmo século) do repentino crescimento demográfico decorrente da Revolução Industrial e do êxodo rural. (N. da T.)

23. E. Gauldie, op. cit., p. 305-306.

24. P. Booth, From Regulation to Discretion, *Planning Perspectives*, v. 14, p. 280-284.

25. E. Gauldie, op. cit., p. 954.

26. Ibidem, p. 955.

27. Ibidem, p. 956.

28. P. Booth, op. cit., p. 277.

29. G. Cadbury, *Town Planning*, p. 14, 136.

30. J.S. Nettlefold, *Practical Town Planning*, p. 123.

31. Ibidem, p. 124-128; H.R. Aldridge, *The Case for Town Planning*, p. 537.

32. M. Miller, *Raymond Unwin*, p. 143.

33. M.C. Sies, Paradise Retained, *Planning Perspectives*, v. 12, p. 176.

34. J.C. Teaford, *The Unheralded Triumph*, p. 280.

35. C.W. Cheape, *Moving the Masses*, p. 90-92.

36. C. Hood, Going from Home to Work, em D. Ward; O. Zunz (eds.), *The Landscape of Modernity*, p. 192.

37. Ibidem, p. 195; Idem, *772 Miles*, p. 105-112.

38. Idem, *772 Miles*, p. 198.

39. Ibidem, p. 204.

40. L. Veiller, *Tenement House Reform in New York, 1834-1900*, p. 6.

41. J. Ford, *Slums and Housing, with Special Reference to New York City*, p. 226-227; S.J. Makielski, *The Politics of Zoning*, p. 10; M. Klein; H.A.Kantor, *Prisoners of Progress*, p. 427-428.

42. F.B. Williams, *Public Control of Private Real Estate*, p. 81; idem, *The Law of City Planning and Zoning*, p. 212-214; J.R. Mullin, American Perceptions of German City Planning at the Turn of the Century, *Urbanism Past and Present*, n. 3, p. 11.

43. E.M. Bassett, *Autobiography of Edward M. Bassett*, p. 116.

44. F.B. Williams, *The Law of City Planning and Zoning*, p. 267; E.M. Bassett, *Zoning*, p. 13; R.A. Walker, *The Planning Function in Urban Government*, p. 5556; S.I. Toll, *Zoned American*, p. 29; P. Marcuse, Housing Policy and City Planning, em G.E. Cherry (ed.), *Shaping an Urban World*, p. 32-33.

45. F.B. Williams, *The Law of City Planning and Zoning*, p. 272.

46. J. Schwartz, *The New York Approach*, p. 20.

47. K.D. Revell, Regulating the Landscape, em D. Ward; O. Zunz (eds), *The Landscape of Modernity*; M.A. Weiss, Density and Intervantion, em D. Ward; O. Zunz (eds), *The Landscape of Modernity*.

48. E.M. Bassett, *Zoning*, p. 27-28; S.J. Makielski, op. cit., p. 21; S.I. Toll, op. cit., p. 17.

49. S.J. Makielski, op. cit., p. 33.

50. M. Scott, *American City Planning Since 1890*, p. 154-155; S.I. Toll, op. cit., p. 158-159, 186; C.N. Glaab; A.T. Brown, *A History of Urban America*, p. 266.

51. J. Nolen, The Subdivision of Land, em J. Nolen (ed.), *City Planning*, p. 22.

52. T.K. Hubbard; H.V. Hubbard, *Our Cities, Today and Tomorrow*, p. 21; S.I. Toll, op. cit., p. 201.

53. T.K. Hubbard; H.V. Hubbard, op. cit., p. 3.

54. R.A. Walker, op. cit., p. 67-77.

55. R.A. Walker, op. cit., p. 77; E.M. Bassett, *The Master Plan*, p. 67; M.S. Foster, *From Streetcar to Superhighway*, p. 137.

56. E.M. Bassett, *The Master Plan*, 1938, p. 75; S.I. Toll, op. cit., p. 203.

57. E.M. Bassett, *Zoning*, p. 35.

58. R.A. Walker, op. cit., p. 60.

59. T.A. Fluck, *Euclid v. Ambler*: A Retrospective, *Journal of the American Planning Association*, n. 52, p. 333.

60. E.M. Bassett, *Zoning*, p. 25.

61. F.J. Popper, *The Politics of Land-Use Reform*, p. 54.

62. M.C. Sies, Paradise Retained, *Planning Perspectives*, v. 12, p. 165, 186-187.

63. T.K. Hubbard; H.V. Hubbard, op. cit., p. 188-189.

64. Ibidem, p. 188-189, 283.

65. Ibidem, p. 281.

66. R. Haywood, Raiways, Urban Form and Town Planning in London: 1900-1997, *Planning Perspectives*, n. 12, p. 44.

67. Ibidem.

68. R.A.M. Stern; J.M. Massingale, The Anglo American Suburb, em R.A.M. Stern; J.M. Massingale (eds.), *Architectural Design*, v. 50, n. 10-11, p. 23-24; R.A.M. Stern, *Pride of Place*, cap. 4.

69. K.T. Jackson, *Crabgrass Frontier: The Suburbanization of the United States*, p. 119-122.

70. Citado em S.I. Roberts, Portrait of a Robber Baron, Charles T. Yerkes, *Business History Review*, n. 35, p. 344.

71. S.I. Robert, Portrait of a Robber Baron, Charles T. Yerkes, *Business History Review*, n. 35, p. 348, 353.

72. T.C. Barker; M. Robbins, *A history of London Transport*, p. 61-62.

73. D. Malone, *Dictionary of American Biography*, v. XX, p. 610-611.

74. T. Dreiser, *The Stoic*, p. 35-36, 200.

75. Ibidem, p. 125.

76. T.C. Barker; M. Robbins, *A history of London Transport*, cap. 4.

77. T. Dreiser, op. cit., p. 23.

78. K.T. Jackson, The Crabgrass Frontier, em R.A. Mohl; J.F. Richardson (eds.), *The Urban Experience*, p. 73; T.C. Barker; M. Robbins, op. cit., p. 63.

79. F.A.A. Menzler, Lord Ashfield, *Public Administration*, n. 29, p. 104-105, 110-111; T.C. Barker; M. Robbins, op. cit., p. 140, 142.

80. C. Barman, *The Man Who Built London Transport*, p. 66, 70.

81. C. Barman, op. cit., p. 78, 88, 147-148; K.T. Jackson, The Crabgrass Frontier, em R.A. Mohl; J.F. Richardson (eds.), op. cit., p. 220.

82. F. Pick, Growth and Form in Modern Cities, *Journal of the Institute of Transport*, n. 8, p. 165; idem, The Organisation of Transport, *Journal of the Royal Society of Arts*, n. 84, p. 215-216; idem, Evidence of London Passenger Transport Board, em GB Royal Commission on the Geographical Distribution of the Industrial Population 1937-1939, *Minutes of Evidence*, Q. 3083-3084, 3090-3095; R. Haywood, Railways, Urban Form and Town Planning in London: 1900-1997, *Planning Perspectives*, v. 12, p. 58.

83. R. Haywood, op. cit., p. 55.

84. E. Gauldie, op. cit., p. 306.

85. M.J. Daunton, *House and Home in the Victorian City*, p. 289-292.

86. M. Castells, *The City and the Grassroots*, p. 27-37.

87. M. Bowley, *Housing and the State*, p. 9.

88. R.L. Reiss, *The Home I Want*, p. 7.

89. G.B. Local Government Boards for England and Wales, and Scotland 1918, *Report of the Committee Appointed by President of the Local Government Board*, p. 5.

90. Ibidem, p. 4-7, 13-17, 77.

91. G.B. Ministry of Reconstruction, *First Interim Report*; M. Swenarton, *Homes Fit for Heroes*, p. 98.

92. M. Swenarton, op. cit., p. 79.

93. Citado em P.B. Johnson, *Land Fit For Heroes*, p. 370.

94. Ibidem, p. 371.

95. M. Swenarton, op. cit., p. 78.

96. *Ibidem*, p. 79.

97. Ibidem, p. 87.

98. M. Bowley, op. cit., p. 16-18.

99. A.M. Edwards, *The Design of Suburbia*, p. 106.

100. G.B. Ministry of Health, *Second and Final Report of the Committee Appointed...*, p. 3.

101. Ibidem.

102. Ibidem, p. 4.

103. Idem, *Second and Final Report of the Committee Appointed...*, p. 4-5.

104. S. Pepper; P. Richmond, Homes Unfit for Heroes, *Town Planning Review*, n. 80, p. 168.

105. R.J. Minney, *Viscount Addison: Leader of the Lords*, p. 176, 185; E. Gauldie, op. cit, p. 309.

106. M. Bowley, op. cit., p. 59.

107. T. Young, *Becontree and Dagenham*, p. 98; K.T. Jackson, The Crabgrass Frontier, em R.A. Mohl; J.F. Richardson (eds.), op. cit., p. 73; T.C. Barker; M. Robbins, op. cit., p. 291, 302, 309; J. Burnett, *A Social History of Housing 1815-1970*, p. 231.

108. T. Young, op. cit., p. 118-120; J. Burnett, op. cit., p. 233.

109. K.T. Jackson, The Crabgrass Frontier, em R.A. Mohl; J.F. Richardson (eds.), op. cit., p. 73; T.C. Barker; M. Robbins, op. cit., p. 271.

110. T. Young, op. cit., p. 140.

111. Ibidem, p. 98.

112. Ibidem, p. 210.

113. R. Durant, *Watling: A Survey of Social Life on a New Housing Estate*, p. 17-18.

114. Ibidem, p. 1.

115. D. Bayliss, Revisiting the Cottage Council Estates, *Planning Perspectives*, v. 16, p. 192.

116. T. Young, op. cit., p. 23.

117. K.T. Jackson, The Crabgrass Frontier, em R.A. Mohl; J.F. Richardson (eds.), op. cit., p. 161.

118. D. Bayliss, op. cit., p. 193.

119. J. Burnett, op. cit., p. 247.

* Na Inglaterra, *blue-collar e white-collar worker* são os pitorescos termos com que o britânico costuma diferenciar o operário de fábrica do funcionário de escritório. (N. da T.)

120. K.T. Jackson, The Crabgrass Frontier, em R.A. Mohl; J.F. Richardson (eds.), op. cit., p. 193, 196; M. Boddy, *The Building Societies*, p. 13-15; M.C.

Carr, The Development and Character of a Metropolitan Suburb: Bexley, Kent, em F.M.L. Thompson (ed.), *The Rise of Suburbia* p. 244.

121. R. Dennis, *Cities in Modernity*, p. 203.

122. K.T. Jackson, The Crabgrass Frontier, em R.A. Mohl; J.F. Richardson (eds.), op. cit., p. 110; J. Burnett, op. cit., p. 257.

123. M.C. Carr, op. cit, p. 247.

124. K.T. Jackson, The Crabgrass Frontier, em R.A. Mohl; J.F. Richardson (eds.), op. cit., p. 190-191.

125. J. Burnett, op. cit., p. 248.

126. D. Hardy, Utopian Ideas and the Planning of London, *Planning Perspectives*, v. 20, p. 40.

127. Ibidem, p. 41.

128. M. Swenarton, Tudor Walters and Tudorbethan, *Planning Perspectives*, v. 17, p. 267.

129. A.M. Edwards, op. cit., p. 127-128.

130. J. Burnett, op. cit., p. 249-250.

131. Ibidem, p. 264.

132. J. Burnett, op. cit., p. 253; A.M. Edwards, op. cit., p. 133.

133. K.T. Jackson, The Crabgrass Frontier, em R.A. Mohl; J.F. Richardson (eds.), op. cit., p. 321.

134. M.C. Carr, op. cit., p. 254.

135. K.T. Jackson, The Crabgrass Frontier, em R.A. Mohl; J.F. Richardson (eds.), op. cit., p. 255.

136. J. Burnett, op. cit., p. 249.

137. K.T. Jackson, The Crabgrass Frontier, em R.A. Mohl; J.F. Richardson (eds.), op. cit., p. 126-127; J. Burnett, op. cit., p. 256; M.C. Carr, op. cit., p. 247.

138. J. Burnett, op. cit., p. 249; J. Sheail, *Rural Conservation in Inter-War Britain*, p. 77; M.C. Carr, op. cit., p. 255.

139. O. Lancaster, *Here, of All Places*, p. 152.

140. K.T. Jackson, The Crabgrass Frontier, em R.A. Mohl; J.F. Richardson (eds.), op. cit., p. 128, 170.

141. M.C. Carr, op. cit., p. 238, 241.

142. J. Burnett, op. cit., p. 249; K.T. Jackson, The Crabgrass Frontier, em R.A. Mohl; J.F. Richardson (eds.), op. cit., p. 146.

143. P. (H.) Oliver et al., *Dunroamin*, p. 115-117.

144. Ibidem, p. 41, 50, 67-69.
145. W.L. Creese, *The Search for Environment*, p. 255; P.(H.) Oliver et al., op. cit, p. 64.
146. O. Lancaster, op. cit., p. 152.
147. C. Williams-Ellis, *England and the Octopus*, p. 141.
148. Idem, What's the Use?, em Council fir the Perspectivation of Rural England: "Penn Country" Branch: *The Penn Country of Buckinghamshire*, p. 105.
* Documentário feito para a BBC em 1973 sobre os subúrbios que cresceram ao longo da linha Metropolitan do metrô. (N. da T.)
149. J. Betjeman, *The Best of Betjman*, p. 225.
150. "Middlesex", ibidem, p. 191.
151. Williams-Ellis, *England and the Octopus*, p. 181.
152. P. Abercrombie, *The Preservation of Rural England*, p. 20.
153. Ibidem, p. 56.
* Ou "Moinho Satânico"; mas "Satanic Mill" é expressão consagrada por William Blake (1757-1827) no poema "Jerusalém", para designar as fábricas de todo tipo, sobretudo tecelagens, que, na primeira metade do século XIX, infestaram o campo inglês, explorando sobretudo a mão de obra infantil e constituindo-se em verdadeiras máquinas de poluição ambiental e social. (N. da T.)

154. Ibidem, p. 52.
155. C.E.M. Joad, The People's Claim, em C. Williams-Ellis (ed.), *Britain and the Beast*, p. 81-82.
156. T. Sharp, *Town and Countryside*, p. 4.
157. Ibidem, p. 11.
158. T. Sharp, *English Panorama*, p. 98.
159. T. Sharp, *English Panorama*, p. 107; idem, *Town Planning*, p. 119.
160. A.D. King, Historical Patterns of Reaction to Urbanism, *International Journal of Urban and Regional Research*, n. 4, p. 462.
161. C.E.M. Joad, op. cit., p. 72-73.
* Lembramos que os "Downs" são os altiplanos colinosos, despidos de árvores, do sul da Inglaterra. (N. da T.)
162. J. Sheail, op. cit., p. 107.
163. Ibidem, p. 89.
164. Ibidem.
165. Ibidem, p. 16, 76.
166. Ibidem, p. 128.
167. S. Crow, Development Control, *Planning Perspectives*, v. 11, p. 404-405.
168. F. Pick, Growth and Form in Modern Cities, *Journal of the Institute of Transporte*, n. 8, p. 162; idem, The Organisation on Transport, *Journal of the Road Society of Arts*, n. 84, p. 213; idem, The Organisation of Transport, *Journal of the Royal Society of Arts*, n. 84, p. 215-216; idem, Evidence of London Passenger Transport Board, em GB Royal Commission on the Geographical Distribution of the Industrial Population 1937-1939, op. cit., para. 8.
169. Idem, Evidence of London Passenger Transport Board, em GB Royal Commission on the Geographical Distribution of the Industrial Population 1937-1939, op. cit., Q. 3099, 3101.
170. Ibidem, Q. 3107.
171. Ibidem, Q. 2999-3001, 3120-3121.
172. Idem, The Organisation on Transport, *Journal of the Road Society of Arts*, n. 84, p. 213; idem, Evidence of London Passenger Transport Board, em GB Royal Commission on the Geographical Distribution of the Industrial Population 1937-1939, op. cit., Q. 2989.
173. Idem, The Organisation on Transport, *Journal of the Road Society of Arts*, n. 84, p. 210.
174. R. Haywood, Railways, Urban Form and Town Planning in London: 1900-1997, *Planning Perspective*, v. 12, p. 58-60.

4 A CIDADE NO JARDIM

* Assim traduzimos os versos de Morris: Esqueci seis condados na fumaça afundados, / Esqueci o bufar do vapor e o rebater do êmbolo, / Esqueci a cidade que se alastra, medonha; / Pensai, sim, na alimária a pastar na colina, / E sonhai com Londres, pequena, branca, limpa, / Bordeando o claro Tâmisa com seus verdes jardins. (N. da T.)

1. F.J. Osborn, *sir* Ebenezer Howard: The Evolution of His Ideas, *Town Planning Review*, n. 21, p. 228-229.
* Iniciada em 1952 e concluída em 1980 pelo GLC, a reurbanização do Barbican (área de 60 hectares em plena "City" londrina) compreende 2 100 moradias para 6 500 habitantes, além de escritórios, escolas, lojas, centros recreativos, teatros e cinemas. Assinado por vários arquitetos e urbanistas, entre os quais Peter Hall, o projeto é, até hoje, alvo de críticas e chacotas por parte da população em geral. (N. da T.)

2. S.V. Ward, Ebenezer Howard: His Life and Times, em K.C. Parsons; D. Schuyler (eds.), *From Garden City to Green City*, p. 16.
3. F.J. Osborn, op. cit., p. 226-227; R.A.M. Stern, *Pride of Place*, p. 133-134.
4. R. Beevers, *The Garden City Utopia*, p. 7.
5. S. Buder, *Visionaries and Planners*, p. 31.
6. R. Beevers, op. cit., p. 9-10.
7. Ibidem, p. 13-14.
8. H. Meller, *Patrick Geddes: Social Evolucionist and City Planner*, p. 67.
9. R. Bunker, Systematic Colonization and Town Planning in Australia and New Zealand, *Planning Perspectives*, v. 3, p. 66.
10. D.L. Johnson, Disturbing Evidence, *Planning Perspectives*, v. 23, p. 235.
11. R. Freestone, The Adelaide Wars, *Planning Perspectives*, v. 23, p. 222.
12. A. Marshall, The Housing of the London Poor, *Contemporary Review*, n. 45, p. 224.
13. Ibidem, p. 229.
14. R. Fishman, The Bounded City, em K. Parsons; D. Schuyler (eds.), *From Garden City to Green City*, p. 62-66.

NOTAS

15. C. Booth, *Life and Labour of the People in London*, v. I, *East, Central and South London*, p. 167.

16. W. Booth, *In Darkest England and the Way Out*, p. 128.

17. G. Stedman Jones, *Outcast london*, p. 305-306, 334.

18. S. Buder, op. cit., p. 23.

19. R. Beevers, op. cit., p. 18, 27.

20. Ibidem, p. 30.

21. P. Batchelor, The Origin of the Garden City Concept to Urban Form, *Journal of the Society of Architectural Historians*, n. 28, p. 198.

22. M. Meyerson, Utopian Traditions and the Planning of Cities, *Daedalus*, 90/1, p. 186; R. Fishman, *Urban Utopias in the Twentieth Century*, p. 36.

23. R. Beevers, op. cit., p. 24.

24. J. Marsh, *Back to the Land*, p. 1-7.

25. G. Darley, *Villages of Vision*, cap. 10; D. Hardy, *Alternative Communities in Nineteenth Century England*, p. 215, 238.

26. S.V. Ward, The Howard Legacy, em K. Parsons; D. Schuyler (eds.), op. cit., p. 224.

27. L. Mumford, The Garden City Idea and Modern Planning, em E. Howard, *Garden Cities of To-morrow*, p. 37.

28. E. Howard, *To-morrow*, p. 13.

29. Ibidem, p. 21.

30. Ibidem, p. 20-21.

31. Ibidem, p. 141.

32. Ibidem, p. 140.

33. Ward, Ebenezer Howard: His Life and Times, em K.C. Parsons; D. Schuyler (eds.), op. cit., p.23.

34. P. Hall; C. Ward, *Sociable Cities*, p. 26.

35. D. Hardy, Quasi Utopias, em R. Freestone (ed.), *Urban Planning in a Changing*, p. 73-74.

36. D. Macfadyen, *Sir Ebenezer Howard and the Town Planning Movement*, p. 37; R. Beevers, op. cit., p. 72.

37. D. Macfadyen, op. cit., p. 37; M.A. Simpson, *Thomas Adams and the Modern Planning Movement*, p. 2; R. Beevers, op. cit., p. 72-73, 79-80.

38. D. MacFadyen op. cit., p. 37-39; M.A. Simpson, op. cit., p. 14.

39. E.G. Culpin, *The Garden City Movement Up-To-Date*, p. 16; M.A. Simpson, op. cit., p. 14-17.

40. M. Miller, *Raymond Unwin: Garden Cities and Town Planning*, p. 52-54.

41. M.A. Simpson, op. cit., p. 17.

42. R. Beevers, op. cit., p. 86, 98-100; D. Hardy, *From Garden Cities to New Towns*, p. 47, 52.

43. D. Hardy, *From Garden Cities to New Towns*, p. 47.

44. Citado em R. Beevers, op. cit., p. 70.

45. R. Beevers, op. cit., p. 73-76.

46. F. Jackson, *Sir Raymond Unwin: Architect, Planner and Visionary*, p. 71; M.A. Simpson, op. cit., p. 20, 35.

47. D. Macfadyen, op. cit., p. 47.

48. J. Marsh, op. cit, p. 238-239.

49. Ibidem.

50. W.L. Creese, *The Search for Environment*, p. 215-216; R. Fishman, *Urban Utopias in the Twentieth Century*, p. 71.

51. R. Beevers, op. cit., p. 82, 86-89.

52. M.A. Simpson, op. cit., p. 35.

53. Ibidem.

54. R. Beevers, op. cit., p. 90.

55. Ibidem, p. 93-96.

56. M.A. Simpson, op. cit., p. 38.

57. D. Hardy, *From Garden Cities to New Towns*, p. 47.

58. J. McGahey, "Bolt-Holes for Weekenders", *Planning History*, 12/2, p. 17-18.

59. Fishman, *Urban Utopias in the Twentieth Century*, p. 71-72; R. Beevers, op. cit., p. 113-114, 131; A. Sutcliffe, From Town-Country to Town Planning, *Planning Perspectives*, v. 5, p. 262.

60. M. Miller, op. cit., p. 75.

61. M.A. Simpson, op. cit., p. 34.

62. D. Macfadyen, op. cit., p. 51; J. Marsh, op. cit., p. 234.

63. M. Miller, Letchworth Garden City Eighty Years On, *Built Environment*, n. 9, p. 172-174.

64. Idem, *Raymond Unwin: Garden Cities and Town Planning*, p. 12.

65. W.L. Creese, op. cit., p. 169-170; F. Jackson, op. cit., p. 41, 168.

66. F. Jackson, op. cit., p. 17.

67. W.L. Creese, op. cit, p. 184-185.

68. R. Unwin, *Cottage Plans and Common Sense*, p. 4.

69. R. Unwin, *Town Planning in Practice*, p. 225, 229.

70. Ibidem, p. 287.

71. Ibidem, p. 294.

72. F. Jackson, op. cit, p. 73; Co-Partnership Tenants, *Garden Suburbs, Villages and Homes*, p. 70-71; P. Abercrombie, Modern Town Planning in England, *Town Planning Review*, n. I, p. 119.

73. A. Reid, *Brentham*, passim.

74. B. Parker; R. Unwin, *The Art of Building a Home*, p. 96-97, 106; D. Hayden, *Redesigning the American Dream*, p. 126, 129.

75. F. Jackson, op. cit., p. 73, 109-110.

76. R.L. Reiss, *The Home I Want*, p. 85-86.

77. P. Malpass, Public Utility Societies and the Housing and Town Planning Act, 1919, *Planning Perspectives*, v. 15, p. 379.

78. K.J. Skilleter, The Role of Public Utility Societies in Early British Town Planning and Housing Reform, *Planning Perspecitves*, v. 8, p. 139.

79. M. Miller; A.S. Gray, *Hampstead Garden Suburb*, p. 46.

80. K.T. Jackson, The Crabgrass Frontier, em R.A. Mohl; J.F. Richardson (eds.), *The Urban Experience*, p. 78.

81. H. Barnett, The Garden Suburb, em Anônimo (ed.), *Problems of Reconstruction*, p. 205.

82. P. Abercrombie, Modern Town Planning in England, *Town Planning Review*, n. I, p. 32.

83. W.L. Creese, op. cit., p. 227.

84. K.T. Jackson, The Crabgrass Frontier, em R.A. Mohl; J.F. Richardson (eds.), op. cit., p. 79.

85. R. Unwin, *Nothing Gained by Overcrowding!*, p. 6.

86. W.L. Creese, op. cit., p. 239.

87. M. Miller, *Raymond Unwin: Garden Cities and Town Planning*, p. 99, 112.

88. W.L. Creese, op. cit., p. 223.

89. Ibidem, p. 234.

90. P. Abercrombie, Modern Town Planning in England, *Town Planning Review*, n. I, p. 20.

91. A. Sutcliffe, From Town-Country to Town Planning, *Planning Perspectives*,

v. 5, p. 265; S.V. Ward, The Garden City Introduced, em S.V. Ward (ed.), The Garden City, p. 8.

92. A. Sutcliffe, op. cit., p. 266-267.

93. D. Hardy, From Garden Cities to New Towns, p. 61.

94. E.G. Culpin, op. cit, passim.

95. E.G. Culpin, op. cit., citado em M. Hebbert, The British Garden City, em S.V. Ward (ed.), op. cit., p. 166.

96. C.B. Purdom (ed.), Town Theory and Practice, p. 33.

97. D. Hardy, From Garden Cities to New Towns, p. 127-129.

98. M. Hebbert, The British Garden City, em S.V. Ward (ed.), op. cit., p. 168.

99. D. Hardy, op. cit., p. 178.

100. C.B. Purdom (ed.), op. cit, p. 34; F.J. Osborn, Genesis of Welwyn Garden City, p. 9-10.

101. F.J. Osborn, Genesis of Welwyn Garden City, p. 8.

102. P. Malpass, op. cit, p. 388.

103. M. Miller; A.S. Gray, Hampstead Garden Suburb, p. 107.

104. D. Macfadyen, op. cit., p. 115-121; GB Royal Commission on the Geographical Distribution of the Industrial Population 1937-1939, Minutes of Evidence, passim.

105. W.L. Creese, op. cit., p. 255.

106. Ibidem, p. 261.

107. Ibidem, p. 266.

108. M. Miller, The Origins of the Garden City..., em K.C. Parsons; D. Schuyler (eds.), op. cit., p. 125.

109. R.A. Caro, The Power Broker, p. 10-11; K.T. Jackson, Crabgrass Frontier, p. 166-167.

110. D.J. Gregg, The Origins and Philosophy of Parkways..., Planning History Bulletin, 8/1, p. 38, 41-42.

111. D. Mawson, T.H. Mawson (1861-1933): Landscape Architect..., Journal of the Royal Society of Arts, n. 132, p. 195.

112. R. Parker, Highways, Parkways and Freeways, Town and Country Planning, n. 1, p. 40.

113. D. Macfadyen, op. cit., p. 104; J. Sheail, Rural Conservation in Inter-War Britain, p. 125-126.

114. J. Sheail, op. cit., p. 126.

115. GB Royal Commission Distribution, 1938, Q. 7221.

116. F.J. Osborn, A Lecture to London, Journal of the Town Planning Institute, p. 51.

117. Idem, The Planning of Greater London, Town and Country Planning, n. 6, p. 100-102.

118. Idem, Transport, Town Development..., p. 5-6.

119. M. Hughes (ed.), The Letters of Lewis Mumford and Frederic J. Osborn, p. 271.

120. S.V. Ward, Re-Examining the International Diffusion of Planning, em R. Freestone (ed.), Urban Planning in a Changing World, p. 45.

121. A. Soria y Pug, Arturo Soria y la Ciudad Lineal, p. 35, 43, fig. 7.

122. Ibidem, figs. 2-10.

123. Ibidem, p. 44-49, 52.

124. S.V. Ward, Practice: The Tony Garnier Urban Museum, Planning History, 22/2, p. 29.

125. P.-Y. Saunier, Changing the City, Planning Perspectives, v. 14, p. 38.

126. D. Wiebenson, Tony Garnier and the Cité Insdustrielle, p. 16-19; G. Veronesi, Tony Garnier, p. 56.

127. R. Banham, Theory and Design in the First Machine Age, p. 36-38.

128. S.V. Ward, Practice: The Tony Garnier Urban Museum, Planning History, 22/2, p. 29.

129. K. Bergmann, Agrarromantik und Grosstadtfeindschaft, p. 145-147; K. Hartmann, Deutsche Gartenstadtbewegung..., p. 33.

130. T.A. Reiner, The Place of the Ideal Community in Urban Planning, p. 36-38; U. Peltz-Dreckmann, Nationalsozialistischer Siedlungsbau, p. 45.

131. U. Peltz-Dreckmann, op. cit., p. 45-47.

132. D. Schubert, Theodor Fritsch and the German..., Planning Perspectives, v. 19, p. 14-15.

133. P. Batchelor, The Origin of the Garden City Concept of Urban Form, Journal of the Society of Architectural Historians, n. 28, p. 199.

134. J.P. Gaudin, The French Garden City, em S.V. Ward (ed.), The Garden City, p. 55.

135. Ibidem, p. 63.

136. J. Read, The Garden City, Architectural Review, n. 113, p. 349-350; M. Swenarton, Sellier and Unwin, Planning History Bulletin, 7/2, p. 54.

137. J. Read, op. cit., p. 350-351; N. Evenson, Paris: A Century of Change, 1878-1978, p. 223-226.

138. Ville de Suresnes, Idées de cité-jardins, passim.

139. H. Kampffmeyer, Die Gartenstadtbewegung, Jahrbücher für Nationalökonomie und Statistik, p. 599.

140. U. von Petz, Margarethenhöhe Essen, Planning History, 12/1, p. 6.

141. U. Peltz-Dreckmann, Nationalsozialistischer Siedlungsbau, p. 50; U. von Petz, op. cit., p. 7, 9.

142. H. Kampffmeyer, op. cit., p. 595.

143. K. Bergmann, op. cit., p. 169-171.

144. G. Yago, The Decline of Transit, p. 87-88, 94, 98-99.

145. G. Fehl, The Niddatal Project, Built Environment, n. 9, p. 188-190.

146. Idem, From the Berlin Building-Block, Planning Perspectives, v. 2, p. 204, 206.

147. A.B. Gallion; S. Eisner, The Urban Pattern, p. 104.

148. G. Fehl, The Niddatal Project, Built Environment, n. 9, p. 191.

149. S.R. Henderson, A Setting for Mass Culture, Planning Perspectives, n. 10, p. 208.

150. Idem, Römerstadt: The Modern Garden City, Planning Perspectives, v. 25, p. 324.

151. Ibidem, p. 327.

152. Idem, A Setting for Mass Culture, Planning Perspectives, v. 10, p. 211.

153. Ibidem, p. 199-200.

154. G. Fehl, The Niddatal Project, Built Environment, n. 9, p. 186.

155. Ibidem, p. 190.

156. D. Frisby, Cityscapes of Modernity, p. 271-272.

157. Ibidem, p. 282-283.

158. Ibidem, p. 275.

159. Citado em ibidem, p. 284.

160. Ibidem, p. 284.
161. Ibidem, p. 293.
162. Ibidem, p. 296.
163. Citado em ibidem, p. 295.
164. Ibidem, p. 298.
165. Ibidem, p. 273.
166. J. Pearlman, Joseph Hudnut and the Unlikely Beginnings of Post-Modern Urbanism…, *Planning Perspectives*, v. 15, p. 204.
167. Ibidem, p. 205.
168. G. Uhlig, Stadtplanung in den Weimarer Republik, em Neue Gesellschaft für Bildende Kunst, *Wem gehört die Welt?*, p. 56.
169. R. Rave; H.-J. Knöfel, *Bauen seit 1900 in Berlin*, p. 193.
170. B.M. Lane, *Architecture and Politics in Germany, 1918-1945*, p. 104.
171. R. Rave; H.-J. Knöfel, op. cit., p. 146.
172. Ibidem, p. 79.
173. K. Hartmann, op. cit., p. 44.
174. S.-I.J. Watanabe, The Japanese Garden City, em S.V. Ward (ed.), *The Garden City*, p. 69-84.
175. A. Hutchings, The Colonel Light Gardens Suburb in South Australia, *Planning History*, 12/1, p. 15.
176. C. Garnaut; A. Hutchings, The Colonel Light Gardens Garden Suburb Comission, *Planning Perspectives*, v. 18, p. 277-278.
177. Ibidem, p. 278.
178. A. The Colonel Light Gardens Suburb in South Australia, *Planning History*, 12/1, p. 18-19.
179. B. Schrader, Avoiding the Mistakes of the "Mother Country", *Planning Perspectives*, v. 14, p. 398, 408; M. Miller, The Origins of the Garden City…, em op. cit., p. 51.
180. C. Garnaut, Towards Metropolitan Organisation, p. 56-58, 63.
181. Citado em R. Home, *Of Planting and Planning*, p. 169.
182. Ibidem, p. 169.
183. R.K. Home, Town Planning and Garden Cities…, *Planning Perspectives*, v. 5, p. 28-29.
184. C.H. Cooley, *Social Organization*, p. 23, 408-409.

185. R.A. Woods, The Neighborhood in Social Reconstruction, *Publications of the American Sociological Society*, n. 8, p. 17-18, 20-21.
186. R. Lubove, *The Progressives and the Slums*, p. 205.
187. C.A. Perry, *The Neighborhood Unit*, p. 90-93; Idem, *Housing for the Machine Age*, p. 205-209, 217; L. Mumford, The Neighborhood and the Neighborhood Unit, *Town Planning Review*, 24, p. 260; R. Lubove, op. cit., p. 207.
188. G. Radford, *Modern Housing for America*, p. 33.
189. C.A. Perry, *Housing for the Machine Age*, p. 214; R. Lubove, op. cit., p. 207.
190. C.A. Perry, *Housing for the Machine Age*, p. 65.
191. Idem, *The Neighborhood Unit* p. 31.
192. Ibidem, p. 34-35.
193. Idem, *Housing for the Machine Age*, p. 211.
194. C. Stein, *Toward New Towns for America*, p. 21.
195. L. Mumford, *Sketches from Life*, p. 411-421.
196. R. Kallus, Patrick Geddes and the Evolution of a Housing Type in Tel-Aviv, *Planning Perspectives*, v. 12, p. 289.
197. Ibidem, p. 294.
198. Ibidem, p. 313.
199. C. Stein, op. cit., p. 39-41; D. Schaffer, *Garden Cities for America*, p. 147.
200. Citado em D. Schaffer, op. cit., p. 156.
201. C. Stein, op. cit., p. 48.
202. K.C. Parsons, British and American Community Design, em K.C. Parsons; D. Schuyler (eds.), op. cit., p. 131.
203. K.C. Parsons, British and American Community Design, *Planning Perspectives*, v. 7, p. 184; M. Miller, Transatlantic Dialogue, *Planning History*, 22/2, p. 21.
204. K.C. Parsons, British and American Community Design, *Planning Perspectives*, v. 7, p. 191.
205. K.C. Parsons, British and American Community Design, em K.C. Parsons; D. Schuyler (eds.), op. cit., p. 135-137, 145.
206. Ibidem, p. 150.

207. C. Stein, op. cit., p. 44.
208. D. Schaffer, op. cit., p. 173-174, 177.
209. C. Stein, op. cit., p. 39, 41, 68-69; D. Schaffer, op. cit., p. 149-150, 160, 186-187.
210. C. Stein, op. cit., p. 69.
211. W. Fulton, The Garden Suburb and the New Urbanism, em K.C. Parsons; D. Schuyler (eds.), op. cit. p. 162.
212. Ibidem, p. 163.
213. C. Stein, op. cit., p. 189-190, 193, 198.
214. D. Hayden, *Redesigning the American Dream*, p. 10-11; C. Moore et al., *The City Observed – Los Angeles*, p. 282.
215. D. Myhra, Rexford Guy Tugwell: Initiator of America's Greenbelt New Towns…, *Journal of the American Institute of Planners*, n. 40, p. 178-181; 1983, p. 231.
216. K.T. Jackson, *Crabgrass Frontier*, p. 195.
217. J.R. MacFarland, The Administration of the New Deal Greenbelt Towns, *Journal of the American Institute of Planners*, n. 32, p. 221; J.L. Arnold, *The New Deal in the Suburbs*, p. 24-26; D. Myhra, op. cit., p. 181; C. Weaver, Tugwell on Morningside Heights, *Town Planning Review*, n. 55, p. 228.
218. P.K. Conkin, *Tomorrow a New World*, p. 307; J.L. Arnold, op. cit., p. 26, 201.
219. P.K. Conkin, op. cit., p. 308; C.N. Glaab; A.T. Brown, *A History of Urban America*, p. 277.
220. D. Myhra, op. cit., p. 183-185; 1983, p. 241; K.L. Perkins, Roosevelt and Rexford, *Berkeley Planning Journal*, n. 20, p. 34-35.
221. J.L. Arnold, Greenbelt, Maryland, 1936-1984, *Built Environment*, n. 9, p. 199.
222. J.L. Arnold, *The New Deal in the Suburbs*, p. 31, 97, 209.
223. D. Myhra, op. cit., p. 185.
224. P.K. Conkin, op. cit., p. 322-325.
225. J.L. Arnold, Greenbelt, Maryland, 1936-1984, *Built Environment*, n. 9, p. 201-202, 204.
226. R. Fishman, The American Garden City, em S.V. Ward (ed.), *The Garden City*, p. 153, 158.
227. C.N. Glaab; A.T. Brown, op. cit., p. 278.

228. C. Stein, op. cit., p. 130; J.L. Arnold, *The New Deal in the Suburbs*, p. 143-44, 153; W.H. Wilson, *Coming of Age in Urban American, 1915-1945*, p. 159-160; J.L. Arnold, Greenbelt, Maryland, 1936-1984, *Built Environment*, n. 9, p. 202.

229. J.R. MacFarland, op. cit., p. 219-223.

230. R. Biles, New Towns for the Great Society, *Planning Perspectives*, v. 13, p. 127-128.

231. Ibidem, p. 113.

232. D. Hardy, Utopian Ideas and the Planning of London, *Planning Perspectives*, v. 20, p. 41.

233. P. Malpass, Wartime Planning for Post-War Housing in Britain, *Planning Perspectives*, v. 18, p. 177.

234. Ibidem, p. 192.

235. GB Ministry of Town and Country Planning, *Interim Report of the New Towns Committee*, p. 11; M. Hebbert, The British Garden City, em S.V. Ward (ed.), op. cit., p. 172.

236. J.B. Cullingworth, *Enviromental Planning*, p. 29-30.

237. Ibidem, p. 95-101, 112.

238. Ibidem, p. 27-31, 127, 165.

239. A. Wilde (ed.), Famous Women demand Planning for Health and Beauty, *Town and Country Planning*, n. 5, p. 24.

240. M. Clapson, *Invencible Green Suburbs, Brave New Towns*, p. 197.

241. Ibidem, p. 104.

242. Idem, Suburban Paradox?, *Planning Perspectives*, v. 17, p. 145.

243. Ibidem, p. 159.

244. Ibidem.

245. S.V. Ward, The Howard Legacy, em K.C. Parsons; D. Schuyler (eds.), op. cit., p. 244.

246. E.I. Birch, Five Generations of the Garden City, em K.C. Parsons; D. Schuyler (eds.), op. cit., p. 187, 198.

5   A CIDADE NA REGIÃO

1. H. Meller, *Patrick Geddes: Social Evolutionist*, p. 6.

2. L. Mumford, *Sketches from Lifes: The Autobiography of Lewis Mumford*, p. 319.

3. Ibidem, p. 321, 326, 331.

4. H. Meller, op. cit, p. 3.

5. A. Defries, *The Interpreter Geddes: The Man and his Gospel*, p. 323.

6. H. Meller, op. cit., p. 45, 49, 55 nota 64.

7. Ibidem, p. 122.

8. Ibidem, p. 19.

9. Ibidem, p. 31-32.

10. A. Defries, op. cit., p. 251.

11. C. Weaver, *Regional Development and the Local Community*, p. 42, 47-48; H.F. Andrews, The Early Life of Paul Vidal, *Institute of British Geographers, Transactions*, p. 179.

12. H. Meller, op. cit., p. 35.

13. H. Meller, Philanthropy and Public Enterprise, *Planning Perspectives*, v. 10, p. 296-298.

14. H. Idem, *Patrick Geddes: Social Evolutionist*, p. 40.

15. P. Geddes, Civics: As Applied Sociology, *Sociological Papers*, n. 1, p. 105.

16. P. Mairet, *Pioneer of Sociology*, p. 216.

17. C. Weaver, op. cit., p. 47.

18. P. Mairet, op. cit., p. 216.

19. P. Geddes, op. cit., p. 106.

20. A. Defries, op. cit., p. 323-324.

21. P. Geddes, The Valley Plan of Civilization, *The Survey*, n. 54, p. 289-290, 325.

22. Ibidem, p. 415.

23. Ibidem, p. 396.

24. C. Weaver, op. cit., p. 47.

25. H. Meller, *Patrick Geddes: Social Evolutionist*, p. 81.

26. P. Boardman, *The Worlds of Patrick Geddes*, p. 234-240.

27. G. Woodcock, *Anarchism: A History of Liberation Ideas and Movements*, p. 181-196.

28. P. Mairet, op. cit, p. 89; H. Meller, Philanthropy and Public Enterprise, *Planning Perspectives*, v. 10, p. 300.

29. S. Edwards (ed.), *Selected Writings of Pierre-Joseph Proudhon*, p. 33, 107.

30. A. Lehning (ed.), *Michael Bakunin: Selected Writings*, p. 71, 169, 236.

31. Cf. E. Reclus, *L'Homme et la terre*.

32. P. Kropotkin, *The Conquest of Bread*, p. 28.

33. Idem, *The Conquest of Bread*, p. 90; idem, Anarchist Morality, em R.N. Baldwin (ed.), *Kropotkin's Revolutionary Pamphlets*, p. 96.

34. P. Kropotkin, *The State: Its Historic Role*, p. 14-17.

35. Ibidem p. 18-19.

36. Idem, *Fields, Factories and Workshops*, p. 357.

37. Ibidem, p. 361.

38. P. Mairet, op. cit., p. 94.

39. P. Kitchen, *A Most Unsettling Person*, p. 188-189.

40. P. Geddes, The Twofold Aspect of the Industrial Age, *Two Planning Review*, n. 31, p. 177.

41. Ibidem, p. 183.

42. H. Meller, *Patrick Geddes: Social Evolutionist*, p. 67-68.

43. A. Defries, op. cit., p. 268; P. Boardman, *Patrick Geddes: Maker of the Future*, p. 382-383.

44. A. Defries, op. cit., p. 218-219, 230-231.

45. Ibidem, p. 231.

46. V. Branford, *Interpretations and Forecasts*, p. 294-296, 323.

47. P. Clavel, Ebenezer Howard and Patrick Geddes, em K.C. Parsons; D. Schuyler (eds.), *From Garden City to Green City*, p. 50.

48. V. Branford, op. cit., p. 283.

49. V. Branford; P. Geddes, *Our social Inheritance*, p. 250-251.

50. P. Boardman, *Patrick Geddes: Maker of the Future*, p. 412.

51. P. Geddes, *Cities in Evolution*, p. 34.

52. Ibidem, p. 41, 47, 48-49.

53. Ibidem, p. 48-49.

54. Ibidem, p. 86.

55. Ibidem, p. 96.

56. Ibidem, p. 97.

NOTAS

57. U. von Petz, Robert Schmidt and the Public Park Policy…, *Planning Perspectives*, v. 14, p. 163-164.
58. Ibidem, p. 172.
59. Ibidem, p. 177.
60. P. Geddes, *Cities in Evolution*, p. 400.
61. H. Meller, Philanthropy and Public Enterprise, *Planning Perspectives*, v. 10, p. 304-305.
62. Idem, *Patrick Geddes: Social Evolutionist*, p. 156, 181.
63. Ibidem, p.157.
64. Ibidem, p. 325.
65. P. Boardman, *The Worlds of Patrick Geddes*, p. 345.
66. D.L. Miller, *Lewis Mumford: A Life*, p. 220.
67. Ibidem, p. 220-221.
68. F.G. Novak Jr. (ed.), *Lewis Mumford and Patrick Geddes: The Correspondence*, p. 243-247, 259-263, 275, 283, 288, 313-315, 323, 325, 339.
69. Ibidem, p. 368.
70. Ibidem, p. 372.
71. F. Dal Co, From Parks to the Region: Progressive Ideology and the Reform of the American City, em G. Ciucci et al, *The American City*, p. 231; L. Mumford, op. cit., p. 337-339; P.D. Goist, Seeing Things Whole, em D.A. Krueckeberg (ed.), *The American Planner*, p. 260.
72. R. Lubove, *The Urban Community*, p. 17; L. Mumford, op. cit., p. 339-340.
73. F. Dal Co, op. cit., p. 232.
74. K.C. Parsons, British and American Community Design, *Planning Perspectives*, v. 7, p. 466-467, 470, 475; E.K. Spann, *Designing Modern America*, p. 20-24.
75. K.C. Parsons, op. cit., p. 478.
76. M.A. Simpson, *Thomas Adams and the Modern Planning Movement*, p. 220-222.
77. L. Mumford, op. cit., p. 344-345.
78. Anon., The Regional Community, *The Survey*, n. 54, p. 129.
79. L. Mumford, The Fourth Migration, *The Survey*, n. 54, p. 130.
80. Ibidem, p. 130, 132-133.
81. Ibidem, p. 133.
82. C.S. Stein, Dinosaur Cities, *The Survey*, n. 54, p. 138.

83. R. Freestone, Greenbelts in City and Regional Planning, em K.C. Parsons; D. Schuyler (eds.), op. cit., p. 86.
84. S. Chase, Coals to Newcastle, *The Survey*, n. 54, p. 144.
85. Ibidem, p. 146.
86. Citado em C. Sussman (ed.), *Planning the Fourth Migration*, p. 23.
87. L. Mumford, Regions – To Live, *The Survey*, n. 54, p. 151.
88. Ibidem.
89. Ibidem.
90. Ibidem.
91. Ibidem, p. 152.
92. Ibidem.
93. B. MacKaye, The New Exploration,- *The Survey*, n. 54, p. 157.
94. R. Lubove, *Community Planning in the 1920s*, p. 91-96.
95. G. Ciucci, The City in Agrarian Ideology and Frank Lloyd Wright, em G. Ciucci et al, *The American City*, p. 341-342.
96. Cf. H.W. Odum, *Southern Regions of the United States*; H.W. Odum; H.E. Moore, *American Regionalism*; H.A. Kantor, Howard W. Odum: The Implications of Folk, *American Journal of Sociology*, n. 79, p. 284-285; J. Friedmann; C. Weaver, *Territory and Function*, p. 35-40.
97. Cf. B. MacKaye, *The New* Exploration.
98. Ibidem, p. 64.
99. Ibidem, p. 73.
100. Ibidem, p. 75-76.
101. Ibidem, p. 170.
102. Ibidem, p. 178.
103. Ibidem, p. 179-180.
104. Ibidem, p. 182.
105. Ibidem, p. 186.
106. Ibidem, p. 186-187.
107. Cf. B. MacKaye, The Townless Highway, *The New Republic*, n. 62; L. Mumford, *The Highway and the City*; A.Z. Guttenberg, City Encounter and Desert Encounter, *Journal of the American Institute of Planners*.
108. A.E. Smith, Seeing a State Whole, *The Survey*, n. 54, p. 159-160.
109. Cf. T.A. Fluck, *Euclid v. Ambler: A Retrospective*.

110. F.D. Roosevelt, Growing Up by Plan, *Survey*, n. 67, p. 484.
111. M.A. Simpson, op. cit., p. 67.
112. Ibidem, p. 191.
113. M. Scott, *American City Planning Since 1890*, p. 178-179.
114. F.B. Hays, *Community Leadership: The Regional Plan Association of New York*, p. 7-11; M.A. Simpson, op. cit., p. 136.
115. R. Freestone (ed.), *Urban Planning in a Changing World*, p. 303-304.
116. H.A. Kantor, Charles Dyer Norton and the Origins of the Regional Plan of New York, *Journal of the American Institute of Planners*, n. 39, p. 36-37; W.H. Wilson, *Coming of Age in Urban America, 1915-1945*, p. 136.
117. M.A. Simpson, op. cit., p. 135.
118. M. Scott, op. cit., p. 177.
119. Regional Plan of New York, I, 1927; p. xii; H.A. Kantor, Charles Dyer Norton and the Origins of the Regional Plan of New York, op. cit., p. 39.
120. Regional Plan of New York, I, 1927, p. 23-28.
121. Ibidem, p. 44.
122. Regional Plan of New York, II, 1929, p. 25-26.
123. Regional Plan of New York, VI, 1931, p. 102-103.
124. Regional Plan of New York, VII, 1931, p. 30.
125. Regional Plan of New York, III, 1927, p. 126-132.
126. Regional Plan of New York, VI, 1931, p. 103-105.
127. Regional Plan of New York, II, 1929, p. 31.
128. Regional Plan of New York, II, 1929, p. 31.; F.B. Hays, op. cit., p. 20; M. Scott, op. cit., p. 262.
129. Regional Plan of New York, VI, 1931, p. 25.
130. Regional Plan of New York, II, 1929, p. 197.
131. Ibidem, p. 35.
132. W.H. Wilson, op. cit., p. 137.
133. C. Sussman (ed.), op. cit., p. 227-247.
134. Citado em Ibidem, p. 259.
135. Citado em Ibidem, p. 263.

136. D.A. Johnson, Regional Planning for the Great American Metropolis, em D. Schaffer (ed.), *Two Centuries of American Planning*, p. 181.

137. Idem, *Planning the Great Metropolis*, p. 193.

138. R. Fishman, The American Garden City, em S.V. Ward (ed.), *The Garden City*, p. 122; M.A. Simpson, op. cit., p. 158.

139. T. Adams, The Need for a Broader Conception..., em H. Warren; W.R. Davidge (eds.), *Decentralisation of Population and Industry*, p. 142-143.

140. Ibidem, p. 146.

141. L. Mumford, The Plan of New York, *New Republic*, n. 71, p. 150-151.

142. Ibidem, p. 151.

143. L. Mumford, *The Culture of Cities*, p. 470-471.

144. E. Mumford, The '"Tower in a Park" in America, *Planning Perspectives*, v. 10, p. 22, 25.

145. M.A. Simpson, op. cit., p. 155.

146. F.B. Hays, op. cit., p. 25-31, 36-40; L. Sawers, The Political Economy of Urban Transportation, em W.K. Tabb; L. Sawers (eds.), *Marxism and the Metropolis*, p. 234.

147. C. Sussman (ed.), op. cit., p. 250.

148. F.D. Roosevelt, *The Public Papers and Addresses of Franklin D. Roosevelt v. 1*, p. 505, 508-509, 510-511, 514.

149. Ibidem, p. 518.

150. Idem, Growing Up by Plan, *Survey*, n. 67, p. 506.

151. Citado em A. Lepawsky, The Planning Apparatus, *Journal of the American Institute of Planners*, n. 42, p. 22.

152. M.I. Gelfand, *A Nation of Cities*, p. 25.

153. M.I. Gelfand, op. cit., p. 25-26; D. Schaffer, *Garden Cities for America*, p. 222.

154. K.C. Parsons, op. cit., p. 462; E.K. Spann, op. cit., p. 41, 82.

155. H.P. Oberlander; E. Newburn, *Houser: The Life and Work of Catherine Bauer*, p. 73.

156. L. Mumford, *The Culture of Cities*, p. 278.

157. Ibidem, p. 301.

158. Ibidem, p. 464.

159. E.K. Spann, op. cit., p. 164.

160. D.L. Miller, op. cit., p. 288.

161. Ibidem, p. 291.

162. M. Hughes (ed.), *The Letters of Lewis Mumford and Frederic J. Osborn*, p. 145, 148-149.

163. Cf. K.C. Parsons, *The Writing of Clarence S. Stein*.

164. Ibidem, passim.

165. L. Mumford, The Plan of New York, *New Republic*, n. 71, p. 124.

166. Ibidem, p. 154.

167. Ibidem, p. 150.

168. H.P. Oberlander; E. Newburn, op. cit., p. 61, 74, 86.

169. G. Radford, *Modern Housing for America*, p. 76-77.

170. D.L. Miller, op. cit., p. 333.

171. Ibidem, p. 334.

172. Ibidem, p. 335.

173. H.P. Oberlander; E. Newburn, op. cit., p. 118-156.

174. Lloyd Rodwin, comunicação pessoal, Cambridge, Massachusetts, 14 de outubro de 1999.

175. H.P. Oberlander; E. Newburn, op. cit., p. 156.

*   Uma jovem mulher chamada Bauer havia, / Que ajudar a habitação a florescer queria / Ela lutou e batalhou- / E ninguém a derrubou / Essa Bauer, nenhum poder amedrontar podia. (N. da T.)

176. M. Clawson, *New Deal Planning: the National Resources Planning Board*, p. xvi.

177. B. Karl, *Executive Reorganization and Reform in the New Deal*, p. 76; M. Clawson, op. cit., p. 7.

178. U.S. National Resources Committee, *Regional Factors in National Planning and Development*, v. ix; M. Clawson, op. cit., p. 168.

179. U.S. National Resources Planning Board, *Our Cities: Their Role in the National Economy*, v. viii-xi, p. 84; M. Clawson, op. cit., p. 162-164.

180. M.I. Gelfand, op. cit., p. 97.

181. P.K. Conkin, Intellectual and Political Roots, em E.C. Hargrove; P.K. Conkin (eds.), *TVA: Fifty Years of Grass-Roots Bureaucracy*, p. 26.

182. Ibidem, p. 20.

183. Ibidem, p. 26-27.

184. R.G. Tugwell; E.C. Banfield, Grass Roots Democracy – Myth or Reality?, *Public Administration Review*, n. 10, p. 47.

185. R. Lowitt, The TVA, 1933-45, em E.-C. Hargrove; P.K. Conkin (eds.), op. cit., p. 35; P.K. Conkin, op. cit., p. 26.

186. A.E. Morgan, *The Making of TVA*, p. 157; R. Lowitt, op. cit., p. 37.

187. S.M. Neuse, TVA at Age Fifty, *Public Administration Review*, n. 43, p. 491-493; V.W. Ruttan, The TVA and Regional Development, em E.C. Hargrove; P.K. Conkin (eds.), op. cit., p. 151.

188. T.K. McCraw, *Morgan vs. Lilienthal*, p. 11; idem, *TVA and the Power Fight, 1933-1939*, p. 38-39.

189. A.E. Morgan, op. cit., p. 54-55, 155.

190. Ibidem, p. 22.

191. Ibidem, p. 55.

192. T.K. McCraw, *Morgan vs. Lilienthal*, p. 95, 107.

193. P. Selznick, *TVA and the Grass Roots*, p. 91-92, 149.

194. Ibidem, p. 152, 186-205.

195. Ibidem, p. 211-212.

196. W.L. Creese, *TVA's Public Planning*, p. 9; T.K. McCraw, *Morgan vs. Lilienthal*, p. 108; R. Lowitt, op. cit., p. 45.

197. D.E. Lilienthal, *TVA: Democracy on the March*, p. 51.

198. W.L. Creese, op. cit., p. 57-60; E.K. Spann, op. cit., p. 153-154.

199. E.K. Spann, op. cit., p. 155.

200. D. Schaffer, Benton MacKaye: The TVA Years, *Planning Perspectives*, v. 5, p. 8.

201. W.L. Creese, op. cit., p. 57.

202. D. Schaffer, Ideal and Reality in the 1930s, *Planning Perspectives*, v. 1, p. 39.

203. Idem, Benton MacKaye: The TVA Years, p. 11, 40.

204. D.E. Lilienthal, op. cit., p. 153.

*   No original, *land-grant colleges*, os "colégios de donatários" eram instituições de ensino superior criadas pelas leis Morrill de 1862 e 1890, por meio das quais o governo federal cedia terras aos estados para que esses

as vendessem, obtendo, assim, fundos para criar e manter tais instituições, que tinham necessariamente de focar no ensino prático de agricultura, ciências, ciências militares e engenharia. Com o tempo, muitas se tornaram universidades públicas (N. da T.)

205. R.G. Tugwell; E.C. Banfield, op. cit., p. 54.

206. R.G. Tugwell; E.C. Banfield, op. cit., p. 50; V.W. Ruttan, The TVA and Regional Development, em E.C. Hargrove; P.K. Conkin (eds.), op. cit., p. 151-152.

207. D.E. Lilienthal, op. cit., p. 17.

208. R.G. Hewlett; O.E. Anderson Jr., *The New World 1939/1946*, p. 77, 105-108, 116-122, 130; C. Allardice; E.R. Trapnell, *The Atomic Energy Commission*, p. 15-17.

209. V.W. Ruttan, The TVA and Regional Development, em E.C. Hargrove; P.K. Conkin (eds.), op. cit., p. 157-158.

210. D.A. Johnson, Norris, Tennessee on the Occasion of Its Fiftieth Anniversary, *Plannig History Bulletin*, 6/1, p. 35.

211. D. Schaffer, The Tennessee Transplant, *Town and Country Planning*, passim; W.L. Creese, op. cit., p. 248.

212. W.L. Creese, op. cit., p. 240, 262.

213. Ibidem, p. 251.

214. Ibidem, p. 249.

215. D. Schaffer, *Garden Cities for America*, p. 224-225, 230.

216. W.L. Creese, op. cit., p. 261.

217. N.L. Grant, *TVA and Black Americans*, p. 88.

218. D.A. Krueckeberg, Planning History's Mistakes, *Planning Perspectives*, v. 12, p. 274-275.

219. M.A. Simpson, op. cit., p. 193; F. Dal Co, op. cit., p. 233.

220. M.A. Simpson, op. cit., p. 174-175, 181, 193.

221. G. Dix, Little Plans and Noble Diagrams, *Town Planning Review*, n. 49, p. 329-330.

222. Ibidem, p. 332.

223. Ibidem, p. 151.

224. Ibidem, p. 337.

225. H. Beaufoy, "Order Out of Chaos", *Planning Perspective*, v. 12, p. 135-136.

226. Ibidem, p. 149.

227. Ibidem, p. 150.

228. P. Abercrombie, *The Preservation of Rural England*, p. 39-40; G.E. Cherry, *The Evolution of British Town Planning*, p. 91.

229. S.G. Beaufoy, Regional Planning, I, *Town Planning Review*, n. 15, p. 201, 204, 212; M.A. Simpson, op. cit., p. 176, 180-181.

230. M. Miller, The Elusive Green Background, *Planning Perspectives*, v. 4, p. 24; M. Miller, *Raymond Unwin: Garden Cities and Town Planning*, p. 189.

231. F.H.A. Aalen, Lord Meath, City Improvement and Social Imperialism, *Planning Perspectives*, v. 4, p. 141-143; M. Miller, The Elusive Green Background, *Planning Perspectives*, v. 4, p. 18-19; H. Beaufoy, op. cit., p. 150.

232. Greater London Regional Planning Committee (de agora em diante GLRPC) 1929, *First Report*, p. 4-7; F. Jackson, *Sir Raymond Unwin: Architect, Planner and Visionary*, p. 147.

233. R. Unwin, Regional Planning with Special Reference..., *Journal of Royal Institute of British Architects*, n. 37, p. 186.

234. Ibidem, p. 189.

235. Ibidem, p. 186.

236. Ibidem, p. 122.

237. S.V. Ward, What Did the Germans Ever Do for Us?, *Planning Perspectives*, v. 25, p. 121.

238. GLRPC 1933, *Second Report*, p. 83.

239. GLRPC 1933, op. cit., p. 95-99, 101-102; S. Crow, Development Control, *Planning Perspectives*, v. 11, p. 405-409.

240. M. Miller, *Raymond Unwin: Garden Cities and Town Planning*, p. 202.

241. GB Royal Commission Geographical Distribution..., *Minutes of Evidence*, 16 de junho, 1938, paras 59, 66, 69.

242. M. Miller, The Elusive Green Background, *Planning Perspectives*, v. 4, p. 35.

243. M. Miller, The Elusive Green Background, *Planning Perspectives*, v. 4,

244. p. 37; idem, *Raymond Unwin: Garden Cities and Town Planning*, p. 205.

244. F. Jackson, *Sir Raymond Unwin: Architect, Planner and Visionary*, p. 154.

245. M. Miller, Transatlantic Dialogue, *Planning History*, 22/2, p. 23.

246. Ibidem, p. 25.

247. M. Miller; A.S. Gray, *Hampstead Garden Suburb*, p. 108.

248. G.L. Pepler, Greater London, em Royal Institute of British Architects, *Towm Planning Conference*, p. 614-615; A. Crow, Town Planning in Old and Congested Areas..., em Royal Institute of British Architects, op. cit., p. 411-412.

249. P. Hall, England in 1900, em H.C. Darby (ed.), *A New Historical Geography of England*, p. 52-55.

250. M. Hughes (ed.), op. cit., p. 62.

251. M. Hughes (ed.), op. cit., p. 271-272; G. Dix, op. cit., p. 345-346.

252. M. Hughes (ed.), op. cit., p. 40.

253. J.A. Yelling, Expansive Land..., *Planning Perspectives*, v. 9, p. 140; M. Hughes (ed.), op. cit., p. 40; para discussão adicional, ver capítulo 7.

254. Cf. H.A. Tripp, *Road Traffic and Its Control*; idem, *Town Planning and Road Traffic*.

255. J.H. Forshaw; P. Abercrombie, *County of London Plan*, p. 3-10; D.A. Hart, *Strategic Planning in London*, p. 54-87.

256. D.A. Hart, op. cit., p. 58-59, 78-79.

257. J.H. Forshaw; P. Abercrombie, op. cit., p. v; C.A. Perry, *Housing for the Machine Age*, p. 79-80.

258. P. Abercrombie, *Greater London Plan 1944*, p. 7-10.

259. Ibidem, p. 11.

260. Ibidem.

261. Ibidem, p. 14.

262. M. Hughes (ed.), op. cit., p. 141.

263. Ibidem.

264. M. Hebbert, *London: More by Fortune than Design*, passim.

265. F. Mort, Fantasies of Metropolitan Life, *Journal of British Studies*, n. 43, p. 124.

266. Ibidem, p. 134.

267. Ibidem, p. 125.

268. Ibidem, p. 126.

269. Ibidem, p. 126-127.

270. Ibidem, p. 150-151.

271. D.A. Hart, op. cit., p. 55.

272. J. Gawler, *A Roof Over my Head*, p. 24, citado em M. Amati; R. Freestone, "Saint Patrich", *Town Planning Review*, n. 80, p. 619.

273. D.L. Foley, *Controlling London's Growth*, p. 56.

274. Ibidem, p. 173.

275. J.B. Cullingworth, *Environmental Planning* (Peacetime History), v. III, *New Towns Policy*, p. 53, 82-86, 89-93.

276. Ibidem, p. 147.

277. R. Freestone, Greenbelts in City and Regional Planning, em K.C. Parsons; D. Schuyler (eds.), op. cit., p. 79.

278. Ibidem.

279. J. Delafons, *Politics and Preservation*, p. 374-375.

280. Ibidem, p. 373-374.

281. Ibidem, p. 384.

282. Wordsworth, "The French Revolution as It Appeared to Enthusiasts at its Commencement", citado em P. Hall, Can We Reverse the Long Downward Slide?, *Town and Country Planning*, n. 81, p. 252.

283. Cf. P. Hall et al, *The Containment of Urban England*.

284. P. Hall, Can We Reverse the Long Downward Slide?, *Town and Country Planning*, n. 81, p. 252-253.

6 A CIDADE DOS MONUMENTOS

1. W.H. Wilson, *The City Beautiful Movement*, p. 66.

2. Citado em P.S. Boyer, *Urban Masses and Moral Order in America, 1820-1920*, p. 269.

3. T.S. Hines, *Burnham of Chicago: Architect and Planner*, p. 140-141.

4. Ibidem, p. 150-151.

5. C. Moore, *Daniel H. Burnham: Architect, Planner of Cities*, passim; T.S. Hines, op. cit., p. 140-155, 354-355; F. Gutheim, *Worthy of the Nation*, p. 133-134.

6. C.M. Green, *Washington: Capital City 1879-1950*, p. 132-146; V. Scully, *American Architecture and Urbanism*, p. 74-75, 140.

7. W.H. Wilson, op. cit., p. 69.

8. Ibidem, p. 292.

9. Ibidem, p. 75.

10. T.S. Hines, op. cit., p. 159-168.

11. M. Manieri-Elia, Toward an "Imperial City": Daniel H. Burnham and the City Beautiful Movement, em G. Ciucci et al, *The American City*, p. 89.

12. T.K. Hubbard; H.V. Hubbard, *Our Cities, Today and Tomorrow*, p. 264; D.H. Burnham; E.H. Bennett, *Report on a Plan for San Francisco*, passim; T.S. Hines, op. cit., p. 182-195.

13. P.S. Boyer, op. cit., p. 272.

14. Ibidem.

15. J.A. Peterson, The City Beautiful Movement: Forgotten Origins and Lost Meanings, *Journal of Urban History*, p. 429-430.

16. D.H. Burnham; E.H. Bennett, *Plan of Chicago*, p. 18.

17. M.P. McCarthy, Chicago Businessmen and the Burnham Plan, *Journal of the Illinois State Historical Society*, n. 63, p. 229-231.

18. Ibidem, p. 102.

19. D.H. Burnham; E.H. Bennett, op. cit., p. 102-103.

20. Ibidem, p. 105.

21. Ibidem, p. 109.

22. Ibidem, p. 110-111.

23. Ibidem, p. 111.

24. M.P. McCarthy, op. cit., p. 248; T.S. Hines, op. cit., p. 340.

25. R. Lubove, New Cities for Old, *The Social Studies*, n. 53, p. 219; P.S. Boyer, op. cit., p. 289.

26. T.S. Hines, op. cit., p. 333; T.J. Schlereth, Burnham's *Plan* and Moody's *Manual*, em D.A. Krueckeberg (ed.), *The American Planner*, p. 89.

27. P. Abercrombie, *Town and Country Planning*, p. 104-109.

28. W.H. Wilson, op. cit., p. 78-81.

29. T.J. Schlereth, op. cit., p. 89.

* Lembramos que os autores anglo-norte-americanos têm por hábito falar em América" e "americanos" para referirem-se, especificamente, aos Estados Unidos da América do Norte e aos norte-americanos. (N. da T.)

30. M. Scott, *American City Planning Since 1890*, p. 108.

31. H.A. Kantor, The City Beautiful in New York, *New York Historical Society Quarterly*, n. 57, p. 171.

32. R.A. Walker, *The Planning Function in Urban Government*, p. 273; M. Klein; H.A. Kantor, *Prisioners of Progress*, p. 430-431.

33. J.E. Draper, *Edward H. Bennett: Architect and City Planner, 19874-1954*, p. 7-8.

34. Ibidem, p. 10.

35. Ibidem, p. 8, 13.

36. Ibidem, p. 17.

37. Ibidem, p. 21, 24.

38. D.L.A. Gordon, A City Beautiful Plan for Canada's Capital, *Planning Perspectives*, v. 13, p. 280.

39. Idem, The Other Author of the 1980 Plan of Chicago, *Planning Perspectives*, v. 25, p. 234.

40. D.H. Burnham; E.H. Bennett, op. cit., p. 111.

41. T.S. Hines, op. cit., p. 344.

42. C. Hussey, *The Life of Sir Edwin Lutyens*, p. 237, 240.

43. G. Stamp, New Delhi, em E. Lutyens, *Lutyens: The Work of the English Architect Sir Edwin Lutyens (1869-1944)*, p. 34.

44. H. Baker, *Architecture and Personalities*, p. 57-63; R.G. Irving, *Indian Summer*, p. 278-279; G. Stamp, op. cit., p. 35.

45. H. Baker, op. cit., p. 64.

46. Citado em C. Hussey, op. cit., p. 247.

47. A.D. King, *Colonial Urban Development*, p. 228-230.

48. H. Baker, op. cit., p. 65.

49. Hardinge of Penhurst, *My Indian Years 1910-1916*, p. 72.

50. H. Baker, op. cit., p. 65; C. Hussey, op. cit., p. 261-262; R.G. Irving, op. cit., p. 46, 51, 67-68.

51. R.G. Irving, *Indian Summer*, p. 67-68, 71, 73.
52. Ibidem, p. 79, 84.
53. Citado em R. Home, *Of Planting and Plannning*, p. 45.
54. R.G. Irving, op. cit., p. 227.
55. Ibidem, p. 280.
56. C. Hussey, op. cit., p. 286-287, 323; M. Lutyens, *Edwin Lutyens*, p. 126; R.G. Irving, op. cit., p. 143-150.
57. C. Hussey, op. cit., p. 355-356, 363-366, 410-412.
58. Hardinge of Penshurst, op. cit., p. 96.
59. C. Hussey, op. cit., p. 260, 265, 268, 300; G. Stamp, op. cit., p. 37-38.
* No original: "The answer is in the plural, and bounce!" Frase sem sentido dada como resposta a uma pergunta considerada absurda ou particularmente obtusa. (N. da T.)
60. H. Baker, op. cit., p. 68-69.
61. Ibidem, p. 79.
62. A.D. King, op. cit., p. 246.
63. Ibidem, p. 264.
64. A. Bose, *Studies in India's Urbanization 1901-1971*, p. 184-185.
65. A.D. King, op. cit., p. 259.
66. R.M.A Van Zwanenberg; A. King, *An Economic History of Kenya and Uganda*, p. 261, 267, 270-271.
67. Ibidem, p. 268.
68. A.W. Southall, The Growth of Urban Society, em S. Diamond; F.G. Burke (eds.), *The Transformation of East Africa*, p. 486; A.D. King, op. cit., p. 125; A.D. King, Exporting Planning, em G.E. Cherry (ed.), *Shaping an Urban World*, p. 211-215.
69. D.M. Halliman; W.T.W. Morgan, The City of Nairobi, em W.T.W. Morgan (ed.), *Nairobi: City and Region*, p. 106.
70. A. Hake, *African Metropolis: Nairobi's Self-Help City*, p. 44.
71. Ibidem, p. 56-57.
72. L.W. Thornton White et al., Nairobi: Master Plan for a Colonial Capital, p. 21 e mapas.
73. R. Home, op. cit., p. 104.
74. Citado em ibidem.
75. Ibidem, p. 107-108.

76. R.K. Home, From Barrack Compounds to the Single-Family House, *Planning Perspectives*, v. 15, p. 332-333.
77. Ibidem, p. 333-335.
78. A. Mabin; D. Smit, Reconstructing South Africa's Cities?, *Planning Perspectives*, v. 12, p. 199.
79. P. Harrison, Reconstuction and Planning in the Aftermath…, *Planning Perspectives*, v. 17, p. 163.
80. A. Mabin; D. Smit, op. cit., p. 203-204.
81. Ibidem, p. 205.
82. R.K. Home, From Barrack Compounds to the Single-Family House, p. 337.
83. Ibidem, p. 338.
84. Ibidem, p. 341.
85. Ibidem, p. 343.
86. A. Njoh, Urban Planning as a Tool of Power…, *Planning Perspectives*, v. 24, p. 310.
87. Ibidem, p. 310.
88. Ibidem, p. 311.
89. J.C. Davies, The J-Curve of Rising and Declining Satisfactions…, em H.D. Graham; T.R. Gurr (eds.), *Violence in America*, p. 101-112.
90. Citado em G. Kay, *A Social Geography of Zambia*, p. 114.
91. J. Collins, Lusaka: Urban Planning in a British Colony, em G.E. Cherry (ed.). *Shaping an Urban World*, p. 232.
92. Ibidem, p. 119.
93. Idem, *Lusaka: The Myth of the Garden City*, p. 17-19.
94. R. Harris; A. Hay, New Plans for Housing in Urban Kenya…, *Planning Perspectives*, v. 22, p. 195.
95. Ibidem, p. 203-204.
96. Ibidem, p. 210.
97. Ibidem, p. 216.
98. Ibidem, p. 216-217.
99. J. Van Velsen, Urban Squatters, em D.J. Parkin (ed.), *Town and Country in East and Central Africa…*, p. 295-296, 307.
100. A. Hake, op. cit., p. 99, 123.
101. Citado em ibidem, p. 74.
102. A.L. Mabogunje et al., *Shelter Provision in Developing Countries*, p. 64.
103. A. Hake, op. cit., p. 164-170; R. Martin, The Formulation of a Self-Help Proj-

ect in Lusaka, em P.M. Ward (ed.), *Self-Help Housing*, p. 259-261.
104. G.K. Payne, *Urban Housing in the Third World*, p. 138-139.
105. R. Boyd, *The Australian Ugliness*, p. 13; M. Manieri-Elia, Toward an "Imperial City", em G. Ciucci et al, *The American City*, p. 112.
106. R. Boyd, op. cit., p. 14-15.
107. Commonwealth of Australia Deparment of Home Affairs, *The Federal Capital*, p. 3.
108. P.R. Proudfoot, The Symbol of the Crystal…, *Planning Perspectives*, v. 11, p. 251.
109. M. Manieri-Elia, op. cit., p. 113.
110. Commonwealth of Australia Deparment of Home Affairs, op. cit., p. 13.
111. W.L. Creese, *The Search for Environment*, p. 266-268.
112. D. Ghirardo, *Building New Communities*, p. 24.
113. Ibidem, p. 25.
114. Ibidem, p. 39.
115. A. Treves, The Anti-Urban Policy of Fascism and a Century of Resistante to Industrial Urbanization in Italy, *International Journal of Urban and Regional Research*, n. 4, p. 470-486.
116. D. Calabi, Italy, M. Wynn (ed.), *Planning and Urban Growth in Southern Europe*, p. 49-50; D. Ghirardo, op. cit., p. 27, 65.
117. D. Ghirardo, op. cit., p. 66.
118. Citado em R.C. Fried, *Plannig the Eternal City*, p. 31.
119. Ibidem, p. 35-39.
120. Citado em B.M. Lane, *Architecture and Politics in Germany, 1918-1945*, p. 155.
121. U. Peltz-Dreckmann, *Nationalsozialistischer Siedlungsbau*, p. 102, 122, 144.
122. Ibidem, p. 194.
123. D. Schubert, The Neighbourhood Paradigm, em R. Freestone (ed.), *Urban Planning in a Changing World*, p. 128.
124. J. Thies, Hitler's European Building Programs, *Journal of Contemporary History*, n. 13, p. 422-424. Mas muito do planejamento sob os nazistas simplesmente continuou com as políticas tradicionais de demolição de cortiços

e renovação urbana. U. von Petz, Urban Renewal Under National Socialism, *Planning Perspectives*, n. 5, p. 185.

125. J. Thies, op. cit., p. 417-418.
126. C.E. Schorske, The Idea of the City in European Thought: Voltaire to Spengler, em O. Handlin; J. Burchard (eds.), *The Historian and the City*, p. 114.
127. A. Speer, *Inside the Third Reich*, p. 80.
128. A. Speer, op. cit., p. 75-77; L.O. Larsson, *Die Neugstaltung der Reichshauptstadt*, p. 42-43.
129. A. Speer, op. cit., p. 70.
130. Ibidem, p. 69.
131. Ibidem, p. 79.
132. Ibidem, p. 138.
133. Ibidem, p. 141.
134. S.D. Helmer, *Hitler's Berlin: Plans for Reshaping the Central City...*, p. 317, 326-327.
135. A. Speer, op. cit., p. 78; L.O. Larsson, op. cit., p. 33-36.
136. L.O. Larsson, op. cit., p. 86-87, 94.
137. Ibidem, p. 95-96.
138. Ibidem, p. 112-113.
139. A. Speer, op. cit., p. 140.
140. L.O. Larsson, op. cit., p. 32-33, 53.
141. A.Speer, op. cit., p. 78; D. Helmer, op. cit., p. 201.
142. W. Sonne, Specific Intentions, *Planning Perspectives*, v. 19, p. 304.
143. L.O. Larsson, op. cit., p. 116.
144. E. May, Cities of the Future, *Survey*, p. 181-182; E.D. Simon, Town Planning: Moscow or Manchester, *Journal of the Town Planning Institute*, p. 382.
145. B. Svetlichny, Les Villes d'avenir, *Recherches Internationales*, n. 20-21, p. 214.
146. M. Machler, Town Development in Soviet Russia, *Journal of the Town Planning Institute*, n. 18, p. 96; M.F. Parkins, *City Planning in Soviet Russia*, p. 30-31.
147. C.D. Harris, *Cities of the Soviet Union*, p. 257; E.D. Simon, op. cit., p. 381.
148. E.D. Simon et al, *Moscow in the Making*, p. 154-155.
149. M.F. Parkins, op. cit., p. 36.
150. E.D. Simon et al, *Moscow in the Making*, p. 160.
151. A. Ling, *Planning and Building in USSR*, p. 7; M.F. Parkins, op. cit., p. 42, 44-45.
152. K. Berton, *Moscow: An Architectural History*, p. 235.
153. M.F. Parkins, op. cit., p. 44-45.
154. A. Kopp, *Town and Revolution: Soviet Architecture and City Planning 1917-1935*, p. 227.
155. K. Berton, op. cit., p. 228-229.
156. K. Berton, op. cit., p. 223-224; A. Kopp, op. cit., p. 223.
157. R. May, Planned City Stalinstadt, *Planning Perspectives*, v. 18, p. 54.
158. Ibidem, p. 55.
159. Ibidem, p. 57.
160. Ibidem, p. 72.
161. Ibidem, p. 57.
162. Ibidem, p. 69.
163. M. de B.U. Cavalcanti, Urban Reconstruction and Autocratic Regimes, *Planning Perspectives*, v. 12, p. 84.
164. Ibidem, p. 84-85 (grifo do autor).
165. Ibidem, p. 85.
166. Ibidem, p. 86 (grifo do autor).
167. Ibidem, p. 89.
168. Ibidem, p. 96-98.
169. Ibidem, p. 98.
170. Ibidem, p. 104.

7   A CIDADE DAS TORRES

*   A paródia do trecho da oração de Marco Antônio (ver Shakespeare, *Julius Ceasar*, cena 11 do 3º ato) ilustra bem o juízo que o autor faz de Le Corbusier. Diz o texto original: "O mal que os homens fazem vive depois deles; o bem é, com frequência, enterrado com seus ossos". (N. da T.)

1. Citado em R. Fishman, *Urban Utopias in the Twentieth Century*, p. 186.
2. Cf. Le Corbusier, *Essential Le Corbusier*.
3. R. Fishman, op. cit., p. 29, 101, 114, 183-184.
4. A. Sutcliffe, *The Autumn of Central Paris*, p. 240-241, 257; P. Lavedan, *Historie de l'urbanisme à Paris*, p. 492-493, 497-500; N. Evenson, *Paris: A Century of Change, 1878-1978*, p. 208-216.
5. R. Fishman, op. cit., p. 210.
6. Le Corbusier, *The City of Tomorrow and Its Planning*, p. 293.
7. Ibidem, p. 310.
8. R. Fishman, op. cit., p. 211.
9. R. Banham, *Theory and Design in the First Machine Age*, p. 255.
10. N. Evenson, op. cit., p. 54.
11. Le Corbusier, *Quand les Cathédrales étaient blanches*, p. 4.
12. R. Fishman, op. cit., p. 190.
13. Le Corbusier, *The City of Tomorrow and Its Planning*, p. 178.
14. Ibidem, p. 232.
15. Ibidem, p. 128.
16. H.A. Anthony, Le Corbusier: His Ideas for Cities, *Journal of the American Institute of Planners*, p. 286.
17. R. Fishman, op. cit., p. 199.
18. Le Corbusier, *The City of Tomorrow and Its Planning*, p. 215; R. Fishman, op. cit, p. 195.
19. Le Corbusier, *The City of Tomorrow and Its Planning*, p. 215, 222-223.
20. Ibidem, p. 243.
21. Ibidem, p. 243, 250-252.
22. Ibidem, p. 229.
23. Citado em R. Fishman, op. cit., p. 198.
24. Ibidem, p. 237, 239-240.
25. Ibidem, p. 239.
26. Ibidem, p. 241.
27. M.F. Hamm, The Modern Russian City, *Journal of Urban History*, n. 4, p. 62-63; K. Berton, *Moscow: An Architectural History*, p. 210.
28. A. Kopp, *Town and Revolution*, p. 146-147, 169, 171.

29. Le Corbusier, *Concerning Town Planning*, p. 48; idem, *L'Urbanism des trois établissements humaines*, p, 103, 129.

30. A. Sutcliffe, A Vision of Utopia, em R. Walden (ed.), *The Open Hand*, p. 221.

31. Le Corbusier, *Concerning Town Planning*, p. 54.

32. Le Corbusier, *Quand les Cathédrales étaient blanches*, p. 255, 258; idem, *Concerning Town Planning*, p. 68.

33. R. Fishman, op. cit., p. 247-248.

34. N. Evenson, *Chandigarh*, p. 13-14.

35. Citado em M. Sarin, *Urban Planning in Third World*, p. 44.

36. Ibidem, p. 45.

37. Ibidem, p. 47.

38. N. Evenson, *Chandigarh*, p. 92.

39. Ibidem, p. 95.

40. S.K. Gupta, Chandigarh: A Study of Sociological Issues and Urban Development in India, *Architectural Design*, n. 44, p. 363; H. Schmetzer; P. Wakely, Chandigarh: Twenty Years Late, *Architectural Design*, n. 44, p. 352-353.

41. S.K. Gupta, op. cit., p. 368.

42. M. Sarin, Urban Planning, Pretty Trading, and Squatter Settlements in Chandigarh, em R. Bromley; C. Gerry (eds.), *Casual Work and Poverty in Third World Cities*, p. 137.

43. Ibidem, p. 152.

44. N. Evenson, *Chandigarh*, p. 39, 94.

45. D.G. Epstein, *Brasília, Plan and Reality*, p. 36,42,45; N. Evenson, *Two Brazilian Capitals*, p. 49, 108, 112-113.

46. D.G. Epstein, op. cit., p. 36.

47. N. Evenson, *Two Brazilian Capitals*, p. 114.

48. D.G. Epstein, op. cit., p. 49; N. Evenson, *Two Brazilian Capitals*, p. 145.

49. N. Evenson, *Two Brazilian Capitals*, p. 117, 142-143.

50. J. Holston, *The Modernist City*, p. 31.

51. Ibidem, p. 3.

52. Ibidem, p. 9.

53. N. Evenson, *Two Brazilian Capitals*, p. 155.

54. Ibidem.

55. D.G. Epstein, op. cit., p. 63.

56. N. Evenson, idem, p. 155.

57. D.G. Epstein, op. cit., n. p.

58. Ibidem, p. 57-58.

59. D.G. Epstein, op. cit., p. 75-76, 79, 119; S.M. Cunningham, Brazilian Cities Old and New, em G.E. Cherry (ed.), *Shaping an Urban World*, p. 198-199.

60. D.G. Epstein, op. cit., p. 121-122.

61. N. Evenson, *Two Brazilian Capitals*, p. 180.

62. L. Esher, *A Broken Wave*, p. 37.

63. D. Hardy, Utopian Ideas and the Planning of London, *Planning Perspectives*, v. 20, p. 39.

64. Citado em L. Esher, op. cit., p. 37.

65. S.V. Ward, What Did the Germans Ever Do for Us?, *Planning Perspectives*, v. 25, p. 122-123.

66. A. Ravetz, From Working-Class Tenement to Modern Flat, em A. Sutcliffe (ed.), *Multi-Storey Living*, p. 133, 140, 144; M.J. Daunton (ed.), *Councillors and Tenants*, p. 140-142.

67. J.R. Gold, *The Experience of Modernism*, passim.

68. Idem, "Commoditie, Firmenes and Delight", *Planning* Perspectives, v. 8, p. 360, 365.

69. R.M. Titmuss, *Problems of Social Policy*, p. 506.

70. J.C.W. Reith, *Into the Wind*, p. 428.

71. Ibidem.

72. J.R. Gold, *The Experience of Modernism*, p. 195.

73. Citado em ibidem, p. 95.

74. Ibidem, p. 95-96.

75. Ibidem, p. 96.

76. Ibidem, p. 198-199.

77. S.V. Ward, Soviet Communism and the British Planning Movement, *Planning Perspectives*, v. 27, p. 505.

78. Ibidem, p. 506.

79. Ibidem, p. 507.

80. Ibidem, p. 508.

81. Ibidem, p. 509.

82. Ibidem.

83. Ibidem, p. 511.

84. Ibidem, p. 517.

85. Ibidem, p. 517-518.

86. S. Essex; M. Brayshay, Vision, Vested Interest and Pragmatism, *Planning Perspectives*, v. 22, p. 417.

87. Ibidem, p. 421.

88. Ibidem, p. 423.

89. Ibidem, p. 424.

90. Ibidem, p. 436.

91. Ibidem.

92. P. Hubbard; L. Faire, Contesting the Modern City, *Planning Perspectives*, v. 18, p. 380.

93. Ibidem.

94. Ibidem, p. 381.

95. Ibidem, p. 388.

96. D. Adams, Everyday Experiences of the Modern City, *Planning Perspectives*, v. 26, p. 237.

97. Ibidem, p. 244.

98. Ibidem, p. 238.

99. Ibidem, p. 239.

100. C. Rooijendijk, Urban Ideal Images in Post-War Rotterdam, *Planning Perspectives*, v. 20, p. 177.

101. Ibidem, p. 181.

102. Ibidem, p. 182.

103. Ibidem, p. 192.

104. Ibidem, p. 199.

105. Ibidem, p. 198-199.

106. Ibidem, p. 199.

107. J.H. Forshaw; P. Abercrombie, *Country of London Plan*, frontispício.

108. J. Hasegawa, Governments, Consultants and Expert Bodies..., *Planning Perspectives*, v. 14, p. 122.

109. Ibidem, p. 137.

110. Duncan Sandys (1908-1987) foi ministro do então Ministério da Habitação e Governo Local. Este, um tanto confusamente, era o ministério do planejamento: governos conservadores, à época e depois, tentaram evitar o uso dessa palavra. Sandys conseguiu uma distinção mais tarde por fundar o Civic Trust – e, menos heroicamente se for verdade, o que afirmou um documentário de agosto de 2000, por ser revelado como o "homem sem cabeça" no escândalo Profumo de 1963.

* Referência a "The Duchess and the Headless Man" da série *Secret History* do Channel 4, sobre o rumoroso caso da duquesa de Argyll, fotografada com uma polaroide fazendo sexo oral em um homem não identificado devido à foto ter sido cortada. (N. da T.)

111. Ibidem, p. 137.

112. Ibidem, p. 139.

113. J.A. Yelling, The Origins of British Redevelopment Areas, *Planning Perspectives*, v. 3, p. 293.

114. N. Bullock, Plans for Post-War Housing in the UK, *Planning Perspectives*, v. 2, p. 73-74.

115. J.H. Forshaw; P. Abercrombie, op. cit., p. 77.

116. Ibidem, p. 79-83, 117-119.

117. B. Conekin, "Here Is the Modern World Itself", em B. Conekin et al (eds.), *Moments of Modernity*, p. 229-230.

118. J.R. Gold, *The Experience of Modernism*, p. 211-212.

119. Ibidem, p. 213.

120. Ibidem, p. 214.

121. M. Hughes (ed.), *The Letters of Lewis Mumford and Frederic J. Osborn*, p. 205.

122. P. Cook, Cook's Grand Tour, *Architectural Review*, 174/10, p. 32.

123. Ibidem, p. 33.

* No original, *travelators*, palavra criada por Ronald Jones para designar, segundo presumo, o meio de transporte muito especial usado em sua "nave terrestre". (N. da T)

124. Ibidem, p. 33-34.

125. Ibidem, p. 41.

126. Ibidem, p. 40.

127. J.M. Richards, The Failure of the New Towns, *Architectural Review*, n. 114, p. 32.

128. I. Nairn, Outrage: A Special Number of the Architectural Review, *Architectural Review*, n. 117, p. 365.

129. Ibidem, p. 368.

130. *Architectural Rewiew*, Counter Attack, n. 121, passim.

131. P. Dunleavy, *The Politics of Mass Housing in Britain, 1945-1975*, p. 135, 165.

132. GB Ministry of Works and Planning, *Report of the Committee on Land Utilization in Rural Areas*.

133. Cf. M. Young; P. Willmott, *Family and Kinship in East London*.

134. J.A. Yelling, Residents' Reactions to Post-War..., *Planning History*, 21/3, p. 10.

135. Cf. G.P. Wibberley, *Agriculture and Urban Growth*; P.A. Stone, The Economics of Housing and Urban Development, *Journal of the Royal Statistical Society A*, n. 122; idem, The Impact of Urban Development..., *Journal of the Town Planning Institute*, n. 47.

136. Cf. F.J. Osborn, How Subsides Distor Housing Development, *Lloyds Bank Review*, N.S. 36.

137. M. Horsey, Multi-Storey Housing in Britain, *Planning Perspectives*, v. 3, p. 168-169.

138. P.S.Garside, The Significance of Post-War London Reconstruction Plans, *Planning Perspectives*, v. 12, p. 21-22.

139. Ibidem, p. 31.

140. Ibidem, p. 34.

141. Ibidem, p. 22.

142. N. Bullock, op. cit., p. 74, 76, 82.

143. Ibidem, p. 78.

144. S.V. Ward, Gordon Stephenson and the "Galaxy of Talent", *Town Planning Review*, n. 83, p. 286.

145. Ibidem, p. 287.

146. P.S. Garside, op. cit., p. 22.

147. Ibidem, p. 23.

148. Ibidem, p. 31.

149. Ibidem, p. 32.

150. J.A. Yelling, Expensive Land..., *Planning Perspectives*, v. 9, p. 143.

151. Ibidem, p. 143.

152. Ibidem, p. 146.

153. J.R. Gold, *The Experience of Modernism*, p. 221-222.

154. J.A. Yelling, Expensive Land..., op. cit., p. 146.

155. Ibidem, p. 142.

156. N. Bullock, op. cit., p. 93-94.

157. J.A. Yelling, Expensive Land..., op. cit., p. 147.

158. Ibidem.

159. P. Hall et al., *The Containment of Urban England*, v. II, p. 56-59; E.W. Cooney, High Flats in Local Authority Housing, em A. Sutcliffe (ed.), *Multi-Storey Living*, p. 160.

160. E.W. Cooney, op. cit., p. 161-162.

161. E.W. Cooney, op. cit., p. 168; P. Dunleavy, op. cit., p. 72, 114.

162. P. Dunleavy, op. cit., p. 37; E.W. Cooney, op. cit., p. 163.

163. E.W. Cooney, op. cit., p. 152.

164. R.H.S. Crossman, *The Diaries of a Cabinet Minister*, p. 81.

165. P. Dunleavy, op. cit., p. 170.

166. L. Esher, op. cit., p. 129.

167. N. Bullock, op. cit., p. 93.

168. M. Horsey, op. cit., p. 169; J.R. Gold, *The Experience of Modernism*, p. 222-223.

169. P. Jephcott, *Homes in High Flats*, p. 140.

170. F. Mort, Fantasies of Metropolitan Life, *Journal of British Studies*, n. 43, p. 121-122.

171. B. Edwards; D. Gilbert, 'Piazzadilly!', *Planning Perspectives*, v. 23, p. 455-456.

172. Ibidem, p. 474-475.

173. M. Glendinning; S. Muthesius, *Tower Block*, passim.

174. Ibidem, p. 178.

175. P. Mandler, New Towns for Old, em B. Conekin et al (eds.), *Moments of Modernity*, p. 220.

176. Ibidem.

177. Ibidem, p. 221.

178. Ibidem, p. 227.

179. M. Glendinning; S. Muthesius, op. cit., p. 323.

180. A. O' Carroll, The Influence of Local Authorities..., *Planning Perspectives*, v. 11, p. 56.

181. U. Wannop, Regional Fulfilment, *Planning Perspectives*, v. 1, p. 211.

182. M. Horsey, op. cit., p. 179-180.

* Romance de Charles Dickens, publicado em 1852-1853, que, no Brasil, recebeu a tradução de Oscar Mendes sob o título A *Casa Soturna* (Rio de Janeiro, Nova Fronteira, 1986). (N. da T.)

183. L. Esher, op. cit., p. 45.

184. A. Ravetz, *Remaking Cities*, p. 89.

185. L. Esher, op. cit., p. 129-130.

186. J.A. Yelling, The Development of Residential Urban Renewal Policies in England, *Planning Perspectives*, v. 14, p. 14.

187. Ibidem, p. 16.

188. P.J. Larkham, The Place of Urban Conservation..., *Planning Perspectives*, v. 18, p. 295, 316.

189. Ibidem, p. 316-317.

190. Ibidem, p. 318.

191. Ibidem, p. 317.

NOTAS

192. J. Delafons, *Politics and Preservation*, p. 60, 87, 89, 90, 93.
193. Ibidem, p. 93.
194. Ibidem, p. 94.
195. Ibidem.
196. Ibidem, p. 95.
197. Ibidem, p. 96.
198. Ibidem, p. 100.
199. Ibidem, p. 101.
200. Ibidem.
201. R.H.S. Crossman, op. cit., p. 341.
202. Cf. G. Armstrong; M. Wilson, Delinquency and Some Aspects of Housing, em C. Ward (ed.), *Vandalism, 64-84*.
203. L. Esher, op. cit., p. 134.
204. C. Ward, *Housing: An Anarchist Approach*, p. 51.
205. Ibidem, p. 54.
206. P. Jephcott, op. cit., p. 131.
207. H.A. Anthony, op. cit., p. 286.
208. G. Greer; A.H. Hansen, *Urban Redevelopment and Housing*, p. 3-4, 6, 8.
209. R. Salisbury, Urban Politics, *Journal of Politics*, n. 26, p. 784-787; J.R. Lowe, *Cities in a Race With Time*, p. 31-32; J.H. Mollenkopf, *The Contested City*, p. 78; K. Fox, *Metropolitan America*, p. 80-100.
210. L.M. Friedman, *Government and Slum Housing*, p. 104-109.
211. E.J. Meehan, The Rise and Fall of Public Housing, em D. Phares (ed.), *A Decent Home and Environment*, p. 15-16, 19.
212. M.A. Weiss, The Origins and Legacy of Urban Renewal, em P. Clavel et al (eds.), *Urban and Regional Planning*, p. 54-59, 62.
213. Ibidem, p. 67.
214. C. Abrams, *The City is the Frontier*, p. 74, 118; J. Bellush; M. Hausknecht, Urban Renewal: An Historical Overview, em J. Bellush; M. Hausknecht (eds.), *Urban Renewal: People, Politics and Planning* p. 12; J.L. Arnold, City Planning in America, em R.A. Mohl; J.F. Richardson (eds.), *The Urban Experience*, p. 36; B.J. Frieden; M. Kaplan, *The Politics of Neglect*, p. 23; N. Kleniewski, From Industrial to Corporate City, em W.K. Tabb; L. Saw-

ers (eds.), *Marxism and the Metropolis*, p. 205.
215. C. Abrams, op. cit., p. 82; N. Kleniewski, op. cit., p. 210-211.
216. J.H. Mollenkopf, The Postwar politics of Urban Development, em W.K. Tabb; L. Sawers (eds.), op. cit., p. 135-36; M.A. Weiss, op. cit., p. 68-69; N. Kleniewski, op. cit., p. 212-213.
217. J.H. Mollenkopf, The Postwar politics of Urban Development, em W.K. Tabb; L. Sawers (eds.), op. cit., p. 134; C. Hartman, *The Transformation of San Francisco*, p. 18.
218. Citado em J.H. Mollenkopf, *The Contested City*, p. 5.
219. N.I. Fainstein; S.S. Fainstein, Regime Strategies, Communal Resistance..., em S.S. Fainstein et al, *Restructuring the City*, p. 255.
220. R.A. Caro, *The Power Broker*, p. 9-10.
221. J.R. Lowe, op. cit., p. 48; R.A. Caro, op. cit., p. 12.
222. R.A. Caro, op. cit., p. 52-55, 70-71, 85.
223. Ibidem, p. 427-431.
224. Ibidem, p. 740.
225. J. Schwartz, *The New York Approach*, p. 84.
226. Ibidem, p. 108.
227. Ibidem, p. 113-115.
228. Ibidem, p. xv.
229. Ibidem, p. xv, 295.
230. Ibidem, p. 143, 297, 61.
231. R.A. Caro, op. cit., p. 848.
232. J.R. Lowe, op. cit., p. 86-88.
233. Ibidem, p. 92.
234. Ibidem, p. 101-103.
235. R.A. Caro, op. cit., p. 1144.
236. R.A. Dahl, *Who Governs? Democracy and Power in an American City*, p. 118-119.
237. Ibidem, p. 129.
238. Ibidem, p. 133.
239. J.R. Lowe, op. cit., p. 406, 417; N.I. Fainstein; S.S. Fainstein, New Haven, em S.S. Fainstein et al, op. cit., p. 40.
* Expressão intraduzível com que se designam, nos EUA, as zonas servidas por bilhetes de metrô mais baratos, válidos apenas dentro de um horário determinado. (N. da T.)

240. R. Lubove, *Twentieth-Century Pittsburgh*, p. 87, 106-111, 127-131, 139-140; J.R. Lowe, op. cit., p. 134, 140-141; S. Stewman; J.A. Tarr, Four Decades of Public, em R.S. Fosler; R.A. Berger (eds.), *Public-Private Partnership in American Cities*, p. 63-65, 74-76, 103-105.
241. Citado em C. Hartman, op. cit., p. 51.
242. S.S. Fainstein; N.I. Fainstein; P.J. Armistead, San Francisco: Urban Transformation and the Local State, em S.S. Fainstein et al, op. cit., p. 216, 226; C. Hartman, op. cit., p. 185, 309-311.
243. H.J. Gans, *The Urban Villagers*, p. 4, 283-290, 318.
244. M. Fried, Grieving For a Lost Home, em L.J. Duhl (ed.), *The Urban Condition*, p. 167-168.
245. C. Abrams, op. cit., p. 118-122.
246. M. Anderson, *The Federal Bulldozer*, p. 54-67, 73, 93.
247. W.G. Grigsby, *Housing Markets and Public Policy*, p. 324.
248. S. Greer, *Urban Renewal of American Cities*, p. 3.
249. C. Hartman, The Housing of Relocated Families, *Journal of the American Institute of Planners*, n. 30, p. 278.
250. H.J. Gans, The Failure of Urban Renewal, em J. Bellush; M. Hausknecht (eds.), op. cit., p. 465.
251. S. Greer, op. cit., p. 94, 122.
252. W.G. Grigsby, op. cit., p. 323.
253. H.T. Sanders, Urban Renewal and the Revitalized City, em D.B. Rosenthal (ed.), *Urban Revitalization*, p. 106-107, 112.
254. S. Greer, op. cit., p. 46-47.
255. J. Jacobs, *The Death and Life of Great American Cities*, p. 17, 19.
256. Ibidem, p. 23.
257. Ibidem, p. 202-205.
258. Ibidem, p. 218.
259. Ibidem, p. 152, 178, 187, 200.
260. H. Muschamp, *Man About Town*, p. 168.
261. R. Fishman, The Mumford-Jacobs Debate, *Planning History Studies*, 10/1-2, p. 4.
262. Ibidem, p. 4-5.
263. Ibidem, p. 8-9.

264. Citado em S. Hirt, Jane Jacobs, Modernity and Knowledge, em S. Hirt (ed.), *The Urban Wisdom of Jane Jacobs* p. 41.

265. J. Stockard, Jane Jacobs and Citizen Participation, em S. Hirt (ed.), op. cit, p. 52.

266. Ibidem.

* Nesse sistema, os elevadores paravam a cada três andares, dando acesso às áreas de uso comunitário. (N. da T.)

267. E. Mumford, The "Tower in a Park" in America, *Planning Perspectives*, v. 10, p. 34-35.

268. E.J. Meehan, *Public Housing Policy*, p. 35.

269. Idem, *The Quality of Federal Policymaking*, p. 73.

270. L. Rainwater, Fear and the House-as-Haven in the Lower Class, em J. Bellush; M. Hausknecht (eds.), op. cit., p. 13.

271. Citado em R. Montgomery, Pruitt-Igoe: Policy Failure or Societal Symptom, em B. Checkoway; C.V. Patton (eds.), *The Metropolitan Midwest*, p. 238.

272. O. Newman, *Defensible Space*, p. 59.

273. Ibidem, p. 56.

274. Ibidem, p. 56-58.

275. E.J. Meehan, *The Quality of Federal Policymaking*, p. 83; R. Montgomery, op. cit., p. 232, 238.

276. E.J. Meehan, *Public Housing Policy*, p. 65; idem, *The Quality of Federal Policymaking*, p. 73-74.

277. O. Newman, *Community of Interest*, p. 322-323.

278. Ibidem, p. 294-295.

279. E.J. Meehan, *The Quality of Federal Policymaking*, p. 86.

280. O. Newman, *Defensible Space*, p. 188.

281. L. Rainwater, op. cit., p. 50.

282. O. Newman, *Defensible Space*, p. 193.

283. M. Castells et al., *The Shep Kip Mei Syndrome*, citado em R. Home, *Of Planting and Planning* 2. ed., p. 212.

284. R. Home, op. cit., p. 213.

285. Ibidem, p. 214.

286. L. Hee; G.L. Ooi, The Politics of Public Space Planning in Singapore, *Planning Perspectives*, v. 18, p. 88.

287. Ibidem, p. 90.

288. Ibidem, p. 96.

289. J. Lang, Learning from Twentieth Century Urban Design Paradigms, em R. Freestone (ed.), *Urban Planning in a Changing World*, p. 84-85.

8. A CIDADE DA SUADA EQUIDADE

1. F. Jackson, *Sir Raymond Unwin: Architect Planner and Visionary*, p. 13-14, 17; W.L. Creese, *The Search for Environment*, p. 169-173.

2. F. Jackson, op. cit., p. 102-103.

3. P. Boardman, *The Worlds of Patrick Geddes*, p. 87.

4. Ibidem, p. 86.

5. Ibidem, p. 86-87.

6. P. Mairet, *Pioneer of Sociology*, p. 52.

7. Citado em P. Boardman, op. cit., p. 89.

8. Citado em ibidem, p. 146.

9. Ibidem.

10. H. Meller, *Patrick Geddes: Social Evolutionist...*, p. 71-73.

11. S.G. Leonard, The Regeneration of the Old Town..., *Planning History*, n. 21, p. 34.

12. Ibidem.

13. Ibidem, p. 38.

14. Ibidem, p. 42-44.

15. P. Boardman, op. cit., p. 146-147.

16. Ibidem, p. 164-166, 232-233.

17. Ibidem, p. 253.

18. Ibidem, p. 254.

19. P. Mairet, op. cit., p. 180; P. Boardman, op. cit., p. 264-265.

20. J. Tyrwhitt (ed.), *Patrick Geddes in India*, p. 102-103; P. Geddes, *Urban Improvements*, p. vi-vii; idem, *Reports on Re-Planning of Six Towns...*, passim.

21. P. Mairet, op. cit., p. 161.

22. J.B. Harrison, Allahabad: A Sanitary History, em K. Ballhatchet; J. Harrison, *The City in South Asia*, p. 171, 173.

23. R. Home, *Of Planting and Planning*, p. 43.

24. R. Home, *Of Planting and Planning* 2. ed., p. 48.

25. F.T. Lugard, *Revision of Instructions to Political Officers...*, citado em R. Home, *Of Planting and Planning* 2. ed., p. 125.

26. A. Njoh, Urban Planning as a Tool of Power..., *Planning Perspectives*, v. 24, p. 311-312.

27. R. Home, *Of Planting and Planning* 2. ed., p. 155.

28. Ibidem, p. 156.

29. Ibidem, p. 86.

30. A.D. King, Exporting Planning, em G.E. Cherry (ed.), *Shaping an Urban World*, p. 215.

31. P. Geddes, *Town Planning in Balrampur*, p. 3.

32. Idem, *Report on Town Planning*, p. 17.

33. Idem, *Town Planning in Balrampur*, p. 37-38.

34. Idem, *Town Planning Towards City Development*, I, p. 73.

35. Ibidem, p. 76.

36. Idem, *Urban Improvements*, p. 6-7.

37. Idem, *Town Planning in Balrampur*, p. 41.

38. Ibidem, p. 34, 77.

39. Idem, *Town Planning Towards City Development*, I, p. 161.

40. Idem, *Urban Improvements*, p. 15.

41. J. Tyrwhitt (ed.), op. cit., p. 41.

42. Ibidem, p. 44-45.

43. H. Meller, op. cit., p. 210.

44. Ibidem, p. 243.

45. Ibidem, p. 247.

46. Ibidem, p. 240.

47. J. Tyrwhitt (ed.), op. cit., p. 45.

48. P. Geddes, Report on Indore 1918, citado por J. Tyrwhitt (ed.), op. cit., p. 38; em R. Home, *Of Planting and Planning* 2. ed., p. 149.

49. R. Home, *Of Planting and Planning* 2. ed., p. 151.

50. P. Geddes, *Town Planning Towards City Development*, I, p. 40.

51. Ibidem, I, p. 64.

52. Ibidem, I, p. 70.
53. Ibidem.
54. Ibidem, II, p. 104.
55. Ibidem, II, p. 187, 190.
56. Ibidem, II, p. 187.
57. Idem, *Urban Improvements*, p. 51.
58. C. Hussey, *The Life of Sir Edwin Lutyens*, p. 336.
59. P. Kitchen, *A Most Unsettling Person*, p. 257.
60. R. Home, *Of Planting and Planning* 2. ed., p. 157.
61. Ibidem, p. 158.
62. J.M.L. Bogle, *Town Planning: India*, p. 24, 27, 60.
63. R. Home, *Of Planting and Planning*, p. 173.
64. D. Hardy; C. Ward, *Arcadia for All*, passim.
65. Ibidem, p. 201.
66. Ibidem, p. 204.
67. Ibidem, p. 211-230.
68. De Carlo, The Housing Problem in Italy, *Freedom*, 9/12, 2, e 9/13,2, p. 2.
69. Ibidem.
70. Ibidem.
71. Ibidem.
72. J.F.C. Turner, The Reeducation of a Professional, em J.F.C. Turner; R. Fichter (eds.), *Freedom to Build*, p. 122.
73. Ibidem, p. 124.
74. Ibidem.
75. Idem, Lima's Barriadas and Corralones, *Ekistics*, n. 19, p. 152.
76. O. Lewis, The Culture of Poverty, *Scientific American*, 215/4, p. 19-25.
77. P.M. Ward, The Squatter Settlement as Slum or Housing Solution, *Land Economics*, n. 52, p. 89.
78. D. Lerner, Comparative Analysis of Processes of Modernisation, em H. Miner (ed.), *The City in Modern Africa*, p. 24-25.
79. O. Lewis, *The Children of Sanchez*, p. xxiv.
80. Idem, Urbanization Without Breakdown, *The Scientific Monthly*, p. 39-41.
81. Idem, The Culture of Poverty, *Scientific American*, 215/4, p. 19.
82. Ibidem, p. 21.
83. Idem, *La Vida: A Puerto Rican Family*, p. 592-594.

84. C. Abrams, *Man's Struggle for Shelter...*, p. 22, 172.
85. P.M. Ward, op. cit., 1976, p. 89.
86. J.F.C. Turner, Lima's Barriadas and Corralones, *Ekistics*, n. 19, p. 152.
87. Ibidem.
88. Ibidem.
89. Idem, *Uncontrolled Urban Settlement*, p. 357.
90. Idem, Housing as a Verb, em J.F.C. Turner; R. Fichter (eds.), *Freedom to Build*, p. 151-152, 165.
91. Idem, *Uncontrolled Urban Settlement*, p. 360.
92. W.P. Mangin; J.C. Turner, Benavides and the Barriada Movement, em P. (H.) Oliver (ed.), *Shelter and Society*, p. 133-134.
93. J.F.C. Turner, Barriers and Channels for Housing Development..., em W.(P.) Mangin (ed.), *Peasants in Cities*, p. 2.
94. Ibidem, p. 8-9.
95. Idem, Housing as a Verb, em J.F.C. Turner; R. Fichter (eds.), *Freedom to Build*, p. 149.
96. Idem, Uncontrolled Urban Settlement, em G. Breese (ed.) *The City in Newly Developing Countries*, p. 511.
97. Idem, Barriers and Channels for housing Development in Modernizing Countries, em D.N. Lewis (ed.), *The Growth of Cities*, p. 72.
98. Idem, The Reeducation of a Professional, em J.F.C. Turner; R. Fichter (eds.), *Freedom to Build*, p. 138.
99. R. Fichter; J.F.C. Turner; P. Grenell, The Meaning of Autonomy, em J.F.C. Turner; R. Fichter (eds.), *Freedom to Build*, p. 241.
100. Ibidem, p. 242.
101. W.P. Mangin; J.F.C. Turner, op. cit., p. 136.
102. J.F.C. Turner et al, Conclusions (to special section, Dwelling Resources in South America), *Architectural Design*, n. 33, p. 391-393.
103. J.F.C. Turner, *Housing by People*, p. 86.
104. G.K. Payne, *Urban Housing in the Third World*, p. 198.
105. Ibidem, p. 188-191, 195, 198.
106. J.F.C. Turner, Uncontrolled Urban Settlement, em G. Breese (ed.) *The City in Newly Developing Countries*, p. 523-24.

107. Ibidem, p. 519.
108. Idem, Barriers and Channels for Housing Development..., em W.(P.) Mangin (ed.), *Peasants in Cities*, p. 10.
109. Cf. H. Dunkerley et al., *Urban Land Policy*.
110. C.J. Stokes, A Theory of Slums, *Land Economics*, p. 189.
111. B.J. Frieden, The Search for Housing policy in Mexico City, *Town Planning Review*, n. 36, p. 89-90.
112. A.G. Romanos, Illegal Settlements in Athens, em P. (H.) Oliver (ed.), *Shelter and Society*, p. 151; D.G. Epstein, *Brasília, Plan and Reality*, p. 177-178.
113. J.E. Perlman, *The Myth of Marginality*, p. 242-243.
114. Ibidem, p. 249-250.
115. Ibidem, p. 230-233.
116. P. Connolly, Uncontrolled Settlements and Self-Build, em P.M. Ward (ed.), *Self-Help Housing*, p. 156-163.
117. D.J. Dwyer (ed.), *The City as a Centre of Change in Asia*, p. 211-213.
118. C. Rosser, Housing and Planned Urban Change, em D.J. Dwyer (ed.), *The City as a Centre of Change in Asia*, p. 189-190.
119. R. Burgess, Self-help Housing Advocacy, em P.M. Ward (ed.), *Self-Help Housing*, p. 86.
120. A. Gilbert; P. Ward, Low-income Housing and the State, em A Gilbert (ed.), *Urbanization in Contemporary Latin America*, p. 99-100.
121. Ibidem, p. 118.
122. Ibidem.
123. Ibidem, p. 120.
124. R. Murphey, *The Fading of the Maoist Vision*, p. 27-31; idem, City as a Mirror of Society, em J. Agnew et al (eds.), *The City in Cultural Context*, p. 197.
125. R. Murphey, *The Fading of the Maoist Vision*, p. 30; R.J.R. Kirkby, *Urbanisation in China*, p. 8-9.
126. R. Murphey, *The Fading of the Maoist Vision*, p. 43; R.J.R. Kirkby, op. cit., p. 38.
127. R.J.R. Kirkby, op. cit., p. 14.

128. A. Kirby, *The Inner City*, p. 39-42; R. J.R. Kirkby, op. cit., p. 10.

129. R. Murphey, *The Fading of the Maoist Vision*, p. 46-47, 49-50, 60-61.

130. Cf. W.B. Stöhr, Development from Below, em W.B. Stöhr; D.R.F. Taylor (eds.), *Development from Above or Below?*.

131. C.T. Wu; D.F. Ip, China: Rural Development, em W.B. Stöhr; D.R.F. Taylor (eds.), op. cit., p. 155-156.

132. Ibidem, p. 175-77.

133. Ibidem, p. 162-163.

134. S. Aziz, *Rural Development*, p. 71; R. Murphey, City as a Mirror of Society, em J. Agnew et al (eds.), *The City in Cultural Context*, p. 200.

135. R. Murphey, *The Fading of the Maoist Vision*, p. 105-107; idem, City as a Mirror of Society, em J. Agnew et al (eds.), op. cit., p. 200.

136. R. Murphey, *The Fading of the Maoist Vision*, p. 146; idem, City as a Mirror of Society, em J. Agnew et al (eds.), op. cit., p. 198; C.T. Wu; D.F. Ip, op. cit., p. 160.

137. S. Aziz, op. cit., p. 64; R. Murphey, City as a Mirror of Society, em J. Agnew et al (eds.), op. cit., p. 198.

138. R. Goetze et al., Architecture of Democracy, *Architectural Design*, n. 38, p. 354.

* Expressão consagrada do vocabulário urbanístico. Significa "cidade em campo aberto". (N. da T.)

139. R. Fishman, *Urban Utopias in the Twentieth Century*, p. 130.

140. F.L. Wright, *When Democracy Builds*, p. 86.

141. S. Grabow, Frank Lloyd Wright and the American City, *Journal of the American Institute of Planners*, p. 116-117, 121.

142. S. Grabow, *Christopher Alexander: The Search for a New Paradigm in Architecture*, p. 21.

143. Ibidem, p. 57, 68-69, 83-86, 100.

144. Ibidem, p. 139.

145. Ibidem, p. 155.

146. Ibidem, p. 157.

147. Ibidem, p. 222.

148. Ibidem, p. 170.

149. L. Esher, *A Broken Wave*, p. 186.

150. Ibidem, p. 187.

151. Ibidem.

152. R. Banham et al, Non-Plan: An Experiment in Freedom, *New Society*, n. 26, p. 435.

153. Ibidem, p. 436.

154. Ibidem, p. 443.

155. Cf. A. Gibson, Lightmoor gives Hope for Wasted Resources, *Town and Country Planning*, n. 54; ver também J. Hughes; S. Sadler, *Non Plan*.

156. J. Jacobs, *The Death and Life of Great American Cities*, passim.

157. R. Sennett, *The Uses of Disorder*, p. 189.

158. Ibidem, p. 190.

159. Ibidem, p. 198.

160. R. Fishman, The Anti-Planners, em G.E. (ed.), *Shaping an Urban World*, p. 246.

161. C.M. Haar, *Between the Idea and the Reality*, p. 4-5.

162. B.J. Frieden; M. Kaplan, *The Politics of Neglect*, p. 45, 52-53.

163. K. Fox, *Metropolitan America: Urban Life and Urban Policy in the United States*, p. 201.

164. B. Frieden; M. Kaplan, op. cit., p. 47-49, 215-217; C.M. Haar, op. cit., p. 218.

165. B. Frieden; M. Kaplan, op. cit., p. 88-89; C.M. Haar, op. cit., p. 175.

166. B. Frieden; M. Kaplan, op. cit., p. 139.

167. Ibidem, p. 232, 236.

168. Ibidem, p. 229.

169. B. Frieden; M. Kaplan, op. cit., p. 257; C.M. Haar, op. cit., p. 254-256.

170. B. Frieden; M. Kaplan, op. cit., p. 203-212.

171. C.M. Haar, op. cit., p. 194.

172. Ibidem, p. 205.

* Expressão cunhada por Y. Davidoff em artigo de 1965 para designar uma nova corrente dentro do planejamento urbano surgida nas décadas de 1960 e 1970 nos países desenvolvidos, em contraposição aos métodos ortodoxos de elaboração dos projetos de construção. Segundo seus seguidores, tais projetos deveriam ser elaborados como uma expressão mais direta das necessidades dos usuários, junto aos quais o *advocacy planner* (planejador alternativo) atuaria como simples assessor técnico. *Advocacy planning* pode atualmente ser traduzido como "planejamento alternativo", segundo o Dicionário de Urbanismo de Celson Ferrari de 2004, Disal Editora. "Planejamento alternativo é aquele destinado a oferecer uma solução alternativa àquela proposta pelo plano oficial ou, simplesmente, a opor-se ao plano ou projetos oficiais que ameacem os interesses de grupos de pessoas, empresas ou comunidades. Os urbanistas contratados nesse caso são conhecidos como planejadores-advogados. Essa prática é também denominada, impropriamente, de planejamento advocatício, é comum nos EUA e quase desconhecida no Brasil." (N. da T.)

173. M.C. Comerio, Community Design, *Journal of Architectural and Planning Research*, n. 1, p. 230-234.

174. Ibidem, p. 234-240.

175. H.T. Sanders, Urban Renew and the Third World, em D.B. Rosenthal (ed.), *Urban Revitalization*, p. 109.

176. Ibidem, p. 110-111.

177. Ibidem, p. 113.

* Em inglês, "young urban-professionals", expressão cujas iniciais deram origem ao termo *yuppy*. (N. da T.)

178. B. Cicin-Sain, The Costs and Benefits of Neighborhood Revitalization, em D.B. Rosenthal (ed.), op. cit., p. 53-54.

179. Ibidem, p. 71.

** Lembramos que *equity* também significa, em inglês, "lucro ou participação de acionista", o que reforça o jogo de palavras. (N. da T.)

180. G.E. Cherry; L. Penny, *Holford: A Study in Architecture, Planning and Civic Design*, p. 176-191.

181. T. Christensen, *Neighbourhood Survival*, p. 10, 20-29.

182. Cf. B. Anson, *I'll Fight You for It!*.

183. Ibidem, p. 37-38.

184. L. Esher, op. cit., p. 142.

185. Ibidem, p. 46-48.

NOTAS   661

186. Ibidem, p. 53-72.
187. Citado em T. Christensen, op. cit., p. 96.
188. L. Esher, op. cit., p. 146.
189. Ibidem, p. 86, 133-34.
190. B. Anson, op. cit., p. 103.
191. W. William-Olsson, *Stockhold: Structure and Development*, p. 80.
192. G. Sidenbladh, Stockholm: A Planned City, *Scientific American*, p. 109-110; Information Board Stockholm, *Kista, Husby, Akala: A Digest for Planners*, p. 92-94; T. Hall, The Central Business District, em I. Hammarström; T. Hall (eds.), *Growth and Transformation of Modern City*, p. 188-193.
193. S. Markelius, Sotckholms City, *Arkitektur*, n. 62, p. xxxvi.

194. M. Edblom et al, Mot em ny Miljö, *Arktektur*, n. 62, p. xvi.
195. T. Hall, op. cit., p. 194-202.
196. T. Hall, op. cit., p. 204-206; E. Berg, *Stockholm Town Trails*, p. 162-163.
197. T. Christensen, op. cit., p. 101.
198. T. Hall, op. cit., p. 215, 220.
199. T. Westman, Cityreglering – nu, *Arkitektur*, n. 67, p. 421.
200. T. Hall, op. cit., p. 217, 220, 223.
201. Ibidem, p. 223.
202. Anon., *Autobahnen in Deutschland*, p. 12.
203. Anon., op. cit., p. 12; idem, Kvaliteten I vart bostadsbyggande, *Plan*, n. 33, p. 7-8.
204. Citado em J.-F. Dhuys, Et si M. Chirac avait raison?, *Macadam*, n. 4, p. 9.

205. Anon., Jeu de l'Oie des Halles de Paris, *Macadam*, n. 8/9, p. 11-12; idem, News Item, *Architecture*, n. 1, p. 7-10; idem, News Item, *Building News*, n. 437, p. 4; idem, News Item, *Building News*, n. 438, p. 1; idem, News Item, *Building News*, n. 456, p. 8.
206. Cf. C. Knevitt, Macclesfield: The Self-Help G.I.A, *Architects' Journal*, n. 162; idem, Down Your Way, *Architects' Journal*, n. 166.
207. Citado em N. Wates, Community Architecture Is Here to Stay, *Architects' Journal*, 175/23, p. 43.
208. N. Wates, The Liverpooll Breakthrough, *Architects' Journal*, 176/36, p. 52.
209. Ibidem.

9   A CIDADE À BEIRA DA AUTOESTRADA

1. J. Kenward, *The Suburban Child*, p. 74.
2. R.A.M. Stern; J.M. Massingdale (eds.), The Anglo American Suburb, *Architectural Design*, 50/10 e 11, p. 23-34; R.A.M. Stern, *Pride of Place*, p. 129-135.
3. A. Nevins, Ford: The Times, The Man, The Company, p. 471; J.J. Flink, *The Car Culture*, p. 71-76.
4. J.J. Flink, op. cit., p. 80.
5. D. Hardy, Utopian Ideas and the Planning of London, *Planning Perspectives*, n. 20, p. 37.
6. H.G. Wells, *Anticipations of the Reaction of Mechanical and Scientific Progress*, p. 17-19.
7. Ibidem, p. 61-62.
8. J.J. Flink, op. cit., p. 142-143; K.T. Jackson, The Crabgrass Frontier, em R.A. Mohl; J.F. Richardson (eds.), *The Urban Experience*, p. 212.
9. J.J. Flink, op. cit., p. 163, 178.
10. P.C. Dolce (ed.), *Suburbia: The American Dream and Dilemma*, p. 28.
11. Ibidem, p. 157.
12. G.A. Tobin, Suburbanization and the Development of Motor Transportation, B. Schwartz (ed.), *The Changing Face of the Suburbs*, p. 103-104.

13. M.S. Foster, *From Streetcar to Superhighway*, p. 80-85, 88-89.
14. T.K. Hubbard; H.V. Hubbard, *Our Cities Today and Tomorrow*, p. 208.
15. M. Scott, *American City Planning Since 1890*, p. 13-15, 22, 38-39; F. Dal Co, From Parks to the Region, em G. Ciucci et al, *The American City*, p. 177.
16. J.B. Rae, *The Road and the Car in American Life*, p. 71-72; P.C. Dolce (ed.), op. cit., p. 19; K.T. Jackson, *Crabgrass Frontier*, p. 166; D.J. Gregg, The Origins and Philosophy of Parkways, *Planning History Bulletin*, 8/1, p. 38-42.
17. R.A. Caro, *The Power Broker*, p. 143-157, 174-177, 184-185, 208-210, 386-388.
18. Ibidem, p. 318, 546-547.
19. P.C. Dolce (ed.), op. cit., p. 25.
20. B. MacKaye, The Townless Highway, *The New Republic*, n. 62, p. 94.
21. Ibidem, p. 95.
22. Ibidem.
23. J.J. Flink, op. cit., p. 32.
* A palavra *Todt*, em alemão, significa morte. (N. da T.)
24. GB Admiralty, *Geographical Handbook: Germany*, p. 468-470; Anon., *Autobahnen in Deutschland*, p. 13-15; J. Petsch,

Baukunst und Stadtplanung im dritten Reich, p. 141-143.
25. M.S. Foster, op. cit., p. 110.
26. J.B. Rae, op. cit., p. 79-81.
27. K.T. Jackson, *Crabgrass Frontier*, p. 167.
28. Essa seção é baseada em P. Hall, *Cities in Civilization*, capítulo 26, onde um relato mais completo é apresentado.
29. R. Longstreth, The Perils of a Parkless Town, em M. Wachs; M. Crawford (eds.), *The Car and the City*, p. 142.
30. Estimativas de diferentes autores não são fáceis de reconciliar; S.L. Bottles, *Los Angeles and the Automobile*, p. 93, 170; J.J. Flink, *America Adopts the Automobile*, p. 76, 78; M. Foster, op. cit., p. 118; R. Longstreth, op. cit., p. 142.
31. D. Brodsly, *L.A. Freeway*, p. 79-80; J.J. Flink, *The Automobile Age*, p. 139; J.J. Nelson, The Spread of an Artificial Landscape..., *Annals of the Association of American Geographers*, n. 49, p. 95.
32. S. Crump, *Ride the Big Red Cars*, p. 18.
33. J.J. Flink, *The Automobile Age*, p. 141-142.
34. S. Crump, op. cit., p. 156-157, 159.
35. R.M. Fogelson, *The Fragmented Metropolis*, p. 104.
36. S.L. Bottles, op. cit., p. 183; M. Foster, op. cit., p. 48, 101.

37. R.M. Fogelson, op. cit., p. 143-146.
38. Ibidem, p. 161.
39. S.L. Bottles, op. cit., p. 206, 213.
40. K. Starr, *Material Dreams*, p. 83.
41. S.L. Bottles, op. cit., p. 194-195, 214.
42. Ibidem, p. 195; isso foi escrito em 1941: p. 284, nota 7.
43. S.L. Bottles, op. cit., p. 56; S. Crump, op. cit., p. 146-147, 172, 189, 195; R.M. Fogelson, op. cit., p. 179-180.
44. S. Crump, op. cit., p. 195.
45. Citado em R.M. Fogelson, op. cit., p. 163.
46. C.A. Dykstra, Congestion Deluxe, *National Municipal Revew*, n. 15, p. 397.
47. Ibidem.
48. Ibidem.
49. E.E. East, Streets: The Circulation System, em G.W. Robbins; L.D. Tilton (eds.), *Los Angeles: A Preface to a Master Plan*, p. 91.
50. Ibidem, p. 95.
51. Ibidem, p. 96.
52. Ibidem, p. 97.
53. Ibidem, p. 98.
54. Automobile Club of Southern California, Engineering Department, *Traffic Survey, Los Angeles Metropolitan Area, 1937*, p. 12.
55. Ibidem, p. 21.
56. Ibidem, p. 30-31.
57. M. Shaffer, Scenery as an Asset, *Planning Perspectives*, v. 16, p. 357, 359-360.
58. Ibidem, p. 359.
59. Ibidem, p. 374-375.
60. Ibidem, p. 375.
61. D. Brodsly, *L.A. Freeway*, p. 97-98; Los Angeles County Regional Planning Commission, *Freeways for the Region*, p. 8.
62. D. Brodsly, op. cit., p. 112.
63. D. Brodsly, op. cit., p. 116; J.B. Rae, op. cit., p. 184.
* Equivaleria, mais ou menos, a "viajar de bonde" ou "andar de trem", isto é, usar a ferrovia de superfície. (N. da T.)
64. Citado em D. Brodsly, op. cit., p. 56.
65. R.M. Fogelson, op. cit., p. 92, 175-185; J.B. Rae, op. cit., p. 243; S.B. Warner Jr., *The Urban Wilderness*, p. 138-141; D. Brodsly, op. cit., p. 4; M. Foster, op.

66. D. Starkie, *The Motorway Age*, p. 1.
67. R.A.M. Stern; J.M. Massingale (eds.), op. cit., p. 76; K.T. Jackson, *Crabgrass Frontier*, p. 177-178, 258.
68. R.A.M. Stern; J.M. Massingale (eds.), op. cit., p. 78; K.T. Jackson, *Crabgrass Frontier*, p. 179-180.
69. M.F. Parkins, *City Planning in Soviet Russia*, p. 24; K. Frampton, Notes on Soviet Urbanism, *Architects' Yearbook*, p. 238; M. Bliznakov, Urban Planning in the URSS, em M.F. Hamm (ed.), *The City in Russian History*, p. 250-251; S.F. Starr, L'Urbanisme utopique pendant la révolution culturelle soviétique, *Économies, Sociétés, Civilisations*, n. 32, p. 90-91; M.J. Thomas, City Planning in Soviet Russia, *Geoforum*, n. 9, p. 275.
70. M. Bliznakov, op. cit., p. 250.
71. M.J. Thomas, op. cit., p. 275.
72. M. Bliznakov, op. cit., p. 251.
73. Le Corbusier, *The Radiant City*, p. 74.
74. M. Bliznakov, op. cit., p. 252-254.
75. F.L. Wright, *When Democracy Builds*, p. 138.
76. M.G. White; L. White, *The Intellectual Versus the City*, p. 193; S. Grabow, Frank Lloyd Wright and the American City, *Journal of the American Institute of Planners*, n. 43, p. 116-117; R. Fishman, *Urban Utopias in the Twentieth Century*, p. 124-127; G. Ciucci, The City in Agrarian Ideology..., em G. Ciucci et al, *The American City*, p. 296-300; H. Muschamp, *Man About Town*, p. 75.
77. R. Fishman, op. cit., p. 92-94.
78. Ibidem, p. 123.
79. H. Garland, *A Son of the Middle Border*, p. 366.
80. R.M. Fogelson, op. cit., p. 74.
81. C. Abrams, *Revolution in Land*, p. 68.
82. Ibidem.
83. F.L. Wright, op. cit., p. 34.
84. Ibidem, p. 36.
85. Ibidem, p. 86.

86. Ibidem, p. 37.
87. Ibidem.
88. Ibidem, p. 34.
89. Ibidem, p. 65-66.
90. Ibidem, p. 66.
91. Ibidem, p. 120.
92. Ibidem, p. 121.
93. Ibidem, p. 86.
94. Ibidem, p. 45-46.
95. S. Grabow, op. cit., p. 119-122.
96. R. Fishman, op. cit., p. 146-148.
97. H. Muschamp, op. cit., p. 79-80.
98. Ibidem, p. 93.
99. Ibidem, p. 185.
100. G.A. Tobin, op. cit., p. 104.
101. B. MacKaye, The Townless Highway, *The New Republic*, n. 62, p. 95.
102. R.O. Davies, *The Age of Asphalt*, p. 13-23; M.H. Rose, *Interstate*, p. 19, 26, 62-64, 70-99.
103. H. Leavitt, *Superhighway-Superhoax*, p. 28-35.
104. R.A. Caro, *The Power Broker*, p. 11.
105. P. Marcuse, Housing policy and City Planning, em G.F. Cherry (ed.), *Shaping an Urban World*, p. 32-33.
106. M. Scott, *American City Planning Since 1890*, p. 154-155.
107. C.N. Glaab; A.T. Brown, *A History of Urban America*, p. 266.
108. Citado em T.A. Fluck, *Euclid v. Ambler*, p. 333.
109. T.A. Fluck, op. cit., p. 328; A. Bettman, *City and Regional Planning Papers*, p. 54.
110. M. Scott, op. cit., p. 154-156.
111. R. Lubove, *The Urban Community*, p. 14.
112. C. Tunnard; H.H. Reed, *American Skyline*, p. 239-240; K.T. Jackson, *Crabgrass Frontier*, p. 196.
113. K.T. Jackson, *Crabgrass Frontier*, p. 196, 205.
114. C.N. Glaab; A.T. Brown, op. cit., p. 275.
115. K.T. Jackson, *Crabgrass Frontier*, p. 213.
116. U.S. National Resources Planning Board, *Our Cities*, p. 35.
117. G. Wright, *Building the Dreams*, p. 195.
118. C.N. Glaab; A.T. Brown, op. cit., p. 273.
119. B. Checkoway, Large Builders, Federal Housing Programs..., em W.K. Tabb; L. Sawers (eds.), *Marxism and Metropolis*, p. 154.

NOTAS

120. Ibidem.

121. Ibidem, p. 161.

122. K.T. Jackson, *Crabgrass Frontier*, p. 238.

123. G.A. Tobin, op. cit., p. 106.

124. B. Checkoway, op. cit., p. 158; K.T. Jackson, *Crabgrass Frontier*, p. 234-235.

125. Citado em K.T. Jackson, *Crabgrass Frontier*, p. 241.

126. R. Montgomery, Pruitt Igoe: Policy Failure or Societal Symptom, em B. Checkoway; C.V. Patton (eds.), *The Metropolitan Midwest*, p. 236.

127. M. Gottdiener, *Planned Sprawl*, p. 111.

128. Ibidem, p. 116.

129. Ibidem, p. 143.

130. L. Mumford, *The Culture of Cities*, p. 8.

131. W.H. Whyte, Urban Sprawl, em Editors of *Fortune* (ed.), *The Exploding Metropolis*, p. 117.

132. S.E. Wood; A.E. Heller, *California Going, Going...*, p. 13.

133. L. Mumford, op. cit., p. 397.

134. I. Nairn, *The American Landscape*, p. 13.

135. J.E. Vance Jr., *Geography and Urban Evolution in the San Francisco Bay Area*, p. 68-69.

136. R.B. Riley, Urban Myths of an American, *Landscape*, n. 17, p. 21.

137. M.M. Webber, Order in Diversity, em L. Wingo Jr. (ed.), *Cities and Space*, p. 52.

138. Webber, The Urban Place and the Nonplace Urban Realm, em M.M. Webber (ed.), *Explorations Into Urban Structure*, n. 79, passim.

139. Cf. R. Banham, *Los Angeles: The Architecture of Four Ecologies*.

140. Cf. R. Venturi et al., *Learning From Las Vegas*.

141. Ibidem, o [sic].

142. Ibidem.

143. Ibidem, p. 9.

144. Ibidem, p. 10.

145. C. Jencks, *The Language of Post-Modern Architecture*, p. 45.

146. C.H. Liebs, *Main Street to Miracle Mile*, p. 182-185.

147. C.H. Liebs, op. cit., p. 185, 202, 206-208, 212-213; E. Schlosser, *Fast Food Nation*, p. 34.

148. R. Longstreth, *City Center to Regional Mall*, p. 32, 34.

149. Ibidem, p. 43, 58-59, 86-89, 112-127.

150. Ibidem, p. 214-215, 218, 223.

151. R. Longstreth, The Perils of a Parkless Town, em M. Wachs; M. Crawford (eds.), *The Car and the City*, p. 142-143, 150-152.

152. Ibidem, p. 152.

153. P. Langdon, *Orange Roofs, Golden Arches*, p. 61-62, 66, 84-85, 115; C.H. Liebs, op. cit., p. 14-15, 39, 44, 61-62.

154. A. Hess, Styling the Strip, em M. Wachs; M. Crawford (eds.), *The Car and the City*, p. 173.

155. Ibidem, p. 167.

156. Ibidem, p. 167, 172.

157. R. Longstreth, *City Center to Regional Mall*, p. 230-233.

158. Idem, The Perils of a Parkless Town, em M. Wachs; M. Crawford (eds.), *The Car and the City*, p. 152.

159. Idem, *City Center to Regional Mall*, p. 271.

160. Ibidem, p. 308.

161. Ibidem, p. 312.

162. Ibidem, p. 313, 320-331, 349-350.

163. Idem, The Perils of a Parkless Town, em M. Wachs; M. Crawford (eds.), *The Car and the City*, p. 152.

164. D. Riesman, *The Lonely Crowd*, p. 132-134; W.H. Whyte, *The Organization Man*, p. 46-47.

165. H.J. Gans, *The Levittowners*, p. 288.

166. Ibidem, p. 417.

167. B. Berger, *Working Class Suburb*, p. 15-25, 58-59, 65.

168. H.J. Gans, Planning and Social Life, *Journal of the American Institute of Planners*, n. 27, p. 139.

169. Idem, The Balanced Community, *Journal of the American Institute of Planners*, n. 27, p. 293.

170. M. Clawson, *Suburban Land Conversion in the United States*, p. 317.

171. Ibidem, p. 319.

172. Ibidem, p. 319-320.

173. Ibidem, p. 321.

174. P. Hall, The Urban Culture and the Suburban Culture, em R. Eels; C. Walton (eds.), *Man in the City of the Future*, p. 100.

175. P. Hall et al., *The Containment of Urban England*, v. II, p. 393-394.

176. Ibidem, p. 394-397.

177. Ibidem, p. 397-399.

178. Ibidem, p. 399-405.

179. Ibidem, p. 406-407.

180. Ibidem, p. 407-408.

181. Ibidem, p. 433.

182. M. Clawson; P. Hall, *Planning and Urban Growth*, p. 260.

183. Ibidem, p. 266-267.

184. Ibidem, p. 269.

185. Ibidem.

186. Ibidem, p. 271.

187. D. Dowall, *The Suburban Squeeze*, p. 132-133, 168-170.

188. Cf. H.A. Tripp, *Road Traffic and Road Traffic*; J.H. Forshaw; P. Abercrombie, *County of London Plan*, p. 50-52.

189. Essa seção é baseada em P. Hall, *Cities in Civilization*, capítulo 26.

190. Anon., *The Development of Stockholm*, p. 12; T. Chandler; G. Fox, *300 Years of Urban Growth*, p. 337-338, 377.

191. B. Headey, *Housing Policy in the Developed Economy*, p. 50; P. Holm, *Swedish Housing*, p. 61; D. Jenkins, *Sweden: The Progress Machine*, p. 65; B.O.H. Johansson, From Agrarian to Industrial State, em H.-E. Heineman (ed.), *New Towns for Old*, p. 44; H. Milner, *Sweden: Social Democracy in Practice*, p. 196-197; D. Popenoe, *The Suburban Environment*, p. 36.

192. M.W. Childs, *Sweden: The Middle Way*, p. 94-95; B.O.H. Johansson, op. cit., p. 44-45; D. Pass, *Vällingby and Farsta*, p. 33; P. Sidenbladh, *Planering for Stockholm*, p. 6.

193. T. Hall, Urban Planning in Sweden, em T. Hall (ed.), *Planning and Urban Growth in Nordic Countries*, p. 211; D. Pass, op. cot., p. 32, 34; J. Sjöström, The Form and Design of Housing, em H.-E. Heineman (ed.), op. cit., p. 106.

194. B. Headey, op. cit., p. 44.

195. B. Headey, op. cit., p. 92; H. Heclo; H. Madsen, *Policy and Politics in Sweden*, p. 220-222.

196. K. Åström, *City Planning in Sweden*, p. 61; I. Elander; T. Strömberg, Whatever Happened to Social Democracy

and Planning?, em L.J. Lundqvist (ed.), *Policy, Organization, Tenure*, p. 11; G. Esping-Andersen, *Politics Against Markets*, p. 189; G. Sidenbladh, Stockholm: A Planned City, em (*Scientific American*) *Cities*, p. 77; A.L. Strong, *Land Banking*, p. 65; idem, *Planned Urban Environments*, p. 24, 58.

197. G. Esping-Andersen, op. cit., p. 189; B. Headey, op. cit., p. 45; A.L. Strong, *Planned Urban Environments*, p. 24-26; T. Tilton, *The Political Theory of Swedish Social Democracy*, p. 121.

198. I. Elander, *New Trends in Social Housing*, p. 3; B. Headey, op. cit., p. 45; D. Jenkins, op. cit., p. 65; L. Lundqvist, Strategies for the Swedish Public Housing Sector, *Urban Law and Policy*, n. 6, p. 216; A.L. Strong, *Planned Urban Environments*, p. 26-35; T. Tilton, op. cit., p. 121

199. G. Esping-Andersen, op. cit., p. 187; B. Headey, op. cit., p. 47; H. Heclo; H. Madsen, op. cit., p. 214.

200. G. Esping-Andersen, op. cit., p. 188; B. Headey, op. cit., p. 82; L. Lundqvist, Strategies for the Swedish Public I Iousing Sector, op. cit., p. 228.

201. D. Pass, op. cit, p. 32; A.L. Strong, *Land Banking*, p. 43.

202. M.W. Childs, op. cit., p. 93; Y. Larsson, *Mitt Liv i Stadshuset*, p. 630; D. Pass, op. cit., p. 29, 62; D. Popenoe, op. cit., p. 38; G. Sidenbladh, Stockholm: A Planned City, em (*Scientific American*) *Cities*, p. 76; A.L. Strong, *Land Banking*, p. 47-50; idem, *Planned Urban Environments*, p. 41; Stockholm Information Board, *Kista, Husby, Akala*, p. 22; D.R. Goldfield, Suburban Development..., em I. Hammarström; T. Hall (eds.), *Growth and Transformation of the Modern City* p. 148-149.

203. D. Pass, op. cit., p. 111, 115; P. Sidenbladh, *Planering for Stockholm*, p. 562.

204. D. Pass, op. cit., p. 40-41, 64, 115, 118.

205. T. Hall, Urban Planning in Sweden, em T. Hall (ed.), op. cit., p. 232-233; G. Sidenbladh, *Planering for Stockholm*, p. 567; Stockholm, Stadsplanekonto-

rets Tjänsteutlätande, *Angaende Ny Stadsoplan*...

206. D. Pass, op. cit., p. 65, 115; D. Popenoe, op. cit., p. 37; G. Sidenbladh, Stockholm: A Planned City, em (*Scientific American*) *Cities*, p. 83, 86; A.L. Strong, *Planned Urban Environments*, p. 45.

207. G. Sidenbladh, *Plannering för Stockholm*, p. 565; G. Sidenbladh, Stockholm: A Planned City, em (*Scientific American*) *Cities*, p. 85; Stockholm, Stadsplanekontor, *Generalplan för Stockholm*, p. 303; A.L. Strong, *Planned Urban Environments*, p. 43, 63-64.

208. S. Markelius, The Structure of Stockholm, em G.E, Kidder Smith *Sweden Builds*, p. 25.

209. Ibidem, p. 26.

210. Ibidem.

211. D. Popenoe, op. cit., p. 44; G. Sidenbladh, Stockholm: A Planned City, em (*Scientific American*) *Cities*, p. 85; A.L. Strong, *Planned Urban Environments*, p. 42-43.

212. I. Ågren, Thinking in Terms of Service, m H.-E. Heineman (ed.), *New Towns for Old*, p. 135; T. Hall, Urban Planning in Sweden, em T. Hall (ed.), op. cit., p. 217; D. Pass, op. cit., p. 123.

213. D. Popenoe, op. cit., p. 39-40; G. Sidenbladh, Stockholm: A Planned City, em (*Scientific American*) *Cities*, p. 83-86.

214. G. Sidenbladh, Stockholm: A Planned City, *Scientific American*, 213/3, p. 114-116; Stockholm Information Board, op. cit., p. 35, 51-72.

215. D. Pass, op. cit., p. 116.

216. S. Markelius, op. cit., p. 24-25, 27.

217. D. Pass, op. cit., p. 19, 25, 58; G. Sidenbladh, Stockholm: A Planned City, em (*Scientific American*) *Cities*, p. 84.

218. A.L. Strong, *Planned Urban Environments*, p. 45.

219. Ibidem, p. 46.

220. T. Hall, Urban Planning in Sweden, em T. Hall (ed.), op. cit., p. 220.

221. Stockholm Information Board, op. cit., p. 52-71.

222. T.J. Anton, *Governing Greater Stockholm*, p. 40-55; Y. Larsson, *Mitt Liv i Stadshuset,*, p. 636.

223. T.J. Anton, op. cit., p. 72, 74-75, 77, 86, 92, 95; B. Headey, *Housing Policy in the Developed Economy*, p. 81.

224. T.J. Anton, op. cit., p. 98-99, 101, 103, 105-109, 116-118, 121, 135.

225. T. Hall; S. Vidén, The Million Homes Programme, *Planning Perspectives*, v. 20, p. 323.

226. T.J. Anton, op. cit., p. 204; B. Headey, op. cit., p. 48; A. Karyd; B. Södersten, The Swedish Housing Market...em I. Persson (ed.), *Generating Equality in the Welfare State*, p. 174; J. Sjöström, op. cit., p. 122.

227. D.R. Goldfield, op. cit., p. 150; H. Heclo; H. Madsen, op. cit., p. 216.

228. T. Hall, Urban Planning in Sweden, em T. Hall (ed.), op. cit., p. 225.

229. A. Daun, *Setbacks and Advances in the Swedish Housing Market*, p. 3; G. Esping-Andersen, *Politics Against Markets*, p. 188; T. Hall, Urban Planning in Sweden, em T. Hall (ed.), op. cit., p. 225; L. Lundqvist, Strategies for the Swedish Public Housing Sector, op. cit., p. 222, 229; A.L. Strong, *Land Banking*, p. 80.

230. J. Sjöström, op. cit., p. 122.

231. Ibidem.

232. T. Hall, Urban Planning in Sweden, em T. Hall (ed.), op. cit., p. 238.

233. Ibidem, p. 234-236.

234. D. Popenoe, op. cit., p. 217-221.

235. J. Höjer *et al.*, Vällingby, Tensta, Kista, vada?, *Arkitekt*, 77/2, p. 19.

236. J. Lindström, Hur kundue get gå så illa?, *Plan*, n. 31, p. 203.

237. D.R. Goldfield, op. cit., p. 152; H. Heclo; H. Madsen, op. cit., p. 217.

238. A. Daun, op. cit., p. 3; D.R. Goldfield, op. cit., p. 153; T. Hall, Urban Planning in Sweden, em T. Hall (ed.), op. cit., p. 229; H. Heclo; H. Madsen, op. cit., p. 215, 225; L. Lundqvist, Strategies for the Swedish Public Housing Sector, op. cit., p. 228.

239. A. Daun, op. cit., p. 4.

240. Ibidem, p. 4-5, 7.

241. E. Berg, Stockholm Town Trails, p. 171-172.

242. E. Herlitz, Fran byalag till miljörelse, *Plan*, n. 31, p. 219-220.

243. E. Berg, op. cit., p. 187-202.

244. D. Popenoe, op. cit., p. 177-201, 236.

245. J. Lahti, The Helsinki Suburbs of Tapiola and Vantaanpuisto, *Planning Perspectives*, v. 23, p. 158.

246. Ibidem, p. 152.

247. Ibidem, p. 153.

248. Ibidem, p. 157.

249. Ibidem, p. 156.

250. B. Marchand; J.S. Cavin, Anti-Urban Ideologies and Planning in France and Switzerland, *Planning Perspectives*, v. 22, p. 30-31.

251. Citado em ibidem, p. 31.

252. Ibidem, p. 33.

253. Ibidem, p. 48-49.

254. Ibidem, p. 49.

255. Anon. Paul Delouvrier 1914-1995, *Cahiers de l'Institut d'Aménagement...*, n. 108, suplemento especial.

256. J.-P. Alduy, 40 Ans de Planification em Région Île-de-France, *Cahiers de l'Institut d'Aménagement...*, n. 70, p. 75.

257. P. Hall, *The World Cities*, p. 72-76.

258. J.M. Rubenstein, *The French New Towns*, p. 107.

259. J.-P. Alduy, op. cit., p. 76.

260. Ibidem, p.78.

261. Ibidem.

262. J.M. Rubenstein, op. cit., p. 107.

263. D. Roos; A. Altshuler, *The Future of the Automobile*, p. 18-22.

264. D. Popenoe, op. cit., p. 222; D.R. Goldfield, op. cit., p. 152-153.

265. Cf. GB Minister of Transport..., *Traffic in Towns*.

266. S.V. Ward, What Did the Germans Ever Do for Us?, *Planning Perspectives*, v. 25, p. 124.

267. Ibidem, p. 125.

268. Ibidem, p. 128.

269. Ibidem, p. 130-131.

270. S. Zwerling, *Mass Transit and the Politics of Technology*, p. 22-23, 27; P. Hall, *Great Planning Disasters*, p. 114-115.

271. G. Vigar, Reappraising UK Transport Policy 1950-99, *Planning Perspectives*, v. 16, p. 277.

272. Ibidem, p. 279.

273. Ibidem, p. 286.

274. Cf. P. Hall and C. Hass-Klau, *Can Rail Save the City?*.

275. D. McClendon, Rail Transit in North America, *Planning*, 50/6, p. 22-23; Anon, The Shape of North American Rail Transit, *Railway Gazette International*, n. 141, p. 42-43.

276. M.M. Webber, *The BART Experience*, p. 34; P. Hall, *Great Planning Disasters*, p. 122-123.

277. Cf. D. Dowall, *The Suburban Squeeze*.

278. Cf. R. Cervero, *Suburban Gridlock*.

279. Cf. P. Hall; D. Hay, *Growth Centres in the European Urban System*; Cf. P. Cheshire; D. Hay, *Urban Problems is Europe*.

280. D. Brodsly, *L.A. Freeway*, p. 120, 126.

281. J.E.D. Richmond, *Transport of Delight*, p. 33.

282. B. Read, LA Rail Network Blossoms, *International Railway Journal*, jun. 1993, p. 43; 45; J.E.D. Richmond, op. cit., p. 33-36.

283. Citado em J.E.D. Richmond, op. cit., p. 38.

10 A CIDADE DA TEORIA

1. G.E. Cherry, *The Evolution of British Town Planning*, p. 54, 56-60, 169, 218-222.

2. M. Scott, *American City Planning Since 1890*, p. 101, 266-267, 365-366; W.H. Wilson, *Comming of Age in Urban America*, 1915-1945, p. 138-139.

3. M. Scott, op. cit., p. 163; E.L. Birch, Advancing the Art and Science of Planning, *Journal of the American Planning Association*, n. 46, p. 26, 28, 31-32; M.A. Simpson, *Thomas Adams and the Modern Planning Movement*, p. 126-127.

4. T.D. Galloway; R.G. Mahayni, Planning Theory in Retrospect, *Journal of the American Institute of Planners*, n. 43, p. 65.

5. L. Keeble, *Principles and Pratice of Town and Country Planning*, p. 1:2; T.J. Kent, *The Urban General Plan*, p. 101.

6. M.M. Webber, Planning in an Environment of Change, *Town Planning Review*, n. 39, p. 192-193.

7. M. Batty, On Planning Processes, em B. Goodall; A. Kirby (eds.), *Resources and Planning*, p. 29.

8. L. Keeble, op. cit., p. 2:2.

9. H.C. Hightower, Planning Theory in Contemporary Professional Education, *Journal of the American Institute of Planners*, n. 35, p. 326; A. Faludi, The Return of Rationality, em M. Breheny; A. Hooper (eds.), *Rationality in Planning*, p. 27.

10. P. Abercrombie, *Town and Country Planning*, p. 139.

11. L. Keeble, op. cit., p. 2:1.

12. P. Abercrombie, op. cit., p. 104.

13. M. Batty, op. cit., p. 29-31.

14. Ibidem, p. 30-31.

15. P. Abercrombie; H. Jackson, *WestMidlands Plan*, para. 4.1.

16. T.J. Kent, op. cit., p. 98.

17. Ibidem, p. 104.

18. Cf. J.H. von Thünen, *Von Thünen's Isolated State*; A. Weber, *Alfred Weber's Theory of the Location of Industries*; W. Christaller, *Central Places in Southern Germany*; A. Lösch, *The Economics of Location*.

19. G.K. Zipf, *Human Behavior and the Principle of Least Effort*; J.Q. Stewart, Empirical Mathematical Rules..., *Geographical Review*, n. 37; idem, The Development of Social Physics, *American Journal of Physics*, n. 18; G.A.P. Carrothers, An Historical Review of the Gravity and Potential Concepts..., *Journal of the American Institute of Planners*, n. 22; J.Q. Stewart; W. Warntz, Macrogeography and Social Science, *Geographical Review*; W. Garrison, Spatial Structure of the Economy, *Annals of the Association of American Geographers*.

20. Cf. W. Isard, *Methods of Regional Analysis*.
21. Cf. J. Johnston, *Geography and Geographers*.
22. GB Committee on the Qualifications of Planners 1950, *Report*.
23. M. Batty, op. cit., p. 18.
24. Cf. N. Wiener, *Cybernetics*; J.M. Hall, *The Geography of Planning Decisions*, p. 276.
25. N. Taylor, *Urban Planning Theory Since 1945*, p. 159.
26. Ibidem.
27. Ibidem, p. 159-160.
28. Ibidem, p. 160.
29. Ibidem.
30. P. Batey, Gordon Stephenson's Reform of the Planning Curriculum, *Town Planning Review*, n. 83, p. 146-147.
31. G.E. Cherry, op. cit., p. 202.
32. S. Davoudi; J. Pendlebury, The Evolution of Planning as an Academic Discipline, *Town Planning Review*, n. 81, p. 623.
33. Cf. R.B. Mitchell; C. Rapkin, *Urban Traffic*.
34. M. Bruton, *Introduction to Transportation Planning*, p. 17.
35. Ibidem, p. 27-42.
36. I.S. Lowry, *A Model of Metropolis*; idem, A Short Course in Model Design, *Journal of the American Institute of Planners*, n. 31; M. Batty, *Urban Modelling*.
37. G. Chadwick, *A Systems View of Planning*, p. 63-64,70.
38. A. Faludi, *Planning Theory*, p. 132.
39. T.D. Galloway, R.G. Mahayni, op. cit., p. 68.
40. M.M. Webber, op. cit., p. 278.
41. Cf. J.B. McLoughlin, *Urban and Regional Planning*; G. Chadwick, op. cit.
42. A. Faludi, *Planning Theory*, p. 146.
43. M. Batty, On Planning Processes, em B. Goodall; A. Kirby (eds.), op. cit., p. 21.
44. G. Chadwick, op. cit., p. 81.
45. M. Batty, On Planning Processes, em B. Goodall; A. Kirby (eds.), op. cit., p. 18-21.
46. A.A. Altshuler, The Goals of Comprehensive Planning, *Journal of the American Institute of Planners*, n. 31, p. 20; A.J. Catanese; A.W. Steiss, *Systemic Planning*, p. 8.
47. A.J. Catanese; A.W. Steiss, op. cit., p. 17, 21.
48. B. Harris, A Fundamental Paradigm for Planning, *Symposium on Planning Theory*, p. 42.
49. Cf. M. Meyerson; E.C. Banfield, *Politics, Planning and the Public Interest*; A. Downs, *An Economic Theory of Democracy*; C.E. Lindblom, The Science of "Muddling Through", *Public Administration Review*, n. 19; A.A. Altshuler, *The City Planning Process*.
50. F. Rabinowitz, *City Politics and Planning*, passim.
51. A. Etzioni, *The Active Society*, passim.
52. R.S. Bolan, Emerging Views of Planning, *Journal of the American Institute of Planners*, n. 33, p. 239-240.
53. Ibidem, p. 241.
54. Cf. P. Davidoff, Advocacy and Pluralism in Planning, *Journal of the American Institute of Planners*, n. 31.
55. L. Peattie, Reflections on Advocacy Planning, *Journal of the American Institute of Planners*, n. 34, p. 85.
56. M.M. Webber, op. cit., p. 294-295.
57. Cf. D.A. Schon, *Beyonde de Stable State*; J. Friedmann, *Retracking America*.
58. A. Wildavsky, IF Planning is Everything, Maybe It's Nothing, *Policy Sciences*, n. 4, p. 130.
59. A. Faludi, *Planning Theory*, p. 175.
60. T.D. Galloway; R.G. Mahayni, op. cit., p. 66.
61. Ibidem, p. 68.
62. Cf. D. Harvey, *Social Justice and the City*; idem, *The Limits to Capital*; idem, *Conciousness and the Urban Experience*; idem, *The Urbanization of Capital*; M. Castells, *The Urban Question*; idem, *City, Class and Power*; H. Lefebvre, *Le Droit à la ville*; idem, *Espace et politique*; D. Massey; R. Meegan, *The Anatomy of Job Loss*; D. Massey, *Spatial Divisions of Labour*.
63. Cf. M. Carnoy, *The State and Political Theory*.
64. J. Lokjine, *Le Marxisme*; M. Castells, *The Urban Question*, p. 276-323; idem, *City, Class and Power*, p. 15-36.
65. M. Castells, *City, Class and Power*, p. 62-92.
66. M.S. Dear; A.J. Scott (eds.), *Urbanization and Urban Planning in Capitalist Society*, p. 13.
67. Ibidem, p. 11.
68. Ibidem, p. 14-15.
69. A.J. Scott; S.T. Roweis, Urban Planning in Theory and Practice, *Environment and Planning A*, n. 9, p. 1108.
70. Ibidem, p. 1107.
71. Cf. J.H. Mollenkopf, *The Contested City*.
72. M.S. Dear; A.J. Scott (eds.), op. cit., p. 16.
73. A.J. Scott; S.T. Roweis, op. cit., p. 1098.
74. P.N. Cooke, *Theories of Planning and Spatial Development*, p. 106-108.
75. A.J. Scott; S.T. Roweis, op. cit.,, p. 1099.
76. Ibidem, p. 1116.
77. P.N. Cooke, op. cit., p. 25, 27.
78. A.J. Scott; S.T. Roweis, op. cit., p. 1099.
79. Ibidem.
80. Cf. R.J. Bernstein, *The Restructuring of Social and Political Theory*; idem, *Habermas and Modernity*; D. Held, *Introduction to Critical Theory*; T.A. McCarthy, *The Critical Theory of Jürgen Habermas*; J.B. Thompson; D. Held, *Habermas: Critical Debates*.
81. J. Forester, Critical Theory and Planning Practice, *Journal of the American Planning Association*, n. 46, p. 277.
82. Ibidem, p. 283.
83. N. Taylor, op. cit., p. 122.
84. Ibidem, p. 123.
85. Ibidem, p. 126.
86. Ibidem, 127.
87. R. Fischler, Planning for Social Betterment, em R. Freestone (ed.), *Urban Planning in a Changing World*, p. 150; L. Sandercock, *Towards Cosmopolis*, p. 212.
88. Ibidem, p. 4.
89. Ibidem, p. 1-2.
90. Ibidem, p.7.
91. L. Sandercock (ed.), *Making the Invisible Visible*, p. 2-3.
92. Ibidem, p. 4.

93. S.V. Ward et al., The "New" Planning History, *Town Planning Review*, n. 82, p. 247.
94. Ibidem, p. 248.
95. Essa seção é parcialmente baseada em P. Hall, *Cities in Civilization*, cap. I.
96. M. Berman, *All that Is Solid Melts Into Air*, p. 29-32; S. Best; D. Kellner, *Postmodern Theory*, p. 16, 26, 29; A. Giddens, *The Consequences of Modernity*, p. 46; J.-F. Lyotard, *The Postmodern Condition*, p. xxiii-xxv.
97. S. Lash, *Sociology of Postmodernism*, p. 12.
98. J. Baudrillard, *America*, p. 76; S. Best; D. Kellner, op. cit., p. 119, 121; D. Kellner, Baudrillard, Semiurgy and Death, *Theory, Culture & Society*, n. 4, p. 132-134; S. Lash, op. cit., p. 192-193.
99. G. Debord, *Society of the Spectacle*, para. 42; idem, *Comments on the Society of the Spectacle*, p. 27; E. Sussman, Introduction, em E. Sussman (ed.), *On the Passage of a Few People...*, p. 3-4; P. Wollen, Bitter Victory, em E. Sussman (ed.), op. cit., p. 30, 34.
100. Cf. D. Harvey, *The Condition of Postmodernity*.
101. S. Best; D. Kellner, op. cit., p. 15; A. Giddens, op. cit., p. 46.
102. S. Best; D. Kellner, op. cit., p. 260-261.
103. Ibidem, p. 297.
104. D. Harvey, *The Condition of Postmodernity*, p. 66.
105. Ibidem, p. 98.
106. Ibidem, p. 121.
107. Ibidem, p. 336.
108. N. Taylor, op. cit., p. 164.
109. Ibidem, p. 164.
110. Citado em ibidem, p. 165.
111. M. Storper, The Poverty of Radical Theory Today, *International Journal of Urban and Regional Research*, n. 25, p. 156.
112. Ibidem, p. 156, 158.
113. Ibidem, p. 16.
114. Ibidem, p. 161.
115. Ibidem, p. 170.
116. Ibidem.
117. Ibidem, p. 168.
118. Ibidem, p. 168-169.
119. Ibidem, p. 169.
120. Ibidem.
121. N. Taylor, Anglo-American Town Planning Theory Since 1945, *Planning Perspectives*, v. 14, p. 333-340.
122. Ibidem, p. 341.
123. Ibidem, p. 341-342.
124. M. Tewdwr-Jones, Reasserting Town Planning, em P. Allmendinger; M. Chapman (eds.), *Planning Beyond 2000*, p. 139.
125. Ibidem, p. 144.

11 A CIDADE DO EMPREENDIMENTO

1. Cf. D. Massey; R. Meegan, *The Anatomy of Job Loss*; D. Massey, *Spatial Divisions of Labour*; R. Hudson; A. Williams, *The United Kingdom*; V. Hausner (ed.), *Critical Issues in Urban Economic Development*.
2. M. Boddy *et al.*, *Sunbelt City*; P. Hall, et al., *Western Sunrise*.
3. B. Bluestone; B. Harrison, *The Deindustrialization of America*, p. 26, 30.
4. Cf. C.S. Stein, Dinosaur Cities, *The Survey*, n. 54.
5. Cf. C. Clark, *The Conditions of Economic Progress*.
6. Cf. Greater London Council, *Tomorrow's London*; D.V. Donnison; D. Eversley, *London: Urban Patterns, Problems, and Policies*.
7. J. Edwards; R. Batley, *The Politics of Positive Discrimination*, p. 46.
8. D.H. McKay; A.W. Cox, *The Politics of Urban Change*, p. 244-245; P. Hall (ed.), *The Inner City in Context*, cap. 5.
9. Cf. GB Department of the Environment, *Unequal City*; idem, *Inner London*; idem, *Change or Decay*; idem, *Inner Area Studies*.
10. Cf. GB Secretary of State for Environment, *Policy for the Inner Cities*.
11. Cf. K. Young; C. Mason (eds.), *Urban Economic Development*.
12. P. Hall, Can Cities Survive? The Potential and Limits of Action, *The Ditchley Journal*, 5/2, p. 33-34.
13. K.A. Robertson, Downtown Retail Revitalization, *Planning nPerspectives*, v. 12, p. 389.
14. K. Lyall, A Bicycle Built-for-Two, em R.S. Fosler; R.A. Berger (eds.), *Public-Private Partnership in American Cities*, p. 28-36; J.H. Mollenkopf, *The Contested City*, p. 141, 169-173; B.L. Berkowitz, Economic Development Really Works, em R.D. Bingham; J.P. Blair (eds.), *Urban Economic Development*, p. 203.
15. D.A. Hart, Urban Economic Development Measures..., em K. Young; C. Mason (eds.), op. cit., p. 19.
16. K. Lyall, op. cit., p. 51-55; N. Falk, Baltimore and Lowell, *Built Environement*, n. 12, p. 145-147.
17. N. Falk, op. cit., p. 150.
18. K.A. Robertson, op. cit., p. 391.
19. Ibidem, p. 389.
20. B.S. Hoyle et al., *Revitalizing the Waterfront*, passim.
21. P. Hall, Green Fields and Grey Areas, *Papers of the RTPI Annual Conference*, Chester, p. 5.
22. Ibidem.
23. C.Y. Choi; Y.K. Chan, Housing Development... em T.-B. Lin et al (eds.), *Hong Kong: Economic Social and Political Studies in Development*, p. 187.
24. J. Schiffer, *Anatomy of a Laissez-Faire Government*, passim.
25. Cf. R. Bristow, *Land-Use Planning in Hong Kong*.
26. V.F.S. Sit, Hong Kong's Approach to the Development of Small Manufacturing Enterprises, *U.N. Economic and Social Council...*, p. 92.
27. Cf. B. Harrison, The Politics and Economics of the Urban Enterprise Zona Proposal, *International Journal of Urban and Regional Research*, n. 6; D. Massey, Enterprise Zones, *International Journal of Urban and Regional*

Research, n. 6; W.W. Goldsmith, *International Journal of Urban and Regional Research*, n. 6.

28. T. Brindley *et al.*, *Remaking Planning*, p. 107; C.D. Johnson, *The Economy Under Mrs Thatcher*, p. 196; P. Lawless, *The Evolution of Spatial Policy*, p. 263.

29. P. Hall, Enterprise Zones: A Justification, *International Journal of Urban and Regional Research*, n. 6, p. 419.

30. GB Department of the Environment, *An Evaluation of the Enterprise Zone Experiment*, p. 2, 10-12, 18, 21, 25, 30, 52-53.

31. *Ibidem*, p. 30, 57, 70, 85.

32. Esse relato é baseado em P. Hall, *Cities Civilization*, cap. 28.

33. A. King, *Global Cities*, p. 74.

34. S.K. Al Naib, *London Docklands Past Present and Future*, p. 1-3; S. Brownill, *Developing London's Docklands*, p. 16-17; D. Hardy, *Making Sense of the London Docklands*, p. 5; A. King, op. cit., p. 74; P. Ogden (ed.), *London Docklands*, p. 4.

35. D. Hardy, op. cit., p. 6-7; S. Brownill, op. cit., p. 18; D. Hardy, *Making Sense of the London Docklands: People and Places*, p. 9, 11; G. Ledgerwood, *Urban Innovation*, p. 42-43.

36. S.K. Al Naib, op.cit., p. 3; D. Hardy, *Making Sense of the London Docklands*, p. 10.

37. S.K. Al Naib, op. cit., p. 3; P. Ogden (ed.), op. cit., p. 4.

38. S.K. Al Naib, op. cit., p. 3; D. Hardy, *Making Sense of the London Docklands*, p. 12; I. Newman; M. Mayo, Docklands, *International Journal of Urban and Regional Research*, n. 5, p. 534-535.

39. T. Brindley *et al.*, *Remaking Planning*, p. 99; N. Falk, London's Docklands, *London Journal*, n. 7, p. 67; G. Ledgerwood, op. cit., p. 59.

40. N. Falk, London's Docklands, *London Journal*, n. 7, p. 66; D. Hardy, *Making Sense of the London Docklands*, p. 8; G. Ledgerwood, op. cit., p. 68-73, 75.

41. T. Brindley et al, op. cit, p. 100; G. Ledgerwood, op. cit., p. 87, 91-94, 99-100.

42. T. Brindley et al, op. cit., p. 100; G. Ledgerwood, 1985, p. 95-99, 101-103.

43. Docklands Joint Committee, *London Docklands Strategic Plan*, p. 8; J.M. Hall et al, Rebuilding the London Docklands, *The London Journal*, n. 2, p. 274; G. Ledgerwood, op. cit., p. 115, 118-121, 129.

44. Citado em G. Ledgerwood, op. cit., p. 123.

45. T. Brindley et al, op. cit., p. 101; S. Brownill, op. cit., p. 26-27, 29; G. Ledgerwood, op. cit., p. 116, 122.

46. S. Brownill, op. cit., p. 27, 29; D. Hardy, *Making Sense of the London Docklands*, p. 16; T. Brindley *et al*, op. cit., p. 29-30, 101; H.V. Savitch, *Post-Industrial Cities*, p. 225-226; N. Falk, London's Docklands, *London Journal*, n. 7, p. 78.

47. M. Heseltine, *Where There's a Will*, p. 133.

48. M. Heseltine, op. cit., p. 133, 135-6; R. Imrie; H. Thomas, Urban Policy..., em R. Imrie; H. Thomas (eds.), *British Urban Policy...*, p. 8; P. Lawless, Urban Policy in the Thatcher Decade, *Environment and Planning C: Government and Policy*, n. 9, p. 25; J. Meadows, The Changing Pattern..., em P. Jackson (ed.), *Implementing Government Initiatives*, p. 162.

49. M. Heseltine, op. cit., p. 157.

50. T. Brindley et al, op. cit., p. 115.

51. S. Letwin, *The Anatomy of Thatcherism*, p. 181.

52. A. Thornley, *Urban Planning Under Thatcherism*, p. 181.

53. S. Brownill, op. cit., p. 111; G. Ledgerwood, op. cit., p. 158; J. Hall, The LDDC's Policy Aims and Methods, em P. Ogden (ed.), op. cit., p. 22; A. Thornley, op. cit., p. 175-177, 179.

54. R. Batley, London Docklands, *Public Administration*, n. 67, p. 171-175, 180.

55. R. Batley, op. cit., p. 178; S. Brownill, op. cit., p. 121.

56. T. Brindley et al, op. cit., p. 104; S. Brownill, op. cit., p. 42-43; A. Church, Land and Property, em P. Ogden (ed.), op. cit., p. 43.

57. S. Brownill, op. cit., p. 40, 47-48, 74, 91.

58. Association of London Authorities, Docklands Consultative Committee,

Ten Years of Docklands, p. 10; S. Brownill, op. cit., p. 137-138.

59. Association of London Authorities, Docklands Consultative Committee, op. cit., p. 3-4; R. Batley, op. cit., p. 177; T. Brindley et al, op. cit., p. 104, 114; S. Brownill, op. cit., p. 46.

60. Association of London Authorities, Docklands Consultative Committee, op. cit., p. 3-4; S. Brownill, op. cit., p. 44-45, 90-91; R. Imrie; H. Thomas, op. cit., p. 17-18.

61. Association of London Authorities, Docklands Consultative Committee, op. cit., p. 11; T. Brindley et al, op. cit., p. 119; S. Brownill, op. cit., p. 68, 71, 76-81.

62. A. Church, op. cit., p. 46.

63. T. Brindley et al, op. cit., p. 108-109; S. Brownill, op. cit., p. 90; A. Church, op. cit., p. 49.

* Kowloon: cidade do sudeste da China, na Península Kowloon, em frente a Hong Kong, extremamente congestionada por abrigar grandes conjuntos habitacionais para receber refugiados da China. (N. da T.)

64. T. Brindley et al, op. cit., p. 108; S. Brownill, op. cit., p. 55-56; S.S. Fainstein, *The City Builders*, p. 197.

65. S. Brownill, op. cit., p. 15, 54-55; S.S. Fainstein, op. cit., p. 199.

66. S. Brownill, op. cit., p. 56; S.S. Fainstein, op. cit., p. 197, 199.

67. S.S. Fainstein, op. cit., p. 172.

68. S.S. Fainstein, op. cit., p. 172-174, 176-1777, 189; S. Zukin, The City as a Landscape of Power, em L. Budd; S. Whimster, *Global Finance and Urban Living*, p. 215.

69. S.S. Fainstein, op. cit., p. 201; S. Zukin, op. cit., p. 238.

70. S.S. Fainstein, op. cit., p. 40, 103; A. King, op. cit., p. 98-99; A. Thornley, op. cit., p. 130-131; S. Williams, The Coming of the Groudscrapers, em L. Budd; S. Whimster, op. cit., p. 252.

71. S.S. Fainstein, op. cit., p. 39, 41.

72. L. Budd; S. Whimster, op. cit., p. 239-240; A. Church, op. cit., p. 49-50; S.S. Fainstein, op. cit., p. 51; R. Lee, Lon-

73. don Docklands: The Exceptional Place?, em P. Ogden (ed.), op. cit., p. 13.
73. S.S. Fainstein, op. cit., p. 61, 201-202.
74. S.S. Fainstein, op. cit., p. 203-204; R. Lee, op. cit., p. 8.
75. Citado em S.S. Fainstein, op. cit., p. 202.
76. S.S. Fainstein, op. cit., p. 207.
77. Ibidem, p. 209.
78. Ibidem, p. 204, 211.
79. Hansard, 8 de maio, 1991.
80. Association of London Authorities, Docklands Consultative Committee, op. cit., p. 6; S. Brownill, op. cit., p. 93; Docklands Forum, Birkbeck College, *Employment in Docklands*, p. 5.
81. Association of London Authorities, Docklands Consultative Committee, op. cit., p. 5, 7; T. Brindley et al, op. cit., p. 109; S. Brownill, op. cit., p. 98-99.
82. T. Brindley et al, op. cit., p. 109; Docklands Forum Birkbeck College, op. cit., p. 61-62.
83. J. Hall, The LDDC's Policy Aims and Methods, em P. Ogden (ed.), op. cit., p. 24.
84. S.S. Fainstein, op. cit., p. 213.
85. J. McCarthy, The Redevelopment of Rotterdam Since 1945, *Planning Perspectives*, v. 14, p. 303-306.
86. R. Madgin, Reconceptualising the Historic Urban Environment, *Planning Perspectives*, v. 25, p. 32-33.
87. Ibidem.
88. Ibidem, p. 34.
89. Ibidem, p. 35-36.
90. Ibidem, p. 39.
91. Ibidem, p. 40.

92. Ibidem, p. 41.
93. Ibidem, p. 42.
94. Ibidem.
95. Ibidem, p. 43.
96. Ibidem.
97. Ibidem.
98. J. McCarthy, op. cit., p. 292-293.
99. Ibidem, p. 299-300.
100. Ibidem, p. 300,
101. Ibidem, p. 300-301.
102. Ibidem, p. 301.
103. Ibidem.
104. J.M. Hall, *The Geography of Planning Decisions*, p. 419.
105. Cf. US Department of Housing and Urban Development, *State-Designated Enterprise Zones*.
106. Cf. E. Soja et al, Urban Restructuring, *Economic Geography*, n. 59.
107. D.A. Hart, op. cit., p. 20.
108. D.A. Hart, op. cit., p. 25; P.K. Gatons; M. Brintnall, Competitive Grants, R.D. Bingham; J.P. Blair (eds.), *Urban Economic Development*, p. 116-117, 124, 130.
109. D.A. Hart, op. cit., p. 26-27.
110. Cf. S.S. Cohen; J. Zysman, *Manufacturing Matters*.
* Relatório do governo britânico sobre propostas de novas leis a serem discutidas no Parlamento. (N. da T.)
111. Cf. M. Breheny; P. Hall, The Strange Death of Strategic Planning…, *Built Environment*, n. 10.
112. Cf. GB Department of the Environment, *Streamlining the Cities*; M. Breheny; P. Hall, op. cit.

113. Cf. B.J. Frieden, *The Environmental Protection Hustle*; A. Blowers, *The Limits of Power*; P. Hall, *Great Planning Disasters*.
114. J.R. Short et al, *Housebuilding, Planning and Community Action*, p, 240247; P. Hall et al, *Western Sunrise*, p. 154.
115. Citado em S.V. Ward, Consortium Developments Ltd and the Failure…, *Planning Perspectives*, v. 20, p. 329.
116. Idem, p. 335.
117. Ibidem, p. 334-335.
118. Citado em ibidem, p. 329.
119. Ibidem, p. 337.
120. Ibidem, p. 338.
121. Ibidem.
122. R. Shostak; D. Lock, The Need for New Settlements in the South East, *The Planner*, 70/11, p. 9-13; Consortium Developments, *Tillingham Hall Outline Plan*.
123. Cf. GB Minister without Portfolio, *Lifting the Burden*.
124. S.V. Ward, op. cit., p. 352.
125. Ibidem, p. 352-353.
126. Ibidem, p. 353.
* O Abade Emmanuel Joseph Sieyès (1748-1836), teórico político durante a Revolução Francesa, participou do governo revolucionário e, mais tarde, do golpe que o derrubou, chegando, depois do 18 Brumário, a senador do império. Exemplo de oportunista contumaz, ao ser indagado certa vez sobre o que havia feito durante o Terror, respondeu: "Vivi!". (N. da T.)

12 A CIDADE DA DESLUSTRADA BELLE ÉPOQUE

1. M. Castells, *The Informational City*, p. 19.
2. Ibidem, p. 11.
3. Ibidem, p. 16.
4. Ibidem, p. 23-32.
5. Ibidem, p. 74.
6. M. Castells, op. cit., p. 124; M. Castells; P. Hall, *Technopoles of the World*, cap. 7.
7. M. Castells, op. cit., p. 169.

8. Ibidem, p. 350.
9. S. Sassen, *The Global City*, p. 25-27.
10. Ibidem, p. 87.
11. Ibidem, p. 126.
12. Ibidem, p. 325.
13. Ibidem, p. 326.
14. Cf. W. Gates, *The Road Ahead*; idem, *Business @ the Speed of Thought*; W.J. Mitchell, *City of Bits*; idem, *e-topia*; N.

Negroponte, *Being Digital*.
15. Cf. F. Cairncross, *The Death of Distance*.
16. P. Hall, *Cities in Civilization*, cap. 30.
17. Ibidem, p. 963-964.
18. S. Graham; S. Marvin, *Telecommunications and the City*, p. 262.
19. Cf. GB Government Office for London, *Four World Cities*.
20. W.J. Mitchell, op. cit., p. 169.

21. Cf. GB Department of the Environment, *East Thames Corridor*; GB Thames Gateway Task Force, *The Tames Gateway Planning Framework*.
22. Cf. K. Olds, Globalization and the Production of New Urban Space, *Environment and Planning A*, n. 27.
23. K.L. MacPherson, The Head of the Dragon, *Planning Perspectives*, v. 9, p. 78.
24. V. Wu, The Pundog Development Zone and China's Economic Reforms, *Planning Perspectives*, v. 13, p. 146.
25. Ibidem, p. 133.
26. Ibidem, p. 134.
27. Ibidem, p. 141.
28. Ibidem, p. 142.
29. Ibidem, p. 143.
30. Ibidem, p. 144.
31. Ibidem, p. 145.
32. Anon., Special Theme, *Asian Development Bank*, p. 23; P. Hall, Planning for the Mega-City, em J. Brotchie et al (eds.), *Cities in Competition*, passim.
33. Cf. J.R. Gold; S.V. Ward (eds.), *Place Promotion*; S.V. Ward, *Selling Places*.
34. S.V. Ward, op. cit., p. 187.
35. Ibidem.
36. Ibidem.
37. Ibidem, p. 189-190.
38. Ibidem, p. 187.
39. Ibidem, p. 191.
40. Ibidem, p. 191-192.
41. Ibidem, p. 192.
42. Ibidem, p. 193.
43. Ibidem, p. 194.
44. Ibidem
45. Ibidem, p. 195.
46. Ibidem, p. 196.
47. Ibidem.
48. Ibidem, p. 197.
49. Ibidem, p. 198.
50. K. Shaw; F. Robinson, UK Urban Regeneration Policies..., *Town Planning Review*, n. 81, p. 125.
51. Cf. GB Urban Task Force, *Towards an Urban Renaissance*.
52. Cf. A. Power; K. Mumford, *The Slow Death of Great Cities?*; R. Rogers; A. Power, *Cities for a Small Country*.

53. Cf. J. Prescott, Quoted in "Prescott Demands More 'Wow' and Less 'Noddy'". Disponível em: <http://www.architectsjournal.co.uk/home/prescott-demands-more-wowand-less-noddy/146911>. Acesso em: 19 dez. 2013.
54. C. Allen; L. Crookes, Fables of the Reconstruction, *Town Planning Review*, n. 80, p. 458.
55. M. Degen, *Sensing Citie*, p. 27, citado em C. Allen; L. Crookes, Fables of the Reconstruction, *Town Planning Review*, n. 80, p. 459.
56. I. Gordon, The Resurgent City, *Planning Theory and Practice*, n. 5, p. 374, citado em C. Colomb, Unpacking New Labour's "Urban Renaissance" Agenda, *Planning Practice & Research*, n. 22, p. 4.
57. G. Hoskins; A. Tallon, Promoting the "Urban Idyll", p. 25, citado em C. Colomb, op. cit., p. 6.
58. G. MacLeod; K. Ward, Spaces of Utopia and Dystopia, e L. Lees, Visions of Urban Renaissance, citado em C. Colomb, op. cit., p. 7.
59. G. MacLeod; K. Ward, Spaces of Utopia and Dystopia, p. 154, citado em C. Colomb, op. cit., p. 10.
60. R. Atkinson, Domestication by Cappuccino or a Revenge on Urban Space?, citado em C. Colomb, op. cit., p. 18.
61. K. Shaw; F. Robinson, UK Urban Regeneration Policies..., op. cit., p. 130, citado em A. Amin et al, *Cities for All the People Not the Few*, p. 7.
62. M. Hebbert, Manchester: Making It Happen, em J. Punter (ed.), *Urban Design and the British Urban Renaissance*, p. 66.
63. R. Unsworth; L. Smales, Leeds: Shaping Change and Guiding Sucess, em J. Punter (ed.), op. cit., p. 83.
64. P. Booth, Sheffield: Miserable Disappointment No More?, em J. Punter (ed.), op. cit., p. 98.
65. M. Biddulph, Liverpool 2008: Liverpool's Vision..., em J. Punter (ed.), op. cit., p. 113.
66. Ibidem, p. 114.

67. H. Shaftoe; A. Tallon, Bristol: Not a Design-Led Urban Renaissance, em J. Punter (ed.), op. cit., p. 131.
68. A. Madanipour, Newcastle Upon Tyne, em J. Punter (ed.), op. cit., p. 146.
69. T. Heath, Nottingham: "A Consistent and Integrated Approach to Urban Design", em J. Punter (ed.), op. cit., p. 162.
70. J. Punter, Reflecting on Urban Design..., em J. Punter (ed.), op. cit., p. 325.
71. Ibidem, p. 326.
72. Ibidem, p. 328-329.
73. Ibidem, p. 330.
74. S. Davoudi, Sustainability, *Planning Perspectives*, v. 15, p. 124.
75. Ibidem.
76. Ibidem, p. 127.
77. Ibidem, p. 123.
78. Ibidem, p. 127-128.
79. Ibidem, p. 130.
80. Cf. P. Gordon et al, Congestion, Changing Metropolitan Structure..., *International Regional Science Review*, n. 12; idem, The Spatial Mismatch Hypothesis, *Urban Studies*, n. 26; idem, The Influence of Metropolitan Spatial Structure..., *Journal of Urban Economics*, n. 26; P. Gordon; H.W. Richardson, Employment Decentralization in US Metropolitan Areas, *Environment and Planning A*, n. 28; P. Gordon et al, The Commuting Paradox, *Journal of the American Planning Association*, n. 57.
81. Cf. D. Banister, Energy Use..., em M.J. Breheny (ed.), *Sustainable Development and Urban Form*; idem, Policy Responses in the UK, em D. Banister; K. Button (eds.), *Transport the Environment and Sustainable Development*; D. Banister; Banister, Energy Consumption in Transport in Great Britain, *Transportation Research Part A: Policy and Practice*, n. 29; D. Banister; K. Button, Environmental Policy and Transport, em D. Banister; K. Button (eds.), *Transport, the Environment and Sustainable Development*; M. Breheny, Contradictions of the Compact City, *Town and Country Planning*,

n. 60; idem, The Contradictions of the Compact City, em M.J. Breheny (ed.) op. cit.; idem, Counter-Urbanisation and Sustainable Urban Forms, em J.-F. Brotchei et al (eds.), *Cities in Competition*; idem, The Compact City and Transport Energy Consumption, *Transactions of the Institute of British Geographers*, n. 20; idem, Transport Planning, em D. Banister (ed.), *Transport and Urban Development*; M. Breheny et al, *Alternative Development Patterns*; M. Breheny; P. Hall, Four Million Households, *Town and Country Planning*, n. 65; M. Breheny; R. Rookwood, Planning the Sustainable City Region, em A. Blowers (ed.), *Planning for a Sustainable Environment*; S.E. Owens, Spatial Structure and Energy Demand, em D.R, Cope et al (eds.), *Energy Policy and Land Use Planning*; idem, *Energy, Planning and Urban Form*; idem, Land-Use Planning for Energy Efficiency, em J.B. Cullingworth (ed.) *Energy, Land and Public Policy*; idem, Energy, Environmental Sustainability..., em M.J. Breheny (ed.), op. cit.; idem, Land-Use Planning for Energy Efficiency, *Applied Energy*, n. 43; S.E. Owens; D. Cope, *Land Use Planning Policy and Climate Change*; P.A. Rickaby, Six Settlement Patterns Compared, *Environment and Planning B*, n. 14; idem, Energy and Urban Development..., *Environment and Planning B*, n. 18; P.A. Rickaby et al, Patterns of Land Use in English Towns, em M.J. Breheny (ed.), op. cit.

82. Cf. D. Kelbaugh et al (eds.), *The Pedestrian Pocket Book*; P. Calthorpe, *The Next American Metropolis*; P. Calthorpe; W. Fulton, *The Regional City*.

83. Cf. A. Duany et al, *Suburban Nation*.

84. W. Fulton, The Garden Suburb and the New Urbanism, em K.C. Parsons; D. Schuyler (eds.), *From Garden City to Green City*, p. 162.

85. Ibidem, p. 163.

86. Ibidem, p. 164-165.

87. Ibidem, p. 165-166.

88. Ibidem, p. 166.

89. Ibidem.

90. Ibidem, p. 170.

91. D. Hamer, Learning from the Past, *Planning Perspectives*, v. 15, p. 107, 112.

92. Ibidem, p. 113.

93. Ibidem, p. 117.

94. M. Thompson-Fawcett, Leon Krier and the Organic Revival..., *Planning Perspectives*, v. 13, p. 170-171.

95. Ibidem, p. 172.

96. Ibidem, p. 177-178.

97. Ibidem, p. 179.

98. Ibidem, p. 180.

99. P. Hall, *Cities in Civilization*, cap. 27.

100. Cf. P. Katz, *The New Urbanism*.

101. F.-J. Monclús, The Barcelona Model, *Planning Perspectives*, v. 18, p. 401.

102. Ibidem.

103. Ibidem, p. 407.

104. Ibidem, p. 402

105. Ibidem, p. 403.

106. Ibidem, p. 404.

107. Ibidem, p. 408.

108. Ibidem, p. 406.

109. Ibidem, p. 410.

110. Ibidem, p. 412-413.

111. Ibidem, p. 402.

112. Ibidem, p. 414.

113. Cf. P. Hall, Cool Brazil, *Town and Country Planning*, n. 69. Essa seção toma emprestado principalmente dessa fonte.

114. Idem, Catching Up With Our Visions, *Town and Country Planning*, n. 77, p. 444. Essa seção toma emprestado principalmente dessa fonte.

115. U. von Petz, News From the Field, *Planning Perspectives*, v. 25, p. 380-381.

116. A.R. Raines, Wandel durch (Insdustrie-) Kultur..., *Planning Perspectives*, v. 26, p. 186-187.

117. Ibidem, p. 194-195.

118. Ibidem, p. 195.

119. Ibidem.

120. Ibidem.

121. Ibidem, p. 195-196.

122. Ibidem, p. 201.

123. Cf. GB Department of the Environment, *Projections of Households in England to 2016*; M. Breheny; P. Hall, Four Million Households, *Town and Country Planning*, n. 65.

124. Cf. GB Deputy Prime Minister et al, *Our Towns and Cities*.

125. Cf. GB Government Office for the South East et al., *Revised Regional Guidance for the South East*.

126. C.M. Haar, *Suburbs Under Siege*, p. 17-18.

127. Ibidem, p. 3.

128. Ibidem, p. 8.

129. Ibidem, p. 9, 193.

130. R. Fischler, Planning for Social Betterment, em R. Freestone (ed.), *Urban Planning in a Changing World*, p. 140.

131. Cf. B. Jones, *Sleepers, Wake!*.

13 A CIDADE DA PERMANENTE SUBCLASSE

* Se você me pega roubando, não foi por mal, / Se você me pega roubando, não foi por mal, / É uma sina de família, que deve ser levada assim. / / Eu tenho dezenove homens, e quero mais um, / Eu tenho dezenove homens, e quero mais um, / Se eu conseguir esse um a mais, vou deixar aqueles dezenove irem. (N. da T.)

** Estou indo pra Black Mountain, eu, a navalha e a espingarda, / Deus, estou indo pra Black Mountain, eu, a navalha e a espingarda; / Se ele fica parado eu mato, e mato se ele correr. / [...] / Tenho um diabo na alma, e estou cheia de má cachaça. / Tenho um diabo na alma, e estou cheia de má cachaça, / Saí já pronta pra briga. Possessa dos Blues de Black Mountain.

A negra Bessie Smith é a primeira das grandes compositoras-intérpretes de *blues* dos anos de 1930. Observação: A palavra *blues* é, na origem, uma abreviatura para *blue devils*, isto é "diabos azuis". (N. da T.)

1. L. Mumford, *Sketches From Life*, p. 5.
2. Ibidem.
3. Ibidem.
4. Ibidem.
* Escritor norte-americano (1834-1899) dedicado a histórias de meninos, onde se exaltam a virtude e o trabalho honesto como meios seguros de um garoto sair da miséria e vencer na vida. Ficou famoso, na época, com o seu "herói Alger". (N. da T.)
5. Cf. R.E. Park et al, *The City*.
6. R.E. Park, The City: Suggestion for the Investigation…, em R.E. Park et al, op. cit., p. 8.
7. Ibidem.
8. Ibidem, p. 9.
9. Ibidem, p. 14.
10. Ibidem, p. 16.
11. Ibidem, p. 17.
12. Ibidem, p. 22.
13. Ibidem.
14. Ibidem, p. 23.
15. Ibidem.
16. Ibidem, p. 27.
17. Ibidem, p. 28.
18. Ibidem, p. 43.
19. Ibidem, p. 45.
20. R.E. Park, Community Disorganization and Juvenile Deliquency, em R.E. Park et al, op. cit., p. 107.
21. Ibidem, p. 108.
22. Ibidem, p. 110.
23. Ibidem.
24. E.W. Burgess, The Growth of the City, em R.E. Park et al, op. cit., p. 51, 55.
25. F.M. Thrasher, The Gang as a Symptom of Community Disorganization, *Journal of Applied Sociology*, n. 11, p. 3.
26. Ibidem, p. 4.
27. Ibidem.
28. S. Drake; H.R. Cayton, *Black Metropolis*, p. 17.
* Com *Dago*, corruptela de "Diego", e *Sheeny*, adjetivo que significa "brilhante", "resplandecente", opunham-se o moreno de origem latina e o loiro ou

o ruivo de origem nórdica, de preferência anglo-saxônica. (N. da T.)

29. T.L. Philpott, *The Slum and the Ghetto*, p. 68.
30. H.W. Zorbaugh, *The Gold Coast and the Slum*, p. 14.
31. Ibidem, p. 176.
32. Ibidem, p. 155.
33. C.R. Shaw et al, *Deliquency Areas*, p. 205.
34. C.R. Shaw; H.D. McKay, *Juvenile Deliquency and Urban Areas*, p. 437.
35. R.E. Park, Human Migration and the Marginal Man, *The American Journal of Sociology*, n. 33, p. 887.
36. Ibidem, p. 892.
37. Ibidem, p. 893.
38. E.W. Burgess, op. cit., p. 56.
39. T.L. Philpott, op. cit., p. 141.
40. A.H. Spear, *Black Chicago*, p. 146.
41. Chicago Commission on Race Relations, *The Negro in Chicago*, p. 602.
42. S. Drake; H.R. Cayton, op. cit., p. 73; W.M. Tuttle Jr., *Race Riot*, p. 169.
43. W.M. Tuttle Jr., op. cit., p. 117, 126.
44. Chicago Commission on Race Relations, op. cit., p. 12; A.H. Spear, op. cit., p. 212; W.M. Tuttle Jr., op. cit., p. 199.
45. Chicago Commission on Race Relations, *op. cit.*, p. 595-598.
46. Ibidem, p. 192, 264-265, 622.
47. W.E.B. Du Bois, *The Philadelphia Negro*, p. 310.
48. Ibidem, p. 171-174.
49. Ibidem, p. 175.
50. Ibidem, p. 310.
51. Ibidem, p. 241.
52. Ibidem, p. 239.
53. Ibidem, p. 254.
54. Ibidem, p. 258.
55. Ibidem, p. 262, 263.
56. Ibidem, p. 259.
57. Ibidem, p. 67-68.
58. H.W. Odum, *Social and Mental Traits of the Negro*, p. 151.
59. Ibidem, p. 153.
60. Ibidem.
61. Ibidem, p. 154.
62. Ibidem, p. 155.
63. Ibidem, p. 162.

64. Ibidem, p. 163.
* Termos de gíria que designam tipos característicos marginais entre os negros norte-americanos. (N. da T.)
65. Ibidem, p. 165.
66. Ibidem.
67. Ibidem, p. 166.
68. Ibidem, p. 173.
69. Ibidem, p. 221.
70. E.F. Frazier, *The Negro Family in Chicago*, p. 245.
71. R.W.Fogel; S.L. Engerman, *Time on the Cross*.
72. E.F. Frazier, op. cit., p. 250-251.
73. Ibidem, p. 251.
74. Ibidem.
75. Ibidem.
76. Idem, *The Negro in the United States*, p. 303.
77. Idem [1939], *The Negro Family in the United States*, p. 326.
78. Ibidem, p. 331.
79. Ibidem, p. 326, 343, 346-349.
* Lembramos que os termos ingleses *urban development* e *urbanization* são traduzidos em português por um mesmo vocábulo. Caberá ao leitor distinguir, pelo contexto, quando a palavra *urbanização* assume um significado sociológico (e traduz *urbanization*) e quando ela pertence ao vocabulário urbanístico (e traduz *urban development*). (N. da T.)
80. Ibidem, p. 481-484.
81. Ibidem, p. 485, 487.
82. Ibidem, p. 358-359.
83. Ibidem, p. 374.
84. G. Myrdal, *An American Dilemma*, p. 935.
85. E.F. Frazier [1966], *The Negro Family in the United States*, p. 364.
86. S. Drake; H.R. Cayton, op. cit., p. 174.
87. Ibidem, p. 73.
88. Ibidem, p. 521.
89. Ibidem, p. 710.
90. Ibidem, p. 523.
91. Ibidem, p. 214.
92. Ibidem, p. 581.
93. Ibidem, p. 582.
94. Ibidem, p. 583.
95. Ibidem, p. 584.

NOTAS

96. Ibidem, p. 589.
97. Ibidem, p. 590.
98. A.R. Hirsch, *Making the Second Ghetto*, p. 3.
99. Ibidem, p. 68-71.
100. D. Bowly Jr., *The Poorhouse*, p. 76-84.
101. D. Bowly Jr., op. cit., p. 112; A.R. Hirsch, op. cit., p. 243.
102. A.R. Hirsch, op. cit., p. 27.
103. Ibidem, p. 265.
104. Ibidem.
105. D. Bowly Jr., op. cit., p. 124, 128.
106. Ibidem, p. 124.
107. L. Rainwater, *Behind Ghetto Walls*, p. 13.
108. Ibidem, p. 104.
109. Ibidem, p. 50.
110. Ibidem, p. 55.
111. Ibidem, p. 61, 75.
112. Ibidem, p. 165-168.
113. Ibidem, p. 174.
114. Ibidem, p. 218-220.
115. Ibidem, p. 222-223.
116. Ibidem, p. 286.
117. Ibidem, p. 371.
118. Ibidem, p. 379.
119. Ibidem, p. 401-403.
120. D.P. Moynihan, *The Negro Family*, n.p.
121. Ibidem.
122. Ibidem, p. 7-9, 12.
123. Ibidem, p. 5.
124. Ibidem, p. 29.
125. Ibidem, p. 39.
126. Ibidem, p. 20.
127. Ibidem, p. 38-39.
128. Ibidem, p. 40.
129. Ibidem, p. 47.
130. Ibidem, p. 48.
131. L. Rainwater; W.L. Yancey, *The Moynihan Report and the Politics of Controversy*, p. 294.
132. Ibidem, p. 299, 304-305, 310.
133. Ibidem, p. 248.
134. Ibidem, p. 195, 233.
135. US National Advisory Committee on Civil Disorders, *Report*, p. 25-108.
136. Ibidem, p. 37-38.
137. L. Rainwater; W.L. Yancey, op. cit., p. 139-140.
138. US National Advisory Committee on Civil Disorders, op. cit., p. 128-129.

139. R.M. Fogelson, *Violence as Protest*, p. 43, 114.
140. M. Janowitz, *Patterns of Collective Racial Violence*, p. 325; A. Meier; E. Rudwick, Black Violence in the 20th Century, em H.D. Graham; T.R. Gurr (eds.), *Violence in America*, p. 312.
141. A. Meier; E. Rudwick, op. cit., p. 262-263.
142. M. Janowitz, op. cit., p. 317.
143. E.C. Banfield, *The Unheavenly City*, p. vii.
144. P. Hall, In Context – Rioting, *Planning*. Disponível em: <http://www.planningresource.co.uk/article/1086903/context---rioting-theory-1970s>.
145. E.C. Banfield, op. cit., p. 185-209; K. Fox, *Metropolitan America*, p. 160.
146. US National Advisory Committee on Civil Disorders, op. cit., p. 278-282.
147. Ibidem, p. 10.
148. Ibidem.
149. Ibidem, p. 23.
150. W.J. Wilson, *The Declining Significance of Race*, p. 2.
151. Ibidem, p. 103.
152. Ibidem, p. 129.
153. Ibidem, p. 2.
154. W.J. Wilson, op. cit., p. 95-98; C.M. Killingworth, The Continuing Labor Market Twist, *Monthly Labor Review*, 91/9.
155. W.J. Wilson, op. cit., p. 104-106.
156. Ibidem, p. 108.
157. Ibidem, p. 132.
158. Ibidem, p. 154.
159. S. Steinberg, *The Ethnic Myth*, p. 209.
160. Ibidem, p. 94-98.
161. Ibidem, p. 173-174, 201-202, 221.
162. R. Farley, *Blacks and Whites?*, p. 181-183.
163. Ibidem, p. 141.
164. Ibidem, p. 138.
165. Ibidem, p. 158.
166. Ibidem, p. 161.
167. Ibidem, p. 160.
168. Ibidem, p. 170.
169. Ibidem, p. 169-170.
170. J. Hulbert, Children as Parents, *New Republic*, 10 sep. 1984, p. 15.
171. Ibidem, p. 16.

172. Ibidem.
173. Cf. J. Herbers, Poverty of Blacks Spreads in Cities, *The New York Times*, 26 jan. 1987.
174. Citado em ibidem, p. 16.
175. J. Herbers, Governors Urge Welfare Work Plan, *The New York Times*, 22 feb. 1987.
176. Cf. R.B. Reich, *The Work of Nations*.
177. Cf. W.J. Wilson, *The Truly Disadvantaged*.
178. Cf. Idem, *When Work Disappears*.
179. Ibidem, p. 58.
180. M. Castells, *The Information Age*, p. 168.
181. S. Tomlinson, *Ethnic Minorities in British Schools*, p. 62; R. Jeffcoate, *Ethnic Minorities and Education*, p. 57-64.
182. GB Manpower Services Commission, *Ethnic Minorities Employment in London*, p. 8, D5, E5.
183. Cf. GB Home Office, *The Brixton Disorders, 10-12 April 1981*.
184. Ibidem, p. 45.
185. *Ibidem*, p. 11.
186. Archbischop of Canterbury's Commission, *Faith in the City*, p. 175.
187. Ibidem, p. 176.
188. Ibidem, p. 202.
189. Ibidem.
190. Ibidem, p. 197.
191. Ibidem, p. 360.
192. Ibidem.
193. Cf. A. Mearns, *The Bitter Cry of Outcast London*.
194. GB Social Exclusion Unit, *Bringing Britain Together*, p. 15-20.
195. Cf. G.B. Social Exclusion Unit, *A New Commitment to Neighbourhood Renewal*.
196. Ibidem, p. 7.
197. Ibidem.
198. Ibidem, p. 13.
199. Ibidem, p. 16.
200. Cf. GB Performance and Innovation Unit, *Social Mobility*.
201. Cf. P. Hall, In Context – Riots Shine Light on Underclass, *Planning*, 4 nov. 2011. Disponível em: <http://www.planningresource.co.uk/article/1086903/context---rioting-theory-1970s>.

Bibliografia

Esta bibliografia contém todas as obras consultadas na elaboração deste livro. Porém, isso não significa que todas foram efetivamente citadas no texto.

AALEN, F.H.A. English Origins. In: WARD, S.V. (ed.). *The Garden City: Past, Present and Future*. London: Spon, 1992. p. 28-51.

____. Lord Meath, City Improvement and Social Imperialism. *Planning Perspectives*, 4, 1989, p. 127-152.

ABERCROMBIE, P. *Greater London Plan 1944*. London: HMSO, 1945.

____. *Town and Country Planning*. London: Thornton Butterworth, 1933.

____. *The Preservation of Rural England*. Liverpool/London: University of Liverpool Press/Hodder and Stoughton, 1926.

____. Berlin: Its Growth and Present State. *Town Planning Review*, 4, 1914, p. 219-233, 302-311.

____. Town Planning in Greater London: The Necessity for Cooperation. *Town Planning Review*, 2, 1911, p. 261-280.

____. Some Notes on German Garden Villages. *Town Planning Review*, 1, 1910, p. 246-250.

____. Modern Town Planning in England: A Comparative Review of "Garden City" Schemes in England. *Town Planning Review*, 1, 1910, p. 18-38, 111-128.

ABERCROMBIE, P.; JACKSON, H. *West Midlands Plan*. Interim confidential edition. London: Ministry of Town and Country Planning, 1948. 5 v.

ABRAMS, C. *The Language of Cities: A Glossary of Terms*. New York: Viking, 1971.

____. *The City Is the Frontier*. New York: Harper and Row, 1965.

____. *Man's Struggle for Shelter in an Urbanizing World*. Cambridge: MIT Press, 1964.

____. *Revolution in Land*. New York/London: Harper and Brothers, 1939.

ABU-LUGHOD, J.L. *Cairo: 1001 Years of the City Victorious*. Princeton: Princeton University Press, 1971.

ADAMS, D. Everyday Experiences of the Modern City: Remembering the Post-War Reconstruction of Birmingham. *Planning Perspectives*, 26, 2011, p. 237-260.

ADAMS, D.; TIESDELL, S. *Shaping Places: Urban Design and Development*. Abingdon: Routledge, 2013.

ADAMS, T. *Outline of Town and City Planning*. New York: Russell Sage Foundation, 1935.

____. The Need for a Broader Conception of Town Planning and Decentralisation. In: WARREN, H.; DAVIDGE, W.R. (eds.). *Decentralisation of Population and Industry: A New Principle of Town Planning*. London: P.S. King, 1930. p. 135-149.

ADDAMS, J. *The Social Thought of Jane Addams*. Edited by Christopher Lasch. Indianapolis: Bobbs-Merrill, 1965.

____. A Decade of Prohibition. *The Survey*, 63, 1929, p. 5-10, 54-55.

____. *Twenty Years at Hull-House: With Autobiographical Notes*. New York: Macmillan, 1910.

ADEBISI, B. The Politics of Development Control in a Nigerian City: Ibadan. *Nigerian Journal of Economics and Social Studies*, 16, 1974, p. 311-324.

ADEJUYIGBE, O. The Case for a New Federal Capital in Nigeria. *Journal of Modern African Studies*, 8, 1970, p. 301-306.

ADSHEAD, S.D. *Town Planning and Town Development*. London: Methuen, 1923.

____. The Town Planning Conference of the Royal Institute of British Architects. *Town Planning Review*, 1, 1910, p. 181.

AGNEW, J.; MERCER, J.; SOPHER, D.E. (eds.). *The City in Cultural Context*. Boston: Allen and Unwin, 1984.

ÅGREN, I. Thinking in Terms of Service. In: HEINEMAN, H.-E. (ed.). *New Towns for Old: Housing and Services in Sweden*. Stockholm: The Swedish Institute, 1975. p. 128-173.

AL NAIB, S.K. *London Docklands Past Present and Future: An Illustrated Guide to Glorious History, Splendid Heritage and Dramatic Regeneration in East London*. London: Ashmead, 1990.

ALBERS, G. Changes in German Town Planning: A Review of the Last Fifty Years. *Town Planning Review*, 57, 1986, p. 17-34.

_____. *Entwicklungslinien im Städtebau: Ideen, Thesen, Aussagen 1875-1945*. Berlin: Bertelesmann Fachverlag, 1975.

_____. Ideologie und Utopie im Städtebau. In: PEHNT, R. (ed.) *Die Stadt in der Bundesrepublik Deutschland*. Stuttgart: Philipp Reclam, 1974. p. 453-476.

ALBRECHT, C. et al. (eds.). *Handwörterbuch des Wohnungswesens*. Jena: G. Fischer, 1930.

ALBRECHT, G. Gartenstadtbewegung. In: ALBRECHT, C. et al. (eds.) *Handwörterbuch des Wohnungswesens*. Jena: G. Fischer, 1930. p. 262-266.

ALDRIDGE, H.R. *The Case for Town Planning: A Practical Manual for Councillors, Officers, And Others Engaged in the Preparation of Town Planning Schemes*. London: National Housing and Town Planning Council, 1915.

ALDUY, J.-P. 40 Ans de Planification en Région Île-de-France. *Cahiers de l'Institut d'Amenagement et d'Urbanisme de la Region Ile-de-France*, 70, 1983, p. 11-85.

ALEXANDER, L.A. *Winning Downtown Projects: A Photographic Case Study of Outstanding Urban Developments*. New York: Downtown Research and Development Center, 1981.

ALLARDICE, C.; TRAPNELL, E.R. *The Atomic Energy Commission*. New York: Praeger, 1974.

ALLEN, C.; CROOKES, L. Fables of the Reconstruction: A Phenomenology of "Place Shaping" in the North of England. *Town Planning Review*, 80, 2009, p. 455-480.

ALLEN, I.L. (ed.) *New Towns and the Suburban Dream: Ideology and Utopia in Planning and Development*. Port Washington: Kennikat, 1977.

ALLINSON, G.T. Japanese Urban Society and its Cultural Context. In: AGNEW, J.; MERCER, J.; SOPHER, D.E. (eds.). *The City in Cultural Context*. Boston: Allen and Unwin, 1984. p. 163-185.

ALLMENDINGER, P.; CHAPMAN, M. (eds.). *Planning Beyond 2000*. Chichester: John Wiley & Sons, 1999.

ALONSO, W. Cities, Planners and Urban Renewal. In: WILSON, J.Q. (ed.). *Urban Renewal: The Record and the Controversy*. Cambridge: MIT Press, 1966. p. 437-453.

_____. Cities and City Planners. *Daedalus*, 92, 1963, p. 824-839.

ALTES, W.K.K. Towards Regional Development Planning in the Netherlands. *Planning Practice & Research*, 21, 2006, p. 309-321.

ALTSHULER, A.A. The Intercity Freeway. In: KRUECKEBERG, D.A. (ed.). *Introduction to Planning History in the United States*. New Brunswick: Rutgers University, Center for Urban Policy Research, 1983. p. 190-234.

_____. *The City Planning Process*. Ithaca: Cornell University Press, 1965.

_____. The Goals of Comprehensive Planning. *Journal of the American Institute of Planners*, 31, 1965, p. 186-197.

AMATI, M.; FREESTONE, R. "Saint Patrick": Sir Patrick Abercrombies Australian Tour 1948. *Town Planning Review*, 80, 2009, p. 597-626.

AMIN, A.; MASSEY, D.; THRIFT, N. *Cities for All the People Not the Few*. Bristol: Policy, 2000.

ANDERSON, M. The Federal Bulldozer. In: WILSON, J.Q. (ed.). *Urban Renewal: The Record and the Controversy*. Cambridge: MIT Press, 1966. p. 491-509.

_____. *The Federal Bulldozer: A Critical Analysis of Urban Renewal, 1949-1962*. Cambridge: MIT Press, 1964.

ANDREWS, H.F. The Early Life of Paul Vidal de la Blache and the Makings of Modern Geography. *Institute of British Geographers, Transactions*, NS 11, 1986, p. 174-182.

ANSON, B. *I'll Fight You for It! Behind the Struggle for Covent Garden*. London: Cape, 1981.

ANTHONY, H.A. Le Corbusier: His Ideas for Cities. *Journal of the American Institute of Planners*, 32, 1966, p. 279-288.

ANTON, T.J. *Governing Greater Stockholm: A Study of Policy Development and System Change*. Berkeley: University of California Press, 1975.

APPLEBAUM, R.P. *Size, Growth, and US Cities*. New York: Praeger, 1978.

ARCHBISHOP of Canterbury's Commission on Urban Priority Areas. *Faith in the City: A Call for Action by Church and Nation*. London: Church House Publishing, 1985.

ARCHITECTURE, 1, 1979, p. 7-10.

ARMSTRONG, G.; WILSON, M. Delinquency and Some Aspects of Housing. In: WARD, C. (ed.). *Vandalism*. London: Architectural, 1973. p. 64-84.

ARNOLD, J.L. Greenbelt, Maryland, 1936-1984. *Built Environment*, 9, 1983, p. 198-209.

_____. City Planning in America. In: MOHL, R.A.; RICHARDSON, J.F. (eds.). *The Urban Experience: Themes in American History*. Belmont: Wadsworth, 1973. p. 14-43.

_____. *The New Deal in the Suburbs: A History of the Greenbelt Town Program 1935-1954*. Columbus: Ohio State University Press, 1971.

ASHWORTH, W. *The Genesis of British Town Planning: A Study in Economic and Social History of the Nineteenth and Twentieth Centuries*. London: Routledge and Kegan Paul, 1954.

ASSOCIATION of London Authorities, Docklands Consultative Committee. *Ten Years of Docklands: How the Cake Was Cut*. London: ALA, 1991.

ÅSTROM, K. *City Planning in Sweden*. Stockholm: Swedish Institute, 1967.

ATKINSON, R. The Evidence on the Impact of Gentrification: New Lessons for the Urban Renaissance? *European Journal of Housing Policy*, 4, 2004, p. 107-131.

____. Domestication by Cappuccino or a Revenge on Urban Space? *Urban Studies*, 40, 2003, p. 1829-1843.

AUTOBAHNEN in Deutschland. Bonn: Kirschbaum, 1979.

AUTOMOBILE Club of Southern California, Engineering Department. *Traffic Survey, Los Angeles Metropolitan Area*. Los Angeles: The Club, 1937.

AZIZ, S. *Rural Development: Learning from China*. New York: Holmes and Meier, 1978.

BAKER, H. *Architecture and Personalities*. London: Country Life, 1944.

BAKER, P.H. *Urbanization and Political Change: The Politics of Lagos, 1917-1967*. Berkeley/Los Angeles: University of California Press, 1974.

BALDWIN, R.N. *Kropotkins Revolutionary Pamphlets: A Collection of Writings by Peter Kropotkin*. New York: Vanguard, 1927. (Repr.: New York: Dover, 1971.)

BALLHATCHET, K.; HARRISON, J. *The City in South Asia: Pre-Modern and Modern*. London: Curzon, 1980.

BANFIELD, E.C. *Big City Politics: A Comparative Guide to the Political Systems of Atlanta, Boston, Detroit, El Paso, Los Angeles, Miami, Philadelphia, St Louis, Seattle*. New York: Random House, 1965.

BANFIELD, E.C. *The Unheavenly City: The Nature and Future of Our Urban Crisis*. Boston: Little, Brown, 1970.

BANGERT, W. *Baupolitik und Stadtgestaltung in Frankfurt am Main*. Würzburg: K. Triltsch, 1936.

BANHAM, R. *Los Angeles: The Architecture of Four Ecologies*. London: Allen Lane, 1971.

____. *Theory and Design in the First Machine Age*. London: Architectural, 1960.

BANHAM, R.; BARKER, P.; HALL, P.; PRICE, C. Non-Plan: An Experiment in Freedom. *New Society*, 26, 1969, p. 435-443.

BANISTER, D. Policy Responses in the UK. In: BANISTER, D.; BUTTON, K. (eds.). *Transport, the Environment and Sustainable Development*. London: E. and F. Spon, 1993. p. 53-78.

____. Energy Use, Transportation and Settlement Patterns. In: BREHENY, M.J. (ed.) *Sustainable Development and Urban Form*. London: Pion, 1992. p. 160-181. (European Research in Regional Science, 2)

BANISTER, D.; BANISTER, C. Energy Consumption in Transport in Great Britain: Macro Level Estimates. *Transportation Research Part A: Policy and Practice*, 29, 1995, p. 21-32.

BANISTER, D.; BUTTON, K. (eds.). *Transport, the Environment and Sustainable Development*. London: E. and F. Spon, 1993.

____. Environmental Policy and Transport: An Overview. In: BANISTER, D.; BUTTON, K. (eds.). *Transport, the Environment and Sustainable Development*. London: E. and F. Spon, 1993. p. 1-15.

BANNON, M.J. Dublin Town Planning Competition: Ashbee and Chettle's "New Dublin – A Study in Civics". *Planning Perspectives*, 14, 1999, p. 145-162.

BANTON, M. Urbanization and the Colour Line in Africa. In: TURNER, V. (ed.) *Colonialism in Africa 1870-1960, v. 3: Profiles of Change: African Society and Colonial Rule*. Cambridge: Cambridge University Press, 1971. p. 256-285.

BARBER, W.J. Urbanisation and Economic Growth: The Cases of Two White Settler Territories. In: MINER, H. (ed.). *The City in Modern Africa*. London: Pall Mall, 1967. p. 91-125.

BARKER, T.C.; ROBBINS, M. *A History of London Transport, v. II: The Twentieth Century to 1970*. London: George Allen and Unwin, 1974.

BARKER, T; SUTCLIFFE, A. (eds.). *Megalopolis: The Giant City in History*. Basingstoke: Macmillan, 1993.

BARKIN, W. Confronting the Separation of Town and Country in Cuba. In: TABB, W K.; SAWERS, L. (eds.) *Marxism and the Metropolis: New Perspectives in Urban Political Economy*. New York: Oxford University Press, 1978. p. 317-337.

BARMAN, C. *The Man Who Built London Transport: A Biography of Frank Pick*. Newton Abbot: David and Charles, 1979.

BARNETT, H. The Garden Suburb: Its Past and Plans. In: PROBLEMS *of Reconstruction: Lectures and Addresses Delivered at the Summer Meeting at the Hampstead Garden Suburb, August 1917*. With an Introduction by the Marquess of Crewe, K.G. London: T. Fisher Unwin, 1918. p. 198-207.

BARRETT, B. *The Inner Suburbs: The Evolution of an Industrial Area*. Melbourne: Melbourne University Press, 1971.

BARTH, G. *City People: The Rise of Modern City Culture in Nineteenth-Century America*. Oxford: Oxford University Press, 1980.

BASSETT, E.M. *Autobiography of Edward M. Bassett*. New York: Harbor, 1939.

____. *The Master Plan: With a Discussion of the Theory of Community Land Planning Legislation*. New York: Russell Sage Foundation, 1938.

____. *Zoning: The Law, Administration, and Court Decisions during the First Twenty Years*. New York: Russell Sage Foundation, 1936.

BASTIÉ, J. *La Croissance de la Banlieue Parisienne*. Paris: PUF, 1964.

BATCHELOR, P. The Origin of the Garden City Concept of Urban Form. *Journal of the Society of Architectural Historians*, 28, 1969, p. 184-200.

BATER, J.H. *The Legacy of Autocracy: Environmental Quality in St. Petersburg*. In: FRENCH, R.A.; HAMILTON, F.E.I. *The Socialist City: Spatial Structure and Urban Policy*. Chichester: John Wiley & Sons, 1979. p. 23-48.

BATER, J.H. The Soviet City: Continuity and Change in Privilege and Place. In: AGNEW, J.; MERCER, J.; SOPHER, D.E. (eds.). *The City in Cultural Context*. Boston: Allen and Unwin, 1984. p. 134-162.

BATEY, P. Gordon Stephenson's Reform of the Planning Curriculum: How Liverpool Came to Have the MCD. *Town Planning Review*, 83, 2012, p. 135-163.

BATLEY, R. London Docklands: An Analysis of Power Relations between UDCs and Local Government. *Public Administration*, 67, 1989, p. 167-187.

BATTY, M. On Planning Processes. In: GOODALL, B.; KIRBY, A. (eds.). *Resources and Planning*. Oxford: Pergamon, 1979. p. 17-50.

_____. *Urban Modelling: Algorithms, Calibrations, Predictions*. Cambridge: Cambridge University Press, 1976.

BAUDRILLARD, J. *America*. London: Verso, 1988.

BAUER, C. *Modern Housing*. Boston/New York: Houghton Mifflin, 1934.

BAUMAN, J.F. Visions of a Post-War Nation: A Perspective on Urban Planning in Philadelphia and the Nation, 1942-1945. In: KRUECKEBERG, D.A. (ed.). *Introduction to Planning History in the United States*. New Brunswick: Rutgers University, Center for Urban Policy Research, 1983. p. 170-189.

_____. Housing the Urban Poor. *Journal of Urban History*, 6, 1980, p. 211-220.

BAYLISS, D. Revisiting the Cottage Council Estates: England, 1919-39. *Planning Perspectives*, 16, 2001, p. 169-200.

BEAUFOY, H. "Order Out of Chaos": The London Society and the Planning of London 1912-1920. *Planning Perspectives*, 12, 1997, p. 135-164.

BEAUFOY, S.G. Regional Planning, I. The Regional Planning of South East England. *Town Planning Review*, 15, 1933, p. 83-104, 188-214.

BEAUJEU-GARNIER, J. et al. *La France des villes, v. 1: Le Bassin parisien*. Paris: La Documentation Française, 1978.

BEAUREGARD, R.A. The Occupation of Planning: A View from the Census. *Journal of the American Institute of Planners*, 42, 1976, p. 187-192.

BECKINSALE, R.P.; HOUSTON, J.M. (eds.). *Urbanization and its Problems: Essays in Honour of E. W Gilbert*. Oxford: Blackwell, 1968.

BEEVERS, R. *The Garden City Utopia: A Critical Biography of Ebenezer Howard*. London: Macmillan, 1987.

BELL, C.; BELL, R. *City Fathers: The Early History of Town Planning in Britain*. London: Cresset, 1969.

BELLAMY, E. *Looking Backward*. New York: Ticknor, 1888.

BELLUSH, J.; HAUSKNECHT, M. (eds.). *Urban Renewal: People, Politics and Planning*. Garden City: Anchor, 1967.

_____. Urban Renewal: An Historical Overview. In: BELLUSH, J.; HAUSKNECHT, M. (eds.). *Urban Renewal: People, Politics and Planning*. Garden City: Anchor, 1967.

_____. Public Housing: The Contexts of Failure. BELLUSH, J.; HAUSKNECHT, M. (eds.). *Urban Renewal: People, Politics and Planning*. Garden City: Anchor, 1967.

BENOIT-LEVY, G. *La Cite-Jardin*. Paris: Jouve, 1904.

BERG, E. *Stockholm Town Trails: From the Old Town to the New "City"*. Stockholm: Akademilitteratur, 1979.

BERGER, B. *Working Class Suburb: A Study of Auto Workers in Suburbia*. Berkeley/Los Angeles: University of California Press, 1960.

BERGER, H. *Ostafrikanische Studien: Ernst Weigt zum 60. Geburtstag*. Nürnberg: Friedrich-Alexander-Universitat, Wirtschafts- und Sozialgeographische Institut, 1968.

BERGER-THIMME, D. *Wohnungsfrage und Sozialstaat: Untersuchen zu den Anfängen staatlicher Wohnungspolitik in Deutschland (1873-1918)*. Frankfurt: Peter Lang, 1976.

BERGMANN, K. *Agrarromantik und Grossstadtfeindschaft*. Melsenheim: Anton Heim, 1970. (Marburger Abhandlungen zur Politischen Wissenschaft, 20)

BERKOWITZ, B.L. Economic Development Really Works: Baltimore, Maryland. In: BINGHAM, R.D.; BLAIR, J.P. (eds.). *Urban Economic Development*. Beverly Hills: Sage, 1984. p. 201-221. (Urban Affairs Annual Reviews, 27)

BERMAN, D.S. *Urban Renewal: Bonanza of the Real Estate Business*. Englewood Cliffs: Prentice Hall, 1969.

BERMAN, M. *All that Is Solid Melts into Air: The Experience of Modernity*. New York: Simon and Schuster, 1982.

BERNSTEIN, R.J. *Habermas and Modernity*. Cambridge: MIT Press, 1985.

_____. *The Restructuring of Social and Political Theory*. New York: Harcourt Brace Jovanovich, 1976.

BERTON, K. *Moscow: An Architectural History*. London: Studio Vista, 1977.

BEST, S.; KELLNER, D. *Postmodern Theory: Critical Interrogations*. Basingstoke: Macmillan, 1991.

BETJEMAN, J. *The Best of Betjeman*. London: J. Murray, 1978.

BETTMAN, A. *City and Regional Planning Papers*. Edited by Arthur C. Comey. Cambridge: Harvard University Press, 1946.

BETTS, R.F. Dakar: Ville Imperiale (1857-1960). In: ROSS, R.; TELKAMP, G.J. (eds.). *Colonial Cities: Essays on Urbanism in a Colonial Context*. Dordrecht: Martinus Nijhof, 1985. p. 193-206. (Comparative Studies in Colonial History, v. 5)

BIDDULPH, M. Liverpool 2008: Liverpool's Vision and the Decade of Cranes. In: PUNTER, J. (ed.). *Urban Design and the British Urban Renaissance*. Abingdon: Routledge, 2010. p. 100-114.

BILES, R. New Towns for the Great Society: A Case Study in Politics and Planning. *Planning Perspectives*, 13, 1998, p. 113-132.

BING, A.M. Can We Have Garden Cities in America? *The Survey*, 54, 1925, p. 172-173.

BINGHAM, R.D. *Public Housing and Urban Renewal: An Analysis of Federal-Local Relations*. New York: Praeger, 1975.

BINGHAM, R.D.; BLAIR, J.P. (eds.). *Urban Economic Development*. Beverly Hills: Sage, 1984. (Urban Affairs Annual Reviews, 27)

BIRCH, A.; MACMILLAN, D.A. (eds.). *The Sydney Scene: 1788-1960*. Melbourne: Melbourne University Press, 1962.

BIRCH, E.L. Five Generations of the Garden City: Tracing Howard's Legacy in Twentieth-Century Residential Planning. In: PARSONS, K.C.; SCHUYLER, D. (eds.) *From Garden City to Green City: The Legacy of Ebenezer Howard*. Baltimore/London: Johns Hopkins University Press, 2002. p. 171-200.

_____. Radburn and the American Planning Movement: The Persistence of an Idea. *Journal of the American Planning Association*, 46, 1980, p. 424-439. (Repr.: Radburn and the American Planning Movement: The Persistence of an Idea. In: KRUECKEBERG, D.A. (ed.). *Introduction to Planning History in the United States*. New Brunswick: Rutgers University, Center for Urban Policy Research, 1983. p. 122-151.)

_____. Advancing the Art and Science of Planning. *Journal of the American Planning Association*, 46, 1980, p. 22-49.

BIRCHALL, J. Co-Partnership Housing and the Garden City Movement. *Planning Perspectives*, 10, 1995, p. 329-358.

BLACK, J. T; HOWLAND, L.; ROGEL, S.L. *Downtown Retail Development: Conditions for Success and Project Profiles*. Washington: Urban Land Institute, 1983.

BLACKWELL, W.L. Modernization and Urbanization in Russia: A Comparative View. In: HAMM, M.F. (ed.). *The City in Russian History*. Lexington: University of Kentucky Press, 1976. p. 291-330.

BLIZNAKOV, M. Urban Planning in the USSR: Integration Theories. In: HAMM, M.F. (ed.). *The City in Russian History*. Lexington: University of Kentucky Press, 1976. p. 243-256.

BLOWERS, A. (ed.). *Planning for a Sustainable Environment*. London: Earthscan, 1993.

_____. *The Limits of Power: The Politics of Local Planning Policy*. Oxford: Pergamon, 1980.

BLUESTONE, B.; HARRISON, B. The Grim Truth about the Job "Miracle". *The New York Times*, 1 feb. 1987.

_____. *The Deindustrialization of America: Plant Closures, Community Abandonment, and the Dismantling of Basic Industry*. New York: Basic Books, 1982.

BOARDMAN, P. *The Worlds of Patrick Geddes: Biologist, Town Planner, Re-educator, Peace Warrior*. London: Routledge/Kegan Paul, 1978.

_____. *Patrick Geddes: Maker of the Future*. Chapel Hill: University of North Carolina Press, 1944.

BODDY, M. *The Building Societies*. London: Macmillan, 1980.

BODDY, M.; LOVERING, J.; BASSETT, K. *Sunbelt City: A Study of Economic Change in Britain's M4 Growth Corridor*. Oxford: Oxford University Press, 1986.

BOGLE, J.M.L. *Town Planning: India*. Bombay: Oxford University Press, 1929. (India of Today, v. IX).

BOISIER, S. Chile: Continuity and Change – Variations of Centre-Down Strategies under Different Political Regimes. In: STÖHR, W.B.; TAYLOR, D.R.F. (eds.). *Development from Above or Below? The Dialectics of Regional Planning in Developing Countries*. Chichester: John Wiley & Sons, 1981. p. 401-426.

BOLAN, R.S. Emerging Views of Planning. *Journal of the American Institute of Planners*, 33, 1967, p. 233-245.

BOLE, A. *Urbanization in India: An Inventory of Source Materials*. Bombay/New Delhi: Academic Books, 1970.

BONEPARTH, E. (ed.). *Women Power and Policy*. New York: Pergamon, 1982.

BOOTH, "General" W. *In Darkest England and the Way Out*. London: Salvation Army, 1890.

BOOTH, C. *Improved Means of Locomotion as a First Step towards the Cure of the Housing Difficulties of London*. London: Macmillan, 1901.

_____ (ed.). *Life and Labour of the People in London, v. I: East, Central and South London*. London: Macmillan, 1892.

BOOTH, C. Conditions and Occupations of the People in East London and Hackney, 1887. *Journal of the Royal Statistical Society*, 51, 1888, p. 276-331.

BOOTH, C. The Inhabitants of Tower Hamlets (School Board Division), their Condition and Occupations. *Journal of the Royal Statistical Society*, 50, 1887, p. 326-391.

BOOTH, P. Sheffield: Miserable Disappointment No More? In: PUNTER, J. (ed.). *Urban Design and the British Urban Renaissance*. Abingdon: Routledge, 2010. p. 85-99.

_____. From Regulation to Discretion: The Evolution of Development Control in the British Planning System 1909-1947. *Planning Perspectives*, 14, 1999, p. 277-289.

BORCHERT, J. *Alley Life in Washington: Family, Community, Religion, and Folklife in the City, 1850-1970*. Urbana: University of Illinois Press, 1980.

BORCHERT, J.R. The Soviet City. In: HOLT, R.T.; TURNER, J.E. *Soviet Union: Paradox and Change*. New York: Holt, Rinehart, Winston, 1962. p. 35-61.

BOSE, A. *Studies in India's Urbanization 1901-1971*. Bombay/New Delhi: Tata McGraw Hill, 1973.

BOTTLES, S.L. *Los Angeles and the Automobile: The Making of the Modern City*. Berkeley/Los Angeles: University of California Press, 1987.

BOURNVILLE Village Trust. *When We Build Again: A Study Based on Research into Conditions of Living and Working in Birmingham*. London: George Allen and Unwin, 1941.

BOWDEN, P. *North Rhine Westphalia: North England: Regional Development in Action*. London: Anglo-German Foundation for the Study of Industrial Society, 1979.

BOWLEY, M. *Housing and the State, 1919-1944*. London: George Allen and Unwin, 1945.

BOWLY JR., D. *The Poorhouse: Subsidized Housing in Chicago, 1895-1976*. Carbondale: Southern Illinois University Press, 1978.

BOYD, R. *The Australian Ugliness*. Melbourne: Cheshire, 1960.

_____.*Australia's Home: Its Origins, Builders and Occupiers*. Melbourne: Melbourne University Press, 1952.

BOYER, M.C. *Dreaming the Rational City: The Myth of American City Planning*. Cambridge: MIT Press, 1983.

BOYER, P.S. *Urban Masses and Moral Order in America, 1820-1920*. Cambridge: Harvard University Press, 1978.

BRADLEY, K. "Growing up with a City": Exploring Settlement Youth Work in London and Chicago, c. 1880-1940. *The London Journal*, 34, 2009, p. 285-298.

BRAND, R.R. The Urban Housing Challenge. In: KNIGHT, C.G.; NEWMAN, J.L. (eds.). *Contemporary Africa: Geography and Change*. Englewood Cliffs: Prentice Hall, 1976. p. 321-335.

BRANDENBURG, A.; MATERNA, J. Zum Aufbruch in die Fabrikgesellschaft: Arbeiterkolonien. *Archiv für die Geschichte des Widerstandes und der Arbeit*, 1, 1980, p. 35-48.

BRANFORD, V. *Interpretations and Forecasts: A Study of Survivals and Tendencies in Contemporary Society*. New York/London: Mitchell Kennerley, 1914.

BRANFORD, V.; GEDDES, P. *Our Social Inheritance*. London: Williams and Norgate, 1919.

_____. *The Coming Polity: A Study in Reconstruction*. London: Williams and Norgate, 1917. (The Making of the Future)

BREESE, G. (ed.). *The City in Newly Developing Countries: Readings on Urbanism and Urbanization*. Englewood Cliffs: Prentice Hall, 1969.

BREHENY, M. Transport Planning, Energy and Development: Improving our Understanding of the Basic Relationships. In: BANISTER, D. (ed.). *Transport and Urban Development*. London: Spon, 1995. p. 89-95.

_____. The Compact City and Transport Energy Consumption. *Transactions of the Institute of British Geographers*, 20, 1995, p. 81-101.

_____. Counter-Urbanisation and Sustainable Urban Forms. In: BROTCHIE, J. E; BATTY, M., BLAKELY, E.; HALL, P.; NEWTON, P. (eds.). *Cities in Competition*. Melbourne: Longman Australia, 1995. p. 402-429.

_____ (ed.). *Sustainable Development and Urban Form*. London: Pion, 1992. (European Research in Regional Science, 2)

_____. The Contradictions of the Compact City: A Review. In: BREHENY, M.J. (ed.). *Sustainable Development and Urban Form* London: Pion, 1992. p. 138-159. (European Research in Regional Science, 2)

_____. Contradictions of the Compact City. *Town and Country Planning*, 60, 1991, p. 21.

BREHENY, M.; BUTTON, K. (eds.). *Transport, the Environment and Sustainable Development*. London: Spon, 1993.

BREHENY, M.; GENT, T.; LOCK, D. *Alternative Development Patterns: New Settlements*. London: HMSO, 1993.

BREHENY, M.; HALL, P. Four Million Households – Where Will They Go? *Town and Country Planning*, 65, 1996, p. 39-41.

_____. The Strange Death of Strategic Planning and the Victory of the Know-Nothing School. *Built Environment*, 10, 1984, p. 95-99.

BREHENY, M.; HOOPER, A. (eds.). *Rationality in Planning: Critical Essays on the Role of Rationality in Urban and Regional Planning*. London: Pion, 1985.

BREHENY, M.; ROOKWOOD, R. Planning the Sustainable City Region. In: BLOWERS, A. (ed.). *Planning for a Sustainable Environment*. London: Earthscan, 1993. p. 150-189.

BRINDLEY, T.; RYDIN, Y.; STOKER, G. *Remaking Planning: The Politics of Urban Change in the Thatcher Years*. London: Unwin Hyman, 1989.

BRISTOW, R. *Land-Use Planning in Hong Kong: History, Policies and Procedures*. Hong Kong: Oxford University Press, 1984.

BRODSLY, D.L. *A Freeway: An Appreciative Essay*. Berkeley/Los Angeles: University of California Press, 1981.

BROMLEY, R.; GERRY, C. (eds.). *Casual Work and Poverty in Third World Cities*. Chichester: John Wiley & Sons, 1979.

BROTCHIE, J. E; BATTY, M.; BLAKELY, E.; HALL, P.; NEWTON, P. (eds.). *Cities in Competition*. Melbourne: Longman Australia, 1995.

BROTCHIE, J. E; NEWTON, P.; HALL, P.; DICKEY, J. (eds.). *East West Perspectives on 21st Century Urban Development: Sustainable Eastern and Western Cities in the New Millennium*. Aldershot: Ashgate, 1999.

BROWN, K.D. *John Burns*. London: Royal Historical Society, 1977.

BROWNELL, B.A. Urban Planning, The Planning Profession, and the Motor Vehicle in early Twentieth-Century America. In: CHERRY, G.E. (ed.). *Shaping an Urban World*. London: Mansell, 1980. p. 59-77.

BROWNILL, S. *Developing London's Docklands: Another Great Planning Disaster?* London: Paul Chapman, 1990.

BRUSH, J.E. Spatial Patterns of Population in Indian Cities. *Geographical Review*, 58, 1968, p. 362-391.

_____. The Morphology of Indian Cities. In: TURNER, R. (ed.). *India's Urban Future*. Berkeley: University of California Press, 1962. p. 57-70.

BRUTON, M. *Introduction to Transportation Planning*. 2. ed. London: Hutchinson, 1975.

BRYSON, L.; THOMPSON, F. *An Australian Newtown: Life and Leadership in a Working-Class Suburb*. Harmondsworth: Penguin, 1972.

BUDD, L.; WHIMSTER, S. *Global Finance and Urban Living: A Study of Metropolitan Change*. London: Routledge, 1992.

BUDER, S. *Visionaries and Planners: The Garden City Movement and the Modern Community.* New York: Oxford University Press, 1990.

BUILDING *News*, 437, 1979, p. 4.

BUILDING *News*, 438, 1979, p. 1.

BUILDING *News*, 456, 1979, p. 8.

BULL, W.J. A Green Girdle round London. *The Sphere*, 5, 1901, p. 128-129.

BULLOCK, N. Plans for Post-War Housing in the UK: The Case for Mixed Development and the Flat. *Planning Perspectives*, 2, 1987, p. 71-98.

____. Housing in Frankfurt 1925 to 1931 and the New Wohnkultur. *Architectural Review*, 113, 1978, p. 335-342.

BUNKER, R. Why and How Did Adelaide Come About? *Planning Perspectives*, 23, 2008, p. 233-240.

____. In the Shadow of the City: The Fringe Around the Australian Metropolis in the 1950s. *Planning Perspectives*, 17, 2002, p. 61-82.

____. Systematic Colonization and Town Planning in Australia and New Zealand. *Planning Perspectives*, 3, 1988, p. 59-80.

____. Process and Product in the Foundation and Laying Out of Adelaide. *Planning Perspectives*, 13, 1998, p. 243-255.

BURGESS, E.W. The Growth of the City: An Introduction to a Research Project. In: PARK, R.E.; BURGESS, E. W; MCKENZIE, R.D. *The City.* Chicago: University of Chicago Press, 1925. p. 47-62.

BURGESS, R. Self-Help Housing Advocacy: A Curious Form of Radicalism. A Critique of the Work of J. E C. Turner. In: WARD, P.M. (ed.). *Self-Help Housing: A Critique.* London: Mansell, 1982. p. 56-97.

____. Petty Commodity Housing or Dweller Control? A Critique of John Turner's Views on Housing Policy. *World Development*, 6, 1978, p. 1105-1134.

BURNETT, J. *A Social History of Housing 1815-1970.* Newton Abbot: David and Charles, 1978.

BURNHAM Jr, D.H.; KINGERY, R. *Planning the Region of Chicago.* Chicago: Chicago Regional Planning Association, 1956.

BURNHAM, D.H.; BENNETT, E.H. *Report on a Plan for San Francisco.* San Francisco: Sunset Press, 1905. (Repr.: with introduction by James R. McCarthy. Berkeley: Urban Books, 1971.)

____. *Plan of Chicago* [1909]. New York: Da Capo, 1970.

BURNLEY, I.H. (ed.). *Urbanization in Australia: The Post-War Experience.* London: Cambridge University Press, 1974.

BURNS, J. Speech on Housing, Town Planning, etc., Bill. *Commons Hansard*, Fourth series, 188, 1908, p. 947-968.

BUTCHER, G.; COLLIS, P.; GLEN, A.; SILLS, P. *Community Groups in Action: Case Studies and Analysis.* London: Routledge and Kegan Paul, 1980.

BUTLER, C. et al. The Planned Community. *Architectural Forum*, 58, 1933, p. 253-274.

BUTLER, S.M. *Enterprise Zones: Greenlining the Inner Cities.* New York: Universe, 1981.

CADBURY Jr, G. *Town Planning: With Special Reference to the Birmingham Schemes.* London: Longmans/Green, 1915.

CAIRNCROSS, F. *The Death of Distance: How the Communications Revolution Will Change our Lives.* London: Orion, 1997.

CALABI, D. Italy. In: WYNN, M. (ed.). *Planning and Urban Growth in Southern Europe.* London: Mansell, 1984. p. 37-69.

CALABI, D. Marcel Poëte: Pioneer of "l'Urbanisme" and Defender of "l'Histoire des Villes." *Planning Perspectives*, 11, 1996, p. 413-436.

CALDENBY, C.; RUNDBERG, E. Katalog Backstrom & Reinius. *Arkitektur*, 82/6, 1982, p. 10-32.

CALLOW, A.B. *American Urban History: An Interpretative Reader with Commentaries.* New York: Oxford University Press, 1969.

CALTHORPE, P. *The Next American Metropolis: Ecology, Community, and the American Dream.* Princeton: Princeton Architectural, 1993.

CALTHORPE, P.; FULTON, W. *The Regional City: Planning for the End of Sprawl.* Washington: Island, 2001.

CARNOY, M. *The State and Political Theory.* Princeton: Princeton University Press, 1984.

CARO, R.A. *The Power Broker: Robert Moses and the Fall of New York.* New York: Alfred A. Knopf, 1974.

CARPENTER, E. et al. *Forecasts of the Coming Century, by a Decade of Writers.* Manchester: Labour, 1897.

CARR, M.C. The Development and Character of a Metropolitan Suburb: Bexley, Kent. In: THOMPSON, F.M.L. (ed.). *The Rise of Suburbia,.* Leicester: Leicester University Press, 1982. p. 212-267.

CARROTHERS, G.A.P. An Historical Review of the Gravity and Potential Concepts of Human Interaction. *Journal of the American Institute of Planners*, 22, 1956, p. 94-102.

CARVER, H. *Cities in the Suburbs.* Toronto: University of Toronto Press, 1962.

CASSIDY, R. *Livable Cities: A Grass-Roots Guide to Rebuilding Urban America.* New York: Holt, Rinehart and Winston, 1980.

CASTELLS, M. *The Information Age: Economy, Society, and Culture, v. III: End of Millennium.* Oxford: Blackwell, 1998.

____. *The Information Age: Economy, Society, and Culture, v. II: The Power of Identity.* Oxford: Blackwell, 1997.

____. *The Information Age: Economy, Society, and Culture, v. I: The Rise of the Network Society.* Oxford: Blackwell, 1996.

____. *The Informational City: Information Technology, Economic Restructuring and the Urban-Regional Process.* Oxford: Basil Blackwell, 1989.

____. *The City and the Grassroots: A Cross-Cultural Theory of Urban Social Movements.* London: Edward Arnold, 1983.

_____. *City, Class and Power.* London: Macmillan, 1978.

_____. *The Urban Question: A Marxist Approach.* London: Edward Arnold, 1977.

CASTELLS, M.; GOH, L.; KWOK, R.Y.-W. *The Shep Kip Mei Syndrome: Economic Development and Public Housing in Hong Kong and Singapore.* London: Pion, 1990.

CASTELLS, M.; HALL, P. *Technopoles of the World: The Making of 21st-century Industrial Complexes.* London: Routledge, 1994.

CATANESE, A.J.; STEISS, A.W. *Systemic Planning: Theory and Application.* Lexington: D.C. Heath, 1970.

CAVALCANTI, M. de B.U. Urban Reconstruction and Autocratic Regimes: Ceausescu's Bucharest in its Historic Context. *Planning Perspectives,* 12, 1997, p. 71-109.

CEDERNA, A. *Mussolini Urbanista: Lo sventramento di Roma negli anni del Consenso.* Roma: Laterza, 1981.

CERILLO Jr, A. The Impact of Reform Democracy: Early Twentieth Century Municipal Government in New York City. In: EBNER, M.E.; TOBIN, E.M. *The Age of Urban Reform: New Perspectives on the Progressive Era.* Port Washington: Kennikat, 1977. p. 68-85.

CERVERO, R. *Suburban Gridlock.* New Brunswick: Center for Urban Policy Studies, 1986.

CHADWICK, G. *A Systems View of Planning: Towards a Theory of the Urban and Regional Planning Process.* Oxford: Pergamon, 1971.

CHANDLER, T.; FOX, G. *3000 Years of Urban Growth.* London: Academic, 1974.

CHAPMAN, S.D. (ed.). *The History of Working-Class Housing.* Newton Abbot: David and Charles, 1971.

CHASE, S. *Rich Land Poor Land: A Study of Waste in the Natural Resources of America.* New York/London: Whittlesey House, 1936.

_____. *The Economy of Abundance.* New York: Macmillan, 1934.

_____. *A New Deal.* New York: Macmillan, 1932.

_____. *The Nemesis of American Business and Other Essays.* New York: Macmillan, 1931.

_____. *Men and Machines.* New York: Macmillan, 1929.

_____. Coals to Newcastle. *The Survey,* 54, 1925, p. 143-146.

CHEAPE, C.W. *Moving the Masses: Urban Public Transit in New York, Boston, and Philadelphia, 1880-1912.* Cambridge: Harvard University Press, 1980.

CHECKOWAY, B. Large Builders, Federal Housing Programs, and Postwar Suburbanization. In: TABB, W K.; SAWERS, L. (eds.). *Marxism and the Metropolis: New Perspectives in Urban Political Economy.* New York: Oxford University Press, 1984. p. 152-173.

CHECKOWAY, B.; PATTON, C.V. (eds.). *The Metropolitan Midwest: Policy Problems and Prospects for Change.* Urbana: University of Illinois Press, 1985.

CHERRY, G.E. *Town Planning in Britain since 1900: The Rise and Fall of the Planning Ideal.* Oxford: Blackwell, 1996.

_____. *Urban Change and Planning: A History of Urban Development in Britain since 1750.* Henley: Foulis, 1972.

_____. *Birmingham: A Study in Geography, History and Planning.* Chichester: John Wiley & Sons, 1994.

_____. *Cities and Plans: The Shaping of Urban Britain in the Nineteenth and Twentieth Centuries.* London/New York: E. Arnold, 1988.

_____. The Place of Neville Chamberlain in British Town Planning. In: CHERRY, G.E. (ed.) *Shaping an Urban World.* London: Mansell, 1980. p. 161-179.

_____. *Shaping an Urban World.* London: Mansell, 1980.

_____. *The Evolution of British Town Planning.* London: Leonard Hill, 1974.

CHERRY, G.E.; PENNY, L. *Holford: A Study in Architecture, Planning and Civic Design.* London: Mansell, 1986.

CHERRY, G.E.; ROGERS, A. *Rural Change and Planning: England and Wales in the Twentieth Century.* London: Spon, 1996.

CHESHIRE, P.; HAY, D. *Urban Problems in Europe.* London: Allen and Unwin, 1987.

CHICAGO Commission on Race Relations. *The Negro in Chicago: A Study of Race Relations and a Race Riot.* Chicago: University of Chicago Press, 1922.

CHILDS, M.W. *Sweden: The Middle Way.* London: Faber and Faber, 1936.

CHOI, C.Y.; CHAN, Y.K.: Housing Development and Housing Policy in Hong Kong. In: LIN, T. -B.; LEE, R.P.L.; SIMONIS, U. -E. (eds.). *Hong Kong: Economic, Social and Political Studies in Development.* Folkestone: Dawson, 1979. p. 183-202.

CHOUDHURI, K. *Calcutta: Story of its Government.* New Delhi: Orient-Longman, 1973.

CHRISTALLER, W. *Central Places in Southern Germany* [1933]. Translated by C.W. Baskin. Englewood Cliffs: Prentice Hall, 1966.

CHRISTENSEN, T. *Neighbourhood Survival.* Dorchester: Prism, 1979.

CHRISTOPHER, A.J. Early Settlement and the Cadastral Framework. In: KAY, G.; SMOUT, M.A.H. (eds.). *Salisbury: A Geographical Survey of the Capital of Rhodesia,.* London: Hodder and Stoughton, 1977. p. 14-25.

CHUDACOFF, H.P. *The Evolution of American Urban Society.* Englewood Cliffs: Prentice Hall, 1975.

CHURCH, A. Land and Property: The Pattern and Process of Development from 1981. In: OGDEN, P. (ed.). *London Docklands: The Challenge of Development.* Cambridge: Cambridge University Press, 1992. p. 43-51.

CHURCHILL, H. Henry Wright: 1878-1936. In: KRUECKEBERG, D.A. (ed.). *Introduction to Planning History in the United States.* New Brunswick Rutgers University, Center for Urban Policy Research, 1983. p. 208-224.

CICIN-SAIN, B.: The Costs and Benefits of Neighborhood Revitalization. In: ROSENTHAL, D.B. (ed.) *Urban Revitalization.*

Beverly Hills: Sage, 1980. p. 49-75. (Urban Affairs Annual Reviews, n. 18)

CIUCCI, G. The City in Agrarian Ideology and Frank Lloyd Wright: Origins and Development of Broadacres. In: CIUCCI, C.; DAL CO, E.; MANIERI-ELIA, M.; TAFURI, M. *The American City: From the Civil War to the New Deal.* Cambridge: MIT Press, 1979. p. 293-387.

CIUCCI, G.; DAL CO, E.; MANIERI-ELIA, M.; TAFURI, M. *The American City: From the Civil War to the New Deal.* Cambridge: MIT Press, 1979.

CLAPSON, M. Suburban Paradox? Planners' Intentions and Residents' Preferences in Two New Towns of the 1960s: Reston, Virginia and Milton Keynes, England. *Planning Perspectives*, 17, 2002, p. 145-162.

_____. *Invincible Green Suburbs, Brave New Towns: Social Change and Urban Dispersal in Postwar England.* Manchester: Manchester University Press, 1998.

CLARK, C. *The Conditions of Economic Progress.* London: Macmillan, 1940.

CLAVEL, P. Ebenezer Howard and Patrick Geddes: Two Approaches to City Development. In: PARSONS, K.C.; SCHUYLER, D. (eds.). *From Garden City to Green City: The Legacy of Ebenezer Howard.* Baltimore/London: Johns Hopkins University Press, 2002. p. 38-57.

_____. *The Progressive City: Planning and Participation, 1969-1984.* New Brunswick: Rutgers University Press, 1986.

CLAVEL, P.; FORESTER, J.; GOLDSMITH, W.W. (eds.). *Urban and Regional Planning in an Age of Austerity.* New York: Pergamon, 1980.

CLAWSON, M. *New Deal Planning: The National Resources Planning Board.* Baltimore: Johns Hopkins University Press, 1981.

_____. *Suburban Land Conversion in the United States: An Economic and Governmental Process.* Baltimore: Johns Hopkins University Press, 1971.

CLAWSON, M.; HALL, P. *Planning and Urban Growth: An Anglo-American Comparison.* Baltimore: Johns Hopkins University Press, 1973.

CLOHER, D.U. A Perspective on Australian Urbanization. In: POWELL, J.M.; WILLIAMS, M. *Australian Space, Australian Time: Geographical Perspectives.* Melbourne: Oxford University Press, 1975. p. 104-149.

CODINGS, T. (ed.). *Stevenage 1946-1986: Images of the first New Town.* Stevenage: SPA Books, 1987.

COHEN, S.S.; ZYSMAN, J. *Manufacturing Matters: The Myth of the Post-Industrial Economy.* New York: Basic Books, 1987.

COLEMAN, A. *Utopia on Trial: Vision and Reality in Planned Housing.* London: Hilary Shipman, 1985.

COLEMAN, B.I. (ed.). *The Idea of the City in Nineteenth-Century Britain.* London: Routledge/Kegan Paul, 1973.

COLLINS, J. Lusaka: Urban Planning in a British Colony, 1931-64. In: CHERRY, G.E. (ed.). *Shaping an Urban World.* London: Mansell, 1980. p. 227-252.

_____. *Lusaka: The Myth of the Garden City.* Lusaka: University of Zambia, Institute of Social Research, 1969. (Zambian Urban Studies, n. 2.)

COLLINS, M. Land-Use Planning since 1947. In: SIMMIE, J. (ed.). *Planning London.* London: UCL, 1994. p. 90-140.

COLOMB, C. Culture in the City, Culture for the City? The Political Construction of the Trickle-Down in Cultural Regeneration Strategies in Roubaix, France. *Town Planning Review*, 82, 2011, p. 77-98.

_____. Unpacking New Labour's "Urban Renaissance" Agenda: Towards a Socially Sustainable Reurbanization of British cities? *Planning Practice & Research*, 22, 2007, p. 1-24.

COMER, J.P. The Dynamics of Black and White Violence. In: GRAHAM, H.D.; GURR, T.R. (eds.). *Violence in America: Historical and Comparative Perspectives.* Washington: Government Printing Office, 1969. 2 v. p. 341-354.

COMERIO, M.C. Community Design: Idealism and Entrepreneurship. *Journal of Architectural and Planning Research*, 1, 1984, p. 227-243.

COMHAIRE, J. Leopoldville and Lagos: Comparative Survey of Urban Condition in 1960. *Economic Bulletin for Africa*, 1/2, 1961, p. 50-65.

COMMONWEALTH of Australia Department of Home Affairs. *The Federal Capital: Report Explanatory of the Preliminary General Plan.* (C. 9681.) Melbourne: Albert J. Mullett, Government Printer, 1913.

CONDIT, C.W. *Chicago, 1930-1970: Building, Planning, and Urban Technology.* Chicago/London: Chicago University Press, 1974.

_____. *Chicago, 1910-29: Building, Planning, and Urban Technology.* Chicago/London: Chicago University Press, 1973.

CONEKIN, B. "Here is the Modern World Itself": The Festival of Britain's Representations of the Future. In: CONEKIN, B.; MORT, E.; WATERS, C. (eds.). *Moments of Modernity: Reconstructing Britain 1945-1964.* London/New York: Rivers Oram, 1999. p. 228-246.

CONKIN, P.K. Intellectual and Political Roots. In: HARGROVE, E.C.; CONKIN, P.K. (eds.). *TVA: Fifty Years of Grass-Roots Bureaucracy.* Urbana: University of Illinois Press, 1983. p. 3-34.

_____. *Tomorrow a New World: The New Deal Community Program.* Ithaca: Cornell University Press, 1959.

CONNOLLY, P. Uncontrolled Settlements and Self-Build: What Kind of Solution? The Mexico City Case. In: WARD, P.M. (ed.). *Self-Help Housing: A Critique.* London: Mansell, 1982. p. 141-174.

CONSORTIUM Developments. *Tillingham Hall Outline Plan*. London: Consortium Developments, 1985.

COOK, A.; GITTELL, M.; MACK, H. (eds.). *City Life, 1865-1900: Views of Urban America*. New York: Praeger, 1973.

COOK, P. Cook's Grand Tour. *Architectural Review*, 174/10, 1983, p. 32-42.

COOKE, C. Russian Responses to the Garden City Idea. *Architectural Review*, 163, 1978, p. 354-363.

_____. Activities of the Garden City Movement in Russia. *Transactions of the Martin Centre for Architectural and Urban Studies*, 1, 1977, p. 225-249.

COOKE, P. *Back to the Future: Modernity, Postmodernity and Locality*. London: Unwin Hyman, 1990.

_____. *Theories of Planning and Spatial Development*. London: Hutchinson, 1983.

COOLEY, C.H. *Social Process*. New York: Charles Scribner's Sons, 1918.

_____. *Social Organization: A Study of the Larger Mind*. New York: Charles Scribner's Sons, 1909.

COONEY, E.W. High Flats in Local Authority Housing in England and Wales since 1945. In: SUTCLIFFE, A. (ed.). *Multi-Storey Living: The British Working-Class Experience*. London: Croon Helm, 1974. p. 151-180.

CO-PARTNERSHIP Tenants' Housing Council. *Garden Suburbs, Villages and Homes: All about Co-Partnership Houses*. London: The Council, 1906.

COPPOCK, J.T.; PRINCE, H. (eds.). *Greater London*. London: Faber and Faber, 1964.

COUNCIL for the Preservation of Rural England: "Penn Country" Branch. *The Penn Country of Buckinghamshire*. London: CPRE, 1933.

COUNCIL for the Preservation of Rural England: Thames Valley Branch. *The Thames Valley from Cricklade to Staines*. Prepared by the Earl of Mayo, S.D. Adshead and Patrick Abercrombie. London: University of London Press, 1929.

CREESE, W.L. *The Search for Environment: The Garden City Before and After*. 2. ed. Baltimore/London: Johns Hopkins University Press, 1992.

_____. *TVA's Public Planning: The Vision, The Reality*. Knoxville: University of Tennessee Press, 1990.

_____ (ed.). *The Legacy of Raymond Unwin: A Human Pattern for Planning*. Cambridge: MIT Press, 1967.

_____. *The Search for Environment: The Garden City Before and After*. New Haven: Yale University Press, 1966.

CROSSMAN, R.H.S. *The Diaries of a Cabinet Minister, v. I: Minister of Housing 1964-66*. London: Hamish Hamilton and Jonathan Cape, 1975.

CROW, A. Town Planning in Old and Congested Areas, with Special Reference to London. In: ROYAL Institute of British Architects *Town Planning Conference – Transactions*. London: RIBA, 1911. p. 407-426.

CROW, S. Development Control: The Child that Grew Up in the Cold. *Planning Perspectives*, 11, 1996, p. 399-411.

CRUMP, S. *Ride the Big Red Cars: How Trolleys Helped Build Southern California*. Los Angeles: Crest, 1962.

CULLEN, G. Prairie Planning in the New Towns. *Architectural Review*, 114, 1953, p. 33-36.

CULLINGWORTH, J.B. (ed.). *British Planning: Fifty Years of Urban and Regional Policy*. London: Athlone, 1999.

_____. *Planning in the USA: Policies, Issues and Processes*. London: Routledge, 1997.

_____. *The Political Economy of Planning: American Land Use Planning in Comparative Perspective*. New York/London: Routledge, 1993.

_____. *Environmental Planning (Peacetime History), v. III: New Towns Policy*. London: HMSO, 1979.

CULPIN, E.G. *The Garden City Movement Up-To-Date*. London: Garden Cities and Town Planning Association, 1913.

CUNNINGHAM, S.M. Brazilian Cities Old and New: Growth and Planning Experiences. In: CHERRY, G.E. (ed.). *Shaping an Urban World*. London: Mansell, 1980. p. 181-202.

CURL, J.S. *European Cities and Society: A Study of the Influence of Political Change on Town Design*. London: Leonard Hill, 1970.

DAHL, R.A. *Who Governs? Democracy and Power in an American City*. New Haven/London: Yale University Press, 1961.

DAKHIL, F.H.; URAL, O.; TEWFIK, M.F. *Housing Problems in Developing Countries*. Chichester: John Wiley & Sons, 1979. 2 v. (Proceedings IAHS International Conference 1978.)

DAL CO, F. From Parks to the Region: Progressive Ideology and the Reform of the American City. In: CIUCCI, C.; DAL CO, E.; MANIERI-ELIA, M.; TAFURI, M. *The American City: From the Civil War to the New Deal*. Cambridge: MIT Press, 1979. p. 143-291.

DANNELL, G. Planering viden skiljeväg. *Plan*, 35, 1981, p. 52-56.

DARLEY, G. *Villages of Vision*. London: Architectural, 1975.

DAUN, Å. *Setbacks and Advances in the Swedish Housing Market*. Stockholm: Swedish Institute, 1985. (Current Sweden, 331)

DAUNTON, M.J. (ed.). *Councillors and Tenants: Local Authority Housing in English Cities, 1919-1939*. Leicester: Leicester University Press, 1984.

DAUNTON, M.J. *House and Home in the Victorian City: Working-Class Housing 1850-1914*. London: Edward Arnold, 1983.

DAVIDOFF, P. Advocacy and Pluralism in Planning. *Journal of the American Institute of Planners*, 31, 1965, p. 186-197.

DAVIES, J.C. The J-Curve of Rising and Declining Satisfactions as a Cause of Some Great Revolutions and a Contained Rebellion. In: GRAHAM, H.D.; GURR, T.R. (eds.). *Violence in America: Historical and Comparative Perspectives.* Washington: Government Printing Office, 1969. 2 v. p. 547-576.

DAVIES, R.O. *The Age of Asphalt: The Automobile, the Freeway, and the Condition of Metropolitan America.* Philadelphia: J.B. Lippincott, 1975.

DAVIS, A.F. Playgrounds, Housing, and City Planning. In: KRUECKEBERG, D.A. (ed.). *Introduction to Planning History in the United States.* New Brunswick: Rutgers University, Center for Urban Policy Research, 1983. p. 73-87.

_____. *Spearheads for Reform: The Social Settlements and the Progressive Movement, 1890-1914.* New York: Oxford University Press, 1967.

DAVIS, D.H. *Lusaka, Zambia: Some Town Planning Problems in an African City at Independence.* University of Zambia, Institute of Social Research, 1969. (Zambian Urban Studies, n. 1)

DAVIS, M. *City of Quartz: Excavating the Future in Los Angeles.* London: Verso, 1990.

DAVISON, G. Australian Urban History: A Progress Report. *Urban History Yearbook 1979.* Leicester: Leicester University Press, 1979. p. 100-109.

DAVOUDI, S. Understanding Territorial Cohesion. *Planning Practice & Research,* 20, 2005, p. 433-441.

_____. Sustainability: A New Vision for the British Planning System. *Planning Perspectives,* 15, 2000, p. 123-137.

DAVOUDI, S.; PENDLEBURY, J. The Evolution of Planning as an Academic Discipline. *Town Planning Review,* 81, 2010, p. 613 645.

DAY, A.F. *John C.F.S. Day: His Forbears and Himself: A Biographical Study by One of his Sons.* London: Heath, Cranton, 1916.

DE CARLO, G. An Architecture of Participation. *Perspecta,* 17, 1980, p. 74-79.

_____. The Housing Problem in Italy. *Freedom,* 9/12, 2, and 9/13, 2, 1948.

DEAKIN, D. (ed.). *Wythenshawe: The Story of a Garden City.* Chichester: Phillimore, 1989.

DEAR, M.S.; SCOTT, A.J. (eds.). *Urbanization and Urban Planning in Capitalist Society.* London: Methuen, 1981.

DEAR, S.; ALLEN, M.J. Towards a Framework for Analysis. In: DEAR, M.S.; SCOTT, A.J. (eds.). *Urbanization and Urban Planning in Capitalist Society.* London: Methuen, 1981. p. 3-16.

DEBORD, G. *Comments on the Society of the Spectacle.* London: Verso, 1990.

_____. *Society of the Spectacle.* Detroit: Black & Red, 1970. (A Black & Red Unauthorized Translation.)

DEFOREST, R.W.; VEILLER, L. (eds.). *The Tenement House Problem: Including the Report of the New York State Tenement House Commission of 1900.* New York: Macmillan, 1903. 2 v.

DEFRIES, A. *The Interpreter Geddes: The Man and his Gospel.* London: George Routledge and Sons, 1927.

DEGEN, M. *Sensing Cities: Regenerating Public Fife in Barcelona and Manchester.* Abingdon: Routledge, 2008.

DEHAENE, M. Urban Lessons for the Modern Planner: Patrick Abercrombie and the Study of Urban Development. *Town Planning Review,* 75, 2004, p. 1-30.

DELAFONS, J. Reforming the British Planning System 1964-5: The Planning Advisory Group and the Genesis of the Planning Act of 1968. *Planning Perspectives,* 13, 1998, p. 373-387.

_____. *Politics and Preservation: A Policy History of the Built Heritage 1882-1996.* London: Spon, 1997.

DELOUVRIER, P. Paris. In: ROBSON, W.A.; REGAN, D.E., (eds.). *Great Cities of the World.* v. II. London: George Allen and Unwin, 1972. p. 731-771.

DENNIS, N. The Popularity of the Neighbourhood Community Idea. In: PAHL, R.E. (ed.). *Readings in Urban Sociology.* Oxford: Pergamon, 1968. p. 74-92.

DENNIS, R. *Cities in Modernity: Representations and Productions of Metropolitan Space, 1840-1930.* Cambridge: Cambridge University Press, 2008.

DERTHICK, M. *New Towns In-Town: Why a Federal Program Failed.* Washington: The Urban Institute, 1972.

DHUYS, J. -F. Et si M. Chirac avait raison? *Macadam,* 4, 1983, p. 9.

DIAMOND, S.; BURKE, F.G. *The Transformation of East Africa: Studies in Political Anthropology.* New York: Basic Books, 1966.

DIDION, J. *Play It as It Fays.* New York: Farrar, Strauss and Giroux, 1970.

DIETRICH, R. *Berlin: Neun Kapitel seiner Geschichte.* Berlin: Walter de Gruyter, 1960.

DIMAIO, A.J. *Soviet Urban Housing: Problems and Politics.* New York: Praeger, 1974.

DIX, G. Little Plans and Noble Diagrams. *Town Planning Review,* 49, 1978, p. 329-352.

DOBBY, E.H.G. Singapore: Town and Country. *Geographical Review,* 30, 1940, p. 84-109.

DOBRINER, W M. The Suburban Evangel. In: ALLEN, I.L. (ed.). *New Towns and the Suburban Dream: Ideology and Utopia in Planning and Development.* Port Washington: Kennikat, 1977. p. 121-140.

DOCKLANDS Forum, Birkbeck College. *Employment in Docklands.* London: Docklands Forum, 1990.

DOCKLANDS Joint Committee. *Fondon Docklands Strategic Plan.* London: Docklands Development Team, 1976.

DODD, K.S. Planning in the USSR. *Journal of the Town Planning Institute,* 20, 1933, p. 34-53.

DOLCE, P.C. (ed.). *Suburbia: The American Dream and Dilemma.* Garden City: Anchor, 1976.

DONNISON, D.V.; EVERSLEY, D. *London: Urban Patterns, Problems, and Policies*. London: Heinemann, 1973.

DORSETT, L.W. *The Challenge of the City, 1860-1910*. Lexington: D.C. Heath, 1968.

DOVE, D. *Preserving the Urban Environment: How to Stop Destroying Cities*. Philadelphia: Dorrance, 1976.

DOWALL, D. *The Suburban Squeeze: Land Conversion and Regulation in the San Francisco Bay Area*. Berkeley: University of California Press, 1984.

DOWNS, A. *An Economic Theory of Democracy*. New York: Harper and Brothers, 1957.

DRAKE, S.; CAYTON, H.R. *Black Metropolis: A Study of Negro Life in a Northern City*. New York: Harcourt Brace, 1945.

DRAPER, J.E. *Edward H. Bennett: Architect and City Planner, 1874-1954*. Chicago: Art Institute of Chicago, 1982.

DREISER, T. *The Stoic*. Garden City: Doubleday, 1947.

DU BOIS, W.E.B. *Darkwater: Voices from Within the Veil*. London: Constable, 1920.

_____. *The Philadelphia Negro: A Social Study*. Publications of the University of Pennsylvania: Series in Political Economy and Public Law. Philadelphia: The University, 1899.

DUANY, A.; PLATER-ZYBERK, E.; SPECK, J. *Suburban Nation: The Rise of Sprawl and the Decline of the American Dream*. New York: North Point, 2000.

DUBECH, I.; D'ESPEZEL, P. *Histoire de Paris*. Paris: Les Editions Pittoresques, 1931. 2 v.

DUHL, L.J. (ed.). *The Urban Condition: People and Policy in the Metropolis*. New York: Basic Books, 1963.

DULFFER, J.; THIES, J.; HENKE, J. *Hitlers Städte: Baupolitik im Dritten Reich*. Köln: Bohlau, 1978.

DUNCAN, J.D.; DUNCAN, N.G. A Cultural Analysis of Urban Residential Landscapes in North America: The Case of the Anglophile Elite. In: AGNEW, J.; MERCER, J.; SOPHER, D.E. (eds.). *The City in Cultural Context*. Boston: Allen and Unwin, 1984. p. 255-276.

DUNKERLEY, H. et al. *Urban Land Policy: Issues and Opportunities*. New York: Oxford University Press, 1983.

DUNLEAVY, P. *The Politics of Mass Housing in Britain, 1945-1975: A Study of Corporate Power and Professional Influence in the Welfare State*. Oxford: Clarendon, 1981.

DUQUESNE, J. *Vivre a Sarcelles? Le Grand ensemble et ses problèmes*. Paris: Cujas, 1966.

DURANT, R. *Watling: A Survey of Social Life on a New Housing Estate*. London: P.S. King, 1939.

DWYER, D.J. (ed.). *The City in the Third World*. London: Macmillan, 1974.

_____. Attitudes Towards Spontaneous Development in Third World Cities. *The City in the Third World*. London: Macmillan, 1974. p. 204-218.

_____ (ed.). *The City as a Centre of Change in Asia*. Hong Kong: Hong Kong University Press, 1972.

_____ (ed.). *Asian Urbanization: A Hong Kong Casebook*. Hong Kong: Hong Kong University Press, 1971.

DYCKMAN, J.W. Social Planning in the American Democracy. In: ERBER, E. (ed.). *Urban Planning in Transition*. New York: Grossman, 1970. p. 27-44.

DYKSTRA, C.A. Congestion Deluxe – Do We Want It? *National Municipal Review*, 15, 1926, p. 394-398.

EAST, E.E. Streets: The Circulation System. In: ROBBINS, G.W.; TILTON, L.D. (eds.). *Los Angeles: A Preface to a Master Plan*. Los Angeles: The Pacific Southwest Academy, 1941. p. 7-100.

EBERSTADT, R. *Handbuch des Wohnungswesens und der Wohnungsfrage* [1909]. Jena: Gustav Fischer, 1917.

_____.Town Planning in Germany: The Greater Berlin Competition. In: ROYAL Institute of British Architects. *Town Planning Conference – Transactions*. London: RIBA, 1911. p. 313-333.

EBNER, M.E.; TOBIN, E.M. *The Age of Urban Reform: New Perspectives on the Progressive Era*. Port Washington: Kennikat, 1977.

ECKSTEIN, S. *The Poverty of Revolution: The State and the Urban Poor in Mexico*. Princeton: Princeton University Press, 1977.

EDBLOM, M.; STRÖMDAHL, J.; WESTERMAN, A. Mot en ny Miljö. *Arkitektur*, 62, 1962, p. 205-224.

EDWARDS, A.M. *The Design of Suburbia: A Critical Study in Environmental History*. London: Pembridge, 1981.

EDWARDS, B.; GILBERT, D. "Piazzadilly!": The Re-imagining of Piccadilly Circus (1957-72). *Planning Perspectives*, 23, 2008, p. 455-478.

EDWARDS, G. Comment: The Greenbelt Towns of the American New Towns. *Journal of the American Institute of Planners*, 32, 1966, p. 225-228.

EDWARDS, J.; BATLEY, R. *The Politics of Positive Discrimination: An Evaluation of the Urban Programme 1967-77*. London: Tavistock, 1978.

EDWARDS, S. (ed.). *Selected Writings of Pierre-Joseph Proudhon*. Garden City: Anchor (Doubleday), 1969.

EELS, R.; WALTON, C. *Man in the City of the Future: A Symposium of Urban Philosophers*. New York: Arkville, 1968.

EGLI, E. *Geschichte des Städtebaus*. Zürich: Rentsch, 1959-1967. 3 v.

EHRLICH, H. *Die Berliner Bauordnungen, ihre wichtigsten Bauvorschriften und deren Einfluss auf den Wohnhausbau der Stadt Berlin*. Jena: G. Neuenhahn, 1933.

ELANDER, I. *New Trends in Social Housing: The Case of Sweden*. Örebro: University, Centre for Housing and Urban Research, 1989.

ELANDER, I.; STRÖMBERG, T. Whatever Happened to Social Democracy and Planning? The Case of Local Land and Housing Policy in Sweden. In: LUNDQVIST, L.J. (ed.). *Policy, Organization, Tenure: A Comparative History of Housing in Small Welfare States*. Oslo: Scandinavian University Press, 1992.

ELAZAR, D.J. Urban Problems and the Federal Government: A Historical Inquiry. *Political Science Quarterly*, 82, 1967, p. 505-525.

ENSOR, R. *England 1870-1914*. Oxford: Oxford University Press, 1936.

EPSTEIN, D.G. *Brasilia, Plan and Reality: A Study of Planned and Spontaneous Urban Development*. Berkeley: University of California Press, 1973.

ERBER, E. (ed.). *Urban Planning in Transition*. New York: Grossman, 1970.

ESHER, L. *A Broken Wave: The Rebuilding of England 1940-1980*. London: Allen Lane, 1981.

ESPING-ANDERSEN, G. *Politics against Markets: The Social Democratic Road to Power*. Princeton: Princeton University Press, 1985.

ESSEX, S.; BRAYSHAY, M. Vision, Vested Interest and Pragmatism: Who Re-made Britain's Blitzed Cities? *Planning Perspectives*, 22, 2007, p. 417-441.

ESTALL, R.C. Regional Planning in the United States: An Evaluation of Experience under the 1965 Economic Development Act. *Town Planning Review*, 48, 1977, p. 341-364.

ETZIONI, A. *The Active Society*. London: Collier-Macmillan, 1968.

EVENSON, N. Paris, 1890-1940. In: SUTCLIFFE, A. (ed.). *Metropolis 1890-1940*. London: Mansell, 1984. p. 259-288.

_____. *Paris: A Century of Change, 1878-1978*. New Haven: Yale University Press, 1979.

_____. *Two Brazilian Capitals: Architecture and Urbanism in Rio de Janeiro and Brasilia*. New Haven: Yale University Press, 1973.

_____. *Chandigarh*. Berkeley/Los Angeles: University of California Press, 1966.

EVERS, H.-D. Urban Expansion and Land Ownership in Underdeveloped Societies. In: WALTON, A.; MASOTTI, L.H. (eds.). *The City in Comparative Perspective*. New York: John Wiley & Sons, 1976. p. 67-79.

FABIAN Society. *Facts for Londoners*. London: Fabian Society, 1889. (Fabian Tracts, n. 8)

_____. *Facts for Socialists: From the Political Economists and Statisticians*. London: Fabian Society, 1887. (Fabian Tracts, n. 5)

_____. *What Socialism Is*. London: George Standring, 1886. (Fabian Tracts, n. 4)

_____. *A Manifesto*. London: George Standring, 1884. (Fabian Tracts, n. 2)

_____. *Why Are the Many Poor?* London: George Standring, 1884. (Fabian Tracts, n. 1)

FABOS, J.G.; MILDE, G.T.; WEINMAYR, V.M. *Frederick Law Olmsted, Sr: Founder of Landscape Architecture in America*. Amhurst: University of Massachusetts Press, 1968.

FAINSTEIN, N.I.; FAINSTEIN, S.S. New Haven: The Limits of the Local State. In: FAINSTEIN, S.S.; FAINSTEIN, N.I.; HILL, R.C.; JUDD, D.R.; SMITH, M.P. *Restructuring the City: The Political Economy of Redevelopment*. New York: Longman, 1983. p. 27-79.

_____. Regime Strategies, Communal Resistance, and Economic Forces. In: FAINSTEIN, S.S.; FAINSTEIN, N.I.; HILL, R.C.; JUDD, D.R.; SMITH, M.P. *Restructuring the City: The Political Economy of Redevelopment*. New York: Longman, 1983. p. 245-282.

FAINSTEIN, S.S. *The City Builders: Property, Politics, and Planning in London and New York*. Oxford: Blackwell, 1994.

FAINSTEIN, S.S.; FAINSTEIN, N.I.; ARMISTEAD, P.J. San Francisco: Urban Transformation and the Local State. In: FAINSTEIN, S.S.; FAINSTEIN, N.I.; HILL, R.C.; JUDD, D.R.; SMITH, M.P. *Restructuring the City: The Political Economy of Redevelopment*. New York: Longman, 1983. p. 202-244.

FAINSTEIN, S.S.; FAINSTEIN, N.I.; HILL, R.C.; JUDD, D.R.; SMITH, M.P.: *Restructuring the City: The Political Economy of Redevelopment*. New York: Longman, 1983.

FAIRFIELD, J.D. *The Mysteries of the Great City: The Politics of Urban Design, 1877-1937*. Columbus: Ohio State University Press, 1993.

FALK, N. Baltimore and Lowell: Two American Approaches. *Built Environment*, 12, 1986, p. 145-152.

_____. London's Docklands: A Tale of Two Cities. *London Journal*, 7, 1981, p. 65-80.

FALUDI, A. The Return of Rationality. In: BREHENY, M.; HOOPER, A. (eds.). *Rationality in Planning: Critical Essays on the Role of Rationality in Urban and Regional Planning*. London: Pion, 1985. p. 21-41.

_____. *Planning Theory*. Oxford: Pergamon, 1973.

FALUDI, A.; VAN DER VALK, A. *Rule and Order: Dutch Planning Doctrine in the Twentieth Century*. Dordrecht: Kluwer, 1994.

FARINA, M.B. Urbanization, Deurbanization and Class Struggle in China 1949-79. *International Journal of Urban and Regional Research*, 4, 1980, p. 485-502.

FARLEY, R. *Blacks and Whites? Narrowing the Gap*. Cambridge: Harvard University Press, 1984.

FASSBINDER, H. *Berliner Arbeiterviertel, 1800-1918*. Berlin: Verlag für das Studium der Arbeiterbewegung, 1975.

FAVA, S.F. The Nazi Garden City. In: WARD, S.V. (ed.). *The Garden City: Past, Present and Future*. London: Spon, 1992. p. 88-106.

_____. From the Berlin Building-Block to the Frankfurt Terrace and Back: A Belated Effort to Trace Ernst May's Urban Design Historiography. *Planning Perspectives*, 2, 1987, p. 194-210.

_____. The Niddatal Project – The Unfinished Satellite Town on the Outskirts of Frankfurt. *Built Environment*, 9, 1983, p. 185-197.

_____. Beyond Suburbia. *The Annals of the American Academy of Political and Social Sciences*, 422, 1975, p. 10-24.

_____. Suburbanism as a Way of Life. *American Sociological Review*, 21, 1956, p. 34-38.

FEIBEL, C.; WALTERS, A.A. *Ownership and Efficiency in Urban Buses*. Washington: The World Bank, 1980. (World Bank Staff Working Paper, n. 371)

FEIN, A. *Frederick Law Olmsted and the American Environmental Tradition*. New York: Braziller, 1972.

_____. *Landscape into Cityscape: Frederick Law Olmsted's Plans for a Greater New York City*. Ithaca: Cornell University Press, 1967.

FICHTER, R.; TURNER, J. E C; GRENELL, P.: The Meaning of Autonomy. In: TURNER, J.F.C.; FICHTER, R. (eds.). *Freedom to Build: Dweller Control of the Housing Process*. New York: Macmillan, 1972. p. 241-254.

FIELD, S. et al. *Ethnic Minorities in Britain: A Study of Trends in their Position since 1961*. London: HMSO, 1981. (Home Office Research Study, 68.)

FINDLAY, J.M. *Magic Lands: Western Cityspaces and American Culture after 1940*. Berkeley: University of California Press, 1992.

FISCHLER, R. Planning for Social Betterment: From Standard of Living to Quality of Life. In: FREESTONE, R. (ed.). *Urban Planning in a Changing World: The Twentieth Century Experience*. London: Spon, 2000. p. 139-157.

FISHMAN, R. The Bounded City. In: PARSONS, K.C.; SCHUYLER, D. (eds.). *From Garden City to Green City: The Legacy of Ebenezer Howard*. Baltimore/London: Johns Hopkins University Press, 2002. p. 58-66.

_____. The Mumford-Jacobs Debate. *Planning History Studies*, 10/1-2, 1996, p. 3-12.

_____. The American Garden City: Still Relevant? In: WARD, S.V. (ed.). *The Garden City: Past, Present and Future*. London: Spon, 1992. p. 146-164.

_____. The Anti-Planners: The Contemporary Revolt against Planning and its significance for Planning History. In: CHERRY, G.E. (ed.). *Shaping an Urban World*. London: Mansell, 1980. p. 243-252.

_____. *Urban Utopias in the Twentieth Century: Ebenezer Howard, Frank Lloyd Wright and Le Corbusier*. New York: Basic Books, 1977.

FLINK, J.J. *The Automobile Age*. Cambridge: MIT Press, 1988

_____. *The Car Culture*. Cambridge: MIT Press, 1975.

_____. *America Adopts the Automobile, 1895-1910*. Cambridge: MIT Press, 1970.

FLUCK, T.A. Euclid v. Ambler: A Retrospective. *Journal of the American Planning Association*, 52, 1986, p. 326-337.

FOGEL, R.W.; ENGERMANN, S.L. *Time on the Cross: The Economics of American Negro Slavery*. London: Wildwood House, 1974. 2 v.

FOGELSON, R.M. *Violence as Protest: A Study of Riots and Ghettos*. Garden City: Anchor, 1971.

_____. *The Fragmented Metropolis: Los Angeles 1850-1930*. Cambridge: Harvard University Press, 1967.

FOLEY, D.L. *Controlling London's Growth; Planning the Great Wen, 1940-1960*. Berkeley: University of California Press, 1963.

FONSECA, R. The Walled City of Old Delhi. In: OLIVER, P. (ed.). *Shelter and Society*. London: Barrie Rokliff/Cresset, 1969. p. 103-115.

FORD, C.; HARRISON, B. *A Hundred Years Ago: Britain in the 1880s in Words and Photographs*. London: Allen Lane, 1983.

FORD, J. *Slums and Housing, with Special Reference to New York City: History, Conditions, Policy*. Cambridge: Harvard University Press, 1936. 2 v.

FORESTER, J. Critical Theory and Planning Practice. *Journal of the American Planning Association*, 46, 1980, p. 275-286.

FORSHAW, J.H.; ABERCROMBIE, P. *County of London Plan*. London: Macmillan, 1943.

FOSLER, R.S.; BERGER, R.A. (eds.). *Public-Private Partnership in American Cities: Seven Case Studies*. Lexington: Lexington Books, 1982.

FOSTER, M.S. *From Streetcar to Superhighway: American City Planners and Urban Transportation, 1900-1940*. Philadelphia: Temple University Press, 1981.

FOX, K. *Metropolitan America: Urban Life and Urban Policy in the United States, 1940-1980*. London: Macmillan, 1985.

FRAMPTON, K. *Modern Architecture: A Critical History*. London: Thames and Hudson, 1980.

_____. Notes on Soviet Urbanism, 1917-32. *Architects' Yearbook*, 12, 1968, p. 238-252.

FRAZIER, E.F. *The Negro Family in the United States*. Revised and abridged edition. Chicago: University of Chicago Press, 1966.

_____. *The Negro in the United States*. New York: Macmillan, 1957.

_____. *The Negro Family in the United States*. Chicago: University of Chicago Press, 1939.

_____. *The Negro Family in Chicago*. Chicago: University of Chicago Press, 1932.

FREESTONE, R. Shaping "The Finest City Region in the World": Gordon Stephenson and Canberra's National Capital Development Commission 1960-73. *Town Planning Review*, 83, 2012, p. 355-375.

_____. The Adelaide Wars: An Introduction. *Planning Perspectives*, 23, 2008, p. 221-224.

_____. Greenbelts in City and Regional Planning. In: PARSONS, K.C.; SCHUYLER, D. (eds.). *From Garden City to Green City: The Legacy of Ebenezer Howard*. Baltimore/London: Johns Hopkins University Press, 2002. p. 67-98.

_____. (ed.). *Urban Planning in a Changing World: The Twentieth Century Experience*. London: Spon, 2000.

_____. Master Plans and Planning Commissions in the 1920s: The Australian Experience. *Planning Perspectives*, 15, 2000, p. 301-322.

FRENCH, R.A.; HAMILTON, F.E.I. Is There a Socialist City? In: FRENCH, R.A.; HAMILTON, F.E.I. *The Socialist City: Spatial Structure and Urban Policy*. Chichester: John Wiley & Sons, 1979. p. 1-22.

_____. *The Socialist City: Spatial Structure and Urban Policy*. Chichester: John Wiley & Sons, 1979.

FRIED, M. Grieving for a Lost Home: Psychological Costs of Relocation. In: WILSON, J.Q. (ed.). *Urban Renewal: The Record and the Controversy*. Cambridge: MIT Press, 1966. p. 359-379.

_____. Grieving for a Lost Home. In: DUHL, L.J. (ed.). *The Urban Condition: People and Policy in the Metropolis*. New York: Basic Books, 1963. p. 151-171.

FRIED, R.C. *Planning the Eternal City: Roman Politics and Planning since World War II*. New Haven/London: Yale University Press, 1973.

FRIEDEN, B.J. *The Environmental Protection Hustle*. Cambridge: MIT Press, 1979.

_____. The Search for Housing Policy in Mexico City. *Town Planning Review*, 36, 1965, p. 75-94.

_____. *The Future of Old Neighborhoods: Rebuilding for a Changing Population*. Cambridge: MIT Press, 1964.

FRIEDEN, B.J.; KAPLAN, M. *The Politics of Neglect: Urban Aid from Model Cities to Revenue Sharing*. Cambridge: MIT Press, 1975.

FRIEDMAN, L.M. *Government and Slum Housing: A Century of Frustration*. Chicago: Rand McNally, 1968.

FRIEDMANN, J. *Retracking America: A Theory of Transactive Planning*. Garden City: Doubleday, 1973.

_____. *The Spatial Structure of Economic Development in the Tennessee Valley: A Study in Regional Planning*. Chicago: University of Chicago Press, 1955. (Department of Geography, Research paper n. 39)

FRIEDMANN, J.; HUDSON, B. Knowledge and Action: A Guide to Planning Theory. *Journal of the American Institute of Planners*, 40, 1974, p. 1-16.

FRIEDMANN, J.; WEAVER, C. *Territory and Function: The Evolution of Regional Planning*. London: Edward Arnold, 1979.

FRIEDMANN, J.; WULFF, R. *The Urban Transition: Comparative Studies of Newly Industrializing Societies*. London: Edward Arnold, 1976.

FRISBY, D. *Cityscapes of Modernity: Critical Explorations*. Cambridge: Polity, 2001.

FRITSCH, T. *Die Stadt der Zukunft* [1896]. Leipzig: Hammer, 1912.

FROLIC, B.M. Moscow: The Socialist Alternative. In: ELDREDGE, H. W (ed.). *World Capitals: Toward Guided Urbanization*. New York: Anchor/Doubleday, 1975.

_____. The Soviet City. *Town Planning Review*, 34, 1964, p. 285-306.

FRY, E.C. Growth of an Australian Metropolis. In: PARKER, R.S.; TROY, P.N. (eds.). *The Politics of Urban Growth*. Canberra: ANU, 1972. p. 1-23.

FUCHS, C.J. (ed.). *Die Wohnungs- und Siedlungsfrage nach dem Kriege: Ein Programm des Kleinwohnungs- und Siedlungswesens*. Stuttgart: Wilhelm Mener-Ilschen, 1918.

FULTON, W. The Garden Suburb and the New Urbanism. In: PARSONS, K.C.; SCHUYLER, D. (eds.). *From Garden City to Green City: The Legacy of Ebenezer Howard*. Baltimore/London: Johns Hopkins University Press, 2002. p. 159-170.

FUNIGIELLO, P.A. City Planning in World War II: The Experience of the National Resources Planning Board. In: KRUECKEBERG, D.A. (ed.). *Introduction to Planning History in the United States*. New Brunswick: Rutgers University, Center for Urban Policy Research, 1983. p. 152-169.

GALLION, A.B.; EISNER, S. *The Urban Pattern*. Princeton: D. van Nostrand, 1963.

GALLOWAY, T.D.; MAHAYNI, R.G. Planning Theory in Retrospect: The Process of Paradigm Change. *Journal of the American Institute of Planners*, 43, 1977, p. 62-71.

GANS, H.J. The Failure of Urban Renewal: A Critique and Some Proposals. In: BELLUSH, J.; HAUSKNECHT, M. (eds.). *Urban Renewal: People, Politics and Planning*. Garden City: Anchor, 1967. p. 465-484.

_____. *The Levittowners: Ways of Life and Politics in a New Suburban Community*. London: Allen Lane, 1967.

_____. *The Urban Villagers: Group and Class in the Life of Italian-Americans*. New York: The Free Press, 1962.

_____. Planning and Social Life: An Evaluation of Friendship and Neighborhood Patterns in Suburban Communities. *Journal of the American Institute of Planners*, 27, 1961, p. 134-140.

_____. The Balanced Community: Homogeneity or Heterogeneity in Residential Areas. *Journal of the American Institute of Planners*, 27, 1961, p. 176-184.

GARDINER, J. *Some Aspects of the Establishment of Towns in Zambia during the Nineteen Twenties and Thirties*. Lusaka: University of Zambia, Institute for African Studies (formerly Social Research), 1970. (Zambian Urban Studies, n. 3)

GARDNER, J. Educated Youth and Urban-Rural Inequalities, 1958-66. In: LEWIS, J.W. (ed.). *The City in Communist China*. Stanford: Stanford University Press, 1971. p. 235-286.

GARLAND, H. *A Son of the Middle Border*. London: John Lane – The Bodley Head, 1917.

GARNAUT, C. Towards Metropolitan Organisation: Town Planning and the Garden City Idea. In: HAMNETT, S.; FREESTONE, R. (eds.). *The Australian Metropolis: A Planning History*. Sydney: Allen and Unwin, 2000. p. 46-64.

GARNAUT, C.; HUTCHINGS, A. The Colonel Light Gardens Garden Suburb Commission: Building a Planned Community. *Planning Perspectives*, 18, 2003, p. 277-293.

GARREAU, J.: *Edge City: Life on the New Frontier*. New York: Doubleday, 1991.

GARRISON, W. Spatial Structure of the Economy. *Annals of the Association of American Geographers*, 49, 1959, p. 238-239, 471-482; e 50, 1960, p. 357-373.

GARSIDE, P.L. The Significance of Post-War London Reconstruction Plans for East End Industry. *Planning Perspectives*, 12, 1997, p. 19-36.

_____. "Unhealthy Areas": Town Planning, Eugenics and the Slums, 1890-1945. *Planning Perspectives*, 3, 1988, p. 24-46.

_____. West End, East End: London, 1890-1940. In: SUTCLIFFE, A. (ed.) *Metropolis 1890-1940*. London: Mansell, 1984. p. 221-258.

GATES, W. *Business @ the Speed of Thought: Succeeding in the Digital Economy*. London: Penguin, 1999.

_____. *The Road Ahead*. London: Viking, 1995.

GATONS, P.K.; BRINTNALL, M. Competitive Grants: The UDAG Approach. In: BINGHAM, R.D.; BLAIR, J.P. (eds.). *Urban Economic Development*. Beverly Hills: Sage, 1984. (Urban Affairs Annual Reviews, 27)

GAUDIN, J.P. The French Garden City. In: WARD, S.V. (ed.) *The Garden City: Past, Present and Future*. London: Spon, 1992. p. 52-68.

GAULDIE, E. *Cruel Habitations: A History of Working-Class Housing 1780-1918*. London: George Allen and Unwin, 1974.

GAWLER, J. *A Roof Over My Head*. Melbourne: Lothian, 1963.

GB Admiralty. *Geographical Handbook: Germany, v. IV: Ports and Communications*. London: Naval Intelligence Division, 1945.

GB Commission for Racial Equality. *Ethnic Minorities and New or Expanding Towns*. London: The Commission, 1980.

GB Committee ... Circumstances Connected with the Disturbances at Featherstone. *Report*. (C. 7234). London: HMSO, 1893. (BPP, 1893-4, 17).

GB Committee ... Origin and Character of the Disturbances in the Metropolis. *Report*. (C. 4665). London: HMSO, 1886. (BPP, 1886, 34).

GB Committee on the Qualifications of Planners. *Report*. (C. 8059). London: HMSO, 1950. (BPP, 1950, 14).

GB Department of the Environment. *Projections of Households in England to 2016*. London: HMSO, 1995.

_____. *East Thames Corridor: A Study of Developmental Capacity and Potential*. By Llewelyn-Davies, Roger Tym and Partners, TecnEcon and Environmental Resources. London: Department of the Environment, 1993.

_____. *An Evaluation of the Enterprise Zone Experiment*. By PA Cambridge Economic Consultants. London: HMSO, 1987.

_____. *Streamlining the Cities: Government Proposals for Reorganising Local Government in Greater London and the Metropolitan Counties*. (C. 0062). London: HMSO, 1983.

_____. *Change or Decay: Final Report of the Liverpool Inner Area Study*. London: HMSO, 1977.

_____. *Inner Area Studies: Liverpool, Birmingham and Lambeth: Summaries of Consultants' Final Reports*. London: HMSO, 1977.

_____. *Inner London: Proposals for Dispersal and Balance: Final Report of the Lambeth Inner Area Study*. London: HMSO, 1977.

_____. *Unequal City: Final Report of the Birmingham Inner Area Study*. London: HMSO, 1977.

GB Deputy Prime Minister and Secretary of State for the Environment, Transport and the Regions. *Our Towns and Cities: The Future: Delivering an Urban Renaissance*. (C. 4911). London: Stationery Office, 2000.

GB Government Office for London. *Four World Cities: A Comparative Study of London, Paris, New York and Tokyo*. London: Llewelyn Davies Planning, 1996.

GB Government Office for the South East, Government Office for East of England, Government Office for London. *Revised Regional Guidance for the South East*. (RPG 9). Guildford: Government Office for the South East, 2000.

GB Home Office. *The Brixton Disorders, 10-12 April 1981: Report of an Inquiry by the Rt. Hon. The Lord Scarman, OBE*. (C. 8427). London: HMSO, 1981. (BPP, 1981-2, C. 8427).

GB Local Government Boards for England and Wales, and Scotland. *Report of the Committee Appointed by the President of the Local Government Board and the Secretary for Scotland to Consider Questions of Building Construction in Connection with the Provision of Dwellings for the Working Classes in England and Wales, and Scotland, and Report upon Methods of Securing Economy and Despatch in the Provision of Such Dwellings*. (C. 9191.) London: HMSO, 1918. (BPP, 1918, 7).

GB Manpower Services Commission. London Regional Manpower Intelligence Unit. *Ethnic Minority Employment in London*. London: HMSO, 1981. 2 parts. (Briefing Note n. 5).

GB Minister of Transport, Steering Group and Working Group. *Traffic in Towns: A Study of the Long Term Problems of Traffic in Urban Areas*. London: HMSO, 1963.

GB Minister without Portfolio: *Lifting the Burden*. (C. 9571). London: HMSO, 1985.

GB Ministry of Health. *Interim Report of the Committee Appointed by the Minister of Health to Consider and Advise on the Principles to be Followed in Dealing with Unhealthy Areas*. London: HMSO, 1920.

GB Ministry of Health. *Second and Final Report of the Committee Appointed by the Minister of Health to Consider and Advise on the Principles to be Followed in Dealing with Unhealthy Areas*. London: HMSO, 1921.

GB Ministry of Health. *Type Plans and Elevations of Houses Designed by the Ministry of Health in Connection with State-Aided Housing Schemes*. London: HMSO, 1920.

GB Ministry of Reconstruction Advisory Council. Women's Housing Sub-Committee. *First Interim Report*. (C. 9166). London: HMSO, 1918. (BPP, 1918, 10)

GB Ministry of Town and Country Planning. *Interim Report of the New Towns Committee*. (C. 6759). London: HMSO, 1946. (BPP, 1945-46, 14).

GB Ministry of Works and Planning. *Report of the Committee on Land Utilization in Rural Areas*. (C. 6378). London: HMSO, 1943.

GB Performance and Innovation Unit. *Social Mobility: A Discussion Paper*. London: 2001.

GB Royal Commission into the Depression of Trade and Industry. *Final Report*. (C. 4893). London: HMSO, 1886. (BPP, 1886, 23).

GB Royal Commission on the Distribution of the Industrial Population. *Report*. (C. 6153). London: HMSO, 1940. (BPP, 1939-40, 4).

GB Royal Commission on the Geographical Distribution of the Industrial Population. *Minutes of Evidence*. June 16, 1938, paras 59, 66, 69. London: HMSO, 1937-9.

GB Royal Commission on the Housing of the Working Classes. *v. I.: First Report; v. II.: Minutes of Evidence and Appendices*. (C. 4402). London: Eyre and Spottiswoode, 1885 (BPP, 1884-5, 30).

GB Runnymede Trust. *Ethnic Minorities in Britain: A Select Bibliography*. London: The Trust, 1982.

GB Secretary of State for the Environment. *Policy for the Inner Cities*. (C. 6845). London: HMSO, 1977.

GB Select Committee on Emigration and Immigration (Foreigners). *Report*. (H.C. 311). London: Henry Hansard, 1889. (BPP, 1889, 10).

GB Social Exclusion Unit. *A New Commitment to Neighbourhood Renewal: National Strategy Action Plan*. London: Social Exclusion Unit, 2001.

GB Social Exclusion Unit. *Bridging the Gap: New Opportunities for 16-18 Year Olds Not in Education, Employment or Training*. (C. 4405). London: Stationery Office, 1999.

GB Social Exclusion Unit. *Bringing Britain Together: A National Strategy for Neighbourhood Renewal*. (C. 4045). London: Stationery Office, 1998.

GB Thames Gateway Task Force. *The Thames Gateway Planning Framework*. (RPG 9a). London: Department of the Environment, 1995.

GB Urban Task Force. *Towards an Urban Renaissance*. London: Spon, 1999.

GEDDES, P. *Reports on Re-Planning of Six Towns in Bombay Presidency, 1915*. Bombay: Government Printing and Stationery, Maharashtra State, 1965.

_____. *Urban Improvements: A Strategy for Urban Works, part 2: Town Planning in Lahore*. Government of Pakistan, Planning Commission, Physical Planning and Town Planning Section, 1965.

_____. *Town Planning in Lahore: A Report to the Municipal Council*. Lahore: Commercial Printing Works, 1917. (Repr.: GEDDES, P. *Urban Improvements: A Strategy for Urban Works, part 2: Town Planning in Lahore*. Government of Pakistan, Planning Commission, Physical Planning and Town Planning Section, 1965.).

_____. *A Schoolboy's Bag and a City's Pageant. The Survey*, 53, 1925, p. 525-529, 553.

_____. *Cities, and the Soils they Grow from. The Survey*, 54, 1925, p. 40-44.

_____. *Our City of Thought. The Survey*, 54, 1925, p. 487-490, 504-507.

_____. *The Education of Two Boys. The Survey*, 54, 1925, p. 571-575, 587-591.

_____. *The Valley in the Town. The Survey*, 54, 1925, p. 396-400, 415-416.

_____. *The Valley Plan of Civilization. The Survey*, 54, 1925, p. 288-290, 322-325.

_____. *Town Planning towards City Development: A Report to the Durbar of Indore*. Indore: Holkore State Printing Press, 1918.

_____. *Report on Town Planning, Dacca*. Calcutta: Bengal Secretariat Book Depot, 1917.

_____. *Town Planning in Balrampur: A Report to the Hon'ble the Maharaja Bahadur*. Lucknow: Murray's Printing Press, 1917.

_____. *Cities in Evolution*. London: Williams and Norgate, 1915.

_____. *The Twofold Aspect of the Industrial Age: Palaeotechnic and Neotechnic. Town Planning Review*, 31, 1912, p. 176-187.

_____. *Civics: As Applied Sociology. Sociological Papers*, 1, 1905, p. 101-144.

_____. *City Development: A Study of Parks, Gardens and Culture Institutes*. Edinburgh: Geddes, 1904.

GEEN, E.; LOWE, J.R.; WALKER, K. *Man and the Modern City*. Pittsburgh: University of Pittsburgh Press, 1963.

GELFAND, M.I. *A Nation of Cities: The Federal Government and Urban America, 1933-1965*. New York: Oxford University Press, 1975.

GELMAN, T. The Planning of Moscow. *Town Planning Review*, 11, 1924, p. 13-16.

GEORGE, H. *The Complete Works of Henry George*. New York: Doubleday and McClure, 1898.

_____. City and Country. In: GEORGE, H. *The Complete Works of Henry George*. New York: Doubleday and McClure, 1898, p. 234-240. (Repr.: DORSETT, L.W. *The Challenge of the City, 1860-1910*. Lexington: D.C. Heath, 1968. p. 4-7.)

GERCKENS, L.A. Bettmann and Cincinnati. In: KRUECKEBERG, D.A. (ed.). *The American Planner: Biographies and Recollections*. New York/London: Methuen, 1983. p. 120-148.

GHIRARDO, D. *Building New Communities: New Deal America and Fascist Italy*. Princeton: Princeton University Press, 1989.

GHOSH, M.; DUTTA, A.K.; RAY, B. *Calcutta: A Study in Urban Growth Dynamics*. Calcutta: Firma K.L. Mukhopadhyay, 1972.

GIBB, A. *Glasgow: The Making of a City*. London: Croom Helm, 1983.

GIBBERD, F. *Town Design*. London: Architectural, 1953.

GIBSON, A. Lightmoor Gives Hope for Wasted Resources. *Town and Country Planning*, 54, 1985, p. 290-291.

_____.*People Power: Community and Work Groups in Action*. Harmondsworth: Penguin, 1979.

GIDDENS, A. *The Consequences of Modernity*. Cambridge: Polity, 1990.

GILBERT, A. (ed.). *Urbanization in Contemporary Latin America: Critical Approaches to the Analysis of Urban Issues*. Chichester: John Wiley & Sons, 1982.

_____. (ed.). *Development Planning and Spatial Structure*. Chichester: John Wiley & Sons, 1976.

GILBERT, A.; GIGLER, J. *Cities, Poverty and Development: Urbanization in the Third World*. New York: Oxford University Press, 1982.

GILBERT, A.; WARD, P. Low-Income Housing and the State. In: GILBERT, A. (ed.). *Urbanization in Contemporary Latin America: Critical Approaches to the Analysis of Urban Issues*. Chichester: John Wiley & Sons, 1982. p. 79-127.

GILBERT, N.; SPECHT, H. *Dynamics of Community Planning*. Cambridge: Ballinger, 1977.

GIST, J.R. Urban Development Action Grants: Design and Implementation. In: ROSENTHAL, D.B. (ed.). *Urban Revitalization*. Beverly Hills: Sage, 1980. p. 237-252. (Urban Affairs Annual Reviews, n. 18).

GLAAB, C.N.; BROWN, A.T. *A History of Urban America*. 2. ed. New York: Macmillan, 1976.

GLASS, R. Urban Sociology in Great Britain: A Trend Report. *Current Sociology*, 4/4, 1955, p. 5-19.

GLAZER, N. *Ethnic Dilemmas 1964-1982*. Cambridge: Harvard University Press, 1983.

_____. Slums and Ethnicity. In: SHERRARD, T.D. (ed.). *Social Welfare and Social Problems*. New York: Columbia University Press, 1968. p. 84-112.

GLAZER, N.; YOUNG, K. (eds.). *Ethnic Pluralism and Public Policy: Achieving Equality in the United States and Great Britain*. London: Heinemann Education, 1983.

GLENDINNING, M.; MUTHESIUS, S. *Tower Block: Modern Public Housing in England, Scotland, Wales and Northern Ireland*. New Haven: Yale University Press, 1994.

GLYNN, S. *Urbanisation in Australian History 1788-1900*. Sydney: Nelson, 1975.

GODSCHALK, D.R. (ed.). *Planning in America: Learning from Turbulence*. Washington: American Institute of Planners, 1974.

GOETZE, R.; GOODMAN, R.; GRENELL, P.; LINN, C.; PEATTIE, L.; TERNER, D.; TURNER, J. Architecture of Democracy. *Architectural Design*, 38, 1968, p. 354.

GOIST, P.D. Seeing Things Whole: A Consideration of Lewis Mumford. In: KRUECKEBERG, D.A. (ed.). *The American Planner: Biographies and Recollection*. New York/London: Methuen, 1983. p. 250-275.

_____. Patrick Geddes and the City. *Journal of the American Institute of Planners*, 40, 1974, p. 31-37.

_____. Lewis Mumford and "Anti-Urbanism". *Journal of the American Institute of Planners*, 35, 1969, p. 340-347.

GOLD, J.R. *The Experience of Modernism: Modern Architects and the Future City 1928-53*. London: Spon, 1997.

_____. "Commoditie, Firmenes and Delight": Modernism, the MARS Group's "New Architecture" Exhibition (1938) and Imagery of the Urban Future. *Planning Perspectives*, 8, 1993, p. 357-376.

GOLD, J.R.; WARD, S.V. (eds.). *Place Promotion: The Use of Publicity and Marketing to Sell Towns and Regions*. Chichester: John Wiley and Sons, 1994.

GOLDFIELD, D.R. Suburban Development in Stockholm and the United States: A Comparison of Form and Function. In: HAMMARSTRÖM, I.; HALL, T. (eds.). *Growth and Transformation of the Modern City: The Stockholm Conference September 1978*. Stockholm: Swedish Council for Building Research, 1979. p. 139-156.

GOLDSMITH, W.W. Enterprise Zones: If They Work We're in Trouble. *International Journal of Urban and Regional Research*, 6, 1982, p. 435-442.

GOLDSTEIN, S.; SLY, D.F. (eds.). *Patterns of Urbanization: Comparative Country Studies*. Dolhain: Ordina, 1977.

GOODALL, B.; KIRBY, A. (eds.). *Resources and Planning*. Oxford: Pergamon, 1979.

GOODALL, L.E.; SPRENGEL, D.P. *The American Metropolis*. 2. ed. Columbus: Charles E. Merrill, 1975.

GOODMAN, P.; GOODMAN, P. *Communitas: Means of Livelihood and Ways of Life*. 2. ed. New York: Vintage Books, 1960.

GOPNICK, A. From "Cities and Songs." In: MENNEL, T.; STEFFENS, J.; KLEMEK, C. (eds.). *Block by Block: Jane Jacobs and the Future of New York*. Princeton: Princeton Architectural Press, 2007.

GORDON, D.L.A. The Other Author of the 1908 Plan of Chicago: Edward H. Bennett – Urban Designer, Planner and Architect. *Planning Perspectives*, 25, 2010, p. 229-241.

____. A City Beautiful Plan for Canada's Capital: Edward Bennett and the 1915 Plan for Ottawa and Hull. *Planning Perspectives*, 13, 1998, p. 275-300.

GORDON, I. The Resurgent City: What, Where, How, and for When? *Planning Theory and Practice*, 5, 2004, p. 371-379.

GORDON, P.; KUMAR, A.; RICHARDSON, H.W. Congestion, Changing Metropolitan Structure, and City Size in the United States. *International Regional Science Review*, 12, 1989, p. 45-56.

____. The Influence of Metropolitan Spatial Structure on Commuting Time. *Journal of Urban Economics*, 26, 1989, p. 138-151.

____. The Spatial Mismatch Hypothesis – Some New Evidence. *Urban Studies*, 26, 1989, p. 315-326.

GORDON, P.; RICHARDSON, H.W. Employment Decentralization in US Metropolitan Areas: Is Los Angeles the Outlier or the Norm? *Environment and Planning A*, 28, 1996, p. 1727-1743.

GORDON, P.; RICHARDSON, H.W.; JUN, M. The Commuting Paradox – Evidence from the Top Twenty. *Journal of the American Planning Association*, 57, 1991, p. 416-420.

GOTTDIENER, M. *Planned Sprawl: Private and Public Interests in Suburbia*. Beverly Hills: Sage, 1977.

GOULD, P.C. *Back to Nature, Back to the Land, and Socialism in Britain, 1880-1900*. New York: St. Martin's, 1988.

GRABOW, S. *Christopher Alexander: The Search for a New Paradigm in Architecture*. Stocksfield: Oriel, 1983.

____. Frank Lloyd Wright and the American City: The Broadacres Debate. *Journal of the American Institute of Planners*, 43, 1977, p. 115-124.

GRADIDGE, R. *Edwin Lutyens: Architect Laureate*. London: Allen and Unwin, 1981.

GRAHAM, H.D.; GURR, T.R. (eds.). *Violence in America: Historical and Comparative Perspectives*. Washington: Government Printing Office, 1969. 2 v.

GRAHAM, S.; MARVIN, S. *Telecommunications and the City: Electronic Spaces, Urban Places*. London: Routledge, 1996.

GRANT, J.; SERLE, G. (eds.). *The Melbourne Scene: 1803-1956*. Melbourne: Melbourne University Press, 1957.

GRANT, N.L. *TVA and Black Americans: Planning for the Status Quo*. Philadelphia: Temple University Press, 1991.

GRAVA, S. Locally Generated Transportation Modes of the Developing World. In: *Urban Transportation Economies: Proceedings of Five Workshops as Priority Alternatives, Economic Regulation, Labor Issues, Marketing, and Government Financing Responsibilities*. Final Reporting March 1978. Washington: Department of Transportation, 1978. p. 84-95.

GRAVIER, J. -F. *Paris et le désert français*. Paris: Flammarion, 1947.

GREATER London Council. *Tomorrow's London: A Background to the Greater London Development Plan*. London: GLC, 1969.

GREATER London Regional Planning Committee (GLRPC). *Second Report* (includes Interim Reports). London: Knapp, Drewett and Sons, 1933.

____. *First Report*. London: Knapp, Drewett and Sons, 1929.

GREEN, C.M. *The Rise of Urban America*. New York: Harper and Row, 1965.

____. *Washington: Capital City, 1879-1950*. Princeton: Princeton University Press, 1963.

GREEN, H.A. Urban Planning in Nigeria. *Journal of Administration Overseas*, 18, 1979, p. 22-33.

GREEN, R.E. *Enterprise Zones: New Directions in Economic Development*. Newbury Park: Sage, 1991.

GREER, G.; HANSEN, A.H. *Urban Redevelopment and Housing: A Program for Postwar*. Washington: National Planning Association, 1941. (Planning Pamphlets, n. 10)

GREER, S. *Urban Renewal of American Cities: The Dilemma of Democratic Intervention*. Indianapolis: Bobbs-Merrill, 1965.

GREGG, D.J. The Origins and Philosophy of Parkways with Particular Reference to the Contribution of Barry Parker. *Planning History Bulletin*, 8/1, 1986, p. 38-50.

GREGORY, J.; GORDON, D.L.A. Introduction: Gordon Stephenson, Planner and Civic Designer. *Town Planning Review*, 83, 2012, p. 269-278.

GRENELL, P. Planning for Invisible People. In: TURNER, J.F.C.; FICHTER, R. (eds.). *Freedom to Build: Dweller Control of the Housing Process*. New York: Macmillan, 1972. p. 95-121.

GRIFFITH, E.S. *A History of American City Government: The Conspicuous Failure, 1870-1900*. New York: Praeger, 1974.

GRIGSBY, W.G. *Housing Markets and Public Policy*. Philadelphia: University of Pennsylvania Press, 1963.

GRINDLEY, W.C. Owner-Builders: Survivors with a Future. In: TURNER, J.F.C.; FICHTER, R. (eds.). *Freedom to Build: Dweller Control of the Housing Process*. New York: Macmillan, 1972. p. 3-21.

GROTE, L. (ed.). *Die deutsche Stadt im 19. Jahrhundert: Stadtplanung und Baugestaltung im industriellen Zeitalter*. München: Prestel, 1974.

GUGLER, J. "A Minimum of Urbanism and a Maximum of Ruralism": The Cuban Experience. *International Journal of Urban and Regional Research*, 4, 1980, p. 516-535.

GUGLER, J.; FLANAGAN, W.G. *Urbanization and Social Change in West Africa*. Cambridge: Cambridge University Press, 1978.

____. On the Political Economy of Urbanization in the Third World: The Case of West Africa. *International Journal of Urban and Regional Research*, 1, 1977, p; 272-292.

GUPTA, S.K. Chandigarh: A Study of Sociological Issues and Urban Development in India. *Architectural Design*, 44, 1974, p. 362-368.

GURLEY, J.G. Rural Development in China 1949-72, and the Lessons to Be Learned from It. *World Development*, 3, 1975, p. 455-471.

GURR, T.R. A Comparative Study of Civil Strife. In: GRAHAM, H.D.; GURR, T.R. (eds.). *Violence in America: Historical and Comparative Perspectives*. Washington: Government Printing Office, 1969. p. 443-486. 2 v.

GUTHEIM, F. *Worthy of the Nation: The History of Planning for the National Capital*. Washington: Smithsonian Institute Press, 1977.

GUTMAN, H.G. *Work, Culture, and Society in Industrializing America. Essays in American Working-Class and Social History*. Oxford: Blackwell, 1977.

GUTTENBERG, A.Z. City Encounter and Desert Encounter: Two Sources of American Regional Planning Thought. *Journal of the American Institute of Planners*, 44, 1978, p. 399-411.

GWYNNE, R.N. *Industrialisation and Urbanisation in Latin America*. London: Croom Helm, 1985.

HAAR, C.M. *Suburbs under Siege: Race, Space and Audacious Judges*. Princeton: Princeton University Press, 1996.

____. *Between the Idea and the Reality: A Study in the Origin, Fate and Legacy of the Model Cities Program*. Boston: Little, Brown, 1975.

HAGUE, C. *The Development of Planning Thought: A Critical Perspective*. London: Hutchinson, 1984.

HAKE, A. *African Metropolis: Nairobi's Self-Help City*. London: Chatto and Windus/Sussex University Press, 1977.

HALL, J.M. *The Geography of Planning Decisions*. Oxford: Oxford University Press, 1982.

HALL, J.M.; GRIFFITHS, G.; EYLES, J.; DARBY, M. Rebuilding the London Docklands. *The London Journal*, 2, 1976, p. 266-285.

HALL, J. The LDDCs Policy Aims and Methods. In: OGDEN, P. (ed.). *London Docklands: The Challenge of Development*. Cambridge: Cambridge University Press, 1992. p. 19-24.

HALL, P. *Cities of Tomorrow: An Intellectual History of Urban Planning and Design Since 1880*. 4 ed. West Sussex: Wiley-Blackwell, 2014.

____. Can We Reverse the Long Downward Slide? *Town and Country Planning*, 81, 2012, p. 252-254.

____. In Context – Riots Shine Light on Underclass. *Planning*, 4 nov. 2011. Disponível em: <http://www.planningresource.co.uk/article/1102070/context---riots-shine-light-underclass>. Acesso em: 19 dec. 2013.

____. In Context – Rioting: A Theory from the 1970s. *Planning*, 26 aug. 2011. Disponível em: <http://www.planningresource.co.uk/article/1086903/context---rioting-theory-1970s>. Acesso em: 19 dec. 2013.

____. Catching Up With Our Visions. *Town and Country Planning*, 77, 2008, p. 444-449.

____. Cool Brazil: A Pilgrimage to Curitiba. *Town and Country Planning*, 69, 2000, p. 208-209.

____. Planning for the Mega-City: A New Eastern Asian Urban Form? In: BROTCHIE, J. E; BATTY, M.; BLAKELY, E.; HALL, P.; NEWTON, P. (eds.). *Cities in Competition*. Melbourne: Longman Australia, 1999. p. 3-36.

____. *Cities in Civilization*. London: Weidenfeld and Nicolson, 1998.

____. Bringing Abercrombie Back from the Shades: A Look Forward and Back. *Town Planning Review*, 66, 1995, p. 227-241.

____. *Abercrombie's Plan for London – 50 Years On: A Vision for the Future: (Report of the 2nd Annual Vision for London Lecture 1994)*. London: Vision for London, 1994.

____. The People: Where Will They Go? *The Planner*, 71/4, 1985, p. 3-12.

____. *The World Cities*. 3. ed. London: Weidenfeld and Nicolson, 1984.

____. Enterprise Zones: A Justification. *International Journal of Urban and Regional Research*, 6, 1982, p. 416-421.

____. *Urban and Regional Planning*. 3. ed. London: George Allen and Unwin, 1982.

____ (ed.). *The Inner City in Context: The Final Report of the Social Science Research Council Inner Cities Working Party*. London: Heinemann, 1981.

____. *Great Planning Disasters*. London: Weidenfeld and Nicolson, 1980.

____. The European City in the Year 2000. In: HAMMARSTRÖM, I.; HALL, T. (eds.). *Growth and Transformation of the Modern City: The Stockholm Conference September 1978*. Stockholm: Swedish Council for Building Research, 1979. p. 157-162.

____. Can Cities Survive? The Potential and Limits of Action. *The Ditchley Journal*, 5/2, 1978, p. 33-41.

____. Green Fields and Grey Areas. *Papers of the RTPI Annual Conference, Chester*. London: Royal Town Planning Institute, 1977.

____. England in 1900. In: DARBY, H.C. (ed.). *A New Historical Geography of England*. Cambridge: Cambridge University Press, 1973.

_____. Spatial Structure of Metropolitan England and Wales. In: CHISHOLM, M.; MANNERS, G. *Spatial Policy Problems of the British Economy.* Cambridge: Cambridge University Press, 1971.

_____. The Urban Culture and the Suburban Culture. In: EELS, R.; WALTON, C. (eds.). *Man in the City of the Future: A Symposium of Urban Philosophers.* New York: Arkville, 1968. p. 99-145.

HALL, P.; BREHENY, M.; MCQUAID, R.; HART, D.A. *Western Sunrise: The Genesis and Growth of Britain's Major High Tech Corridor.* London: Allen and Unwin, 1987.

HALL, P.; HASS-KLAU, C. *Can Rail Save the City? The Impacts of Rail Rapid Transit and Pedestrianisation on British and German Cities.* Aldershot: Gower, 1985.

HALL, P.; HAY, D. *Growth Centres in the European Urban System.* London: Heinemann, 1980.

HALL, P.; THOMAS, R.; GRACEY, H.; DREWETT, R. *The Containment of Urban England.* London: George Allen and Unwin, 1973. 2 v.

HALL, P.; WARD, C. *Sociable Cities: The Legacy of Ebenezer Howard.* Chichester: John Wiley & Sons, 1998.

HALL, T. *Planning Europe's Capital Cities: Aspects of Nineteenth Century Urban Development.* London: Spon, 1997.

_____. *Planning and Urban Growth in Nordic Countries.* London: Spon, 1991.

_____. Urban Planning in Sweden. In: HALL, T (ed.). *Planning and Urban Growth in Nordic Countries.* London: Spon, 1991. p. 167-246.

_____. The Central Business District: Planning in Stockholm, 1928-1978. In: HAMMARSTRÖM, I.; HALL, T (eds.). *Growth and Transformation of the Modern City: The Stockholm Conference September 1978.* Stockholm: Swedish Council for Building Research, 1979. p. 181-232.

HALL, T.; VIDÉN, S. The Million Homes Programme: A Review of the Great Swedish Planning Project. *Planning Perspectives,* 20, 2005, p. 301-328.

HALLIMAN, D.M.; MORGAN, W T.W. The City of Nairobi. In: MORGAN, W.T.W. (ed.). *Nairobi: City and Region.* Nairobi: Oxford University Press, 1967. p. 98-120.

HAMER, D. Learning from the Past: Historic Districts and the New Urbanism in the United States. *Planning Perspectives,* 15, 2000, p. 107-122.

HAMILTON, F.E.I. *The Moscow City Region.* London: Oxford University Press, 1976.

HAMM, M.E. The Modern Russian City: An Historiographical Analysis. *Journal of Urban History,* 4, 1977, p. 39-76.

_____ (ed.). *The City in Russian History.* Lexington: University of Kentucky Press, 1976.

_____. The Breakdown of Urban Modernization: A Prelude to the Revolutions of 1917. In: HAMM, M.E. *The City in Russian History.* Lexington: University of Kentucky Press, 1976. p. 182-200.

HAMMARSTRÖM, I.; HALL, T. *Growth and Transformation of the Modern City: The Stockholm Conference September 1978.* Stockholm: Swedish Council for Building Research, 1979.

HAMNETT, S; FREESTONE, R. (eds.). *The Australian Metropolis: A Planning History.* Sydney: Allen and Unwin, 2000.

HAMZAH, S. Urbanisation. In: WANG, G. (ed.). *Malaysia: A Survey.* London: Pall Mall, 1964. p. 82-96.

HANDLIN, O; BURCHARD, J. (eds.). *The Historian and the City.* Cambridge: MIT Press/Harvard University Press, 1963.

HANSEN, A.H. *Economic Stabilization in an Unbalanced World.* New York: Harcourt Brace, 1932.

_____. *Business-Cycle Theory: Its Development and Present Status.* Boston: Gunn, 1927.

HANSEN, G. *Die drei Bevölkerungsstufen: Ein Versuch, die Ursachen für das Blühen und Altern der völker Nachzuweisen.* München: J. Lindauer, 1889.

HANSEN, N.M. Development from Above: The Centre-Down Development Paradigm. In: STÖHR, W B.; TAYLOR, D.R.F. (eds.). *Development from Above or Below? The Dialectics of Regional Planning in Developing Countries.* Chichester: John Wiley & Sons, 1981. p. 15-38.

HARDINGE, C. (Baron of Penshurst). *My Indian Years 1910-1916.* London: John Murray, 1948.

HARDWICK, P.A. The Transportation Systems. In: KAY, G.; SMOUT, M.Λ.H. (eds.). *Salisbury: A Geographical Survey of the Capital of Rhodesia.* London: Hodder and Stoughton, 1977. p. 94-112.

HARDY, C.O.; KUCZYNSKI, R.R. *The Housing Program of the City of Vienna.* Washington: The Brookings Institution, 1934.

HARDY, D. Utopian Ideas and the Planning of London. *Planning Perspectives,* 20, 2005, p. 35-49.

_____. Quasi Utopias: Perfect Cities in an Imperfect World. In: FREESTONE, R. (ed.). *Urban Planning in a Changing World: The Twentieth Century Experience.* London: Spon, 2000. p. 61-77.

_____. *From Garden Cities to New Towns: Campaigning for Town and Country Planning 1899-1946.* London: Spon, 1991.

_____. *From New Towns to Green Politics: Campaigning for Town and Country Planning, 1946-1990.* London: Spon, 1991.

_____. War, Planning and Social Change: The Example of the Garden City Campaign, 1914-1918. *Planning Perspectives,* 4, 1989, p. 187-206.

_____. *Making Sense of the London Docklands: People and Places.* Enfield: Middlesex Polytechnic, 1983. (Geography and Planning Paper, n. 10)

_____. *Making Sense of the London Docklands: Processes of Change.* Enfield: Middlesex Polytechnic, 1983. (Geography and Planning Paper, n. 9)

_____. *Alternative Communities in Nineteenth Century England.* London: Longman, 1979.

HARDY, D.; WARD, C. *Arcadia for All: The Legacy of a Makeshift Landscape.* London: Mansell, 1984.

HARGROVE, E.C.; CONKIN, P.K. (eds.). *TVA: Fifty years of Grass-Roots Bureaucracy.* Urbana: University of Illinois Press, 1983.

HARLOE, M. Social Housing and the "Urban Question": Early Housing Reform and its Legacy. In: SMITH, M.P. (ed.). *Breaking Chains: Social Movements and Collective Action.* Brunswick: Transaction, 1991. p. 69-107. (Comparative Urban and Community Research, 3)

HARRIS, B. A Fundamental Paradigm for Planning. *Symposium on Planning Theory, 1.* Philadelphia: Wharton School, 1975. (Planning Papers, 1)

HARRIS, C.D. *Cities of the Soviet Union.* Chicago: Rand McNally, 1970.

_____. Population of Cities in the Soviet Union, 1897, 1926, 1939, 1959 and 1967 with Tables, Maps, and Gazetteer. *Soviet Geography: Review and Translation,* 11, 1970, p. 307-444.

_____. The Cities of the Soviet Union. *Geographical Review,* 35, 1945, p. 107-121.

HARRIS, R.; HAY, A. New Plans for Housing in Urban Kenya, 1939-63. *Planning Perspectives,* 22, 2007, p. 195-223.

HARRIS, W.D. *The Growth of Latin American Cities.* Athens: Ohio University Press, 1971.

HARRISON, B. The Politics and Economics of the Urban Enterprise Zone Proposal: A Critique. *International Journal of Urban and Regional Research,* 6, 1982, p. 422-428.

HARRISON, J.B. Allahabad: A Sanitary History. In: BALLHATCHET, K.; HARRISON, J. *The City in South Asia: Pre-Modern and Modern.* London: Curzon, 1980. p. 166-195.

HARRISON, M. Thomas Coglan Horsfall and "The Example of Germany". *Planning Perspectives,* 6, 1991, p. 297-314.

HARRISON, P.F. Planning the Metropolitan Areas. In: BURNLEY, I.H. (ed.). *Urbanization in Australia: The Post-War Experience.* London: Cambridge University Press, 1974. p. 203-220.

_____. Planning the Metropolis – A Case Study. In: PARKER, R.S.; TROY, P.N. (eds.). *The Politics of Urban Growth.* Canberra: ANU, 1972. p. 61-99.

HARRISON, P. Reconstruction and Planning in the Aftermath of the Anglo-Boer South African War: The Experience of the Colony of Natal, 1900-1910. *Planning Perspectives,* 17, 2002, p. 163-182.

HART, D.A. Urban Economic Development Measures in West Germany and the United States. In: YOUNG, K.; MASON, C. (eds.). *Urban Economic Development: New Roles and Relationships.* London: Macmillan, 1983. p. 9-33.

_____. *Strategic Planning in London: The Rise and Fall of the Primary Road Network.* Oxford: Pergamon, 1976.

HARTMAN, C. *The Transformation of San Francisco.* Totowa: Rowman and Allanheld, 1984.

_____. The Housing of Relocated Families. In: WILSON, J.Q. (ed.). *Urban Renewal: The Record and the Controversy.* Cambridge: MIT Press, 1966. p. 293-335.

_____. A Comment on the HHFA Survey of Location. In: WILSON, J.Q. (ed.). *Urban Renewal: The Record and the Controversy.* Cambridge: MIT Press, 1966. p. 353-358.

_____. The Housing of Relocated Families. *Journal of the American Institute of Planners,* 30, 1964, p. 266-286.

HARTMAN, C; KESSLER, R. The Illusion and Reality of Urban Renewal: San Francisco's Yerba Buena Center. In: TABB, W K.; SAWERS, L. (eds.). *Marxism and the Metropolis: New Perspectives in Urban Political Economy.* New York: Oxford University Press, 1978. p. 153-178.

HARTMANN, K. *Deutsche Gartenstadtbewegung: Kulturpolitik und Gesellschaftsreform.* München: Heinz Moos, 1976.

HARTOG, R. *Stadterweiterungen der Zweiten Hälfte des 19. Jahrhunderts.* Darmstadt: Technische Hochschule Darmstadt, 1960. (Tese de doutorado. Publicação privada em 1962.)

HARVEY, D. *The Condition of Postmodernity: An Enquiry into the Origins of Cultural Change.* Oxford: Blackwell, 1989.

_____. *Consciousness and the Urban Experience: Studies in the History and Theory of Capitalist Urbanization.* Baltimore/Oxford: Johns Hopkins University Press/Blackwell, 1985.

_____. *The Urbanization of Capital: Studies in the History and Theory of Capitalist Urbanization.* Baltimore/Oxford: Johns Hopkins University Press/Blackwell, 1985.

_____. *The Limits to Capital.* Oxford: Blackwell, 1982.

_____. *Social Justice and the City.* London: Edward Arnold, 1973.

HASEGAWA, J. Governments, Consultants and Expert Bodies in the Physical Reconstruction of the City of London in the 1940s. *Planning Perspectives,* 14, 1999, p. 121-144.

HASS-KLAU, C. *The Pedestrian and City Traffic.* London: Belhaven, 1990.

HAUSNER, V. (ed.). *Critical Issues in Urban Economic Development.* Oxford: Oxford University Press, 1987. 2 v.

HAYDEN, D. *Redesigning the American Dream: The Future of Housing, Work, and Family Life.* New York: W.W. Norton, 1984.

_____. *Seven American Utopias: The Architecture of Communitarian Socialism, 1790-1975.* Cambridge: MIT Press, 1976.

HAYEK, P.A. *The Road to Serfdom.* London: George Routledge, 1944.

HAYS, P.B. *Community Leadership: The Regional Plan Association of New York.* New York: Columbia University Press, 1965.

HAYWOOD, R. Railways, Urban Form and Town Planning in London: 1900-1997. *Planning Perspectives,* 12, 1997, p. 37-70.

HEADEY, B. *Housing Policy in the Developed Economy: The United Kingdom, Sweden and the United States.* London: Croom Helm, 1978.

HEARLE, E.F.R.; NIEDERCORN, J.H. *The Impact of Urban Renewal on Land-Use.* Santa Monica: The RAND Corporation, 1964. (Memorandum RM-4186-RC)

HEATH, T. Nottingham: "A Consistent and Integrated Approach to Urban Design". In: PUNTER, J. (ed.). *Urban Design and the British Urban Renaissance.* Abingdon: Routledge, 2010. p. 148-164.

HEBBERT, M. Manchester: Making it Happen. In: PUNTER, J. (ed.). *Urban Design and the British Urban Renaissance.* Abingdon: Routledge, 2010. p.51-67.

____. *London: More by Fortune than Design.* Chichester: John Wiley & Sons, 1998.

____. The British Garden City: Metamorphosis. In: WARD, S.V. (ed.). *The Garden City: Past, Present and Future.* London: Spon, 1992. p. 165-196.

HECKER, M. *Die Berliner Mietskaserne.* In: GROTE, L. (ed.). *Die deutsche Stadt im 19. Jahrhundert: Stadtplanung und Baugestaltung im industriellen Zeitalter.* München: Prestel, 1974. p. 273-294.

HECLO, H.; MADSEN, H. *Policy and Politics in Sweden: Principled Pragmatism.* Philadelphia: Temple University Press, 1987.

HEE, L.; OOI, G.L. The Politics of Public Space Planning in Singapore. *Planning Perspectives,* 18, 2003, p. 79-103.

HEGEMANN, W. *City Planning: Housing, v. 1: Historical and Sociological.* New York: Architectural Book, 1936.

____. *Das steinerne Berlin: Geschichte der grossten Mietkasernenstadt der Welt.* Berlin: Gustav Kiepenheuer, 1930.

HEINEMAN, H. -E. (ed.). *New Towns for Old: Housing and Services in Sweden.* Stockholm: The Swedish Institute, 1975.

HELD, D. *Introduction to Critical Theory: Horkheimer to Habermas.* Berkeley: University of California Press, 1980.

HELMER, S.D. *Hitler's Berlin: Plans for Reshaping the Central City Developed by Albert Speer.* Ann Arbor: University Microfilms, 1980.

HENDERSON, S.R. Römerstadt: The Modern Garden City. *Planning Perspectives,* 25, 2010, p. 323-346.

____. A Setting for Mass Culture: Life and Leisure in the Nidda Valley. *Planning Perspectives,* 10, 1994, p. 199-222.

HERBERS, J. Governors Urge Welfare Work Plan. *The New York Times,* 22 feb. 1987.

____. Poverty of Blacks Spreads in Cities. *The New York Times,* 26 jan. 1987.

HERBERT-YOUNG, N. Central Government and Statutory Planning under the Town Planning Act 1909. *Planning Perspectives,* 13, 1998, p. 341-355.

HERLITZ, E. Fran Byalag Till Miljörelse. *Plan,* 31, 1977, p. 216-222.

HESELTINE, M. *Where There's a Will.* London: Hutchinson, 1987.

HESKIN, A.D. Crisis and Response: An Historical Perspective on Advocacy Planning. *Journal of the American Planning Association,* 46, 1980, p. 50-63.

HESS, A. Styling the Strip: Car and Roadside Design in the 1950s. In: WACHS, M.; CRAWFORD, M. (eds.). *The Car and the City: The Automobile, the Built Environment, and Daily Urban Life.* Ann Arbor: University of Michigan Press, 1992. p. 167-179.

HEWLETT, R.G.; ANDERSON Jr., O.E., *The New World, 1939/1946, v. 1: a History of the United States Atomic Energy Commission.* University Park: Pennsylvania State University Press, 1962.

HIGHTOWER, H.C. Planning Theory in Contemporary Professional Education. *Journal of the American Institute of Planners,* 35, 1969, p. 326-329.

HILL, D.R. A Case for Teleological Urban Form History and Ideas: Lewis Mumford, F.L. Wright, Jane Jacobs and Victor Gruen. *Planning Perspectives,* 8, 1993, p. 53-71.

HINES, T.S. *Burnham of Chicago: Architect and Planner.* New York: Oxford University Press, 1974.

HIRSCH, A.R. *Making the Second Ghetto: Race and Housing in Chicago, 1940-1960.* Cambridge: Cambridge University Press, 1983.

HIRSCH, F. *Social Limits to Growth.* London: Routledge and Kegan Paul, 1977.

HIRT, S. Jane Jacobs, Modernity and Knowledge. *The Urban Wisdom of Jane Jacobs,* Abingdon: Routledge, 2012. p. 37-48.

HOFMEISTER, B. *Bundesrepublik Deutschland und Berlin.* Berlin: Wissenschaftliche Buchgesellschaft, 1975. (Wissenschaftliche Länderkunde, 8)

HOGDAL, L. 50-talet. *Arkitektur,* 81/5, 1981, p. 14.

HÖJER, J.; LJUNGQVIST, S.; POOM, J.; THÖRNBLOM, I. Vällingby, Tensta, Kista, vada? *Arkitekt,* 77/2, 1977, p. 16-21.

HOLCOMB, B.; BEAUREGARD, R. *Revitalizing Cities.* Washington: Association of American Geographers, 1981.

HOLM, L. Trettio ars erfarenhet – grunden för en ny planlag. *Plan,* 35, 1981, p. 57-60.

____. Det långa perspektivet – om planeringsproblem och planeringsideolgier då och nu och sedan. *Plan,* 31, 1977, p. 184-193.

____.Miljö och miljoner. *Plan,* 31, 1977, p. 223-258.

____. *Swedish Housing.* Stockholm: Swedish Institute, 1957.

HOLSTON, J. *The Modernist City: An Anthropological Critique of Brasilia.* Chicago: University of Chicago Press, 1990.

HOLT, R.T.; TURNER, J.E. *Soviet Union: Paradox and Change.* New York: Holt, Rinehart, Winston, 1962.

HOLYOAK, J. Birmingham: Translating Ambition into Quality. In: PUNTER, J. (ed.). *Urban Design and the British Urban Renaissance.* Abingdon: Routledge, 2010. p. 35-50.

HOME, R.K. From Barrack Compounds to the Single-Family House: Planning Worker Housing in Colonial Natal and Northern Rhodesia. *Planning Perspectives,* 15, 2000, p. 327-347.

HOME, R. *Of Planting and Planning: The Making of British Colonial Cities.* 2. ed. Abingdon: Routledge, 2013.

_____. Of Planting and Planning: The Making of British Colonial Cities. London: Spon, 1997.

_____. Town Planning and British Colonialism: The Making of British Colonial Cities. London: Spon, 1996.

_____. Town Planning and Garden Cities in the British Colonial Empire 1910-1940. *Planning Perspectives*, 5, 1990, p. 23-37.

HOPKINS, K. Public and Private Housing in Hong Kong. In: DWYER, D.J. (ed.). *The City as a Centre of Change in Asia*. Hong Kong: Hong Kong University Press, 1972. p. 200-215.

HOROWITZ, D.L. Racial Violence in the United States. In: GLAZER, N.; YOUNG, K. (eds.). *Ethnic Pluralism and Public Policy: Achieving Equality in the United States and Great Britain*. London: Heinemann Education, 1983. p. 287-211.

HORSEY, M. Multi-Storey Housing in Britain: Introduction and Spread. *Planning Perspectives*, 3, 1988, p. 167-196.

HORSFALL, T.C. *The Improvement of the Dwellings and Surroundings of the People: The Example of Germany*. Manchester: Manchester University Press, 1904.

HOSKINS, G.; TALLON, A. Promoting the "Urban Idyll": Policies for City Centre Living. In: JOHNSTONE, C.; WHITEHEAD, M. (eds.). *New Horizons in British Urban Policy: Perspectives on New Labour's Urban Renaissance*. Aldershot: Ashgate, 2004. p. 25-40.

HOWARD, E. *Garden Cities of To-morrow*. London: Swan Sonnenschein, 1902. (Repr.: London: Faber and Faber, 1946.)

_____. *To-morrow: A Peaceful Path to Real Reform*. London: Swan Sonnenschein, 1898.

HOWE, I. *The Immigrant Jews of New York: 1881 to the Present*. London: Routledge and Kegan Paul, 1976.

HOYLE, B.S.; PINDER, D.A.; HUSAIN, M.S. *Revitalizing the Waterfront: International Dimensions of Dockland Redevelopment*. London: Belhaven Press, 1988.

HUBBARD, P.J. *Origins of the TVA: The Muscle Shoals Controversy, 1920-1932*. Nashville: Vanderbilt University Press, 1961.

HUBBARD, P; FAIRE, L. Contesting the Modern City: Reconstruction and Everyday Life in Post-War Coventry. *Planning Perspectives*, 18, 2003, p. 377-397.

HUBBARD, T.K. *A Manual of Information on City Planning and Zoning: Including References on Regional, Rural, and National Planning*. Cambridge: Harvard University Press, 1923.

HUBBARD, T.K.; HUBBARD, H.V. *Our Cities, Today and Tomorrow: A Study of Planning and Zoning Progress in the United States*. Cambridge: Harvard University Press, 1929.

HUDSON, R.; WILLIAMS, A. *The United Kingdom*. London: Harper and Row, 1986. (Western Europe: Economic and Social Studies)

HUGHES, J.; SADLER, S. *Non-Plan: Essays on Freedom Participation and Change in Modern Architecture and Urbanism*. Oxford: Architectural, 2000.

HUGHES, M. (ed.). *The Letters of Lewis Mumford and Frederic J. Osborn: A Transatlantic Dialogue 1938-70*. New York: Praeger, 1971.

HUGHES, T P.; HUGHES, A.C. *Lewis Mumford: Public Intellectual*. New York: Oxford University Press, 1990.

HULBERT, J. Children as Parents. *New Republic*, 10 sep. 1984, p. 15-23.

HUNTER, R. *Tenement Conditions in Chicago: Report by the Investigating Committee of the City Homes Association*. Chicago: City Homes Association, 1901.

HUSSEY, C. *The Life of Sir Edwin Lutyens*. London: Country Life, 1953.

HUTCHINGS, A. The Colonel Light Gardens Suburb in South Australia: The Continuing Influence of the Garden City Tradition. *Planning History*, 12/1, 1990, p. 15-20.

HYNDMAN, H.M. *The Coming Revolution in England*. London: William Reeves, 1884.

IMRIE, R.; THOMAS, H. Urban Policy and the Urban Development Corporations. In: IMRIE, R.; THOMAS, H. (eds.). *British Urban Policy and the Urban Development Corporations*. London: Paul Chapman, 1993. p. 3-26.

IRVING, R.G. *Indian Summer: Lutyens, Baker, and Imperial Delhi*. New Haven: Yale University Press, 1981.

ISARD, W. *Methods of Regional Analysis: An Introduction to Regional Science*. Cambridge: MIT Press, 1960.

JACKSON, A.A. *Semi-Detached London: Suburban Development, Life and Transport, 1900-39*. London: George Allen and Unwin, 1973.

JACKSON, F. *Sir Raymond Unwin: Architect, Planner and Visionary*. London: Zwemmer, 1985.

JACKSON, J.A. (ed.). *Migration*. Cambridge: Cambridge University Press, 1969. (Sociological Studies, 2)

JACKSON, K.T. *Crabgrass Frontier: The Suburbanization of the United States*. New York: Oxford University Press, 1985.

_____. The Capital of Capitalism: The New York Metropolitan Region, 1890-1940. In: SUTCLIFFE, A. (ed.). *Metropolis 1890-1940*. London: Mansell, 1984. p. 319-354.

_____. The Spatial Dimensions of Social Control: Race, Ethnicity and Government Housing Policy in the United States, 1918-1968. In: STAVE, B.M. (ed.). *Modern Industrial Cities: History, Policy and Survival*. Beverly Hills: Sage, 1981. p. 79-128.

_____. The Crabgrass Frontier: 150 Years of Suburban Growth in America. In: MOHL, R.A.; RICHARDSON, J. F (eds.). *The Urban Experience: Themes in American History*. Belmont: Wadsworth, 1973. p. 196-221.

JACKSON, P. (ed.). *Implementing Government Policy Initiatives: The Thatcher Administration 1979-83*. London: Royal Institute of Public Administration, 1985.

JACOBS, A.B. 1968: Getting Going, Staffing Up, Responding to Issues. In: KRUECKEBERG, D.A. (ed.). *Introduction to Planning*

History in the United States. New Brunswick: Rutgers University, Center for Urban Policy Research, 1983. p. 235-257.
_____. *Making City Planning Work*. Chicago: American Society of Planning Officials, 1976.

JACOBS, J. *The Death and Life of Great American Cities* [1961]. London: Jonathan Cape, 1962.

JAHN, M. Suburban Development in Outer West London, 1850-1900. In: THOMPSON, F.M.L. (ed.). *The Rise of Suburbia*, Leicester: Leicester University Press, 1982. p. 93-156.

JAMES, H. *The American Scene*. New York: Harper and Brothers, 1907.

JANOWITZ, M. Patterns of Collective Racial Violence. In: GRAHAM, H.D.; GURR, T.R. (eds.). *Violence in America: Historical and Comparative Perspectives*. Washington: Government Printing Office, 1969. 2 v. p. 317-340.

JEFFCOATE, R. *Ethnic Minorities and Education*. London: Harper and Row, 1984.

JENCKS, C. *Rethinking Social Policy: Race, Poverty, and the Underclass*. Cambridge: Harvard University Press, 1992.

_____. *The Language of Post-Modern Architecture*. New York: Rizzoli, 1981.

JENCKS, C.; PETERSON, P.E. (eds.). *The Urban Underclass*. Washington: Brookings Institution, 1991.

JENKINS, D. *Sweden: The Progress Machine*. London: Robert Hale, 1969.

JEPHCOTT, P. *Homes in High Flats: Some of the Human Problems Involved in Multi-Story Housing*. Edinburgh: Oliver and Boyd, 1971. (University of Glasgow Social and Economic Studies, Occasional Papers, n. 13).

JEU de l'Oie des Halles de Paris. *Macadam*, 8/9, 1979, p. 12-13.

JOAD, C.E.M. The Peoples Claim. In: WILLIAMS-ELLIS, C. (ed.). *Britain and the Beast*. London: J.M. Dent, 1937. p. 64-85.

JOHANSSON, B.O.H. From Agrarian to Industrial State. In: HEINEMAN, H. -E. (ed.). *New Towns for Old: Housing and Services in Sweden*. Stockholm: The Swedish Institute, 1975. p. 22-52.

JOHNSON, C.S. *Growing Up in the Black Belt: Negro Youth in the Rural South*. New York: Shocken Books, 1941.

JOHNSON, C. *The Economy under Mrs Thatcher 1979-1990*. Harmondsworth: Penguin, 1991.

JOHNSON, D.A. *Planning the Great Metropolis: The 1929 Regional Plan of New York and its Environs*. London: Spon, 1996.

_____. Regional Planning for the Great American Metropolis: New York between the World Wars. In: SCHAFFER, D. (ed.). *Two Centuries of American Planning*. Baltimore: Johns Hopkins University Press, 1988. p. 167-196.

_____. Norris, Tennessee on the Occasion of its Fiftieth Anniversary. *Planning History Bulletin*, 6/1, 1984, p. 32-42.

JOHNSON, D.L. Disturbing Evidence: Adelaide's Town Plan, 1835-7. *Planning Perspectives*, 23, 2008, p. 225-231.

JOHNSON, J.H. (ed.). *Suburban Growth: Geographical Processes at the Edge of the Western City*. Chichester: John Wiley & Sons, 1974.

_____. The Suburban Expansion of Housing in Greater London 1918-1939. In: COPPOCK, J.T.; PRINCE, H. (eds.). *Greater London*. London: Faber and Faber, 1964. p. 142-166.

JOHNSON, P.B. *Land Fit for Heroes: The Planning of British Reconstruction, 1916-1919*. Chicago: University of Chicago Press, 1968.

JOHNSON, T.E.; MORRIS, J.R.; BUTTS, J.T. *Renewing America's Cities* [1962]. Westport: Greenwood, 1973.

JOHNSTON, N.J. Harland Bartholomew: Precedent for the Profession. In: KRUECKEBERG, D.A. (ed.). *The American Planner: Biographies and Recollections*. New York/London: Methuen, 1983. p. 279-300.

JOHNSTON, R.J. The General Good of the Community. Some Perspectives on Town Planning and Residential Segregation: A Mount Laurence Case Study. *Planning Perspectives*, 1, 1986, p. 131-145.

_____. *Geography and Geographers: Anglo-American Human Geography since 1945*. London: Edward Arnold, 1979.

JONES Jr, D.W. *Urban Transit Policy: An Economic and Political History*. Englewood Cliffs: Prentice Hall, 1985.

JONES, B. *Sleepers, Wake! Technology and the Future of Work*. Oxford: Oxford University Press, 1982.

JONES, D. *Crime, Protest, Community and Police in Nineteenth Century Britain*. London: Routledge and Kegan Paul, 1982.

JONES, P.N. "...a fairer and nobler City" – Lutyens and Abercrombie's Plan for the City of Hull 1945. *Planning Perspectives*, 13, 1998, p. 301-316.

JUDD, D.R.; MENDELSON, R.E. *The Politics of Urban Planning: The East St. Louis Experience*. Urbana: University of Illinois Press, 1973.

KALIA, R. Modernism, Modernization and Post-colonial India: A Reflective Essay. *Planning Perspectives*, 21, 2006, p. 133-156.

KALLUS, R. Patrick Geddes and the Evolution of a Housing Type in Tel-Aviv. *Planning Perspectives*, 12, 1997, p. 281-320.

KAMPFFMEYER, H. Die Gartenstadtbewegung. In: FUCHS, C.J. (ed.). *Die Wohnungs- und Siedlungsfrage nach dem Kriege: Ein Programm des Kleinwohnungs- und Siedlungswesens*. Stuttgart: Wilhelm Mener-Ilschen, 1918. p. 331-349.

_____. Die Gartenstadtbewegung. *Jahrbücher fur Nationalökonomie und Statistik*, III series, 36, 1908, p. 577-609.

KANTOR, H.A. Charles Dyer Norton and the Origins of the Regional Plan of New York. *Journal of the American Institute of Planners*, 39, 1973, p. 35-42.

_____. Howard W. Odum: The Implications of Folk, Planning, and Regionalism. *American Journal of Sociology*, 79, 1973, p. 278-295.

____. The City Beautiful in New York. *New York Historical Society Quarterly*, 57, 1973, p. 149-171.

KAPLAN, H. *Urban Renewal Politics: Slum Clearance in Newark.* New York: Columbia University Press, 1963.

KARL, B. *Executive Reorganization and Reform in the New Deal: The Genesis of Administrative Management, 1900-1939.* Cambridge: Harvard University Press, 1963.

KARYD, A.; SÖDERSTEN, B. The Swedish Housing Market from a Distributional Perspective: Market and Policy Interactions. In: PERSSON, I. (ed.). *Generating Equality in the Welfare State: The Swedish Experience.* Oslo: Norwegian University Press, 1990. p. 157-178.

KATZ, M. (ed.). *The "Underclass" Debate: Views from History.* Princeton: Princeton University Press, 1993.

KATZ, P. *The New Urbanism: Toward an Architecture of Community.* New York: McGraw-Hill, 1994.

KAY, G. *Rhodesia: A Human Geography.* London: University of London Press, 1970.

____. *A Social Geography of Zambia: A Survey of Population Patterns in a Developing Country.* London: University of London Press, 1967.

KAY, G.; SMOUT, M.A.H. (eds.). *Salisbury: A Geographical Survey of the Capital of Rhodesia.* London: Hodder and Stoughton, 1977.

KEEBLE, L. *Principles and Practice of Town and Country Planning.* London: Estates Gazette, 1959.

KELBAUGH, D. et al. (eds.). *The Pedestrian Pocket Book: A New Suburban Design Strategy.* New York: Princeton Architectural Press/University of Washington, 1989.

KELES, R.; PAYNE, G. Turkey. In: WYNN, M. (ed.). *Planning and Urban Growth in Southern Europe.* London: Mansell, 1984. p. 165-197.

KELLNER, D. Baudrillard, Semiurgy and Death. *Theory, Culture & Society*, 4, 1987, p. 125-146.

KEMENY, J. *The Myth of Home Ownership.* London: Routledge and Kegan Paul, 1981.

KENDALL, H. *Town Planning in Uganda: A Brief Description of the Efforts Made by Government to Control Development of Urban Areas from 1915 to 1955.* London: Crown Agents for Oversea Governments and Administrations, 1955.

KENT, T.J. *The Urban General Plan.* San Francisco: Chandler, 1964.

KENT, W. *John Burns: Labour's Lost Leader.* London: Williams and Norgate, 1950.

KENWARD, J. *The Suburban Child.* Cambridge: Cambridge University Press, 1955.

KESSNER, T. *The Golden Door: Italian and Jewish Immigrant Mobility in New York City 1880-1915.* New York: Oxford University Press, 1977.

KEYNES, J.M. *The General Theory of Employment, Interest, and Money.* London: Macmillan, 1936.

KILLINGWORTH, C.M. The Continuing Labor Market Twist. *Monthly Labor Review*, 91/9, 1968, p. 12-17.

KILMARTIN, L.A. Urban Policy in Australia: The Case of Decentralisation. *The Australian and New Zealand Journal of Sociology*, 9/2, 1973, p. 36-39.

KILMARTIN, L.A.; THORNS, D.C. *Cities Unlimited: The Sociology of Urban Development in Australia and New Zealand.* Sydney: George Allen and Unwin, 1978.

KIMBLE, G.H.T. The Inadequacy of the Regional Concept. In: STAMP, L.D.; WOOLDRIDGE, S.W. (eds.). *London Essays in Geography.* London: Longmans, Green, 1951.

KING, A.D. Worlds in the City: Manhattan Transfer and the Ascendance of Spectacular Space. *Planning Perspectives*, 11, 1996, p. 97-114.

____. *The Bungalow: The Production of a Global Culture.* London: Routledge and Kegan Paul, 1984.

____. (ed.). *Buildings and Society: Essays on the Social Development of the Built Environment.* London: Routledge and Kegan Paul, 1980.

____. Exporting Planning: The Colonial and Neo-Colonial Experience. In: CHERRY, G.E. (ed.). *Shaping an Urban World.* London: Mansell, 1980. p. 203-226.

____. Historical Patterns of Reaction to Urbanism: The Case of Britain 1880-1939. *International Journal of Urban and Regional Research*, 4, 1980, p. 453-469.

____. *Colonial Urban Development: Culture, Social Power and Environment.* London: Routledge and Kegan Paul, 1976.

____. The Language of Colonial Urbanization. *Sociology*, 8, 1974, p. 81-110.

KING, A. *Global Cities: Post-Imperialism and the Internationalization of London.* London: Routledge, 1990.

KIRBY, A. *The Inner City: Causes and Effects.* Corbridge: Retailing and Planning Associates, 1978.

KIRKBY, R.J.R. *Urbanisation in China: Town and Country in a Developing Economy, 1949-2000 A.D.* London: Croom Helm, 1985.

KITCHEN, P. *A Most Unsettling Person: An Introduction to the Ideas and Life of Patrick Geddes.* London: Victor Gollancz, 1975.

KLAPHECK, R. *Siedlungswerk Krupp.* Berlin: Wasmuth, 1930.

KLEIN, M.; KANTOR, H.A. *Prisoners of Progress: American Industrial Cities 1850-1920.* New York: Macmillan, 1976.

KLENIEWSKI, N.: From Industrial to Corporate City: The Role of Urban Renewal. In: TABB, W K.; SAWERS, L. (eds.). *Marxism and the Metropolis: New Perspectives in Urban Political Economy.* New York: Oxford University Press, 1984. p. 205-222.

KNAPP, J.M. *The Universities and the Social Problem.* London: Rivington Percival, 1895.

KNEVITT, C. Down your Way: Current Projects by Rod Hackney. *Architects' Journal*, 166, 1977, p. 630-634.

_____. Macclesfield: The Self-Help GIA. *Architects Journal*, 162, 1975, p. 995-1002.

KNIGHT, C.G.; NEWMAN, J.L. (eds.). *Contemporary Africa: Geography and Change*. Englewood Cliffs: Prentice Hall, 1976.

KOPP, A. *Town and Revolution: Soviet Architecture and City Planning, 1917-1935*. London: Thames and Hudson, 1970.

KRAUSE, A.S. *Starving London*. London: Remington, 1886.

KRAUSE, R. *Der Berliner City: frühere Entwicklung/gegenwärtige Situation, mögliche Perspektiven*. Berlin: Duncker and Humblot, 1958.

KROPOTKIN, P. Anarchism – Encyclopaedia Britannica Article. In: BALDWIN, R.N. (ed.). *Kropotkin's Revolutionary Pamphlets: A Collection of Writings by Peter Kropotkin*. New York: Vanguard, 1927. p. 283-302. (Repr.: New York: Dover, 1971.)

_____. Anarchist Morality. In: BALDWIN, R.N. (ed.). *Kropotkin's Revolutionary Pamphlets: A Collection of Writings by Peter Kropotkin*. New York: Vanguard, 1927. p. 79-113. (Repr.: New York: Dover, 1971.).

_____. Modern Science and Anarchism. In: BALDWIN, R.N. (ed.). *Kropotkin's Revolutionary Pamphlets: A Collection of Writings by Peter Kropotkin*. New York: Vanguard, 1927. p. 146-194. (Repr.: New York: Dover, 1971.)

_____. *The State: Its Historic Role*. 5. ed. London: Freedom, 1920.

_____. *Fields, Factories and Workshops: Or Industry Combined with Agriculture and Brain Work with Manual Work* [1898]. New, revised, and enlarged edition. New York: G.P. Putnam's Sons, 1913.

_____. *Modern Science and Anarchism*. New York: Mother Earth, 1908.

_____. *The Conquest of Bread*. New York: Vanguard, 1906.

KRUECKEBERG, D.A. Planning History's Mistakes. *Planning Perspectives*, 12, 1997, p. 269-79.

_____ (ed.). *Introduction to Planning History in the United States*. New Brunswick: Rutgers University, Center for Urban Policy Research, 1983.

_____ (ed). The Culture of Planning. *Introduction to Planning History in the United States*. New Brunswick: Rutgers University, Center for Urban Policy Research, 1983. p. 1-12.

_____ (ed.). *The American Planner: Biographies and Recollections*. New York/London: Methuen, 1983.

_____. From the Backyard Garden to the Whole USA: A Conversation with Charles W. Elliot, 2nd. *The American Planner: Biographies and Recollections*. New York/London: Methuen. 1983. p. 350-365.

_____. The Story of the Planner's Journal, 1915-1980. *Journal of the American Planning Association*, 46, 1980, p. 5-21.

KRUMHOLZ, N. A Retrospective View of Equity Planning: Cleveland, 1969-1979. In: KRUECKEBERG, D.A. (ed.). *Introduction to Planning History in the United States*. New Brunswick: Rutgers University, Center for Urban Policy Research, 1983. p. 280-294.

KUHN, T.S. *The Structure of Scientific Revolutions*. Chicago: University of Chicago Press, 1962.

KVALITETEN i vart bostadsbyggande. *Plan*, 33, 1979, p. 1-6 (and comments, p. 7-19).

LADD, B. *Urban Planning and Civic Order in Germany, 1860-1914*. Cambridge: Harvard University Press, 1990.

LAHTI, J. The Helsinki Suburbs of Tapiola and Vantaanpuisto: Post-War Planning by the Architect Aarne Ervi. *Planning Perspectives*, 23, 2008, p. 147-169.

LANCASTER, O. *Here, of All Places: The Pocket Lamp of Architecture*. London: John Murray, 1959.

LANCHESTER, H.V. *The Art of Town Planning*. London: Chapman and Hall, 1925.

_____. *Town Planning in Madras: A Review of the Conditions and Requirements of City Improvement and Development in the Madras Presidency*. London: Constable, 1918.

_____. Calcutta Improvement Trust: Precis of Mr. E.P. Richard's Report on the City of Calcutta. *Town Planning Review*, 5, 1914, p. 115-130.

LANE, B.M. *Architecture and Politics in Germany, 1918-1945*. Cambridge: Harvard University Press, 1968.

LANG, J. Learning from Twentieth Century Urban Design Paradigms: Lessons for the Early Twenty-First Century. In: FREESTONE, R. (ed.). *Urban Planning in a Changing World: The Twentieth Century Experience*. London: Spon, 2000. p. 78-97.

LANG, M.H. *Gentrification amid Urban Decline: Strategies for Americas Older Cities*. Cambridge: Ballinger, 1982.

LANGDON, P. *Orange Roofs, Golden Arches: The Architecture of American Chain Restaurants*. New York: Knopf, 1986.

LANGE, A. *Berlin zur Zeit Bebels und Bismarcks: zwischen Reichsgründung und Jahrhundertwende* [1961]. Berlin: Das Neue Berlin, 1972.

LAPPO, G.M. Trends in the Evolution of Settlement Patterns in the Moscow Region. *Soviet Geography: Review and Translation*, 14, 1973, p. 13-24.

LAPPO, G.M.; CHIKISHEV, A.; BEKKER, A. *Moscow – Capital of the Soviet Union*. Moscou: Progresso, 1976.

LARKHAM, P.J. The Place of Urban Conservation in the UK Reconstruction Plans of 1942-1952. *Planning Perspectives*, 18, 2007, p. 295-324.

LARKHAM, P.J.; LILLEY, K.D. Exhibiting the City: Planning Ideas and Public Involvement in Wartime and Early Post-War Britain. *Town Planning Review*, 83, 2012, p. 647-668.

LÄRMER, K. *Autobahnbau in Deutschland 1933 bis 1945: zu den Hintergründen*. Ost-Berlin: Akademie, 1975.

LARSEN, K. Research in Progress: The Radburn Idea as an Emergent Concept: Henry Wright's Regional City. *Planning Perspectives*, 23, 2008, p. 381-395.

LARSSON, L.O. *Die Neugestaltung der Reichshauptstadt: Albert Speers General-bebauungsplan.* Stockholm: Almqvist and Wiksell, 1978.

LARSSON, Y. *Mitt Liv i Stadshuset, v. II: I Tjänst hos denna stolta Stad.* Stockholm: Almqvist and Wiksell, 1977.

LASH, S. *Sociology of Postmodernism.* London: Routledge, 1990.

LASKA, S.B.; SPAIN, D. (eds.). *Back to the City: Issues in Neighborhood Revitalization.* New York: Pergamon, 1980.

LAVEDAN, P. *Historie de l'urbanisme a Paris.* Paris: Hachette, 1975.

_____. *Histoire de Paris.* Paris: PUF, 1960.

_____. *Les Villes françaises.* Paris: Vincent, Fréal, 1960.

_____. *Geographie des villes.* Paris: Gaillimard, 1959.

_____. *Histoire d'urbanisme. Époque contemporaine.* Paris: Henri Laurens, 1952.

LAWLESS, P. Urban Policy in the Thatcher Decade: English Inner-City Policy 1979-90. *Environment and Planning C: Government and Policy,* 9, 1991, p. 15-30.

_____. *The Evolution of Spatial Policy: A Case Study of Inner-Urban Policy in the United Kingdom 1968-1981.* London: Pion, 1986.

LE CORBUSIER. *Toward an Architecture.* Translated by John Goodman. Los Angeles: Getty Research Institute, 2007.

_____. *Essential Le Corbusier: L'Esprit Nouveau Articles.* Oxford/Boston: Architectural, 1998.

_____. *The Radiant City* [1933]. London: Faber and Faber. 1967.

_____. *L'Urbanisme des trois établissements humaines.* Paris: Minuit, 1959.

_____. *Concerning Town Planning.* Translated by Clive Entwistle from *Propos d'urbanisme.* London: Architectural, 1948.

_____. *The City of Tomorrow and its Planning.* Traduzido da 8ª edição de *Urbanisme* com introdução de Frederick Etchells. London: John Rodher, 1929. (Repr.: London: Architectural, 1947.)

_____. *Quand les cathédrales étaient blanches: Voyage aux pays des timides.* Paris: Plon, 1937.

_____. *Vers une architecture.* Paris: G. Crès, 1923.

LEAVITT, H. *Superhighway-Superhoax.* Garden City: Doubleday, 1970.

LEBAS, E.; MAGRI, S.; TOPALOV, C. Reconstruction and Popular Housing after the First World War: A Comparative Study of France, Great Britain, Italy and the United States. *Planning Perspectives,* 6, 1991, p. 149-167.

LEDGERWOOD, G. *Urban Innovation: The Transformation of London's Docklands 1968-84.* Aldershot: Gower, 1985.

LEE, C.E. *Sixty Years of the Piccadilly.* London: London Transport, 1966.

LEE, R. London Docklands: The Exceptional Place? An Economic Geography of Inter-Urban Competition. In: OGDEN, P. (ed.). *London Docklands: The Challenge of Development.* Cambridge: Cambridge University Press, 1992. p. 7-18.

LEES, A. *Cities Perceived: Urban Society in European and American Thought, 1820-1940.* Manchester: Manchester University Press, 1985. p. 67-94.

_____. The Metropolis and the Intellectual. In: SUTCLIFFE, A. (ed.). *Metropolis 1890-1940.* London: Mansell, 1984. p. 67-94.

_____. Critics of Urban Society in Germany, 1854-1914. *Journal of the History of Ideas,* 40, 1979, p. 61-83.

LEES, L. Visions of Urban Renaissance: The Urban Task Force Report and the Urban White Paper. In: IMRIE, R.; RACO, M. (eds.). *Urban Renaissance? New Labour, Community and Urban Policy.* Bristol: Policy, 2003. p. 61-82.

LEES, R.; MAYO, M. *Community Action for Change.* London: Routledge and Kegan Paul, 1984.

LEFEBVRE, H. *Espace et politique: Le droit à la ville II.* Paris: Anthropos, 1972.

_____. *Le Droit à la ville.* Paris: Anthropos, 1968.

LEHNING, A. (ed.). *Michael Bakunin: Selected Writings.* London: Jonathan Cape, 1973.

LEONARD, S.G. The Regeneration of the Old Town of Edinburgh by Patrick Geddes. *Planning History,* 21, 1999, p. 33-47.

LEPAWSKY, A. The Planning Apparatus: A Vignette of the New Deal. *Journal of the American Institute of Planners,* 42, 1976, p. 16-32.

LERNER, D. Comparative Analysis of Processes of Modernisation. In: MINER, H. (ed.). *The City in Modern Africa.* London: Pall Mall, 1967. p. 21-38.

LETWIN, S. *The Anatomy of Thatcher ism.* London: Fontana, 1992.

LEWIS, D.N. (ed.). *The Growth of Cities.* London: Elek Books, 1971. (Architects' Year Book, XIII)

LEWIS, J.W. (ed.). *The City in Communist China.* Stanford: Stanford University Press, 1971.

LEWIS, N.P. *The Planning of the Modern City: A Review of the Principles Governing City Planning.* New York: John Wiley & Sons, 1916.

LEWIS, O. *La Vida: A Puerto Rican Family in the Culture of Poverty – San Juan and New York.* London: Seeker and Warburg, 1967.

_____. The Culture of Poverty. *Scientific American,* 215/4, 1966, p. 19-25.

_____. *The Children of Sanchez.* New York: Random House, 1961.

_____. Urbanization Without Breakdown: A Case Study. *The Scientific Monthly,* 75, 1952, p. 31-41.

LEWIS, R.A.; ROWLAND, R.H. *Urbanization in Russia and the USSR, 1897-1970.* In: HAMM, M.F. (ed.). *The City in Russian History.* Lexington: University of Kentucky Press, 1976. p. 205-221.

LIEBS, C.H. *Main Street to Miracle Mile: American Roadside Architecture.* Boston: Little, Brown, 1985.

LILIENTHAL, D.E. *TVA: Democracy on the March*. New York/London: Harper and Brothers, 1944.

LIN, T.B.; LEE, R.P.L.; SIMONIS, U.E. (eds.). *Hong Kong: Economic, Social and Political Studies in Development*. Folkestone: Dawson, 1979.

LINDBLOM, C.E. The Science of "Muddling Through". *Public Administration Review*, 19, 1959, p. 79-88.

LINDSTRÖM, J. Hur kunde det gåsåilla?: Dialog fackmänallmänhet viktigast. *Plan*, 31, 1977, p. 203-205.

LING, A. *Planning and Building in USSR*. London: Todd, 1943.

LIPTON, M. *Why Poor People Stay Poor: Urban Bias in World Development*. London: Temple Smith, 1977.

LITTLE, K.L. *Urbanization as a Social Process: An Essay on Movement and Change in Contemporary Africa*. London: Routledge and Kegan Paul, 1974.

LLOYD, P.C. *Slums of Hope? Shanty Towns of the Third World*. Manchester: Manchester University Press, 1979.

LLOYD, P.C.; MABOGUNJE, A.L.; AWE, B. (eds.). *The City of Ibadan*. Cambridge: University Press, 1967.

LOKJINE, J. *Le Marxisme, l'état et la question urbaine*. Paris: PUF, 1977.

LONDON County Council. *Housing: With Particular Reference to Post-War Housing Schemes*. London: P.S. King, 1928.

_____. *Housing of the Working Classes in London: Note on the Action Taken between 1855 and 1912 for the Better Housing of the Working Classes in London, with Special Reference to the Action Taken by the London County Council between the Years 1889 and 1912*. London: Odhams, 1913.

LONDON Regional Planning: Notes of First Meeting of New Standing Conference. *Journal of the Town Planning Institute*, 24, 1937, p. 15-16.

LONG, N.E. Local Government and Renewal Politics. In: WILSON, J.Q. (ed.). *Urban Renewal: The Record and the Controversy*. Cambridge: MIT Press, 1966. p. 422-434.

LONGSTRETH, R. *City Center to Regional Mall: Architecture, the Automobile, and Retailing in Los Angeles, 1920-1950*. Cambridge: MIT Press, 1997.

_____. The Perils of a Parkless Town. In: WACHS, M.; CRAWFORD, M. (eds.). *The Car and the City: The Automobile, the Built Environment, and Daily Urban Life*. Ann Arbor: University of Michigan Press, 1992. p. 141-153.

LOS ANGELES County Regional Planning Commission. *Freeways for the Region*. Los Angeles: The Board, 1943.

LÖSCH, A. *The Economics of Location* [1940]. Translated by W.H. Woglom and W.E. Stolper. New Haven: Yale University Press, 1954.

LOTCHIN, R. World War II and the Growth of Southern City Planning: A Gigantic Force? *Planning Perspectives*, 18, 2003, p. 355-376.

LOWE, J.R. *Cities in a Race with Time: Progress and Poverty in Americas Renewing Cities*. New York: Random House, 1967.

LOWITT, R. The TVA, 1933-45. In: HARGROVE, E.C.; CONKIN, P.K. (eds.). *TVA: Fifty Years of Grass-Roots Bureaucracy*. Urbana: University of Illinois Press, 1983. p. 35-65.

LOWRY, I.S. A Short Course in Model Design. *Journal of the American Institute of Planners*, 31, 1965, p. 158-166.

_____. *A Model of Metropolis*. Santa Monica: Rand Corporation, 1964. (RM-4035-RC).

LUBETKIN, B. Town and Landscape Planning in Soviet Russia. *Journal of the Town Planning Institute*, 18, 1933, p. 69-75.

_____. Recent Developments of Town Planning in USSR. *Architectural Review*, 71, 1932, p. 209-214.

LUBOVE, R. *Twentieth-Century Pittsburgh: Government, Business, and Environmental Change*. New York: John Wiley & Sons, 1969.

_____. *The Urban Community: Housing and Planning in the Progressive Era*. Englewood Cliffs: Prentice Hall, 1967.

_____. *Community Planning in the 1920s: The Contribution of the Regional Planning Association of America*. Pittsburgh: Pittsburgh University Press, 1963.

_____. New Cities for Old: The Urban Reconstruction Program of the 1930s. *The Social Studies*, 53, 1962, p. 203-213.

_____. *The Progressives and the Slums: Tenement House Reform in New York City, 1890-1917*. Pittsburgh: University of Pittsburgh Press, 1962.

_____. Homes and "A Few Well Placed Fruit Trees": An Object Lesson in Federal Housing. *Social Research*, 27, 1960, p. 469-486.

LUGARD, F.D. *Revision of Instructions to Political Officers on Subjects Chiefly Political and Administrative 1913-1918*. London: Waterlow & Sons, 1919.

LUNDQVIST, J. Tanzania: Socialist Ideology, Bureaucratic Reality, and Development from Below. In: STÖHR, W B.; TAYLOR, D.R.F. (eds.). *Development from Above or Below? The Dialectics of Regional Planning in Developing Countries*. Chichester: John Wiley & Sons, 1981. p. 329-349.

LUNDQVIST, L. Strategies for the Swedish Public Housing Sector. *Urban Law and Policy*, 6, 1984, p. 215-251.

LUTYENS, E. *Lutyens: The Work of the English Architect Sir Edwin Lutyens (1869-1944)*. London: Arts Council of Great Britain, 1982.

LUTYENS, M. *Edwin Lutyens*. London: John Murray, 1980.

LYALL, K. A Bicycle Built-for-Two: Public-Private Partnership in Baltimore. In: FOSLER, R.S.; BERGER, R.A. (eds.). *Public-Private Partnership in American Cities: Seven Case Studies*. Lexington: Lexington Books, 1982. p. 17-57.

LYNCH, K. *The Image of the City*. Cambridge: MIT Press, 1960.

LYND, H.M. *England in the Eighteen-Eighties: Toward a Social Basis for Freedom*. Oxford: Oxford University Press, 1945.

LYOTARD, J.F. *The Postmodern Condition: A Report on Knowledge*. Manchester: Manchester University Press, 1984.

MABIN, A.; SMIT, D. Reconstructing South Africa's Cities? The Making of Urban Planning 1900-2000. *Planning Perspectives*, 12, 1997, p. 193-223.

MABOGUNJE, A.L. *The Development Process: A Spatial Perspective.* London: Hutchinson, 1980.

____. *Urbanization in Nigeria.* London: University of London Press, 1968.

____. The Morphology of Ibadan. In: LLOYD, P.C.; MABOGUNJE, A.L.; AWE, B. (eds.). *The City of Ibadan.* Cambridge: Cambridge University Press, 1967. p. 35-56.

MABOGUNJE, A.L.; HARDOY, J.E.; MISRA, R.P.: *Shelter Provision in Developing Countries: The Influence of Standards and Criteria.* Chichester: John Wiley & Sons, 1978. (Scope, 11)

MACDONALD, M.C.D. *Americas Cities: A Report on the Myth of Urban Renaissance.* New York: Simon and Schuster, 1984.

MACFADYEN, D. *Sir Ebenezer Howard and the Town Planning Movement.* Manchester: Manchester University Press, 1933.

MACFARLAND, J.R. The Administration of the New Deal Greenbelt Towns. *Journal of the American Institute of Planners*, 32, 1966, p. 217-225.

MACHEDON, E.; MACHEDON, L.; SCOFFHAM, E. Inter-war Bucharest: City in a Garden. *Planning Perspectives*, 14, 1999, p. 249-275.

MACHLER, M. Town Development in Soviet Russia. *Journal of the Town Planning Institute*, 18, 1932, p. 94-97.

MACKAYE, B. The Townless Highway. *The New Republic*, 62, 1930, p. 93-95.

____. *The New Exploration.* New York: Harcourt Brace, 1928.

____. The New Exploration. *The Survey*, 54, 1925, p. 153-157, 192.

MACLEOD, G.; WARD, K. Spaces of Utopia and Dystopia: Landscaping the Contemporary City. *Geografiska Annaler*, 84B (3-4), 2002, p. 153-170.

MACPHERSON, K.L. The Head of the Dragon: The Pudong New Area and Shanghai's Urban Development. *Planning Perspectives*, 9, 1994, p. 61-85.

MADANIPOUR, A. Newcastle upon Tyne: In Search of a Post-Industrial Direction. In: PUNTER, J. (ed.). *Urban Design and the British Urban Renaissance.* Abingdon: Routledge, 2010. p. 132-147.

MADGIN, R. Reconceptualising the Historic Urban Environment: Conservation and Regeneration in Castlefield, Manchester, 1960-2009. *Planning Perspectives*, 25, 2010, p. 29-48.

MAIRET, P. *Pioneer of Sociology: The Life and Letters of Patrick Geddes.* London: Lund Humphries, 1957.

MAKIELSKI, S.J. *The Politics of Zoning: The New York Experience.* New York: Columbia University Press, 1966.

MALONE, D. *Dictionary of American Biography.* v. xx. New York: Charles Scribner's Sons, 1936.

MALPASS, P. Wartime Planning for Post-War Housing in Britain: The Whitehall Debate, 1941-5. *Planning Perspectives*, 18, 2003, p. 177-196.

____. Public Utility Societies and the Housing and Town Planning Act, 1919: A Re-examination of the Introduction of State-Subsidized Housing in Britain. *Planning Perspectives*, 15, 2000, p. 377-392.

MANDELBAUM, S.J. Thinking about Cities as Systems: Reflections on the History of an Idea. *Journal of Urban History*, 11, 1985, p. 139-150.

____. Urban Pasts and Urban Policies. *Journal of Urban History*, 6, 1980, p. 453-483.

MANDLER, P. New Towns for Old: The Fate of the Town Centre. In: CONEKIN, B.; MORT, F.; WATERS, C. (eds.). *Moments of Modernity: Reconstructing Britain 1945-1964.* London/New York: Rivers Oram, 1999. p. 208-227.

MANGIN, W.P. (ed.). *Peasants in Cities: Readings in the Anthropology of Urbanization.* Boston: Houghton Mifflin, 1970.

____ Urbanization Case History in Peru. *Peasants in Cities: Readings in the Anthropology of Urbanization.* Boston: Houghton Mifflin, 1970. p. 47-54.

MANGIN, W.P.; TURNER, J.C. Benavides and the Barriada Movement. In: OLIVER, P. (ed.). *Shelter and Society.* London: Barrie Rokliff/Cresset, 1969. p. 127-136.

MANIERI-ELIA, M. Toward an "Imperial City": Daniel H. Burnham and the City Beautiful Movement. In: CIUCCI, G.; DAL CO, L.; MANIERI-ELIA, M.; TAFURI, M. *The American City: From the Civil War to the New Deal.* Cambridge: MIT Press, 1979. p. 1-142.

MANN, E. Nairobi – From Colonial to National Capital. In: BERGER, H. (ed.). *Ostafrikanische Studien: Ernst Weigt zum 60. Geburtstag.* Nürnberg: Friedrich-Alexander-Universitat/Wirtschafts- und Sozialgeographische Institut, 1968. p. 141-156.

MANN, L.D. Social Science Advances and Planning Applications: 1900-1965. *Journal of the American Institute of Planners*, 38, 1972, p. 346-358.

MARCHAND, B.; CAVIN, J.S. Anti-Urban Ideologies and Planning in France and Switzerland: Jean-Francois Gravier and Armin Meili. *Planning Perspectives*, 22, 2007, p. 29-53.

MARCUSE, P. Housing Policy and City Planning: The Puzzling Split in the United States, 1893-1931. In: CHERRY, G.E. (ed.). *Shaping an Urban World.* London: Mansell, 1980. p. 23-58.

MARKELIUS, S. Stockholms City. *Arkitektur*, 62, 1962, p. 274-287. (English summary: xxxvi-xxxvii).

MARKELIUS, S. The Structure of Stockholm. In: KIDDER SMITH, G.E. *Sweden Builds.* London: Architectural, 1957. p. 22-27.

MARMARAS, E.; SUTCLIFFE, A. Planning for Post-War London: Three Independent Plans, 1942-3. *Planning Perspectives*, 9, 1994, p. 455-465.

MARRIS, P. *Family and Social Change in an African City: A Study of Rehousing in Lagos.* London: Routledge and Kegan Paul, 1961.

MARSH, J. *Back to the Land: The Pastoral Impulse in England, from 1880 to 1914*. London: Quartet, 1982.

MARSHALL, A. The Housing of the London Poor. I. Where to House Them. *Contemporary Review*, 45, 1884, p. 224-231.

MARTIN, R. The Formulation of a Self-Help Project in Lusaka. In: WARD, P.M. (ed.). *Self-Help Housing: A Critique*. London: Mansell. 1982. p. 251-274.

MARTIN-RAMOS, Á. The Cerdà Effect on City Modernization. *Town Planning Review*, 83, 2012, p. 695-716.

MASSER, I. An Emerging World City. *Town and Country Planning*, 49, 1980, p. 301-303.

MASSEY, D. *Spatial Divisions of Labour: Social Structures and the Geography of Production*. London: Macmillan, 1984.

_____. Enterprise Zones: A Political Issue. *International Journal of Urban and Regional Research*, 6, 1982, p. 429-434.

MASSEY, D.; MEEGAN, R. *The Anatomy of Job Loss: The How, Why and Where of Employment Decline*. London: Methuen, 1982.

MASTERMAN, C.F.G. et al. *The Heart of the Empire: Discussion on Problems of Modern City Life in England with an Essay on Imperialism*. London: T. Fisher Unwin, 1901.

_____ .*The Condition of England*. London: Methuen, 1909.

MATZERATH, H. Berlin, 1890-1940. In: SUTCLIFFE, A. (ed.). *Metropolis 1890-1940*. London: Mansell, 1984. p. 289-318.

_____. Städtewachtum und Eingemeindungen im 19. Jahrhundert. In: REULECKE, J. (ed.). *Die deutsche Stadt im Industriezeitalter*. Wuppertal: Peter Hammer, 1978. p. 57-89.

MAWSON, D.T.H. Mawson (1861-1933) – Landscape Architect and Town Planner. *Journal of the Royal Society of Arts*, 132, 1984, p. 184-199.

MAWSON, T.H. *The Life and Work of an English Landscape Architect*. London: Richards, 1927.

MAY, E. Cities of the Future. *Survey*, 38, 1961, p. 179-185.

MAY, R. Planned City Stalinstadt: A Manifesto of the Early German Democratic Republic. *Planning Perspectives*, 18, 2003, p. 47-78.

MAYER, H.M.; WADE, R.C. *Chicago: Growth of a Metropolis*. Chicago: University of Chicago Press, 1969.

MCCANN, L.D. Planning and Building the Corporate Suburb of Mount Royal, 1910-1925. *Planning Perspectives*, 11, 1996, p. 259-301.

MCCARTHY, J. The Redevelopment of Rotterdam since 1945. *Planning Perspectives*, 14, 1999, p. 291-309.

MCCARTHY, M.P. Chicago Businessmen and the Burnham Plan. *Journal of the Illinois State Historical Society*, 63, 1970, p. 228-256.

MCCARTHY, T.A. *The Critical Theory of Jürgen Habermas*. Cambridge: MIT Press, 1978.

MCCLENDON, D. Rail Transit in North America. *Planning*, 50/6, 1984, p. 22-23.

MCCRAW, T.K. *TVA and the Power Fight, 1933-1939*. Philadelphia: Lippincott, 1971.

_____. *Morgan vs. Lilienthal: The Feud within the TVA*. Chicago: Loyola University Press, 1970.

MCGAHEY, J. "Bolt-Holes for Weekenders": The Press and the Cheap Cottages Exhibition, Letchworth Garden City 1905. *Planning History*, 12/2, 1990, p. 17-18.

MCGEE, T G. The Poverty Syndrome: Making Out in the Southeast Asian City. In: BROMLEY, R.; GERRY, C. (eds.). *Casual Work and Poverty in Third World Cities*. Chichester: John Wiley & Sons, 1979. p. 45-68.

_____. *The Urbanization Process in the Third World: Explorations in Search of a Theory*. London: Bell, 1971.

_____. *The Southeast Asian City: A Social Geography of the Primate Cities of Southeast Asia*. London: Bell, 1967.

MCKAY, D.H.; COX, A.W. *The Politics of Urban Change*. London: Croom Helm, 1979.

MCKELVEY, B. *American Urbanization: A Comparative History*. Glenview: Scott, Foresman, 1973.

_____. *The City in American History*. London: George Allen and Unwin, 1969.

_____. *The Emergence of Metropolitan America, 1915-1966*. New Brunswick: Rutgers University Press, 1968.

_____. *The Urbanization of America. 1860-1915*. Brunswick: Rutgers University Press, 1963.

MCLEOD, R. *Style and Society: Architectural Ideology in Britain, 1835-1914*. London: RIBA, 1971.

MCLOUGHLIN, J.B. *Urban and Regional Planning: A Systems Approach*. London: Faber and Faber, 1969.

MCMASTER, D.N. The Colonial District Town in Uganda. In: BECKINSALE, R.P.; HOUSTON, J.M. (eds.). *Urbanization and its Problems: Essays in Honour of E. W Gilbert*. Oxford: Blackwell, 1968. p. 330-351.

MCSHANE, C. *Down the Asphalt Path: The Automobile and the American City*. New York: Columbia University Press, 1994.

MCVICAR, K.G. Pumwani – The Role of a Slum Community in Providing a Catalyst for Culture Change in East Africa. In: BERGER, H. (ed.). *Ostafrikanische Studien: Ernst Weigt zum 60. Geburtstag*. Nürnberg: Friedrich-Alexander-Universitat/Wirtschafts- und Sozialgeographische Institut, 1968. p. 157-167.

MEADOWS, J. The Changing Pattern of Central-Local Fiscal Relations 1979-83. In: JACKSON, P. (ed.). *Implementing Government Policy Initiatives: The Thatcher Administration 1979-83*. London: Royal Institute of Public Administration, 1985. p. 145-168.

MEARNS, A. *The Bitter Cry of Outcast London: An Inquiry into the Condition of the Abject Poor*. London: James Clarke, 1883.

MEEHAN, E.J. *The Quality of Federal Policymaking: Programmed Failure in Public Housing*. Columbia: University of Missouri Press, 1979.

____. The Rise and Fall of Public Housing: Condemnation without Trial. In: PHARES, D. (ed.). *A Decent Home and Environment: Housing Urban America,*. Cambridge: Ballinger, 1977. p. 3-42.

____. *Public Housing Policy: Convention versus Reality.* New Brunswick: Rutgers University, Center for Urban Policy Research, 1975.

MEHR, H. Stockholm. In: ROBSON, W.A.; REGAN, D.E. (eds.) *Great Cities of the World.* v. II. 3. ed. London: George Allen and Unwin, 1972. p. 873-901.

MEIER, A.; RUDWICK, E. Black Violence in the 20th Century: A Study in Rhetoric and Retaliation. In: GRAHAM, H.D.; GURR, T.R. (eds.). *Violence in America: Historical and Comparative Perspectives.* Washington: Government Printing Office., 1969. 2 v. p. 307-316.

MELLER, H.E. *Towns, Plans and Society in Modern Britain.* Cambridge: Cambridge University Press, 1997.

____. Philanthropy and Public Enterprise: International Exhibitions and the Modern Town Planning Movement, 1889-1913. *Planning Perspectives,* 10, 1995, p. 295-310.

____. *Patrick Geddes: Social Evolutionist and City Planner.* London/New York: Routledge, 1990.

____. (ed.). *The Ideal City.* Leicester: Leicester University Press, 1979.

MENZLER, F.A.A. Lord Ashfield. *Public Administration,* 29, 1951, p. 99-112.

MEYERSON, M. Utopian Traditions and the Planning of Cities. *Daedalus,* 90/1, 1961, p. 180-193.

MEYERSON, M.; BANFIELD, E.C. *Politics, Planning and the Public Interest.* New York: Free Press, 1955.

MILL, J.S. Principles of Political Economy, with Some of Their Applications to Social Philosophy. 7. ed. revised. London: Longmans, Green and Co, 1909.

MILLER, C.L. Theory Poorly Practised: The Garden Suburb in New Zealand. *Planning Perspectives,* 19, 2004, p. 37-55.

MILLER, D.L. *Lewis Mumford: A Life.* New York: Weidenfeld and Nicolson, 1989.

MILLER, M. The Origins of the Garden City Residential Neighborhood. In: PARSONS, K.C.; SCHUYLER, D. (eds.). *From Garden City to Green City: The Legacy of Ebenezer Howard.* Baltimore/London: Johns Hopkins University Press, 2002. p. 99-130.

____. Transatlantic Dialogue: Raymond Unwin and the American Planning Scene. *Planning History,* 22/2, 2000, p. 17-28.

____. *Raymond Unwin: Garden Cities and Town Planning.* London: Leicester University Press, 1992.

____. *Letchworth: The First Garden City.* Chichester: Phillimore, 1989.

____. The Elusive Green Background: Raymond Unwin and the Greater London Regional Plan. *Planning Perspectives,* 4, 1989, p. 15-44.

____. Letchworth Garden City Eighty Years On. *Built Environment,* 9, 1983, p. 167-184.

MILLER, M.; GRAY, A.S. *Hampstead Garden Suburb.* Chichester: Phillimore, 1992.

MILNER, H. *Sweden: Social Democracy in Practice.* Oxford: Oxford University Press, 1990.

MINER, H. (ed.). *The City in Modern Africa.* London: Pall Mall, 1967.

MINNEY, R.J. *Viscount Addison: Leader of the Lords.* London: Odhams, 1958.

MITCHELL, B.R. *European Historical Statistics, 1750-1970.* London: Macmillan, 1975.

MITCHELL, J.C. Structural Plurality, Urbanization and Labour Circulation in Southern Rhodesia. In: JACKSON, J.A. (ed.). *Migration.* Cambridge: Cambridge University Press, 1969. p. 156-180. (Sociological Studies, 2).

MITCHELL, N. *The Indian Hill Station: Kodaikanal.* Chicago: University of Chicago, Department of Geography, 1972. (Research Paper, n. 141)

MITCHELL, R.B.; RAPKIN, C. *Urban Traffic: A Function of Land Use.* New York: Columbia University Press, 1954.

MITCHELL, W.J. *e-topia: "Urban Life, Jim – But Not as We Know It."* Cambridge: MIT Press, 1999.

____. *City of Bits: Space, Place, and the Infobahn.* Cambridge: MIT Press, 1995.

MOHL, R.A.; RICHARDSON, J. E (eds.). *The Urban Experience: Themes in American History.* Belmont: Wadsworth, 1973.

MOLLENKOPF, J.H. *The Contested City.* Princeton: Princeton University Press, 1983.

MOLLENKOPF, J.H. The Postwar Politics of Urban Development. In: TABB, W.K.; SAWERS, L. (eds.). *Marxism and the Metropolis: New Perspectives in Urban Political Economy.* New York: Oxford University Press, 1978. p. 117-152.

MONCLÚS, E -J. The Barcelona Model: An Original Formula? From "Reconstruction" to Strategic Urban Projects (1979-2004). *Planning Perspectives,* 18, 2003, p. 399-421.

MONITORING *Enterprise Zones: Year Three Report.* London: Roger Tym and Partners; 1984.

MONKKONEN, E.H. *America Becomes Urban: The Development of US Cities and Towns, 1780-1980.* Berkeley: University of California Press, 1988.

MONTGOMERY, R. Pruitt-Igoe: Policy Failure or Societal Symptom. In: CHECKOWAY, B.; PATTON, C.V. (eds.). *The Metropolitan Midwest: Policy Problems and Prospects for Change,* 229-43. Urbana: University of Illinois Press, 1985.

MOORE, C. *Daniel H. Burnham: Architect, Planner of Cities.* Boston/New York: Houghton Mifflin, 1921.

MOORE, C.; BECKER, P.; CAMPBELL, R. *The City Observed – Los Angeles: A Guide to its Architecture and Landscapes.* New York: Vintage Books, 1984.

MORGAN, A.E. *The Making of TVA.* Buffalo: Prometheus, 1974.

MORGAN, W.T.W. (ed.). *Nairobi: City and Region.* Nairobi: Oxford University Press, 1967.

MORIZET, A. *Du vieux Paris au Paris moderne: Haussmann et ses prédécesseurs.* Paris: Hachette, 1932.

MORT, E. Fantasies of Metropolitan Life: Planning London in the 1940s. *Journal of British Studies,* 43, 2004. p. 120-151.

MOYNIHAN, D.P. *Family and Nation: The Godkin Lectures, Harvard University.* New York: Harcourt Brace, 1986.

____. *The Negro Family: The Case for National Action.* Washington: US Department of Labor Office of Policy Planning and Research, 1965.

MUENCH, L.H.; MUENCH, C.Z. Planning and Antiplanning in Nigeria: Lagos and Ibadan. *Journal of the American Institute of Planners,* 34, 1968, p. 374-381.

MULLER, J. From Survey to Strategy: Twentieth Century Developments in Western Planning Methods. *Planning Perspectives,* 7, 1992, p. 125-155.

MULLER, T. *Economic Impacts of Land Development: Economic, Housing and Property Values.* Washington: The Urban Institute, 1976.

MULLIN, J.R. American Perceptions of German City Planning at the Turn of the Century. *Urbanism Past and Present,* 3, 1977, p. 5-15.

____. City Planning in Frankfurt, Germany, 1925-1932: A Study in Practical Utopianism. *Journal of Urban History,* 4, 1977, p. 3-28.

MUMFORD, E. The "Tower in a Park" in America: Theory and Practice, 1920-1960. *Planning Perspectives,* 10, 1995, p. 17-41.

MUMFORD, L. *Sketches from Life: The Autobiography of Lewis Mumford: The Early Years.* New York: Dial, 1982.

____. *The Highway and the City.* New York: Mentor, 1964.

____. *The City in History: Its Origins, its Transformations, and its Prospects.* New York: Harcourt, Brace & World, 1961.

____. The Neighbourhood and the Neighbourhood Unit. *Town Planning Review,* 24, 1954, p. 256-270.

____. The Garden City Idea and Modern Planning. In: Howard, E. *Garden Cities of To-morrow.* London: Faber and Faber, 1946. p. 29-40.

____. *The Condition of Man.* London: Seeker and Warburg, 1944.

____. *The Culture of Cities.* London: Seeker and Warburg, 1938.

____. *Technics and Civilization.* New York: Harcourt Brace, 1934.

____. The Plan of New York. *New Republic,* 71, 1932, p. 121-126, 146-154.

____. Mass-Production and the Modern House. *Architectural Record,* 67, 1930, p. 13-20, 110-116.

____. Regions – To Live In. *The Survey,* 54, 1925, p. 151-2.

____. The Fourth Migration. *The Survey,* 54, 1925, p. 130-133.

____. *The Story of Utopias.* London: Harrap, 1923.

MURPHEY, R. City as a Mirror of Society: China, Tradition and Modernization. In: AGNEW, J.; MERCER, J.; SOPHER, D.E. (eds.). *The City in Cultural Context.* Boston: Allen and Unwin, 1984. p. 186-204.

____. *The Fading of the Maoist Vision: City and Country in China's Development.* London: Methuen, 1980.

____. *The Outsiders: The Western Experience in India and China.* Ann Arbor: University of Michigan Press, 1977.

MUSCHAMP, H. *Das englische Haus: Entwicklung, Bedingungen, Anlage, Aufbau, Einrichtung und Innenraum.* 2. ed. revised. Berlin: Ernst Wasmuth, 1908-1911. 3 v.

____. *Man about Town: Frank Lloyd Wright in New York City.* Cambridge: MIT Press, 1983.

MYERS, G.A. *Verandahs of Power: Colonialism and Space in Urban Africa.* Syracuse: Syracuse University Press, 2003.

MYHRA, D. Rexford Guy Tugwell: Initiator of America's Greenbelt New Towns, 1935 to 1938. *Journal of the American Institute of Planners,* 40, 1974, p. 176-188.

MYRDAL, G. *An American Dilemma: The Negro Problem and Modern Democracy.* New York: Harper and Brothers, 1944.

NADIN, V. The Emergence of the Spatial Planning Approach in England. *Planning Practice & Research,* 22, 2007, p. 43-62.

NAIRN, I. *The American Landscape: A Critical View.* New York: Random House, 1965.

____. Counter-Attack: The Next Stage in the Fight against Subtopia. *Architectural Review,* 121, 1957, p. 405-407.

____. Outrage: A Special Number of the Architectural Review. *Architectural Review,* 117, 1955, p. 363-454.

NEGROPONTE, N. *Being Digital.* London: Hodder and Stoughton, 1995.

NEHRU, J. *An Autobiography: With Musings on Recent Events in India.* London: John Lane – The Bodley Head, 1936.

NEILD, S.M. Colonial Urbanism: The Development of Madras City in the Eighteenth and Nineteenth Centuries. *Modern Asian Studies,* 13, 1979, p. 217-246.

NELSON, J.J. The Spread of an Artificial Landscape over Southern California. *Annals of the Association of American Geographers,* 49, supplement to n. 3, 1959, p. 80-99.

NELSON, W.H. *Small Wonder: The Amazing Story of the Volkswagen.* London: Hutchinson, 1967.

NETTLEFOLD, J.S. *Practical Town Planning.* London: St. Catherine, 1914.

NEUE Gesellschaft für Bildede Kunst. *Wem gehört die Welt? Kunst und Gesellschaft in der Weimare Republik.* Berlin: Neue Gesellschaft fur Bildede Kunst, 1977.

NEUFANG, H. Die Siedlungsverband Ruhrkohlenbezirk (1920-1963). *Die öffentliche Verwaltung*, 16, 1963, p. 812-819.

NEUMAN, M. Ildefons Cerdà and the Future of Spatial Planning: The Network Urbanism of a City Planning Pioneer. *Town Planning Review*, 82, 2011, p. 117-143.

NEUMEYER, F. Zum Werkwohnungsbau in Deutschland um 1900. In: SIEPMANN, E. (ed.). *Kunst und Alltag um 1900*. Lahn/Giessen: Anabas, 1978.

NEUSE, S.M. TVA at Age Fifty – Reflections and Retrospect. *Public Administration Review*, 43, 1983, p. 491-499.

NEUTZE, G.M. *Urban Development in Australia: A Descriptive Analysis*. Sydney: George Allen and Unwin, 1977.

NEVILLE, R.J.W. The Areal Distribution of Population in Singapore. *The Journal of Tropical Geography*, 20, 1965, p. 16-25.

NEVINS, A. *Ford: The Times, The Man, The Company*. New York: Charles Scribner's Sons, 1954.

NEW Townsmen. *New Towns after the War: An Argument for Garden Cities*. London: J.M. Dent, 1918.

NEWMAN, I.; MAYO, M. Docklands. *International Journal of Urban and Regional Research*, 5, 1981, p. 529-545.

NEWMAN, O. *Community of Interest*. Garden City: Anchor/Doubleday, 1980.

_____. *Defensible Space: Crime Prevention and Urban Design*. New York: Macmillan, 1972.

NIETHAMMER, L. Some Elements of the Housing Reform Debate in Nineteenth Century Europe: Or, On the Making of a New Paradigm of Social Control. In: STAVE, B.M. (ed.). *Modern Industrial Cities: History, Policy and Survival*. Beverly Hills: Sage, 1981. p. 129-164.

NJOH, A. Urban Planning as a Tool of Power and Social Control in Colonial Africa. *Planning Perspectives*, 24, 2009, p. 301-317.

NOCKS, B.C. Case Studies: A Decade of Planning Education at Three Schools. In: GODSCHALK, D.R. (ed.). *Planning in America: Learning from Turbulence*. Washington: American Institute of Planners, 1974. p. 206-226.

NOLEN, J. (ed.). *City Planning: A Series of Papers Presenting the Essential Elements of a City Plan*. New York: D. Appleton, 1916.

_____. The Subdivision of Land. *City Planning: A Series of Papers Presenting the Essential Elements of a City Plan*. New York: D. Appleton, 1916. p. 19-47.

NOVAK Jr, F.G. (ed.). *Lewis Mumford and Patrick Geddes: The Correspondence*. London: Routledge, 1995.

O'CARROLL, A. The Influence of Local Authorities on the Growth of Owner Occupation: Edinburgh and Glasgow 1914-1939. *Planning Perspectives*, 11, 1996, p. 55-72.

O'CONNOR, A.M. *The African City*. London: Hutchinson University Library for Africa, 1983.

_____. *Urbanization in Tropical Africa: An Annotated Bibliography*. Boston: G.K. Hall, 1981.

O'CONNOR, T.H. *Building a New Boston: Politics and Urban Renewal, 1950-1970*. Boston: Northeastern University Press, 1993.

OBERLANDER, H. P; NEWBURN, E. *Houser: The Life and Work of Catherine Bauer*. Vancouver: UBC, 1999.

ODMANN, E.; DAHLBERG, G.B. Urbanisation in Sweden: Means and Methods for the Planning. Stockholm: Allmanna Forlaget, 1970.

ODUM, H.W. *Southern Regions of the United States*. Chapel Hill: University of North Carolina Press, 1936.

_____. *An Approach to Public Welfare and Social Work*. Chapel Hill: University of North Carolina Press, 1926.

_____. *Social and Mental Traits of the Negro: Research into the Conditions of the Negro Race in Southern Towns: A Study in Race Traits, Tendencies and Prospects*. New York: Columbia University, 1910. (Studies in History, Economics and Public Law, 37, n. 3.)

ODUM, H.W.; JOCHER, K. (eds.). *In Search of the Regional Balance of America*. Chapel Hill: University of North Carolina Press, 1945.

ODUM, H.W.; JOHNSON, G.B. *The Negro and his Songs*. Chapel Hill: University of North Carolina Press, 1925.

ODUM, H.W.; MOORE, H.E. *American Regionalism: A Cultural-Historical Approach to National Integration*. New York: Henry Holt, 1938.

OGDEN, P. (ed.). *London Docklands: The Challenge of Development*. Cambridge: Cambridge University Press, 1992.

_____. Introduction: Some Questions of Geography and History. *London Docklands: The Challenge of Development*. Cambridge: Cambridge University Press, 1992. p. 1-6.

OLDS, K. Globalization and the Production of New Urban Spaces: Pacific Rim Megaprojects in the Late 20th Century. *Environment and Planning A*, 27, 1995, p. 1713-1743.

OLIVER, P.H. (ed.). *Shelter in Africa*. London: Barrie and Jenkins, 1975.

_____ (ed.). *Shelter and Society*. London: Barrie Rokliff/Cresset, 1969.

OLIVER, P.H.; DAVIS, I.; BENTLEY, I. *Dunroamin: The Suburban Semi and its Enemies*. London: Barrie and Jenkins, 1981.

ORLANS, H. *Stevenage: A Sociological Study of a New Town*. London: Routledge and Kegan Paul, 1952.

ORWELL, G. *Coming up for Air*. London: Seeker and Warburg, 1939.

OSBORN, F.J. *Genesis of Welwyn Garden City: Some Jubilee Memories*. London: Town and Country Planning Association, 1970.

_____. How Subsidies Distort Housing Development. *Lloyds Bank Review*, n. s. 36, 1955, p. 25-38.

_____. Sir Ebenezer Howard: The Evolution of his Ideas. *Town Planning Review*, 21, 1950, p. 221-235.

_____. *New Towns after the War*. London: J.M. Dent, 1942.

____. The Planning of Greater London. *Town and Country Planning*, 6, 1938, p. 97-102.

____. A Lecture to London. *Journal of the Town Planning Institute*, 23, 1937, p. 45-51.

____. *London's Dilemma: The Only Way Out*. London: Garden Cities and Town Planning Association, 1936.

____. *Transport, Town Development and Territorial Planning of Industry*. London: Fabian Society, 1934.

OWENS, S.E. Energy, Environmental Sustainability and Land-Use Planning. In: BREHENY, M.J. (ed.). *Sustainable Development and Urban Form*. London: Pion, 1992. (European Research in Regional Science, 2).

____. Land-Use Planning for Energy Efficiency. *Applied Energy*, 43, 1992, p. 81-114.

____. Land-Use Planning for Energy Efficiency. In: CULLINGWORTH, J.B. (ed.). *Energy, Land and Public Policy*. Newark: Transactions/Center for Energy and Urban Policy Research, 1990. p. 53-98.

____. *Energy, Planning and Urban Form*. London: Pion, 1986.

____. Spatial Structure and Energy Demand. In: COPE, D.R.; HILLS, P.R.; JAMES, P. (eds.). *Energy Policy and Land Use Planning*. Oxford: Pergamon, 1984. p. 215-240.

OWENS, S.E.; COPE, D. *Land Use Planning Policy and Climate Change*. London: HMSO, 1992.

PAHL, R.E. (ed.). *Readings in Urban Sociology*. Oxford: Pergamon, 1968.

PARIS. Anonymous news contributions. *Architecture*, 1, 1979, p. 7-17.

____. Anonymous news contributions. *Building News*, 437, 1979, p. 4; 438, 1979, p. 1; 456, 1979, p. 8.

____. Jeu de l'Oie des Halles de Paris. *Macadam*, 8/9, 1979, p. 12-13.

____. Anonymous news contributions. *Macadam*, 4, 1978, p. 4-9.

PARK, R.E. Human Migration and the Marginal Man. *The American Journal of Sociology*, 33, 1928, p. 881-93.

____. The City: Suggestions for the Investigation of Human Behavior in the Urban Environment. In: PARK, R.E.; BURGESS; E.W.; MCKENZIE, R.D. *The City*. Chicago: University of Chicago Press, 1925. p. 1-46.

____. Community Disorganization and Juvenile Delinquency. In: PARK, R.E.; BURGESS, E. W; MCKENZIE, R.D. *The City*. Chicago: University of Chicago Press, 1925. p. 99-112.

PARK, R.E.; BURGESS, E. W; MCKENZIE, R.D. *The City*. Chicago: University of Chicago Press, 1925.

PARK, R.L. The Urban Challenge to Local and State Government: West Bengal, with Special Reference to Calcutta. In: TURNER, R. (ed.). *India's Urban Future*. Berkeley: University of California Press, 1962. p. 382-396.

PARKER, B. Highways, Parkways and Freeways: with Special Reference to Wythenshawe Estate, Manchester, and to Letchworth Garden City. *Town and Country Planning*, 1, 1932. p. 38-43.

PARKER, B.; UNWIN, R. *The Art of Building a Home: A Collection of Lectures and Illustrations*. London: Longmans, Green, 1901.

PARKER, R.S.; TROY, P.N. (eds.). *The Politics of Urban Growth*. Canberra: ANU, 1972.

PARKIN, D.J. (ed.). *Town and Country in East and Central Africa*. London: Oxford University Press (for International African Institute), 1975.

PARKINS, M.F. *City Planning in Soviet Russia: With an Interpretative Bibliography*. Chicago: University of Chicago Press, 1953.

PARSONS, K.C. British and American Community Design: Clarence Stein's Manhattan Transfer, 1924-1974. In: PARSONS, K.C.; SCHUYLER, D. (eds.). *From Garden City to Green City: The Legacy of Ebenezer Howard*. Baltimore/London: Johns Hopkins University Press, 2002. p. 131-158.

____. *The Writings of Clarence S. Stein: Architect of the Planned Community*. Baltimore: Johns Hopkins University Press, 1998.

____. America's Influence on Stockholm's Post World War II Suburban Expansion. *Planning History*, 14/1, 1992, p. 3-14.

____. British and American Community Design: Clarence Stein's Manhattan Transfer, 1924-74. *Planning Perspectives*, 7, 1992, p. 181-210.

PARTNERS for Livable Places. *Towards Livable Communities: A Report on Partners for Livable Places, 1975-1982*. Washington: Partners for Livable Places, 1982.

PASS, D. *Vällingby and Farsta – From Idea to Reality: The New Community Development Process in Stockholm*. Cambridge: MIT Press, 1973.

PATTERSON, O. *Slavery and Social Death: A Comparative Study*. Cambridge: Harvard University Press, 1982.

PAUL Delouvrier 1914-1995: Le Grand Amenageur de l'Île-de-France. *Cahiers de l'Institut d'Aménagement et d'Urbanisme de la Region Île-de-France*, 108, 1995. (Special supplement.)

PAWLOWSKI, C. *Tony Garnier et les débuts de L'urbanisme fonctionnel en France*. Paris: Centre de Recherche d'Urbanisme, 1967.

PAYNE, G.K. Self-Help Housing: A Critique of the Gecekondus of Ankara. In: WARD, P.M. (ed.). *Self-Help Housing: A Critique*. London: Mansell, 1982. p. 117-139.

____. *Urban Housing in the Third World*. London: Leonard Hill, 1977.

PAYTON, N.I. The Machine in the Garden City: Patrick Geddes' Plan for Tel Aviv. *Planning Perspectives*, 10, 1995, p. 359-381.

PEARLMAN, J. Joseph Hudnut and the Unlikely Beginnings of Post-modern Urbanism at the Harvard Bauhaus. *Planning Perspectives*, 15, 2000, p. 201-239.

PEARSON, S.V. *London's Overgrowth and the Causes of Swollen Towns.* London: C. W Daniel, 1939.

PEATTIE, L. Reflections on Advocacy Planning. *Journal of the American Institute of Planners*, 34, 1968, p. 80-88.

PEEL, J.D.Y. Urbanization and Urban History in West Africa. *Journal of African History*, 21, 1980, p. 269-277.

PEHNT, R. (ed.). *Die Stadt in der Bundesrepublik Deutschland.* Stuttgart: Philipp Reclam, 1974.

PEIL, M. African Squatter Settlements: A Comparative Study. *Urban Studies*, 13, 1976, p. 155-166.

PELTZ-DRECKMANN, U. *Nationalsozialistischer Siedlungsbau.* München: Minerva, 1978.

PENDLEBURY, J. Conservation and Regeneration: Complementary or Conflicting Processes? The Case of Grainger Town, Newcastle upon Tyne. *Planning Practice & Research*, 17, 2002, p. 145-158.

PENDLEBURY, J.; STRANGE, I. Urban Conservation and the Shaping of the English City. *Town Planning Review*, 82, 2011, p. 361-392.

PEPLER, G.L. Greater London. In: ROYAL Institute of British Architects. *Town Planning Conference – Transactions.* London: RIBA, 1911. p. 611-620.

PEPPER, S.; RICHMOND, P. Homes Unfit for Heroes: The Slum Problem in London and Neville Chamberlain's Unhealthy Areas Committee, 1919-21. *Town Planning Review*, 80, 2009, p. 143-171.

PERERA, N. Contesting Visions: Hybridity, Liminality and Authorship of the Chandigarh Plan. *Planning Perspectives*, 19, 2004, p. 175-199.

PERKINS, K.L. Roosevelt and Rexford: Resettlement and its Results. *Berkeley Planning Journal*, 20, 2007, p. 25-42.

PERLMAN, J.E. *The Myth of Marginality: Urban Poverty and Politics in Rio de Janeiro.* Berkeley: University of California Press, 1976.

PERLOFF, H.S. New Directions in Social Planning. *Journal of the American Institute of Planners*, 31, 1965, p. 297-304.

PERLOFF, H.S.; BERG, T; FOUNTAIN, R.; VETTER, D.; WELD, J. *Modernizing the Central City: New Towns Intown ... and Beyond.* Cambridge: Ballinger, 1975.

PERLOFF, H.S.; KLETT, F. The Evolution of Planning Education. In: GODSCHALK, D.R. (ed.). *Planning in America: Learning from Turbulence.* Washington: American Institute of Planners, 1974. p. 161-180.

PERROUX, F. *La Pensée économique de Joseph Schumpeter: Les Dynamiques du capitalisme.* Genève: Droz, 1965. (Travaux de Droit, d'économie, de Sociologie et de Sciences Politiques, 34.)

_____. *L'Economie du XXe siècle.* Paris: PUF, 1961.

PERRY, C.A. *Housing for the Machine Age.* New York: Russell Sage Foundation, 1939.

_____. *The Neighborhood Unit: A Scheme of Arrangement for the Family-Life Community.* New York: Regional Plan of New York and its Environs, 1929. p. 2-140. (Regional Study of New York and its Environs, VII; Neighborhood and Community Planning, monograph 1)

PERRY, M.; KONG, L.; YEOH, B. *Singapore, A Developmental City State.* Chichester: John Wiley, 1997.

PERSSON, I. (ed.). *Generating Equality in the Welfare State: The Swedish Experience.* Oslo: Norwegian University Press, 1990.

PETERS, J. Interstates: Nearing the End of the Road. *Planning*, 47/12, 1982, p. 12-15.

PETERSEN, W. The Ideological Origins of Britain's New Towns. In: ALLEN, I.L. (ed.). *New Towns and the Suburban Dream: Ideology and Utopia in Planning and Development.* Port Washington: Kennikat, 1977. p. 61-81.

PETERSON, J.A. The City Beautiful Movement: Forgotten Origins and Lost Meanings. *Journal of Urban History*, 2, 1976, p. 415-434.

PETSCH, J. *Baukunst und Stadtplanung im dritten Reich: Herleitung / Bestandsaufnahme / Entwicklung / Nachfolge.* München: Carl Hanser, 1976.

PETZ, U. von. News from the Field: City Planning Exhibitions in Germany, 1910-2010. *Planning Perspectives*, 25, 2010, p. 375-382.

_____. Robert Schmidt and the Public Park Policy in the Ruhr district, 1900-1930. *Planning Perspectives*, 14, 1999, p. 163-182.

_____. Margarethenhöhe Essen: Garden City, Workers' Colony or Satellite Town? *Planning History*, 12/2, 1990, p. 3-9.

_____. Urban Renewal under National Socialism: Practical Policy and Political Objectives in Hitler's Germany. *Planning Perspectives*, 5, 1990, p. 169-187.

PFAUTZ, H.W. *Charles Booth on the City. Physical Patterns and Social Structure.* Chicago: University of Chicago and London Press, 1967.

PHARES, D. (ed.). *A Decent Home and Environment: Housing Urban America.* Cambridge: Ballinger, 1977.

PHILLIPS, W R.F. The "German Example" and the Professionalization of American and British City Planning at the Turn of the Century. *Planning Perspectives*, 11, 1996, p. 167-183.

PHILPOTT, T.L. *The Slum and the Ghetto: Neighborhood Deterioration and Middle-Class Reform, Chicago, 1880-1930.* New York: Oxford University Press, 1978.

PICK, F. *Britain Must Rebuild: A Pattern for Planning.* London: Kegan Paul, Trench, Trubner, 1941. (The Democratic Order, n. 17)

_____. Evidence of London Passenger Transport Board. In: GB Royal Commission on the Geographical Distribution of the Industrial Population 1937-9: *Minutes of Evidence*, Day 12. London: HMSO, 1938.

____. London Fifty Years Hence. *Journal of the Town Planning Institute*, 23, 1937, p. 61-66.

____. The Organisation of Transport: with Special Reference to the London Passenger Transport Board. *Journal of the Royal Society of Arts*, 84, 1936, p. 207-219.

____. Some Reflections on the Administration of a Public Utility Undertaking. *Public Administration*, 13, 1935, p. 135-145.

____. Growth and Form in Modern Cities. *Journal of the Institute of Transport*, 8, 1927, p. 156-174.

PIVEN, F.F.; CLOWARD, R.A. *The New Class War: Reagan's Attack on the Welfare State and its Consequences*. New York: Pantheon, 1982.

____. *Poor People's Movements: Why They Succeed, How They Fail*. New York: Pantheon, 1977.

POËTE, M. *Une vie de cité: Paris de sa naissance à nos jours*. Paris: Auguste Picard, 1931. 3 v.

POLLOCK, N.C. *The Development of Urbanization in Southern Africa*. In: BECKINSALE, R.P.; HOUSTON, J.M. (eds.). *Urbanization and its Problems: Essays in Honour of E. W Gilbert*. Oxford: Blackwell, 1968. p. 304-329.

PONS, V. *Stanleyville: An African Urban Community under Belgian Administration*. London: Oxford University Press, 1969.

POPENOE, D. *The Suburban Environment: Sweden and the United States*. Chicago: University of Chicago Press, 1977.

POPPER, F.J. *The Politics of Land-Use Reform*. Madison: University of Wisconsin Press, 1981.

PORFYRIOU, I I. Artistic Urban Design and Cultural Myths: The Garden City Idea in Nordic Countries, 1900-1925. *Planning Perspectives*, 7, 1992, p. 263-302.

PORTES, A. Housing Policy, Urban Poverty, and the State: The Favelas of Rio de Janeiro, 1972-1976. *Latin American Research Review*, 14/2, 1979, p. 3-24.

POWELL, J.M.; WILLIAMS, M. *Australian Space, Australian Time: Geographical Perspectives*. Melbourne: Oxford University Press, 1975.

POWER, A.; MUMFORD, K. *The Slow Death of Great Cities? Urban Abandonment or Urban Renaissance*. York: Joseph Rowntree Foundation, 1999.

POXON, J. Solving the Development Plan Puzzle in Britain: Learning Lessons from History. *Planning Perspectives*, 15, 2000, p. 73-89.

PRESCOTT Demands More 'Wow' and Less 'Noddy'. *The Architects Journal*, 23 oct. 2003. Disponível em: <www.architectsjournal.co.uk/home/prescott-demands-more-wow-and-less-noddy/146911.article>. Acesso em: 19 dec. 2013.

PRESCOTT, N.C. The Development of Urbanization in Southern Africa. In: BECKINSALE, R.P.; HOUSTON, J.M. (eds.). *Urbanization and its Problems: Essays in Honour of E. W Gilbert*. Oxford: Blackwell, 1968. p. 304-329.

PRESTON, J.; WALL, G. The Ex-ante and Ex-post Economic and Social Impacts of the Introduction of High-speed Trains in South East England. *Planning Practice & Research*, 23, 2008, p. 403-422.

PRIEMUS, H. From a Layers Approach Towards a Network Approach: A Dutch Contribution to Spatial Planning Methodology. *Planning Practice & Research*, 19, 2004, p. 267-283.

PRIME Minister's Support for Garden Cities. *Town and Country Planning*, 5, 1937, p. 117.

PROBLEMS of Reconstruction: Lectures and Addresses Delivered at the Summer Meeting at the Hampstead Garden Suburb, August 1917. With an Introduction by the Marquess of Crewe, K.G. London: T. Fisher Unwin, 1918.

PROUDFOOT, P.R. The Symbol of the Crystal in the Planning and Geometry of the Design for Canberra. *Planning Perspectives*, 11, 1996, p. 225-257.

PUNTER, J. (ed.). *Urban Design and the British Urban Renaissance*. Abingdon: Routledge, 2010.

____. Reflecting on Urban Design Achievements in a Decade of Urban Renaissance. In: PUNTER, J. (ed.). *Urban Design and the British Urban Renaissance*. Abingdon: Routledge, 2010. p. 325-352.

PURDOM, C.B. *The Building of Satellite Towns: A Contribution to the Study of Town Development and Regional Planning*. London: J.M. Dent, 1925.

____. (ed.). *Town Theory and Practice*. London: Benn, 1921.

____. *The Garden City after the War*. Letchworth: [s.n.] 1917. (Publicação privada.)

QIAN, Z. Post-reform Urban Restructuring in China: The Case of Hangzhou 1990-2010. *Town Planning Review*, 83, 2012, p. 431-455.

QUEEN, S.A.; CARPENTER, D.B. *The American City*. New York: McGraw-Hill, 1953.

RABINOWITZ, P. *City Politics and Planning*. New York: Atherton, 1969.

RADFORD, G. *Modern Housing for America: Policy Struggles in the New Deal Era*. Chicago: University of Chicago Press, 1996.

RAE, J.B. *The Road and the Car in American Life*. Cambridge: MIT Press, 1971.

RAFFE, W.G. The Reconstruction of Moscow: The Ten Year Plan. *Town and Country Planning*, 4, 1936, p. 53-59.

RAINES, A.R. Wandel durch (Industrie-) Kultur / Change through (Industrial) Culture: Conservation and Renewal in the Ruhrgebiet. *Planning Perspectives*, 26, 2011, p. 183-207.

RAINWATER, L. *Behind Ghetto Walls: Black Families in a Federal Slum*. Chicago: Aldine, 1970.

____. Fear and the House-as-Haven in the Lower Class. In: BELLUSH, J.; HAUSKNECHT, M. (eds.). *Urban Renewal: People, Politics and Planning*. Garden City: Anchor, 1967. p. 437-450.

RAINWATER, L.; YANCEY, W.L. *The Moynihan Report and the Politics of Controversy*. Cambridge: MIT Press, 1967.

RASMUSSEN, S.E. *London: The Unique City*. London: Jonathan Cape, 1937.

RAVE, R.; KNÖFEL, H. -J. *Bauen seit 1900 in Berlin*. Berlin: Kiepert, 1968.

RAVETZ, A. *Remaking Cities: Contradictions of the Recent Urban Environment*. London: Croom Helm, 1980.

____. From Working-Class Tenement to Modern Flat: Local Authorities and Multi-Storey Housing between the Wars. In: SUTCLIFFE, A. (ed.). *Multi-Storey Living: The British Working-Class Experience*. London: Croom Helm, 1974. p. 122-150.

READ, B. LA Rail Network Blossoms. *International Railway Journal*, 33/6, 1993, p. 43-46.

READ, J. The Garden City and the Growth of Paris. *Architectural Review*, 113, 1978, p. 345-352.

READER, D.H. *The Black Man's Portion: History, Demography and Living Conditions in the Native Locations of East London, Cape Province*. Cape Town: Oxford University Press, 1961.

RECLUS, E. *L'homme et la terre*. Paris: Librairie Universelle, 1905-1908. 6 v.

RECLUS, E. *The Earth and its Inhabitants: The Universal Geography*. Edited by E.G. Ravenstein and A.H. Keane. London: J.S. Virtue, 1878-1894. 19 v.

REGIONAL Plan of New York and its Environs. *Regional Survey of New York and its Environs*, 8 v. (in 10). I. Major Economic Factors in Metropolitan Growth and Development. IA. Chemical, Metal, Wood, Tobacco and Printing Industries. IB. Food, Clothing & Textile Industries. Wholesale Markets and Retail Shopping & Financial Districts. II. Population Land Values and Government. III. Highway Traffic. IV Transit and Transportation. V Public Recreation. VI. Buildings: Their Uses and the Spaces about them. VII. Neighborhoods and Community Planning. VIII. Physical Conditions and Public Services. New York: The Regional Plan, 1927-1931.

REICH, R.B. *The Work of Nations: Preparing Ourselves for 21st-century Capitalism*. New York: Random House, 1991.

REID, A. *Brentham: A History of the Pioneer Garden Suburb 1901-2001*. Ealing: Brentham Heritage Society, 2000.

REINER, T.A. *The Place of the Ideal Community in Urban Planning*. Philadelphia: University of Pennsylvania Press, 1963.

REISS, R.L. *The Home I Want*. London: Hodder and Stoughton, 1918.

REITH, J.C.W. *Into the Wind*. London: Hodder and Stoughton, 1949.

REPS, J.W. *The Making of Urban America: A History of City Planning in the United States*. Princeton: Princeton University Press, 1965.

REULECKE, J. (ed.). *Die deutsche Stadt im Industriezeitalter*. Wuppertal: Peter Hammer, 1978.

REVELL, K.D. Regulating the Landscape: Real Estate Values, City Planning, and the 1916 Zoning Ordinance. In: WARD, D.; ZUNZ, O. (eds.). *The Landscape of Modernity: Essays on New York City, 1900-1940*. New York: Russell Sage Foundation, 1992. p. 19-45.

REX, J. *Race, Colonialism and the City*. London: Routledge and Kegan Paul, 1973.

RICHARDS, J.M. The Failure of the New Towns. *Architectural Review*, 114, 1953, p. 29-32.

____. *The Castles on the Ground*. London: Architectural, 1946.

RICHMOND, J.E.D. *Transport of Delight: The Mythical Conception of Rail Transit in Los Angeles*. Akron: Akron University Press, 2005.

RICKABY, P.A. Energy and Urban Development in an Archetypal English Town. *Environment and Planning B*, 18, 1991, p. 153-176.

____. Six Settlement Patterns Compared. *Environment and Planning B*, 14, 1987, p. 193-223.

RICKABY, P.A.; STEADMAN, J.B.; BARRETT, M. Patterns of Land Use in English Towns: Implications for Energy Use and Carbon Monoxide Emissions. In: BREHENY, M.J. (ed.). *Sustainable Development and Urban Form*. London: Pion, 1992. p. 182-196. (European Research in Regional Science, 2)

RIESMAN, D. *The Lonely Crowd: A Study of the Changing American Character*. New Haven: Yale University Press, 1950.

RIIS, J.A. *The Making of an American*. New York: Macmillan, 1901.

____. *How the Other Half Lives: Studies among the Tenements of New York*. New York: Scribner s Sons, 1890.

RILEY, R.B. Urban Myths and the New Cities of the Southwest. *Landscape*, 17, 1967, p. 21-23.

RITTEL, H. W J.; WEBBER, M.M. Dilemmas in a General Theory of Planning. *Policy Sciences*, 4, 1973, p. 155-169.

ROBBINS, G.W.; TILTON, L.D. (eds.). *Los Angeles: A Preface to a Master Plan*. Los Angeles: The Pacific Southwest Academy, 1941.

ROBERTS, S. 1. Portrait of a Robber Baron, Charles T Yerkes. *Business History Review*, 35, 1961, p. 344-371.

ROBERTSON, D.S. Pulling in Opposite Directions: The Failure of Post War Planning to Regenerate Glasgow. *Planning Perspectives*, 13, 1998, p. 53-68.

ROBERTSON, K.A. Downtown Retail Revitalization: A Review of American Development Strategies. *Planning Perspectives*, 12, 1997, p. 383-402.

ROBINSON, CM. *The Improvement of Towns and Cities: Or, The Practical Basis of Civic Aesthetics*. New York: G.P. Putnam's Sons, 1901.

ROBSON, W A. *The Government and Misgovernment of London.* London: George Allen and Unwin, 1939.

ROBSON, W.A.; REGAN, D.E. *Great Cities of the World.* 3. ed. London: George Allen and Unwin, 1972. 2 v.

RODGERS, C. *American Planning: Past, Present and Future.* New York: Harper Bros, 1947.

RODWIN, L. Ciudad Guayana: A New City. *Scientific American,* 213/3, 1965, p. 122-132.

ROGERS, R.; POWER, A. *Cities for a Small Country.* London: Faber and Faber, 2000.

ROMANOS, A.G. Illegal Settlements in Athens. In: OLIVER, P. (H.) (ed.). *Shelter and Society.* London: Barrie Rokliff/Cresset, 1969. p. 137-155.

ROOIJENDIJK, C. Urban Ideal Images in Post-War Rotterdam. *Planning Perspectives,* 20, 2005, p. 177-209.

ROOS, D.; ALTSHULER, A. The Future of the Automobile: The Report of MIT's International Automobile Program. London: George Allen and Unwin, 1984.

ROOSEVELT, F.D. *The Public Papers and Addresses of Franklin D. Roosevelt, v. 1: The Genesis of the New Deal 1928-1932.* New York: Random House, 1938.

_____. Growing Up by Plan. *Survey,* 67, 1932, p. 483-485, 506-507.

ROPER, L.W.F.L.O. *A Biography of Frederick Law Olmsted.* Baltimore/London: Johns Hopkins University Press, 1973.

ROSE, M.H. *Interstate: Express Highway Politics, 1941-1956.* Lawrence: University of Kansas Press, 1979.

ROSENFELD, R.A. Who Benefits and Who Decides? The Uses of Community Development Block Grants. In: ROSENTHAL, D.B. (ed.). *Urban Revitalization.* Beverly Hills: Sage, 1980. p. 211-236. (Urban Affairs Annual Reviews, n. 18)

ROSENTHAL, D.B. (ed.). *Urban Revitalization.* Beverly Hills: Sage, 1980. (Urban Affairs Annual Reviews, n. 18)

ROSENWAIKE, I. *Population History of New York City.* Syracuse: Syracuse University Press, 1972.

ROSS, R.; TELKAMP, G.J. (eds.). *Colonial Cities: Essays on Urbanism in a Colonial Context..* Dordrecht: Martinus Nijhof, 1985. (*Comparative Studies in Overseas History,* v. 5)

ROSSER, C. Housing and Planned Urban Change: The Calcutta Experience. In: DWYER, D.J. (ed.). *The City as a Centre of Change in Asia.* Hong Kong: Hong Kong University Press, 1972. p. 179-190.

_____. *Urbanization in India.* New York: Ford Foundation, 1972. (International Urbanization Survey, Working Papers 278.)

_____. Housing for the Lowest Income Groups – the Calcutta example. *Ekistics,* 31, 1971, p. 126-131.

ROSSI, A. *The Architecture of the City.* Cambridge: MIT Press, 1982.

ROSSI, P.H.; DENTLER, R.A. *The Politics of Urban Renewal: The Chicago Findings.* New York: The Free Press of Glencoe, 1961.

ROTH, G. *Paying for Roads: The Economics of Traffic Congestion.* Harmondsworth: Penguin, 1967.

ROTH, G.; BUTLER, E. *Private Road Ahead.* London: Adam Smith Institute, 1982.

ROTH, G.; WYNNE, G.G. *Free Enterprise Urban Transportation.* New Brunswick/London: Transaction, 1982. (Learning from Abroad, 5)

ROTHENBERG, J. *Economic Evaluation of Urban Renewal: Conceptual Foundation of Benefit-Cost Analysis.* Washington: The Brookings Institution, 1967.

ROYAL Institute of British Architects. *Town Planning Conference – Transactions.* London: RIBA, 1911.

RUBENSTEIN, J.M. *The French New Towns.* Baltimore: Johns Hopkins University Press, 1978.

RUBLE, B.A. Failures of Centralized Metropolitanism: Inter-War Moscow and New York. *Planning Perspectives,* 9, 1994, p. 353-376.

RUSKIN, J. *The Works of John Ruskin.* Edited by E.T. Cook and A. Wedderburn. London: George Allen, 1903-1912. 39 v. (20. *Oxford Lectures on Art;* 34. *To the Clergy on the Lord's Prayer.*)

RUTTAN, V.W. The TVA and Regional Development. In: HARGROVE, E.C.; CONKIN, P.K. (eds.). *TVA: Fifty Years of Grass-Roots Bureaucracy.* Urbana: University of Illinois Press, 1983. p. 150-163.

SABLE, M.H. *Latin American Urbanization: A Guide to the Literature.* Metuchen: Scarecrow, 1971.

SAINT, A. *Richard Norman Shaw.* New Haven: Yale University Press, 1976.

SALAU, A.T.: A New Capital for Nigeria: Planning, Problems and Prospects. *Africa Today,* 24/4, 1977, p. 11-22.

SALISBURY, H.E. *The Shook-Up Generation.* New York: Harper and Brothers, 1958.

SALISBURY, R. Urban Politics: The New Convergence of Power. *Journal of Politics,* 26, 1964, p. 775-797.

SANDERCOCK, L. (ed.). *Making the Invisible Visible: A Multicultural Planning History.* Berkeley/Los Angeles. University of California Press, 1998.

_____. *Towards Cosmopolis: Planning for Multicultural Cities.* Chichester: John Wiley & Sons, 1998.

_____ *Cities for Sale: Property, Politics and Urban Planning in Australia.* London: Heinemann, 1976.

SANDERS, H.T. Urban Renewal and the Revitalized City: A Reconsideration of Recent History. In: ROSENTHAL, D.B. (ed.). *Urban Revitalization.* Beverly Hills: Sage, 1980. p. 103-126. (Urban Affairs Annual Reviews, n. 18)

SARIN, M. *Urban Planning in the Third World: The Chandigarh Experience.* London: Mansell, 1982.

_____. Urban Planning, Petty Trading, and Squatter Settlements in Chandigarh, India. In: BROMLEY, R.; GERRY,

C. (eds.). *Casual Work and Poverty in Third World Cities.* Chichester: John Wiley & Sons, 1979.

SASSEN, S. *The Global City: New York, London, Tokyo.* Princeton: Princeton University Press, 1991.

SAUNIER, P.Y. Changing the City: Urban International Information and the Lyon Municipality, 1900-1940. *Planning Perspectives,* 14, 1999, p. 19-48.

SAUSHKIN, Y.G. *Moscow.* Moscou: Progresso, 1966.

SAVITCH, H.V. *Post-Industrial Cities: Politics and Planning in New York, Paris and London.* Princeton: Princeton University Press, 1988.

SAWERS, L. The Political Economy of Urban Transportation: An Interpretative Essay. In: TABB, W K.; SAWERS, L. (eds.). *Marxism and the Metropolis: New Perspectives in Urban Political Economy.* New York: Oxford University Press, 1984. p. 223-254.

_____. Cities and Countryside in the Soviet Union & China. In: TABB, W K.; SAWERS, L. (eds.). *Marxism and the Metropolis: New Perspectives in Urban Political Economy.* New York: Oxford University Press, 1978. p. 338-364.

SCARPA, L. *Martin Wagner e Berlino: casa e città nella Repubblica di Weimar 1918-1933.* Roma: Officina Edizioni, 1983.

SCHAFFER, D. The American Garden City: Lost Ideals. In: WARD, S.V. (ed.). *The Garden City: Past, Present and Future.* London: Spon, 1992, p. 127-145.

_____. Benton MacKaye: The TVA Years. *Planning Perspectives,* 5, 1990, p. 23-37.

_____ (ed.). *Two Centuries of American Planning.* Baltimore: Johns Hopkins University Press, 1988.

_____. Ideal and Reality in the 1930s: The Case of the Tennessee Valley Authority. *Planning Perspectives,* 1, 1986, p. 27-44.

_____. The Tennessee Transplant. *Town and Country Planning,* 53, 1984, p. 316-318.

_____. *Garden Cities for America: The Radburn Experience.* Philadelphia: Temple University Press, 1982.

SCHIFFER, J. Anatomy of a Laissez-Faire Government: The Hong Kong Growth Model Reconsidered. *Working Paper.* Hong Kong: Centre of Urban Studies and Urban Planning, University of Hong Kong, 1984.

SCHILL, M.H.; NATHAN, R.P. *Revitalizing America's Cities: Neighborhood Reinvestment and Displacement.* Albany: State University of New York Press, 1983.

SCHLERETH, T.J. Burnham's *Plan* and Moody's *Manual:* City Planning as Progressive Reform. In: KRUECKEBERG, D.A. (ed.). *The American Planner: Biographies and Recollections.* New York/London: Methuen, 1983.

SCHLESINGER, A.M. *The Rise of the City, 1878-1898.* New York: Macmillan, 1933. (A History of American Life, v. X)

SCHLOSSER, E. *Fast Food Nation: What the Ail-American Meal Is Doing to the World.* Harmondsworth: Penguin, 2001.

SCHMETZER, H.; WAKELY, P. Chandigarh: Twenty Years Later. *Architectural Design,* 44, 1974, p. 350-361.

SCHMITT, P.J. *Back to Nature: The Arcadian Myth in Urban America.* New York: Oxford University Press, 1969.

SCHNUR, R. Entwicklung der Rechtsgrundlagen und der Organisation des SVR. In: *SIEDLUNGSVERBAND Ruhrkohlenbezirk 1920-1970,* 29. Schriftenreihe Siedlungs verband Ruhrkohlenbezirk. Essen: SVR, 1970.

SCHOENER, A. (ed.). *Portal to America: The Lower East Side, 1870-1925.* New York: Holt, 1967.

SCHON, D.A. *Beyond the Stable State.* New York: Random House, 1971.

SCHON, D.A.; CREMER, N.S.; OSTERMAN, P.; PERRY, C. Planners in Transition: Report on a Survey of Alumni of MIT's Department of Urban Studies, 1970-71. *Journal of the American Institute of Planners,* 42, 1976, p. 193-202.

SCHORSKE, C.E. The Idea of the City in European Thought: Voltaire to Spengler. In: HANDLIN, O.; BURCHARD, J. (eds.). *The Historian and the City.* Cambridge: MIT Press/Harvard University Press, 1963. p. 95-114.

SCHRADER, B. Avoiding the Mistakes of the "Mother Country": The New Zealand Garden City Movement 1900-1926. *Planning Perspectives,* 14, 1999, p. 395-411.

SCHUBERT, D. Theodor Fritsch and the German (*volkische*) Version of the Garden City: The Garden City Invented Two Years before Ebenezer Howard. *Planning Perspectives,* 19, 2004, p. 3-35.

_____. The Neighbourhood Paradigm: From Garden Cities to Gated Communities. In: FREESTONE, R. (ed.). *Urban Planning in a Changing World: The Twentieth Century Experience.* London: Spon, 2000. p. 118-138.

SCHUBERT, D.; SUTCLIFFE, A. The "Haussmannization" of London? The Planning and Construction of Kingsway-Aldwych, 1889-1935. *Planning Perspectives,* 11, 1996, p. 115-144.

SCHULTZ, S.K. *Constructing Urban Culture: American Cities and City Planning, 1800-1920.* Philadelphia: Temple University Press, 1989.

SCHULTZ, S.K.; MCSHANE, C. To Engineer the Metropolis: Sewers, Sanitation and City Planning in Late-Nineteenth-Century America. *Journal of American History,* 65, 1978, p. 389-411.

SCHWARTZ, B. (ed.) *The Changing Face of the Suburbs.* Chicago: University of Chicago Press, 1976.

SCHWARTZ, J. *The New York Approach: Robert Moses, Urban Liberals and Redevelopment of the Inner City.* Columbia: Ohio State University Press, 1993.

SCOBIE, J.R. *Buenos Aires: Plaza to Suburb, 1870-1910.* New York: Oxford University Press, 1974.

SCOTT, A.J.; ROWEIS, S.T. Urban Planning in Theory and Practice: An Appraisal. *Environment and Planning A,* 9, 1977, p. 1097-1119.

SCOTT, A.J.; STORPER, M. (eds.). *Production, Work, Territory: The Geographical Anatomy of Industrial Capitalism.* London: Allen and Unwin, 1986.

SCOTT, M. *American City Planning since 1890: A History Commemorating the Fiftieth Anniversary of the American Institute of Planners.* Berkeley: University of California Press, 1969.

SCULLY, V. *American Architecture and Urbanism.* New York: Praeger, 1969.

SEGAL, H.P. *Technological Utopianism in American Culture.* Chicago: University of Chicago Press, 1985.

SELLIER, H.; BRUGGEMAN, A. *Le problème de logement: son influence sur les conditions de l'habitation et l'amenagement des villes.* Paris/New Haven: PUF/Yale University Press, 1927.

SELZNICK, P. *TVA and the Grass Roots: A Study in the Sociology of Formal Organization.* Berkeley: University of California Press, 1949.

SENNETT, R. *The Uses of Disorder: Personal Identity and City Life* [1970]. London: Allen Lane, 1971.

SHAFFER, M. Scenery as an Asset: Assessing the 1930 Los Angeles Regional Park Plan. *Planning Perspectives,* 16, 2001, p. 357-382.

SHAFTOE, H.; TALLON, A. Bristol: Not a Design-Led Urban Renaissance. In: PUNTER, J. (ed.). *Urban Design and the British Urban Renaissance.* Abingdon: Routledge, 2010. p. 115-131.

SHANNON, A.H. *The Negro in Washington: A Study in Race Amalgamation:* New York: Walter Neale, 1930.

SHARP, T. *Town Planning.* Harmondsworth: Pelican, 1940.

_____. *English Panorama.* London: Dent, 1936.

_____. *Town and Countryside: Some Aspects of Urban and Rural Development.* London: Oxford University Press, 1932.

SHAW, C.R. et al.: *Delinquency Areas: A Study of the Geographic Distribution of School Truants, Juvenile Delinquents, and Adult Offenders in Chicago.* Chicago: University of Chicago Press, 1929.

SHAW, C.R.; MCKAY, H.D. *Juvenile Delinquency and Urban Areas: A Study of Rates of Delinquents in Relation to Differential Characteristics of Local Communities in American Cities.* Chicago: University of Chicago Press, 1942.

SHAW, D.; SYKES, O. European Spatial Development Policy and Evolving Forms of Territorial Mobilisation in the United Kingdom. *Planning Practice & Research,* 20, 2005, p. 183-199.

SHAW, K.; ROBINSON, F. UK Urban Regeneration Policies in the Early Twenty-First Century: Continuity or Change? *Town Planning Review,* 81, 2010, p. 123-149.

SHEAIL, J. John Dower, National Parks, and Town and Country Planning in Britain. *Planning Perspectives,* 10, 1995, p. 1-16.

_____. *Rural Conservation in Inter-War Britain.* Oxford: Oxford University Press, 1981.

SHERRARD, T.D. (ed.). *Social Welfare and Social Problems.* New York: Columbia University Press, 1968.

SHORT, J.R.; FLEMING, S.; WITT, S.J.G. *Housebuilding, Planning and Community Action: The Production and Negotiation of the Built Environment.* London: Routledge and Kegan Paul, 1986.

SHOSTAK, L.; LOCK, D. The Need for New Settlements in the South East. *The Planner,* 70/11, 1984, p. 9-13.

SHVIDOVSKY, O.A. (ed.). Building in the USSR, 1917-1932. *Architectural Design,* 40, 1970, p. 71-107.

SIDENBLADH, G. *Planering för Stockholm 1923-1958.* Uppsala: Liber, 1981. (Monografier Utgivna av Stockholms Kommunalförvaltning, 22:V3.)

_____. Idedebatt och praxis i efterkrigstidens Samhällsplanering. *Plan,* 31, 1977, p. 196-202.

_____. Debatt om samhällsplanering hösten – 68. *Plan,* 23, 1969, p. 16-19.

_____. Stockholm: A Planned City. In: *Cities: Their Origin, Growth and Human Impact. Readings from Scientific American.* New York: Knopf, 1968, p. 75-87.

_____. Stockholm: A Planned City. *Scientific American,* 213/3, 1965, p. 107-118.

SIEDLUNGSVERBAND *Ruhrkohlenbezirk 1920-1970, 29. Schriftenreihe Siedlungs verband Ruhrkohlenbezirk.* Essen: SVR, 1970.

SIES, M.C. Paradise Retained: An Analysis of Persistence in Planned, Exclusive Suburbs, 1880-1980. *Planning Perspectives,* 12, 1997, p. 165-192.

SIGURDSON, J. Rural Industrialization in China: Approaches and Results. *World Development,* 3, 1975, p. 527-538.

SIMMANCE, A.J.F. Urbanization in Zambia. *Journal of Administration Overseas,* 13, 1974, p. 498-509.

SIMMIE, J. (ed.). *Planning London.* London: UCL, 1994.

SIMON, E.D. et al. *Moscow in the Making.* London: Longmans, 1937.

_____. Town Planning: Moscow or Manchester. *Journal of the Town Planning Institute,* 23, 1937, p. 381-389.

SIMON, R.; HOOKHAM, M. Moscow. In: ROBSON, W.A.; REGAN, D.E. (eds.). *Great Cities of the World.* 3. ed. London: George Allen and Unwin. 1954, 2 v. p. 383-341.

SIMPSON, M.A. *Thomas Adams and the Modern Planning Movement: Britain, Canada and the United States, 1900-1940.* London: Mansell, 1985.

_____. Two Traditions of American Planning: Olmsted/Burnham. *Town Planning Review,* 47, 1976, p. 174-179.

SINCLAIR, R. *Metropolitan Man: The Future of the English.* London: George Allen and Unwin, 1937.

SINHA, P. *Calcutta in Urban History.* Calcutta: Firma K.M. Private, 1978.

SIT, V.F.S. Hong Kong's Approach to the Development of Small Manufacturing Enterprises. *U.N. Economic and*

Social Council, *Small Industry Bulletin for Asia and the Pacific*, 15, 1978, p. 89-98.

SITTE, C. *Der Städte-Bau nach seinen künstlerischen Grundsätzen: ein Beitrag zur Lösung moderner Fragen der Architektur und monumentalen Plastik unter besonderer Beziehung auf Wien*. 3. ed. Vienna: Graeser, 1901.

SJÖSTRÖM, J. The Form and Design of Housing. In: HEINEMAN, H.E. (ed.). *New Towns for Old: Housing and Services in Sweden*. Stockholm: Swedish Institute, 1975. p. 104-127.

SKILLETER, K.J. The Role of Public Utility Societies in Early British Town Planning and Housing Reform, 1901-36. *Planning Perspectives*, 8, 1993, p. 125-165.

SMITH, A.E. Seeing a State Whole. *The Survey*, 54, 1925, p. 158-160.

SMITH, D.H. *The Industries of Greater London*. London: P.S. King, 1933.

SMITH, G. A Town for the Motor Age. *Survey*, 59, 1928, p. 694-698.

SMITH, M.P. (ed.). *Breaking Chains: Social Movements and Collective Action*. Brunswick: Transaction, 1991. (*Comparative Urban and Community Research*, 3)

SMITH, R. Multi-Dwelling Building in Scotland, 1750-1950; A Study Based on Housing in the Clyde Valley. In: SUTCLIFFE, A. (ed.). *Multi-Storey Living: The British Working-Class Experience*. London: Croom Helm, 1974, p. 207-243.

SMOUT, M.A.H. The Townscape. In: KAY, G.; SMOUT, M.A.H. (eds.). *Salisbury: A Geographical Survey of the Capital of Rhodesia*. London: Hodder and Stoughton, 1977. p. 26-40.

SNELL, B.C. *American Ground Transportation: A Proposal for Restructuring the Automobile, Truck, Bus, and Rail Industries. (Subcommittee on Antitrust and Monopoly, Committee on the Judiciary, US Senate)*. Washington: Government Printing Office, 1974.

SOCIOLOGICAL Society, Cities Committee. Towards the Third Alternative: I. The Civic School of Applied Sociology. *Sociological Review*, 11, 1919, p. 62-65.

SOJA, E.; MORALES, R.; WOLFF, G. Urban Restructuring: An Analysis of Social and Spatial Change in Los Angeles. *Economic Geography*, 59, 1983, p. 195-230.

SOMMER, J.W. The Internal Structure of African Cities. In: KNIGHT, C.G.; NEWMAN, J.L. (eds.). *Contemporary Africa: Geography and Change*. Englewood Cliffs: Prentice Hall, 1976. p. 306-320.

SONNE, W. Specific Intentions – General Realities: On the Relation between Urban Forms and Political Aspirations in Berlin during the Twentieth Century. *Planning Perspectives*, 19, 2004, p. 283-310.

SORIA Y PUIG, A. *Arturo Soria y la Ciudad Lineal*. Madrid: Revista de Occidente, 1968.

SOUTHALL, A. The Impact of Imperialism Upon Urban Development in Africa. In: TURNER, V. (ed.). *Colonialism in Africa 1870-1960, v. 3: Profiles of Change: African Society and Colonial Rule*. Cambridge: Cambridge University Press, 1971. p. 216-255.

_____. Kampala-Mengo. In: MINER, H. (ed.). *The City in Modern Africa*. London: Pall Mall, 1967. p. 297-332.

SOUTHALL, A.W. The Growth of Urban Society. In: DIAMOND, S.; BURKE, F.G. (eds.). *The Transformation of East Africa: Studies in Political Anthropology*. New York: Basic Books, 1966. p. 463-492.

SOUTHALL, A.W. *Urban Anthropology: Cross-Cultural Studies of Urbanization*. New York: Oxford University Press, 1973.

SPANN, E.K. *Designing Modern America: The Regional Planning Association of America and its Members*. Columbus: Ohio State University Press, 1996.

SPEAR, A.H. *Black Chicago: The Making of a Negro Ghetto, 1890-1920*. Chicago: University of Chicago Press, 1967.

SPECIAL Theme: The Development and Management of Asian Megacities. *Asian Development Bank, Annual Report 1996*,. Manila: ADB, 1997. p. 23-51.

SPEER, A. *Inside the Third Reich*. London: Weidenfeld and Nicolson, 1970.

SPENCER, J.E.; THOMAS, W L. The Hill Stations and Summer Resorts of the Orient. *Geographical Review*, 38, 1948, p. 637-651; 39, 1949, p. 671.

SPENGLER, J.J. Africa and the Theory of Optimum City Size. In: MINER, H. (ed.). *The City in Modern Africa*. London: Pall Mall, 1967. p. 55-89.

SPENGLER, O. *The Decline of the West* [1918]. London: George Allen and Unwin, 1934.

ST. CLAIR, D.J. The Motorization and Decline of Urban Public Transit, 1935-1950. *Journal of Urban History*, 41, 1981, p. 579-600.

STAMP, G. New Delhi. In: LUTYENS, E. *Lutyens: The Work of the English Architect Sir Edwin Lutyens (1869-1944)*. London: Arts Council of Great Britain, 1982. p. 33-43.

STAMP, L.D. *The Land of Britain: Its Use and Misuse*. London: Longman, 1962.

STARKIE, D. *The Motorway Age: Road and Traffic Policies in Post-War Britain*. Oxford: Pergamon, 1982.

STARR, K. *Material Dreams: Southern California through the 1920s*. New York: Oxford University Press, 1990.

STARR, S.F. L'Urbanisme utopique pendant la révolution culturelle soviétique. *Annales: Économies, Sociétés, Civilisations*, 32, 1977, p. 87-105.

_____. The Revival and Schism of Urban Planning in Twentieth-Century Russia. In: HAMM, M.F. (ed.). *The City in Russian History*. Lexington: University of Kentucky Press, 1976. p. 222-242.

_____. Writings from the 1960s on the Modern Movement in Russia. *Journal of the Society of American Architectural Historians*, 30, 1971, p. 170-178.

STAVE, B.M. (ed.). *Modern Industrial Cities: History, Policy, and Survival.* Beverly Hills: Sage, 1981.

STEDMAN JONES, G. *Outcast London: A Study in the Relationship between Classes in Victorian Society.* Oxford: Oxford University Press, 1971.

STEIN, C. *Toward New Towns for America* [1951]. Liverpool: Liverpool University Press, 1958.

_____. Dinosaur Cities. *The Survey*, 54, 1925, p. 134-138.

STEINBERG, S. *The Ethnic Myth: Race, Ethnicity, and Class in America.* New York: Atheneum, 1981.

STERN, R.A.M. *Pride of Place: Building the American Dream.* Boston: Houghton Mifflin, 1986.

STERN, R.A.M.; MASSINGALE, J.M. (eds.). The Anglo American Suburb. *Architectural Design*, 50/10-11, 1981, entire double issue.

STERNLIEB, G.; HUGHES, J.W.; HUGHES, C.O. *Demographic Trends and Economic Reality: Planning and Markets in the 80s.* New Brunswick: Center for Urban Policy Research, 1982.

STERNLIEB, G.; LISTOKIN, D. *New Tools for Economic Development: The Enterprise Zone, Development Bank, and RFC.* Piscataway: Center for Urban Policy Research, Rutgers University, 1981.

_____. Physics of Population Distribution. *Journal of Regional Science*, 1, 1959, p. 99-123.

_____. The Development of Social Physics. *American Journal of Physics*, 18, 1956, p. 239-253.

_____. Empirical Mathematical Rules Concerning the Distribution and Equilibrium of Population. *Geographical Review*, 37, 1947, p. 461-485.

STEWART, J.Q.; WARNTZ, W. Macrogeography and Social Science. *Geographical Review*, 48, 1958, p. 167-184.

STEWMAN, S.; TARR, J.A. Four Decades of Public-Private Partnerships in Pittsburgh. In: FOSLER, R.S.; BERGER, R.A. (eds.). *Public-Private Partnership in American Cities: Seven Case Studies.* Lexington: Lexington Books, 1982. p. 59-128.

STILGOE, J.R. *Borderland: Origins of the American Suburb, 1820-1939.* New Haven: Yale University Press, 1989.

STOCKARD, J. Jane Jacobs and Citizen Participation. In: HIRT, S. (ed.). *The Urban Wisdom of Jane Jacobs.* Abingdon: Routledge, 2012. p. 49-62.

STOCKHOLM, Information Board. *Kista, Husby, Akala: A Digest for Planners, Politicians and Critics.* Stockholm: The Board, 1972.

STOCKHOLM, Stadsplanekontor. *Generalplan för Stockholm.* Stockholm: Stockholms Stads Stadsplanekontor, 1952.

STOCKHOLM, Stadsplanekontorets Tjänsteutlatande. *Angående Ny Stadsoplan för Nedre Norrmalm avigivet den 31 Maj 1946.* Stockholm: K.L. Beckmans Boktrycken, 1947. [Stadskollegiets Utlåtenden och Memorial, supplement n. 60].

STODDART, D.R. *On Geography: and its History.* Oxford: Blackwell, 1986.

STÖHR, W.B. Development from Below: The Bottom-Up and Periphery-Inward Development Paradigm. In: STÖHR, W.B.; TAYLOR, D.R.F. (eds.). *Development from Above or Below? The Dialectics of Regional Planning in Developing Countries.* Chichester: John Wiley & Sons, 1981. p. 39-72.

STÖHR, W.B.; TAYLOR, D.R.F. (eds.). *Development from Above or Below? The Dialectics of Regional Planning in Developing Countries.* Chichester: John Wiley & Sons, 1981.

STOKES, C.J. A Theory of Slums. *Land Economics*, 38, 1962, p. 187-197.

STONE, P.A. *Housing, Town Development, Land and Costs.* London: Estates Gazette, 1963.

_____. The Impact of Urban Development on the Use of Land and other Resources. *Journal of the Town Planning Institute*, 47, 1961, p. 128-134.

_____. The Economics of Housing and Urban Development. *Journal of the Royal Statistical Society A*, 122, 1959, p. 417-476.

STORPER, M. The Poverty of Radical Theory Today: From the False Promises of Marxism to the Mirage of the Cultural Turn. *International Journal of Urban and Regional Research*, 25, 2001, p. 155-179.

STRAUSS, A.L. *The American City: A Sourcebook of Urban Imagery.* London: Allen Lane, 1908.

STREN, R. Urban Policy in Africa: A Political Analysis. *African Studies Review*, 15, 1972, p. 489-516.

STRÖMDAHL, J. Vem planerar du för samhällsplanerare? *Plan*, 23, 1969, p. 26-28.

STRONG, A.L. *Land Banking: European Reality, American Prospect.* Baltimore: Johns Hopkins University Press, 1979.

_____. *Planned Urban Environments: Sweden, Finland, Israel, the Netherlands, France.* Baltimore: Johns Hopkins University Press, 1971.

SUSSMAN, C. (ed.). *Planning the Fourth Migration: The Neglected Vision of the Regional Planning Association of America.* Cambridge: MIT Press, 1976.

SUSSMAN, F. Introduction. *On the Passage of a Few People Through a Rather Brief Moment in Time: The Situationist International 1957-1972.* Cambridge: MIT Press, 1989. p. 1-15.

SUTCLIFFE, A. *Paris: An Architectural History.* New Haven: Yale University Press, 1993.

_____. From Town-Country to Town Planning: Changing Perspectives in the British Garden City Movement, 1899-1914. *Planning Perspectives*, 5, 1990, p. 271-283.

_____ (ed.). *Metropolis 1890-1940.* London: Mansell, 1984.

_____. Environmental Control and Planning in European Capitals 1850-1914: London, Paris and Berlin. In: HAMMARSTRÖM, I.; HALL, T. (eds.). *Growth and Transformation of the Modern City: The Stockholm Conference September 1978.* Stockholm: Swedish Council for Building Research, 1979. p. 71-88.

_____. A Vision of Utopia: Optimistic Foundations of Le Corbusier s Doctrine d'Urbanisme. In: WALDEN, R. (ed.). *The Open Hand: Essays on Le Corbusier.* Cambridge: MIT Press, 1977. p. 216-243.

_____. A Century of Flats in Birmingham, 1875-1973. *Multi-Storey Living: The British Working-Class Experience.* London: Croom Helm, 1974. p. 181-206.

_____ (ed.). *Multi-Storey Living: The British Working-Class Experience.* London: Croom Helm, 1974.

_____. *The Autumn of Central Paris: The Defeat of Town Planning 1850-1970.* London: Edward Arnold, 1970.

SVETLICHNY, B. Les villes de l'avenir. *Recherches Internationales,* 20-1, 1960, p. 208-29.

SWENARTON, M. Tudor Walters and Tudorbethan: Reassessing Britain's Inter-War Suburbs. *Planning Perspectives,* 17, 2002, p. 267-286.

_____. Sellier and Unwin. *Planning History Bulletin,* III, 1985, p. 50-57.

_____. *Homes Fit for Heroes: The Politics and Architecture of Early State Housing in Britain.* London: Heinemann, 1981.

TABB, W K.; SAWERS, L. (eds.). *Marxism and the Metropolis: New Perspectives in Urban Political Economy.* 2. ed. New York: Oxford University Press, 1984.

_____. (eds.). *Marxism and the Metropolis: New Perspectives in Urban Political Economy.* New York: Oxford University Press, 1978.

TAHMANKAR, D.V. *Sardar Patel.* London: Allen and Unwin, 1970.

TANEJA, K.L. *Morphology of Indian Cities.* Varanasi: National Geographic Society of India, 1971.

TAPER, B. Charles Abrams: Lover of Cities. In: KRUECKEBERG, D.A. (ed.). *The American Planner: Biographies and Recollections.* New York/London: Methuen, 1983. p. 366-395.

TARN, J.N. *Five Per Cent Philanthropy: An Account of Housing in Urban Areas between 1840 and 1914.* Cambridge: Cambridge University Press, 1973.

TAYLOR, N. Anglo-American Town Planning Theory since 1945: Three Significant Developments but No Paradigm Shifts. *Planning Perspectives,* 14, 1999, p. 327-346.

_____. *Urban Planning Theory since 1945.* London: Sage, 1998.

TAYLOR, R.R. *The World in Stone: The Role of Architecture in the National Socialist Ideology.* Berkeley: University of California Press, 1974.

TEAFORD, J.C. *The Unheralded Triumph: City Government in America, 1870-1900.* Baltimore: Johns Hopkins University Press, 1984.

TEITZ, M.B. Toward a Responsive Planning Methodology. In: GODSCHALK, D.R. (ed.). *Planning in America: Learning from Turbulence,* 86-110. Washington: American Institute of Planners, 1974.

TERAN, F. de. *Planeamiento urbano en la España contemporánea: Historia de un proceso imposible.* Barcelona: Gustavo Gili, 1978.

TEWDWR-JONES, M. Reasserting Town Planning: Challenging the Representation and Image of the Planning Profession. In: ALLMENDINGER, P.; CHAPMAN, M. (eds.). *Planning Beyond 2000.* Chichester: John Wiley & Sons, 1999. p. 123-149.

THE DEVELOPMENT of Stockholm. Stockholm: City of Stockholm, 1989.

THE REGIONAL Community. *The Survey,* 54, 1925, p. 129.

THE SHAPE of North American Rail Transit. *Railway Gazette International,* 141, 1985, p. 42-43.

THERNSTROM, S. *The Other Bostonians: Poverty and Progress in the American Metropolis 1880-1970.* Cambridge: Harvard University Press, 1973.

THERNSTROM, S.; SENNETT, R. (eds.). *Nineteenth-Century Cities: Essays in the New Urban History.* New Haven: Yale University Press, 1969. (Yale Studies of the City, I.)

THIENEL, I. *Städtewachstum im Industrialisierungsprozess der 19. Jahrhundert: der Berliner Beispiel.* Berlin: de Gruyter, 1973.

THIES, J. Hitler's European Building Programme. *Journal of Contemporary History,* 13, 1978, p. 413-431.

THOMAS, D. *London's Green Belt.* London: Faber and Faber, 1970.

THOMAS, M.J. City Planning in Soviet Russia (1917-1932). *Geoforum,* 9, 1978, p. 269-277.

THOMAS, W.H. *The American Negro: What He Was, What He Is, and What He May Become.* New York: Macmillan, 1901.

THOMAS, W.I.; ZNANIECKI, F.N. *The Polish Peasant in Europe and America* [1918]. New York: Knopf, 1927. 2 v.

THOMPSON, F.M.L. (ed.). *The Rise of Suburbia.* Leicester: Leicester University Press, 1982.

THOMPSON, J.B.; HELD, D. *Habermas: Critical Debates.* Cambridge: MIT Press, 1982.

THOMPSON, R. City Planning in China. *World Development,* 3, 1975, p. 595-606.

THOMPSON, W.S. *Population: The Growth of Metropolitan Districts in the United States: 1900-1940.* Washington: Government Printing Office, 1947. (US Department of Commerce, Bureau of the Census.)

THOMPSON-FAWCETT, M. Leon Krier and the Organic Revival within Urban Policy and Practice. *Planning Perspectives,* 13, 1998, p. 167-194.

THOMSON, J. *The City of Dreadful Night, and Other Poems.* London: Reeves and Turner, 1880.

THORNE, D.C. *Suburbia.* London: Macgibbon and Kee, 1972.

THORNE, R. *Covent Garden Market: Its History and Restoration.* London: Architectural, 1980.

THORNLEY, A. *Urban Planning under Thatcherism: The Challenge of the Market.* London: Routledge, 1991.

THORNTON WHITE, L.W.; SILBERMAN, L.; ANDERSON, P.R. *Nairobi: Master Plan for a Colonial Capital. A Report Prepared for the Municipal Council of Nairobi.* London: HMSO, 1948.

THRASHER, F.M. The Gang as a Symptom of Community Disorganization. *Journal of Applied Sociology*, 11, 1926, p. 3-20.

THÜNEN, J.H. von. *Von Thünen's Isolated State* [1826]. Translated by C.M. Wartenberg, edited by P. Hall. Oxford: Pergamon, 1966.

TILTON, T *The Political Theory of Swedish Social Democracy: Through the Welfare State to Socialism*. Oxford: Oxford University Press, 1991.

TITMUSS, R.M. *Problems of Social Policy*. (History of the Second World War, United Kingdom Civil Series.) London: HMSO/Longmans, Green, 1950.

TOBE, E. Kommunal planering 1947-77. *Plan*, 31, 1977, p. 206-209.

TOBIN, G.A. Suburbanization and the Development of Motor Transportation: Transportation Technology and the Suburbanization Process. In: SCHWARTZ, B. (ed.). *The Changing Face of the Suburbs*. Chicago: University of Chicago Press, 1976. p. 95-111.

TOLL, S.I. *Zoned American*. New York: Grossman, 1969.

TOMLINSON, S. *Ethnic Minorities in British Schools: A Review of the Literature, 1960-82*. London: Heinemann Education, 1983.

TOPALOV, C. The City as *Terra Incognita*: Charles Booth's Poverty Survey and the Representation of London, 1886-1891. *Planning Perspectives*, 8, 1993, p. 395-425.

TOWERS, G. City Planning in China. *Journal of the Royal Town Planning Institute*, 59, 1973, p. 125-127.

TREVES, A. The Anti-Urban Policy of Fascism and a Century of Resistance to Industrial Urbanization in Italy. *International Journal of Urban and Regional Research*, 4, 1980, p. 470-484.

TRIP, J.J. Urban Quality in High-speed Train Station Area Redevelopment: The Cases of Amsterdam Zuidas and Rotterdam Centraal. *Planning Practice & Research*, 23, 2008, p. 383-401.

TRIPP, H.A. *Town Planning and Road Traffic*. London: Edward Arnold, 1942.

_____. *Road Traffic and its Control*. London: Edward Arnold, 1938.

TUCK, M.; SOUTHGATE, P. *Ethnic Minorities, Crime and Policing: A Survey of the Experiences of West Indians and Whites*. London: HMSO, 1981. (Home Office Research Study, 70).

TUGWELL, R.G.; BANFIELD, E.C. Grass Roots Democracy – Myth or Reality?, *Public Administration Review*, 10, 1950, p. 47-55. (Review of SELZNICK, P. *TVA and the Grass Roots: A Study in the Sociology of Formal Organization*. Berkeley: University of California Press, 1949.)

TUNNARD, C. *The Modern American City*. Princeton: Van Nostrand, 1968.

_____. *The City of Man*. London: Architectural, 1953.

TUNNARD, C.; REED, H.H. *American Skyline: The Growth and Form of our Cities and Towns*. Boston: Houghton Mifflin, 1955.

TURNER, J. F C.; FICHTER, R. (eds.). *Freedom to Build: Dweller Control of the Housing Process*. New York: Macmillan; 1972.

TURNER, J. F C.; ROBERTS, B. The Self-Help Society. In: WILSHER, P.; RIGHTER, R. (eds.). *The Exploding Cities*. London: Andre Deutsch, 1975. p. 126-137.

TURNER, J.F.C. Issues in Self-Help and Self-Managed Housing. In: WARD, P.M. (ed.). *Self-Help Housing: A Critique*. London: Mansell, 1982. p. 99-113.

_____. *Housing by People: Towards Autonomy in Building Environments*. London: Marion Boyars, 1976.

_____. Housing as a Verb. In: TURNER, J. F C.; FICHTER, R. (eds.). *Freedom to Build: Dweller Control of the Housing Process*. New York: Macmillan, 1972. p. 148-175.

_____. The Reeducation of a Professional. In: TURNER, J.F.C.; FICHTER, R. (eds.). *Freedom to Build: Dweller Control of the Housing Process*. New York: Macmillan, 1972. p. 122-147.

_____. Barriers and Channels for Housing Development in Modernizing Countries. In: LEWIS, D.N. (ed.). *The Growth of Cities*. London: Elek, 1971. p. 70-83. (Architects' Year Book, XIII.)

_____. Barriers and Channels for Housing Development in Modernizing Countries. In: MANGIN, W. (P.) (ed.). *Peasants in Cities: Readings in the Anthropology of Urbanization*. Boston: Houghton Mifflin, 1970. p. 1-19.

_____. Uncontrolled Urban Settlement: Problems and Policies. In: BREESE, G. (ed.) *The City in Newly Developing Countries: Readings on Urbanism and Urbanization*. Englewood Cliffs: Prentice Hall, 1969. p. 507-535.

_____. The Squatter Settlement: Architecture that Works. *Architectural Design*, 38, 1968, p. 355-360.

_____. *Uncontrolled Urban Settlement: Problems and Policies*. New York: United Nations, 1968. (International Social Development Reviews, 1: Urbanization: Development Policies and Planning.)

_____. Barriers and Channels for Housing Development in Modernising Countries. *Journal of the American Institute of Planners*, 33, 1967, p. 167-181.

_____. Lima's Barriadas and Corralones: Suburbs versus Slums. *Ekistics*, 19, 1965, p. 152-155.

_____. Village Artisan's Self-Built House. *Architectural Design*, 33, 1963, 361-362.

TURNER, J.F.C.; TURNER, C.; CROOKE, P. Conclusions (to special section, Dwelling Resources in South America). *Architectural Design*, 33, 1963, p. 389-393.

TURNER, R. (ed.). *India's Urban Future*. Berkeley: University of California Press, 1962.

TURNER, V. (ed.). *Colonialism in Africa 1870-1960, v. 3: Profiles of Change: African Society and Colonial Rule*. Cambridge: Cambridge University Press, 1971.

TUTTLE Jr, W.M. *Race Riot: Chicago in the Red Summer of 1919*. New York: Atheneum, 1970.

TYLER, W.R. The Neighbourhood Unit Principle in Town Planning. *Town Planning Review*, 18, 1939, p. 174-186.

TYRWHITT, J. (ed.). *Patrick Geddes in India*. London: Lund Humphries, 1947.

UHLIG, G. Stadtplanung in den Weimarer Republik: sozialistische Reformaspekte. In: NEUE Gesellschaft für Bildende Kunst: *Wem gehört die Welt? Kunst und Gesellschaft in der Weimare Republik*. Berlin: Neue Gesellschaft für Bildende Kunst, 1977. p. 50-71.

UNIKEL, L. Regional Development Policies in Mexico. In: GILBERT, A. (ed.). *Urbanization in Contemporary Latin America: Critical Approaches to the Analysis of Urban Issues*. Chichester: John Wiley & Sons, 1982. p. 263-278.

UNITED Kingdom. *Hansard Parliamentary Debates*. Commons, written answers, 6th ser, v. 190, 1991. Disponível em: <http://www.publications.parliament.uk/pa/cm199091/cmhansrd/1991-05-08/Writtens-7.html>. Acesso em: 10 mar. 2014.

UNSWORTH, R.; SMALES, L. Leeds: Shaping Change and Guiding Success. In: PUNTER, J. (ed.). *Urban Design and the British Urban Renaissance*. Abingdon: Routledge, 2010. p. 68-84.

UNWIN, R. Regional Planning with Special Reference to the Greater London Regional Plan. *Journal of the Royal Institute of British Architects*, 37, 1930, p. 183-193.

_____. Distribution. *Journal of the Town Planning Institute, 7*, 1921, p. 37-45.

_____.*Town Planning in Practice: An Introduction to the Art of Designing Cities and Suburbs* [1909]. London: T Fisher Unwin, 1920.

_____. *Nothing Gained by Overcrowding!: How the Garden City Type of Development May Benefit both Owner and Occupier*. London: P.S. King, 1912.

_____. *Cottage Plans and Common Sense* (Fabian Tract no. 109). London: The Fabian Society, 1902.

URBAN Land Institute, Research Division. *UDAG Partnerships: Nine Case Studies*. Washington: Urban Land Institute, 1980.

US Department of Housing and Urban Development. *State-Designated Enterprise Zones: Ten Case Studies*. Washington: HUD, 1986.

US Housing and Home Finance Agency. The Housing of Relocated Families: Summary of a Census Bureau Survey. In: WILSON, J.Q. (ed.). *Urban Renewal: The Record and the Controversy*. Cambridge: MIT Press, 1966. p. 336-352.

US Library of Congress, Congressional Research Service. *The Central City Problem and Urban Renewal Policy*. Washington: US Government Printing Office, 1973.

US National Advisory Committee on Civil Disorders. *Report*. New York: Dutton, 1968.

US National Resources Committee. *Regional Factors in National Planning and Development*. Washington: US Government Printing Office, 1935.

US National Resources Planning Board. *Our Cities: Their Role in the National Economy*. Washington: US Government Printing Office, 1937.

VALLADARES, L. do P. Working the System: Squatter Response to the Resettlement in Rio de Janeiro. *International Journal of Urban and Regional Research*, 2, 1978, p. 12-25.

VAN ROOIJEN, M. Garden City versus Green Town: The Case of Amsterdam 1910-1935. *Planning Perspectives*, 5, 1990, p. 285-293.

VAN VELSEN, J. Urban Squatters: Problem or Solution. In: PARKIN, D.J. (ed.). *Town and Country in East and Central Africa*, 294-307. London: Oxford University Press (for International African Institute), 1975.

VAN ZWANENBERG, R.M.A.; KING, A. *An Economic History of Kenya and Uganda: 1800-1970*. London: Macmillan, 1975.

VANCE Jr, J.E. *Geography and Urban Evolution in the San Francisco Bay Area*. Berkeley: Institute of Governmental Studies, 1964.

VANDERVELDE, E. *L'exode rural et le retour aux champs*. Paris: Felix Alcan, 1903.

VEILLER, L. *Tenement House Reform in New York, 1834-1900*. New York: The Tenement House Commission, 1900.

VENTURI, R.; BROWN, D.S.; IZENOUR, S. *Learning from Las Vegas*. Cambridge: MIT Press, 1972.

VERONESI, G. *Tony Gamier*. Milano: II Balcone, 1948.

VIGAR, G. Reappraising UK Transport Policy 1950-99: The Myth of "Mono-modality" and the Nature of "Paradigm Shifts." *Planning Perspectives*, 16, 2001, p. 269-291.

VILLE de suresnes. *Idées de cité-jardins: L'exemplarité de Suresnes*. Suresnes: Ville de Suresnes, 1998.

VOGEL, I. *Bottrop: eine Bergbaustadt in der Emscherzone des Ruhrgebietes*. Remagen: Bundesanstalt für Landeskunde, 1959. (Forschungen zur Deutschen Landeskunde, 114)

VOIGT, P. *Grundrente und Wohnungsfrage in Berlin und seinen Vororten*. part 1. Jena: Gustav Fischer, 1901.

VOIGT, W. The Garden City as Eugenic Utopia. *Planning Perspectives*, 4, 1989, p. 295-312.

WACHS, M. Autos, Transit, and the Spread of Los Angeles: The 1920s. *Journal of the American Planning Association*, 5, 1984, p. 297-310.

WACHS, M.; CRAWFORD, M. (eds.). *The Car and the City: The Automobile, the Built Environment, and Daily Urban Life*. Ann Arbor: University of Michigan Press, 1992.

WADE, R.C. Urbanization. In: WOODWARD, C. V (ed.). *The Comparative Approach to American History*. New York: Basic Books. 1968. p. 187-205.

WALDEN, R. (ed.). *The Open Hand: Essays on Le Corbusier*. Cambridge: MIT Press, 1977.

WALKER, R.A. *The Planning Function in Urban Government*. Chicago: University of Chicago Press, 1950. (Social Science Committee, University of Chicago, Social Science Studies, 34.)

WALLMAN, S. et al. *Living in South London: Perspectives on Battersea 1971-1981*. Aldershot: Gower, 1982.

_____. *Eight London Households*. London: Tavistock, 1984.

_____ (ed.). *Ethnicity at Work*. London: Macmillan, 1979.

WALTERS, A.A. *Costs and Scale of Bus Services*. Washington: World Bank, 1979. (World Bank Staff Working Paper n. 325)

_____. *The Outer Limits and Beyond*. London: Foundation for Business Responsibilities, 1976. (Discussion Paper n. 12)

WALTON, J.; MASOTTI, L. (eds.). *The City in Comparative Perspective*. New York: John Wiley & Sons, 1976.

WANG, G. (ed.). *Malaysia: A Survey*. London: Pall Mall, 1964.

WANNOP, U. Regional Fulfilment: Planning into Administration in the Clyde Valley 1944-84. *Planning Perspectives*, 1, 1986, p. 207-229.

WARD, C. (ed.) *Housing: An Anarchist Approach*. London: Freedom, 1976.

_____. *Anarchy in Action*. London: Allen and Unwin, 1973.

_____. *Vandalism*. London: Architectural, 1973.

WARD, D. *Cities and Immigrants*. New York: Oxford University Press, 1971.

WARD, D.; ZUNZ, O. (eds.). *The Landscape of Modernity: Essays on New York City, 1900-1940*. New York: Russell Sage Foundation, 1992.

WARD, P.M. (ed.) *Self-Help Housing: A Critique*. London: Mansell, 1982.

_____. The Squatter Settlement as Slum or Housing Solution: The Evidence from Mexico City. *Land Economics*, 52, 1976, p. 330-346.

WARD, R. London: The Emerging Docklands City. *Built Environment*, 12, 1986, p. 117-127.

WARD, S.V. Gordon Stephenson and the "Galaxy of Talent": Planning for Post-War Reconstruction in Britain 1942-1947. *Town Planning Review*, 83, 2012, p. 279-296.

_____. Soviet Communism and the British Planning Movement: Rational Learning or Utopian Imagining? *Planning Perspectives*, 27, 2012, p. 499-524.

_____. What Did the Germans Ever Do for Us? A Century of British Learning about and Imagining Modern Town Planning. *Planning Perspectives*, 25, 2010, p. 117-140.

_____. Cross-National Learning in the Formation of British Planning Policies 1940-99: A Comparison of the Barlow, Buchanan and Rogers Reports. *Town Planning Review*, 78, 2007, p. 369-400.

_____. Consortium Developments Ltd and the Failure of "New Country Towns" in Mrs Thatcher's Britain. *Planning Perspectives*, 20, 2005, p. 329-359.

_____. Ebenezer Howard: His Life and Times. In: PARSONS, K.C.; SCHUYLER, D. (eds.). *From Garden City to Green City: The Legacy of Ebenezer Howard*. Baltimore/London: Johns Hopkins University Press, 2002. p. 14-37.

_____. *Planning the Twentieth-Century City: The Advanced Capitalist World*. Chichester: John Wiley & Sons, 2002.

_____. The Howard Legacy. In: PARSONS, K.C.; SCHUYLER, D. (eds.). *From Garden City to Green City: The Legacy of Ebenezer Howard*. Baltimore/London: Johns Hopkins University Press, 2002. p. 222-244.

_____. Practice: The Tony Garnier Urban Museum, Lyon, France. *Planning History*, 22/2, 2000, p. 29-35.

_____. Re-Examining the International Diffusion of Planning. In: FREESTONE, R. (ed.). *Urban Planning in a Changing World: The Twentieth Century Experience*. London: Spon, 2000. p. 40-60.

_____. *Selling Places: The Marketing and Promotion of Towns and Cities 1850-2000*. London: Spon. 1998.

_____. *Planning and Urban Change*. London: Paul Chapman, 1994.

_____ (ed.). *The Garden City: Past, Present and Future*. London: Spon, 1992.

_____. The Garden City Introduced. *The Garden City: Past, Present and Future*. London: Spon, 1992. p. 1-27.

_____. The Garden City Tradition Re-examined. *Planning Perspectives*, 5, 1990, p. 257-269.

WARD, S.V.; FREESTONE, R.; SILVER, C. The "New" Planning History: Reflections, Issues and Directions. *Town Planning Review*, 82, 2011, p. 231-261.

WARNER Jr., S.B. *The Urban Wilderness: A History of the American City*. New York: Harper and Row, 1972.

WARREN, H.; DAVIDGE, W R. (eds.). *Decentralisation of Population and Industry: A New Principle of Town Planning*. London: P.S. King, 1930.

WATANABE, S. -I.J. The Japanese Garden City. In: WARD, S.V. (ed.). *The Garden City: Past, Present and Future*. London: Spon, 1992. p. 69-87.

_____. Garden City Japanese-Style: The Case of the Den-en-Toshi Company Ltd., 1918-28. In: CHERRY, G.E. (ed.). *Shaping an Urban World*. London: Mansell, 1980. p. 129-143.

WATES, N. Community Architecture Is Here to Stay. *Architects' Journal*, 175/23, 1982, p. 42-44.

_____. The Liverpool Breakthrough: or Public Sector Housing Phase 2. *Architects' Journal*, 176/36, 1982, p. 51-58.

WEAVER, C. Development Theory and the Regional Question: A Critique of Spatial Planning and its Detractors. In: STÖHR, W B.; TAYLOR, D.R.F. (eds.). *Development from Above or Below? The Dialectics of Regional Planning in Developing Countries*. Chichester: John Wiley & Sons, 1981. p. 73-106.

WEAVER, C. *Regional Development and the Local Community: Planning, Politics and Social Context.* Chichester: John Wiley & Sons, 1984.

_____. Tugwell on Morningside Heights: A Review Article. *Town Planning Review,* 55, 1984, p. 228-236.

WEAVER, R.C. The Urban Complex. In: BELLUSH, J.; HAUSKNECHT, M. (eds.). *Urban Renewal: People, Politics and Planning.* Garden City: Anchor, 1967. p. 90-101.

_____. *Dilemmas of Urban America.* Cambridge: Harvard University Press, 1966.

_____. *The Urban Complex: Human Values in Urban Life.* Garden City: Doubleday, 1964.

WEBB, B. *My Apprenticeship.* London: Longmans Green, 1926.

WEBBER, M.M. *The BART Experience – What Have We Learned?* Berkeley: University of California, Institute of Urban and Regional Development and Institute of Transportation Studies, 1976. (Monograph n. 26).

_____. Planning in an Environment of Change. *Town Planning Review,* 39, 1968/9, p. 179-195, 277-295.

_____. The Urban Place and the Nonplace Urban Realm. *Explorations into Urban Structure.* Philadelphia: University of Pennsylvania Press, 1964. p. 79-153.

_____. (ed.). *Explorations into Urban Structure.* Philadelphia: University of Pennsylvania Press, 1964.

_____. Order in Diversity: Community without Propinquity. In: WINGO, L., Jr (ed.). *Cities and Space: The Future Use of Urban Land.* Baltimore: Johns Hopkins University Press, 1963. p. 23-54.

WEBER, A. *Alfred Weber's Theory of the Location of Industries* [1909]. Translated by C.J. Friedrich. Chicago: University of Chicago Press, 1929.

WEBER, M. *The City.* London: Collier-Macmillan, 1966.

WEIMER, D.R. (ed.). *City and Country in America.* New York: Appleton-Century-Crofts, 1962.

WEIS, D. *Die Grossstadt Essen: Die Siedlings-, Verkehrs- und Wirtschaftliche Entwicklung des heutigen Stadtgebietes von der Stiftsgrundung bis zur Gegenwart.* Bonn: Geographische Institut, 1951. (Bonner Geographische Abhandlungen, 7)

WEISS, M.A. Density and Intervention: New York's Planning Traditions. In: WARD, D. ; ZUNZ, O. (eds.). *The Landscape of Modernity: Essays on New York City, 1900-1940.* New York: Russell Sage Foundation, 1992. p. 46-75.

_____. Developing and Financing the "Garden Metropolis": Urban Planning and Housing Policy in Twentieth-Century America. *Planning Perspectives,* 5, 1990, p. 307-319.

_____. The Origins and Legacy of Urban Renewal. In: CLAVEL, P.; FORESTER, J.; GOLDSMITH, W.W. (eds.). *Urban and Regional Planning in an Age of Austerity.* New York: Pergamon, 1980. p. 53-80.

WELFELD, I.H.; MUTH, R.M.; WEHNER, H.C., Jr; WEICHER, J.C. *Perspectives on Housing and Urban Renewal.* New York: Praeger, 1974. (American Enterprise Institute Perspectives II)

WELLS, H.G. *When the Sleeper Wakes* [1899]. Edited by John Lawton: London: Everyman, 1994.

_____. *A Modern Utopia.* London: Chapman and Hall, 1905.

_____. *Anticipations of the Reaction of Mechanical and Scientific Progress upon Human Life and Thought.* London: Chapman and Hall, 1902.

WERNER, F. *Stadtplanung Berlin: Theorie und Realität.* Teil I: 1900-1960. Berlin: Kiepert, 1976.

WESTERN, J. Autonomous and Directed Cultural Change: South African Urbanization. In: AGNEW, J.; MERCER, J.; SOPHER, D.E. (eds.). *The City in Cultural Context.* Boston: Allen and Unwin, 1984. p. 205-236.

WESTMAN, T. Cityreglering – nu. *Arkitektur,* 67, 1967, p. 348-349.

_____. Cityregleringens Fortsättning. *Arkitektur,* 62, 1962, p. 288-297.

WHITE, L. T, III Shanghais Polity in Cultural Revolution. In: LEWIS, J.W. (ed.). *The City in Communist China.* Stanford: Stanford University Press, 1971. p. 325-370.

WHITE, M.G.; WHITE, L. *The Intellectual versus the City: From Thomas Jefferson to Frank Lloyd Wright.* Cambridge: Harvard University Press/MIT Press, 1962.

WHITE, P.M. *Urban Planning in Britain and the Soviet Union: A Comparative Analysis.* Birmingham: University of Birmingham, Centre for Urban and Regional Studies, 1979. (CURS Research Memorandum, 70)

WHYTE Jr., W.H. (ed.). *The Exploding Metropolis.* Garden City: Doubleday Anchor, 1958.

WHYTE Jr., W.H. Urban Sprawl. In: WHYTE Jr., W.H. (ed.). *The Exploding Metropolis.* Garden City: Doubleday Anchor, 1958. p. 115-139.

_____. *The Organization Man.* New York: Simon and Schuster, 1956.

WIBBERLEY, G.P. *Agriculture and Urban Growth.* London: Michael Joseph, 1959.

WIEBENSON, D. *Tony Garnier and the Cité Industrielle.* London: Studio Vista, 1969.

WIEDENHOEFT, R. *Berlin's Housing Revolution.* Ann Arbor: UMI Research Press, 1985.

WIENER, N. *Cybernetics.* Cambridge: MIT Press, 1948.

WIGGLESWORTH, J.M. The Development of New Towns. In: DWYER, D.J. (ed.). *Asian Urbanization: A Hong Kong Casebook.* Hong Kong: Hong Kong University Press, 1971. p. 48-69.

WILDAVSKY, A. If Planning Is Everything, Maybe It's Nothing. *Policy Sciences,* 4, 1973, p. 127-153.

WILDE, A. (ed.). Wanted – A National Plan for Town and Countryside. *Town and Country Planning,* 6, 1938, p. 24-30.

_____ (ed.). Famous Women Demand Planning for Health and Beauty. *Town and Country Planning*, 5, 1937, p. 132-135.

WILLIAM-OLSSON, W *Stockholm: Structure and Development.* Stockholm: Almqvist and Wiksell, 1961.

WILLIAMS, F.B. *The Law of City Planning and Zoning.* New York: Macmillan, 1922.

_____. Public Control of Private Real Estate. In: NOLEN, J. (ed.). *City Planning: A Series of Papers Presenting the Essential Elements of a City Plan.* New York: D. Appleton, 1916, p. 48-87.

WILLIAMS, S. The Coming of the Groundscrapers. In: BUDD, L.; WHIMSTER, S. *Global Finance and Urban Living: A Study of Metropolitan Change.* London: Routledge, 1992. p. 246-259.

WILLIAMS-ELLIS, C. (ed.). *Britain and the Beast.* London: J.M. Dent, 1937.

_____. What's the Use? In: COUNCIL for the Preservation of Rural England: "Penn Country" Branch: *The Penn Country of Buckinghamshire.* London: CPRE, 1933. p. 103-186.

_____. *England and the Octopus.* London: Geoffrey Bles, 1928.

WILSHER, P.; RIGHTER, R. (eds.). *The Exploding Cities.* London: Andre Deutsch, 1975.

WILSON, J.Q. (ed.). *Urban Renewal: The Record and the Controversy.* Cambridge: MIT Press, 1966.

WILSON, W J. *When Work Disappears: The World of the New Urban Poor.* New York: Knopf, 1996.

_____. *The Truly Disadvantaged: The Inner City, the Underclass, and Public Policy.* Chicago: University of Chicago Press, 1987.

_____. *The Declining Significance of Race: Blacks and Changing American Institutions.* Chicago: University of Chicago Press, 1978.

WILSON, W.H. *The City Beautiful Movement.* Baltimore: Johns Hopkins University Press, 1989.

_____. Moses and Skylarks. In: KRUECKEBERG, D.A. (ed.). *Introduction to Planning History in the United States.* New Brunswick: Rutgers University, Center for Urban Policy Research, 1983. p. 88-121.

_____. *Coming of Age in Urban America, 1915-1945* New York: John Wiley & Sons, 1974.

WINGO Jr., L. (ed.). *Cities and Space: The Future Use of Urban Land.* Baltimore: Johns Hopkins University Press, 1963.

WITHERSPOON, R. *Codevelopment: City Rebuilding by Business and Government.* Washington: Urban Land Institute, 1982.

WOHL, A.S. Arvet. *Plan*, 31, 1977, p. 261-267.

_____ (ed.). *The Eternal Slum: Housing and Social Policy in Victorian London.* London: Edward Arnold, 1977.

_____ (ed.). *The Bitter Cry of Outcast London.* Leicester: Leicester University Press, 1970.

_____. *Endangered Lives: Public Health in Victorian Britain.* London: J.M. Dent, 1983. WOHLIN, H. Plandemokrati. *Plan*, 23, 1969, p. 20-26.

WOLFE, T. *The Bonfire of the Vanities.* New York: Farrar, Straus, 1987.

WOLLEN, P. Bitter Victory: The Art and Politics of the Situationist International. In: SUSSMAN, E. (ed.). *On the Passage of a Few People through a Rather Brief Moment in Time: The Situationist International 1957-1972.* Cambridge: MIT Press, 1989. p. 20-61.

WOLTERS, R. *Stadtmitte Berlin: Stadtbaulich Entwicklungsphasen von den Anfängen bis zur Gegenwart.* Tübingen: Wasmuth, 1978.

WOOD, R.C. *Suburbia: Its People and their Politics.* Boston: Houghton Mifflin, 1959.

WOOD, S.E.; HELLER, A.E. *California Going, Going... Sacramento:* California Tomorrow, 1962.

WOODCOCK, G. *Anarchism: A History of Liberation Ideas and Movements.* Cleveland/New York: Meridian, 1962.

WOODS, R.A. The Neighborhood in Social Reconstruction. *Publications of the American Sociological Society*, 8, 1914, p. 14-28.

WOODWARD, C.V. (ed.). *The Comparative Approach to American History.* New York: Basic Books, 1968.

WOOLF, P.J. "Le Caprice du Prince" – The Problem of the Bastille Opera. *Planning Perspectives*, 2, 1987, p. 53-69.

WRIGHT, F.L. Plan by Frank Lloyd Wright. In: YEOMANS, A. (ed.). *City Residential Land Development: Studies in Planning.* Chicago: University of Chicago Press, 1916. p. 96-102.

WRIGHT, F.L. *When Democracy Builds.* Chicago: University of Chicago Press, 1945.

WRIGHT, G. *Building the Dream: A Social History of Housing in America.* Cambridge: MIT Press, 1981.

WRIGHT, H. *Rehousing Urban America.* New York: Columbia University Press, 1935.

_____. The Road to Good Houses. *The Survey*, 54, 1925, p. 165-168, 189.

WRIGLEY, R.A. The Plan of Chicago. In: KRUECKEBERG, D.A. (ed.). *Introduction to Planning History in the United States.* New Brunswick: Rutgers University, Center for Urban Policy Research, 1983. p. 58-72.

WU, C.T.; IP, D.F. China: Rural Development – Alternating Combinations of Top-Down and Bottom-Up Strategies. In: STÖHR, W.B.; TAYLOR, D.R.F. (eds.). *Development from Above or Below? The Dialectics of Regional Planning in Developing Countries.* Chichester: John Wiley & Sons, 1981. p. 155-182.

WU, V. The Pudong Development Zone and Chinas Economic Reforms. *Planning Perspectives*, 13, 1998, p. 133-165.

WU, Y.L. *The Spatial Economy of Communist China: A Study on Industrial Location and Transportation.* New York: Praeger, 1967.

WYNN, M. (ed.). *Housing in Europe.* London: Croom Helm, 1984.

_____ (ed.). *Planning and Urban Growth in Southern Europe.* London: Mansell, 1984.

_____. Spain. *Planning and Urban Growth in Southern Europe.* London: Mansell, 1984. p. 111-163.

YAGO, G. *The Decline of Transit: Urban Transportation in German and US Cities, 1900-1970.* Cambridge: Cambridge University Press, 1984.

YAZAKI, T. The History of Urbanization in Japan. In: SOUTHALL, A. (ed.). *Urban Anthropology: Cross-Cultural Studies of Urbanization.* New York: Oxford University Press, 1973. p. 139-161.

YELLING, J.A. Residents' Reactions to Post-War Slum Clearance in England. *Planning History,* 21/3, 1999, p. 5-12.

_____. The Development of Residential Urban Renewal Policies in England: Planning for Modernization in the 1960s. *Planning Perspectives,* 14, 1999, p. 1-18.

_____. Expensive Land, Subsidies and Mixed Development in London, 1943-56. *Planning Perspectives,* 9, 1994, p. 139-152.

_____. *Slums and Redevelopment: Policy and Practice in England, 1918-1945, with Particular Reference to London.* London: University College Press, 1992.

_____. The Origins of British Redevelopment Areas. *Planning Perspectives,* 3, 1989, p. 282-296.

_____. *Slums and Slum Clearance in Victorian London.* London: Allen & Unwin, 1986.

YEOMANS, A.B. (ed.). *City Residential Land Development: Studies in Planning.* Chicago: University of Chicago Press, 1916.

YOUNG, K.; MASON, C. (eds.). *Urban Economic Development: New Roles and Relationships.* London: Macmillan, 1983.

YOUNG, M.; WILLMOTT, P. *Family and Kinship in East London.* London: Routledge and Kegan Paul, 1957.

YOUNG, T. *Becontree and Dagenham: The Story of the Growth of a Housing Estate.* A Report Made for the Pilgrim Trust. London: Becontree Social Survey Committee, 1934.

ZIMMER, B. The Small Businessman and Location. In: WILSON, J.Q. (ed.). *Urban Renewal: The Record and the Controversy.* Cambridge: MIT Press, 1966. p. 380-403.

ZIPF, G.K. *Human Behavior and the Principle of Least Effort.* Cambridge: Addison-Wesley, 1949.

ZORBAUGH, H.W. *The Gold Coast and the Slum: A Sociological Study of Chicago's Near North Side.* Chicago: University of Chicago Press, 1929.

ZUKIN, S. The City as a Landscape of Power: London and New York as Global Financial Capitals. In: BUDD, L.; WHIMSTER, S. *Global Finance and Urban Living: A Study of Metropolitan Change.* London: Routledge, 1992. p. 195-223.

ZWERLING, S. *Mass Transit and the Politics of Technology: A Study of BART and the San Francisco Bay Area.* New York: Praeger, 1974.

Índice das Ilustrações

I	A rua Little Collingwood, Bethnal Green, c. 1900 . . .36	26	Barry Parker 139
2	Uma sessão da Comissão Real para a Moradia das Classes Trabalhadoras, em 1884. 43	27	Ealing Garden 141
		28	Henrietta Barnett 143
3	Charles Booth. 51	29	Hampstead Garden Suburb 145
4	As Mietskasernen de Berlim 56	30	Almoço de domingo na cidade-jardim
5 E 6	Os Dumbbells de Nova York (habitações coletivas de baixo padrão construídas		de Welwyn. 146
		31	A Alameda (o Mall), cidade-jardim
	segundo a antiga legislação). . . . . 64 e 65		de Welwyn. 146
7	Jane Addams 67	32	Frederic Osborn. 151
8 E 9	A vida nas habitações coletivas de Chicago,	33	Margarethenhöhe. 157
	c. 1900. . . . . 68 e 69	34	Römerstadt 163
10	Conjunto residencial de Old Oak, construído	35	Siemensstadt 165
	c. 1913 78	36	Onkel-Toms-Hütte. 167
11	Conjunto residencial de Norbury, c. 1921. 83	37	Clarence Stein 170
12	Reunião dos inquilinos-mutuários de Ealing,	38 E 39	Forest Hills Gardens 172
	c. 1906 85	40	Radburn. 175
13	Charles Tyson Yerkes. 92	41	Greenbelt. 177
14	Frank Pick. 94	42	Rexford Guy Tugwell. 178
15	Albert Stanley, lorde Ashfield. 94	43	Patrick Geddes 191
16	Lares dignos de heróis. 96	44	Lewis Mumford. 192
17	Raymond Unwin. 97	45	A Torre de Observação. 194
18	Nada se ganhou com a superlotação! 99	FIG 46	A Seção de Vale 195
19	Chalés residenciais para o povo 101	47	O processo de conurbação, certo e errado 200
20	O variegado entorno .109	48	O Manifesto da RPAA. 207
21	A Great West Road. 113	49	Catherine Bauer 223
22	Ebenezer Howard 123	50	Norris, Tennessee 229
23	Cidades-jardim de amanhã 129	51	O conceito de cidade nova, de Howard
24	New Earswick 132		a Abercrombie 237
25	Letchworth 138	52	Daniel Burnham 250

53	O Plano de Chicago de 1909 251	82 e 83	Vällingby e Farsta 445
54	Centro Cívico de Chicago 256	84	Marne-la-Vallée 455
55	Nova Delhi 260	85	Patrick Abercrombie 467
56	Planejando Nova Delhi 262	86	Thomas Adams 467
57	Nova Delhi: a "Bakerloo" de Lutyens 265	87	T.J. Kent Jr. 470
58	Camberra 274	88	Melvin M. Webber 475
59	Walter Burley Griffin 275	89	Manuel Castells 482
60	A Berlim de Speer 281	90	Liverpool 501
61	Le Corbusier e "Unité" 290	91	Boston, Quincy Market 507
62	Luís XIV ordena a construção dos Invalides 291	92	Baltimore, o Porto Central 507
63	La Ville Radieuse 295	93 E 94	As Docklands de Londres: antes e depois 517
64	Chandigarh: projeto urbano corbusiano 299	95	Paul Reichmann 520
65	Chandigarh: cidade do povo por trás	96	Thames Gateway 544
	das fachadas 299	97	Pudong 547
66	Brasília 305	98	La Défense 549
67	Taguatinga, Brasília 305	99	Desenvolvimento sustentável 561
68	Rua bombardeada do East End londrino 314	100	Jaime Lerner 566
69	A grande reconstrução no East End 323	101	Wulf Daseking 571
70 E 71	Pruitt-Igoe 345	102	Rieselfeld 573
72	San Martin de Porres, Lima, 1962 366	103	Um cortiço em Chicago, c. 1900 589
73	Lightmoor, na cidade nova de Telford 377	104	Dr. Robert E. Park 591
74	Robert Moses e Jane Jacobs 398	105	O "Little Hell" de Chicago, 1902 592
75	Jones Beach 398	106	Assassinato durante tumulto racial
76	AVUS 401		em Chicago, 1919 599
77	Broadacre City 414	107	Dr. E. Franklin Frazier 603
78	Kansas City, Country Club District 421	108	O levante de Broadwater Farm, Tottenham,
79	Levittown, Long Island 423		Londres, 1985 629
80	A Strip de Las Vegas 429	109	O levante em Tottenham High Road,
81	O primeiro Holiday Inn 429		Londres, 2011 629

Índice Remissivo

Os números em itálico referem-se às ilustrações.

A

Abercrombie, L. Patrick 466, 467, 468, 469
e Forshaw *ver* Plano para o Condado de Londres
e o movimento cidade-jardim 144, 145, 147, 149
e o plano para Clyde Valley 327
e o Plano Para a Grande Londres 184, 231-232, 236-243, 237, 245, 313, 314, 314, 318, 319, 440
e o plano para os West Midlands 469-470
Plymouth 310
sobre Berlim 57
sobre Geddes 190, 193, 202
sobre Griffin e o plano Camberra 272
sobre suburbanização 112
ver também Comissão Barlow
abordagens acadêmicas para planejamento *ver* teoria do planejamento
Abrams, Charles 61, 223, 338, 366, 413
Ackerman, Frederick 63
acupuntura urbana 569
Adams, David 311
Adams, Thomas 131, 214-216, 217-220, 222, 230, 233, 467
Addams, Jane 66, 67, 67, 70, 192
Addison, Christopher 100, 103
Adelaide, Austrália 124, 168
Adenauer, Konrad 234
Adickes, Franz 159
Adshead, Stanley 269, 466
advocacy planning 380, 478-479, 485, 492
África 266-272
África do Sul 267-269
guerra sul-africana 57
Alduy, Paul 455
Alemanha 57-58, 87, 153, 155, 156-167, 157, 163, 165, 167, 200-201, 278-282, 281, 284-285, 401, 458
ver também Berlim; Emscherpark; Frankfurt; Freiburg
Alexander, Christopher 28, 374-375
Altshuler, A.A. 477
Aluguel 95-98, 128, 179, 346

América Latina *ver* Brasil; México (cidade); Peru
American Institute of Planners (anteriormente American City Planning Institute) 466
American Journal of Sociology 60
American Magazine 59
anarquismo 20-21, 28,30, 190-203, 353-355, 363-364
ver também Kropótkin, Piótr
Anderson, Martin 338, 340
Anson, Brian 383, 384
Anthony, Harry A. 293
aquisição da moradia 105-108
Architectural Association (AA) 308,315-317, 323, 363
Architectural Renewal Committee, do Harlem 380
Architectural Review 317
arquitetos 548-549
e a aversão aos subúrbios 109-110, 111-118
e a London Society 231-232, 233
e o concurso de Brasília 302
e o concurso de Camberra 273
e o Conselho do Condado de Londres (LCC) - Departamento de Arquitetos 78, 79, 84, 308, 321, 322, 324
e o fracasso do Pruitt-Igoe 346-347
e o Grupo de Arquitetura Comunitária 389-390
e os urbanistas soviéticos 282-283, 296-297
ver também Architectural Association (AA); Congrès Internationaux d'Architecture Moderne (CIAM); Modern Architecture Research (MARS); Royal Institute of British Architects (RIBA); e arquitetos individuais
arquitetura de beira de estrada 427-432, 429
arquitetura comunitária (projeto comunitário) 28, 379-381, 387-390
arranha-céus *ver* construção de edifícios altos; corbusiana, arquitetura
Ashfield, Albert Stanley, lorde 93-94, 94
Assemblé de Constructeurs pour une Rénovation Architecturale (ASCORAL) 297

Associação da Quinta Avenida 87-88
Astor, Waldorf, lorde Astor 307, 310
Atkinson, Rowland 554
Atterbury, Grosvenor 170
Attlee, Clement 183, 184
Augur, Tracy 178, 227, 228, 229
Austrália 124, 168, 272-276
autoconstrução 360-361, 363, 367-371, 373-378
automóveis *ver* tráfego, planejamento e gestão
autoridade local (habitação) *ver* habitação pública
AVUS (Automobil-Verkehrs und Übungsstrasse), Berlim 400, 401

B

Baker, Herbert 260, 261, 262, 263-265, 265, 267
Bakunin, Mikhail 196
Balderstone, Andrew (inquilino em Edimburgo) 326
Baldwin Hills, Los Angeles 176
Baltimore 381, 504-508, 507
Banco de Desenvolvimento Asiático, relatório anual 548
Banfield, Edward C. 477, 617-618
Banham, Reyner 155, 376, 427
Barcelona 563-565
Barker, Paul 376
Barnett, Henrietta 142, 143, 144, 192
Barnett, Samuel 62, 125, 136
Baron, Tom 530
Barriadas 366, 367
ver também favelas
BART (Bay Area Rapid Transit), sistema, São Francisco, 454, 459, 461
Bartholomew, Harland 418
Bassett, Edward M. 87, 88, 89, 420
Bath 328
Batley, Richard 515
Batty, Michael 468, 468
Bauer, Catherine 63, 220, 221, 223-224, 223, 228, 332, 334
Becontree, Essex 97, 103, 104, 148-149
Bedford Park, Londres 424
Beevers, Robert 126

Bellamy, Edward 126
Bennett, Edward H. 258
Benoît-Lévy, Georges 155
Berger, Bennett 433
Berkeley 374-375
    ver também Castells, Manuel; Kent, T. Jr.; Webber, Melvin M.
Berkshire 528
Berlim 54, 55-57, 56, 58, 162-163, 164-167, 259, 279-280, 281, 401
Bethnal Green, Londres 36, 53
Betjeman, John 74, 111-112
Bettman, Alfred 89, 420
Beveridge, William 240, 241
Bevin, Ernest 181
Bexley, Londres 110
Bing, Alexander 173,204, 214
Birch, Eugenie 186
Birmingham, UK 58, 83-84, 311-312
Bitter Cry of Outcast London, The 35-41, 50
Blair, Tony 244-245
    governo (novo trabalhismo) 552, 632-635
Bluestone, Barry 500
bôeres, guerra sul-africana 57, 267
Bofill, Ricardo 386, 387
Bogotá 371
Bolan, Richard 478, 479
bondes 78-79
Booker T. Washington (parque), Chattanooga 229
Booth, Charles 50-51, 51, 91, 125-126
    e o levantamento social 50-54
Booth, William 125
Boston, Massachusetts 281, 381, 422, 504-506, 507, 508, 526
Boundary Street, conjunto residencial, Shoreditch 80
Brabazon, Reginald, conde de Meath 51, 233
Branford, Victor 199
Brasília 301-306, 305
Brasil 301-306, 305, 565-568, 566
Brayshay, Mark 310
Breheny, Michael 561
Brett, Lionel, lorde Esher 308, 327, 383
Bristol 555
Britain and the Beast (Williams-Ellis) 114
Britz, Berlim 166
Broadacre City 26, 28, 29, 412-417, 414
Broadwater Farm, Londres 629, 630-631
Brockway, Fenner 271

Brodie, John 264
Bromme, Max 160
Brown, Denise Scott 427
Brundtland, relatório 558
Bucareste 285
Buchanan, Colin 457-458
Buckingham, James Silk 124, 126
Bullock, N. 319
Bunker, Raymond 124
Burgess, E.W. 590
Burnham, Daniel H. 249-259, 250
    e o Plano de Chicago 250, 251, 254-259
Burns, John 41, 67, 81-82, 84
Butler, R.A. 240
Byker Wall, Newcastle 375

C
Cadbury, George 83, 131
calçadões de pedestres 508
Califórnia 87, 176, 458, 460, 461, 560, 580
    ver também Los Angeles; São Francisco
Calthorpe, Peter 560, 561
Campbell, Kenneth 328
Camberra 272-276, 274
campo, clamor do povo para o 112-116
Canary Wharf, Londres 518-522, 520
Carpenter, Edward 136
carros *ver* tráfego, planejamento e gestão
casas de solteiros 577-578
Cassidy, Michael 519
Castells Manuel 348, 482, 482, 535-536
Castlefield, Manchester 523-525
Cat010, Pietro 124
Cavalcanti, Maria 286
Cayton, Horace 606
Ceauşescu, Nicolae 285-286
Celebration, Flórida 186
centro da cidade 480, 501, 503, 507, 524
    ver também Londres, Docklands
centros comerciais e de lazer 504-506
Cervero, Robert 461
chalés 101
Chamberlain, Joseph 42
Chamberlain, Neville 100, 102, 103, 117, 152, 153, 233
Chandigarh, Índia 298-301, 299
Charles, príncipe de Gales 389-390, 562
Chase, Stuart 208-209
Chatham Village, Pittsburgh 176
Chattanooga, Tennessee 229

Chicago
    Charles Tyson Yerkes em 92-93
    Ebenezer Howard em 122
    Hull House em 66-70, 595
    subclasse imigrante em 66-70, 68, 69, 589, 590-596, 592
    Plano de Chicago 250, 251, 254-259, 256
    população negra em 597-598, 599, 606-610
Chicago Housing Authority (CHA) 477, 609
China 371-373, 545-548
Chirac, Jacques 386-387
Churchill, Winston 313
CIAM *ver* Congrès Internationaux d'Architecture Moderne
cidade linear 153-154, 545
cidade monumental *ver* movimento City Beautiful
cidade social (Howard) 128, 129, 183, 276
cidades de cinturão verde 176-180
cidades-modelo, programa das 379
cidades novas
    América 180
    Inglaterra 181-186, 231, 237, 241, 242, 243, 243, 244, 307-309, 327
    ver também movimento cidade-jardim; cidades-satélites; e cidades individuais
cidades-satélites
    Alemanha 159-161, 280
    França 453-458, 455
    Inglaterra 77-78, 95, 97, 102, 103-105, 148-152
    Suécia 442, 443-452, 445
Cincinatti, Ohio 89
cinturão verde 104, 117, 160, 233, 234-235, 239, 243, 436
Clapson, Mark 185
Clark, Colin 500
Clawson, Marion 434-435, 436
Cleveland, Ohio 252-253, 396
Coleman, Alice 626
Colonel Light Gardens, Adelaide 168
Comissão Barlow 117, 118, 152, 236
Comissão Kerner 615-616, 618-619
Comissão Para Alturas de Edifícios (EUA) 88, 319-320
Comissão Para Habitação Coletiva de Baixo Padrão (Tenement House Commissions, USA) 61-62, 63, 86
Comissão Para a Superpopulação (EUA) 86-87

728

Comissão Real Para a Moradia das Classes Trabalhadoras 37, 42-45, *43*, 53
Comissão Redcliffe-Maud 243, 244
Comissão Toynbee 125
Comissão Verney 57
Comitê de Planejamento Regional Para a Grande Londres 233-235
Comitê Dudley 319
Comitê Schuster, relatório 472, 473
Community Development Agencies (CDA) 379
Community Development Projects (CDP) 502
comunismo 308-309
Congrès Internationaux d'Architecture Moderne (CIAM) 160, 164, 300, 302, 306, 307-308
conjuntos residenciais *ver* corbusiana, arquitetura; habitação privada; habitação pública; e desenvolvimentos individuais
Conselho do Condado de Londres (LCC) 53-54, 76-81, 240-241, 317-321
Departamento de Arquitetos do 78, 79, *83*, 308, 309, 321, 322, 324
conservação 328-329
Consortium Developments Ltd. (CDL) 529-530
construção baixa em alta densidade 330
construção de edifícios altos 315, 318, 323-324, 325, 326-327, 556, 567
ver também corbusiana, arquitetura
construção com fins especulativos 91, 95, 107-111, 324-325, 529-531
ver também Londres, Docklands; Thames Gateway
construindo para si mesmo *ver* moradia autônoma; arquitetura comunitária (projeto comunitário)
conurbação 199-200, *200*
Cooke, Philip 484
Cooley, Charles Horton 169
corbusiana, arquitetura
crítica a 327-328, 339-340
em Brasília 301-306, *305*
na Inglaterra 306-332, 349
nos Estados Unidos 332-340, 343-348, 339-340
Corbusier *ver* Le Corbusier
cortiços
em Chicago 66-70, *68*, *69*, 589, 609-610

em Edimburgo 354-356
em Glasgow 325
em Londres 35-41, *36*, 78-79
em Moscou 283, 284
em Nova York 59-65
em St. Louis (Pruitt-Igoe) 343-348, *345*, 610-611
na Europa, século xx 54-59
ver também barriadas; favelas; guetos
Costa, Lúcio 302
Cottage Plans and Common Sense (Unwin) 137
Covent Garden, Londres 325, 382-384
Coventry 174, 311-312
Creese, Walter L. 229-230, 560
criminalidade 39, 47-48, 551, 587-588, 592-594, 595, 599-600, 606, 608, 610-611, 614, 626-627, 635
ver também tumultos; violência
Croly, Herbert 258
Crossman, Richard 322, 329, 330
Crow, Austin 236
Culpin, Ewart G. 145
culs-de-sac 82, 98, 173
Cumbernauld, Escócia 174
Curitiba, Brasil 186, 565-569, *566*
custos da moradia 75, 80, 107-108, 437

D
Dalton, Hugh 309
Darley, Gillian 106
Daseking, Wulf 571-572, *571*, 574
Davidson, Thomas 124
Davis, William M. 211
Davoudi, Simin 558-559
Day, Sir John Charles F.S. 48
Dear, M.S. 483
de Carlo, Giancarlo 363
declínio urbano 551
de Gaulle, Charles 453
Delafons, John 243, 330
Delano, Frederic 214, 220, 224, 418
Delhi 261
ver também Nova Delhi
Delouvrier, Paul 452-456
Denby, Elizabeth 319
Deng Xiaoping 546
depressão econômica 45-46, 175, 418, 422, 499-500, 608
Depressão, a Grande 175, 222, 418, 421, 608
derrubada de cortiços 41, 45, 79, 81-82, 253, 321, 333

desenvolvimento urbano sustentável 30, 208-209, 558-563, *561*, 583-584
desurbanistas 410-411
digitalização 538-540
Distritos Históricos 560
Docklands, Londres 512-523, *517*, 550
Docklands Light Railway (DLR) 515
Dougill, Wesley 238
Dowall, David 461
Downham, sudeste de Londres 103
Downs, Anthony 477
Drake, St. Clair 606
Dreiser, Theodore 92
Duany, Andrés 560, 562
Dublin 231
Du Bois, W.E.B. 598-601, 603
Dykstra, Clarence 406

E
Ealing Garden Suburb *85*, 140-141, *141*
East, E.E. 405, 406-407
East End de Londres 66, 313-314, *314*, 323
Ecocidades 569, 575
Edgware, Londres 108
Edimburgo *194*, 326, 354-355
Eisenhower, Dwight D. 418
empreendedorismo 30, 387-390, 509-511, 541-542
ver também Thames Gateway
Emscherpark, Alemanha 575-578
England and the Octopus (Williams-Ellis) 111
Epstein, D.G. 303-304
equidade social 580-582, 583-584
Erskine, Ralph 375
escolas e departamentos de planejamento 465-468, 528-529
Esher, Lionel Brett, lorde Esher *327*, *383*
Espanha 154, 563-565
esquemas de planejamento urbano 95, 108
Essex, Stephen 310
Estocolmo 174, 384, 440-452, *445*
estradas *ver* vias expressas (*freeways*); *parkways*; tráfego, planejamento e gestão
Etzioni, A. 398
Euclid vs. Ambler 89, 420
eugenia 51

F
Fainstein, Susan 521-522
Faire, Lucy 311
Faith in the City, relatório 631-632

ÍNDICE REMISSIVO

Falk, Nicholas 514
Faludi, A. 481
Farley, Reynolds 619, 621-622
Farsta, Estocolmo 443-444, 445
fascismo 227
favelas 370
ver também barriadas
Feder, Gottfried 278
Federal Housing Authority (FHA) 420-421, 422
Felton, Monica 182, 309
ferrovias *ver* Pacific Electric Railway; sistemas rápidos de transporte
Festival Britânico, 1951 315
Filadélfia 381, 598-599
Finlândia 451
Fishman, Leonard 342
Fishman, Robert 125, 135, 214
Fogelson, Robert 404
Foley, Donald 242
Força-Tarefa Urbana 551-553, 563-564, 565, 578
Ford, Ernest 311
Forester, John 485
Forest Hills Gardens, Nova York 170, 171, 172
Forman, Alan 59
Forshaw, John H. 313, 314, *314*, 319
ver também Plano do Condado de Londres
França 154-156, 331, 557
ver também Marselha; Paris
Frankfurt, Alemanha 58, 159-160
Frazier, E. Franklin 603-606, *603*
Freestone, Robert 124, 208, 243
Freiburg, Alemanha 569-575, *573*
Frieden, B.J. 370
Friedmann, John 480
Frisby, David 163-164
Fritsch, Theodor 155
Fry, Maxwell 298, 308
Fulton, William 560

G

ganho de planejamento 579-582
Gans, Herbert 338-339, 432-433
Ganser, Karl 577
Garden Cities of Tomorrow (Howard) 122, 129, 240
Garland, Hamlin 413
Garnier, Toni 154-155
Gaunt, W.E.H. 135

Geddes, Patrick 20, 27, 28, 51-52, 189-203, *191*, 210-211, 230
em Edimburgo 193, *194*, 353-355
em Tel Aviv 173
na Índia 356-362, 368
guetos 597, 598, 606-611, 615-619, 630
Gibson, A. (Tony) 377
Gibson, Donald 308-311
Giddens, Anthony 489, 490, 491
Gilbert, Alan 371
Ginsburg, Moisei 411
Giscard d'Estaing, Valery 386
Glasgow 95, 323, 325, 327, 330, 549, 550
Glass, Ruth 104
Glendinning, Miles 324, 326
Globalização 535-538, 626
Gold, John 307
Gorbals, Glasgow 323, 325
Gordon, Peter 559
Gottdiener, Mark 425
governo local 44, 53-54, 81-83
Gracie, Vernon 331
Graham, S. 539
Grant, Nancy L. 229
Graves, Bibb 418
Gravier, Jean-Francois 452
Greater London Council (GLC) 383, 459, 528
Greenbelt, Maryland 177-179
Greendale, Wisconsin 178
Greenhills, Ohio 178
Greenwood, Anthony 328, 329
Greer, Scott 339, 340
Griffin, Walter Burley 272-275, *275*
Gropius, Walter 160, 164
Gruen, Victor 431-432
Guerin, Jules *256*, 257
Guerra do Vietnã 385, 478, 614
Guerra Fria 309, 573

H

Haar, Charles M. 380, 581-582
Habermas, Jürgen 485
habitação acessível 205, 440, 581
habitação privada 105-111
habitação pública (autoridade local)
América 61-65, 332-337, 340-348, 609-611
Inglaterra 76-81, 93-105, 181-182
Hong Kong e Singapura 348
Suécia 440-443
ver também desenvolvimento individual

Hackney, Londres 627
Hackney, Rod 387-389
Haig, Robert Murray 215
Hall, John 521
Hall, Peter 376, 509-510
Hall, Thomas 446-448
Hampstead Garden Suburb 79-80, 85, 135, 143, *145*, 161
Hansen, Georg 57
Hardie, Keir 124
Hardinge, Charles, barão Hardinge de Penhurst (vice-rei da Índia) 261, 263, 265
Hardy, Dennis 106, 131, 133
Häring, Hugo 165-166
Harlem, Nova York 380
Harris, Britton 476
Harrison, Bennett 500
Hartman, Chester 337, 339
Harvey, David 490
Hasegawa, Junichi 313
Hass-Klau, Carmen 458
Hatfield, UK 183
Hayek, Friedrich von 498, 500-501
Hebbert, Michael 147, 240
Hegemann, Werner 201
Hellerau, Alemanha 155, 158
Helsinque 451
Herman, Justin 334, 337
Heronsgate, Hertfordshire 127
Heseltine, Michael 514-515, 529, 542-543
Hess, Alan 431
highways/autoestradas *ver freeways*/vias expressas (*motorways*/autovias, rodovias); *parkways*; tráfego, planejamento, gestão
Hill, Octavia 355
hipotecas (mortgage) 420
Hitler, Adolf 279, 282
Hobrecht, James 55
Holden, William 313
Holford, Charles 313
Holford, William 202, 273, 303, 311, 325
Holanda 523
Holiday Inn 428-429, *429*
Hollamby, Ted 309
Holston, James 302
Home, Robert 267, 269, 348
Home I Want, The (Reiss) 95
Hong Kong 61, 348, 509-510
Hoover, Herbert 89
Horsfall, T.C. 55-58

Hoskyns, Gareth 553

Howard, Ebenezer 20, 26, 29, 121-123, 123, 147
- e a cidade social 124-129, 129, 183, 276
- e a First Garden City Company 131-133
- e a Garden City Association (mais tarde, Garden Cities and Town Planning Association) 131, 144
- e a visão cidade-campo 114, 126-127, 129, 185-186, 236-237
- fontes de suas ideias 122-127, 154-156
- ver também movimento cidade-jardim

How the Other Half Lives (Riis) 60

Hubbard, Phil 311

Hudnut, Joseph 164

Hull House, Chicago 66, 67, 69, 595

Hunter, Robert 70-71

Huntigton, Henry E. 403-404

Hygeia: A City of Health (Richardson) 122

Hyndman, H.M. 47, 49-50, 52

I

Ilegitimidade 604-605, 607, 621, 622

imigrante(s) 59-60, 66-67, 68, 69, 170, 588-590, 592, 594-595

Índia 259, 261, 263-267, 265, 298, 300-301, 356-360, 362, 368

insurreição, medo da 45-50, 98, 157-160, 250

Internet ver revolução da informação

interpretação histórica 21-23, 454-456

Isard, Walter 471, 473

Itália 277, 363

J

Jackson, Alan 106

Jacob, John 623

Jacobs, Jane 336, 340-342, 377-378, 398, 490-491

James, Henry 59

Jameson, F. Walter 267

Janowitz, Morris 617

Japão 168

Jeanneret, Charles-Edouard ver Le Corbusier

Jeanneret, Pierre 298-300

Joad, C.E.M. 114-116

Johnson, Donald Leslie 124

Johnson, Lyndon B. 379

Johnson administração 501

Johnson-Marshall, Percy 315

Jones, Barry 584

Jones, Ronald 316

Jones Beach State Park, Nova York 397-398, 398

judeus 59, 61, 620

Junta de Planejamento Nacional de Recursos 224, 421

K

Kain, John 462

Kalamazoo, Michigan 508

Kampffmeyer, Hans 158

Kansas City Country Club 410, 420-421, 421

Keeble, L. 467-468

Kennet, Wayland 329-330

Kent, T.J., Jr. 468, 470

Kenworthy, Jeffrey 559

Kessler, George E. 410

Key, Lancelot 320

Keynes, John Maynard 19

Keynes, Milton 185-186, 309

Killingworth, Charles C. 620

King, Anthony 115, 266

Kingsbury, F.J. 60

Kingsmead, conjunto residencial, Hackney 627

Kingston, George Strickland 124

Krebs, Heinrich 156

Krier, Leon 562

Kropótkin, Piótr 124-126, 134, 136, 196-198, 353, 413

Krueckerberg, Donald 229

Kubitschek, Juscelino 301-304

L

Laindon, Essex 362-363

Lancaster, Osbert 109-110, 109

Landmann, Ludwig 159

Langmead, Donald 124

Lansbury, conjunto residencial, Poplar 315

"Lares Dignos de Heróis" (Homes Fit for Heroes) 96, 103, 168

Larkham, Peter 328

Larsson, Yngve 442

Las Vegas 427-429

Latham, Charles, lorde Latham 240-241

La Ville Radieuse 292,297, 295, 322

LCC ver Conselho do Condado de Londres

Learning from Las Vegas 428

Le Corbusier 22, 27, 283, 289-297, 290, 304-306, 330-332
- Chandigarh 298-301, 299
- La Ville Radieuse 292-297, 295, 322
- sobre a visão desurbanista 411
- Unité, Marselha 290-292, 331

Lee, Richard 336

Leeds 554-556

Lees, Andrew 59

Lei Addison, 1919 100

Lei Cross, 1875 45

Lei da Habitação (us)
- 1949 332-335, 343
- 1954 332-334

Lei da Habitação (uk)
- 1969 328
- 1974 388

Lei da Habitação e do Planejamento Urbano, 1919 (Lei Addison) 100

Lei da Saúde Pública 1875 (UK) 44

Lei das Áreas Centrais, 1978 502, 514

Lei de Ajuda Federal à Autoestrada, 1956 (US) 418

Lei de Cômodos de Aluguel, 1851 45

Lei de Planejamento da Cidade e do Campo
- 1932 108, 116, 235-236
- 1947 328-329, 434-437, 469-470
- 1971 580
- 1990 541-542

Lei de Planejamento, Habitação etc. 1909 58-59, 81-84

Lei do Desenvolvimento e Bem-Estar Colonial, 1940 271

Lei do Governo Local, 1888 53

Lei do Governo Local de Planejamento e Solo, 1980 514, 528

Lei Federal de Ajuda à Autoestrada, 1944 418

Lei Federal de Habitação, 1949 (EUA) 343

Lei Para a Melhoria das Moradias de Artesãos e Operários, de 1875 (Lei Cross) 45

Lei Para a Moradia das Classes Trabalhadoras
- 1885 45, 53
- 1890 53-54

Lei Para Moradias de Artesãos e Operários, de 1868 (Lei Torrens) 45

Lei Torrens, 1868 44

Lei Wagner, 1937 332

Leicester 325

ÍNDICE REMISSIVO 731

L'Enfant, Pierre 250
Le Play, Frédéric 190, 192-193
Lerner, Jaime 566-569, *566*
Les Halles, Paris 385-387
Letchworth Garden City 125, 130-131, 133-140, *138*, 183, 375
levantamento antes do plano 192-196, 262
Lever, William Hesketh 466
Levittown, Long Island 423-425, 432
Lewis, Oscar 364
Lewis, Sinclair 67
Liebs, Chester H. 430
Light, William 124
Lightmoor, Telford *377*, 389
Lilienthal, David 226-227
Lima, Peru 364, 366-369, *366*
Lindblom, C.E. 477
Ling, Arthur 174, 308
Liverpool 47-48, 320, 325, 388, 390, *501*, 503, 555
Lloyd George, David 98, 100, 103
Lock, David 377, 530
Logue, Edward C. 334-336
Lokjine, J. 482
London Docklands Development Corporation (LDDC) 513, 515-516, 518, 521
London Society, The 231-233
Londres
a City (centro de) 313, 324
Docklands 512-523, *517*, 550
East End 66, 313-315, 314-318, 322-323, *323*
Força-Tarefa Urbana, relatório 551
período entreguerras 100-107, 114-118
planejamento regional 230-245
suburbanização 76-81, 91-95
Thames Gateway 542-544, *544*
vitoriana 35-55
West End 324-325, 381
ver também subúrbio-jardim; Plano da Grande Londres; Conselho do Condado de Londres; e desenvolvimentos individuais
Londres vitoriana
Comissão Real Para a Moradia das Classes Trabalhadoras 37-38, 42-46, *43*, 53
cortiços 35-41, *36*
Levantamento Booth da pobreza 50-55
medo da violência e insurreição 45-50

Longstreth, Richard 402, 430
Los Angeles 28-29, 395-396, 402-411, 428-432, 461-462
Lubetkin, Bernard 307-309
Lugard, Frederick, lorde Lugard 267, 357
Lusaka, Zâmbia 269-272
Lutyens, Edward 260-265, *260*, *262*, *265*, 272, 275, 361

M
Mabogunje, A.L. 271
Macclesfield, UK 388
MacDonald, Thomas H. 418
MacKaye, Benton 204-205, 212-213, 226-228, 397, 400
ver também Associação de Planejamento Regional dos Estados Unidos
Madri 154
Mahoney, Marion 272
Mallon, James J. (administrador de Toynbee Hall) 66
Malpass, Peter 181
Manchester 57-58, 523-525, 549-551, 554-555
ver também Wythenshawe
Manzoni, Herbert 311
Marcuse, P. 65
Margarethenhöhe, Alemanha 157-159, *157*
marginalidade 596
Markelius, Sven 384, 442-444, 450
Marne-la-Vallée *455*
Marselha (*Unité*) 290, 296-297, 331
Marsh, Benjamin C. 58, 87
Marsh, George Perkins 211
Marsh, Jan 106
Marshall, Alfred 58, 124, 126
Martin, Leslie 322
Marvin, S. 539
marxista (-ismo) 309, 370, 482-485, 490, 494
teoria da história 22, 455
Masterman, Charles 57, 79
Matthews, Robert 322
Mavor, James 354
May, Ernst 159-162, 166, 283
Mayer, Albert 298
McAneny, George 88
McLoughlin, Brian 243
Mearns, Andrew 35, 37-44, 51
Mears, Frank C. 355
Meath, Reginald Brabazon, conde de 51, 233
Media 102-103, 449

ver também revistas e jornais individuais
medo da insurreição 45, 48, 98-99, 157-158, 250
megacidades 548
meio ambiente *ver* desenvolvimento urbano sustentável
metodologia computadorizada 474
Metzendorf, Georg 157-158
México (Cidade do) 365, 370-371
Meyerson, M. 477
Mill, John Stuart 124
Miller, Donald 221
Miller, Max 103
Mitchell, Robert 473
Mitchell, William 540
mobilidade social 635
Modern Architecture Research (MARS), grupo 306-308
Modesto, Califórnia 419
Monclús, Francisco Javier 564-565
Mond, Sir Alfred 103
Montague-Barlow, Sir Anderson 117
moradia autônoma 362-363, 367, 371, 373-379, 441
moradia das classes trabalhadoras
no entreguerra britânico 93-106
nos subúrbios londrinos 77-81
Comissão Real (1885) sobre 42-45
Londres vitoriana 35-41, 51-54
Morgan, A.E. 225-226
Morgan, Harcourt A. 226
Morgan, J. Pierpoint 92
Morgenthau, Henry 250
Morris, William 120, 127, 309, 353-355
Morrison, Herbert 234, 240, 315
Mort, Frank 241
Moscou 283-284
Moses, Robert 219, 334-336, 396-399, *398*, 419
motorização *ver* tráfego, planejamento e gestão
Mount Laurel, Nova Jersey 581
movimento cidade-jardim 26, 106, 122-130
criticado por Jane Jacobs 339-341
na África 269
na América 169-180, 210-211, 218
na Austrália 168
na Europa 153-167, 277-279
na Inglaterra 130-135, 137-140, *138*, 146, 147-153, 181-186, 307-309
no Japão 168
na Suécia 440-441

ver também subúrbio-jardim
movimento City Beautiful
   e o renascimento urbano britânico
     556-557
   em Camberra 272-276
   na Europa 277-286
   no Raj Britânico 259-266
   nos Estados Unidos 63-65, 67-70, 249-259
movimento Regresso à Terra 126
Moynihan, Daniel Patrick 612-616, 621-623
Mozart conjunto residencial, Westminster 626
Mumford, Lewis 192
   atacado por Bauer 223
   contra o Plano Regional de Nova York 216-219, 221-222
   crítica da suburbanização 425-426
   crítica de Jane Jacobs 340-341
   e Geddes 201-202
   membro fundador da RPAA 204-213
   sobre a criminalidade 587-588
   sobre Forest Hills Gardens 173
   sobre o Plano da Grande Londres 240-241
   sobre o Plano de Chicago 257
   sobre Roterdã 313
   The Culture of Cities 220
   ver também Associação de Planejamento Regional dos Estados Unidos
Muschamp, Herbert 416-417
Mussolini, Benito 277
Muthesius, Stefan 324, 326
Myrdal, Gunnar 606

N

Nairn, Ian 317, 426
Nairóbi 266-267, 271-272
Nash, John 110
Nathan, Richard P. 622
National Association of Real Estate Boards (NAREB) 332
negros americanos 597-624
negros ingleses 627-632
neogeorgiano, estilo 147
Nettlefold, John S. 58, 84, 95
Neville, Ralph 131-134
Newcastle, UK 325-326, 551, 555
New Deal, plano 219-224
   ver também Tennessee Valley Authority
New Earswick, York 132, 137-139, 174
New Haven, Connecticut 334-336

Newman, Oscar 346-347, 626-627
Newman, Peter 559
New Society 376
New York State Commission of Housing and Regional Planning 205, 213
New York Times, The 60
New Yorker 417
Nichols, Jesse Clyde 410, 421
Niemeyer, Oscar 302-306
NIMBY (not in my backyard) 461, 557, 580, 582-584
Nolen, John 88, 214, 560
Norbury, conjunto residencial, Londres 77, 80, 83
Norris, Tennessee 227-229, 229
   ver também Tennessee Valley Authority
North Peckham, Londres 322-323
Norton, Charles Dyer 214
Nothing Gained by Overcrowding! (Unwin) 98, 100, 143
Nottingham 555
Nova Delhi, Índia 260, 261-265, 270-272
Nova York (cidade)
   cortiços verticais 59-66, 64, 65
   criminalidade 587
   metrô 86
   projeto comunitário 379-380
   propaganda de 549-550
   renovação urbana 333-336
   tráfego, planejamento e gestão 149-152, 395-397
   zoneamento 85-90, 213-214, 215-216, 418
   ver também Plano Regional de Nova York; e desenvolvimentos individuais
   novos vilarejos 530

O

Odum, Howard 211, 600-603
Okhitovich, Mikhail 411
Old Oak, conjunto residencial, oeste de Londres 77, 78, 80
Olmsted, Frederick Law 70, 150, 396
Olmsted, Frederick Law Jr. 252, 408
Olympia & York (O&Y) 518-519
ônibus 566, 566-568
Onkel-Toms-Hütte 166, 167
Osborn, Frederic J. 117-118, 145, 148, 151, 152-153, 182, 184, 186, 221-222, 236, 238, 240, 315, 318-319, 321-322
Our Cities: Their Role in the National Economy (relatório da National Resources Planning Board) 421

Outlook Tower, Edimburgo 193, 194
"Outrage" (Nairn/Architectural Review) 317
Overall, John 273

P

Pacific Electric Railway 403-405, 410-411
Pall Mall Gazette 50
parceria, privada e pública 550
Paris 54-55, 156, 254, 289, 291-292, 291, 385-387, 452-457, 455, 549
Park, Robert E. 590, 591
Parker, Barry 79, 110, 139, 142
   Letchworth Garden City 130, 133-138, 138, 375
   New Earswick, York 132, 137-138, 375
   Wythenshawe, Manchester 149-150, 174, 276
Park Hill, Sheffield 323
parkways 150-151, 396-397, 398, 408-410
Parsons, Kermit 174
Pepler, George 102, 234, 236, 310
período entreguerras 93-118, 147-153
Perlman, Janice 370
Perry, Clarence 169-171, 238
Peru 364, 366, 367-368
Peterlee, Durham (condado) 308-309
Piccadilly Circus, Londres 324-325, 382
Pick, Frank 93-94, 94, 116-118
Pittsburgh 333, 336
planejadores como visionários 19, 21, 27, 226
planejamento da cidade, significado da expressão 23-25
planejamento de baixo para cima 372-373, 478, 513, 572-573, 576
planejamento de cima para baixo 182, 243, 244
planejamento do transporte urbano 473-474
planejamento regional 27
   Geddes e a tradição anarquista 189-204
   Londres 230-243
   New Deal, plano 219-225
   Tennessee Valley Authority 225
   Plano da Grande Londres 237, 234-238
   Plano Para o Condado de Londres 150, 236, 308, 313, 314, 318
   Plano Regional de Nova York 65, 213-220, 223, 259
Plater-Zyberk, Elizabeth 560

ÍNDICE REMISSIVO

Plymouth 307, 310, 328
pobreza
  cultura da (Oscar Lewis) 364, 366
  feminização da 616, 621-622
  Levantamento Booth da 50-53
  no século XIX 39-41, 44-45, 50-54, 59-63, 70-72
  no século XX 501, 502, 632-633
  ver também cortiços; subclasse
política urbana nazista 278-282
pós-modernismo 428, 487-493
Powell, Enoch 502
Power, Anne 551
Prescott, John 552, 578
Price, Cedric 376
Primeira Guerra Mundial 57-58, 93, 95, 231
propaganda das cidades 548-550
propriedades do conselho *ver* habitação pública
Proudhon, Pierre-Joseph 196, 198
Pruitt-Igoe, St Louis 343-348, *345*, 610-611
Pudong, Xangai 545-548, *547*
Punter, John 554, 555-556
Purdom, Charles B. 135, 145, 237

Q
qualidade urbana 548-550
Quênia 270
Quincy Market, Boston 505, 507

R
Rabinowitz, F. 477
racial, segregação *ver* segregação, racial
Radburn, leiaute 168, 174-178, 276, 560
Radburn, Nova Jersey *175*, 205
Rainwater, Lee 347, 612
Raj Britânico 259, 260, *262*, 265, 266, 271, 300
Rapkin, Chester 473
Rau, Johannes 575
Ravetz, A. 327
Reade, Charles Compton 168
Reagan, administração 526
recessão 499
  ver também Depressão, a Grande
Reclus, Élisée 196, 198
Redesdale, David Freeman-Mitford, lorde 115
regeneração urbana (renovação, revitalização) 30, 244, 332-343, 381, 542, 550, 557
  Boston e Baltimore 504-508, 507

Docklands, Londres 510-523, *517*, 550
  Manchester 523, 524-525
  Roterdã 525
  Thames Gateway 541-544, *544*
  zonas de empreendimento 509-511, 526-527, 550
Regional Planning Association of America (RPAA) 20, 27, 169, 202-214, *207*, 374
  fim da 220-225
  influência em Londres 230-245
  oposição ao Plano Regional de Nova York 214-219
  The Survey *207*, 205-212
regionalistas sulistas 211
  ver também Odum, Howard
Reichmann, Paul *520*, 520-521, 522
Reiss, capitão Richard 95, 102
Reith, John, lorde Reith 182-183, 185, 236, 241, 308, 310-311
relações raciais 597
República Popular da China 371-373, 545-548
Réseau Express Régional (RER), Paris 454
Resettlement Administration 177
Reston, Virgínia 176, 179, 185-186
revolução, medo da 45-50, 98-100, 159, 250
revolução da informação 535-540, 624
RIBA *ver* Royal Institute of British Architects
Richards, J.M. 317
Richardson, Benjamin Ward 122
Richardson, Harry 559
Ridley, Nicholas 439
Riis, Jacob 60
Riley, Robert 426
Rio de Janeiro 370
Riverside, Illinois 86, 122
Robert Taylor Homes, Chicago 609-610
Robinson, Sir Arthur 148, 152
Robson, Brian 551
Roche, Fred Lloyd 529-530
Rodwin, Lloyd 223
Roehampton, Londres 104, 321, 322
Roma 277-278, 279
Römerstadt, Alemanha 160, *163*, 165
Ronan Point, leste de Londres 328
Rooijendijk, Cordula 312
Rookwood, Ralph *561*
Roosevelt, Franklin D. (FDR) 177-178, 213, 219-220, 221, 225, 226, 228, 418
  ver também New Deal, plano
Rotival, Maurice 336

Roterdã 312-313, 523, 525
Rouse, James 504-505, 507
Roweis, S.T. 484-485
Rowse, Eric 308
Royal Institute of British Architects (RIBA) 58, 107, 317, 389
(Royal) Town Planning Institute (RTPI) 466, 473
Ruislip-Northwood, Londres 84
Ruskin, John 120, 127
Rússia *ver* União Soviética

S
Saint Helier, Londres 103
Salford, UK 522
Salisbury, Robert Gascoyne-Cecil, marquês de 42
Sandercock, Leonie 487-488, 493
Sandys, Duncan 313, 321-322, 328, 329
saneamento, na Índia 356-362
São Francisco 253, 337-338, 380, 458-460, 504
Sassen, Saskia 536-537
saúde *ver* saúde pública
saúde pública 37-39, 42-44, 45, 59, 81-82, 266-267, 356-362
Scarman, inquérito 630
Schiffer, Jonathan 510
Schmidt, Robert 158, 200, 234
Schumacher, Fritz 234
Scott, A.J. 483-485
Scott, Mel 258
seção de vale 192, 193, *195*, 211-212
segregação racial
  na África 266-268, 269, 270
  na América 175, 229, 335, 343-344, 424-425, 433-435
  Índia 356-358
  ver também guetos
segregação social 293-296, 300, 303-306, 321-322, 433-435
  ver também equidade social; moradia das classes trabalhadoras
Segunda Guerra Mundial 102, 240-241, 297, 335, 363
Sellier, Henri 55, 156
Selznick, P. 227
Sennett, Richard 337-338
Shaftesbury, Anthony Ashley-Cooper, lorde 43, 43-45
Shaler, Nathaniel S. 211
Shankland, Graeme 309

Sharp, Evelyn (mais tarde, baronesa Sharp) 116, 317, 320, 239
Sharp, Thomas 114, 115, 328-329
Shaw, C.R. 595-596
Shaw, George Bernard 47, 53, 123-124, 133-134, 181
Sheffield 323
Shenzhen, China 545
Shoreditch, Londres 80
Shostak, Lee 530
Sidenbladh, Göran 442
Siemensstadt 164-165, 165
Silkin, Lewis 182, 241, 309
Simon, Ernest 283
Singapura 186, 348
sistema Durban 267-268
sistemas de abordagem 470-476, 478, 492
sistemas rápidos de transporte
    BART (Bay Area Rapid Transit), São Francisco 454, 458-460, 461
    Docklands Light Railway 515
    metrô (Underground), Londres 77-78, 90-94, 103
    Réseau Express Régional (RER), Paris 454, 455
    Tunnelbana, Estocolmo 443-445, 447, 451
sistemas viários subterrâneos
    Estocolmo 443-445, 447, 451
    Londres 77-78, 90-94, 103
    ver também sistemas rápidos de transporte
Sitte, Camillo 139, 562
Skärholmen, Estocolmo 444, 446, 448, 451
Slough, UK 74, 111-112
Smith, Alfred E. 205
sociedades construtoras 105-106, 420
Sociedade Fabiana (fabianismo) 46, 52-53, 124, 126, 136
Sociedade Para a Promoção das Cidades Industriais 126
sociologia urbana 590-596
sociólogos 590-617, 619, 620-627
    ver também sociólogos individuais
Soissons, Louis de 146, 147, 150
Solly, Henry 126
Soria y Mata, Arturo 28, 153-154
Soutar, A. 84, 85
Soutar, J. 84, 85
South Downs, Sussex 115
Southwark, Londres 322
Speer, Albert 270, 280, 281

Speke, Liverpool 97
Spence, Basil 323, 325
Spence, Thomas 123-124
Spencer, Herbert 123-124
Spengler, Oswald 57
St. Louis 343-344, 422-424
Stálin, Joseph 282, 284-286
Stalinstadt 284-285
Stanley, Albert, lorde Ashfield 93-94, 94
Stead, W.T. 35-37, 50
Stein, Clarence 169, 170, 171-175, 176, 178, 204-205, 221-222, 230, 431-432, 560
    ver também Regional Planning Association of America
Steinberg, Stephen 620
Stephenson, Gordon 174, 222, 320, 472
Stevenage, UK 174, 183-184, 309
Stokes, Charles 369
Stone, Peter 318
Storper, Michael 491-492
Strong, Josiah 59
subclasse
    imigrante americano 588-596
    na Inglaterra 627-637
    negros americanos 333, 596-627
subclasse social ver subclasse
Subcomitê Feminino da Habitação 98
subsídios ver subsídios para a habitação
subsídios para a habitação 58, 103, 321-322, 327-328
Subtopia 317
suburbanização 75-76, 396
    americana vs. britânica 425-439
    boom após guerra (US) 417-425
    crítica e defesa da 111-118, 425-439
    esquemas de planejamento urbano (UK) 81-85, 95
    Estocolmo 440-452
    Londres 76-81, 91-95
    Los Angeles 402-410
    Nova York 85-90
    no entreguerras 102-106
    Paris 452-456
    ver também subúrbio-jardim
subúrbio-jardim 106, 144, 176, 560
    Ealing Garden Suburb 85, 141
    Hampstead Garden Suburb 82, 140, 142, 145, 173-174
    na Alemanha 158, 157, 166, 167
    na América 170, 171, 172, 410-411, 421
    na Austrália 122, 168
Sunnyside Gardens, Nova York 171-173, 205

Superlotação ver Nothing Gained by Overcrowding!; cortiços
Suresnes, Paris 156
Suécia 457
    ver também Estocolmo

T

Tallamy, Bertram D. 419
Tallon, Andrew 553
Tampines, Singapura 186
Tapiola, Helsinki 451-452
Taut, Bruno 166-167
taxas de impacto 579
taxas de mortalidade 44, 53, 59, 632
Taylor, Nigel 472, 486, 492-493
tecnologia 199, 205, 210, 212, 413-416, 535-539
    ver também transporte
Tel Aviv 173
telecomunicações 413, 535-540
Telford (cidade nova) 377, 377, 389
Tennessee Valley Authority (TVA) 225-230
Tensta, Estocolmo 448-449, 450
teoria do planejamento 29
    1930-1955 465-470
    1965-1975, crise de paradigmas 477-483
    abordagem dos sistemas 470-476
    abordagens marxistas 481-489
    pós-modernismo 487-493
    versus prática 493-495
    ver também planos e arquitetos individuais
teoria do planejamento comunicativo 492-493
Tewdwr-Jones, Mark 494
Thames Gateway 542-543, 544
Thatcher, Margaret 390, 520
    governo de 459, 527, 530-531, 550, 583, 631
Thomson, James 35
Thoreau, David 211
Thrasher, F.M. 594
Tillingham Hall, Essex 530
Times, The 42, 49
Tóquio 168
Torre de Observação, Edimburgo 193, 194
Tottenham, Londres 629, 635-636
    ver também White Hart Lane, conjunto residencial
Totterdown Fields, Tooting 77, 80
Town and Country Planning Association (TCPA) 317, 376, 389, 561

Town Planning in Practice (Unwin) 139
Town Planning Institute (TPI) ver Royal
Town Planning Institute
Town Planning Review 466
Toynbee Hall, Londres 66-67
Traffic in Towns 458
tráfego, planejamento e gestão 171-173, 213,
394-405, 417-419, 440-443, 456-462, 563
Hampstead Garden Suburb 143
Londres 238-240
Los Angeles 402-410
Nova York 150-151, 395-397
tráfico de drogas ilegais 626
transporte 28, 76, 77-79, 91-95, 103
Curitiba (ônibus) 565-569, 566
desenvolvimento urbano sustentá-
vel 558, 559, 560
ver também Pacific Electric Railway;
sistemas rápidos de transporte;
tráfego, planejamento e gestão
Três Ímãs, diagrama 127, 128, 129
Tressenow, Heinrich 158
Tripp, Alker 238, 440
Tudor Walters, relatório 95-100, 102
Tugwell, Rexford G. 177-178, 178, 228,
335, 412, 416
tumultos 597, 599, 608-610, 615-619, 627-
632, 629, 635-637
turismo 503-508, 525, 538-539
Turner, John 28, 363-364, 364-371

U

União Soviética 29, 162, 280-286, 296-
297, 308-309, 410-412
Unidade de Exclusão Social 632-633
unidades de vizinhança 170-172, 216,
238, 279, 452
Unité, Marselha 290, 331
Unwin, Raymond 97
cidades-satélites 102-103, 147, 148, 152
chalés 99, 101
Comitê Tudor Walters 95-100, 101,
102, 147
contra a arquitetura moderna 162
Hampstead Garden Suburb 79-80,
135-137, 142, 143-144
influência na América 171-173
influência na Europa 156, 157, 158-159
influência sobre os Urbanistas Novos 560

influenciado por William Morris 353
Letchworth Garden City 79, 131, 135,
136, 137-140, 138, 375
New Earswick, York 79, 132, 137-140,
375
Nothing Gained by Overcrowding!
98, 99, 100, 143
Plano da Grande Londres 231, 233-
236, 237, 238
sobre conjuntos de uma só classe 105
Urban Development Action Grant (UDAG)
526-527
Urban Development Corporations (UDCS)
514-515, 550
Urban Land Institute (ULI) 332
Urban Villages Group 562
urbanismo 280-284, 296
ver também corbusiana, arquitetura
Urbanismo Novo 560-562
urbanização em faixa 108, 111, 114, 150, 163

V

Vällingby, Estocolmo 443-446, 445
valor da terra, alterações do 436-439, 515
valores tributáveis 319-320
Vance, James E. 426
variegado entorno, planejamento 108-
110, 109, 113
Veblen, Thorstein 66
Veiller, Lawrence 62-63, 70-71, 89
Venturi, Robert 427
vias expressas (freeways) 150-151, 213, 394,
397-403, 401, 407-410, 456-459, 461-462
Vidal de la Blache, Paul 192, 195-196
Vigar, Geoff 460
Village of Euclid et al v. Ambler Realty Co.
89, 420
violência 45-50, 587
ver também tumulto

W

Wagner, Martin 162-164, 166
Wakefield, Edward Gibbon 124
Walker, Herbert 94
Ward, Colin 331, 348, 363, 377
Ward, Peter 371
Ward, Stephen V. 153, 309, 320, 550
Warren, Sir Charles 49, 50
Washington DC 250-253
Watling, noroeste de Londres 103, 104

Weaver, Robert 180
Webb, Beatrice (antes Potter) 46-48, 50
Webb, Sidney 123
Webber, Melvin M. 427, 460, 475, 475, 479
Weller Court, Liverpool 389
Wells, H.G. 394-395
Welwyn Garden City 146, 146, 147-148,
150-151, 183
Whitaker, Charles Harris 204
White Hart Lane, Tottenham 77, 80, 103
Whitnall, G. Gordon 396, 406
Wibberley, Gerald 318
Wigan, UK 330
Willenhall Wood, Coventry 174
Williams-Ellis, Clough 111, 114, 116
Willmott, Peter 317
Wilson, Hugh 174
Wilson, William J. 619-620, 621, 625
Wilson, Harold, governo 244, 502
Wood, Edith Elmer 63
Woolf, George 337
World Financial Center 518-519
Wormholt, conjunto residencial, Ham-
mersmith 103
Wright, Frank Lloyd 28, 373, 410, 411-
417, 414
Wright, Henry 169, 171-174, 204, 205,
213, 230
Wurster, Catherine ver Bauer, Catherine
Wythenshawe, Manchester 97, 147, 149-
152, 174, 276

X

Xangai 545-548

Y

Yamasaki, Minoru 343
Yelling, James 40
Ye Longfei 545
Yerkes, Charles Tyson 92-93, 92
Young, Michel 317
Young, Terence 104

Z

Zangwill, Israel 354-355
Zonas de Empreendimento 509-511,
526-527, 550
ver também Docklands, Londres
zoneamento 85-90, 213, 215-216, 417-
421, 581

Este livro foi impresso em São Paulo,
nas oficinas da Orgrafic Gráfica e Editora, em julho de 2016,
para a Editora Perspectiva